2014年12月13日，中共中央总书记、国家主席、中央军委主席习近平在江苏省产业技术研究院调研。习近平认真听取了省政协副主席、省政府党组成员、省科技厅厅长徐南平院士有关情况介绍，仔细观看了成果展示大厅内的各种新技术和新产品模型。图为习近平总书记正在听取膜科学技术研究所所长邢卫红教授介绍他们研发的“全球首套制浆造纸废水零排放成套工艺”模型。

2014年12月13日，中共中央总书记、国家主席、中央军委主席习近平在江苏省产业技术研究院调研。图为习近平总书记正在听取碳纤维技术研究所所长陈标华教授介绍碳纤维飞机机翼模型、大型运载火箭用碳纤维复合材料气瓶等最新应用成果。

2015年2月12日，江苏省委、省政府在南京召开深入实施创新驱动发展战略暨建设苏南国家自主创新示范区工作会议。全国政协副主席、科技部部长万钢，江苏省省委书记罗志军，江苏省省长李学勇出席会议并分别讲话。会议强调，要以习近平总书记视察江苏重要讲话精神为引领，大力推进创新驱动发展，抓住苏南国家自主创新示范区建设重大机遇，加快实现从要素驱动、投资驱动向创新驱动转变，为迈上新台阶、建设新江苏提供支撑。

2015年2月12日，江苏省委、省政府在南京召开深入实施创新驱动发展战略暨建设苏南国家自主创新示范区工作会议，会上隆重表彰了2014年度省科学技术奖获奖人员。图为省委书记罗志军为获得2014年度江苏省科学技术突出贡献奖的齐康院士、徐芑南院士颁奖。

2014年3月20日，省委书记罗志军到江苏省产业技术研究院调研。他强调，要深入贯彻落实党的十八届三中全会和习近平总书记系列重要讲话精神，充分发挥省产业技术研究院这个科技体制改革“试验田”的作用，以全面深化改革激发科技创新活力，为深入实施创新驱动战略、打造江苏经济升级版做出积极贡献。

2014年2月27日，江苏省委副书记、省长李学勇在江阴市调研经济转型升级，并参观了江阴高新区规划展示馆和江阴领军人才创智园。他强调，加快经济结构调整和发展方式转变，关键要充分发挥产学研优势，大力实施创新驱动战略。江苏省委常委、无锡市委书记黄莉新等陪同调研。

2014年5月7日，由科技部牵头，国家发展改革委、教育部、工业和信息化部、财政部、国土资源部、住房城乡建设部、国务院国资委、国家税务总局、中科院、中国银监会、中国证监会等11个部门组成的联合调研组，就苏南国家自主创新示范区建设进行调研，并召开了调研座谈会。江苏省委副书记、省长李学勇，科技部副部长曹健林出席调研座谈会并讲话。

2014年10月29日，科技部党组书记、副部长王志刚率科技部调研组专程来江苏省产业技术研究院考察调研。江苏省政协副主席、省政府党组成员、省科技厅厅长徐南平等有关方面领导陪同调研。

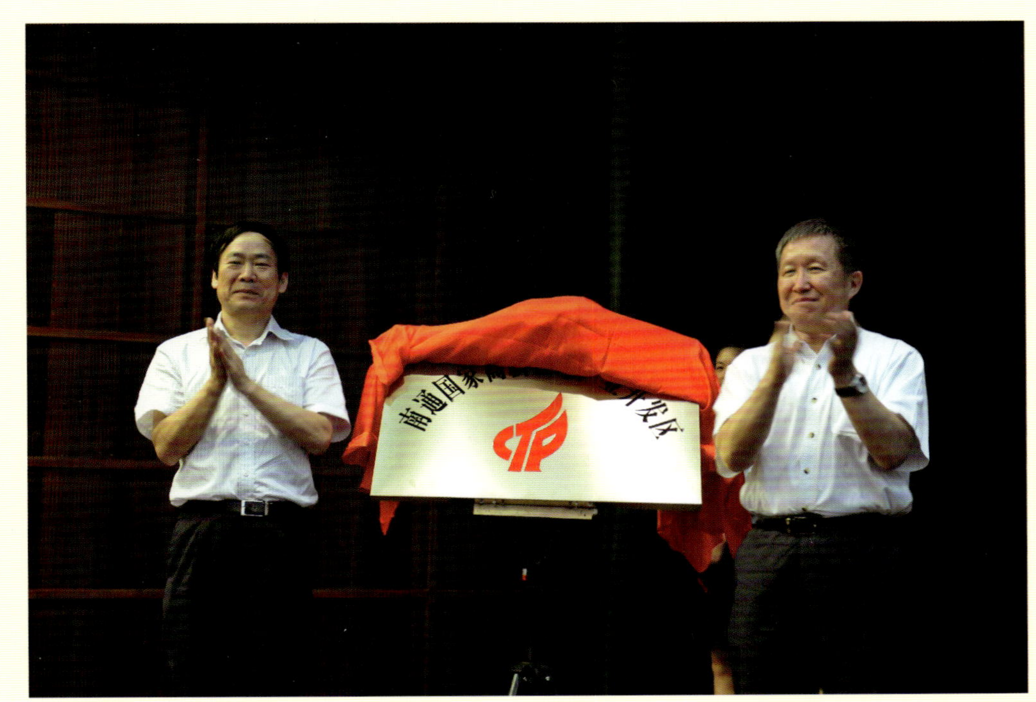

2014年7月27日，科技部副部长曹健林与江苏省政协副主席、省政府党组成员、省科技厅厅长徐南平为升级为国家高新技术产业开发区的南通国家高新技术产业开发区揭牌。

2014年1月2日，江苏省政府正式与中科院签订协议，合作建设江苏省产业技术研究院。江苏省政协副主席、省政府党组成员、省科技厅厅长徐南平和中科院副院长施尔畏分别代表双方出席签约仪式。

2014年5月20日，在国务院副总理刘延东访问以色列、出席以色列首届创新大会期间，科技部副部长王伟中、江苏省科技厅常务副厅长王秦与以色列经济部首席科学家艾维·哈桑（Avi Hasson）共同签署关于推动参与建设常州国际创新园实施协议。

2015年2月13日，全省科技局长会议在南京召开。会议强调，深刻学习领会全省深入实施创新驱动发展战略暨建设苏南国家自主创新示范区工作会议精神，动员全省科技系统同志们进一步增强使命意识、担当精神，只争朝夕，开拓进取，奋发有为，大力推进科技创新工程，加快建设创新型省份，为“迈上新台阶，建设新江苏”提供有力科技支撑。

2015年2月13日，全省科技局长会议在南京召开。江苏省副省长、省政府党组成员、省科技厅厅长徐南平出席会议并作重要讲话。

2014年4月12-13日，江苏省科技创业培训服务平台在泰州市举办首场培训活动——“创业学堂系列之江苏省科技企业创新创业能力提升专项培训”，来自泰州三市四区的10多家孵化器及100多家在孵企业参加了培训。

2014年11月6-8日，由科技部和江苏省人民政府共同主办，科技部国际合作司和省科技厅承办的“中国·江苏第四届国际产学研合作论坛暨跨国技术转移大会”在南京成功举办。大会邀请欧美、亚洲、澳洲100多家机构近200名著名研发机构及高科技企业负责人、工程技术专家、跨国技术转移机构代表、政府职能部门官员等境外代表与会，全省13个省辖市600多名高科技企业、技术转移中介机构、地方科技管理部门代表参加大会。科技部有关司局负责人及中国驻外使领馆部分科技外交官出席了会议。

2014年8月29-30日，由省科技厅、省委宣传部、省教育厅、省财政厅、共青团江苏省委、省工商业联合会等单位共同指导的第二届江苏科技创业大赛暨第三届中国创新创业大赛（江苏赛区）总决赛及颁奖仪式在南京成功举行。来自全省13个省辖市及海外分赛区的35家创业团队和企业，经过近2天的激烈角逐，分获创业团队组、初创企业组和成长企业组的一、二、三等奖。

2015
江苏科技年鉴

江苏省科学技术厅 主编

科学技术文献出版社
SCIENTIFIC AND TECHNICAL DOCUMENTATION PRESS
·北京·

图书在版编目(CIP)数据

江苏科技年鉴. 2015 / 江苏省科学技术厅主编. — 北京 : 科学技术文献出版社, 2016.1
ISBN 978-7-5189-1044-1

Ⅰ. ①江… Ⅱ. ①江… Ⅲ. ①科学研究事业—江苏省—2015—年鉴 Ⅳ. ①G322.753-54

中国版本图书馆CIP数据核字(2016)第031056号

江苏科技年鉴2015

策划编辑:周国臻　　责任编辑:周国臻　王雪芬　　责任校对:赵　瑗　　责任出版:张志平

出 版 者　科学技术文献出版社
地　　址　北京市复兴路15号　邮编 100038
编 务 部　(010)58882938, 58882087(传真)
发 行 部　(010)58882868, 58882874(传真)
邮 购 部　(010)58882873
官方网址　www. stdp. com. cn
印 刷 者　南京百花彩色印刷广告制作有限责任公司
版　　次　2016年1月第1版　2016年1月第1次印刷
开　　本　889×1194　1/16
字　　数　1265千
印　　张　45　彩插8面
书　　号　ISBN 978-7-5189-1044-1
定　　价　380. 00元

编 辑 部　江苏省科学技术情报研究所《江苏科技年鉴》编辑部
地　　址　南京市龙蟠路171号　邮　编　210042
电　　话　(025)85430796

编 辑 说 明

一、《江苏科技年鉴》是江苏省科学技术厅组织编纂的地方科学技术综合性年鉴，是江苏省科技管理、科学研究、科学普及、科技开发等工作具有权威性、指导性、资料性的参考工具书。其编辑宗旨是全面系统地记载江苏省科学技术事业发展的历史进程，为社会各界了解江苏的科学技术活动提供丰富翔实的资料信息。

二、《江苏科技年鉴》1989年创刊，每年出版一卷，逐年排列卷次：2015年为第27卷。本卷年鉴设特载、科技管理、科技计划与项目、科技奖励、行业科技、地区科技、国家高新区、科技人物、科技机构、科技统计、重要科技文件、大事记12个篇目，内容主要反映2014年度江苏科技活动的基本情况、最新科技成就、重大事件以及发展趋势。《江苏科技年鉴》文稿均由有关部门、单位提供，专人撰写，并经领导审阅。

三、2015年版《江苏科技年鉴》按篇目、栏目、条目3个层次分类编辑，今后还将不断改进、完善。

四、《江苏科技年鉴》的征稿和编辑工作得到全省有关部门和单位的热情支持，在此深表谢意。希望继续得到社会各界的关心和帮助，欢迎读者提出宝贵意见。

《江苏科技年鉴》编辑部

2015年12月

《江苏科技年鉴》编辑部

总　　编　王　秦

副 总 编　蒋跃建　蒋　洪

主　　编　孙　斌

副 主 编　罗　扬　金福兰

执行主编　李汉中　严文强

执行副主编　汤　淏

编辑部主任　王雪芬

编　　辑　王永超　傅金睿　姚　鑫　胡　峰　余　莹　王　真　季晨宸

《江苏科技年鉴》编审人员

主　审　王　秦

副主审　曹苏民　陶　静　段　雄　夏　冰　蒋跃建　支苏平　蒋　洪　李健民

分　审　赵建国　景　茂　倪菡忆　马圣源　陈洪强　杨天和　张少华　赵扬威　施　蔚　徐　晖　刘　波　李子阳　黄　河　吴建亮　王　琦　刘　斌　黄　戟　李吉平　李　莉　李太生　邹毅实　杨　蓉　周必松　祝　光　朱近忠　吴俊宁　陈　耀

目录

特载 Special Publications

科技管理 Management of Science & Technology

2014年江苏省科技工作综述

创新型省份

江苏省产业技术研究院

苏南国家自主创新示范区

高新技术发展及产业化

高新技术产业

创新创业载体

高新技术发展及前沿领域技术创新

创新型企业集群培育

科技金融

文化科技产业 创业大赛

科技成果

科技奖励

科技成果转化专项资金

科技机构与条件

重点实验室

企业研发机构

科研机构与公共服务平台

科技条件

科技计划

科技合作与交流

产学研合作

国际科技合作

长三角科技合作

高校协同创新

中国科学院南京分院

社会发展科技与基础研究

农业与农村科技

科技政策与软科学研究

科技人才

科技服务业

科技服务示范区

知识产权(专利)

科学普及与科技团体

党风廉政与行风建设

科技计划与项目 Programs of Science & Technology

2014年度江苏省科技计划执行情况及2015年结转项目统计

2014年度江苏省科技计划项目统计

项目指南

科技奖励 Awards of Science & Technology

2014年度国家自然科学奖
(江苏省获奖项目)

2014年度国家科学技术发明奖
(江苏省获奖项目)

2014年度国家科学技术进步奖
（江苏省获奖项目）

2014年度江苏省科学技术奖

2014年度江苏省企业技术创新奖

行业科技 Industrial Science & Technology

经济与信息科技

建设科技

交通运输科技

电力科技

煤炭科技

农林科技

农业机械科技

粮食科技

海洋与渔业科技

国土资源科技

环境保护科技

卫生科技

中医药科技

防震减灾科技

气象科技

水利科技

广播电视科技

质量技术监督

测绘科技

地 区 科 技 Regional Science & Technology

南京市

无锡市

徐州市

常州市

苏州市

南通市

连云港市

淮安市

盐城市

扬州市

镇江市

泰州市

宿迁市

国家高新区 National High-tech Industrial Development Zones

南京国家高新技术产业开发区

苏州国家高新技术产业开发区

无锡国家高新技术产业开发区

中国宜兴环保科技工业园

常州国家高新技术产业开发区

苏州工业园区

泰州国家医药高新技术产业开发区

昆山国家高新技术产业开发区

江阴国家高新技术产业开发区

徐州国家高新技术产业开发区

武进国家高新技术产业开发区

南通国家高新技术产业开发区

镇江国家高新技术产业开发区

科技人物 Personages of Science & Technology

表彰和奖励人物

逝世知名人物

科技机构 Organizations of Science & Technology

机构名录

科技统计 Statistics of Science & Technology

2014年江苏省科技统计公报

2014年江苏省各市科技进步统计监测综合评价结果

2014年江苏省高新技术产业主要数据统计公报

2014年江苏省科学技术与研究开发机构统计年报

2014年江苏省规模以上工业企业科技活动统计

2014年江苏省高校科技活动统计

2014年江苏省咨询业统计简报

2014年江苏省科技成果登记统计分析报告

2014年江苏省科协统计

重要科技文件 Important Scientific & Technological Files

大事记 Major Events

索引 Index

特　载

Special Publications

在深入实施创新驱动发展战略暨建设苏南国家自主创新示范区工作会议上的讲话

全国政协副主席、科学技术部部长　万　钢

(2015年2月12日)

今天我们召开会议,认真学习贯彻习近平总书记系列重要讲话精神和在江苏调研时提出的"四个对接"(科技与经济对接、创新成果与产业对接、创新项目与现实生产力对接、创新劳动同利益收入对接)要求,深入落实创新驱动发展战略,加快推进苏南国家自主创新示范区建设和江苏创新型省份建设。

刚才,会议给获得2014年度国家和江苏省科技奖的同志们颁奖,曹健林副部长宣读了国务院同意建设苏南国家自主创新示范区的批复。这次江苏有57项成果获国家奖,已经是连续3年位居全国第二,这很了不起,说明江苏形成了鼓励科技人员敢为人先、脱颖而出的良好创新氛围,培育了把科研成果转化为现实生产力的良好创新环境。最近,国务院批复同意建设苏南国家自主创新示范区,这是双喜临门的大好事,是中央对江苏在创新驱动发展上大胆前行的充分肯定。

借此机会,我代表科技部对各位获奖代表、对苏南获得国务院批复表示热烈的祝贺!对在江苏辛勤工作的科技战线的同志们表示诚挚的问候!向长期关心和支持科技发展的江苏省委、省政府表示衷心的感谢!

同志们,江苏自古以来人杰地灵、经济富庶。早在周朝,苏南地区兴起的吴国就是春秋最强大的诸侯之一;隋唐时期,这里已经贯通京杭大运河,拥有了当时最先进的交通和物流体系;宋朝时,苏州、扬州已经是重要的商业中心;明末清初时,这里的商品经济已经相当发达了。

现在的江苏,既是中国的经济大省,也是创新大省,丰富的创新人才资源和强大的区域经济相互促进,成为我国创新最为活跃的地区之一。江苏区域创新能力已经连续六年位居全国第一,这是了不起的成绩。听说,宜兴一市就出了25位院士,近百位大学校长。2014年,江苏R&D投入达1630亿元,占GDP比重达2.5%,高于全国0.4个百分点,科技进步贡献率达59%,高新技术产业产值占规上工业产值的约40%。在省委、省政府高度重视下,江苏科技创新成效显著,为区域经济社会发展作出了重要贡献,既看到了显著的转型升级效益,也增强了江苏发展的长远后劲,打造出江苏发展的新引擎,成为全国创新型省份建设的先行者。

我基本上每年都会来江苏,这里有很多先进经验和大胆探索,值得思考和总结。早在20世纪80年代,苏南就创出了"星期天工程师""苏南模式",很早就想到科技要深入生产一线,解决产业发展的现实问题。星期天工程师既解决了企业急需的技术问题,也让科研人员走出了"象牙塔",锻炼了实践能力,增加了收入。30多年过去了,现在的江苏依然保持了当年的那种大胆改革的探索精神。省委、省政府率先提出了建设创新型省份的思路,围绕创新驱动、自主创新示范区建设、知识产权等方面出台了4个《意见》,充分表明江苏对科技创新的高度重视和深入思考,也充分表明了省委、省政府的决心和信心。下面,我就围绕实施创新驱动发展战略和建设苏南国家自主创新示范区谈两点意见。

一、落实创新驱动发展战略，加快打造创新驱动新引擎

党的十八大提出实施创新驱动发展战略。去年一年，中央多次专题研究科技创新工作，对科技创新的重视前所未有，对科技创新的要求也前所未有。我们大概算了一下，一年来，习近平总书记6次专题研究科技重大工作(包括最近2月10号主持中央财经领导小组第9次会议，研究创新驱动发展战略；主持中央深化改革领导小组会研究院士制度改革、科技计划管理改革、重大科研仪器开放共享等)，到江苏等地调研时重点讲科技创新。李克强总理10次会议研究科技工作，到深圳调研大众创业、万众创新，主持国务院常务会专题研究“众创空间”，今年年初还给全国科技工作会议作出重要批示。刘延东副总经理更是主持二十多次会议研究科技创新工作，批件达一千余件。由此可见，中央是高度重视科技创新的，科技创新现在是真正摆在了国家发展全局的核心位置，相当有显示度，任务也相当繁重。

我常常在思考，为什么中央如此高度重视创新驱动。最明显的道理是我们原有的依靠传统要素投入的发展方式已经难以为继，资源、能源、环境都无法承载过去粗放式的发展模式。除了这个资源环境瓶颈以外，还有哪些更深层次的原因?

我们都知道中国进入经济发展新常态，新常态4个内涵是:增速调整、结构优化、方式转变、动力转换。经济发展方式正从规模速度型粗放增长转向质量效率型集约增长；经济结构正从增量扩能为主转向调整存量、做优增量并举的深度调整，经济发展动力正从传统增长点转向新的增长点。中央经济工作会上，习总书记总结了9个趋势，包括消费需求、产业组织方式、市场竞争特点、资源配置模式等。提出培育新的增长动力和竞争优势，创新是根本和关键，必须以创新推动产业结构优化升级。

现在，从拉动经济的“三驾马车”看，消费带动不足，投资增长乏力，外贸受制于国外疲软。我们理解，中央在这种情况下，高度重视科技创新，正是把握住了“科学技术是第一生产力”这一思想观点和论断。新常态下，推动以科技创新为核心的全面创新对消费、投资、出口都可以大有作为，是推动我国经济向中高端迈进的重要抓手。

第一，从投资看，创新驱动可以优化投资结构。大家知道，中国的互联网经济在全球经济中表现突出，“11·11”淘宝成交571亿元，这里有中国人口规模带来巨大市场的原因，但关键是得益于我国多年来在移动、宽带、超算等关键技术和基础设施的持续投入，也得益于第三方支付、网络小贷以及商事制度等方面制度创新的支撑，现代信息技术产业已经成为我国新经济增长点。此外，水能、风能、光伏等新能源产业、生物医药、电动汽车、机器人等都在引领产业变革，政府对基础技术和基础设施的投入空间很大，比如充电桩等，这些投入能带来“滚雪球”效应，有效释放社会投资潜力，对优化投资结构非常有利。

第二，从出口看，创新驱动可以优化出口结构。我国高铁、核能已经打出了国际品牌，李克强总理亲自推销。今年珠海航博览会上我国企业获得1230多亿元的订单，北斗卫星导航已经推向国际海事应用。2013年我国高新技术产品出口6600亿美元，占出口总额的22.1%。此外，我国的特高压、清洁煤炭、数控机床等新技术和新产品已具有技术优势和较高性价比，正在形成新的出口空间。

第三，从消费看，创新驱动带来新就业，释放社会需求。就业是最大的民生，有就业才会有消费。近年来我国产业结构调整中坚持战略性新兴产业与服务业发展双轮驱动，实现了在增速下降情况下，城镇就业不降反升，新产业、服务业和创新创业发挥了重要作用。新兴产业和现代服务业的增速，不仅能弥补传统产业的降幅，还能带来产业升级和转型。同时，随着科技体制改革的推进，用政府全力“减法”换取创新创业的“乘法”，市场配置资源的决定性作用正在发挥出来。中关村的创新试点政策正在向全国推广，种子基金、技术市场等方式，使一大批科技型中小企业茁壮成长。我们相信，随着我国各领域的全面深化，市场和社会活力将进一步激发出来，高校毕业生双向选择、自主就业和创业积极性将进一步增长，大众创业、

万众创新的社会氛围将逐渐形成。

同志们,主动适应、积极引领新常态是科技创新工作在新时期面临的一次重大考验,更是科技发展的重大机遇。科技创新一定要实实在在地转化为新产品,形成新产业,创造新需求,引导新消费,在结构调整和支撑发展上体现新作为,做出新贡献。

放眼世界,新科技革命和产业变革背景下,世界各主要国家都在抢抓创新机遇,强化创新战略部署。德国整合政府和产业界的力量实施"创新德国"高科技战略,合力推动实施工业4.0计划;美国跨部门组织实施脑科学、大数据等专项计划;欧盟在整合三大研发计划的基础上推出地平线2020计划。因此,我们必须要有全球视野,强化科技创新一体化实施,牢牢掌握新赛场、新规则变换的机遇,掌握战略主动权。为此,在推动创新上,我们的工作思路上应该实现三个转变:

一是战略布局要从"小局"向"大局"转变。既要立足科技自身发展,着力提升原始创新能力;又要立足全局,推动科技全面融入经济社会主战场,特别是要聚焦国家重大战略需求,强化部署,统筹资源,切实增强创新在发展大局中的核心关键作用。

二是依托力量要从"小众"向"大众"转变。既要充分发挥高等院校、科研院所的骨干和引领带动作用,激励人才,保护创新,促进转化;又要充分发挥企业的技术创新主体作用,面向社会大众,不拘一格支持个人创业和"草根创新",形成全社会创新竞相涌流的新局面。

三是资源配置要从"小投入"向"大投入"转变。既要围绕创新链配置好财政科技资源,又要创造性地综合运用各类政策工具,引导全社会资源向科技创新集聚,形成财政资金、金融资本、社会资本多方投入科技创新的新格局,推动创新链、产业链、资金链的有机衔接(例如,去年的中国创新创业大赛就吸引了8759家企业、3746个团队参与,银行授信超过185亿元)。

江苏是创新驱动发展战略的先行者,在新常态下,江苏一定要把自己置身于全面深化改革的大格局中,置身于创新驱动发展的大战略中,置身于抢占新赛场、新规则的大形势中,顺势而为,争取更大成绩。

二、抓住苏南国家自主创新示范区建设机遇,发挥更大的集聚辐射引领作用

批复苏南自主创新示范区有其特殊意义。它是第一个由8个高新区加上苏州工业园区组成的跨区域的自主创新示范区,是"城市群"组成的创新示范区。我们考虑,苏南自主创新示范区有三个示范意义:

一是依托了原本就有较强综合实力和创新产业集中度高的国家高新区建设,有集成创新的优势,也有需要打破行政区划推动综合改革的考虑。

二是结合了国家重大区域发展战略,在区域创新上是新探索。在"长江经济带"上,苏南是重要一环,苏南自主创新示范区对推动长江经济带发展、加快区域转型升级上将有新作为。

三是苏南区位优势突出,可以进一步强化示范区的引领、集聚、辐射作用,形成可复制、可推广的经验和做法,打造自主创新示范区发展的新样本,塑造中国特色自主创新示范区和区域创新体系建设的新标杆!

建设苏南自主创新示范区是党中央、国务院赋予江苏的新使命。苏南是我国科教资源最丰富、经济最发达、现代化程度最高的地区之一。国务院批准建设苏南示范区,是党中央、国务院对苏南发展的肯定,也是新期望,是江苏改革创新面临的新机遇,也是江苏为全国创新发展探路的新使命。

苏南示范区要举好第一个"城市群联合创新"的旗帜,积极优化创新创业生态,探索新体制机制和新模式,为其他区域的发展提供成功范例和鲜活经验。这是党中央、国务院赋予苏南的重大历史责任。

建设苏南自主创新示范区是加快实施创新驱动发展战略的新起点。江苏的经济发展有3个很显著的特征:一是县域经济发达,民间资本和市场非常活跃。二是开放程度高,全球视野吸纳和集聚人才及技术。三是体制机制活,在新型研发机构建设、科技金融改革、科技成果转化等方面都走在全国前列,进行了成功探索。

这些特点与省委、省政府的勇于担当、大胆作为有很大关系。批复建设苏南自主创新示范区，是苏南创新发展的新里程碑，也是江苏创新发展的新里程碑，希望江苏特别是苏南五市要深刻领会批复精神，充分发挥基层首创精神，加快落实各项改革任务，作出新的改革表率，努力把苏南示范区建设成为创新发展引领区、深化改革试验区、区域一体化先行区和具有国际竞争力的创新型经济发展高地。

第一，要做好与国家创新驱动发展战略的衔接。国家正在加快制定创新驱动发展战略的顶层设计，今年又是“十二五”收官和“十三五”规划布局的开局之年。苏南示范区要密切关注国家的顶层设计，与国家“十三五”发展规划、长江经济带发展战略做好对接，积极做到主动作为、创新引领，加快打造出带动江苏、带动长江经济带发展的新引擎。

第二，要做好国家深化科技体制改革的衔接。总书记要求的“四个对接”核心就是要深化改革，促进科技经济紧密结合。在这方面，2014年国家出台了一系列科技体制改革重大举措，包括国家科技计划管理改革、科研设施和仪器共享、国家科技报告制度和创新调查制度等。今年要抓好这些改革的落地落实，苏南示范区要在改革落地上作出表率。特别是，应用好江苏市场经济发达的优势，积极发展“众创空间”，降低创新创业门槛，完善创业投融资机制，推动土地利用上的集约节约和创新空间上集聚联动，让年轻人的奇思妙想与市场需求充分对接，从铺天盖地的初创企业中培养出顶天立地的“小巨人”。

第三，要做好新常态下新兴产业和新创新模式的承接。要加强区域创新一体化布局，建立市场化运作与政府宏观引导相结合的统筹协调机制，促进人才、资本、信息等创新要素资源的合理流动，推动创新要素的合理流动和高效组合，提升苏南培育和承接国际产业的能力。

科技部将一如既往地支持江苏的创新驱动发展，支持苏南自主创新示范区和江苏创新型省份建设。我相信，在我们的共同努力下，在江苏各级党委、政府的带领下，江苏的创新驱动发展一定会取得更加辉煌的成绩，为建设经济强、百姓富、环境美、社会文明程度高的新江苏提供更加强大的保障和引领，为加快创新型国家建设作出更大贡献。

在深入实施创新驱动发展战略暨建设苏南国家自主创新示范区工作会议上的讲话

中共江苏省委书记、江苏省人大常委会主任　罗志军

（2015年2月12日）

在省“两会”刚刚结束、今年工作展开布局之际，省委、省政府召开这次会议，主要是全面贯彻党的十八大和十八届三中、四中全会精神，认真落实习近平总书记系列重要讲话特别是视察江苏重要讲话精神，对推动经济发展迈上新台阶、深入实施创新驱动发展战略、推进苏南国家自主创新示范区建设作出部署，这对于江苏当前乃至未来发展具有先导性、全局性、决定性意义。会前，我们在调查研究基础上召开了省委常委会，研究出台了相关政策文件。刚才，我们隆重表彰了2014年

度国家和省科学技术奖获奖者,就是要树立鲜明导向,弘扬创新精神,激励广大科技工作者为推动科技进步和经济社会发展作出更大贡献、实现更大作为。全国政协副主席、科技部部长万钢同志亲临会议并作了重要讲话,充分肯定了我省科技创新取得的进展和成效,深刻阐述了实施创新驱动发展战略的目标思路,对苏南国家自主创新示范区建设提出了殷切希望,讲话内容丰富,听了很受启发、倍受鼓舞,我们要认真学习领会,抓好贯彻落实。下面,我讲几点意见。

一、以总书记视察江苏重要讲话精神为引领,大力推进创新驱动发展

去年底,习近平总书记视察江苏并发表重要讲话,发出了"迈上新台阶、建设新江苏"的动员令,同时联系参加南京大屠杀死难者国家公祭仪式,阐述了落后就要挨打,最根本的落后是科技落后的深刻道理,要求江苏大力推进创新驱动发展。总书记的重要讲话,不仅为江苏未来发展指明了前进方向,而且为我们实现目标任务指出了根本路径,为我省新时期科技创新发展提供了根本遵循、增添了强大动力。**建设新江苏,实现经济强,不仅要看规模总量,更要看科技含量。**按照总书记最新要求,努力建设经济强、百姓富、环境美、社会文明程度高的新江苏,经济强处于首要位置。从国家层面上,总书记强调指出,一个国家是否强大不能单就经济总量大小而定,一个民族是否强盛也不能单凭人口规模、领土幅员多寡而定。科技实力决定着世界政治经济力量对比的变化,也决定着各国各民族的前途命运。对一个省域来说,同样如此。经过改革开放30多年的高速增长,我省经济发展取得巨大成就,总量已超过1万亿美元,按照世界银行的划分标准,已接近高收入国家和地区平均发展水平,论规模总量,在全球经济体中能排到前十几位,无疑是名副其实的经济大省,但还存在"大而不够强""快而不够优"的问题,还不能算得上真正的经济强省。过去,江苏借力乡镇企业异军突起、开放型经济蓬勃发展,先后实现"由农到工""由内到外"两次大的转型,当前正在经历"由大到强"的第三次转型,很重要的标志就看是不是有强大科技创新能力,能不能掌握核心关键技术,这是必须跨越的一道坎,是艰巨而紧迫的历史重任。只有加快科技创新步伐,依靠科技强,才能实现经济强,为百姓富、环境美、社会文明程度高提供有力支撑,为建设新江苏打下坚实基础。

经济发展迈上新台阶,根本出路在于创新,关键要靠科技力量。总书记指出,实现"两个率先",必须把经济发展抓好,这是摆在江苏面前的一场硬仗。这场仗怎么打?关键还是转方式、调结构。当前经济发展进入新常态,表现出的是增长速度的换挡,根本出路是增长动力的转换,加快从要素驱动、投资驱动向创新驱动转变。新常态下我们既要保持中高速增长,又要向中高端水平迈进,取决于动力接续的进展,取决于培育新增长点的实效。近年来,江苏按照调高、调轻、调优、调强的思路,在结构调整方面取得了新的进展,但总体上看,我省产业结构仍然处于产业结构链条的中低端,资源环境约束更加明显,传统比较优势趋于弱化,依靠要素成本优势驱动、大量投入资源和消耗环境的经济发展方式已经难以为继,对科技创新提出更紧迫需求,也形成更强大倒逼机制。顺应新常态下宏观环境条件新变化,必须把创新驱动这个核心战略摆到核心位置,把自主创新作为未来发展的"关键一招"、最大"绝招",强力推动以科技创新为核心的全面创新,通过产业化创新培育形成新增长点,通过产品创新开辟新的市场空间,通过生产组织方式创新和工艺创新适应需求变化趋势,通过体制机制创新提高资源配置效率,提升科技进步对经济增长的贡献度,形成新的增长动力源,推动经济持续稳步发展、迈上新的台阶。

推进"两个率先",重要方面是科技改革创新,必须只争朝夕、抓出实效。总书记强调,江苏科教资源丰富,研发力量雄厚,是创新型省份建设试点省,又是苏南自主创新示范区,要用好这些优势和机遇,以只争朝夕的紧迫感,切实把创新抓出成效。这是对江苏的殷切希望,也是我们肩负的重大责任。当前,新一轮科技革命和产业变革正在孕育兴起,世界主要国家都在寻找科技创新的突破口,抢占未来经济科技发展的制高点。这与我省加快转变经济发展方式形成交汇,为我们实施

创新驱动发展战略提供了难得的重大机遇。要坚持从增强自主创新能力和深化科技体制改革两个方面同步发力,既要牢牢把握科技进步大方向、产业革命大趋势,采取更加积极有效的应对措施,超前部署、奋起直追,下好先手棋、打好主动仗,全面增强自主创新能力,掌握新一轮全球科技竞争的战略主动;又要面向世界科技前沿、面向我省重大需求、面向国民经济主战场,精心设计和大力推进改革,让市场真正发挥配置创新资源的决定性作用,让企业真正成为创新的主体,让全民创业万众创新动能充分释放,最大限度解放和激发科技作为第一生产力所蕴藏的巨大潜能,努力在实施创新驱动发展上走在前列、作出贡献。

江苏历届省委、省政府高度重视科技创新与发展,"十二五"以来,我省率先提出并大力实施创新驱动核心战略,深入推进科技创新工程,创新型省份建设实现重要跃升。科技综合实力显著提升,全社会研发投入比重超过2.5%,大中型工业企业研发机构建有率达88%,入选国家"千人计划"480人,区域创新能力连续六年位居全国首位。科技体制改革不断深化,区域创新体系建设步伐加快,基层创新创造活力得到激发,省产业技术研究院建设取得积极成效。知识产权工作取得重大进展,创建全国唯一的"实施知识产权战略示范省",知识产权综合发展指数年均增长率居全国第一。科技对经济社会发展支撑引领作用日益增强,科技进步贡献率年均提升1个以上百分点、达到59%,新能源、生物医药、移动通信等领域涌现一批先进技术成果,云计算、3D打印、石墨烯、未来网络等方面加快技术前沿创新,带动战略性新兴产业、高新技术产业快速发展,科技在南京青奥、基础设施、生态环保、社会管理、民生改善等重大活动和重大工程中发挥了强有力的支撑作用。但也要清醒看到,与转型发展的紧迫需求相比,与发达国家和先进省市相比,我省创新投入、创新能力、创新效率和创新体系建设仍有差距,特别是科技与经济相互脱节现象依然存在,科技投入产出不够匹配,产学研用结合不够紧密、科技成果考评标准不够科学、科技创新体制机制不够适应等问题比较突出。要把创新驱动发展作为面向未来的核心战略一以贯之、长期坚持,增强创新自信与创新自觉,推进科技创新工程取得更大突破,让创新成为江苏发展的鲜明特质和时代最强音。

当前,江苏进入建设创新型省份的决定性阶段,要紧紧围绕"两个率先"光荣使命,牢牢把握"迈上新台阶、建设新江苏"目标定位,以科技创新工程为总抓手,大力推进以科技创新为核心的全面创新,强化科技同经济对接、创新成果同产业对接、创新项目同现实生产力对接、研发人员创新劳动同其利益收入对接,大幅度提高自主创新能力,着力构建适合创新驱动发展的体制机制,加快实现经济社会发展从要素驱动、投资驱动向创新驱动的根本转变。到2020年,自主创新能力显著增强,创新资源配置效率显著提升,经济发展质态显著优化,科技促进社会发展水平显著提高,创新型省份建设取得重大进展,主要创新指标力争达到创新型国家和地区中等以上水平,成为全球有影响的产业科技创新中心,创新成为经济社会发展的主要驱动力。

二、紧扣推动经济发展迈上新台阶,提升科技创新能力和产业竞争力

根据今年工作安排,省委、省政府将围绕总书记提出的推动经济发展迈上新台阶,分别召开三个专题会议进行部署安排,今天这个会议是第一个。要深刻领会、准确把握总书记提出的科技创新重点任务和目标要求,联系江苏省情实际和工作实际,推进科技创新重点领域和关键环节更大突破,从整体上提升江苏科技创新能力和产业竞争力。

企业与市场离得最近,对市场需求、技术发展最为敏感。要毫不含糊地把增强企业创新能力作为实施创新驱动发展战略重中之重的任务,进一步推动创新资源、创新政策、创新服务向企业集聚,支持有条件的创新型企业承担重大科技攻关任务,支持骨干企业建立高水平研发机构,支持企业加大先进技术收购引进、消化吸收和再创新,着力培育以高新技术企业为骨干的创新型企业集群。千千万万科技型中小企业是创新发展的生力军。美国每年60%以上的发明专利、80%左右的新产品来自中小企业,欧盟中小企业人均创新成果

是大企业的两倍,以色列中小企业科技投入产出比达1:5,远高于大企业。要重视民营企业和中小微企业的创新活动,探索符合科技型中小企业成长规律和特点的新型科技金融产品、组织机构和服务模式,提供更多便利、灵活、可及的支持,发现培育更多“科技小巨人”。要加大国有企业改革力度,支持其发挥资本优势进入创新领域,培育世界级企业和产业。只有把企业的技术创新与科研院所的基础创新有机结合起来,才能产生实际效益、具有现实意义。要推进产学研深度融合,构建产业技术创新战略联盟,实现企业、高校、科研院所“优势叠加”,产业链、资金链、技术创新链“多重融合”,打通产、学、研、用各方创新合作通道,突破创新成果进入生产生活“最后一公里”问题,加快科技成果向现实生产力转化。

科技创新既要“出新成果”,也要“用新成果”,必须与经济发展更加紧密结合起来,把创新成果变成实实在在的产业活动。要坚持把产业结构调整作为创新驱动发展的主攻方向,紧紧依靠科技创新推动产业向价值链中高端攀升,着力构建具有国际竞争力的现代产业体系。国际金融危机以来,欧美各国纷纷提出再工业化,生产方式呈现智能化、服务化、定制化,生产者与消费者、工业企业与互联网企业、制造业与服务业边界日益模糊,这种变化正在成为大的趋势、引领新的发展。要顺应新一轮科技产业革命趋势,进一步突出先导性和支柱性,动态优化、大力发展战略性新兴产业,推进云计算、大数据、物联网等领域产业化开发,聚焦重大项目、重大载体、重大示范工程,着眼技术瓶颈组织重大科技攻关,布局一批产业科技创新中心,着力形成新兴产业先发优势规模优势。以新一代信息网络技术为依托的互联网经济,不仅成为一种高成长性新兴业态,而且作为一种渗透性要素,深刻改变产业发展理念、技术路径、经营方式和商业模式,对传统发展方式带来革命性甚至颠覆性的影响。江苏制造业规模大、传统产业比重高,要推动信息化和工业化深度融合,加大技术改造力度,促进互联网、智能制造、节能环保等先进适用技术推广应用,促进传统产业升级和重点产业振兴,提升江苏产业整体素质。

人才是科技创新最关键的因素,创新驱动本质上是人才驱动。江苏是人力资源大省,也是智力资源大省,近些年我们大力实施“高层次创新创业人才引进计划”,各地也制定了专项引才计划,有不少已成为知名的引才品牌。但人才结构性矛盾仍然比较突出,世界级科技大师缺乏,领军人才、尖子人才不足,工程技术人才培养与生产、创新实践脱节。要把人才资源开发放在科技创新最优先的位置,深入实施科教与人才强省战略,加大人才培养开发力度,特别是注意培养既通科技、又懂市场的复合型创新人才,加快形成一支规模宏大、富有创新精神、敢于承担风险的创新型人才队伍,着力打造高层次创新创业人才高地。提高人才培养质量,遵循人才成长规律,加强科教结合,完善人才梯队。加大招才引智力度,敞开大门,择天下英才而用之,更多吸引高端人才和领军人才。大力支持人才创新,加强人才服务体系建设,用好评价激励“指挥棒”,营造有利于人才辈出、人尽其才、才尽其用的政策环境,充分释放创新人才的智慧资源和创造潜力。

没有好的机制,投的钱再多,吸引的人才再多,也难以出好的创新成果。如果说科技创新是推动发展的新引擎,那么改革就是点燃这个新引擎必不可少的点火系。多年来,科技成果向现实生产力转化不力、不顺、不畅的痼疾,重要的症结就在于科技创新链条上存在诸多制度关卡。要解决这个问题,就必须加快科技体制改革步伐,破除束缚创新驱动发展的体制机制障碍,加快构建有利于出创新成果、有利于创新成果产业化的新机制。市场是社会需求的风向标,打通科技和经济社会发展之间的通道,就是要让市场成为配置创新资源的决定力量,在市场竞争中激发有价值的科技创新,推动技术创新成果扩散,转化为强大的社会生产力。要顺应新形势下产业技术路线更加多变、商业模式更加多样的趋势,具体创新活动放手让市场“说话”、让企业发力。政府要加快转变职能,把主要精力放到抓宏观、抓前瞻、抓基础、抓重点、抓环境上来,完善科技创新管理,优化科技政策供给,保障公平公正竞争,发挥好“推手”作用,为科技创新之树“施肥增养”让科技创新在市场的“沃土”中不断结出累累硕果。省产业技术研究院在科技体制改革上迈出了重要一步,要继续发挥好“试验田”作用,进一步创新机制和模式,通过市场化手段,有效集聚创新资源、服务企业研发活动、引领新兴产业发展,探索新型研究院发展之路,打造江苏科技体制改革特色品牌。

创新需要开放,封闭只能落后。江苏是经济大省、科技大省,同时也是开放大省,这是我们的特色优势。在经济全球化和扩大开放的背景下,我们尤其需要不断提高科技开放合作的深度和广度,善于充分利用国内外两种资源,注重借鉴各国发展科技的先进经验,在更高起点上提升我省科技创新能力。这些年,我省已与美国、英国、芬兰、以色列等创新型国家建立产业研发和技术合作机制,取得明显成效。要进一步加强科技创新国际交流合作,建立多层次、多渠道科技创新合作体系,从资源利用、研发活动、成果运用等方面,健全产业技术创新国际合作机制,拓展与创新型国家之间的产业研发合作,加快建设知识产权国际合作载体,促进国际创新资源和我省创新需求有效对接。抓住用好全球技术多极化和国际合作多样化机遇,大力吸引跨国公司在我省设立全球性或区域性研发中心,吸引海外优秀人才到江苏创新创业,把一流技术和先进经验带回来,把一流人才和先进装备引进来。在深化政府间科技合作的同时,鼓励和支持科技机构和企业“走出去”,鼓励企业并购、合资、参股国际研发企业或设立海外研发中心,积极参与国际技术标准、创新联盟、品牌组织,加快提高科技创新能力和国际竞争力。

三、抓住用好苏南国家自主创新示范区重大机遇,积极探索中国特色自主创新现实路径

去年10月,国务院批复设立苏南国家自主创新示范区,这是党中央、国务院着眼创新驱动发展全局作出的一项重要决策。总书记在视察江苏重要讲话中特别指出,“这是我国首个以城市群为基本单元的自主创新示范区”,对我们建好示范区寄予厚望。苏南地处长三角核心区,是科教资源最丰富、经济社会最发达、现代化程度最高的地区之一,具备建设自主创新示范区的良好基础和条件,当前也到了不加快创新就难以实现进一步发展的关键阶段。建设国家自主创新示范区,对于苏南破解发展瓶颈、加快转型升级、探索基本现代化路径具有重大而深远的意义。要树立强烈的机遇意识、责任担当意识,把自主创新示范区作为建设苏南现代化示范区的核心内容和重大任务,充分发挥苏南科技人才优势和开发开放优势,积极探索示范区建设新路子,为创新驱动发展提供可复制可推广的成功案例和实践经验,为创新型国家建设作出新贡献。

目标定位上,要聚焦“三区一高地”。就是建设创新驱动发展引领区、深化科技体制改革试验区、区域创新一体化先行区和具有国际竞争力的创新型经济发展高地。要坚持以企业为主体、市场为方向、园区为载体、开放为特色,建设高水平创新型园区,培育高成长性创新型企业,发展高附加值创新型产业集群,打造国际化开放创新高地;坚持通过改革破除体制机制障碍,率先落实推广好中关村政策,在深化科技体制改革、建设新型科研机构、科技资源开放共享、区域协同创新等方面大胆探索,充分激发各类创新主体活力;坚持创新一体化发展要求,统筹重大科技设施建设,完善开放高效的科技要素市场,建立协调统一的科技管理平台,提升区域创新体系整体效能。到2020年,实现示范区自主创新能力大幅提高,科技体制改革取得重要突破,创新一体化发展格局基本形成,辐射带动作用显著增强,成为具有国际影响力的产业科技创新中心和创新型经济发展高地。

战略步骤上,要统筹“三个层面”。苏南国家自主创新示范区,核心区包括8个国家高新区和苏州工业园区,建设范围广、覆盖城市多。要根据国家总体要求,结合苏南自身特色,由点到面、分层推进。第一层面,全力以赴建设一流高新区。要把高新区作为建设苏南国家自主创新示范区的主阵地、主战场,立足“高”、突出“新”,进一步解放和发展高新区,不断提升自主创新能力和引领发展能力,使高新区成为带动创新驱动发展的强大引擎。第二层面,全面提升城市自主创新能力。要发挥高新区核心载体作用、龙头带动作用,放大辐射示范效应,把城市科技、人才、知识、文化等创新要素整合起来,在科技创新投入、科研基础设施、高端创新人才等方面不断积累优势,加快推进创

新型城市建设。第三层面,着力构建区域整体创新优势。围绕创新一体化布局和产业特色发展,加强科技资源整合集聚、开放共享,推动创新要素自由流动、合理配置,促进科技创新分工协作、错位融合,强化区域创新协同效应,从整体上提升苏南自主创新能力和综合竞争力。

保障措施上,要集成"三方合力"。国务院正式批复苏南国家自主创新示范区,意味着苏南自主创新上升到国家战略层面,也需要国家、省里以及苏南各方联动发力。国务院明确,成立由科技部牵头的部际协调小组,协调各有关部门支持苏南建设国家自主创新示范区,推进落实相关政策措施,研究解决发展中的重大问题,在重大项目安排、政策先行先试、体制机制创新等方面给予积极支持。要加强对上沟通对接,做好政策落实衔接,积极争取国家相关部门加强对示范区建设的指导和支持。为推进示范区建设,省里专门成立了领导小组,设立了专项资金。领导小组要充分发挥作用,加强统筹协调和整体谋划,优化整合相关资金,强化对重大科技创新载体建设、科技金融发展等方面的支持,促进重大科技成果转化和产业项目发展。苏南五市及国家高新区也要建立相应组织领导机构,细化完善配套措施,制定具体推进方案,明确"路线图"和"时间表"。要强化责任落实,开展绩效评估,加强督促检查,有力有序推进示范区建设。

四、深化推进科技创新工程,把创新驱动发展战略落到实处

自2011年起,省委、省政府部署实施科技创新工程,全省各地高度重视,确定工作目标,落实重点任务,加大考核力度,推进工程实施取得重大进展,监测统计指标全部达到或超过时序进度。今年是两个五年规划承启之年,实施科技创新工程也到了重要时间节点。谋划"十三五"发展,科技规划必须先行一步。要对照总书记对江苏工作最新要求,找准薄弱环节,完善思路举措,加大工程实施力度,确保完成既定目标任务。在此基础上,要面向我省未来发展,结合"十三五"规划编制,抓紧研究提出丰富拓展科技创新工程总体方案,明确实施思路、目标任务和保障措施,加强重大项目、重大工程、重大任务布局,确定创新型省份建设决胜阶段的战略部署,为我省"十三五"科技改革发展打好基础。在深入组织实施科技创新工程的进程中,要特别重视遵循规律、多措并举,构建科学规范、富有效率、充满活力的创新创业生态,营造良好的科技改革发展环境。

一是抓好政策落地生效。近年来省委、省政府先后出台了一系列推进科技创新的政策措施,这次又制定了几个政策意见。相关部门要加强政策衔接,明确职责分工,认真抓好落实,在财政、金融、人才、服务等方面同步跟进,形成推进协同创新的整体效应,切实解决科技创新分散封闭、交叉重复等"碎片化"问题和"孤岛"现象。总书记在视察江苏重要讲话中强调,要舍得下本钱,宁可在其他方面紧一紧,也要拿出钱来搞创新。要坚持把科技投入作为战略性投资,加大财政资金投入力度,引导企业增加创新投入,鼓励社会资金投向创新研发,完善金融机构和资本市场支持创新的体制机制,形成多元化、多渠道的创新资金投入体系。一些企业反映,给政策、给资金固然重要,但其他方面比如新产品市场开拓上的扶持更有价值。要推动科技政策与产业目录、市场准入等法规政策相衔接,在政府采购、产品推介方面给予创新产品更多支持,在鼓励科技人员、促进科技成果转化等方面拿出有效管用、切实可行的办法。我省三大区域发展梯度特征明显,创新资源禀赋也各有特色和优势,要注重发挥苏南自主创新示范区的辐射带动效应,通过产业梯度转移、合作共建科技园区、打造跨区域产学研联盟等方式,推动创新政策、创新经验向苏中苏北复制扩散,促进创新资源合理流动、优化配置,提升区域创新整体水平。

二是强化法规制度保障。实践证明,创新活动具有很大市场和技术不确定性。如果一个地方知识产权意识淡薄、社会信用制度缺失甚至假冒伪劣泛滥,创新活动就难以持续有效开展。这次会上,省委、省政府专门出台了知识产权强省建设《意见》,各地各部门要把知识产权制度作为创新驱动发展的基本制度,予以高度重视,全面抓好落实。要进一步加大知识产权保护力度,从流通领

域向生产领域延伸,从单一部门向综合管理拓展,从专项执法向常规执法转变,形成有利于知识产权创造和运用的良好氛围。引导企业加强知识产权保护意识,大力培养专业人才,有效应对知识产权纠纷,提高运用知识产权的能力水平。要把弘扬创新精神与倡导法治理念结合起来,更多用法治思维和手段支持全社会创新实践,建立公开透明的市场规则,为广大科技人员和创新主体创造公平竞争条件,使创新活动在法治框架内有更广阔的空间。

三是营造良好创新环境。在新一轮科技产业革命加速演进的形势下,我们正迎来以开放式、大众化、共同创新为显著特征的时代,必须着力形成有利于大众创业、万众创新的浓厚氛围,使创新成为全社会共同的价值追求。要加强创新文化建设,大力弘扬"三创三先"新时期江苏精神,发扬敢闯敢试、勇于创新、开放包容、崇尚竞争的创新精神,用创新文化孕育创新事业,以创新事业激励创新文化。尊重群众首创精神,支持基层大胆实践,积极发展"众创空间",鼓励创新,宽容失败,让全社会创造活力竞相迸发、创新源泉充分涌流。大力宣传重大科技创新成果、模范创新创业人才和创新型企业典型,及时总结群众创新经验,发挥示范引领作用,在全社会形成关注创新、支持创新、投身创新的生动局面。

科技肩负重托,创新成就未来。让我们紧密团结在以习近平同志为总书记的党中央周围,锐意进取,勇于创新,真抓实干,强力推进创新驱动发展战略,奋力开创江苏科技改革发展新局面,为实现"迈上新台阶、建设新江苏"目标作出新的更大贡献!

在深入实施创新驱动发展战略暨建设苏南国家自主创新示范区工作会议上的讲话

中共江苏省委副书记、江苏省省长 李学勇

(2015年2月12日)

省委、省政府召开这次会议的主要任务,是贯彻落实习近平总书记视察江苏时的重要讲话精神,从建设新江苏的全局高度,全面部署深入实施创新驱动发展战略,加快建设苏南国家自主创新示范区。习近平总书记去年12月视察江苏时,殷切希望我省认真落实中央决策部署,紧紧围绕"两个率先"光荣使命,协调推进"四个全面",力争在五个方面迈上新台阶,努力建设经济强、百姓富、环境美、社会文明程度高的新江苏,为我们做好各项工作提供了根本遵循和行动指南。总书记强调,实现"两个率先",必须把经济发展抓好,这是摆在江苏面前的一场硬仗。这场仗怎么打?关键还是转方式、调结构。总书记要求我们用好科教资源丰富、研发力量雄厚和创新型省份建设试点省、苏南国家自主创新示范区等优势和机遇,以只争朝夕的紧迫感,切实把创新抓出成效。学习领会总书记重要讲话精神,我们深感,创新驱动是建设新江苏的强大动力,转型升级是迈上新台阶的关键之举。面对"迈上新台阶、建设新江苏"的使命和任务,面对经济发展新常态带来的趋势和变化,面对全球新一轮科技革命与产业变革孕育兴起的机遇和挑战,我们必须更加注重经济发展的质量和效益,必须更加突出发展动力机制的转换,必须更加坚定不移地把创新驱动作为经济社会发展的核心战略。刚才,万钢部长作了重要讲话,志军书记提出了明确要求,大家要认真贯彻落实。

下面,我讲几点意见。

一、"十二五"以来创新型省份建设取得重要进展,科技创新主要指标实现跃升

省委、省政府历来高度重视科技进步与创新工作,坚持把科学技术放在优先发展的战略位置,有力促进了科技第一生产力的大发展。进入"十二五",我们认真贯彻中央决策部署,在科技部等国家部委指导帮助下,大力实施创新驱动核心战略和科教与人才强省基础战略,着力推进科技创新工程,加快建设创新型省份。我省区域创新能力已连续6年位居全国首位,年度国家科学技术奖获奖数保持全国前列,科技进步对经济增长贡献率达59%,科技创新正在成为经济社会发展的强大驱动力。与"十一五"期末相比,十大类指标实现了较大幅度的跃升。一是创新投入方面,全社会研发投入达1630亿元,是2010年的1.9倍;占地区生产总值的比重达2.5%,比2010年提高0.4个百分点;企业科技创新减免税超过250亿,增长1.3倍。二是企业创新方面,大中型工业企业研发机构建有率超过88%,增加52个百分点;高新技术企业超过7700家,翻了一番;企业技术改造投入超过9800亿元,增长80%以上。三是产业创新发展方面,高新技术产值超过5.7万亿元,增长88.7%;战略性新兴产业销售收入超过4.3万亿元,翻了一番。四是产学研合作方面,"校企联盟"超过1万家,与江苏企业开展合作的科技人员达8万多人,均翻了一番。五是创新载体方面,国家高新区达14家,国家大学科技园达15家,国家创新型试点城市达10个,均居全国第一位;国家级研发机构达150家,增长60%。六是知识产权方面,发明专利申请量达14.7万件,增长2倍;万人发明专利拥有量达10.24件,翻了两番;知识产权综合发展指数列全国第二位。七是创新人才方面,研发人员达68万人,增长67%;从事科技活动人员超过100万人;累计引进海外高层次人才1.5万多人;人才竞争力上升至全国第二位。八是技术市场交易和科技服务业方面,技术合同成交额超过650亿元,翻了一番;科技服务业收入超过1000亿元,增长2倍;科技企业孵化器面积近3000万平方米,增长84%;创业投资资金规模超过1750亿元,增长2倍。九是基层科技方面,基层创新活跃程度不断提高,累计选派2666人次"科技镇长"到全省96个县(市、区)的700多个乡镇、街道和开发区任职;全国科技进步先进县(市、区)达54个,占全省县(市、区)总数的55%。十是开放创新方面,建有外资研发机构616家,翻了一番;国家级国际科技合作基地达33个,增长83%。科技综合实力的不断提升、科技创新产出的持续增加,为在转型升级中实现经济持续稳步发展和社会文明进步提供了有力支撑和引领。

工作中,我们着力抓了6个方面:一是摆上核心位置。坚持把创新驱动作为发展全局的核心战略,加强整体部署,明确发展重点,落实关键举措,凝聚各方力量全力推进。各级党委政府对科技进步与创新重要性的认识不断深化,自觉将创新驱动贯穿于经济社会发展的各个领域和各个方面,实施创新驱动发展战略、建设创新型省份在全省形成广泛共识。从近年来13个省辖市的市委全会工作报告和政府工作报告来看,创新驱动发展的内容都摆在突出位置。二是把握主攻方向。聚焦转型升级,按照"高轻优强"调整产业结构的要求,突出科技支撑,强化高端引领,围绕产业链部署创新链,突破关键核心技术,加大科技成果转化应用力度,加强重大创新产品应用示范,努力打造竞争力强的现代产业体系。三是强化企业主体。实施科技企业培育"百千万"工程、"万企升级"行动,努力将创新资源引入企业、技术研发机构建在企业、科技服务覆盖到企业、创新政策落实到企业,提升企业创新能力和内生发展动力,加快构建以企业为主体、市场为导向、产学研相结合的技术创新体系,培育更多高新技术企业和创新型领军企业。四是促进协同创新。建立"两部一省"协同创新机制,实施高校协同创新计划,加强产学研合作平台建设,设立产学研联合创新资金,加大"科技镇长团"选派力度,推动企业、高校、科研院所深度合作。五是突出人才支撑。实施重大人才工程,加快培养高层次创新创业人才、高水平管理人才、高技能实用人才,引进更多领军型人才和创新团队。鼓励人才自由流动组合,支持人才深入基层和企业开展服务,探索建立与贡献相匹配的创新

收益制度。六是优化创新环境。鼓励先行先试，深化科技体制改革，做好国家首个促进科技金融结合试点省工作，推进实施知识产权战略示范省建设。强化基层基础，加强分类指导，合理布局资源，有力推动了苏南创新提升、苏中创新崛起、苏北创新突破。

二、认真贯彻落实习近平总书记重要讲话精神，更大力度实施创新驱动发展战略

江苏是经济大省，但总体上产业结构仍然处于产业结构链条的中低端，企业自主创新能力还不强。经过30多年的发展，支撑江苏经济发展的因素发生了深刻变化，资源环境约束不断加剧，人口红利已处于上限，不少深层次结构性矛盾凸显。发展动力机制需要加快转换，在新常态下大力推进创新驱动发展比以往任何时候都更加迫切。习近平总书记深刻指出，实施创新驱动发展战略，最根本的是要增强自主创新能力，最紧迫的是要破除体制机制障碍，最大限度解放和激发科技作为第一生产力所蕴藏的巨大潜能。我们要遵照总书记的重要指示，坚持从增强自主创新能力和深化科技体制改革两个方面同步发力，大力推进以科技创新为核心的全面创新，进一步打通从科技强到产业强、经济强的通道，实现创新、改革、增长三者之间的良性循环，推动经济社会发展由要素驱动、投资驱动向创新驱动的根本转变，使科技创新更多更有效地催生新产品、形成新产业、创造新需求、引导新消费，为新常态下实现经济行稳致远、提质增效升级提供新动源。

我们要从6个方面加大力度，全面提升自主创新能力。

（一）以强化主体地位为着力点，增强企业创新能力。采取更具针对性、实效性的举措，让企业真正成为技术创新决策、研发投入、科研组织和成果转化的主体。一要注重加强企业研发能力建设。坚持需求导向，建立健全技术创新的市场导向机制，引导企业围绕产业发展需求，进一步加强研发机构建设，扩展研发活动，提升研发水平，增强创新能力。二要大力推进产、学、研、用协同创新。促进企业与高校院所深度合作和产业链上下游的资源整合，探索适应不同需求的合作创新模式，加强产、学、研、用合作基地建设。三要着力培育创新型企业集群。建立覆盖企业初创、成长、发展等不同阶段的政策支持体系，加快形成以高新技术企业为骨干的创新型企业集群。大力培育具有国际竞争力和显著带动效应的领军企业，促进科技型、创新型中小企业持续大量涌现。四要不断优化企业创新环境。加大普惠性创新政策支持力度，完善优先使用创新产品和服务的政府采购政策，扩大企业在创新决策中的“话语权”，同时健全国有企业技术创新经营业绩考核制度，激发企业开展创新的主动性。依法保护企业家的财产权和创新收益，充分发挥其对创新的组织推动作用。

（二）以提质增效升级为目标，打造创新型产业集群。按照“高轻优强”调整思路，坚持高端化、高质量、高附加值取向，努力构建现代产业体系。一要使先进制造业和现代服务业成为现代产业体系的主干。选择工业化和信息化深度融合等领域，着力突破核心技术，促进先进制造业规模、质量、效益同步提升。拓展现代服务业，发展基于网络的数字化制造、内容服务、平台经济等新业态新模式。二要把战略性新兴产业做实做强做大。突出先导性和支柱性，改革技术创新组织形式，加大省产业技术研究院建设力度，同时优化技术创新载体布局，加快建设一批产业科技创新中心，主攻关键共性技术，引领支撑新兴产业发展。三要加快传统产业改造升级。运用高新技术和先进适用技术，有效拉长传统产业链条，增加附加值。加强农业技术研发、应用和关键技术集成创新，推动传统农业向现代农业转变。大力发展民生科技，让人民群众更多感受到科技进步带来的便利。

（三）以增加源头供给为重点，推动基础性前瞻性研究开发。针对产业创新缺乏基础支撑等问题，强化基础研究，加快提升原始创新能力。一要加强前瞻部署。坚持需求导向和产业化方向，在大数据、云计算、未来网络、高效能源、纳米和生物技术等领域重点部署，组织精干力量开展攻关，争取形成创新驱动发展的技术先发优势。二要发挥高校院所的创新源头作用。推进高校优势学科建设工程，实施协同创新计划，支持高校院所承担国家重大基础研究计划，努力创造具有国际水平的

原创性成果。三要推进载体和设施建设。争取一批国家重大科技基础设施落户,优化重点实验室布局,建设若干国际化、高水平的创新基地。

(四)以优化创新布局为基础,完善区域创新体系。一要促进区域空间布局优化。高起点建设苏南国家自主创新示范区,引导苏中地区更大力度集聚创新要素,深入实施苏北科技与人才支撑工程,打造产业技术创新带、沿海创新创业走廊。切实加强基层科技工作,提升创新型城市、创新型县(市、区)、创新型乡镇建设水平。二要发挥创新型园区的核心作用。引导高新区立足"高"、突出"新",切实增强自主创新能力和内生发展动力。支持各类开发区向创新型园区转型,统筹推进大学科技园、科技产业园和科技创业园建设。三要扩大区域创新体系的开放度。坚持"引进来"和"走出去"相结合,深化国际科技交流合作,注重以全球化视野整合利用创新资源,鼓励创新要素跨境流动,在扩大开放中增强自主创新能力。

(五)以集聚和用好人才为关键,突出创新人才的驱动作用。创新驱动本质上是人才驱动。一方面,要大力培养引进高层次创新创业人才。以产业发展为导向、企业需求为重点,集聚科技领军人才、高层次管理人才、高技能人才和创新创业团队,特别是既懂科技又通市场的复合型人才。加快培养一批具有全球眼光、开拓精神、创新能力的优秀企业家,不断提高现代经营管理水平和企业国际竞争力。另一方面,要积极推动科技大军下基层。进一步加强企业研究生工作站、院士工作站、博士后工作站等载体建设,充分发挥"科技镇长团"的桥梁纽带作用,加大"科技副总"选派力度,引导推动高校院所科技人员深入基层和企业,开展科技创新,转化科技成果,创办科技企业,提供科技服务。

(六)以满足创新需求为导向,强化科技支撑服务。一要延展科技创新服务链。重点发展研究开发、技术转移、创业孵化、知识产权、科技咨询、法律等专业科技服务和综合科技服务,加快建设科技服务业集聚区,促进科技服务专业化、网络化、规模化、国际化发展。二要加强科技服务平台建设。深入推动重点行业的科技服务应用,围绕战略性新兴产业和先进制造业的创新需求,建设公共科技服务平台;培育多元服务主体,创新服务模式,构建完善的科技服务体系。三要强化金融支持创新的功能。深入推进国家科技与金融结合试点省建设,发展新型科技金融机构,创新科技金融产品和服务,扩大科技金融风险补偿资金池,形成各类金融工具协同支持创新发展的良好局面。大力发展天使投资等创业投资,引导创业资本更多地投向种子期或初创期小微企业。

我们要从4个方面深化改革,努力构建适应创新驱动发展的体制机制。

(一)着力完善市场化的激励创新机制。发挥市场竞争激励创新的根本性作用,营造公平、开放、透明的市场环境,增强市场主体创新动力。一要完善相关产业政策。发挥要素价格倒逼作用,建立反映资源稀缺程度和市场供求关系的要素价格形成机制,促使企业从主要依靠消耗资源、低成本竞争,向主要依靠创新和品牌竞争转变。改革产业准入和监管办法,形成有利于产业转型升级、创新发展的鲜明导向。放宽市场准入限制,鼓励支持新业态、新模式发展。二要打破制约创新的行业垄断和市场分割。废除妨碍统一市场的规定和做法,通过扩大竞争,加快技术进步,提高生产效率。积极开展市场公平竞争审查,禁止不当补贴落后产能的行为。三要调整优化考评导向。建立鼓励产业技术进步的创新导向型政策体系和评价体系,构建以科技进步与创新为主要内容的干部考核评价机制。

(二)着力完善知识产权运用和保护机制。知识产权制度是创新驱动发展的基本制度,激励知识产权就是激励创新,保护知识产权就是保护创新。在健全知识产权运用机制方面,要强化企业主体地位,支持企业组建知识产权联盟,共同运用知识产权成果,形成合理的产业链和成果转化的群体优势。完善市场化知识产权运营机制,设立多种形式的知识产权运营公司,盘活知识产权资产,加快实现知识产权市场价值。加强分类指导,集成创新资源,着力培育专利密集型、商标密集型、版权密集型产业。在健全知识产权保护机制方面,要实行更加严格的保护制度,严厉打击侵权假冒违法行为,推进行政执法与司法保护的衔接,建立知识产权侵权违法档案和征信系统,健全多元化知识产权纠纷解决机制,切实解决知识产权侵权易、维权难问题。加强对国际知识产权制度和规则的研究,建立科学决策、快速反应、协同运作的涉外知识产权争端应对机制。

(三)着力完善鼓励创新的利益导向机制。一要坚持事业激励和物质激励相结合。完善科技人员股权和分红激励办法,让科技人员在科技成果转化过程中,通过技术股权收益、期权确定、在资本市场上的变现等方式增加合法收入,得到合理回报,实现自身价值。在这个问题上,我们的胆子可以大一点,步子可以快一点。二要改革科技成果处置办法。财政资金资助的科研项目形成的科技成果,其使用权、处置权和收益权下放给项目承担单位。国有科研院所、高等院校对其持有的科技成果,可自主转让、许可或作价投资,获得的收益归其所有。三要完善人才分类评价标准。实行科研岗位分类管理考核,对从事技术开发和科技成果转化的科研人员,在职称评定、科研奖励、人才计划选拔等方面予以倾斜。尊重科技创新规律,激励人才持之以恒、潜心钻研。同时,积极创造条件,让科技人员在企业、高校、科研机构之间流动起来。大力培育创新文化,激励全社会创新创业。

(四)着力完善政府科技管理机制。重点推进三项改革:一要转变政府科技管理职能。将政府管理重点转向制定完善规划和政策、优化创新环境、提供创新服务等,建立健全决策、执行、评价相对分开、相互监督的运行机制,提高科技管理的科学化、规范化、精细化水平。二要深化财政科研项目和资金管理改革。建立健全统筹协调与决策机制,对基础前瞻科研项目、产业技术研发项目、公益性科研项目进行分类管理,实行不同的财政补助方式,并建立创新调查和科技报告制度,避免重复立项和资源浪费,提高财政资金使用效益。三要改进科技项目评价办法。推进项目评审、人才评价、机构评估“三评”改革,支持社会组织开展第三方评价,切实做到公开公平公正。同时,推动财政资金购置的大型科学仪器设备、科技文献、种质资源、科学数据等向企业和社会开放共享。

三、把握战略定位,集成推进苏南国家自主创新示范区建设

2014年10月20日,国务院批复支持苏南8个国家高新区和苏州工业园区建设苏南国家自主创新示范区,这是我国首个以城市群为基本单元的国家自主创新示范区。早在2011年4月,我们在国务院召开的经济形势座谈会上,首次提出恳请国家支持苏南自主创新示范区建设。规划建设苏南自主创新示范区,包括组建形式、目标定位和建设路径等,经历了一个不断深化的过程。在这一过程中,中央领导同志给予了亲切关怀,科技部给予了具体指导和有力帮助。示范区的设立,是党中央、国务院从创新驱动发展全局出发作出的一项重要决策,充分体现了中央对江苏工作的高度重视和对苏南发展的殷切期望,对苏南及全省乃至长江经济带的发展,具有重大而深远的意义。建设示范区,不仅是苏南的重大机遇,也是全省的重大机遇;不仅是苏南的大事,也是全省的大事。示范区获批后,省委、省政府及时作出部署,研究出台实施意见,明确了示范区建设的总体要求、推进思路、主要目标和重点任务。总的是要认真贯彻总书记关于用好优势和机遇的重要指标,全面落实中央决策部署和国务院批复要求,瞄准“三区一高地”战略定位,牢牢把握机遇,坚持改革创新,确保示范区建设取得预期成效,为建设创新型省份、服务全国发展大局作出应有贡献。

(一)加快转换发展动力机制,努力建设创新驱动发展引领区。苏南发展历来走在全省全国前列,在转型升级的关键时期,要进一步增强责任感和使命感,运用好建设苏南国家自主创新示范区这个重大载体、重大机遇,加快形成创新驱动发展的动力机制。一要使示范区成为创新高地。坚持把高新区作为示范区建设的着力点,瞄准世界一流高科技园区,优化创新创业生态,集聚高端创新要素,提升自主创新能力,培育高成长性创新型企业,发展高附加值创新型产业集群,使高新区成为具有国际竞争力的产业科技创新中心,加快培育和发展创新型经济。二要促进苏南城市群和产业竞争力全面提升。以点带面放大示范区的辐射带

动效应,培育壮大战略性新兴产业,构建现代产业体系,引领支撑苏南地区尽快走上创新驱动发展的轨道,形成具有国际影响力的创新型城市群。三要辐射带动全省乃至更大区域的创新驱动、转型升级。在发展创新型经济、产业梯度转移、合作共建科技园区等方面,带动苏中苏北创新发展;苏中苏北地区要主动参与,搞好对接,实现优势互补、融合互动。同时,示范区要积极探索实践,形成可复制、可推广的经验。

(二)大力推进科技与经济紧密结合,创建深化科技体制改革试验区。苏南科教资源丰富,但还没有很好地转化为创新优势、发展优势,科技经济结合的体制机制障碍依然存在。要把深化改革作为紧迫任务,突破藩篱,释放红利,不断解放和发展科技生产力。一要让市场真正成为配置创新资源的决定性力量。坚持市场化导向,完善企业为主体的技术创新机制,创新产业技术研发组织方式,健全鼓励创新创造的分配激励机制,培育壮大创业投资和资本市场,让创新要素在城市之间、园区之间、城乡之间合理流动、高效组合。二要更好地发挥政府作用。加快转变政府职能,简政放权、优化服务,创造更好的市场竞争环境,在加强规划引领、保护知识产权、引导金融支持、强化激励机制、集聚优秀人才等方面积极作为。政府要敢于革自己的命,坚决打破影响创新的地方保护和制度壁垒。三要积极开展激励政策先行先试。对接好国家已有政策,落实推广好中关村政策,抓紧落实省委省政府实施意见明确的支持政策。同时,要不断创新政策,努力把创新成果变成实实在在的产业活动,让创新活力及时有效地传导为发展动力。四要在更高层次上构建开放创新机制。更大力度集聚和运用全球创新资源,支持创新人才跨境流动组合,吸引海外知名大学、研发机构、跨国公司到苏南设立全球性或区域性研发中心,鼓励推动企业"走出去",加快融入全球创新体系。

(三)坚持整体联动、特色发展,构建区域创新一体化先行区。作为以城市群为基本单元的国家自主创新示范区,要着力在"统筹"和"特色"上下功夫。在统筹方面,要加强顶层设计和整体规划,建立有效推进机制,构建高效合作、协同有序的区域创新体系。积极争取尽早建立国家层面的领导协调机制,加强省级层面的协调指导,构建苏南五市创新合作联动平台。统筹创新资源配置和重大科技平台建设,解决科技资源分散重复问题,实现创新资源的有效对接、开放共享;统筹创新空间布局,强化协同效应,形成"五城九区多园"的创新发展格局;统筹区域产业发展,构建分工协作、优势互补的产业链,有效避免产业同质化。同时,加强科研项目的集成支持与统筹协调,实现优化配置和效益最大化。在特色方面,要立足于发挥比较优势,优化布局、错位发展,建设一批各具优势的高新技术产业研发和产业化基地。围绕一区一主导战略产业,采取更有针对性的政策措施,进一步加大对新一代信息技术和软件、纳米技术、物联网、智能装备、战略新材料等产业的支持力度,推动产业在特色发展中向中高端攀升。

创新之要在于实。各地各部门要认真贯彻习近平总书记"创新要实"的要求,切实把创新驱动发展战略落到实处,做到工作上扎扎实实、效果上实实在在。领导干部要务实。充分认识实施创新驱动发展战略的极端重要性,强化紧迫意识,提高组织程度,发扬钉钉子精神,干在实处、务求实效,锲而不舍、久久为功。主要领导要亲自抓创新驱动发展战略的实施,各个环节的工作都要抓在手上,做推进创新驱动发展的带头人。分管领导要具体抓好组织实施,注重学习研究,成为行家里手。理念思路要求实。深刻领会中央关于创新驱动发展的决策部署,坚持问题导向,深入研究、查找差距、明确方向,提升目标追求,深化工作部署,拓展思路举措。积极推动理念创新、机制创新、政策创新和工作创新,用改革的思路和创新的办法破解发展难题,推动创新驱动发展不断取得新进展新突破。政策举措要扎实。各地各部门要立足全局和长远,抓紧研究制定深入实施创新驱动发展战略的具体方案,作出全面部署,把国家和省提出的总体思路、战略任务、指导意见,转化为具体实在、可操作的举措、项目和行动。既要落实好已有政策,又要结合实际谋划新举措,重点在深化体制机制改革、营造公平竞争环境上下更大功夫。要坚持把科技投入作为战略性投资,舍得下本钱,加大创新投入。工作责任要落实。全面落实工作责任制,把目标任务分解到部门、具体到环节、落实到岗位、量化到个人,做到每项工作都有明确的目标责任、明确的时间节点、明确的考核内容。凡是涉及多部门的工作,无论是牵头部门还是配合部门,都要服从大局,加强配合,强化责任,形成合力,确保工作顺利推进。

“迈上新台阶、建设新江苏”是中国梦在江苏的具体实践,是全省人民的共同追求。我们要认真贯彻落实习近平总书记视察江苏时的重要讲话精神,强化创新驱动发展,加快转型升级步伐,为建设经济强、百姓富、环境美、社会文明程度高的新江苏,提供强大动力和有效支撑!

关于推进创新型省份建设情况的汇报

江苏省政协副主席、省政府党组成员、省科技厅厅长 徐南平

(2014年5月26日)

主任、副主任、秘书长、各位委员:

根据会议安排,现就我省推进创新型省份建设有关工作情况作简要汇报。

一、创新型省份建设背景和我省整体工作部署

2006年1月,党中央、国务院召开次全国科学技术大会,颁布实施《国家中长期科学和技术发展规划纲要(2006—2020年)》,作出到2020年使我国进入创新型国家行列的重大决定。党的十八大再次明确到2020年基本建成创新型国家的奋斗目标。

省委、省政府坚决贯彻中央决策部署,举全省之力加快建设创新型省份,在工作部署上形成了“四个重要标志”:**一是**2006年省委、省政府召开全省科技创新大会,提出到2015年率先基本建成创新型省份的奋斗目标,这标志着创新型省份建设正式启动;**二是**进入“十二五”,省委、省政府把创新驱动战略确定为核心战略,把科教与人才强省战略确定为基础战略,并于2011年召开实施创新驱动战略、推进科技创新工程、建设创新型省份大会,标志着创新型省份建设进入加速推进阶段;**三是**在开启“两个率先”新征程的关键时期,省委、省政府于2012年召开全省科技创新大会,研究提出深化科技体制改革、加快技术创新体系建设的一系列重大举措,标志着创新型省份建设进入攻坚阶段;**四是**党的十八大召开后,我省成为全国首个创新型省份建设试点省,省政府研究制定创新型省份建设推进计划(2013—2015年),确保我省在2015年率先基本建成创新型省份,标志着创新型省份建设进入冲刺阶段。

二、我省创新型省份建设取得的主要成效

经过多年不懈努力,我省创新型省份建设取得了重要进展,江苏成为我国创新活力最强、创新成果最多、创新氛围最浓的省份之一。可以用两句话简要概括:**第一句话是,科技创新三大综合性指标争先进位**:2013年,区域创新能力连续五年位居全国首位,成为全国首个创新型省份建设试点省,科技进步贡献率达57.5%;知识产权综合发展指数年均增长率列全国第一,总体水平居全国第二;人才竞争力由全国第4位上升到第2位,研发人员超过60万人。**第二句话是,重点领域亮点纷呈**:大中型工业企业研发机构数居全国第一,高新

技术企业达6769家、约占全国的1/9;2010年以来专利申请量和授权量、企业专利申请量和授权量、发明专利申请量5项指标连续四年保持全国第一;国家级高新区11家、居全国首位,高新技术产业产值占规模以上工业总产值的比重达38.5%;与美国专利商标局签署合作协议,与以色列、芬兰建立政府间产业研发合作机制,开创了地方政府与发达国家政府开展实质性科技合作先例;首创的科技镇长团、企业院士工作站、企业省级博士后工作站、企业研究生工作站,推动千名科技管理干部、万名研究生、8万多名专家教授常年活跃在基层和企业一线;推进南京国家科技体制综合改革试点,制定出台"1+8"系列政策、"科技九条",启动省产业技术研究院建设,支持宿迁、淮安探索建立科技创新卷制度,支持苏州开展科技和金融结合试点,科技改革在全国产生了重要反响。

三、推进创新型省份建设的主要做法

创新驱动战略实施以来,我省坚持高起点谋划、高标准启动、高要求推进,研究提出**"一个环境、两个支撑、三个体系、四个落脚点"**的总体推进思路,制定细化"10+2"专项行动计划,以项目化方式扎实推进创新型省份建设,确保"每年都有新进展、五年实现大突破"。工作中重点抓了以下几个方面工作:

(一)着力强化企业技术创新主体地位。毫不含糊地把增强企业创新能力作为全部科技工作的重中之重,研究制定加快技术创新体系建设的20条重要举措,实施科技企业培育"百千万"工程。切实**将创新资源引入企业**,到2013年底,全省企业与国内980多家高校院所建立稳定的合作关系,建有校企联盟9300多个,推动成千上万科技人员到企业创新创业;切实**将技术研发机构建在企业**,把企业研发机构建设作为战略任务来抓,引导企业加大研发机构建设力度,推动企业完善研发体系,2013年,大中型工业企业研发机构建有率达85%,高出全国平均水平50个百分点;切实**将科技服务覆盖到企业**,全省科技服务机构近1700家、从业人员19万人,分别是2010年的1.4倍和1.7倍;切实将创新政策落实到企业,2009年,省政府主要领导对科技创新政策落实情况进行了调研,提出"落实政策比制定政策重要"的要求;五年来,科技部门大力实施"千人万企"工程,2013年选派1600多名科技政策辅导员深入1.9万家企业开展创新政策咨询和辅导服务,推动1.1万家企业实现税收减免230亿元、约占全国的1/6,创新免税额度首次超过政府财政资金对企业的支持力度,实现了政府科技管理从项目驱动到政策驱动的历史性转变。

(二)大力推进高新技术研发与产业发展。坚持把产业技术创新作为主攻方向,紧紧围绕产业升级"三大计划"部署创新链。**着力推进产业技术前沿创新**,组织云计算、3D打印、石墨烯、未来网络等前瞻先导专项,抢占产业创新的制高点;**着力加大科技成果转化力度**,重大成果转化资金累计下拨经费107亿元,实施重大项目1118个,有150多家项目承担企业成功上市;**着力培育战略性新兴产业**,坚持"一区一战略性产业"布局要求,初步沿国家级高新区形成了一批具有国际竞争力的高技术新兴产业。2013年,我省高新技术产业规模超过5万亿元,医药产业产值跃居全国第一;物联网产业产值突破千亿元大关;光伏产业产值占全国的55%、全球的22%;苏州工业园区被评价进入世界微纳领域具有国际代表性的八大产业区域之一。

(三)不断激发基层创新创造活力。推动基层创新是我省创新型省份建设的一大特色。**一是加快完善区域空间布局。**抓住建设苏南现代化建设示范区的重大机遇,大力推进苏南自主创新示范区建设,打造具有国际影响力的创新高地、产业高地和人才高地。引导苏中地区更大力度集聚创新要素、培育特色产业,加快形成创新发展新优势。实施苏北科技与人才支撑工程,支持苏北地区大力引进技术和人才,加强科技成果转化和产业化,努力以科技创新支撑跨越发展。**二是切实强化创新型省份纵深部署。**统筹推进创新型城市、创新型县(市、区)和创新型乡镇建设,到2013年底,我省拥有10个国家创新型试点城市、居全国第一。**三是着力提升创新型园区发展水平。**明确高新园区是创新驱动发展主阵地,加大高新区建设力度,我省国家级高新区数量跃居全国第一,2013年,全省23家省级以上高新区集聚了全省40%以上的高新技术企业、60%以上的国家“千人计划”创业类人才,创造了全省20%的地区生产总值。**四是大力推动人才等创新资源下基层**。从2008年开始,启动“科技镇长团”工作,到2013年底累计选派1782人次的高层次人才到全省79个县(市、区)的623个乡镇、街道和开发区任职,有力提升了基层科技管理水平。

(四)加快提升创新体系整体效能。重点是完善三个体系:**一是完善产学研合作体系**。设立产学研联合创新资金,强化产学研合作载体建设,目前我省省级以上产学研合作载体达2000多个,来江苏企业开展合作的科技人员达8万多人。**二是完善科技服务体系**。目前省级以上大学科技园达到33个,其中国家级11个、占全国的1/9左右;拥有科技企业孵化器446个、其中国家级107个,实现了县(市)和城市主城区全覆盖。2013年全省成交技术合同3.1万项、成交额585.6亿元。**三是完善科技投融资体系**。2011年我省被列为国家促进科技和金融结合唯一试点省份。到2013年底,全省各类创业投资机构达573家、管理资金规模1672亿元。

(五)切实做好知识产权工作。坚持把知识产权制度作为创新驱动发展的基本制度摆在战略地位予以高度重视。2009年,省政府首次召开全省知识产权工作会议,时任省长的罗志军同志对知识产权工作作出全面部署,同时颁布实施知识产权战略纲要,并与国家知识产权局合作**创建全国唯一的“实施知识产权战略示范省”**。五年来,我省知识产权工作获得很大发展,综合增长率位居全国第一,综合实力从第四位跃居第二、仅次于北京,**江苏已成为名副其实的知识产权大省**。

(六)努力打造高层次创新创业人才高地。在创新型省份建设中,坚持人才优先发展战略。**大力集聚创新创业人才**,全省共实施93个引才计划;累计引进国家“千人计划”人才480人,其中创业类占全国的近30%。**高度重视培养青年科技人才**,设立杰出青年基金和青年基金专项,每年资助1000名左右青年科研骨干创新创业。**加大对人才创业扶持力度**,着力发展创业孵化载体,各类孵化器数量和孵化场地面积均占全国的1/3,年均入驻企业4000家以上。**积极构建人才激励机制**,激发广大科技人员的创造活力,同时创新人才发展机制,加快高校院所和地方、企业间的人才互动交流。

(七)积极推进农业和民生科技创新。坚持把科技进步与增进民生福祉、创新社会管理紧密结合起来,着力解决关系民生的重大科技问题,更好地使科技造福人民群众。突出**抓好农业科技创新**,2013年农业科技进步贡献率达63.2%。过去三年育成并推广农作物新品种118个,育成超级稻品种占全国近1/6,为我省粮食“十连增”提供了科技支撑。**抓好民生科技产业**,过去三年累计实施节能减排、太湖治理、科技强警、绿色建筑等重点科技项目近800项,建设16个临床医学中心。**抓好科技社区建设**,到去年底,建有18个可持续发展实验区、80个科技社区。此外,着力开展文化科技创新,不断满足人民群众的精神文化需求。

四、以改革精神进一步深化创新型省份建设

我省创新型省份建设取得了重要进展,走在了全国前列,省委、省政府确立的2015年初步建成创新型省份的主要指标,均可如期实现。但对照中央、省委的新要求,对照我省创新驱动发展的迫切需要,对照全球产业变革和科技革命交汇的历史机遇,创新型省份建设只有进行时,没有完成时,任重而道远。

去年,罗志军书记亲自领衔,对科技创新工作进行了全面调研,在充分肯定成绩的同时,明确提出我省创新驱动发展尚存在深层次的问题,强调要以问题为导向,按照十八届三中全会的要求,全面深化科技体制改革,充分激发全社会创新激情,努力在创新驱动发展道路上迈出新的步伐。

党的十八届三中全会明确提出,经济体制改革的核心问题是处理好政府和市场的关系,使市场在资源配置中起决定性作用,同时更好地发挥政府作用。对江苏来说,企业是市场的主体,推动企业成为技术创新的主体,形成企业整合创新资源的体制机制是市场化改革的主攻方向;更高起点、更高水平谋划创新体系和知识产权制度建设,构建充满活力的区域创新体系和创新制度,既是

政府的责任,也是更好发挥政府作用的着力点。

为此,当前和今后一个时期,我们将认真贯彻十八届三中全会和省委十二届六次全会精神,聚焦**“深化科技体制改革、加快创新驱动发展”**这一主线,**紧扣“两个推进、一个提升”**这一目标方向,着力推进区域创新体系建设,优化创新环境,提高科技创新体系整体效能;着力推进知识产权制度建设,营造激励创造、保护产权的制度环境,形成激发全社会创新创造活力的动力机制;全面提升企业自主创新能力,让企业真正成为技术创新的主体和创新驱动发展的主导者,把创新型省份建设引向深入。

实施创新驱动战略、推进科技创新工程、建设创新型省份,需要全社会的共同努力,更离不开省人大及常委会的关心、监督和支持。请各位委员对我们的工作多提批评意见,也恳请省人大给予我们工作以更大的支持。

以上报告,请予审议。

在全省科技局长会议上的工作报告

江苏省科学技术厅常务副厅长 王 秦

(2015年2月13日)

同志们:

这次全省科技局长会议的主要任务是:深入贯彻习近平总书记对江苏工作的最新要求,认真落实全省深入实施创新驱动发展战略暨建设苏南国家自主创新示范区工作会议精神,总结2014年科技工作,部署2015年重点任务,大力推进科技创新工程,加快建设创新型省份,为“迈上新台阶,建设新江苏”提供有力科技支撑。下面,我代表省科技厅作工作报告。

一、2014年全省科技创新工作取得显著成绩

过去的一年,全省科技系统认真贯彻落实省委、省政府决策部署,坚持“一个环境、两个支撑、三个体系、四个落脚点”的推进思路,落实工作责任,加大推进力度,全面完成省委、省政府规定的各项目标任务。过去的一年,也是江苏科技发展历程中具有重要意义的一年,10月20日,国务院正式批复支持建设苏南国家自主创新示范区,成为我国首个以城市群为基本单元的自主创新示范区。12月中旬,习近平总书记亲临省产业技术研究院视察指导,听取南平省长的工作汇报,对江苏科技改革发展给予充分肯定,为我们提供了巨大鼓舞和强大动力。2014年,全社会研发投入达1630亿元,占地区生产总值比重达2.5%,发明专利申请量超过全国的六分之一,科技进步贡献率提高到59%。与“十一五”末相比,1个指标翻三番,3个指标翻两番,十多个指标翻一番,20多个指标增长50%以上,区域创新能力连续六年位居全国第一。具体进展体现在以下七个方面。

(一)强化主体建设,企业创新能力实现新跃升。毫不动摇地坚持企业在创新中的主体地位,深入实施科技企业培育“百千万”工程。**加快发展高新技术企业**,启动科技企业“小升高”计划,全年新认定高新技术企业993家、累计达7703家、约占全国九分之一。累计拥有国家创新型(试点)企业31家。**加快推动科技企业上市**,上市培育计划入库企业达1030家,有105家培育企业成功上市或在“新三板”挂牌。**加快提升企业研发机构建设水平**,启动省级重点企业研发机构建设,开展企业研发管理体系贯标,大中型工业企业研发机构建有

率超过88%、居全国第一。**加快落实科技创新优惠政策**，深入推进“千人万企”行动，组织2014名科技政策辅导员、229个科技政策宣讲团，指导帮助2.3万家企业落实政策，去年科技税收减免额达254.6亿元，同比增长10.6%。**加快提高企业创新产出**，企业专利申请和授权数量稳居全国第一，新产品销售收入增长12%，新认定146项国家重点新产品、累计达5176项、继续保持全国首位。

(二)积极主动作为，产业技术创新凸显新优势。紧紧围绕产业升级“三大计划”，加快战略性新兴产业培育和高新技术研发产业化步伐。**大力推进省产业技术研究院建设**，探索实行一所两制、项目经理、合同科研、股权激励等改革举措，遴选确定17家专业性预备研究所，发展172家会员单位，合同科研收入增长30%。**启动建设产业技术创新中心**，通过省、市、高新区联动，在纳米技术、医疗器械、智能装备等领域，启动建设首批3个省产业技术创新中心。**突破产业关键核心技术**，组织实施国家科技重大专项、863计划、973计划、自然科学基金等近4000项，国拨经费超过30亿元。围绕大数据与云计算、未来网络、石墨烯、智能机器人等十大前沿领域，加强技术集成和协同攻关，取得一批具有自主知识产权的重要技术和重大产品。**推动重大科技成果转化**，集成实施重大科技成果转化项目151个，加快形成“一区一战略产业、一县一主导产业、一镇一特色产业”的发展格局。**加强技术开发和应用示范**，组织开展国家新能源汽车、智慧城市、“十城万盏”等应用示范工程，深入实施节能减排科技支撑行动和文化科技融合发展行动。去年全省高新技术产业产值超过5.7万亿元，占规模以上工业产值比重达39.5%。其中，新材料产业产值达1.5万亿元，生物技术和新医药产业产值达7000亿元。2014年度全省共有57个通用项目获国家科学技术奖励，连续三年位居全国第二、省份第一，获奖数量创历史新高。

(三)推进协同创新，产学研合作步入新阶段。注重发挥科教优势和开放优势，统筹国际国内两种资源，推进协同创新。**加强与重点国别创新合作**，与英国创新署签署区域技术创新合作谅解备忘录，与科技部、以色列经济部共建中以常州创新园，推进与美国麻省理工学院、德国弗劳恩霍夫应用研究促进协会的合作交流。国家级国际科技合作基地达33家。**成功举办第四届跨国技术转移大会**，本着“节俭、务实、高效”的原则，邀请100多家海外机构近200位代表参会，达成合作意向近60项。**深入推进与重点科教单位战略合作**，省政府与中国航天科工集团签署协议，与中科院签约共建省产业技术研究院，2014年院省合作项目销售收入再上一个百亿台阶、超过900亿元。与清华大学、北京大学、浙江大学、中电科集团等的战略合作稳步推进。**完善产学研长效合作机制**，组织前瞻性联合研发，推进省产学研产业协同创新基地建设，加强国家超级计算(无锡)中心、未来网络试验设施、纳米真空互联实验站、高效低碳燃气轮机试验装置等重大科技基础设施建设，累计建有“校企联盟”超过10000家。

(四)优化资源配置，基层科技创新呈现新局面。提升基层科技创新水平，优化区域创新布局。**加大创新型城市、创新型县(市、区)和创新型乡镇建设力度**，国家创新型试点城市达10个、居全国第一，创新型试点县(市、区)达55个，创新型试点乡镇达177个。**加大科技资源向苏中苏北集聚力度**，深入实施苏北科技与人才支撑工程，加强“科技镇长团”、“科技副总”选派工作，遴选第七批794名教授博士到96个县(市、区)任职，选派300名特聘专家到企业兼职。**加大高新区创新发展力度**，部署建设创新核心区，镇江、连云港、盐城高新区成功升级为国家高新区，总数达14家、居全国第一。省级科技产业园达165家、产值突破10000亿元，国家级高新技术特色产业基地达133家，稳居全国首位。**加大基层改革创新力度**，启动省级“科技创新券”试点工作，深入推进南京国家科技体制综合改革试点城市建设。

(五)突出支撑作用，创新创业人才高地建设获得新进展。坚持人才优先发展，加大人才培养开发力度。**突出高层次人才引进**，累计入选国家“千人计划”达480人，其中创业类占全国近30%、稳居首位。**突出青年人才培养**，大力实施青年科技人才创新专项，累计资助2600位杰出青年科技人才和青年科研骨干，30岁及以下占三分之一左右。新增66名国家973青年科学家、杰出青年基金和优秀青年基金获得者，保持全国前列。**突出创业孵化载体建设**，成功举办“第二届江苏科技创业大赛暨第三届中国创新创业大赛(江苏赛区)”，开展“苗圃-孵化器-加速器”科技创业孵化链条建设试点，累计建有各类科技企业孵化器515家、孵化场地面积2769万平方米，均占全国三分之一，国家高新技术创业服务中心、国家大学科技园数量保持全国第一。突出工作机制创新，联合科技部人才中心启动建设“科技领军人才创新驱动中心”，联合省委组织部举办市县党政领导干部科技创新专题培训班，组织全民科普活动，激发全社会创新创造活力。

（六）坚持需求导向，科技金融结合迈开新步伐。以全国首个促进科技和金融结合试点省建设为契机，省市县共建科技金融风险补偿资金池，加快构建多元化、多层次、多渠道投入机制。**推进以“首投”为重点的创业投资发展**，建立省市联动的天使投资风险补偿机制，扩大省天使投资联盟覆盖范围，累计支持初创期科技型小微企业233家。大力发展创业投资，全省创业投资机构近600家，管理资金规模超1750亿元，分别是2010年的2倍和3倍。**推进以“首贷”为重点的科技信贷体系建设**，构建差别化的风险共担机制，创新科技金融产品，稳步发展新型科技金融组织。科技支行、科技小额贷款公司实现省辖市、高新区全覆盖。开展省市联动试点，“苏科贷”贷款总额突破百亿元，累计支持企业超过2000家。**推进以“首保”为重点的科技保险试点**，设立首期6000万元的科技保险风险补偿资金，引导保险机构创新科技保险品种，切实分担科技型中小企业创新风险。

（七）加大统筹力度，科技惠民富民取得新成效。坚持把科技创新与推动现代农业发展、提高人民生活质量紧密结合起来。**积极推进农业科技创新**，大力培育农业优良品种，加快实施科技富民强县、科技增粮、为农服务等专项行动，发展壮大农业科技型企业、现代农业科技园、科技型农业专业合作社组织，完善农村科技服务超市体系，2014年，农业科技进步贡献率达64.2%，列全国省份第一，农业知识产权创造指数居全国第二。**大力发展民生科技**，围绕生态环境、人口健康、公共安全等重点领域，开发应用一批先进适用技术和产品。启动实施大气污染防治科技示范工程，深入实施临床医学科技专项，进一步增强区域可持续发展能力。省级临床医学研究中心达20个，科技社区达111个，累计建有16个国家可持续发展实验区、居全国首位。

在扎实推进各项工作的同时，我们严格落实党风廉政建设责任制，做到同部署、同推进、同考核，科技系统自身建设展现了新风貌。**强化责任担当**，刚性落实党组主体责任、纪检部门监督责任等“两个责任”，构建主要领导“问责”、分管领导“督责”、机关干部“履责”的责任体系。**强化制度约束**，结合群众路线教育实践活动成果，颁布全省科技管理系统“六条禁令”。坚持用制度管人、管事、管权，针对科技计划管理、专家回访、廉政承诺等关键节点，新制定或修订28项制度文件。**强化经常教育**，常态化开展学习培训、日常教育、廉政文化建设，切实将经常教育抓实、节点教育抓准、警示教育抓牢。**强化监督检查**，紧紧围绕中央八项规定、省委十项规定和省十大专项整治任务，坚决反对和纠正“四风”。加强科技信用管理，深化科技政务公开，完善统计监测评价体系。**强化信访查办**，凡涉及群众来信的都一查到底，凡群众举报属实的都坚决取消立项，凡情节恶劣、后果严重的都一律记入“黑名单”，不断提高党风廉政建设工作水平。

这些成绩的取得，是全省上下共同努力的成果，是各方面相互配合、通力协作的结果，其中也凝聚着我省科技管理系统全体干部职工的努力、智慧和奉献，省委、省政府和国家科技部对此给予了充分肯定，广大服务对象和基层同志也给予了高度评价。在此，我代表省科技厅向大家表示衷心的感谢和崇高的敬意！

二、切实推动全省科技创新工作迈上新台阶

2015年是全面深化改革的关键一年，也是“十二五”规划收官之年，意义重大、任务艰巨。今年，全省科技创新工作**总的要求**是：认真贯彻落实全省深入实施创新驱动发展战略暨建设苏南国家自主创新示范区工作会议精神，深入推进科技创新工程，以创新型省份建设试点省为抓手，以苏南国家自主创新示范区为引领，坚持“一个环境、两个支撑、三个体系、四个落脚点”的推进思路，一张蓝图绘到底，进一步促进科技与经济社会发展紧密

结合,为“迈上新台阶、建设新江苏”提供有力科技支撑。**主要目标**是:确保今年全社会研发投入占地区生产总值的比重达2.52%,高新技术产业产值占规模以上工业比重达40%,科技进步贡献率达60%,全面完成“十二五”规划目标任务,科技综合实力继续走在全国前列。

按照中央和省委、省政府部署要求,做好今年工作,**在发展上要有新坐标**,紧紧围绕“迈上新台阶、建设新江苏”的发展定位,牢牢把握产业科技创新的主攻方向,实现科技同产业无缝对接,把创新成果变成实实在在的产业活动,不断提高科技进步对经济增长和转型升级的贡献度。**在改革上要出新举措**,瞄准促进“四个对接”,着力在苏南国家自主创新示范区建设、科技计划资金项目决策、省产业技术研究院改革发展等重点领域加大攻坚、先行先试,尽快让政策措施落地生根、取得实效。**在工作上要迈新台阶**,以确保各项决策部署和重大任务的推进落实为目标,加强学习调研,注重真抓实干,敢于先行先试,强化廉洁自律,增进团结协作,推动各项工作不断提升标准、创造特色、走在前列,为“十三五”发展打下更加坚实的基础。

根据以上思路和要求,今年重点做好以下几个方面工作:

(一)以加快高新技术企业培育为突破口,着力增强企业自主创新能力。深入实施科技企业培育“百千万”工程,加快形成以高新技术企业为主力军的创新型企业集群。**进一步加强高新技术企业培育**。组织实施科技企业“小升高”计划,加强省级高新技术企业认定工作,鼓励地方通过财政奖补等方式加大激励,促进科技型小微企业加快成长为高新技术企业,今年高新技术企业总数达10000家。**进一步壮大创新型企业集群**。大力培育具有国际竞争力和带动效应的创新型领军企业,积极推进科技企业上市融资发展,加大关键成长期的支持力度,引导其与多层次资本市场有效对接、做优做强。2015年重点培育30家创新型领军企业,推动一批科技企业上市。**进一步提升企业研发机构建设水平**。组织遴选第三批江苏省重点企业研发机构,力争10家左右进入国家级行列,建设一批高价值专利创新示范中心,努力实现全省企业研发机构研发人员、研发投入、专利成果比2010年翻两番。**进一步加大科技创新政策落实力度**。健全与税务部门的工作会商机制,加快制定相关新政策新举措的实施办法,建立科技政策落实统计分析体系,加强对重点企业的服务与指导,确保今年科技税收减免达270亿元。

(二)以建设产业技术创新中心为突破口,着力推进创新型产业集群发展。坚持把产业结构调整作为主攻方向,加快产业向高端环节攀升。**统筹布局建设产业技术创新中心**。适时召开首批3家中心的工作推进会议,加强前瞻性研究、科技成果转化和创新平台建设,提升区域产业国际竞争力。在此基础上,着眼“一区一战略产业”的布局要求,选择创新核心区建设基本成形、创新资源集聚程度高、区域创新体系较为完善的国家高新区,再部署新建一批产业技术创新中心,打造产业创新的核心引擎。**启动实施重点研发计划**。聚焦下一代通信与网络、超大规模集成电路、机器人及智能制造等优先领域,突破一批重大产业前瞻技术,攻克一批附加值高、带动性强的核心关键共性技术,获取一批具有自主知识产权的重大成果,力争在若干战略必争领域形成先发引领优势。**高水平建设省产业技术研究院**。进一步深化一所两制、项目经理、合同科研、股权激励等市场化改革,按照“成熟一家、转正一家”的思路,推进专业性预备研究所建设,创新管理运行机制,向着“世界有影响、全国最前列”的目标迈进。在抓好这些重点工作的同时,进一步加快科技成果转化和产业化步伐,推进产业技术创新战略联盟、高新技术产业化基地、科技产业园建设,实施专利导航工程,推动知识产权密集型产业发展,2015年,全省高新技术产业产值达60000亿元。

(三)以推进苏南国家自主创新示范区建设为突破口,着力优化区域创新布局。加强分类指导,科学优化布局,努力形成各具特色、优势互补的区域创新发展格局。**全面推进苏南国家自主创新示范区建设**。坚持把高新区作为示范区建设的主阵地,发挥核心载体作用,放大辐射示范效应,全力以赴建设一流高新区。提升城市自主创新能力,推进一体化布局和特色发展,构建区域整体创新优势。抓紧研究编制发展规划纲要和空间布局规划,指导苏南五市结合实际制定具体推进实施方案,确保重大任务落实。及时设立建设专项资金,加大省级财政支持力度。推动苏南五市及各国家高新区建立相应的组织领导和工作推进服务机构,形成上下联动、统一高效的工作体系。支持苏南加快建设高水平创新型园区,培育高成长性创新型企业,发展高附加值创新型产业集群,打造产业高地、创新高地。积极开展创新政策先行先试,推广落实中关村政策,加快形成"五城九区多园"的一体化创新发展格局。**进一步支持苏中苏北科技创新发展**。深入实施苏北科技与人才支撑工程,组织实施苏北科技专项,深化省级"科技创新券"试点工作,引导苏北地区继续大力引进技术、引进人才、引进成果,加强科技成果应用、转化和产业化,进一步增强科技支撑内生发展的动力。支持苏中地区在已经形成产业特色和适度集群的基础上,更大力度地开展自主研发和集成创新,更大力度地培育特色产业集群,构筑区域创新发展新优势。

(四)以促进科技服务业发展为突破口,着力提升创新体系整体效能。加大激励引导力度,促进各类创新要素高效流动和合理配置。**大力发展科技服务业**。研究制定加快科技服务业发展的实施意见,探索建设集成化、一站式的新型科技服务综合体,培育提升50家骨干科技服务机构,着力构建覆盖创新全链条的科技服务体系。坚持政府推动与市场运作相结合,加快建设省级综合性技术市场,培育发展技术经纪人队伍,活跃技术交易氛围。2015年,全省科技服务业总收入达2600亿元,技术合同交易额达680亿元。**深化产学研用协同创新**。进一步提高国际科技合作水平,提升与国内重点科教单位的战略合作层次,今年院省合作项目新增销售收入突破1000亿元。举办第五届中国江苏产学研合作成果展示洽谈会。加快推进省产学研产业协同创新基地建设,今年总数达40家。研究制定重大科技基础设施及大型科学仪器向社会开放共享的意见,加快公共科技资源开放共享。**大力推进人才创新创业**。提升大学科技园、科技创业园等创业载体建设水平,深入开展"苗圃-孵化器-加速器"建设工作试点,举办第三届江苏科技创业大赛,全省各类科技创业载体面积达3000万平方米。支持青年科技人才培养,完善对基础研究的稳定支持机制。

(五)以开展综合改革试点示范为突破口,着力激发基层创新活力。鼓励和支持地方先行先试,更大力度推动基层科技进步与创新。今年,我们将选择若干创新基础条件好、经济发展水平高、辐射带动作用大的高新区和创新型县(市、区)开展创新驱动发展综合改革试点,加强集成联动,重点支持其在重大平台、人才集聚、产学研结合、科技金融、创新政策等方面开展先行先试,进一步解放和发展高新区,加快建设一流创新型园区,努力探索依靠科技创新引领经济转型升级和产业结构调整的新路子,打造我省创新驱动发展的样板区和先行区。进一步加快创新型县(市、区)和创新型乡镇建设,集聚创新要素资源,培育特色产业集群,形成一批特色鲜明、氛围浓厚的创新型区域。今年全省创新型试点县达60个、创新型试点乡镇达200个。继续选派"科技镇长团""科技副总",积极推动科技大军下基层。

(六)以科技金融风险补偿资金池建设为突破口,着力促进科技金融紧密结合。以"首投"、"首贷"、"首保"为重点,建立多方位、多渠道的科技投融资体系。**加快建设科技金融风险补偿资金池**。开展省地联动科技金融风险补偿资金池试点,创新运作机制,进一步调动商业性金融机构积极性,扩大科技信贷投放。建立备选企业库入库企业动态调整机制,力争入库企业超过10000家。**加快发展天使投资**。创新运作模式,以支持种子期、初创期科技小微企业首次投资为重点,推动天使投资与科技创业的紧密结合,今年全省创投机构管理资金规模达2000亿元。**加快推进科技信贷**。深入推进省级科技金融合作创新示范区建设,提升省级科技金融服务中心服务水平,新建10家科技金融专营机构。完善"苏科贷"风险补偿流程,放宽风险容忍度,探索建立科技信贷考核机制,力争今年发放"苏科贷"贷款100亿元以上。**加快推动科技保险**。开展科技保险风险补偿试点,鼓励地方设立科技保险保费补贴,推广科技型小微企业贷款履约保证保险等科技保险产品,全年科技保险投保额达1500亿元。

(七)以民生科技示范为突破口,着力推进科技惠民富民。积极打造民生科技,使科技成果更多更好地惠及广大人民群众。**充分发挥科技在农业现代化中的支撑作用。**围绕品种创新、生物技术、信息技术等领域的优先主题,组织实施一批农业高新技术和优良品种培育重点项目,育成农业新品种30个。加强农业创新载体建设,创建美丽新农村建设科技示范点3~5个,新建农村科技服务超市80家,培育一批产业规模超百亿元的农业特色产业。**充分发挥科技在民生改善中的支撑作用。**围绕水和耕地污染防治、科技强警、食品安全、小城镇建设、重大新发传染病防控等领域,组织实施一批重点科技示范工程,加快技术研发和转化运用,加强临床医学研究中心建设,促进民生科技产业发展。

(八)以科技计划资金改革为突破口,着力转变政府科技管理职能。这次会议印发了省级科技计划管理改革总体方案以及11个配套工作方案的征求意见稿,改革的基本原则是"稳基础、强前瞻、重转化",目的就是要通过转变政府职能,加强统筹协调与分类管理,提高科技资金使用效益和项目管理水平,具体内容有关处室将作详细说明。这次改革涉及面广,头绪繁杂,不仅关系到省厅层面,更事关各级科技部门,是全省科技系统的一项重要改革任务。大家一定要高度重视,集中智慧,群策群力,积极提出有针对性的意见和建议,努力形成一个符合中央精神、符合江苏实际、符合基层意愿的科技计划管理改革方案。

一分部署、九分落实。各级科技管理部门要把更多的时间和精力放在抓落实上,确保取得实实在在的成效。**统筹协调抓落实**,牢固树立"大科技"理念,密切部门之间的协调配合,强化上下之间的衔接沟通,加强统筹谋划和整体推进,构建高效集成的工作格局。**强化责任抓落实**,建立健全工作责任制,明确主要负责人的主体责任、分管负责人的分管责任和具体工作人员的工作责任,做到事事有着落、件件有落实,形成一级抓一级、层层抓落实的工作氛围。**改革创新抓落实**,进一步激发干事创业的精气神,用改革的思路和创新的办法破解发展难题,把改革的要求和蓝图转化为具体实在的行动和举措,推动科技创新工作不断取得新进展新突破。**监督检查抓落实**,加大行政监察、巡视监察、经费审计等督促检查力度,做到每项检查都有明确的目标责任、明确的时间节点、明确的考核内容,真正以"实干实效"履行职责、以"实干实效"推动创新。

三、切实加强依法行政和党风廉政建设

认真学习贯彻十八届四中全会精神,把全面从严治党、全面推进依法行政的要求落实到科技系统、落实到具体工作中,既要加强廉洁自律,也要严守纪律规矩;既要坚决反对四风,也要防止无所作为;既要加快改革步伐,也要坚持依法行政,真正让科技管理纳入规范化、制度化和法制化的轨道。

严格依法行政。强化法治意识和法治思维,牢固树立"法无授权不可为、法定职责必须为"的观念,在作决策、办事情时,要考虑有没有法律依据,在落实改革发展任务时,要对照检查有没有遵守法定程序。加强制度建设,在科技计划资金改革、科技项目申报受理、科技工作管理检查等各方面、各环节,都要做到有规可依、有据可循,严格按程序办事。深化科技政务公开,进一步规范依申请公开程序,及时向社会公开立项信息、验收结果和资金安排情况,自觉接受社会监督,让科研资金在阳光下运行。

加强党风廉政建设。严明党的政治纪律和政治规矩,做到有令必行、有禁必止,确保科技系统政令畅通。不折不扣落实好中央八项规定和省委十项规定,深化"四风"整治,全面推行机关联系基层、干部联系群众"双联系"制度,深入开展领导干部下基层"三解三促"活动,把作风转变的好势头保持下去。严格执行党风廉政建设责任制,认真履行主体责任和监督责任,自觉遵守"六条禁令"。各地也要配合加强对厅机关的监督,凡到地方调研、出差等,都要严格落实有关制度。我们共同携手,努力建设风清气正、廉洁高效、人民满意的科技管理队伍。

同志们,新形势新阶段,科技工作责任重大,使命光荣。让我们认真贯彻落实省委、省政府部署要求,振奋精神、实干担当、改革创新,深入实施创新驱动发展战略,大力推进科技创新工程,加快建设创新型省份,在"迈上新台阶、建设新江苏"的新征程中不断做出新贡献!

科 技 管 理

Management of Science & Technology

2014年江苏省科技工作综述

Summary of Jiangsu Science & Technology Work in 2014

【概 况】 2014年以来,江苏省科技厅全面贯彻党的十八大、十八届三中四中全会精神,紧紧把握稳中求进、改革创新的核心要求,围绕使市场在资源配置中起决定性作用和更好地发挥政府作用,着力推进创新型省份建设,提高区域创新体系整体效能,着力推进知识产权强省建设,营造激励创造、保护产权的制度环境,全面提升企业自主创新能力,让企业真正成为技术创新的主体和创新驱动发展的主导者,加快促进科技与经济的紧密结合,全省科技创新工作取得了较好成效。2014年全省全社会研发投入占GDP比重达2.5%,高新技术产业产值占规模以上工业比重达39.5%,科技进步贡献率达59%,区域创新能力继续位居全国前列。

【企业集群培育取得新进展】 以实施国家技术创新工程试点为抓手,启动实施科技企业"小升高"计划,引导面广量大的中小企业向高成长、新模式与新业态转型,新认定高新技术企业993家,全省高新技术企业达7703家。扶持民营科技企业加快发展,全省民营科技企业总数达73858家,成为全省技术创新的生力军。建立企业研发机构建设部门工作联动机制,组织遴选了388家省重点企业研发机构予以集成支持,大中型企业研发机构建有率达88%。

【高新技术产业快速发展】 围绕未来网络、纳米材料与器件、智能电网等战略性新兴产业重点领域,组织实施242项关键技术攻关项目,积极抢占未来发展制高点。推进产业链、创新链、资金链有机融合,支持实施151项重大科技成果转化项目。加快建设苏州纳米技术、泰州生物医药、南京通信与网络等国家科教结合产业创新基地,协调推进纳米真空互联实验站、未来网络试验设施等国家重大基础设施建设,积极探索发挥科教资源优势培育新兴产业的有效路径。2014年全省高新技术产业产值超过5.7万亿元。

【区域创新布局得到优化】 加快推进苏南自主创新示范区整体规划建设,2014年10月20日,国务院正式批复同意建设苏南国家自主创新示范区。优化高新区建设布局,支持南通高新区、镇江高新区正式升级为国家高新区,截至2014年年底,全省国家高新区总数达12家,约占全国的十分之一, 2014年全省高新区实现总收入超过48000亿元。积极落实省政府关于加快推动科技资源向苏北集聚的意见,扩大专项支持苏北科技发展的资金规模,支持苏北启动实施37个特色优势产业培育项目,新建100多家企业研究生工作站。

【科技体制改革深入推进】 研究制定江苏省科技厅深化科技体制改革2014年工作要点及推进计划,聚焦聚神聚力落实改革任务。加快建设省产业技术研究院,认定和培育首批14家预备研究所,启动实施一批产业技术集成创新项目,构建新型产业技术研发的体制机制。建立省市工作联动机制,组织实施36项省与国家高新区新兴产业培育联合招标项目,集中突破一批制约战略性新兴产业高端发展的核心技术。创新科技和金融结合机制,建设科技金融风险补偿资金池,引导银行业金融机构进一步加大对科技型中小微企业的信贷投入,截至2014年年底,全省创业投资规模超1750亿元。

【创新创业人才高地进一步夯实】 加大青年人才培养力度,遴选支持50名省杰出青年科研人才和1000名优秀青年科研骨干开展重大基础前沿科技问题研究,努力造就优秀学术带头人。积极发展人才创业载体,开展"苗圃-孵化器-加速器"科技创业孵化链条建设试点,布局建设了南京科技创业服务中心等10家孵化链条,全省共有各类科技企业孵化器515家,孵化场地面积2769万平方米。

(江苏省科学技术厅办公室)

创新型省份

The Innovative Province

【创新型省份建设推进计划】 江苏省被科技部批准为全国首个创新型省份试点省,省政府专门出台了《创新型省份建设推进计划(2013—2015年)》,2014年深入实施了推进计划作为中心任务。一是强化组织工作,积极推动各地各部门按照推进计划确定的目标任务抓紧落实,各地纷纷出台相关意见,召开专题会议,创新型省份建设取得显著进展。江苏连续六年区域创新能力全国第一。二是配合省人大开展创新型省份建设的指导和检查。2014年年初,在盐城、常州、苏州等地开展专题调研,了解创新型省份建设进展情况。同时认真总结阶段性成效,起草省政府《关于推进创新型省份建设情况的报告》。落实省人大的审议意见,进一步改进和加强创新型省份建设工作,并就落实情况起草了省政府办公厅《关于贯彻落实省人大常委会审议推进创新型省份建设情况有关意见的报告》(代拟稿)。2014年10月,科技部王志刚书记专程来江苏调研,对创新型省份建设的成绩给予了高度肯定。

【创新型试点城市建设】 按照苏南创新提升、苏中创新跨越、苏北创新突破的要求,加强纵深部署,统筹推进创新型城市建设,推动国家创新型试点城市以培育发展创新型经济为突破口,加快实现经济转型升级。积极支持宿迁、徐州、淮安创建国家创新型试点城市,已报请省政府向科技部推荐宿迁市为国家创新型试点城市。

【省级创新型试点县(市、区)和试点乡镇建设】 根据《创新型省份建设推进计划(2013 - 2015年)》确定的目标和省委省政府2014年年初确定的重点任务,在调查研究的基础上,进一步扩大创新型县(市、区)和乡镇的试点规模。组织相关县(市、区)和乡镇申报第四批创新型试点县(市、区)和试点乡镇,经专家评审、答辩和办公会审定,确定新增创新型试点县(市、区)12个,累计达55个;新增创新型试点乡镇58个,累计达177个。苏中、苏北地区占比较去年进一步提高,全省区域创新布局更加优化。

(江苏省科学技术厅政策法规与体制改革处)

江苏省产业技术研究院

Jiangsu Industrial Technology Research Institute

【概 况】 2014年,江苏省产业技术研究院(以下简称"产研院")圆满完成习近平总书记视察接待任务,研究所培育发展初显成效,研究所体制机制改革全面启动,新型产业研发组织架构初步构建完成,科技项目组织模式创新加快推进。

【习总书记视察】 从2014年9月份开始,根据江苏省委省政府统一部署,从考察选址、设施改造、基建装修到展品征集、脚本撰写、展览布置、人员组织,连续奋战100天,产研院所有人员全力以赴投入工作,17家研究所全面动员,全力支持。2014年12月13日,中共中央总书记、中央军委主席习近平总书记亲临省产研院视察指导,听取了省产研院的工作汇报,观看了省产研院正在实施的创新成果的展示,与研发人员进行了亲切交流,接见了总院和研究所的代表,对省产研院改革建设工作给予了充分肯定,对科技创新工作提出了新的要求,对全省科技创新工作产生了巨大鼓舞和鞭策,为省产研院建设发展带来了前所未有的推动力量。

【科技支撑】 2014年,启动了两批共17家预备研究所培育工作。研究所现有各类研发人员4500多人,其中院士、863、973项目首席专家等领军人物60多人;拥有研发场所面积39万平方米,仪器设备总值近22亿元。

【纵向科研】 2014年,全年承担省辖市及以上科技计划项目823项,财政到账经费6.85亿元,平均每所项目数和到账经费分别为48项、4033.4万元,比培育前分别增长41.4%、52.9%,其中纳米技术所的项目数、到账经费均为最高,分别达到了124项、2.17亿元。项目中国家级项目516项,占62.7%,其中863、973、重大专项共132项,占国家级项目数的25.6%。集成电路所承担的国家核高基重大专项"面向移动智能终端的高性能低功耗嵌入式CPU研发"、膜科学所承担的国家863重大项目"高性能陶瓷纳膜规模制备技术及膜反应器"合同额分别达到1515万元、3503万元。

【合同科研】 2014年,全年接受企业委托的合同科研项目949项,到账收入3.81亿元,平均每所项目数和到账收入分别为56项、2246.7万元,比培育前分别增长39.7%、62.5%,其中以技术开发为主,占到账总收入的74.4%,到账收入最多的纳米技术所达到4677.7万元,单项合同到账收入最高的机器人所达到592万元;全年服务企业1314家,为省内企业开展的合同科研收入占49.7%。

【科研产出】 2014年,全年发明专利申请1594件,比培育前增长29.6%,其中PCT申请31件;专利授权883件,比培育前增长24.9%,其中发明专利授权744件,占授权总数的84.3%;专利转让或许可140件;平均每所专利申请、授权和转让许可分别为94件、52件、8件。牵头制定国家标准8项。

在重大技术成果方面,全年共获国家级科技奖励6项(其中国家技术发明二等奖4项、国家科技进步二等奖2项、省部级科技奖励29项)。食品生物所本年度内获2项国家技术发明二等奖,其中"基于干法活化的食用油脱色吸附材料开发与应用"成果推广应用以来累计节约食用油20多万吨,减少酸废水排放1亿吨;集成电路所的"服务三农的安全可信金融电子交易关键技术和应用"成果推广生产的专用电子交易终端2013年交易额达到10.3万亿元,成为农村电子交易的主要渠道之一。

研究所累计衍生或孵化科技型企业156家(注册资本达到12.86亿元),科技人员持股1.34亿元,年销售额超过47亿元。2014年新创办衍生或孵化企业28家(注册资本达到1.55亿元),科技人员持股2970万元。石墨烯所衍生企业第六元素材料科技登陆新三板,成为国内第一家以石墨烯为主营业务的上市公司。

【科技体制】 2014年,总院研究制定了《首批预备研究所改革建设推进工作方案》,启动实施了一所两制、合同科研、项目经理、股权激励等改革举措,明确了改革思路和体制机制要求,初步形成了新型产业研发组织运行机制。在对水污染控制、膜科学、机器人与智能装备、流体工程装备和专用集成电路5个研究所进行先行先试、总结经验的基础上,全面启动了研究所改革工作。

南京大学、东南大学均已正式发文启动一所两制的研究所建设工作。水污染控制研究所,依托南京大学国家研发平台和地方事业法人的宜兴环保研究院建设,国家工程中心致力于开展环保产业前瞻性应用基础研究;宜兴环保研究院实行企业化运行。先进激光、碳纤维研究所鼓励科技人员和团队持股创办企业,已培育高技术企业30多家。膜科学研究所科研采取PI制管理模式,科研项目实行独立核算,净收益部分的70%奖励给科研团队。集成电路研究所内部实行项目经理制。流体工程研究所合同科研等同于教学、论文份额考核。纳米研究所创办全资子公司纳方科技专门从事知识产权运营。医药生物研究所建立江苏-澳大利亚维州生物医药产业创新国际合作联盟。石墨烯研究所整合各类资源,在项目经理制上进行了积极探索。转化医学研究所由民营企业投资建设,整合了15家有股权关系的研发型企业,完全按市场化运行。无线通信研究所建立了民品发展资金,加快军转民技术的产业化。机器人所建立末位淘汰制的人员考核机制。食品、纺织以及工业生物研究所建立了以合同科研为导向的服务企业机制。生物材料、精密与微细研究所在地方建立了成果转化基地。

(江苏省产业技术研究院)

苏南国家自主创新示范区

Self-dependent Innovation Demonstration Area in the South of Jiangsu

【苏南国家自主创新示范区】 2014年10月,国务院批复同意支持南京、苏州、无锡、常州、昆山、江阴、武进、镇江8个高新技术产业开发区和苏州工业园区建设苏南国家自主创新示范区,这是我国首个以城市群为基本单元的国家自主创新示范区。

苏南国家自主创新示范区按照党中央、国务院的部署,全面实施创新驱动发展战略,充分发挥苏南地区科教人才优势和开发开放优势,积极开展激励创新政策先行先试,激发各类创新主体活力,加快科技成果转移转化,提升区域创新体系整体效能,努力建设成为创新驱动发展引领区、深化科技体制改革试验区、区域创新一体化先行区和具有国际竞争力的创新型经济发展高地。到2020年,示范区创新体系整体效能显著提升,科技体制改革取得重要突破,创新一体化发展的体制机制基本形成,自主创新能力大幅提高,建成一批一流创新型园区,成为具有国际竞争力的产业科技创新中心和创新型经济发展高地。辐射带动能力显著提高,全社会研发投入占地区生产总值的比例提高到3%,高新技术企业超过10000家,科技进步贡献率超过65%。

(江苏省科学技术厅苏南国家自主创新示范区建设管理办公室筹备组)

高新技术发展及产业化

High & New Technology and Industrialization Development

高新技术产业

【概　况】 2014年,江苏省高新技术产业及战略性新兴产业发展保持稳步提升,企业自主创新产出继续大幅提升,质量进一步提高,超额完成了全年目标任务,为全省经济结构调整和产业转型升级提供了有力支撑。全年高新技术产业实现产值57277.28亿元,同比增长10.36%,占工业比重达39.5%。高新技术产业结构进一步优化。新材料产业、生物技术和新医药产业持续快速发展,全省新材料产业产值达15379亿元,生物技术和新医药产业产值超过7000亿元。技术创新组织建设深入推进,省级以上产业技术创新战略联盟达45个。

【高新技术产业】 2014年,全省高新技术产业实现产值57277亿元,同比增长10.36%,比工业高2.6个百分点,占规模以上工业比重达39.46%,比去年底提高0.9个百分点,对全省贡献份额进一步提升。内资企业实现产值占高新技术产业产值比重达55.3%,比去年底提高0.6个百分点,支撑高新技术产业发展的主体作用更为凸显。苏中、苏北地区高新技术产业占全省的比重达40.3%,比去年底提高1.9个百分点。2014年全省高新技术产品出口额达1289亿美元,同比增长1.1%,增幅高于全国1.0个百分点,占全国高新技术产品出口份额达19.5%,比去年底提高0.2个百分点。

【新材料产业、生物技术和新医药产业】 按照省委省政府关于加快培育和发展战略性新兴产业的总体部署,省科技厅牵头负责全省新材料及生物技术和新医药产业推进工作。2014年,省科技厅深入实施《江苏省"十二五"战略性新兴产业推进方案》,集成资源,多措并举,着力突破产业前沿关键技术,加快建设产业技术创新平台,积极培育创新型产业集群,不断优化产业创新布局,全力推进我省新材料、生物技术和新医药产业快速发展,产业创新水平不断提升。

新材料产业。2014年,全省深入实施江苏省新材料产业专项推进方案,新材料产业持续快速发展,全年实现产值15379亿元,同比增长13.1%。重点围绕高性能纤维、高温合金等优势领域安排省科技支撑计划(工业)项目76项,总投资84690万元,省拨经费11730万元。江苏苏博特新材料股份有限公司"江苏省国家新型化学建材工程技术研究中心"等7个重大项目获得省战略性新兴产业发展专项资金7500万元。着力推进新材料产业集聚发展,新建"无锡光电新材料科技产业园"等5家省级新材料科技产业园。目前全省建有20家国家级新材料特色产业基地和23家省级新材料科技产业园,其中千亿级基地和产业园1家,五百亿级4家,百亿级15家,集聚了销售收入超10亿元企业244家,初步形成了集群化、特色化、错位化发展的格局。

(江苏省科学技术厅高新技术发展及产业化处)

生物技术和新医药产业。大力加强关键技术研发,生物技术和新医药产业发展质量进一步提升。按照《江苏省生物技术和新医药产业专项推进方案》要求,集成各类科技计划,重点研发生物技术新药,加强药物临床研究,突破一批重大技术。2014年,全省共组织实施省级科技计划项目253项,省拨经费2.99亿元,开展60项生物医药产业关键技术攻关。组织承担国家重大新药创制专项项目34个。新引进省双创人才58人和人才团队9个。企业竞争力不断增强,12家企业入选中国医药工业企业百强,7家企业入选中国医药研发产品线最佳工业企业20强,扬子江药业集团、江苏恒瑞医药股份有限公司等一批骨干企业多品种先后通过欧盟、美国认证。2014年全省生物技术和新医药产业产值超过7000亿元,2014年共申请新药781个,获批上市新药数38个,均占全国20%以上。抗胃癌新药"甲磺酸阿帕替尼片"和抗感染新药"吗啉硝唑"2个1.1类新药获批上市,一类新药总数全国领先。

(江苏省科学技术厅社会发展与基础研究处)

【产业技术创新组织建设】 着力推进产业技术创新组织建设,充分发挥市场对技术研发创新的导向作用。围绕高新区"一区一战略产业"培育,启动建设首批纳米、医疗器械、智能装备3个省级产业技术创新中心,省级投入经费1.5亿元,通过设立联合研发资金的形式,支持以企业为主体实施重大科技项目及平台建设,探索建设支撑战略性新兴产业发展的技术创新体系。依托行业骨干企业,新建江苏省金属循环应用装备产业技术创新战略联盟,全省国家和省级产业技术创新战略联盟达45个。

创新创业载体

【概 况】 2014年,以创新型园区建设为核心,明确发展定位,统筹推进各类科技园区建设,以载体建设为核心的创新创业环境不断优化。全省共建有省级以上高新区23家、科技产业园165家、各类科技企业孵化器515家,国家级高新技术特色产业基地达133家。

【高新技术产业开发区】 2014年,省科技厅充分发挥高新技术产业开发区(以下简称"高新区")的示范带动作用,集聚创新资源,大力推进高新区创新发展。12月,国务院同意镇江高新区升级为国家高新区,全省国家高新区达到12家,位居全国第一。目前,全省省级以上高新区达到23家。推进全省高新区普遍规划建设了创新核心区,按照"一区一战略产业"和错位发展的要求,推动园区特色战略产业向高端化、专业化、品牌化发展,苏州科技城、常州科教城、泰州中国医药城等核心载体作用进一步凸显,苏州工业园区纳米、无锡高新区物联网、昆山高新区机器人等已在国内形成领先优势。全年国家和省级高新区实现技工贸总收入达4.8万亿元,同比增长13%,以占全省3.66%的土地面积,完成了全省21.48%的地区生产总值、

27.59%的工业总产值和35.31%的出口总额,集聚了40%的高新技术企业和64.3%的“千人计划”创业类人才,成为全省实施创新驱动发展战略的主阵地。

【科技产业园】 围绕加快推进全省战略性新兴产业和高新技术产业集聚发展,进一步强化科技产业园和高新技术产业基地建设布局,新建无锡高新区微纳、太仓机电装备等25家省级科技产业园。以大幅提升国际竞争力和影响力为目标,积极支持南京软件、无锡集成电路设计、苏州医疗器械、常州创意、镇江高性能合金、南通高技术船舶及海洋工程等具有较好基础的科技产业园,加快集聚高端创新资源和产业要素,打造区域经济发展新的增长极。全省省级科技产业园达165家,全年实现产值超1万亿元,申请发明专利超10000件。

【科技创业园与孵化器】 2014年全省不断加大科技企业孵化器建设力度,科技型中小企业成长步伐明显加快。新布局建设了南京科技创业服务中心等10家省级科技创业孵化链条试点,其中南京金港科技创业园、苏州科技城生物医学技术发展有限公司被批准为国家级“苗圃—孵化器—加速器”科技创业孵化链条建设示范单位。新筹建扬州大学等4家省级大学科技园,新获批南京邮电大学等4家国家级大学科技园,全省省级以上大学科技园达35家,其中国家级15家。新认定玄武区徐庄科技创业服务中心等20家省级科技企业孵化器,新获批苏州中创科技创业孵化管理有限公司等21家国家级科技企业孵化器,全省国家级孵化器达133家,居全国第一。截至2014年年底,全省共有各类科技企业孵化器515家、孵化场地面积2769万平方米,均占全国三分之一。

【特色产业基地】 2014年全省高新技术特色产业基地建设成绩显著,对全省推进自主创新、培育战略性新兴产业和发展创新型经济发挥了重要作用。当年获批江宁通信与网络、江阴高新区特钢新材料及制品等8家国家火炬特色产业基地和常州石墨烯新材料等3家国家高新技术产业化基地。全省国家级高新技术特色产业基地达133家,继续保持全国第一。基地拥有企业3.5万家,全年实现产值36000亿元,平均产业规模达318亿元,其中千亿级4家、百亿级达79家。

高新技术发展及前沿领域技术创新

【概 况】 2014年,江苏省科技系统紧紧围绕实施创新驱动发展战略、大力推进科技创新工程,聚焦前沿技术领域,加快战略高技术部署,以省科技支撑计划(工业)项目为抓手,不断创新项目组织形式,加强产学研联合攻关,积极抢占未来发展制高点,共组织实施省科技支撑计划(工业)项目247项,总投资239392万元,安排省拨经费39915万元,一批战略性新兴产业领域前沿关键技术取得重大突破。

【前沿领域技术创新部署】 围绕科技创新工程行动计划,强化战略高技术部署,重点面向未来网络、智能机器人、高效能源等十大前沿技术领域,深入组织实施省科技支撑计划(工业)项目。围绕大数据与云计算、新能源汽车、三维打印等前瞻技术领域,采用项目+课题的形式,部署了10个重点项目,加强产学研联合攻关,积极抢占未来发展制高点。充分发挥省产业技术研究院技术创新组织作用,重点围绕集成电路、碳纤维等领域,采取项目经理制组织实施“智能功率驱动芯片及模块的研究与产业化”“国产碳纤维树脂基复合材料规模应用关键技术及产业示范”2项产业技术研究院集成创新项目,整合创新资源,加强技术集成和协同创新,为全省战略性新兴产业发展提供技术支撑。积极争取国家重大科技项目在全省布局,组织省内骨干企业、高校院所申报国家重大专项、863、科技支撑计划项目,2014年全省共有26个项目(课题)获得立项支持,国拨经费12.8亿元。

【节能减排技术创新】 围绕国家和省节能减排总体部署,深入实施节能减排科技支撑行动,在固体废弃物、废气、废水处理、节能新技术等领域，组织实施节能减排关键技术研发项目21项，总投资11515万元，安排省拨经费1500万元，加快突破节能减排关键技术，提升传统产业节能减排水平。积极推进国家新能源汽车、“十城万盏”等高技术产业化示范工程，支持南京、常州、苏州、南通、盐城、扬州等城市加快新能源汽车推广应用，2014年共申请中央财政新能源汽车推广补助资金近8亿元。支持扬州、常州“十城万盏”试点工作，2014年在城市街道改造安装节能照明灯具7300余盏，累计改造安装5.6万余盏。

【省科技支撑计划(工业)】 2014年度省科技支撑计划(工业)项目紧紧围绕推进重大技术突破和引领未来新兴产业发展，加强高技术前沿领域战略部署，重点面向未来网络、智能机器人、高效能源等十大前沿技术领域，组织实施省科技支撑计划(工业)项目247项，总投资239392万元，安排省拨经费39915万元。其中标准项目14项，省拨经费670万元。主要突出5个方面工作。一是突出了为全省战略性新兴产业发展提供技术支撑与技术储备的计划定位。围绕有望成为全省未来产业增长点的前瞻性新兴产业领域加强超前部署，在计划指南编制和项目前期组织环节强化工作导向，组织各市和高新区、产业技术创新战略联盟，以产业技术研究院等重大创新平台为主要依托，采取产学研联合攻关的方式，按“项目+课题”的形式组织了“面向大数据应用的云管理平台”“大规模电池储能系统及其并网技术研究”等一批前瞻性战略产业先导技术重点项目，积极抢占未来发展制高点。在未来网络、纳米材料、智能电网等全省具有先发优势的新兴产业领域，部署了一批产业前沿技术研发项目，以技术率先突破引领产业创新发展。安排前沿先导领域的项目有140项，占全部立项项目的60.6%。二是强化了区域创新布局的工作导向。贯彻“一区一战略产业”工作部署，在国家和省级高新园区安排项目50项，其中重点项目4项。所立项目中，由产业技术创新战略联盟及其骨干企业牵头申报的项目有36项，属于各类科技园区的项目共有93项，各类科技园区、产业联盟、创新型县市等科技创新载体的项目占全部立项项目的76.6%。三是加大创新型企业集群培育。所立项目中，创新型领军企业承担的项目为13项。科技上市后备企业项目立项83项，其中，处于国家证监会审查、省证监局备案等上市关键成长期的企业承担的项目占31.3%。高新技术企业项目124项，占全部企业项目的62.3%。四是加强了对创新人才和自主技术的培育。所立项目充分体现了对自主创新和高层次创新团队的支持，拥有国家千人计划、省双创人才、外籍高层次人才、留学归国团队的申报单位共53家，占22.2%。注重自主知识产权的获取，起点高、创新性强，各申报单位已拥有发明专利1814件。本批项目完成时预期将再申请专利1361件，其中发明专利691件，标准项目可形成国家和行业标准14项左右。五是体现了为成果转化资金和国家计划培育源头项目的计划功能。2014年工业支撑计划从指南编制到专家评审等各环节，始终突出产业前沿先导技术布局和市场对技术研发方向、路线选择和创新要素配置的导向作用，有望为成果转化资金和国家计划培育一批优质的项目源。

创新型企业集群培育

【概　况】 2014年，全省牢牢把握企业创新主体地位，进一步完善创新型企业培育机制，推动建立覆盖企业初创、成长、发展等不同阶段的政策支持体系，初步形成以高新技术企业为主体，百家创新型领军企业、千家科技型拟上市企业组成的创新型企业集群。全省创新型领军企业达98家，科技型拟上市后备企业达1030家，高新技术企业总数达7703家，民营科技企业总数突破80000家。新认定高新技术产品10277项，组织实施231项科技型企业技术创新资金项目，鼓励科技型中小企业创新发展。

【创新型领军企业】 进一步加大创新型领军企业培育力度。充分发挥大型企业创新骨干作用，支持98家创新型领军企业,开放配置全球资源,集成实施56项省级科技计划,省拨经费11865万元。深入推进国家技术创新工程试点省工作,重点培育拥有自主知识产权和自主品牌的国家创新型(试点)企业31家、省级创新型企业1583家。

【科技型拟上市后备企业】 进一步加强科技上市企业培育工作。联合省证监局实施科技企业上市培育计划,为高成长性科技企业上市开辟绿色通道,新遴选碳元科技股份有限公司等一批企业,列入省科技型企业上市培育计划后备库,入库企业达1030家。支持入库企业上市科技题材项目研发,实施省级科技计划项目141项,省拨经费24445万元,加快入库企业成长发展。通过入库培育和专项资金支持,企业上市进程明显加快,苏州纽威阀门股份有限公司、扬州扬杰电子科技股份有限公司等10家入库培育企业分别在主板、中小板和创业板成功上市,苏州吉玛基因药物科技有限公司、南京视威电子科技股份有限公司等95家入库培育企业成功在"新三板"挂牌。

【高新技术企业】 加强高新技术企业培育工作。研究制定《江苏省科技企业"小升高"计划工作方案》,引导面广量大的中小企业加快成长为高新技术企业。全力组织开展高新技术企业新申报和到期复审工作,新认定高新技术企业993家,全省高新技术企业总数达7703家。积极争取科技部支持,新认定国家火炬计划重点高新技术企业130家,累计达634家。深入开展省高新技术(后备)企业认定工作,认定省高新技术(后备)企业964家,高新技术(后备)企业总数达2801家。

【民营科技企业及科技型中小企业】 加大民营科技企业培育力度,建立健全以市、县科技主管部门为主的全省民营科技企业培育体系,营造民营科技企业发展良好环境,全省民营科技企业总数突破80000家,成为全省技术创新的生力军。加强科技型中小企业培育,继续开展江苏省科技型中小企业备案工作,确认备案科技型中小企业2436家,累计备案科技型中小企业8770家。积极争取国家科技部支持,344个项目获得国家科技型中小企业技术创新基金立项支持,资助金额70946万元。

【企业新产品开发】 引导企业加强新产品研发,加大高新技术产品认定力度,全年认定高新技术产品10277项。积极争取国家支持,"ASPN活性屏离子氮化炉"等5项产品被新认定为国家战略性创新产品,"HKT800碳纤维"等146项产品被新认定为国家重点新产品,累计国家重点新产品总数达到了5176项。

【省科技型企业技术创新资金】 为实施创新驱动战略,拓展科技创新工程,加快建设创新型省份,实施科技企业"小升高"计划,强化企业在技术创新中的主体作用,激发中小企业创新活力,2014年省科技型企业技术创新资金将围绕增强中小企业技术创新能力,进一步加强对科技型中小企业技术创新的扶持,加快推进高端科技人才创业,促进科技型中小企业加快成长为高新技术企业,切实增强全省中小企业自主创新能力,营造有利于科技型中小企业技术创新和科技人员创业的良好环境。2014年度省创新资金项目的组织,坚持"支持创新、鼓励创业、竞争择优、优化环境"的原则,围绕战略性新兴产业培育,支持省级以上科技创业园内高成长性科技型中小企业开发具有自主知识产权的创新产品,提升企业竞争力,共组织实施231项科技型企业技术创新资金项目,省拨经费6050万元。

科技金融

【概　况】 2014年,江苏省科技部门紧紧围绕省委省政府的战略部署,加快推进国家促进科技和金融结合试点省建设,进一步聚焦科技型小微企业,创新科技和金融结合体制机制,着力推进"首投""首贷"为重点的创业投资和科技信贷,全年新增省级科技金融服务中心10家,累计达22家;新批设科技支行7家,科技小额贷款公司23家,累计分别达33家和86家;全省创投机构管理资金规模达1872亿元,组织实施省天使投资引导资金项目105项,引导合作银行发放“苏科贷”贷款近60亿元,为推动金融业转型升级、加快科技成果转化、培育战略性新兴产业、增强全省自主创新能力做出了积极贡献。

【政策环境】 2014年,省科技厅会同省有关部门先后出台或修订了《关于扎实做好科技金融服务的实施意见》《江苏省科技成果转化风险补偿专项资金管理办法》和《深入推进江苏省科技成果转化风险补偿专项资金贷款(苏科贷)工作实施方案》等专项政策文件,为加快全省科技金融发展提供了有力的政策保障,营造了良好的科技金融发展环境。

【创业投资】 深入实施省天使投资引导资金,省专项资金规模增至3亿元,新增入库南京协立创投、江宁科创集团等专业化天使投资机构19家,通过省地联动,为南京海融医药科技有限公司、常州天雄照明科技有限公司等105个天使投资项目安排1.56亿元的天使投资风险准备金。江苏省天使投资联盟新吸纳11家省内知名的天使投资机构成为联盟新成员,联盟的工作得到了天使投资机构的一致肯定,全省天使投资发展氛围更为浓郁。安排省中小企业创业投资引导资金5000万元,引导创投机构投资9.88亿元,支持了154家全省科技型中小企业;全省创投机构管理资金规模达1872亿元。

【科技信贷】 深入实施省科技成果转化风险补偿专项资金,会同省财政厅修订《江苏省科技成果转化风险补偿专项资金管理办法》,印发《深入推进江苏省科技成果转化风险补偿专项资金贷款(苏科贷)工作实施方案》。进一步聚焦科技型小微企业信贷融资需求,加大工作推进力度,构建差别化的风险共担机制。省专项资金规模增至5亿元,合作银行增至10家,2014年新增发放贷款59.88亿元,支持企业1380家,全年“苏科贷”贷款增幅比去年翻了近两番,六年来累计支持企业2092家,引导银行发放贷款3317笔,贷款总额104亿元,首次突破百亿元大关。在苏州市先行先试开展以地方为主导的“苏科贷”运作新模式,省、市、县共建3亿元的科技信贷风险补偿资金池,带动合作银行向苏州地区科技企业发放贷款21.73亿元,充分发挥地方的积极性和主动性。

【科技金融组织和产品】 鼓励商业银行依托国家和省级高新区,加快发展科技支行、科技信贷业务部等专营机构,全省新建科技支行7家,总数达33家,13个省辖市全部设立科技支行。全省银行业金融机构推出的“科技之星”“科贷通”等科技信贷专营品种增至75种。加快科技小额贷款公司发展,新批筹23家,全省科技小贷公司达86家,其中实际开业68家。科技保险支公司总数达2家,人保财险苏州科技支公司成立2年来,科技保险业务实现苏州大市全覆盖,目前已成为人保财险在全国的产品试验基地、高端责任险基地和华东信用险中心。

【科技金融服务体系】 省科技金融信息服务平台内容不断丰富,入库科技企业达3.5万家,汇集银行、创投、科技小贷公司、科技保险、证券等750多家机构的金融创新产品与服务信息。省科技厅会同省金融办、财政厅、“一行三局”,以国家和省级高新区为重点,布局建设南通高新区科技金融服务中心等10家省级科技金融服务中心,集聚多种科技和金融资源,为科技人才和企业创新创业提供一站式科技金融服务。目前,以省科技金融信息服务平台为核心,各地服务中心为骨干,辐射全省的科技金融服务体系进一步完善。

文化科技产业 创业大赛

【概　况】 2014年,全省加快推进文化科技创新,加强文化与科技融合,文化科技创新工作取得阶段性进展,全省文化科技产业园总数达32家,文化类高新技术企业达170家;成功举办第二届江苏科技创业大赛,创新创业文化在全省得到进一步弘扬,营造了良好的科技创业氛围。

【文化科技创新】　2014年文化科技创新工作取得阶段性进展,按照《国家文化科技创新工程纲要》要求,大力实施文化科技融合发展行动计划,不断推动全省文化创意产业向具有自主知识产权和自有品牌的价值链高端发展。在数字内容、创意设计、网络媒体等新兴文化科技领域,组织实施112项文化科技项目,省拨科技经费1.41亿元,带动社会投入11.6亿元。加大国家级文化和科技融合示范基地建设力度,"数字音乐及影视云服务系统研发与应用示范"等项目获国家科技支撑等科技计划支持。加强对省级文化科技产业园的指导和支持,2014年新认定省级文化科技产业园14家,全省文化科技产业园总数达32家。加快培育文化高新技术企业,2014年新认定文化类高新技术企业30家,全省文化类高新技术企业达170家。

【江苏科技创业大赛】　2014年,成功举办了"第二届江苏科技创业大赛暨第三届中国创新创业大赛(江苏赛区)"。大赛吸引了包括北美地区在内的国内外1947家创业团队和企业报名参赛,报名总数、企业数、团队均位列全国第一。大赛开通网站、微博、微信等新兴媒体宣传,江苏电视台、《人民日报》、《新华日报》、《科技日报》、中国江苏网、南京电视台等20多家新闻媒体和热点门户网站刊登了大赛文字及视频新闻,在省内外营造了良好的创新创业舆论氛围。大赛吸引了13个省辖市创投机构在内的省内外创投、金融机构广泛关注,仅参与半决赛和总决赛的机构就达52家,比去年增长63%。江苏银行专门安排了20亿元专项授信额度,用于支持本次大赛优质创业企业和团队。省级科技计划加大了对获奖项目的支持力度,首届大赛26个获奖项目获得立项支持,省拨款达3000万元,引导创投机构等社会投入达2.73亿元。全省148家创业团队和企业成功进入第三届中国创新创业大赛行业总决赛,取得2个第一名、4个第二名、3个第三名的优异成绩,在全省营造了良好的科技创业氛围。

2014年8月30日,第二届江苏科技创业大赛暨第三届中国创新创业大赛(江苏赛区)总决赛及颁奖仪式在南京成功举行。省政协副主席、省政府党组成员、省科技厅厅长、大赛组委会名誉主席徐南平为获奖团队及企业代表颁奖。

(江苏省科学技术厅高新技术发展及产业化处)

科技成果

Achievements of Science & Technology

科技奖励

【概　况】　依据《江苏省科学技术奖励办法》的规定,经江苏省科学技术奖评审委员会评审,江苏省科学技术厅审核,江苏省人民政府批准,授予齐康院士、徐芑南院士2014年度江苏省科学技术突出贡献奖;授予江苏省科学技术奖193项,其中一等奖20项、二等奖60项、三等奖113项,授予12家企业江苏省企业技术创新奖;授予3名外籍专家江苏省国际科学技术合作奖。

2014年度江苏省共有57项通用项目荣获国家科学技术奖,其中:自然科学奖3项,技术发明奖12项,科技进步奖42项。另有省专家主持完成的科普图书获国家科技进步奖2项;江苏省推荐的与省单位合作的泰国农业专家披拉沙·斯乃文获中华人民共和国国际科学技术合作奖。

2014年度江苏省科技成果登记共有551项。

【江苏省科学技术奖】 2014年度省科学技术奖的组织评审工作,采取形式审查、专业组网络评审、专业组答辩评审和省科学技术奖评审委员会综合评审4个流程环节,实行申报推荐前、项目受理后、初评结果(即专业组答辩评审后)和综合评审结果4个阶段的公示,省科学技术奖评审监督委员会代表、省科技厅监察室全程监督评审工作。

2014年,全省共组织申报省科学技术奖项目603项,经形式审查,进入评审的项目有593项。专业网评按专业领域将项目分成38个评审组,从省科技咨询专家库中遴选抽取了266名专家进行网络评审,共评选出240个推荐项目,其中一等奖推荐项目45项,二等奖推荐项目151项,三等奖推荐项目44项。专业组答辩评审按9个专业组进行,每组15位专家,所有遴选专家严格回避到所评专业组项目的完成单位,其中省外专家占三分之一,对关联性特别强的医疗与卫生专业组评审专家全部来自省外,水利交通土木建筑、农业林业专业组等关联性较强的专业组,评审专家中50%来自省外。答辩评审后产生了200个项目进入综合评审,其中一等奖推荐项目23项,二等奖推荐项目57项,三等奖推荐项目120项。综合评审采取大会答辩投票方式进行,组建了45人的2014年度省科学技术奖评审委员会,一等奖项目采取大会答辩与投票的方式确定,二、三等奖项目采取大会投票的方式确定。依据省科学技术一等奖、二等奖、三等奖产生规则,确定193项成果为2014年度江苏省科学技术奖拟获奖项目并报请省政府批准,其中:一等奖20项、二等奖60项、三等奖113项。

获奖项目的特点:一是获国家科技计划支持的项目占比达60%。193个奖励项目中,获得国家科技支撑计划、“863计划”“973计划”和自然基金等国家科技计划支持的有117项。国家财政投入依然是科技项目经费的主要来源。二是企业牵头完成的项目继续保持优势。193个奖励项目中,企业作为第一完成单位有94项,占48%;高校占28%,研究院所等事业单位18%。三是知识产权数量稳中有升。193个奖励项目拥有各类知识产权2361项(件),其中授权发明专利1380项,比去年净增384件,授权实用新专利942项,与去年基本持平。四是中青年科技人才继续挑起科技创新的大梁。193项奖励项目完成人中,45岁以下的1145人,占全部完成人的65%,其中35岁以下的539人,35至45岁的606人。

【江苏省科学技术突出贡献奖】 全省共推荐2014年度省科学技术突出贡献奖候选人8人,其中院士5人。依据《江苏省科学技术奖励办法》有关规定,省科学技术突出贡献奖分初评、综合评审和现场考察3个阶段。

初评采取专家个人独立评价的方式进行,专家在认真审阅材料的基础上,独立对每位候选人进行定性评价,给出评价意见,并按奖励的标准条件推荐进入下一轮的人选。初评专家的遴选严格遵循回避原则,共聘请了21位各领域的高层次专家。依据专家评审意见及投票结果,得票超过到会专家三分之二票数的5位候选人进入第二轮的综合评审。

综合评审采取答辩方式进行,具体程序为:1.省科技厅向评审专家简要报告第一轮评审情况及5位候选人的科学成就与社会贡献;2.候选人所在单位向全体评审专家系统介绍候选人的科学道德修养、科学成就及对江苏社会、经济所做贡献等;3.评审专家在听取候选人单位介绍的基础上,对候选人的科学道德与修养、科学成就,以及对江苏经济、社会发展的贡献、人才培养等有关情况进行提问和质询;4.专家在听取汇报和答辩的基础上,对照评审标准,填写评审意见表并进行投票。综合评审聘请了25位专家,其中两院院士3人。评审专家的组成具有广泛性、综合性和专业性,专业全面涵盖候选人的专业领域,且全部回避到候选人所在单位。依据专家评审意见及投票结果,2位院士被确定为考察对象。

现场考察由省科技厅组织进行,广泛征求、听取2位候选人所在单位领导、同事及群众的意见,均对候选人的科学成就与科学道德给予充分肯定。驻厅机关纪检组、监察室与候选人所在单位纪检部门进行了单独沟通,被考察候选人所在单位出具了有关候选人廉洁情况的报告。依据专家评审意见和现场考察结果,确定齐康院士、徐芑南院士为2014年度江苏省科学技术突出贡献奖的建议奖励人选并获省政府批准。

【江苏省企业技术创新奖】 2014年度各地组织推荐了省企业技术创新奖候选单位51家,经形式审查,实际进入评审的企业为49家。省企业技术创新奖评审采取初评和综合评审2轮评审方式。初评根据申报企业的产业领域分为2组,共聘请30位专家进行评审。依据专家评审结果,有22家企业进入综合评审程序。综合评审采取大会答辩方式,共聘请21位专家进行评审。依据专家评审结果和产生规则,确定无锡威孚高科技集团股份有限公司等12家企业为拟获奖企业并获得省政府批准。获奖企业主要属于新兴产业领域,均为高新技术企业,均曾获得国家或省科学技术奖。

【江苏省国际科学技术合作奖】 2014年度全省共推荐省国际科学技术合作奖候选人15个,经形式审查,实际进入评审的候选人为12人。根据国际科学技术合作特点和本年度通过形式审查候选人情况,评审采取一轮大会答辩方式,聘请专家21位。答辩评审后,依据专家评审结果和产生规则,确定3位候选人为拟获奖人选并获得省政府批准,分别是与埃马克(中国)机械有限公司合作的德籍科技人员韦恪礼(Christoph Wernz),与南京市第一医院合作的英籍科技人员保罗·威科(Paul Wicker),与扬州中天利新材料股份有限公司合作的俄罗斯籍科技人员米哈伊尔·弗·丘尔巴诺夫(Михаил федорович ЧУРБАНОВ)。

【江苏省获国家奖励情况】 2014年度江苏省共有57项通用项目获国家科学技术奖,其中省相关单位主持完成的25项,获奖总数和主持完成项目数均继续保持全国各省市第二位。

2014年江苏省获国家科学技术奖情况的特点:一是获奖数量创历史新高。与去年获奖情况相比,获奖总数增长18%,主持完成项目数增长19%。在2014年全国获奖总数有所减少的情况下,全省获奖总数和主持完成项目占全国的比例也均有所提升。二是获奖项目亮点纷呈。东南大学吕志涛院士等主持完成的"现代预应力混凝土结构关键技术创新与应用"获国家科技进步一等奖。南京大学等单位分别获国家自然科学二等奖3项。此外,全省还有相关单位参与完成科技进步特等奖1项、一等奖3项。

2014年全省获国家科学技术奖又上新台阶,主要得益于2方面:一是全省涌现出一批面向应用的重大创新成果。2014年全省在自然科学奖、技术发明奖、科技进步奖三大类奖项中的获奖数量均居全国各省市前列。其中,在以促进重大基础研究成果转化为导向的技术发明奖中获得12项,在以奖励重大科技创新、创造显著经济或社会效益为导向的科技进步奖中获得42项。二是企业成为全省获得国家科技奖的重要力量。2014年由全省企业主持或参与完成的项目数达28项,占到全部获奖数的49%,其中有4家企业分别参与完成了国家科技进步特等奖1项和一等奖3项。在江苏省主持完成的25个获奖项目中,有6个项目是由企业主持完成的,占省主持完成获奖项目的24%。

科技成果转化专项资金

【2014年度项目组织遴选】 2014年江苏省科技成果转化专项资金共安排项目151个,资助经费117500万元,其中本年度拨款66176万元。项目组织有以下特点:一是突出转化环节和创新水平,以加强战略性新兴产业前瞻性培育为目标,瞄准产业发展的前端高端部署了一批创新水平高、产业化前景好的项目。省成果转化项目(AC类)引导带动项目新增总投入90.39亿元,预计项目实施后将实现新增销售收入449.38亿元、新增利税83.52亿元、新增创汇14.39亿美元;项目已拥有授权专利993件,其中发明专利406件,另有受理专利639件,软件著作权150件。二是突出培育技术领跑的行业"小巨人",始终坚持对高成长的创新型科技中小企业的大力扶持,项目承担企业主营收入在1亿元以下的占30%,高新技术企业占81%,省级以上创新型企业占31%,其中国家级创新型企业4家,另有15家企业已进入上市辅导期。三是突出国内外科技成果转移转化,省成果转化项目(AC类)产学研合作占总立项数的近91%,其中与省外单位合作项目44个,与中科院合作项目11个,与清华大学、北京大学合作项目4个。13个国际合作类项目,技术水平普遍较高,国际合作基础和前景普遍较好,有望通过合作获得

关键技术自主知识产权。四是突出向高新区集聚创新资源,高新园区立项数占项目总数的比例为45%,创新资源进一步集聚,各类高新园区的产业带动作用进一步显现。

【专项资金项目的实施管理】 2014年,会同省科技项目管理中心,继续大力加强专项资金项目的实施管理。一是做好转化资金项目的跟踪管理。截至2014年第4季度,1269个专项资金项目累计投入资金1437.65亿元,实现销售收入6038亿元,利税1030亿元,授权专利15217件,制订国家标准586件。二是努力抓好转化资金的日常管理。重点强化项目的跟踪检查、财务管理、执行情况与重大事项报告、有偿资金回收等管理工作。截至2014年年底,共收回专项资金经费10.57亿元,其中有偿资助经费9.92亿元。

【2013年度项目中期检查考核】 委托省科技项目管理中心,完成了2013年度149个项目的中期检查考核工作,对按合同实施的133个项目,下达分年度拨款经费共计24700万元,并及时会财政厅向相关部门和企业以及所在省辖市及县(市、区)政府通报了中期检查考核情况。

【下达2014年度贷款贴息及项目验收】 按照专项资金项目贷款贴息审核拨付办法,组织完成了127个项目的贷款贴息审核工作,下达101个项目贷款贴息共计12624万元,专项资金在吸引带动社会资金服务科技创新方面起到了更加积极的作用。按照项目验收管理办法,进一步加强项目的结题验收工作,2014年完成66个项目的财务审计和现场考核验收,累计验收项目420项。

(江苏省科学技术厅科技成果与技术市场处)

科技机构与条件

Science & Technology Institutions & Conditions

【概 况】 2014年,在厅党组的领导下,条件处认真学习贯彻党的十八大、十八届三中、四中全会精神和习近平总书记系列重要讲话,实施创新驱动发展战略,以企业研发机构建设和科技服务体系能力建设为重点,着力完善科技创新平台体系,有力支撑全省科技创新水平提升和产业转型升级。特别是在进一步完善创新型企业培育机制,推动创新资源向企业集聚,实施企业研发机构“百千万”行动计划上,集成支持、分类指导、分级管理,全省企业研发机构数量超过10000家,大中型工业企业和规模以上高新技术企业研发机构建有率达88.2%。科技创新平台集聚了全省近三分之二的国家自然科学奖、40%的国家技术发明奖,一半以上的科技类创新团队,并有4人获得何梁何利奖,为增强企业自主创新能力、提升产业技术引领能力打下了良好基础。

科技创新平台建设体系日趋完善。重点实验室建设再上新台阶。研究制定并印发了《江苏省重点实验室评估规则(试行)》及评估指标体系,明确评估目的、评估程序、绩效导向等,委托第三方评估机构完成对建设期满的54家省重点实验室的绩效评估,建立绩效评估、优胜劣汰的动态管理机制和稳定持续支持机制;目前,全省共建有省级及其以上重点实验室共97家,其中国家级28家,基本覆盖了生物医药、新材料、节能环保、高端装备制造等战略性新兴产业和社会民生领域。企业研发机构建设水平不断提升。组织实施了2批省重点企业研发机构遴选工作,总数达705家;新建企业重点实验室10家,全省企业重点实验室达57家;新建省级工程技术研究中心315家,新建企业院士工作站11家,企业研究生工作站223家,推动企业引进人才近2000人;支持24家省重点企业研发机构制定战略技术路线图和开展企业研发管理体系贯标;组织76家企业开展创新方法试点;全省共建有国家级企业研发机构107家。科技服务体系不断完善。围绕推进科技与经济相结合的目标,以科技服务示范区和公共服务平台提升为核心,推动科技服务业规模化、专业化发展,科技服务业超额完成总收入1000亿元的年度目标,同比增长21%;启动常州科技服务示范区建设,全省科技服务示范区达6个,集聚服务机构232家,实现服务收入近21亿元;研究制定《江苏省科技公共服务平台绩效评价体系》,突出服务量和服务收入的考核,委托第三方机构对建设期满的232个科技公共服务平台进行绩效评估;发布了全省"100强科技服务机构""百强"机构服务收入占全省科技服务业收入比重达34.4%,骨干科技服务机构正发挥引领与示范作用。

科技条件工作稳步发展。深化科技资源开放共享机制。研究制定了《江苏省公共科技资源开放共享条例》(建议稿);制定了统一检索模块和服务流程,实现大型仪器、工程文献、种质资源、专利、实验动物、重大科技基础设施等科技资源跨平台、一站式检索。实验动物法制化、规范化管理取得新成效。构建了覆盖全省的实验动物生物安全应急体系,建立起376人的实验动物生物安全应急队伍,在全国首家研究制定了实验动物生物安全应急演练工作方案和演练全本;新增实验动物许可证64份,总数达到213份;面向全省开展2次实验动物质量抽检,实验动物生产单位抽检覆盖率达100%。公益类科研院所服务民生能力不断提高。以服务民生为重点,持续稳定支持省属公益院所公益研究和公共服务能力,17家公益院所全年研发投入17亿元,完成公益基础研究367项,服务全省基层单位与公众2000人次以上,大多院所跻身全国省级院所一流方阵;与省编办联合印发《关于进一步完善全省科研事业单位机构设置审批事项的通知》,进一步规范全省科研事业单位机构设置工作。

重点实验室

【概　况】 江苏省重点实验室是依托科教单位建设的科研实体,是江苏区域科技创新体系的重要组成部分,是国家重点实验室的有益补充和后备军。旨在围绕国家战略和区域经济社会发展的重大科技需求,开展重大科技前沿性问题研究和应用基础研究,获取原创成果和自主知识产权,聚集和培养优秀科技人才,抢占未来技术制高点。2014年,召开全省重点实验室工作会议,确立了"稳定规模,优化布局,创新管理,提升能力"的总体工作思路,改革创新,重点实验室建设实现从重建设向重运行管理的转变,着重建立起优胜劣汰的动态管理和稳定支持的长效机制。截至2014年年底,全省共建有省级以上重点实验室97家,其中国家级28家、数量位列全国省份第一,省级69家。

2014年,重点实验室在人才队伍建设、科研能力及创新成果方面成效显著。共获得国家杰出青年科学基金资助10人,国家千人计划10人,何梁何利奖5人,国家自然科学基金委创新研究群体2个,江苏省创新团队6个;共承担省级以上科技计划项目1972项,获资助金额23.12亿元,其中国家级科技计划项目1189项、占总数的60.3%,获资助金额18.18亿元、占总经费的78.6%;共申请发明专利3052件,获授权发明专利1518件;在国内外学术期刊上发表学术论文10348篇,较上年度增长22.71%,其中被SCI检索收录论文6671篇,占总数60%以上;获国家自然科学奖3项、国家技术发明奖5项、国家科技进步奖13项,分别占江苏地区获相应奖项总数的75%、41.7%、31%。

2014年,重点实验室在科学研究方面取得了一批具有影响力的成果。省纳米技术重点实验室的可见光响应光催化材料及在能源与环境中的应用基础研究获得国家自然科学二等奖,可见光光催化分解水制氢的太阳能转化效率达到世界最高值,研究成果被*Science*等国际著名期刊引次数达到1109次;省土木工程材料重点实验室的高稳定高耗散减振材料制备关键技术与装置开发及工程应用获得国家技术发明二等奖,研制了高稳定性磁流变液、高耗散磁流变弹性体及高耗散黏弹性材料,基于这些优质的减振材料研制了磁流变阻尼器(MRD)、高耗散黏弹性阻尼器及无泄漏流体阻尼器等创新装置,提出了相关力学模型和智能控制算法,并成功应用到上海崇明长江大桥、武汉白沙洲大桥等26项国家重大工程和高层建筑中,累计经济效益超过2亿元;省绿色催化材料与技术重点实验室在国际化学顶级期刊*Chemical Society*

Reviews(影响因子30.425)发表综述论文,深入分析有机膦催化的发展历程,系统阐述各类联烯与亲电试剂的有机膦催化反应、有机膦不对称催化反应过程及其在全合成和化学生物学中的应用进展。

2014年,重点实验室的管理工作取得突破性进展。研究制定并印发了《江苏省重点实验室评估规则(试行)》及评估指标体系,明确评估目的、评估程序、绩效导向等。委托第三方评估机构进行绩效评估,对运行绩效优秀的8家、良好的31家重点实验室给予年度开放运行和基本科研业务费,2014年共资助8600万元,对运行状况较差的5家重点实验室进行限期整改,对评估未通过的3家重点实验室予以淘汰,开展后续跟踪回访工作,初步建立起优胜劣汰的动态管理和稳定支持机制。完善年度报告系统,探索建立定期评估和年度考核相结合的机制。组织召开全省重点实验室工作会议,认真总结"十二五"以来全省重点实验室建设取得的成绩,分析当前国内外创新形势的挑战,交流典型建设经验,确立重点实验室总体思路,并对管理和建设提出具体要求。

【布　局】 截至2014年年底,全省共建省级及其以上重点实验室97家,其中,省级重点实验室69家,国家级重点实验室28家(含国家重点实验室22家、省部共建国家重点实验室培育基地4家,军民共建国家重点实验室2家),国家级重点实验室(以下简称"国重")数量位居全国省份第一;总投入44.40亿元,其中国家拨款16.48亿元、省拨款5.50亿元、引导社会投入22.42亿元。

表2-1　国家级重点实验室按地域分布情况

单位:家

所属地区	数量	所属地区	数量	所属地区	数量
北京市	84	天津市	8	上海市	37
重庆市	8	河北省	4	山西省	5
辽宁省	11	吉林省	13	黑龙江省	7
江苏省	26	浙江省	15	安徽省	4
福建省	9	江西省	2	山东省	8
河南省	4	湖北省	22	湖南省	10
广东省	18	广西壮族自治区	3	海南省	2
四川省	12	贵州省	5	云南省	5
西藏自治区	2	陕西省	16	甘肃省	10
青海省	3	宁夏回族自治区	3	新疆维吾尔自治区	8
内蒙古自治区	3				

备注:1. 国家级重点实验室包括国家重点实验室、省部共建国家实验室及省部共建国家实验室培育基地。本表数据来源于2014年《国家重点实验室年报》《省部共建国家实验室培育基地年报》。公开统计不含军民共建数据。

2. 在国家统计口径中,由于煤炭资源与安全开采国家重点实验室计入北京;污染控制与资源化研究国家重点实验室计入上海,因此江苏的国家重点实验室数量为20家;在江苏统计口径中,将上述2家国家重点实验室计入江苏,因此江苏的国家重点实验室数量为22家。

学科领域分布。重点实验室按学科领域分布情况为:工程31家(国重5家),生物24家(国重6家),医学13家(国重1家),信息11家(国重5家),材料7家(国重1家),地学6家(国重5家),化学3家(国重3家),数理2家(国重2家)。

技术领域分布。重点实验室按技术领域分布情况为:生物医药29家(国重5家),新材料12家(国重2家),装备制造12家(国重1家),电子信息9家(国重4家),环境保护与资源综合利用8家(国重2家),新能源与高效节能7家,社会事业7家(国重6家),基础学科7家(国重7家),现代农业6家(国重1家)。

表2-2 省级及其以上重点实验室按技术领域分布情况　　单位:家

技术领域	数量	技术领域	数量
电子信息	9	装备制造	12
计算机与网络	1	机械制造	4
软件	1	轨道交通	1
通信	2	船舶	1
信息功能材料与器件	1	动力装备	1
传感网	4	机器人	1
新能源与高效节能	7	仪器仪表	2
风能	1	3D打印	1
生物质能	3	农业装备	1
智能电网	2	环境保护与资源综合利用	8
动力电池与新能源汽车	1	大气污染防治	2
新材料	12	固体废弃物处理及综合利用	1
新型功能材料	4	环境监测及环境生态保护	4
化工新材料	2	环保装备	1
金属材料	2	现代农业	6
纳米材料	3	农业信息化技术	1
无机材料	1	畜牧兽医	1
生物医药	29	作物栽培	3
生物技术	11	园艺	1
新医药	11	社会事业	7
生物医学工程	5	公共安全	4
医疗器械	2	生产安全	2
基础学科	7	人口与健康	1
合计			97

地区分布。重点实验室按地区分布情况为:南京58家,无锡10家,徐州5家,常州2家,苏州7家,南通1家,连云港1家,淮安4家,盐城2家,扬州2家,镇江4家,泰州1家。

依托单位类型分布。重点实验室按依托单位类型分布情况:高校78家,占总数的80.4%,其中部属高校44家,省属高校34家;科研院所18家,其中部属院所(含中科院系统)9家,省属院所9家;医院1家。

【固定资产】 研发场所。截至2014年年底,全省重点实验室拥有固定研发场所51.72万平方米,平均每家实验室研发场所5331.59平方米。

仪器设备。截至2014年年底,全省重点实验室拥有30万元以上仪器设备3114台(套),仪器装备面向社会共享服务量达到59.62万小时,平均共享服务机时为6146小时。

【人员情况】 截至2014年年底,全省重点实验室的工作人员共有6725人,其中固定人员4998人,占74.3%,流动人员1727,占25.7%。固定人员中,两院院士46人,占全省院士总数的51%;高级职称3842人、博士3797人,占固定人员总数的比例分别达到67.7%、75.97%。

【研发投入】 2014年,重点实验室研发经费年度投入达27.89亿元,其中团队建设、基础条件经费分别为2.57亿元、8.37亿元,分别占9.21%、30.01%。

【人才成长】 2014年,全省重点实验室共拥有中科院院士25人,工程院院士21人,省“333工程”第一层次培养对象32人、第二层次培养对象154

人;新增高级职称、博士分别为252人、341人;新增170人获得各类省部级及以上政府人才计划支持,其中国家杰出青年科学基金获得者10人,国家千人计划10人,何梁何利奖5人,国家自然基金委创新研究群体2个,江苏省创新团队6个;入选及提名全国百篇优秀博士学位论文7篇。

表2-3　省级及其以上重点实验室人才建设情况　　单位:人

人才类型	累计数量	2014年新增数量
高级职称	3383	252
博士	3797	341
获省部级及以上政府人才计划支持	685	170
其中:国家杰出青年科学基金获得者	160	10
国家千人计划	42	10
教育部长江学者奖励计划	128	23
国家百千万人才工程	68	6
省双创人才	84	28
省“333工程”第一层次培养对象	32	0
省“333工程”第二层次培养对象	154	12
基金委创新研究群体	16	2
江苏省“创新团队计划”	25	6

表2-4　2014年度省级及其以上重点实验室获国家自然科学基金委创新研究群体科学基金资助名单

序号	学术带头人	研究方向	重点实验室名称	依托单位
1	缪协兴	新型人工电磁媒质对电磁波的调控研究	深部岩土力学与地下工程国家重点实验室	中国矿业大学
2	李　萍	中药活性成分群发现于作用机理	天然药物活性物质与功能国家重点实验室	中国药科大学

表2-5　2014年度省级及其以上重点实验室国家杰出青年科学基金资助者名单

序号	姓名	重点实验室名称	依托单位
1	刘　震	生命分析化学国家重点实验室	南京大学
2	朱　进	现代配位化学国家重点实验室	南京大学
3	陆现彩	内生金属矿床成矿机制研究国家重点实验室	南京大学
4	万　青	江苏省光电信息功能材料重点实验室	南京大学
5	刘　辉	固体微结构物理国家重点实验室	南京大学
6	仲　盛	计算机软件新技术国家重点实验室	南京大学
7	暴宁钟	材料化学工程国家重点实验室	南京工业大学
8	郑金海	水文水资源与水利工程科学国家重点实验室	河海大学
9	陈求稳	水文水资源与水利工程科学国家重点实验室	水利部交通运输部国家能源局 南京水利科学研究院
10	颜晓元	土壤与农业可持续发展国家重点实验室	中国科学院南京土壤研究所

表2-6 2014年度省级及其以上重点实验室获何梁何利奖情况

序号	获奖人	奖项	重点实验室	依托单位
1	赵淳生	何梁何利基金科学与技术进步奖	机械结构力学及控制国家重点实验室	南京航空航天大学
2	黄　维	何梁何利基金科学与技术进步奖	有机电子与信息显示重点实验室(省部共建)	南京邮电大学
3	曹福亮	何梁何利基金科学与技术进步奖	江苏省杨树种质创新与品种改良重点实验室	南京林业大学
4	顾晓松	何梁何利基金科学与技术进步奖	江苏省神经再生研究重点实验室	南通大学
5	任洪强	何梁何利基金科学与技术创新奖	污染控制与资源化研究国家重点实验室	南京大学

表2-7 2014年度省级及其以上重点实验室入选全国优秀博士论文名单

序号	论文名称	入选情况	作者	指导教师	实验室名称	依托单位
1	Mucin 5B promoter polymorphism is associated with susceptibility to in terstitial lung diseases in Chinese males.	获得	王春莉	王亚平	江苏省医学分子技术重点实验室	南京大学
2	氮素营养对水稻光合作用与光合氮素利用率的影响机制研究	获得	李　勇	郭世伟	江苏省固体有机废弃物资源化高技术研究重点实验室	南京农业大学
3	水稻脱粒损伤力学特性及低损伤脱粒装置研究	提名	徐立章	李耀明	江苏省农业装备与智能化高技术研究重点实验室	江苏大学
4	基于激光冲击机理的裂纹面闭合与疲劳性能改善特性研究	提名	任旭东	张永康	江苏省道路载运工具新技术应用重点实验室	江苏大学
5	活血化瘀药对肿瘤转移的影响——隐丹参酮抑制癌细胞生长的分子机理	提名	陈文星	陆　茵	江苏省中药药效与安全性评价重点实验室	南京中医药大学
6	整体叶盘型面电解加工装备的研制及关键技术研究	提名	朱　栋	朱　荻	江苏省精密与微细制造技术重点实验室	南京航空航天大学
7	耐高温纤维水解酶的研究	提名	时　号	王　飞 李相前	江苏省介入医疗器械研究重点实验室	淮阴工学院

【科研任务】 2014年,全省重点实验室承担省级科技计划项目783项,获资助金额4.94亿元;承担国家级科技计划项目1189项,获资助金额18.18亿元,其中国家科技重大专项课题63项、973计划课题85项、863计划课题58项。

【科研产出】 获奖情况。2014年,全省重点实验室共获省级以上科技奖励113项,其中国家级科技奖励21项,占当年全省获国家级奖励总数的36.2%。主持或参与的项目获国家自然科学奖二等奖3项,国家技术发明奖二等奖5项,国家科技进步奖一等奖1项、二等奖12项。

表2-8 2014年度省级及其以上重点实验室获得国家科技奖励情况

序号	成果编号	成果名称	成果类型	获奖等级	获奖人姓名及排序	重点实验室名称
1	Z-10702-2-01	新型人工电磁媒质对电磁波的调控研究	国家自然科学奖	二等	崔铁军(1),马慧锋(2) 蒋卫祥(3),程 强(4)	毫米波国家重点实验室
2	Z-108-2-03	可见光响应光催化材料及在能源环境中的应用基础研究	国家自然科学奖	二等	邹志刚(1),李朝升(2) 于 涛(3),周 勇(4) 闫世成(5)	江苏省纳米技术重点实验室
3	Z-106-2-01	遗传病致病基因和基因组重排的新发现	国家自然科学奖	二等	王宝玺(2)	江苏省皮肤病与性病分子生物学重点实验室
4	F-301-2-01	水稻籼粳杂种优势利用相关基因挖掘与新品种培育	国家技术发明奖	二等	万建民(1),赵志刚(2) 江 玲(3),陈亮明(4) 刘世家(5)	作物遗传与种质创新国家重点实验室
5	F-306-2-02	功能性高分子聚氨基酸生物制备关键技术与产业化应用	国家技术发明奖	二等	徐 虹(1),冯小海(2) 李 莎(3),仲兆祥(5)	材料化学工程国家重点实验室
6	F-305-2-03	新型淀粉衍生物的创制与传统淀粉衍生物的绿色制造	国家技术发明奖	二等	金征宇(1),顾正彪(2) 徐学明(3)	食品科学与技术国家重点实验室
7	F-305-2-04	基于干法活化的食用油脱色吸附材料开发与应用	国家技术发明奖	二等	王兴国(1),金叶玲(3) 刘元法(4),黄健花(5) 陈 静(6)	食品科学与技术国家重点实验室,江苏省凹土资源利用重点实验室
8	F-30701-2-05	高稳定高耗散减振材料制备关键技术与装置开发及工程应用	国家技术发明奖	二等	徐赵东(1),韩玉林(3) 费树岷(4),杨建刚(5)	江苏省土木工程材料重点实验室
9	J-25202-1-01	特厚煤层大采高综放开采关键技术及装备	国家技术发明奖	一等	王家臣(6)	煤炭资源与安全开采国家重点实验室
10	J-204-2-03	听伯伯讲银杏的故事	国家技术发明奖	二等	曹福亮(1)	江苏省杨树种质创新与品种改良重点实验室
11	J-214-2-01	超高性能混凝土抗爆材料成套制备技术、结构设计及其应用	国家技术发明奖	二等	孙 伟(1),刘加平(1)	江苏省土木工程材料重点实验室
12	J-222-2-01	复杂河网多目标水力调控关键技术与应用	国家技术发明奖	二等	唐洪武(1),王船海(2) 肖 洋(1)	水文水资源与水利工程科学国家重点实验室
13	J-25201-2-02	南海及周边地区遥感综合监测与决策支持分析	国家技术发明奖	二等	李满春(1),刘永学(4) 程 亮(5),李飞雪(10)	水文水资源与水利工程科学国家重点实验室
14	J-216-2-02	高效离心泵理论与关键技术研究及工程应用	国家技术发明奖	二等	袁寿其(1),刘厚林(2)	江苏省农业装备与智能化高技术研究重点实验室
15	J-235-2-01	抗精神病新药奥氮平及其制剂的研制和应用	国家技术发明奖	二等	吕爱锋(4),赵军军(6) 陈亭亭(9)	江苏省生物药物高技术研究重点实验室

续表 2-8

序号	成果编号	成果名称	成果类型	获奖等级	获奖人姓名及排序	重点实验室名称
17	J-202-2-01	杨树高产优质高效工业资源材新品种培育与应用	国家自然科学奖	二等	潘惠新(2)	江苏省杨树种质创新与品种改良重点实验室
18	J-202-2-03	非耕地工业油料植物高产新品种选育及高值化利用技术	国家技术发明奖	二等	夏建陵(2),聂小安(9)	江苏省生物质能源与材料重点实验室
19	J-22101-2-03	高水压浅覆土复杂地形地质超大直径长江盾构隧道成套工程技术	国家技术发明奖	二等	钱春香(7)	江苏省土木工程材料重点实验室
20	J-222-2-02	超高心墙堆石坝关键技术及应用	国家技术发明奖	二等	李国英(10)	水文水资源与水利工程科学国家重点实验室
21	J-231-2-02	重型柴油车污染排放控制高效SCR技术研发及产业化	国家技术发明奖	二等	刘　洋(5)	江苏省机动车尾气污染控制重点实验室

专利情况。2014年,全省重点实验室共申请专利3575件,其中发明专利3052件,占申请总数的85.4%;获授权发明专利1518件,与上年度基本持平。

学术论文及其他。2014年,全省重点实验室在国内外学术期刊上发表学术论文10348篇,其中被SCI检索收录论文6671篇,占64.47%;被EI检索收录论文1664篇,占16.08%;CNS论文37篇。

此外,制定技术标准100项,其中国际标准2项、国家标准39项、行业标准29项、地方标准30项;获新药证书6个,自主研制科研仪器设备175台(套);自立课题547项,资助经费1.81亿元;培养研究生6590人,其中博士2080人。

【学术交流与开放服务】 2014年,全省重点实验室牵头举办国际国内学术交流活动208场次,在大型学术会议上做主题或特邀报告862篇。

2014年,全省重点实验室设立开放课题739项,开放基金4268.9万元;承担社会横向项目2886项,获得横向课题经费11.67亿元;面向社会开展培训3.3万人次,提供技术服务7909项次,服务收入6.84亿元,其中技术转让298项,转让收入3.26亿元,平均每家实验室提供技术服务82项次,服务收入705.3万元。

企业研发机构

【概　况】 2014年,全省企业研发机构建设以能力提升为重点,通过加快实施企业研发机构“百千万”行动计划,对百家国家级企业研发机构、千家省级重点企业研发机构、万家大中型工业企业(规上高企)研发机构进行集成支持、分类指导、分级管理,着力提升全省企业创新平台与各类人才站点建设水平。

企业创新平台建设进展良好。依托创新型领军企业启动建设了4家国家级企业研发机构培育点,省科技厅、经信委、发改委联合培育的8家企业研发机构晋升为国家级企业技术中心,新增国地联合建设企业工程研究中心3家、国地联合工程实验室2家;并组织指导江苏省交通科学研究院有限公司等9家企业申报国家级企业重点实验室,组织三一重机有限公司、南京云锦研究所有限公司等17家企业申报国家工程技术研究中心。同时组织新建省级企业重点实验室10家,企业类省级工程技术研究中心296家,新认定省级企业技术中心301家,新增省级企业工程研究中心58家,省级企业工程实验室18家。截至2014年年底,全省共建有各类企业创新平台4809家。

省推进企业研发机构建设工作联席会议组织遴选了2批省重点企业研发机构,总数达624家;

组织中介机构研究制定“企业研发管理体系标准和实施指南(草案)”,支持24家省重点企业研发机构制定战略技术路线图和开展企业研发管理体系贯标;组织76家企业创新平台开展第三批创新方法试点,推广创新方法在企业中的应用。组织对252家工程技术研究中心进行了绩效评估,对优秀的51家给予运行补贴,淘汰不合格的12家,此外对678家合同到期的工程中心开展了验收,淘汰不合格的35家,2014年累计淘汰省级工程技术研究中心47家,完善了优胜劣汰的竞争机制。全省企业创新平台拥有的硕博士数、研发经费投入、发明专利申请数均比上年增长15%以上,企业新产品销售收入增长12%。

人才站点建设力度和水平不断提升。2014年,新建企业院士工作站11家,企业研究生工作站730家,并启动2批“科技副总”试点工作,共通过申请岗位340个。截至2014年年底,全省共建有企业院士工作站、博士后工作站等人才站点2980个。共引进院士343名,院士团队人员3070人,推动企业引进博士等高层次人才7000余人,为加快建立以企业为主体的技术创新体系,培养高层次人才,促进产学研结合,推动科技成果转化为生产力提供有力支撑。

【企业重点实验室(企业研究院)】 企业重点实验室(企业研究院)建设依托全省行业龙头企业,面向行业未来发展的需求,重点开展应用基础研究和竞争前共性技术研究,开发重大战略目标产品,抢占产业技术制高点,从而引领和带动行业技术进步。2014年,根据企业研发机构“百千万”行动计划的实施要求,积极组织指导江苏省交通科学研究院有限公司等9家企业申报企业国家重点实验室,新建省城市轨道交通车辆整车及关键部件重点实验室等企业重点实验室10家。

截至2014年年底,全省依托龙头企业共建有企业重点实验室(企业研究院)56家,其中企业国家重点实验室6家;总投资69.75亿元,其中省拨款3.25亿元,引导社会投入66.5亿元。目前已有9家省企业重点实验室(企业研究院)成为国家企业技术中心,2家成为国家工程技术研究中心,为江苏打造创新高地、构建以企业为主体的技术创新体系、推动江苏创建创新型省份发挥重要的支撑作用。2014年度,全省企业重点实验室(企业研究院)共申请专利1323件,其中发明专利656件,共主持或参与制修订国际标准2项、国家(行业)标准33项,共获国家级科技奖励2项,省部级科技奖励11项。

分布情况 新建情况:2014年,共新建企业重点实验室10家。

按领域分布:主要分布在新材料、生物技术与新医药、新能源、节能环保等领域,其中新材料、生物技术与新医药领域最多,各占29.79%、17.02%。

表2-9 省级及其以上企业重点实验室(企业研究院)按领域分布情况 单位:家

人才类型	数量	人才类型	数量
高端装备制造	9	生物技术与新医药	8
新能源	4	电子信息	2
新材料	19	节能环保	4
新能源汽车	2	智能电网	2
其他	6		
合　　计			56

按地区分布:企业重点实验室(企业研究院)已在苏南布局33家、苏中15家、苏北8家,南京、苏州建设数量最多,分别为14家、11家,占比25%、19.7%。

表2-10 省级及其以上企业重点实验室(企业研究院)按地区分布情况 单位:家

地区	数量	地区	数量
南京市	14	苏州市	11
南通市	6	其中:昆山市	3
其中:如皋市	1	吴江区	3
海安县	1	张家港市	2
启东市	1	常熟市	2
泰州市	6	扬州市	3
其中:兴化市	1	其中:仪征市	1
泰兴市	1	宝应县	1
无锡市	3	淮安市	3
其中:宜兴市	1	其中:涟水县	1
常州市	3	连云港市	3
其中:金坛市	1	镇江市	2
徐州市	1	其中:丹阳市	1
宿迁市	1		
合计			56

能力建设 研发投入:2014年度,省企业重点实验室(企业研究院)研发经费投入共44.82亿元,平均研发投入占销售收入比例为3.5%。

研发场所:截至2014年年底,全省企业重点实验室(企业研究院)拥有固定研发场所41.72万平方米,平均每家机构研发场所7400平方米,均有相对独立集中的研发区域。

仪器装备:截至2014年年底,全省企业重点实验室(企业研究院)拥有仪器设备总数11632台(套),总价值35.24亿元。

人才队伍:截至2014年年底,全省企业重点实验室(企业研究院)在职人员达11018人,专职研发人员达8053人,占总人数的73.34%,平均每家拥有在职人员196人,专职研发人员143人;其中院士4人、海归167人、博士学历490人、正高级职称1003人;列入国家千人计划的14人,列入省高层次创业创新人才引进计划的52人,获得江苏省"创新团队计划"支持的17个;引进或培养高级职称187人、博士87人。

运行成效 专利情况:2014年度,全省企业重点实验室(企业研究院)共申请专利1323件,其中发明专利656件,占申请总量的49.9%;获得授权专利731件,其中发明专利253件,占授权总量的34.61%。平均每家申请发明专利11.7件、获授权发明专利4.5件。

标准情况:2014年度,全省企业重点实验室(企业研究院)共主持或参与制修订国际标准2项、国家(行业)标准33项、地方标准26项。

承担科技项目:2014年度,全省企业重点实验室(企业研究院)承担国家级科技计划项目45项,获资助金额10652万元,其中主持或参与"863计划"项目10项,获政府拨款3097万元;承担省部级科技计划项目51项,获资助金额11341万元。

表2-11 省级及其以上企业重点实验室(企业研究院)承担科技项目情况

政府纵向课题	项目数(项)	总经费(万元)	其中:财政拨款(万元)
1.国家级科技计划	45	83750	10652
其中:"973"计划	2	820	320
"863"计划	10	17566	3097

续表 2-11

政府纵向课题	项目数(项)	总经费(万元)	其中:财政拨款(万元)
科技支撑计划	18	11593	3685
2.省部级科技计划	51	144214	11341
其中:省科技成果转化专项资金	8	65720	5000
省科技支撑计划项目	17	6398	1760

获奖情况:2014年度,全省企业重点实验室(企业研究院)共获国家级科技奖励2项,省部级科技奖励11项。

表2-12 2014年度省级及其以上企业重点实验室(企业研究院)获国家科技进步奖及技术发明奖情况

序号	所获奖励类别	获奖课题名称	企业重点实验室(企业研究院)名称
1	国家技术发明二等奖	耐烧蚀复合材料用碳纤维多向预成型体结构设计、控制、制备及应用	特种纤维复合材料国家重点实验室
2	国家科技进步二等奖	超高性能混凝土抗爆材料成套制备技术、结构设计及其应用	高性能土木工程材料国家重点实验室

新产品和新技术:2014年度,全省企业重点实验室(企业研究院)共形成重大目标产品和技术145项,在国际国内核心期刊发表论文411篇。

开放交流:2014年度,全省企业重点实验室(企业研究院)共设立开放课题99项,开放课题经费5959万元,牵头举办国际国内学术会议84场。

产学研合作:截至2014年年底,全省企业重点实验室(企业研究院)共建有企业院士工作站22个、博士后工作站(流动站)49个、企业研究生工作站20个,与高校院所签订产学研合作协议65个,在海外建有研发机构的企业重点实验室(企业研究院)有6个。

标志成果:光伏科学与技术国家重点实验室自主研发的大面积工业级多晶太阳电池以及P型与N型单晶太阳电池再次刷新世界纪录;省(恒瑞)创新药物研究院自主研制的国家1.1类新药阿帕替尼获批上市,成为全球第一个在晚期胃癌安全有效的小分子抗血管生成靶向药物;省(好孩子)科学育儿用品研究院已经连续四届夺取国际工业设计领域的奥斯卡“红点设计大奖”,行业内创新能力世界第一。

管理与评价 企业重点实验室(企业研究院)全部纳入省企业研发机构“百千万”工作计划中作为“千家”省级重点企业研发机构进行管理,参与重点研发机构绩效评估,评估结果为优秀的,给予一次性后补助。

内部管理方面,企业重点实验室(企业研究院)多为依托单位下属的相对独立的二级机构,具有人财物自主权,均建立了相对完善的管理体制和运行机制。如省(徐工)工程机械研究院探索高效的科研管理模式,建立科研成果奖励制度,实行科研成果效益和科研承担人员个人利益严格挂钩的量化考核方法,使科技人员的收入与业绩挂钩,充分调动全体科技人员的积极性,全面提高广大科研人员的事业心和责任心。省(中天科技)光电传输新技术研究院实行董事长领导下的院长负责制,下属各研发中心负责相应专业领域的研究,并实施双重考核;根据研究院确立的总体研究方向和研究规划,各研发中心申报年度科技项目,研究院组织专家进行立项论证,通过后签订项目任务书。具体项目实行项目负责人制(PMP),研究院进行季度检查、年度考核、组织结题验收并指导相应产品公司进行科技成果转化,科研成果评比及激励。

【工程技术研究中心】 工程技术研究中心(以下简称“工程中心”)建设旨在以促进全省企业科技创新为目标,加强工程化研发平台建设,开展工程技术研究、试验和成套技术服务,开发产业发展中的共性、关键技术,持续提供成熟配套的技术、工艺、装备和产品,促进成果转化和技术辐射,带动行业技术提升和科技进步,增强企业技术创新能力和市场竞争力。2014年,在进一步推进万家企业研发机构建设,加快构建企业为主体,市场为导向、产学研相结合的技术创新体系建设的总方针指导下,省科技厅重点完善了省级工程中心的动态管理,进一步推进了省级工程中心绩效考评工作。2014年,省科技厅选取了电子信息、节能环保两个领域建设期满的省级工程中心开展运行情况绩效考评,并对绩效考评良好的给予经费奖励,对绩效考评较差的给予限期整改或摘牌,全省考评优秀省级工程中心共51家,补贴金额1530万元,摘牌省级工程中心12家,进一步强化全省工程中心优化布局和优胜劣汰的动态管理。

截至2014年年底,全省共建有省级以上工程中心2748家,其中,国家工程中心29家;总投入529.97亿元,其中国家拨款1.41亿元、省拨款3.69亿元、引导社会投入524.87亿元。

分布情况 新建情况:2014年,在进一步围绕省政府企业研发机构建设推进工作的过程中,全省加大了对企业类省级工程中心建设力度,重点支持大中型工业企业、规模以上高新技术企业和农业科技型企业,2014年全省在电子信息、新材料、生物医药、装备制造、现代农业等领域共新建省级工程中心315家,其中新建企业类省级工程中心296家,总投入经费49亿元。

按地区分布:苏州、无锡、南京建设的省级工程中心数量位居全省前三名,分别是524家、474家、313家。苏南、苏中、苏北地区共建设1750家、585家及413家,分别占63.7%、21.3%、15%。

按领域分布:全省工程中心在装备制造、新材料、新能源高效节能3个技术领域建设数量最多,分别是870家、679家、331家,分别占全省工程中心总数的35.1%、27.36%及13.41%。

表2-13 工程技术研究中心按领域分布情况

单位:家

技术领域	项目数	技术领域	项目数
装备制造	870	现代农业	166
泵阀技术	34	作物育种	12
精密模具	33	海洋	3
机械制造	337	农业装备	18
动力装备	57	林木加工	11
自动控制	35	园艺	10
数控机床	34	农产品加工	54
轨道交通	28	生物质利用	12
工程机械	79	水产	12
液压技术	12	土肥	4
仪器仪表	39	畜牧兽医	16
汽车	91	农业信息化技术	1
船舶	20	作物栽培	12
海洋工程装备	25	生物医药	259
纺织机械	31	新医药	94
机器人	5	生物技术	125
轻工	4	生物医学工程	40
激光加工	6	新能源与高效节能	331
		石油、天然气	2

续表 2-13 单位:家

技术领域	项目数	技术领域	项目数
太阳能	59	生物质应用	4
风能	21	电子信息	303
核电	6	传感网	26
生物质能	10	集成电路	39
动力电池与新能源汽车	28	软件	48
海洋与地热	3	通信	56
智能电网	77	计算机与网络	33
煤炭	8	信息功能材料与器件	58
建筑节能	18	云计算	9
工业节能	71	平板显示	34
半导体照明	13	新材料	679
低碳技术	5	金属材料	173
环境保护与资源综合利用	128	无机材料	105
水污染防治	27	纳米材料	11
固体废弃物处理及综合利用	19	高分子材料	163
大气污染防治	27	高性能纤维材料	119
环保装备	28	化工新材料	108
环境监测及生态保护	12	其他	12
清洁能源与循环经济	11	合计	2748

按依托单位性质分布:有96.4%依托企业建设,共2650家;依托高校、科研院所及科技中介机构分别为63家、34家、1家。

按企业类型分布:大多数建在高新技术企业和大中型工业企业。其中依托大中型工业企业及规模以上高新技术企业(销售额超过2000万元)的共2057家,占77.6%。

能力建设 建设投入:截至2014年年底,全省工程中心总投入529.97亿元,比上年度增长10.2%,2014年新增投入49亿元。

研发投入:2014年,全省工程中心研发总投入424.43亿元,平均每家工程中心投入1544.5万元,与上年度平均投入基本持平。

研发场所:截至2014年年底,全省工程中心拥有固定研发场所786万平方米,平均每家工程中心研发场所2860.2平方米。

仪器装备:截至2014年年底,全省工程中心拥有10万元以上的设备6.85万余台(套),比去年增长了19.7%,平均每家工程中心拥有仪器设备27台(套),与上年度基本持平。

人才队伍:截至2014年年底,全省工程中心共拥有研发人员20.2万人,其中固定研发人员18.5万人,平均每家工程中心68人;外聘/兼职共16384人,占全省工程中心研发人员的8.9%;全省工程中心拥有博士9662人、高级职称26975人。

表2-14 2014年度工程技术研究中心人才队伍情况 单位:人

固定研发人员				
总数	博士	硕士	高级职称	中级职称
184812	9662	20329	26975	52332

运行成效 专利情况:2014年度,全省工程中心共申请专利3.4余万件,其中发明专利1.4余万件,占申请总数的42.5%;授权专利近1.3万件,其中发明专利4756件,占授权总数的36.6%;2014年度全省工程中心申请专利及授权专利数分别比去年增长了8.8%和11.5%。

标准情况:2014年度,全省工程中心参与制修订各类标准2227项,其中国家(行业)标准856项,较去年有较大幅度提升。

承担科技项目:2014年度,全省工程中心仍保持快速发展态势,新增研发项目再创新高,共新增项目22390项,其中自主研发16077项,占71.8%。承担省级以上科技计划项目3440项,获政府资助40亿元,其中国家级1560项、省级1880项。

表2-15 2014年度工程技术研究中心获政府支持计划情况

项目总数		国家级		省级	
数量(项)	资助金额(亿元)	数量(项)	资助金额(亿元)	数量(项)	资助金额(亿元)
3440	40	1560	22.5	1880	17.5

创新产品产出:2014年度,全省工程中心开发新产品8000余个,平均每家工程中心开发新产品近3个;形成新工艺3986项,平均每家工程中心形成新工艺近2项,与去年基本持平。

开放合作情况:2014年度,全省工程中心共承担委托合作项目2786项,合作研发项目6625项,分别占项目总数的12.44%、29.58%;合作/依托单位常驻人员16780人,流动人员15440人,占总研发人员的9.1%、8.3%。

其他知识产权:2014年度,全省工程中心获得新药批件32件,动植物新品种审定近50个,集成电路设计版权50余件,软件著作权超过2000件。

管理与评价 2014年,省科技厅对2010年第二批立项建设及2011年立项建设的共678省工程中心进行了验收。验收结果如下,643家省工程中心通过验收,4家省工程中心限期整改,35家省工程中心验收结果不合格;对35家验收不合格的省工程中心取消"江苏省工程技术研究中心"铭牌,不再纳入管理序列。2014年,省科技厅针对电子信息、节能环保两个领域的252家省工程中心开展了绩效评估,择优对51家省级工程中心给予一次性后补助,支持经费1530万元,用于技术研发、成果转化、创新人才培养等方面;并对评估结果不合格的12家省工程中心取消"江苏省工程技术研究中心"铭牌,不再纳入管理序列。2014年共有47家省级工程中心被取消"江苏省工程技术研究中心"铭牌,进一步完善"优胜劣汰"的动态管理机制。

【企业技术中心】 企业技术中心建设旨在确立企业技术创新和科技投入的主体地位,加快完善以企业为主体、市场为导向、产学研相结合的技术创新体系,充分发挥江苏省认定企业技术中心在企业技术创新体系和企业自主创新能力建设中的引导与示范作用。截至2014年年底,全省拥有省级以上企业技术中心1610家,其中国家级企业技术中心83家;省级企业技术中心1527家。全年新认定省级以上企业技术中心309家,其中新认定国家级企业技术中心8家。目前,全省累计已有国家技术创新示范企业19家,数量居全国前列,其中,新认定国家技术创新示范企业7家,新增数全国第一。

【企业工程研究中心(工程实验室)】 江苏省企业工程研究中心建设旨在推动全省科技创新体制改革,促进科研成果向生产力的转化。企业工程研究中心以行业技术为导向,对具有市场价值的重要应用科研成果进行后续的工程化研究和系统集成;开发研究具有产业化前景的共性技术、关键技术,加快科技成果的产业化步伐;促进技术扩散,最大限度地实现共性技术的社会和经济效益。截至2014年年底,全省拥有省级企业工程研究中心

281家,国地联合建设企业工程研究中心22家,国家级企业工程研究中心7家。2014年,新增省级企业工程研究中心58家,其中,新增国地联合建设企业工程研究中心3家。

企业工程实验室建设旨在开展重点产业核心技术攻关和关键工艺试验研究,研制重大装备样机及其关键部件,开展产业技术标准研究,培养工程技术创新人才,促进重大科技成果的转化和应用,为行业、企业提供技术服务。截至2014年年底,全省拥有省级企业工程实验室73家,国家工程实验室8家,国地联合工程实验室4家;2014年新增省级企业工程实验室18家,新增国地联合工程实验室2家。

【企业院士工作站】 院士工作站的建立有效促进规模企业与高校院所建立产学研长效合作机制,加快建立以企业为主体的技术创新体系,推进创新型省份建设。全省建立企业院士工作站,致力于引进高端智力团队服务于企业技术创新,联合攻关重大关键技术难题,转化院士及其创新团队成果,开展产业及企业发展战略咨询和技术指导,与院士及其创新团队共建人才培养基地,推动企业加快发展。

截至2014年年底,全省共建省企业院士工作站328家,引进两院院士343名,集聚院士团队3070人;总投入45.04亿元,其中省拨款2.77亿元,引导社会投入42.27亿元。江苏省企业院士工作站在建设规模、聚集院士团队、经费投入等方面均取得较大进展,在人才培养、技术研发、成果转化等方面均取得较好成效。2014年度,全省院士工作站新增研发项目共1782项,其中自主研发1440项,占新增总项目的80.8%,共申请专利3020件,其中发明专利1468件,占申请总数的48.6%,为近五年之最;主持或参与制修订国家标准35项,地方标准166项。

分布情况 新建情况:2014年度,全省继续加大企业院士工作站建设。根据省大中型工业企业研发机构建设总体目标,重点支持销售过亿且与院士团队有一年以上合作基础的高新技术企业和首批省重点企业研发机构。2014年度,重点围绕装备制造、环境保护与资源综合利用、新材料等领域,新建11家企业院士工作站,引进两院院士12名,其中科学院院士3名,工程院院士9名,省外院士10名,省内院士2名。由于市场环境变化等原因,2014年度,共有8家企业院士工作站总结结题,2家撤销,1家中止,故有11家不再纳入"江苏省企业院士工作站"序列管理。

按地区分布:苏州、无锡和南京建设的企业院士工作站数量位居全省前三名,分别是55家、48家、43家。

按行业分布:装备制造领域建有量最多,为72家,占22.0%;其次是新材料和生物医药领域,分别为68家和62家;十大战略新兴产业领域建有290家,占88.4%。

表2-16 企业院士工作站按行业分布情况 单位:家

技术领域	项目数	技术领域	项目数
装备制造	72	海洋工程装备	7
机械制造	17	纺织机械	2
动力装备	3	泵阀技术	1
激光加工	3	精密模具	1
机器人	3	新材料	68
数控机床	3	金属材料	30
轨道交通	7	无机材料	11
工程机械	6	高分子材料	20
仪器仪表	7	高性能纤维材料	6
汽车	9	纳米材料	1
船舶	3	电子信息	34

续表 2-16

技术领域	项目数	技术领域	项目数
软件	8	农业装备	1
传感网	6	水产	4
通信	10	园艺	3
计算机与网络	1	农产品加工	7
平板显示	1	畜牧兽医	3
信息功能材料与器件	8	林木加工	1
新能源	43	环境保护与资源综合利用	18
太阳能	8	废弃物处理及综合利用	2
动力电池与新能源汽车	8	大气污染防治	2
智能电网	15	环保装备	10
煤炭	1	水污染防治	4
半导体照明	4	生物医药	62
风能	3	生物技术	28
工业节能	2	新医药	27
核电	2	生物医学工程	7
现代农业	23	社会事业	8
作物育种	4	总 计	328

能力建设 研发投入:全省企业院士工作站建设总经费45.04亿元,研发投入29.9亿元,占总投入的66.4%,其中团队建设经费2.3亿元,仪器设备购置经费5.7亿元。

研发场所:截至2014年年底,全省企业院士工作站拥有固定研发场所93.38万平方米,平均每家拥有研发场所2847平方米。

仪器装备:截至2014年年底,全省企业院士工作站拥有10万元以上的仪器设备7666台(套),平均每家拥有仪器设备23台(套)。

人才队伍:截至2014年年底,全省企业院士工作站共引进院士343名,其中工程院院士221名(含双院院士4名)、科学院院士126名(含双院院士4名);省外院士295名,省内院士48名。全省企业院士工作站拥有院士团队人员3070人,平均每家拥有院士团队人员9人,高级职称和博士的占比最大,分别为1806人、1625人,占58.8%、52.9%;拥有企业研发人员10140人,平均每家拥有企业科研人员31人,其中高级职称2217人,占21.9%,博士816人,占8.0%。2014年度,院士进站时间3036天,平均每位院士进站时间9天;院士团队进站工作时间7.38万天,平均每家院士团队进站时间225人·日/年。院士及其团队累计为设站单位培养博士308人、硕士1082人。

运行成效 专利情况:2014年度,全省企业院士工作站共申请专利3020件,其中发明专利1468件,占申请总数的48.6%;获得授权专利1757件,其中发明专利518件,占授权总数的29.5%,平均每家申请与授权的专利分别是9.2件和5.4件。

标准情况:主持或参与制修订各类标准201项,其中国家(行业)标准35项,地方标准166项,分别占17.4%、82.6%。

承担科技项目:2014年度,新增研发项目共1782项,其中自主研发1440项,占新增总项目的80.8%。承担国家级科技计划项目65项,获政府资助资金1.95亿元,其中"973"计划2项、"863"计划6项、科技支撑计划21项;承担省级科技计划项目131项,获政府资助2.8亿元,其中省科技成果转化专项资金31项。

获奖情况:2014年度,全省企业院士工作站获各类奖项168项,其中国家级奖项19项,省部级奖项130项,分别占11.3%、77.4%。

创新产品产出:2014年度,全省企业院士工作站开发新产品1081个,平均每家3.3个;产生销售额446.3亿元,实现利税41.3亿元;形成新技术766项,平均每家2.3项;形成新工艺663项,平均每家2项。

其他知识产权:2014年度,全省企业院士工作站获各类新药证书33个,其中医药证书14个,农药证书15个,兽药证书4个。获动植物新品种审定7个,软件著作权127件。

管理与评价 企业院士工作站创建了企业与高校院所顶级人才团队开展产学研长效合作的新模式。一方面院士创新团队深入企业,与企业共同进行技术研发,解决生产过程中遇到的技术难题,突破关键核心技术,帮助企业进行成果转化。如苏州斯迪克新材料科技股份有限公司与南京大学王广厚院士及其团队进行合作,在高性能复合涂层功能性膜材料的研究方面取得实质性突破,公司顺利通过三星供应商验厂考核,取得三星供应商资格,产品陆续进入三星供应链系统。另一方面企业通过与院士及其团队共建人才培养基地,建立企业人才库,为企业自主创新提供重要的人才支撑。如江苏江达生态科技有限公司企业院工作站通过中国工程院张全兴院士合作,在南京大学联合成立南大江达硕士班,极大地提升了江苏江达生态科技有限公司整体科研实力。

【企业研究生工作站】 企业研究生工作站建设旨在加快区域创新体系建设、实施创新驱动战略,提升企业自主创新能力,承担研究生培养单位主动服务地方经济社会发展,培养高层次创新人才、提高研究生培养质量。截至2014年年底,全省拥有省级企业研究生工作站2013家,其中全省新认定企业研究生工作站720家。

【博士后工作站】 博士后工作站建设旨在完善博士后工作体系,充分发挥博士后制度在高层次人才队伍建设和技术创新工作中的重要作用,加快建立以企业为主体的技术创新体系,培养高层次人才,促进产学研结合,推动科技成果转化为生产力。截至2014年年底,全省设有博士后工作站299个,位居全国第二。

【科技副总(企业创新岗)】 "科技副总"是充分利用江苏省企业产学研项目合作的基础,面向全省企业设立技术副总或副总工程师兼职岗位,从国内一流高校院所柔性引进一批高层次科技人才,指导企业开展技术创新,强化创新管理,提升创新能力,充分发挥一流高校院所专家的技术专长,依托派出单位的学科技术和创新管理优势,为企业提供科技创新方面的全方位服务,促使企业创新由"碎片化"向"体系化"转变,加快提升企业创新能力,为实施创新驱动战略、建设创新型省份提供支撑。截至2014年年底,全省已启动2批"科技副总"试点工作,共通过申请岗位340个。

科研机构与公共服务平台

【概　况】 科研机构与公共服务平台是江苏科技创新、经济建设和社会发展的一支重要力量。科研机构围绕全省产业发展需求,重点开展产业共性技术研发、科技成果转化、合同研发服务等活动。公共服务平台依托各类服务机构,组织各种科技资源和科技力量,为创新、生产和民生提供技术、知识、信息、管理和投融资等服务,具有基础性、公共性和开放性的基本特点,是科技服务体系的重要组成部分。这些机构和平台的建设,为全省中小企业创新创业提供了高效服务,在培育新兴产业、提升传统产业中发挥了重要作用。

科研机构是全省科技创新体系的重要组成部分,是全省科技人才和科研成果集聚的主要载体,充分发挥科研机构在全省科技创新中的骨干地位和引领作用,对增强全省自主创新能力和加快创新型省份建设具有重要的战略意义。2014年,省科技厅围绕提升全省科研机构科研服务能力的总体目标,在生命健康、生态农业、科技服务等民生领域,支持省属公益类科研机构购置大型科学仪器设备,共对13家公益类科研机构立项支持条件设备专项13项,总投入4465万元,其中省拨款2440万元,极大地改善了省属公益类科研机构的基础条件和服务能力。科研机构成为创新成果的重要产出源。截至2014年年底,全省共有56家部属院所(未转制19家,转制37家)、83家省属院所(未转制57家,其中18家预算归属省科技厅;转制26家)、300家新型研发机构。2014年,全省科研机构申请专利14461件,获得授权专利8343件;获省部级以上奖励为267项,较上年度增长7.3%;发表学术论文8641篇,在研科技计划项目(课题)数为4841个,总经费为38.32亿元;当年承担横向课题6646项,获经费19.46亿元,分别较上年度增长37.1%、5.8%;转化科技成果2194项,技术服务量为3.2万项次,技术服务收入为14.12亿元。18家预算归属科技厅公益院所全年研发投入近20亿元,完成公益基础研究367项,申请专利189件,获授权专利154件,为社会与公众提供服务2000人次以上,大部分院所跻身全国省级科研院所一流方阵。

公共服务平台成为服务中小企业的生力军。截至2014年年底,全省共建有科技公共服务平台277家,其中6家科技资源共享平台、271家技术创新服务平台。实现大型仪器、工程文献、种质资源、专利、重大科技基础设施等科技资源跨平台、一站式检索,更方便简捷地推进了资源共享;大型科学仪器共享服务平台入网机组3850台/套,仪器原值达36亿元;工程技术文献信息中心拥有文献信息资源达73.7TB,完成原文传递量达862486页;农业种质资源平台保存种质资源47个种质库(圃)共5.06万份种质资源,提供实物种质5440份次;知识产权公共服务平台拥有国内及国外主要国家和地区专利数据总量为7666万条,服务企业339家,出具评价报告1165份;国家遗传工程小鼠资源库是国家科技部唯一认证的国家级遗传工程小鼠种子中心,中国唯一的国际小鼠表型分析联盟(IMPC)成员和亚洲小鼠表型分析联盟(AMPC)发起者之一。271家技术创新服务平台依托园区布局228家,覆盖了全省100%的国家和省级高新区、科技园区,服务业态覆盖研发设计、技术转移、检验检测、创业孵化等领域,拥有专职服务人员10896人,服务场地175.9万平方米,仪器设备3.56万台(套),共服务单位或个人30.55万个,开展技术培训26.27万人次,实现服务收入28.81亿元。

进一步推进科研机构与公共服务平台管理机制改革。2014年,全省以构建科技公共服务平台市场竞争和奖优罚劣的管理机制为重点,研究制定《江苏省科技公共服务平台绩效评价体系》,突出服务量和服务收入的考核,委托第三方机构对232个科技公共服务平台2012至2013两年的运行绩效进行评估,服务量77.6万次,服务收入44.3亿元。对运行绩效优良的64个平台予以表彰和后补助;对运行状况较差的14家平台提出限期整改;对运行绩效不合格的23家平台予以摘牌。发挥行业协会作用,发布了全省"100强"科技服务机构,"百强"机构服务收入占全省科技服务业收入比重达34.4%,充分显示了骨干科技服务机构的引领与示范作用。与省编办联合印发了《关于进一步完善全省科研事业单位机构设置审批事项的通知》,进一步规范全省科研事业单位机构设置工作。

【部属科研机构】 **分布情况** 驻苏部属科研院所(简称"部属院所")是江苏科技创新、经济建设和社会发展的一支重要力量。2014年,全省共有56家部属院所(未转制19家,转制37家),其中苏南53家、苏中1家、苏北2家;19家部属未转制机构均地处苏南;37家部属转制机构中,苏南34家、苏中1家、苏北2家。

表2-17 部属科研机构按地区分布情况 单位:家

地区	总数量	未转制院所	转制院所
南京市	29	15	14
无锡市	12	2	10
徐州市	0	0	0
常州市	3	0	3
苏州市	8	2	6
南通市	0	0	0

续表 2-17

单位:家

地区	总数量	未转制院所	转制院所
连云港市	2	0	2
淮安市	0	0	0
盐城市	0	0	0
扬州市	1	0	1
镇江市	1	0	1
泰州市	0	0	0
宿迁市	0	0	0
合　计	56	19	37

能力建设　2014年度全国科学技术机构年度统计调查中,除14家军工单位,全省共有42家中央部门属科学技术研究与开发机构(未转制19家,已转制23家)上报数据,共拥有从业人员12348人,与2013年度持平。

部属未转制科研机构。2014年,全省19家部属未转制科研机构拥有从业人员5463人,研发人员5304人,与2013年度持平。

部属已转制科研机构。2014年,全省上报数据的部属转制科研机构共23家。全省部属转制科研机构拥有从业人员6885人,研发人员2514人,较2013年度略有下降。

运行成效　2014年部属科研机构经费收入总额为107.71亿元,经费支出总额为94.32亿元;共设立各类科研课题4387项,课题经费支出28.87亿元,课题投入6746人/年,新增各类计划项目2103项,当年计划项目总经费为26.44亿元;当年承担横向课题4414项,获课题经费13.05亿元;提供技术服务量为8501次,当年转化科技成果481项,转化收入为2.74亿元;申请专利1689项,专利授权数967项。截至2014年年底,部属科研机构总共拥有有效发明专利数1911项;获省部级以上奖励98项。

部属未转制科研机构。2014年部属未转制科研机构经费支出总额为34.46亿元,研发经费内部支出为22.41亿元,与上年度基本持平;专利申请受理数为928件,专利授权数为514件,分别较上年度增加7%,23%。当年获省级以上奖励为63项,当年技术服务量为6706次,技术服务收入为4.74亿元,当年转化科技成果436项,获收入1.50亿元,与上年度基本持平;当年承担横向课题3826项,获经费6.34亿元。

从户均值上看,2014年,全省部属未转制科研机构拥有户均从业人员287人,户均研发人员279人,户均经费支出总额为1.81亿元,户均研发经费内部支出为1.18亿元,户均经费收入总额为2.04亿元(其中户均政府资金为1.22亿元);户均专利申请受理数为48.84件,户均专利授权数为27.05件,户均当年技术服务量为352.95次,户均技术服务收入为2500万元,户均当年转化科技成果22.95项,获收入800万元;户均当年承担横向课题201.37项,户均横向课题获收入3300万元。

部属已转制科研机构。2014年部属已转制科研机构经费支出总额为59.86亿元,研发经费支出为9.19亿元,机构经费收入总额为68.86亿元(其中政府资金为3.65亿元);专利申请受理数为761件,专利授权数为453件,分别较上年度增长18.31%,13.25%;当年获省级以上奖励为35项,当年技术服务量为1795次,技术服务收入3.58亿元;当年承担横向课题588项,获收入6.71亿元。

从户均值上看,2014年,全省部属转制科研机构拥有户均从业人员299.35人,户均研发人员109.30人,户均经费支出总额为2.60亿元,户均研发经费支出为0.40亿元,户均经费收入总额为2.99亿元(其中户均政府资金为0.16亿元);户均专利申请受理数为33.09件,户均专利授权数为19.70件,户均当年技术服务量为78.04次;户均当年承担横向课题25.57项,户均横向课题获收入

2900万元。

【省属科研机构】 **分布情况** 2014年,全省共有83家省属院所(未转制57家,转制26家),其中,苏南66家、苏中4家、苏北13家;57家省属未转制机构中,苏南42家,苏中4家,苏北11家;26家省属转制机构中,苏南24家,苏北2家。

表2-18 省属科研机构按地区分布情况 单位:家

地区	总数量	未转制院所	转制院所
南京市	53	34	19
无锡市	8	4	4
徐州市	4	2	2
常州市	1	1	0
苏州市	1	1	0
南通市	3	3	0
连云港市	2	2	0
淮安市	1	1	0
盐城市	5	5	0
扬州市	2	2	0
镇江市	2	1	1
泰州市	0	0	0
宿迁市	1	1	0
合　计	83	57	26

能力建设 在2014年度国家机构调查中,全省共有83家省级政府部门属科学技术研究与开发机构(未转制机构57家,已转制机构26家)上报数据,共拥有从业人员15088人,其中科技活动人员9683人。

省属未转制科研机构。2014年,全省上报数据的省属未转制科研机构共57家,全省省属未转制科研机构拥有从业人员10501人,研发人员4749人,从业人员有所下降,但研发人员稳步上升。

省属已转制科研机构。2014年,全省上报数据的省属转制科研机构共26家。全省省属转制科研机构拥有从业人员4587人,研发人员1901人,2015年省属已转制科研机构进一步提高效率,从业人员大幅度减少,但研发人员直线上升,研发人员比例大幅度提升。

运行成效 2014全省省属科研机构共获得经费收入总额为87.42亿元,经费支出总额为79.13亿元;提供技术服务量为23213次,当年转化科技成果354项;共承担各类课题3429项,当年新增各类计划项目1562项,当年承担横向课题542项;申请专利1242项,专利授权数626项,机构总共拥有有效发明专利数2058项;发表论文4358篇,出版科技著作89种,当年获省级以上奖励有101项。

省属未转制科研机构。2014年省属未转制科研机构经费支出总额为54.39亿元,研发经费内部支出为15.06亿元,研发投入不断加大。经费收入总额为57.09亿元(其中政府资金为20.80亿元);专利申请受理数为899件,专利授权数为454件,当年获省级以上奖励为75项,当年技术服务量为18828次,技术服务收入为3.12亿元,当年转化科技成果146项,获收入1.18亿元;当年承担横向课题368项,获横向课题经费5000万元。

从户均值上看,2014年,全省省属未转制科研机构拥有户均从业人员184.23人,户均研发人员83.32人,户均经费支出总额为9500万元,户均研发经费内部支出为2600万元,户均经费收入总额为1亿元(其中户均政府资金为3600万元);户均专利申请受理数为15.77件,户均专利授权数为7.96件;户均当年技术服务量为330.32次,户均技术服务收入为500万元,户均当年转化科技成果2.56项,获收入200万元;户均当年承担横向课题6.46项,户均横向课题获收入100万元。

省属已转制科研机构。2014年,省属已转制科研机构经费支出总额为24.74亿元,研发经费内部支出为6.80亿元,经费收入总额为30.31亿元(其中政府资金为7200万元);专利申请受理数为343件,专利授权数为172件,分别较上年度增长12.51%,13.15%;当年获省级以上奖励为26项,当年技术服务量为4385次,技术服务收入为2.41亿元,当年转化科技成果208项,获收入10.15亿元;当年承担横向课题174项,获收入6400万元。

从户均值上看,2014年,全省省属转制科研机构拥有户均从业人员176.42人,户均研发人员73.12人,户均经费支出总额为9500万元,户均研发经费内部支出为2600万元,户均经费收入总额为1.17亿元(其中户均政府资金为300万元);户均专利申请受理数为13.19件,户均专利授权数为6.62件,户均当年技术服务量为168.65次,户均技术服务收入为900万元;户均当年承担横向课题6.69项,户均横向课题获收入200万元。

归口省科技厅预算省属公益类科研机构　截至2014年年底,归口省科技厅预算的省属公益类科研机构共计18家,为社会提供公益服务,共拥有研发服务面积143万平方米,专职研发人员1651人,与上年度基本持平。其中拥有博士以上学历人才242人,较上年度增长20%,高级职称以上人才536人,与上年度基本持平。拥有仪器设备总值5.17亿元,年科研研发经费支出8.5亿元,较上年度增加11%。

2014年,公益院所共新增科技项目680项,项目经费2.89亿元,分别较上年度增加19%和31.26%,承担各类横向课题130项,项目经费2992万元,分别较上年度增加28.7%及27.7%,申请专利198项,其中发明专利142件,分别较上年度增加15.1%及9.2%,获得省级以上奖励48项,较上年度增长23%,对外开发服务19822次,获得服务收入3.88亿元,分别较上年度增加32.5%及20.1%,科技成果转化52项,科技成果转化收入2.12亿元,分别较上年度增加33.3%、14.2%。

2014年省科技厅围绕持续增强省属公益院所持续创新能力,支持省属公益院所更新大型科学仪器设备,提升全省生命健康、生态农业、科技服务等民生领域的创新服务水平,共计对省血吸虫病防治研究所、省安全生产科学研究院、省电子信息产品质量监督检验研究院等13家省属公益院所设立仪器设备专项13项,总投入4465万元,其中省拨款2440万元,极大地改善了省属公益院所的科研基础条件,推动院所瞄准国内一流水平,力争跻身国内一流方阵。

表2-19　2014年度归口省科技厅预算省属公益类科研机构条件设备建设情况　　单位:万元

序号	项目名称	承担单位	立项年份	项目总经费	其中:省拨款
1	感染性疾病免疫调节研究条件能力建设	江苏省血吸虫病防治研究所	2014	400	200
2	江苏省化学品危险性鉴别分类研究条件能力建设	江苏省安全生产科学研究院	2014	400	200
3	移动宽带通信产品质量评价研究条件与能力建设	江苏省电子信息产品质量监督检验研究院	2014	470	200
4	体能与康复训练研究条件能力建设	江苏省体育科学研究所	2014	300	200
5	江苏省优生育公共服务关键技术研究条件能力建设	江苏省计划生育科学技术研究所	2014	350	200
6	MicroPET新药研究条件能力建设	江苏省原子医学研究所	2014	375	200
7	家禽饲料质量安全评价研究条件能力建设	江苏省家禽科学研究所	2014	400	200
8	江苏省研发机构创新方法应用服务能力建设	江苏省生产力促进中心	2014	400	200

续表 2-19 单位:万元

序号	项目名称	承担单位	立项年份	项目总经费	其中:省拨款
9	江苏省科技档案数字化条件能力建设	江苏省科学技术情报研究所	2014	170	120
10	江苏省海洋生态环境监测评价与海洋生物资源开发利用条件与能力建设	江苏省海洋水产研究所	2014	150	120
11	江苏省湖泊生物量探测研究条件能力建设	江苏省水利科学研究院	2014	400	200
12	江苏省渔业资源环境科研条件与能力建设	江苏省淡水水产研究所	2014	350	200
13	MicroPET 新药研究条件能力建设	江苏省原子医学研究所	2014	300	200
合计				4465	2440

【新型研发机构】 新型研发机构是指省内外知名高校、科研院所在江苏省单独或与地方政府部门合作设立的,围绕相关产业领域方向,以合同研发、成果转移转化、技术服务、科技型企业孵化为主要业务的,具有独立法人资格的研究院(所)、中心、研究开发公司。新型研发机构是一类有利于政产学研用紧密合作、有利于技术创新与科研成果产业化紧密结合、有利于科技与经济紧密结合的研发组织。凭借体制新颖、机制灵活、管理先进、运行高效、人才富集等鲜明特点,已在全省科技创新活动中崭露头角,保持了良好的发展势头,并在科技创新的各个环节发挥着重要作用。

经初步统计,目前全省共建有各类新型研发机构300家,从业人员123675人,从事科研人员88572人,资产总额124.9亿元,拥有大型科学仪器39716台(套),当年机构总收入达47.71亿元,当年获科研课题2442项,课题经费9.96亿元,申请专利11530件,其中发明专利6636件,授权专利6750件,其中发明专利1318项,科技服务总量26631项,服务企业个数13476,实现服务收入6.34亿元。

分布情况 新型研发机构建在苏南97家、苏中23家、苏北45家,苏州、无锡建设数量最多,分别为54家、16家,占比32.73%、9.70%。

表2-20 新型研发机构按地区分布情况 单位:家

地区	数量	地区	数量
南京市	32	淮安市	15
无锡市	30	盐城市	14
徐州市	8	扬州市	28
常州市	39	镇江市	16
苏州市	77	泰州市	7
南通市	13	宿迁市	8
连云港市	13	合 计	300

能力建设 研发场地:截至2014年年底,全省新型研发机构拥有固定研发面积共计360.56万平方米,平均每家拥有研发场地1.2万平方米。

仪器装备:全省新型研发机构当年年末资产总额达3亿元,拥有各类科学仪器设备总价值达28.90亿元,拥有价值50万元以上大型科学仪器设备727台(套)。

人才队伍:截至2014年年底,全省新型研发机构累计从业人员达123675人,从事科技活动人员达88572人,占总人数的71.6%;其中高层次人才(指院士、国家杰青、国家千人计划、省双创计划、省333工程等)391人、博士以上学历2905人、高级职称以上人数2581人。

运行成效 收入与支出:2014年度,全省新型研发机构当年总收入47.41亿元,其中技术服务收入6.34亿元。研发经费支出9.69亿元,占总收入的30.43%。

科技服务情况:2014年度,全省新型研发机构提供技术服务26631项(次),平均每家提供技术服务992项(次),服务企业13476个,平均每家科研机构服务企业45家累计收入6.34亿元;完成科技成果转化1359项,平均每家完成科技成果转化4项,累计收入2.19亿元。

承担科技项目:2014年度,全省新型研发机构承担科技计划项目及课题1196项,获资助金额9.96亿元,其中国家和省部级科技计划项目课题473项,获资助金额4.71万元;另外值得提出的是,全省新型研发机构当年共获得横向课题1516项,课题经费5.21亿元。

专利情况:截至2014年年底,全省新型研发机构拥有有效专利数2.56万件,其中拥有有效发明专利数3534件,当年申请专利11530件,其中发明专利5636件,占申请总量的48.89%;获得授权专利6750件,其中发明专利1318件,占授权总量的19.52%。平均每家申请发明专利18件、获授权发明专利4件。

其他科技产出:2014年,全省新型研发机构共获省级以上科技奖励68项,形成国家或行业标准数146件,开发新产品数1212个,形成新技术或新工艺数1938个,引进、孵化企业数1813个。

【产业研发机构】 产业研发机构以健全产业技术研发体系、推进产业高端发展为目标,以成果转化为核心,重点开展共性技术研发、企业孵化、成果转化、公共服务和人才培养等,聚焦创新、创业和服务,成为新兴产业的源头和区域产业创新的高地,引领支撑区域产业发展。经过几年发展,初步探索形成具有江苏特色的产业研发机构发展思路,一是依托产业集聚、创新要素的创新园区,突出新兴产业培育和升级,推动新兴产业集聚发展。二是以市场需求为导向,紧密结合地方政府的中心工作和重点任务,发挥地方政府主导和市场引导作用。三是坚持共性应用技术研发和企业孵化服务,实现创新、创业、服务三位一体的功能集成。

分布情况 建设数量:从2010年开始,江苏省着手启动省级产业研发机构建设。截至2014年年底,全省共建设省级产业研发机构13家。

按地区分布:主要建在苏南地区,共10家;建在国家级、省级高新区的8家。建在苏北1家,苏中2家。

表2-21 产业研发机构按地区分布情况 单位:家

地区	数量	地区	数量
南京市	1	苏州市	3
常州市	3	其中:昆山高新区	1
其中:常州科教城	1	苏州工业园区	1
常州武进区	1	张家港市经济开发区	1
无锡市	2	扬州市	1
其中:无锡惠山区	1	其中:邗江区	1
宜兴环保高新区	1	南通市	1
镇江市	1	其中:通州区	1
其中:丹阳市	1	宿迁市	1
		合 计	13

按领域分布：13家产业研发机构主要围绕十大战略性新兴产业领域，新材料领域最多，共4家，高端装备领域2家。

表2-22 产业研发机构按领域分布情况 单位：家

领域	数量	领域	数量
新材料	4	高端装备	2
电子信息	1	智能电力	1
新能源汽车	1	其他	3
节能环保	1	合 计	13

按单位性质分布：除省城市轨道交通研究设计院外，其他12家均是以地方政府为主，整合国内外科教力量建设的；承担单位性质是地方事业单位的7家、企业的6家，均采取政府投入引导、市场化管理模式，实行企业化管理。

能力建设 建设投入：截至2014年年底，全省共建设产业研发机构13家，总投资30.55亿元，其中省拨款1.3亿元，引导社会投入29.25亿元。平均每家支持强度1000万元。先期总投入20.68亿元，省拨款9000万元，引导社会投入19.78亿元。建设期投入5.198亿元，省拨款4000万元，引导社会投入4.798亿元。

经费支出：截至2014年年底，产业研发机构用于研究开发经费8.65亿元，其中，仪器设备购置支出4.09亿元，占研发经费支出的47.3%；团队建设经费支出1.31亿元，占研发经费支出的15.1%；其他支出占到37.6%。

研发场所：截至2014年年底，产业研发机构拥有研发、孵化、服务场所65.63万平方米，其中孵化场地37.61万平方米，平均每家拥有场所2.89万平方米，研发场地27.38万平方米，平均每家拥有场所2.11万平方米，基本都有相对独立集中研发服务和企业孵化区域。昆山工业技术研究院拥有场地面积最大，达到23.02万平方米。

仪器设备：截至2014年年底，产业研发机构拥有仪器设备总数2310台(套)，仪器设备总价值5.48亿元，平均每家设备177台(套)。

人才队伍：截至2014年年底，产业研发机构拥有专职人员1379人，其中，专职研发人员905人，占总人数的65.6%，平均每家拥有专职人员70人。专职管理运营人员180人，占总人数的13%；院士7人、海归69人、高级职称190人、博士213人；获得省部级及以上政府人才计划支持55人，863首席科学家4人，973首席科学家1人，教育部长江学者奖励计划10人，国家百千万人才工程18人，进入国家千人计划23人，获得省双创人才28人；引进客座或流动研发人员359人。

运行成效 承担政府科技项目：截至2014年年底，产业研发机构开展科技项目或课题63项，项目建设总经费2.22亿元，其中国家级科技计划9项，获政府资助经费2872万元；省部级科技计划12项，获政府资助经费6255万元。昆山工业技术研究院承担国家级、省部级科技项目最多，分别是7项、4项，占到总数的77.8%和33.3%。

表2-23 产业研发机构承担科技项目情况

政府纵向课题	项目数(项)	其中:财政拨款(万元)
1.国家级科技计划	9	2872
其中:“863”计划	1	280
“973”计划	1	492
科技支撑计划	1	240

续表 2-23

政府纵向课题	项目数(项)	其中:财政拨款(万元)
2.省部级科技计划	12	6255
其中:省科技支撑计划项目	3	2520
省产学研联合创新资金	1	15
合　　计	21	9127

承担横向和自立课题:截至2014年年底,产业研发机构累计承担横向课题40项,其中企业委托37项、国际性合作交流3项,共获得项目经费1718.55万元。自主设立科研项目76项,投入经费5920万元。

成果转化与企业孵化:截至2014年年底,产业研发机构共转化转让科技成果17项,产生直接经济效益864.25万元、间接经济效益500万元,较2013年有所减少。孵化企业81家,派生企业49家,其中江苏省(常州)新能源汽车研究院孵化企业最多,47家,占总数的58%。

创新成果:截至2014年年底,产业研发机构共形成相关创新成果32项,产生专有技术32项。共制修订标准5项,其中国家标准1项、地方标准4项。

知识产权:截至2014年年底,产业研发机构共申请专利188件,其中发明专利123件,占申请总量的65.4%;共获得授权专利105件,其中发明专利17件,占授权总量的16.2%;共申请软件著作权16项。平均每家申请和授权发明专利14件、8件。

公共服务与人才培养:截至2014年年底,产业研发机构共开展技术服务推广70项,提供科技咨询服务1377次;培养博士生20人,研究生183人。

【公共服务平台】 公共服务平台主要依托各类服务机构,组织各种科技资源和科技力量,为创新、创业和民生事业提供技术、知识、信息、管理和投融资等服务,具有公共性和开放性的特点,是科技服务体系的重要组成部分。2014年,全省科技公共服务平台按照"优化布局、创新管理、提升能力"的工作思路,委托第三方评估机构完成对232家建设期满的科技公共服务平台的绩效评估,对运行绩效优良的64家平台给予一次性后补助;对运行状况较差的14家平台要求限期整改;对运行绩效不合格的23家平台予以摘牌,进一步优化了科技公共服务平台体系。

截至2014年年底,全省共建有科技公共服务平台277个,其中科技资源共享平台6个(国家级2个)、技术创新服务平台271个,总投入46.33亿元,其中国家拨款3400万元,省拨款6.91亿元。2014年,全省科技公共服务平台服务单位或个人37.02万家(人),服务收入30.86亿元。

科技资源共享平台　科技资源共享平台涵盖了大型科学仪器、科技文献、农业种质、知识产权、实验动物等科技资源,共6家,年服务单位或个人达5.15万家(人),服务收入达1.5亿元。截至2014年年底,大型科学仪器设备入网3850台(套)、入网仪器原值36亿元,拥有文献信息资源达73.7TB,保存种质资源47个种质库(圃)共5.06万份种质资源,拥有国内及国外主要国家和地区专利数据总量7666万条。国家遗传工程小鼠资源库拥有小鼠品系2374种,其中自主知识产权疾病模型达1300种。

江苏省大型科学仪器设备共享服务平台:资源情况。截至2014年年底,全省大型仪器协作共用网拥有成员单位410家,其中专业测试服务中心16家、入网仪器设备3850台(套)、入网仪器原值36亿元。从地域分布来看,苏南仪器资源最为丰富,占比最高达到79.4%;从所在单位来看,高校占比最高,达到34%,其次是科研院所,达到31%。

表2-24 2014年度省仪器平台入网仪器按地区分布情况

地区	占比(%)	地区	占比(%)	地区	占比(%)
苏南		苏北		苏中	
南京	36.9	徐州	1.4	扬州	3.6
苏州	12	盐城	0.7	泰州	3.5
常州	9.1	淮安	2.4	南通	5.9
无锡	13.1	连云港	2.5		
镇江	8.3	宿迁	0.6		
合计	79.4	合计	7.6	合计	13

运行服务。2010年以来,对外开放运行服务总量一直保持10%以上增幅。2014年,仪器平台总开机时达到152万小时,测试样品总数达到196万个。

联合评议。2014年省仪器平台加大了联合评议工作力度,组织专家对15家公益院所科研条件与能力建设申报项目中所购的60台(套)总值达4012.8万元的仪器开展专家联合评议。参考2013年度全省科技基础条件资源调查中大型科学仪器拥有和共享情况,根据被评仪器在全省的存量及利用、项目承担单位拥有的仪器设备现状等,制定形成科学合理的评议指标体系。经过行业内专家咨询评审,建议不宜购置的仪器设备为10台(套),优化财政资金760万元。联合评议工作有利于从源头上控制大型科学仪器设备的重复采购,优化仪器设备资源配置。

宣传推广。2014年,仪器平台为更好地服务地方经济建设,直接面向产业创新服务,开展多种形式的技术交流研讨活动。一是为企业开展技术培训,已成功举办电镜技术及电镜实验室管理培训、产品失效分析暨产品质量可靠性技术交流等活动10多场,取得了较好的社会效应。二是组织在校大学生参加“共享杯”竞赛。在省科技厅和教育厅的指导下,组织召开第二届“共享杯”大学生竞赛江苏地区动员会。第二届“共享杯”大学生竞赛全省共获16个奖项,其中1个一等奖、2个二等奖、4个三等奖、8个优秀奖、1个优秀指导老师奖。三是组织开展分析测试新技术新方法课题研究。2014年围绕生物医药、环境、食品安全、材料等领域热点问题设立9个课题支持经费70万元。2014年在8个已通过验收的课题中,制订国家标准1项、形成国家标准草案3项、申报地方标准和行业标准各1项,申请专利2件。

江苏省工程技术文献信息中心 资源情况。截至2014年年底拥有本地电子信息资源总量超过73700GB,拥有的联合目录及元数据量超过18000万条。新增12种资源,引进了汤森路透等信息服务工具。

运行服务。2014年,中心网站访问量达407万次,实现网上全文服务量8624864页,其中网上原文传递量862486页,文献代查代检量22900页。服务企业达36690次(家),完成定题服务、专利分析报告、产业信息跟踪与分析、专题研究报告等深层次服务2345多项次,较去年增长16.8%。

宣传推广。2014年,“中心”联合南京市科技信息研究所、栖霞区科技局举办企业宣传推广月活动,深入南京海陵药业有限公司、中建安装工程有限公司等企业做宣传推广,得到企业的好评;与浙江科技信息研究院联合召开“大数据时代科技文献创新服务暨首届省级科技情报系统科技文献工作研讨会”,提升中心的全国知名度;多次与扬州、高邮等分中心联合举办用户培训活动,提升分中心业务水平。通过丰富多彩的宣传培训活动,发表宣传文稿或论文104篇。培训用户200场次,培训技术人员22522人次。

江苏省农业种质资源保护与利用平台 资源情况。截至2014年年底,江苏省农业种质资源保护与利用平台共建有专业种质资源库(圃)47个,其中国家级24个、省级23个。

23家省级种质资源库(圃)已保存农作物、林木、水产、家养动物四大类种质资源53922份,涵盖395个物种,其中2014年新增种质资源4269份,涵盖16个物种,种质资源保存数量同比增长9%。

2014年,更新各类种质资源2777份,其中农作物种质资源更新2469份,林木资源175份,水产和家养动物以群体规模形式统计,更新翘嘴红鲌265组,罗氏沼虾80.5万尾,斑点叉尾鮰2000尾,河豚1956尾,龟鳖2.9万只,山区水牛9头,苏钟猪2775头。

表2-25 2013—2014年农业种质资源更新情况 单位:份

种质资源分类	种质资源更新份数
农作物种质资源	2469
林木种质资源	175
水产种质资源	12
家养动物种质资源	121
合 计	2777

运行服务。2014年,对外提供包括农作物、林木、家养动物、水产等50621份农业种质资源信息共享服务,共计76个数据库,共享特征数据超过150万个,提供信息数量同比增长5%。

表2-26 2013—2014年农业种质资源信息共享服务情况 单位:份

种质资源分类	信息共享
农作物种质资源	42650
林木种质资源	5758
水产种质资源	1938
家养动物种质资源	275
合 计	50621

2014年,累计向南京农业大学、扬州大学、江苏里下河地区农科所、广西农科院、中种集团等科研单位及高校提供实物种质5440份次,其中农作物4030份次、林木691份次、水产543份次、家养动物176份次。

表2-27 2013—2014年农业种质资源实物共享服务情况 单位:份

种质资源分类	实物共享
农作物种质资源	4030
林木种质资源	691
水产种质资源	543
家养动物种质资源	176
合 计	5440

2014年,23家省级种质资源库(圃)获得相关课题资助60余项,在水稻、小麦抗病资源发掘等方面开展深入细致研究,发表SCI论文28篇,核心科技论文90篇,申请、获得品种权及发明专利43项,获得省部级二等奖及以上成果3项,省级以上鉴定成果1项,市级成果奖9项。

表2-28 农业种质资源评价与创新研究成效

种质库圃分类	省部级二等奖及以上成果	省级以上鉴定成果	市级成果奖	品种权及发明专利	SCI/EI论文	核心论文
农作物种质库圃	3	1	6	17	3	63
林木种质库圃	0	0	0	20	13	16
水产种质库圃	0	0	3	5	11	7
家养动物种质库圃	0	0	0	1	1	4
合　计	3	1	9	43	28	90

宣传推广。23家省级种质资源库(圃)积极开展学术交流、科技推广和科普宣传活动,形式包括科技服务、种质资源展示、优异资源发放、科普参观等。其中主办全国性、国际性相关会议或科技活动3次,主办省级相关会议或科技活动4次,召集50人以上的种质资源展示或科技服务16次,组织社会影响较大的公益服务活动7次,一般性的科技推广、科普教育、接待参观78次,科普受益达25172人次,受益人次比去年增长21%,促进了种质资源的有效利用,有效提升了平台的社会影响力。

组织召开"2014年库圃工作会议",省科技厅、省农科院、省林科院、省淡水所、23家省级种质资源库(圃)及种质资源用户等50多位领导与专家出席了会议。主办"桃优异种质资源展示会""玉米优异种质资源展示会""银杏优异种质资源展示会""水稻优异种质资源展示会"等专题展示会,来自省内外有关高校、科研院所、种子企业参观考察了平台的新品种及优异种质资源。

江苏省知识产权公共服务平台 资源情况。截至2014年年底,江苏省知识产权公共服务平台拥有国内及国外主要国家和地区专利数据总量7666万条,比上年增加190万条,其中,国内数据1188万条,主要国家和地区数据6478万条。此外平台还收录了加拿大、非洲等其他国家和地区专利数据1366万条。目前,平台拥有近亿条专利数据免费对外开放共享。

运行服务。江苏省专利信息服务中心围绕构建全省知识产权三级服务体系、服务产业创新升级、企业创新,为全省各类创新主体及政府管理机关提供知识产权服务。2014年全省企业专利申请量累计达227904件,有专利申请的企业达1.9万家,专利申请量超过1000件的企业1家,超过500件的企业6家,超过100件的企业372家。

2014年,中心依托4008-869-661服务热线为全省公众提供600余次咨询,对全省339家企业进行了知识产权贯标绩效评价服务与指导,出具了1165份评价报告,发布专利月度统计报告和年度统计报告共92篇。培训企业700多家,达2000人次。完成了海洋工程、物联网产业等6个产业行业知识产权战略预警分析,组织开展了新能源汽车、工程机械、生物基材料等技术领域专利战略预警分析;承接了苏州艾隆科技股份有限公司、江苏三木化工股份有限公司等14家企业的知识产权战略课题研究。

知识产权审查。2014年,完成省科技厅121个重大成果转化项目所涉及的1732件专利的评议;完成2011—2013年引进的双创人才的跟踪评议,共对2492名引进人才专利产生、承担政府项目、获取奖项和期刊论文等成果进行跟踪评议;对全省2013年16790件发明授权专利开展专利价值评价,优选出百件高质量优质发明专利;完成了

2014年度PCT专利资助知识产权评议,共出具1230份法律状态检索报告和268份新颖性检索报告。MEMS传感器和低地板有轨电车项目被国家知识产权局评为优秀评议试点项目。

国家遗传工程小鼠资源库 资源情况。资源库拥有小鼠品系2374种,部分从国际著名资源库JAX、CRL、Taconic、MMRRC等引进,自主创制近1300种突变/转基因/基因剔除小鼠品系,以及糖尿病小鼠模型,生殖缺陷模型,心衰模型,生长迟缓模型,贫血骨模型,骨密度异常模型,肢体发育缺陷模型,听力与眼发育异常模型等。

运行服务。资源库拥有固定服务场地30000平方米,固定人员218人,项目研发人员63人,其中博士31人,硕士32人,高级职称28人,海归26人,引进研究生、副高职称及以上的高层次人才40人。2014年度,国家遗传工程小鼠资源库保持AAALAC国际认证资质,年度服务对象总量2870个,较去年增长43.5%;服务收入4465万元,较去年增长45.3%;服务量3312项(次),较去年增长54.5%;其中研发设计服务497项,技术培训和人才培养68人次;申请专利3项,授权专利2项,发表论文46篇。

研发情况。2014年度,国家遗传工程小鼠资源库继续研发Cas9技术,成功建立小鼠、大鼠的多位点敲除、CKO和基因敲入基因改造技术平台,并利用CRISPR/Cas9系统对孪生食蟹猴进行精确的基因修饰。资源库持续整合小鼠资源,开发收集小鼠品系达2374种,其中捐赠品系522种,JAX进口品系285种,自主研发296种,客户代理繁育281种,剩余近1000种品系是我中心运用转基因、基因剔除技术和ENU诱变与筛选等方法,为客户建立的拥有的糖尿病、心血管疾病和肿瘤等重大疾病模型的相关小鼠品系。2014年品系增长750多种。资源库作为中国唯一的国际小鼠表型分析联盟(IMPC)成员及亚洲小鼠表型分析联盟(AMPC)发起者之一,正式搭建起了小鼠胚胎9.5天至成体16周范围的全球标准化活体小鼠表型分析平台,完成38个突变品系的表型分析,筛选得到多种人类疾病小鼠模型。

国家非人灵长类实验动物种子中心苏州分中心 资源情况:2014年引种恒河猴90只,引种食蟹猴507只,目前已实现12122只非人灵长类种群的存栏量,其中累计筛选出符合要求的实验动物10077只,其中食蟹猴8835只,恒河猴1242只。为确保实验动物的背景资料更为清晰准确,中心改进了自主研发的软件管理系统,采用最新的Citrix系统,在实现了对所有动物资料的全程电子化管理,对动物的档案实行双套对应管理的基础上,使管理更为科学、准确、快捷。目前食蟹猴的生物学特性数据工作正在统计和整理中,预计2015年完成。

运行服务:中心共计员工200人,其中博士7名、硕士24名,副高级职称以上9人;动物繁育和动物实验人员154人,占比77 %;管理人员46人,占比23%。2014年中心对外供应实验动物(食蟹猴和恒河猴)770只,包括食蟹猴760只和恒河猴10只。2014年累计为97家新药研发机构提供了314项次的动物实验技术服务,合同金额近1亿元。

研发情况:建立多个动物模型。老年性痴呆:与复旦大学附属中山医院神经内科合作,致力于AD与硫胺素代谢障碍关系、神经环路结构和功能方面的研究,先后在*Neuron*、*Journal of Neuroscience*、*Brain*等国内外知名学术杂志发表相关论文,单篇论文被引用次数超过30次,引起国际学术界的关注。帕金森病食蟹猴MPTP模型造模:2005年起公司就接受加拿大AKTUKA公司(专业从事帕金森病动物模型的国际CRO公司)委托,开展长期的食蟹猴帕金森病动物模型外包服务。已用建立的食蟹猴模型200多只,为客户筛选药物10多个。

食蟹猴的生物学特性数据。2014年按照实验动物生物学特性采集技术规程,选择了不同年龄段健康的100只实验猴,建立了食蟹猴的生理学数据、建立食蟹猴生物学特性数据、建立生殖参数数据、建立食蟹猴的解剖数据。

保种技术研究与应用。中心在实践经验的基础上,挑选出品质优良的种公猴和种母猴,建立了包括种公猴选择标准、种母猴选择标准、配种管理、母猴怀孕诊断和怀孕母猴管理等全面的食蟹猴繁育管理标准,为中心的活体保种技术奠定了坚实的基础,为建立稳定的猴群提供了关键技术保障。

通过DNA微卫星分析和筛选建立现有种猴遗传信息系统指导种群的繁殖,开展食蟹猴种群遗传学研究,建立血缘系谱明确、遗传背景清楚的食蟹猴亚种的遗传资源库和分子遗传质量监测和品种鉴定方法,以提供具有遗传背景清晰的食蟹猴种群。采用微卫星DNA标记及多态性分析方法对食蟹猴种群进行遗传学研究。

现有SPF级种群数量2723只:食蟹猴2402只、猕猴321只;普通级猴种群数量2369只:食蟹猴2107只、猕猴262只;育种方式:小群笼养、雄:雌=1:6~8;动物繁殖率达86%以上;断奶仔猴成活率达97%以上。

【技术创新服务平台】 技术创新服务平台面向产业集聚明显、要素集中突出的国家和省级高新区、科技园区等,围绕中小企业的需求,找准产业技术链关键环节,为中小企业提供研发设计、检验检测、试验验证、模板制作、成果转移转化、科技投融资等系列公共技术服务。因为绩效评估的原因,2014年全省科技公共服务平台在数量上有较大的变化,主要表现在技术创新服务平台上,23家平台评估不合格摘牌,1家平台中止,截至2014年年底,全省共建有技术创新服务平台271家,其中5家网络化服务平台。所以2014年平台服务量、服务收入等数据较去年可能会有所降低。

截至2014年年底,全省技术创新服务平台(不含网络化服务平台)拥有专职服务人员10896人,服务场地175.9万平方米,仪器设备3.56万台(套),共服务单位或个人30.55万个,开展技术培训26.27万人次,实现服务收入28.81亿元;全省共有93家平台取得各种服务资质或许可,江苏鼎泰药物研究有限公司、苏州西山中科药物研究开发有限公司、药明康德新药开发有限公司、昭衍(苏州)新药研究中心有限公司、江苏省药物研究所有限公司等5家平台均获得国家GLP认证。

分布情况 按地区分布:苏南地区占比最高,共154家,占比57.9%;南京、无锡、苏州的建设数量位居全省前三名,分别是72家、27家、27家。

按产业领域分布:电子信息领域最多,共44家,其次是生物医药36家。环境保护与资源综合利用16家,社会事业18家,现代农业28家,新材料25家,新能源与高效节能15家,装备制造25家,其他59家。

按依托单位性质分布:依托高校建设的有27家,依托科研院所建设的有50家,依托其他事业单位建设的有99家,依托企业建设的有90家。

能力建设 建设投入:截至2014年年底,技术创新服务平台累计总投入40.92亿元,其中省拨款及运行补贴共5.84亿元,平均每家支持强度达220万元。

服务场所:截至2014年年底,技术创新服务平台拥有固定服务场地175.9万平方米,平均每家服务场所达6637.56平方米。

服务资源:截至2014年年底,全省技术创新服务平台拥有科学仪器设备35567台(套),平均每家134台(套)。

截至2014年年底,全省技术创新服务平台拥有各类科技数据2.77亿件,科技文献8131万条,种质68718份,技术标准14071件。

人才队伍建设:截至2014年年底,全省技术创新服务平台拥有专职服务人员10896人,平均每家平台拥有专职人员42人;其中博士1360人,硕士2943人,高级职称2620人,海归383人。引进研究生、副高职称及以上的高层次人才1647人。

服务资质:全省共有93家平台取得各种服务资质或许可,以CNAS认证为主,占资质总数的43.01%,另有5家平台通过AAALAC国际认证,5家平台通过GLP认证。

表2-29 科技公共服务平台通过权威资质认证情况

序号	科技公共服务平台名称	依托单位	服务资质名称
1	国家遗传工程小鼠资源库	南京大学	AAALAC国际认证
2	国家非人灵长类实验动物种子中心苏州分中心	苏州西山中科实验动物有限公司	AAALAC国际认证、GLP认证
3	江苏苏州药物非临床研究及评价公共服务中心	苏州药明康德新药开发有限公司	AAALAC国际认证、GLP认证
4	江苏省苏州新药研发外包技术服务中心	昭衍(苏州)新药研究中心有限公司	AAALAC国际认证、GLP认证
5	江苏省药物临床前毒理研究公共技术服务中心	江苏鼎泰药物研究有限公司	AAALAC国际认证、GLP认证
6	江苏省药物安全性评价中心	江苏省药物研究所	GLP认证

运行成效 服务绩效:2014年度,全省技术创新服务平台共服务单位或个人305545家(人),平均每家平台服务1153家(人),较去年增长9.19%;全省技术创新服务平台服务总收入28.81亿元,比去年增长了11.8%,平均每年平台服务收入1087.17万元。

技术服务。2014年度,全省技术创新服务平台主要以试验检测服务占比最大。试验检测服务量677474项(次),试验检测服务收入14.71亿元;研发设计服务量36152项,研发设计服务收入6.94亿元;成果转移转化服务量10827项(次),成果转移转化服务收入2.25亿元。

中介服务。2014年度,全省技术创新服务平台科技中介服务主要以科技咨询服务占比最大。科技咨询服务量352843项(次),科技咨询服务收入2.62亿元;技术培训和人才培养服务量262666人次,技术培训和人才培养服务收入0.72亿元;科技金融服务量51049项(次),科技金融服务收入1.09亿元;科技创业服务量19582项(次),科技创业服务收入0.48亿元。

标准情况:2014年度,全省平台共参与制定标准607项,平均每家2项,其中国家标准177项,地方标准161项,行业标准269项。

专利情况:2014年度,全省平台共申请专利6120件,平均每家23件,其中发明专利申请数2576件;获得软件著作权599件。

管理与评价 为加强科技公共服务平台建设和运行管理,省科技厅委托省科技评估中心对建设期满的232家科技公共服务平台2012—2013年两年间的运行绩效进行了评估,并根据评估结果进行动态管理。

参评公共平台总体成效。参评科技公共服务平台总体运行绩效良好,基础设施及仪器设备完备,具备了较完善的运行体制和管理机制,为全省创新创业发挥了强有力的支撑作用。

一是成为科技基础资源的主要“聚集地”。参评科技公共服务平台拥有仪器设备16423台(套),场所面积共计162万平方米,集聚科技资源总值达40.23亿元。三分之一的平台获得各类行业门槛服务资质或许可。二是形成了一支较高水平的研发及服务队伍。参评科技公共服务平台拥有固定人员共8824人,高级职称以上人员2151人,占总数的24.4%,引进研究生、副高职称及以上的高层次人才1255人,与上一个评估周期相比,平台固定人员增加4945人,年均增速22.8%;高级职称以上人员增加1422人,年均增速31.1%。三是成为服务中小企业的“生力军”。参评科技公共服务平台服务收入共计44.3亿元,平均每年收入达1909万元,年均增速24.3%;社会服务量共计77.6万次,平均每家3345次,年均增速28.5%;评估期内,开展技术培训27.4万人次。

评估结果。本次科技公共服务平台运行绩效考评结果是:“优良”64家,“合格”131家,“整改”14家,“不合格”23家。对运行绩效优良的64家平台给予一次性后补助,总经费3870万元,主要用于平台资源、人才、特色业务等建设;对运行状况较差的平台限期整改;对运行绩效不合格的平台予以摘牌,不纳入“江苏省科技公共服务平台”序列管理。

【网络化服务平台】 为了更好地整合资源、提升科技公共服务平台的服务能力,2013年,全省启动建设了5家科技公共服务平台网络,分别是江苏省知识产权公共服务平台网络、江苏省科技咨询服务平台网络、江苏省科技创业公共服务平台网络、江苏省企业知识服务平台网络、江苏省优生优育公共服务平台网络,建设总经费9470万元,其中省拨款4100万元。2014年平台网络服务单位或个人达1.32万家(人),服务收入达0.55亿元。

分布情况 5家平台网络主要针对科技创新过程中公共服务领域的咨询、培训、知识产权、文献支撑,以及民生领域中的优生优育民生建立,公益性强、服务性广、支撑性高。平台网络建在南京4家,常州1家。

能力建设 从资源集聚上,平台网络跨地域跨平台地整合全省优质人才、仪器设备、信息等资源,上下联通、优势互补、经验共享,形成统一的服务链;从功能建设上,平台网络依托有较强服务能力和影响力的骨干龙头科技服务机构,通过理事会、专家委员会的方式运行管理,立足全省顶层设计,合理规划,根据市场需求与产业特色科学布局加盟单位,协同研发服务产品,提升平台网络的服务能力;从服务模式上,平台网络建立统一的服务标识,形成服务标准、服务模式、服务窗口、服务网络、服务收费、服务流程的统一,建立规范化的服务管理体系;从政府扶持上,创造性地采取绩效后补助的支持方式,后补助比例大于50%,每家平台网络建立简单、易操作的后补助机制,根据服务量、服务效率等标准给予后补助,有效考核了各家的服务能力、提升服务积极性。

运行成效 江苏省科技咨询服务平台网络。一是科技咨询服务基础得到夯实。与德国弗劳恩霍夫合作成立的江苏标杆管理中心及信息化网络平台为企业及同业咨询机构提供科学的诊断分析工具和合作平台。二是科技咨询服务能力得到提升。通过与德方的合作与技术交流,及省中心与分平台之间的互动与资源整合,平台各咨询机构能力均得以增强。三是科技咨询服务团队得到壮大。平台通过培训产出18名标杆分析师,组建20人平台工作团队,科技咨询队伍60人;增加了战略咨询、标杆管理咨询及研发管理体系咨询、两化融合咨询等方面的新能力。四是科技咨询服务业绩实现增长。2014年度为1300余家企业提供了战略咨询、创新咨询、技术咨询、管理咨询等科技咨询服务,并开展政策咨询、创新咨询的公益培训,培训量达2200人次。

江苏省科技创业公共服务平台网络 一是科技创业服务运营机制多元。各共建单位已签署平台网合作协议,自主开展服务,协同完成任务。搭建微博、微信、QQ群等现代网络通信技术,实现即时信息与实时服务良性互动。筹建平台网络理事会。二是科技创业服务团队壮大。组建专业服务团队共计27人,项目采集服务团队4人,项目优化服务团队3人,路演服务团队10人,天使投资团队4人,泰兴区域示范窗口服务团队6人。三是科技创业服务成效显著。举办2013年、2014年两届江苏科技创业大赛、创业训练营3场、路演对接53场、累计投资企业32家。

江苏省优生优育公共服务平台网络 一是建立孕前优生实验室临床检验的质量管理体系。指导和规范孕前优生实验室开展临床检验室内质控,开展免费孕前优生临床检验室间质评。项目实施期间开展了2次"飞行检查"的临床检验室间质评,示范点优良率达100%。二是完善孕前优生健康检查数据中心建设。2014年全年完成孕前健康检查616070人,目标人群达到全覆盖,筛查出高风险人群80279人。三是提升项目点和基层优生优育公用技术服务水平。举办"江苏省孕前优生临床检验专题"和"风险评估及咨询指导培训班"共7期,培训近250人。

江苏省知识产权公共服务平台网络 一是专利资源扩大到90个国家和地区,成为国内最知名的专利信息服务平台。二是积极实施"互联网+专利"工程,开发国内首家专利申请电商平台——专利巴巴,通过互联网技术,对专利申请的整个流程系统智能化管理。三是完成了"2013年江苏省企业研发机构知识产权分析报告""全省高新技术企业知识产权服务系统"已上线运营。平台网络累计实现业务收入近4.2亿元,江苏佰腾累计实现业务总收入5500万元。

江苏省企业知识服务平台网络 一是服务场地、团队配备到位。服务场地累计面积达4450平方米。组建了专职的服务团队96人,开展了包括培训、科技咨询、产学研对接等各项服务800余项。二是服务能力不断提高。深入基层,走访企业数百家,了解企业需求,服务地方政府机构。提供的自助式服务文献下载量达200万篇。与南京大学、南京理工大学等多所高校紧密合作,为企业提高科技创新能力和研发效率提供保障。三是参考咨询能力得到肯定。完成《关于建立江苏科技报告制度,优化区域创新生态环境的建议》《新能源汽车发展研究报告》等数十多篇咨询报告,定期出版《石墨烯译文速报》《石墨烯科技信息汇编》和《石墨烯专题研究成果》内刊。

科技条件

【实验动物管理】 资源情况。截至2014年年底,全省共有实验动物许可证213份,拥有实验动物从业人员岗位证书1.3万多份,实验动物设施面积27.5万平方米。2014年,共受理47家单位65份实验动物许可证申请材料,审批发放了46家单位64份许可证,其中生产10份,使用54份;考核发放实验动物从业人员岗位证书2687份;全省实验动物笼器具产值3.2亿元;全省实验动物年销售数量88.3万只,使用数量90.7万只,全省实现实验动物产值23.1亿元。

表2-30 江苏省实验动物许可证按地区分布情况 单位:份

序号	地 区	使用许可证	生产许可证	笼器具生产许可证	小 计
1	南 京	65	11	0	76
2	无 锡	20	1	0	21
3	徐 州	6	4	0	10
4	常 州	7	2	0	9
5	苏 州	28	6	8	42
6	南 通	10	2	0	12
7	连云港	6	0	0	6
8	淮 安	5	0	0	5
9	盐 城	5	0	0	5
10	扬 州	11	2	0	13
11	镇 江	3	1	0	4
12	泰 州	9	1	0	10
13	宿 迁	0	0	0	0
总 计		175	30	8	213

运行管理 积极推进实验动物法制化管理。积极衔接由科技部下放的实验动物出口审批、实验动物工作单位从国外进口实验动物原种登记单位指定两项事项。积极提高办事效率,将实验动物行政许可审批周期由原来的90天缩短为45天。对全省实验动物许可证开展了年度检查,对38家实验动物许可证设施开展了质量抽检,对全省许可证设施年度运行情况进行了绩效考核,对63份考核优良的设施给予了运行补贴。

加强建设实验动物质量监督体系。2014年初,针对全省实验动物质量检测机构出现空白的实际情况,积极组织全国实验动物检测领域专家学者,调研研讨全省实验动物质量检测机构建设模式和方向。鼓励苏州西山生物技术有限公司、苏州大学2家单位开展实验动物质量检测资质认定，给予了100万元后补助经费支持。

加强实验动物设施运行过程管理。搭建了“江苏省实验动物管理信息系统”，该信息系统包括许可证管理、动物管理、从业人员、生物安全、统计分析等实验动物许可证过程管理功能。分别在苏南、苏中、苏北开展了4场次信息系统应用培训，全面推进信息系统的应用。截至2014年年底，初步实现了全省实验动物生产、销售、使用等信息的实时在线填报，加强了实验动物设施的过程管理。

生物安全 2014年，按照《江苏省突发实验动物生物安全事件应急预案(试行)》的要求，建立了省、市、各有关单位三级联动应急体系，指导全省140多家实验动物生产使用单位制定本单位实验动物应急工作方案；建立了一支覆盖全省的300多人的实验动物生物安全应急处置队伍；全力推进实验动物生物安全应急演练工作进程，全省实验动物生物安全取得新突破。

【科学仪器研发】 2014年，省仪器平台在省财政厅、科技厅的指导下，按照财政部和科技部要求，积极做好全省国家重大科学仪器设备开发专项项目的监督管理，先后配合科技部完成专项财务巡视检查、项目经费预算编制、项目年度监测报告填报等工作，保障项目顺利实施。2014年初，在苏州和淮安组织召开我省2013年度立项的3个专项项目启动会。至今，全省共有9家企业获得国家重大科学仪器设备开发专项立项，获得国家专项资助经费近2.5亿元。

表2-31 国家重大科学仪器设备开发专项江苏省立项项目列表

序号	项目名称	承担单位	项目周期	国拨经费(万元)
1	顺序式波长色散X荧光光谱仪的研发及产业化	江苏天瑞仪器股份有限公司	2011—2016	1215
2	新型高分辨杂化质谱仪器的研制与应用开发	昆山禾信质谱技术有限公司	2011—2016	6581
3	重金属电化学分析新方法与新型在线/便携式检测系统	江苏江分电分析仪器有限公司	2012—2015	2733
4	纳米图形化直写与成像检测仪器的研发与应用	苏州苏大维格光电科技股份有限公司	2012—2016	3552
5	超高速数字荧光串行信号分析仪开发与产业化	江苏绿扬电子仪器集团有限公司	2012—2016	1926
6	高性能核磁共振弛豫分析仪的开发和应用	苏州纽迈电子科技有限公司	2013—2018	1501
7	超临界流体色谱仪的研制与应用开发	江苏汉邦科技有限公司	2013—2017	2431
8	复合式高精度坐标测量仪器开发和应用	苏州天准精密技术有限公司	2013—2018	1952
9	水体生物学质量参数电化学在线监测仪器研制开发与应用	无锡市光大分析技术有限责任公司	2013—2017	2858
合计				24749

(江苏省科学技术厅科技机构与条件处)

科技计划

Science & Technology Programs

【计划管理】 贯彻落实《国务院关于改进加强中央财政科研项目和资金管理的若干意见》,研究制定并由省政府印发《省政府关于深化省级财政科研项目和资金管理改革的意见》。加强省科技计划总体布局与集成实施,全年共组织实施各类省科技计划项目3493项,省拨款31.78亿元。2014年全省共争取国家科技计划项目(课题)4700多项,获国拨经费超过53亿元。改进项目组织方式,推进省地联合招标、项目经理制、管办分离等改革探索。全面升级省科技计划管理信息系统,进一步完善科技咨询专家库。加强科技信用管理,认真落实《江苏省科技计划项目相关责任主体信用管理办法》,制定并印发了《关于加强全省科技信用体系建设工作的实施办法》。

【科技统计】 会同省统计局发布2013年全省科技进步统计监测,从科技进步环境、科技投入、科技产出、科技促进可持续发展4个方面对全省和各市的科技进步状况进行系统评价。开展江苏省创新型省份建设监测,组织编写了《江苏省创新型省份建设年度报告》,系统地分析了江苏省创新型省份建设的发展情况与存在的不足,为下一步发展提出了思路。完成科技创新重点指标统计分析,2014年全省全社会研发投入占地区生产总值比例达到2.5%以上,科技进步贡献率达59%,高新技术产业产值占规模以上工业比重超过39%。

【绩效管理】 组织开展2014年预算绩效目标自评审工作,研究制定和完善了包含122个绩效目标和105个评价指标的评价指标体系。省科技专项资金预算绩效目标编制质量列省级部门第一名,受到省财政厅通报表彰。编制了2015年预算(一上)绩效目标申请表,研究制定专项资金投入、产出效益与效果、可持续影响与发展、社会评价等127个绩效评价指标,建立了能综合反映科技创新成效和创新驱动经济社会转型发展的评价指标体系。

【财务管理】 做好部门预决算和“三公经费”公开工作,在厅政府网站向社会公开2014年部门预算、2013年度部门决算及“三公经费”,接受社会公众的咨询监督。会同省财政厅对近几年省级重大科技成果转化、省级科技服务平台建设、省级科技支撑3类科技专项资金的分配、管理、使用与绩效等情况开展专项检查。贯彻执行中央八项规定、严肃财政纪律和“小金库”专项治理工作,做到组织、自查、整改三到位,确保专项治理各阶段工作落到实处。

(江苏省科学技术厅发展计划与财务处)

科技合作与交流

Scientific & Technological Cooperation & Exchange

产学研合作

【概　况】 2014年,在省委、省政府的正确领导下,围绕深化科技体制改革的总体目标,全省上下围绕加快企业为主体、市场为导向、产学研相结合技术创新体系建设的有关要求,坚持“把推动产学研紧密结合作为实施科技创新工程的主要途径”,以重点培育发展新兴产业和亟须优化提升传统产业为聚焦点,激发企业、高校院所、科技人员等产学研合作主体的积极性,推动战略性科技资源向江苏加快集聚,推动各类科技资源向园区和企业集聚,推动地方按照“一区一战略产业,一县一主导产业”的要求差别化集聚科技资源,积极探索产学研合作的新机制和新模式,为创新驱动战略实施、创新型省份建设提供支撑。

截至2014年年底,全省各级政府部门(县级以上)共与高校院所签订的合作协议达1400多份,各地政府、园区与高校院所共建创新载体、工作机构累计达800多个,其中共建新型研发机构300个;有990多家高校院所与江苏省企业建立长期稳定合作关系,全省实施各类产学研项目18000多项,其中与中国科学院的合作项目达1500多项、年产出达935亿元,继续保持各省(市、区)第一。

【省产学研联合创新专项资金】 2014年度省产学研联合创新资金工作,围绕深入实施创新驱动战略、拓展科技创新工程、建设创新型省份的总体要求,大力引导支持各类创新资源加快向基层和企业集聚,完善技术转移体系,推动区域和企业创新能力提升,重点支持前瞻性联合研究项目,继续支持技术转移中心建设,共立项370项(含重大创新载体启动期建设项目继续建设7项),并通过考评给予16家高校技术转移中心运行补贴,共安排省拨经费13300万元。

产学研前瞻性联合研究项目:重点支持省内高校院所(含省内外高校院所与江苏各地政府(园区)共建的分支研究机构)的科技人员,围绕《江苏省"十二五"科技发展规划》明确的、优先和鼓励发展的相关产业技术领域,面向企业需求开展的前瞻性联合研究项目。优先支持"第四届中国江苏产学研合作成果展示洽谈会"签约项目、中国科学院等重点科教单位与全省企业的合作项目等。2014年,共立项支持了91家高校院所和产学研共建研发机构的360个面上引导项目、安排省拨经费8405万元(其中优先支持第四届江苏科洽会签约项目9项),带动社会投入超4.5亿元。

技术转移中心建设项目:分为两类进行支持,一是支持苏北地区新建技术转移中心,由苏北地区高校院所联合省外著名高校院所,共建专业从事技术、成果转移转化服务的实体化技术转移中心;二是支持已建高校技术转移中心滚动运行,探索已建高校技术转移中心的绩效评价机制。2014年,立项支持苏北地区徐州工程学院、盐城师范学院、淮海工学院与省外高校院所共建了3家联合技术转移中心,安排省拨经费260万元;按照《2014年高校技术转移中心绩效考评工作方案》,对21家通过验收的高校技术转移中心进行了绩效考评,并根据考评结果分档支持,安排16家高校技术转移中心运行补贴950万元。

【重点科教单位合作】 2014年,全省进一步加强与中国科学院、清华大学、北京大学、浙江大学等重点科教单位的战略性合作,为实施创新驱动战略、推进科技创新工程提供了有力支撑,取得了较为显著的成效。

中国科学院:与中国科学院科技促进发展局、中国科学院南京分院等协同合作,加强工作推进,取得了积极成效。一是在院省合作层面又有新的部署。1月2日,省政府与中国科学院签约,合作建设江苏省产业技术研究院。9月26日,省科技厅与中国科学院科技促进发展局开展工作座谈,决定率先在江苏开展"科技服务网络"(STS Network)试点。二是在院地合作层面不断有新的进展。苏州市与中国科学院签署了深化院市合作备忘录;各地与中国科学院系统共建了中国科学院电子所苏州分所、中国科学院遗传资源研发中心(南方)、中国科学院科技服务网络苏州中心、中国科学院大连化物所张家港产业技术研究院等载体。2015年,院省合作项目销售收入达935亿元。

其他重点科教单位:一是做好省政府与航天科工集团签署合作协议的有关工作,于11月30日正式签约,将在产业基地和研发机构建设、成果转化、人才交流、新型业态培育、军民融合发展等方面进一步加强合作,促进产业结构调整和转型升级。二是积极推动合作交流活动,组织召开了"2014年度江苏省产学研合作圆桌会议",与20家重点高校院所科技管理部门分管产学研工作的负责人座谈;清华大学、北京大学、浙江大学等积极参加了无锡锡山—北京政产学研合作暨科技招商洽谈会、扬州(邗江)百名领军人才科技成果发布洽谈会、浙江大学—海安产学研洽谈活动等活动;淮安市与清华大学共建了新能源材料技术研究院,扬州市与清华大学共建了扬州智能装备研究院;扬中市与北京大学共建了产学研合作办公室;浙江大学与康缘药业共同开展“中药数字化生产过程知识管理系统开发及产业化研究”,总投入约4亿元。

【重大产学研活动】 探索依托产学研联合共建重大创新载体、省产业技术研究院预备研究所等,围绕特定产业领域、重大共性技术组织举办专题产学研对接洽谈活动,引导省内外高校院所的科技成果、专家团队等与全省企业进行面对面对接洽谈,推动技术成果在全省企业的应用和集群转化、产业化,为中心工作、重点工作提供服务与支撑。

超重力技术应用专题报告会和超重力技术成果专项对接会。联合北京化工大学苏州研究院、苏州市科技局共同举办,北京化工大学陈建峰教授应邀做了题为“超重力技术的应用及产业化”的专题报告,北京化工大学超重力技术团队的16位专家与省内化工、环保、新材料、生物医药等领域的70多家相关企业负责人进行了分组对接洽谈,现场达成合作意向企业28家,20多家企业参观考察了北京化工大学苏州研究院。

2014年江苏省产学研专场对接洽谈会——汽车技术成果专题洽谈。联合清华大学苏州汽车研究院、苏州市科技局共同举办,清华大学汽车产业与技术战略研究院院长赵福全就“构建中国汽车产业技术创新链”作了主题报告,清华大学、北京航空航天大学、吉林大学、山东大学、同济大学、西北工业大学等12家高校院所的30多名专家与省内100多家相关企业负责人进行了一对一洽谈,达成合作意向49个、拟进一步洽谈57个。

2014年江苏省产学研专场对接洽谈会——环保产业技术成果专题洽谈。联合盐城市政府共同举办,北京大学环境学院副院长邵敏教授以“从灰霾到蓝天”为主题作了主题报告,中国科学院、北京大学、复旦大学、同济大学、厦门大学、郑州大学、华南理工大学、辽宁工程技术大学、南京大学等18家高校院所的40多位专家与省内100多家环保企业负责人进行了一对一洽谈,达成合作意向71个、拟进一步洽谈75个。

膜技术应用专题报告会和膜技术成果专项对接会。联合省产业技术研究院膜科学技术研究所共同举办,膜科学技术研究所所长邢卫红教授做了题为“膜技术及其应用”的专题报告,膜科学技术研究所的18位专家与省内化工、造纸、印染、环保、新材料、生物医药等领域137家相关企业负责人进行了分组对接洽谈,现场达成合作意向36项,专家拟会后赴企业进一步洽谈10项,部分企业负责人参观考察了江苏膜科技产业园。

【国家重大科技基础设施建设】 争取布局建设国家重大科技基础设施是省委省政府交办的一项重要工作,全年系统强化与国家有关部门联系沟通,强化与中国科学院等重点合作单位的协同推进,相关工作取得积极进展。

未来网络试验设施。省未来网络创新研究院完成了《未来网络试验设施》技术与建设方案,承担了国家863软件定义网络关键技术研发与示范项目,省拨经费1000万元,以项目经理制的形式组织“未来网络创新环境的关键技术研究与实验验证”项目;自主创新的可编程虚拟化路由器平台、资源智能调度管理平台、网络测量感知平台等核心产品初步获得市场认可。

高效低碳燃气轮机试验装置。完成了院省市共建协议的签订和建设方案上报。基本建成了目前国内唯一的高效低碳燃气轮机1Mpa高压试验装置、3Mpa合成气气源装置,初步具备了气化、燃气轮机技术研发和工程化的能力。

纳米真空互联实验站。建设成立了筹备工作领导小组,完成了院省市共建协议的签订,形成总体建设方案和首期试验线的建设内容。省拨4000万元启动首期实验线的建设工作,纳米真空互联预研系统已经安装完毕;大气环境下无掩模激光直写光刻系统预研项目进展顺利,整机已经制备完毕。

【"校企联盟"建设】 "校企联盟"是江苏省广泛组织科技人员服务企业、服务基层、服务社会,推进产学研合作的一面旗帜,通过"校企联盟"行动,旨在最广泛地动员和引导高校、院所科技人员深入基层、走向社会,重点在合作开展技术研发、加快科技成果转化、共建技术创新平台、培养企业技术和管理人才、提升企业产学研合作积极性5个方面帮助企业提高发展水平。2009年启动以来,全省不断丰富工作内涵、强化工作支撑,2014年继续加强"校企联盟"与省各类科技计划的集成力度,并积极推动有关省辖市在组织实施市以下科技计划时加强与"校企联盟"的联动。截至2014年年底,全省各地企事业单位与省内外高校院所共建立校企联盟10028个,参与高校院所400多家,提前一年完成"十二五"目标。

(江苏省科学技术厅产学研合作处)

国际科技合作

【概 况】 2014年,江苏与重点国别合作实现新的突破,与著名国际创新机构合作日益深化,全省对外科技交流活跃,产业创新国际化进一步发展。

【省国际科技合作计划】 2014年度省国际科技合作计划受理项目252项,经批准立项69项,包括江苏—以色列产业研发合作项目、江苏—芬兰产业研发合作项目、江苏—美国麻省理工学院合作项目,重点国别企业对外技术合作引导项目,创新国际化服务体系项目等类型。主要有以下特点:

1. 落实与有关国家、机构签署的合作协议,重点支持与以色列、芬兰、美国麻省理工学院的产业技术合作项目,推动与创新强国、著名国际创新机构的深度合作。

2. 在支持技术研发合作项目的同时,持续加强创新国际化服务体系建设,推动地方引进境外高水平的大学、科研机构等来江苏建设国际技术转移服务机构,鼓励省内有条件的企业到境外设立研发机构。

【对外科技交流】 2014年全省对外科技交流活跃,积极推进与重点国别、国际著名创新机构的合作,举办了一批有影响的交流对接活动。

与英国科技合作实现新突破。2014年10月9日,李学勇省长率团访问英国期间,省科技厅与英国创新署签署了关于开展区域技术创新合作的谅解备忘录,双方决定在中英科技创新合作联委会统筹协调下,建立和共同实施一项双边产业研发框架计划,共同支持双方实体间开展的面向国际市场的产业研发合作项目,同时还将开展科技政策交流与咨询、交流活动组织与团组互访、知识产权等方面的合作。这是英国创新署首次与中国一个省份签署此类合作备忘录。

以色列参与共建常州国际创新园。2014年5月20日,国务院副总理刘延东访问以色列、出席以色列首届创新大会期间,科技部、江苏省与以色列经济部三方共同签署关于推动参与建设常州国际创新园实施协议,共同为引进以色列企业及项目入驻该园区给予政策支持,作为中以两国在中国共建创新园区的引领示范。这是中以两国政府相关部门首次签署此类协议、共同参与中国国家创新园区建设。

启动实施与美国麻省理工学院、德国弗朗霍夫应用研究促进协会的合作与交流机制。落实与麻省理工学院产业技术合作协议,在中美两地开展了3场技术对接交流活动,累计组织该校专家教授15人次来苏访问,推动形成一批合作意向,其中明确意向5项。落实与德国弗朗霍夫应用研究促进协会的访问科学家交流计划,经双方合作遴选,首批3名江苏专家实现赴德开展合作研究。

成功举办第四届跨国技术转移大会。2014年11月6日至8日,科技部和江苏省人民政府在南京共同举办了"中国·江苏第四届国际产学研合作论坛暨跨国技术转移大会”。欧美、亚洲、澳洲100多家机构近200名境外代表应邀出席，英国国会下议院议员（前大学与科学大臣）、芬兰国家技术创新局执行局长等一批重要嘉宾与会，来自美国麻省理工学院、美国加州大学洛杉矶分校、美国IBM公司、加拿大西安大略大学、英国牛津大学、法国国家科研中心、德国卡尔斯鲁厄理工学院、俄罗斯合成橡胶研究所等20多家一流大学、研究机构和著名跨国企业的一批专家教授、有关负责人参会。全省13个省辖市600多名高科技企业、技术转移中介机构、地方科技管理部门代表参加大会。大会开展了超过350对的一对一对接洽谈，初步形成合作意向近60项。

各类科技交流活动亮点纷呈。2014年南京市举办了“第三届全球（南京）研发峰会”，无锡市举办了“第十一届中国（无锡）国际设计博览会”，常州市在“第九届中国常州先进制造技术成果展示洽谈会”期间举办了有关国际技术交流活动，苏州市举办了“第五届中国国际纳米技术产业发展论坛暨纳米技术成果展”。省跨国技术转移中心重点拓展以色列、芬兰、美国、俄罗斯、法国、德国、荷兰、加拿大等国的合作渠道，全年组织或组织参与了20多场技术交流对接活动，服务企业创新国际化发展。

（江苏省科学技术厅国际科技合作处）

长三角科技合作

【概　况】 2014年，江苏在长三角区域创新体系建设联席会议办公室的框架下，围绕长三角经济社会发展需求，组织筹备开展科技联合攻关，积极探索区域科技合作模式转变，深化和完善科技资源共享服务系统建设，优化区域科技创新创业氛围，切实推进长三角科技合作相关工作。

【科技资源共享】 长三角大型仪器网不断完善。继续会同上海市、浙江和安徽省，推动“长三角大型科学仪器协作共用网”等公共科技基础设施，入网仪器数和跨区域服务量都有了显著提高。截至2014年12月，“长三角大仪网”已集聚区域1332家单位15909台（套）大型科学仪器设施，其中价值在50万元以上的仪器设施达8791台（套）。

三省一市技术经纪人资质互认工作继续领跑全国。实现了“统一培训教材、统一培训标准、统一考试形式、统一认证”，在自愿、平等、协作的原则下，实现互通互认。截至目前，江苏省共举办了8期技术经纪人培训班。其中，与常州、南通、徐州等地科技主管部门联合举办，全省科技成果转化中心、大学技术转移中心、科技企业等300多家单位、共722名从业人员参加培训，多数学员通过考试并获得了“江苏省技术经纪人结业证书”。江苏省还取得工商部门的资质认可，与省工商行政管理局联合培训学员355名，获得中心和省工商联合颁发的“江苏省技术经纪从业人员资格证书”。

长三角技术转移系统建设不断推进。“长三角技术转移系统”于2011年运行以来，在各方共同努力下，长三角区域内的技术转移工作蓬勃开展，2014年仅上海一地向浙江、江苏、安徽输出技术总计达2897项，累计成交金额达32.64亿元。

充分发挥培训一期横跨三地的模式优势，继续开展孵化器从业人员培训工作。2014年共举办培训3次，培训人员291名，2008年至今已累计举办十期培训，培训师资囊括现有全国一线国家级孵化器领军人物，为江浙沪三地近966名孵化器管理人员提供了培训，得到学员的欢迎和科技部领导的高度认可。同时，该培训教材得到科技部的认可，已入选国家级孵化器专业管理上岗培训教材。

【联合攻关】 重点聚焦对长三角区域的社会发展、公共安全、民生保障和科技进步起到促进支撑作用的共性关键技术展开联合攻关。经过公开征集和专家评审等严格流程，重点瞄准医药、环保、高端等领域的重大科技成果应用转化、前瞻性研究组织15项重大课题进行长三角科技联合攻关，共安排财政拨款11960万元，带动社会投入94125

万元。

配合上海长三角科技联合攻关项目的申报，积极推荐我省企事业单位参与申报，共备案35项，优先推荐两地共同关注的婴幼儿保健、重大疾病治疗、食品安全等领域的13项，积极推进长三角区域科技合作，支撑和服务区域经济社会可持续发展。

【学术与工作交流】 成功举办"第四届国际产学研合作论坛暨跨国技术转移大会"。本次大会以"开放创新、合作共赢"为主题，围绕企业创新合作需求，邀请欧美、亚洲、澳洲100多家机构近200名著名研发机构及高科技企业负责人、工程技术专家、跨国技术转移机构代表、政府职能部门官员等境外代表和我省600多名高科技企业、技术转移中介机构、地方科技管理部门代表参加大会。通过大会合作论坛、重点国别(机构)专场技术信息发布，现场一对一对接洽谈319对，推进企业与境外创新机构建立合作关系，开展项目合作。

举办"2014区域创新政策论坛"。论坛由江苏省科技发展战略研究院主办，上海科学技术政策研究所、浙江省科学技术发展战略研究院、安徽省科学技术情报研究所协办，突出"区域性、协同性、政策性、咨询性"定位，来自三省一市、北京、台湾等地高校和研究机构的100余位专家学者，就如何发挥上海自贸区建设对长三角创新发展的辐射带动作用进行了充分的交流讨论。论坛上，来自三省一市的科技发展战略研究院的代表们还共同签署了《"长三角科技发展战略研究联盟"协议书》，旨在更好地服务地区经济科技发展，为长三角地区推动实施创新驱动战略以及经济、社会和科技发展提供决策支持，为长三角地区参与国际竞争和创新型国家建设提供研究支撑。

召开"2014长三角地区科研院所改革发展研讨会"。本届研讨会由上海市科学技术研究所协会、浙江省科研院所联合会、江苏省民营科研院所发展促进会、江苏省部属科研院所联合会四家单位共同举办，每两年举行一次。来自上海、浙江、江苏三省的科研院所代表约70人参加会议，江苏省科技厅蒋跃建副厅长、宜兴市周斌副市长等领导出席会议。本届研讨会重点围绕"科研院所加强行业、地区发展要素整合，提高市场竞争力和科创能力；新形势下改制院所重新审视自身在创新体系中的定位"两大主题进行研讨，加强了长三角地区科研院所的交流与联系，为院所间开展交流合作提供有力支撑，为院所自身发展提供可借鉴的经验和建议，促进了长三角地区科研院所的发展和改革。

【完善机制】 经三省一市充分协商、沟通，于2014年3月正式成立长三角区域创新体系建设联席会议办公室秘书处，确定秘书处为长创联办的常设机构，主要成员是上海市科技开发交流中心、江苏省生产力促进中心、浙江省科技开发中心及安徽省国际科学技术合作协会的工作人员；制订秘书处工作制度，包括日常工作、调研、档案、宣传、管理与考核等五方面内容。

（江苏省科学技术厅科技机构与条件处）

高校协同创新

【概　况】 2014年，江苏省高校科技工作聚焦经济社会发展需求，充分发挥人才、学科、科研综合优势，深入实施江苏高校协同创新计划，大力推进高校科技创新及产学研合作，积极开展科学研究和社会服务，为创新型省份建设和又好又快推进"两个率先"做出了积极贡献。

【江苏高校协同创新计划】 2014年，省教育厅深入贯彻落实教育部、财政部《关于实施高等学校创新能力提升计划意见》，围绕省委、省政府创新驱动发展战略决策部署，深入实施江苏高校协同创新计划，促进高等教育与科技、经济、文化的有机结合，提升高校创新能力，支撑创新型省份和人力资源强省建设。一是启动建设第二批江苏高校协同创新中心。省教育厅会同省财政厅共同组织开展第二批"江苏高校协同创新中心"评审认定工作。经学校申报、形式审查、专家评审、江苏高校协同创新计划领导小组审定，省政府发文确定了第二批立项建设30个“江苏高校协同创新中心”、培育建设6个“江苏高校协同创新中心”和首批5个高职院校“工程技术中心”。二是召开江苏高校协同创新中心建设工作座谈会。2014年3月18日,省教育厅在宁召开“江苏高校协同创新中心建设工作座谈会”,江苏高校协同创新计划领导小组成员、全省42所高校负责人、各协同创新中心(含工程技术中心)负责人共120余人参加了会议,对第二批立项建设的协同创新中心和首批高职院校工程技术中心进行了授牌,省科技厅、财政厅2个单位,南京大学等8所高校做了交流发言。省政府副省长曹卫星、教育部科技司司长王延觉出席会议并讲话。三是组织江苏高校申报国家第二批“2011协同创新中心”。江苏6个协同创新中心通过初审认定、进入会议答辩环节;南京大学牵头的“人工微结构科学与技术协同创新中心”和东南大学牵头的“无线通信技术协同创新中心”通过第二批国家“2011协同创新中心”认定。目前全省共有“2011协同创新中心”5个,占全国13%,数量位居全国第二。四是组织编制协同创新中心发展规划。组织立项建设和培育建设协同创新中心(工程技术中心)的牵头高校,会同各协同单位,科学编制发展规划,进一步细化建设进度、量化考核任务。五是建立健全协同创新中心管理体制。省教育厅会同省财政厅制定出台《江苏高等学校协同创新计划项目及资金管理办法》、会同省知识产权局联合举办江苏高校协同创新中心知识产权专题培训。编印《江苏高校协同创新计划工作简报》9期,在“江苏高校协同创新计划网站专栏”发布信息112篇。

2014年3月18日,江苏高校协同创新中心建设工作座谈会在南京召开。省政府副省长曹卫星、教育部科技司司长王延觉出席会议并讲话,省教育厅厅长沈健主持会议并作总结讲话。

2014年3月18日,江苏高校协同创新中心建设工作座谈会上,参会领导为第二批立项建设的“江苏高校协同创新中心”和首批高职院校“工程技术中心”授牌。

【高校产学研合作和科技成果转化】 省教育厅组织高校积极参与各类产学研合作对接及科技成果转化活动,大力促进政产学研合作,增强高校服务地方经济发展能力。一是组织开展各类产学研成果对接活动。实施“校企联盟”行动计划及教育部“蓝火计划”,积极参与“中国技术供需在线”建设和“科技助推苏北产业发展对接”等活动。2014年,全省高校开展及参加各类产学研合作对接活动共计220场,对接企业830家。在“第七届中国技术市场金桥奖”评选中,江苏高校技术转移机构和个人共获11项金桥奖,数量居全国第一。在“第十六届中国国际工业博览会”上,江苏高校共获工业博览会银奖及高校展区特等奖等奖项26项,占全国高校获奖数的30%。二是充分发挥高校成果来源和技术依托作用。全省15所高校与省内企业共同申报并承担江苏省科技成果转化专项资金项目59项,占全省总项目中产学研项目数的47%;获批省级战略新兴产业专项资金项目2项,获省财政资助1400万元。三是全面推进高校科技“服务三农”。全省高校及个人积极参与省“送科技下乡、促农民增收”等活动。8所涉农院校被评为“挂县强农富民工程挂县突出单位”;9所高校21个项目获第七届江苏省农业技术推广奖;13所高校38个项目获国家星火计划立项,立项数量全国第一。四是凝练精选产学研合作优秀案例。江苏57所高校82个产学研合作案例入选教育部《中国高校产学研合作优秀案例集》,占案例总数的65%,数量居全国之首。江苏14所高校在“第八届中国产学研合作创新大会”上获产学研合作创新及促进奖23项,占全国高校获奖数的30 %。

【科技创新基地】 省教育厅积极组织高校申报工程研究中心等科技创新基地平台,2014年新增1个教育部国际合作联合实验室、13个省工程技术研究中心、11个省工程实验室;立项建设4个国家重点实验室培育建设点、38个省高校重点实验室和8个省高校重点建设实验室。新增4个国家大学科技园(总数15个,全国第一)、4个国家级高校学生科技创业实习基地(总数27个,全国第一)、6个国家技术转移示范机构(总数15个,全国第一)。会同省科技厅组织相关高校筹建成立江苏省大学科技园联盟,并组织开展系列培训研讨活动。

【创新人才团队】 省教育厅积极支持高校申报各类科技创新团队和人才奖励计划,进一步吸引和凝聚优秀科技人才。2014年,全省高校共有7个创新团队获教育部滚动支持,占获支持总数的12%,与北京并列全国第一; 3个团队入选“国家创新人才推进计划”重点领域创新团队,15人入选“国家创新人才推进计划”中青年科技创新领军人才;15个团队入选江苏省“双创计划”团队,52人入选江苏省“双创计划”个人;7名教授荣获何梁何利奖,数量居全国高校第一; 1名教授获陈嘉庚科学奖;2名教授获第10届光华工程科技奖。

【科技管理和科技项目】 省教育厅继续组织开展了省属高校自然科学研究项目申报工作,经专家评审、公示审核,确定立项资助2014年度省属高校自然科学研究重大项目77项、面上资助项目438项、面上自筹经费项目112项。对2010年度立项的60个省高校自然科学研究重大项目和2011年立项建设的26个省高校科技创新团队检查验收。省教育厅全面落实教育部关于深化高等学校科技评价改革的意见,深化高等学校科技评价改革,研究制定《江苏省教育厅关于进一步深化高校科研评价改革的指导意见》。

【高校知识产权】 省教育厅会同省高校知识产权研究会举办“4.26知识产权专题报告会”和“江苏高校知识产权管理规范研讨会”,会同省知识产权局共同举办高校协同创新中心知识产权专题培训。组织高校推荐申报第16届中国专利奖及江苏省第6届十大杰出专利发明人评选,江苏9所高校12件发明专利荣获第16届中国专利金奖及优秀奖,数量居全国高校第一;4名教授获评“江苏省第6届十大杰出专利发明人”;5名教授获评“江苏省第6届十大优秀专利发明人”。

(江苏省教育厅科学技术与产业处)

中国科学院南京分院

【概　况】 中国科学院南京分院的前身是中国科学院华东办事处。1950年,中国科学院接管原中央研究院在南京的科研单位,成立了中国科学院华东办事处。1969年,华东办事处撤销,全部业务交由江苏省科技主管部门管理。1978年11月,经国务院批准恢复成立中国科学院南京分院。

南京分院是中国科学院的派出机构,负责联络和协调中国科学院在江苏地区的研究所工作,以及江苏省和江西省的院地合作工作。分院现设办公室、人事教育组织处、科技合作处和财务审计处4个处室。分院系统现有9个法人研究机构,包括中国科学院紫金山天文台、南京地质古生物研究所、南京土壤研究所、南京地理与湖泊研究所、中国科学院南京天文仪器有限公司、国家天文台南京天文光学技术研究所、中国科学院苏州纳米技术与纳米仿生研究所、中国科学院苏州生物医学工程技术研究所和江苏省中国科学院植物研究所(双重领导)等单位。截至2014年年底,南京分院共有在职职工2279人,其中科技人员1588人,包括中国科学院院士8人,研究员及正高级工程技术人员334人,副研究员及高级工程技术人员

439人。

领导班子建设。(1)组织建设。加强所级领导班子选拔、管理和监督工作,在院党组领导下,完成了南京分院、苏州纳米所和南京天光所领导班子换届考核,对南京土壤所和南京地质古生物所领导进行了调整。完成南京天仪公司、南京地理与湖泊所和紫金山天文台党委纪委换届选举工作。各所领导班子的平稳交接,为分院系统改革创新提供了可靠保障。

(2)思想建设。增强学习意识,在强化思想认识上下功夫。认真领会习近平总书记系列重要讲话精神和党的有关文件精神,通过参加省部级领导集中学习培训、省委党校举办的集中学习培训及召开民主生活会等,领导班子成员的思想认识不断提高,为改革发展奠定了良好的思想基础。

(3)作风建设。结合党的群众路线教育实践活动,进一步改进工作作风和工作方法,针对教育实践活动中提出的领导班子建设问题开展专项整治工作,狠抓干部作风建设,切实解决群众关心的实际问题,取得显著成效。

积极贯彻落实“率先行动”计划。中国科学院“率先行动计划和全面深化改革工作”会议后,南京分院积极行动,组织在苏各院属单位召开所级领导研讨会,认真学习白春礼院长在广州会议上的讲话精神,围绕研究所如何更好地贯彻落实“率先行动”计划和全面深化改革进行研讨,听取各单位对研究所分类改革工作的思路和意见建议。会后,各单位分别召开会议,认真梳理本单位定位和科研方向,针对四类要求提出初步应对设想。

南京分院还积极与江苏省科技厅联系,多次共同研讨中国科学院的“率先行动”计划方案,争取获得江苏省对南京分院系统各单位未来改革的支持。

院地合作。(1)大胆创新,推进中国科学院STS网络江苏中心试点工作。积极响应中国科学院科技服务网络建设工作,主动争取STS网络江苏分中心的试点,经与院科发局和江苏省科技厅多次讨论、沟通,已做好前期准备工作,即将启动运行;协助推动中国科学院签订“江苏省人民政府-中国科学院合作建设江苏省产业技术研究院协议”,为全院院地合作迈上新台阶探路。

(2)稳步推进共建平台建设,有力带动科技成果转化。中国科学院南京分院在苏院地共建中心发展势头良好,已集聚2278人,其中中国科学院517人;本年度承担各级各类科技项目244项,获经费约4亿元;转化项目99项,累计转化项目数达206项,为企业创造效益120多亿元;孵化企业43家,累计孵化企业达167家;公共技术服务平台服务企业近1000家。协调推动新建所地、所企创新载体20余家。协助院属研究所获批江苏省级科技计划163项,获资助近2亿元,推动近30家研究所200多个项目落户江苏。

(3)搭建院地交流平台,促进人才交流。参与主办或组团参加20多场科技对接活动,推动所企交流互访20余次;选派中国科学院南京分院40名专家入选江苏省第七批科技镇长团,21名科技人员成为第二批江苏“企业创新岗”特聘专家,两年在任总数达到61名;推荐就任科技副职8人,在任科技副职达到18人,累计为地方引进项目60余项,项目资金突破10亿元,组织对接活动近80场次,为政府建言献策30余篇。

(4)努力作为,江西省院省合作取得重要突破。以科学院联盟为纽带,积极推进江西省的院地合作工作。围绕稀土产业和鄱阳湖经济区建设两个院省合作重点,组织专家完成产业和区域发展科技需求调研,撰写调研报告2篇,凝练重大合作项目建议6项;选派7名专家到江西省科学院挂职,推动共建了“产业情报研究中心”“激光3D金属修复中心”等一批新载体。

党建及纪监审工作。注重实效,做好党的群众路线教育实践活动第三阶段总结,抓好整改落实,制定修订多项制度,开展了清理整治奢华浪费、规范社会化培训、整治四风等后续工作和回头看工作,在群众满意度测评中,评价很高。

高度重视党风廉政建设和反腐倡廉工作,多次深入研究所调研,督促指导廉洁从业风险防控体系建设;制定完成分院系统惩防体系建设五年规划和《实施办法》;成立反腐倡廉量化考评工作组,完成对系统7个单位的反腐倡廉量化评价。

公共事务管理和协调。做好为系统内研究所

服务工作,发挥分院组织和协调作用,推动新园区建设;认真开展分院系统安全保卫保密大检查,没有出现责任事故,系统内两家单位被南京市公安局评为安全保卫工作先进单位,多人荣获先进个人;起草完成《南京分院基本建设管理暂行办法》并实施;完成分院系统2013年修缮共7个项目的验收。

与中国科技大学开展科教融合合作,探索共建专业学院和联合培养研究生机制;完成分院系统2013年度修购项目验收及2014年度修缮项目前期工作;加强创新文化建设,承办"中国科学院创新文化建设专题研讨会暨两研会工作年会";推动系统全民健身活动开展,组织系列群众性文体活动。

院士联系工作。紧密结合国家和地方战略需求,推进院士决策咨询,组织院士考察调研,为省、市地方政府提供决策咨询建议。院士提出的关于建设栖霞山国家地质公园及南京世界地质公园建议,获南京市主要领导批示并采纳。

全年组织各种院士会议30多场,开展咨询考察活动6次,举办多场院士学术沙龙活动,接待多批企业来访。在宁院士向社会做科普报告200多场,听众约5万人次。同时,分院还积极配合国家院士制度改革和新型智库建设,接待国务院有关部门和中国科学院南京分院在宁召开的3场有关院士制度改革工作座谈会。

(范晓松 朱飞飞)

【中国科学院紫金山天文台】 中国科学院紫金山天文台(以下简称"紫台")成立于1950年5月20日。前身是1928年2月成立的国立中央研究院天文研究所。紫台是我国自己建立的第一个现代天文学研究机构,被誉为"中国现代天文学的摇篮"。党和国家领导人毛泽东、朱德、邓小平、江泽民和胡锦涛等都曾到紫台视察。

紫台是以天体物理和天体力学为主要研究方向的研究所,1999年3月成为中国科学院知识创新工程试点单位之一。依据"十二五"发展规划和"创新2020"组织实施方案,紫台总体发展目标是:到2020年,紫台进入国际天文研究机构的先进行列,成为满足国家特定需求的核心机构之一。近期,紫台将努力建成国际先进或国内领先的以暗物质粒子探测为核心的空间天文探测研究基地;以太赫兹探测技术为支撑,面向天文学重大科学问题的南极天文和射电天文研究基地;以人造天体动力学和探测技术为支撑,面向国家战略需求的空间目标和碎片观测研究中心;以近地天体探测研究为基础,面向深空探测的行星科学研究中心。

紫台设4个研究部:暗物质和空间天文研究部、应用天体力学和空间目标与碎片研究部、南极天文和射电天文研究部、行星科学和深空探测研究部;5个实验室:毫米波和亚毫米波技术实验室、暗物质和空间天文实验室、天体化学和行星科学实验室、CCD相机研制实验室、行星科学与深空探测实验室。

紫台设有7个野外业务观测台站:南京紫金山科研科普园区、青海观测站、盱眙天文观测站、赣榆太阳活动观测站、洪河天文观测站、姚安天文观测站和南极Dome A天文台。其中青海观测站是我国最大的毫米波射电天文观测基地,盱眙观测站是我国唯一的天体力学实测基地。各野外台站运行13.7米毫米波望远镜、1米近地天体望远镜、多台套设备组成的空间目标与碎片观测网、H太阳精细结构望远镜、太阳射电频谱仪、近红外太阳光谱仪等观测设备。

紫台建设和运行中国科学院射电天文重点实验室、中国科学院空间目标与碎片观测重点实验室、中国科学院暗物质与空间天文重点实验室、行星科学与深空探测实验室,是中国科学院空间目标与碎片观测研究中心、中国科学院南极天文中心以及中国天文学会的挂靠单位。紫台图书馆,经过近80多年的沧桑砥砺,是为科学研究服务的学术性支撑,是我国馆藏资源最为丰富的天文学图书馆,目前图书馆已有图书和期刊(合订本和单行本)20万余册,馆藏文献库之丰富,居全国之首,亦为东亚地区最大最全的天文图书馆。

截至2014年年底,紫台共有在职职工328

人。其中科技人员193人、科技支撑人员103人,包括中国科学院院士2人、研究员及正高级工程技术人员52人、副研究员及高级工程技术人员53人。

共有国家海外高层次人才引进计划("千人计划")入选者1人、青年"千人计划"入选者2人、千百万人计划入选者7人;中国科学院"百人计划"入选者19人;国家杰出青年科学基金获得者12人。

紫台是国务院学位委员会批准的首批博士、硕士学位授予权单位之一。现设有1个天文学一级学科博士、硕士研究生培养点,控制工程、电子与通讯2个专业一级学科硕士学位工程培养点,天体物理、天体测量和天体力学、天文技术与方法3个专业二级学科硕士、博士研究生培养点,并设有天文学博士后流动站,共有在学研究生154人(其中硕士生62人、博士生76人、联合培养硕士16人)、在站博士后12人。

2014年,紫台共有在研项目260项(包括新增项目109项)。其中,主持国家重点基础研究发展计划(973)项目3项和子项7项;主持(或承担)中国高技术研究发展计划(863)项目17项(新增6项);主持(或承担)国家其他项目16项;主持(或承担)国家自然科学基金项目130项(新增30项),其中重大项目1项、重点项目6项(新增2项)、面上项目28项(新增7项)、杰出青年基金1项,主持(或承担)国家自然科学基金重大科研仪器研制项目2项;承担中国科学院战略先导科技专项课题7项和子课题10项,主持(或承担)中国科学院知识创新工程重要方向项目3项,"百人计划"项目3项;承担江苏省自然科学基金9项;横向项目11项(新增5项)。

2014年,紫台共发表科技论文207篇,其中国际合作论文72篇。SCI论文150篇,影响因子3.0以上的108篇,被引用125篇次;申请专利9件,其中发明专利9件;申请软件著作权3件;专利授权数4件,其中发明专利4件。共获省部级科技奖励7项,其中第一单位一等奖1项。

1. 中国科学院"空间科学"战略性先导科技专项(A类)项目"暗物质粒子探测卫星(DAMPE)"于2014年9月底成功转入正样研制阶段,并完成欧洲核子中心(CERN)束流实验。

2. 中国科学院南极天文中心组织参加第31次南极科考,AST3-2运往南极冰穹A。继续深入开展南极天文台相关的关键技术攻关。南极相关的973项目"利用南极巡天望远镜在超新星宇宙学及太阳系外行星方面的前沿研究"、国家自然科学基金重大项目"极端台址环境下的天文望远镜关键技术方法研究"和重大科研仪器设备研制项目"太赫兹超导阵列成像系统"进展顺利,完成了中期目标,在时域天文、极端环境下的望远镜与探测系统关键技术、太赫兹成像阵列等方面取得阶段性重要进展。

3. 空间目标与碎片观测系统建设取得重要阶段性进展,大幅度提高了系统的探测能力。相关成果获省部级一等奖(第一单位),并成功推广至国内其他部门。代表国家航天局参加"欧空局GOCE卫星"陨落期IADC国际联测试验,预报精度列11个主要联测国家之首,为国家争得荣誉。

4. 973项目"日地空间天气预报的物理基础与模式研究"取得重要进展。青年973项目"暗物质粒子探测卫星的相关科学研究"取得重要进展,通过中期检查。成功预言了AMS-02观测到的原初电子宇宙射线能谱超出;提出快变射电暴有望成为高效的宇宙暗能量新探针。

5. 中国科学院战略性先导科技专项(B类)"宇宙结构起源——从银河系的精细刻画到深场宇宙的统计描述"项目于2014年立项,紫台负责课题3项,承担合作课题10项。

6. "农历的编算和颁行"国家标准成功立项。

主要研究成果:(1)在国际上率先提出:如果将来快变射电暴的红移被直接测定,那么它们有望成为高效的宇宙暗能量新探针。该研究成果的想法被列为国际大科学工程"平方公里阵(SKA)"最重要的科学目标之一。

(2) 成功预言了AMS-02观测到的原初电子宇宙射线能谱超出,并指出该超出的来源最可能是邻近的中等寿命的超新星遗迹。

(3)详细研究了双中子星并合引力波事件的电磁辐射的光变曲线,成功解释了近期发现的一类新的宇宙学相对论源。该成果对未来时域天文领域关于这类暂现源的巡天具有指导意义。

(4)宇宙原初气体可能无法有效形成恒星。通过对两个低金属元素含量的近邻恒星形成星系的多波段红外观测,结合恒星形成率的测量,在《自然》杂志联合发表研究论文,指出130亿年前的宇宙原初气体可能无法有效形成恒星。

(5)"银河画卷"计划利用德令哈13.7米毫米波望远镜,在银河系第二象限最遥远的区域发现了一段新分子气体旋臂,这是迄今探测到离银河系中心最远的旋臂。该发现更新了人们对银河系结构的认识,并将对整个银河系的分子云与恒星的形成等方面的研究产生重要的引导作用。

(6)成功研制1.4 THz频段国际上最高灵敏度的超导HEB热电子混频器、850微米波段8×8像元超导MKIDs探测器阵列和350微米波段32×32像元超导MKIDs探测器阵列芯片。

(7)针对太阳射电爆发现象,提出了由激波和快电子束直接放大射电辐射的新机制。

2014年全年完成出访任务114人次(其中中国台湾地区5人次),涉及21个国家/地区,出访形式主要包括所级协议合作研究(62人次)和国际会议(52人次)等,出访国家/地区以美国(30人次)、瑞士(23人次)、俄罗斯(12人次)、日本(12人次)等为主。出访活动中,国际会议大会报告、分会报告或墙报等46人次。全年来访147人次(90团,142人),涉及31个国家/地区,主要为参加在华举办国际学术会议、合作研究等。与其他国家/地区人员合作发表论文72篇。

2014年,紫台完成了"一三五"国际专家诊断评估。来自美国、日本、德国、英国、意大利、瑞士和中国台湾等研究机构的9位国际知名天文学家对紫台"一三五"规划及实施情况进行了为期3天的诊断评估。

2014年,紫台执行与国外研究机构和大学签订国际合作协议13项(新增1项)。人才培养方面,执行中欧联合培养博士研究生11人(新增2人)。国际合作(人才)项目方面,执行"爱因斯坦讲席教授""外国专家特聘研究员计划""发展中国家访问学者计划"、国际合作重点项目各1项。主办/承办的国际会议共3场,分别是"从暗物质晕到星系形成国际会议(第十届中德星系宇宙学会议)""第三届南极巡天望远镜国际合作会议暨973项目会议"和"探索太阳爆发的起源——先进天基太阳天文台国际论坛"。中德马普伙伴小组通过中期国际评审。

结合研究所135规划目标,开展了重点国际合作。"暗物质粒子探测卫星(DAMPE)"成功完成瑞士欧洲核子中心(CERN)束流试验,并与意大利佩鲁贾大学开展硅阵列探测器封装工作的合作,确保了相关工作的顺利进行。成立中澳天文联合中心ACAMAR,挂靠紫台,推进中澳在射电、光学、红外及南极天文学研究和相关设备研制、设施运行等方面的合作。南极天文台相关的重大科研仪器研制项目研制过程中,与日本住友公司合作,完成了中演示系统专用300mK吸附制冷机的系统设计;与法国天文粒子物理和宇宙学实验室(APC/IAS)合作研制了超导TES阵列TDM关键电路ASIC,并初步完成直流SQUID放大器与ASIC的协同测试。以国家航天局的名义参加了联合国外空委科技小组委员会第51届会议和机构间空间碎片协调委员会(IADC)第32届会议,与各国代表围绕拟开展的关于行星防御的空间计划活动,以及空间碎片探测方法、探测技术、探测设备的进展及探测结果进行交流,并讨论联合测量结果以及未来联合测量工作开展的相关细节。紫台共有国际天文联合会(IAU)正式会员64人。

紫台是我国开展天文科学普及的重点单位、全国科普教育基地、全国重点文物保护单位,以紫金山科研科普园区、青岛观象台等重点科普基地为骨干,开展科普宣传,面向社会开放。2014年共接待青少年和社会公众约23万人次。开展了月全食观测等多项科普活动,协助青海德令哈、云南姚安、江苏常熟等地天文馆建设项目的策划、方案修改、内容展示、建设运行等工作。其中德令哈天文科普馆已开馆运行。

紫台是《天文学报》(季刊)和英文刊 *Chinese Astronomy and Astrophysics* 的承办单位。

(朱爱仲)

【中国科学院南京地质古生物研究所】 中国科学院南京地质古生物研究所(以下简称“南京古生物所”)下设基础研究部(含古植物与孢粉学研究室、古动物学研究室、微体古生物学研究室)、现代古生物学和地层学国家重点实验室、中国科学院资源地层学与古地理学重点实验室3个科研机构,拥有图书资料信息中心、公共技术服务中心、南京古生物博物馆以及澄江古生物研究站。

截至2014年年底,有在职职工147人,包括中国科学院院士3人、研究员及正高级工程技术人员42人、副研究员及高级工程技术人员39人。有中国科学院“百人计划”入选者7人,国家杰出青年科学基金获得者7人。设有“古生物学与地层学”“地球生物学”“地质工程”和“矿物学、岩石学、矿床学”4个专业二级学科硕士研究生培养点,“古生物学与地层学”“地球生物学”和“矿物学、岩石学、矿床学”3个博士研究生培养点,并设有博士后流动站,共有在学研究生68人(其中硕士生38人、博士生30人)、在站博士后11人。

2014年,南京古生物所共有在研项目126项(包括新增项目31项)。其中,承担国家重大科技专项课题2项,承担国家重点基础研究发展计划(973)课题4项、参加课题3项,承担国家科技基础性工作专项课题2项;主持国家自然科学基金重点项目2项、重点国际合作项目1项(新增1项)、面上项目36项(新增9项)、国家自然科学基金重大研究计划项目1项、重大项目1项、国家基础科学人才培养基金项目1项、创新研究群体科学基金项目1项、国家重大科研仪器设备研制专项1项、优秀青年科学基金项目1项、专项项目1项、中德科学中心项目1项、青年科学基金项目19项(新增5项)、科普基金项目4项、外国青年学者研究基金项目1项(新增1项);承担中国科学院战略性先导科技专项课题11项(新增5项),主持院重点部署项目1项,参加院重点部署项目1项(新增1项),承担院科技创新交叉与合作团队项目1项,院“百人计划”D类入选者项目2项,院青年创新促进会项目3项(新增1项),承担中国科学院其他项目3项(新增3项);参加中国地质科学院项目9项(新增2项);主持江苏省自然科学基金项目6项(新增1项),地方政府委托项目1项(新增1项);承担大中型企业委托项目6项(新增1项)。

2014年,南京古生物所共发表论文266篇,其中SCI论文173篇,科普文章41篇,出版图书著作13部,获发明专利授权3项,计算机软件著作登记1项。《美国科学院院报》(PNAS)刊登了该所主持完成的中生代葬甲亲代抚育行为研究成果,通过对我国中侏罗世道虎沟生物群,早白垩世热河生物群,晚白垩世早期缅甸琥珀中葬甲化石的系统演化及超微构造的功能形态学分析,解密了中生代葬甲昆虫的亲代抚育行为,揭示了一些复杂行为特性在这些小甲虫身上的演化奥秘。《自然》(*Nature*)杂志刊登了该所主持完成的贵州瓮安陡山沱组动物胚胎状化石细胞分化研究成果,发现动物胚胎状化石出现了营养细胞和繁殖细胞的分化,由此认为它们属于有细胞分化的多细胞真核生物,可能是某种基干类群动物或者某种多细胞真核藻类,而不是先前研究解释的冠群动物胚胎、团藻、中生黏菌虫、原生动物或硫细菌。“晚新生代重要全球变化事件中的生物多样性响应”研究成果获2014年江苏省科学技术三等奖。科普图书《远古的悸动——生命起源与进化》荣获2014年国家科技进步二等奖,并入选新闻出版广电总局2014年百种优秀图书。科普图书《渐行渐远的南极——寻找大陆漂移的证据》获评科技部2014年全国优秀科普作品。

2014年,南京古生物所获批中国科学院“国际访问学者计划”3项和“国际博士后计划”2项。主办“埃迪卡拉系划分对比和成冰系冰期学术研讨和野外现场会”和“IGCP 591项目年度专题学术研讨会”,在“第四届国际古生物学大会(IPC4)”共同主持“中国精美化石库的古生物学”专题研讨。共有47批98人次先后出访参加国际会议或进行学术交流,接待40批75人次外宾来访。2位外籍专家分获2014年度“江苏友谊奖”和“中国科学院青年科学家国际合作奖”。目前有20余位专家担任

40多个国际学术组织的主席、副主席、选举委员等职。

南京古生物所是中国古生物学会挂靠单位，主办的学术期刊有《古生物学报》《微体古生物学报》《地层学杂志》、*Paleoworld*，科普期刊有《生物进化》，科普网站有“化石网”。

图书馆收藏古生物学与地层学专业图书期刊约28万册(期)，其中外文期刊近2500种，约20万册(期)，是亚洲最大的古生物学专业图书馆。标本馆馆藏标本约20万件，是世界上古生物标本收藏的重要机构。拥有扫描电子显微镜及能谱仪、激光共聚焦显微镜、大型精密光学显微镜及成像系统、同位素质谱仪、气相色谱-质谱仪、光谱仪、元素分析仪、激光剥蚀机、全自动DNA遗传分析仪、基础古生物学实验室、同位素地球化学实验室、地球生物学实验室等众多大型先进仪器设备和实验装置。

【中国科学院南京土壤研究所】 中国科学院南京土壤研究所(以下简称“南京土壤所”)成立于1953年，其前身是1930年创立的中央地质调查所土壤研究室，是中国现代土壤科学研究的发源地。该所的发展目标和定位是:针对我国农业发展与生态环境建设中急需解决的重大需求和前沿土壤科学问题，紧紧围绕我国主要土壤类型的利用特点，开展土壤资源管理、植物营养调控、土壤环境保护、土壤生态保育四大核心领域研究，深化土壤科学基础理论，大幅提升应用基础与技术研究的持续创新能力，着力破解土壤科学核心基础问题和关键技术难题，为我国资源合理利用、粮食安全保障、生态环境保护提供理论基础、技术支撑和决策依据，建成国际一流的土壤科学研究机构。

南京土壤所目前拥有土壤与农业可持续发展国家重点实验室、中国科学院土壤环境与污染修复重点实验室、土壤养分管理国家工程实验室、农业部耕地保育综合性重点实验室等重要研究平台；设有土壤资源与遥感应用研究室、土壤—植物营养与肥料研究室、土壤化学与环境保护研究室、土壤物理与盐渍土研究室、土壤生物与生化研究室、土壤与环境生物修复研究中心、土壤利用与环境变化研究中心等研究单元；还拥有中国科学院生态系统研究网络土壤分中心、河南封丘农田生态系统国家野外科学观测研究站、江西鹰潭农田生态系统国家野外科学观测研究站、江苏常熟农田生态系统国家野外科学观测研究站、中国科学院三峡工程生态环境湖北秭归实验站。拥有联合国粮农组织的特约图书馆和亚洲最大的土壤标本馆。土壤与环境分析测试中心已获得国家实验室认可和国家计量认证。该所是中国土壤学会、江苏省土壤学会和全国土壤质量标准化技术委员会的挂靠单位；主办*Pedosphere*、《土壤学报》《土壤》3份中英文学术期刊，其中*Pedosphere*是我国唯一的一份土壤科学英文学术期刊且被收录为SCI源刊。

人才队伍建设。截至2014年年底，南京土壤所现有在职职工301人。其中科技人员211人，科技支撑人员55人，包括中国科学院院士2人、研究员及正高级工程技术人员63人、副研究员及高级工程技术人员96人。共有国家“千人计划”入选者1人；中国科学院“百人计划”入选者14人；国家杰出青年科学基金获得者8人。2014年，该所人才队伍建设得到进一步加强。1人新获得国家杰出青年基金资助，3人获得国家优秀青年科学基金项目资助。另外，还有多位青年科研人员分获科学院卓越青年人才专项、卢嘉锡青年人才奖、现有关键技术人才等各类人才奖项。

2014年南京土壤所研究生招生管理工作获得江苏省招生管理考核科研院所第一名。新招收43名博士生和45名硕士生，录取8名留学生，共69名研究生完成学位论文答辩，分别获得博士和硕士学位。为贯彻落实中国科学院科教协同育人计划，进一步吸引优秀生源，与南京农业大学联合创办了资源环境科学菁英班。南京土壤所导师和学生在2014年获得了多项奖励，其中方国东获得中国科学院优秀博士学位论文奖，汪登俊获得中国科学院院长奖学金特别奖。在第20届世界土壤学大会组委会组织的首届国际土壤知识与技能大赛中，以南京土壤所研究生为主力的中国代表队获得优秀团队称号，博士生杨飞在个人赛中取得了第三名的好成绩。

争取和承担科研任务。2014年，南京土壤所主持承担的一批重要项目相继启动。由该所作为依托单位的中国科学院战略性先导科技专项(B类)“土壤-微生物系统功能及其调控”于6月份启动。该专项通过发展土壤微生物研究的新技术新方法，研究主要生态系统土壤微生物的组成与格局、微生物调控机理与协同作用机制，实现土壤微生物系统功能及其调控研究的重点突破，为我国土壤资源可持续利用提供科学决策依据。973项目“东南丘陵区红壤酸化过程与调控原理”于1月启动。该项目通过研究红壤酸化的机理、驱动因子及时空演变规律，土壤-植物系统对红壤酸化的响应、适应与反馈，红壤酸化阻控原理与对策及生产力恢复等方面的工作，将为红壤资源持续高效利用提供理论依据和技术支撑。“我国土系调查与《中国土系志(中西部卷)》编制”项目启动，该项目获得了科技部基础工作专项的连续支持，对进一步推动我国土壤基础学科的发展，满足国家需求具有重要的现实意义。另外，由该所主持的首个“973”青年科学家专题“稻田生态系统对大气[CO_2]升高的高应答机制及其可持续性研究”项目也于2014年启动。

科研工作进展与获奖情况。2014年，南京土壤所在研的重要科研任务工作进展顺利，一些重要项目和课题顺利完成了结题验收工作。973项目“粮食主产区农田地力提升机理与定向培育对策”工作继续按计划向前推进，目前在地力提升基础理论、关键技术和集成模式创新方面均已取得了关键性突破，为即将到来的项目结题验收奠定了坚实的基础。国家公益性行业(农业)科研专项“盐碱地农业高效利用配套技术模式研究与示范”项目顺利通过验收，在盐碱地农业高效利用实用专项技术研发、盐碱地专用肥研制和抗盐碱作物和经济植物品种筛选等方面取得了显著进展。国家自然科学基金重点项目“广西红壤肥力与生态功能协同演变机制与调控”也顺利完成并通过验收。

2014年该所在基础研究方面取得了一些显著进展。例如，施卫明研究员团队受邀在*Trends in Plant Science*(IF=11.8)发表了综述论文，对植物铵胁迫响应方面的研究工作进行了总结，讨论了相关研究结果，并概述了相应的研究方法。近年，施卫明研究员团队在植物铵胁迫分子生物学方向上已在国际著名植物学期刊连续发表多篇论文，相关研究处于世界前沿。再如，贾仲君研究员课题组与徐华研究员课题组合作，深入研究了典型稻田土壤氧化还原梯度下的微生物群落演变特征，从土壤微生物学的角度，为基于氧化还原作用的水稻土分类体系提供了新的实验证据。研究结果已被微生物生态学刊物*The ISME Journal*在线发表(IF=8.951)。此外，有关课题组在黑土农田氧化亚氮排放研究、有机肥施用对我国农田潮土微生物影响研究、土壤真核微生物海拔分布研究、土壤功能微生物技术开发、土壤锌镉污染植物修复研究、红壤团聚体中线虫与微生物交互作用影响碳、氮转化机制的研究等方面也取得了显著进展，研究结果均在相关领域的国际著名期刊上发表，受到国内外同行的广泛关注。

2014年，南京土壤所张佳宝研究员等申报的“黄淮地区农田地力提升与大面积均衡增产技术及其应用”研究成果荣获国家科技进步二等奖。此项成果以缩小中低产田与高产田差距，实现大

2015年1月9日，在国家科学技术奖励大会上，南京土壤所张佳宝研究员等申报的“黄淮地区农田地力提升与大面积均衡增产技术及其应用”研究成果荣获国家科技进步二等奖。

面积均衡增产,全面提升黄淮平原地区粮食增产潜力为主要目标,在基础理论研究和关键技术应用方面均取得了重大突破,在中低产田治理、地力提升、水肥高效利用和大面积粮食均衡增产等方面有着广阔的应用前景。

2014年,全所共发表被SCI、EI收录的论文297篇,其中1区TOP文章18篇,2区TOP文章24篇;CSCD收录论文发表272篇。全年共出版专著5部。全年申报发明专利27项,有38项发明专利获得授权。

国际合作及其成效。2014年南京土壤所先后主办了第六届全球数字土壤制图国际会议和污染场地调查与修复技术研讨会等2次国际学术会议。第六届全球数字土壤制图国际会议得到了科学院和基金委的资助,来自16个国家的120余位代表出席会议。污染场地调查与修复技术研讨会吸引了近60家科研院校、环保企事业单位150余人参会。南京土壤所还组织参加了第20届世界土壤学大会、第三届国际可持续修复国际研讨会以及第十届海峡两岸土壤肥料科学术交流研讨会等会议,正在积极筹备2015年在南京召开的东亚和东南亚土壤联合会(ESAFS)大会。此外,分别与布莱克史密斯环境研究所和Massey University签署了合作协议。通过广泛开展国际及海峡两岸交流与合作,促进了相关领域最新研究进展的交流,进一步提升了在相关领域的学术地位和国际影响力。

在引进国外智力方面,新争取到中国科学院爱因斯坦讲席教授计划、中国科学院外籍青年科学家项目计划及外籍特聘研究员计划等多个项目。

(秦江涛)

【中国科学院南京地理与湖泊研究所】 中国科学院南京地理与湖泊研究所(以下简称“南京地理所”)的前身系1940年8月在重庆北碚成立的中国地理研究所,1958年更名为中国科学院南京地理研究所,1988年改为现名。中国科学院院士黄秉维、任美锷、周立三曾先后担任过所长。

研究所的战略定位是开展自然和人文要素驱动下湖泊-流域系统过程、格局及其相互作用与调控机理研究,为国家湖泊资源合理利用、湖泊环境治理与生态保护以及区域可持续发展做出基础性、战略性和前瞻性贡献。努力将研究所建成为国际著名湖泊-流域科学基础研究和高层次人才培养基地;国家湖泊资源利用与环境治理工程技术研究中心;经济发达地区可持续发展科学研究与决策咨询中心。

研究所科技创新发展总体布局为长期聚焦“湖泊关键过程与多要素相互作用机理;湖泊-流域系统演变及对人类活动的响应与综合管理”两大基础科学问题研究;重点发展“物理湖泊与水文;湖泊生物与生态;湖泊沉积与环境演变;湖泊环境与工程;流域水文与资源环境;区域经济地理;遥感与地理信息科学”7个学科方向;支撑“湖泊水环境治理与生态修复;区域可持续发展规划与评估”两大战略研究领域。

研究所现设有湖泊与环境国家重点实验室、中国科学院流域地理学重点实验室、湖泊生态与环境工程研究中心、区域发展与规划研究中心、湖泊野外观测与数据中心(含太湖湖泊生态系统国家野外观测研究站、鄱阳湖湖泊湿地观测研究站、抚仙湖高原深水湖泊研究站和湖泊-流域数据集成与模拟中心)。研究所现有30万元以上的大型仪器设备100余台/套。图书馆馆藏图书期刊12万多册,各种地形图63000多幅,航卫片77000多张。此外,还馆藏地方志4262种44000多册,其中善本近百种,孤本十余种。

截至2014年年底,南京地理所共有在职职工243人。其中科技人员209人、科技支撑人员24人,包括研究员及正高级工程技术人员43人、副研究员及高级工程技术人员73人;全所进入创新岗位233人。共有国家“青年千人计划”入选者1人(新增1人);中国科学院“百人计划”入选者9人;国家杰出青年科学基金获得者4人(新增1人)。

南京地理所是1981年国务院学位委员会批准的自然地理学硕士学位授予权单位之一,现设有地理学、环境科学与工程2个专业一级学科博士研究生培养点,自然地理学、人文地理学、地图学与地理信息系统、环境科学4个专业二级学科博士研究生培养点,自然地理学、人文地理学、地图学与地理信息系统和环境科学4个专业二级学科硕士研究生培养点以及工程硕士(环境工程、建筑与土木工程领域)全日制专业学位培养点,并设有地理学专业一级学科博士后流动站,共有在学研究生182人(其中硕士生73人、博士生109人)、在站博士后16人。

2014年,南京地理与湖泊研究所共有在研项目251项(包括新增项目67项)。其中,承担国家重大科技专项课题4项,主持国家重点基础研究发展计划(973)和国家重大科学研究计划项目2项、承担课题5项,主持国家科技基础性工作专项1项(新增1项);承担国家自然科学基金重点项目6(新增3项)、面上项目57项(新增14项)、国家杰出青年科学基金项目2项;主持院重点部署项目1项;承担重点国际合作项目6项。

2014年,研究所面向国家需求,有效发挥科技智库作用。《关于呼伦湖保护治理情况的实地核查调研报告》得到了中央领导的重视与批示。《关于主动参与"一带一路"建设,加快推进我省经济转型升级的对策建议》《江苏百万亩滩涂综合开发试验区开发利用规划战略研究报告》《"两带一路"战略背景下江苏功能定位转型与行动路径创新》《宁镇杨同城化发展规划》分别获得省部级领导的批示,其中,《宁镇杨同城化发展规划》得到了江苏省省政府正式印发实施。

据统计,2014年研究所共发表论文324篇,其中,SCI论文113篇;TOP SCI论文51篇,出版专著4部;申请和授权专利90项,其中发明专利55件,软件著作权16项。

2014年,研究所在资源环境、区域发展等领域和地方政府进行了深入的合作。与云南玉溪市政府、浙江淳安县政府、江西省水利厅等地方政府签订全面合作框架协议;与玉溪市政府合作共建"抚仙湖高原深水湖泊研究站",为支撑抚仙湖保护和治理提供技术支撑;2名科研人员分赴云南、江西挂职,积极为地方献计献策。在科技成果转化方面,以国家重大专项水专项为牵引,与地方环境治理需求对接,积极推进先进水污染控制技术与装备在地方重大治理项目的推广和应用,与企业共建工程中心,推动研究所技术成果的市场化应用;研究所投资公司2个,分别为南京中科集团股份有限公司和南京中科水治理有限公司,从事科技开发人员数34人,年产值共约1.23亿元,研究所参股效益1600万元。

2014年,研究所国际合作十分活跃,主办了第23届国际硅藻会议、中澳洪泛平原湿地双边论坛、第11届中-日-韩国际研讨会以及海峡两岸经济地理2014年学术年会等一系列具有重大国际、地区影响的学术会议;派出科学家28批50人次,接待境外来访人员77批133人次。3位研究员分别担任SCI期刊副主编、编委工作。其中刘正文研究员担任*Limnology*和*Hydrobiologia*期刊副主编;吴庆龙研究员担任*BMC Microbiology*期刊编委;秦伯强研究员担任*Chinese Geographical Science*和*Chinese Journal of Oceanology and Limnology*期刊编委。羊向东研究员担任国际硅藻研究学会(ISDR)执行委员。研究所作为中国科学院中非中心和中亚中心的理事单位,还积极参加了2个中心的前期筹备和建设工作,进展顺利。

研究所目前是江苏省海洋湖沼学会、江苏省地理学会、江苏省遥感与地理信息系统学会、中国地理学会长江分会、中国第四纪科学研究会全新世分会挂靠单位。主办《湖泊科学》学术期刊。

(杨金华 胡笑琪)

【中国科学院南京天文仪器有限公司】 中国科学院南京天文仪器有限公司(NAIRC)(以下简称"南京天仪")是中国科学院直属的科技型企业。公司注册资本3856万元,法人资产2.4亿元,占地面积11.13万平方米,总建筑面积8.9万平方米。下设耐尔思、天富2个全资或控股子公司和8个研发、销售、生产、管理等部门。

截至2014年年底,南京天仪共有在职职工234人,其中科技人员80人,包括中国工程院院士1人,副高级以上专业技术人员26人。现设有天体物理专业学科研究生培养点。

南京天仪是以研制大中型天文仪器为主,兼研制和生产其他光机电、计算机一体化仪器、设备的技术研发基地,主要研制生产三大类产品为大精专仪器设备:大型天文专业仪器、空间观测仪器、大气环境监测仪器、大中型系列平行光管、军用光电仪器、光学制品、轻量化主镜、高精度大口径光学冷加工、离轴非球面光学加工、大中型转台等;天文科普仪器设备:天文科普望远镜、天文圆顶、光学天象仪系列产品、数字天象仪、天幕、球幕影院、古典天文仪器模型及产品等;专用电子产品:系列圆光栅编码器、系列燃气灶具电子脉冲点火控制装置等。

2014年,公司继续全面实施新的战略发展规划,积极开拓市场,强化生产管理,加强队伍建设,试点创新模式,完善内部管理,各项工作都取得新的进展,同比增长54.01%,创历史新高。子公司耐尔思公司成绩尤为显著,营业收入成倍数增长,在其公司领导及全体员工的大力支持和努力下,凭借强劲的实力,耐尔思公司被认定为高新技术企业。

2014年,南京天仪共承担各类政府科技计划项目12项,其中1米以上口径超大型平行光管的研发与产业化获省重大科技成果转化专项资金。在专注产品开发的同时,南京天仪继续加强产权保护,全年共申请专利10项(其中6项发明专利,4项实用新型),授权专利共7项(其中1项发明专利,6项实用新型),新专利集中在大精专仪器设备领域,均已在公司的主打产品上成功实施,获得了较好的经济效益。公司全年交付产品65台(批次),按期完成率大幅提高,研制的1米车载激光望远镜,完成交付及现场终验收,并通过863专家组鉴定、验收。另外,南京天仪再次被认定为国家高新技术企业,“口径1.5~2.0米标准平面镜”获认“江苏省高新技术产品”“超长焦距超大口径平行光管”被评为“2013年度江苏省科学技术二等奖”;“耐尔思”商标被认定为江苏省著名商标。

2014年,公司继续实施内控体系制度建设,在去年已形成的13个内控模块、18项制度、17项细则和37个表单的基础上不断完善,经过多次交流和修改,最终制定出一套完整高效的内控体系制度,并在公司内部全面展开执行。

公司内控建设的思路为:建设以“项目管理”为中心,以“预算管理”和“合同管理”为手段,以“资金管理”和“成本费用”管理为内容,强化“外协管理”和“资产管理”,辅以其他模块的内控体系。

(朱　慧)

【中国科学院国家天文台南京天文光学技术研究所】　中国科学院国家天文台南京天文光学技术研究所(以下简称“南京天光所”)于2001年4月由原南京天文仪器研制中心的科研部分和高技术镜面实验室组建而成,1998年首批进入中国科学院知识创新工程。设有中国科学院天文光学技术重点实验室。

2014年12月18日,顺利完成所领导班子换届考核。截至2014年年底,在职人员163人,其中专业技术人员109人。院士3人,研究员及正高级工程师20人,副高级专业技术人员39人。中国科学院“百人计划”入选者2人。现有“天文学”“光学工程”2个一级学科和“天体物理”“天文技术与方法”“精密仪器及机械”3个二级学科的硕士、博士培养点,以及“光学工程”“仪器仪表工程”2个全日制专业学位的培养点。有研究生导师32名(其中博士生导师10名),在学研究生65人,其中博士生22人(含外国留学生2人)。拥有“天文学”和“光学工程”2个一级学科博士后科研流动站,在站博士后4人。

科研项目重要进展。在研科研项目140余项,新承接项目80项,包括:国家自然科学基金项目12项,省自然科学基金项目3项,863项目1项,大科学装置运行与改造1项,院级项目15项,横向委托研制项目48项。

南极巡天望远镜阵由3架入瞳500毫米、主镜680毫米的望远镜构成,第二台南极巡天望远镜AST3-2(Antarctic Survey Telescope)于4月在漠河完成整机低温环境测试。北京时间2014年1月22日凌晨,伦敦大学师生在距地球1200万光年的星系M82中发现一颗超新星(编号SN 2014J),正在调试中的AST3-2记录下了这颗超新星自1月15日以来的爆发情况。AST3-2由中国第31次南极科考队运至南极昆仑站,该所派出的2名天文科考队员在2015年1月完成现场安装调试及在南极冰穹A上的其他天文科学设备维护。

自主研制的南极视宁度监测仪DIMM(Differential Image Motion Monitor)于2014年1月14日在南极泰山站正式开始观测。这是中国继在南极昆仑站实现视宁度测量之后,成功开展南极泰山站的白天视宁度测量,为南极天文的发展提供重要的基础数据。

极大光学/红外望远镜关键技术研究方面,开展了LAMOST球面主镜的近红外共相拼接试验,初步满足共相要求;自主提出预应力环抛技术应用于快速抛光大批量非球面子镜,预应力镜面与镜面环抛技术有机结合,突破极大望远镜大批量非球面子镜加工瓶颈,为下一代极大望远镜核心技术之一;完成超大惯量精密跟踪的直接驱动控制技术实验用电机系统总成。

系外行星探测技术研究方面,首次将研制的"极端"自适应光学系统(Ex-AO)与欧洲南方天文台3.58米新技术望远镜(NTT)成功对接,在近红外波段获得衍射极限成像,验证了该Ex-AO系统激活国际3~4米望远镜开展高对比度成像的能力。空间高对比度成像实验关键技术研究在实验室内首次获取高达10E-9的成像对比度,该结果与国际顶尖团队水平相当,而成像区域更大,为正在开展的类地行星成像和地外生命信号搜寻空间计划提供了可能。

国家自然科学基金天文联合基金重点项目——多目标太阳系外行星搜寻系统的研制与应用结题评审结论为"优",项目组成功研制出一套基于LAMOST低分辨率光谱仪(中分辨模式)的多目标太阳系外行星搜寻系统,实现在可见光下(502~553nm)对21个天体目标同时进行视向速度测量的功能。天文望远镜自适应光学实验系统研制取得重要突破,正进行实验室最后的组装、调试,将于2015年在兴隆站实地测试。超高精度视向速度测量技术研究团组完成对天文光梳的出厂测试验收。

南京天光所研制的专业天文望远镜与仪器大步走向世界并获天文学家好评。2014年10月,为泰国国家天文台2.4米光学望远镜研制的中色散阶梯光栅光纤光谱仪(MRES)完成现场安装、测试和验收,性能优良,该光谱仪是我国自主研制出口的第一台专业天文观测研究用光谱仪。完成为印度天体物理研究所研制的太阳色球望远镜的现场安装与调试,全部技术指标达到要求,获得世界一流水平的太阳色球像,顺利通过现场验收。

光学研制方面,完成多套大口径、高精度、非球面光学镜面研制,交付系列空间光学系统地检设备,包括平行光管、望远系统等。完成镀制LAMOST光谱仪蓝区照相镜全介质反射膜系,宽波段高反射率膜系研究和南极望远镜光学镜面防结霜膜系研究均取得重要进展。

知识产权。全年向国家知识产权局提交专利申请共23项(其中实用新型专利3项,发明专利20项),专利申请数量较往年有所提升;授权专利8项(其中发明专利6项,实用新型2项);公开发表学术论文41篇(2篇是第二单位),其中SCI收录6篇,EI收录28篇;出版发行2部专业著作。

学术交流与合作。积极开展国际、地区间的学术交流与合作。全年出访59人次,主要赴美国、德国、加拿大、澳大利亚、俄罗斯、日本、智利、新西兰、乌兹别克斯坦、印度、泰国等国家参加国际会议、进行合作研究等;接待来访31人次。派遣5名科研骨干参加2014年国际光学工程学会(SPIE)-天文望远镜和仪器研制会议,会上就南京天光所的最新研究成果做了报告交流,中国科学院院士崔向群担任Session 5极端环境下的望远镜研制和Session 24射电望远镜和阵列的2个分会主席;所长朱永田和德国MT Mechatronics公司、CFHT升级项目MSE进行了合作会谈。派遣1名代表参加中印合作天文和天体物理双边研讨会,1名代表赴日本参加中国科技部国际合作司与日本科技振兴机构联合启动的"中日青少年科技交流项目(樱花科技计划)"。全年组织了多场学术报告,并举办年度学术论坛,展现交流最新科研成果。

科技人才。2014年年内,资深研究员王亚男获2014年度何梁何利奖"科学与技术进步奖"。

1人入选院青促会会员;2人分别荣获中国科学院朱李月华优秀教师奖和博士生奖;3人获国家公派出国留学资格;1人获首届江苏省机关事业单位工勤人员技能创新大赛创新奖;1人获“江苏省青年岗位能手”荣誉称号;获2014年度“国家奖学金”的博士生和硕士生各1人;1人获国科大外国留学奖学金,2人获南京市政府外国留学生奖学金。

人才培养平台方面,成功获批新设“光学工程”博士后科研流动站,博士后培养工作迈上新台阶。作为东南大学校外实习基地,双方签订合作协议。成功举办2014年“走近国科大-天文技术与方法”暑期大学生夏令营,吸引十多所211高校30名优秀的大三本科生参加。2014年11月29日,南京天文光学技术研究所校友会成立,研究生导师及来自全国各地的历届校友80余人出席会议,校友资源建设更上新台阶。

安装于NTT的NB平台的Ex-AO系统。

调试完成的印度太阳色球望远镜。

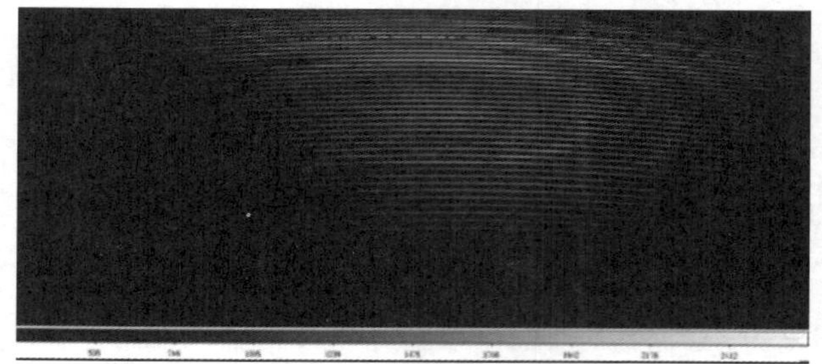

泰国中色散阶梯光栅光纤光谱仪MRES出光光谱。

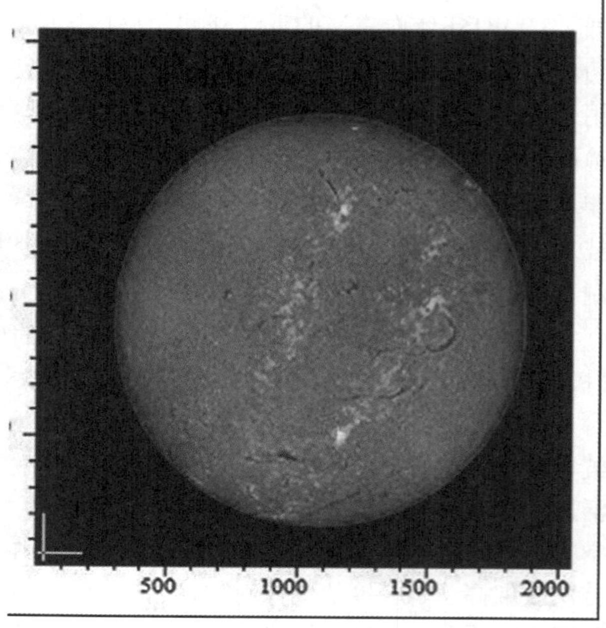

2014年10月8日,印度太阳色球望远镜拍摄的太阳全日面像。

【中国科学院苏州纳米技术与纳米仿生研究所】 中国科学院苏州纳米技术与纳米仿生研究所(以下简称“苏州纳米所”)由中国科学院、江苏省人民政府和苏州市人民政府于2006年共同出资筹建,于2009年7月22日获中央编制委员会办公室批复正式成立,2009年12月9日通过中国科学院、江苏省人民政府、苏州市人民政府组织的筹建工作验收。

苏州纳米所定位于纳米科技的应用基础研究和产业化,在学科布局上坚持"应用需求牵引学科建设,学科建设支撑应用发展"的原则,主要围绕能源、环境、信息、生命与医学等领域开展研发工作;围绕半导体激光器及应用、半导体器件与技术、印刷电子学、胶体化学与界面化学和纳米材料等布局重点学科。

2014年,苏州纳米所瞄准纳米科技发展趋势及国际前沿,以国家制造业转型升级为导向,根据中国科学院"率先行动"计划战略部署,积极谋划研究所分类改革举措,推动落实"创新2020"和"一三五"发展规划,相关培育项目取得突破性进展。切实加强质量管理体系建设,通过中国新时代认证中心组织的GJB质量管理体系第二阶段审核。

苏州纳米所目前建有8个研究部:纳米器件及相关材料研究部、纳米生物医学研究部、纳米仿生研究部、系统集成与IC设计研究部、国际实验室、学科交叉综合研究部、印刷电子学研究部和先进材料研究部;5个中心:信息与战略研究中心、技术转移中心、工程化中心、技术培训中心和太阳能电池检测分析中心;4个公共服务平台:纳米加工平台、测试分析平台、生化平台和计算平台。

苏州纳米所建有"中国科学院纳米器件与应用重点实验室""中国科学院纳米-生物界面重点实验室""省部共建国家重点实验室培育基地——江苏省纳米器件重点实验室"3个省部级重点实验室,"苏州市纳米碳纤维及其功能复合材料重点实验室"等6个苏州市重点实验室,以及一批与企业和其他机构共建的联合实验室",是中国科学院太阳电池研究中心(筹)依托单位。

2014年,"江苏省纳米器件重点实验室"通过专家验收和绩效评估,苏州纳米所被评为优秀依托单位。测试分析平台通过国家计量认证(CMA)和国家实验室认可(CNAS)现场评审并获得证书。由测试平台承担制定的3项测试国家标准通过全国半导体设备和材料标准化技术委员会审定,获全国半导体材料技术标准优秀奖。4个平台继续面向社会全方位开放,除完成研究所的科研任务外,积极为国内高校、科研机构和企业提供加工测试服务,累计服务93241机时,培训人员2596人次,为纳米科研发展和纳米技术相关产业发展提供了强有力的技术支撑。

2014年,依托苏州纳米所建设的院地共建大科学装置——纳米真空互联实验站召开首次筹建工作领导小组会议,签署了共建协议书,建设工作全面展开。实验站首期投资金额达3.2亿元,是纳米科技领域集材料生长、器件加工、测试分析为一体的重大科学装置。

截至2014年年底,苏州纳米所共有在职职工510人。其中科技人员332人、科技支撑人员130人,包括中国科学院院士2人(均为兼聘)、研究员及正高级工程技术人员78人、副研究员及高级工程技术人员81人;全所进入创新岗位375人。

2014年,苏州纳米所共有国家海外高层次人才引进计划(千人计划)入选者9人(新增2人),"青年千人计划"入选者9人(新增3人);中国科学院"百人计划"入选者41人(新增2人);国家杰出青年科学基金获得者6人(新增1人);国家"新世纪百千万人才工程"入选者1人;"江苏省高层次创业创新人才引进计划"入选者25人(新增2人),江苏省"333"高层次人才入选者19人;苏州市"姑苏创新创业领军人才计划"入选者8人;苏州工业园区"金鸡湖双百人才计划"入选者89人(新增18人)。

苏州纳米所现设有电子科学与技术、化学2个一级学科博士研究生培养点,电子科学与技术、化学、生物医学工程3个一级学科硕士研究生培养点;微电子学与固体电子学、物理化学、细胞生物学3个二级学科博士、硕士研究生培养点;生物工程、电子与通信工程、集成电路工程3个专业学位硕士研究生培养点,并设有电子科学与技术、化学2个一级学科博士后流动站,共有在学研究生398人(其中硕士生315人、博士生83人),在站博士后80人。

2014年,苏州纳米所共有在研项目780项(包括新增项目210项)。其中,承担国家重大科技专项课题1项(新增1项),主持(或承担)国家重点基础研究发展计划(973)课题9项(新增1项),主持(或承担)国家高技术研究发展计划(863)项目4项(新增1项);主持(或承担)国家自然科学基金重点项目3项(新增2项)、面上项目45项(新增15项)、国家杰出青年科学基金项目2项(新增1项)、国家自然科学基金重大研究计划重点项目1项、国家自然科学基金委重大仪器研制项目1项;主持(或承担)中国科学院战略性先导科技专项课题4项,子课题5项(新增1项),院重点部署项目2项;承担国际合作项目43项(新增3项);承担院地合作项目13项。

2014年,苏州纳米所发表学术论文444篇,其中国际刊物发表342篇。申请中国专利265件,其中发明专利236件,获授权专利108件,其中发明专利78件;申请国际专利11件;登记软件著作权1件。获江苏省科学技术三等奖1项。

2014年,苏州纳米所横向项目合同经费3346万元;突破原有单一创立产业化公司的模式,通过无形资产投资和专利独占许可实施等方式创立产业化公司2家;推进专利运营管理,实现专利独占许可3件、专利转让1件,收入105万元;被批准为江苏省产业技术研究院首批14个预备研究所之一。中国科学院苏州产业技术创新与育成中心及各分中心全年共计争取各类国家、省、市科技项目29项,共计经费5580万元,新增转移转化项目46项,新孵化企业30家;推动中国科学院与苏州市加强院市合作,促成双方签署新一轮《中国科学院－苏州市人民政府深化院市合作备忘录》和《关于进一步加强中国科学院苏州产业技术创新与育成中心建设合作备忘录》,共建中国科学院科技服务网络苏州中心。

2014年,苏州纳米所积极开展国际交流与合作。与香港理工大学合作开展“智能电子织物及传感研究”;通过“发展中国家访问学者计划”引进外籍科学家2名;承担2项科技部和1项江苏省国际科技合作项目顺利通过结题验收;全年共有31人次因公出国出访,接待80余人次国外学者、访问团队来所访问交流;获2013年度江苏省国际科学技术合作奖1项。

(曾光强 张明杰)

【中国科学院苏州生物医学工程技术研究所】 中国科学院苏州生物医学工程技术研究所(简称“苏州医工所”)是中国科学院唯一以医疗仪器为主要研发方向的国立研究机构,它由中国科学院、江苏省人民政府、苏州市人民政府三方共同出资建设。2008年8月1日,中国科学院委托长春光学精密机械与物理研究所负责苏州医工所的筹建和管理运行。2012年11月26日,苏州医工所顺利通过验收正式成为中国科学院序列研究所。

苏州医工所定位于“面向我国生物医学的重大需求,开展先进生物医学仪器、试剂和生物材料等方面的基础性、战略性、前瞻性的研究工作,引领我国生物医学工程技术的发展,建成医疗仪器科技创新与成果转化平台”。重大突破方向包括“超分辨显微光学核心部件及系统研制”和“新型血液免疫分析技术与系统”。重点培育方向包括“低成本高端医学影像技术”“生物效应评估技术”“多模在体光学成像技术”“病原微生物检测分析技术”和“流式细胞分析技术”。

截至2014年年底,苏州医工所共设有5个管理部门和7个研究室。5个管理部门分别为:综合管理处、科研管理处、成果转化处、资产财务处、人事教育处;7个研究室分别为:江苏省医用光学重点实验室、中国科学院生物医学检验技术重点实验室、医学影像技术研究室、医用电子技术研究室、医用声学研究室、医用微纳技术研究室、医用精密机械研究室(其中包括精密机械技术和医用微纳技术2个工程技术支撑平台)。

科研条件建设方面,一期基建总建筑面积6.9万平方米已投入使用。二期基建总建筑面积0.9万平方米已经竣工验收。研究所科研装备投入已达2亿元。

截至2014年年底,苏州医工所共有在职职工228人。其中科技人员186人,科技支撑35人,包括研究员及正高级工程技术人员25人、副研究员及高级工程技术人员38人;全所进入创新岗位189人。共有国家海外高层次人才引进计划(千人计划)入选者1人,中国科学院“百人计划”入选者15人(新增6人)。苏州医工所现设有光学工程、生物物理学2个专业一级学科博士研究生培养点,光学工程、生物医学工程、仪器仪表工程、生物物理学4个专业一级(或二级)学科硕士研究生培养点,共有在学研究生107人(其中硕士生83人、博士生24人)。

2014年,研究所承担国家、院、省市及横向项目共计58项,其中国家863计划2项、科技支撑计划5项;中国科学院项目11项;江苏省、苏州市项目共34项;横向项目6项;申请专利216项(其中,发明专利138项、实用新型76项、外观设计2项),申请软件著作权18项。新授权专利84项(其中,发明专利20项、实用新型61项、外观设计3项);新登记软件著作权10项,发表高水平论文188篇。

2014年,面向所内外征集成果转化项目35项,完成项目市场尽职调查10余项,设立项目公司3家。与长春奥普光电技术股份有限公司、吉林大学附属第一医院、苏大附一院、附二院、辽宁何氏医学院、深圳奋达科技等单位签署全面合作框架协议;与21家公司、医院、大学等单位设立联合研发中心。获批姑苏创新创业领军人才项目1项,高新区创新创业领军人才项目3项。完成工程化平台A1楼基础建设,首批实验设备采购到位。

研究所坚持国际合作,开展创新技术研究,联合国际一流高校院所,通过引进、合作等方式部署基础及应用基础的研究。目前已与以色列Rainbow公司签署全面战略合作协议,并开展项目合作;与美国西北大学张立群团队共建了"康复医学技术研究中心";与美国硅谷王学军团队共建"高通量技术研究中心";与美国约翰霍普金斯大学生物医学工程系共建联合实验室,合作开展双光子显微内窥成像、低剂量低成本CT和MRI研发等;与美国飞锐光谱有限公司共建联合研究部,引进腹腔镜近红外荧光即刻显像系统项目。此外,分别于4月和9月举办了"首届生物医学工程苏州国际学术会议"和"生物医学中的先进光学成像和传感"中德双边学术研讨会。

(肖心通 赵 鹏)

社会发展科技与基础研究

Social Development Science & Technology and Basic Research

【概 况】 2014年,按照推进科技创新工程的总体部署和要求,大力推动科技惠民,大力支持青年科技人才开展基础研究,大力发展生物技术和新医药产业,圆满地完成了各项目标任务,科技支撑民生发展的能力进一步提升,基础研究创新水平进一步提升,生物技术和新医药产业发展质量进一步提升,全年实现产值超过7000亿元。

【民生科技示范工程】 大力实施民生科技示范工程,科技支撑民生发展的能力进一步提升。着力加强生命健康科技支撑。深入实施临床医学科技专项,充分发挥高校、科研院所的基础研究力量,以临床为导向,加强临床医院与高校、科研机构协同创新,加快医学最新科研成果的临床应用。2014年新启动建设了"江苏省麻醉临床医学中心"和"江苏省中医消化病临床医学研究中心"等4个省临床医学研究中心,进一步加强省临床医学研究中心支撑体系建设,组织开发33项重点病种的规范化诊疗方案,开展62项新型临床诊疗技术和公共卫生领域关键技术攻关。截至2014年年底,临床医学科技专项已启动建设了20个省临床医学研究中心,组织开展了65项重点病种的规范化诊疗研究和103项新型临床诊疗技术攻关。项目的实施,有效提升了临床诊疗技术水平。针对慢性肾病、血液病和不孕不育等疾病的诊疗,自主制定国家和省级诊治指南19项、中国专家共识7个,规范化诊疗技术新方案37个,参与国际临床实践指南制定8项,脑梗死、肺癌等重大疾病临床诊疗技术创新取得了新的突破。同时,建设了肾脏病、血液病等一批临床样本资源库。

着力加强生态文明建设科技支撑。针对全省大气污染防治的技术需求,采取业主制项目组织方式,整合资源,投入科技经费1000万元,启动实施了大气污染防治科技示范工程。重点开展大气污染监测、污染源贡献、污染预警和应急、污染减排等领域关键技术研究与开发。项目进展顺利,已取得了初步成果。一是优化布局,提高了监测水平和质量。调整新增大气复合污染科学观测站点10个,初步形成了城镇空气质量评价监测网、交通道路空气质量监测网、空气污染边界预警监控网等7类覆盖南京全市域的空气质量监控网络,观测结果直接服务应用于青奥空气质量会商。二是应急预警,为青奥应急管控措施的制定提供了支撑。基于污染源特征的源分类以及污染源活动水平获取的关键技术方法,初步建立了南京市大气污染源排放清单。基于拉格朗日模型的粒子扩散模拟和后期的源-受体响应综合诊断分析技术,对青奥期间污染来源进行了快速预判和会商。三是专项减排,加快重点行业应用示范。膜法气体除尘技术及成套装备已开始示范应用,除尘效率远高于传统布袋。资源化烟气同时脱硫脱硝关键技术项目突破了催化剂制备、脱硫脱硝塔设计等关键技术。同时,积极争取科技部"长三角区域大气污染联防联控支撑技术研发及应用"项目支持,"长三角区域大气复合污染跨界传输特征研究"和"长三角区域空气质量联合预测预报关键技术研究"等课题得到立项支持,国拨经费812万元。课题的实施将进一步提升我省大气污染联防联控技术水平。

同时,全面落实省政府、科技部《关于共同推进宜兴环保科技工业园创新发展的合作计划(2013—2015年)》,组织召开了第二届"中国环保技术与产业发展推进会",建成启动国际环保展示中心,组织实施一批国家和省科技计划项目。集聚省内外资源,加强核心技术攻关和成果转化,推动环保产业转型升级。国家可持续发展实验区工作稳步推进,圆满完成了15家国家可持续发展实验区评估、6家国家可持续发展实验区验收和2家申报国家可持续发展实验区工作。

着力推进实施国家科技惠民重大项目。按照国家科技惠民项目实施要求,进一步突出民生需求,省市联动推动创新医疗器械产品推广与应用示范、科技创安等国家科技惠民计划项目的顺利实施,促进科技惠及更多的百姓生活。国产创新医疗器械产品推广与应用示范项目,有17家医疗机构和183家医疗器械企业参与了工程实施,示范应用医疗器械产品326台套,价值7080万元。正在建设的远程会诊平台,将辐射10个社区卫生服务中心,进一步扩大覆盖面。

【基础研究工作】 大力支持优秀青年科技人才开展创新研究,基础研究创新水平进一步提升。切实加大省青年科技人才培养支持力度。努力营造创新氛围,鼓励有志于科学研究的青年才俊自主选题、自由申报、自由探索,开展高水平创新研究,2014年立项支持了1000名优秀青年科研人员。遴选支持了50名有较大国内外影响的优秀杰出青年科研人才,这些人才通过培养将来有望成为国家杰出青年基金人选等高层次青年科研人才。加强基金管理,管办分离进一步完善,杰青项目答辩评审结果现场公布,专家咨询意见应申请反馈。2014年共有752个省自然科学项目通过了专家验收,共发表科技论文6556篇,其中SCI论文3384篇;申请专利1987项,获得授权发明专利579项;获软件著作权109项。在宽带无线通信、光电功能晶体、系统免疫学等科学问题方面取得了一批重要阶段性成果,稳定和培育了一批优秀科研人才。

切实加大国家基础类研究项目组织实施力度。凝练经济社会重大战略需求,瞄准重大科学前沿问题,整合创新资源,从指南征集、材料编写、答辩准备等环节认真做好服务,组织省高校、院所及有关单位积极申报国家973计划项目。2014年,我省有18个项目(含重大科学研究计划和青年科学家专题)获国家973计划项目资助,获得国家专项经费2.8亿元,项目数和经费继续位于全国前列。组织推动国家自然科学基金项目的申报工作,2014年共争取国家自然科学基金计划项目3460项,经费总额20.2亿多元,在全国位居省份第一。特别是2014年省青年科技人才培养迈上了新台阶,有15名国家杰出青年基金获得者、4名国家973青年科学家和45名国家优秀青年基金获得者。

(江苏省科学技术厅社会发展与基础研究处)

农业与农村科技

Agricultural and Rural Science & Technology

【概 况】 2014年,深入贯彻落实党的十八大、十八届三中、四中全会精神,按照省委、省政府对"三农"工作的总体部署,坚持一手抓科技自主创新,一手抓科技成果转化服务,科技创新对农业农村发展发挥了显著的引领和支撑作用。农业科技进步贡献率达到64.2%,居全国省份第一位;农业知识产权创造指数位居全国第二位;粮食总产实现"十一连增",位居全国第五位。

【粮食丰产增收科技工程】 继续大力推进"十二五"国家粮食丰产科技示范工程江苏项目区3个课题的实施,配套实施省粮食丰产增收科技专项。在落实国家粮丰工程项目配套经费1000万元的同时,组织研究规划粮食产业链,将机械化、信息化、烘干装备、仓储装备、稻麦精深加工和生态降耗、资源高效利用等技术纳入省粮食丰产增收科技专项研究范畴,实施省级项目20项,省拨经费1130万元。在推进项目实施过程中,注重加强良种、良田、良法、良机协同创新,构建了"科研、教学、推广、生产"协作机制,组建了一支涵盖稻麦育种、栽培、耕作、植保、土肥、加工等领域"粮丰科技特派员"队伍,并在29个粮食主产县建立粮食丰产科技工程"专家工作站"。项目区粮食生产实现了"增产、低耗"经济效益与生态效益"双丰收"的目标。项目实施区域的29个粮食主产县(市、区),稻麦累计总面积达153.5万公顷,占全省粮食种植面积的42.8%。项目区新增稻麦110.4万吨,新增效益30.5亿元。

【农业优良品种培育】 组织实施农业优良品种培育项目22项,安排经费1249万元。2014年共育成并获审定农业新品种54个。"南粳5055""镇稻11"等品种被农业部认定为超级稻,使全省超级稻品种数量增至17个,占全国15.3%。水稻优质食味品种南粳5055,具有抗倒性强的特点,已推广种植面积达10万公顷,平均亩产达650千克左右,增效约1.35亿元。淮麦30、宁麦21、扬麦21、镇麦10号、华麦6号5个抗赤霉病小麦新品种获得审定。省重大科技成果转化专项资金组织实施"周年优质高产稻麦新品种南梗49、苏科麦1号产业化"等重大科技成果转化项目3项,省拨经费1800万元。

【农业高新技术研发】 围绕生物农业、信息农业等领域,组织实施生物技术与生物加工、智能农机装备和农业信息化项目33项,安排经费1710万元。获得了"水稻籼粳杂种优势利用相关基因挖掘与新品种培育""稻麦生长指标无损监测与精确诊断技术""植物疫病菌生长发育与致病机理的研究""安全高效猪支原体肺炎活疫苗""鸡马立克氏CVI988单价和二价活疫苗的研制及其规模化生产技术""规模养殖场污染物减排与废弃物资源化""水产养殖物联网关键技术及装备"等一大批重大农业科技成果。"水稻籼粳杂种优势利用相关基因挖掘与新品种培育"项目,有效解决了水稻籼粳杂种优势利用难题,培育推广籼粳杂交新品种5个,成果获得2014年国家技术发明二等奖。"稻麦生长指标无损监测与精确诊断技术",获国家发明专利6件,该技术体系示范应用后,表现为明显的节氮(约7.5%)和增产(约5%)作用,已累计推广2969.8万亩,新增效益13.88亿元,成果获得省科技进步一等奖。"鸡马立克氏CVI988单价和二价活疫苗的研制及其规模化生产技术",单价和二价活疫苗已获国家新兽药注册证书,对鸡马立克氏病超强毒株攻击的免疫保护效力达到或超过国外同类产品,该成果的应用使我国鸡马立克氏病得到控制,为我国家禽养殖业减少损失75亿元,成果获得省科技进步二等奖。南京农业大学发掘出抗水稻褐飞虱基因,并通过分子标记转育出携带抗水稻褐飞虱基因的材料,该材料以1000万元转让给袁隆平农业高科技股份有限公司。

【农业特色产业关键技术研究】 围绕省农业优势特色产业发展需求,2014年科技支撑计划(农业)组织实施现代农业产业关键技术创新项目38

项,安排经费2720万元,重点培育溧水特色林果、海安桑蚕茧丝绸、赣榆海洋水产、扬中长江特色水产等农业特色产业。苏北科技(富民强项)专项资金组织实施苏北特色产业培育项目37个,安排经费7504万元,重点支持了灌南食用菌、灌云农机装备、大丰盐土农业、邳州银杏大蒜、睢宁白山羊等农业特色产业。同时,为更好地促进全省农业产业链、创新链和资金链"三链合一"和产学研紧密合作的协同创新,组织召开了农业产业技术创新战略联盟工作会议,围绕产业链关键环节,提出重点技术、平台和人才支撑需求,启动了全省农业重点优势产业技术创新链规划研究和编制工作。

【苏北科技专项资金】 制定完成了"苏北科技专项资金组织与管理改进工作方案",在资金定位、组织方式、管理方法等方面进行改革。按照"一县一业"和"一市一园"的要求,指导苏北各市(县、区)编制"集聚创新资源 培育特色产业"行动方案。围绕行动方案和子项目,建立了新的分层会商制度,开展省市县会商,将工作会商与项目评审有机结合。围绕特色产业科技资源集聚,编制完善了37个"集聚创新资源 培育特色产业"行动方案,共确定面上培育项目25个(含子项目104项),省拨经费3304万元;重点县项目12个(含子项目72项),省拨经费4200万元。此外,安排3000万元专项资金,在苏北率先开展省级"科技创新券"试点工作,用于对相关企业购买高校院所、第三方独立科技中介机构的科技服务(包括科技咨询服务、分析测试服务、科技信息服务等)的费用支出进行补助,有效调动了苏北企业产学研合作积极性。

【苏北科技资源集聚】 印发了《推进科技资源向苏北集聚行动计划(2014—2015年)》。2014年,省科技厅在苏北地区组织实施各类省级科技项目689项,省拨经费4.147亿元,有效调动苏北社会研发投入24.353亿元。组织实施成果转化资金项目21项,安排省经费1.95亿元。新建各类科技基础设施110家,其中新建企业研究生工作站104家;新建企业重点实验室、国家企业研发机构培育点3家;企业院士工作站3家。徐州工程学院、淮海工学院、盐城师范学院3家高校与省外高校院所共建技术转移中心和分中心。开展第二批"科技副总(企业创新岗)"试点,柔性引进86名专家教授到86家苏北企业担任技术副总,帮助引进和培养技术创新人才。深入推进"校企联盟"行动,引导苏北企业与高校院所学科团队新建"校企联盟"600多个。加大科技特派员选派力度,在科技镇长团的基础上,联合省委组织部、省财政厅等五部门启动实施"三区"人才选派计划。

【农村科技服务超市建设】 2014年,出台了《关于进一步推动江苏农村科技服务超市发展的通知》(苏科农发〔2014〕126号)。启动建设了全省科技超市信息化服务与管理系统。在东台市召开了超市信息化服务建设现场会,34家超市分店已安装了信息化服务系统,开展了形式多样的网上产学研对接与互动服务活动。确认新建科技超市51家,目前符合要求的科技超市达到220家。组织实施易购奖补资金,奖补科技超市42家,省拨经费1000万元。全省科技超市全年组织新品种、新技术展示活动1400余场,示范新成果2169项,开展咨询培训活动3560多场次,直接培训农民11.74万人次,网上超市累计发布各类科技信息58810条,带动农民增收达48.72亿元。

表2-32 农村科技服务超市(分地区)分布情况 单位:家

省辖市	数 量	省辖市	数 量
南 京	8	无 锡	9
徐 州	23	常 州	5
苏 州	15	南 通	18
连云港	29	淮 安	15
盐 城	39	扬 州	12
镇 江	10	泰 州	22
宿 迁	10	省农科院	4
省科技厅	1	合 计	220

【现代农业科技园区建设】 贯彻落实科技部国家农业科技园协同创新工作会议精神,把农业科技园区建设作为科技带动农业产业和农村经济发展的平台。大力推进常熟、南京白马、淮安和盐城国家农业科技园区建设,积极组织推荐泰州、徐州、南通、无锡、连云港5市申报成功国家级农业科技园区。2014年,按照"一市一园"建设思路,围绕园区创新、创业、服务功能的提升和特色产业发展需求,共安排经费1500万元,支持南京白马、泰州等8个重点园区的建设。园区企业集聚效应不断放大,科技创新能力不断提升、人才创业日趋活跃、产业培育与产业升级加速。据不完全统计,全省52家省级农业科技园区已建立各级各类创新平台588个,公共服务平台181个,引进新品种、新技术、新装备3185项(个);29家园区建立了科技创业孵化基地,在孵企业达200多家,特色主导产业实现总产值达554.4亿元。通过园区的创新示范带动,培育壮大了赣榆海产、海安茧丝绸、泗阳意杨等一批百亿级农业特色产业。

表2-33 国家级现代农业科技园区

序号	园区名称	建设情况
1	江苏常熟国家农业科技园区	通过科技部考核评估
2	江苏南京白马国家农业科技园区	通过科技部考核评估
3	江苏盐城国家农业科技园区	2013年获批,建设中
4	江苏淮安国家农业科技园区	2013年获批,建设中
5	江苏徐州国家农业科技园区	启动建设
6	江苏泰州国家农业科技园区	启动建设
7	江苏连云港国家农业科技园区	启动建设
8	江苏无锡国家农业科技园区	启动建设
9	江苏南通国家农业科技园区	启动建设

表2-34 省级现代农业科技园区(分地区)分布情况 单位:家

省辖市	数 量	省辖市	数 量
南京	5	无锡	3
徐州	3	常州	4
苏州	6	南通	5

续表 2-34

单位:家

省辖市	数 量	省辖市	数 量
连云港	5	淮安	4
盐城	3	扬州	4
镇江	3	泰州	4
宿迁	3	合计	52

【新型农业经营主体培育】 目前全省农业科技型企业总数达到501家,科技型农业专业合作社297家。2014年新批农业高新技术企业44家,涵盖了生物农药、饲料加工、农产品精深加工、农业装备、品种繁育等领域。2014年省科技支撑计划中,农业科技型企业实施项目12项,安排经费850万元,科技型农业专业合作社建设项目12项,安排经费360万元。据不完全统计,2014年全省农业科技型企业已建成各级研发机构452个,实施各级各类科技项目841项,获得各类科技奖项553项,获得授权专利1291件,拥有自主品牌产品2734个。农业科技型合作社实施各级各类科技项目322项,拥有授权专利294件,拥有自主品牌产品615个,引进推广新品种1496个、引进推广新技术938项。农业科技型企业江南生物科技有限公司的"优质草菇周年高效栽培关键技术及产业化应用"获得了2014年国家科技进步二等奖,江南生物也是今年全国唯一一家获得国家科技进步奖的农民企业家创办的企业。江苏田娘农业科技有限公司具备年处理固体有机废弃物12万吨,年产有机肥料5万吨的规模生产能力,是行业中规模最大、技术最先进、影响力最大的企业之一。公司充分发挥农业龙头企业产业优势,组建田娘农场、田娘米业专业合作社、田娘农机专业合作社和田娘植保专业合作社,通过探索"龙头企业+合作社+家庭农场"结合的新型合作经营方式,带动了新型农业经营主体和组织方式的发展,实现高效优质农业标准化种植和循环农业可持续发展。

【国家科技项目申报与管理】 2014年,总计获得科技部立项支持项目341项,获得国拨经费7936万元。其中,国家科技支撑项目6项,获得国拨经费4861万元;星火计划项目296项(其中重点项目7项),获得国拨经费540万元;组织实施国家农转资金项目33项、获得国拨经费2000万元;会同省财政厅组织句容市等7个县(市、区)申报2014年科技富民强县专项行动计划项目,南京市溧水区、金坛市、东海县、响水县、句容市、淮安市淮阴区等6个县(市、区)获立项支持,争取中央财政资金535万元。

【科技特派员工作】 共选派省级科技特派员31465名到农村生产一线开展科技创业和服务活动,建设了220家科技特派员工作站。引导支持科技特派员采取承包、租赁、入股等多种方式与农民结成的利益共同体1041家,其中创办企业626家、组建合作经济组织383个。累计培训农民784.7万人,发放科普资料764.6万份,带动辐射农民320.2万人次。会同省委组织部、省财政厅等五部门和苏北12个县,共同组织189名科技人员到"三区"县挂职,帮助开展科技创新创业和产学研活动。

【重大科技活动】 承办国家粮食丰产科技工程南方区现场观摩交流会。2014年10月11日,承办了科技部在江苏扬州召开的国家粮食丰产科技工程南方区现场观摩交流会。科技部农村司、江苏省政府、科技部农村中心、湖南、湖北、江苏、江西、四川和安徽省科技厅主管领导和相关负责人,国家粮食丰产科技工程总体专家组专家和项目专员、各项目区首席专家、课题负责人参加了会议。与会代表现场观摩了国家粮食丰产科技工程江苏项目区海安示范区和姜堰核心示范区,总结交流了"十二五"国家粮食丰产科技工程的实施工作进展及取得的成效与典型经验,研讨了进一步加强南方区粮食科技创新、提高粮食综合生产能力的新举措。

组织召开农村科技服务超市推进工作会议。2014年10月9日,在东台市组织召开了2014年江苏农村科技服务超市工作推进会。科技超市领导小组成员、部分市县科技部门负责人、涉农高校院所科技处负责人及科技超市店长代表等100余人参加会议。会议总结了科技超市工作一年来的进展,对下一步主要工作任务作了安排,表彰了一批2014年度考评优秀的分店、便利店,进行了典型经验交流发言。参会代表现场观摩了三仓农业科技园、东台设施蔬菜产业分店、许河镇设施蔬菜产业便利店,实地演示体验了科技超市信息化管理与服务系统。

组织召开苏北科技工作推进会。2014年12月28日,在南京市组织召开了2014年度苏北农业科技特色产业推进工作会。苏北五市科技局局长、分管局长和相关县(市、区)科技局局长,江苏主要涉农科教单位部门负责同志及科技厅机关相关处室负责人等共计100余人参加会议。会上,苏北五市科技局、东海县科技局、泗阳县科技局、贾汪区科技局以及扬州大学等单位进行了交流发言,总结了科技资源向苏北集聚、推动苏北农业科技特色产业发展的经验与成效。同时对2015年苏北农业特色产业培育工作进行了部署和动员。

组织超市开展优质品牌农产品展示品鉴和科技对接活动。2014年初以来,科技超市总店与省农科院、部分分店、便利店共同举办了草莓、西瓜、桃、葡萄4次成果对接与品鉴活动,接待各界参与活动人员达0.6万人,产生较大的影响。一方面加大了科技超市服务及优质农产品的品牌宣传力度,另一方面展示推广了一批最新农业科技成果。

组织项目实施科技帮扶。坚持以科技扶贫为主要手段,通过科技创新来扶持和发展扶贫片区的地方特色产业,增强地区内生发展动力。围绕"六大帮扶片区"地方特色产业,组织实施31项有较大前景的帮扶项目,安排经费1282万元。

积极参加科技部与省有关部门的各项活动。组团参加第二十一届中国杨凌农业高新科技成果博览会,全省16个单位参加了本届农高会,共展示、推介各类农业科技成果100多项,收集整理国内外最新科技成果500多项;配合省统计局、厅计划处开展农业科技进步贡献率测算工作;配合省海洋渔业局开展全省沿海地区海洋产业情况统计工作;配合省委宣传部开展科技文化卫生"三下乡"活动科技分团工作等。

(江苏省科学技术厅农村科技处)

科技政策与软科学研究

Scientific & Technological Policy and Soft Science Research

【科技政策】 进一步加大科技政策落实工作力度。2014年年初,会同省财政厅、省国税局、省地税局联合下发了《关于贯彻落实财政部国家税务总局关于研究开发费用税前加计扣除有关政策的通知》,着力推进国家财税〔2013〕70号文件关于扩大研发费用加计扣除范围的政策要求落地。明确各地区2014年落实科技减免税工作目标,加大苏北、苏中地区政策落实力度。进一步健全科技政策落实工作体系,完善两员两团工作机制,推动各地继续充实科技政策宣讲团、咨询团、科技政策辅导员、助理员队伍,加强政策落实宣传、培训和服务,深入推进"千人万企"行动。组织全省2014名科技政策辅导员,建立229个科技政策宣讲团,面向全省23445家企业宣传科技创新税收优惠政策,累计服务企业47566家次。2014年全省落实科技税收减免额254.62亿元,较上一年度增长10.62%,实现连续6年稳定增长,提前一年达到"十二五"目标。

【科技体制改革】 组织实施省委2014年重点改革任务。按照省委改革领导小组的统一部署,研究提出了2014年度全面深化科技体制改革重点举措并报省改革办。组织落实省委省政府确定的各项改革任务,制定印发了《省科技厅落实省委全面深化改革领导小组2014年工作要点任务分解表》(苏科政发〔2014〕216号)《省科技厅落实苏办发〔2014〕34号文责任分工表》(苏科政发〔2014〕217号)《省科技厅贯彻落实〈省委十二届六次全会重要改革举措实施规划(2014—2020年)〉任务分解表》(苏科政发〔2014〕291号)和《省科技厅落实〈深化开放型经济体制改革目标任务〉责任分工表》(苏科政发〔2014〕292号)。

研究制定深入实施创新驱动发展战略综合文件。围绕科技体制改革和创新驱动发展顶层设计相关问题,组织省科技发展战略研究院、省科技思想库、相关高校院所专家开展调查研究和国内外对比分析,密切跟踪科技部和兄弟省市科技体制改革进展情况,在研究拟定全面深化科技体制改革实施方案的基础上组织起草了《省委省政府关于深入实施创新驱动发展战略的决定(初稿)》。

深入推进南京国家科技体制综合改革试点城市建设。推动南京市制定《紫金科技创业人才特别社区条例》,经省人大审议通过正式实施,以法律形式规范特别社区建设,促进南京建设人才与创业创新名城;制订科技创新券实施暂行办法,提高财政资金使用效率;制定实施《科技计划项目验收管理办法》,改革科技计划项目验收管理流程;建立技术经纪人制度,营造市场主导的技术经纪人发展环境;改革创新政府采购和招投标模式,通过定购定制、首购首用或试验工程(项目)方式支持中小企业创新技术和产品。

【依法行政】 一是贯彻落实十八届四中全会精神和《省政府关于加快推进法治政府建设的意见》,制定并组织实施科技厅2014年度依法行政工作要点。制定印发了《江苏省科技厅规范性文件制定和管理操作规程》,组织开展省科技厅机关规范性文件清理。二是积极推进行政审批制度改革。成立科技厅行政审批制度改革工作领导小组,按省审改办要求,认真清理行政审批事项、权力事项和责任清单事项。三是根据省政府要求,研究提出了省科技厅行政审批事项进驻省政务服务中心“三集中三到位”工作方案。四是贯彻落实十八届四中全会精神,开展依法行政培训,举办法制讲座。

【软科学研究】 加强科技发展战略研究。按照实施创新驱动发展战略、全面深化科技体制改革、建设创新型省份的要求的要求,围绕全省科技创新发展的重大课题和重点工作决策需求,进一步加强宏观战略研究。一是组织实施2014年软科学计划项目,广泛征求意见,科学编制软科学研究计划指南,强化目标导向,突出全面深化科技体制改革、加快创新型省份和知识产权强省建设、区域创新体系建设、科技支撑经济社会持续健康发展等重点领域的研究,共下达面上项目79项,安排经费277万元,委托项目13项,安排经费138万元,于2015年2月份完成2014年度软科学计划项目的验收工作。二是进一步加强科技思想库建设,安排思想库重点项目11项,划拨经费185万元,围绕科技体制改革,深入实施创新驱动发展战略等重大问题开展专题研究。支持科技思想库单位举办科技创新沙龙,不定期组织专家学者进行专题研讨。三是组织开展创新驱动发展考核评价机制专题研究,陪同科技部党组成员、科技日报社社长王志学到无锡、苏州等地调研,并在宁召开了创新驱动发展评价指标体系座谈会,填报《创新驱动发展评价指标体系(初稿)》送科技部。

(江苏省科学技术厅政策法规与体制改革处)

科技人才

Scientific & Technological Talents

【科技部创新人才推进计划】 2014年通过多种形式进一步做好科技部创新人才推进计划的政策宣传和辅导,支持各地积极申报,同时进一步完善江苏省向科技部推荐的遴选机制,严格按照标准和要求组织实施,共有19名中青年创新领军人才、2个重点领域创新团队、27名创新创业人才、4个创新人才培养示范基地入选。

【科技领军人才创新驱动中心】 “科技领军人才创新驱动中心”是在科技部指导下,由科技部人才中心联合省科技厅共同推动,主要面向苏北各市和常州市经济发展需求,充分发挥全国范围科技领军人才及其团队的知识与技术优势,结合各市在政策、环境、条件等方面的资源,推进产学研深度融合和促进科技成果转移转化,为苏北5市和常州市推进创新体系建设、促进科技经济社会发展发挥更大的作用。2014年12月28~29日,科技部人才中心、江苏省科技厅分别与苏北五市和常州市科技局举行了签约仪式,正式启动科技领军人才创新驱动中心工作。

【省级人才计划】 配合省委组织部组织开展全省各类省级人才计划的申报、遴选、评审工作,加大高层次人才引进力度。2014年共立项支持引进46个创新团队、413名省双创人才,306名省双创博士到江苏创新创业。由省科技厅从承担省科技成果转化项目等重大科技项目的单位中推荐科技创新团队17个。同时组织开展对2010年、2011年立项的科技创新团队的验收工作。

【院士工作】 一是做好院士的日常联络、服务咨询、联欢慰问等工作,协助中国工程院组织召开“改进完善院士制度座谈会”等活动;二是组织两院院士例行体检,2014年9月份,会同中国科学院南京分院和省卫生厅组织了在苏两院院士健康检查,根据院士的健康状况有针对性地提出治疗、疗养建议和方案。

(江苏省科学技术厅政策法规与体制改革处)

【自然科学研究系列(含实验系列)专业技术人员队伍建设】 2014年,在省职称工作领导小组的指导和监督下,全省自然科学研究系列(含实验系列)高、中级专业技术资格评审工作着力规范评审程序、严格评审质量、强化过程监督,经过材料受理、资格审查、评委会评审、公示等阶段,共113人通过高级专业技术资格评审,其中28人获得研究员资格。82人获得副研究员资格。3人获得高级实验师资格;89人通过中级专业技术资格评审,其中86人获得助理研究员资格,3人获得实验师资格。专业技术人员整体素质不断提高,在已获得专业技术资格的202人中,硕士及以上学历人员174人,占总人数86%左右。

(江苏省科学技术厅人事处)

【专家选拔工作】 享受政府特殊津贴人员。根据国家人力资源和社会保障部部署,省人力资源和社会保障厅组织了2014年“享受政府特殊津贴人员”选拔工作并上报人社部,国务院批准全省共有106人享受政府特殊津贴。

“百千万人才工程”。根据国家人力资源和社会保障部部署,省人力资源和社会保障厅组织了2014年“百千万人才工程”国家级人选的选拔工作并上报人社部,全省共有8人(不含部属单位)获批入选,并被授予国家“有突出贡献的中青年专家”荣誉称号。入选人数在全国名列前位。

国家“高层次人才特殊支持计划”。根据国家人力资源和社会保障部部署,省人力资源和社会保障厅组织了2014年国家“特支计划”人选的选拔工作并上报人社部,全省共有3人(不含部属单位)入选哲学社会科学领军人才,入选人数在全国名列前茅。

江苏省“有突出贡献的中青年专家”。根据《江苏省有突出贡献的中青年专家选拔和管理办法》(苏政发〔1999〕71号)精神,省人力资源和社会保障厅组织了2014年江苏省有突出贡献的中青年专家的选拔工作。经省政府批准,200名高层次人才入选省有突出贡献中青年专家。

【高层次人才载体建设】 博士后科研流动站。根据国家人力资源和社会保障部有关通知,省人力资源和社会保障厅在全省范围内组织开展了国家级博士后科研流动站申报工作。经广泛宣传发动,精心组织实施,认真审核筛选,并经国家人社部组织专家评审,新批全省35个博士后流动站,新设站总数占全国11%。

江苏省博士后创新实践基地。根据《江苏省博士后科研工作站管理工作实施办法》有关规定,省人力资源和社会保障厅组织开展了申报工作,经有关单位申报、市人社局或省有关部门审核,并经专家评议、筛选,共新批准70个单位设立博士后创新实践基地。累计建立基地386个,名列全国第一。

江苏省博士后科研成果转化基地。探索建立机制灵活的区域性集政、产、学、研、资为一体的博士后科研成果转化基地,在徐州高新技术产业开发区建立了苏北地区首家博士后科研成果转化基地。

留学人员创业园。新建江苏省南通产业技术研究院留学人员创业园、江苏省常州天宁经济开发区留学人员创业园、江苏省张家港保税区留学人员创业园3家留学人员创业园,全省省级留学人员创业园已达54家。

【高层次人才资助工作】　博士后资助。博士后科研资助重点人才工程取得明显成效。全年落实博士后科研资助项目621个、招收项目100个,下达经费2500万元。组织博士后申报国家博士后基金,共有1047名博士后获得国家资助8706万元。会同省委组织部组织实施“博士计划”项目的面试、评审工作,共有122名自主创业类、企业博士后类和境外世界名校类博士得到资助,资助总额1830万元。

留学人员资助。根据人社部有关文件精神,开展了留学人员科技项目择优资助、中国留学人员回国创业启动支持计划、海外赤子为国服务行动计划及留学人员科技项目小额资助,共争取到资助经费184万元。

【高层次人才为经济建设服务工作】　“千名专家进千企”行动计划。组织了319名专家赴连云港、盐城、淮安、徐州等地,为344家企业开展科技服务和对接活动,解决261个技术难题,转化科研成果77个,达成合作协议163项。受到基层欢迎,新华日报在一版作了报道。此外,组织各市申报国家“万名专家服务基层行动计划”资助项目工作。

(江苏省人力资源和社会保障厅)

科技服务业

Science & Technology Service Industry

【概　况】　科技服务业是现代服务业的重要组成部分,具有技术含量和附加值高、产业渗透性和创新性强、发展潜力大、辐射带动作用突出等特点,加快发展科技服务业对于深化科技体制改革、加快科技成果转移转化、培育发展战略性新兴产业、推动产业机构优化升级,对全省实施创新驱动战略和建设创新型省份具有重要的支撑作用。2014年,全省科技服务业保持了良好发展态势,全年共完成科技服务业总收入1047亿元,同比增长24%,超额完成了1000亿元的年度目标任务。全省从事科技服务的单位共1922家,机构年平均收入5448万元。

【产业结构】　产业结构不断优化。在产业规模持续较快增长的同时,全省科技服务业产业结构不断优化。首先是围绕产业链高端环节的科技服务成为核心,五大类业态中,最能代表创新性科技服务的研发设计服务占比最大,共有相关单位842家,数量占全省机构数的43.81%,全年收入额达到740.19亿元,占总收入的70.68%,远超其他业态;科技咨询服务、创业服务居二、三位。其次是科技服务机构类型不断拓展。各种类型机构蓬勃发展,目前,服务机构涵盖研发设计、科技创业、科技咨询、科技成果转移转化和科技金融等领域,此外,还出现了远程孵化器、基于互联网的资源集成机构、采用电商模式的技术信息服务平台等新兴业态,成了新的增长点。

【市场活力】　市场活力持续增强。2014年,全省企业性质的科技服务单位达到1134家,占总数的59%,收入911.37亿元,占比达87.03%,同比增长15.14%,其中,总收入超亿元的企业达到166家,超过10亿元的龙头企业21家。企业已经成为全省科技服务业发展的主力军。从业人员素质持续提升,2014年共有从业人员18.96万人,平均每家单位99人,硕士以上人员占比超过10%的单位达到473家。

【苏南服务】　苏南服务优势领先全省。省辖市中,科技服务业收入超100亿元的分别为:南京407.6亿元、苏州155亿元、无锡142.8亿元,3个市之和占全省的67.4%;全省科技服务业单位平均年收入5448万元,其中苏南7882万元,高出全省平均水平44个百分点;从服务业从业人员上看,南京、苏州两市从业人员就超过全省半数。苏北五市服务收入之和不到百亿元,为93.87亿元;单位平均年收入苏中、苏北为2929万元和2484万元,分别低于全省平均水平的46和54个百分点;苏北五市从业人员不到全省的十分之一。

【骨干科技服务机构】 骨干科技服务机构引领示范。加大培育引导力度,发布了南京中兴新软件有限责任公司、江苏省交通科学研究院股份有限公司等全省"100强"科技服务机构,"百强"机构服务收入占全省科技服务业收入比重达34.4%,骨干机构的引领与示范作用明显。同时,加强公益类科研院所科研与服务能力建设,支持公益研究方向明确的院所更新、购置科研仪器设备,提升省属公益院所的公益研究和服务社会的能力。

科技服务示范区

【概 况】 为加快构建服务专业化、组织网络化、功能社会化的现代科技服务体系,进一步推动科技服务业集聚发展。2014年,全省继续加强科技服务示范区建设试点,在常州市科教城启动建设了1个科技服务示范区。目前,全省共筹建科技服务示范区6个,总投入5.38亿元,其中省拨款7500万元。6家科技服务示范区均初步探索出具有地方特色的科技服务业发展新路:一是以市场为导向,牢牢把握住产业发展和企业创新需求。二是以集聚完善体系,以体系提升能力。三是以机制创新为突破口,积极探索需方补贴机制,如企业创新服务券等。四是培植专业化服务队伍,不断加强技术经纪人、专利代理人、管理咨询师等专业服务人才的引进与培养。

【分布情况】 地域分布。科技服务示范区分别布局在南京、无锡、常州、苏州、南通和扬州,其中苏南4家,苏中2家。

产业分布。苏州科技广场:着眼电子信息、生物医药等苏州市重点产业,开展科技金融、成果转化、信息咨询、科技资源共享等服务,打造苏州科技服务生态圈。

常州科教城:围绕高端装备制造产业,提供智能设计、信息咨询等服务,通过高端服务业发展带动产业转型升级,通过服务业态创新优化地方产业结构,积极打造机构集中、功能集成、产业集聚的科技服务生态体系。

扬州科技广场:围绕新一代信息技术和软件以及本地LED、数控机床等特色产业,推动市财政设立科技服务业引导资金,探索知识产权质押贷款、科技保险等新型科技金融产品。

南京市麒麟科技创新园:以打造"中国硅谷"为目标,瞄准新一代信息技术和软件产业开展电子产品检测、智能云、三网融合、软件测评、气象等行业提供公共技术服务。

无锡(太湖)国际科技园:围绕物联网与云计算产业,通过建载体、引资源、建平台、抓重点、配政策五大举措,构建全产业链的一站式服务体系。

南通高新区科技新城:围绕现代纺织、智能建筑、船舶海工等产业为特色产业,加强服务机构集聚,着力提供工业设计、节能技术、创业孵化、科技金融等服务,做强产业发展支撑。

【能力建设】 服务基础。2014年,随着国务院《关于加快科技服务业发展的若干意见》等一系列关于发展科技服务业的鼓励性政策出台,促进全省科技服务示范区迅猛发展,各项发展指标呈现指数级增长。2014年度,示范区地方政府总投入2.6亿元,主要用于公共服务平台建设、服务型人才引进、服务机构奖励性绩效和用户方补贴等。完成研发服务场所建设132万平方米,专职运营团队91人,集聚服务机构136家,拥有专职服务人员5060人,其中硕士学历及以上1526人,海归人才192人。

表2-35 2014年度科技服务示范区能力建设指标

	研发服务场所(万平方米)	专职营运团队(人)	集聚服务机构(家)	专职服务人员(人)	硕士学历及以上(人)	海归人才(人)
苏州科技广场	2	11	19	293	92	11
常州科教城	50	13	20	1163	482	62
扬州科技广场	10	17	17	989	168	0
南京市麒麟科技创新园	17	5	23	332	85	22
无锡(太湖)国际科技园	50.23	24	31	2047	643	87
南通高新区科技新城	3	21	26	236	56	10

表2-36 2013—2014年科技服务示范区能力建设对照

能力指标	2013年	2014年
研发服务场所	54万平方米	132万平方米
专职运营团队	54人	91人
集聚服务机构	43家	136家
专职服务人员	705人	5060人
硕士学历及以上	236人	1526人
海归人才	30人	192人

服务品牌。经过建设发展，示范区围绕研究开发、技术转移、检验检测认证、创业孵化、知识产权、科技咨询、科技金融等科技服务，逐渐创建了具有自身特色的服务品牌。尤其是苏南四家示范区，服务品牌很有影响力。

苏州科技广场：整合科技镇长团、重点挂钩企业科技专员和技术经纪人队伍，初步建立了一支全流程的专业服务队伍，包括科技金融服务团队、技术经纪人、科技咨询师、培训师、专利代理人、检测机构服务人员等；推出“科贷通”“千人计划集合贷”“微小贷”“梦想秀”等科技金融产品，建成了“科技智库”服务品牌；建设了专门从事技术转移和成果转化的智能数据工作平台“技遇网”，以企业创新需求为导向，探索协同创新与产学研互动新方法，实现技术资源集聚与服务共享。

常州科教城：作为常州“一核八园”的核心，以“应用开发与市场集成”为基点，打造金融“天使下午茶”、营销“安琪下午茶”和政务“半月下午茶”服务品牌，为园区企业提供定制服务。

扬州科技广场：组建专门的技术转移服务机构，扬州国际技术转移中心有限公司，以企业化的运作服务科技型中小企业快速发展、推进成果转化和技术转移。其主要业务是从事全市乃至苏中、苏北地区的技术转移、技术开发、技术转让、技术咨询、技术服务、科技成果开发、科技成果推广、科技成果转让等。

南京市麒麟科技创新园：建成“智慧城市体验馆”“麒麟生态城规划展示馆”及“机器人展示体验馆”，举办了贷保联盟“融动紫金”麒麟科技创新园专场投融资对接会、“麒麟杯”第二届江苏省青年大学生创新创业大赛、启迪之星创业营(南京站)、环保技术创新与创业投资发展麒麟启迪峰会、德国博士麒麟行、麒麟科技创业沙龙—中德企业家交流会及“麒麟科技创业大讲堂”等主题活动，有效提高了创新创业效率。

无锡(太湖)国际科技园：打造“六园一城”，通过建载体、引资源、建平台、抓重点、配政策五大举措，构建全产业链的一站式服务体系，并通过“企业服务券”，引导企业使用科技服务，建设成为知识产权集群管理试点、知识产权示范园区、江苏省股权交易中心无锡分中心、上海股权交易中心服务孵化基地。

南通高新区科技新城:打造“草根创业者”的专属交流平台,引入创新公园等知名孵化器、投资人、创业导师、训练营、天使资金、创业资本等创新元素,为草根创业者打造线上及线下交流平台,为大学生量身定制一对一的创业导师辅导,为优质入孵团队解决初期小额启动资金,为有一定基础的创业团队提供融资服务。

【运行成效】 2014年,6家服务示范区累计提供服务29.22万项次,实现服务收入18.63亿元。其中苏州科技广场服务量最高近22.1万项次,无锡(太湖)国际科技园服务收入最高8.45亿元。

表2-37 2014年度科技服务示范区产出成效指标

	服务量(项次)	服务收入(万元)
苏州科技广场	220567	5200.65
常州科教城	26512	25185.07
扬州科技广场	19600	16630
南京市麒麟科技创新园	2580	11949
无锡(太湖)国际科技园	19668	84536.19
南通高新区科技新城	3311	42782

表2-38 2013—2014年科技服务示范区产出成效对照

产出指标	2013年	2014年
服务量	3.22万次	29.22万次
服务收入	2.84亿元	18.63亿元

【管理与评价】 政府宏观管理。对于科技服务示范区,省科技厅以科技基础设施项目的形式进行管理。在示范区筹建阶段,省科技厅给予一定的支持经费,三年为一筹建周期,签订项目合同,筹建期满之后进行项目验收,考核示范区的服务场所、服务团队、服务资质、服务量、服务收入、管理运行机制、经费使用等建设指标,验收通过的示范区为省科技厅批准立项的省级科技服务示范区。

示范区运行管理。科技服务示范区通过实行统一领导、健全管理制度、加大资金投入等方法,为科技服务示范区的良性发展做了有益的探索和尝试。截至2014年年底,制定并实施了各类管理办法18条。苏州科技广场成立广场管理办公室,作为局党组的派出机构,牵头负责广场的协调工作,统筹对入驻科技服务机构的服务和考核,制定内部日常运行管理、知识产权管理、绩效考核、激励措施等规章制度。常州科教城推出《常州科教城关于开展江苏省科技成果转化风险补偿专项资金贷款》《常州科教城公共研发机构产学研合作奖励办法》等一系列管理制度与办法,盘活科技资源。南京市麒麟科技创新园立足示范区产业特色,深入研究示范区及孵化器的运营模式,寻找差异化发展路径,制定出台了示范区科研载体的入驻管理办法和租金扶持政策,奠定规范管理基础;在服务企业上,针对示范区内相关科技载体的现有入驻企业,实行“楼长制”,主动上门服务,满足企业需求,结合企业需求,组织开展投融资对接会、创业沙龙及相关讲座。

(江苏省科学技术厅科技机构与条件处)

知识产权(专利)

Intellectual Property (Patent)

【概 况】 2014年,江苏省知识产权局系统在党的十八届三中、四中全会精神指引下,按照省委、省政府决策部署,改革创新,转型发展,务实工作,知识产权事业发展实现了"一稳、二优、三新、四实"。

【知识产权战略实施】 知识产权战略实施稳步推进,部省合作创建实施知识产权战略示范省工作进一步深化;江苏省知识产权战略纲要2014年行动计划71项重点任务基本完成;加快建设知识产权强省提上重要议程,知识产权强省建设规划列入省委、省政府年度重点任务;区域知识产权战略实施深入推进,南京市召开了知识产权与质量强市工作会议,扬州市与省知识产权局签订了合作共建协议,省市共建实施知识产权战略示范市达到7个,全省各地知识产权战略实施稳步推进。

专利质量进一步优化,知识产权保护环境进一步优化。全省专利申请量42.1907万件、授权量20.0032万件,企业专利申请量26.0501万件、授权量13.1966万件件,发明专利申请量14.6660万件,5项指标继续保持全国第一。在专利产出总量保持平稳的同时,质量得到进一步提升,发明专利授权量、PCT专利申请量、万人发明专利拥有量同比增幅分别达到17.16%、35.75%、30.61%,发明专利申请量、授权量占总量的比例比2013年提高近6个和3个百分点。江苏省专利行政执法体系更加完善,省知识产权局成立了专利行政执法总队,泰州、无锡成立了知识产权执法支队(大队),执法支队总数达到7个。连云港、宿迁等5市启动专利行政执法巡回审理庭建设,全省巡回审理庭达到10个。全省立案处理各类专利纠纷案件626件,结案642件,查处假冒专利案件3055件,案件数量居全国之首。区域执法协作领域进一步拓展,印发了《华东地区专利行政执法协作调度工作管理办法》,建立了执法协作调度和侵权判定咨询服务机制等。

知识产权支撑产业发展取得新进展,企业知识产权工作取得新进展,知识产权资本化取得新进展。2014年,按照国家知识产权局要求,江苏省知识产权局积极推进无锡(太湖)国际科技园、南京软件谷等11个产业集聚区实施战略性新兴产业知识产权集群管理试点;围绕新能源汽车等3个产业技术领域开展了知识产权战略预警研究,为产业发展提供了重要参考,还创新企业知识产权工作分类指导新模式,进一步完善贯标推广、培训、咨询服务和绩效评价体系,积极推进省标与国标衔接过渡,评选116家省级贯标示范先进单位,推动623家企业参加国标示范创建。与此同时,江苏省专利实施计划首次增设专利运营类项目,遴选10家专利运营机构进行补贴奖励,支持其开展专利运营。

区域试点示范工作、知识产权服务体系建设、知识产权宣传培训工作、知识产权对外交流合作等扎实推进。江苏省国家知识产权区域试点示范工作继续走在全国前列,常州、江阴、张家港、丹阳4个城市被国家局评为第3批国家知识产权示范城市,总数居全国首位。国家知识产权局专利审查协作江苏中心建设稳步推进,二期工程基本完成,审查员总数达到1500余人,年营业收入达到3.2亿元,审查业务量居全国审协前列;省专利信息服务中心等4家机构入选首批"全国知识产权品牌服务机构";全省新增专利代理机构5家、分支机构39家,知识产权服务业主营收入达到10亿元,知识产权服务业规模和水平得到快速提升。值得一提的是,在昆山、无锡成功举办的第八届国际发明展览会和第11届中国(无锡)国际设计博览会,吸引了来自美国、德国、意大利、韩国等30多个国家和地区的机构和发明人参展,促进创新创意成果跨国转移。

【知识产权区域试点示范】 2014年,通过前期试点示范城市培育,常州市及江阴、张家港、丹阳市被评为第3批国家知识产权示范城市,其中,江阴、张家港、丹阳市为县级示范城市;扬州市江都区、镇江市京口区被评为第2批国家知识产权强县工程示范区;南京市鼓楼区、宿迁市沭阳县等10个地区新列入国家知识产权强县工程试点区。截至2014年年底,全省12个省辖市、14个县级市被列入国家知识产权试点示范城市,24个县(区)被列入国家知识产权强县工程试点示范县(区),总数列全国之首。

省知识产权局印发《关于2014年度县市区开展实施知识产权战略区域试点示范评定工作的通知》,围绕知识产权战略实施对县(市、区)试点示范申报条件、组织形式和考核验收标准提出明确要求,进一步提高区域试点示范的标准,将战略规划、机构建设、执法队伍、专利申请质量等指标作为省级试点示范的必要条件,2014年新增11个县(市、区)开展实施知识产权战略试点示范,截至2014年年底全省71个县(市、区)开展了此项工作。

2014年,省知识产权局会同省商务厅完善了实施知识产权战略试点园区考核标准,新批21个开发区为省级实施知识产权战略试点园区,确定省级首批示范园区6个,新增国家知识产权试点园区5个,示范园区1个,截至2014年年底,全省开展省级实施知识产权战略试点园区99个、示范园区6个;国家知识产权试点园区10个、示范园区4个,分别占国家知识产权试点示范园区总数的18%、23%。

【企业知识产权工作】 2014年,全省推进623家企业参加《企业知识产权管理规范》(以下简称"贯标")贯标示范创建,经绩效评价105家企业被评为合格,8家企业通过国标认证;116家企业被评为2014年度贯标先进单位,拨发奖补经费1000万元。全年培训企业贯标内审员和行政管理人员700名。

2014年省知识产权局按国标内容和要求开展示范创建、示范先进单位评选、培训、绩效评价和参与认证等工作。召开了4次由相关领域专家参加的研讨会,在原省标绩效评价指标体系的基础上,理清省标与国标的差异,修改和完善了贯标工作的文件审核和现场审核指标体系,设计了表单和流程。组织了绩效评价工作人员参加的全流程培训,统一思想、统一流程、统一内容、统一标准,确保贯标绩效评价工作质量。

省知识产权局在调研的基础上制定了贯标评优指标、评分标准和评分细则,设计了贯标评优申报书。实际评审时,分行业、分组别开展评审工作,力求评优工作科学规范。

自2014年起,企业知识产权战略推进工作实行省局负责项目立项、专项培训和项目验收,省辖市局负责项目的中期检查,县(市、区)局负责项目的具体服务保障和管理的工作模式。经专家评审择优选择80家单位承担项目,其中重点项目承担2014年企业知识产权战略推进计划企业20家,一般项目承担企业60家。

2014年,企业知识产权战略推进计划新增设置了"开展企业知识产权战略实施尽职调查、制定支撑企业持续发展的知识产权战略实施规划、建立高规格的企业知识产权管理组织体系、建立高效率的企业知识产权信息化管理平台、建立个性化的企业知识产权信息数据库、提升企业知识产权信息分析利用能力开展专利导航企业发展、建设企业知识产权资产管理台账开展知识产权资本运营、形成较强的知识产权竞争优势、组织开展企业知识产权战略实施培训、知识产权文化推广的示范现场会"10项任务内容。形成了一般项目七大任务,重点项目九大任务的培育格局。根据新的任务需求,依据《中华人民共和国招标投标法实施条例》的规定,通过市场招标的形式引入具有较强知识产权战略策划、辅导实施和人才培训能力的服务机构与省内具有较强知识产权战略实施需求的企业结合,为知识产权战略实施提供专业服务,力争与国际接轨。

为企业知识产权战略承担单位专门邀请了国内资深知识产权专家专题授课传授先进理念;邀请知识产权典范企业代表介绍经验;邀请专利信息分析专家为企业开展实务培训;组织知识产权咨询服务专家赴企业现场指导,解析和诊断企业知识产权战略实施的具体问题。通过示范现场会等形式,开展企业知识产权战略实施经验交流活动,提高企业实施知识产权战略的能力。

58家2012年省企业知识产权战略推进计划

项目承担单位推动企业知识产权创造、运用、保护和管理能力的提升，完成合同约定的各项任务，全部通过验收，评出先进单位17家。其中，知识产权专职人员192人，占研发人员的3.2%；知识产权工程师培训合格人员178人，占研发人员的3%；知识产权管理内审人员279人，占研发人员的4.7%。近3年，58家企业研发投入47.5亿元；知识产权投入2.47亿元，占研发投入的5.2%。企业累计发明专利申请量占专利申请总量的36.4%，高于全省企业平均值6个百分点，发明专利授权量占专利授权总量的13.5%，高于全省企业平均值近8个百分点，专利转化与实施4203件，占企业有效专利量的86.9%，实现利润103亿元；累计许可、转让专利38件，产生收益2.28亿元，其中，企业利用16件专利技术质押融资4000万元，利用4216件专利技术成功参与竞标；利用专利技术组成8个专利联盟。多数企业领导层将知识产权作为战略要素参与企业经营发展，运用知识产权制度加强和巩固市场布局，加大对核心专利的保护，注重商标、著作权登记，加强技术秘密管理，促进形成竞争优势。

【中国专利奖评选】 2014年，根据国家知识产权局部署，省知识产权局针对第16届中国专利奖评选工作扩大组织发动范围，鼓励发明人积极参与。对拟参评的项目进行预审择优，聘请专家按照中国专利奖的评分标准进行分组预评审，择优向国家知识产权局推荐。对本局推荐或通过其他途径参评的项目，建立统一的项目档案，保持与国家局的沟通，跟踪本省参评项目的情况。对进入金奖预答辩的项目单位(个人)组织集中预答辩，逐个进行辅导，切实提高答辩质量。第16届中国专利奖评选本省获得中国专利金奖3项，中国专利优秀奖50项，获奖总数高达53项，创历史最好水平。省局连续多年获得中国专利奖“最佳组织奖”。及时与省财政厅协调，2014年度内下达第16届中国专利奖江苏获奖项目奖励经费及第15届中国专利奖补发奖励经费，共计1340万元。

江苏省知识产权局联合江苏省科技厅等8部门共同组织开展江苏省第6届十大杰出专利发明人评选，通过推荐申报、网上评审、公众投票、现场评审、综合审议和公示等程序，评选出10名杰出专利发明人和10名优秀专利发明人，对获奖发明人给予表彰和奖励，发放奖励经费80万元。2014年，省知识产权局针对发明人评选工作总结经验后改进了评审标准，增设评审环节，强化专利发明人评选工作的科学性、规范性和合理性。省知识产权局开展了专利奖奖励工作摸底调查，2009年以来，13个省辖市中，南京、无锡、徐州、常州、苏州、淮安、盐城、扬州、镇江、泰州相继开展了市级专利奖评选，累计发放奖励经费1188万元。南京、常州、苏州、南通、镇江5市还对省专利奖给予配套奖励，累计发放配套奖励经费928万元；常州、苏州、连云港、镇江4市对中国专利奖给予配套奖励，累计发放奖励配套经费377万元。

省知识产权局在《新华日报》《江苏科技报》等发行物上开设专版，详细介绍获奖项目的技术特征、应用领域以及经济和社会效益，并邀请专家进行点评。江苏电视台记者对本省获得中国专利金奖的项目单位(个人)进行专题采访，制作系列专题片向社会公开进行宣传推广。同时利用微信公众号、官方政务微博等自媒体推介、展示获奖项目，扩大中国专利奖的社会影响。

【重大项目知识产权评议】 江苏省知识产权局围绕“知识产权强省建设”目标，推动省科技厅、省发展与改革委员会、省经济和信息化委员会、省商务厅等部门加强知识产权评议机制建设。省知识产权局组建了以分管局领导为组长，省委组织部、省科技厅、省发展与改革委员会、省经济信息化委员会、省商务厅等部门有关负责同志为副组长的协调组，设立了省专利信息服务中心与项目单位技术人员组成的评议工作执行组。完成了省科技厅、发展与改革委员会、经济和信息化委员会等部门委托的重大经济科技活动知识产权评议工作。2014年，选择盐城市、常州市作为知识产权评议机制建设试点，为引导全省开展工作，先行探路。

2014年，建立省知识产权局、省科技厅、省发展与改革委员会领导以及江苏新能源汽车产业联盟、盐城新能源汽车产业基地、东风悦达起亚汽车第三工厂有关负责人参与的知识产权评议工作小组,启动了对江苏省新能源汽车科技创新立项、研发成果保护以及科技产业化项目评议工作。建立省知识产权局、省经济信息化委员会、省商务厅、省发展与改革委员会领导以及南车集团戚墅堰研究所有关负责人参与的知识产权评议工作小组,对钢轨焊接设备的技术出口、研发成果保护以及科技产业化项目进行评议。

省知识产权局加大知识产权评议人才培养力度,推进评议机构的培育,从项目经费、人才培养和数据库建设等方面给予支持。继续以江苏省专利信息服务中心为省级重点评议机构,依托江苏省新兴产业创新服务平台建设,引导省内公共服务机构、商业服务机构参与知识产权评议工作。

借"国家知识产权局专利信息传播利用(江苏)基地""国家知识产权培训基地",举办《知识产权分析评议操作指南》《新能源汽车知识产权评议宣讲》《南车戚墅堰机车车辆工艺研究所钢轨焊接机知识产权评议宣讲》《企业知识产权工作实务讲座》等活动,开展知识产权评议人才和企业知识产权应用人才培养工作。省辖市知识产权管理部门也积极开展地方知识产权评议人才培养工作,委托江苏省专利信息服务中心针对企事业单位和中介服务机构的知识产权管理人才、分析评议人才开设培训讲座,选择南车戚墅堰机车车辆工艺研究所、盐城新能源汽车产业园内的东风悦达、中大电动客车、中航锂电、德昌电机等企业开展知识产权评议宣讲,提高对企业开展知识产权评议的认识。

【专利技术实施及专利运营】 2014年,专利实施计划项目专项经费共1000万元,其中支持专利运营类项目立项10项,对2013年度开展的专利运营工作或已发生实际成交额进行了奖励,根据每个机构奖励30万~150万元的标准,共发放奖励经费850万元;专利转化实施类项目立项5项,每家企业资助30万元,共150万元。10家承担专利实施计划的专利运营机构2014年运营收入达到1.3亿元。

2014年,省知识产权局委托新加坡国立大学苏州研究院举办了针对专利实施计划项目承担单位的首期专利运营培训班,在美国大学技术经理人协会职业培训课程的基础上,结合江苏实际,选择安排了4天的课程,内容涉及技术转化流程、技术交底书撰写、知识产权财务管理、知识产权投资策略等内容。

【知识产权保护】 2014年,配合省人大完成了全国人大常委会在江苏省开展的《专利法》实施情况检查。

按照省人大立法调研计划,组织人员赴山东省和昆明市进行了《江苏省知识产权促进条例》立法工作调研。

根据2015年度政府规章制定计划的要求,将《江苏省专利行政执法办法》《江苏省专利奖励办法》《江苏省重大经济科技活动知识产权评议办法》和《江苏省展会知识产权保护办法》4项草案报送省法制办,力争列入2015年度省政府规章制定计划。

开展了规范性文件合法性审查,完成了国家有关部委和省人大、省政府及省有关部门规范性文件征求意见函30件。

对省政协十一届二次会议第0385号提案进行了答复,配合业务处室完成了2014年省政协0454号提案的答复工作。

2014年,江苏省知识产权局在全国专利行政执法工作绩效考核中名列第一。

省知识产权局统一部署执法维权"护航"专项行动,年初专门召开专项行动部署会,印发《江苏省2014年知识产权执法维权"护航"专项行动方案》,分动员部署、组织实施、总结验收3个阶段,细化分解任务,明确工作要求、进度安排和责任人,规定各阶段时间节点,确保工作按时完成。省知识产权局利用多种方式整合力量,推动各省辖市局开展部门间横向和纵向联合执法。部分省辖市知识产权局会同商务、工商、公安、质检、药监等部门联合行动,形成省、市、县(区)三级联动,共同整治市场秩序的局面。2014年,全省共出动执法检查人员4141人次,检查商业场所3607次,检查商品152913件,立案查处各类专利违法案件3681起,同比增长53.8%,其中假冒专利案件立案3055起,同比增长54.4%,专利纠纷案件立案626起,同比增长51.2%。

2014年,省编办批复省知识产权局成立江苏省专利行政执法总队,苏州、徐州、南京、常州、泰州、南通、镇江等市局相继成立知识产权执法大队(支队)。省内已有10个省辖市局建立专利行政执法巡回审理庭。

省知识产权局推荐新上岗执法人员参加国家知识产权局业务培训的同时,在南京理工大学举办了2期专利行政执法培训班,市、县(市、区)知识产权局一线执法人员参加学习,实际参训320人次。

建立华东地区专利行政执法协作调度与侵权判定咨询服务工作机制,省局会同山东、安徽、福建、江西省局联合印发了《华东地区专利行政执法协作调度工作管理办法》和《华东地区专利侵权判定咨询工作暂行规定》,为全省以及安徽、福建省等执法部门完成了23件专利侵权判定,并出具咨询意见书。

省知识产权局制定出台电子商务领域知识产权执法维权工作方案,建立电商领域专利执法维权机制。苏宁易购通过实际案例处理,设计了电商领域知识产权服务流程,提高了电商管理方维护知识产权的意识。

2014年,根据各市专利维权执法工作实际,省知识产权局在年初与各省辖市局签订《专利行政执法目标责任书》,对专利行政执法实施目标管理。转发了《关于进一步加强我省打击侵权假冒信息报送和数据统计工作的通知》和《关于认真做好制售假冒伪劣商品和侵犯知识产权行政处罚案件信息公开工作的通知》,制订了《江苏省专利行政执法案件信息公开实施方案》,要求省内专利行政执法部门将符合条件的案件信息予以公开。

省知识产权局先后组织人员参与"2014中国(昆山)品牌产品进口交易会""第八届国际发明展览会"等展会现场监管,发放中英文宣传画册、海报等宣传资料,免费为参展商提供《专利实施许可合同文本》《专利实施许可合同备案申请表》《专利实施许可合同备案申请表》等资料,解答专利侵权纠纷的投诉方式、处理流程、注意事项等咨询。

【正版正货承诺】 "正版正货"承诺推进计划覆盖面进一步拓展,已形成企业、商贸街区、专业市场、行业协会"点线面结合"的推进模式。2014年,新认定14家省"正版正货"示范创建街区,5家省"正版正货"示范街区深化创建试点,2家省行业"正版正货"推进单位,288家省"正版正货"承诺试点企业,推荐6家"正版正货"示范创建街区进入国家知识产权保护规范化市场培育工程,入选数居全国第二。

2014年各省辖市培育市级"正版正货"示范创建街区41家,全省市级示范创建街区总数达到105家。

【知识产权维权援助】 2014年,全省各知识产权维权援助中心共接受各类知识产权咨询5877人次。其中,12330咨询5274人次,举报投诉427人次,智力援助申请162件,经济援助申请14件。移交举报投诉案件370件,执法机关立案365件,立案成功率98.65%。全年出具专家意见123份,开展展会服务19场次。

对47名知识产权举报人进行了奖励,发放奖励资金14200元。对常州市凯迪电器有限公司、常州常荣电器有限公司等10家企业实施了经济援助,发放维权援助资金105万元。

2014年,中国(江苏)知识产权维权援助中心(以下简称"省中心")加强机构建设,在扬州设立了分中心,截至目前,省中心在市外设立分中心3家。建立健全华东地区专利侵权判定档案库,知识产权专家数据库专家增至109名,全年出具专家意见书85份,其中专利侵权判定咨询意见71份。利用有线电视、广播媒体、网络等平台开展了为期4个月的12330公益宣传。

省中心入驻省内各类大型展会5场次,配合开展知识产权维权执法,协助现场查处假冒专利案件95件,全年累计调处展会知识产权纠纷100余起。全年接受各类知识产权咨询1112人次,同比增长53.17%。其中,举报投诉154人次,同比增长123.19%;维权援助568人次,同比增长37.86%,移交126件,其中专利纠纷案件30件,立案成功率达81.8%;受理维权援助案件55起,12330电话咨询890人次,同比增长22.59%,为5家企业涉外知识产权诉讼提供经济援助100万元,受理苏、皖、闽等省23项侵权判定委托,咨询意见均被采纳。2014年在全国知识产权维权援助与举报投诉工作考核中名列全国第二。

2014年,省知识产权维权援助中心联合省知识产权局与苏宁易购共同签订了首个《电子商务领域知识产权执法维权合作协议》,将知识产权维权援助服务进一步拓展至电商领域。收集整理借鉴国内展会知识产权保护法律法规,调研国内展会现状及问题,形成《江苏省展会知识产权保护暂行办法起草相关工作备忘录》,编写了《江苏省展会知识产权保护暂行办法》。建立全省12330知识产权维权援助工作数据定期报送制度和全省知识产权维权援助中心工作考核体系。

【知识产权培训与教育】 2014年,江苏省知识产权局组织知识产权管理人员分别赴美国、德国、韩国、澳大利亚进行业务培训和学习交流,全年4批40余人。

2014年6月,由江苏省知识产权局组团,以省知识产权局、版权局及各地市知识产权工作人员组成的省知识产权培训团一行19人,赴美国专利商标局进行了为期15天短期业务培训学习。中国驻美大使馆知识产权专员陈福利专程到全球知识产权学院(GIPA)致欢迎词,美国专利商标局对培训作了精心安排,邀请美国专利商标局首席经济办公室、政策外事办公室、科技信息中心、司法部、宾州州立大学等部门的15位专家进行授课。介绍了美国专利商标局概况、美国专利商标局知识产权数据库和检索平台简介、知识产权与美国经济、美国知识产权执法概况、美国专利诉讼、商业秘密保护、美国版权保护以及从美国视角看中国创新政策研究等内容,提高了参训人员对美国知识产权管理体系、法律制度、执法体系、专利转化运用、专利信息资源利用等的认识。江苏省知识产权局纪检组长、培训团团长丁荣余介绍了中国知识产权体系以及江苏省知识产权工作情况,双方还就知识产权人才培养、专利信息平台共建、知识产权保护等内容进行了深入探讨交流。

2014年11~12月,江苏省知识产权局派员赴德国进行为期15天的知识产权短期业务学习培训,德国的专利商标律师、法兰克福大学教授、政府官员、商会领袖和企业高管等专业人士介绍了德国知识产权保护的内容和措施、德国及欧盟知识产权管理模式、知识产权人才培养模式及方法、欧盟知识产权和专利情况、知识产权服务机构设置及职能、市政府对创新型园区建设工作的引导、公共数据库专利检索、反不正当竞争法的内容及案例分析、德国与中国共建创新平台情况等内容。

2014年,省政府落实与工信部、国家知识产权局共建协议,拨付2000万元支持经费,推进南京理工大学知识产权学院建设工作。知识产权学院理事会正式组建。田力普、吴汉东任名誉院长,南京理工大学王晓锋校长任院长,制定《知识产权学院五年发展规划(2014年—2018年)》并实施。学院领导班子、师资团队、教学场所俱已落实到位,基本条件、教学科研条件、培训基地建设等一期项目顺利启动。构建完成学院全序列知识产权学历教育体系,新增知识产权本科、法律硕士、知识产权博士点,开创了理工文融合的应用型知识产权人才培养新模式,为建成国际知名、国内一流、特色鲜明、充满活力的高水平知识产权学院夯实基础。

2014年,省知识产权局依托苏州工业园区高层次创业创新人才集聚和科技型中小微企业集聚优势,申报并获批成立了全国第2家国家中小微企业知识产权培训(苏州)基地。苏州大学知识产权研究院、江南大学知识产权法研究中心年内先后成立,江苏高校知识产权人才培养基地落户江苏大学。全省初步形成了以1个部省共建知识产权学院、1个远程网络教育平台和3个国家级知识产权培训基地为引领,10个省级知识产权培训基地和4个省级知识产权研究中心为支撑,覆盖苏南、苏中、苏北,集知识产权人才培养、教学研究为一体的知识产权人才培养载体体系。

2014年,企业知识产权总监培训全面推广。

针对省内贯标企业和知识产权战略推进企业的知识产权高管普遍由总裁、技术副总、总裁助理兼职,业务能力普遍薄弱的现状,省知识产权局召开知识产权总监培训研讨会,明确培训学时、规范培训课程、遴选培训师资、确定教学管理和组织管理单位,并列支专项经费70万元,支持举办总监培训班,全年分12期组织培训企业知识产权总监800余人。企业知识产权工程师培训工作,形成了统一大纲、统一课程、统一教材、统一师资、统一考核"五统一"模式。支持专项经费300万元,培训知识产权工程师2876人、其中2487人取得培训结业证书。省知识产权局出资130万元,第4年举办为期3个月的全脱产专利代理人资格考试考前培训班,培训考生240人,双科通过人数达134人,通过率高达61.27%,超过全国34个百分点。全省专利代理人资格通过考试人数达到595人,同比增长53.75%,居全国考生通过人数第3位,169人达到省证资格线。

2014年,按照《江苏省知识产权软科学研究计划项目管理办法》,加强对选题、申报、立项、开题、中期检查、验收等环节的管理,拟定7个研究课题,组织公开申报。对22个申报课题按规定进行评审、立项。组织召开了软科学研究开题论证会,把握软课题研究质量,对7个课题进行中期检查。完成了国家知识产权局2015年度知识产权软科学研究和专利战略推进工程项目申报工作。

【知识产权宣传】 2014年,江苏省知识产权局牵头23个省级部门制定"4·26"知识产权宣传周工作方案,组织开展了一系列形式多样、内容丰富的宣传活动。《新华日报》发表省政协副主席、省政府党组成员、省科技厅厅长徐南平院士题为"加快建设知识产权强省 努力开创科学发展新局面"的署名文章。组织媒体参加长三角地区知识产权发展与保护状况新闻发布会,报道全省2013年知识产权创造、管理、保护和运用取得的成效,发布了省十大知识产权典型案例。组织召开省知识产权局系统知识产权执法维权"护航"专项行动新闻发布会,多家媒体进行集中报道,尤其是主流媒体开展了专题报道。《中国知识产权报》《新华日报》开辟纪念"世界知识产权日"专版,制作并在江苏电视台播出了知识产权电视专题片。

指导下属单位和各市、县(市、区)开展宣传活动,营造良好的知识产权事业发展舆论氛围。据统计,宣传周期间,全省组织专题宣传活动100余场,其中开展现场咨询80余场,咨询群众近万人,发放宣传资料15000份;举办各种讲座100余场,参加人数8000余人;举办各类培训63期,培训5000余人;各级媒体刊发知识产权专版、专题报道80多篇次,发布知识产权新闻报道500多篇次,其中江苏卫视新时空4条;省局门户网站发稿103篇,其中被国家局网站首页录用12篇。

2014年,为加快推进知识产权强省建设,纪念《江苏省知识产权战略纲要》(以下简称《纲要》)颁布实施5周年,组织开展专题宣传活动。1月,在《纲要》颁布五周年之际,中国知识产权报专版刊登朱宇局长的创刊词及《采撷战略实施硕果 书写强省建设华章——江苏省颁布实施知识产权战略纲要5周年纪实》纪念文章。江苏科技报两个整版刊出《深入实施知识产权战略加快建设知识产权强省》综合文章,江苏新时空播出《蓄力创新"引擎"谋划核心优势》新闻。新华社、《科技日报》、《江苏经济报》头版头条刊发长篇报道6篇,《新华日报》等媒体刊发消息8篇。组织媒体采访团地方行活动,重点挖掘知识产权战略实施在各地取得的成绩及基层单位、企业的好经验、好做法,编发兼具深度和可读性的专题报道文章18篇,"4·26"世界知识产权日期间进行集中报道;局网站开辟知识产权战略实施5周年纪念专栏,组织知识产权战略实施5周年征文活动,从140篇征文中评选出《知识产权文化建设与文化产业发展》等35篇给予奖励,编辑整理后全文刊登于《江苏知识产权》特刊。

2014年,省知识产权局继续与江苏科技报合作,长期开设知识产权专版周刊,跟踪报道本省知识产权工作动态,全年刊登专版50期,发稿300余篇。密切与省电视台合作,全年录制知识产权亮点工作和重大活动约50场次,积累了大量珍贵的素材。在《中国知识产权报》开辟"创新江苏"专刊,全年刊发3个整版,9个半版。据不完全统计,2014年在中央媒体发布江苏知识产权新闻近20篇次,省级媒体共发稿200余篇,其中江苏卫视新时空发布新闻15次,省公共频道新财经发布新闻7次,其他媒体发布江苏知识产权新闻100余篇次。省局门户网站发布类信息900多条,被国家知识产权局门户网站首页刊用信息144篇,刊稿量继续保持全国领先。在人民网江苏视窗开设了知识产权频道,发布江苏省知识产权工作的新闻报道400余篇。新浪网、人民网、腾讯网三大平台发布江苏知识产权实名认证政务微博400余条。

【知识产权政务信息】 2014年,省知识产权局组织了第2期全省知识产权政务信息工作培训班,邀请国家知识产权局和省政府有关专家,对100余名政务信息工作人员进行了政务信息写作实务培训,着力提升知识产权政务信息写作能力。政务信息年度采用率和质量明显提高,省委《江苏信息》《快报》省政府《信息简报》采用36篇,同比增长45%;国家知识产权局《知识产权工作动态》采用70余篇,上稿量、得分和排名均跃居全国第一位。

【知识产权服务】 2014年,南京代办处全年共受理专利申请19.9万件;受理电子申请用户注册2058件;发放受理通知书354731件;办理登记簿副本2011份;办理专利实施许可合同备案761件;完成专利权质押登记27件;受理复审及无效案件18件;收取专利费50.48万笔,涉及金额2.61亿元。专利受理量和收费量继续位居全国代办处第一。2014年全年纸件受理、电子申请用户注册、通知书发文、专利实施许可合同备案、专利权质押登记、登记簿副本制作、专利收费等业务均保持"零差错"。在各代理机构推广异地打印业务,全年打印收据14630笔,涉及金额792.3万元。加大宣传电子申请率再创新高,全省专利电子申请率达94.06%,南京代办处电子申请率达到了97.7%。

2014年,南京代办处成立了业务质量管理工作小组,实行组长、副组长、组员3级管理的模式。修订了操作规程,补充完善新增的业务规程,组织业务部门人员对新的图表化业务流程进行学习。形成了《代办处业务质量新旧管理办法对比表》与《代办处业务质量标准一览表》,进一步明确各项业务的质检重点,结合国家局反馈的业务质量通报,每月定期公布处内质检作中发现的问题。强化低质量专利申请监控,加强政策宣传引导,加大对代理机构的实务指导和培训力度,坚决遏制非正常申请,开展专利申请文件评优活动。

南京代办处深化服务内容,致力优质服务。编制各种业务办理范本,为办事人提供参考;门户网站提供专利代办事务"一站式"查询服务;优化窗口"服务之星"评选办法,调动员工积极性;实行部门间、部门内轮岗,推进窗口服务工作无缝衔接;坚持窗口午间轮流值班,保证随到随办。以"树文明形象,创一流服务,当行业标兵,展青春风采"为创建目标,将青年文明号创建与服务工作有机结合,争创2013—2014年度国家局青年文明号。配合ISO9001质量管理体系全面优化业务流程和管理方式,建立健全了20多项规章制度。推行"三有服务",履行首问负责制、限时办结制、服务承诺制;设立共产党员示范岗,设立服务热线和24小时语音电话。

2014年,国家知识产权局区域专利信息服务(南京)中心正式运行,建立了11个省(区)知识产权局签订合作协议并组成理事会,成立了由24家单位组成的区域知识产权服务联盟,92名专家组成的专家顾问委员会,形成了区域专利信息服务共同体。新设立了连云港、苏州、软件谷、徐州、扬州分中心,截至目前设立分支机构8家,延伸了区域专利信息服务中心的服务触角。

围绕江苏省战略性新兴产业,承担并完成了海洋工程、物联网产业、高性能膜材料、城市交通管理控制系统和高端装备制造焊接技术领域专利战略预警分析。组织开展了新能源汽车、工程机械、生物基材料等技术领域专利战略预警分析,以政府专报、宣讲会、服务进企业、万里行活动等形式向行业协会和创新主体发布专利动态。2014年省专利信息服务中心为企业制定了专利战略研究模板,承接了苏州艾隆科技、三木化工等14家企业的知识产权战略课题,并首次尝试在委托方竞争对手产品专利尚未授权之前采取早期干预手段,降低企业新产品研发与生产被侵权的风险。

2014年,省专利服务中心继续加强信息化建设,完成了江苏省十大新兴产业专题库建库、新兴产业创新平台门户网站、区域中心信息检索分析系统、服务与管理系统、专利统计数据管理系统的建设工作,开展了新兴产业云平台、知识产权分析评议服务机构联盟平台、江苏知识产权统计分析管理系统、知识产权培训系统等设计与建设,优化完善了华东地区专利侵权判定电子档案库、全国知识产权举报投诉与维权援助管理系统,对全国执法案件报送系统进行了升级改造。继续完善省知识产权公共服务平台,建成了沭阳县和宿豫区知识产权公共服务平台。继续完善东海科技信息服务平台和连云港市知识产权公共服务平台建设,启动了28家企业应用平台建设。

2014年,省专利信息服务中心在国家知识产权局开展了"知识产权走基层服务经济万里行"大型公益活动中,发挥知识产权服务联盟的作用,为湖北武汉、江苏苏州、山东青岛、广东深圳4站的参会企业现场提供个性化的知识产权咨询服务和行业产业专利态势发布。组织开展了"知识产权服务进企业"活动,深入省内百余家企业进行"一对一""一对多"利用专利信息公益服务,被国家局评为全国知识产权服务品牌机构、全国知识产权分析评议优秀单位。据不完全统计,省专利信息服务中心全年为社会公众提供知识产权咨询120余次,提供各类评价检索报告1500余篇,组织了省级层面的培训10场,区域培训8场,并与多个市局合作为700余家单位,近2000人次提供业务培训。

省专利信息服务中心开展国标省标企业知识产权管理规范绩效评价衔接工作,编制《〈企业知识产权管理规范〉之国标与省标异同说明》,编写国标省标程序文件对比表、评优评分指标体系及评分说明,修改了知识产权手册目录,为企业开展贯标过渡提供依据。为统一审核标准,省专利信息服务中心编制了贯标企业体系文件审核和现场审核的评价指标,完成了76家企业贯标材料的国标标准审核,45家企业国标绩效评价,2014年新受理了78家企业的国标绩效评价申请。

省专利信息服务中心完成了《企业并购中的知识产权处置》《区域促进工程——江苏知识产权强省建设课题研究》《全国专利信息文献服务资源调查研究》《区域促进工程江苏省专利资源分析》《知识产权对经济增长贡献研究报告》等软课题研究,承担了《高价值专利指标体系建设》《基于专利信息的专利价值分析方法与应用研究》《江苏省园区知识产权统计系统建设与研究》等前瞻性课题研究,开展了知识产权精品评议试点项目。

2014年,江苏省新增专利代理机构5家,分支机构39家,新增执业专利代理人131名。截至2014年年底,全省专利代理机构总数达74家,执业专利代理人达到637名。其中,地方代理机构72家,国防代理机构2家;专利代理分支机构97家。专利代理机构规模发展壮大,代理人超过50人的机构10家,超过20人的18家。全年省内代理机构专利代理总量为216574件,同比下降了20.3%,占全省专利申请总量的51.32%,发明专利代理占32.4%,同比增长了6%。其中南京利丰专利商标代理有限责任公司、南京君陶专利商标代理有限责任公司、南京经纬专利商标代理有限责任公司、南京天华专利商标代理有限责任公司、江苏致邦律师事务所、江苏爱信律师事务所、江苏永衡昭辉律师事务所、江苏纵联律师事务所、苏州铭浩知识产权代理事务所、南京理工大学专利中心10家事务所的发明申请代理率超过50%;全年省内代理机构专利代理机构营业收入总额3.58亿元,同比增长44%。PCT申请892件,同比增长7.7%,其中南京经纬专利商标代理有限责任公司、南京天华专利商标代理有限责任公司、南京瑞弘专利商标事务所、南京知识律师事务所、苏州创元专利商标事务所有限公司超过50件。

2014年度百件发明专利申请文件评选37家单位推荐的729件文件中,评选出105件为优秀发明专利申请文件。江苏爱信律师事务所代理了4件南京邮电大学专利成果转化,转化标的达1000万元,代理业务涉及了专利权转移、增资入股、投资入股、工商注册、备案等全方位服务。江苏圣典律师事务所成立了江苏圣典律师事务所知识产权翻译中心,专注于为国内外客户提供高质量的中英文双向专利及其他与知识产权相关的翻译服务。徐州市淮海专利事务所拓展国际专利业务与国外140多家事务所建立了合作关系,成立了美国华盛顿办事处,承接了诸多世界知名企业的专利业务,代理了徐州工程机械集团有限公司、中国矿业大学的多项PCT及通过PCT进入美国、巴西、土耳其、澳大利亚等国家的专利。

2014年,继续组织开展省专利代理机构星级评定,27家省内代理机构申报参评,经评审南京正联知识产权代理有限公司、苏州威世朋知识产权代理事务所2家单位为三星专利代理机构,江苏致邦律师事务所等18家单位为二星专利代理机构。截至2014年年底,全省有三星专利代理机构10家,二星专利代理机构23家。南京天华专利商标代理有限责任公司所申报“中小型企业知识产权服务能力建设”项目获得科技部立项(编号为“国科发计〔2014〕166号”);南京纵横知识产权代理有限责任公司、南京天华专利商标代理有限责任公司、南京苏科专利代理有限责任公司、江苏致邦律师事务所、苏州威世朋知识产权代理事务所被国家知识产权局批准为全国知识产权服务品牌机构培育单位。江阴市永兴专利事务所聘请咨询管理专业人员对管理制度进行了全方位完善,制定了专利、商标、版权代理过程操作规则和质量控制制度,设计了与制度实施相配套的流程和表单。徐州市淮海专利事务所,结合省局开展的江苏省专利代理服务质量管理规范试点工作,创新管理模式,结合IS09000质量管理体系和GB19580绩效评价准则,完善管理体系,重点提高专利文件撰写质量,加强流程及案件档案管理,市场服务能力显著提高。

(江苏省知识产权局)

表2-39 2014年度江苏省各省辖市专利密度统计

省辖市	总人口(万人)	专利密度(件/万人)		发明专利密度(件/万人)	
		申请量	授权量	申请量	授权量
南京市	818.78	68.50	27.90	34.25	6.43
无锡市	648.41	84.08	43.09	35.14	4.32
徐州市	859.10	16.31	9.86	5.17	0.79
常州市	469.21	80.63	38.69	24.87	3.61
苏州市	1057.87	97.60	51.72	38.61	4.98
南通市	729.77	37.95	16.98	11.58	1.28
连云港市	442.83	22.79	14.32	3.87	0.62
淮安市	482.69	31.29	13.80	7.24	0.68
盐城市	721.98	27.62	6.30	4.08	0.37
扬州市	447.00	50.80	26.49	10.98	1.04
镇江市	316.54	79.54	40.14	28.33	4.02
泰州市	463.40	57.61	19.68	14.37	0.73
宿迁市	481.91	18.23	8.94	3.62	0.18
全 省	7939.49	53.14	25.19	18.47	2.48

说明:1. 总人口数据来自《江苏统计年鉴(2014)》;
2. 此表由省专利信息服务中心统计中心提供。

表2-40　2014年度江苏省各省辖市专利申请量统计　　单位:件

省辖市	申请量	位次	同比增长(%)	发明	实用新型	外观设计
南京市	56089	2	2.38	28040	16838	11211
无锡市	54519	3	−32.08	22788	17824	13907
徐州市	14014	11	−40.29	4441	5833	3740
常州市	37833	4	−9.28	11668	15421	10744
苏州市	103249	1	−26.81	40842	35432	26975
南通市	27692	5	−32.08	8450	6490	12752
连云港市	10090	12	7.39	1712	1309	7069
淮安市	15101	10	25.06	3495	3022	8584
盐城市	19944	9	19.50	2943	3834	13167
扬州市	22709	8	−0.51	4907	5437	12365
镇江市	25179	7	−10.89	8969	5272	10938
泰州市	26695	6	4.17	6657	6259	13779
宿迁市	8785	13	16.34	1746	2006	5033
*其 他	8	/	/	2	3	3
全 省	421907	/	−16.37	146660	124980	150267

说明:1. *为国家局提供数据中无法归类的部分;
2. 此表由省专利信息服务中心统计中心提供。

表2-41　2014年度江苏省各省辖市专利授权量统计　　单位:件

省辖市	申请量	位次	同比增长(%)	发明	实用新型	外观设计
南京市	22844	3	17.24	5265	11863	5716
无锡市	27937	2	−29.86	2801	14984	10152
徐州市	8468	9	−20.47	676	4618	3174
常州市	18152	4	−0.30	1696	11388	5068
苏州市	54709	1	−33.01	5264	32012	17433
南通市	12391	6	−43.90	932	5492	5967
连云港市	6341	11	43.79	273	996	5072
淮安市	6663	10	45.70	326	2180	4157
盐城市	4549	12	−3.58	270	2546	1733
扬州市	11843	7	3.74	467	3787	7589
镇江市	12707	5	29.54	1274	4643	6790
泰州市	9118	8	9.74	340	4694	4084
宿迁市	4306	13	−4.06	87	1604	2615
*其 他	4	/	/	0	3	1
全 省	200032	/	−16.53	19671	100810	79551

说明:1. *为国家局提供数据中无法归类的部分;
2. 此表由省专利信息服务中心统计中心提供。

表2-42 2014年度江苏省五类申请人/专利权人专利申请和授权量统计

单位:件

类别	种类	主体类型					合计
		大专院校	科研机构	企业	机关团体	个人	
申请量	发明	17221	3418	96778	1605	27638	146660
	实用新型	8456	1099	95725	1463	18237	124980
	外观设计	1094	402	67998	852	79921	150267
	合计	26771	4919	260501	3920	125796	421907
授权量	发明	5426	842	11874	175	1354	19671
	实用新型	6814	787	81520	873	10816	100810
	外观设计	763	211	38572	144	39861	79551
	合计	13003	1840	131966	1192	52031	200032

说明:此表由省专利信息服务中心统计中心提供。

表2-43 2014年度江苏省战略性新兴产业专利申请公开与授权统计

单位:件

产业	专利申请公开量	发明专利申请公开量	专利授权量	发明专利授权量
新能源	2788	1447	1674	333
新材料	7491	6499	2422	1430
生物技术和新医药	12436	9260	5274	2098
节能环保	17817	8697	10584	1464
新一代信息技术与软件	3037	2539	898	400
物联网产业与云计算	8995	6309	3919	1233
新能源汽车	472	223	283	34
智能电网	1460	680	945	165
高端装备制造	6261	2946	3817	502
海洋工程装备	2251	926	1492	167
合计	63008	39526	31308	7826

说明:1. 专利申请公开量和专利授权量不包含外观设计专利数;
2. 此表由省专利信息服务中心统计中心提供。

表2-44 2014年度江苏省战略性新兴产业发明专利授权前20名单位

单位:件

排名	专利权人名称	战略性新兴产业发明专利授权量
1	东南大学	348
2	江苏大学	211
3	南京大学	180
4	常州大学	164
5	江南大学	160
6	苏州大学	143
7	南京工业大学	138
8	河海大学	117
9	南京航空航天大学	103
10	南京邮电大学	100
11	南京农业大学	81

续表 2-44

单位:件

排名	专利权人名称	战略性新兴产业发明专利授权量
12	中兴通讯股份有限公司南京分公司	81
13	中国矿业大学	66
14	江苏科技大学	60
15	江苏省农业科学院	59
16	南京理工大学	57
16	中国药科大学	53
18	南京信息工程大学	45
18	南通大学	45
20	南京中医药大学	43

说明:此表由省专利信息服务中心统计中心提供。

科学普及与科技团体

Science Popularization and Science & Technology Group

【科学技术普及工作】 围绕年度工作目标和任务,通过大联合大协作,大力推进科普工作和全民科学素质工作重心下移,广泛动员社会各界开展各类科技教育、传播和普及活动,不断提升科普服务能力。一是积极组织开展各项全民科普活动。组织做好2014年全省参加全国科技活动周活动,5月17~24日,全国科技活动周暨江苏省第26届科普宣传周在全省各地同步举办,活动主题是"科学生活、创新圆梦"。大力开展形式多样、内容丰富、贴近公众的科普进社区、入学校、到机关、下农村等各类宣传活动1400余项,参与人数达上千万人次。二是大力推进科技成果转化为科普资源。结合2014年科技计划的实施,继续选择一批具有战略性、前沿性且其成果适宜向公众普及和传播的科技计划项目,推动其在科研与科普工作的结合上发挥示范和带头作用。三是以科普能力建设为重点,以提高全民科学素质为目标,创新工作方式,推进社会化科普工作大格局。参与全国科普讲解大赛决赛,获二等奖、三等奖各1项。四是进一步繁荣科普创作,加大对科普创作扶持的力度,全省3部作品入选科技部"2014年度全国优秀科普作品"。五是会同省科协、省教育厅,共同组织省级科普教育基地命名认定工作,加快推动建立科普资源开发开放的激励机制。六是组织开展省科协所属学会承接政府职能转移试点工作,提出了相应工作方案,启动了职能转移试点工作对接。七是根据国家统计局、国家科技部的统一部署,积极开展2013年度科普工作统计调查,认真制定实施方案,统筹安排,圆满完成了江苏省科普统计工作。

(江苏省科学技术厅政策法规与体制改革处)

【省科协概况】 江苏省科协由中华全国自然科学专门学会联合会江苏分会和江苏科学技术普及协会合并建立。1959年9月召开"一大",主席谢克西(1959年9月~1966年5月),1966年因"文化大革命"而停止活动;1978年2月恢复组织,主席张仲良(1978年2月~1979年12月)、代主席华诚一(1980年1月~1981年4月);1981年4月召开"二大",主席钱钟韩;1984年9月召开"三大",主席冯端;1988年12月召开"四大",主席孙钟秀;1993年5月召开"五大",主席孙钟秀;1998年召开"六大",主席曲钦岳;2005年2月召开"七大",主席顾冠群;2008年12月在省科协七届四次全委会上,欧阳平凯当选为省科协主席;2010年6月召开"八大",主席欧阳平凯。

截至2014年年底,全省共有省级学会141个,省辖市科协13个,县(市、区)科协99个,高校科协87个、企业科协2339个,乡镇、街道科协组织1324

个,行政村、社区科协组织18729个,农技协2916个;省科协机关工作机构设有9个部门,另有直属企事业单位13个。

【服务经济社会发展】 学会服务科技创新能力进一步提升。深入实施提升学会服务科技创新能力计划,据不完全统计,在2013年建成的210个平台基础上实现技术成果转让131项、科技攻关177项、产品研发179项、人才引进311人、技术引进29项、标准制定98项、人才培训6547人次。新认定30家综合示范学会、10个协同创新服务示范基地、各100个科技服务站和首席专家(工程师)、53个学术创新、10个科普创新、4个精品科技期刊、5个优秀学会网站项目。苏州、南京等11个市科协及江阴、大丰等县级科协设立学会能力提升专项。

积极推动科技资源向苏北集聚。围绕省委省政府关于科技创新资源倾斜支持苏北的要求,首次大规模组织省级学会服务地方转型升级,举办省科协·淮安创新发展对接活动,征集学会科技创新信息260条,对接服务淮安141家企业,5位院士领衔对接180个项目,签约162个,省科协与淮安市政府、省化学化工等学会与淮安盐化工产业等园区签订合作协议。

积极推动学会承接政府职能。在梳理38个省级学会承接99项职能的基础上,主动协调对接,促成8个厅委部门与16家学会达成人才、项目、机构评价等22项转移职能,争取省委省政府召开学会有序承接政府转移职能试点工作座谈会,省委省政府分管领导出席会议,对试点工作提出明确要求,辐射带动面上学会开展试点。

扎实推进科技思想库建设。成功申报国家级科技思想库试点单位。制定《关于加强科技思想库建设的实施意见》,资助课题11项。"蛟龙号"负责人崔维成教授的《对我国未来科技和教育发展的建议》获刘延东副总理批示,科技部专门进行落实。《有效利用低劣生物质资源的对策建议》获中国科协转报国务院有关部门。8份科技工作者建议得到省委省政府主要领导批示,转至相关部门落实。全省科协系统形成决策咨询建议102项,党委政府采纳55项。

海智工作提质增效。制定《江苏省海智基地建设的服务意见》,新建国家级海智基地3家,累计13家,新建省级海智基地15家,累计30家,重点培育海智园区24个、海智企业45家。举办海门、盐城海智大会,邀请312名海外人才参会,达成合作意向60项,其中24个项目成功落地。带动全省举办海智活动406场,接待3747人次,引进海智人才297人、落地项目360个。新增欧美、港台地区10个海外人才工作站,首次聘请20位海智专家。组团参加EBN第23届年会,签署战略合作协议,与7个国家10个园区共建中欧科技合作示范园。

深入开展科技信息推送。专利信息库扩容升级至1000多万条。新注册企业达513家,培训企业专利应用工程师510名,形成典型应用案例85个,新增发明专利36项,节约研发费用1800万元以上,专利信息推广数量和效益居全国第一。司法鉴定首批进入省高院信息平台,增至环境保护等4个类别,接到正式委托鉴定项目26个。

基层科普服务持续强化。启动新一轮国家级和省级科普示范县(市、区)创建工作。命名80个省级科普示范乡镇(街道)、200个省级科普示范村(社区)。深入实施"科普惠农兴村计划"和"社区科普益民计划",31个农技协、25个农村科普示范基地、42名农村科普带头人和58个社区获国家和省级表彰,获奖补1640万元。命名100家省科普惠农服务站和20家省优秀科普惠农服务站。

积极推动"讲、比"活动。在全省范围表彰了"讲理想、比贡献,奋力实现中国梦"活动中取得突出成绩的99家先进集体、80个创新团队(含20个院士专家工作站)、100名创新标兵、60名优秀组织者。通过表彰促进"讲、比"活动的开展,促进创新要素向企业集聚,提高企业技术创新能力。据统计,近两年全省共有3745家企业开展"讲、比"活动,参加"讲、比"活动科技人员总数接近75万人次。

【服务全民科学素质提高】 推动落实省"十二五"科学素质纲要目标。争取新批全民科学素质工作办公室内设机构,增补省民政厅等5部门为成员单位。8个省辖市开展了2014年公民科学素质调查工作,全省居民科学素质达标率达7.1%。

主题科普活动务求实效。围绕"全民行动、创新发展”主题举办全国科普日,开展“四大展示、三百行动、两大竞赛”特色科普活动,现场展示学会能力提升计划、科普惠农、科普产品研发等成果500多项;组织63名省首席科技传播专家到102所学校、67个省科技传播专家服务团队深入82个县区、101个科普志愿者服务团进村(社区);举办首届科普知识网络竞赛,全省参赛人数达13.2万人。围绕“科学生活、创新圆梦”主题举办第26届科普宣传周,邀请李象益、叶永烈等科普名家作高端报告,举办1400余项科普活动。组织第25届省青少年科技创新大赛,5位同学获省政府青少年科技创新“培源奖”。

科普公共服务能力持续提升。打造“科学会客厅”“科学生活”电视栏目和“科学梦想谷”网络平台。开通“江苏省科协”微博和“江苏科普”微信等新媒体平台。开发3套流动科技馆,实现苏北5市流动科技馆全覆盖。命名江苏联著等10家省级科普产品研发基地。推出30条省级科普旅游线路。

加快推进科普人才队伍建设。全省志愿者注册人数达43万人。组建118个“江苏省科技传播专家服务团”,聘任199名“江苏省首席科技传播专家”。

【服务科技工作者】 开展人才表彰举荐。组织推荐“全国优秀科技工作者”34人,全部当选;评选“江苏省优秀科技工作者”100人,激励引导科技人才成长;评选“江苏省青年科技奖”20人,其中10人获“江苏省十大青年科技之星”称号。

大力宣传先进典型。拍摄宣传“青年科技奖”获奖者专题片“青春绽放五彩梦”,通过专题访谈、编印《科技英才风采录》等形式,宣传时代典型。承办“弘扬科学道德 践行三个倡导 奋力实现中国梦”江苏报告会,开展“科技梦·中国梦—中国现代科学家主题展”江苏巡展活动,3.6万余人参观。

推进调查站点建设。召开全国科技工作者状况调查站点培训班和江苏省科技工作者状况调查站点工作会议,促进区域调查站点负责同志业务能力的提升。江苏省科协在中国科协考核中排名居全国33个区域责任部门第一位。

【自身建设】 认真学习贯彻习近平总书记系列重要讲话和十八届三中、四中全会精神。以学习习近平总书记系列重要讲话读书班、党组中心组学习会等方式,结合科协实际系统学习总书记系列重要讲话,特别是关于科技创新的重要论述,加深对创新驱动战略的认识,引导科技工作者增强责任意识、使命意识和担当意识。认真学习领会十八届三中、四中全会精神,大力培育发展科技类社会组织,充分激发科技社团活力,发挥其在现代市场体系构建、社会治理体系和治理能力现代化中的重要作用。深入学会和科协组织开展调研,宣传中央、省委一系列重大决策部署,引导其把握新机遇、迎接新挑战、适应新常态,更加奋发有为地推动新形势下江苏科协工作。

加强干部能力建设。组织市县科协主席培训班,中国科学技术协会领导、专家授课,针对性强、效果好。组织培训学会秘书长、市县科普部长,注重面向基层,培训城镇社区科普员2691人,培训科技辅导员2088人。

加强作风建设。认真落实“十一项制度规定”,扎实开展自查自纠,持续巩固拓展党的群众路线教育实践活动成果。更加注重发挥学会组织优势,增强各类活动组织的务实性和有效性。召开全省科协系统“三服务一加强”连云港现场会,组织观摩年度创新工作亮点,以典型示范推动工作落实。

【学术交流】 举办第五届省青年科学家年会。年会以“生态文明建设与青年科学家的使命”为主题,设主论坛和19个分论坛。年会特邀地理学家、中国科学院院士、国家气象局原局长秦大河,国家环境保护部总工程师万本太分别做报告。

举办第五届省自然科学学术活动月。以“繁荣学术,服务创新”为主题,邀请以色列材料科学家、理论物理学家、诺贝尔化学奖获得者达尼埃尔·谢赫特曼教授作主题报告。分学术创新与学科发展等7个不同板块,展示不同学科、不同领域的新观点、新学说、新成果,一个月时间内举办近200多场各类学术活动。

举办国际学术交流活动。举办国际学术交流活动196项,形成“关于成立江苏–北欧新能源联合研究中心的建议”等62项服务地方党委政府的学术交流成果。

【重大科技活动】 拉萨江苏青少年科技馆开馆。2014年10月10日，中国科协副主席、书记处书记陈章良，西藏自治区政府副主席曾万明，江苏省科协党组书记、副主席陈惠娟，拉萨市委副书记、常务副市长、江苏省对口支援西藏拉萨市前方指挥部总指挥陈勇等出席拉萨江苏青少年科技馆开馆暨科普大篷车捐赠仪式。仪式上，陈章良、曾万明、陈惠娟、陈勇共同为拉萨江苏青少年科技馆揭牌；陈章良、陈惠娟分别向拉萨市科协、墨竹工卡县科协赠送“科普大篷车”钥匙。拉萨江苏青少年科技馆及青少年机器人工作室建筑面积约200平方米，投资规模约120余万元，填补了西藏自治区青少年公共科普场所的空白。拉萨江苏青少年科技馆以“源于教学内容、结合科学实际，启迪思维、拓展视野”为宗旨，整个科技馆由一个序厅和声波万象、数学探秘、力学传奇、电磁魔幻、光影互动、素质教育以及青少年机器人工作室7个主题展区组成，共有44件展品，以互动体验为主，动静结合，紧扣学生的需求，为学生们营造一个丰富多彩的“第二学习课堂”。青少年机器人工作室配备有WER、综合技能、FLL等国内一流比赛项目的全套设施。拉萨市江苏实验中学的教师和学生，经江苏省科协青少年机器人竞赛项目培训教师的辅导后，现场为大家演示了机器人竞赛项目的实务操作。17个对口援藏省市科协系统36名代表，自治区科协系统20名代表等出席捐赠仪式，并参观拉萨江苏青少年科技馆和青少年机器人工作室。

2014年10月10日，拉萨江苏青少年科技馆正式开馆。

中国现代科学家主题展全国巡展(南京站)。2014年5月26日，“科技梦·中国梦——中国现代科学家主题展”全国巡展(南京站)在南京科技馆开幕。中国科协党组成员、书记处书记王春法致辞，并与省委常委、宣传部长王燕文共同启动全国巡展(南京站)活动，中国科学院院士王德滋出席并讲话，南京市人大常委会副主任李奇出席开幕式。省科协党组书记、副主席陈惠娟主持开幕式。中国科协、省市有关单位领导及驻宁高校师生、部队官兵等1000余人参加开幕式并观看了展览。

2014年5月26日，中国现代科学家主题展全国巡展(南京站)在南京科技馆开幕。

“弘扬科学道德 践行‘三个倡导’ 奋力实现中国梦”江苏报告会。2014年10月24日，由中国科协、江苏省委主办，省科协、省教育厅、中国科学院南京分院、省社会科学院4家单位承办的“弘扬科学道德、践行‘三个倡导’、奋力实现中国梦”江苏报告会在南京举行。江苏省委副秘书长水家跃受省委常委王燕文委托主持报告会，中国科协副主席、书记处书记陈章良出席并致辞。省科协、省教育厅、中国科学院南京分院、省社会科学院的干部、省级学会负责人和部分高校教师、研究生代表，以及新闻界的同志近1000人出席报告会。报告会上，上海交通大学“钱学森图书馆”馆长、钱学森先生之子、教授级高工钱永刚，我国空间技术专家、神舟号飞船首任总设计师、中国工程院院士戚发轫，中国科学院遥感与数字地球研究所所长、中国科学院院士郭华东分别做了题为《钱学森的科学报国精神》《载人航天工程和载人航天精神》《遥感地球:服务国家,跻身国际》的报告。3位院士专家从不同角度讲述了我国老一辈科学家自觉践行社会主义核心价值体系、弘扬科学道德、勇攀科技高峰的崇高精神和光辉事迹。

2014年10月24日"弘扬科学道德 践行'三个倡导' 奋力实现中国梦"江苏报告会在南京举行。

省科协所属学会有序承接政府转移职能试点工作座谈会。2014年9月3日,省委、省政府召开了省科协所属学会有序承接政府转移职能试点工作座谈会。省委常委、宣传部长王燕文,省政府党组成员、省政协副主席、省科技厅厅长徐南平出席会议并讲话,对全省推进学会有序承接政府转移职能工作作了部署和要求。

王燕文指出,推进政府职能转移是一项系统工程,必须强化组织协调,形成工作合力。省各相关部门和学会要从全面深化改革、加快建设创新型省份的大局出发,充分认识做好这项工作的重要性,高水平做好试点工作。学会要接得住、服务好,以更高的效率、更低的成本提供更加优质的服务,让政府放心,让社会信服,让科技工作者满意。政府相关部门要主动推、转移好,敢于转、乐于转,实现职能转移平稳过渡、顺利交接。省科协作为这项工作的牵头单位,要进一步完善组织体系,要善协调、指导好,加强与各方面联系,做好合作的有效衔接,推动并

2014年9月3日,省科协所属学会有序承接政府转移职能试点工作座谈会在南京召开。

抓好各项试点任务的落实,确保取得预期效果。

省环保厅、民政厅作为转移职能试点厅局代表,预防医学会、通信学会作为承接政府转移职能试点学会代表做了大会交流。省有关部门和单位负责人,省科协所属部分学(协)会、机关各部门及直属事业单位等负责同志近160余人参加会议。会议为省科协所属省级学会积极、稳妥、深入开展有序承接政府转移职能工作创造了良好的环境和机遇。

江苏召开省全民科学素质工作推进会。2014年3月19日,省政府召开全民科学素质工作推进会,认真贯彻落实今年全国"两会"精神和全国2014年地方《科学素质纲要》实施工作会的要求。省政协副主席、省政府党组成员、省科技厅厅长、省全民科学素质工作领导小组组长徐南平出席会议并讲话。省政府副秘书长、省全民科学素质工作领导小组副组长朱步楼主持会议。省科协党组书记、副主席、省全民科学素质工作领导小组副组长陈惠娟就2013年以来全省实施《科学素质纲要》进展情况和2014年重点工作建议作了汇报。省教育厅、省农委负责同志及无锡、淮安、泰州市政府分管副秘书长先后发言,交流了各地各部门发挥地方特色、结合部门职能开展科学素质工作的做法、成效和2014年的工作举措。省政府办公厅副主任陈少军,省全民科学素质工作领导小组31家成员单位的分管领导及联络员,各市政府分管副秘书长及科协主席出席会议。

省政协副主席、省政府党组成员、省科技厅

厅长、省全民科学素质工作领导小组组长徐南平深入分析了中央对全民科学素质工作的指示和要求以及江苏经济社会发展对全民科学素质建设的新要求、新任务,强调指出,今年全国“两会”结束时国务院对政府工作报告中“加快科技体制改革”一段,增加“重视科普工作和科学精神建设”,以提高全社会尊重科学、崇尚科学的意识。各地各有关部门要充分认识加强全民科学素质建设的重要性,要围绕工作主题,借助科普宣传周、科普日、送科技下乡、食品安全宣传周、防灾减灾日、世界水日、气象日、消防日、环境日等活动载体,广泛开展科学素质主题宣传活动;要突出重点人群,特别要加大面向青少年、农民、新居民和妇女群体的科普传播,大力推动全民科学素质整体提升;要加快平台建设,切实增强科普公共服务能力,尤其在要科普设施建设、科普经费等方面加大投入,大力推动科普信息化;要创新方式方法,进一步提升全民科学素质工作实效;要完善保障机制,落实推进全民科学素质建设目标责任制要求,努力为全民科学素质工作营造良好条件,确保2015年公民具备基本科学素养的比例超过7%。2014年国家全民科学素质工作领导小组增加了9个成员单位,全省相应增补省民政厅、国土资源厅、质监局、食品药品监管局和体育局5个部门为省全民科学素质工作领导小组成员单位,进一步实现全民科学素质工作的扩展和深化。会上,省全民科学素质领导小组下发文件,分解落实全民科学素质工作各成员单位重点目标任务和13个省辖市的目标责任制重点内容。

江苏省科协·淮安市创新发展对接活动。2014年6月3日,江苏省科协·淮安市创新发展对接活动在淮安开幕,省科协与淮安市人民政府签署战略合作协议,对接项目进行了集中签约。省政协副主席、省政府党组成员、省科技厅厅长徐南平宣布活动开幕,中国工程院院士、省科协主席欧阳平凯,院士贲德、黄维、缪昌文、王广基出席会议。

省政协副主席、省政府党组成员、省科技厅厅长徐南平强调,在新的发展阶段,淮安市要当好深化科技体制改革的排头兵,以此次对接活

2014年6月3日,江苏省科协·淮安市创新发展对接活动在淮安开幕。

动为契机,进一步集聚创新资源和高层次人才,进一步促进协同创新和科技成果转化,进一步加快发展高新技术产业和战略性新兴产业。省科协要强化服务意识,主动为人才搭建科技创新、绩效评价、表彰奖励等平台,推动科技社团及人才更好地在淮安创新创业;要强化宣传和舆论引导,大力宣传科技教育工作者及广大创新创业人才,形成有利于创新发展对接活动开展的浓厚氛围。此次活动主题鲜明,探索了新的合作方式。围绕省委省政府关于科技创新资源倾斜支持苏北的要求,首次大规模组织省级学会服务地方转型升级,征集学会科技创新信息260条,对接服务淮安141家企业,5位院士领衔对接180个项目,签约162个,省科协与淮安市政府、省化学化工等学会与淮安盐化工产业等园区签订合作协议。开幕式上淮安市政府还为院士专家颁发了顾问聘书,并进行了人才需求及人才政策、环境推介,院士、学会理事长、高校科协代表进行了交流发言,广发银行南京分行与淮安市政府签订金融合作协议。

第五届江苏省青年科学家年会。2014年11月29日,以“生态文明建设与青年科学家的使命”为主题的第五届江苏省青年科学家年会在南京开幕。省委常委、宣传部长王燕文出席开幕式并为获奖青年科技工作者颁奖,省政协副主席、省政府党组成员、省科技厅厅长徐南平在开幕式上讲话。年会特邀地理学家、中国科学院院士、国家气象局原局长秦大河,国家环境保

护部总工程师万本太分别做了题为《气候变化科学与可持续发展》和《全面加强环境保护工作,大力推进生态文明建设》的主题报告。

2014年11月29日,第五届江苏省青年科学家年会在南京开幕。

省政协副主席、省政府党组成员、省科技厅厅长徐南平指出,科技工作者是增强自主创新能力的中坚力量,青年时代是科技工作者思想最敏锐、创造力最旺盛的时期,希望青年科技工作者自觉肩负起实施驱动发展战略的历史使命,把个人专长转化为推进科技发展的实际行动,攻坚克难,做自主创新的先锋;深入基层,做服务企业的典范;面向市场,做科技创业的骨干;积极作为,做创新文化的表率,在加快建设创新型省份中大显身手、建功立业,在又好又快推进"两个率先"的征程中实现自己的人生理想和价值。开幕式上对第14届江苏省青年科技奖获得者、2013—2014年度"江苏省十大青年科技之星"、第11届江苏省优秀科技工作者进行了表彰。获奖青年科技人才代表、东南大学教授郭彤做了发言。南京大学教授王欣然宣读了对全省青年科技工作者的倡议书《推进科技创新建设生态文明》。第5届江苏省自然科学学术活动月启动。2014年10月29日,第5届江苏省自然科学学术活动月启动仪式在省科技工作者活动中心举行。以色列材料科学家、理论物理学家、诺贝尔化学奖获得者达尼埃尔·谢赫特曼教授作题为"科技创业——通往世界和平与繁荣的钥匙"的主题报告。省科协党组书记、副主席陈惠娟出席并致辞。

陈惠娟介绍了本届学术活动月的相关情况。本届学术活动月以"繁荣学术,服务创新"为主题,在一个月时间内,将举办近200多场各类学术活动,这些活动分成学术创新与学科发展、科技创新与产业进步、产学研结合互动平台、高校专家论坛、省辖市科协学术研讨系列活动、全国学术研讨、国际学术交流7个不同板块,展示不同学科、不同领域的新观点、新学说、新成果。活动月期间,全省各级科协组织、广大会员和科技人员将积极开展科技项目咨询论证、科技成果评价、专业人才培训和为企业及基层一线答疑解难等科技服务活动。集中专家智慧,凝练专家观点和意见,积极为全省科技创新、经济转型升级和党委政府科学决策建言献策。举办自然科学学术月活动,是省科协创新学术交流模式、拓展学术活动功能的重要实践;是助推创新驱动战略、促进转型升级的重要举措。自2010年以来,在全省广大科技工作者的热情参与下,江苏省自然科学学术活动月已成功举办四届,其间,瞄准科技发展前沿和战略性新兴产业,围绕江苏转变经济发展方式、推动经济转型升级的要求,共开展了数百项包括全国、国际学术论坛、院士讲坛、高端学术研讨、产业发展高峰论坛等在内的学术交流研讨活动,在推动学术交流与创新,促进江苏经济社会健康与可持续发展方面发挥了积极作用,在全省范围产生了良好而广泛的社会影响。各省级学会、高校科协秘书长、会员代表,南京市科协所属市级学会代表,省科协机关全体干部和直属单位主要负责同志等近300人出席启动仪式。

第三届中国(江苏)国际科技交流与人才智力合作大会。2014年10月28日,由中国科协海智办、江苏省科协,中共盐城市委、市政府和中国旅美科技协会共同主办,盐城市科协、市人才办共同承办的2014中国(江苏)国际科技交流与人才智力合作大会在盐城举办。省科协党组书记、副主席陈惠娟出席会议并讲话,中国科协海智办副主任方进、省科协副主席阮仁良、中国旅美科技协会总会候任会长兼华盛顿分会理事长宋云明等出席会议。盐城市委书记朱克江、中国旅美科技协会理事会主席盛晓明致辞,诺贝尔化学奖得主、以色列工学院教授达尼埃尔·谢赫特曼作大会主题报告。欧洲商业与创新中心联盟(EBN)主席阿尔瓦罗·西蒙·德布拉斯、西班牙航空航天电讯协会会长欧亨尼奥、西班牙诚信集团总裁哈维尔、加华科技交流协会会长周仪、国际华人科技企业协会英国会长李好玉等外宾和来自西班牙、芬兰、英国、俄罗斯、意大利、法国的创新园区负责人和有关高新企业负责人近50人与会。本次海智大会共集聚了600个海外科技项目,邀请了150多个项目参会对接,80多个项目签署合作协议,20多个项目已经正式落户。会议期间,与会专家学者还将围绕新能源新材料、节能环保、电子信息四大主题开展专题演讲,热议产业前沿新成果,探讨技术创新新动向,共谋未来发展新蓝图。此外,参会的专家学者还将赴开发园区、高新技术企业等进行载体实地考察对接交流,为盐城市与海外的交流与合作搭建一个更高、更广的平台。中国科协、江苏省科协有关方面负责人,部分海外科技社团负责人,海外高层次人才代表,有关企业、高等院校、国家级、省级海智基地负责人,江苏省部分兄弟市和省外科协有关方面负责人出席会议。

2014年10月28日,中国(江苏)国际科技交流与人才智力合作大会在盐城举行。

2014中国(江苏)国际科技交流与人才智力合作大会。2014年9月23日,由中国科协海智办、省科协和中国旅美科技协会共同主办,中共海门市委、海门市人民政府及中国旅美科技协会华盛顿分会承办的2014中国(江苏)国际科技交流与人才智力合作大会在海门举办。中国科协国际科技会议中心常务副主任纳翔,省科协党组书记、副主席陈惠娟出席会议并讲话。诺贝尔生理学奖获得者、美国国家科学院院士、中国科学院外籍院士弗里德·穆拉德博士,国务院发展研究中心产业经济研究部主任钱平凡博士作大会主题报告。英国驻沪总领事馆科技领事提姆·史丹布鲁克、中国旅美科协总会代表宋云明致辞。南通市委常委、组织部部长张兆江讲话,海门市委书记姜龙致欢迎词,会议由海门市市长杨曹明主持。大会共集聚了400余个海外科技项目,参会洽谈对接项目50多个,签署合作协议项目7个,正式落户项目4个。

开幕式上,省科协副主席阮仁良宣读《关于设立第三批省级海智工作基地的通知》,并举行了"海外智力为国服务行动计划工作基地""江苏省海智计划(海门)工作基地5+1工作站"授牌仪式。弗里德·穆拉德、钱平凡分别作"一氧化氮和Cyclic GMP信号通路的发现及药物开发应用前景""搭建平台、集结人才、助推产业升级与转型"的大会主题报告。会议期间,与会专家学者还围绕生物医药、新能源新材料、海洋工程装备三大主题开展了专题演讲,热议产业前沿新成果,探讨技术创新新动向,共谋未来发展新蓝图。

会议期间还举行了海门科技、人才政策推介会,台海休闲创意农业座谈会,政产学研合作洽谈会以及"国家千人计划"及相关专家座谈会,开展了海门市创业载体考察。

(江苏省科学技术协会　沈　禁)

党风廉政与行风建设

Improvement of the Ethical Standard and Work Style of the Party

【概　况】　2014年,全省科技纪检监察系统坚决贯彻中央和省有关决策部署,以落实"两个责任"为龙头,以立项监督和经费监管为重点,聚焦中心任务,突出主责主业,强化执纪监督,科技系统党风廉政建设和反腐败工作取得阶段性成效,为全面深化改革、推动科技事业健康发展提供了有力保障。江苏区域创新能力连续6年位居全国第一。

【反腐倡廉】 推进两个责任落实,着力构建反腐倡廉新格局。省委落实“两个责任”意见出台后,厅党组高度重视,立即召开党组会组织学习,研究落实措施。

一是坚持强化领导促廉。厅党组认真贯彻全面从严治党的要求,切实担负起党风廉政建设的政治责任,围绕落实主体责任和监督责任,加强工作部署,推动责任落实。制定出台了《省科技厅党组关于落实党风廉政建设党组主体责任、纪检组监督责任的实施意见(试行)》,下发了《省科技厅2014年党风廉政建设工作任务及责任分解意见》,将中央和省委、省纪委关于党风廉政责任制的部署要求,细化实化为6个类别、37项具体任务,明确责任主管领导和具体承办人,实现任务明确到位、处室任务到位、完成时间到位,做到一人一条线、一人抓到底,使党风廉政建设责任制的各项工作全面落实、不留盲区。驻厅纪检组将党风廉政建设有机融入科技行政管理业务,纪检组结合行政监察、审计监督、信访举报、作风评议等工作,对党风廉政建设责任制履行情况进行督查;坚持每年向党组汇报上一年度纪检监察信访、行政监察及内部审计、直属单位党风廉政建设责任制考核情况等情况。

二是坚持分工负责执廉。厅党组紧紧抓住主体责任这个“牛鼻子”,明确党组书记为科技厅党风廉政建设第一责任人,各分管领导按照“一岗双责”,对分管领域、分管处室出现的问题负主要领导责任,党组书记分别与分管副厅长、直属单位党政负责人签订《2014年党风廉政建设责任书》,分管领导分别与分管处室负责人签订责任书,做到与业务工作同部署、同实施、同检查。

三是坚持检查考核督廉。根据省纪委统一部署,纪检组协助厅党组在年底对党风廉政建设责任制落实情况进行考核,下发通知给各处室、各直属单位,将落实党风廉政建设责任制情况划分为十一项重点任务,通过自查自评、考核测评、座谈交流、个别约谈等形式,全面了解厅系统党风廉政建设情况,并将考核结果纳入部门评优、干部使用、绩效评估的内容,进一步形成责任层层传递、任务逐级落实的工作格局。

【勤廉从政教育】 深化勤廉从政教育,筑牢党员干部思想防线。坚持把反腐倡廉教育作为深化新一轮惩防体系的重要抓手,大力弘扬廉政文化,着力构建“不想腐”“不愿腐”的良好氛围。

一是抓实经常性教育。厅党组高度重视廉政教育,多次召开党组会、厅长办公会、中心组学习会,深入学习贯彻习近平总书记关于加强党风廉政建设和反腐败斗争一系列重要论述,党的十八届三中、四中全会精神,中央纪委五次全会、省纪委五次全会、省政府第三次廉政会议精神,研究部署党风廉政建设重点工作。2014年年初,驻厅纪检组制定了《2014年省科技厅党风廉政宣传教育工作计划》,将党风廉政教育纳入党组中心组、科技讲堂、处务会的学习内容,邀请省委党校专家举办全省科技管理系统集中廉政教育会;注重开展集体教育,年底组织开展直属单位党政主要负责人集体廉政谈话会,由纪检组长对下属事业单位的主要领导、纪检书记或分管纪检领导进行廉政约谈,督促直属单位切实落实“两个责任”。

二是抓实警示教育。深入开展岗位廉洁和勤廉警示教育,邀请省委党校廉政教育中心主任对全省科技管理系统进行集中廉政教育,组织厅机关及直属单位全体干部观看《忠诚与背叛》《迷失的坐标》廉政教育片,用反面典型教育广大干部,自觉增强拒腐防变的“免疫力”。注重加强岗位廉政教育,由监察室主任在厅机关近三年新近人员暨内勤扩大会议上作了廉洁教育辅导报告,介绍兄弟省份科技系统发生的腐败案例,用身边人和身边事来惊醒干部,切实提高廉政教育的针对性。依托省科技厅内网资源,开设廉政公园、法律法规、警句格言、廉政动漫、视频点播、国际反腐等8个栏目,不断增强教育的针对性。

三是抓实节点教育。始终把握春节、元旦、国庆、中秋等关键节点,及时下发加强廉政建设的通知,要求机关干部和直属单位抓好廉洁自律工作;利用科技厅机关电子大屏幕平台,在节庆假日前夕滚动播放廉政格言、廉政通知、廉政纪律等内容,着力营造廉政教育氛围;创新开展科技系统廉政教育培训,安排驻厅纪检组对省科技厅全体党员干部进行廉洁从政警示教育,监察室安排赴南京、扬州、泰州、江都以及省知识产权局、省创业服务中心进行党风廉政专题教育,取得较好教育成效。

【权力监督】 加大监督检查力度,强化对权力的制约监督。突出重点、有抓有放,切实强化对权力行使的监督。

一是围绕作风建设抓牢执纪监督。深入贯彻落实中央八项规定、国务院约法三章、省委十项规定以及厅党组十条措施,紧扣省十大专项整治任务,持续用力纠正“四风”。抓好奢侈浪费专项整治,出台厅机关财务管理实施细则、规范接待工作的规定、厉行节约反对浪费的若干规定,将办公经费削减目标层层分解落实。省科技厅会议、文件明显减少,公务接待、公车运行、因公出国费用同比分别减少64.4%、21.2%、25.1%。

二是围绕科技立项抓牢环节监督。突出关键环节,重点抓好科技立项监督,对项目申报、专家遴选、评审咨询、现场考察、立项公示、结题验收等环节上的监督,纪检组均全程监督,当年实施行政监察126人次。在专家遴选关键环节全面推行廉政承诺制度,由监察室与专家遴选人员、业务处室三方签订承诺书,明确职责、要求及问责措施。全面推行科技项目专项巡视制度,纪检组长率领巡视组对宿迁、南通、泰州等地的15个项目进行现场巡视,针对巡视发现问题立即督促整改;陶静组长带领巡视组走进“中国江苏网”,向社会宣介科技项目巡视工作,并与网友在线互动。

三是围绕经费使用抓好审计监督。根据《省重大科技项目专项经费审计暂行规定》和《省科技厅内部审计管理办法》,建立省级重点科技项目经费全面审计制度,当年开展省拨100万元以上重点项目经费审计140余项,提出审计建议250多条,努力保证科技资金安全。加强对厅直属单位的审计监督,委托第三方会计师事务所对省生产力中心、省科技情报所开展专项审计,有效提升直属单位项目实施和财务管理的规范化水平。

四是加大干部人事工作监督。根据《党政领导干部选拔任用条例》,干部选拔任用环节的监督也是纪检监察部门的重要职责。厅系统在提拔任用干部前,均由纪检组出具廉洁从政鉴定材料,厅直属单位招聘人才,纪检组均全程参与,并由纪检组牵头受理对考察对象的反映。

【源头防腐治腐】 强化源头防腐治腐,扎紧扎密“制度的笼子”。坚持惩防并举、注重预防的方针,加强对各项制度执行情况的督查落实,推动科技系统由“权力反腐”向“制度反腐”转变。

一是加强惩防体系建设。根据中央《建立健全惩治和预防腐败体系2013—2017年工作规划》和省委《实施办法》,厅党组召开党组会专题传达中央和省委要求,研究贯彻落实方案。制定下发了《江苏省科技厅贯彻落实中央〈建立健全惩治和预防腐败体系2013—2017〉和省委〈实施办法〉的实施方案》,明确建设内容、推进措施和责任分解,积极推进全省科技管理系统构建新一轮惩防体系。

二是加强制度体系建设。坚持“用制度管人、管事、管权”的思路,从健全制度着手硬化各项约束,切实把权力关进制度的笼子里。结合群众路线教育实践活动,由驻厅纪检组牵头对现有管理制度进行梳理,新出台制度13个、修订15个。完善约束机制,在原有省科技厅机关工作人员“十不准”规定、重大科技项目现场考察“六不准”规定、科技计划立项管理“四不得”规定等廉政纪律的基础上,整合出台《全省科技管理系统“六条禁令”》,重新架设“高压线”,并已张贴至省科技厅机关每间办公室,接受社会和服务对象的监督。按照省监察厅部署,制定《省科技厅制度廉洁性评估试点方案》,由驻厅纪检组和厅法规处,开展对近三年规范性文件的清理评估和新制定文件的前置评估,推动制度建设更科学规范、执行更有力有效。

三是加强管理制度创新。从推动科技管理改革出发,大力推进廉政承诺书、专家回访等制度,在专家遴选、项目评审等项目管理关键阶段的预防腐败上收到显著作用;从打造“阳光科技”入手,探索推动“管评分离”,推进科技立项关键环节改革,确保科技立项公平公正;在省级医学临床研究中心、省杰出青年基金评审前,均由监察室同志向参加评审的专家发送廉政短信,提出廉政要求和保密要求,营造项目评审的公平公正环境。制定《江苏省科技计划项目相关责任主体信用管理办法》,严肃查处违反科技项目实施管理规定的行为,凡是情节恶劣、后果严重的作假项目一律记入“黑名单”。

【信访举报查办】 抓好信访举报查办,保持惩治腐败高压态势。厅党组高度重视信访查办工作,定期研究信访举报查办发现的问题及面临形势,不断畅通监督渠道,严肃查处违纪违法行为,努力构建“不敢腐”的新态势。

一是加大信访查办力度。坚持有案必查、有腐必反、有责必究,广泛畅通监督渠道,开通网上厅长信箱、网上举报信箱、政务公开监督电话和24小时移动举报热线,构建起“来信、来访、来电、网络、短信”五位一体的信访举报体系,全方位接受群众举报和投诉。坚持严查严办弄虚作假项目及项目组织中的违纪违规行为,凡是科技项目涉及群众来信的都进行核查,凡是群众举报属实的都坚决取消立项资格,凡是情节恶劣、后果严重的作假项目一律记入“黑名单”,三年内不得再申报任何科技项目。2014年,省科技厅系统信访举报量较上年降低50%,办结率保持100%。

二是加大以案教育力度。坚持从严监督、抓早抓小,对一般性、苗头性、倾向性问题,通过廉政提醒、廉政约谈、监察建议书等手段,做到早发现、早提醒、早纠正、早查处。在科技项目立项敏感阶段,由纪检组长召集有关业务处领导进行廉政谈话提醒,并根据强化廉政纪律的实际需求及时进行个别廉政谈话。在2014年全省科技局长会议上,纪检组长通报被驻厅纪检部门查办的严重弄虚作假项目;召开全省科技系统纪检监察工作座谈会,通报省内外科技部门发生的违法违纪案件,取得明显成效。

三是加大查案治本力度。充分发挥查案治本功能,通过信访举报查办,及时发现作风建设上的问题和科技管理中的漏洞,加大制度建设力度,制订、修订一系列管理制度,以规范权力行使、堵塞制度漏洞,强化对廉政风险点的管控,推动科技系统由“权力反腐”向“制度反腐”转变。同时,加大对制度执行情况的监督检查,强化监督监控体系,切实把权力关进制度的笼子里,确保政令畅通、令行禁止。

(驻江苏省科学技术厅纪检组监察室)

科技计划与项目

Programs of Science & Technology

2014年度江苏省科技计划执行情况及2015年结转项目统计

Implementation of Jiangsu Science & Technology Programs in 2014 and the Transfer Project Statistics in 2015

表3-1 2014年度江苏省科技计划执行情况及2015年结转项目统计 单位:项

计划类别	2014年计划安排			完成及中止项目			结转项目
	合计	上年结转项目	新上项目	验收	总结	中止	
合计	10723	7575	3148	2102	107	44	8470
一、基础研究计划	4760	3242	1518	768		7	3985
二、科技支撑计划	2147	1647	500	582	49	9	1507
工业	902	662	240	301	4		597
农业	523	405	118	126	1	2	394
社会发展	722	580	142	155	44	7	516
三、科技成果转化专项资金	739	588	151	72	29	13	625
四、科技基础设施建设	346	302	44	126	6	3	211
重点实验室	65	55	10	8	1		57
科技公共服务平台	128	128		61		2	67
院士工作站	100	89	11	57	4	1	43
其他	53	30	23	9	1		44
五、国际科技合作	248	183	65	88	19		141
六、科技型企业技术创新资金(工业)	809	578	231	190			619
七、苏北科技发展专项	472	296	176	119	1	2	350
富民强县	338	162	176	65	1	1	273
科技型企业技术创新资金(农业)	134	134		57		1	77
八、产学研联合创新资金	991	628	363	157	3	10	821
九、临床医学科技专项	211	111	100				211

2014年度江苏省科技计划项目统计

2014 Annual Statistics on Scientific & Technological Projects of Jiangsu Province

表3-2 2014年度各省辖市承担省科技计划项目

单位:个

	合计	基础研究计划	科技支撑计划	科技基础设施建设计划	科技成果转化专项资金	科技型企业技术创新资金	苏北科技发展计划	软科学研究计划	国际科技合作计划	产学研联合创新资金	临床医学科技专项
合计	2230	785	412	32	151	231	176	47	64	264	68
南京市	220	88	35	3	14	39		6	12	5	18
无锡市	246	86	44	3	23	26		4	11	42	7
徐州市	195	99	15	2	4	8	38	1	1	19	8
常州市	224	56	31	4	18	27		10	12	62	4
苏州市	499	214	101	6	34	58		12	15	38	21
南通市	102	24	30	4	13	13		2	2	11	3
连云港市	98	18	19	1	4	6	30	4	3	12	1
淮安市	86	15	14	2	4	5	32	1		12	1
盐城市	151	28	14	2	4	12	47	4	2	38	
扬州市	129	44	46	2	13	9			1	13	1
镇江市	188	106	35	1	8	18		2	4	10	4
泰州市	42	6	18	2	7	7				2	
宿迁市	50	1	10		5	3	29	1	1		

表3-3 2014年度各省辖市新上省科技计划项目经费拨款汇总

单位:万元

	合计	基础研究计划	科技支撑计划	科技基础设施建设计划	科技成果转化专项资金	科技型企业技术创新资金	苏北科技发展计划	软科学研究计划	国际科技合作计划	产学研联合创新资金	临床医学科技专项
合计	201473	14496	28779	8700	117500	6050	7504	169	3920	5655	8700
南京市	20056	1425	2825	700	10800	1025		18	780	90	2393
无锡市	25428	1770	3490	500	16600	705		16	900	840	607
徐州市	10743	1860	829	400	3900	200	1524	5	50	475	1500
常州市	23611	958	2835	2700	13700	715		38	700	1465	500
苏州市	39988	4169	7265	1000	21100	1530		44	850	930	3100
南通市	15777	399	1770	1000	11700	325		8	100	195	280
连云港市	7693	270	1170	300	3900	150	1434	14	150	255	50
淮安市	6698	260	825	600	3300	140	1340	3		210	20
盐城市	8042	428	730	200	3600	300	1970	14	100	700	
扬州市	16210	710	2545	400	12000	230			50	225	50
镇江市	13268	2137	2515	300	7200	480		6	190	240	200
泰州市	7340	90	1545	600	4900	175				30	
宿迁市	6619	20	435		4800	75	1236	3	50		

表3-4 江苏省2014年度新上基础研究计划项目

项目编号	项目名称	承担单位
BK20140001	显隐信息混合的智能学习模型及其微生物过程建模应用	江南大学
BK20140002	酿酒酵母耐受有机酸的分子进化机制	江南大学
BK20140003	食品安全生物传感检测新原理与分析新方法	江南大学
BK20140004	TRP离子通道、钙稳态分子过程与血管功能稳态调控	江南大学
BK20140005	煤矿井下火区环境瓦斯爆炸灾害危险性辨识与防控理论	中国矿业大学
BK20140006	聚酰亚胺的可控金属化及其微观结构与性能关系研究	北京化工大学常州先进材料研究院
BK20140007	基于改善核废料处置与核燃料循环过程的锕系元素配位化学研究	苏州大学
BK20140008	维数约简关键技术研究及其应用	苏州大学
BK20140009	组分渐变的纳米异质结阵列薄膜太阳能电池	苏州大学
BK20140010	聚合物辅助设计碳纳米管复合电极材料	轻工业化学电源研究所
BK20140011	无机纳米材料的化工过程设计与优化研究	江苏大学
BK20140012	轻合金激光冲击颗粒植入技术及多效应协同强化机制	江苏大学
BK20140013	基于电喷雾离化法的生物大分子复合“软”材料研究	江苏大学
BK20140014	功能主族化合物的研究	南京大学化学化工学院
BK20140015	新型超导材料的物理性质研究	南京大学物理学院
BK20140016	伽马暴宇宙学	南京大学
BK20140017	新型低维量子电子及信息存储器件	南京大学物理学院
BK20140018	神经突触可塑性机制研究	南京大学
BK20140019	Si基声子晶体热电性能的研究	南京大学
BK20140020	长三角反应性氮的源排放定量表征优化及环境响应	南京大学环境学院
BK20140021	长三角地区细颗粒及臭氧污染特征和形成机制	南京大学
BK20140022	个人可视属性识别	东南大学
BK20140023	表面增强拉曼散射(SERS)纳米光学探针及其生物传感应用	东南大学
BK20140024	神经环路的信号传递调控机制研究	东南大学
BK20140025	磁流变智能减震结构试验与理论研究	东南大学
BK20140026	压缩空气溶液除湿技术及增压溶液除湿基础问题研究	东南大学
BK20140027	基于原位测试的软土空间变异性与安全敏感因素研究	东南大学
BK20140028	用于芯片肝脏构建的生物材料研究	东南大学
BK20140029	miR-26a靶向TET酶调控胰腺干细胞分化的作用及机制研究	中国药科大学
BK20140030	哺乳动物卵子减数分裂调控的分子机制	南京农业大学
BK20140031	可诱导表达三维联通纳米骨组织工程支架系统的建立优化及修复颌骨缺损应用研究	中国人民解放军南京军区南京总医院
BK20140032	新型双靶向病毒—基因系统治疗恶性肿瘤的实验研究	中国人民解放军南京军区南京总医院
BK20140033	生物膜嵌入组件及脂类功能的质谱新方法研究	南京理工大学
BK20140034	含氧燃料燃烧的化学作用机理及污染物控制研究	南京理工大学
BK20140035	磁性合金的纳米结构与性能	南京理工大学
BK20140036	复杂曲面动态加工特征建模与应用基础研究	南京航空航天大学
BK20140037	压电声波器件层状结构中伪铁电畴层波性能研究	南京航空航天大学
BK20140038	区域二氧化碳减排与低碳发展研究	南京航空航天大学
BK20140039	基于塑料光纤的混凝土坝裂缝探测与监测理论和方法	河海大学
BK20140040	环境多环芳烃致精子DNA损伤的受精卵内修复事件及机制	南京医科大学
BK20140041	能量代谢性疾病的分子病理学	南京师范大学

续表 3-4

项目编号	项目名称	承担单位
BK20140042	高分辨率遥感信息处理	南京师范大学
BK20140043	用于化学或生物分子检测的比色/荧光传感器的研制	南京工业大学
BK20140044	多孔配位聚合物复合材料的构建	南京工业大学
BK20140045	多源干扰时滞系统鲁棒故障诊断研究	南京信息工程大学
BK20140046	大气低频振荡与江淮地区灾害天气的延伸期预报	南京信息工程大学
BK20140047	青藏高原极端气候事件变化及对中国东部季风区的影响	南京信息工程大学
BK20140048	Rictor/mTORC2在促进肾间质成纤维细胞活化和炎细胞浸润中的作用和机制	南京医科大学第二附属医院
BK20140049	东亚钳蝎蝎毒素Bmk AGAP的镇痛活性中心鉴定与多肽药物设计	江苏省中医药研究院
BK20140050	宇宙大尺度结构和星系形成研究	中国科学院紫金山天文台
BK20140051	深部煤岩无人采掘装备自适应高效截割原理与适用性评估研究	中国矿业大学
BK20140052	视网膜多模态医学影像处理与分析算法研究	苏州大学
BK20140053	有机纳米界面调控及光电器件应用基础研究	苏州大学
BK20140054	低维磁性功能材料与器件的研究	南京大学电子科学与工程学院
BK20140055	二次锂空气电池关键电极材料的设计、调控和制备	南京大学
BK20140056	多功能分子基铁电材料的性能研究	东南大学
BK20140057	乳腺癌影像分子分型研究的临床转化	中国人民解放军南京军区南京总医院
BK20140058	大规模异质数据分析、挖掘与管理	南京理工大学
BK20140059	大型风力机的关键力学问题基础研究	南京航空航天大学
BK20140060	可印刷塑料电子材料与光电器件相关基础研究	南京邮电大学
BK20140061	GTF2H2调控卵母细胞发育的分子机制研究	南京医科大学
BK20140062	我国活性氮利用效率及气态活性氮排放规律研究	南京师范大学
BK20140063	高浓度CO_2条件下高应答水稻响应机制的研究	中国科学院南京土壤研究所
BK20140064	雷达回波资料反演大气波导变分伴随方法研究	中国人民解放军理工大学
BK20140065	水下移动传感器网络可靠性建模与评估研究	中国人民解放军理工大学
BK20140066	抗几何变换矢量地理数据水印算法研究	中国人民解放军理工大学
BK20140067	燃气爆炸条件下建筑玻璃破坏效应及防护研究	中国人民解放军理工大学
BK20140068	面向多跳无线网络的干扰部署、定位与识别关键技术研究	中国人民解放军理工大学
BK20140069	具有干扰回避能力的光子学无线超宽带信号产生方法研究	中国人民解放军理工大学
BK20140070	基于SDN的数据中心网络高效资源管理调度技术研究	中国人民解放军理工大学
BK20140071	面向单通道语音分离的多层时变因子分解模型	中国人民解放军理工大学
BK20140072	纳米尺度原子镜腔QED系统的量子调控和量子信息处理	中国人民解放军理工大学
BK20140073	基于多层稀疏编码的通信指纹提取研究	中国人民解放军理工大学
BK20140074	基于知识的语音增强和语音编码融合技术研究	中国人民解放军理工大学
BK20140075	语音多分形特征及其在说话人识别中的应用	中国人民解放军理工大学
BK20140076	面向非确定传输时长的网络编码组播理论与方法研究	中国人民解放军理工大学
BK20140077	松脂基NIPU聚合物材料的合成、改性及构效关系研究	中国林业科学研究院林产化学工业研究所
BK20140078	基于视觉感知网络的视觉行为感知和理解技术研究	中国电子科技集团公司第二十八研究所
BK20140079	基于压缩感知的WSN多目标定位技术研究	中国电子科技集团公司第二十八研究所
BK20140080	考虑吸附和降解作用的NAPLs污染溯源研究	水利部交通运输部国家能源局南京水利科学研究院

续表 3-4

项目编号	项目名称	承担单位
BK20140081	CFRP加固腐蚀混凝土缺口梁断裂理论与试验研究	水利部交通运输部国家能源局南京水利
BK20140082	一个功能未知的lncRNA——RPAIN参与子痫前期发生的分子机制研究	科学研究院
BK20140083	lncRNA8975-1:影响增生性瘢痕形成的新机制	南京医科大学附属南京妇幼保健院
BK20140084	miR-181a调节Cyr61影响滋养细胞侵袭能力的机制研究	南京医科大学附属南京妇幼保健院
BK20140085	ZBED3:一个功能未知的母源蛋白影响早期胚胎发育的机制研究	南京医科大学附属南京妇幼保健院
BK20140086	LncRNA-uc.417:促进棕色脂肪细胞生成的新机制	南京医科大学附属南京妇幼保健院
BK20140087	尿酸通过活化炎症小体介导足细胞损伤	南京医科大学附属南京妇幼保健院
BK20140088	Gremlin在早产儿视网膜病变中的作用机制研究	南京医科大学附属南京儿童医院
BK20140089	图的某些标号问题和松弛标号问题研究	南京医科大学附属南京儿童医院
BK20140090	寿命成像型锌离子双光子荧光探针的构筑与活体造影	南京晓庄学院
BK20140091	外胚间充质与牙板上皮交互影响牙胚发生终止的分子机制	南京晓庄学院
BK20140092	CHOP调控ERO1α在急性肝损伤中的作用及其机制	南京市口腔医院
BK20140093	低剪切力激活mTORC2信号损伤血管内皮细胞黏附功能的机制研究	南京市江宁医院
BK20140094	pDC中TLR7表达水平及其基因多态性与HCV感染慢性化关系的分子流行病学研究	南京市第一医院
BK20140095	胃癌和结直肠癌预后相关共性分子标志群作用机制研究	南京军区军事医学研究所
BK20140096	高致病性猪链球菌N-乙酰半乳糖胺代谢通路及其分子调控机制研究	南京军区军事医学研究所
BK20140097	护骨素轴在瓣膜病合并心房纤颤患者行改良迷宫术后窦律维持中的调节和预后判断	南京军区军事医学研究所
BK20140098	IFN-α调控MSCs上调nTreg抑制DCs在SLE治疗中的作用及机制	南京大学医学院附属鼓楼医院
BK20140099	产KPC-2肺炎克雷伯杆菌ST11耐药播散分子机制研究	南京大学医学院附属鼓楼医院
BK20140100	可靶、可视、可控的抗淋巴瘤纳米制剂的设计及机制研究	南京大学医学院附属鼓楼医院
BK20140101	miR-144在肥胖导致的子痫前期发病中的作用及机制研究	南京大学医学院附属鼓楼医院
BK20140102	P选择素靶向的载L-Arg的脂质微泡造影剂对动静脉血栓的早期诊断与治疗	南京大学医学院附属鼓楼医院
BK20140103	纤维连接蛋白包被高分子纳米组织工程血管的实验研究	南京大学医学院附属鼓楼医院
BK20140104	肝细胞肝癌中高表达的PRC1基因功能及其受CTCF转录调控的机制研究	南京大学医学院附属鼓楼医院
BK20140105	高波数Helmholtz方程的内罚间断Galerkin方法	南京大学医学院附属鼓楼医院
BK20140106	全空间上椭圆型方程基态解等若干问题的研究	金陵科技学院
BK20140107	银杏叶提取物抗肉鸡热应激机制的研究	金陵科技学院
BK20140108	液化场地侧向变形作用下地铁地下结构地震破坏机理研究	金陵科技学院
BK20140109	基于细观结构特征与蠕变损伤机制的沥青混合料永久变形行为研究	金陵科技学院
BK20140110	高性能环保型水性环氧水泥基材料的构筑与机理研究	江苏苏博特新材料股份有限公司
BK20140111	基于生物结合料的废旧沥青再生剂制备及应用基础研究	江苏苏博特新材料股份有限公司
BK20140112	天然岩沥青改性环保型复合沥青机理及性能研究	江苏省交通科学研究院股份有限公司
BK20140113	变压器超饱和态及非常态涌流对交直流保护的影响研究	江苏省交通科学研究院股份有限公司
BK20140114	入侵检测技术在电力工业控制系统信息安全中的应用研究	江苏省电力试验研究院有限公司
BK20140115	羟基多溴联苯醚体外肝脏代谢及作用机理研究	江苏省电力试验研究院有限公司
BK20140116	紫金山不同植被群落生态系统水文效应及养分循环特征研究	环境保护部南京环境科学研究所
BK20140117	围垦和植被演替过程中盐城滨海湿地碳源/汇功能的动态变化	环境保护部南京环境科学研究所

续表 3-4

项目编号	项目名称	承担单位
BK20140118	基于IGBT串联的中压变频技术研究	环境保护部南京环境科学研究所
BK20140119	新型抗体-化合物偶联药物平台的建立	南京南瑞集团公司
BK20140120	基于RSM研究水温-脂肪对黄颡鱼脂肪酸免疫的调控机制	南京任诺药业有限公司
BK20140121	乙二醛酶Ⅰ基因在长江刀鲚应激调控中的功能研究	中国水产科学研究院淡水渔业研究中心
BK20140122	Hippo信号通路调控间充质干细胞向ARDS肺泡上皮细胞分化的机制研究	中国水产科学研究院淡水渔业研究中心
BK20140123	人工关节假体锌离子微孔涂层促成骨/抗菌性能的实验研究	无锡市人民医院
BK20140124	NK1受体调控色素合成的作用及机制研究	无锡市人民医院
BK20140125	循环滤泡辅助性T细胞促进B细胞活化在哮喘病理过程中的作用机制探讨	无锡市人民医院
BK20140126	Monge-Ampère型方程的边值问题研究	无锡市第三人民医院
BK20140127	渐变设计与模式耦合导致的宽带声学超材料研究	无锡城市职业技术学院
BK20140128	量子系统中的非经典关联及其相关问题研究	江南大学
BK20140129	拓扑相同外场竞争机制的研究	江南大学
BK20140130	非线性高阶发展方程解的长时间行为及其最优控制	江南大学
BK20140131	单层二硫化钼纳米体系中的电子交流输运性质研究	江南大学
BK20140132	大肠杆菌重组蛋白胞外分泌的强化及优化	江南大学
BK20140133	Gibberella intermedia腈水解酶副反应腈水合酶活性的分子机理及消除研究	江南大学
BK20140134	基于NADH平衡的甘油发酵-催化3-羟基丙酸合成系统基础研究	江南大学
BK20140135	基于改善染料木苷水溶性的环糊精葡萄糖基转移酶蛋白质工作改造的研究	江南大学
BK20140136	对于电子捕获解离中非定向解离机理的研究及其生物应用	江南大学
BK20140137	表面功能聚合物修饰的介孔二氧化硅药物输送载体研制	江南大学
BK20140138	产D-1,2,4-丁三醇耐高渗酵母基因工程菌的构建及其合成调控优化研究	江南大学
BK20140139	导入基团辅助的钯催化联烯氢芳基化反应的研究	江南大学
BK20140140	功能化的金属联芳基乙炔配合物设计合成与光学非线性研究	江南大学
BK20140141	影响GPI锚定蛋白生物合成与细胞内运输的因素的综合筛选研究	江南大学
BK20140142	淀粉脱支酶的基因筛选、分子改造及高效分泌表达	江南大学
BK20140143	水分迁移与分布与环糊精抗淀粉回生关系研究	江南大学
BK20140144	黄酒发酵过程中乳酸菌积累有害胺类代谢物的机制解析	江南大学
BK20140145	多重独立驱动力参与下的一步可控自组装研究	江南大学
BK20140146	酱油发酵环境生理影响米曲霉胞外蛋白酶催化机制研究	江南大学
BK20140147	研究三萜皂苷Nigaichigoside F1基于Nrf2/ARE信号通路降低脂毒性的作用机制	江南大学
BK20140148	发芽处理延缓糙米制品回生特性的机理研究	江南大学
BK20140149	离子液体选择性富集甘油酯产物及酰基转移规律研究	江南大学
BK20140150	极限糊精影响小麦淀粉老化机制研究	江南大学
BK20140151	枯草芽孢杆菌氨肽酶PA domain的功能研究	江南大学
BK20140152	定量调控大肠杆菌中重组蛋白胞外分泌水平的机制研究	江南大学
BK20140153	黄酒“陈酿香”香气特征化学本质及其形成机制研究	江南大学
BK20140154	O_2血清型幽门螺旋杆菌表面脂多糖结构的化学合成和免疫学研究	江南大学

续表 3-4

项目编号	项目名称	承担单位
BK20140155	基于适配体识别的表面增强拉曼光谱检测食源性致病菌的研究	江南大学
BK20140156	裂壶藻脂质反耗阶段脂质迁移规律及其分子机制的研究	江南大学
BK20140157	低毒性,近红外荧光微球的制备及癌细胞特异性识别	江南大学
BK20140158	稻壳基活性炭液相多组分吸附模型建立及动力学研究	江南大学
BK20140159	中空纳米碳纤维基超级电容器复合电极材料的可控制备及性能研究	江南大学
BK20140160	RAFT法合成光敏双亲聚合物修饰碳纳米管掺杂金纳米粒子制备传感涂层及其应用研究	江南大学
BK20140161	仿生树形结构针织物导湿性能和机理	江南大学
BK20140162	生物医用多孔Ti-Mo合金选择性激光烧结成形机理及性能研究	江南大学
BK20140163	阳离子模板法构筑三阶非线性光学Mo(W)/S/Cu(Ag)簇-金属框架材料	江南大学
BK20140164	不规则采样数据系统的参数估计及其推理控制	江南大学
BK20140165	基于改进多维粒子群算法优化的地表水污染预报建模研究	江南大学
BK20140166	在聚类分析框架下对传感器网络上的传播过程的研究	江南大学
BK20140167	基于新颖MIM亚波长波导结构光电器件的设计	江南大学
BK20140168	金纳米颗粒表面等离子激元在n型晶硅HIT太阳能电池中的设计与实验研究	江南大学
BK20140169	β1,4-半乳糖转移酶1(β4GALT1)在骨髓造血微环境中的功能研究	江南大学
BK20140170	miR-124通过调控Flotillin-2对小鼠精子顶体形成的作用和机制研究	江南大学
BK20140171	长非编码RNA-AK098783在结直肠癌转移中的功能及其分子机制研究	江南大学
BK20140172	不同转移潜能膀胱癌定量糖蛋白质组学研究	江南大学
BK20140173	基于节点依赖性的无线传感网关键节点检测技术研究	江南大学
BK20140174	普适无线分布式网络时间校准技术研究	无锡清华信息科学与技术国家实验室物联网技术中心
BK20140175	类二硫化钼体系中的拓扑结构与量子输运的理论研究	无锡清华信息科学与技术国家实验室物联网技术中心
BK20140176	带多个Hardy项的临界椭圆方程解的存在性及渐进行为	中国矿业大学
BK20140177	与Virasoro代数相关的非有限分次李代数表示理论研究	中国矿业大学
BK20140178	可燃气体爆轰场中碳包覆金属纳米材料生长机理的研究	中国矿业大学
BK20140179	含缺陷梯度材料及结构抗磨损性能的理论及实验研究	中国矿业大学
BK20140180	粘性不可压缩平行流中板壳结构的动力特性研究	中国矿业大学
BK20140181	新型氰根桥联铬(Ⅲ)-钴(Ⅱ)杂自旋低维分子磁性材料研究	中国矿业大学
BK20140182	功能化微介孔MOFs材料的设计合成及CO_2吸附性能研究	中国矿业大学
BK20140183	构造煤摩擦面特征及地质成因意义	中国矿业大学
BK20140184	富营养化湖泊胶体来源、性质及其生物可利用性研究	中国矿业大学
BK20140185	分布式协同GIS中空间访问控制策略研究	中国矿业大学
BK20140186	多源遥感数据融合的矿区地形变化监测与预警	中国矿业大学
BK20140187	真空腔对管道气体爆炸火焰的猝熄机理及影响因素	中国矿业大学
BK20140188	基于气动肌肉的柔性外骨骼助力系统及其人机协同控制策略研究	中国矿业大学
BK20140189	冲击倾向性巷道的能量支护设计与可靠性评估基础研究	中国矿业大学
BK20140190	相变储能材料/微型热管耦合传热特性研究	中国矿业大学
BK20140191	低浓瓦斯浓缩利用新型MOFs孔材料的合成及性能研究	中国矿业大学
BK20140192	基于机器学习的煤与瓦斯突出危险性识别研究	中国矿业大学
BK20140193	煤体多孔介质内液氮相变传热传质研究	中国矿业大学

续表 3-4

项目编号	项目名称	承担单位
BK20140194	多孔金属形态控制试验及性能优化研究	中国矿业大学
BK20140195	新型贴板加强方钢管节点的承载机理与力学模型研究	中国矿业大学
BK20140196	基于纵波波速差异的巷道超前应力分布特征探测及应用	中国矿业大学
BK20140197	基于高效太阳能产氢应用的高活性多孔结构Ta_3N_5光阳极创制	中国矿业大学
BK20140198	多关键层分次垮落对沿空留巷的扰动机理及其控制对策	中国矿业大学
BK20140199	煤炭微生物水解对瓦斯吸附特性的影响机理实验研究	中国矿业大学
BK20140200	采煤机关键传动部件早期故障特征提取与在线监测研究	中国矿业大学
BK20140201	极薄保护层钻采对高瓦斯煤层群卸压增透的作用机制	中国矿业大学
BK20140202	矿井混合无线Mesh网络路由机制及算法研究	中国矿业大学
BK20140203	深厚表土冻融土-井壁结构相互作用接触面力学特性研究	中国矿业大学
BK20140204	新型模块化多电平交直交变换器及其控制技术研究	中国矿业大学
BK20140205	基于松散承压含水层水位降速的压架突水灾害预警研究	中国矿业大学
BK20140206	岩浆接触变质带煤的吸附解吸特性与瓦斯突出效应研究	中国矿业大学
BK20140207	地面钻井抽采条件下老采空区瓦斯渗流特性研究	中国矿业大学
BK20140208	煤的多元气体竞争吸附特性和注氮置换瓦斯机理研究	中国矿业大学
BK20140209	细粒煤振动流态化分选的稳定性强化机制及适应性研究	中国矿业大学
BK20140210	厚煤层采动影响下遗留煤柱内巷道稳定机制研究	中国矿业大学
BK20140211	重介选煤过程软测量建模及预测优化策略研究	中国矿业大学
BK20140212	掺铁-表面无序化多孔单晶二氧化钛制备及光转换性能研究	中国矿业大学
BK20140213	动静载荷叠加下端帮采煤机系统的条带煤柱失稳机理	中国矿业大学
BK20140214	量子关联在量子通信中的应用研究	中国矿业大学
BK20140215	近红外光谱技术实现煤质在线分析的建模方法研究	中国矿业大学
BK20140216	基于深度学习的煤矿瓦斯灾害特征提取方法研究	中国矿业大学
BK20140217	Capon介导的nNOS活性调控在抑郁症应激损伤中的作用	中国矿业大学
BK20140218	非人灵长动物三维空间中自身位置编码的神经机制研究	徐州医学院
BK20140219	ADAM17介导血小板受体GPIba胞外段水解在ITP中的作用机制研究	徐州医学院
BK20140220	超声联合纳米庆大霉素脂质体治疗骨关节感染的实验研究	徐州医学院
BK20140221	介孔碳-磷脂双分子层口服纳米给药系统的制备与评价	徐州医学院
BK20140222	RERT-lncRNA调控EGLN2在结直肠癌发生中的作用机制研究	徐州医学院
BK20140223	多靶点抗乙肝病毒药物的设计、合成及生物活性研究	徐州医学院
BK20140224	FOXR2蛋白的SUMO化修饰对脑胶质瘤增殖的影响及机制研究	徐州医学院
BK20140225	基于人肽脱甲酰基酶的新型抗肿瘤药物设计	徐州医学院
BK20140226	NLRP1对心肌肥厚的作用及其机制研究	徐州医学院
BK20140227	SUMO化调控CARMA1信号在ABC型弥漫大B细胞淋巴瘤发病中的作用及机制研究	徐州医学院
BK20140228	ClC-3氯通道调控血栓形成及其机制研究	徐州医学院
BK20140229	金属表面电解质等离子复合加工机理研究	徐州医学院
BK20140230	响应甘薯卷叶病毒侵染甘薯二倍体野生种的miRNA鉴定及其作用机制	徐工集团工程机械股份有限公司
BK20140231	新型暗光孤子光纤激光器研究	江苏徐州甘薯研究中心
BK20140232	燃料电池用有序化膜电极的制备及构效关系研究	江苏师范大学
BK20140233	基于微流控芯片的亚微米尺度凝胶微球合成及其在药物可控释放的应用研究	江苏师范大学

续表 3-4

项目编号	项目名称	承担单位
BK20140234	基于光活性金属-有机骨架材料的光催化制氢应用	江苏师范大学
BK20140235	4-羟基苯甲酸降解菌株Bacillus属B1的NIH重排反应研究	江苏师范大学
BK20140236	区域土地资源不确定优化配置方法研究	江苏师范大学
BK20140237	多角度高光谱遥感数据的叶面积指数垂直分布反演研究	江苏师范大学
BK20140238	变工况下风电机组传动链系统健康状态识别方法研究	江苏师范大学
BK20140239	镶嵌过渡金属掺杂纳米晶硫系光纤及中红外发光的研究	江苏师范大学
BK20140240	用于预防左心辅助中右心衰的建模与控制	江苏师范大学
BK20140241	基于Kinect的三维模型智能检索技术及应用研究	江苏师范大学
BK20140242	PARP-1调控中性粒细胞浸润和活化介导急性肺损伤的机制研究	江苏师范大学
BK20140243	神经肽B/W与吗啡之间的抗炎性痛协同作用及其受体间相互作用的研究	江苏省肿瘤生物治疗研究所
BK20140244	嘧啶类混合稀土配位聚合物的构筑及光致发光性能研究	江苏省麻醉医学研究所
BK20140245	治疗2型糖尿病的新型多肽及其动物实验研究	江苏理工学院
BK20140246	金属波导中磁流体的自组装行为和光学特性研究	江苏艾信兰生物医药科技有限公司
BK20140247	高速切削刀具磨损的在线磨损自修复机理研究	河海大学常州校区
BK20140248	无线传感器网络基于容错机制的数据可靠传输研究	河海大学常州校区
BK20140249	Nrf2信号通路对糖尿病冠状动脉BK通道功能调节的机制研究	河海大学常州校区
BK20140250	ERα/IGF-IR交叉对话介导木通皂苷D抗阿尔茨海默病作用的研究	常州市武进人民医院
BK20140251	SMOC1基因对人主动脉瓣钙化过程中血管新生的作用及机制研究	常州市第一人民医院
BK20140252	面向冗余双臂工业机器人视觉系统的CGA处理器研究	常州市第一人民医院
BK20140253	非高斯型连续变量双模纠缠态的制备及纠缠性质研究	常州工学院
BK20140254	碳纳米管增强聚偏氟乙烯中空纤维纳孔膜的设计与制备研究	常州大学
BK20140255	磁性异构化粘土材料的构筑及其在蛋白磁控分离中的应用研究	常州大学
BK20140256	含有序微纳结构的固态电解质光电性能及其调控研究	常州大学
BK20140257	介孔碳负载纳米WO_3-Ta_2O_5的可控合成及催化菊芋制乙酰丙酸研究	常州大学
BK20140258	影响木质纤维素材料酶水解过程的关键因素及机理研究	常州大学
BK20140259	高价碘试剂参与的联苯骨架构建多环的串联反应研究	常州大学
BK20140260	重油中含硫化合物的分子结构和加氢转化机制研究	常州大学
BK20140261	微囊藻毒素对核糖体蛋白的影响及作用机制的研究	常州大学
BK20140262	基于放射性核素和动态全息显微技术的铜锌合金表面纳米化摩擦学行为研究	常州大学
BK20140263	基于零散硅纳米线/透明导电高分子体相异质结的高效低成本光伏器件	常州大学
BK20140264	甲烷氧化菌与超细水雾协同抑制甲烷爆炸的特性研究	常州大学
BK20140265	惯性-地磁组合姿态解算算法的关键技术研究	常州大学
BK20140266	苹果采摘机器人不同生长状态果实自分类精确识别研究	常州大学
BK20140267	锂-空气二次电池用多级孔单片碳泡沫的设计、合成与构效关系研究	常州大学
BK20140268	沸石分子筛用于丙烯腈工业含氰VOCs选择性催化燃烧基础研究	常州储能材料与器件研究院
BK20140269	炭包覆金属氟化物纳米结构的原位合成及储能研究	北京化工大学常州先进材料研究院
BK20140270	LaCuSeO基纳米热电陶瓷的制备及输运机制研究	北京化工大学常州先进材料研究院
BK20140271	高刚度全复合材料筒体用缠绕树脂基体化学结构的多级设计及其实现机制研究	北京化工大学常州先进材料研究院
BK20140272	二维多晶晶向新型光学检测技术的研究	北京化工大学常州先进材料研究院
BK20140273	工业级晶体硅太阳电池的器件物理及损失分析	常州天合光能有限公司

续表 3-4

项目编号	项目名称	承担单位
BK20140274	单螺杆水蒸气压缩机湿压缩过程机理研究与实验验证	常州博睿杰能环境技术有限公司
BK20140275	MANF对多巴胺能神经元的保护作用及机制研究	同济大学苏州研究院
BK20140276	透明质酸通过CXCL12/CXCR4对话诱导母-胎免疫耐受的机制研究	苏州市立医院
BK20140277	野生醋栗番茄耐低P胁迫遗传分析及主效QTL精细定位	苏州农业职业技术学院
BK20140278	钙钛矿型过渡金属氧化物异质结构光伏特性的理论研究	苏州科技学院
BK20140279	抵押担保的建模以及场外衍生品的估值定价	苏州科技学院
BK20140280	叶片仿生结构材料构筑及对二氧化碳捕集与太阳能光还原性能研究	苏州科技学院
BK20140281	自立式薄壁钢管结构耦合风致疲劳损伤的多尺度评估方法与TMD减振控制	苏州科技学院
BK20140282	封场条件下生活垃圾填埋场内部甲烷厌氧氧化过程及其微生物机理研究	苏州科技学院
BK20140283	基于混频探测机理的太赫兹探测器件优化研究	苏州科技学院
BK20140284	基于MARS磁声共振传感技术的研究	苏州康磁医疗科技有限公司
BK20140285	TSR1结构域糖基化修饰对ADAMTS13结构及功能的影响	苏州大学附属儿童医院
BK20140286	促红细胞生成素受体(EPO)及其受体(EPOR)信号通路在急性淋巴细胞白血病骨损伤中的机制研究	苏州大学附属儿童医院
BK20140287	ICOS/ICOSL信号调控TH22细胞在特应性皮炎免疫损伤中的作用机制及临床意义	苏州大学附属第一医院
BK20140288	乳腺癌内分泌耐药相关lncRNA的表达谱分析及功能研究	苏州大学附属第一医院
BK20140289	乙酰半胱氨酸纳米粒对丝素基磷酸钙骨水泥生物学特性影响及成骨调控机制的研究	苏州大学附属第一医院
BK20140290	不同单色光对豚鼠眼局部屈光发育和实验性近视的作用及视网膜机制研究	苏州大学附属第一医院
BK20140291	Bmi1经白介素15介导对骨代谢的影响及其机制研究	苏州大学附属第一医院
BK20140292	孕期缺氧诱导RAS表观遗传改变与胎源性血压调节障碍	苏州大学附属第一医院
BK20140293	Ang II对成纤维细胞电学耦联及致心律失常性的影响与机制	苏州大学附属第一医院
BK20140294	血管生成素抑制雄激素性脱发中二氢睾酮介导的毛囊周围纤维化的作用及机制研究	苏州大学附属第一医院
BK20140295	AFP增强子调控的MGMT干扰腺病毒载体对奥沙利铂杀伤肝癌细胞的促进作用	苏州大学附属第一医院
BK20140296	MicroRNA-22在心肌梗死后心室重构中的调控作用及机制研究	苏州大学附属第一医院
BK20140297	孕期缺氧诱导的子代大鼠动脉粥样硬化中炎症因子表达的作用机制	苏州大学附属第一医院
BK20140298	基于纳米氧化石墨烯载体共载替莫唑胺及化疗增敏剂O6BG协同靶向治疗胶质瘤的研究	苏州大学附属第二医院
BK20140299	非对称信息下的随机微分博弈及经济应用	苏州大学
BK20140300	单项式理想及其应用	苏州大学
BK20140301	超高温陶瓷微裂纹分形特征对抗热冲击性能的影响研究	苏州大学
BK20140302	无机纳米功能材料在室温钠-硫二次电池中的应用研究	苏州大学
BK20140303	离子液体中有机磷类配体对锕系元素萃取机理的配位化学研究	苏州大学
BK20140304	基于氧化诱导晶种缺陷法的银纳米材料的可控合成及机理研究	苏州大学
BK20140305	基于有机光电器件的分子自组装结构制备与表征的研究	苏州大学
BK20140306	芳基迁移在芳基硼酸碳碳键构建反应中的应用研究	苏州大学
BK20140307	含有吡啶醇官能团多孔材料的合成及其对水相中有机物的吸附与光催化降解反应研究	苏州大学

续表 3-4

项目编号	项目名称	承担单位
BK20140308	质子交换膜燃料电池担载型Pt基纳米晶催化剂的研究	苏州大学
BK20140309	喷雾干燥中影响益生菌活性的关键细胞结构研究	苏州大学
BK20140310	金属氧簇/碳纳米结构复合催化体系光电性能的研究及其在水氧化反应中的应用	苏州大学
BK20140311	新型离子液体的设计及其固体电解质研制	苏州大学
BK20140312	硅微米线/赤铁矿薄膜的光伏/光电解池结构光解水的研究	苏州大学
BK20140313	光化性角化病新药巨大戟醇甲基丁烯酸酯的化学合成研究	苏州大学
BK20140314	石墨烯/过渡金属硫化物异质材料的结构、性质与应用	苏州大学
BK20140315	高容量锂电池材料的低成本制备及其储锂性能研究	苏州大学
BK20140316	基于环状温度敏感性高分子的二元复合组装表面对蛋白质吸附的调控	苏州大学
BK20140317	均一大尺寸、高比表面介孔二氧化钛晶体微粒的制备与对重金属离子吸附性能的研究	苏州大学
BK20140318	KCTD11对TORC1信号通路的调控机制研究	苏州大学
BK20140319	MYPT1调控小鼠早期胚胎发育过程中内脏内胚层迁移的机制研究	苏州大学
BK20140320	纳米石墨烯用于肿瘤治疗的研究	苏州大学
BK20140321	Tip60-USP7在脂肪细胞分化前期中的作用机制	苏州大学
BK20140322	I型单纯疱疹病毒丝氨酸蛋白酶VP24干扰宿主天然免疫信号通路的研究	苏州大学
BK20140323	细胞外基质生物材料调控干细胞抗氧化功能和软骨再生及其机制研究	苏州大学
BK20140324	通过家蚕拟黄斑病毒感染机制研究建立基因转移系统	苏州大学
BK20140325	面向设施蔬菜病害预警的光谱图像与环境信息融合方法研究	苏州大学
BK20140326	肿瘤成像及治疗的复合结构纳米材料研究	苏州大学
BK20140327	巴弗洛霉素A1的抗中枢神经系统白血病作用及机制研究	苏州大学
BK20140328	mTOR激酶调控帕金森病神经炎症发生的机制研究	苏州大学
BK20140329	在糖尿病创面愈合过程中小窝蛋白PTRF对SIRT1/p53信号转导通路的调控作用	苏州大学
BK20140330	硅酸盐细菌对含钾硅酸盐矿物的风化作用和分子调控机制研究	苏州大学
BK20140331	面向药物输送系统的自驱动Pt纳米机器人的动力学模型研究	苏州大学
BK20140332	拓扑绝缘体的光电输运特性及在光探测器件中的应用	苏州大学
BK20140333	基于α螺旋阳离子聚多肽的非病毒基因递送载体的研究	苏州大学
BK20140334	轧制功率与温升判定缺陷压合与愈合自发过程变分解法	苏州大学
BK20140335	三维纳米摩擦高效能量采集方法研究	苏州大学
BK20140336	铋掺杂三碘化铯铅半导体光电性质及多晶薄膜的研究	苏州大学
BK20140337	复杂硫酸渣中金属铁颗粒强化长大的基础研究	苏州大学
BK20140338	城市公共自行车基站网络移动规律及优化设计方法研究	苏州大学
BK20140339	风电装备行星齿轮箱故障演化机理与稀疏诊断方法研究	苏州大学
BK20140340	线性离子阱内部高阶电场分布对离子轴向激发出射效率的影响研究	苏州大学
BK20140341	络合剂对纳米磁铁矿类Fenton降解水体中有机污染物的增效机制研究	苏州大学
BK20140342	微剪切振动下超微结构表面水滴浸润状态转变机理研究	苏州大学
BK20140343	微胶囊机械性能表征及同步原位壁厚测量的研究	苏州大学
BK20140344	脉动式血泵流固耦合问题的三维湍流数值模拟	苏州大学
BK20140345	基于惯性黏滑驱动的纳米精度跨尺度运动技术研究	苏州大学

续表 3-4

项目编号	项目名称	承担单位
BK20140346	镁碳耐火材料抗熔渣侵蚀保护层的形成机理与控制方法	苏州大学
BK20140347	基于棉纤维的纳米材料功能化整理研究	苏州大学
BK20140348	超微细柔性透明导电电路制作机理及方法研究	苏州大学
BK20140349	基于金属微纳结构的光子-热载流子输运机制研究	苏州大学
BK20140350	无线无源的低成本介电泳微流体生物芯片研究	苏州大学
BK20140351	从可控环境到极端环境的语音情感识别模型迁移技术的研究	苏州大学
BK20140352	面向多模无线终端芯片的全标准信道解码器关键技术	苏州大学
BK20140353	包覆型金纳米刺球优化聚合物太阳能电池性能研究	苏州大学
BK20140354	汉语普通话语音模糊情感模型与识别研究	苏州大学
BK20140355	基于分布式语义的统计机器翻译关键技术研究	苏州大学
BK20140356	面向腹腔机器人手术基于MR弹性成像的软组织力学-图像耦合模型研究	苏州大学
BK20140357	纳米介质光栅-金属结构超材料吸收器特性研究及制备	苏州大学
BK20140358	强荧光物质的高信噪比拉曼光谱检测技术研究	苏州大学
BK20140359	视频流在异构无线网络多播传输的关键问题研究	苏州大学
BK20140360	羊水干细胞作为新型种子细胞在汗腺重建中的作用及其分化调控机制的研究	苏州大学
BK20140361	基于贝叶斯多水平潜变量模型的血糖时变因子构建方法研究	苏州大学
BK20140362	新型小分子抗结核杆菌多肽VR15的功能及抗菌分子机制	苏州大学
BK20140363	miR-21-3p与miR-21-5p在结直肠癌中的作用机制研究	苏州大学
BK20140364	Erbin调控自噬途径的机制及其在炎症性肠病发生发展中的作用	苏州大学
BK20140365	基于合成光学孔径的延长光学相干层析成像焦深的方法研究	苏州大学
BK20140366	Dexras1-BDNF-突触结构可塑性通路在抑郁行为调控中的作用研究	苏州大学
BK20140367	GADD45a启动子报告基因细胞系统评估城市大气颗粒物的遗传毒性	苏州大学
BK20140368	MYH9基因突变位点分析及其功能研究	苏州大学
BK20140369	靶向性可激活双功能型光敏剂在肿瘤成像与光动力治疗中的应用	苏州大学
BK20140370	结直肠癌患者血清中蛋白异常糖基化研究	苏州大学
BK20140371	锌指蛋白ZC3H12A对CVB3诱发的病毒性心肌炎的免疫调节作用及其机制探讨	苏州大学
BK20140372	木酚素预防和治疗良性前列腺增生的作用和机制研究	苏州大学
BK20140373	汽车排气消声器流场及声场可视化及数值模拟	清华大学苏州汽车研究院(相城)
BK20140374	微小RNA靶向Smoothened逆转弥漫大B细胞淋巴瘤化疗耐受的研究	江苏省血液研究所
BK20140375	蛋白激酶A对血小板凋亡的调控作用及其机制研究	江苏省血液研究所
BK20140376	基于原位膜蛋白的SPR技术在药物筛选中的运用研究	中国科学院苏州生物医学工程技术研究所
BK20140377	金纳米粒子一维组装体的定域制造及其生物传感研究	中国科学院苏州生物医学工程技术研究所
BK20140378	微纳光电传感器用于心肌细胞电生理研究和药物评价	中国科学院苏州生物医学工程技术研究所
BK20140379	基于表面等离子体热点荧光增强和微纳流道的核酸传感	中国科学院苏州生物医学工程技术研究所
BK20140380	声磁薄膜技术用于血小板抗原单基因突变鉴别的研究	中国科学院苏州生物医学工程技术研究所
BK20140381	近红外荧光蛋白标记检测乳腺癌细胞在体内的生长转移	中国科学院苏州生物医学工程技术研究所

续表 3-4

项目编号	项目名称	承担单位
BK20140382	基于智能高分子调控FRET的上转换发光纳米传感体系	中国科学院苏州纳米技术与纳米仿生研究所
BK20140383	基于三维电极对电化学能源转换和储存的研究	中国科学院苏州纳米技术与纳米仿生研究所
BK20140384	利用层状液晶体系制备二维单晶超薄膜及其输运性质研究	中国科学院苏州纳米技术与纳米仿生研究所
BK20140385	高通量乳化油水分离膜材料的设计与制备	中国科学院苏州纳米技术与纳米仿生研究所
BK20140386	超级电容器高性能三维有序结构复合纳米材料构筑	中国科学院苏州纳米技术与纳米仿生研究所
BK20140387	基于三氮唑和咔唑基团的可交联双极性主体材料的设计合成及器件制备	中国科学院苏州纳米技术与纳米仿生研究所
BK20140388	基于Ag_2S近红外量子点的活体血栓可视化研究	中国科学院苏州纳米技术与纳米仿生研究所
BK20140389	大规模多肽库修饰的功能型iPDMS协同可调制力学信号诱导干细胞定向分化的研究	中国科学院苏州纳米技术与纳米仿生研究所
BK20140390	有序碳纳米管表面半导体纳米颗粒的功能化组装	中国科学院苏州纳米技术与纳米仿生研究所
BK20140391	弹性聚吡咯水/气凝胶的结构设计、控制合成及应用	中国科学院苏州纳米技术与纳米仿生研究所
BK20140392	面向电子封装用途的石墨烯/碳纳米管阵列基热界面材料的设计与控制	中国科学院苏州纳米技术与纳米仿生研究所
BK20140393	基于激光散射效应的微流控芯片寄生虫免标记实时检测方法研究	中国科学院苏州纳米技术与纳米仿生研究所
BK20140394	金属纳米结构调控宽禁带半导体光电响应特性的研究	中国科学院苏州纳米技术与纳米仿生研究所
BK20140395	移动传感应用中智能手机数据收集问题优化研究	中国科学技术大学苏州研究院
BK20140396	机织复合材料顶破性能的渐进失效损伤机制	现代丝绸国家工程实验室(苏州)
BK20140397	基于电场调控的取向丝蛋白纳米纤维水凝胶指导干细胞命运	现代丝绸国家工程实验室(苏州)
BK20140398	外加气流作用下纳米多孔纤维的制备及成型机理研究	现代丝绸国家工程实验室(苏州)
BK20140399	三维卷曲结构蚕丝纱线的成形机理及功能性整理	现代丝绸国家工程实验室(苏州)
BK20140400	超疏界面TiO_2网膜对纺织印染含油废水的协同处理	现代丝绸国家工程实验室(苏州)
BK20140401	仿细胞外基质丝蛋白多孔支架对干细胞行为影响研究	现代丝绸国家工程实验室(苏州)
BK20140402	矩阵群在流形上的作用	西交利物浦大学
BK20140403	基于小样本的RNA甲基化测序MeRIP-Seq数据的差异分析方法	西交利物浦大学
BK20140404	无线定位系统异常误差检测关键技术研究	西交利物浦大学
BK20140405	探索采用新型基底测定单分子电导率的研究	西交利物浦大学
BK20140406	基于蓝藻水热液化制备生物油技术的关键问题及过程优化研究	西安交大苏州研究院
BK20140407	交流伺服直驱气动阀设计及其排气噪声控制的研究	西安交大苏州研究院
BK20140408	制冷剂泵自润滑关键技术研究	西安交大苏州研究院
BK20140409	基于微机械二元微镜阵列的激光散斑抑制方法研究	西安交大苏州研究院
BK20140410	面向有害气体吸附的孔材料的设计及制备	武汉大学苏州研究院
BK20140411	灾后废墟结构物磨料水射流快速破拆机理与救援装备开发	武汉大学苏州研究院
BK20140412	医用钛基微纳米磷酸锌钙转化膜的构建及其表面生物功能化研究	山东大学苏州研究院
BK20140413	利用高光谱遥感技术动态监测张家港市农业土壤重金属元素分布状况	南京大学(苏州)高新技术研究院

续表 3-4

项目编号	项目名称	承担单位
BK20140414	面向ROF系统的单片集成注入锁定DFB激光器技术研究	南京大学(苏州)高新技术研究院
BK20140415	单晶可控纳米银线导电银胶	苏州汉能环保材料科技有限公司
BK20140416	新型纳米荧光仿生免疫分析方法的建立	常熟理工学院
BK20140417	水稻UDP-N-乙酰葡萄糖胺酰基转移酶的催化机制及生理功能研究	常熟理工学院
BK20140418	小型操作系统内核的轻量级形式化设计和验证方法研究	常熟理工学院
BK20140419	基于黎曼流形学习的视觉跟踪算法研究	常熟理工学院
BK20140420	微生物催化合成脂肪醇的机理研究	苏州安捷生物科技有限公司
BK20140421	14比特2500兆数字模拟转换器芯片关键技术研究	苏州云芯微电子科技有限公司
BK20140422	用于环境化学污染事故应急监测的便携式质谱仪	昆山禾信质谱技术有限公司
BK20140423	气溶胶光学性质多参数同步检测系统的研制与应用	昆山禾信质谱技术有限公司
BK20140424	边路替换图的距离2标号问题与距离2圆标号问题	南通大学
BK20140425	基于胆汁酸的PTP1B抑制剂的设计、合成及生物活性研究	南通大学
BK20140426	以人群诱导多功能干细胞等位基因不平衡表达研究砷毒性敏感性差异	南通大学
BK20140427	背根神经节和脊髓中G蛋白偶联受体151参与慢性疼痛机制研究	南通大学
BK20140428	LPAR 在斑马鱼后侧线原基集体细胞迁移和 MET 中的功能研究	南通大学
BK20140429	不同荷电性人工神经移植物的构建及对周围神经再生的影响	南通大学
BK20140430	电动汽车中混合励磁轴向磁场磁通切换永磁电机的研究	南通大学
BK20140431	表面交联结构对纤维等离子改性处理时效性的影响机制	南通大学
BK20140432	碳纳米管/ La^{3+}掺杂TiO_2纳米纤维的制备及对Cr^{6+}去除机理研究	南通大学
BK20140433	绿色无线双向协作中继关键技术研究	南通大学
BK20140434	BLBP调控的胶质微环境在TBI后海马神经再生中所起作用的研究	南通大学
BK20140435	肝星状细胞的衰老在日本血吸虫病肝纤维化逆转中的作用及其机制的研究	南通大学
BK20140436	PDGF调控肝星状细胞激活关键因子SREBP-1c的分子机制研究	南通大学
BK20140437	TRPM7调节细胞糖代谢在肝癌细胞缺氧耐受中的作用和机制研究	南通大学
BK20140438	基于耳石微化学的江苏海域小黄鱼洄游履历研究	江苏省海洋水产研究所
BK20140439	条斑紫菜细胞技术育种基础研究	江苏省海洋水产研究所
BK20140440	番茄果实软化过程中非特异性脂转移蛋白的调控机制	连云港市农业科学院
BK20140441	基于活性成分追踪分离及快速检识分析新策略的中药复方药效物质基础研究	江苏康缘药业股份有限公司
BK20140442	迟缓爱德华氏菌侵染大菱鲆巨噬细胞的蛋白质组学研究	淮海工学院
BK20140443	茄属特有微小RNA基因的功能进化	淮海工学院
BK20140444	水生甲壳动物病原-需钠弧菌胞外毒力因子检测及致病机理研究	淮海工学院
BK20140445	多元形变水下图像评价模型及实时视频增强实现	淮海工学院
BK20140446	6种大型海藻苯丙烷类抑藻活性物质的分离纯化及其对3种赤潮微藻的抑制作用	淮海工学院
BK20140447	LMOSs纳米片与金属卟啉的可控组装及电催化性能研究	淮海工学院
BK20140448	基于光/电耦合建模的SPPs薄膜太阳能电池研究	淮海工学院
BK20140449	β-转折序列调控的多肽寡聚体结构及其自组装机理研究	江苏食品药品职业技术学院

续表 3-4

项目编号	项目名称	承担单位
BK20140450	非晶碳膜/砷化镓/金属 p-n 和肖特基双结串联结构的巨光电导效应及其应用研究	淮阴师范学院
BK20140451	子群的嵌入性质对有限群超中心构造的影响	淮阴师范学院
BK20140452	八钼酸盐基晶态配位聚合物可见光催化降解有机污染物的研究	淮阴师范学院
BK20140453	磁性多酸材料在分子器件中应用的理论研究	淮阴师范学院
BK20140454	水稻CRC2蛋白参与减数分裂联会复合体形成的机理及其应用研究	淮阴师范学院
BK20140455	过量氮输入导致的土壤酸化对小麦碳氮利用的影响研究	淮阴师范学院
BK20140456	单一基质白光LED用荧光粉的助熔剂法合成、形貌及发光性质研究	淮阴师范学院
BK20140457	基于观测器方法的切换系统故障诊断理论研究	淮阴工学院
BK20140458	亚稳态β钛合金累积塑性变形致纳米晶化机制研究	淮阴工学院
BK20140459	活性维生素D通过调节细胞衰老在防止糖尿病发生中的作用机制研究	淮安市第一人民医院
BK20140460	基于离子液体电解液催化体系的设计和电催化硫醚可控氧化反应研究	盐城师范学院
BK20140461	三疣梭子蟹精子塞形成的分子机制研究	盐城师范学院
BK20140462	无线传感器网络环境下基于压缩感知的多区域数据收集研究	盐城师范学院
BK20140463	海绵状Si/S-掺杂C复合结构构筑及其储锂性能研究	盐城工学院
BK20140464	多色银簇-氧化石墨烯复合探针检测多种肿瘤标志物	盐城工学院
BK20140465	苏北沿海滩涂砷的迁移转化机制研究	盐城工学院
BK20140466	基于分子动力学模拟合成衣康酸类高效绿色反渗透阻垢剂	盐城工学院
BK20140467	基于高光谱响应的多源异构大米品质信息综合评价机理研究	盐城工学院
BK20140468	生物质炭修复造纸废水有机氯污染湿地土壤的机制	盐城工学院
BK20140469	$La_{1-x}M_xCoO_3$基热电材料热电势的自旋调控研究	盐城工学院
BK20140470	面向多维振动试验系统的并联机构基础研究	盐城工学院
BK20140471	Cu-C互不固溶体系形成纳米结构过饱和固溶体的扩散机制研究	盐城工学院
BK20140472	织构化无铅压电陶瓷的制备工艺与机理研究	盐城工学院
BK20140473	褶皱石墨烯/三元金属氧化物复合薄膜的制备及超电容特性研究	盐城工学院
BK20140474	压电差动直线电机的摩擦驱动机理和拓扑结构设计理论	盐城工学院
BK20140475	外源抗氧化剂对黄颡鱼鱼苗敏感期抗氧化机制的干预	中国科学院水生生物研究所扬州水环境与渔业研究分中心
BK20140476	航空发动机高温封严结构的激光加工制造与新材料研究	中国科学院过程工程研究所扬州太阳能材料研发中心
BK20140477	细菌趋化性组氨酸激酶结构与功能关系的研究	扬州大学
BK20140478	甘蓝型油菜种皮色素合成相关miRNA的鉴定及机理研究	扬州大学
BK20140479	基因重组ACE抑制肽与抗氧化肽的同步制备及其协同降压效应与机制研究	扬州大学
BK20140480	超级稻叶片与冠层光合和同化物转运、产量的关系研究	扬州大学
BK20140481	油菜素内酯调控水稻淀粉代谢的分子机制研究	扬州大学
BK20140482	芸薹属不亲和性授粉花粉与柱头乳突细胞信号转导与细胞超微结构研究	扬州大学
BK20140483	黄瓜衰老和冷害相关microRNA鉴定及其功能分析	扬州大学
BK20140484	一个水稻Wx新等位基因的表达调控机制研究	扬州大学

续表 3-4

项目编号	项目名称	承担单位
BK20140485	APEC和UPEC在鸡感染模型中转录组学及对潜在毒力基因的研究	扬州大学
BK20140486	生物质超声烘焙提高纤维素乙醇产量的机理研究	扬州大学
BK20140487	溶液等离子喷涂构筑高性能NO_2传感器气敏层的研究	扬州大学
BK20140488	热驱动下微结构中气液两相振荡流动行为与换热机理研究	扬州大学
BK20140489	钢骨采用内加强环连接的PSRC梁-CFSTRC柱组合框架节点抗震性能研究	扬州大学
BK20140490	基于神经网络干扰补偿的柔性喷杆结构振动控制研究	扬州大学
BK20140491	氮化镓基发光二极管效率衰减的三种竞争机制研究	扬州大学
BK20140492	基于图约束的分类和聚类算法研究	扬州大学
BK20140493	基于HDL生物调控网络剖析半枝莲黄酮类成分抗As分子机制	扬州大学
BK20140494	RhoA/ROCK信号通路对BBB-TJ连接蛋白的调节在幼年缺血性脑卒中的作用	扬州大学
BK20140495	星状细胞表达Galectin-1与癌细胞表达Galectin-3协同促进胰腺癌侵袭转移的机制研究	江苏省苏北人民医院
BK20140496	辛伐他汀调控HIF-1α表达调控髓核间质干细胞生物学行为内源性修复重建退变椎间盘的机制研究	江苏省苏北人民医院
BK20140497	非整倍体对DNA损伤类化疗药物的抗药性及其产生机制	江苏省苏北人民医院
BK20140498	FTO及NTRK2/BDNF信号通路对鸡肉质性状的调控机理研究	江苏省家禽科学研究所
BK20140499	簇毛麦4V染色体抗黄花叶病易位系的遗传利用研究	江苏里下河地区农业科学研究所
BK20140500	小麦抗条锈病相关基因TaRab18的功能分析及优异单倍型鉴定	江苏里下河地区农业科学研究所
BK20140501	精确放疗控制系统研发	江苏海明医疗器械有限公司
BK20140502	子宫内膜异位症CD133、ABCG2、ALDH1阳性细胞分离及干细胞样特性鉴定	镇江市第四人民医院
BK20140503	邻域指派研究及其在传感器网络最优布局中的应用	江苏科技大学
BK20140504	近场水下爆炸气泡与多边界耦合机理研究	江苏科技大学
BK20140505	功能型超支化聚乙烯材料的设计与研究	江苏科技大学
BK20140506	$Ag_3PO_4/MoS_2/TiO_2$纳米管新型三元复合电极的制备及其光电催化性能的研究	江苏科技大学
BK20140507	新型石墨相氮化碳环境光催化剂的低温溶剂热法合成及性能研究	江苏科技大学
BK20140508	家蚕抵御质型多角体病毒感染的细胞凋亡机制研究	江苏科技大学
BK20140509	船用铝合金激光+双电弧复合焊接热源耦合机理及工艺研究	江苏科技大学
BK20140510	提高医用钛合金耐磨性能的激光冲击微造型工艺与强化机理研究	江苏科技大学
BK20140511	高强度铁铝基自润滑复合材料摩擦学性能研究	江苏科技大学
BK20140512	气力输送系统节能方法的研究	江苏科技大学
BK20140513	反应挤出阴离子聚合尼龙6微球的连续可控制备及调控机理研究	江苏科技大学
BK20140514	光致开关MOFs的设计、合成及其CO_2可逆吸附性能研究	江苏科技大学
BK20140515	N掺杂GST相变存储薄膜的热传导机理研究	江苏科技大学
BK20140516	添加钛改性模具钢多尺度裂纹模型及强化机理研究	江苏科技大学
BK20140517	多铁复合材料的织构化结构调控及磁电耦合增强机理研究	江苏科技大学
BK20140518	非晶SiO_2中内嵌Si纳米晶体的形状及界面对能隙和介电常数影响的研究	江苏科技大学

续表 3-4

项目编号	项目名称	承担单位
BK20140519	声波非对称传输聚焦与调控机理及其在医学超声中的应用	江苏大学
BK20140520	一种新的混凝土非局部损伤断裂模型	江苏大学
BK20140521	带约束的参数和半参数回归模型有偏估计及应用研究	江苏大学
BK20140522	随机热传导方程的数值计算方法	江苏大学
BK20140523	FTF法制备外延石墨烯的工艺优化及生长机理研究	江苏大学
BK20140524	平面激波冲击反应性重气泡引发射流与点火的机理研究	江苏大学
BK20140525	具有多个尖峰的浅水波方程若干问题的研究	江苏大学
BK20140526	二维多孔材料在氧气与氢气分离中的应用	江苏大学
BK20140527	类石墨型氮化碳/钒酸盐异质结光催化剂的制备及降解酚类内分泌干扰物废水研究	江苏大学
BK20140528	淀粉样多肽及其纳米聚集体作为潜在抗菌剂与细菌膜相互作用以及抗菌机理研究	江苏大学
BK20140529	离子液体功能化介孔材料自组装金属卟啉模拟酶的构建及在制备2,5呋喃二甲酸中的应用研究	江苏大学
BK20140530	铌(钽)酸盐/氮化碳复合纳米片光催化剂的构筑及其可见光分解水制氢性能研究	江苏大学
BK20140531	贵金属/硅化物嵌入型石墨烯的制备及电催化协同效应	江苏大学
BK20140532	基于磁性粉煤灰的表面导电印迹复合光催化剂选择性吸附/光解水杨酸类有机污染物的研究	江苏大学
BK20140533	可磁性回收少层氮化碳复合材料的构筑及其可见光催化性能研究	江苏大学
BK20140534	环境响应性表面印迹层层组装膜选择性分离富集氟喹诺酮类药物残留及机理研究	江苏大学
BK20140535	新型双发射比率型荧光印迹材料的合成及选择性可视化检测应用的机理研究	江苏大学
BK20140536	基于化感物质Tricin设计合成新型生态安全除草剂	江苏大学
BK20140537	戊型肝炎病毒ORF3蛋白调控PI3K/Akt通路的功能研究	江苏大学
BK20140538	基于电子鼻和近红外光谱分析技术的固态发酵过程监测研究	江苏大学
BK20140539	家蚕Toll信号通路在杆状病毒感染中的作用机制研究	江苏大学
BK20140540	酿醋废水水解酸化耦合富油微藻培养系统构建与调控机制研究	江苏大学
BK20140541	PGC-1α和NRF-1在山羊原始卵泡发育过程中的作用机制研究	江苏大学
BK20140542	桑黄活性多糖抗肿瘤作用的肠道黏膜免疫机制研究	江苏大学
BK20140543	潜在致癌物质硝基呋喃代谢物广谱性抗体的研制及新型免疫分析方法研究	江苏大学
BK20140544	SHH缓释复合纤维蛋白支架对大鼠脊髓损伤修复的作用	江苏大学
BK20140545	胶原蛋白延缓皮肤衰老的分子机制研究	江苏大学
BK20140546	温室茄子腾发对环境的响应机理及双源预测模型的研究	江苏大学
BK20140547	燃烧反应诱导快速浸渗制备(TiC-TiB2)p/Al复合材料及性能研究	江苏大学
BK20140548	内燃机冷却水腔内沸腾气泡演化行为与强化传热机理研究	江苏大学
BK20140549	生物医用超低弹性模量亚稳β钛合金的制备及其超低模量机理研究	江苏大学
BK20140550	集成微流控芯片光度检测噪声形成及耦合机理研究	江苏大学

续表 3-4

项目编号	项目名称	承担单位
BK20140551	碳纤维/聚酰亚胺复合材料分子尺度界面调控及其摩擦学性能研究	江苏大学
BK20140552	对分布函数对Bi_2Te_3基纳米热电材料缺陷机制的研究	江苏大学
BK20140553	碳纤维筋锚固系统的锚固机理、疲劳性能与设计技术研究	江苏大学
BK20140554	基于空化流动流固耦合的离心泵水力振动机理研究	江苏大学
BK20140555	基于视觉显著性与可变部件模型的视频车辆感知方法研究	江苏大学
BK20140556	硅基宽禁带二维复周期光子晶体及其光波导器件研究	江苏大学
BK20140557	SiOC基锂离子电池复合负极材料的制备及储锂性能研究	江苏大学
BK20140558	配合物碱性体系选择性浸出钢厂含锌烟尘的基础理论	江苏大学
BK20140559	电动汽车冷却系统协同散热机理与主动冷却研究	江苏大学
BK20140560	基于高性能MR复合材料的智能声子晶体隔震器研发	江苏大学
BK20140561	硅纳米阵列有机无机杂化光伏电池的制备及性能研究	江苏大学
BK20140562	新型类液体石墨烯基润滑材料的制备及摩擦学行为研究	江苏大学
BK20140563	基于碳-聚合物协同作用的锂硫电池硫基复合材料与一体化硫电极研究	江苏大学
BK20140564	节水灌溉-控制排水联合调控下稻田氮素运移机制研究	江苏大学
BK20140565	变压工况下喷头水力性能演变规律与精确喷灌模式	江苏大学
BK20140566	基于弱标注图像的人脸属性识别方法研究	江苏大学
BK20140567	基于激光表面处理的透明导电薄膜光电性能优化及相关机理研究	江苏大学
BK20140568	木质纤维素同步酶解发酵燃料乙醇过程的优化运行控制研究	江苏大学
BK20140569	多种攻击策略下相互依赖加权网络的鲁棒性研究	江苏大学
BK20140570	面向NVM的融合式文件统一管理技术研究	江苏大学
BK20140571	基于混合感知渐进量化的压缩感知多描述编码研究	江苏大学
BK20140572	基于网络和RNAi的抑制Src与PARD6A对卵巢癌的协同杀伤作用研究	江苏大学
BK20140573	雌激素受体和电压门控性钠离子通道在雌激素调控痛觉中的机制研究	江苏大学
BK20140574	基于MPTP孔道调控线粒体氧化应激通路研究没食子酸抗脑缺血再灌注损伤分子机制	江苏大学
BK20140575	穿心莲内酯诱导线粒体自噬调控NLRP3炎症小体的机制研究	江苏大学
BK20140576	DIM增强TRAIL诱导胃癌细胞凋亡的作用和机制研究	江苏大学
BK20140577	磁性中空磷酸锰-近红外荧光量子点多功能纳米靶向药物载体的制备及应用	江苏大学
BK20140578	札幌病毒感染相关蛋白的鉴定与互作机制研究	江苏大学
BK20140579	细胞外基质仿生型基因活化支架的构建及其引导骨再生的研究	江苏大学
BK20140580	双壁荧光纳米阵列印迹膜的合成及分离提取青蒿素的机理研究	扬中金祥乳胶制品有限公司
BK20140581	Cr掺杂型层状固溶体正极材料的表面快离子导体修饰研究	江苏奇能电池有限公司
BK20140582	新型板式换热器的开发及产业化	江苏唯益换热器有限公司
BK20140583	s反射空间与连续选择	泰州学院
BK20140584	冷拔大变形过共析钢的组织演变特征与强韧化机理研究	江苏兴达钢帘线股份有限公司
BK20140585	离心泵叶片前缘空化不稳定流动机理及运行稳定性研究	江苏飞翔泵业制造有限公司
BK20140586	具有不同节点动态的网络化多智能体系统的协调一致性分析与设计	宿迁学院
BK20140587	Cantor圆周型Julia集的有理函数动力系统	南京大学

续表 3-4

项目编号	项目名称	承担单位
BK20140588	单分子磁体和量子点体系中的Majorana费米子性质研究	南京大学物理学院
BK20140589	铜氧化物高温超导体及其同构化合物的赝能隙与奇异轨道序的理论研究	南京大学物理学院
BK20140590	突破衍射极限的超聚焦研究	南京大学
BK20140591	适配体微阵列芯片的荧光共振能量转移分析方法的建立及应用研究	南京大学化学化工学院
BK20140592	单细胞中膜蛋白表达水平的免标记定量分析方法	南京大学化学化工学院
BK20140593	高效近红外荧光探针在核酸适配体靶向肿瘤早期检测中的应用研究	南京大学
BK20140594	新型钌配合物催化的C-H活化反应	南京大学化学化工学院
BK20140595	基于柱芳烃的超分子囊泡体系的构筑及其在药物转运方面的应用	南京大学化学化工学院
BK20140596	Ni-Cu合金催化剂的吸附量热和FTIR研究	南京大学化学化工学院
BK20140597	微流控仿生气液界面的构建及其在生命分析中的应用	南京大学化学化工学院
BK20140598	负载型贵金属@金属氧化物核壳催化剂催化氯代有机污染物的气相加氢脱氯机制研究	南京大学环境学院
BK20140599	中枢组胺能系统对伏核神经元活动和伏核介导的焦虑行为的调制作用研究	南京大学生命科学学院
BK20140600	ERRg在肌肉能量代谢中的调节作用与分子基础	南京大学
BK20140601	miR-203靶向SRC蛋白抑制肺癌发生发展的机制研究	南京大学生命科学学院
BK20140602	苏、皖奥陶-志留系黑色笔石页岩的时空分布	南京大学
BK20140603	低污染水生态净化技术组合方案模拟优选与效果评估	南京大学环境学院
BK20140604	末次盛冰期以来钱塘江下切河谷充填物物源特征	南京大学
BK20140605	武宜运河流域磷流路径与入湖水质响应研究	南京大学环境学院
BK20140606	中高温太阳能热利用功能涂层材料研究	南京大学电子科学与工程学院
BK20140607	长江三角洲地区饮用水中新型极性碘代消毒副产物的检测鉴定和污染特征研究	南京大学环境学院
BK20140608	基于新型载锆复合树脂吸附的水中EDTA-Cu深度去除机制与技术研究	南京大学环境学院
BK20140609	针对苏北村镇地区的节能省地适变住宅DSM分析模型	南京大学
BK20140610	基于人眼感知的高效视频处理研究和应用	南京大学电子科学与工程学院
BK20140611	基于描述逻辑的OWL2本体复杂知识表示与推理研究	南京大学计算机科学与技术系
BK20140612	石墨烯锁模光纤激光器精密时域同步控制研究	南京大学电子科学与工程学院
BK20140613	安全利用未标记数据技术及其应用的研究	南京大学计算机科学与技术系
BK20140614	NOD2对肠部Treg细胞的调控及其分子机制的研究	南京大学生命科学学院
BK20140615	FC-99通过miR let-7调控巨噬细胞产生IL-6的分子机制及其在抗类风湿性关节炎中的作用	南京大学
BK20140616	不确定性系统的随机动载荷识别技术研究	东南大学
BK20140617	高维纵向数据广义随机均值模型的估计和变量选择问题	东南大学
BK20140618	二氧化硅玻璃材料高压压密变形物理过程力学机理研究	东南大学
BK20140619	面向POCT的高效纸微流控分析芯片	东南大学
BK20140620	Wnt和Notch信号调控耳蜗干细胞和祖细胞再生毛细胞	东南大学
BK20140621	放逐类型社会排斥的神经电生理基础	东南大学
BK20140622	SOCS3对IgG免疫复合物诱导巨噬细胞炎症反应的调控及机制	东南大学

续表 3-4

项目编号	项目名称	承担单位
BK20140623	果蝇Neurexin调控视觉神经细胞轴突导向的机制研究	东南大学
BK20140624	GSK-3β在嗅觉环境强化刺激影响阿尔茨海默病海马相关学习记忆中的作用及其作用机制	东南大学
BK20140625	基于多源InSAR数据的桥梁稳定性监测研究	东南大学
BK20140626	双重响应性动态可调制光学显示器件研究	东南大学
BK20140627	纳米摩擦主动控制的理论与实验研究	东南大学
BK20140628	毫米波宽频带多模功放及其线性化关键技术的研究	东南大学
BK20140629	ECC加固钢筋混凝土柱受力性能及精细化数值方法研究	东南大学
BK20140630	混凝土桥梁结构应力扰动区的精细化设计理论研究	东南大学
BK20140631	钢-BFRP复合筋混凝土柱塑性铰长度研究	东南大学
BK20140632	开放式办公室内的声场预测与控制方法研究	东南大学
BK20140633	计及多种不确定性的风电次同步振荡抑制技术研究	东南大学
BK20140634	四轮独立驱动电动汽车的稳定性及容错控制研究	东南大学
BK20140635	基于高效主动型表面增强荧光效应的汞离子探针研究	东南大学
BK20140636	下一代移动通信系统信道解码器关键技术研究	东南大学
BK20140637	扑翼机器人弹跳辅助起飞的运动机理与控制方法研究	东南大学
BK20140638	面向交通监控场景运动目标超分辨率重建模型研究	东南大学
BK20140639	基于MEMS的静电式振动微型能量收集器研究	东南大学
BK20140640	基于量化反馈的高阶滑模控制系统研究及应用	东南大学
BK20140641	遥操作临场感的视/力觉人机交互关键问题与实验研究	东南大学
BK20140642	无源光网络链路监测系统关键技术的研究	东南大学
BK20140643	面向大规模链接数据的关键词搜索技术研究	东南大学
BK20140644	基于可信性评估的服务组合优化技术研究	东南大学
BK20140645	基于电压联合周期图最大化的非平衡电力系统频率估计技术研究	东南大学
BK20140646	基于LED的高速可见光无线通信关键技术研究	东南大学
BK20140647	模拟电路仿真直流分析算法研究及应用	东南大学
BK20140648	基于拓扑规划和节能调度的无线Mesh网络能耗优化研究	东南大学
BK20140649	考虑家庭环境噪声及非特定人因素的助老机器人精神抚慰模块研究	东南大学
BK20140650	水溶性M:ZnSe量子点发光调控及其比率荧光在微量金属离子检测中的应用	东南大学
BK20140651	多方多维量子密码协议设计与分析	东南大学
BK20140652	DMRT3在胃癌转移中的作用及与雌激素的相关性研究	东南大学
BK20140653	绿藻处理头孢拉定废水及后续资源化产能技术研究	中国药科大学
BK20140654	γ-亚麻酸抗炎和花生四烯酸促炎作用与活性醛的关系研究	中国药科大学
BK20140655	路易斯酸/路易斯碱协同催化在手性内酰胺及内酯合成中的应用研究	中国药科大学
BK20140656	循环肿瘤DNA突变检测新方法建立及在分子靶向药物治疗中的应用	中国药科大学
BK20140657	太湖中典型抗生素的残留与其跨界面迁移过程	中国药科大学
BK20140658	基于适体功能化胶体晶体凝胶微载体的重金属离子可视化多元检测	中国药科大学
BK20140659	pH响应性一体双能载体用于肿瘤细胞靶向治疗	中国药科大学

续表 3-4

项目编号	项目名称	承担单位
BK20140660	含磷药物废水中污染物去除与磷资源回收新技术研究	中国药科大学
BK20140661	量子点纳米晶的微生物合成法研究	中国药科大学
BK20140662	从激活 AhR-调节 Th17/Treg 平衡角度揭示去甲异波尔定抗溃疡性结肠炎的机制	中国药科大学
BK20140663	AP2/ERF类转录因子在三七三萜皂苷生物合成途径中的调控机制研究	中国药科大学
BK20140664	基于代谢调控网络干预的纳米雄黄毒性及作用机制研究	中国药科大学
BK20140665	白介素21对EBV阳性弥漫性大B细胞淋巴瘤生长促进作用机制的研究	中国药科大学
BK20140666	APOBEC3B促发的肝细胞重编程在肝脏炎癌转化中的作用及机制研究	中国药科大学
BK20140667	阿霉素细胞药代动力学与p53 蛋白分子动力学结合研究	中国药科大学
BK20140668	汉黄芩素抗慢性粒细胞白血病(CML)作用及机制的研究	中国药科大学
BK20140669	具有肿瘤定位及穿透性的新型多级释药系统的研究	中国药科大学
BK20140670	新型多片段同时对接法研发STAT3的抗肿瘤抑制剂	中国药科大学
BK20140671	穿膜-细胞质递送与核孔复合体介导-核定位基因载体基础研究	中国药科大学
BK20140672	基于寡肽的智能脂质体用于siRNA的肿瘤靶向传递	中国药科大学
BK20140673	银杏黄酮苷类的主效成分群发现及质量评价研究	中国药科大学
BK20140674	威灵仙酒炙对"威-羌药对"抗类风湿关节炎活性成分(群)影响及炮制增效机制研究	中国药科大学
BK20140675	达托霉素生物合成基因的代谢调控及其高产基因工程菌的构建	中国药科大学
BK20140676	Hom-Hopf代数上的模范畴与几类方程的研究	南京农业大学
BK20140677	磁固相萃取技术在痕量元素及其形态分析中的应用研究	南京农业大学
BK20140678	大位阻碳配体稳定的二配位非环硅烯的合成与性质研究	南京农业大学
BK20140679	核盘菌响应调控因子RRG-1和RRG-2对PPFs和DCFs的药敏性调控机制研究	南京农业大学
BK20140680	吡蚜酮作用于褐飞虱5-羟色胺受体的分子机制	南京农业大学
BK20140681	猪卵泡闭锁过程中PARP-1与SIRT1,2相互作用的分子机制研究	南京农业大学
BK20140682	NAC300调控水稻响应镉胁迫及镉吸收机制	南京农业大学
BK20140683	高糖胁迫下团头鲂AMPK通路磷酸化水平分析及二甲双胍对其的调控研究	南京农业大学
BK20140684	抑菌活性分子Drimenal的结构优化和构效关系研究	南京农业大学
BK20140685	毒死蜱非竞争免疫检测的核心试剂及其识别机理研究	南京农业大学
BK20140686	斑马鱼模型研究猪链球菌噬菌体SMP增强宿主SS2-4毒力的机制	南京农业大学
BK20140687	粘细菌多功能β-1,3-葡聚糖酶的结构与催化机理研究	南京农业大学
BK20140688	二花脸母猪胚胎着床初期胚胎成活率差异的小RNA调控机制	南京农业大学
BK20140689	稻麦两熟制秸秆还田土壤AM真菌对N_2O排放的影响机理	南京农业大学
BK20140690	灵菌红素前体MBC合成途径相关酶的结构解析及机制的研究	南京农业大学
BK20140691	脱氧雪腐镰刀菌烯醇诱导拒食的苦味受体信号通路研究	南京农业大学
BK20140692	母源性亚精胺对新生仔猪肝脏自噬的影响及其表遗传机制	南京农业大学
BK20140693	多年生黑麦草叶绿素降解调控基因的克隆与应用研究	南京农业大学
BK20140694	独角金内酯在氮素调控水稻分蘖芽生长中的作用	南京农业大学
BK20140695	镉胁迫下乙烯与NO互作调控荷花抗氧化系统的机制研究	南京农业大学

续表 3-4

项目编号	项目名称	承担单位
BK20140696	反刍动物瘤胃高效产氨菌产氨特性及其调控研究	南京农业大学
BK20140697	重金属胁迫下美洲商陆种群适应性进化的分子机制	南京农业大学
BK20140698	转录因子PsBZP52调控大豆疫霉游动孢子发育的机制	南京农业大学
BK20140699	水稻钾转运体OsHAKx在响应盐胁迫过程中的转录调控机制研究	南京农业大学
BK20140700	利用望水白Fhb1缺失突变体筛选抗赤霉病关键基因	南京农业大学
BK20140701	南极磷虾磷脂乳状液在贮藏过程中的氧化稳定性研究	南京农业大学
BK20140702	5-氨基乙酰丙酸促进苹果果实着色的机制研究	南京农业大学
BK20140703	免疫蛋白组学方法筛选无乳链球菌非单一宿主保护性抗原	南京农业大学
BK20140704	温度对白菜类作物开花时间影响的遗传分析	南京农业大学
BK20140705	长江中下游小麦品种花后光合性能演变机理与氮肥调控	南京农业大学
BK20140706	萝卜铅吸收累积性状蛋白组学分析与关键基因鉴定	南京农业大学
BK20140707	ASR基因调控草莓果实发育成熟的分子机理	南京农业大学
BK20140708	灰霉病菌胁迫下葡萄差异表达miRNA的识别及抗病机制研究	南京农业大学
BK20140709	梅山仔猪免疫应答抗性基因的挖掘与鉴定	南京农业大学
BK20140710	蛋氨酸对优质鸡胸肌发育的调控机制研究	南京农业大学
BK20140711	马立克氏病病毒Meq致瘤蛋白的稳定性调控机制	南京农业大学
BK20140712	利用VIGS技术探明调控番茄裂果的细胞壁松弛基因	南京农业大学
BK20140713	纳米α-Fe_2O_3进入斜生栅藻细胞的转运机制研究	南京农业大学
BK20140714	茶树精胺合成酶基因克隆及其在低温胁迫下受uORF调控机理的研究	南京农业大学
BK20140715	牛肉显微结构特性与其嫩度品质的关联研究	南京农业大学
BK20140716	阳离子抗菌肽功能化纳米银的制备及其抗菌机制研究	南京农业大学
BK20140717	多酚氧化酶抑制青贮过程中蛋白降解的机理研究	南京农业大学
BK20140718	干旱胁迫下草坪草分蘖发育调控机理	南京农业大学
BK20140719	基于糖链结构的白果蛋白致敏机理和酶法脱敏处理研究	南京农业大学
BK20140720	基于多特征参数信息融合的水果在线自动分级系统研究	南京农业大学
BK20140721	非对称性增温对水稻籽粒C-N代谢关键酶活性影响及机制	南京农业大学
BK20140722	高静压诱导牛肉主要过敏源Bos d 6致敏性及结构变化机理研究	南京农业大学
BK20140723	环糊精强化土壤多环芳烃反硝化厌氧降解机制研究	南京农业大学
BK20140724	秸秆还田对土壤热性质的影响及其机理研究	南京农业大学
BK20140725	PAHs损伤质粒及对其抗生素抗性表达的影响	南京农业大学
BK20140726	基于纳流控的生物分子传感器的设计理论与关键技术	南京农业大学
BK20140727	水田作业工况下拖拉机液压机械无级变速箱能耗机理研究	南京农业大学
BK20140728	多连杆高速超精密压力机动态精度分析与误差补偿研究	南京农业大学
BK20140729	农业环境下拖拉机自主定位与地图创建关键技术研究	南京农业大学
BK20140730	肾细胞癌患者血清特异变化miR-28-5p作为肾癌诊断及分子治疗靶标的临床和实验研究	中国人民解放军南京军区南京总医院
BK20140731	Nrf2-ARE通路在胶质母细胞瘤放疗耐受性的作用机制研究	中国人民解放军南京军区南京总医院
BK20140732	Nrf2与VEGF交互对话在脑血管畸形血管发生中的作用研究	中国人民解放军南京军区南京总医院

续表 3-4

项目编号	项目名称	承担单位
BK20140733	长链非编码RNA-SRE2L调控泡沫细胞胆固醇代谢相关通路的分子机制研究	中国人民解放军南京军区南京总医院
BK20140734	光声成像研究载Pifithrin-mu的金纳米星对三阴性乳腺癌的疗效	中国人民解放军南京军区南京总医院
BK20140735	HER2/EGFR双功能抗体在激素抵抗性前列腺癌的应用研究	中国人民解放军南京军区南京总医院
BK20140736	ppp-RNA诱导肺癌细胞自噬性死亡的作用及机制研究	中国人民解放军南京军区南京总医院
BK20140737	漂浮植物截留污水中悬浮颗粒物对氮素去除的影响及机理研究	江苏省农业科学院
BK20140738	黏质沙雷氏菌引起褐飞虱趋避行为的化学机制研究	江苏省农业科学院
BK20140739	番茄6号染色体上3个抗根结线虫基因Mi-HT、Mi-9和Mi-1的功能比较及应用研究	江苏省农业科学院
BK20140740	兔出血症病毒VLPs与HBGA受体结合特性研究	江苏省农业科学院
BK20140741	APOBEC3F基因抑制猪PRRSV复制的机理研究	江苏省农业科学院
BK20140742	醋酸钠促进草菇原基分化和发育的生理机制研究	江苏省农业科学院
BK20140743	一个棉花P4型ATP酶基因GbP4A1抗逆机制分析及应用	江苏省农业科学院
BK20140744	Cry1Ab毒素抗独特型单链抗体生物活性形成机制研究	江苏省农业科学院
BK20140745	Nox在百里香酚诱导西瓜枯萎病菌迅速死亡过程中的功能分析	江苏省农业科学院
BK20140746	江苏省设施草莓病害防治混合用药风险综合评价的基础研究	江苏省农业科学院
BK20140747	棉花超矮秆基因(du)的精细定位与候选基因的筛选	江苏省农业科学院
BK20140748	甘蓝根肿病菌侵染机制的初步研究	江苏省农业科学院
BK20140749	稻瘟病菌核酸合成关键基因MoURAs的鉴定及功能分析	江苏省农业科学院
BK20140750	NR5A1基因突变与湖羊高繁殖力关系及其作用机制研究	江苏省农业科学院
BK20140751	利用QTL-Seq技术定位辣椒抗黄瓜花叶病毒病基因	江苏省农业科学院
BK20140752	芋头转录组分子标记的开发及应用研究	江苏省农业科学院
BK20140753	孵化期间绿光光照对鹅胚胎发育的影响和机理研究	江苏省农业科学院
BK20140754	猪肺炎支原体果糖二磷酸醛缩酶的致病机制研究	江苏省农业科学院
BK20140755	秸秆生物炭对太湖地区稻田氨挥发的减排潜力与机制研究	江苏省农业科学院
BK20140756	桃PpCCD4基因控制果肉颜色性状的分子遗传解析	江苏省农业科学院
BK20140757	红蚰麦中抗白粉病基因的定位和抗白粉病新种质的创制	江苏省农业科学院
BK20140758	噬菌体vB_SauM_JS25对牛乳腺上皮细胞内金黄色葡萄球菌的杀菌机制研究	江苏省农业科学院
BK20140759	多源遥感信息与BioMA耦合的水稻关键农学参数获取及模拟研究	江苏省农业科学院
BK20140760	猕猴桃响应涝害胁迫的转录组分析及相关基因的功能研究	江苏省中科院植物研究所
BK20140761	茄子响应黄萎病菌侵染过程中microRNA-172的作用及调控机制	江苏省中科院植物研究所
BK20140762	城市跨区域输水的水源区生态补偿关键技术研究	南京审计学院
BK20140763	执行器用高回复应力形状记忆复合物制备及其机理研究	南京工程学院
BK20140764	大型精密数控机床动态性能影响机理研究	南京工程学院
BK20140765	生物镁基金属玻璃复合材料制备与腐蚀行为研究	南京工程学院
BK20140766	径弯模态转换型超声波电机动力学模型研究	南京工程学院
BK20140767	非线性复方程的亚纯解及性质的研究	江苏第二师范学院
BK20140768	基于产品性质的需求模型的正则化方法及应用	南京理工大学

续表 3-4

项目编号	项目名称	承担单位
BK20140769	类石墨烯TMDCs范德华异质结能带调控和光学性质研究	南京理工大学
BK20140770	基于广义系统的异质多智能体系统协调控制问题研究	南京理工大学
BK20140771	真实微裂纹的非线性激光超声检测机理与应用研究	南京理工大学
BK20140772	高能聚合物冲击载荷下热-力耦合模型研究	南京理工大学
BK20140773	基于残差分析的土木结构在线自适应损伤识别研究	南京理工大学
BK20140774	双活性中心自旋转换材料的定向构筑及性能调控	南京理工大学
BK20140775	高价态钯催化碳氢氟化反应合成烯丙基氟化物	南京理工大学
BK20140776	稳定的钯胶束体系的设计及催化性能研究	南京理工大学
BK20140777	F掺杂V_2O_5-WO_3/TiO_2催化剂表面氧空位组装活性位特性研究	南京理工大学
BK20140778	染料敏化太阳能电池中混合染料共敏化机理研究	南京理工大学
BK20140779	球形绿藻产碳酸酐酶在碳捕集和固定方面的应用研究	南京理工大学
BK20140780	基于炔连接桥的染料敏化太阳能电池染料的多因素调控	南京理工大学
BK20140781	红外光谱原位检测水中痕量环状硝基化合物	南京理工大学
BK20140782	侧链嵌段型磺化聚苯醚类质子交换膜的结构设计及电池性能研究	南京理工大学
BK20140783	热致变色薄膜辐射特性及其控制方法研究	南京理工大学
BK20140784	束流品质对电子束焊接质量影响模型研究	南京理工大学
BK20140785	聚磁式横向磁通永磁盘式风力发电机研究	南京理工大学
BK20140786	高速飞行旋转载体三自由度球形转子力学行为研究	南京理工大学
BK20140787	BN白石墨烯在LED异质结中的载流子调控效应	南京理工大学
BK20140788	Al-CuO/氧化石墨烯含能点火桥膜的制备及电爆机理研究	南京理工大学
BK20140789	高压瞬态喷雾燃烧压力振荡机理研究	南京理工大学
BK20140790	基于变分混合模型的脑磁共振图像分割及病变检测	南京理工大学
BK20140791	新型宽带LTCC滤波电路的设计方法与应用研究	南京理工大学
BK20140792	快反镜对风载引起的光轴振动抑制策略研究	南京理工大学
BK20140793	LFMCW地面监视雷达慢速弱目标探测技术研究	南京理工大学
BK20140794	面向智能机器人的动态复杂环境地形空间认知与理解	南京理工大学
BK20140795	仿蚁类偏振光/北斗/微惯导信息融合机理研究	南京理工大学
BK20140796	激光致双空泡的射流产生机理与控制研究	南京理工大学
BK20140797	云联邦环境下基于多目标优化的资源分配算法研究	南京理工大学
BK20140798	基于非线性累积函数的多移动机器人持续监测控制	南京理工大学
BK20140799	基于表面周期结构氧化钒的高分辨率微光红外探测系统研究	南京理工大学
BK20140800	面向微博的多模态层次化情感分析方法研究	南京理工大学
BK20140801	非接触式Chirp-UWB生命体征监测雷达的研究	南京理工大学
BK20140802	复杂载荷条件下大型风机叶片复合材料的力学行为研究	南京航空航天大学
BK20140803	辐射抗性酵母菌的诱导及其对放射性核素锶的吸附作用研究	南京航空航天大学
BK20140804	流形上p-拉普拉斯算子的相关问题研究	南京航空航天大学
BK20140805	等离子体在周向槽中对压气机扩稳影响的数值研究与机理探索	南京航空航天大学
BK20140806	用于脉冲快中子/γ混合场中n、γ甄别及中子通量监测的新型探测器研究	南京航空航天大学
BK20140807	二维非均匀纳米受限流体的动力学特性及相变研究	南京航空航天大学

续表 3-4

项目编号	项目名称	承担单位
BK20140808	基于超声导波的板结构中微小缺陷逆散射成像研究	南京航空航天大学
BK20140809	智能柔性空间机械臂动力学及振动控制机制研究	南京航空航天大学
BK20140810	采用时域数值方法研究岩石圈-大气层-电离层的电磁耦合	南京航空航天大学
BK20140811	低发射率/控温复合型低红外辐射涂层的结构设计及兼容机制研究	南京航空航天大学
BK20140812	宽增益范围隔离式高效率升降压变换器拓扑理论与应用	南京航空航天大学
BK20140813	编织陶瓷基复合材料疲劳损伤机理与迟滞回线模型研究	南京航空航天大学
BK20140814	新型双边磁通切换直线电机及无位置传感器控制研究	南京航空航天大学
BK20140815	绕组开放式混合励磁磁通切换电机起动/发电系统关键技术研究	南京航空航天大学
BK20140816	残余应力作用下的飞机肋缘条加工变形分析与控制技术研究	南京航空航天大学
BK20140817	卫星瞬态传热模型反演修正方法关键技术研究	南京航空航天大学
BK20140818	低频超声无创透皮给药系统中压电精确控制技术的研究	南京航空航天大学
BK20140819	等离子表面冶金合金层的形成机理及阻燃机制研究	南京航空航天大学
BK20140820	基于辉光放电等离子体的高超声速流场测量机理及方法研究	南京航空航天大学
BK20140821	机场轨道交通接入时机与方式理论方法研究	南京航空航天大学
BK20140822	基于多芯光缆与信号混频的射频信号稳相传输技术研究	南京航空航天大学
BK20140823	量子秘密共享中酉操作的安全性定量分析及评判方法研究	南京航空航天大学
BK20140824	基于链路持续时间预测的无人机自组网高效路由研究	南京航空航天大学
BK20140825	复杂背景下SAR图像多目标认知体系研究	南京航空航天大学
BK20140826	场境感知的空间、概率和反向Skyline查询处理技术研究	南京航空航天大学
BK20140827	基于航空发动机尾气静电信号的在线监测基线模型挖掘方法及验证技术研究	南京航空航天大学
BK20140828	基于协作频谱感知的多载波认知无线电时间、用户和频谱资源联合分配	南京航空航天大学
BK20140829	基于模型的航空发动机非线性控制问题研究	南京航空航天大学
BK20140830	面向在轨服务的航天器视觉导航理论及方法研究	南京航空航天大学
BK20140831	近空间高超声速飞行器姿控系统的容错控制方法研究	南京航空航天大学
BK20140832	受限环境中传感器网络感知数据与拓扑查询技术研究	南京航空航天大学
BK20140833	大规模激光测量数据处理关键技术研究	南京航空航天大学
BK20140834	基于多核架构的分布式I/O管理模型研究	南京航空航天大学
BK20140835	基于凸松弛的认知无线网络频谱接入技术研究	南京航空航天大学
BK20140836	基于部分状态反馈的电力系统鲁棒控制及性能优化研究	南京航空航天大学
BK20140837	基于可见光成像的手与手臂静脉及轮廓融合识别研究	南京航空航天大学
BK20140838	基于计算晶粒的复合材料多尺度模拟的研究	河海大学
BK20140839	垂直磁记录薄膜中微结构不均匀性的同步辐射研究	河海大学
BK20140840	高温高压极端条件下难熔金属Zr-Ti合金相变机制和力学性质的理论研究	河海大学
BK20140841	电活性石墨烯掺杂导电聚合物复合材料的可控制备及超电容特性	河海大学
BK20140842	高分辨率多光谱遥感图像城市双线性地物频域提取研究	河海大学
BK20140843	近岸水动力作用下滨海浅层含水层中污染物运移机理研究	河海大学
BK20140844	基于重力全梯度张量的河湖水下抛石精准识别方法	河海大学
BK20140845	基于颗粒物质流体动力学的岩土体流滑性状研究	河海大学

续表 3-4

项目编号	项目名称	承担单位
BK20140846	江苏沿海未来相对海平面变化与可能淹没预测研究	河海大学
BK20140847	丁坝群回流区与主流区泥沙交换过程	河海大学
BK20140848	粉煤灰-气泡混合轻质土耐久性损伤机理的研究	河海大学
BK20140849	海工混凝土中316不锈钢环境特性及其与应力腐蚀的关联研究	河海大学
BK20140850	真空负压软基加固中渗流固结机理试验分析	河海大学
BK20140851	车联网环境下协调控制路网公交优先控制优化方法研究	河海大学
BK20140852	阴极电子供体在微生物燃料电池反硝化系统中的协同效应及作用机制研究	河海大学
BK20140853	UHTCC修复锈蚀RC梁在氯盐环境与荷载耦合作用下的性能退化机制研究	河海大学
BK20140854	两自由度永磁作动器电磁解析方法及解耦控制研究	河海大学
BK20140855	钢筋混凝土梁板协同抗连续倒塌机理与设计方法研究	河海大学
BK20140856	连续SPD制备高速铁路用高强高导铜合金的显微组织控制	河海大学
BK20140857	面向关联开放大数据的贝叶斯网络建模与推理研究	河海大学
BK20140858	采用稀疏表示的空时相关密集信号超分辨方法研究	河海大学
BK20140859	用于深海环境盐度检测的MEMS电导率微传感器研究	河海大学
BK20140860	基于泊松方程和过完备稀疏表示的人体运动分析	河海大学
BK20140861	分数阶复杂系统的动力学与控制研究	南京邮电大学
BK20140862	电化学扫描隧道显微镜及其对分子自组装的研究	南京邮电大学
BK20140863	具有磁电耦合机制的新型金属有机磁性材料的研究	南京邮电大学
BK20140864	基于硫醇/双硫键可逆反应的自愈合多功能水凝胶涂层的设计、合成及应用	南京邮电大学
BK20140865	两亲性高分子界面材料的设计合成及其光电器件应用	南京邮电大学
BK20140866	核壳结构的上转换发光纳米复合材料的研制及光声成像和光动力学治疗研究	南京邮电大学
BK20140867	基于共轭高分子材料设计与圆偏振荧光智能调控的研究	南京邮电大学
BK20140868	基于分析模型的太湖水色参数的MERIS遥感反演研究	南京邮电大学
BK20140869	高弹性高导热石墨烯泡沫的制备及其导热机理的研究	南京邮电大学
BK20140870	基于碳纳米管冷阴极X射线管电子源的研究	南京邮电大学
BK20140871	上转换纳米荧光粒子标记的ERβ基因对三阴性乳腺癌细胞的靶向和治疗作用研究	南京邮电大学
BK20140872	基于NELS一致性的功角稳定性控制研究	南京邮电大学
BK20140873	大规模MIMO阵列互耦估计关键技术研究	南京邮电大学
BK20140874	时-空-谱一体化运动弱小目标识别方法研究	南京邮电大学
BK20140875	目标群跟踪中的覆盖策略研究	南京邮电大学
BK20140876	基于ICA的多能谱X射线彩色立体成像研究	南京邮电大学
BK20140877	基于动态面的不确定MIMO下三角时滞非线性系统的自适应控制	南京邮电大学
BK20140878	概念原型理论框架下的复杂室内场所机器人感知研究	南京邮电大学
BK20140879	基于叠瓦式的TDMR磁存储系统中二维信号检测与LDPC码的研究	南京邮电大学
BK20140880	基于Hybrid方法的车载磁悬浮飞轮电池多模自适应控制策略研究	南京邮电大学

续表 3-4

项目编号	项目名称	承担单位
BK20140881	MIMO-OFDM 系统中基于 Grassmannian 流形的预测预编码研究	南京邮电大学
BK20140882	基于随机接入的物联网大规模感知网络性能评估与优化	南京邮电大学
BK20140883	基于非合作博弈模型的传感网功率控制关键技术研究	南京邮电大学
BK20140884	针对监控视频的时空帧稀疏元胞混沌压缩感知并行处理方法研究	南京邮电大学
BK20140885	稳定集成特征选择的分层过滤器模型研究	南京邮电大学
BK20140886	对等无线射频识别系统关键技术研究	南京邮电大学
BK20140887	认知无线网络中的物理层安全关键技术研究	南京邮电大学
BK20140888	网络服务器恶意代码攻击应急响应关键技术研究	南京邮电大学
BK20140889	光场单方向性发射的 ZnO 回音壁模微腔紫外激射研究	南京邮电大学
BK20140890	双通道微波功率检测系统的设计理论与实现方法的研究	南京邮电大学
BK20140891	语音压缩感知的稀疏分解矩阵和鲁棒的重构技术研究	南京邮电大学
BK20140892	基于宽基线运动相机的稠密三维重建研究	南京邮电大学
BK20140893	基于时域有限元区域分解法的全波电磁建模方法研究	南京邮电大学
BK20140894	基于随机几何理论的多层蜂窝无线网络干扰建模及干扰管理研究	南京邮电大学
BK20140895	文本信息处理的认知模拟模型研究	南京邮电大学
BK20140896	基于先验知识和方向指导的冠脉提取及其临床应用研究	南京邮电大学
BK20140897	新型 piRNA 合成及其调控睾丸基因表达的分子机理研究	南京医科大学
BK20140898	条件致病菌烟曲霉耐药新基因的筛选及其耐药机制研究	南京医科大学
BK20140899	G-四链体与天然药物活性成分相互作用的研究	南京医科大学
BK20140900	基于磁分离与化学发光的高灵敏 H7N9 病原体检测方法研究	南京医科大学
BK20140901	NIK 通过抑制肝脏 PPARα同时激活 SREBP-1,促进非酒精性脂肪肝的发展	南京医科大学
BK20140902	NADPH 氧化酶与 HDAC 的相互调控及在肺动脉高压发生中的作用	南京医科大学
BK20140903	融合多水平数据研究肿瘤形成和胚胎发育间的功能交互	南京医科大学
BK20140904	IRAK 家族基因遗传变异与 HBV 感染相关肝癌易感性的分子流行病学研究	南京医科大学
BK20140905	nNOS-CAPON 相互作用参与阿尔茨海默病神经损伤过程的研究	南京医科大学
BK20140906	AGGF1 在肝细胞癌肿瘤血管生成中的作用及其分子机制研究	南京医科大学
BK20140907	基于基因调控网络的肺癌多平台组学研究整合分析方法学	南京医科大学
BK20140908	KSHV vIL-6 诱导内皮细胞血管生成的分子机制研究	南京医科大学
BK20140909	花生四烯酸代谢异常在大豆苷元致少精子症中的作用	南京医科大学
BK20140910	PCAF 乙酰化修饰调控大鼠 Thy-1 肾炎 GMC 产生趋化因子的机制研究	南京医科大学
BK20140911	SPIONs 对 GBR 膜成骨性能和抗菌性能影响的研究	江苏省口腔医院
BK20140912	P53 信号通路在活性维生素 D 缺乏导致的颞下颌关节骨关节病中的作用及机制研究	江苏省口腔医院
BK20140913	磷酸酯单体 10-MDP 增强氧化锆陶瓷粘接的机理:化学研究	江苏省口腔医院
BK20140914	大规模稀疏优化的分解算法研究	南京师范大学
BK20140915	以缓冲磷、锑、锡在储钠过程中体积变化为导向的电极材料制备	南京师范大学
BK20140916	水稻雄性不育新种质“盛世 A”的基因克隆和功能分析	南京师范大学

续表 3-4

项目编号	项目名称	承担单位
BK20140917	急性或慢性压力应激对小鼠中脑多巴胺神经元上小电导钙激活钾离子通道的影响	南京师范大学
BK20140918	构巢曲霉fungus-expansin蛋白的分离纯化及生理功能研究	南京师范大学
BK20140919	拟南芥茉莉酸信号途径中转录因子MYC2与EIN3/EIL1的相互关系研究	南京师范大学
BK20140920	高密度脂蛋白受体(SR-BI)蛋白质翻译后修饰及功能研究	南京师范大学
BK20140921	基于水环境过程建模的江苏省农村沟-塘系统格局优化研究	南京师范大学
BK20140922	茎叶附着层对沉水植物富集水体重金属的调控机制	南京师范大学
BK20140923	咸城滩涂湿地不同植被土壤中好氧甲烷氧化菌的群落结构和活性研究	南京师范大学
BK20140924	含油率对降膜蒸发器的液膜形态和换热特性的影响机理研究	南京师范大学
BK20140925	MEMS加速计耦合激光自混合干涉微位移传感系统研究	南京师范大学
BK20140926	熔融碳酸盐/固体氧化物复合电解质生物质炭燃料电池机理研究	南京师范大学
BK20140927	随机空间传染病模型动力学性态分析	南京工业大学
BK20140928	面向调控偶极环加成反应区域选择性的光控金属有机分子容器的研究	南京工业大学
BK20140929	多元六方相硫化物太阳能电池材料的可控制备和性能研究	南京工业大学
BK20140930	混合基质膜自由体积的调控及对渗透汽化性能的影响	南京工业大学
BK20140931	普鲁士蓝-石墨烯双纳结构传感薄膜的设计与制备	南京工业大学
BK20140932	谷氨酸棒杆菌氨甲酰磷酸途径系统解析与协同调控	南京工业大学
BK20140933	生物合成ε-聚赖氨酸产物聚合度调控机理的解析	南京工业大学
BK20140934	基于微流控技术构筑各向异性量子点-光子晶体微珠及其构效调控研究	南京工业大学
BK20140935	多功能分子基手性纳米磁体的构筑与性能研究	南京工业大学
BK20140936	纳米可控的$Li_{2+}xM_{1-x}/2TiO_4$正极材料的储Li特性	南京工业大学
BK20140937	一价铜催化的杂原子取代的炔烃及联烯的硼化反应研究	南京工业大学
BK20140938	木质素原位解聚氢化制备烃类燃料的多相金属催化剂的设计、合成及机理研究	南京工业大学
BK20140939	阳离子Gemini表面活性剂的生物降解性定量计算模型及降解机理研究	南京工业大学
BK20140940	微反应器中改性介孔TiO_2固定化β-葡萄糖苷酶的催化过程研究	南京工业大学
BK20140941	社区尺度屋顶绿化热效应及其与城市形态结构的定量关系研究	南京工业大学
BK20140942	相变微/纳米胶囊对溶液除湿和再生性能影响机理研究	南京工业大学
BK20140943	中低温SOFC氧化铈基电解质晶界电性能优化研究	南京工业大学
BK20140944	直直变换器输出并联型高增益高效率单级逆变技术研究	南京工业大学
BK20140945	金属陶瓷光谱选择性吸收涂层传热特性研究	南京工业大学
BK20140946	温度—低速冲击耦合作用下泡沫复合材料夹层结构界面破坏机理及损伤评估研究	南京工业大学
BK20140947	复合材料夹芯板材海洋环境下性能退化规律及耐久性增强	南京工业大学
BK20140948	p-n型堆积聚合物主体材料的制备及其光电性能研究	南京工业大学
BK20140949	微孔有机聚合物的合成及应用	南京工业大学
BK20140950	基于动态监测预警的危险化工体系事故免疫系统研究	南京工业大学
BK20140951	双光子荧光成像亚细胞酪氨酸磷酸酶活性及疾病诊断研究	南京工业大学
BK20140952	高稳定性有机太阳能电池的制备及性能衰减机理研究	南京工业大学

续表 3-4

项目编号	项目名称	承担单位
BK20140953	样本不对称、不完备条件下基于支持向量机的故障诊断提效研究	南京工业大学
BK20140954	基于认知无线电的分层异构网络的干扰建模与干扰管理	南京工业大学
BK20140955	川芎嗪调控Hedgehog通路抗肝纤维化血管生成机理研究	南京中医药大学
BK20140956	雷公藤红素抑制强直性脊柱炎易感基因HLA-B27表达的作用机制研究	南京中医药大学
BK20140957	从保护神经的中药中发现并设计多靶向抗阿尔茨海默症活性分子	南京中医药大学
BK20140958	多数据挖掘方法集成的方剂配伍规律挖掘模式设计与系统实现	南京中医药大学
BK20140959	逍遥丸对肝郁脾虚证IBS复合大鼠模型的中枢雌激素非基因组效应的NMDARs信号通路的分子机制研究	南京中医药大学
BK20140960	基于Ⅰ/Ⅱ相代谢酶协同调控的雷公藤肝毒性配伍减毒机制的研究	南京中医药大学
BK20140961	京大戟中稀有二萜类成分的抗肿瘤活性及构效关系研究	南京中医药大学
BK20140962	基于GWAS分析策略研究越鞠丸抗抑郁作用的分子机制	南京中医药大学
BK20140963	应用代谢组学及多光谱成像技术研究续断酒炙后治疗气滞血瘀证机理	南京中医药大学
BK20140964	基于PK-PD模型与谱效结合的熟大黄活血化瘀炮制作用机制研究	南京中医药大学
BK20140965	两类退化椭圆方程弱解的正则性	南京林业大学
BK20140966	羟胺强化Fe(Ⅱ)/过硫酸盐体系降解氯酚类污染物的研究	南京林业大学
BK20140967	生物医用聚乙二醇/纳米纤维素晶体复合水凝胶的设计制备及性能	南京林业大学
BK20140968	柱层型孔性配位聚合物的合成与CO_2气体捕获性能研究	南京林业大学
BK20140969	共缩聚法制备含过渡金属化合物的PMOs材料及其催化多米诺反应的研究	南京林业大学
BK20140970	复杂氢键体系的激发态链式多质子转移反应动力学的理论研究	南京林业大学
BK20140971	纳米纤维素/聚苯胺复合材料的界面构筑机制研究	南京林业大学
BK20140972	催化热裂解木质素制备富芳烃燃料油反应机制的研究	南京林业大学
BK20140973	冷等离子预处理技术对木质纤维生物转化乙醇的基础研究	南京林业大学
BK20140974	竹纤维催化脱水-修复协同机理及其对碳纤维性能的影响	南京林业大学
BK20140975	基于复合网络结构的纤维素纳米晶须增强电传导水凝胶	南京林业大学
BK20140976	毛点类昆虫听觉器官的形态进化研究	南京林业大学
BK20140977	基于多源信息的我国南方林区云地闪特征和落区预估研究	南京林业大学
BK20140978	阻燃酯化改性木质纤维素增韧酚醛泡沫的机理与构效关系研究	南京林业大学
BK20140979	浅覆砂性地层中加纤泥浆侵入成膜机理和地层击穿机制	南京林业大学
BK20140980	流域水资源关键脆弱性分析与适应性治理研究	南京林业大学
BK20140981	基于免疫标记技术油棕纤维细胞壁生物降解的可视化研究	南京林业大学
BK20140982	基于石墨烯的被动锁模光纤激光器研究	南京林业大学
BK20140983	超高维数据下带右删失的变系数模型统计推断	南京信息工程大学
BK20140984	非稳条件下大口径长焦距系统波面实时检测技术研究	南京信息工程大学
BK20140985	水下平面射流振翅运动和频率锁定现象机理研究	南京信息工程大学
BK20140986	三苯胺类染料的立体化调控及其在染料敏化太阳能电池中的应用	南京信息工程大学
BK20140987	金属氧化物纳米颗粒对水生生物种群毒性的定量预测	南京信息工程大学
BK20140988	散射辐射变化对农田生态系统光能利用率的影响研究	南京信息工程大学
BK20140989	南京地区区域性与局地性大气新粒子生成的特征、来源和贡献研究	南京信息工程大学

续表 3-4

项目编号	项目名称	承担单位
BK20140990	不同有机物料腐熟剂对秸秆还田稻田CH_4和N_2O排放影响及机理研究	南京信息工程大学
BK20140991	纳米Fe_3O_4、ZnO对畜禽粪便堆肥的影响及其微生物学机制	南京信息工程大学
BK20140992	间隙灌溉和控释肥施用耦合措施对稻田CH_4和N_2O排放的影响及其微生物机制研究	南京信息工程大学
BK20140993	基于COSMIC掩星观测的极区电离层世界时变化特征研究	南京信息工程大学
BK20140994	基于球谐函数展开的热层大气模型动态修正方法研究	南京信息工程大学
BK20140995	东海黑潮温度锋区天气时间尺度的海气相互作用特征及其机制研究	南京信息工程大学
BK20140996	南京及周边城市秋冬季霾污染分布、输送特征及维持机制研究	南京信息工程大学
BK20140997	利用FY-3卫星数据反演青藏高原地区积雪表层粒径的算法研究	南京信息工程大学
BK20140998	区域持续性干旱事件多变量联合分布研究	南京信息工程大学
BK20140999	集成气象感知的能量采集技术研究	南京信息工程大学
BK20141000	有序Fe-Co/铁氧体复合纳米纤维的设计与制备及其吸波性能研究	南京信息工程大学
BK20141001	基于水文频率分布密度函数积分下限求解的研究	南京信息工程大学
BK20141002	基于力触觉和情绪感知的虚拟手术人机交互训练关键技术研究	南京信息工程大学
BK20141003	非参数指数族图模型研究	南京信息工程大学
BK20141004	基于在线判别特征选取的局部稀疏跟踪研究	南京信息工程大学
BK20141005	求解大规模复杂优化问题的合作协同进化算法研究	南京信息工程大学
BK20141006	高性能图像克隆篡改检测方法研究与实现	南京信息工程大学
BK20141007	稀疏优化在负面清单管理模式的应用研究	南京财经大学
BK20141008	非线性外问题基于自然边界归化的数值方法研究	南京财经大学
BK20141009	低氧调控金针菇ROS代谢途径及其诱导线粒体蛋白响应机制	南京财经大学
BK20141010	碳预算约束机制下的区域气候容量资源配置研究	江苏省信息中心
BK20141011	水泥及矿物掺合料的矿物组成对其在硫酸盐侵蚀作用下服役特性的影响机理	江苏省建筑科学研究院有限公司
BK20141012	基于纤维拔出耗能的PVA纤维增强水泥基材料设计	江苏省建筑科学研究院有限公司
BK20141013	连云港地区未来气候变化条件下的水文响应研究	江苏省水利科学研究所
BK20141014	UCP2调控Warburg效应在糖尿病足细胞损伤中的作用及其机制	南京医科大学第二附属医院
BK20141015	Fe_3O_4@Ara-C复合磁性纳米粒子在急性髓系白血病热化疗中的作用及其机制研究	江苏省肿瘤防治研究所
BK20141016	SIRT1与肺癌细胞化疗敏感性的关系及其机制分析	江苏省肿瘤防治研究所
BK20141017	肝X受体激动剂逆转肺癌细胞对吉非替尼继发耐药的研究	江苏省肿瘤防治研究所
BK20141018	二甲双胍对食管鳞癌放射治疗协同增敏作用及机制研究	江苏省肿瘤防治研究所
BK20141019	应用ULPC-Q-TOF/MS技术发现卵巢癌耐药获得过程中的关键代谢分子	江苏省肿瘤防治研究所
BK20141020	CMV增强子联合TnIc启动子携带肝细胞生长因子(HGF)载体治疗缺血性心脏病及机制研究	江苏省人民医院
BK20141021	脂联素通过骨桥蛋白招募破骨细胞促进类风湿关节炎骨侵蚀分子机制研究	江苏省人民医院
BK20141022	干细胞调节培养基对犬脑梗死后神经血管重塑作用的多模态MRI研究	江苏省人民医院

续表 3-4

项目编号	项目名称	承担单位
BK20141023	微波消融乳腺癌增强T细胞介导的免疫活性的机制研究	江苏省人民医院
BK20141024	微小RNA-327与病理性心肌重塑及心力衰竭的关系	江苏省人民医院
BK20141025	IVF刺激方案相关高雌激素对胎盘滋养细胞紧密连接功能的影响和机制	江苏省人民医院
BK20141026	11β-HSD1通过上调S100A16促进前体脂肪细胞分化的分子机制的研究	江苏省人民医院
BK20141027	新的CFEOM致病基因的定位与克隆	江苏省人民医院
BK20141028	圆柱瘤病基因(CYLD)促进慢性淋巴细胞白血病细胞死亡的机制研究	江苏省人民医院
BK20141029	肾去交感神经术对心肌梗死后室性心律失常的影响及其机制研究	江苏省人民医院
BK20141030	抗病毒和免疫选择压力下H7N9禽流感病毒的演变及意义	江苏省疾病预防控制中心
BK20141031	EV71病毒感染相关炎性细胞因子表达的DNA甲基化调控机制研究	江苏省疾病预防控制中心
BK20141032	基于三维拓扑优化的RFID防碰撞无线传感网络关键技术研究	江苏省标准化研究院
BK20141033	犯罪时空分析图谱研究——以常州市为例	江苏警官学院
BK20141034	从TLR9/NF-κB通路调控炎症反应失衡切入研究“补气托毒法”对霍奇金淋巴瘤的干预效应机制	江苏省中医院
BK20141035	基于脑肠轴犬尿氨酸代谢与功能调控的人参皂苷Rg1抗抑郁机制研究	江苏省中医院
BK20141036	ATM活化及其调控—三黄汤干预肥胖炎症与胰岛素抵抗的机制研究	江苏省中医院
BK20141037	基于miRNA/mTOR探讨二甲双胍抑制甲状腺肿瘤干细胞增殖的分子机制	江苏省中医药研究院
BK20141038	“中西药协同共传递”微乳的构建及其逆转肿瘤多药耐药研究	江苏省中医药研究院
BK20141039	柳树盐胁迫应答基因表达谱分析及重要耐盐基因鉴定	江苏省林业科学研究院
BK20141040	江苏滨海湿地生态演替序列温室气体通量及影响因子研究	江苏省林业科学研究院
BK20141041	栾树黄叶突变体叶片转录组比较分析及差异基因功能鉴定	江苏省林业科学研究院
BK20141042	自适应光学分立式压电变形镜力学控制新理论研究	中国科学院紫金山天文台
BK20141043	太阳爆发的磁场结构和演化	中国科学院紫金山天文台
BK20141044	超新星遗迹与非均匀介质作用过程中热气体演化的研究	中国科学院紫金山天文台
BK20141045	海王星的高倾角特洛伊小行星的起源研究	中国科学院紫金山天文台
BK20141046	行星形成的初始过程	中国科学院紫金山天文台
BK20141047	生物炭活化过硫酸盐降解土壤中多氯联苯的机理研究	中国科学院南京土壤研究所
BK20141048	木薯根系解磷菌促进连作花生磷素摄取的机理研究	中国科学院南京土壤研究所
BK20141049	重金属污染土壤上典型抗生素的生物毒性及机制研究	中国科学院南京土壤研究所
BK20141050	环糊精-油水双液相体系联合增效洗脱复合污染土壤研究	中国科学院南京土壤研究所
BK20141051	酸性农田土壤氨氧化古菌的生态位分异研究	中国科学院南京土壤研究所
BK20141052	大气CO_2浓度升高对稻田土壤供氮能力的影响及机制	中国科学院南京土壤研究所
BK20141053	不同景观条件下地形湿度指数对土壤-景观定量模型作用机理研究	中国科学院南京土壤研究所
BK20141054	温室土壤酸化真实状况的评估及其原理	中国科学院南京土壤研究所
BK20141055	土壤属性插值与模拟的克里格地统计学方法改进及评估	中国科学院南京土壤研究所
BK20141056	中国东北Cyprideа:分类、地层和古地理学	中国科学院南京地质古生物研究所
BK20141057	太湖中典型抗生素的污染特征、归趋和生物富集研究	中国科学院南京地理与湖泊研究所
BK20141058	苏南地区毛竹林固碳潜力及其时空格局遥感评估	中国科学院南京地理与湖泊研究所
BK20141059	秦淮河流域暴雨洪水过程对环境变化的响应机制	中国科学院南京地理与湖泊研究所

续表 3-4

项目编号	项目名称	承担单位
BK20141060	利用薄膜扩散梯度技术研究太湖缺氧区沉积物亚磷酸盐的分布规律与产生机制	中国科学院南京地理与湖泊研究所
BK20141061	气候变化与人类活动对太湖流域水资源影响研究	中国科学院南京地理与湖泊研究所
BK20141062	用于光梳定标的双通道光纤系统传输一致性研究	中国科学院国家天文台南京天文光学技术研究所
BK20141063	基于离子束抛光的大口径镜面热效应机理与试验研究	中国科学院国家天文台南京天文光学技术研究所
BK20141064	外源土壤真菌对江苏不同类型海滨盐土团聚体活性有机碳库组分的影响	中华全国供销合作总社南京野生植物综合利用研究院
BK20141065	基于胞外小体的麻风病分子免疫机制及其相关分子标志物的研究	中国医学科学院皮肤病研究所
BK20141066	大当量爆炸作用下深部岩石块系运动规律研究	中国人民解放军理工大学
BK20141067	含微孔隙夹杂的岩石细观力学特性研究	中国人民解放军理工大学
BK20141068	基于单通道盲源分离的通信抗干扰新方法研究	中国人民解放军理工大学
BK20141069	基于认知的宽带卫星通信自适应传输理论与方法研究	中国人民解放军理工大学
BK20141070	基于时空关联特性的频谱地图构建研究	中国人民解放军理工大学
BK20141071	强对抗多约束条件下应急通信网络性能分析方法研究	中国人民解放军理工大学
BK20141072	基于缺陷蜕变关系的软件安全性测试技术研究	中国人民解放军理工大学
BK20141073	高静压协同酶法调控白果蛋白致敏性及其作用机制研究	中国林业科学研究院林产化学工业研究所
BK20141074	蓖麻油基结构阻燃型聚氨酯硬泡制备、性能及阻燃机理研究	中国林业科学研究院林产化学工业研究所
BK20141075	客水输移对浅水湖泊浮游藻类生境演变的影响	水利部交通运输部国家能源局南京水利科学研究院
BK20141076	21-羟化酶缺陷症基因诊断及致病基因拷贝数变异研究	南京医科大学附属南京妇幼保健院
BK20141077	一个功能未知LncRNA-uc.40致胚胎心脏发育畸形的机制研究	南京医科大学附属南京妇幼保健院
BK20141078	EV71引发脱髓鞘样病变的相关机制研究	南京医科大学附属南京儿童医院
BK20141079	p66Shc诱导肾小球足细胞凋亡的分子机制研究	南京医科大学附属南京儿童医院
BK20141080	miRNA-16:新生儿ALI/ARDS炎症反应调控新机制的研究	南京医科大学附属南京儿童医院
BK20141081	基于代谢组学的菊苣多糖降脂机制及防治脂肪肝的研究	南京晓庄学院
BK20141082	纳米银复合口腔树脂材料的制备及其应用基础研究	南京市口腔医院
BK20141083	锥形束CT与体绘制技术对根管形态建模和优化机制的研究	南京市口腔医院
BK20141084	GAL-PEG-GNPs的合成及其对肝癌放射增敏效应及机制的研究	南京市第二医院
BK20141085	基于遗传分析与生物多样性研究的肉制品种属鉴别新技术	南京市产品质量监督检验院
BK20141086	磁流变弹性体减震系统模糊控制与优化研究	南京东瑞减震控制科技有限公司
BK20141087	输卵管积水增加miR-145调控子宫内膜间质细胞蜕膜化的分子机制研究	南京大学医学院附属鼓楼医院
BK20141088	发育性髋关节发育不良家系的全外显子组测序	南京大学医学院附属鼓楼医院
BK20141089	lncRNA uc.322:促进胰岛β细胞功能修复的新机制	南京大学医学院附属鼓楼医院
BK20141090	地震、降雨耦合下锚杆+铰链式砌块生态护坡机理研究	金陵科技学院
BK20141091	基于地面成像光谱的植被生化参量无损监测及其荧光效应研究	环境保护部南京环境科学研究所

续表 3-4

项目编号	项目名称	承担单位
BK20141092	工作犬主效嗅觉受体基因的筛选及其与嗅探能力的关联性研究	公安部南京警犬研究所
BK20141093	基于微透析-谱效表征-代谢组学技术的升麻抗炎作用药效物质基础及机理研究	南京海源中药饮片有限公司
BK20141094	基于药物共晶理论的抗肿瘤一类新药——甘草素共晶的研制	南京海昌中药集团有限公司
BK20141095	基于暂态磁链特征分析的DFIG系统电网故障强励控制研究	国电南京自动化股份有限公司
BK20141096	利用转录组测序挖掘鲤鱼肉质相关基因及其分子标记	中国水产科学研究院淡水渔业研究中心
BK20141097	黄鳝性别相关基因在雌雄性腺甲基化差异的寻找以及时序调控的研究	中国水产科学研究院淡水渔业研究中心
BK20141098	胰岛素抵抗对大鼠肾动脉TRPC1-BK复合体功能的影响及其分子机制研究	无锡市转化医学研究所
BK20141099	P53介导的BMP4调控miR-34a表达抑制胶质瘤细胞增殖的机制	无锡市人民医院
BK20141100	危险信号分子HMGB1、HSP70在子痫前期发病中的机理研究	无锡市妇幼保健院
BK20141101	嗜酸乳酸杆菌生物膜菌对金色葡萄球菌生物膜感染的防控作用机制研究	无锡市第三人民医院
BK20141102	新型铂-唑来膦酸类配合物的设计合成及生物活性研究	江苏省原子医学研究所(无锡市)
BK20141103	基于iNOS/NO炎症通路探讨葛根素干预糖尿病视网膜病变的分子机制	江苏省原子医学研究所(无锡市)
BK20141104	锝[99mTc]标记的Ⅱ型囊泡单胺转运体显像药物的制备及生物学评价	江苏省原子医学研究所(无锡市)
BK20141105	日本血吸虫对吡喹酮抗性相关基因的筛选及功能分析	江苏省血吸虫病防治研究所
BK20141106	中华按蚊细胞色素P450家族成员在溴氰菊酯杀虫剂抗性中主效基因的鉴定与功能分析	江苏省血吸虫病防治研究所
BK20141107	链霉菌胰蛋白酶突变体自活化机制与前导肽理性设计	江南大学
BK20141108	可视化、超灵敏的食品真菌毒素酶免疫纳米传感研究	江南大学
BK20141109	微小RNA及其甲基化调控对上皮细胞间充质转化通路介导的肿瘤多药耐药的影响机制研究	江南大学
BK20141110	间苯二酚类酪氨酸酶抑制剂的机理研究及设计、合成	江南大学
BK20141111	壳聚糖对类胡萝卜素纳米脂质体结构、稳定性与吸收的调控机制	江南大学
BK20141112	基于强化厌氧发酵产酸的污泥碳源转化途径调控机制研究	江南大学
BK20141113	面向大飞机工程航空气象环境实时仿真的基础理论研究	江南大学
BK20141114	面向动态负载工况的感应电机节能优化控制方法研究	江南大学
BK20141115	机器人复杂焊缝的检测与混合视觉控制	无锡科技职业学院
BK20141116	复杂噪声下利用概率图模型的多节点异常声音感知研究	江苏物联网研究发展中心
BK20141117	生物电化学产电耦合用电技术强化生态工程对抗生素及其耐药菌环境风险控制的研究	东南大学无锡分校
BK20141118	基于原位透射电子显微学的石墨烯基锂离子电池微观机制研究	东南大学无锡分校
BK20141119	基于多目标预测控制的锅炉燃烧优化控制方法研究	东南大学无锡分校
BK20141120	硅基混合槽式纳米线光/射频互作用机理的表征与应用研究	东南大学无锡分校
BK20141121	RNA干扰HDAC6调节Nrf2/ARE通路保护缺血性卒中	宜兴市人民医院
BK20141122	Au-Ni纳米颗粒负载叶酸靶向给药系统对肺癌早期诊断及治疗的研究	宜兴市人民医院
BK20141123	纳米二硫化钨润滑添加剂的形态可控合成与摩擦学性能研究	中国人民解放军空军勤务学院
BK20141124	超大塑性铁基金属玻璃韧脆转变机制研究	中国矿业大学
BK20141125	与页岩气开采相关的储层裂隙渗透率多级演化模型研究	中国矿业大学

续表 3-4

项目编号	项目名称	承担单位
BK20141126	高性能纳米结构材料一体化设计及溶质共偏聚机理研究	中国矿业大学
BK20141127	煤矿大型带式输送机多时间尺度健康状态监测方法研究	中国矿业大学
BK20141128	电牵引采煤机故障摇臂维修状态评估系统研究	中国矿业大学
BK20141129	可替代柴油的新型煤浮选捕收剂的制备及作用机理研究	中国矿业大学
BK20141130	泥岩巷道采动损伤与裂隙水渗流耦合的动态弱化机制	中国矿业大学
BK20141131	超高水固液两相浆液注浆固结封孔过程中浆液的扩散与封堵机理	中国矿业大学
BK20141132	预防煤自燃的反应型化学阻化剂研究	中国矿业大学
BK20141133	Nb3O7F新型太阳能电池光谱特性及载流子传输机理研究	中国矿业大学
BK20141134	定向凝固钛铝合金熔体与铸型涂层界面反应动力学与热力学研究	中国矿业大学
BK20141135	温度梯度冻土帷幕稳定与优控机理研究	中国矿业大学
BK20141136	HIV-1 Tat诱导lncRNA Gm14047在神经元损伤中的作用	徐州医学院
BK20141137	SIRT1通过调控巨噬细胞表型转化及胞葬减轻血管斑块形成	徐州医学院
BK20141138	Blimp-1 调控小鼠allo-HSCT后GVHD发病的机制研究	徐州医学院
BK20141139	木犀草素调节microRNA-208b-3p/Med13对大鼠心肌I/R保护机制	徐州医学院
BK20141140	NANOG/RBPMS通路在急性髓系白血病细胞干性中的作用研究	徐州医学院
BK20141141	功能化仿生合成纳米羟基磷灰石修复牙槽骨缺损的实验研究	徐州医学院
BK20141142	荷载替莫唑胺的新型纳米粒联合溶瘤腺病毒靶向治疗黑色素瘤的研究	徐州市疾病预防控制中心
BK20141143	复杂焊接结构中缺陷空间定位关键技术研究	徐州工程学院
BK20141144	抗甘薯病毒病种间渐渗系创制及抗性主效QTL分析	江苏徐州甘薯研究中心
BK20141145	异源性卷积和次序统计量的研究	江苏师范大学
BK20141146	拟南芥雌雄异位的自然变异及其分子调控机制	江苏师范大学
BK20141147	A型柿原花青素络合排铅作用及对铅诱导高血脂的肝脏脂质代谢营养干预机制	江苏师范大学
BK20141148	Microbulbifer属细菌的对羟基苯甲酸合成代谢及调控机制研究	江苏师范大学
BK20141149	PAK5通过Egr-1调控乳腺癌细胞周期的分子机制研究	江苏省肿瘤生物治疗研究所
BK20141150	突触可塑性中NETO2与MUPP1相互作用调节GluK2转运的分子机制	江苏省麻醉医学研究所
BK20141151	可溶液加工有机小分子给体材料的合成及其光伏性能研究	江苏理工学院
BK20141152	大数据下多粒度决策粗糙集计算模型与知识发现研究	江苏理工学院
BK20141153	城市雾霾环境下的气溶胶颗粒动力学及其消光模型研究	河海大学常州校区
BK20141154	中央空调系统控制实时性能评估及鲁棒自适应控制方法	河海大学常州校区
BK20141155	疏浚磨损工况下非晶合金表面结构演变及纳米化机理	河海大学常州校区
BK20141156	疏浚关键机具耐磨硬面合金强韧化及其抗泥沙磨损机理的研究	河海大学常州校区
BK20141157	基于脑电通道内与通道间特征融合的癫痫预报研究	河海大学常州校区
BK20141158	基于特征的骨科植入物设计关键技术研究	河海大学常州校区
BK20141159	具有低复杂度的稀疏与离散系数FIR滤波器设计方法研究	河海大学常州校区
BK20141160	胃肠道机器人微型化电路设计与关键技术研究	常州先进制造技术研究所
BK20141161	老年导致的表观遗传学修饰酶的变化在前列腺增生及前列腺癌进展中的作用及机制研究	常州市第一人民医院
BK20141162	核糖体蛋白RPL22负调控肺癌发生及机制研究	常州市第二人民医院

续表 3-4

项目编号	项目名称	承担单位
BK20141163	计算机辅助HPLC梯度条件的建立及在中药分析中的应用	常州南京大学高新技术研究院
BK20141164	温度/pH值双重敏感性三嵌段共聚物的合成与性质研究	常州南京大学高新技术研究院
BK20141165	旱区作物叶片生理电特性与水分亏缺表达模型研究	常州工学院
BK20141166	航空铝合金焊接件的激光喷丸延寿机理及其疲劳性能	常州工学院
BK20141167	三维极薄吸收层$TiO_2/Cu_2ZnSn(S,Se)_4$太阳能电池的制备及其性能研究	常州工学院
BK20141168	相移电控制取样光栅半导体激光器及其波长可调机理研究	常州工学院
BK20141169	Mathieu光束的传输特性及其在光学微粒操控中的应用研究	常州大学
BK20141170	化学与生物逻辑开关控制的自陈式探针与药物释放研究	常州大学
BK20141171	碘试剂作用下富勒烯衍生化新方法研究	常州大学
BK20141172	二醇氧化酶不对称氧化外消旋二醇反应特性及机制研究	常州大学
BK20141173	高性能聚酰亚胺膜材料的结构设计及气体分离性能研究	常州大学
BK20141174	高性能宽温应用V-Ti基复合储氢材料研究	常州储能材料与器件研究院
BK20141175	基于炎症“刹车”信号LXA4探讨MSC介导的ALI肺炎症消退机制研究	苏州市立医院
BK20141176	tPA基因心内膜内皮细胞基因组整合靶向溶栓	苏州市立医院
BK20141177	基于一个非综合征型遗传性耳聋大家系新致病基因的定位克隆与功能研究	苏州市立医院
BK20141178	氮杂石墨烯-尖晶石智能光催化剂降解氨氮	苏州科技学院
BK20141179	纳米磁性陶瓷膜的制备及对燃煤烟气中总汞的去除机制研究	苏州科技学院
BK20141180	基于量子行为粒子群算法的桥梁结构参数和损伤识别	苏州科技学院
BK20141181	超长寿命区间高速列车铝合金车体典型焊接接头疲劳行为研究	苏州科技学院
BK20141182	太湖湿地公园生态恢复模式及其规划实现研究	苏州科技学院
BK20141183	n-3鱼油改善肠外营养相关性胆汁淤积症的机制研究	苏州大学附属儿童医院
BK20141184	缺氧性肺动脉高压中Notch通路对经典瞬时受体电位通道的调节机制	苏州大学附属第一医院
BK20141185	FoxF1-HGF途径在癌相关成纤维细胞致肺癌放射耐受过程中所起作用的实验研究	苏州大学附属第二医院
BK20141186	人参皂苷Rg1增强嗅鞘细胞生物活性及其调控机制	苏州大学附属第二医院
BK20141187	自噬溶酶体途径在2型糖尿病心脏功能障碍中的作用	苏州大学附属第二医院
BK20141188	利用光电子能谱研究有机半导体薄膜的电荷传输性质	苏州大学
BK20141189	弦弧曲线空间	苏州大学
BK20141190	铱化物中自旋轨道耦合效应的理论研究	苏州大学
BK20141191	超薄导电膜的微波超宽带相干完美吸收	苏州大学
BK20141192	连续反应“活性”自由基聚合体系构建	苏州大学
BK20141193	电沉积-γ射线辐照制备Ni/n-Si负极材料及其电极性能研究	苏州大学
BK20141194	钛合金激光熔覆高温自润滑耐磨复合涂层研究	苏州大学
BK20141195	基于稀疏黎曼流形学习的人脸识别算法研究	苏州大学
BK20141196	无声通信脑机接口芯片低功耗设计	苏州大学
BK20141197	NAC1促进肿瘤细胞代谢重编程的机制及其作为肿瘤治疗新靶点的研究	苏州大学
BK20141198	不同物化性状的丝素蛋白材料促进神经干细胞迁移及修复脊髓损伤的分子机制	苏州大学

续表 3-4

项目编号	项目名称	承担单位
BK20141199	高性能合金－钙钛矿纳微复合阳极的原位合成及其耐硫、抗积碳性能研究	轻工业化学电源研究所
BK20141200	硅微/纳米孔复合阵列的光电化学响应及其光伏应用研究	轻工业化学电源研究所
BK20141201	融合基因DEK-NUP214的致白血病机制研究	江苏省血液研究所
BK20141202	miR-130a参与核心结合因子急性髓系白血病致病的机制研究	江苏省血液研究所
BK20141203	荧光三维共培养研究整合素αvβ3拮抗剂对非小细胞肺癌放射治疗的影响及机制	江苏省血液研究所
BK20141204	基于恒温扩增与功能化纳米材料的信号放大策略在外周血miRNA检测中的应用	中国科学院苏州生物医学工程技术研究所
BK20141205	基于二次谐振的有阀压电容积泵研究	中国科学院苏州生物医学工程技术研究所
BK20141206	基于驻波激发的轴向定位方法和三维超高分辨成像研究	中国科学院苏州生物医学工程技术研究所
BK20141207	柔韧丝素蛋白水凝胶结构性能研究	苏州经贸职业技术学院
BK20141208	高性能碳纳米管纤维的力学性能分析与优化设计	中国科学院苏州纳米技术与纳米仿生研究所
BK20141209	多媒体数据压缩与信息隐藏一体化技术的研究	中国科学技术大学苏州研究院
BK20141210	家蚕丝素蛋白抗凝血改性及其生物学性能研究	现代丝绸国家工程实验室(苏州)
BK20141211	基于微生物源示踪技术的太湖西苕溪流域粪便污染追溯	西交利物浦大学
BK20141212	等离子体/有序微纳结构耦合增强光电催化性能研究	西安交大苏州研究院
BK20141213	新型钼基低温烧结微波介质陶瓷结构/性能调控机理研究	西安交大苏州研究院
BK20141214	异构网络环境下用户行为认知方法研究	西安交大苏州研究院
BK20141215	蜂巢状绒面形貌对光伏电池电性能参数影响机理的研究	西安交大苏州研究院
BK20141216	基于视频图像对车型的识别算法研究	西安交大苏州研究院
BK20141217	喷墨印刷制备Cu/Ag复合纳米颗粒有序活性表面增强拉曼散射基底研究	武汉大学苏州研究院
BK20141218	融合知识型神经网络的石墨烯场效应器件建模	武汉大学苏州研究院
BK20141219	用于单线态氧检测与生物显影的近红外分子与纳米荧光探针	苏州工业园区新国大研究院
BK20141220	采后处理影响有机樱桃果肉多糖交联和降解的作用机制	苏州工业园区新国大研究院
BK20141221	视频共分割问题的研究	苏州工业园区新国大研究院
BK20141222	基于石墨烯SPR效应的塑料光纤生物传感器的研究	山东大学苏州研究院
BK20141223	新型季鏻盐离子液晶的分子设计及其模板制备研究	南京大学(苏州)高新技术研究院
BK20141224	地铁振动环境中各向异性砂土工程性质演化多尺度研究	南京大学(苏州)高新技术研究院
BK20141225	程序响应、靶向高分子纳米药物载体的制备及应用	南京大学(苏州)高新技术研究院
BK20141226	无细胞系统表达多次跨膜蛋白GPCRs并模拟膜结构研发抗体	百奇生物科技(苏州)有限公司
BK20141227	硅烯纳米器件自旋热电效应的研究	常熟理工学院
BK20141228	封装焊点的界面力学与界面形态控制的关键技术研究	常熟理工学院
BK20141229	高性能锂电池正极材料镍锰酸锂的合成及其电化学性能	常熟理工学院
BK20141230	基于IPv6的车载自组网关键技术研究	常熟理工学院
BK20141231	$LiMnPO_4/Li_3V2(PO_4)_3$-CNFs复合纳米纤维材料的可控制备及储锂性能优化	苏州大学应用技术学院

续表 3-4

项目编号	项目名称	承担单位
BK20141232	体Bragg光栅的衍射特性与应用研究	苏州大学应用技术学院
BK20141233	基于敏化太阳能电池应用的过渡金属酰亚胺类络合物光敏材料的设计与合成	南京大学昆山创新研究院
BK20141234	高强度高塑性微纳米多重孪晶金属的结构与性能研究	南通南京大学材料工程技术研究院
BK20141235	梯度Einstein度量及相关问题研究	南通大学
BK20141236	免疫球蛋白轻链基因双增强子作用模式研究	南通大学
BK20141237	nNOS入核作为共转录因子在神经元损伤保护中的意义	南通大学
BK20141238	模块化永磁直驱垂直轴风力发电机及其容错控制研究	南通大学
BK20141239	量子点修饰V_2O_5多孔材料及Li电池与光催化性能	南通大学
BK20141240	二苯乙烯苷对星形胶质细胞谷氨酸转运体GLT1的调控及在脑缺血防治中的意义	南通大学
BK20141241	鲜食糯玉米淀粉黏度性状基因定位及优异等位变异挖掘	江苏沿江地区农业科学研究所
BK20141242	ZSM-5/γ-Al_2O_3微介孔新材料的构建及其钯催化加氢耐硫机理研究	中国矿业大学徐圩新区高新技术研究院
BK20141243	基于甘草酸衍生物体外活性筛选模式的中药多靶点筛选平台研究	正大天晴药业集团股份有限公司
BK20141244	Desmin基因的长链非编码RNA在早产外周血中的差异表达及其调控功能	连云港市妇幼保健院
BK20141245	曲妥珠单抗-明胶酶靶向anti-miR-21纳米粒子对HER2阳性胃癌的抑制作用	连云港市第一人民医院
BK20141246	槲皮素衍生物的设计、合成与抗阿尔茨海默病活性研究	江苏省海洋资源开发研究院(连云港)
BK20141247	自组装酞菁化合物/石墨烯复合材料的合成及其利用可见光对有机污染物的催化降解研究	江苏省海洋资源开发研究院(连云港)
BK20141248	抗真菌海洋多粘类芽孢杆菌L1-9菌株的定殖规律研究	淮海工学院
BK20141249	基因组发掘专性海洋放线菌新颖NRPS基因簇及其功能鉴定	淮海工学院
BK20141250	喷射沉积SiC/Al基复合材料管坯同步致密及其机理研究	淮海工学院
BK20141251	局部扭曲形变下石墨烯纳米带力电特性及耦合机制	淮阴师范学院
BK20141252	秸秆基“无胶粘黏”纤维板制备中白腐菌作用机理研究	淮阴师范学院
BK20141253	可交换Clifford代数神经网络及其应用	淮阴师范学院
BK20141254	Btk致急性淋巴细胞白血病耐药的机制研究	淮安市第一人民医院
BK20141255	白首乌杂种优势利用技术研究及杂交品种的选育	盐城市新洋农业试验站
BK20141256	miR-29/MYCN/BMI1信号通路调控胶质瘤干细胞增殖作用及其机制研究	盐城市第一人民医院
BK20141257	仿胆碱型功能离子液体的分子设计与催化研究	盐城师范学院
BK20141258	自旋交叉调控的配位化合物铁电性质研究	盐城师范学院
BK20141259	基于全基因组重测序鉴定影响湖羊多羔性状的功能位点	盐城师范学院
BK20141260	环境友好型垂挂式高分子活性染料的设计合成及其构效关系	盐城工业职业技术学院
BK20141261	铁还原硝基苯共生电能的电催化研究	盐城工学院
BK20141262	新型分子印迹聚合物微球的合成及作为智能抗癌药物载体的研究	盐城工学院
BK20141263	掺Yb的Bi_2O_3-GeO_2系单晶和玻璃近红外宽带发光研究	盐城工学院
BK20141264	稻曲病防控时效和药剂保护研究	江苏沿海地区农业科学研究所
BK20141265	利用新型植物生物反应器生产两种中药材块茎的研究	南京工业大学大丰海洋产业研究院
BK20141266	滨海围垦农田微域性盐斑的水盐运动特点与成因研究	中国科学院南京分院东台滩涂研究院
BK20141267	高耐久性导电蚕丝纤维的形成机理及产品开发	盐城市丝利得茧丝绸有限公司

续表 3-4

项目编号	项目名称	承担单位
BK20141268	洪泽湖须鳗鰕虎鱼入侵种群的适应性对策和生态学效应	中国科学院水生生物研究所扬州水环境与渔业研究分中心
BK20141269	基于分子修饰的薤白多糖构效关系研究	扬州市职业大学
BK20141270	精氨酸影响奶牛乳腺酪蛋白表达的microRNA分子机制	扬州市扬大康源乳业有限公司
BK20141271	算子广义逆稳定性理论及其应用	扬州大学
BK20141272	玉米Rubisco活化酶基因表达的遗传调控机制及育种价值研究	扬州大学
BK20141273	H9亚型禽流感新型重组活疫苗(rND/H9HA)的构建及其免疫效力	扬州大学
BK20141274	耐热新城疫病毒株的耐热分子基础研究	扬州大学
BK20141275	FTH1基因甲基化在雏鸭肝炎病毒感染过程中作用机制	扬州大学
BK20141276	紫贻贝幼体附着变态的体外化学信号诱导与体内信号通路调控机理研究	扬州大学
BK20141277	基于非完备几何特征测量数据建模的关键技术研究	扬州大学
BK20141278	季节性冷热交变作用下储能土壤中的热湿迁移特性及能量传输机理	扬州大学
BK20141279	含砾黏土动力特性研究	扬州大学
BK20141280	南蛇藤总萜调控HSP27抑制胃癌上皮间质转化的作用和机制	江苏省苏北人民医院
BK20141281	MLKL蛋白在脊髓损伤后程序性坏死中的作用及其调控机制研究	江苏省苏北人民医院
BK20141282	鸡白痢沙门氏菌Peg菌毛受体的筛选与功能分析	江苏省家禽科学研究所
BK20141283	CmGV侵染传毒特性及对稻纵卷叶螟种群的调控作用	江苏里下河地区农业科学研究所
BK20141284	三履带滑模机电液智能控制与节能技术的研究	江苏四明工程机械有限公司
BK20141285	小菜蛾卵孵化酶基因克隆、功能鉴定及其抑制剂的筛选	中国农业科学院蚕业研究所
BK20141286	家蚕microRNAs与质型多角体病毒的互作机制研究	中国农业科学院蚕业研究所
BK20141287	基于分子印迹技术水环境中痕量磺胺类药物的分离检测	镇江市药品检验所
BK20141288	CD44v16促进白血病细胞耐药形成及其机制研究	镇江市第四人民医院
BK20141289	离子液体气浮溶剂浮选分离/富集无机环境激素及机理研究	镇江高鹏药业有限公司
BK20141290	软磁复合材料在轴向磁通电动车驱动电机中的应用研究	腾达电动科技镇江有限公司
BK20141291	水稻叶片亲水基因GL3的克隆及其应用研究	江苏丘陵地区镇江农业科学研究所
BK20141292	氢渗入对压力容器用双相不锈钢应力腐蚀破裂影响研究	江苏科技大学
BK20141293	资源再生型磁性多孔碳纳米材料的宏量可控制备及吸附性能研究	江苏科技大学
BK20141294	双因素腐蚀环境下盾构隧道管片结构抗力衰减模型及安全性评估	江苏科技大学
BK20141295	新型免疫调节性多肽SJMHE1治疗关节炎小鼠的作用与机制	江苏大学附属人民医院
BK20141296	基于光散射、干涉融合分析的白细胞亚类特征识别方法	江苏大学
BK20141297	Ⅱ-Ⅵ族纳米线轴向异质结构的催化生长及光学性能研究	江苏大学
BK20141298	石墨烯/聚合物复合波导材料的制备及光开关性能研究	江苏大学
BK20141299	智能温控层次结构酶反应器的构建及可控催化作用研究	江苏大学
BK20141300	Janus型异质结纳米复合磁性纤维及交换耦合效应	江苏大学
BK20141301	新型无轴承异步电机及其支持向量机联合逆运行控制	江苏大学
BK20141302	AP1000核主泵水润滑轴承瞬变流动特性及失稳抑制研究	江苏大学
BK20141303	中性粒细胞调节MSC活化促胃癌生长作用和机制研究	江苏大学
BK20141304	微生物(嗜碱类)胞膜外表面质子转移机制研究	镇江事诚新材料科技有限公司

续表 3-4

项目编号	项目名称	承担单位
BK20141305	红外光响应型复合光电极的构建及其光电化学裂解水制氢性能研究	江苏联合化工有限公司
BK20141306	高速钢多组分合金碳化物回火稳定性原子尺度研究	江苏天工工模具钢工程技术研究中心有限公司
BK20141307	事件流模式挖掘的关键技术研究	泰州学院
BK20141308	反应合成微纳复式颗粒增强铝基复合材料研究	泰州南京理工大学研究院
BK20141309	幽门螺杆菌通过lncRNA Dreg调节MUC2表达促进胃癌发生的机制研究	江苏省靖江市人民医院
BK20141310	超新星遗迹和星际介质的高能辐射研究	南京大学
BK20141311	基于离子液体的氮杂卡宾及其对以二氧化碳为氧化剂的反应催化性能研究	南京大学化学化工学院
BK20141312	$ZnBiMO_4$(M=Gd,Sm,Er,Y,Sb)及其复合催化剂制备和可见光降解水中有机污染物协同研究	南京大学环境学院
BK20141313	Lundurine型生物碱的全合成研究	南京大学化学化工学院
BK20141314	光致变色的二噻吩乙烯Ir(Ⅲ)化合物的合成与性质研究	南京大学化学化工学院
BK20141315	膜接触吸收法制备生物天然气中的CO_2/CH_4分离研究	南京大学
BK20141316	秀丽线虫细胞极性因子PAR-1调控衰老的分子机制研究	南京大学
BK20141317	大规模覆膜对土壤-地下水环境的影响	南京大学
BK20141318	城市雨水利用及其对城市内涝灾害的减轻作用研究	南京大学
BK20141319	可充电无线传感器网络的绿色充电机制研究	南京大学计算机科学与技术系
BK20141320	基于高质量微纳米GaN衬底模板的LED器件研究	南京大学电子科学与工程学院
BK20141321	新型CMOS太赫兹探测器的设计与研制	南京大学电子科学与工程学院
BK20141322	基于MDE的异构数据建模及转换研究	南京大学计算机科学与技术系
BK20141323	基于下丘脑IL-1β信号探讨淫羊藿苷对CUMS大鼠糖耐量受损的改善作用和机制	南京大学生命科学学院
BK20141324	靶向肝癌的自噬siRNA-Fingolimod共投递纳米载药系统的研究	南京大学
BK20141325	基于GIS及多代理人系统的流动人口迁移模拟系统构建	南京大学
BK20141326	具有复杂结构的非正规正交设计的研究与应用	东南大学
BK20141327	Moore-Penrose逆、Drazin逆及其应用	东南大学
BK20141328	磁坡莫合金/稀土双层薄膜的界面效应和磁化动力阻尼研究	东南大学
BK20141329	圆锥磁致多铁态及其他失措导致新颖磁态的计算研究	东南大学
BK20141330	土壤MFC对残留难降解有机农药的去除效能及机理	东南大学
BK20141331	环境友好LSPR可调金属氧化物纳米晶的制备及其应用	东南大学
BK20141332	纳米催化放大的荧光检测技术构建及其在生物分析中应用	东南大学
BK20141333	SMC复合体与p53相互作用的机制研究	东南大学
BK20141334	基于“分子光开关”的量子点荧光编码微球悬浮芯片	东南大学
BK20141335	NMDA受体通过转录因子CREB调控癫痫发生及其分子细胞机制研究	东南大学
BK20141336	类金刚石膜动态力学性质与摩擦学性能关联性研究	东南大学
BK20141337	氧含量对钴,锰替代氧化锌稀磁半导体材料磁性能的影响	东南大学
BK20141338	非碘自凝胶化准固态染料敏化太阳能电池性能与衰减机理研究	东南大学
BK20141339	感应耦合式无线电能传输的LED照明系统关键技术研究	东南大学
BK20141340	“新类别发现”及其在宏基因组数据封装问题中的应用	东南大学

续表 3-4

项目编号	项目名称	承担单位
BK20141341	复杂环境下异构传感器网络的一致性目标跟踪算法研究	东南大学
BK20141342	基于多模磁共振的轻微型肝性脑病的早期辅助诊断模型和纵向随访研究	东南大学
BK20141343	血小板微粒通过激活mTOR通路促进肾小球内皮损伤:糖尿病肾病早期发生的潜在新机制	东南大学
BK20141344	MSC减轻ARDS炎症损伤的机制研究:Wnt途径调节Treg/Th17失衡	东南大学
BK20141345	他汀类药物致胰岛β细胞功能障碍的分子机制研究	东南大学
BK20141346	新型靶向DC的DNA纳米疫苗治疗复发性HSK的实验研究	东南大学
BK20141347	矽肺炎症和纤维化治疗新靶点-MCPIP1的作用机制研究	东南大学
BK20141348	功能化石墨烯的可控组装及其在驱动器件上的应用	东南大学
BK20141349	基于靶空间结构的Xa因子抑制剂设计合成和抗凝血活性研究	中国药科大学
BK20141350	WO_3/Ta_3N_5光电化学体系设计及可见光催化净化有机废水和化学能综合利用的研究	中国药科大学
BK20141351	基于CYP/P-gp抑制及非化学连接臂的三元黄酮共晶多向提高抗肿瘤药效的研究	中国药科大学
BK20141352	从肿瘤识别到细胞内控释——透明质酸-磷酸钙多级敏感杂化纳米载体用于siRNA肿瘤治疗的研究	中国药科大学
BK20141353	基于离子液体和纳米粒的毛细管电泳手性分离新体系及其拆分机理研究	中国药科大学
BK20141354	人尿酸氧化酶假基因复活及其表达产物的免疫原性研究	中国药科大学
BK20141355	新型手足口病病毒抑制剂的作用机制与结构优化研究	中国药科大学
BK20141356	基于LC-MS/MS非标记定量法对metadherin作为治疗人慢性粒细胞白血病耐药靶点相关机制研究	中国药科大学
BK20141357	新型钠离子通道高通量筛选模型的建立以及Nav1.7选择性抑制剂的开发	中国药科大学
BK20141358	弱Hopf代数的结构和表示及同调维数研究	南京农业大学
BK20141359	新型钯催化膦氧取代联烯与芳基硼酸的偶联反应研究	南京农业大学
BK20141360	水稻基因沉默因子在水稻稻瘟病抗性中的作用研究	南京农业大学
BK20141361	氢气诱导番茄侧根发生的分子机理	南京农业大学
BK20141362	锌指蛋白ZFP7调控水稻生长发育的分子机理研究	南京农业大学
BK20141363	鸭疫里氏杆菌交叉保护性抗原的鉴定及特性分析	南京农业大学
BK20141364	基于基因组学的不结球白菜抗TuMV基因的克隆与功能验证	南京农业大学
BK20141365	旋毛虫幼虫侵入宿主肌细胞的分子机制	南京农业大学
BK20141366	稻田土著细菌YL-1降解噻嗪酮的途径及关键降解酶基因	南京农业大学
BK20141367	水稻根部响应外界缺磷信号的分子机理研究	南京农业大学
BK20141368	植物种类与生育期调控棉蚜寄主专化性的机理	南京农业大学
BK20141369	核心启动子区-414G>A突变调控湖羊卵泡颗粒细胞FSHR基因转录的分子机制	南京农业大学
BK20141370	小麦类受体蛋白激酶SERK3的基因克隆及其广谱抗病功能研究	南京农业大学
BK20141371	高温胁迫下小麦抽穗后功能叶片衰老的高光谱监测技术研究	南京农业大学
BK20141372	影响反刍动物粗纤维降解率的微生物机制研究	南京农业大学

续表 3-4

项目编号	项目名称	承担单位
BK20141373	自噬系统在颈动脉粥样硬化性狭窄及支架置入后再狭窄中的作用及机制研究	中国人民解放军南京军区南京总医院
BK20141374	脊髓胶质细胞血红素加氧酶-1参与神经病理性疼痛的机制研究	中国人民解放军南京军区南京总医院
BK20141375	糖基化终末产物受体在蛛网膜下腔出血后脑损伤中的作用机制研究	中国人民解放军南京军区南京总医院
BK20141376	microRNA在骨巨细胞瘤发生中的调控作用及其机制研究	中国人民解放军南京军区南京总医院
BK20141377	虾青素纳米载药颗粒在蛛网膜下腔出血后脑微循环功能障碍中的保护作用及机制研究	中国人民解放军南京军区南京总医院
BK20141378	多抗性稗草谷胱甘肽S-转移酶(GST)介导化学除草剂代谢解毒的功能研究	江苏省农业科学院
BK20141379	兽用溶菌酶口服缓释制剂的制备及抑菌机理研究	江苏省农业科学院
BK20141380	辣椒疫病抗性基因的挖掘和功能分析	江苏省农业科学院
BK20141381	传染性法氏囊病病毒干扰鸡体PRRs介导的抗病毒天然免疫的分子机制	江苏省农业科学院
BK20141382	小麦纹枯病菌弱毒相关病毒的基因组结构解析及生防潜力研究	江苏省农业科学院
BK20141383	PbHB7介导的ABA和GA交叉互作调控杜梨耐渗透胁迫机理研究	江苏省农业科学院
BK20141384	茄子抗南方根结线虫病基因克隆与种质创新	江苏省农业科学院
BK20141385	玉米抗粗缩病分子标记的发掘与应用	江苏省农业科学院
BK20141386	蓝莓叶多酚降血压活性成分及其作用机理研究	江苏省农业科学院
BK20141387	枇杷叶活性倍半萜苷改善胰岛素抵抗与改变肠道菌群结构相关性研究	江苏省中科院植物研究所
BK20141388	甘油氧化生成二羟基丙酮绿色催化体系的构建	南京工程学院
BK20141389	WMSN中基于压缩感知的分布式视频协作传输技术研究	南京工程学院
BK20141390	热助电子自加热效应增强的大电流场致发射机理研究	南京工程学院
BK20141391	芳香废水离子液体萃取剂的设计、评价及$ScCO_2$再生研究	南京大学金陵学院
BK20141392	基于结点数据反演地球扭转模型及算法稳定性分析	南京理工大学
BK20141393	基于可见及近红外波段超材料的折射率生物传感器研究	南京理工大学
BK20141394	磁共振成像用含氟造影剂的设计合成研究	南京理工大学
BK20141395	FeSc纳米玻璃原子结构及磁性调控的研究	南京理工大学
BK20141396	城市供水复合砂浆球墨铸铁管耐久性退化模型及优化设计	南京理工大学
BK20141397	三维单分散纳米纤维生物反应器快速诱导肝细胞球聚体形成的研究	南京理工大学
BK20141398	碱性直接甲醇燃料电池用阴离子交换膜的分子设计及稳定性研究	南京理工大学
BK20141399	多孔核/壳纳米铝热薄膜的制备及能量释放机理	南京理工大学
BK20141400	重型机床滚滑复合支承双驱动直线进给系统关键技术研究	南京理工大学
BK20141401	立方氮化硼表面纳米锥构筑与功能化及其传感性能研究	南京理工大学
BK20141402	基于估计策略的先进电液伺服系统关键控制策略研究	南京理工大学
BK20141403	面向蛋白质生物计算的特征抽取及动态学习模型研究	南京理工大学
BK20141404	异构无线网络安全融合若干关键问题研究	南京理工大学
BK20141405	面向云存储的密文访问控制理论研究	南京理工大学
BK20141406	新型63Ni-Si核电池换能单元构效机理及性能稳定性研究	南京航空航天大学
BK20141407	金属内连导线中微裂纹演化机理的相场法研究	南京航空航天大学
BK20141408	矩阵伪谱理论与算法及其应用	南京航空航天大学

续表 3-4

项目编号	项目名称	承担单位
BK20141409	非线性方程组的新算法研究及其在张量特征值的应用	南京航空航天大学
BK20141410	基于黏附足垫与钩爪协同作用的仿生爬壁机器人研制	南京航空航天大学
BK20141411	机械化学合成Bi系双钙钛矿型氧化物Bi2BB'O6及其多铁性研究	南京航空航天大学
BK20141412	高空长航时无人直升机变旋翼转速优化控制研究	南京航空航天大学
BK20141413	基于分布式感知与控制的跑道入侵防御关键问题研究	南京航空航天大学
BK20141414	用于心血管微创手术的触觉传感器及其接触机理研究	南京航空航天大学
BK20141415	高分子固化剂膨胀土改性机理及生态护坡应用研究	河海大学
BK20141416	FePSiB非晶合金涂层的结构演化及微损伤机理	河海大学
BK20141417	多功能磁性石墨烯-卤氧化铋复合光催化剂的研制及其降解水环境中抗生素的性能研究	河海大学
BK20141418	高水头下坝面土工膜缺陷演化机制与渗漏耦合效应研究	河海大学
BK20141419	隧道“裂隙拱体”渐进破坏机理研究	河海大学
BK20141420	面向关联开放数据的多媒体语义标注方法与技术研究	河海大学
BK20141421	基于一维碳原子链的纳米组装材料的储氢机理研究	南京邮电大学
BK20141422	基于金属配合物的反应型磷光生物探针的制备及在生物成像中的应用	南京邮电大学
BK20141423	基于微流控芯片的单细胞ChIP的研究	南京邮电大学
BK20141424	核酸适体修饰微纳马达的制备与蛋白质检测	南京邮电大学
BK20141425	硅烷基金属配合物的合成及其催化聚硅烷形成反应的研究	南京邮电大学
BK20141426	基于情绪识别的机器人辅助康复人机交互控制方法研究	南京邮电大学
BK20141427	面向实时感知乱序数据的流计算复杂事件处理技术研究	南京邮电大学
BK20141428	基于长时程深度混合网络模型的目标理解技术研究	南京邮电大学
BK20141429	基于社会行为分析的群智感知关键技术研究	南京邮电大学
BK20141430	考虑通信限制的离散时间切换奇异时滞系统镇定及应用研究	南京邮电大学
BK20141431	横向集成功率器件的三维耐压理论研究	南京邮电大学
BK20141432	癫痫定位的脑电有向复杂网络模型研究	南京邮电大学
BK20141433	手性电化学传感器及其对手性药物的识别研究	南京医科大学
BK20141434	室旁核intermedin对肥胖高血压大鼠交感活动过度增强的作用及机制研究	南京医科大学
BK20141435	循环肿瘤细胞的干性演变机制及在肺癌转移中的作用研究	南京医科大学
BK20141436	碳纳米管三维多孔人工支架材料的研制及其促进骨缺损修复的实验研究	南京医科大学
BK20141437	HDAC3调控lncRNA BANCR影响EMT转化促进NSCLC细胞侵袭转移的机制研究	南京医科大学
BK20141438	磷酸化Sufu对髓母细胞癌发生的调控作用和机制研究	南京医科大学
BK20141439	肌萎缩侧索硬化中小胶质细胞表型转换的作用及机制研究	南京医科大学
BK20141440	RhoA-YAP/TAZ通路对骨缝牵张成骨的分子调控机制	江苏省口腔医院
BK20141441	拓扑绝缘体/超导体系的拓扑量子态及超导电性研究	南京师范大学
BK20141442	多种目标准则下带限制的最优再保险、最优投资以及最优分红问题的研究	南京师范大学
BK20141443	两相流问题高阶超收敛有限体积元方法及后处理算法研究	南京师范大学

续表 3-4

项目编号	项目名称	承担单位
BK20141444	伽马射线暴中心能源机制研究	南京师范大学
BK20141445	多酸-石墨烯多孔杂化材料的制备及超级电容性能研究	南京师范大学
BK20141446	新型豆蔻酰化抗菌肽CM4的抗癌活性及分子机制研究	南京师范大学
BK20141447	S-层蛋白介导嗜酸乳杆菌抑制肠上皮细胞凋亡效应及其机理	南京师范大学
BK20141448	肿瘤干细胞靶向载体设计及其抗肿瘤的生物学机制研究	南京师范大学
BK20141449	鲸类4个小头症基因(MCPH)的适应性进化与脑容量增大的遗传基础	南京师范大学
BK20141450	花鳗鲡应对盐度变化的适应性调节机制研究——基于NKA和VHA基因分析	南京师范大学
BK20141451	新型生物质热解用复合碳分子筛催化剂性能特性研究	南京师范大学
BK20141452	基于电力系统脆性的风电入网后连锁故障预警方法研究	南京师范大学
BK20141453	基于虚拟惯性传感网络的行人导航方法研究	南京师范大学
BK20141454	面向多自治域环境的信息中心网络缓存研究	南京师范大学
BK20141455	金属纳米粒子在氧化物纳米管上的可控负载及性能评价	南京工业大学
BK20141456	基于超宽底物谱的新型多功能糖苷酶多底物催化机制的研究	南京工业大学
BK20141457	非连续性放热反应系统热失控演化动力学过程研究	南京工业大学
BK20141458	考虑多效应耦合时城市轨道交通高架结构抗震性能研究	南京工业大学
BK20141459	多模式协同增强光催化复合材料的制备及其应用性能研究	南京工业大学
BK20141460	低温共烧封装电子材料结构优化及导热机制	南京工业大学
BK20141461	多批次间歇反应精馏过程二维质量控制与优化方法	南京工业大学
BK20141462	基于神经递质与神经营养因子调控的开心散物质基础研究	南京中医药大学
BK20141463	补肾助孕方调节垂体GTH表达治疗LPD性不孕的机制	南京中医药大学
BK20141464	基于iTRAQ蛋白质组学对刮痧干预腰椎间盘突出症的作用机制研究	南京中医药大学
BK20141465	中药伴生物质提高难溶性活性成分口服生物利用度的机理研究	南京中医药大学
BK20141466	从调控上皮细胞易感性探讨玉屏风散益气固表防治过敏性疾病的机制	南京中医药大学
BK20141467	基于肿瘤炎性微环境的消癌解毒方的作用机制研究	南京中医药大学
BK20141468	氨基和膦亚胺稳定的低价镁金属化合物的合成及应用	南京林业大学
BK20141469	基于新型植物油多元醇的聚氨酯材料的合成及性能研究	南京林业大学
BK20141470	茶树铁吸收和转运基因的克隆与功能分析	南京林业大学
BK20141471	软化学法制备可清除土壤中重金属离子的缓释肥料研究	南京林业大学
BK20141472	花楸属直脉组分类与系统研究	南京林业大学
BK20141473	木质素结构对纤维素酶水解的影响与作用机制	南京林业大学
BK20141474	无线传感器网络技术在森林火险天气预警系统中的应用	南京林业大学
BK20141475	基于两阶段单轴应变硬化的水泥路面填缝料自愈合行为	南京林业大学
BK20141476	环与代数上的导子与映射	南京信息工程大学
BK20141477	水生植物凋落物堵塞人工湿地机理及泥鳅修复效应研究	南京信息工程大学
BK20141478	基于生态关系测算污染物生态毒性效应阈值的方法研究	南京信息工程大学
BK20141479	硅对不同基因型水稻砷积累的影响	南京信息工程大学
BK20141480	基于激光雷达和毫米波雷达的卷云微物理特性研究	南京信息工程大学
BK20141481	基于灰色灾变理论的气象灾害风险分析建模及方法研究	南京信息工程大学

续表 3-4

项目编号	项目名称	承担单位
BK20141482	基于钼靶图像的乳腺癌检测与诊断决策支持系统研究	南京信息工程大学
BK20141483	基于金属纳米薄膜复合水凝胶的环境监测多参数光纤传感器	南京信息工程大学
BK20141484	大豆黏性功能肽的制备、构效关系及粘性作用机理的研究	南京财经大学
BK20141485	薏米香豆酸糖苷抗氧化、抗增殖活性分子机制及构效关系研究	南京财经大学
BK20141486	粮食防霉无机抗菌剂单层位错制备技术及抗菌机理研究	南京财经大学
BK20141487	大规模形状图像检索关键技术及其应用研究	南京财经大学
BK20141488	炎症反应调控因子Chi3L1调节巨噬细胞亚群转换,影响肝纤维化进展的机制研究	南京医科大学第二附属医院
BK20141489	UCP2介导肾间质纤维化过程中巨噬细胞线粒体葡萄糖代谢异常的研究	南京医科大学第二附属医院
BK20141490	错配修复基因高频SNPs与胃肠道肿瘤易感性的机制研究	江苏省肿瘤防治研究所
BK20141491	长链非编码RNA UCA1a促进肺鳞癌生长及其机制研究	江苏省人民医院
BK20141492	穿心莲内酯通过抑制NLRP3炎症小体逆转结肠癌5-氟尿嘧啶耐药的分子机理研究	江苏省人民医院
BK20141493	长链非编码RNA H19调节肠黏膜屏障的功能及机制研究	江苏省人民医院
BK20141494	基于脑GABA通路的帕金森病步态障碍的机制研究	江苏省人民医院
BK20141495	长链非编码RNA THBS4-003调节MAPK通路影响前列腺癌进展	江苏省人民医院
BK20141496	miR-122通过SELENBP1调控克罗恩病肠黏膜中氧化应激及炎症反应	江苏省人民医院
BK20141497	MCPIP1调控CaSR在缺血再灌注损伤中的作用	江苏省人民医院
BK20141498	IFN-γ抑制SIRT1转录的表观遗传机制研究及对骨骼肌胰岛素抵抗的意义	江苏建康职业学院
BK20141499	电磁兼容中传导骚扰计量及模态信号分析研究	江苏省计量科学研究院
BK20141500	五氯酚钠对河蟹主要生物代谢酶活性影响与药代动力学研究	江苏省淡水水产研究所
BK20141501	我国南方典型火烧迹地植被恢复动态研究	南京森林警察学院
BK20141502	基于调控TLR9/MAPK通路的祛风宣痹方治疗哮喘的机制研究	江苏省中医院
BK20141503	中药黄蜀葵花活性成分Hibifolin对糖尿病肾病早期肾小球基底膜损伤的保护作用机制研究	江苏省中医院
BK20141504	利用蛋白质抗体芯片技术研究鬼针草调控干眼免疫性炎症信号转导机制	江苏省中医院
BK20141505	木犀草素对移植皮瓣缺血再灌注损伤保护的实验研究	江苏省中医院
BK20141506	基于nephrin研究丹芍颗粒Ⅲ号对紫癜性肾炎大鼠的作用机制	江苏省中医院
BK20141507	基于斑马鱼M-Act/Tox一体化评价的中药抗骨质疏松筛选新方法与应用	江苏省中医药研究院
BK20141508	多糖促薏苡仁组分微乳“类过饱和”效应评价及其机制研究	江苏省中医药研究院
BK20141509	基于嫦娥二号探测数据对Toutatis小行星自转与形貌特征的研究	中国科学院紫金山天文台
BK20141510	重金属-有机复合污染场地土壤的电动-络合强化/氧化修复研究	中国科学院南京土壤研究所
BK20141511	小麦应答低磷胁迫的定量磷酸化蛋白组学研究	中国科学院南京土壤研究所
BK20141512	太湖地区高产水稻土团聚体结构特征和形成机制	中国科学院南京土壤研究所
BK20141513	集约化农区耕作强度变化对土壤有机碳流失的影响机制研究——以常熟市为例	中国科学院南京地理与湖泊研究所
BK20141514	蓝藻水华对太湖梅梁湾多环芳烃主要生物地球化学过程的影响及其机制研究	中国科学院南京地理与湖泊研究所

续表 3-4

项目编号	项目名称	承担单位
BK20141515	基于光学分类的内湖泊水体漫衰减系数遥感估算	中国科学院南京地理与湖泊研究所
BK20141516	高材料去除速率、高可靠离子束镜面加工技术研究	中国科学院国家天文台南京天文光学技术研究所
BK20141517	不确定环境下应急救援资源需求估计、配置和动态决策研究——以化工园区应急救援为例	江苏省安全生产科学研究院
BK20141518	重组表达人BPI的植物乳杆菌构建以及对大鼠早期细菌/内毒素移位抑制的研究	江苏省检验检疫科学技术研究院

表3-5 江苏省2014年度新上科技支撑计划项目

项目编号	项目名称	承担单位
BE2014001	千瓦级光纤激光器及其工业应用技术开发	南京中科神光科技有限公司
BE2014002	现代数字影视特效关键技术研究	江苏华莱坞投资发展有限公司
BE2014003	MEMS陀螺仪关键技术研究及典型产品研发	江苏物联网研究发展中心
BE2014004	大型五轴高速、精密龙门加工中心全生命周期绿色制造技术研究	新誉集团有限公司
BE2014005	基于大规模数据中心的面向大数据应用的云管理平台技术研究	苏州国科综合数据中心有限公司
BE2014006	大规模电池储能系统及其并网技术研究与装置实现技术研究	张家港智能电力研究院有限公司
BE2014007	低成本高性能镍基单晶高温合金设计与制造及其空心叶片的研发	江苏省(丹阳)高性能合金材料研究院
BE2014008	新能源汽车新型富锂锰基高电压动力电池及管理系统研发与应用	江苏春兰清洁能源研究院有限公司
BE2014009	高性能轻合金复杂结构件三维打印成形技术及成套装备研发	南京航空航天大学
BE2014010	支撑科技创业大赛的"一站式服务"信息化技术研发及应用	江苏省高新技术创业服务中心
BE2014011	基于阻截除油技术的含油污水高效处理成套装置研发	南京碧盾环保科技有限公司
BE2014012	1.1类抗肿瘤新药:针对HER2的双特异抗体的临床前研发	苏州康宁杰瑞生物科技有限公司
BE2014013	用于各方异性导电胶膜(ACF)的新型导电金球的研制	苏州纳微生物科技有限公司
BE2014014	医用人体全身一次性成像超导MRI系统的研制	苏州朗润医疗系统有限公司
BE2014015	高效滤用皮芯型热熔性聚合物单丝的研制	南通新帝克单丝科技股份有限公司
BE2014016	高端煤炭机械关键装备采煤机的优化与可靠性设计	连云港天明装备有限公司
BE2014017	新型节能热源塔热泵系统的技术研究	江苏辛普森新能源有限公司
BE2014018	3D显示用液晶材料的开发	江苏和成显示科技股份有限公司
BE2014019	高性能有机防护材料关键技术研发及其在海工混凝土防护中的应用	南京博特新材料有限公司
BE2014020	新型酰胺多胺聚羧酸系水泥助磨剂的制备技术研发与应用	南京希杰斯建材科技有限公司
BE2014021	面向碳酸二甲酯生产的特种分离膜制备技术和工艺开发	南京九思高科技有限公司
BE2014022	基于MIMO技术的第四代移动通信系统天线的开发	盛宇百祺(南京)通信技术有限公司
BE2014023	基于分布式能源的智能微电网关键技术研发	江苏省电力公司
BE2014024	基于自主物联网协议的超远距离无线模块的研发	南京龙渊微电子科技有限公司
BE2014025	工业机器人安全集成伺服驱动技术的研发	南京康尼电子科技有限公司
BE2014026	基于测量机器人的地铁工程安全监控系统研制及应用	南京市测绘勘察研究院有限公司
BE2014027	高铁、城轨列车车轮在线综合检测系统研发	南京拓控信息科技有限公司

续表 3-5

项目编号	项目名称	承担单位
BE2014028	水力空化耦合臭氧消减树脂生产废水中有机毒害物技术及一体化设备开发	环境保护部南京环境科学研究所
BE2014029	区域科技金融"一站式服务"信息平台关键技术研发	南京市科技成果转化服务中心
BE2014030	面向轨道交通客流分析与车辆调度的线网模型研究与应用	南京熊猫信息产业有限公司
BE2014031	电波暗室用耐功率难燃型多层吸波组合锥体材料研发	南京洛普电子工程研究所
BE2014032	半导体室内照明光源封装关键技术研发	南京汉德森科技股份有限公司
BE2014033	±800kV特高压直流输电测试系统关键技术研究	南京因泰莱电器股份有限公司
BE2014034	基于物联网的现金管理系统与平台关键技术研发	南京理工速必得科技股份有限公司
BE2014035	高性能大功率光纤激光器用能量光纤的研发	江苏法尔胜光电科技有限公司
BE2014036	微胶囊和纳米改性技术在精毛纺节能清洁生产中的应用研发	凯诺科技股份有限公司
BE2014037	Power Multi-Chip-μModule（微型多芯片功率模块）的3D-MIS系统级封装技术	江苏长电科技股份有限公司
BE2014038	黄磷尾气自动化全回收系统开发	江苏一同环保工程技术有限公司
BE2014039	海工装备防腐用新型UV固化纳米复合涂层关键技术研究	江苏宏泰高分子材料有限公司
BE2014040	大容量高效高可靠性低风速双馈风力发电机的研制	国电联合动力技术(宜兴)有限公司
BE2014041	1200V逆导型场终止绝缘栅双极晶体管(RC-FS-IGBT)的优化与可靠性设计	江苏东光微电子股份有限公司
BE2014042	66对棒超大型多晶硅还原炉及沉积工艺开发	江苏中能硅业科技发展有限公司
BE2014043	燃煤锅炉多煤种低氮燃烧装置关键技术的研究与应用	徐州燃控科技股份有限公司
BE2014044	XE360N燃气动力液压挖掘机技术研究及应用	徐州徐工挖掘机械有限公司
BE2014045	煤矿井下无线精确定位关键技术研究	中国矿业大学
BE2014046	矿山电力传动节能装备及其优化控制系统开发	徐州中矿大传动与自动化有限公司
BE2014047	高性能白光LED用氮化物红色荧光材料研发	江苏南方永磁科技有限公司
BE2014048	骨科植入物设计关键技术研究及其数字化平台构建关键技术研发	河海大学常州校区
BE2014049	100%低地板有轨电车绿色牵引传动系统研制	常州南车轨道交通车辆有限公司
BE2014050	CB80ksi高强度超低温耐海水腐蚀无缝管线管的研制	江苏常宝钢管股份有限公司
BE2014051	发动机涡轮盘精密制造平台关键技术研究	常州工学院
BE2014052	智能配用电信息及高速双向通信支撑技术平台研发	常州帕斯菲克自动化技术股份有限公司
BE2014053	单机容量80万千瓦以上超大型水轮机组用接力器关键技术研究	常州液压成套设备厂有限公司
BE2014054	21%转换效率超薄N型双面晶硅太阳能电池技术研发	江苏顺风光电科技有限公司
BE2014055	高性能聚醚醚酮(PEEK)特种纤维产业化技术的研究	常州花山化工有限公司
BE2014056	复杂超高强车身结构件热冲压新技术及其精密模具研发	江苏华强模具科技有限公司
BE2014057	模块化金属切削液再生离心分离关键技术研究及成套设备开发	苏州帝瀚环保科技有限公司
BE2014058	微量聚合的涤纶短流程印花系统的研发	苏州大学
BE2014059	基于双轮毂电机驱动的纯电动客车研发	金龙联合汽车工业(苏州)有限公司
BE2014060	基于荧光粉分离方法和段式调光技术的超高光效LED照明系统的研发及应用	京东方光科技有限公司
BE2014061	高质量薄层石墨烯规模制备及导热散热应用技术开发	苏州格瑞丰纳米科技有限公司
BE2014062	插电式混联混合动力(ISG)系统研制	苏州海格新能源汽车电控系统科技有限公司

续表 3-5

项目编号	项目名称	承担单位
BE2014063	民用飞机系统设计与仿真验证平台开发	苏州同元软控信息技术有限公司
BE2014064	碳纳米管增强铝基复合材料制备关键技术研究	苏州有色金属研究院有限公司
BE2014065	表面粗糙度RMS≤0.1nm的激光陀螺超精密光学元件的超光滑抛光技术研发	武汉大学苏州研究院
BE2014066	超厚SiC外延薄膜高速生长设备和生长技术研发	中国科学院苏州纳米技术与纳米仿生研究所
BE2014067	高功率脉冲技术用新型超薄高磁感低铁损软磁材料研发	苏州巨磁功能材料有限公司
BE2014068	柴油机金属低温DOC的开发与设计	清华大学苏州汽车研究院(吴江)
BE2014069	下一代高质量三网融合产品关键技术研发	江苏永鼎股份有限公司
BE2014070	以光伏发电为基础的微电网系统技术开发	常熟阿特斯阳光电力科技有限公司
BE2014071	新型水性氟碳树脂的工艺开发	常熟三爱富中昊化工新材料有限公司
BE2014072	复杂工况应用的耐用履带设计制造技术研究	常熟华威履带有限公司
BE2014073	千吨级履带起重机差动式回转支承关键技术研究	索特传动设备有限公司
BE2014074	新型高电压超级电容器电解液的研究开发	江苏国泰超威新材料有限公司
BE2014075	海洋平台用高强度齿条钢的研制开发	江苏省沙钢钢铁研究院有限公司
BE2014076	高铁轨道板用高品质500MPa级细晶粒钢筋及生产技术研发	江苏永钢集团有限公司
BE2014077	面向复杂零部件模具制造的增材/减材复合成形技术研发	江苏九钰机械有限公司
BE2014078	高精高效PLC可编程汽车窗控智能检测系统研发	江苏正通电子有限公司
BE2014079	高端发动机数字化样机与精益制造专家系统研发	昆山三一动力有限公司
BE2014080	高端空芯杯直流伺服电机生产自动化装备开发	昆山库克自动化科技有限公司
BE2014081	新颖集成TVS的高速接口芯片研发	江苏艾伦摩尔微电子科技有限公司
BE2014082	面向机器视觉的高分辨率实时三维智能相机的研制	苏州江奥光电科技有限公司
BE2014083	基于LiBr-ORC耦合系统的低温余热回收技术及其装备研发	苏州新华软智能装备有限公司
BE2014084	超大型数控随动精密曲轴磨床的关键技术研究	固耐重工(苏州)有限公司
BE2014085	超级电容器用高性能石墨烯功能涂层铝箔集流体的研制	南通海一电子有限公司
BE2014086	高比表面积、高吸附活性碳纤维吸音防火材料的研发	江苏苏通碳纤维有限公司
BE2014087	自我修复型芳纶纤维复合材料光缆增强芯开发	南通南京大学材料工程技术研究院
BE2014088	支持移动终端同步操控的三网融合高清互动数字电视机顶盒关键技术研发	南通同洲电子有限责任公司
BE2014089	基于石墨烯的超高密度超级电容器材料的制备及性能研究	南通江海电容器股份有限公司
BE2014090	基于溶剂染色和微结构调控技术的高档色织液氨面料清洁生产关键技术研究	江苏联发纺织股份有限公司
BE2014091	与防波堤相结合的新型高效率波浪能发电及利用关键技术研究	江苏道达海上风电工程科技有限公司
BE2014092	全色域多通道智能调光调色LED照明系统的研发	江苏林洋电子股份有限公司
BE2014093	工业高浓度含酚废水资源化关键技术及成套装备研究开发	启东市巨龙石油化工装备有限公司
BE2014094	智能化特高压电容式电压互感器关键技术研发	江苏思源赫兹互感器有限公司
BE2014095	对苯二甲酸二甲酯加氢制备1,4-环己烷二甲酸二甲酯和1,4-环己烷二甲醇技术开发	南京大学连云港高新技术研究院
BE2014096	绿色回收稀土废渣中有价元素的关键技术研究	连云港市丽港稀土实业有限公司
BE2014097	兆瓦级风电机组电气联调测试技术研究与开发	国电联合动力技术(连云港)有限公司

续表 3-5

项目编号	项目名称	承担单位
BE2014098	智能电网用高梯度压敏电阻制备关键技术研究	江苏世星电子科技有限公司
BE2014099	云锦织物数字化展示技术研究及应用	涟水天宫云锦织造有限公司
BE2014100	凹凸棒石基汽油深度脱硫杂化材料及其关键技术研究	常州大学盱眙凹土研发中心
BE2014101	凹凸棒石改性生物基聚氨酯泡沫保温杂化材料制备及关键技术研究	中科院广州能源所盱眙凹土研发中心
BE2014102	凹凸棒石类玛雅蓝杂化颜料制备及其关键技术研究	中科院兰州化学物理研究所盱眙凹土应用技术研发中心
BE2014103	高效凹凸棒石黏土脱烯烃催化剂制备关键技术研发	盱眙恒信粘土科技有限公司
BE2014104	新型电膜盐水分离技术及在高盐工业废水治理中的应用技术研究	江苏华晖环保科技有限公司
BE2014105	基于飞轮储能的轨道交通再生制动关键技术研究	江苏三得普华智能电力技术有限公司
BE2014106	半导体材料大尺寸衬底制备关键部件——钨坩埚的研发	江苏峰峰钨钼制品股份有限公司
BE2014107	深海脐带电缆关键技术研究	江苏江扬电缆有限公司
BE2014108	微功耗超薄型电容式声电转换传感器芯片研发	扬州江新电子有限公司
BE2014109	海洋工程装备传动与结构用均质化大截面耐低冲特殊钢关键技术研发	扬州诚德重工有限公司
BE2014110	钢管胀形车用桥壳近净成形工艺成套技术研发	扬州捷迈锻压机械有限公司
BE2014111	超/特高压耐电晕低损耗矩形换位铝芯绝缘导线研发	江苏宝杰隆电磁线有限公司
BE2014112	快速轨道医流机器人及其智能集群控制技术研发	江苏菲达宝开电气有限公司
BE2014113	高效造纸工艺流程泵的关键技术研究	江苏尚宝罗泵业有限公司
BE2014114	新能源汽车用新型复合磁通切换电机系统关键技术研究	扬州市新港电机有限公司
BE2014115	模具表面微形貌的主动设计制造关键技术及装备研发	镇江市江苏大学工程技术研究院
BE2014116	高效高可靠性四代熔盐核电主泵关键技术研究及应用	江苏大学
BE2014117	基于虚实交互的数字化教育平台研发及应用	镇江睿泰信息科技有限公司
BE2014118	基于航空航天的结构-功能一体化的碳纤维聚合物复合材料制备技术研发	丹阳丹金航空材料科技有限公司
BE2014119	城市轨道交通及高速铁路接触网零件的液态模锻精密成型技术研究	江苏华威线路设备集团有限公司
BE2014120	超高功率激光器用大尺寸钛宝石晶体研究与开发	江苏吉星新材料有限公司
BE2014121	RFID天线半柔性磁片材料关键技术研发	镇江宝纳电磁新材料有限公司
BE2014122	农林废弃物高效转化技术及关键装备研发	江苏金沃机械有限公司
BE2014123	基于陶瓷基板和组合荧光粉封装的高光效、高光品质白光LED的研究开发与应用	泰州市华强照明器材有限公司
BE2014124	智能电网设备用出线装置关键技术研发	泰州新源电工器材有限公司
BE2014125	基于云计算的不锈钢产业集群协作服务平台关键技术开发	兴化市和泰特种不锈钢研究院有限公司
BE2014126	大规模集成电路晶圆刻蚀设备关键零部件研发	靖江先锋半导体科技有限公司
BE2014127	仿生下肢外骨骼机器人关键技术研究	泰兴市晨光高新技术开发有限公司
BE2014128	碳纤维增强碳化物气凝胶材料关键技术研发	宿迁市南京工业大学新材料研究院
BE2014129	新能源电动有轨电车及地面双模智能供电系统研发	江苏中辆科技有限公司
BE2014130	高性能稀土(铈基)储氧材料创制及其在机动车尾气催化净化中的技术研究与应用	南京大学
BE2014131	大数据并行化分析计算统一编程框架与软件平台关键技术研发	南京大学计算机科学与技术系
BE2014132	情景交互式康复机器人关键技术及康复评估研究	东南大学
BE2014133	大型高端摊铺机优化与可靠性设计关键技术研发	东南大学

续表 3-5

项目编号	项目名称	承担单位
BE2014134	高效节能大马力拖拉机液压机械无级变速箱关键技术研发	南京农业大学
BE2014135	PB级高性能云存储系统关键技术研发	南京航空航天大学
BE2014136	应用于大型带式输送装备的节能型电动滚筒直驱式双凸极电机传动系统研发	南京航空航天大学
BE2014137	应用于重载搬运机器人的视觉导引差速驱动一体化单元研制	南京航空航天大学
BE2014138	超超临界机组用汽封刷制造的激光精密切割系统及关键技术研究	南京理工大学
BE2014139	新一代智能手机多麦克风消噪音频测试与辅助设计系统关键技术研究	南京师范大学
BE2014140	北斗系统用微小型高精度低噪声表贴温补石英晶体振荡器关键技术研发及应用	河海大学
BE2014141	面向社会化商务的大数据管理和分析系统关键技术研究及应用	南京财经大学
BE2014142	轨道车辆门系统远程状态监测、故障诊断与健康评估关键技术研发	南京工程学院
BE2014143	电视传媒舞台设备智能化系统关键技术研发	长江龙新媒体有限公司
BE2014144	基于国产电子文件应用试点的软件研发及系统建设技术研究	江苏省质量技术监督信息中心
BE2014301	优质奶牛健康养殖关键技术集成创新	南京卫岗乳业有限公司
BE2014302	溧水特色浆果高效栽培及深加工关键技术与装备集成创新	江苏南京白马现代农业高新技术产业园有限公司
BE2014303	江苏农村科技服务超市溧水经济林果产业示范店建设	南京傅家边科技园集团有限公司
BE2014304	优质安全腌腊肉制品加工保鲜技术研究与新产品开发	南京佳邦食品有限公司
BE2014305	酶法制备新型生物改性淀粉的关键技术研究	江南大学
BE2014306	酿酒酵母高效表达甲壳类水产动物重要免疫因子及其在饲料添加剂中的应用	江南大学
BE2014307	长江刀鲚的种质优选保存及驯食人工饲料关键技术研究	中国水产科学研究院淡水渔业研究中心
BE2014308	杨梅加工保鲜关键技术集成创新与设备研制	无锡科安自动化装备有限公司
BE2014309	苏南花菜露地栽培新品种及优质安全高效生产技术研究	无锡礼贤生态农业发展有限公司
BE2014310	生猪规模养殖的节能减排与优质肉生产技术示范应用	江阴市定山养猪专业合作社
BE2014311	苏北特色菜用甘薯新品种薯绿1号优质安全高效生产新技术研究	徐州徐薯薯业科技有限公司
BE2014312	苏北地区设施葡萄新品种、新技术、新装备组装配套及运营管理模式创新	徐州市农家欢农业科技有限公司
BE2014313	适合机械化生产的特色山药新品种培育	江苏徐淮地区徐州农业科学研究所
BE2014314	优质多抗超高产中粳稻新品种选育	江苏徐淮地区徐州农业科学研究所
BE2014315	适合机械化生产的高产多抗甘薯新品种选育	江苏徐州甘薯研究中心
BE2014316	桃优新品种和优质栽培技术示范转化	新沂市小青山生态果蔬专业合作社
BE2014317	工厂化生态高效养羊技术集成和示范	丰县绿缘养羊专业合作社
BE2014318	利用秸秆为主培基料进行阿魏菇新品种培育	常州市三新园艺有限公司
BE2014319	绿叶蔬菜有机型集约化生产关键技术集成创新	常州市新北现代农业产业园区农地股份专业合作联社
BE2014320	洄游性鱼类仿生态繁殖生物和工程技术集成性的研究	苏州依科曼生物农业科技有限公司
BE2014321	规模稻麦农场低碳循环生产技术集成与示范	太仓市东林农场专业合作社
BE2014322	自走式智能秸秆还田旋耕施肥播种联合作业机研发	太仓市项氏农机有限公司
BE2014323	白芨与野生黄花白芨远缘杂交新品种选育及组培苗工厂化生产与示范	昆山虹越花卉有限公司

续表 3-5

项目编号	项目名称	承担单位
BE2014324	大棚哈密瓜高效栽培技术集成与示范推广	昆山市花桥镇天福蔬菜专业合作社
BE2014325	小麦胚芽高效生物发酵制备功能性食品基料的关键技术研究	常熟理工学院
BE2014326	设施条件下葡萄高效栽培新技术研究与应用	常熟市吉健葡萄专业合作社
BE2014327	设施葡萄用光转换农膜栽培技术集成示范	南通晨阳葡萄生态园有限公司1
BE2014328	生猪养殖、加工、副产资源高值利用关键技术研究	如皋市坝新肠衣有限公司
BE2014329	现代桑蚕规模化生产技术集成创新	如皋新丝路茧丝绸有限公司
BE2014330	湖羊规模化精细饲养技术的集成与创新	启东瑞鹏牧业有限公司
BE2014331	露地西兰花新品种及优质安全高效技术集成创新	南通中江农业发展有限公司
BE2014332	桑蚕茧丝绸产业关键技术集成创新示范推广	海安天蚕投资管理有限公司
BE2014333	基于信息化的设施水产生态健康养殖技术及装备系统研发	江苏中洋集团股份有限公司
BE2014334	设施梨新品种高效栽培技术集成创新与示范	南通新高果业有限公司
BE2014335	高产优质泥鳅新品种(系)培育及养殖	连云港龙源生物科技有限公司
BE2014336	利用食用菌废菌包发酵蜡样芽孢杆菌及其应用于养殖业水质处理技术的研究	江苏省海洋资源开发研究院(连云港)
BE2014337	中早熟黄皮洋葱新品种选育	连云港市农业科学院
BE2014338	珍稀药用真菌桑黄的新品种选育及规模化生产关键技术研究与示范	连云港广福发食用菌有限公司
BE2014339	海洋水产产业关键技术集成创新	江苏金海岸海洋经济开发有限公司
BE2014340	高效防控番茄青枯病的生物有机肥及其施用技术研发	江苏省好徕斯肥业有限公司
BE2014341	水稻新型光温敏雄性不育系分子选育及利用	淮安旗冰种业科技有限公司
BE2014342	生态健康规模化生猪养殖及其精深加工技术集成创新	江苏淮安农业科技园区发展有限公司
BE2014343	基于淮河流域土壤特性及淮安红椒养分需求规律的土壤肥水调控技术研究	江苏徐淮地区淮阴农业科学研究所
BE2014344	白首乌良种繁育及无公害栽培技术集成示范	滨海县爱生中药材专业合作社
BE2014345	基于农业废弃物“两段式”增值处理的设施种养高效循环生态农业新模式的集成与应用	盐城市春泉现代农业科技有限公司
BE2014346	双齿围沙蚕饱和湿土养殖新技术集成创新	东台光亚水产品有限公司
BE2014347	江苏沿海滩涂耐盐特质植物产业化关键技术集成创新	江苏大丰盐土大地农业科技有限公司
BE2014348	杏鲍菇工厂化生产新技术集成及示范	江苏久禾生物科技发展有限公司
BE2014349	蛋鸡健康养殖关键技术在科技型农业专业合作社模式中集成与示范	扬州市苏合万禾农产品直销专业合作社联社
BE2014350	江苏农村科技服务超市扬州农科院示范店建设	江苏金土地种业有限公司
BE2014351	高产多抗专用小麦新品种选育	江苏里下河地区农业科学研究所
BE2014352	250~350kW大功率单螺杆挤压膨化机及其关键制造技术研究与开发	扬州大学
BE2014353	适合机械化生产的高产多抗玉米新品种选育	扬州大学
BE2014354	以马立克氏病毒为载体的鸡传染性喉气管炎基因工程疫苗研究	扬州大学
BE2014355	嵌合型猪圆环病毒(PCV1-2)灭活疫苗的技术研发	扬州大学
BE2014356	自由振动深松深旋耕深施肥半精量播种筑畦复式作业装备研发	扬州大学
BE2014357	地方特色土种猪新品系及配套系选育	扬州大学
BE2014358	牛重要疫病高效新颖多联(价)疫苗创制	扬州大学
BE2014359	天然肠衣生物保鲜及质量控制关键技术研究与应用	扬州大学

续表 3-5

项目编号	项目名称	承担单位
BE2014360	里下河地区水禽-水产-水生蔬菜设施种养循环农业模式技术集成创新	扬州龙兴生态农业发展有限公司
BE2014361	稻纵卷叶螟颗粒体病毒侵染机制及其病毒杀虫剂的研发	扬州绿源生物化工有限公司
BE2014362	优质特色蛋鸭新品系选育及产业化开发	江苏省家禽科学研究所
BE2014363	鸽病防治技术集成应用和示范	江苏省家禽科学研究所
BE2014364	加工型优质肉鸡选择技术的创新与应用	江苏省家禽科学研究所
BE2014365	扬州地区罗氏沼虾高效生态工程化养殖关键、配套技术集成创新	扬州市嘉丰罗氏沼虾良种繁殖有限公司
BE2014366	冷冻非发酵面制品专用富硒小麦粉生产关键技术研究与产业化	扬州名佳食品有限公司
BE2014367	小型智能化生物质能分程变温干燥谷物烘干机的研制	镇江市丹徒区粮机厂有限公司
BE2014368	设施草莓优质、高效、省力化栽培技术集成与示范	江苏丘陵地区镇江农业科学研究所
BE2014369	甘蓝类蔬菜高效游离小孢子培养及雄性不育材料组培快繁技术体系构建研究	江苏丘陵地区镇江农业科学研究所
BE2014370	设施专用辣椒新品种及配套关键技术集成与示范	镇江市镇研种业有限公司
BE2014371	稻麦联合收获打捆复式作业机关键技术与装备研究	江苏大学
BE2014372	控制葡萄采后病害及赭曲霉素A残留的拮抗酵母保鲜剂的研制	江苏大学
BE2014373	基于机器视觉的穴盘健康苗识别及移植补苗系统研发	江苏大学
BE2014374	超低空无人直升机航空喷雾智能化关键技术研发	江苏大学
BE2014375	设施蔬菜有机基质无土栽培体系组装配套与集成创新	镇江培蕾基质科技发展有限公司
BE2014376	优质草菇工厂化生产关键技术研发与集成创新	丹阳市江南草菇专业合作社
BE2014377	"杂交墨杉"耐盐碱新品种的繁育与推广	江苏溯源农业科技发展有限公司
BE2014378	地源热泵谷物干燥机的研究与开发	扬中市方正天瑞电子科技有限公司
BE2014379	长江特色水产生态高效养殖技术集成创新与产业化开发	扬中市扬子渔业投资有限公司
BE2014380	猪繁殖与呼吸综合征安全高效基因工程疫苗的研发	江苏农牧科技职业学院
BE2014381	苏姜猪、黑羽番鸭种源产业关键技术创新与产业化推广	泰州现代农业发展集团有限公司
BE2014382	鹿茸菇等珍稀食用菌现代工厂化生产技术集成创新	江苏菇本堂生物科技股份有限公司
BE2014383	江苏省农村科技服务超市泰兴设施蔬菜产业分店建设	泰兴市青源蔬菜发展有限公司
BE2014384	江苏农村科技服务超市兴化特种水产产业示范店建设	江苏红膏大闸蟹有限公司
BE2014385	铁皮石斛工厂化育苗技术及有机栽培新模式研究	江苏轩斛生物科技有限公司
BE2014386	新型安全高效微生物杀菌剂关键技术研究与产品研发	江苏省农业科学院
BE2014387	蔬菜工厂化育苗先进技术集成与示范推广	江苏省农业科学院
BE2014388	江苏农村科技远程培训云服务系统建设及应用	江苏省农业科学院
BE2014389	适合机采的优质高产转基因抗病虫棉花新品种选育	江苏省农业科学院
BE2014390	农业特色产业发展职业农民培训	江苏省生产力促进中心
BE2014391	江苏农村科技服务超市信息网络共享互联标准研究及接口软件研发	东南大学
BE2014392	江苏稻麦大面积均衡增产技术集成研究与示范	南京农业大学
BE2014393	江淮东部(江苏)水稻小麦丰产节水节肥技术集成与示范	南京农业大学
BE2014394	水稻优质、抗病虫基因聚合育种技术研究	南京农业大学
BE2014395	新农村发展研究院科技服务与培训模式创新示范	南京农业大学
BE2014396	基于GWAS和选择性清除位点的太湖流域部分地方猪种内产仔数变异关键基因位点鉴别及其高产群体培育	南京农业大学

续表 3-5

项目编号	项目名称	承担单位
BE2014397	生物源光系统Ⅱ抑制剂TeA结构修饰及新型生物除草剂研发	南京农业大学
BE2014398	防控大棚番茄青枯病的生物有机肥的研制及应用研究	南京农业大学
BE2014399	富含γ-氨基丁酸和多肽豆乳生物加工关键技术研究	南京农业大学
BE2014400	梨自花结实性新种质的挖掘与育种材料的创制	南京农业大学
BE2014401	薄壳山核桃复合栽培及丰产栽培技术创新示范	省中科院植物研究所
BE2014402	新兴糖料作物甜菊高A苷种质培育及优质种子创制	省中科院植物研究所
BE2014403	稻米硒蛋白高效制备技术研究及其功能产品开发	南京财经大学
BE2014404	苏北杨农复合经营模式的优化选择与示范推广	南京林业大学
BE2014405	松树抗松材线虫病优良家系体细胞胚胎发生与繁殖技术研究	南京林业大学
BE2014406	基于信息化的高架草莓-叶菜复种方式生态安全技术与装备	南京林业大学
BE2014407	高稳性紫花色系观赏海棠良种选育	南京林业大学
BE2014408	新型植物生物反应器应用于药材种苗规模化扩繁与代谢产物制备	南京工业大学
BE2014409	农业智能化高性能滴灌、微喷技术产品研发	河海大学
BE2014410	入侵害虫三叶斑潜蝇的预警监测及防控技术研究与应用	江苏省植物保护站
BE2014411	水稻抗逆减灾高产稳产关键技术研究集成与应用	江苏省作物栽培技术指导站
BE2014412	中华绒螯蟹“长江2号”新品种保种与繁育	江苏省淡水水产研究所
BE2014413	泥鳅大规格苗种生态化繁育技术研究与示范推广	江苏省淡水水产研究所
BE2014414	凡纳滨对虾育繁养推关键技术集成创新与示范	江苏省海洋水产研究所
BE2014415	在线混药低量喷雾智能化高效施药机研制	江苏省农业机械技术推广站
BE2014416	多热源适应型秸秆压块低成本小型烘干设备研发	江苏省农业机械技术推广站
BE2014417	特色保健乌饭树优良品种选育	江苏省林业科学研究院
BE2014418	乌桕观赏新品种选育	江苏省林业科学研究院
BE2014419	多丝量优质蚕品种“苏豪×钟晔”的抗性系选育	江苏苏豪国际集团股份有限公司
BE2014501	高压超高压安全阀离线校验与评定标准研究	南京市锅炉压力容器检验研究院
BE2014502	洁净室及相关受控环境-空气分子污染控制技术应用指南国家标准研制	南京天加空调设备有限公司
BE2014503	汽车电子标识应用关键技术标准研究	公安部交通管理科学研究所
BE2014504	屋顶分布式光伏电站用关键设备安全及性能技术标准研究	无锡市产品质量监督检验中心
BE2014505	物联网通用架构及信息模型技术标准研制	无锡物联网产业研究院
BE2014506	隔热砖抗剥落性能检测方法标准研究	宜兴摩根热陶瓷有限公司
BE2014507	石墨烯透明导电薄膜材料及粉体材料测试方法标准体系研究	江南石墨烯研究院
BE2014508	工业用叔丁醇钾、工业用叔丁醇钠行业标准研制	亚邦投资控股集团有限公司
BE2014509	工业宝石炉基本技术条件国家标准研制	江苏华盛天龙光电设备股份有限公司
BE2014510	静电喷雾器通用技术国家标准研制	苏州稼乐植保机械科技有限公司
BE2014511	化学纤维长丝沸水收缩率试验方法国际标准研制	江苏盛虹科技股份有限公司
BE2014512	重大装备电梯制造与安装安全技术标准研制	昆山通祐电梯有限公司
BE2014513	子午线轮胎用钢帘线国家标准研制	江苏兴达钢帘线股份有限公司
BE2014514	工业应用的太阳能热水系统技术规范国家标准研制	江苏省产品质量监督检验研究院
BE2014601	新型抗体药物纯化介质GMP产业化	南京金斯瑞生物科技有限公司

续表 3-5

项目编号	项目名称	承担单位
BE2014602	环境空气质量多元观测体系构建、优化及应用	南京市环境监测中心站
BE2014603	特定人群网络行为识别与管控关键技术研究及应用	南京市公安局科技处
BE2014604	科技医疗-居家养老社区服务中心站建设	梅园新村办事处
BE2014605	岩黄连总碱胶囊的研究	南京弘景医药科技有限公司
BE2014606	废弃微滤膜再生关键技术及应用研究	江南大学
BE2014607	工业化制备透明质酸酶以及透明质酸寡糖的关键技术	江南大学
BE2014608	早期胃癌筛查荧光定量快速检测试剂的产业化及其应用	江苏省原子医学研究所(无锡市)
BE2014609	肿瘤诊断试剂18F-Al-NOTA-MATBBN的研制	江苏省原子医学研究所(无锡市)
BE2014610	物联网架构下的科学健身示范区建设和全民健身公共服务供给模式的研究与应用	无锡市体育局
BE2014611	长安街道堰新社区3D信息便民服务系统	无锡市惠山区长安街道办事处
BE2014612	应用于食品安全信息监控的大数据管理技术研究	无锡食品科技园发展有限公司
BE2014613	蒸汽机械再压缩-分子筛吸附组合技术零排放处理丙烯酸乳液废水	江苏五洲环保服务有限公司
BE2014614	水质安全净化、节能高效差异化循环利用智能控制一体化处理关键技术装备	江苏新纪元环保有限公司
BE2014615	基于膨胀颗粒床的污水处理提标降耗节能技术研究与示范	江苏裕隆环保有限公司
BE2014616	Fenton-MBBR-MBR耦合工艺在PU合成革废水深度脱氮中的关键技术研发与示范工程	南京大学宜兴环保研究院
BE2014617	高强度海参粘合剂的研发	江阴市本特塞缪森生命科学研究院有限公司
BE2014618	天鹤社区低碳减排绿色社区示范性建设与研究	江阴市澄江街道天鹤社区
BE2014619	屋顶光伏发电系统在小城镇建设中的集成应用与示范	江阴市周庄镇资产经营有限公司
BE2014620	徐州市泉山区奎山街道奎西社区智能养老示范点	徐州市泉山区奎山街道办事处奎西居民委员会
BE2014621	邳州圩北社区智慧工程项目	邳州圩北社区
BE2014622	农林生物质废弃物提取植物色素关键技术研究与应用	常州大学
BE2014623	武进绿色建筑综合示范工程	住建部(武进)绿色建筑产业集聚示范区管委会
BE2014624	应急空间信息管理与应用服务平台	常州市公安局
BE2014625	危险化学品管道泄漏检测与事故预警关键技术研究及示范	江苏省特种设备安全监督检验研究院常州分院
BE2014626	丙型肝炎一类新药YS-001的临床前研究开发	常州寅盛药业有限公司
BE2014627	平安、智慧及网格化科技社区建设	金坛市金城镇街道办
BE2014628	宋锦暨江苏丝绸精品历史纹样保护修复关键技术研究	苏州市职业大学
BE2014629	畜禽胆废弃物资源化利用生产熊去氧胆酸关键技术应用研究	苏州天绿生物制药有限公司
BE2014630	一个新型PI3K靶向治疗恶性白血病药物的研制	苏州大学
BE2014631	新型眼科手术显微镜及高清视频摄录系统	苏州六六视觉科技股份有限公司
BE2014632	苏州市姑苏区沧浪街道道前社区科技社区	苏州市姑苏区人民政府沧浪街道办事处
BE2014633	餐厨(厨余)废弃物碳源化技术及其在渗沥液处理中的应用研究	苏州市环境卫生管理处
BE2014634	国家1.1类抗肿瘤新药不可逆EGFR/Her-2抑制剂安克替尼AMX3002的临床前研发	安润医药科技(苏州)有限公司

续表 3-5

项目编号	项目名称	承担单位
BE2014635	生物制品Ⅰ类新药——创新型人源化单克隆抗体治疗老年性黄斑变性疾病(AMD)的研究与开发	苏州思坦维生物技术有限责任公司
BE2014636	遗传性耳聋基因检测项目	天昊生物医药科技(苏州)有限公司
BE2014637	新型抗血小板药替格瑞洛的开发研究	苏州特瑞药业有限公司
BE2014638	基因工程技术制备生产细菌内毒素检测试剂	中国科学院苏州生物医学工程技术研究所
BE2014639	全自动化C-反应蛋白免疫荧光床旁检测系统的研究	中国科学院苏州生物医学工程技术研究所
BE2014640	血栓弹力谱测试系统的研究	中国科学院苏州生物医学工程技术研究所
BE2014641	微静脉血管病变治疗系统关键技术研究及其产业化	中国科学院苏州生物医学工程技术研究所
BE2014642	应用于人体干细胞及免疫细胞临床治疗无血清试剂的研发	赛业(苏州)生物科技有限公司
BE2014643	治疗重大自身免疫疾病1.1类新药CBP-307的研发	苏州康乃德生物医药有限公司
BE2014644	太仓市德兴"智能·健康"居家养老科技示范社区建设	太仓市城厢镇德兴社区居委会
BE2014645	一种全自动蛋白纯化层析系统	苏州赛谱仪器有限公司
BE2014646	社会治安防控视频结构化处理及大数据解析深度应用	苏州市吴江区公安局
BE2014647	集善社区三新科技社区建设	江苏昆山花桥经济开发区花桥街道办事处
BE2014648	多功能智能护理床的研制	昆山安明泰机电科技有限公司
BE2014649	小型智能化自动腹膜透析治疗仪的研发与产业化	昆山韦睿医疗科技有限公司
BE2014650	重组人凝血酶的研究开发	苏州泽璟生物制药有限公司
BE2014651	大流量有机废气及恶臭气体高效净化装置	苏州克利亚环保科技有限公司
BE2014652	不透明红球菌发酵生产α-酮戊二酸的关键技术研究	张家港市华天药业有限公司
BE2014653	张家港市金港镇德丰"智慧·减灾·平安"科技社区建设	张家港市金港镇人民政府
BE2014654	抗结核中药新药特耐度胶囊的研究	常熟求是科技有限公司
BE2014655	常熟市浒浦集镇健康养老智慧社区建设	常熟市碧溪新区(街道办事处)浒浦办事处
BE2014656	微创介入医疗用高精度金属微管的研发及其产业化	常熟致圆微管技术有限公司
BE2014657	他汀手性侧链的绿色生物合成技术	华东理工常熟研究院有限公司
BE2014658	数字化X射线先进医疗应用的研发和产业化	江苏普康成像系统有限公司
BE2014659	智能光纤安防系统应用与示范	苏州攀星光电科技有限公司
BE2014660	利用稻壳灰为原料常压生产铜复合二氧化硅气凝胶核心技术	南通市鸣珂新型材料科技有限公司
BE2014661	南通市通州区虹南智慧云社区示范项目	南通市通州区金沙镇人民政府
BE2014662	大宗食品发酵原料射频杀虫/菌安全前处理关键技术与装备研究	江苏联海生物科技有限公司
BE2014663	基于"公益托管"知识普及模式在城东社区的应用与推广	如皋市如城镇城东社区居民委员会
BE2014664	废轮胎无催化低温热解循环利用新技术应用研究	启东金匙环保科技有限公司
BE2014665	"智慧西园"——海安镇西园智慧社区建设示范	海安镇园庄街道办事处
BE2014666	国家1.1类抗病毒药核苷类似物HS-10234临床研究	江苏豪森药业股份有限公司
BE2014667	新能源应用科技示范社区建设	海州区宁海街道办事处
BE2014668	慢性肾炎治疗药物-健肾片的临床研究及产业化	江苏康缘药业股份有限公司
BE2014669	重组人凝血因子Ⅶa、Ⅷ的临床前研究	正大天晴药业集团股份有限公司

续表 3-5

项目编号	项目名称	承担单位
BE2014670	东海县安峰镇山东村科技应用示范社区建设	东海县安峰镇人民政府
BE2014671	淮阴区机关社区"智慧·绿色·健康"科技社区建设	淮安市淮阴区王营镇人民政府
BE2014672	食品包装危害因子高通量检测与安全评价关键技术研究	淮安出入境检验检疫局综合技术服务中心
BE2014673	救灾现场冷切割技术及前混合超轻小型水射流系统的应用研究	江苏鑫国精密模具有限公司
BE2014674	莲蓬头废弃物资源化利用关键技术应用研究	金湖县百瑞特化工有限责任公司
BE2014675	盱眙县五墩社区建设"三新社区"	盱眙县盱城镇五墩社区居民委员会
BE2014676	智能化信息化科技示范社区建设	盐城市盐都区龙冈毓龙居委会
BE2014677	以物联网技术为引导建设智慧农村社区	响水县张集乡人民政府佑东村居委会
BE2014678	苏北沿海设施农区土壤主要重金属污染的农艺调控关键技术研究与应用	中国科学院南京分院东台滩涂研究院
BE2014679	社区远程家庭健康监护与意外检测系统的研究与应用	大丰市大中镇黄海街道办事处
BE2014680	基于生活污泥的城市行道树基质研究及示范推广	江苏里下河地区农业科学研究所
BE2014681	湖泊蓝藻加压沉淀浓缩减量及发酵利用技术研究	扬州大学
BE2014682	秸秆等农业废弃物生产新型育秧基质及高品位富氢燃气关键技术研究	扬州大学
BE2014683	新型靶向抗白血病1类新药HL0036的临床前研究	扬州禾联医药科技有限公司
BE2014684	纳米细菌纤维素医用敷料的研发	江苏华东医疗器械实业有限公司
BE2014685	多信道高频调制新型激光人体组织血氧仪	扬州奥泰光电生物技术有限公司
BE2014686	高邮市高邮镇水关社区科技社区建设与示范	高邮市高邮镇水关社区居民委员会
BE2014687	再生聚酯瓶片料纺高品质中空有色POY长丝	江苏菲霖纤维科技有限公司
BE2014688	基于物联网农作物生长应急干预系统的农村科技示范社区建设	江苏省仪征市大仪镇路南村委会
BE2014689	基于GIS的网格化智慧社区管理工程	宝应县安宜镇大桥居民委员会
BE2014690	抗痛风一类新药黄嘌呤氧化酶抑制剂的临床前研究	镇江新元素医药科技有限公司
BE2014691	镇江世业生态文明科技示范社区建设	镇江市丹徒区世业镇世业村
BE2014692	基于移动互联网技术的食品安全可溯源公共平台	江苏科技大学
BE2014693	利用纺织废弃物再制造汽车内饰复合材料的关键技术研发	镇江立达纤维工业有限责任公司
BE2014694	智能、安居、绿色协调发展的智慧社区建设与示范	丹阳市后巷镇前巷村民委员会
BE2014695	秸秆与废塑料复合制造高强度木塑材料的关键技术应用研究	江苏旭华圣洛迪建材有限公司
BE2014696	平安、健康、绿色科技社区建设	句容市社区办甲城社区
BE2014697	人外周血循环肿瘤细胞临床诊断试剂	江苏莱尔生物医药科技有限公司
BE2014698	代谢工程改造氧化葡萄糖酸杆菌一步法合成维生素C	江苏江山制药有限公司
BE2014699	靖城街道虹兴社区"好管家智能化"示范社区建设	靖江市靖城街道办事处
BE2014700	基于固体废弃物在线注塑成型木塑托盘关键技术研究	江苏力达塑料托盘制造有限公司
BE2014701	基于网格化管理的智慧社区建设	宿迁经济技术开发区古楚社区王梨园社区
BE2014702	城东社区基于物联网技术的智慧平安科技社区建设	泗洪县青阳镇城东社区居委会
BE2014703	交替糖的生物加工关键技术研究	江苏玺鑫维生素有限公司
BE2014704	糖坊社区一键通(呼救通)服务中心	沭阳县沭城镇糖坊社区
BE2014705	芜申运河所经古中江流域文化遗产与现代可持续利用研究	南京大学

续表 3-5

项目编号	项目名称	承担单位
BE2014706	文化生态保护区保护关键技术研究	东南大学
BE2014707	基于光子晶体编码微球的自动化多元检测系统	东南大学
BE2014708	家禽胴体表面污物在线检测关键技术的研究及应用	南京农业大学
BE2014709	建立水稻-黑麦草复种模式、利用植物促生菌调控——修复稻田重金属污染土壤的技术研究	南京农业大学
BE2014710	治疗脂肪肝中药五类新药AME的临床前研究	中国药科大学
BE2014711	李斯特菌的快速检测及其靶向控制细菌素的制备与应用	南京财经大学
BE2014712	面向城市复杂环境的多无人机协同灾害应急监测关键技术研究	南京航空航天大学
BE2014713	资源化烟气同时脱硫脱硝关键技术研发及工程示范	南京理工大学
BE2014714	面向治安防控的监控视频目标检索关键技术研究	南京理工大学
BE2014715	固定化发酵核酸酶高效制备核苷酸的关键技术开发	南京工业大学
BE2014716	典型高速公路桥梁抗震性能可靠性分析与提升对策研究	南京工业大学
BE2014717	基于膜分离材料的超高效$PM_{2.5}$捕捉技术研究及应用示范	南京工业大学
BE2014718	面向水环境污染灾害监测与预警的无线传感网软硬件关键技术与应用系统	南京邮电大学
BE2014719	用于肺癌早期检测的纳米生物诊断试剂及器件	南京邮电大学
BE2014720	雌酚类食品和环境污染物检测的高灵敏免疫传感器研制	南京师范大学
BE2014721	太湖高含水疏浚废物快速处理资源化利用关键技术研究和示范	河海大学
BE2014722	基于核酸适体的重金属汞快速检测试剂盒\试纸条的研发	江苏地调院
BE2014723	古建彩绘修复隔离膜研究	南京博物院
BE2014724	基于大气污染源排放清单的$PM_{2.5}$动态溯源关键技术研究及应用示范	江苏省环境科学研究院
BE2014725	城市空气质量预警应急调控技术研究	江苏省环境科学研究院
BE2014726	高效湿式静电除尘(雾)器技术开发	江苏省环境科学研究院
BE2014727	新型城镇化中建成环境与居民健身行为的实证研究	江苏省体育科学研究所
BE2014728	电梯安全性遥测遥检系统关键技术研发及示范	江苏省特种设备安全监督检验研究院
BE2014729	基于耦合数值模式的江苏海洋综合要素预报预警技术研究与应用	江苏省海涂研究中心
BE2014730	生物质成型燃料规模化连续生产关键技术研究与应用	农业部南京农业机械化研究所
BE2014731	郯庐断裂带江苏段设定地震及其对我省强震动影响研究	江苏省地震局
BE2014732	全省消防设施联网监测管理平台研究与应用	江苏省公安消防总队
BE2014733	基于时空轨迹大数据的社会治安行为预测及控制关键技术研究与应用	江苏省公安厅指挥中心
BE2014734	江苏省雾霾发生规律及精细化数值预警技术研究	江苏省气象台
BE2014735	液化气体和易燃液体管道阻爆技术研究与应用	江苏省安全生产科学研究院
BE2014736	基于无线传感测距的罪犯外出押解智能管控系统	江苏省金陵监狱
BE2014737	基于物联网多维动态感知的罪犯区域管控系统	江苏省无锡监狱
BE2014738	小麦中镰刀菌毒素的污染风险与管控技术研究	江苏省农业科学院
BE2014739	湖泊疏浚场地土壤重金属的生物炭修复技术与应用效果研究	中国科学院南京地理与湖泊研究所
BE2014740	高效杀(抑)藻控水华的颗粒微生物制剂的制备及示范应用	中国科学院南京地理与湖泊研究所
BE2014741	大型奶牛养殖场工厂化蚯蚓处理粪便的关键技术研究与应用	中国科学院南京土壤研究所
BE2014742	重金属污染农田土壤的低积累植物利用及其微生物调控	中国科学院南京土壤研究所

续表 3-5

项目编号	项目名称	承担单位
BE2014801	基于北斗卫星导航系统的汽车主动安全预警系统研究	南京通用电器有限公司
BE2014802	面向用户体验的无线通信端到端服务质量保障及应用优化系统研发	赛特斯信息科技股份有限公司
BE2014803	基于大数据技术LTE网络性能分析与资源管理系统研发	南京华苏科技有限公司
BE2014804	新型冷凝式油气及挥发性有机物回收装置关键技术研发	南京都乐制冷设备有限公司
BE2014805	6300kW大型微粉主齿轮箱关键技术研发	南京金鑫传动设备有限公司
BE2014806	水泥工业窑炉尾气高效脱硝关键技术研发	南京西普水泥工程集团有限公司
BE2014807	基于虚拟现实技术的汽车涂装车间三维规划软件平台关键技术研发	无锡顺达智能自动化工程股份有限公司
BE2014808	微型纯电动汽车整车集成设计与制造关键技术研发	江苏新日电动车股份有限公司
BE2014809	高亲水性聚醚胺基聚酰胺(锦纶)及其关键原材料研制	无锡阿科力科技股份有限公司
BE2014810	高速高精度大幅面五轴数控激光切割机床关键技术研发	无锡创科源激光装备股份有限公司
BE2014811	高精度全自动方形锂电池焊接卷绕装备关键技术研究	无锡先导自动化设备股份有限公司
BE2014812	UV固化型触摸屏保护胶关键技术研发	江苏广信感光新材料股份有限公司
BE2014813	第四代移动基站、智能终端专用特种同轴电缆关键技术研发	神宇通信科技股份公司
BE2014814	应用于航天服的高气密低硬度PU复合织物关键技术研发	江苏东邦科技有限公司
BE2014815	用于工业废水处理及回用的新型MBR平板膜元件及组件研发	江苏蓝天沛尔膜业有限公司
BE2014816	海上舰船系列用中频(400Hz)软电缆关键技术研发	江苏中煤电缆股份有限公司
BE2014817	满足柴油车欧IV标准的POC堇青石蜂窝陶瓷载体关键技术研发	宜兴王子制陶有限公司
BE2014818	齿形链轮温挤压精密成形关键技术与工艺装备研发	常州东吴链传动制造有限公司
BE2014819	微棱镜型柔性反光膜关键技术研发	常州华日升反光材料股份有限公司
BE2014820	柴油发动机尾气排放高温传感器研发	常州腾龙汽车零部件制造有限公司
BE2014821	自成纳米孔隙光学增透膜用聚合物制备关键技术研究	江苏晨光涂料有限公司
BE2014822	AP1000核电机组用N08367超级不锈钢焊管研发	江苏武进不锈股份有限公司
BE2014823	会展用大幅面LED导光板关键技术研发	灵通展览系统股份有限公司
BE2014824	3-5MW永磁直驱风力发电机定转子关键技术研究	常州神力电机股份有限公司
BE2014825	超高压共轨系统超精密喷油器锻件制造关键技术研究	江苏龙城精锻有限公司
BE2014826	高隔热连接结构的超深井临界隔热油管关键技术研发	江苏胜大石油设备制造股份有限公司
BE2014827	水冷组件光热一体化系统研发	金坛正信光伏电子有限公司
BE2014828	适用于木结构建筑的微能耗高效利用光热转换的建筑节能系统研发	苏州皇家整体住宅系统股份有限公司
BE2014829	新一代高效通信体制关键技术研究	苏州东奇信息科技股份有限公司
BE2014830	面向节能的智能建筑微电网关键技术研究	苏州工业园区设计研究院股份有限公司
BE2014831	基于云计算的浩辰CAD图形协作系统关键技术研究	苏州浩辰软件股份有限公司
BE2014832	带有均匀微孔轻量聚丙烯微发泡材料的关键技术研发	苏州润佳工程塑料股份有限公司
BE2014833	基于热触变智能型蜡系凝胶材料研发	江苏泰尔新材料股份有限公司
BE2014834	基于无线充电的多功能移动LED光源关键技术研究	苏州路之遥科技股份有限公司
BE2014835	基于分布式生物质能源智能微电网关键技术研究	苏州企航新能源有限公司
BE2014836	第四代通信用厚膜片式高频氮化铝衰减片的关键技术研发	苏州市新诚氏电子有限公司
BE2014837	抗蠕变海洋用聚酯工业纤维及其复合材料关键技术开发	江苏恒力化纤股份有限公司
BE2014838	高精度洁净室用无尘电动葫芦桥式起重机的设计与开发	法兰泰克重工股份有限公司
BE2014839	面向过程工业用特种微孔金属分离膜孔结构的调控技术及产品制备	江苏云才材料有限公司

续表 3-5

项目编号	项目名称	承担单位
BE2014840	高精度超音频镀膜电源关键技术研究	江苏东方四通科技股份有限公司
BE2014841	二次纤维绿色高效利用关键技术研发	江苏富淼科技股份有限公司
BE2014842	运输载具安全气囊用高强度精密合金钢管研制	江苏华程工业制管股份有限公司
BE2014843	核电站百万千瓦级压水堆机组关键机械密封装置研制	江苏华青流体科技有限公司
BE2014844	高性能超薄金属新型复合材料研制	江苏欧邦塑胶有限公司
BE2014845	聚酯纤维PTT关键单体1,3-丙二醇新技术研发	江苏七洲绿色化工股份有限公司
BE2014846	减量PET瓶饮料超高速智能包装关键技术及装备研发	江苏新美星包装机械股份有限公司
BE2014847	高效节能型液体无菌吹灌旋一体化成套智能装备研制	江苏星A包装机械集团有限公司
BE2014848	核电站用高等级钛合金管关键技术研究	张家港华裕有色金属材料有限公司
BE2014849	基于再生资源条件下CrMo钢节约化生产工艺研究	张家港市广大机械锻造有限公司
BE2014850	PLZT-PVDF基高d33复合压电材料的制备及应用关键技术研究	昆山攀特电陶科技有限公司
BE2014851	高精密乘用车整车匹配主模型检具关键技术研发	昆山若宇检具工业有限公司
BE2014852	移动电子产品屏幕感应智能化功能测试设备关键技术研发	昆山迈致治具科技有限公司
BE2014853	高性能石墨导热薄膜材料关键技术研究	苏州斯迪克新材料科技股份有限公司
BE2014854	高速轨道车用轻质防火玻璃的定量灌注成套技术研发	江苏铁锚玻璃股份有限公司
BE2014855	短距离大容量数据中心光互联技术研究	中天宽带技术有限公司
BE2014856	基于水汽相变的协同烟气余热深度利用和$PM_{2.5}$高效脱除技术研究	江苏瑞帆环保装备股份有限公司
BE2014857	环保型平泡发泡式MDI体系气感记忆绵关键技术研发	江苏恒康家居科技股份有限公司
BE2014858	石墨烯在磷酸铁锂正极材料上的应用及制备技术研究	海门容汇通用锂业有限公司
BE2014859	甲灭酸绿色短流程合成工艺关键技术开发	江苏倍合德化工有限公司
BE2014860	烷烃基二异氰酸酯制备技术研究	江苏嘉隆化工有限公司
BE2014861	5000t/a新烟碱类农药、医药中间体2-氯-5-氯甲基吡啶的绿色制造新工艺技术研发	江苏克胜作物科技有限公司
BE2014862	固态酿酒发酵智能控制物联网解决方案关键技术研发	江苏今世缘酒业股份有限公司
BE2014863	双环结构二胺类产品高效、绿色催化关键技术研究	江苏清泉化学有限公司
BE2014864	高导热(VC)球泡型防眩光LED工矿灯关键技术研发	江苏日月照明电器有限公司
BE2014865	汽车散热器用B型管主板精密模具的关键技术研发	江苏嘉和热系统股份有限公司
BE2014866	基于多传感器数据融合的室内场景精细建模与导航技术研发	江苏智途科技有限公司
BE2014867	燃煤烟气湿法多污染物高效同时脱除技术的研发	江苏峰业科技环保集团股份有限公司
BE2014868	高密度铁基粉末冶金汽车零件关键技术研发	扬州立德粉末冶金有限责任公司
BE2014869	500kV交联聚乙烯电缆局部放电与故障检测及定位试验系统关键技术研究	扬州市鑫源电气有限公司
BE2014870	余热利用式高效节能型汽车换热系统研发	江苏扬工动力机械有限公司
BE2014871	核电防甩抗冲击约束件机器人复合热源焊接技术研发	江苏慧通成套管道设备有限公司
BE2014872	自主标准高频物联网智能终端制备关键技术研发	扬州万事通通讯电子发展有限公司
BE2014873	低风速风电机组用特种电缆设计制造技术研究	扬州曙光电缆股份有限公司
BE2014874	高性能高压力摆线液压马达及其传动总成关键技术研发	镇江大力液压马达股份有限公司
BE2014875	耐电晕绝缘材料——第二代(透明)耐电晕漆包线漆及耐电晕薄膜关键技术研究	丹阳四达化工有限公司
BE2014876	智能高效光伏微型逆变器关键技术研发	江苏通灵电器股份有限公司

续表 3-5

项目编号	项目名称	承担单位
BE2014877	香江海量数据处理系统关键技术研发	江苏香江科技股份有限公司
BE2014878	高性能碳纤维/酚氧树脂预浸料制备及成型工艺研究	江苏兆鋆新材料科技有限公司
BE2014879	低振动、低噪声舰船用离心泵关键技术研究与应用	江苏振华泵业制造有限公司
BE2014880	环保高强阻燃热塑性弹性体合金纳米复合材料的关键技术研究与开发	五行材料科技(江苏)有限公司
BE2014881	环境友好型高阻隔多层共挤输液用包装膜材料关键技术研究	江苏博生医用新材料股份有限公司
BE2014882	对称耦合渐变色及功能的结构复合纺纱关键技术与装备研发	江苏箭鹿毛纺股份有限公司
BE2014883	秸秆纤维素纤维制备关键技术及产品应用开发	江苏奇鹰家纺有限公司
BE2014901	耕地重金属污染控制及综合治理的系统关键技术应用研究	中国科技开发院江苏分院
BE2014902	江苏省司法行政一体化智能平台	江苏省“148”协调指挥中心
BE2014904	江苏省“十三五”科技发展规划前期研究	江苏省科学技术发展战略研究院

表3-6 江苏省2014年度新上科技成果转化专项资金项目

项目编号	项目名称	承担单位
BA2014001	海洋复合非金属管道系统工程关键技术及产业化	航天晨光股份有限公司
BA2014002	三高(高浓缩、高难度、高含盐)废水处理零排放技术研发及成套装备	江苏中圣高科技产业有限公司
BA2014003	防治栓塞类疾病的多糖药物研发与产业化	常州千红生化制药股份有限公司
BA2014004	大型多功能高精镗铣加工中心及关键功能部件的研发与产业化	苏州江源精密机械有限公司
BA2014005	长距离低损耗海底光缆用光纤预制棒研发及产业化	江苏亨通光电股份有限公司
BA2014006	高硬、高强、高耐磨环保新型合金及其颗粒增强复合材料的研发及产业化	苏州金仓合金新材料有限公司
BA2014007	新型高效离心压缩机研发及产业化	江苏金通灵流体机械科技股份有限公司
BA2014008	船用LNG再气化装置系列产品关键技术研发及产业化	南通太平洋海洋工程有限公司
BA2014009	高速动车轴承用圆锥滚子关键技术研究及产业化	江苏力星通用钢球股份有限公司
BA2014010	400英尺自升式钻井平台国际合作研发及产业化	招商局重工(江苏)有限公司
BA2014011	自堆式模块化建筑技术的研发及产业化	扬州润扬物流装备有限公司
BA2014012	基于回收PET均化重聚改性技术制备高性能纤维材料研发及产业化	仪征市中兴涤纶纤维厂
BA2014013	洁净核能源强流质子超导舱及其核心部件的研发与产业化	江苏安德信超导加速器科技有限公司
BA2014014	新一代通信和未来网络系统及终端关键技术研发及产业化	江苏中兴微通信息科技有限公司
BA2014015	基于软件定义的全业务加速平台研发及产业化	南京优速网络科技有限公司
BA2014016	移动医疗核心芯片及产品关键技术的研究与产业化	南京盟联信息科技有限公司
BA2014017	环境卫星一体化处理与服务系统	江苏超惟科技发展有限公司
BA2014018	基于物联网与大数据技术的公共能效管理平台的研发与产业化	朗新科技股份有限公司
BA2014019	超大规模集成电路高密度陶瓷封装技术研发及产业化	无锡中微高科电子有限公司
BA2014020	基于物联网技术的能源监管系统的研发与产业化	无锡锐泰节能系统科学有限公司
BA2014021	非制冷红外图像传感器和集成系统的研发及产业化	无锡艾立德智能科技有限公司
BA2014022	开放式车载终端与智能服务系统研发及产业化	江苏中科天安智联科技有限公司
BA2014023	微波(2.45GHz)无源RFID核心技术的研发及产品产业化	无锡识凌科技有限公司

续表 3-6

项目编号	项目名称	承担单位
BA2014024	空港大数据信息服务平台的研发与产业化	无锡知谷网络科技有限公司
BA2014025	汽车尾气净化催化器制备智能成套装备的研发与产业化	常州市范群干燥设备有限公司
BA2014026	煤矿井下供配电智能成套装备的研发与产业化	常州联力自动化科技有限公司
BA2014027	智能化多功能履带式拖拉机及成套作业机具关键技术研发与产业化	常州汉森机械有限公司
BA2014028	撬装式浅表水源智能高效冷热能源站成套装备	江苏河海新能源有限公司
BA2014029	蓝宝石炉智能焊接制造关键技术及产业化	常州市天龙光电设备有限公司
BA2014030	基于纳米微球技术的即时定量分子诊断试剂及仪器的研发与产业化	光景生物科技(苏州)有限公司
BA2014031	纳米触控膜的研发与产业化	苏州泛普纳米科技有限公司
BA2014032	基于微纳制造的重大疾病分子诊断试剂和仪器的研发及产业化	苏州天隆生物科技有限公司
BA2014033	纳米复合导电高分子及其在导电薄膜和纤维行业的应用与产业化	苏州贤聚科技有限公司
BA2014034	可完全循环再生纳米改性聚酯材料的研发及产业化	苏州莫立克新型材料有限公司
BA2014035	基于新型多稳态液晶显示技术的电子货架标签的研发及产业化	苏州汉朗光电有限公司
BA2014036	高性能均质纳米陶瓷金属复合材料精密构件制备技术及产业化	苏州赛菲集团有限公司
BA2014037	麻醉深度多参数监护仪的研发和产业化	美合实业(苏州)有限公司
BA2014038	外配式经耳穴迷走神经刺激仪的研发与产业化	苏州医疗用品厂有限公司
BA2014039	新型心血管检测仪器系列产品的研发与产业化	苏州百慧华业精密仪器有限公司
BA2014040	基于纳米导电高分子材料的高精度生化诊断试剂的研发及产业化	苏州市玮琪生物科技有限公司
BA2014041	全自动酶免工作站的研发及产业化	苏州捷美电子有限公司
BA2014042	新型唾液免疫诊断试剂的研发和产业化	苏州万木春生物技术有限公司
BA2014043	国内首台核酸荧光染色技术手动进样AH510全自动五分类血液分析仪的研发及产业化	苏州柯尔医疗器械有限公司
BA2014044	基于装配和搬运移动机器人的自动化车间(仓库)关键技术研发及产业化	昆山华恒工程技术中心有限公司
BA2014045	工业自动化设备核心控制工控机的研发及产业化	研华科技(中国)有限公司
BA2014046	超大幅面多功能高速智能数控激光切割机研发及产业化	苏州领创激光科技有限公司
BA2014047	高致病性猪繁殖与呼吸综合征、猪瘟二联活疫苗(TJM-F92株+C株)技术成果转化与应用	华威特(江苏)生物制药有限公司
BA2014048	女性下生殖道微生态检测评价系统的产业化	江苏硕世生物科技有限公司
BA2014049	细胞因子药物的产业化创新——注射用重组人胸腺肽α1的产业化	江苏海王生物制药有限公司
BA2014050	1米以上口径超大型平行光管的研发与产业化	中科院南京天文仪器有限公司
BA2014051	新一代高精度日盲紫外实时定位导航系统研发及产业化	江苏南大五维电子科技有限公司
BA2014052	大型公共建筑用能和测控设备一体化管控系统研发及产业化	南京天溯自动化控制系统有限公司
BA2014053	基于自主激光器芯片的高速光接入设备研发和产业化	南京中兴软件有限责任公司
BA2014054	新型节能环保冷(氯)氢化反应成套装备研发及产业化	南京德邦金属装备工程股份有限公司
BA2014055	分布式光伏发电运行控制系统与终端设备产业化	国电南瑞科技股份有限公司
BA2014056	开放式线上线下融合学习云平台WILC研发及产业化	江苏金智教育信息技术有限公司
BA2014057	光学膜用可聚合液晶材料的研发及产业化	江苏和成新材料有限公司
BA2014058	超薄/窄边框/宽视角触控显示一体化液晶模组的研发与产业化	无锡博一光电科技有限
BA2014059	气化连续一步法清洁生产高性能聚合硫工艺及成套装备研发与产业化	无锡华盛橡胶新材料科技股份有限公司

续表 3-6

项目编号	项目名称	承担单位
BA2014060	海底油气输送用高强韧高厚径比抗大变形耐蚀钢管及其生产装备的研发与产业化	江苏玉龙钢管股份有限公司
BA2014061	4G通信用高性能陶瓷介质多工器的研发及产业化	江苏贝孚德通讯科技股份有限公司
BA2014062	高产稻麦联合收割机的研发及产业化	无锡联合收割机有限公司
BA2014063	可适应多复杂环境的全集成数模混合RF解调和音效处理SOC的研发及产业化	无锡市晶源微电子有限公司
BA2014064	微聚焦X射线影像自动检测设备的研发与产业化	无锡日联科技有限公司
BA2014065	超高压及特高压变压器用新型特种换位导线的研发与产业化	无锡锡洲电磁线有限公司
BA2014066	轻质高强异型管材内高压成形近净成形技术研发与产业化	江苏界达特异新材料股份有限公司
BA2014067	废旧汽车拆解回收处理成套装备研发及产业化	江苏华宏科技股份有限公司
BA2014068	面向航空航天和军工武器用高精度传感保偏光纤及其装备研发及产业化	江苏法尔胜泓昇集团有限公司
BA2014069	万吨级大规模集成电路超高分子量硅材料核心技术研发和产业化	江苏三木化工股份有限公司
BA2014070	大功率半导体用高性能铝碳化硅基板研发及产业化	江苏时代华宜电子科技有限公司
BA2014071	光传感/通信一体化有源光电传输系统的研发及产业化	江苏俊知光电通信有限公司
BA2014072	智能电网用低碳高效高压直流电缆研发与产业化	无锡江南电缆有限公司
BA2014073	白光LED高导热电绝缘阻燃散热材料的研发和产业化	合复新材料科技(无锡)有限公司
BA2014074	优质多抗超高产麦稻新品种徐麦31、徐68优201产业化	江苏徐农种业科技有限公司
BA2014075	基因工程蛋白药物重组赖脯胰岛素研发及产业化	江苏万邦生化医药股份有限公司
BA2014076	PHA智能卡基材研发及产业化	江苏华信新材料股份有限公司
BA2014077	生物质聚合物复合材料技术集成及产业化	徐州盛和木业有限公司
BA2014078	高比能、低内阻新一代超级电容器系列产品的研发与产业化	江苏集盛星泰新能源科技有限公司
BA2014079	中高端乘用车节能环保柔性智能化涂装生产线的研发与产业化	江苏骠马智能装备股份有限公司
BA2014080	粗细联合智能纺纱生产线的研发与产业化	常州市同和纺织机械制造有限公司
BA2014081	光通信网智能保护与连接装备研发及产业化	常州太平通讯科技有限公司
BA2014082	堆叠式低温共烧高灵敏度压电陶瓷传感器的研发及产业化	汉得利(常州)电子股份有限公司
BA2014083	基于物联网的煤矿井下智能物流系统关键技术研发与产业化	天地(常州)自动化股份有限公司
BA2014084	基于智能仿生机器人与深度沉浸技术的超感官飞翔互动体验系统研发及产业化	常州金刚文化科技集团有限公司
BA2014085	大型数控装备用超大型精密齿圈研发及产业化	常州天山重工机械有限公司
BA2014086	新一代醛固酮抑制剂类抗高血压药物依普利酮的研发和产业化	常州佳尔科药业集团有限公司
BA2014087	年产2万吨蒽醌型染料清洁生产成套工艺技术研发及产业化	江苏亚邦染料股份有限公司
BA2014088	新型螺旋式超高强度金刚线(绳)的研发及产业化	盛利维尔(中国)新材料技术有限公司
BA2014089	地下盐矿资源化综合利用技术开发及产业化	中盐金坛盐化有限责任公司
BA2014090	基于压裂技术的页岩气开采用高性能井口装备的研发及产业化	苏州道森钻采设备股份有限公司
BA2014091	面向基层医疗市场的高性能X射线平板探测器研发及产业化	江苏康众数字医疗设备有限公司
BA2014092	面向新型半导体芯片的激光切割装备的研发与产业化	苏州德龙激光股份有限公司
BA2014093	高性能核磁共振分析检测设备的研发与产业化	苏州纽迈电子科技有限公司
BA2014094	高性能矿物凝胶功能助剂材料的研发及产业化	苏州中材非金属矿工业设计研究院有限公司

续表 3-6

项目编号	项目名称	承担单位
BA2014095	插电式混合动力客车机电耦合及控制系统的研发与产业化	苏州绿控传动科技有限公司
BA2014096	抗衰老脂质纳米囊的研发及其产业化	江苏隆力奇生物科技股份有限公司
BA2014097	900mm以上高强高韧特种宽厚板坯的研制及产业化	江苏苏南重工机械科技有限公司
BA2014098	变频永磁电机驱动的高效节能螺杆压缩机开发与产业化	苏州通润驱动设备股份有限公司
BA2014099	手性药用还原氧化酶和辅酶的研发及产业化应用	苏州汉酶生物技术有限公司
BA2014100	高耐高透环保聚氨酯功能材料的研制与产业化	旭川化学(苏州)有限公司
BA2014101	基于高性能纳米电催化剂材料的氢燃料电池膜电极的研发及产业化	昆山桑莱特新能源科技有限公司
BA2014102	用于4G移动通讯的高性能射频功率放大管的研发及产业化	苏州能讯高能半导体有限公司
BA2014103	基于金融物联网技术的货币流通智能管理系统、设备与关键技术研发及产业化	昆山古鳌电子机械有限公司
BA2014104	坚强智能配用电开关设备关键技术研发及产业化	江苏现代电力科技股份有限公司
BA2014105	超高比容低压电极箔关键技术研发及产业化	南通海星电子股份有限公司
BA2014106	高能辐照电子直线加速器及加工应用	中广核中科海维科技发展有限公司
BA2014107	大容量、超高压光纤复合海底电缆关键技术的研发和产业化	中天科技海缆有限公司
BA2014108	AP1000、CAP1400型一体化堆顶组件控制棒驱动机构	南通大通宝富风机有限公司
BA2014109	煤制油(气)苛刻工况成套特种阀门关键技术研发与产业化	江苏神通阀门股份有限公司
BA2014110	CSS10402大对开双面双色高档数控胶印机研究与产业化	江苏昌昇集团股份有限公司
BA2014111	工业机器人高精度RV减速机的研发与产业化	南通振康焊接机电有限公司
BA2014112	汽车控制臂用可锻6X82合金及纳米颗粒复合强化挤压材关键技术开发与产业化	亚太轻合金(南通)科技有限公司
BA2014113	智能化大型变频刮板输送机成套装备研究与产业化	连云港天明装备有限公司
BA2014114	深井页岩气高效顶驱勘探与开采技术及成套装备研发与产业化	连云港黄海机械股份有限公司
BA2014115	钕铁硼废料清晰化全回收技术和再生磁材的研发与产业化	连云港市兆昱新材料实业有限公司
BA2014116	化合物半导体晶体生长用高纯石英器件研发及产业化	连云港福东正佑照明电器有限公司
BA2014117	流延法阴阳离子双极膜工艺开发与产品产业化	淮安科润膜材料有限公司
BA2014118	治疗脂肪肝新药—双轻颗粒的研究及产业化	江苏神华药业有限公司
BA2014119	优质安全冰鲜禽肉加工关键技术及装备产业化	金湖福润禽业食品有限公司
BA2014120	原液染色芳纶1313纤维及高绝缘芳纶纸复合材料研发与产业化	圣欧芳纶(淮安)有限公司
BA2014121	抗艾滋病及乙肝病毒药物拉米夫定一步合成关键技术研发及产业化	江苏普信制药有限公司
BA2014122	448锭低能耗智能化高速弹力丝机	江苏海源机械有限公司
BA2014123	耐高温阻燃硅-铝-纤维素复合纤维的研发与产业化	阜宁澳洋科技有限责任公司
BA2014124	一类新药枸橼酸西地那非片的研发及产业化	江苏亚邦爱普森药业有限公司
BA2014125	数控高速精密辊弯复合成形生产线研发与产业化	江苏省南扬机械制造公司
BA2014126	绿色农药品种清洁生产关键技术的研发与产业化	江苏扬农化工股份有限公司
BA2014127	燃煤烟气SCR脱硝催化剂再生及资源化回收利用与产业化	江苏万德环保科技有限公司
BA2014128	基于背钝化技术的高效低成本p型晶体硅光伏电池研发及产业化	晶澳(扬州)太阳能科技有限公司
BA2014129	油井管用功能高分子合金涂层材料的研发与产业化	江苏金陵特种涂料有限公司
BA2014130	海洋船舶智能后收式减摇鳍研发与产业化	扬州市江都永坚有限公司
BA2014131	油气钻井用水力脉冲空化射流发生装置关键技术研发和产业化	江苏博际喷雾系统有限公司

续表 3-6

项目编号	项目名称	承担单位
BA2014132	国家级新品种“苏禽绿壳蛋鸡”高效扩繁技术研发及产业化	扬州翔龙禽业发展有限公司
BA2014133	基于连续不对称催化氢化技术的手性除草剂精异丙甲草胺的产业化	江苏长青农化股份有限公司
BA2014134	周年优质高产稻麦新品种南粳49、苏科麦1号产业化	江苏润扬种业有限公司
BA2014135	生物质热解提质制备高品质液体燃料关键技术研发及装备产业化	扬州晨光特种设备有限公司
BA2014136	海上浮式高效转载装备系统集成关键技术研发与产业化	江苏鼎盛重工有限公司
BA2014137	可扩展射频集成电路自动测试设备关键技术开发及产业化	江苏艾科半导体有限公司
BA2014138	分布式能源电能优化集控系统关键技术研发与产业化	威凡智能电气高科技有限公司
BA2014139	国家级水产新品种杂交青虾“太湖1号”高效繁育关键技术研发及产业化	镇江山水湾生态农业开发有限公司
BA2014140	纳米磷酸铁锂正极材料的研发及产业化	江苏乐能电池股份有限公司
BA2014141	海上聚驱采油智能控制油水分离成套装备研发与产业化	长江(扬中)电脱盐设备有限公司
BA2014142	特高压输电线路用高强度长棒形瓷复合绝缘子关键技术开发和产业化	江苏南瓷绝缘子股份有限公司
BA2014143	高比能富镍浓度梯度型微纳镍钴锰系正极材料关键技术研究及产业化	江苏菲思特新能源有限公司
BA2014144	高效烟气脱硫脱硝脱二恶英多污染物协同控制技术的研发与产业化	江苏康洁环境工程有限公司
BA2014145	采用激光强化技术的中空薄壁件冷温复合锻挤自动生产线研发及产业化	江苏威鹰机械有限公司
BA2014146	大型港机结构状态智能化监控系统研发及产业化	江苏东华测试技术股份有限公司
BA2014147	高效蔬菜无土栽培成套技术与装备研发及产业化	江苏绿港现代农业发展股份有限公司
BA2014148	高容量片式陶瓷电容器内电极纳米镍粉研发及产业化	江苏博迁新材料有限公司
BA2014149	细颗粒等静压石墨材料的研发及产业化	江苏宏基炭素科技有限公司
BA2014150	功能性、差别化、多组分高档绢纺产品开发及产业化	江苏苏丝丝绸股份有限公司
BA2014151	大容量长寿命汽车超级电池的研发与产业化	天能集团江苏科技有限公司

表3-7 江苏省2014年度新上科技基础设施建设计划项目

项目编号	项目名称	承担单位
BM2014001	江苏省国家柔性交直流输电工程技术研究中心培育点	南京南瑞继保电气有限公司
BM2014002	江苏省国家工程机械作业安全智能化工程技术研究中心培育点	徐工集团工程机械股份有限公司
BM2014003	江苏省长效生物药物研究国家重点实验室培育点	江苏豪森药业股份有限公司
BM2014004	江苏省国家食醋工程技术研究中心培育点	江苏恒顺醋业股份有限公司
BM2014005	江苏省城市轨道交通车辆整车及关键部件重点实验室	南车南京浦镇车辆有限公司
BM2014006	江苏省金属层状复合材料重点实验室	银邦金属复合材料股份有限公司
BM2014007	江苏省煤矿井下防爆车辆重点实验室	常州科研试制中心有限公司
BM2014008	江苏省(亿晶)光伏工程研究院	常州亿晶光电科技有限公司
BM2014009	江苏省新能源汽车重点实验室	金龙联合汽车工业(苏州)有限公司
BM2014010	江苏省特种电缆高分子材料重点实验室	中利科技集团股份有限公司
BM2014011	江苏省(中天科技)光电传输新技术研究院	江苏中天科技研究院有限公司
BM2014012	江苏省(神马)电力复合材料及装备研究院	江苏神马电力股份有限公司

续表 3-7

项目编号	项目名称	承担单位
BM2014013	江苏省核电阀门重点实验室	江苏神通阀门股份有限公司
BM2014014	江苏省轨道交通用特殊钢新材料重点实验室	江苏沙钢集团淮钢特钢有限公司
BM2014015	江苏省(井神)盐化工循环经济技术研究院	江苏井神盐化股份有限公司
BM2014016	江苏省特种电缆材料及可靠性研究重点实验室	宝胜科技创新股份有限公司
BM2014017	江苏省海洋油气钻井装备重点实验室	江苏曙光集团股份有限公司
BM2014018	江苏省结构与功能金属复合材料重点实验室	江苏兴达钢帘线股份有限公司
BM2014019	江苏省企业院士工作站	江苏省交通规划设计院股份有限公司
BM2014020	江苏省企业院士工作站	中国电子系统工程第二建设有限公司
BM2014021	江苏省企业院士工作站	江苏省久祥汽车电器集团有限公司
BM2014022	江苏省企业院士工作站	常州市建筑科学研究院股份有限公司
BM2014023	江苏省企业院士工作站	苏州巨峰电气绝缘系统股份有限公司
BM2014024	江苏省企业院士工作站	苏州东菱振动试验仪器有限公司
BM2014025	江苏省企业院士工作站	江苏天瑞仪器股份有限公司
BM2014026	江苏省企业院士工作站	江苏景瑞农业科技发展有限公司
BM2014027	江苏省企业院士工作站	江苏驰翔精密齿轮有限公司
BM2014028	江苏省企业院士工作站	江苏科行环保科技有限公司(重复)
BM2014029	江苏省企业院士工作站	扬州锻压机床股份有限公司
BM2014030	感染性疾病免疫调节研究条件能力建设	江苏省血吸虫病防治研究所(省卫生厅)
BM2014031	江苏省化学品危险性鉴别分类研究条件能力建设	江苏省安全生产科学研究院
BM2014032	移动宽带通信产品质量评价研究条件与能力建设	江苏省电子信息产品质量监督检验研究院
BM2014033	体能与康复训练研究条件能力建设	江苏省体育科学研究所
BM2014034	江苏省优生育公共服务关键技术研究条件能力建设	江苏省计划生育科学技术研究所
BM2014035	有毒动物药多肽物质基础与功能研究条件能力建设	江苏省中医药研究院
BM2014036	MicroPET 新药研究条件能力建设	江苏省原子医学研究所
BM2014037	家禽饲料质量安全评价研究条件能力建设	江苏省家禽科学研究所(农林厅)
BM2014038	江苏省研发机构创新方法应用服务能力建设	江苏省生产力促进中心
BM2014039	江苏省科技档案数字化条件能力建设	江苏省科学技术情报研究所
BM2014040	江苏省海洋生态环境监测评价与海洋生物资源开发利用条件与能力建设	江苏省海洋水产研究所
BM2014041	江苏省湖泊生物量探测研究条件能力建设	江苏省水利科学研究所
BM2014042	江苏省渔业资源环境科研条件与能力建设	江苏省淡水水产研究所
BM2014043	江苏省科技服务示范区—常州市科教城	常州市科教城管理委员会
BM2014050	超长结构混凝土裂缝控制研究与应用技术开发	江苏省建筑科学研究院有限公司
BM2014051	果蔬保鲜和深加工及安全检测关键技术开发与应用	江南大学
BM2014052	中国(广西)东盟生殖医疗产品技术研究与开发	同济大学苏州研究院

表3-8 江苏省2014年度新上国际科技合作计划项目

项目编号	项目名称	承担单位
BZ2014001	基于OTT TV的极速视频下载系统	南京南立视优软件科技有限公司
BZ2014002	光纤接入网关和家庭组网	南京中兴软件有限责任公司
BZ2014003	高光效超薄型LED平面照明系统的研发	江苏新广联绿色照明工程有限公司
BZ2014004	新型选择性发射极(SE)窄线掩膜对准印刷技术	常州天合光能有限公司
BZ2014005	饮用水源地水质在线监测与藻类爆发快速预警平台研发及其产业化	南京君源环保工程有限公司
BZ2014006	与柴油车OBD监测相匹配的尾气颗粒物传感器合作研发	南京城市智能交通有限公司
BZ2014007	洗衣机自清洁技术	无锡小天鹅股份有限公司
BZ2014008	大气环境监测及预警系统	无锡信大气象传感网科技有限公司
BZ2014009	地源热泵结合冷梁技术在绿色建筑中的合作研发应用	常州营特绿色建筑技术管理有限公司
BZ2014010	应用超短波脉冲激光沉积法的高一致性高安全性的锂离子电池研发及产业化	龙能科技(苏州)有限公司
BZ2014011	集成纳米气泡、生物氧化和过滤技术为一体智能化小微污水处理系统的研发与产业化	百诺纳米科技(苏州)有限公司
BZ2014012	车辆特征视频识别算法的合作研究	江苏大为科技股份有限公司
BZ2014013	具有气体压力测量功能的注射器	无锡沃骐医疗科技有限公司
BZ2014014	利用最小基因组技术构建新一代高效苯丙氨酸生产菌株	无锡新和源发酵技术研究院有限公司
BZ2014015	建筑节能新材料的研发与产业化	无锡捷阳节能科技股份有限公司
BZ2014016	挥发性有机化合物(VOCs)监测系统联合研发	南京埃森环境技术有限公司
BZ2014017	抗类风湿关节炎生物药阿巴西普注射液国际合作开发	江苏先声药业有限公司
BZ2014018	新一代聚氨酯催化剂的研究与应用	南京红宝丽股份有限公司
BZ2014019	计算机核心软件——UEFI BIOS研发	南京百敖软件股份有限公司
BZ2014020	水质大肠杆菌在线分析仪的研发	江苏德林环保技术有限公司
BZ2014021	2.5~3.6MW高密度风力发电齿轮箱的研发	南京高速齿轮制造有限公司
BZ2014022	德国弗劳恩霍夫-江苏标杆管理中心建设	江苏省生产力促进中心
BZ2014023	基于软件无线电技术的TD-LTE集群通信终端基带芯片的合作研发	无锡德思普科技有限公司
BZ2014024	基于纳米表面处理工艺的高精度燃气轮机进气过滤装置的研发和产业化	江苏东泽环保科技有限公司
BZ2014025	新型高效柴油助燃催化剂技术研发及示范	徐州昊源生物质开发有限公司
BZ2014026	新型聚苯并咪唑纳米复合膜在氢气分离和纯化中应用的联合开发	江南石墨烯研究院
BZ2014027	难溶性药物超临界流体结晶技术的联合研发	常州制药厂有限公司
BZ2014028	新一代低排放低油耗柴油机合作研发	南车戚墅堰机车有限公司
BZ2014029	新一代大投料量(≥180kg)电子级DRF110型单晶炉的合作研发	江苏华盛天龙光电设备股份有限公司
BZ2014030	电动车动力电池的耐撞性评估和保护设计	苏州中国汽车零部件产业基地发展有限公司
BZ2014031	苏州海特尔—PHA生物塑料项目	苏州海特尔生物科技有限公司
BZ2014032	基于移动互联网的用户服务流程推荐技术研究及应用	苏州龙唐信息科技有限公司
BZ2014033	中美合作下一代超高频无源传感RFID核心芯片技术研发	苏州芯动科技有限公司
BZ2014034	靶向抑菌功能性纳米保鲜包装新材料研究及应用开发	常熟市屹浩食品包装材料科技有限公司
BZ2014035	自然循环燃气轮机余热锅炉(HRSG)国际技术合作及产业化	苏州海陆重工股份有限公司
BZ2014036	低成本、高能量、超长寿命的钠离子电池的关键技术及其产业化研究	恩力能源科技(南通)有限公司

续表 3-8

项目编号	项目名称	承担单位
BZ2014037	高速动车轴承用圆锥滚子四工位冷镦工艺及装备	江苏力星通用钢球股份有限公司
BZ2014038	MW级风机叶片气动和结构优化设计技术	连云港中复连众复合材料集团有限公司
BZ2014039	PDGFRβ抗体用于湿性老年黄斑变性治疗的研究开发	江苏恒瑞医药股份有限公司
BZ2014040	太阳能三重态吸收式空调系统联合研发	日出东方太阳能股份有限公司
BZ2014041	柔性制造模块机床及成套技术引进项目	江苏恒力组合机床有限公司
BZ2014042	抗艰难梭菌新药GLS362E临床前研究	盐城天海医药技术有限公司
BZ2014043	机场场面监视雷达和海岸监视雷达关键技术引进	中国船舶重工集团公司第七二三研究所
BZ2014044	1100TEU集装箱船用螺旋桨设计制造关键技术联合研发	镇江同舟螺旋桨有限公司
BZ2014045	美国水稻高效育种技术的利用	江苏丰源种业有限公司
BZ2014046	植物甾醇酯的工业化生产关键技术	江苏玺鑫维生素有限公司
BZ2014047	欧洲企业服务网中国华东中心技术转移服务能力提升	江苏省高新技术创业服务中心
BZ2014048	无锡国际技术转移能力提升建设	无锡市科学技术情报研究所
BZ2014049	面向科技企业的国际技术转移服务能力提升	常州市对外科学技术交流中心
BZ2014050	中英生物医药国际技术转移能力提升	常州中英科技桥国际科技合作有限公司
BZ2014051	苏州纳米产业技术创新国际合作联盟能力提升	苏州纳米技术转移中心
BZ2014052	苏州大学国家技术转移中心国际技术转移服务能力提升	苏州大学
BZ2014053	中-乌(江苏)船舶与海洋工程产业跨国技术转移中心能力提升	江苏科技大学
BZ2014054	南京(汤山翠谷)以色列农业高新技术转移中心	南京新农科创投资有限责任公司
BZ2014055	常州中德国际技术转移创新中心	江苏中德创新中心有限公司
BZ2014056	苏州-洛加大(UCLA)先进技术研究院	苏州工业园区洛加大先进技术研究院
BZ2014057	荷兰高科技企业中国中心	苏州纳米科技发展有限公司
BZ2014058	Isis(苏州)国际技术转移中心	苏州工业园区教育发展投资有限公司
BZ2014059	“中国(江苏)-以色列理工学院”合金新材料国际技术转移中心	苏州列治埃盟新材料技术转移有限公司
BZ2014060	江苏南大电子信息技术股份有限公司 丹麦ADDASOUND A/S研发中心	江苏南大电子信息技术股份有限公司
BZ2014061	无锡金鑫集团有限公司西班牙研发中心	无锡金鑫集团有限公司
BZ2014062	江苏恒立高压油缸股份有限公司美国研发中心	江苏恒立高压油缸股份有限公司
BZ2014063	江苏夏博士节能工程股份有限公司美国研发中心	江苏夏博士节能工程股份有限公司
BZ2014064	纳华生物科技(常州)有限公司美国研发中心	纳华生物科技(常州)有限公司
BZ2014065	苏州药明康德药物安全性评价美国研发中心	苏州药明康德新药开发有限公司
BZ2014066	江苏常诚汽车部件有限公司美国研发中心	江苏常诚汽车部件有限公司
BZ2014068	美国麻省理工学院创新资源引进及产业技术合作	江苏省对外科技交流中心
BZ2014069	德国弗劳恩霍夫等重点机构重点国别交流	江苏省对外科技交流中心

表3-9 江苏省2014年度新上科技型企业技术创新资金项目

项目编号	项目名称	承担单位
BC2014001	基于文件碎片分析技术的深度计算机取证系统	南京中科博智信息科技有限公司
BC2014002	T型分子筛膜规模化制备及其在酯化反应脱水中的应用	江苏九天高科技股份有限公司

续表 3-9

项目编号	项目名称	承担单位
BC2014003	面向行业应用的物联网系统	江苏龙睿物联网科技有限公司
BC2014004	液态炉渣粒化处理及余热利用研制	江苏东能环保能源科技有限公司
BC2014005	基于物联网的智能输液监护系统	南京金同润医疗科技有限公司
BC2014006	MWT背接触光伏太阳能电池组件技术	南京日托光伏科技有限公司
BC2014007	抗肿瘤新药艾索康唑(ACC006)的研究与开发	南京安赛莱医药科技有限公司
BC2014008	拉曼光谱纳米条码智能标签成套设备研发	南京海兆信息技术有限公司
BC2014009	应用于物联网的无线通讯射频芯片研发	南京中科微电子有限公司
BC2014010	适用于老年人群的“六六脑科学健脑”系统	南京智精灵教育科技有限公司
BC2014011	数字微喷三维打印激光成型技术与设备研制	南京宝岩自动化有限公司
BC2014012	Comiguard系列智能化定向钻进装备及配套工艺	南京阳雨湖自动化科技有限公司
BC2014013	新一代靶向抗肿瘤新药的研发	南京美西宁医药科技有限责任公司
BC2014014	使用新型节能减排工艺从甘油生产1,3-二羟基丙酮(DHA)技术	南京嵘天绿色化学有限公司
BC2014015	自发光式全透明投影显示薄膜研发	南京希光光电科技有限公司
BC2014016	新一代高速高光谱网络相机研制	江苏南大五维电子科技有限公司
BC2014017	全球最小微型无线内窥摄像胶囊SOC系统芯片的设计与应用	南京紫宸鼎芯微电子有限公司
BC2014018	智能锂电池平衡模块的设计	南京利维斯通自控科技有限公司
BC2014019	生物质能高效利用及余热发电技术	南京瑞柯徕姆环保科技有限公司
BC2014020	数字康复产品与服务	南京茂森电子技术有限公司
BC2014021	基于纳米结构碳基复合储能材料的研发	江苏捷峰高科能源材料股份有限公司
BC2014022	基于移动互联网手机动漫画云平台技术研发	南京斯代尔网络科技有限公司
BC2014023	大数据实时分析平台技术研发	南京讯之智信息技术有限公司
BC2014024	智能家居系统开发	南京物联传感技术有限公司
BC2014025	工业燃煤温室气体(CO_2)排放总量在线连续自动监测系统	南京凤光电子科技有限公司
BC2014026	现代中药祛痘功能活性分子及功能化妆品研发	南京慧博生物科技有限公司
BC2014027	面向电子银行的WEB漏洞安全监测平台技术的研发	江苏金盾检测技术有限公司
BC2014028	神盾下一代内网安全综合管理系统	南京神盾信息技术有限公司
BC2014029	面向废水深度处理及中水回用膜生物反应器(MBR)关键技术的开发与应用	南京瑞洁特膜分离科技有限公司
BC2014030	纺织印花水性纳米颜料墨水开发	南京鼎科纳米技术研究所有限公司
BC2014031	千兆无线收发器及核心射频芯片开发	南京宇都通讯科技有限公司
BC2014032	亚纳米稀土抛光粉的研发	冠东研磨材料(南京)有限公司
BC2014033	新一代智能HUD导航产品研发	江苏航领信息科技有限公司
BC2014034	北斗物流监控系统	南京诺曼信息科技有限公司
BC2014035	遥感云服务系统研发	南京宇之爱科技有限公司
BC2014036	实时高清视频摘要与检索系统	江苏瑞奥风软件科技有限公司
BC2014037	高性能网络入侵检测与行为审计系统	南京盾垒网络科技有限公司
BC2014038	抗肿瘤生物大分子药物研发	南京任诺药业有限公司
BC2014039	紫杉烷类白蛋白纳米粒靶向药物的开发	南京拉克森生物医药科技有限公司
BC2014040	针对超硬易碎材料的长脉冲激光微加工系统研制	无锡拓尔激光技术有限公司

续表 3-9

项目编号	项目名称	承担单位
BC2014041	冷喷涂制备铜铟镓旋转靶材研发	无锡舒玛天科新能源技术有限公司
BC2014042	新型零紫外伤害凝胶成像仪研制	无锡优创生物科技有限公司
BC2014043	基于CMOS技术的超低噪声GPSLNA芯片研发	江苏卓胜微电子有限公司
BC2014044	稻草微波定向辅助热解装备及工艺开发	无锡宝禾生物科技有限公司
BC2014045	基于多点触控技术平台的智能会议系统	无锡慧拓科技有限公司
BC2014046	基于北斗模块应用的超高频RFID商密级安全强度读写器研制	中交北斗技术有限责任公司
BC2014047	呼气感知健康——口气检测多种病的气检传感器技术	无锡市尚沃医疗电子股份有限公司
BC2014048	窨池物联网无线测温系统的研发及应用	无锡美湖信息科技有限公司
BC2014049	基于纯相位调制技术的60°微纳衍射元件的研发	无锡奥普顿光电子有限公司
BC2014050	光通信集成光路芯片-1×8平面光波导分路器的开发	无锡宏纳科技有限公司
BC2014051	新型实时无线环境监测预警系统	无锡硅奥科技有限公司
BC2014052	基于智能蓝牙4.0技术低功耗芯片研发	江苏钜芯集成电路技术有限公司
BC2014053	白色超柔出口级羊毛吸声绝热毡的研制	江苏科博世羊毛建材科技有限公司
BC2014054	多点动态互联的区域电能质量分析与定位系统	无锡优电科技有限公司
BC2014055	基于北斗和物联网的重要资产定位及安全管理系统	无锡思达物电子技术有限公司
BC2014056	智能公交信息公众服务系统	江苏晟翔云数据信息技术有限公司
BC2014057	用于低烟无卤电缆的高性能环保型氢氧化镁阻燃剂研发	江苏艾特克阻燃材料有限公司
BC2014058	单细胞纳米光/电同步检测仪研制	江苏瑞明生物科技有限公司
BC2014059	汽车分拼生产线的自动化柔性系统	江苏灏渤自动化科技有限公司
BC2014060	新型臭氧气体分解设备研制	江苏金环环保设备有限公司
BC2014061	逆流补偿式静音管网叠压给水设备研发	无锡康宇水处理设备有限公司
BC2014062	模块化控制高效节能水冷式中央空调系统	无锡永信能源科技有限公司
BC2014063	基于高性能催化剂的新型蓄热式催化燃烧装置	江苏安琪尔废气净化有限公司
BC2014064	基于钢铁废水资源化处理的过程膜及装备	江苏清泉环保设备有限公司
BC2014065	节能高Bs低成本铁基非晶纳米晶铁芯	江苏宏远新能源科技有限公司
BC2014066	基于地下生物气化的煤层气增产技术	江苏君东新材料科技发展有限公司
BC2014067	智能火焰检测光电技术及系统研发	徐州能达燃烧控制工程有限公司
BC2014068	基于云的数字采矿软件系统研发	江苏创导信息科技有限公司
BC2014069	大型自走式秸秆捡拾破碎打捆一体化设备	徐州昊源机械设备有限公司
BC2014070	机动车尾气净化用金属蜂窝载体研发	江苏安捷蓝环境科技有限公司
BC2014071	智能高效矿用蓄电池电机车关键技术与装备研究	徐州凯思特机电科技有限公司
BC2014072	二氧化碳工业废气回收再利用纯化装置的研究与开发	徐州金宏二氧化碳科技开发有限公司
BC2014073	智能化精确农业灌溉设备研制	江苏新格灌排设备有限公司
BC2014074	高功率固体激光切割机产品开发	常州镭森特激光科技有限公司
BC2014075	新型绿色平板显示用光学棱镜膜研发	常州松润电子科技有限公司
BC2014076	多联链式纸票据自动分联切刀打印机研制	常州汉威信电子科技有限公司
BC2014077	全数字交流伺服驱动器的研发	常州鼎州自动化技术有限公司
BC2014078	基于冗余控制系统的轨道交通屏蔽门研制	江苏明伟万盛科技有限公司
BC2014079	新型纤维增强复合材料大型桥梁防撞装置	江苏博泓新材料科技有限公司

续表 3-9

项目编号	项目名称	承担单位
BC2014080	通购供应链电子商务交易与金融服务系统	江苏通购网络科技有限公司
BC2014081	基于云计算的ICT电子商务系统项目应用与运营	江苏蓝火翼网络科技有限公司
BC2014082	新型非常规天然气智慧开采系统的研制	常州凯锐自动化控制设备有限公司
BC2014083	基于移动网的智能化无极灯照明在线远程监控与管理系统的开发	常州菲尔普照明电器有限公司
BC2014084	液压互联悬架关键技术的研发及其关键部件的量产	常州万安汽车部件科技有限公司
BC2014085	超细旦高速牵伸变形系统装置开发	江苏法华纺织机械有限公司
BC2014086	耐酸碱高效液相色谱硅胶填料的研发	常州嘉众新材料科技有限公司
BC2014087	基于云计算的爱传APP自动编译系统和管理系统的建设	常州香传电子商务有限公司
BC2014088	全自动机器人码垛系统研发	常州市常衡精工自动化设备有限公司
BC2014089	新型等离子体高能注入复合表面处理研究	常州博锐恒电子科技有限公司
BC2014090	超高频RFID射频总线网络系统	常州华清科盛信息系统集成有限公司
BC2014091	基于双操作系统的交互式社区智慧护助系统研发与应用	江苏昊润电子科技有限公司
BC2014092	富含中孔的高性能超级活性炭的研发	常州中科海纳碳素科技有限公司
BC2014093	电机预警式预紧限力主动安全带的研发	常州博万达汽车安全设备有限公司
BC2014094	基于数字电源技术的光伏并网智能微型逆变器研发	常州新智源电子科技有限公司
BC2014095	基于交互的智能化在线医学教育服务系统的开发(PaaS)	常州千一软件科技有限公司
BC2014096	机场飞行区智能安全监控系统	常州欧开通信技术有限公司
BC2014097	家用净水中空纤维超滤膜研发	常州市美纤膜技术有限公司
BC2014098	基于物联网的PLC控制设备的监测管理系统及终端装置	常州安控电气信息技术有限公司
BC2014099	高光效、长寿命、大功率户外氙气灯的研发	常州天雄照明科技有限公司
BC2014100	三维打印用超低氧、球形高温合金粉末的研发	常州元一新材料科技有限公司
BC2014101	手握式/便携式高性能快速诊断与检测仪器	苏州达科思医疗科技有限公司
BC2014102	工业制备色谱分离技术开发及应用	苏州益福康材料科技有限公司
BC2014103	电子邮箱安全取证研判系统开发	苏州想象工场信息科技有限公司
BC2014104	基于MARS磁声共振传感技术的动态血糖监测仪的研发	苏州康磁医疗科技有限公司
BC2014105	基于物联网“肾友关怀”云平台技术研发	苏州华墨信息科技有限公司
BC2014106	冠心病早期体外诊断PLA2G7特异活性测定试剂盒的研发	苏州莱泰生物科技有限公司
BC2014107	高真空热铸法制备梯度无机过滤膜管的研发	苏州博清高新材料有限公司
BC2014108	医院核辐射监测设备及系统	江苏超敏仪器有限公司
BC2014109	盘古跨移动平台虚拟现实3D引擎	苏州天魂网络科技有限公司
BC2014110	MicroreaderTM23sp身份鉴定系统的研发	苏州阅微基因技术有限公司
BC2014111	荷电细水雾空气净化技术及产品研发	苏州艾润环境科技有限公司
BC2014112	一种短距离无线通信及高精度的无线室内定位技术的应用支撑系统	苏州红亭信息科技有限公司
BC2014113	高速大容量光通信用的低成本光电集成器件10G/40G/100G的研制	苏州海光芯创光电科技有限公司
BC2014114	基于纳米制造的大尺寸触控传感器件开发	苏州维业达触控科技有限公司
BC2014115	新型光电封装元器件的研发	苏州晶鼎鑫光电科技有限公司
BC2014116	基于激光扫描检测轨迹自动生成的智能化机器人系统	北人机器人系统(苏州)有限公司
BC2014117	基于云服务的智能物联网专用WiFi芯片研发及方案设计	灵芯微电子科技(苏州)有限公司
BC2014118	材料动态力学分析仪研制	苏州丹平格仪器有限公司

续表 3-9

项目编号	项目名称	承担单位
BC2014119	基于特殊光谱变频技术的水产养殖纯物理杀菌系统研究	苏州天普光电科技有限公司
BC2014120	超声骨切割微创手术器械的研发	苏州博习医疗科技有限公司
BC2014121	高效节能无刷电机研制	苏州奥宝杰电机科技有限公司
BC2014122	基于人工神经网络的电网友好型智能谐波治理装置的研发	苏州华天国科电力科技有限公司
BC2014123	高选择性VEGFR-1,2,3酪氨酸激酶抑制剂抗癌新药呋喹替尼的研制	和记黄埔医药(苏州)有限公司
BC2014124	基于机器视觉的深腔自动引线键合工艺及设备开发	苏州迪纳精密设备有限公司
BC2014125	高性能纳米铁陶瓷滤芯除重金属净水材料的研发	苏州微陶重金属过滤科技有限公司
BC2014126	多孔强酸性树脂催化剂及其烯烃水合工艺的开发	江苏海普功能材料有限公司
BC2014127	面向智能设备配套的集成MEMS湿度传感器研发	苏州能斯达电子科技有限公司
BC2014128	基于感知心理声学模型的智能英语口语训练系统	苏州清睿信息技术有限公司
BC2014129	基于高效纳米储能薄膜的先进储能器件	苏州容电储能科技有限公司
BC2014130	基于MEMS电极的电穿孔芯片研发	苏州文曲生物微系统有限公司
BC2014131	应用碳纳米管/二氧化钛复合多孔填料在工业有机废气DMF回收资源化技术与设备的研发	苏州巨联环保科研有限公司
BC2014132	抗肿瘤药物卡博替尼研发	苏州摩尔医药有限公司
BC2014133	Java智能卡产品及解决方案	苏州融卡智能科技有限公司
BC2014134	高可靠汽车防撞雷达处理机芯片研制	苏州杰岚德信息技术有限公司
BC2014135	基于初始磁导率的铁磁性关键零部件质量检测仪器	苏州汉如电子科技有限公司
BC2014136	大功率高性能的高导热金属基陶瓷膜基板及其光源模组研发	苏州晶品光电科技有限公司
BC2014137	高饱和磁感低损耗纳米晶软磁合金材料研发	苏州宝越新材料科技有限公司
BC2014138	无机械电控光开关阵列器件及绝缘电介质膜研究	苏州固泰新材料科技有限公司
BC2014139	高精度微光机电系统装片机研制	江苏艾科瑞思封装自动化设备有限公司
BC2014140	高效透平膨胀机系统设备开发	联优机械(常熟)有限公司
BC2014141	便携式气相分子吸收光谱仪研制	苏州北裕环保仪器制造有限公司
BC2014142	城市智能交通信号系统	江苏子扬交通科技有限公司
BC2014143	新型酶促法合成7-ADCA、7-ACA、及关联活性酶技术应用	江苏辉腾生物医药科技有限公司
BC2014144	新型LNG车载瓶液位计的研发	苏州赛智达智能科技有限公司
BC2014145	超效纳米隔热保温材料H1150高温系列产品的研发	苏州万纳新材料科技有限公司
BC2014146	船用FMCW固态雷达研发	张家港耐维思通电子科技有限公司
BC2014147	砷快速检测试剂的开发与应用	张家港格林台科环保设备有限公司
BC2014148	矿山机械关键部件的激光熔覆再制造装备与技术	江苏和昊激光科技有限公司
BC2014149	气相沉积(CVD)在线低辐射(Low-E)玻璃镀膜膜厚颜色测量设备	昆山胜泽光电科技有限公司
BC2014150	可用于云计算高速、智能化心内/脑外科动态医疗影像网络管理系统	苏州皓琪信息科技有限公司
BC2014151	基于云计算的IDC工程可追溯系统研发	苏州爱卓易信息技术有限公司
BC2014152	1.1类抗肿瘤化学新药ZG0128的开发	苏州泽璟生物制药有限公司
BC2014153	基于云存储的跨平台多功能可扩展翼笔记研发	苏州安答软件有限公司
BC2014154	氧化锌压敏陶瓷磁控溅射无铅金属化关键技术研发	苏州求是真空电子有限公司
BC2014155	基于柔性驱动的上肢康复机器人研制	昆山美莱来工业设备有限公司
BC2014156	数字化制造系统中的零件质量在机检测云终端研发	苏州紫金港智能制造装备有限公司

续表 3-9

项目编号	项目名称	承担单位
BC2014157	用于信息安全的指纹识别芯片的关键技术研究	昆山锐微芯盛微电子科技有限公司
BC2014158	高动态精度双金属专用摩擦焊接设备的研制	苏州西岩机械技术有限公司
BC2014159	满足国四排放法规的小型发动机用氧传感器的开发	江苏埃尔贝勒汽车电子有限公司
BC2014160	PCM相变蓄热式太阳能热水器开发	佩奇姆能源科技南通有限公司
BC2014161	可控抗菌型造影导管研制	南通伊诺精密塑胶导管有限公司
BC2014162	高强度、环保型酚醛-无机复合保温阻燃材料的研发	江苏德明新材料有限公司
BC2014163	导电银浆、抗菌涂料用高性能超细银粉研发	南通建陵纳米科技有限公司
BC2014164	新型页岩含气量测试仪	江苏珂地石油仪器有限公司
BC2014165	蚕丝织物天然染料喷墨印花技术及产品开发	南通丝丝缘丝绸有限公司
BC2014166	高电导率电磁屏蔽型高强高模聚乙烯/聚苯胺复合纱线的研制与开发	南通宝缘生物新材料科技有限公司
BC2014167	五自由度经济型弧焊机器人	海安交睿机器人科技有限公司
BC2014168	基于智能与视觉的钻井自动送杆、装夹机械手	南通金牛机械制造有限公司
BC2014169	自洁式高效空气净化过滤器	启东百盛冶金设备有限公司
BC2014170	基于多层膜控释药技术的氨溴索缓释混悬液制剂的研制	江苏先科药业有限公司
BC2014171	建筑行业云管理软件V1.0	江苏如云信息科技股份有限公司
BC2014172	一种通过呼吸清肺抗肿瘤装置的研究开发	连云港市山神呼吸治疗仪有限公司
BC2014173	大容量低温等离子体灭菌器	连云港佑源医药设备制造有限公司
BC2014174	新型CSP底部填充胶黏剂制备研究	连云港华海诚科电子材料有限公司
BC2014175	缓释肠溶聚丙烯酸树脂乳胶液	连云港万泰医药材料有限公司
BC2014176	基于Mindlin板理论开发2.5MHzLGS晶振中试产品	江苏海峰电子有限公司
BC2014177	3D打印用球形金属粉末生产技术研发	连云港倍特超微粉有限公司
BC2014178	阵列和串联激光器芯片的封装与产品研制	江苏微宁科技有限公司
BC2014179	多功能沼气池挤压式加料搅拌机的研发	淮安市苏通市政机械有限公司
BC2014180	大面积光学干涉三维轮廓测量仪	淮安普瑞精仪科技有限公司
BC2014181	新型制备分离纯化系统的研发	江苏迪沃特仪器设备科技有限公司
BC2014182	纳米凹凸棒黏土微凝胶重金属吸附剂的研制与生产	江苏点金石凹土研究开发有限公司
BC2014183	食品不耐受和食品过敏免疫检测分析技术产品的研发	盐城拜明生物技术有限公司
BC2014184	移动式高效矿用干式除尘器的研究	盐城兰泰环境工程科技有限公司
BC2014185	商用车3D定位底盘测量系统	江苏卡汀美智电子科技有限公司
BC2014186	基于云架构的农村经营管理政务系统	江苏泽宇软件科技有限公司
BC2014187	基于GIS的城市复合型大气污染源监控与大气质量预警预报系统	盐城和美软件有限公司
BC2014188	自动控制精密对花墙纸生产线	江苏远华轻化装备有限公司
BC2014189	大马力超低温启动静音环保型汽油发电机	盐城博尔福机电科技发展有限公司
BC2014190	转子履带自动抛丸机研发	江苏省成越科技有限公司
BC2014191	基于微波等离子化学气相沉积装置关键技术研究与应用	建湖永佳机械有限公司
BC2014192	氯磺化橡胶树脂新产品研发	江苏瑞和新材料股份有限公司
BC2014193	新型柴油调和组分多聚甲醛二甲基醚研究	盐城通海生物科技有限公司
BC2014194	对失能人士的多功能护理系统的研发制造和推广	盐城市好运文具有限公司
BC2014195	基于云计算的集约型多系统电子监察系统	扬州莱斯信息技术有限公司

续表 3-9

项目编号	项目名称	承担单位
BC2014196	基于合同能源管理高效废热回收利用装置节能服务	江苏煌明能源科技有限公司
BC2014197	快速高精度无线智能电力电容系统	扬州润沃科技有限公司
BC2014198	轻型航空高光谱成像遥感系统	江苏优图空间信息科技有限公司
BC2014199	高性能投影机用激光显示荧光色轮新技术的研发	扬州吉新光电有限公司
BC2014200	油田用尼龙基梯度功能复合材料超强耐磨传动轮	江苏利德尔塑化科技股份有限公司
BC2014201	基于视觉的工业智能机器人集成系统	扬州西岐自动化科技有限公司
BC2014202	船用高效气体保护焊微量动态配气系统	江苏微浪电子科技有限公司
BC2014203	高电能品质小型发电机数字变频控制器	扬州市英斯特机电科技有限公司
BC2014204	水体、土壤重金属离子快速简易检测仪、荧光试纸、提取和检测专用试剂包的研发	镇江亿海精密仪器设备有限公司
BC2014205	新型安全高效短稳杆菌杀虫剂研究与开发	镇江市润宇生物科技开发有限公司
BC2014206	基于成分变化的 $LiMn_xFe_{1-x}PO_4/C$ 高电压正极材料的开发及应用	镇江弛旭锂电池有限公司
BC2014207	基于节能减排的能源塔机组和地源热泵机组的研发	江苏海雷德蒙新能源有限公司
BC2014208	基于偏振光干涉制成的DPSK/DQPSK解码器的应用	江苏华信光电科技有限公司
BC2014209	现代智能型护理机器人关键技术开发及应用	江苏慧明智能科技有限公司
BC2014210	语义分析云平台技术开发	镇江诺尼基智能技术有限公司
BC2014211	基于大规模中文知识图谱的微博智能化商品推荐系统	江苏名通信息科技有限公司
BC2014212	基于O2O模式的智慧商城关键技术研发及推广	镇江金软计算机科技有限责任公司
BC2014213	平板电脑嵌入式软件在挖泥船上的应用	镇江明润信息科技有限公司
BC2014214	基于认知无线电的异构网融合技术研发及应用	镇江锐捷信息科技有限公司
BC2014215	新型高性能芳纶纤维复合材料及制品的研究	江苏领瑞新材料科技有限公司
BC2014216	商用车柴油机排放净化后处理技术	江苏润邦环保科技有限公司
BC2014217	高峰值碳纳米管自锁模飞秒激光器的开发	镇江奥菲特光电科技有限公司
BC2014218	动态认知组网4G无线通信系统终端研制	镇江坤泉电子科技有限公司
BC2014219	食品工业新型集中电场冷杀菌技术研发	镇江铱诺生物科技有限公司
BC2014220	基于偏振光时域反射和菲涅尔反射的长距离分布式光纤应力传感设备	江苏金迪电子科技有限公司
BC2014221	一种新型软土地基处理技术的开发与应用	江苏东恒大地工程技术有限公司
BC2014222	泛用型高精度高速贴片机控制软件研发	泰州市苏大泰禾软件有限公司
BC2014223	新型国Ⅴ标准汽柴油硫氯元素一体化检测系统	江苏东华分析仪器有限公司
BC2014224	高效节能型污泥深度脱水装备	江苏康泰环保设备有限公司
BC2014225	基于传感网等应用温度传感器NTC芯片的研发	兴化市新兴电子有限公司
BC2014226	高性能节银电接触材料	靖江市海源新材料科技有限公司
BC2014227	全生物降解农膜研发	靖江金帕克新材料科技有限公司
BC2014228	系列大型烟气脱硫吸收塔循环泵关键技术研究	江苏江大泵业制造有限公司
BC2014229	耐高温无机纳米级催化剂载体及滤材的研发	宿迁市广昊纺织材料有限公司
BC2014230	基于云计算的阳光电子政务综合系统(V3.0)研发	江苏奥普圣信息技术有限公司
BC2014231	基于多DSP异步工作处理技术的智能教学系统开发	江苏大未来信息科技有限公司

表3-10 江苏省2014年度新上苏北科技发展计划项目

项目编号	项目名称	承担单位
BN2014001	舍饲条件下肉羊安全高效预混料的研制与产品开发	徐州科星科技发展有限公司
BN2014002	徐州市睢宁地区羊病流行病学调查及疫病防治技术推广	睢宁县魏集镇双惠养羊专业合作社
BN2014003	睢宁白山羊提纯复壮及种群扩繁技术开发	徐州华扬羊业有限公司
BN2014004	秸秆高效养羊与营养调控工程技术示范	睢宁县魏集镇龙翔养羊专业合作社
BN2014005	休闲羊肉制品的加工关键技术研究与示范	徐州王老五食品有限公司
BN2014006	生物塔增值处理羊养殖废弃物的技术研发与集成	徐州隆大肥料有限公司
BN2014007	混菌发酵黑大蒜技术集成及系列产品开发	江苏三益堂保健食品有限公司
BN2014008	大蒜脱毒品种改进与良种选育技术集成示范与推广应用	邳州市清华大蒜种植专业合作社
BN2014009	有机大蒜标准化种植和5000吨智能CA冷库后续建设	邳州市天源蒜业有限公司
BN2014010	大蒜深加工纳米技术及益生元产品开发	徐州黎明食品有限公司
BN2014011	大棚番茄优质专用品种及无公害栽培技术示范推广	邳州市鲁盛农业科技发展有限公司
BN2014012	银杏低敏性活性物的负压提取和精制关键技术集成及产业化开发	邳州鑫源生物制品有限公司
BN2014013	草莓脱毒及组培快繁工厂化育苗技术示范推广	连云港瑞克斯旺种业有限公司
BN2014014	茄果类设施蔬菜新品种引进及高效栽培技术示范推广	东海县北芹蔬菜专业合作社
BN2014015	复合果蔬汁生产关键技术研究及产业化	连云港市东海果汁有限公司
BN2014016	蓝莓优质品种引进及配套栽培技术示范推广	江苏金垦现代农业投资有限公司
BN2014017	设施蔬菜栽培及采后商品化处理技术示范推广	江苏省东海县蔬菜总公司
BN2014018	特色果蔬种植及加工科技创新平台建设	中国农业科学院东海农业综合试验站
BN2014019	新型农机装备研发平台的提档升级	南京农业大学灌云现代农业装备研究院
BN2014020	高性能激光自动导航水田耙浆平地机研究与开发	连云港巨龙机械装备有限公司
BN2014021	超大型秸秆粉碎还田机技术与装备的研发及应用	连云港市东堡旋耕机械有限公司
BN2014022	茎叶类蔬菜有序收获小型机具的应用开发	连云港宇成农业开发有限公司
BN2014023	智能农业管控技术与装备研究及产业化	江苏兴云集团
BN2014024	多功能电动微型设施农业作业机械研发	连云港市威迪机械有限公司
BN2014025	以杏鲍菇菌渣为基质的草菇栽培新技术应用与推广	江苏鑫森淼菌业有限公司
BN2014026	食用菌菌糠加工生产微生物复合菌肥的研究及产业化	连云港富寿康有机肥有限公司
BN2014027	杏鲍菇绿色安全生产关键技术集成与示范	灌南县冬青树食用菌专业合作社
BN2014028	食用菌保鲜技术研究与应用示范	连云港友和食用菌有限公司
BN2014029	灵芝工厂化栽培技术研发与集成应用	灌南县补农食用菌种植专业合作社
BN2014030	食用菌加工关键技术及双孢菇菌种的研究及产业化	江苏千蕈生物科技有限公司
BN2014031	新型抗猪热应激富硒微生物饲料添加剂研究与产业化	淮安正昌饲料有限公司
BN2014032	新型育肥猪饲料研发及产业化	江苏安佑科技饲料有限公司
BN2014033	梭鱼低鱼粉抗应激功能性配合饲料的研制及产业化	淮安市澳华农牧有限公司
BN2014034	提高猪禽饲料消化率技术开发与应用	江苏华威农牧发展有限公司
BN2014035	高效环保型黄颡鱼膨化饲料研制与示范应用	淮安中大饲料有限公司
BN2014036	养殖水体环境改良微生物制剂的研制	淮安市淮阴大北农饲料有限公司
BN2014037	"苏淮猪"持续选育与扩繁推广	淮安市淮阴种猪场
BN2014038	规模猪场现代养殖设施装备与技术集成示范	淮安市淮阴区侯氏生猪养殖专业合作社
BN2014039	畜禽养殖与加工废弃物生产生物饵料关键技术及产品研发	淮安市淮阴区敬尧养猪专业合作社

续表 3-10

项目编号	项目名称	承担单位
BN2014040	规模猪场疫病生物防控技术开发与示范	淮安市淮阴区西宋集镇沈圩养猪专业合作社
BN2014041	地方草鸡林下生态养殖技术集成示范	淮安市淮阴区青山畜禽养殖专业合作社
BN2014042	江苏省农村科技服务超市淮阴特色畜禽产业分店建设	江苏淮安农业科技园区发展有限公司
BN2014043	智能型履带式多功能茶园管理机研发	江苏悦达黄海手扶拖拉机有限公司
BN2014044	多功能园艺作业拖拉机研发与产业化	马恒达悦达(盐城)拖拉机有限公司
BN2014045	草菇工厂化生产节能型菇房及关键配套装备研发与产业化	盐城爱菲尔菌菇装备科技有限公司
BN2014046	JF690电喷型双缸汽油机开发与产业化	盐城市江动汽油机制造有限公司
BN2014047	4LBZ系列半喂入联合收割开发与产业化	江苏东禾机械有限公司
BN2014048	轮式拖拉机液压悬挂智能控制系统开发	盐城平安机械有限公司
BN2014049	瘤背石磺保种、繁育及资源增殖技术研究	盐城市海明峰水产有限公司
BN2014050	“长江2号”河蟹保种与大规格亲本生态繁育技术研发	射阳县朱平水产苗种有限公司
BN2014051	“红海蜇”亲本保种驯化与苗种繁殖技术的集成与应用	盐城市龙翔水产良种有限公司
BN2014052	鮰鱼生物降脂增香关键技术研究与集成应用	射阳县联农水产品专业合作社
BN2014053	海水捕捞低值鱼类的精深加工关键技术研究	盐城市怡美食品有限公司
BN2014054	泥鳅全鱼肉骨泥食品加工关键技术研发	盐城裕达养殖有限公司
BN2014055	耐盐特色树种——中山杉标准化扩繁及栽培技术集成与示范	江苏省大丰市林场
BN2014056	耐盐特色蔬菜马齿苋产业化开发	大丰市奇港食品有限公司
BN2014057	优质高效耐盐植物——藏红花产业关键技术集成与示范	江苏丰收大地种业发展有限公司
BN2014058	辣根产品深加工技术研究	盐城南翔食品有限公司
BN2014059	盐生蔬菜育苗播种机研发及产业化	江苏云马农机制造有限公司
BN2014060	芦苇工业化利用及生物质模塑产业化开发	大丰市苏港包装材料有限公司
BN2014061	常色叶类槭树科植物新品种种苗标准化快繁及产业化研究	宿迁太合生态园林发展有限公司
BN2014062	紫薇优良品种标准化育苗技术示范与推广	江苏杰奥花木有限公司.
BN2014063	江苏农村科技服务超市颜集镇苗木花卉产业便利店及信息化平台建设	沭阳蓝添花木城经营管理有限公司
BN2014064	龙柳、龙桑等干花加工关键技术集成与产业化示范	沭阳县豪杰干花工艺品厂
BN2014065	垂枝类观赏海棠新品种种苗标准化生产与示范应用	江苏金海棠农业科技发展有限公司
BN2014066	盆栽造型菊种苗工厂化生产与示范推广	江苏周圈园林建设工程有限公司
BN2014067	杨木基制品功能性镀膜改性技术研究与示范	江苏德华兔宝宝装饰新材有限公司
BN2014068	纤维材料立体网状植入增强杨木单板技术研究及产品开发	宿迁市金板木业有限公司
BN2014069	杨木基聚苯胺电磁屏蔽材料的制备技术研究与示范	泗阳县杨木加工利用技术研究所
BN2014070	杨木基大幅面绝缘材料制备技术研究与示范	江苏丽人木地板有限公司
BN2014071	杨木实木、单板的强化与尺寸稳定化处理技术研究与示范	泗阳县顺洋木业有限公司
BN2014072	杨木增强单板制备高性能特种用途胶合板的研究与示范	江苏尤佳木业有限公司
BN2014073	可溯源农产品电子商务云平台的研发与示范	徐州源洋商贸发展有限公司
BN2014074	银杏乳生产关键技术研究与产业化开发	徐州绿健乳业有限责任公司
BN2014075	多菌种混合发酵牛蒡茶的关键技术研究与产业化	天益食品(徐州)有限公司
BN2014076	父母代种鸭生态型饲料研发与示范推广	江苏长江桂柳生物科技集团有限公司
BN2014077	苏北出口型蔬菜新品种引进推广及配套技术的研究	徐州润嘉食品有限公司

续表 3-10

项目编号	项目名称	承担单位
BN2014078	高膳食纤维发酵乳制品生产关键技术研究	徐州金田食品有限公司
BN2014079	大豆膳食纤维面制品的工艺研究与示范推广	徐州雅士食品有限公司
BN2014080	功能性乳制品生物技术制备关键技术研发与产业化	维维乳业有限公司
BN2014081	珍稀林果苗木产业关键繁育技术研究与应用	徐州月亮湾生态农林发展有限公司
BN2014082	基于畜禽粪便高效利用生产生物有机肥果蔬专用肥研制应用	徐州丰润生物有机肥料科技发展有限公司
BN2014083	环境友好型基质开发及蔬果育苗技术的示范应用	徐州紫蔬园农业发展有限公司
BN2014084	时令鲜果新品种引进及其轻简栽培技术集成示范	徐州茱萸养生谷农业科技发展有限公司
BN2014085	设施葡萄产业园产业链物联网系统集成应用	徐州市运育农业科技有限公司
BN2014086	全景可视果蔬加工生产技术与旅游观光农业相融合	徐州欲信达农业科技有限公司
BN2014087	山药及其副产物高值利用加工技术集成与新产品创制	江苏博达生物科技有限公司
BN2014088	高营养活性果蔬汁生产关键技术及产业化	徐州林泉绿色食品饮料厂
BN2014089	牛蒡方便食品生产关键技术与高品质产品开发	徐州旺达农副产品有限公司
BN2014090	日光温室设施果品生产智能监控和信息化管理技术研究与示范	徐州市果树研究所
BN2014091	冰鲜及速冻调理鸭肉制品生产关键技术研究与开发	徐州福润禽业食品有限公司
BN2014092	肉种鸭引繁及发酵床养殖技术研究与示范	沛县三农鸭业专业合作社
BN2014093	酱卤禽肉制品现代加工技术集成和产品研发	徐州汉戌堂食品有限公司
BN2014094	病死畜禽无害化处理工艺关键技术研究与示范	沛县华夏狐业专业合作社
BN2014095	功能型高钙奶生产关键技术研究及产业化	徐州卫岗乳品有限公司
BN2014096	健康鸡蛋生产的技术研发与集成示范	江苏恒旺现代农业科技发展有限公司
BN2014097	鸡肉深加工关键技术集成与示范	新沂众客食品有限公司
BN2014098	新型发酵捆蹄生产关键技术研发与产业化	新沂市明帝食品有限公司
BN2014099	地产中国樱桃高效栽培及深加工	江苏红香溢酒业有限公司
BN2014100	果蔬用超甜玉米新品种引进及产业化开发	江苏省云台农场
BN2014101	葡萄的避雨棚架栽培技术引进及示范推广	江苏泊河农业开发有限公司
BN2014102	洋葱新品种高效栽培示范推广及深加工产品开发	连云港鼎盛农业开发有限公司
BN2014103	杂交青虾“太湖1号”的引进繁育及养殖示范	连云港市振誉水产养殖专业合作社
BN2014104	浅海域刺参沉式网箱养殖技术应用与示范	连云港帅森海水养殖专业合作社
BN2014105	韩式翻转式条斑紫菜养殖技术引进转化与示范	连云港宏兴紫菜有限公司
BN2014106	条斑紫菜陆基喷淋式育苗新技术研究与示范	连云港市西墅实业总公司
BN2014107	大西洋鲑工厂化流水式健康高效养殖技术研发与示范	连云港忠玉水产有限公司
BN2014108	即食干制调味鱼片关键技术研究集成应用	连云港东振海产品有限公司
BN2014109	纯净紫菜片张加工装备技术研发	连云港富安紫菜机械有限公司
BN2014110	新型水产生物饲料开发与示范	连云港市雨顺饲料有限公司
BN2014111	淮安红椒周年栽培关键技术集成与示范推广	淮安市中诚国联农资有限公司
BN2014112	阿拉斯加青豆加工关键技术与产业化	江苏海隆国际贸易有限公司
BN2014113	出口莴苣罐头优质化加工关键技术研发与应用	江苏李龙食品有限公司
BN2014114	特色蔬菜优质高效生产技术体系集成与示范	淮安华萃农业科技有限公司
BN2014115	苏北地方草鸡的提纯复壮技术集成与应用	涟水县绿生缘禽业有限公司

续表 3-10

项目编号	项目名称	承担单位
BN2014116	猪沼渔循环农业物联网技术集成与示范	涟水县野竹源养殖场
BN2014117	羊粪便发酵生产蔬菜专用生物有机肥技术研究	淮安源农生态农业有限公司
BN2014118	特色捆蹄安全生产技术集成与示范	江苏康强食品有限公司
BN2014119	青虾立体养殖技术研究与示范	洪泽县白马湖特种水产良种场
BN2014120	低碳高效池塘循环水养殖新技术示范与推广	江苏洪泽湖水产良种发展有限公司
BN2014121	香辣螃蟹、休闲莲藕带、香辣鲜脆小龙虾等系列休闲食品技术研发及产业化	洪泽祥源水产有限公司
BN2014122	大棚芡实、河鱼生态种养技术开发与示范	洪泽县蔬菜技术指导站
BN2014123	酱卤禽肉制品标准化加工技术研究与产品开发	江苏中和食品有限公司
BN2014124	冰鲜鸡肉加工技术研究与应用	盱眙县润旺禽业有限责任公司
BN2014125	白羽肉鸡父母代场精细化饲养技术集成与应用	淮安台森牧业有限公司
BN2014126	基于生物技术的风禽类产品现代化加工技术研究与应用	江苏林帝食品有限公司
BN2014127	莲藕规模化种植机械化采藕技术集成开发和示范推广	金湖金龙祥渔业设备有限公司
BN2014128	基于短信平台的鱼塘设备远程控制装置开发	江苏华邦新材料科技有限公司
BN2014129	风送式远程投料系统开发与产业化	金湖县渔业机械有限公司
BN2014130	ZY3G 低能耗多功能增氧机开发与产业化	金湖县华能机电有限公司
BN2014131	葡萄采后处理与贮藏保鲜技术的研究与示范应用	盐城市亭湖区香兰葡萄种植园
BN2014132	食药两用保健蔬菜–莱芙蓉的种植与精深加工技术研究	盐城市莱芙蓉家庭农场有限公司
BN2014133	物联网技术在草莓全程质量安全溯源系统中的应用及推广	盐城市亭湖区八戒生态果蔬专业合作社
BN2014134	高效生态观光采摘棚架设施梨园建设与示范	盐城市鹤鸣轩生态农业发展有限公司
BN2014135	苏北沿海地区耐盐新优苗木高效培育关键技术集成与示范推广	盐城绿茗花木有限公司
BN2014136	欧洲七叶树引种及苗木高效培育技术研究	盐城市秀城生态农业发展有限公司
BN2014137	“甜春雪”桃高产、优质、无公害综合配套技术创新集成及示范	盐城市红多草莓专业合作社
BN2014138	桃新品种引种与优质栽培技术集成示范	盐城市盐都区永佳果蔬专业合作社
BN2014139	大竹蛏高效立体生态养殖关键技术集成与应用推广	响水县浦港海产品专业合作社
BN2014140	梭鱼生态高效养殖技术示范与推广	响水县安富海淡水养殖专业合作社
BN2014141	青蛤与斑节对虾高效生态养殖关键技术集成与示范	响水县昌沅水产养殖有限公司
BN2014142	半滑舌鳎工厂化健康高效养殖关键技术集成与示范	响水县华星海产品专业合作社
BN2014143	耐褐变丝瓜新品种良繁技术集成示范	滨海县鑫润蔬菜专业合作社
BN2014144	设施蔬菜新品种引进及工厂化育苗技术集成示范	滨海绿琛蔬菜种植有限公司
BN2014145	出口蔬菜新品种引进及速冻保鲜技术集成示范	江苏海大食品有限公司
BN2014146	蔬菜新设施、新材料和新技术集成示范应用	滨海县建农蔬菜专业合作社
BN2014147	盐蒿精深加工关键技术研究及产业化	江苏海苑食品有限公司
BN2014148	蔬菜工厂化育苗技术创新集成与示范应用	阜宁县正源农业科技有限公司
BN2014149	江苏农村科技服务超市阜宁分店建设	江苏民香农业科技推广有限公司
BN2014150	设施蔬菜种植物联网关键技术集成创新与示范推广	阜宁县春雨农业科技有限公司
BN2014151	绿色蔬菜高效低碳加工关键技术开发及应用	盐城洪源食品有限公司
BN2014152	青虾深加工及产业化关键技术集成应用示范	建湖县华盛河虾养殖专业合作社
BN2014153	罗氏沼虾深加工关键技术开发及健康养殖示范	盐城王开食品有限公司

续表 3-10

项目编号	项目名称	承担单位
BN2014154	沙塘鳢幼苗培育与鱼、虾、蟹混养技术集成应用示范	江苏东华农业发展有限公司
BN2014155	“长江一号”河蟹苗种培育及养殖技术集成应用示范	建湖九龙口大闸蟹有限公司
BN2014156	基于全供应链协同的东台市绿色食品电子商务平台	江苏省翠源食品股份有限公司
BN2014157	利用酶解红薯和专利菌株加工发酵乳关键技术研究与新产品开发	东台市宇航奶业有限公司
BN2014158	高品质冰鲜鸡肉制品加工关键技术集成与产业化	江苏悦达禽业科技有限公司
BN2014159	烤鳗副产品生产鳗鱼营养蛋白关键技术研究与开发	江苏省华大水产实业有限公司
BN2014160	蔬菜高效保质脱水技术研究及产业化	江苏宿迁金鹰自然红食品有限公司
BN2014161	安全优质富硒双孢蘑菇工厂化生产关键技术研究与开发	宿迁市展博食用菌专业合作社
BN2014162	江苏省宿城区设施园艺科技公共技术服务平台	宿迁市宿城区科技创业服务中心
BN2014163	设施虫草高效栽培技术集成创新与示范	宿迁市田庄虫草专业合作社
BN2014164	鸡肉综合保鲜及速冻加工关键技术研究与示范	江苏益客食品有限公司
BN2014165	生物发酵蛋白饲料开发及产业化	江苏春绿粮油有限公司
BN2014166	山鸡高效规模化健康养殖技术示范推广	宿迁市宿豫区豫洲特禽养殖专业合作社
BN2014167	传统风味禽肉制品现代加工关键技术研究及新产品开发	江苏正业食品有限公司
BN2014168	健康新型禽肉制品的安全加工关键技术研究	宿迁皇嘉食品有限公司
BN2014169	基于物联网技术的生产线杀菌系统的改造	宿迁汇源食品饮料有限公司
BN2014170	蔬菜罐头护色新技术及加工工艺研究	百事美特食品宿迁有限公司
BN2014171	酶法高产β-环糊精的关键技术研究与示范	江苏丰园生物技术有限公司
BN2014172	中华绒螯蟹反季节养殖技术示范及推广	宿迁市湖尚一品水产品专业合作社
BN2014173	蟹池混养南美白对虾技术研究与推广	泗洪富华水产养殖有限公司
BN2014174	中华绒螯蟹“长江2号”苗种引进培育与养殖示范	江苏苏蟹养殖有限公司
BN2014175	水产品质量安全可追溯体系建设	江苏泗洪县金水特种水产养殖有限公司
BN2014176	大规格优质河蟹养殖技术及示范应用	泗洪县成河河蚬养殖专业合作社

表3-11 江苏省2014年度新上软科学研究计划项目

项目编号	项目名称	承担单位
BR2014001	江苏省市场化知识产权运营机构治理模式优化与运行绩效研究	金陵科技学院
BR2014002	未来五年江苏省战略性新兴产业对高端技能型人才需求趋势及对策研究	南京工业职业技术学院
BR2014003	支持江苏技术创新的金融服务体系研究——基于南京地区的实践与数据	南京江宁科学园管理委员会
BR2014004	基于不同行业领域的企业研发机构绩效评价体系研究	南京市科技信息研究所
BR2014005	江苏公共科技平台资源共享机制创新与对策研究	南京晓庄学院
BR2014006	江苏省水生态文明建设战略与保障措施研究	水利部交通运输部国家能源局南京水利科学研究院
BR2014007	江苏民营中小企业R&D投资强度和效率研究	江南大学
BR2014008	基于科技需求演化的农业生产经营主体培育与政策设计研究	江南大学
BR2014009	大数据背景下金融创新推动江苏科技创新发展路径研究	江苏省无锡市金融办

续表 3-11

项目编号	项目名称	承担单位
BR2014010	技术推广层的产学研协同创新发展路径与案例研究——高职院校协同创新模式探索	无锡科技职业学院
BR2014011	政府、科技园、投资者三方参与的科技园跨区辐射模式研究——以中矿大国家大学科技园为例	徐州中国矿业大学大学科技园有限公司
BR2014012	专利导航常州机器人产业发展的研究与实践	常州机电职业技术学院
BR2014013	江苏战略性新兴产业发展市场环境建设研究——以常州高端装备制造业为例	常州机电职业技术学院
BR2014014	科技园区的协同发展对加快苏南自主创新先导区建设的支撑与借鉴——以常州为例	常州市创新科技园区建设服务中心
BR2014015	江苏省境外投资产业园区建设模式与运行效率提升研究	河海大学常州校区
BR2014016	绿色科技创新与生态文明建设空间耦合发展研究	河海大学常州校区
BR2014017	基于“生产—消费”视角的江苏省水足迹分析及其节水实现路径研究	河海大学常州校区
BR2014018	金融支持江苏科技型中小企业培育和发展的对策研究——基于科技金融产品创新的视角	江苏理工学院
BR2014019	生态建设导向下江苏高新区创新能力评价体系研究	江苏理工学院
BR2014020	科教城科技体制改革先行先试问题研究——以常州科教城为例	江苏理工学院
BR2014021	常州市智能制造产业现状与发展策略研究	江苏中科院智能科学技术应用研究院
BR2014022	上海自贸区对苏州经济社会发展的影响及对策研究	苏州大学
BR2014023	财政投入、创业投资与江苏省战略性新兴产业发展	苏州大学
BR2014024	江苏省区域低碳创新系统研究	苏州大学
BR2014025	苏州建设苏南自主创新先导区提升技术创新能力研究	苏州大学
BR2014026	协同创新体系下的技术转移机制研究——以苏州纳米科技协同创新中心为例	苏州独墅湖科教创新区管委会
BR2014027	区域科技中介服务体系建设研究——以苏州市为例	苏州工业职业技术学院
BR2014028	基于府际关系的区域雾霾防控机制研究	苏州科技学院
BR2014029	江苏省科技创新生态系统的评价和发展策略研究	常熟理工学院
BR2014030	金融支持江苏省战略性新兴产业发展的效率评价及优化对策研究	常熟理工学院
BR2014031	上海自贸区新创产业对江苏产业转型升级影响机制研究	健雄职业技术学院
BR2014032	江苏科技企业孵化器和风险投资的融合体系与政策研究	苏州大学应用技术学院
BR2014033	产学研载体协同创新模式与绩效评估体系的研究	浙江大学昆山创新中心
BR2014034	陆海统筹视角下产业技术研究院建设研究—南通市为例	南通大学
BR2014035	江苏高校技术转移机构建设路径与发展策略研究——基于德国技术转移机构比较视角	南通大学
BR2014036	新丝绸之路经济带建设中的连云港发展战略定位研究	连云港市科学技术局
BR2014037	上海自由贸易区对设立连云港自由港的影响及对策——基于丝绸之路经济带建设背景下的研究	江苏省社会科学院连云港分院
BR2014038	海洋生态文明视角下的数字化海洋保护区建设研究	连云港市海域使用保护动态管理中心
BR2014039	新形势下苏北临海工业区的发展和对策研究	赣榆县科学技术局
BR2014040	城市交通节能减排状态监测及调控系统研究	淮阴工学院
BR2014041	江苏沿海地区科技支撑可持续发展路径的研究	盐城市科学技术局

续表 3-11

项目编号	项目名称	承担单位
BR2014042	苏北地区依靠科技进步实现跨越发展的运行机理与路径研究	盐城工学院
BR2014043	地方政府投融资平台创新体系研究	盐城国有资产投资集团有限公司
BR2014044	城镇化背景下健全农村科技人才激励与评价机制研究	盐城师范学院
BR2014045	江苏省支持天使投资发展的机制和对策研究	江苏大学
BR2014046	江苏省专利保险体系构建与实施分析研究	江苏科技大学
BR2014047	新型产业技术研发机构管理体制和运行机制研究——苏北地区产业技术研发机构建设模式探讨	宿迁市科技信息中心
BR2014048	面向科技园区的知识产权评价指标体系研究	江苏科金高新技术服务公司
BR2014049	区域比较视角下的江苏科技企业孵化器孵化绩效评价及其提升策略研究——基于江浙沪的调查	江苏省高新技术创业服务中心
BR2014050	江苏省"十三五"科技发展重大问题研究	江苏省科学技术发展战略研究院
BR2014051	产学研产业协同创新基地评价指标体系及建设方案研究	江苏省科学技术情报研究所
BR2014052	企业科技税收优惠政策落实统计体系优化研究	江苏省科学技术情报研究所
BR2014053	江苏省科技资源开放共享服务体系建设研究	江苏省科学技术情报研究所
BR2014054	江苏推进创新型省份建设研究及年度分析报告	江苏省科学技术发展战略研究院
BR2014055	江苏提升创新型县(市、区)、创新型乡镇建设水平的模式研究及案例分析	江苏省科学技术发展战略研究院
BR2014056	科技支撑生态文明建设战略重点及路径选择研究	江苏省科学技术发展战略研究院
BR2014057	江苏省医药产业创新潜力评价及关键技术预见	江苏省科学技术发展战略研究院
BR2014058	政府引导的科技信贷支持中小微企业科技创新的路径研究	江苏省生产力促进中心
BR2014059	关于构建完善江苏省技术转移体系的对策研究	江苏省生产力促进中心
BR2014060	低碳经济下产业集聚对企业环境经营影响研究	南京大学
BR2014061	后青奥时期南京市实施污染密集型产业布局重组全面持续提升环境质量的战略对策	南京大学
BR2014062	区域科技创业生态系统运行机理及政策研究——以南京科技创业特别社区为例	东南大学
BR2014063	江苏省科技支撑生态文明建设研究	东南大学
BR2014064	科技税收政策对企业创新能力影响实证研究	东南大学
BR2014065	江苏生物医药产业园服务体系优化研究	中国药科大学
BR2014066	江苏省双创人才激励政策效度评估机制研究——以"科技企业家"政策为例	河海大学
BR2014067	江苏省战略性新兴产业发展中的金融支持途径与政策建议	河海大学
BR2014068	利益相关者理论视角下高校科研经费管理机制研究	南京师范大学
BR2014069	产学研协同创新促进江苏技术转移的路径、机制及对策研究	南京工业大学
BR2014070	"高校-高新园区"模式的协同创新机制研究——"2011计划"背景下江苏的理论与实践	南京工业大学
BR2014071	开放式创新驱动江苏生产性服务业转型升级的机理与路径研究	南京信息工程大学
BR2014072	江苏光伏设备制造业的创新补贴机制设计研究	南京信息工程大学
BR2014073	江苏省制造业服务化转型的科技支撑政策措施研究	南京邮电大学
BR2014074	江苏省中医药产学研协同创新机制及技术转移体系研究	南京中医药大学

续表 3-11

项目编号	项目名称	承担单位
BR2014075	基于演化视角的江苏省战略性新兴产业市场环境建设研究——以新能源产业为例	南京中医药大学
BR2014076	资源配置市场化条件下科技中介服务体系建设	南京审计学院
BR2014077	基于经济转型升级要求的江苏省大学科技园发展对策研究	江苏第二师范学院
BR2014078	《借助上海自贸区提升江苏外向型农业规模及国际竞争力的对策研究》	江苏经贸职业技术学院
BR2014079	江苏科技型企业孵化器发展现状及对策研究	江苏省政协科技委
BR2014080	建立健全人才发展社会评价机制——江苏市、县人才竞争力评价体系研究	江苏省中青年人才创业促进会
BR2014081	智慧城市背景下江苏安防产业发展与变革策略研究	江苏警官学院
BR2014082	江苏省财政科技资金分配研究	江苏省财政厅
BR2014083	盐城市滨海县区域创新体系建设	江苏省财政厅
BR2014084	事业单位分类改革中创新财政投入方式问题研究	江苏省财政厅
BR2014085	江苏省战略性新兴产业人才队伍建设研究	江苏省人力资源和社会保障厅
BR2014086	江苏省科技产业园与开发区互动整合研究	江苏省城市规划设计研究院
BR2014087	机构优良人体研究受试者保护体系构建及其运行模式研究	江苏省人民医院
BR2014088	技术标准产学研协同创新机制及应用研究	江苏省标准化研究院
BR2014089	江苏省木制品产业出口应对技术性贸易措施策略研究	江苏省标准化研究院
BR2014090	食品安全伦理研究	省食品药品监督管理局
BR2014091	江苏省企业研发机构的发展路径与对策研究	江苏省委党校
BR2014092	苏南地区科技创新与科技金融协同发展的模式创新研究	江苏省社会科学院
BR2014093	江苏省科技金融指数设计研究	南京大学
BR2014094	科技金融政策的有效性研究——基于江苏省内外典型城市的调查和实证研究	南京大学
BR2014095	技术创新市场导向机制建设的制度和政策保障研究	东南大学
BR2014096	体制与机制创新推进科技与人才向苏北转移的政策研究	南京农业大学
BR2014097	纳米产业技术、市场与政策发展趋势(石墨烯篇)	南京工业大学
BR2014098	江苏省科技立法体系建设研究	河海大学
BR2014099	江苏科技创新创业人才政策协同管理改革研究	南京理工大学
BR2014100	江苏省科技服务体系建设的途径与突破口选择——基于资源配置市场化的探索	南京航空航天大学
BR2014101	江苏创新国际化服务体系建设研究	南京财经大学
BR2014102	新兴产业重点领域发展分析与对策研究——大数据、北斗导航及生物医药产业分析研究	江苏省科学技术情报研究所
BR2014103	以供应链金融破解科技园区中小企业融资难题研究	江苏省委党校

表3-12 江苏省2014年度新上产学研联合创新资金项目

项目编号	项目名称	承担单位
BY2014001-01	珍稀铁皮石斛的种质创新与集约化有机栽培技术研究	南京师范大学
BY2014001-02	食用菌干燥系统技术集成与示范	南京师范大学

续表 3-12

项目编号	项目名称	承担单位
BY2014001-03	基于GIS的智慧城镇系统	南京师范大学
BY2014001-04	机房用单元式纳米热管空气调节机模块化生产关键技术研究	南京师范大学
BY2014002-01	可净化汽车尾气橡胶沥青透水路面在市政道路上的应用关键技术研究	河海大学
BY2014002-02	基于城市污水厂尾水中碳源再利用的新型深度处理技术及设备研发	河海大学
BY2014002-03	面向低碳交通的车辆能耗与尾气监控终端及软件平台研发	河海大学
BY2014002-04	堆存粉煤灰制备新型胶凝材料关键技术及其应用基础研究	河海大学
BY2014003-01	电子式互感器综合运行状态全光纤化在线监测系统研制	南京航空航天大学
BY2014003-02	制作大型钎焊金刚石工具的感应钎焊系统的研发	南京航空航天大学
BY2014003-03	北斗卫星导航接收机多模基带信号处理关键技术研究	南京航空航天大学
BY2014003-04	全能谱协同梯度吸收的中子/γ辐射屏蔽纤维复合材料研发	南京航空航天大学
BY2014003-05	航空雷达遥感数据并行处理技术研究	南京航空航天大学
BY2014003-06	汽车用高性能粉末冶金齿轮关键制备技术研发	南京航空航天大学
BY2014003-07	具备微网双模式工作能力的高可靠微网逆变器研制	南京航空航天大学
BY2014003-08	面向高强韧难加工材料的高速高效微晶刚玉砂轮研究	南京航空航天大学
BY2014003-09	城市轨道交通直驱式电力牵引系统与控制技术研究	南京航空航天大学
BY2014003-10	新型宽频带天线罩设计与研发	南京航空航天大学
BY2014003-11	基于网带式隧道炉的钎焊金刚石工具连续生产工艺研究	南京航空航天大学
BY2014003-12	交直流混合模块化双向变换系统关键技术研究	南京航空航天大学
BY2014003-13	高可靠多相结构双凸极电机及驱动系统的研究	南京航空航天大学
BY2014003-14	面向江海水下探测的二维成像声呐关键技术攻关及其工程化	南京航空航天大学
BY2014003-15	面向智慧城市的物联网噪声监测系统	南京航空航天大学
BY2014003-16	轨道车辆交互式三维装配工艺发布系统研究	南京航空航天大学
BY2014003-17	小型航空燃气涡轮发动机轮盘破裂转速预测技术研究	南京航空航天大学
BY2014003-18	基于磨粒预钎焊的新一代高性能金刚石锯片与磨轮研制	南京航空航天大学
BY2014003-19	工业机器人的标定及其性能分析系统研究与开发	南京航空航天大学
BY2014004-01	永磁电机用低镝耐热超强稀土永磁体	南京理工大学
BY2014004-02	可变长纤维增强反应注射成型关键技术研究及其应用	南京理工大学
BY2014004-03	高速印铁的智能化供墨系统技术与装置	南京理工大学
BY2014004-04	新能源轻型汽车整车集成与性能匹配关键技术研究	南京理工大学
BY2014004-05	超大型海上风电吊装装备的智能监控与维护系统研究与开发	南京理工大学
BY2014004-06	高强度船用钢板热轧生产线的关键设备技术研究	南京理工大学
BY2014004-07	便携式三坐标低空目标监视雷达	南京理工大学
BY2014004-08	自动精校机系统改进与性能优化	南京理工大学
BY2014004-09	无铼镍基单晶高温合金关键技术开发	南京理工大学
BY2014004-10	船用中高速柴油机氮氧化物催化减排技术研发	南京理工大学
BY2014004-11	集成化非接触在线温度测量系统设计开发	南京理工大学
BY2014005-01	盐酸决奈达隆及片绿色制备工艺的研究开发	南京工业大学
BY2014005-02	二氯乙烷多步连串氯化生产四/五氯乙烷的反应精馏集成技术研究	南京工业大学
BY2014005-03	基于微流场技术的生物基聚氨酯白料研究	南京工业大学

续表 3-12

项目编号	项目名称	承担单位
BY2014005-04	新型肥料增效剂聚谷氨酸的开发与产业化应用	南京工业大学
BY2014005-05	超高韧性抗震耗能的水泥基复合材料研发与应用	南京工业大学
BY2014005-06	低成本制浆造纸尾水膜法深度处理回用技术	南京工业大学
BY2014005-07	生物法制备L-鸟氨酸产业化关键技术的研究	南京工业大学
BY2014005-08	管桩水泥土复合基桩施工工艺及其承载性能的研究	南京工业大学
BY2014005-09	快速编程焊接机器人关键技术研究及产业化	南京工业大学
BY2014005-10	富马酸系列衍生氨基酸的酶法制备技术与产业化	南京工业大学
BY2014005-11	220/110kV混压四回路组合钢管窄基塔深化研究及标准化	南京工业大学
BY2014005-12	大型光热光伏地面发电站跟踪系统检测装备研究	南京工业大学
BY2014006-01	林业废弃物节能环保生产活性炭联产液体肥的应用研究	南京林业大学
BY2014006-02	智能化履带式苗木及林果多功能作业装备研发	南京林业大学
BY2014006-03	对苯二甲酰氯绿色制备工艺技术开发研究	南京林业大学
BY2014006-04	基于AHP分析的屋顶绿化景观设计研究与产业化开发	南京林业大学
BY2014006-05	中高层木结构建筑承重木构件及体系研发	南京林业大学
BY2014006-06	旅游型工业园区景观绿化技术研究	南京林业大学
BY2014007-01	低表面能含氟侧基聚氨酯减阻功能弹性体的研发	南京信息工程大学
BY2014007-02	基于信息物理融合技术的智慧农业气象保障系统	南京信息工程大学
BY2014007-03	便携式计算机保密检查取证工具研发及产业化	南京信息工程大学
BY2014007-04	医疗影像量化分析系统关键技术研究与开发	南京信息工程大学
BY2014008-01	“崩漏停颗粒”新药临床前研究	南京中医药大学
BY2014009-01	大型数控成形磨齿机在机测量方法与砂轮修形精度研究	南京工程学院
BY2014009-02	一种可支持性能优化研究的火电机组仿真系统开发	南京工程学院
BY2014009-03	风力发电低电压穿越关键技术研究	南京工程学院
BY2014010	食(药)用菌多糖高效制备技术研究与新产品研发	南京财经大学
BY2014011	基于物联网的肉品质量安全溯源过程关键技术研究	南京财经大学
BY2014012	基于CDMA体制的卫星移动通信系统	南京邮电大学
BY2014013	高功率光纤传能系统研制及关键器件研究	南京邮电大学
BY2014014	应急服务视频传感系统关键技术研发	南京邮电大学
BY2014015	纳米银用于留置针高效杀菌的研究	南京邮电大学
BY2014016	中药纳米复合敷料的构筑及生物医用技术研究	金陵科技学院
BY2014017	小型变量施肥机技术研究及装备开发	农业部南京农业机械化研究所
BY2014018	具盖丝瓜中活性成分的分离制备及高值利用技术研究	中华全国供销合作总社南京野生植物综合利用研究院
BY2014019	基于高品质高性能的天然高分子壳聚糖结构修饰技术研究	中华全国供销合作总社南京野生植物综合利用研究院
BY2014020	新型生物可降解食管支架的关键技术研究	江苏省人民医院
BY2014021	高效超精密切割磨料砂加工技术开发	江苏省地质勘查技术院
BY2014022	辉丰绿色农药新产品的应用研发	江苏南方农药研究中心
BY2014023-01	高性能锂电池石墨烯电极材料关键技术开发及成套设备研制	江南大学

续表 3-12

项目编号	项目名称	承担单位
BY2014023-02	鸡蛋活性蛋白及多肽的高效提取关键技术开发	江南大学
BY2014023-03	城镇污水处理厂高含固污泥厌氧发酵产酸关键技术研究	江南大学
BY2014023-04	纤维滤料表面金属功能化关键技术及其静电逸散机理的研究	江南大学
BY2014023-05	基于多酶协同的全棉色织物生物退浆关键技术研究	江南大学
BY2014023-06	多维度孔隙结构二醋酸纤维复合滤料的开发及应用研究	江南大学
BY2014023-07	太阳能电池防护用低成本耐候性PVDF合金膜材料的研究开发	江南大学
BY2014023-08	食品级软包装印刷水性油墨开发及产业化应用	江南大学
BY2014023-09	低温反应型抗菌剂在抗菌纤维/纺织品中的应用和开发	江南大学
BY2014023-10	红豆杉高端柔软复合功能针织产品产业化关键技术研究与开发	江南大学
BY2014023-11	双坩埚三维蓝宝石晶体生长装备及工艺研究	江南大学
BY2014023-12	高热稳定性球型聚合硫的研发及产业化	江南大学
BY2014023-13	基于全聚纺技术的高可织性针织纱生产系统关键技术研究	江南大学
BY2014023-14	毛圈织物日用防霾口罩产品的开发及其关键技术研究	江南大学
BY2014023-15	利用碳纳米管/石墨烯杂化材料增强增韧碳纤维用环氧树脂的研究	江南大学
BY2014023-16	烘焙过程新技术——冷冻面团抗冻发酵技术产业化	江南大学
BY2014023-17	胶原基功能化牙科填充材料的研发	江南大学
BY2014023-18	基于高通量超重力旋流技术的高效油水分离器研制	江南大学
BY2014023-19	基于绿色等离子体原子化沉积技术的高效硅基太阳能电池研制及关键技术研究	江南大学
BY2014023-20	高速经编机的数字提花关键技术及产业化	江南大学
BY2014023-21	纳豆激酶的开发与高效制备	江南大学
BY2014023-22	基于复合蛋白酶生物催化制备紫菜活性多肽	江南大学
BY2014023-23	绿色环保生态健康童装面料的技术开发	江南大学
BY2014023-24	喷气织机双向引纬关键技术研究	江南大学
BY2014023-25	基于先进视觉信息处理技术的车载智能系统研发	江南大学
BY2014023-26	CFB循环流化床锅炉高温耐磨修补技术研究	江南大学
BY2014023-27	基于群智能的污水处理综合自动化软件平台开发与优化	江南大学
BY2014023-28	乳糖废水发酵制备枯萎病多功能生物防护剂的研究	江南大学
BY2014023-29	多孔纤维负极材料的制备及自放电性能检测关键技术研发	江南大学
BY2014023-30	面向离散型电梯零部件制造的数字化、智能化关键技术研究与系统开发	江南大学
BY2014023-31	基于无线传感网的融合性室内定位解决方案研究	江南大学
BY2014023-32	基于声和振动的食品无损检测研究	江南大学
BY2014023-33	精密钢丝制品深加工装备跟踪管理系统	江南大学
BY2014023-34	经编蕾丝面料快速设计与生产关键技术	江南大学
BY2014023-35	特种纸浆模塑产品关键技术及设备研究	江南大学
BY2014023-36	冷链物联网关键技术研发与应用	江南大学
BY2014023-37	孔庄煤矿岩巷湿喷混凝土工艺技术的研究	江南大学
BY2014023-38	食品产业连续高效真空包装技术与装备研发	江南大学
BY2014024	基于异构网络的能源物联网可视化系统	无锡职业技术学院

续表 3-12

项目编号	项目名称	承担单位
BY2014025	现代农资经营服务系统研究与开发	江苏物联网研究发展中心
BY2014026	桁架式机床上下料机械手及控制器的研发	上海交通大学无锡研究院
BY2014027	基于物联网的工程机械可靠性技术研究	无锡南理工科技发展有限公司
BY2014028-01	基于物联网的矿山灾害综合监控预警系统关键技术研发	中国矿业大学
BY2014028-02	摩托车转向轴承短流程少留量精锻成形新技术及关键设备研发	中国矿业大学
BY2014028-03	基于异构网络的汽车智能防盗及远程故障诊断系统研制	中国矿业大学
BY2014028-04	基于虚拟样机技术的煤矿锚喷支护高效取料机的研制	中国矿业大学
BY2014028-05	车载信息娱乐系统HMI设计与设备研发	中国矿业大学
BY2014028-06	显微操作并联精密定位平台系统研制	中国矿业大学
BY2014028-07	大型高效节能立式辊磨机研发	中国矿业大学
BY2014028-08	挖掘机大型焊接结构件关键技术研究	中国矿业大学
BY2014028-09	矿山大型固定装备监管与维护系统研制与开发	中国矿业大学
BY2014028-10	基于机械外骨骼的机器人平台关键技术研发	中国矿业大学
BY2014029	轧辊用含硼高速钢成分优化控制及关键制备工艺研究	徐州工程学院
BY2014030	交互式多功能电网终端及电量中心监控系统研制	徐州工程学院
BY2014031	生物合成3-羟基丙酸高效表达工程菌构建及应用的研究	徐州工程学院
BY2014032	面向物联网的智能物流信息云平台的应用研究	徐州工程学院
BY2014033	多元异构网络中基于情景感知的智能医护关键技术研究	徐州医学院
BY2014034	煤化工行业湿煤灰(循环水污泥)管道输送的关键技术研究	徐州工业职业技术学院
BY2014035	分散污废水在线处理成套设备关键技术研究	江苏建筑职业技术学院
BY2014036	复杂煤岩高效截割关键技术及装备研究	徐州中矿大矿山安全技术与装备研发中心
BY2014037-01	新一代抗高血压药物阿齐沙坦原料药的合成新工艺研发	常州大学
BY2014037-02	新型连续流微通道反应工艺及在硝基胍规模化生产中的应用	常州大学
BY2014037-03	可用于固定床加氢的骨架镍催化剂的研制及应用	常州大学
BY2014037-04	油浆抽提及抽余油、抽出油综合利用研究	常州大学
BY2014037-05	复合材料集成式设备关键材料	常州大学
BY2014037-06	以纳米二氧化硅-聚氨酯改性不饱和聚酯树脂关键制备技术	常州大学
BY2014037-07	土壤参数自动测试装置及高端智能盆栽系统研究	常州大学
BY2014037-08	可控、可信、可行的食品药品防伪与跟踪的关键技术研究与示范平台研发	常州大学
BY2014037-09	六氟磷酸锂合成及产业化研究	常州大学
BY2014037-10	气相低温环境下硫化氢精脱除剂的研发及产业化应用	常州大学
BY2014037-11	高频条件下电子变压器参数测试的关键技术研究与开发	常州大学
BY2014037-12	无废水清洁皂化技术开发	常州大学
BY2014037-13	新型气液相介质去除废气中$PM_{2.5}$和重金属颗粒物一体化处置系统	常州大学
BY2014037-14	新型十六烷值改进剂草酸二异戊酯的合成及工业化研究	常州大学
BY2014037-15	综合利用秸秆/木屑等农林废弃物生产功能性产品	常州大学
BY2014037-16	面向大幅面光电产品的并联运动光学智能检测系统	常州大学
BY2014037-17	聚乙丙交酯医药缓释材料的研究开发	常州大学

续表 3-12

项目编号	项目名称	承担单位
BY2014037-18	基于导电高分子电吸附-络合的协同效应处理重金属离子废水的研究	常州大学
BY2014037-19	多级串联全混流反应器的集成化设计及在芳香醛连续合成中的规模化应用	常州大学
BY2014037-20	甲醛超低释放新工艺脲醛树脂制造关键技术及在胶合板中的应用研究	常州大学
BY2014037-21	典型化工污染场地复合污染修复技术研究及示范	常州大学
BY2014037-22	丙烯酸酯类活性稀释剂的研究与开发	常州大学
BY2014037-23	凹土基钒钛SCR脱销催化剂的研发	常州大学
BY2014037-24	特高压输变电设备油处理装置研发	常州大学
BY2014037-25	高含固率城镇污水污泥厌氧消化关键技术研究	常州大学
BY2014037-26	低碳节水型牛仔纱线清洁染色关键技术研发与产业化	常州大学
BY2014037-27	冶金工业钢包精炼炉系统先进控制技术研究及应用	常州大学
BY2014037-28	特种工程塑料聚醚砜树脂合成新工艺研发	常州大学
BY2014037-29	电动汽车充换电站优化运行关键技术的研究	常州大学
BY2014037-30	大体积预拌混凝土施工阶段的试验、仿真分析与工程应用研究	常州大学
BY2014037-31	高比能量锂离子电池用石墨烯/硅基复合负极材料应用技术开发	常州大学
BY2014037-32	基于Petri网的新型智能电梯门机系统关键技术研究与开发	常州大学
BY2014037-33	城市地下燃气管道泄漏在线监测及预警成套装备研究	常州大学
BY2014038-01	金属卷材智能等离子切割系统的研发	江苏理工学院
BY2014038-02	环境友好型阻燃热塑性弹性体材料的研发与应用研究	江苏理工学院
BY2014038-03	基于移动互联网的制造业企业商务办公和信息安全系统研制	江苏理工学院
BY2014038-04	特大型液压卷板机床可靠性优化设计	江苏理工学院
BY2014038-05	基于物联网射频识别技术(RFID)的混凝土质量智能监控系统研发	江苏理工学院
BY2014038-06	超频宽高品质下一代广电网(NGB)分支器的研究	江苏理工学院
BY2014038-07	车辆缓速器运行性能远程实时检测与控制系统	江苏理工学院
BY2014038-08	超声膜电解关键技术及其在稀贵金属再生和深加工中的应用	江苏理工学院
BY2014038-09	物联网智能网关关键技术研究	江苏理工学院
BY2014039	地下工程钻孔护壁用新型泥浆材料的研究与开发	常州工学院
BY2014040	导光板一致性检测关键技术及研究	常州工学院
BY2014041	基于图像理解的银行异常情况智能预警系统	河海大学常州校区
BY2014042	经编织造生产线智能物联技术开发与应用	常州机电职业技术学院
BY2014043	康复轮椅铝构件机器人3D协焊自动生产线关键技术的研究	常州机电职业技术学院
BY2014044	全自动LED贴片机系统研制	常州先进制造技术研究所
BY2014045	非织造材料汽车内饰件智能机器人水切割关键技术与系统研究	常州先进制造技术研究所
BY2014046	粉体配料包装及智能机器人码垛系统关键技术研究	常州先进制造技术研究所
BY2014047	车辆离合制动件机器人自动化制造系统研发与产业化	常州先进制造技术研究所
BY2014048	实用型焊接机器人及焊接自动化生产线	常州先进制造技术研究所
BY2014049	120kW双螺杆压缩机转子精密制造及产业化	常州先进制造技术研究所
BY2014050	高性能中间相沥青基碳纤维的研制	北京化工大学常州先进材料研究院
BY2014051	新型彩色光阻用高感度光引发剂及清洁生产技术	北京化工大学常州先进材料研究院
BY2014052	微/纳米氧化锌及其复合材料的制备及在有机染料废水深度处理中的应用	北京化工大学常州先进材料研究院

续表 3-12

项目编号	项目名称	承担单位
BY2014053	基于LED日光灯在线热测设备的可靠性筛选技术研究	常州光电技术研究所
BY2014054	多重晶型控制剂辅助碳酸化法合成碳酸钙晶须研究	常州合肥工业大学研究院
BY2014055	基于R2短轴窄体开发项目的深化研究(车辆整体结构在线模态分析方法研究和系统构建)	常州湖南大学机械装备研究院
BY2014056	全数字总线式碳纤维多辊恒张力智能牵伸系统关键技术研究	常州数控技术研究所
BY2014057	活性屏氮化过程等离子体诊断与监控技术	大连理工常州研究院有限公司
BY2014058	超薄高导热石墨膜的研发	江南石墨烯研究院
BY2014059-01	高防水高水压透气透湿纳米纤维复合户外面料的开发	苏州大学
BY2014059-02	面向动力电池生命周期管理的物联网信息服务平台研发	苏州大学
BY2014059-03	适用于太阳能电池的石墨烯透明导电玻璃	苏州大学
BY2014059-04	功能性聚乳酸纤维面料加工关键技术及产品开发	苏州大学
BY2014059-05	中空微纳材料在水深度净化及富氢水制备中的应用研究	苏州大学
BY2014059-06	DBD等离子体废气处理系统及相关产品研发	苏州大学
BY2014059-07	纳米金刚石涂层在骨科植入器械中的应用研究	苏州大学
BY2014059-08	工业废气智能处理系统及综合服务平台	苏州大学
BY2014059-09	一步法锦纶6POY/氨纶拉伸假捻包覆丝工艺及设备研究	苏州大学
BY2014059-10	大型精密数控机床加工参数在线优化技术研究与应用	苏州大学
BY2014059-11	单脉冲光学非线性表征技术的研究	苏州大学
BY2014059-12	导电性聚酰胺复合纤维的开发	苏州大学
BY2014059-13	基于硅-石墨碳负极的新型高比能锂离子电池技术开发	苏州大学
BY2014059-14	复杂场景下异常行为分析及其应用	苏州大学
BY2014059-15	丝织物原位纳微3D结构的设计及其在防霾抗菌口罩中的应用	苏州大学
BY2014059-16	健康信息可信抽取技术的研究和应用	苏州大学
BY2014059-17	精密模具用高硬材料高速切削工艺参数优化及应用研究	苏州大学
BY2014060	高稳定度直流高压试验系统的开发	苏州科技学院
BY2014061	基于复合半导体薄膜技术的新型土应力传感器关键技术开发	苏州科技学院
BY2014062	丝绸产品“苏罗”工艺创新与产业化	苏州经贸职业技术学院
BY2014063	快速压力蒸汽灭菌生物指示剂及配套检测仪器的研发	中国科学院苏州生物医学工程技术研究所
BY2014064	万兆级超高速超便携通用接口固态存储采集系统	中国科学院苏州纳米技术与纳米仿生研究所
BY2014065	高功率全光纤化皮秒脉冲光纤激光器关键技术研究和开发	中国科学院苏州纳米技术与纳米仿生研究所
BY2014066	有机电子多层薄膜柔性封装工艺研发	中国科学院苏州纳米技术与纳米仿生研究所
BY2014067	基于表情理解的驾驶员疲劳状态检测及预警系统	清华大学苏州汽车研究院(吴江)
BY2014068	基于AMT的插电式混合动力汽车电驱动系统	清华大学苏州汽车研究院(吴江)
BY2014069	汽车模拟碰撞试验台车及座椅试验台的研发	清华大学苏州汽车研究院(相城)
BY2014070	基于3D打印技术的个体化骨科手术导航模板系统的研制开发	西安交大苏州研究院
BY2014071	采用环保制冷剂的通信基站太阳能空调研究	西安交大苏州研究院

续表 3-12

项目编号	项目名称	承担单位
BY2014072	高精度螺纹磨床开发设计	西安交大苏州研究院
BY2014073	基于视频与RFID信息融合检测技术的交通信息采集设备	西安交大苏州研究院
BY2014074	移动互联网恶意“山寨”软件分析技术开发与应用	西安交大苏州研究院
BY2014075	低压变频器生产过程交互式柔性测试关键技术研究	常熟理工学院
BY2014076	皮革表面处理专用功能氟碳树脂	常熟理工学院
BY2014077	基于机器视觉的电梯平衡补偿链自动化检测线	常熟理工学院
BY2014078	改性淀粉阳离子表面活性剂制备工艺开发	大连理工常熟研究院有限公司
BY2014079	基于移动云的科技企业孵化器综合管理服务平台及关键技术研发	太仓中科信息技术研究院
BY2014080	异型管材大角度双向弯曲成形装备研发	张家港江苏科技大学产业技术研究院
BY2014081-01	工业烟尘高效过滤材料研发与产业化——预涂助滤剂梯度过滤材料的研发与产业化	南通大学
BY2014081-02	棉型针织物节能减排生化染整技术的研究与产业化	南通大学
BY2014081-03	空气源热泵热水机智能化及远程控制关键技术研究	南通大学
BY2014081-04	凉爽透湿型面料及其关键技术研发	南通大学
BY2014081-05	沉析纤维增强高性能活性炭纤维过滤纸的开发及产业化	南通大学
BY2014081-06	超快速新型无功补偿与谐波综合治理装置的研发	南通大学
BY2014081-07	大型立体停车设备远程监控与安全评估理论与应用研究	南通大学
BY2014081-08	线缆生产设备数据智能采集与信息管理系统	南通大学
BY2014082	玉米抗粗缩茎腐病高产聚合改良种质创新	江苏沿江地区农业科学研究所
BY2014083	天然高中空棕榈原纤的制备与应用研究	南通苏州大学纺织研究院
BY2014084	基于北斗卫星通信的漂流浮标系统研发	南通中国科学院海洋研究所海洋科学与技术研究与发展中心
BY2014085	贝壳材料深加工及在重金属水处理中的应用研究	江苏省海洋资源开发研究院(连云港)
BY2014086	离子束生物工程技术在小麦遗传改良中的应用研究	连云港市农业科学院
BY2014087	高硫汽油脱硫生产国Ⅴ超低硫清洁汽油的技术研究	南京大学连云港高新技术研究院
BY2014088	汽车废旧滤清器回收中除尘灰制备活性炭及其改性研究	南京大学连云港高新技术研究院
BY2014089	三维图像快速测量及其在数字化旅游等领域的应用研究	南京理工大学连云港研究院
BY2014090	兼具栽培功能的水凝胶灭火剂技术研究	南京理工大学连云港研究院
BY2014091	对羧基苯磺酰胺的合成工艺研究	中国矿业大学徐圩新区高新技术研究院
BY2014092	还原蓝66合成工艺及染料产品加工关键技术研究	中国矿业大学徐圩新区高新技术研究院
BY2014093	高性能无压烧结SiC陶瓷造粒料的研究	南京工业大学东海先进硅基材料研究院
BY2014094	豆丹真空冷冻脱水工艺及品质控制技术研究	南京农业大学灌云现代农业装备研究院
BY2014095	农业害虫灾变预警及防治决策支持系统的研究与开发	南京农业大学灌云现代农业装备研究院

续表 3-12

项目编号	项目名称	承担单位
BY2014096	有机-无机杂化介孔硅胶基质色谱填料的研制及表征	中科院大连化学物理研究所淮安化工新材料研究中心
BY2014097	冷链物流溯源监控物联网系统研发	淮阴工学院
BY2014098	电子级特种双酚类化合物合成技术及纯化工艺研究	淮阴工学院
BY2014099	智能低压配网断路器研究与开发	淮阴师范学院
BY2014100	物联网与过程模拟耦合的温室CO_2施肥智能调控技术研究	淮阴师范学院
BY2014101	稻秆多元醇液化技术及可降解聚氨酯材料的研发	淮阴师范学院
BY2014102	河蟹塘多品种主养高效养殖技术研究	淮阴师范学院
BY2014103	盐化工设备不锈钢构件致裂机理及预防措施的研究	淮安信息职业技术学院
BY2014104	新型复合抗逆型微生物肥料的研究与开发	江苏食品药品职业技术学院
BY2014105	休闲野鸭制品现代化工艺改造及新产品开发研究	江苏食品药品职业技术学院
BY2014106	降血脂药物他汀类产品关键中间体J6合成研究	南京大学淮安高新技术研究院
BY2014107	矿用变频多级筛分齿辊式破碎机关键技术研究和开发	中国矿业大学盱眙矿山装备与材料研发中心
BY2014108-01	“光催化氧化－生物强化”协同治理VOCs关键技术及装备	盐城工学院
BY2014108-02	新型咪唑类环氧树脂固化剂的开发及产业化	盐城工学院
BY2014108-03	FBR-UASB-A/OBR新型组合工艺处理化工废水关键技术与设备	盐城工学院
BY2014108-04	组合密封双管注气远程智能控制的井口系统关键技术研究	盐城工学院
BY2014108-05	典型含卤有机化合物工艺三废资源化利用技术	盐城工学院
BY2014108-06	汽车离合器面片用无金属碳纤维复合线的研究与开发	盐城工学院
BY2014108-07	超高温热致性液晶聚芳酯多层复合功能性滤料的研发	盐城工学院
BY2014108-08	在线检测有机磷残留的微芯片研制及应用研究	盐城工学院
BY2014108-09	仿古地板手刮生产装备的研制及关键技术研究	盐城工学院
BY2014108-10	梭鱼抗应激功能性饲料的研究及应用	盐城工学院
BY2014108-11	红色基GP高档染料清洁生产工艺研究与开发	盐城工学院
BY2014108-12	生物淋滤-铝碳微电解处理铝型材电镀废渣技术与设备	盐城工学院
BY2014108-13	河蟹土池生态繁育新技术的研发与应用	盐城工学院
BY2014108-14	哌嗪基甲基硅烷偶联剂的生产技术开发及应用	盐城工学院
BY2014108-15	造纸废水污灌湿地土壤的高效工程菌生态修复技术研究与应用	盐城工学院
BY2014108-16	两端键合长链相容剂及高掺量秸秆木塑复合材料的研发	盐城工学院
BY2014108-17	冗余汽车涂装机器人设备及其节能降耗技术研究	盐城工学院
BY2014108-18	方桩离心成型余浆-矿渣微粉加气混凝土砌块的开发研究	盐城工学院
BY2014108-19	食品中重金属含量快速检测技术研究及设备研发	盐城工学院
BY2014108-20	面向苏北农村公路的路面病害智能检测系统研究与设计	盐城工学院
BY2014108-21	新型高压无气喷涂技术及设备研究	盐城工学院
BY2014108-22	花园物联网的研发与应用	盐城工学院
BY2014108-23	铋基压控薄膜制备及其工程化应用技术开发	盐城工学院
BY2014108-24	智能化环保型连续式铜硬钎焊炉的关键技术研究	盐城工学院
BY2014108-25	抗震耗能绿色环保的蒸压橡胶粉-粉煤灰砌块填充墙的研发与应用	盐城工学院

续表 3-12

项目编号	项目名称	承担单位
BY2014108-26	深大基坑开挖施工对工程桩的影响及其检测关键技术研究	盐城工学院
BY2014108-27	秸秆纤维混凝土在生态护坡中的应用研究	盐城工学院
BY2014108-28	己酸烯丙酯无洗料连续法生产工艺的开发与研究	盐城工学院
BY2014108-29	4D影院系统的研究与设计	盐城工学院
BY2014109	电动汽车动力电源系统总成及快速充电机的研制	盐城师范学院
BY2014110	基于技术性贸易壁垒的户外休闲针织童装面料的前瞻性研究	盐城工业职业技术学院
BY2014111	利用蓖麻蚕丝开发高档服饰面料的前瞻性研究	盐城工业职业技术学院
BY2014112	基于喷水引纬生产的交织角度可控的UHMWPE纤维高速传动带用广角布的关键技术研究	盐城工业职业技术学院
BY2014113	基于动态膜分离的PVA退浆废水预处理技术开发与应用	南京大学盐城环保技术与工程研究院
BY2014114	苏北农村分散式畜禽粪便一体化处理技术及装备集成	江苏盐城环保产业工程研发服务中心
BY2014115	外援超高温菌处理农村有机废弃物应用技术研究	江苏盐城环保产业工程研发服务中心
BY2014116	药赏兼用濒危植物白芨人工辅助育苗关键技术研究	中国科学院南京分院东台滩涂研究院
BY2014117-01	绿色化的高性能塑料合金研发	扬州大学
BY2014117-02	TLB高强纤维复合沥青混合料应用技术研究	扬州大学
BY2014117-03	新品种扬州鹅优质高产配套系培育及其产品质量监测	扬州大学
BY2014117-04	多菌株益生菌发酵乳加工关键技术研究与开发	扬州大学
BY2014117-05	旱稻新品种(组合)根系建成及其水氮高效利用栽培技术研究	扬州大学
BY2014117-06	环保净味内墙苯丙乳液关键技术研究	扬州大学
BY2014117-07	高产绿壳蛋鸡新品系创制	扬州大学
BY2014117-08	基于螺杆膨胀技术的太阳能动力驱动技术	扬州大学
BY2014118	高耐磨节能型ADI大直径气缸套关键技术研究及应用	扬州市职业大学
BY2014119	安全辅助驾驶汽车导航激光夜视系统的开发	中国科学院半导体研究所扬州技术转移和研发中心
BY2014120	基于活性氧化镁的碳化砌体生产技术研发	扬州邗江中科南工结构监测与控制研究中心
BY2014121	基于C-HPAV标准的数字家庭通信网关及系统	扬州市邗江区广芯三网融合与数字新媒体研发中心
BY2014122	汽车复杂零件精密连续冲压成套技术研究	北京机电研究所精密成形国家工程研究中心扬州研发中心
BY2014123-01	抗高载荷冲击复合玻璃的研究开发	江苏大学
BY2014123-02	压敏、增透及滤波新型光电功能一体化氧化锌薄膜材料的研发	江苏大学
BY2014123-03	基于人工智能畜禽养殖机器人的研究与实现	江苏大学
BY2014123-04	CrNiMoV系高淬透性高强钢大型锻件组织控制技术研究	江苏大学
BY2014123-05	高密度电连接器缺陷的高速视觉在线检测系统	江苏大学
BY2014123-06	镜片疵病自动检测、分级和分拣装备的研制	江苏大学

续表 3-12

项目编号	项目名称	承担单位
BY2014123-07	高效节能大流量低扬程叶片泵关键技术研究及产业化	江苏大学
BY2014123-08	油田采油废水深度处理关键技术与装备研发	江苏大学
BY2014123-09	高性能多级导叶式离心泵关键技术研究及产品开发	江苏大学
BY2014123-10	对氯甲苯与间甲酚选择催化合成技术研究开发	江苏大学
BY2014124	苏姜猪新品种持续选育技术创新研究及产业化开发	江苏农牧科技职业学院
BY2014125	传统肉脯现代化生产关键技术及产业化	江苏农牧科技职业学院
BY2014126-01	面向交通物流的北斗时空信息智能服务系统	南京大学电子科学与工程学院
BY2014126-02	面向高级量测体系的多模异构网络互联融合技术研究	南京大学电子科学与工程学院
BY2014126-03	质子交换膜燃料电池嵌入式控制软件测试关键技术研究	南京大学计算机科学与技术系
BY2014127-01	面向新一代高档工程机械的NVH关键技术研究	东南大学
BY2014127-02	先进塑胶地板装备物联网监测系统及关键技术研究	东南大学
BY2014127-03	高均匀性工模具钢合金碳化物调控研究	东南大学
BY2014127-04	多用户二维光正交码码字结构与实现关键技术研究	东南大学
BY2014127-05	装配式混凝土双板剪力墙结构关键技术研究	东南大学
BY2014127-06	海洋浮式平台环境下天然气高效深冷液化过程的气液相变行为研究	东南大学
BY2014127-07	利用工业废盐制备相变储能材料的应用开发研究	东南大学
BY2014127-08	基于数字化全科诊断的健康云服务平台关键技术研究	东南大学
BY2014127-09	PΩ(10~15Ω)量级超高绝缘电阻数字化精确测量技术研究与样机研制	东南大学
BY2014127-10	社交大数据环境下影响力最大化节点挖掘技术及其应用	东南大学
BY2014127-11	智能数字病理诊断系统中图像处理关键问题研究	东南大学
BY2014127-12	高性能橡胶隔震支座及工程结构应用技术研究	东南大学
BY2014127-13	谐振型开关电感准Z源光伏并网系统关键技术的研究	东南大学
BY2014127-14	核电用大型饼类锻件锻造过程的数值模拟研究	东南大学
BY2014127-15	含储能功能的MMC型电能质量多目标控制装置关键技术研究	东南大学
BY2014128-01	基于物联网农业信息化平台的关键技术研发	南京农业大学
BY2014128-02	基于蛋白组学和分子动力学的鹅肝蛋白加工特性研究	南京农业大学
BY2014128-03	甜菜碱在饲料中的开发应用研究	南京农业大学
BY2014128-04	大功率智能拖拉机关键技术研究及应用	南京农业大学
BY2014128-05	防治蔬菜花叶病毒病的广谱、高效生物农药创制及关键技术研究	南京农业大学
BY2014129	基于肠道黏膜免疫系统Treg细胞的抑炎作用揭示灵仙新苷抗类风湿性关节炎的作用机制	中国药科大学
BY2014130	速生鸡爪槭新品种(系)培育与产业化关键技术研究	江苏省农业科学院
BY2014131	石蒜加兰他敏重要合成酶基因克隆及应用关键技术研究	江苏省中科院植物研究所
BY2014132	中山杉容器育苗产业化关键技术研发	江苏省中科院植物研究所
BY2014133	徐州工程学院技术转移中心	徐州工程学院
BY2014134	淮海工学院技术转移中心建设	淮海工学院
BY2014135	盐城师范学院技术转移中心	盐城师范学院

表3-13 江苏省2014年度新上临床医学科技专项项目

项目编号	项目名称	承担单位
BL2014001	早泄新分类体系的研究与临床应用价值	南京大学医学院附属鼓楼医院
BL2014002	以PBMC体外增殖抑制试验为基础,难治性突发性聋的个体化治疗新策略及临床路径建立	南京大学医学院附属鼓楼医院
BL2014003	难治性不孕症患者辅助生育技术规范化治疗方案研究	南京大学医学院附属鼓楼医院
BL2014004	主动脉夹层规范化诊疗服务平台的建立及应用	南京大学医学院附属鼓楼医院
BL2014005	LILRB在肝癌微环境中的免疫抑制功能和机制研究	南京市第二医院
BL2014006	高病毒载量乙肝孕妇新生儿宫内感染预测指标和治疗靶点的研究	南京市第二医院
BL2014007	儿童紫癜性肾炎规范性诊治策略研究	南京医科大学附属南京儿童医院
BL2014008	肠道病毒71型(EV71)致重症手足口病关键诊疗技术研究	南京医科大学附属南京儿童医院
BL2014009	难治性抑郁症规范化诊疗策略与关键技术研究	南京医科大学附属脑科医院
BL2014010	住院患者高血糖规范化分类管理路径的建立	南京市第一医院
BL2014011	人食管鳞癌早期诊断分子标志物初步筛查研究	南京市第一医院
BL2014012	心交感神经阻滞干预治疗难治性心绞痛的心脏神经受体核素显像研究	南京市第一医院
BL2014013	急性下肢深静脉血栓形成介入诊疗规范化研究	南京市第一医院
BL2014014	帕金森病的分子诊断和治疗新策略研究	南京市第一医院
BL2014015	心脏手术后急性肾损伤的规范化诊治及关键技术的创新	南京市第一医院
BL2014016	硬膜外全程分娩镇痛优化模式的大样本研究	南京医科大学附属南京妇幼保健院
BL2014017	心血管疾病个性化分子检测研究及应用推广	南京金域医学检验所有限公司
BL2014018	顽固性口腔溃疡的规范化诊疗研究	南京市口腔医院
BL2014019	乳腺癌多药耐药个体化诊断体系创新和临床应用	江南大学附属医院(无锡市第四人民医院)
BL2014020	基于蛋白质谱的新发展晚期血吸虫病诊断方法的研究	江苏省血吸虫病防治研究所
BL2014021	江苏省血吸虫病监测预警关键技术研究与集成示范	江苏省血吸虫病防治研究所
BL2014022	特发性膜性肾病的高灵敏血清学检查方法的建立及临床应用	江苏省原子医学研究所(无锡市)
BL2014023	结直肠癌的早期诊断及腹腔镜手术治疗的基础与临床研究	无锡市人民医院
BL2014024	矽肺暴露人群血清生物标志物的筛选与早期诊断的研究	无锡市第八人民医院
BL2014025	维生素D对胎儿骨骼发育的影响和干预措施研究	无锡市妇幼保健院
BL2014026	自体骨髓单个核细胞快速富集术的优化及其在早期股骨头坏死中的应用	徐州市中心医院
BL2014027	Graves病新的分子标记的识别及其在疾病发生和转归中作用的临床研究	徐州市中心医院
BL2014028	脑卒中后血管性认知障碍的风险预测研究	徐州市中心医院
BL2014029	江苏省麻醉临床医学中心	徐州医学院附属医院
BL2014030	螺旋式血栓碎吸装置联合经导管溶栓治疗急性髂股DVT的应用研究	徐州医学院附属医院
BL2014031	血栓弹力图指导下的急性脑梗死患者静脉rt-PA溶栓治疗剂量的个体化	徐州医学院附属医院
BL2014032	静息态功能磁共振成像技术用于特发性耳鸣诊断的临床研究	徐州医学院
BL2014033	HCV对DAA耐药基因的检测及耐药变异准种HCV感染临床特点	徐州医学院
BL2014034	胃癌的规范化诊疗研究	常州市第一人民医院
BL2014035	急性缺血性卒中的规范化诊疗及基础应用研究	常州市第一人民医院
BL2014036	非培养自体毛囊细胞悬液移植治疗白癜风	常州市第一人民医院
BL2014037	ERP联合fMRI技术对多动症儿童认知评估及干预方案的优化研究	常州市儿童医院

续表 3-13

项目编号	项目名称	承担单位
BL2014038	优化和规范造血干细胞移植中的分子诊断技术体系并推广应用	苏州大学
BL2014039	循环肿瘤细胞检测技术在临床诊疗中的价值	苏州大学
BL2014040	放射治疗后认知功能障碍规范化诊断与防治的研究	苏州大学附属第二医院
BL2014041	负压引流技术改善狭长窄蒂皮瓣血供的应用研究	苏州大学附属第二医院
BL2014042	帕金森病的规范诊疗及优化研究	苏州大学附属第二医院
BL2014043	导管接触性溶栓治疗急性下肢深静脉血栓的临床研究	苏州大学附属第二医院
BL2014044	在“I型骨质疏松症”防治中建立“铁代谢作用”诊疗技术规范的应用研究	苏州大学附属第二医院
BL2014045	自发性蛛网膜下腔出血的规范化诊疗研究	苏州大学附属第一医院
BL2014046	早期胃癌筛查、诊断关键技术的建立与临床应用	苏州大学附属第一医院
BL2014047	康复期卒中患者吞咽障碍-误吸的筛查与个体化防治研究	苏州大学附属第一医院
BL2014048	2型糖尿病的腹腔镜微创外科个体化治疗的关键技术研究	苏州大学附属第一医院
BL2014049	新型循环肿瘤DNA基因突变检测技术平台的研发及其在临床肿瘤靶向治疗中应用评价	苏州大学附属第一医院
BL2014050	复杂快速心律失常的规范化诊治流程和新技术的建立	苏州大学附属第一医院
BL2014051	心血管外科临床医学研究中心	苏州大学附属第一医院
BL2014052	儿童血管炎整体规范化个体化的诊疗技术	苏州大学附属儿童医院
BL2014053	在原发性自发性气胸病人中筛查和鉴定BHD综合征的诊断策略	南京大学(苏州)高新技术研究院
BL2014054	谷氨酰胺酶在肝细胞癌诊断及预后中的临床应用研究	南京大学(苏州)高新技术研究院
BL2014055	乳腺癌高危人群社区筛选模型的验证与推广应用	山东大学苏州研究院
BL2014056	腹腔镜术中发光导管实时标识管腔器官图文软件的开发及其临床推广应用研究	昆山市第一人民医院
BL2014057	病毒、基因致流产和死胎的研究及分子检测试剂盒的开发	张家港蓝苏生物工程有限公司
BL2014058	自适应高频壁振荡呼吸道清洁系统在呼吸系统疾病治疗的临床应用研究	常熟柏宇医疗电子有限公司
BL2014059	糖基转移酶及其糖基化修饰在类风湿性关节炎诊治、预后监测中的意义	南通大学附属医院
BL2014060	肝脏肿瘤的精准肝切除及围手术期规范化处理研究	南通大学附属医院
BL2014061	腰椎管狭窄症的微创治疗策略	南通市第一人民医院
BL2014062	农村社区脑卒中预防的优化血压控制方案研究	连云港市第一人民医院
BL2014063	新生儿急性肺损伤敏感标志物的临床研究	淮安市第一人民医院
BL2014064	腔内配准前列腺TRUS/MRI图像融合穿刺导航技术的实验及临床研究	扬州市第一人民医院
BL2014065	MDSCs源性lncRNA在肺癌患者免疫功能评价中的应用	江苏大学附属人民医院
BL2014066	丙型肝炎病毒感染对美沙酮维持治疗者美沙酮剂量及部分维生素、微量元素水平的影响	江苏省镇江市疾病预防控制中心
BL2014067	IFN-γ/IL-2免疫应答在结核病灶液化和空洞形成中的作用研究	镇江市第三人民医院
BL2014068	出生前后环境刺激因素对精神疾病脑功能障碍的影响及临床早期干预的应用研究	江苏大学
BL2014069	无细胞治疗的新技术—MSC来源微囊泡的作用机制及其在子痫前期中的应用前景评估	南京大学
BL2014070	早期糖尿病肾病诊断标志物与临床诊断新方法	中国药科大学
BL2014071	三阴性乳腺癌规范化诊疗研究	中国人民解放军南京军区南京总医院

续表 3-13

项目编号	项目名称	承担单位
BL2014072	遗传性肾病规范化基因诊断方法的建立及临床应用研究	中国人民解放军南京军区南京总医院
BL2014073	先天性颌面畸形的规范化诊疗	江苏省口腔医院
BL2014074	磁性气凝胶载紫杉醇微球对中枢神经系统肿瘤靶向缓释机制研究	南京工业大学
BL2014075	基于稀土上转换纳米颗粒的RNAi乳腺癌治疗研究	南京工业大学
BL2014076	颅内外动脉搭桥术联合抗血小板药物治疗对血流动力型缺血性卒中的疗效分析研究	东南大学附属中大医院
BL2014077	老年性痴呆的超早期规范化诊断与干预流程研究	东南大学附属中大医院
BL2014078	难治复发急性白血病(M3除外)的规范性诊治策略研究	东南大学附属中大医院
BL2014079	“糖尿病足病全程管理”诊疗规范的建立和推广	东南大学附属中大医院
BL2014080	肾脏病临床研究中心	东南大学附属中大医院
BL2014081	江苏省重点传染病流行规律及预测预警方法研究	江苏省疾病预防控制中心
BL2014082	职业性慢性铅中毒早期筛查和治疗路径关键技术应用研究	江苏省疾病预防控制中心
BL2014083	老年慢性心衰患者呼吸中枢驱动评价和干预的应用研究	江苏省老年医学研究所
BL2014084	江苏省临床医学研究中心支撑体系建设	江苏省人民医院
BL2014085	基于老年综合评估的老龄人群疾病管理应用研究	江苏省人民医院
BL2014086	B细胞非霍奇金淋巴瘤预后模式及治疗策略探讨	江苏省人民医院
BL2014087	Rotarex导管血栓消融术治疗中高危急性肺栓塞的临床应用研究	江苏省人民医院
BL2014088	急性中毒临床救治技术规范化及应用研究	江苏省人民医院
BL2014089	年龄相关性黄斑变性的早期诊断和规范化诊疗	江苏省人民医院
BL2014090	乳腺癌规范化诊疗研究	江苏省肿瘤防治研究所
BL2014091	鼻咽癌规范化诊疗新体系的建立及其基础临床研究	江苏省肿瘤防治研究所
BL2014092	肿瘤特异性mRNA冲击树突状细胞靶向治疗胰腺癌的实验及临床应用研究	江苏省肿瘤防治研究所
BL2014093	南京市玄武区三级医疗服务机构癌痛规范化护理体系的构建	江苏省肿瘤防治研究所
BL2014094	基于磁分离和新型巢式PCR的高灵敏HBV、HCV和HIV核酸检测技术研究	南京医科大学第二附属医院
BL2014095	基于模糊理论的重度产后出血个体化诊疗系统在临床的应用和推广	南京医科大学第二附属医院
BL2014096	非小细胞肺癌个体化诊治及预后预测新靶标lncRNA筛选及应用	南京医科大学第二附属医院
BL2014097	标准化粪菌移植治疗难治性肠病的研究及推广	南京医科大学第二附属医院
BL2014098	耳聋基因筛查在孕前高危人群和孕前检查人群的应用研究	江苏省计划生育科学技术研究所
BL2014099	大肠癌中西医结合临床规范化诊疗研究	江苏省中医药研究院
BL2014100	江苏省中医消化病临床医学研究中心	江苏省中医院

项目指南

Guideline of Projects

2015年度江苏省基础研究计划(自然科学基金)项目申报要求

一、支持重点与申报条件

2015年度省自然科学基金按照青年科技人才创新专项和面上项目2类组织申报。

(一)青年科技人才创新专项。分为省杰出青年基金项目和省青年基金项目2个层次。

1. 省杰出青年基金项目。以培养能进入国家杰出青年基金人选等高层次青年科技人才为目标,支持省内优秀青年科研人才面向江苏和国家需求开展创新研究,造就拔尖人才,培育创新团队,显著增强我省基础研究的影响力和若干重要科学领域的自主创新能力。省杰出青年基金项目每项省资助经费不超过100万元。

申报要求:在江苏境内注册的高校、院所和企业等各类单位在编的正式在职人员;具有博士学位或副高级及以上专业技术职称;年龄不超过40周岁[1975年1月1日(含)以后出生];在其研究领域有明确的学术建树和国内外影响,并主持过省级或省级以上科技计划项目,具体指:科技部、国家自然科学基金委以及江苏省科技厅所有科技计划项目;已获国家杰出青年科学基金、973青年科学家专题、国家优秀青年基金项目资助的不得申报该类项目。项目研究方向按申报代码框架要求填写(申报代码见省科技厅网站)。

2. 省青年基金项目。以培养造就青年科研骨干、建设高水平基础研究后备人才队伍为目标,鼓励支持青年科技人员积极投入创新活动、自由探索,在实施创新驱动发展战略、建设创新型省份中做出贡献。省青年基金项目每项省资助经费不超过20万元。

申报要求:在江苏境内注册的高校、院所和企业等各类单位在编的正式在职人员;具有博士学位或副高级及以上专业技术职称;男性年龄不超过35周岁[1980年1月1日(含)以后出生],女性年龄不超过38周岁[1977年1月1日(含)以后出生];未主持过省级及以上科技计划项目,具体指:科技部、国家自然科学基金委以及江苏省科技厅所有科技计划项目。项目研究方向按申报代码框架要求填写(申报代码见省科技厅网站)。

(二)面上项目。以获得基础研究创新成果为主要目的,着眼于总体布局,突出重点领域,凝聚优势力量,激励原始创新,提升我省基础研究整体水平。面上项目每项省资助经费不超过10万元。

申报要求:在江苏境内注册的高校、院所和企业等各类单位在编的正式在职人员。项目研究方向按申报代码框架要求填写(申报代码见省科技厅网站)。

二、组织方式

项目由各市、县(市)科技局(科委)、国家和省级高新区管委会审查推荐申报,试行计划管理单列单位的项目由所在单位审查推荐,省属单位的项目由省主管部门审查推荐,部(省)属高校项目由所在单位审查推荐,经所在地省辖市科技主管部门备案后,直接报省。各县(市)、国家和省级高新区组织申报的项目,须先经省辖市科技局统筹协调后再单独直接报省。具体推荐申报数见附件。

(一)青年科技人才创新专项

1. 省杰出青年基金项目。采取限额推荐方式,限额数见附件。有国家重点实验室的单位增加3项,省辖市(含县市)企业申报省杰青项目总数不超过5项。

2. 省青年基金项目。采取自由申报方式,不限制推荐名额,但2013年和2014年已连续2年申报省青年基金项目未获资助的项目申报人,暂停1年青年基金项目申报资格。

(二)面上项目。采取限额推荐方式,限额数见附件。

各市、县以及国家和省级高新区科技主管部门所推荐各类项目中,医院项目不超过所报该类项目总数30%(部省属高校项目直接报省,不计入总数)。

三、申报要求

1. 责任与义务。项目法人和项目主管部门对推荐的材料特别是项目申报人的年龄、职称、学位和承担项目情况等要认真审查,严格把关,在申报项目时须出具信用承诺。

2. 申报人必须是江苏境内企事业单位在编的正式在职人员,须从其实际工作、并有固定劳资关系的所在工作单位申报,不得通过兼职单位或挂靠单位申报。

3. 有本计划在研项目的负责人除申报杰出青年基金项目外,不得再申报本年度项目;一个项目负责人限报1个本计划项目,同时可参与申报1个本计划项目;同一申报人参与申报项目最多不超过2项;同一项目负责人已将研发内容相同的项目申报其他省科技计划的,不能同时申报本计划。

4. 有不良信用记录的单位和个人,不得申报本年度计划项目。在项目申报和立项过程中相关责任主体有弄虚作假、冒名顶替、侵犯他人知识产权等不良信用行为的,一经查实,将记入信用档案,并按《江苏省科技计划项目相关责任主体信用管理办法(试行)》做出相应处理。

5. 申请省自然科学基金项目,项目名称和研究内容应符合基础研究定位要求,研究任务设定应与申请经费相匹配。不符合要求的将不能通过形式审查。

附件:

江苏省自然科学基金项目推荐申报数

单 位	杰青项目推荐数	面上项目推荐数
南京大学	10	35
东南大学	10	35
南京农业大学	6	22
南京理工大学	6	22
江苏省农科院	6	22
解放军理工大学	6	22
南京航空航天大学	6	22
扬州大学	6	22
南京工业大学	6	22
苏州大学	6	22
南京师范大学	6	22
江苏大学	6	22
中国药科大学	4	18
中国矿业大学	4	18
河海大学	4	18
江南大学	4	18
南通大学	4	18
南京医科大学	4	18
南京林业大学	4	18
南京中医药大学	4	18
南京邮电大学	4	18
南京信息工程大学	4	18
江苏省产业技术研究院	4	18
其他全日制本科高校	3	10
其他曾获省基金资助的高校、院所等事业单位	1	5
从未获省基金资助的高校、院所等事业单位	0	3
企 业	省辖市所有企业杰青申报数不超过5项 有国家重点实验室的单位增加3项	2

说明:每人限报1项,参加他人申报的项目不超过1项。

2015年度江苏省科技成果转化专项资金项目指南

一、专题组织类项目(A类)

主要围绕战略高技术领域和产业升级的重大技术瓶颈,强化宏观导向和顶层设计,充分利用全球科技创新资源,注重政府与企业共担创新风险,以专题形式组织实施,努力在若干领域实现重点技术跨越,形成引领未来发展的重大战略产品,推进我省产业国际竞争力大幅提升。

1001 海外技术成果转化专题

本专题主要围绕制约我省相关产业发展的标志性战略产品,以追赶国际一流为导向,引导企业与海外知名大学、研究机构或跨国公司,开展实质性联合研发和重大成果转移转化,形成自主知识产权,带动相关产业技术跨越。

1002 战略性基础材料专题

本专题主要瞄准超高强高模碳纤维(T800级别及以上)等产业发展急需、能够引领未来发展的战略性基础材料,加快技术重大跨越和产品高端攀升,培育具有国际竞争力的行业创新领跑企业。一般每年通过专家论证遴选1~2个目标产品进行专题组织。

1003 智能制造装备专题

本专题主要瞄准工业机器人(尤其是重载机器人)等能够显著提升我省制造业高端化水平的智能制造装备,加快核心部件突破和高端机型研制,培育具有国际竞争力的行业创新领跑企业。一般每年通过专家论证遴选1~2个目标产品进行专题组织。

专题组织类项目具体目标及经济技术指标等相关要求,以正式发布的“项目申报公告”为准。

二、联合招标类项目(B类)

以支持苏南国家自主创新示范区建设和加快形成“一区一战略产业”的创新发展格局为导向,在国家高新区等创新基础好的地区,针对地方政府重点规划和着力培育的战略产业,采取省地联合招标方式,集中支持处于战略性新兴产业高端环节和关键节点的科技成果转化,促进产业集聚发展和高端攀升。

2001 未来网络系统及终端关键技术研发及产业化(与南京无线谷联合招标)

2002 纳米科技关键技术研发及产业化(与苏州工业园区联合招标)

2003 新型医疗器械研发及产业化(与苏州高新区联合招标)

2004 物联网关键技术研发及产业化(与无锡高新区联合招标)

2005 智能化装备制造技术研发及产业化(与常州高新区联合招标)

2006 生物医药关键技术研发及产业化(与泰州医药高新区联合招标)

2007 机器人及精密装备关键技术研发及产业化(与昆山高新区联合招标)

2008 海洋工程装备及现代制造关键技术研发及产业化(与南通高新区联合招标)

2009 石墨烯材料关键技术研发及产业化(与武进区政府、常州市科技局联合招标)

2010 新型环保技术与装备研发及产业化(与宜兴环保科技园联合招标)

联合招标类项目具体内容及标的等相关要求,以省科技厅和联合招标方共同发布的招标公告及标的为准。有在研省科技成果转化专项资金项目的企业不能参与投标。地方资助与省拨款比例不低于1∶1。

三、面上择优类项目(C类)

发挥市场在资源配置中的决定性作用,采用公平竞争、择优遴选的组织方式,灵活运用多种资助形式,逐步加大贴息和后补助比重,支持能显著提升相关产业技术水平和核心竞争力的重大科技成果转化项目,突出高附加值的核心单元、制约产业发展的关键材料、掌握核心技术的重大整机等目标产品,促进企业自主创新能力提升,为全省产业结构转型升级提供科技支撑。

(一)新一代信息技术

瞄准下一代宽带通信及未来网络、超大规模集成电路、物联网、云计算和大数据、卫星通信及北斗应用等技术方向,以与国际先进水平同步并行为创新目标,主动衔接国家重大专项和重点研发计划,在5G移动通信、高端芯片、智慧网络、新型显示等方向上形成先发优势。

本年度重点支持:

3011 下一代通信及网络:下一代宽带无线移动通信的关键核心技术,超宽带整机核心芯片、多核可重构智能天线、融合协同网络控制平台等,软件定义的未来智慧化网络开放体系结构和关键节点设备,全光网络及其新一代光通信技术与产品。宽带卫星通信、天地自由组网、北斗定位导航等关键核心技术,高性能组合天线、卫星多媒体通信、数字化导航系统等。

3012 超大规模集成电路:软硬协同设计、高性能低功耗设计等高端芯片设计关键技术,特色工艺开发、生产及可靠性等关键技术,高速信号封装测试、大功率器件封装测试、系统级封装测试等关键技术,全自动封装生产线关键装备、中高端配套材料等。

3013 物联网与云计算:无线感知技术、泛在接入技术、智能处理技术,新型传感器、智能接入节点、智能业务管理平台等,大型基础平台软件,大数据云存储、虚拟并行计算、海量数据挖掘、云安全等关键核心技术。

3014 新型显示:大尺寸有机发光OLED等新型显示的核心器件、成套工艺装备,以及高端配套的玻璃基板、光学膜、金属靶材等关键材料,3D立体显示、新型激光显示核心器件及应用产品等。

3015 文化科技创新:互联网增值服务、信息消费与应用等,工业设计软件及产品,基于三维设计的动漫引擎及支撑软件,网络创意、数字媒体、数字影像等文化创意产品等。

(二)先进智能制造

围绕智能制造、绿色制造、极端制造等技术方向,不断推进数字化创新设计、高可靠工艺制造、核心部件自主配套,突破工业机器人、电子行业核心设备等关键技术,加强重大装备的自主研发,形成面向产品全生命周期的设计与制造技术支撑。

本年度重点支持:

3021 重大整机:高速高精密数控机床的大型工作母机,特种智能化工程机械,替代进口的电子信息核心装备重大整机。

3022 核心单元:超高压等极端环境下重大装备通用基础件,巨制造和微纳制造中的核心关键部件,超高超精等极端性能下的关键功能部件等。

3023 控制系统:高可靠、长寿命的优化设计,基于信息物理系统的智慧制造技术,智能传感与数据融合的集成控制,大数据驱动的故障诊断与健康维护等关键核心技术。

3024 智能机器人:智能机器人多机器人协调、人机交互等关键技术,机器人本体、精密减速器、伺服驱动器和电机、嵌入式控制器等核心零部件自主研发。

3025 现代交通装备:大型液化天然气船舶、深水浮式生产储存装置、新型自升式平台及深水半潜式钻井平台,轨道交通核心单元,低空飞行器等。

3026 高端仪器:用于科学研究的重大分析仪器,面向工业控制的智能仪器仪表,面向环境等领域的关键检测仪器等。

3027 3D打印:高性能金属合金3D打印专用材料,多种工艺协同制造的3D打印数据处理平台,基于激光成型熔融堆积的3D打印核心装备。

(三)新材料

以新材料制备成型和拓展应用的关键核心技术为突破口,重点开发纳米石墨烯、高温超导等前沿先导材料,碳纤维等高性能纤维及其复合材料,重大工程用高温合金等高端金属结构材料,下一代电子信息材料等战略基础材料,满足国家急需、全面替代进口、引领未来发展。

本年度重点支持:

3031 前沿先导材料:纳米碳管、富勒烯、高温超导等前沿先导材料,纳米结构材料、纳米光电材料、纳米能源材料、纳米生物材料等,石墨烯导电膜、石墨烯储能材料等应用产品。

3032 电子信息材料:碳化硅、氮化镓、金刚石等宽禁带第三代半导体材料,激光晶体为代表的非线性、超薄层、低维化的光电子材料,蓝宝石晶体、混合液晶材料等平板显示材料,稀土永磁材料、新型电子功能材料等。

3033 高性能纤维:T800和M40J级别碳纤维规模产业化的关键核心技术,芳纶纤维、高性能聚乙烯纤维、连续玄武岩等高性能纤维及其复合材料。

3034 新型膜材料:高通量纳滤、反渗透、MBR专用等高性能水处理膜材料,陶瓷纳滤、气体分离净化、渗透汽化等特种分离膜材料,全氟离子交换、扩散渗析等离子交换膜材料。

3035 高性能金属:航空航天和火电核电重大装备中高性能钛合金和变形、铸造高温合金材料,非晶合金和高硅材料,高强、耐腐、易焊超宽厚钢板,海洋工程用特种钢,轻质高强、耐高温、抗疲劳的高性能铝合金和镁合金及其制品。

(四)新能源

面向能源领域国家重大需求与国际科技前沿,在新型光伏风电、下一代核电、智能电网、新型储能等领域,重点攻克下一代太阳能光伏电池、高温气冷堆、新能源互补优化调度控制、高容量大功率储能等关键核心技术,加快构建重大技术研究、重大技术装备、重大示范工程的创新布局。

本年度重点支持:

3041 新型光伏风电:全光谱太阳能光伏电池、钙钛矿太阳能电池、多级三五族聚光太阳能电池、有机薄膜柔性太阳能电池等,分布式光伏发电与储能相结合的关键技术,光伏微电网能源管理与综合控制系统。低电压穿越、直驱风电机组、大功率整机设计等关键技术。

3042 下一代核电:AP1000、CAP1400、高温气冷堆、快堆等核电机组关键设备、核心材料以及核燃料后处理技术,核岛关键设备部件、核级阀泵及远程控制、核废料回收利用系统、核岛内电缆等。

3043 智能电网:大电网多元能源互补优化调度与控制技术、大规模风电和光伏等间歇性能源并入安全稳定控制技术,提高新能源消纳水平的覆盖发、输、配、用各环节的智能电网技术支持支撑系统。高效转换的兆瓦级全钒液流电池、钠硫电池、锂离子电池等电站大容量储能系统。

3044 新能源汽车及动力电池:电动汽车动力系统集成设计、故障诊断、容错控制与电磁兼容技术,高能比、长寿命、强续航的动力电池制备及成组技术、能源管理系统与安全控制技术以及电机驱动与动力学控制,基于新型复合材料的新能源汽车轻量化技术等。

(五)生物医药

紧密围绕临床用药需求,超前部署培育生物治疗技术,以生物技术药为先导,引领开展生物技术与重大新药创制研究,坚持技术创新与技术改造相结合,推动医药产业由仿制为主向自主创新为主的战略性转变,积极抢占生命科学新一轮发展制高点。

本年度重点支持:

3051 生物技术新药:人源化抗体、抗体导向药物、新型生物反应器和佐剂等,基因工程等新型疫苗,防控烈性传染病的关键药品,治疗性抗体等蛋白质和多肽药物,核酸类药物,干细胞,海洋药物。

3052 化学新药:新型分子靶向药物和先导化合物改构药物,新型抗肿瘤药物、心脑血管药物、神经退行性疾病药物、抗病毒药物及免疫疾病治疗药物,高效低毒大品种药物改造及二次开发等。

3053 现代中药:开发疗效明显、质量可控、剂型稳定、服用方便的现代中药,著名江苏医派名医名方的二次开发,中药提取精制、中药标准化控制、中药饮片炮制加工新技术及装备。

3054 生物试剂和芯片:人类基因检测、肿瘤标志物检测、药物作用靶点检测等生物试剂,全自动高通量体外诊断系统与试剂,蛋白质芯片、基因芯片、纳米生物芯片及其配套仪器等。

3055 医疗器械及材料:可替代进口的高端影像设备,医用手术机器人、影像导航等先进治疗装备,高性能人工关节、新型功能化组织可再生修复材料、人工皮肤、介入支架等高值医用材料。

(六)新型节能环保

针对新型环保技术尖端化、装备产品标准化、成套化、系列化的发展,重点开发大气环境质量改善技术装备,节能降耗高效水处理装备,高性能环保功能新材料,培育环保产业新业态,推动环保产业向高效低耗、绿色低碳发展。

本年度重点支持:

3061 大气环境质量改善技术装备:烟气NOx、重金属污染、二噁英和其他持久性污染物的治理与控制,重点行业(化工、炼化等)工业有机气体净化及资源化,低浓度挥发性毒害有机污染物净化,烟气余热能级利用等技术装备。

3062 节能降耗水深度处理装备:废水超低排放、高毒害行业废水处理、高浓度含盐废水深度处理、高危污染物监测与检测等技术设备,符合我国实际的标准化、系列化、智能化和成套化技术装备。

3063 高性能环保功能新材料:高通量耐污染

专用膜材料、特种磁基吸附材料、纳米吸附材料、树脂基分离材料、土壤修复材料、高活性微生物固定化填料、高活性催化材料等新材料。

3064 重大节能环保装备:新型节能电机等工业节能关键装备,超超临界发电机组及配套设备,大型发电、钢铁、建材等余热利用成套装备,高效节能环保自动化成套装置。

3065 高效节能照明:高功率LED外延片、低功耗芯片、高效荧光粉,半导体材料制备核心设备,第四代节能照明OLED等。

(七)高科技农业

瞄准现代育种、智慧型农业装备、环境友好型农业投入品、农艺融合的农机具等方面,重点突破基因资源开发、种质创新、新品种(系)创制、良种扩繁及其潜力发掘等关键技术,大力开发智能化大田作业装备、智能化设施农业装备、智能化农产品加工装备、农产品保险物流装备、秸秆等剩余物综合利用装备等,加快推进产出高效、产品安全、资源节约、环境友好的现代农业。

本年度重点支持:

3071 农业优良品种:优质高产水稻、小麦新品种,特色林木、花卉新品种种苗,优质果蔬品种种籽种苗,高品质畜禽、水产新品种。

3072 高性能农机与设施装备:高产稻麦联合收割机械收获机械,高性能植保机械、脱水干燥烘干装备、智能化工厂化水产养殖装备等。农产品的加工、包装、保鲜冷链运输信息关键技术装备。农业信息采集、农情监测、耕地质量测定、农产品质量检测等软硬件产品。农作物剩余物综合利用技术及产品。

3073 新型农用生物制品及兽药:基因工程疫苗,生物肥料,饲料添加剂,植物生长调节剂,高效安全农兽药等。

3074 工业生物:生物醇、生物酯、生物塑料、生物纤维等生物基材料,高效生物催化剂,酶工程、发酵工程关键装备,乙二醇、丁醇、乙烯等生物法制造,海洋生物产品制备等。

(八)其他

3081 传统产业升级:制造业数字化装备,清洁生产成套工艺及装置,零排放技术与成套装置,新一代纺织材料及装备等。

3082 苏北特色产业提升:硅资源、凹土等特色资源深度开发与高端利用,矿山安全、石油机械、盐化工、高分子材料等关键技术开发与转化。

2015年度江苏省政策引导类计划(苏北科技专项)申报要求

2015年度省政策引导类计划(苏北科技专项)将深入贯彻落实省政府《关于加快推动科技资源向苏北集聚的意见》,推进苏北"科技与人才支撑工程"实施,大力推动产学研合作,增强企业的技术创新能力,探索科技计划管办分离的改革途径,加快集聚科技创新资源,推动农业特色支柱产业(简称特色产业)发展,为进一步提升苏北地区经济社会发展水平提供科技支撑。

一、科技富民强县

(一)支持方向

本资金围绕苏北地区农业特色产业培育需求,以集聚科技资源为重点,着力推进产学研协同创新,强化企业、高校、科研院所的深度合作和产业链上下游的资源整合,突破产业发展重大关键共性技术,突出产业链创新中精深加工、产地保鲜、冷链物流、电子商务等技术成果转化和集成创新应用,促进产业链、创新链和资金链的有机融合,提升苏北农业特色产业产业链创新水平。

(二)资金分配

本资金采用因素法对市、县(市、区)进行年度资金划档分配。主要因素及权重分别为:(1)地区研发投入,权重为25%;(2)特色产业规模,权重为20%;(3)特色产业省级以上创新载体,权重为25%;(4)上年度绩效综合考核成绩,权重为30%。

上述因素为资金分配的主要依据,同时结合各地特色产业培育和科技创新工作成效(特色产业规模、研发投入、科技成果等增长情况)对资金分配进行适当调整。

各地区在资金分解实施过程中要突出重点,单个项目支持额度不低于35万元。

(三)组织方式

实行管办分离。省科技厅负责专项资金的总体部署和绩效考核工作。省辖市科技局为专项资金主管部门,负责本地区专项工作的组织、协调、实施与监管。县(市、区)科技局负责项目的组织与实施管理。

(四)工作流程

省科技厅下达专项资金工作通知后,省辖市科技局组织指导辖区内相关县(市、区)进一步完善"集聚科技创新资源 培育特色产业行动方案"(原则上对已确定重点支持的特色产业应连续支持3年),提出经地方科技主管部门审核推荐的子项目。省辖市科技局组织开展项目评审或论证,评审专家商省科技厅农村处,名单报省科技厅同意,根据省拨经费额度和组织通知要求,确定立项项目及支持额度,提出年度专项资金立项方案报告。省科技厅按照计划管理要求,根据五市年度专项资金立项报告,审核后下达年度计划项目,并会同省财政厅组织开展年度专项资金绩效考核工作。

(五)申报条件

1. 子项目主要以省级农业科技型企业、农业高新技术企业、农业科技园区骨干企业、建有各类研发机构的农业龙头企业、科技服务超市承建企业等创新创业载体为承担主体,联合省内外科教单位共同实施。

2. 子项目承担单位须是企事业单位或具有独立法人地位的经济实体,须具备较强的技术开发和应用推广服务能力,经营状况和财务状况良好。

(六)申报要求

1. 各省辖市科技局统一协调市辖区及各县(市)项目的申报及评审工作,各县(市)认真做好本地区项目的组织和申报工作。各项目主管部门要认真负责,严格把关,对申报单位资格条件、申报材料完整性与真实性、自筹资金是否符合管理办法要求等方面进行认真审查,确保项目申报质量。项目法人及项目主管部门在申报项目时需出具信用承诺。各省辖市需按时向省科技厅报送苏北科技专项资金(富民强县)立项报告(一式四份,主要包括项目组织情况、遴选办法、推荐原则、有关说明、拟立项项目汇总表等)。

2. 优先支持落在省级及其以上农业科技园内的特色产业创新项目,优先支持农产品精深加工和农用工业项目,优先支持近年有发明专利授权的企业申报的项目,优先支持由国家"千人计划"、省"双创人才"计划等高端人才或团队牵头申报的项目,优先支持高新技术企业、建有研发机构的龙头企业、农业科技型企业、科技型专业合作社申报的项目。

3. 除列入科技企业培育百千万工程行动计划的创新型领军企业外,有省科技计划在研项目的项目负责人和企业一般不再申报本年度项目;同一项目负责人原则上限报一个项目;同一单位或项目负责人,对于研发内容相同的项目,不可再申报省级其他科技计划。

4. 有不良信用记录的单位和个人,不得申报本年度计划项目。在项目申报和立项过程中相关责任主体有弄虚作假、冒名顶替、侵犯他人知识产权等不良信用行为的,一经查实,将记入信用档案,并按《江苏省科技计划项目相关责任主体信用管理办法(试行)》做出相应处理。

二、科技创新券

(一)支持方向

支持苏北地区企业,重点是科技型中小企业购买高校院所、第三方独立科技中介机构的科技服务(包括科技咨询服务、分析测试服务、科技信息服务等)以及科技创业服务(包括科技孵化器尤其是新型孵化器的创业服务等),激发苏北地区中小企业的创新创业活力。

由省科技厅和财政厅负责顶层设计、统筹协调和监督管理。省科技厅根据苏北五市科技创新券试点工作推进的实际情况,分档核定各市资金分配额度;苏北各省辖市科技局为责任主体,各县(市、区)科技局为实施主体,按照确定的实施方案,负责本地区科技创新券的印制、发放、受理、审核、兑付等工作;省科技厅对省科技创新券实施情况实行备案制,"创新券"兑付情况原则上每季度备案一次,由省辖市科技局上报兑付情况的书面材料。

(三)申报要求

由苏北五市科技局会财政局向省科技厅提出申请,同时报送有关工作情况汇报,包括:2014年度省级科技创新券试点工作情况总结及和实际兑现企业购买科技服务的有关情况分析报告;2015年度地方科技创新券试点工作实施方案等。

2015年度江苏省政策引导类计划（农业科技社会化服务奖补资金）申报要求

2015年度省政策引导类计划(农业科技社会化服务奖补资金)以农村科技服务超市、科技特派员(涉农高校院所、新农村发展研究院、企业)为主体,围绕地方特色产业发展,支持其开展先进适用的农业新品种、新技术、新产品等科技成果转化应用、科技咨询、科技培训、农业信息化等科技服务工作,增强农业科技成果转化推广效果,切实依靠科技促进农业增产和农民增收。

一、奖补原则

1. 政府引导、企业为主。以财政投入为引导,构建多元化投入机制。通过财政资金的引导,调动社会各方参与农业科技社会化服务积极性,加大对专项工作的资金投入。

2. 依据实效、择优奖补。根据申报单位开展农业科技社会化服务的实际绩效,经审查评估后择优给予奖补。

3. 前期考核、后续补助。考核范围主要是申报单位在一个实施周期(1年)内为社会提供农业科技服务及成效情况,采用后补助方式给予奖补。

二、奖补对象、内容与标准

(一) 奖补对象

奖补资金主要用于对科技服务超市、科技特派员开展农业新品种、新技术、新产品科技成果转化示范应用、咨询培训、劳动创业等各种公益性科技服务所发生的费用进行奖补。奖补资金重点支持经国家或省级认定的并在开展农业科技社会化服务中取得显著成效的科技服务超市、科技特派员(涉农高校院所、新农村发展研究院、企业)等。

(二) 奖补内容

奖补资金依据开展科技服务实效,并对开展服务所发生的费用奖补:

1. 服务实效主要评估实际开展科技服务的成效。包括新品种、新技术、新产品转化应用的成效;围绕农业特色产业开展的农资科技新产品、优质品牌农产品开发、电子商务、信息化物流服务等,带动农民增收致富的实际成效等。

2. 科技服务所发生的费用主要包括在开展农业科技新成果熟化示范、应用推广、转化创业、咨询培训、信息化等过程中发生的材料、设备、会务、劳务、燃料动力、差旅以及与开展科技服务活动直接相关的其他费用。

(三) 奖补标准

奖补资金按一个实施周期(上年度7月1日~当年度6月30日)内开展科技服务的实效与实际发生的费用择优给予奖补。具体如下:

1. 科技服务超市。奖补资金奖补科技服务超市总店、分店,便利店由所属分店统一申报并由分店划拨资金,奖补资金下达给科技服务超市承建单位。分店奖补额度不超过50万元,总店奖补金额不超过奖补总经费的10%。

2. 科技特派员。奖补资金奖补自然人科技特派员和法人科技特派员,奖补资金下达给自然人科技特派员所在单位和法人科技特派员单位。自然人科技特派员每名奖补额度不超过3万元、法人科技特派员每家奖补额度不超过50万元。

三、申报与审定

(一) 申报条件

1. 科技服务超市

(1) 申报单位须是经省级确认的科技服务超市的承建单位,且为2015年度(2014年7月1日~2015年6月30日)科技服务超市专家考评合格以上的分店(含所辖的考核合格以上便利店),具体名单另行通知;具有法人地位的新型经营主体,具备较强的科技成果示范推广和开展社会化服务的能力。

(2) 申报单位负责人必须熟悉地方特色产业情况,具有较强的公益性服务意识、较高的社会公信力和较强的组织管理与协调能力。

(3) 申报单位开展的服务活动必须围绕地方农业特色产业,服务于家庭农场等农业新型经营主体和广大农户,符合江苏省农业科技社会化服务发展方向要求。分店(含便利店)除开展日常服务外,在实施专项科技服务活动前,应事先报知县(市、区)科技局备案;活动结束后,10天内报告科技服务活动的情况及发生的费用。科技服务超总店、分店、便利店要充分利用好科技服务超市信息化系统,做好服务日志的网上填报工作。

2. 科技特派员

(1) 科技特派员须是经省级确认的自然人科技特派员和法人科技特派员。自然人科技特派员由所在单位(涉农高校院所、新农村发展研究院、企业)组织申报,法人科技特派员由单位或企业直接申报。

(2) 科技特派员开展的服务活动必须围绕地方农业特色产业,服务于家庭农场等农业新型经营主体和广大农户,符合江苏省农业科技社会化服务发展方向要求。

(3) 科技特派员须长期在农业科技园区、农业科技企业、科技型农业专业合作社、家庭农场等开展科技创新创业和县乡村科技培训、咨询、信息等送科技下乡服务活动,其中法人科技特派员必须熟悉地方特色产业情况,具有较强的公益性服务意识、较高的社会公信力和较强的组织管理与协调能力。

(二) 申报与审查程序

1. 申报奖补:申报单位应按照通知要求如实编制申报材料,包括实施周期内科技服务活动汇总清单及发生的费用,并提供相关的附件与证明材料。科技服务超市申请材料由所在地市、县(市)科技局、财政局负责核实,并在当地政府公务网站公示一周后(附公示材料证明)由省辖市统一汇总后上报省科技厅、省财政厅,其中昆山市、泰兴市、沭阳县直接上报省科技厅、省财政厅;自然人科技特派员申请材料由所在单位公示后统一上报,法人科技特派员申请材料按照科技服务超市申报方式。

2. 审查评估:省科技厅、省财政厅组织专家,对申报材料的合规性进行审查,重点对科技服务实效和所发生的费用进行核查与评估,提出是否给予奖补及奖补资金额度的初步意见。审查评估过程实行回避与保密制度。在审查评估的基础上,省科技厅会省财政厅确定奖补资金方案。

3. 社会公示:省科技厅负责对年度奖补方案进行网上公示,公示期为一周。根据公示情况,省科技厅联合省财政厅最终确定奖补资金年度奖补方案,正式下达奖补资金。

四、有关要求

(一) 科技服务超市

1. 本次奖补资金由分店统一上报对所辖便利店的奖补方案及相关材料,便利店不再单独申请。

2. 申报材料一式三份,其中正本一份、副本两份。正本的附件需提供原件或照片的彩色打印材料。申报材料按照如下要求进行准备,并按照顺序进行装订。

(1) 江苏省农业科技社会化服务奖补资金申报表。

(2)奖补资金申报总额,分店与便利店申报及分配方案表。

(3) 分店与便利店开展科技服务活动及支出经费汇总表。其中科技服务活动列出年度开展科技服务的清单,包括时间、地点、内容、参与人员等;经费支出包括购买新品种、新技术、新产品的费用,试验示范费用,开展培训、网上或现场咨询、信息化物流服务等所发生的费用,以及开展科技服务活动直接相关的其他费用。分店与每家便利店分别编制。

(4) 附件材料:分店承建企业的营业执照、组织机构代码证、法定代表人身份证;上一年度的财务报告及截至2015年6月的财务报表;开展科技服务活动及费用的证明材料(对应开展科技服务活动及费用汇总表进行装订);便利店承建企业的营业执照、组织机构代码证、法定代表人身份证;上一年度的财务报告及截至2015年6月的财务报表;开展科技服务活动及费用的证明材料(对应开展科技服务活动费用汇总表进行装订)。

(5) 相关附件材料均需加盖科技服务超市分店(或相关便利店)承建单位公章(正本材料加盖公章、副本可复印),需齐全、真实,如涉机密事项,请予说明。不同科技服务活动和经费的附件材料之间用彩色纸张间隔,并标注此部分的内容。

(6) 各市、县(市)科技局(委)、财政局负责申报材料的审核,并在当地政府公务网站对拟申报奖补资金的单位、开展的实际服务工作及成效等(包括成果示范应用、培训、咨询、信息咨询和现场服务、农资新产品推广应用等)公示一周,并形成申报报告上报省科技厅与财政厅。申报材料(附公示材料证明)由各市科技局(委)统一汇总后,于2015年7月31日前上报至科技服务超市总店(南京市玄武区钟灵街48号),逾期不予受理。同时报送电子版材料。

(二)科技特派员

1. 自然人科技特派员。申请材料由所在单位统一组织申报,每家单位申报名额不超过本单位科技特派员总数的20%。申报材料一式三份,其中正本一份、副本两份。正本的附件需提供原件或照片的彩色打印材料。申报材料按照如下要求进行准备,并按照顺序进行装订。

(1)江苏省农业科技社会化服务奖补资金申报表主要写明涉农科教单位(新农村发展研究院)、企业等情况。

(2)自然人科技特派员开展科技服务活动及支出经费汇总表。以科技特派员为单位,列出其年度开展科技服务的清单及证明材料,包括时间、地点、内容、参与人员等;经费支出包括其购买新品种、新技术、新产品的费用,试验示范费用,开展培训、网上或现场咨询、物流服务等所发生的费用,以及开展科技服务活动直接相关的其他费用。

(4)附件材料:涉农科教单位(新农村发展研究院)、企业的营业执照、组织机构代码证、法定代表人身份证;上一年度的财务报告及截至2015年6月的财务报表;开展科技服务活动及费用的证明材料(对应开展科技服务活动及费用汇总表进行装订)。每名自然人科技特派员分别编制。

(5)相关附件材料均需加盖单位公章(正本材料加盖公章、副本可复印),需齐全、真实,如涉机密事项,请予说明。不同科技服务活动和经费的附件材料之间用彩色纸张间隔,并标注此部分的内容。

2. 法人科技特派员。申报材料按照科技服务超市有关要求组织上报。

各级科技管理部门、财政部门共同负责奖补资金的监督和管理。科技管理部门负责对申报单位开展社会化科技服务活动进行监督。省科技厅会同省财政厅对获得奖补资金的单位进行不定期检查,各有关超市、科技特派员(法人科技特派员)申请奖补不得交叉重复申报,若发现申报材料作假,取消当年奖补资格,已下发的奖补资金立即收回,并取消相关县(市、区)或单位1~2年的奖补资金申报资格,并给予通报批评。

2015年度江苏省创新能力建设计划(联合载体类)申报要求

2015年度省创新能力建设计划(联合载体类)将围绕创新型省份建设和苏南国家自主创新示范区建设,进一步促进各类创新资源向江苏集聚,加快培育战略新兴产业,推动形成区域创新集群。

一、支持重点和申报条件

省创新能力建设计划(联合载体类)项目支持产学研联合重大创新载体建设。2015年主要围绕苏南自主创新示范区、省级以上高新区、创新型城市建设和省产业技术研究院建设等重点工作,按照“一区一战略产业、一县一主导产业”的战略布局要求,支持我省已认定的省产学研产业协同创新基地所在的省级以上高新区(园),依托海内外一流高校院所,共建各类新型研发机构,推动各基地差别化集聚创新资源,错位发展,以创新资源的集聚带动产业集聚,促进创新要素与产业要素紧密结合,建设各具特色的创新集群和产业集群,探索以产学研协同创新助推战略性新兴产业培育和传统产业优化升级的新途径。

申报条件:申报主体为已认定的省产学研产业协同创新基地所属的地方政府、园区与科教单位共建的研发机构,且必须是已完成注册的法人实体;共建的研发机构主导业务领域须与基地重点打造的目标产业一致;共建的高校院所,原则上应有相关产业领域的国家重点实验室、工程技术研究中心等国家级平台或重点学科作为依托,能引进若干高水平的学科团队,且有较多的技术成果导入,能够支撑相关产业的创新发展;地方党委政府高度重视,设立了工作推进机构;围绕已认定的省产学研产业协同创新基地建设,地方与有关科教单位签订了载体共建协议,前期已有较大投入且实质性启动。

二、组织方式

1. 与省产学研产业协同创新基地工作联动,已确认的基地具备条件的可限额推荐1项,由省辖市科技局(科委)或省直管的县(市)科技局归口上报。

2. 优先支持创新型省份和苏南自主创新示范区建设的重大任务部署;优先支持地方党委政府

高度重视、引进资源量质皆优并对产业发展带动效应显著、地方投入强度大的项目;优先支持对标省产业技术研究院专业研究所标准建设的项目。

3. 省科技厅将视共建研发机构的工作基础、投资强度等分档予以支持。

三、申报要求

1. 各项目主管部门要按照通知要求,认真组织申报单位编写项目申报材料,对项目材料进行审核,并出具推荐意见。项目申报单位、项目负责人及项目主管部门在申报项目时要同时出具信用承诺。

2. 产学研联合重大创新载体建设项目实行项目法人负责制。由项目所在单位法定代表人或其授权的法人代表承担项目管理和经费使用的主体责任,申报材料中需附法定代表人签章或其授权证明。

3. 近三年内有应结未结、暂缓暂停、强制中止和撤销重大创新载体项目或其他不良信用记录的单位(基地),不能推荐申报本年度联合载体类项目。

2015年度江苏省创新能力建设计划(科技设施类)申报要求

2015年度省创新能力建设计划(科技设施类)将按照全省创新驱动发展战略的总体部署,以集成推进苏南国家自主创新示范区建设为重点,着力提升科技设施的创新与服务能力,着力创新体制机制,为创新型省份建设提供有力支撑。

一、支持重点和申报条件

(一) 科研基地

加强重大科技基础设施的调研规划,持续支持重点科研基地自主创新和协同创新,获取重大原创成果。

1. 重大科技基础设施

围绕我省社会经济发展和国家战略的重大需求,重点支持国家实验室等重大科技基础设施的筹备调研、预研等基础性工作。

实施方式:采用定向组织方式,整合相关科技力量,提出可行性方案,经专家论证,择优支持。

2. 重点实验室

依据《江苏省重点实验室管理办法》的管理规定和2014年省重点实验室绩效评估结果,重点支持省重点实验室的开放运行和自主创新研究,紧盯原始创新,获取自主知识产权;支持跨学科、跨领域重点实验室围绕国家战略及我省经济社会发展的重大需求目标,开展协同创新,获取技术突破。

实施方式:对2014年评估为优秀和良好的省重点实验室给予年度开放运行和基本科研业务费支持,不需申报。开展跨学科、跨领域交叉学科协同创新的省级重点实验室,申报其重大创新绩效,经专家评审,择优加大开放运行后补助力度。

(二) 科技服务载体与平台

提升科技服务载体与骨干机构能力,促进创新要素竞相流动,推进科技服务业快速发展,服务大众创业、万众创新。

1. 科技服务示范区(自主创新广场)

重点支持苏南国家自主创新示范区内已建省级科技服务示范区的能力提升,引进和培育国内外骨干服务机构,建设面向区域产业集群的服务平台,创新服务新模式和新业态,打造服务品牌,做大做强研发设计、技术转移、创业孵化、科技金融、检验检测、科技综合等服务;改革示范区运行管理机制,构建市场化营销、运行机制,探索公益服务政府支持新模式,构建区域科技服务体系骨干枢纽,打造科技服务业集聚区。每个科技服务示范区省拨经费资助不超过2000万元。

实施方式:申报提升的科技服务示范区应位于苏南国家自主创新示范区,建设运行2年以上,已集聚服务机构50家以上,年服务企业2000家以上,科技服务业年增长不低于20%。地方政府高度重视,制定有对设施条件、服务规模、服务模式等进一步提升和改革试点的规划方案。项目采取省辖市科技局推荐、定向组织方式,成熟一个,启动一个。

2. 科技公共服务平台

根据全省年度重点工作任务,重点支持虚拟检测服务平台、技术转移网络交互平台、高端碳材料检测服务平台、重大疾病生物样本资源库等专业服务平台建设,重点支持以市场化机制和新的商业模式运行的服务平台,每个科技公共服务平台省拨经费资助300万~1000万元。

实施方式:虚拟检测服务平台、技术转移网络交互平台、高端碳材料检测服务平台重点在苏南国家自主创新示范区布局,申报主体须为省内企业法人的专业服务机构,混合所有制或民营机构优先,具有较强资源整合能力、网络化运营经验和有效商业服务模式,运行业绩较好。重大疾病生物样本资源库建设应整合多方优势特色资源,构建资源开放共享服务机制。科技公共服务平台采取省辖市科技局推荐、定向组织方式,成熟一个,启动一个。

3. 科技服务骨干机构能力提升项目

重点支持骨干科技服务机构集聚资源、创新模式、打造品牌、提升能力,为中小企业技术创新提供服务,带动科技服务业快速发展。依据其能力提升绩效,择优给予30万~80万元一次性后补助。优先支持苏南国家自主创新示范区、省级以上高新区核心区的创新创业骨干服务机构。一般性的产品质量检测不在补助范围。

申报条件:申报机构应为独立法人的专业性科技服务机构,上年度服务收入不低于500万元(创客空间等新型孵化期另定标准)。近两年,服务收入年均增长15%以上,服务企业80家以上,两年内须有如下举措之一提升服务能力:

A. 具有专职服务团队,引进硕士以上服务人员5人以上;

B. 新购服务装备、服务资源100万元以上;

C. 取得国家(国际)门槛性服务资质;

D. 主持国家标准或选任相关行业组织理事长(副理事长);

E. 服务业务、服务模式等取得重大创新。

4. 省属公益类科研院所能力提升项目

重点支持省属公益类科研院所面向我省社会发展和民生服务需求,围绕公益研究和公益服务职责,引进国内外高端资源,拓展范围,提升能力,夯实业务,争创国内一流水平。每个公益类科研院所省拨经费资助500万~800万元,分三年下达。

申报条件:重点支持公益职能绩效良好的省属公益类科研院所,与国内外一流研究机构有实质性合作内容和预期成效,优先支持主管部门给予经费配套的公益院所。

(三)企业研发机构

深入实施企业研发机构建设“百千万”行动计划,发挥市场机制,引导企业研发机构加速创新资源集聚,着力提升企业研发能力,为经济发展新常态提供支撑。

1. 企业重点实验室

围绕战略性新兴产业创新发展要求,布局建设5家左右企业重点实验室,开展应用基础研究和重大战略产品开发,抢占产业制高点。建设期间不安排省拨经费,建设期满验收合格后,给予不超过300万元省拨经费后补助。

2015年重点支持方向:电子信息材料及关键设备,战略性基础材料,高端装备智能制造,下一代通信设备与网络,基于大数据的数据挖掘、数据服务、云安全关键技术等。

申报条件:申报企业应为行业龙头企业,相关产品年销售额达5亿元以上,且增长;R&D投入占销售收入原则上不低于3%;近三年企业主导的相关应用基础研究、关键技术研究项目3项以上,拥有本领域2项以上核心技术发明专利等自主知识产权。实验室新增投入(不含转移资产)不低于2000万元,研发场所独立集中,面积不低于1500平方米。优先支持国家级行业组织、标准委员会理事长、副理事长、秘书长单位,国家标准研发的主持单位和创新型领军企业;

2. 省级重点企业研发机构能力提升项目

重点支持国家级、省级重点企业研发机构引进培育优秀人才,强化人才站点建设,集聚创新资源,加大研发投入,完善研发体系,提升企业研发机构持续创新能力。支持省级企业研发机构争创国家级研发机构。依据其能力提升绩效,择优给予50万~100万元一次性后补助。

实施方式:2015年重点对新材料、生物医药、电子信息领域国家级、省级重点企业研发机构,委托第三方评估机构对其2012—2014年期间能力提升和运行绩效进行评估,择优给予一次性后补助。

3. 企业工程技术研究中心

2015年起,省级工程技术研究中心及相关的院士工作站、研究生工作站等的具体管理工作委托给市、县科技部门,由设有企业研发机构建设专项资金的市、县科技部门负责工程技术研究中心等的建设指导、绩效评估及引导支持等。省科技厅重点负责相关标准制定以及与大中型企业研发机构建设工作的统筹。具体通知另行印发。

二、申报要求

1. 加强组织与会商。为进一步优化提升科技创新平台,请省辖市科技局(科委)加强所辖县区的统筹,围绕全省创新驱动发展和地方经济建设的重点,加大重大项目组织,对科技服务示范区、科技公共服务平台、企业重点实验室等重大项目请于3月底前与省科技厅会商,再由项目单位报送正式申报材料。能力提升后补助项目严格按条件要求组织申报。

2. 真实可信。项目法人及项目主管部门在申报项目时应出具信用承诺。项目法人单位对项目材料真实性负责;项目主管部门要强化责任意识,认真审查申报单位的承担能力、资信状况、财务状况、申报材料可靠性与完整性等,并填写《申报项目审查意见表》。

有不良信用记录的单位和个人,不得申报本年度计划项目。在项目申报和立项过程中相关责任主体有弄虚作假、冒名顶替、侵犯他人知识产权等不良信用行为的,一经查实,将记入信用档案,并按《江苏省科技计划项目相关责任主体信用管理办法(试行)》做出相应处理。

2015年度江苏省重点研发计划(产业前瞻与共性关键技术)项目指南

省重点研发计划(产业前瞻与共性关键技术)以取得重大技术突破和获取自主知识产权为目标,开展产业前瞻性技术研发、重大共性关键技术攻关以及在典型行业的开发应用,抢占产业技术竞争制高点,引领未来产业创新发展和支撑优势产业整体提升。

一、产业前瞻技术研发

本类项目重点支持对前瞻性产业培育具有较强带动性的产业前瞻技术,提升产业技术原创能力,为未来发展提供技术先导。

1. 未来网络与通信

1011 异构网络融合关键技术

1012 软件定义网络关键技术

1013 基于北斗系统的导航、通信关键技术、核心部件及系统

1014 第五代移动通信关键技术与设备

2. 云计算与物联网

1021 大数据收集、储存、挖掘、处理、分析关键技术及核心设备开发

1022 面向大数据的云操作系统及云公共服务与管理平台软件

1023 超高频和微波RFID标签、智能传感器设计制造及芯片开发关键技术

1024 物联网通信、平台与系统集成关键技术及应用

3. 纳米材料及器件

1031 新型纳米电子、光电器件、传感器等纳米信息材料与器件

1032 纳米超级电容器、高效纳米晶储能等纳米能源材料与器件

1033 高性能、多功能、低功耗微纳器件制造技术

1034 石墨烯、碳纤维、碳纳米管、富勒烯等先进碳材料制备及跨界应用开发

4. 高性能膜材料

1041 面向海水或高盐工业废水脱盐的高性能反渗透膜

1042 面向能源清洁利用和环境减排的气体分离膜

1043 面向储能电池的离子交换膜

1044 面向过程工业的特种分离膜

5. 智能电网

1051 高速大容量电能存储系统及并网技术

1052 基于分布式能源的智能微电网关键技术

1053 电动汽车充电设施与电网互动协调运行技术

1054 半导体级 SiC 器件、新型大功率电力电子器件

6. 智能机器人

1061 标准化、模块化工业机器人执行机构、驱动部件与控制系统

1062 助老助残、医疗辅助等高端服务机器人关键技术

1063 面向公共安全及危险环境下的特种机器人关键技术

1064 仿生机器人关键技术

7. 智能制造

1071 三维打印成型关键技术、软件系统及成套设备研发

1072 三维打印用高性能成型材料及生产工艺优化技术

1073 高精度运动控制、高可靠智能控制、健康维护诊断等关键智能技术

1074 感知系统、智能仪表等核心智能测控装置与部件研发

8. 高端装备制造

1081 面向高精高速制造工艺的电子设备关键技术

1082 面向离散、流程制造的数字化、自动化、智能化关键技术与系统

1083 高性能大功率光纤激光器、大功率液压系统、精密机械传动系统等制造业装备基础核心部件设计与制造技术

1084 大型复杂装备产品全生命周期绿色制造技术

9. 高效能源

1091 新型高转换率太阳能电池制备关键技术及工艺

1092 大容量、高效率、高可靠性、规模化储能系统关键技术

1093 新型高温超导材料制备及应用关键技术

1094 新一代核电机组关键设备、核心材料及核燃料后处理关键技术

10. 新能源汽车

1101 新能源汽车整车集成设计与制造技术

1102 新一代动力电池、燃料电池及电池管理系统

1103 面向混合动力、纯电驱动的高性能电机及其传动系统

1104 面向新一代新能源汽车的电控及并网关键技术

11. 其他产业前瞻技术

1111 除上述所列技术方向外,其他产业前瞻技术。

二、共性关键技术攻关

本类项目重点支持高技术优势产业和新兴产业发展所需的具有较强带动性的共性关键技术,为产业创新发展提供技术支撑。

1. 先进能源

2011 远距离直流输电、特高压交流输电和互联电网技术

2012 大功率远端无线电力传输技术

2013 低风速风电机组及关键零部件设计制造技术

2014 太阳能热发电与新型高效热利用技术

2015 超超临界机组大型配套部件制造关键技术

2016 核电站用高等级钛合金管材、核防护等关键技术

2. 电子信息

2021 高精度场景重建、环境实时感知等数字虚拟现实技术

2022 面向制造业的大型数据库、关键中间件和软件平台

2023 高性能、低成本、智能化传感器及芯片技术

2024 超深亚微米级集成电路先进设计制造与封装测试技术

2025 第四代移动通信设备与终端设计制造技术

2026 大容量网络数据传输光集成阵列及模块设计制作技术

2027 面向服务的网络终端自组重构技术

2028 宽带城域网、超高速无线局域网、移动宽带无线接入关键技术

2029 高性能低功耗设计、多频段多模式射频

电路设计及功率设计关键技术

3. 新材料

2031 高性能触控平板显示、柔性显示、超高分辨率显示等关键材料及器件

2032 新型超高密度存储与磁电子、超导材料等超性能材料

2033 第三代半导体材料大尺寸、低成本、高质量衬底制备和外延技术

2034 高等级高性能纤维及复合材料

2035 航空、轨道交通等用高品质特殊钢及高性能合金材料

2036 稀土永磁、发光、储能、催化等高性能稀土功能材料和稀土资源高效综合利用技术

2037 金属基、陶瓷基复合材料及高端硅基材料

2038 环境友好型、资源节约型、可降解高分子材料

2039 海工用钢、混凝土、耐蚀防污涂料等先进海工材料

4. 先进制造

2041 重大产品优化与可靠性设计、寿命预测技术

2042 高精密模具设计制造及高精度、高性能机械核心基础件制造技术

2043 近成型、激光成型与焊接等特种加工新技术与新工艺

2044 面向航空、海洋工程和大型桥梁工程的平台设计及制造技术

2045 高速、多轴联动高档数控系统关键技术

2046 大飞机关键部件制造技术及高端配套材料

5. 其他产业共性关键技术

2051 除上述所列技术方向外,其他产业共性关键技术。

三、技术开发应用

本类项目重点支持节能减排、制造业信息化、文化科技创新等共性技术研发及相关行业的典型应用,示范带动产业转型升级。

1. 节能减排技术专题

3011 工业废气高效洁净处理与资源化利用技术开发与应用

3012 工业废水中有机毒害物与重金属污染物节能型消减与资源化利用技术开发与应用

3013 低碳、低硫氮污染高效洁净燃烧技术开发与应用

3014 面向资源再生的绿色循环制造技术开发与应用

3015 大型机电装备高效传动节能技术开发与应用

3016 半导体照明及功能型节能光电材料开发与应用

3017 新型余废热提质与规模化高效利用技术开发与应用

3018 建筑节能关键技术开发与应用

3019 新一代高灵敏智能化环境监控与预警关键技术

2. 制造业信息化专题

3021 典型企业集团核心业务跨区域协同的信息化整体解决方案与应用

3022 面向智能制造的企业数字化综合集成解决方案与应用

3023 云制造关键技术及服务平台

3024 第三方专业化制造服务平台开发与应用

3025 基于互联网的按需制造、众包设计、精准营销等新技术新模式的开发与应用

3026 支持移动互联的制造业生产性服务支撑系统研发与应用及模式创新

3027 典型制造行业与互联网金融服务网络支撑系统研发与应用

3. 文化科技创新专题

3031 面向先进文化内容服务的融合网络及数字媒体技术研发及应用

3032 现代舞台成套技术集成与产品研发及应用

3033 现代数字化展示技术及应用

3034 三网融合环境下互动电视服务技术集成应用

3035 基于B2B数字出版内容资源聚合与投送云服务技术与应用

2015年度江苏省重点研发计划(现代农业)项目指南

标*项目为重点项目。

一、农业优良品种培育专题

*1001 抗稻飞虱、稻瘟病优质食味水稻新品种选育

*1002 抗赤霉病优质专用小麦新品种选育

*1003 优质高产抗病饲用(鲜食)玉米新品种选育

1004 优质高产多抗瓜类、豆类蔬菜新品种选育

1005 高营养功能成分食用菌品种定向选育

1006 特色果树(桑树)优异种质创新与新品种选育

*1007 优质专用林木新品种选育

*1008 加工型家禽新品系选育

*1009 地方特色优质肉用羊新品系选育

*1010 优质、抗病、抗逆、耐粗食家蚕新品种选育

1011 特色优质、抗逆水产新品系选育

二、农业高新技术创新专题

2001 种质资源开发与育种材料创制

*2002 重要功能基因聚合育种技术研发

2003 生物反应器与抗菌素替代技术研发

*2004 新型绿色生物(微生物)农药创制

*2005 安全高效新型多联多价疫苗开发

2006 农用工程菌与酶制剂创制

2007 高利用率生物饲料(添加剂)创制

2008 新型高效生物(微生物)肥料创制

*2009 农副产品生物保鲜技术研发

*2010 基于物联网、生物处理零排放的水产养殖装备及系统开发

*2011 基于信息化的高效安全植物工厂装备及系统开发

三、农业产业关键技术创新专题

3001 农业主产物精深加工技术及产品开发

3002 农业低值副产物综合利用技术及产品开发

3003 农业废弃物综合利用技术及产品开发

3004 农产品品质、安全快速鉴别及溯源关键技术与装备研发

3005 农作物秸秆饲料化技术及装备开发

*3006 果蔬低温高效干燥脱水及加工技术与装备开发

*3007 多功能设施农业小型作业机械开发

*3008 农林重大病虫害防控技术与高性能植保机械研发

3009 畜禽、水产养殖重大病害防控技术研发

*3010 智能化气调保鲜库开发

四、粮食丰产增收专题

4001 稻麦良种繁育与种子质量检测关键技术研发

4002 基于深耕秸秆还田的耕地质量提升关键技术与模式研发

*4003 智能化无人插秧机械研发

*4004 稻麦高性能复式作业关键机械装备研发

*4005 稻麦加工剩余物综合利用技术研究及产品开发

4006 稻麦防灾减损及安全贮运关键技术研发

4007 农业品种等科技成果信息化服务系统研发

五、农业科技示范工程

*5001 支持农业科技园区围绕主导产业链开展关键技术集成创新与示范应用,提升园区创新创业服务功能;支持农业科技园区围绕粮食产业等开展先进品种、技术、装备、生产经营模式的集成示范应用。实施农业现代化科技示范工程,集成转化示范各类推动农业现代化的先进科技成果与模式,探索率先实现农业现代化的路径。

*5002 围绕粮食单产提升和节本增效,支持以稻麦周年机械化、信息化、生态化为核心的高产田稻麦节肥减药高效、苏北旱地稻麦周年高产高效、盐碱地水稻高产高效、智能化管网化灌溉等技术集成创新示范,保障粮食安全。

*5003 围绕快速城镇化地区新农村环境提升,支持农村生产生活废弃物综合循环利用、农村生态环境修复、农村特色文化保护、农村设施结构优化设计、创意农业设计等技术的集成创新与示范,探索科技支撑美丽新农村建设新模式,加快城乡

一体化进程。

六、后补助专题

6001 支持已获得品种权及审(鉴)定证书,种子企业合法购买转让品种权,在产业化应用方面取得一定经济效益且具有较大推广前景的品种,推动其加大推广应用范围和力度,加快产业化进程。

2015年度江苏省重点研发计划(社会发展)项目指南

一、科技示范工程

1001 江苏“警务大数据”科技示范工程

以警务实战应用和提升社会治理能力为目标,开展面向公共安全行业的云计算、大数据等关键技术研究和应用示范,探索建设一体化、分布式的公安数据中心,构建符合大数据特点和行业特征的信息资源应用服务体系,有效提供维护稳定、反恐斗争和服务民生等领域应用服务,全面提升法治江苏、平安江苏建设水平。

1002 江苏监狱智能安全监管科技示范工程

以提高监狱监管水平和治理能力为目标,示范应用数据采集与融合、物联网、数据仓库、目标定位与分析等技术,建立以罪犯个体数据为中心,打造从罪犯入监至出监全程数据链,构建监管信息共享平台,加强监管信息化研判、罪犯狱情智能分析和执法信息化留痕管理,提高信息技术智能化应用水平,推动监狱安全监管再上新台阶。

1003 食品安全区域监管科技示范工程

以提高食品安全监管水平和保障百姓食品安全为目标,开展食品安全检测、监控、预警、追溯等关键技术研究和应用示范,建设基于大数据应用和云平台服务的食品安全监管信息平台,构建广覆盖、高效率、全流程的食品安全监管体系,实现食品从生产、流通到消费全过程的电子档案和实时监控,有效加强食品安全风险评估、监测预警和应急管理,为全省食品安全科学化、规范化管理提供科技示范。

1004 城市污水处理概念厂科技示范工程

落实科技部、省政府《共同推进中国宜兴环保科技工业园创新发展合作计划(2013—2015年)》的要求,以适应污水处理由传统的污染物去除向资源化和能源化方向发展为目标,开展污水处理未来工艺路线、污水处理新型设备、各类有价值资源的高效回收利用等关键技术研究,开发城市污水处理及碳、氮、磷回收的系统和装备,形成国际先进的污水处理集成工艺技术,建设面向未来的城市污水处理概念厂,逐步实现水资源的可持续利用,大幅度减少污水处理的能源消耗,提高污水中的资源回收利用率。

1005 江苏耕地污染防治科技示范工程

以提高耕地质量和保障农产品安全为目标,基于耕地污染调查数据,开展耕地污染风险评价、污染源贡献、监测预警和修复等关键技术研究,并选择耕地污染典型区域开展修复技术应用示范,形成可示范推广的耕地污染防治技术解决方案,为全省耕地污染防治提供科技支撑。

1006 小城镇建设科技示范工程

以提高小城镇建设绿色、低碳、智慧水平为目标,按照《国家新型城镇化规划(2014—2020)》和《江苏省绿色建筑行动实施方案》的总体要求,以建制镇、乡为示范主体,开展水资源和材料资源绿色利用、低碳节能建筑技术、云计算和大数据等关键技术研发与集成示范,建立具有江苏地方特色的绿色低碳智慧小城镇评价体系,建设小城镇绿色低碳智慧示范典型,为新型城镇化提供科技支撑。

1007 重大新发传染病综合防控科技示范工程

以提高重大新发传染病综合防控和应急处置能力为目标,开展疾病监测和预测预警、感染早期特异性检测、应急处置和临床救治以及疾病负担和防控策略等技术研究与应用,建立全省统一的重大、新发传染病监测、预警、防控和决策支持平台,实现全省各级防控机构的联防联控,保障人民群众健康。

二、重点病种规范化诊疗

2001 重点病种的规范化诊疗研究

坚持临床导向,突出重点,完善布局,对临床医学重点病种规范化诊疗项目实行竞争择优支持。重点针对恶性肿瘤、心脑血管疾病、呼吸系统疾病、内分泌与代谢性疾病等严重危害人民群众健康的重大疾病,以病种为对象,开发一批急需突破的临床诊疗关键技术,在科学评价的基础上形成一批规范化、个性化诊疗技术新方案,并在5家以上省内二级以上医院推广,单病种临床研究病例不少于300例,相关领域诊疗水平国内领先。使我省相关疾病诊疗水平国内领先并有国际影响,在若干领域取得重大突破和自主创新优势。(按照临床专科申报)

三、生物医药

围绕《江苏省生物技术和新医药产业专项推进方案》确定的目标任务,对2012—2014年间已取得相关临床批件、医疗器械注册证书、生物技术产品证书的重大创新药、医疗器械和生物技术产品,要求化学药1类、中药1~5类、生物制品1类、医疗器械3类,以奖励性后补助方式立项支持。项目需在申报书中提供相应文件扫描件。

1. 生物技术药

3111 防治重大疾病的治疗性抗体

3112 防控重大传染性疾病的新型疫苗

3113 小分子干扰核酸(siRNA)新药

2. 化学新药

3121 重大疾病防治新药

3122 新型释药系统新药

3. 现代中药

3131 治疗重大疾病的现代中药

3132 海洋药物

4. 生物试剂

3141 重大疾病的早期、快速、灵敏、低成本诊断试剂

3142 临床需求大、进口依存度高的高端医疗设备配套试剂

3143 用于新药研发和临床研究的关键生物试剂

5. 医用材料

3151 面向组织和器官再造、神经修复等临床治疗需要的高技术医用生物材料

3152 可替代进口的高端医用敷料

6. 医疗器械

3161 可替代进口的高端数字化诊疗设备和人工器官

3162 适于基层医疗单位使用的多功能、小型化、智能化数字诊疗仪器设备

3163 残障人群生活保障辅具

7. 生物技术

3171 高值精细化学品生物制备

3172 关键工业酶制剂规模化制备

3173 非粮生物质能源产业化制备

3174 面向生物治理的关键材料、菌剂产品

四、社会发展面上项目

(一) 新型临床诊疗技术

针对危及人民群众生命健康的常见病、多发病,围绕重点人群、重点区域、重点环节,开展疾病分子诊断、免疫诊断、个体化诊疗等专项诊疗关键技术研究和攻关,创新临床诊疗专项技术方法,攻克一批诊断、治疗、康复的临床应用新技术并转化为诊疗技术指南,有效解决临床实际问题和优化医疗服务模式,形成我省相关临床领域的技术特色和人才优势。

4101 新型临床诊疗技术攻关(按照临床专科申报)

(二) 公共卫生

围绕病媒生物防制、妇女儿童健康、老年人健康、残疾人及慢性病患者康复等公共卫生重点领域,针对疾病的筛查、预测预警、早期干预技术和疾病治疗等关键环节,开展传染病防控、健康状态辨识和健康管理等相关关键技术应用研究,有效降低疾病的患病风险与发生率。

4201 病媒生物预防控制关键技术应用研究

4202 血液安全关键技术应用研究

4203 老年人健康关键技术应用研究

4204 妇女健康关键技术应用研究

4205 儿童健康关键技术应用研究

4206 残疾人及慢病患者康复关键技术应用研究

(三) 其他社会发展领域

主要支持对我省社会发展具有支撑和引领作用,关系民生、受益人群多、技术集成度高、行业或区域特点显著、并在全省开展示范推广的项目。

1. 生态环境

4311 水污染治理关键技术应用研究

4312 大气污染防治关键技术应用研究

4313 固体废弃物资源化利用关键技术应用研究

2. 公共安全

4321 生产安全关键技术应用及示范

4322 地震、地质、火灾、气象等灾害监测预警、防御及应急救助技术应用研究

3. 文化体育事业

4331 全民健身和体育竞技关键技术应用研究

4332 文物保护与文化传承关键技术研究

2015年度江苏省政策引导类计划(产学研合作)申报要求

2015年度省政策引导类计划(产学研合作)将大力推动国内外科技资源加快向江苏集聚、各类创新资源加快向园区和企业集聚,加快提升自主创新能力。

一、支持重点和申报条件

本类项目分产学研前瞻性联合研究项目、高校技术转移中心建设两类。

(一)产学研前瞻性联合研究项目

重点支持省内高校院所(含省内外高校院所与江苏各地政府(园区)共建的分支研究机构)的科技人员,面向企业创新发展需求开展前瞻性联合研究项目;引导、鼓励企业主动介入早期研发,出资联合高校院所,开展以应用为导向的原创性和前瞻性技术开发,突破一批产业关键技术和共性技术,为我省未来产业发展提供重要技术支撑和储备。

申报条件:以省内高校院所或省内外高校院所与江苏各地政府(园区)共建的分支研究机构(应为实体化运行的独立法人)为主体,联合江苏境内注册、非本单位科技人员创办的企业共同申报。项目为双方已有合作基础且正在实施的项目、企业在本项目前期支付给高校院所的研发经费不低于30万元(与苏南地区企业合作的前期投入不低于50万元)。

(二)高校技术转移中心建设

支持省内高校院所普遍建设专业从事科技成果转移转化服务的技术转移中心,引导省外著名高校院所在苏建设具有专业队伍、实体化运作的技术转移分中心。探索建立定期考核评估,择优支持的高校技术转移中心持续支持机制,提升省内外高校院所服务江苏地方经济社会发展的能力。

二、组织方式

1. 产学研前瞻性联合研究项目实行项目法人单位负责制。项目法人单位须出具申报公函,说明本单位项目申报总体情况,并对项目材料的完整性和真实性、企业前期投入的真实性承诺负责,由高校院所(含省外高校院所驻苏分支机构)所在地科技主管部门审核盖章后推荐申报;省级支持强度原则上不高于企业前期投入的1/2;优先支持高校院所与省产学研产业协同创新基地内企业合作的项目;优先支持中科院等重点科教单位与我省企业合作的项目。

2. 高校技术转移中心建设今年主要遴选确认一批高校技术转移中心(含省外重点高校在苏建立的实体化运作的技术转移分中心),不安排资助经费,纳入次年高校技术转移中心考核评估管理序列;由省辖市科技局(科委)组织推荐(具体申报组织工作另行通知)。

三、申报要求

1. 产学研前瞻性联合研究项目,项目组企业研发人员不低于团队人数的1/3;联合申报单位必须建立“校企联盟”并有登记备案编号;有合作双方按照通用技术开发合同范本签订的、内容明确的、责权利清晰的技术开发合同或协议;企业前期投入以2012年1月1日为限,之前投入不再计入。申请省拨经费原则上不高于企业前期投入的1/2。

2. 有在研省科技计划项目的项目负责人一般不再申报本年度项目;同一项目负责人限报一个项目;同一单位或项目负责人已将研发内容相同的项目申报其他省科技计划的,不能同时申报本计划。

3. 项目负责人和项目法人单位在申报项目时要同时出具信用承诺书。

4. 有不良信用记录的单位和个人,不得申报本年度计划项目。在项目申报和立项过程中相关责任主体有弄虚作假、冒名顶替、侵犯他人知识产权等不良信用行为的,一经查实,将记入信用档案,并按《江苏省科技计划项目相关责任主体信用管理办法(试行)》做出相应处理。

2015年度江苏省政策引导类计划(国际科技合作)申报要求

2015年度省政策引导类计划(国际科技合作)聚焦支持企业与重点国别、重点机构的产业技术研发合作,持续推动全省创新国际化服务体系建设,引导企业有效利用海外先进成果与创新资源,加快融入全球创新网络,在更高起点上开展技术创新。

一、支持重点及组织方式

(一) 重点国别及机构产业技术合作项目

支持企业面向以色列、芬兰、英国、美国、加拿大、德国、法国、澳大利亚、韩国、俄罗斯等全球产业技术创新能力强、与我省具有较好合作基础的国家或地区,围绕江苏产业转型升级和战略性新兴产业发展关键技术需求,开展跨国联合研发或技术转移,加强消化吸收、提升创新水平。重点落实我省与以色列、芬兰、英国及(美国)麻省理工学院等签署的科技合作协议或合作谅解备忘录,引导企业充分利用现有的稳定的优质创新合作渠道,推动完善我省全方位开放创新格局。(根据双边协议精神,江苏-以色列、江苏-芬兰产业研发合作计划项目申报按另行通知执行。)

省资助经费每项不超过100万元。

此类项目以企业为主体申报,通过省辖市科技局(科委)、县(市)科技局、国家级高新区管委会等主管部门推荐报送省科技厅。

(二) 创新国际化服务体系项目

1. 国际技术转移服务机构建设项目

支持引进海外著名高校、研究机构及跨国公司建设国际技术转移机构,支持省内专业性对外科技服务机构拓展对外合作渠道、开展跨国技术转移业务,支持国家级国际创新园建设对外科技合作服务平台,服务广大企业创新国际化需求,促进先进技术成果在我省实现高效转化。(具体要求见申报条件)

省资助经费每项一般不超过100万元,不超过项目总经费(不包括前期费用)的50%。

此类项目以企事业法人单位为主体申报,通过省辖市科技局(科委)、县(市)科技局、国家级高新区管委会、省产业技术研究院等主管部门与省科技厅具体会商后推荐报送省科技厅。

2. 企业海外研发机构建设项目

支持省内有条件的企业在境外以收并购或直接投资等方式设立海外研发机构,直接利用境外高端人才、先进科研条件和创新环境等创新资源在当地开展研发活动。(具体要求见申报条件)

省资助经费每项不超过100万元,不超过项目总经费(不包括前期费用)的30%。

此类项目以企业为主体申报,通过省辖市科技局(科委)、县(市)科技局、国家级高新区管委会等主管部门推荐报送省科技厅。

二、申报条件及有关要求

1. 境内外合作双方应具有良好的合作基础和交流实践,并就合作项目已签署合作协议或合作意向;创新国际化服务体系项目应有能证明海外合作渠道或海外研发机构的相关材料。

2. 重点国别及机构产业技术合作项目,除江苏-以色列、江苏-芬兰产业研发合作计划及与英国、麻省理工学院合作项目外,实行限额申报。苏南省辖市每家推荐项目数不超过5项、其他省辖市每家推荐项目数不超过3项(不含国家级国际科技合作基地和国际创新园指标);县(市)及国家级高新区每家推荐项目数不超过2项;示范型国际科技合作基地每家另增申报不超过1项,国际创新园每家另增申报不超过3项。

3. 国际技术转移服务机构申报条件:须是2014年12月前完成注册或批准程序的从事跨国技术转移服务的独立机构或实体部门;有稳定优质的海外合作渠道;服务企业业绩较好,地方重点支持建设;有较好的专业团队,满足业务要求的工作条件,明确的国际技术转移服务章程和业务发展规划;运行状况良好,上年度国际技术转移服务收入或相关业务投入一般不低于50万元;优先支持两国政府共建的国际创新园对外科技合作服务平台建设。

4. 企业海外研发机构申报条件:2014年12月前已完成海外研发机构的并购或注册成立程序;并购、新设独立法人研发机构的费用一般不低于300万元,并购、新设含内设研发机构的海外企业的费用一般不低于600万元;海外机构具有固定的场所、必要的仪器设备与科研条件,明确的研发领域、研发项目以及一定的研发经费投入和研发人员配备;申报企业上年度营业收入或总资产一般不低于3000万元,运行情况良好。

5. 除列入科技企业培育百千万工程行动计划的创新型领军企业外,有省科技计划在研项目的项目负责人和企业一般不再申报本年度项目;一个企业限报一个项目;同一企业已将内容相同的项目申报其他省科技计划的,不得同时申报本计划。

6. 项目法人及项目主管部门在申报项目时须出具信用承诺。

7. 有不良信用记录的单位和个人,不得申报本年度计划项目。在项目申报和立项过程中相关责任主体有弄虚作假、冒名顶替、侵犯他人知识产权等不良信用行为的,一经查实,将记入信用档案,并按《江苏省科技计划项目相关责任主体信用管理办法(试行)》作相应处理。

2015年度江苏省政策引导类计划(软科学研究)项目指南

一、深入实施创新驱动发展战略

1001 国内外创新驱动发展比较研究及对江苏的启示

1002 “十三五”江苏推进创新驱动发展的关键制约因素和对策

1003 “十三五”适应创新驱动发展要求的制度环境和政策体系构建

1004 苏南国家自主创新示范区创新一体化政策和空间布局

1005 苏北地区实施创新驱动发展战略的路径

1006 发挥企业家的创新主导作用的对策

1007 “十三五”江苏创新要素市场培育与发展的路径

1008 “十一五”以来重点科技创新政策的实施效果评估

1009 “一带一路”战略背景下江苏科技创新策略

1010 江苏县(区)实施创新驱动发展战略增创发展新优势的路径

1011 创新驱动发展战略相关的其他重点问题研究

二、全面深化科技体制改革

2001 市场化改革前提下更好发挥政府在引导科技创新的作用

2002 统筹推进科技体制改革和经济社会领域体制改革

2003 适应创新驱动发展推进高新区综合改革与政策创新

2004 政府引导下的科技信贷风险分担机制

2005 江苏新型产业技术研发机构建设及其体制机制

2006 发挥国有企业科技创新重要作用的政策

2007 适应创新驱动发展的人事管理制度改革

2008 加快高校科研管理体制改革

2009 促进创新人才流动的管理体制改革和政策体系

2010 制约科技人员、大学生等创业的关键问题

2011 深化科技体制改革相关的其他重点问题研究

三、全面增强自主创新能力

3001 “十三五”江苏提升原始创新能力和集成创新能力的模式和路径

3002 “十三五”江苏优化产业技术创新布局

3003 新常态下促进产业升级的产业技术政策和制度

3004“十三五”江苏新材料、生物医药等重点新兴产业发展规划

3005 江苏发展知识产权密集产业的关键问题

3006 江苏产业科技创新国际化比较与对策

3007 高新技术企业培育机制及梯队建设

3008“十三五”江苏高新区“一区一战略产业”高端化发展措施及产业技术路线图编制

3009 江苏与重点国别、重点研发机构产业技术创新合作模式

3010 增强自主创新能力相关的其他重点问题研究

四、科技创新支撑经济社会发展

4001“十三五”科技创新支撑生态文明建设的路径和政策

4002“十三五”科技创新支撑新型城镇化建设的路径和政策

4003“十三五”科技支撑和引领现代服务业发展的路径和实施

4004“十三五”江苏科技服务业发展的战略和路径

4005“众创空间”发展模式与路径

4006 大数据、云计算、移动互联网等新兴技术发展对江苏经济社会发展影响

4007 新常态背景下江苏农业科技创新政策

4008 江苏现代生态农业、循环农业发展策略、技术路径与技术经济评价

4009 江苏农村社会化科技服务模式及队伍建设

4010 现代农业科技创新评价指标体系

4011 其他科技创新支撑经济社会发展相关的其他重点问题研究

科技奖励

Awards of Science & Technology

2014年度国家自然科学奖
（江苏省获奖项目）

Awards of 2014 National Natural Science (Jiangsu Province)

二等奖

二十万年来轨道至年际尺度东亚季风气候变率与驱动机制(主持完成项目)

南京师范大学
兰州大学
中国科学院地质与地球物理研究所
汪永进　张平中　谭　明　刘殿兵　吴江滢

东亚季风环流是全球气候系统的重要组成部分,研究其形成、演化和突变事件有助于理解全球气候变化的动力学机制。该项目在国家自然科学基金和中国重大基础研究计划等资助下,以洞穴石笋记录为载体,发表了一系列20万年来东亚季风演化历史的研究论文,其中包括*Science*和*Nature*刊物论文4篇。从不同时间尺度论述了亚洲季风变化历史、动力学机制及其与全球变化的关系,构建了20万年来中国石笋同位素气候地层学相对完整的研究体系。

重要的科学发现有:

1. 在轨道尺度上,解决了深海沉积、黄土地层和冰芯等长尺度气候记录无法直接定年的问题,建立了最近2个冰期旋回洞穴石笋同位素高分辨率气候地层序列,揭示了亚洲夏季风强度变化具有强烈的岁差旋回特征,以可靠的年代学数据证实了太阳辐射直接驱动亚洲季风的假说。*Nature*同期评论:“这对理解亚洲季风具有不可估量的价值”。该成果入选2008年度“中国高等学校十大科技进展”和“中国十大基础研究新闻”。

2. 在千年尺度上,中国石笋同位素记录的精确时间标尺有效弥补了格陵兰冰芯年代学的不足,已成为当前全球古气候对比的另一基准。其中,2001年发表在*Science*上的论文被115种SCI源刊他引745次,并入选近十年*Science*期刊最具影响力的31篇论文。同时,末次冰期东亚季风突变事件与格陵兰冰芯记录一一耦合,并始终贯穿于格陵兰冰芯难以涉及的倒数第二次冰期,这种冰期/间冰期旋回中持续的千年尺度气候振荡为其全球性和自相似特征提供了可靠的证据。

3. 建立了目前全新世最高分辨率的亚洲季风气候记录,发现在百年—数十年尺度上季风气候振荡与太阳活动强度具有很好的相关性,提供了太阳活动驱动地球气候变化的可靠依据。*Science*同期评论认为,该研究成果将有力地推动国际古气候数值模拟工作。

4. 发展“石笋微层年代学和气候学”的理论和方法,为构建近2000年石笋微层年表奠定了基础,揭示过去2000年季风气候年际自然变率和驱动因素。相应数据已收入“世界古气候数据中心”,并成为全球温度集成研究的重要参考,为诊断当今气候变化原因和预估未来变化趋势提供科学依据。该项目所有研究成果已被167种SCI源刊他引1879次。

新型人工电磁媒质对电磁波的调控研究(主持完成项目)

东南大学
崔铁军　马慧锋　蒋卫祥　程　强

该研究代表了当前物理信息领域前沿方向,项目组在国家自然科学基金重大项目等资助下,深入研究了人工媒质对电磁波的调控理论、结构设计、实验验证及实际应用,提供了一种构造新型材料的机制,其核心是通过提出等效媒质一般性理论,用人工方法形成材料结构、控制电磁波,由此实现某些新奇性能,为社会带来前瞻性应用,其中电磁隐身、电磁黑洞等都在其中。

该研究成果在中国航天科工集团、中国航天科技集团等单位获得应用。相应成果入选2010年中国科学十大进展、荣获教育部自然科学一等奖。

可见光响应光催化材料及在能源环境中的应用基础研究(主持完成项目)

南京大学

邹志刚　李朝升　于　涛　周　勇　闫世成

该项目围绕光催化材料的设计、制备、反应机理及其应用基础展开研究。可见光光催化分解水制氢的太阳能转化效率达到世界最高值,在国际光催化领域产生了重要影响,成为中国在国际光催化领域的标志性成果之一。该项目推动了光催化技术在太阳能转化为碳基燃料以及在难降解有机污染物等领域的应用基础研究进程,相关研究工作发表SCI论文120篇(IF>6的29篇),研究成果被 *Science*、*Chem Rev*、*Chem Soc Rev* 等国际著名期刊他引次数达到1109次,获得国家发明专利30项。

2014年度国家科学技术发明奖(江苏省获奖项目)

Awards of 2014 National Technological Invention (Jiangsu Province)

二 等 奖

水稻籼粳杂种优势利用相关基因挖掘与新品种培育(主持完成项目)

南京农业大学

中国农业科学院作物科学研究所

万建民　赵志刚　江　玲　程治军　陈亮明　刘世家

水稻籼粳亚种间杂种具有强大的杂种优势,比一般籼型亚种内杂种增产15%~30%。但籼粳杂种存在育性差、结实率低、植株偏高、易倒伏等问题,限制了籼粳杂种优势的有效利用。课题组经过长期的科研攻关,将上述难题一一攻克。不仅发掘出17个不育位点及广亲和基因,发明相应分子标记,聚合广亲和基因,创制广亲和恢复系和粳型亲籼不育系,使组配的籼粳交组合结实率稳定在85%以上,有效解决了籼粳杂种半不育难题;还发掘早熟基因,提出基于感光基因型和光钝感基因的分子设计方法,设计出最佳育种方案,获得理想熟期的籼粳交新组合,解决了籼粳杂种超亲晚熟问题;并且发掘出显性矮秆及株型关键基因,克隆半显性矮秆基因D53,首次阐明“独脚金内酯”信号途径控制株型的作用机理,克隆控制株型关键基因APC/CTE,明确其作用机理,开发相应分子标记,为培育籼粳交理想株型奠定基础。

关于D53的研究成果还以Article Research形式在2013年12月26日的《自然》(*Nature*)上发表,该杂志同期News & Views栏目为该研究发表了专题评述,认为“D53蛋白的发现为研究独脚金内酯和其他激素信号途径提供了积极帮助,并对调节植物营养分配与利用具有深远的影响”。

室间隔缺损介入治疗新器械新技术及其临床应用(主持完成项目)

南京医科大学

广东省人民医院

先健科技(深圳)有限公司

孔祥清　张智伟　张德元　杨　荣　盛燕辉　王树水

该项目以室间隔缺损为主要研究对象,分别在介入治疗器械、技术和疾病分子机制方面进行了系列创新研究。

该项目在国际上首创新型“室间隔缺损介入治疗封堵器”,为中国唯一具有自主知识产权且出口国外的封堵器系统。采用结构简单精巧的“工”字型设计(图)及纳米覆膜技术,为先天性室间隔缺损提供了简便、快速、微创、有效的全新治疗方法,确立了中国在此领域的国际领先地位。

该新技术自2007年应用于临床以来,手术成功率与传统外科手术相当,但操作更为简便,1小时内即可完成手术。患者平均住院时间缩短为5天

(传统外科手术一般为12天),严重并发症如房室传导阻滞发生率大大降低,仅为0.05%;且无须开胸,实现了心脏、体表无瘢痕、患者痛苦小、医疗费用少等优势。

目前该项技术已在中国、美国、欧盟获得7项发明专利,在15个国家获得医疗器械注册证。在全国1373家医院已成功实施4万余例手术,在德国、英国、俄罗斯等18个国家和地区的327家医院已实施了2万例手术。此新技术使得90%的先天性室间隔缺损患者不必再受动"大刀"之苦,即可以实现治疗目的。

功能性高分子聚氨基酸生物制备关键技术与产业化应用(主持完成项目)

南京工业大学
南京轩凯生物科技有限公司
绿康生化股份有限公司
徐　虹　冯小海　李　莎　梁金丰　仲兆祥
李俊辉

该项目经过10余年研发,项目发明了基于菌株生理和产物特征的菌种高通量筛选方法,获得了高产菌种,解决了高黏体系溶氧传质困难与菌体ATP合成低下的问题,建立了面向不同市场用途的产物提取工艺,通过共性关键技术的集成,形成了具有国际竞争力的生物制备聚氨基酸新产业。项目研究过程形成了产品制备及下游应用专利群,申请专利23项(其中PCT专利2项),授权发明专利21项,发表学术论文56篇,SCI论文21篇,出版学术专著2部。创造性地将γ-聚谷氨酸应用于肥料增效,并成功地将聚氨基酸产品应用于国内外知名的日化产品中,打破了国外企业的垄断,具有显著的经济和社会效益。

高性能大型振动筛关键技术及其应用(主持完成项目)

中国矿业大学
鞍山重型矿山机器股份有限公司
中煤科工集团唐山研究院有限公司
赵跃民　刘初升　张成勇　杨永柱　李凤明
段晨龙

该项目从2000年起致力于开发高性能大型振动筛,发明了世界上第一台高性能超静定结构大型振动筛,发明了世界上筛分面积最大(56.5平方米)的双层振幅递减椭圆振动筛。这一设备具有处理量大、可靠性高、寿命长、运行稳、高效节能的优点,已在云南东源煤电集团等全国297家单位应用595台,并出口澳大利亚,年筛分煤炭约5亿吨,占全国原煤入选量的25%。

可控结构吸附材料构建及控制油类污染物的关键技术(主持完成项目)

苏州大学
苏州天立蓝环保科技有限公司
路建美　徐庆锋　蒋　军　李　华　陈冬赟
李娜君

该项发明俗称"吸油宝",外形是酷似海绵的白色绒布,眨眼间就能"吞"光油污,还能将吸附的油类物质"吐"出来再利用。

该项目的研发历经20多年,创建了网络空间新结构,发明了分子协同新机理,而且为环保油污染物控制及资源化回收提供了新材料和新装备。团队研发出的吸附材料可以被广泛应用于突发水污染事故治理,各种有毒工业废水、废气处理等领域,已申请国内外发明专利19项、授权10项,其中包括了1项美国专利。

新型淀粉衍生物的创制与传统淀粉衍生物的绿色制造(主持完成项目)

江南大学
西王集团有限公司
齐鲁工业大学
诸城兴贸玉米开发有限公司
金征宇　顾正彪　徐学明　李　伟　崔　波
邱立忠

该项目针对淀粉深加工领域新型淀粉衍生物品种少和传统淀粉衍生物制造存在能耗高、污染重的问题,长期从事2个方面的研究:一是发明新技术,创制新型淀粉衍生物系列专用变性淀粉、胶黏类淀粉衍生物,系列分支环糊精等,提高了淀粉附加值,满足行业需要;二是创新工艺,节能减排,实现传统淀粉衍生物的绿色制造。相关技术进行产业化推广后产生了良好的经济、社会和生态效益。

基于干法活化的食用油脱色吸附材料开发与应用(主持完成项目)

江南大学

合肥工业大学

淮阴工学院

王兴国　陈天虎　金叶玲　刘元法　黄健花　陈　静

该项目主要是研究油的吸附机制以及脱色对油品品质的影响。日常食用油都需要经过吸附脱色这一关键工序,目的是去除油中的色素和其他有害杂质,其效果优劣将直接影响食用油终端产品的质量与食用安全性。传统脱色吸附材料是以膨润土为原料,食用油吸附脱色时存在选择性差、吸油率高、副反应(氧化、异构化、环化)严重和过滤性能差的缺点。该项目进行了凹凸棒石黏土的显微结构、纳米效应及表面特性的研究,并最终开发出了适用于食用油脱色的“凹土”吸附材料。

该项目成功培育了7家高新技术企业,生产的吸附材料及脱色新工艺已大规模应用于国内多家大型企业,如“金龙鱼”“福临门”“金鼎”等著名品牌以及大型跨国公司美国嘉吉公司的食用油生产。新技术也让企业实实在在地享受到了技术升级的好处,由于滤饼残油降低,企业每年可以节约食用油3万吨,另外减少抗氧化剂外加量200吨,减少废水排放1200万吨/年,还能大幅提高食用油品质和安全性、降低消耗和生产成本。

耐烧蚀复合材料用碳纤维多向预成型体结构设计、控制、制备及应用(主持完成项目)

中材科技股份有限公司

河南科技大学

朱建勋　蒋　云　马文锁　吴　超　唐亦囡　王　宇

耐烧蚀复合材料的性能是航天飞行器先进性与可靠性的决定因素之一,现代飞行器距离增加、速度加快,对耐烧蚀复合材料需进一步实现轻质高强、耐烧蚀等要求。该项目成果系统研究了三维编织预成型体结构设计、控制、制备及应用技术,发明的可变微单元技术、减细纤维束编织技术、锥形预成型体微结构等技术达到国际领先水平,形成了完全自主知识产权的三维多向预成型体设计、研制、生产体系,打破了国外的技术封锁,提高了中国耐烧蚀复合材料研究和应用水平。取得授权发明专利4项,登记软件著作权4件,发表研究论文10余篇,项目成果先后在多个重点航天飞行器获得成功应用,为中国航天飞行器小型化、增程发挥了关键作用,意义深远,效益巨大。

高稳定高耗散减振材料制备关键技术与装置开发及工程应用(主持完成项目)

东南大学

中国科学技术大学

无锡市弘谷振控技术有限公司

徐赵东　龚兴龙　韩玉林　费树岷　杨建刚　王鲁钧

自然灾害是建筑的天敌。如何有效增强建筑物抗震能力,是世界建筑学者面对的一道难题。为得到高稳定高耗散减震材料,该项目先后研制180多种黏弹性减震材料和160多种磁流变智能材料、开展2万多种工况的减震器性能试验。历经12年艰苦探索,该项目解决了减震材料、装置的若干关键问题,使土木结构地震或风振反应减少40%~60%,该技术已运用在上海崇明长江大桥、西安富锦佳苑等重要工程中。

微波消融设备的研发与临床应用(参与完成项目)

南京康友微波能应用研究所

江荣华

该项目组自主研发了水冷微波消融针,攻克微波电缆、温度数据线缆与水冷却管三线一体以及针状电小辐射天线的技术难关和复杂工艺,实时监控杆温的同时缩小了针杆外径,扩大了消融范围,使得消融治疗更加精细、安全、高效。水冷微波消融针获国家发明专利1项,也是目前国内医疗器械中唯一获得批准的类可临床使用的微波针。

针对温度调控和致热效率问题,南京康友自主研发了温控水冷微波消融仪,发明了同机双频输出全固态微波源,保证了微波的稳定高效传输,显著扩大了消融范围,增强了凝血管能间,提高了富血供和大肿瘤的灭活能力。微波消融仪获国家发明专利1项,也是医疗器械中首个获CFDA批准的Ⅲ类临床应用的微波消融仪器。

该项目成果完全是自主的原始创新,实现了先进微波消融设备的中国创造并占据国内市场,打破了进口射频消融设备的垄断局面,推动了民族医疗器械产业的发展。

主动对象海量存储系统及关键技术(参与完成项目)

中兴通讯股份有限公司

叶郁文

该项目在国际上率先提出"主动对象"作为存储接口的思想,将传统存储的被动响应主机请求彻底改变为主动服务于复杂应用环境,打开了信息存储系统智能化发展的新方向。由此,信息存储系统变得非常"聪明",能自动对用户存入的信息进行分类、筛选、合并、碎片整理等工作,然后把经过整理的信息用最合适的方式放置到最合适的位置,以方便用户日后快速查找和调用。

低热阻高光效蓝宝石基GaN LED材料外延及芯片技术(参与完成项目)

扬州中科半导体照明有限公司

王国宏

该项目历经10余年自主攻关,在半导体照明基础材料、新型器件集成技术方面取得一系列重大原创性技术发明:国际首创新型复合光学膜结构及制备技术,突破了传统金属反射镜反射率的制约;国际首创金属复合衬底结构,相关指标为国际最好水平;创造性提出金属极性面极化诱导p型掺杂技术,攻克了氮化物p型掺杂效率低这一世界性难题,相比常规技术空穴浓度提升一个数量级;提出了微纳图形衬底二次成核技术,首次在纳米图形衬底上外延出高质量高铝组分氮化物材料,AlN、GaN材料质量为国际最好水平。主要发明点均为国际首创,器件发光效率超过160lm/w,经查新及鉴定为国际最好水平。该项目建立了完善的技术发明创新体系,申请专利180项,其中授权47项,包括2项美国发明专利,解决了中国在大功率LED领域核心专利缺失的关键问题,有力地支撑了产业发展,项目合作完成单位三年累计直接销售总额达到11.98亿元,成果在北京奥运会、人民大会堂、京沪高铁等国家重大工程得到充分展示。通过该项目实施,极大地推动了中国LED产业从无到有的跨越,促进了产业链向高端发展,经济和社会效益显著。

2014年度国家科学技术进步奖
(江苏省获奖项目)

Awards of 2014 National
Science & Technology Progress
(Jiangsu Province)

特等奖

超深水半潜式钻井平台"海洋石油981"研发与应用(参与完成项目)

江苏亚星锚链股份有限公司

无锡市东舟船舶附件有限公司

江苏科技大学

南海深水油气资源丰富,是中国油气资源的战略接替区,却受制于深水装备的缺乏。2006年起,上海外高桥造船有限公司、中国海洋石油总公司组织国内百余家单位组建了5000人的研究、设计、建造、调试和运营一体化研发团队,成功研制了具有世界先进水平的中国首座超深水半潜式钻井平台"海洋石油981",使中国成为继美国、挪威之后第三个具备超深水半潜式钻井平台设计、建造、调试、使用一体化综合能力的国家。

该项目首次建立了考虑南海内波流等特殊灾害环境条件的超深水半潜式钻井平台理论研究方法和设计技术体系,创新研发出针对中国南海环境条件的钻井平台新船型。平台工作水深3000米,钻井深度10000米,可变载荷9000吨,综合性能指标世界领先;首次建立基于海洋环境与钻井工况耦合作用下的隔水管理论分析方法与实验技术,可有效防范类似墨西哥湾BP井喷事故的发生。而且,超深水半潜式钻井平台总装的建造和配套技术体系,达到国际先进水平。

作为中国南海油气资源开发的主力装备,投资60亿元的“海洋石油981”号已成为名副其实的南中国海上流动“国土”。其建成交付与开钻,填补了中国在深水钻井特大型装备项目上的空白,标志着中国深水油气资源的勘探开发能力和大型海洋装备建造水平跨入世界先进行列,对于提升中国在周边海域资源开发的话语权、实现国家能源战略规划目标、维护国家海洋权益具有重要意义。

一 等 奖

现代预应力混凝土结构关键技术创新与应用(主持完成项目)

东南大学
同济大学
中国建筑股份有限公司
中交公路规划设计院有限公司
中国建筑科学研究院
柳州欧维姆机械股份有限公司
西部中大建设集团有限公司
中国建筑第八工程局有限公司
中国建筑一局(集团)有限公司
吕志涛 薛伟辰 蒋立红 张喜刚 冯大斌
孟少平 朱万旭 程建军 苏如春 贺志启
潘钻峰 王景全 刘 钊 郭正兴 冯 健

该项目成果已经运用于南京奥体中心超大面积平台、苏通大桥连续刚构、上海磁悬浮、沙特SCC筒仓等百余项重大工程。所谓的预应力,如果形象说来就是几片木板制成的桶容易漏水,假如外面用铁箍形成一个加固的力,就能使得木片紧紧匝到一起,这个铁箍的功能就相当于是“预应力”。由于混凝土材料的抗拉强度只有抗压强度的十分之一左右,因此一般情况下,普通混凝土材料在拉伸至20~30米就达到了极限,例如无法造出桥梁整体结构或建筑本身因开裂而垮塌;而在其中施加了预应力技术,则不仅可以延长跨距至200~300米,还可节约建筑钢材和混凝土用量的20%~30%,显著减少碳排放量,满足资源节约和环境保护等国家战略需求。

20世纪90年代以来,中国工程建设规模举世瞩目,大跨、超长、重载与特种结构以及核电、磁悬浮等高新技术工程,对现代预应力技术提出了前所未有的挑战。经过10余年的研究,该项目实现了预应力结构理论、病害控制、抗震减灾、核电安全等领域的突破。

该项目主要成果构建了以13部国家标准为支撑的中国预应力混凝土结构标准体系,出版著作8部,近3年新增产值41亿元;还建设了“国家预应力工程技术研究中心”和“混凝土及预应力混凝土结构教育部重点实验室”2个创新基地,引领了中国预应力科技发展。

600℃超超临界火电机组钢管创新研制与应用(参与完成项目)

扬州诚德钢管有限公司
张怀德

600℃超超临界火电机组是当前世界上最先进的商用燃煤发电技术,其良好的节煤减排性能,广受世界各国青睐。21世纪初,随着国家能源战略的推进,中国着手600℃超超临界机组发电厂建设。由于其用锅炉管在高温(600℃)、高压(30MPa)、多种腐蚀(流动超超临界蒸汽+高温煤灰)环境下,长期(30年)服役需极高的组织和性能稳定性,制造难度大,国内无法组织生产。若从日本和欧洲进口,价格高,供货难以保证,从而制约了国内电厂建设。为此,国家科技部于2003年和2007年先后设立国家重点项目,组织由宝钢、钢研总院、国内著名锅炉厂等单位组成产学研用联合攻关组,围绕600℃超超临界火电机组锅炉管技术开展攻关。

经十余年艰苦努力,攻关组攻克了成分分析、冶炼技术、技术性能及轧制技术等方面的难题,逐步实现了中国超超临界火电机组关键锅炉管从无到有、从有到全、从全到优的历史性跨越。在国内率先建立了18%Cr奥氏体钢管无晶间腐蚀的窄成分范围和7~8级晶粒度控制技术,成功研发了9%~12%Cr马氏体钢管无δ铁素体成套工艺技术,首创高合金锅炉管“高效连续化”生产控制技术,自主设计、制造和集成了2条专用生产线,设计制造了锅炉管环境腐蚀性能评价设备,制订了国际第一个锅炉管蒸汽腐蚀评价行业标准,并形成专利80项(其中发明专利31项),企业技术秘密38个,修订国家标准2项,制订行业标准2项,出版专著4部、发表论文134篇。

该项目实现了600℃超超临界机组全套钢管的大批量供货能力,使中国电站用钢管技术跃居国际先进行列,保障了国家能源安全和能源战略发展。5年中,中国600℃超超临界机组单位造价降低了20%。如今,国产高压锅炉管国内市场占有率从27%跃升到86%,彻底改变了世界锅炉管市场格局。

极端条件下重要压力容器的设计、制造与维护(参与完成项目)

中国石化集团南京化学工业有限公司

韩　冰

该项目历时9年,攻克了极端条件下压力容器的技术难题,建立极端压力容器设计制造与维护方法,修订3项国家安全技术规范,制订、修订9项国家技术标准和3项行业技术标准,完成6类重要压力容器首台(套)国产化研制,打破了国家重大工程建设领域急需的重要压力容器依赖进口的局面。项目研制的重要压力容器在能源工业领域40多家企业应用,为中国特种设备万台设备事故起数与死亡人数逐年下降做出了突出贡献。据不完全统计,通过项目成果的推广应用,近3年取得直接经济效益约32.8亿元,间接经济效益和社会效益更为显著。

特厚煤层大采高综放开采关键技术及装备(参与完成项目)

中国矿业大学

该项目有效解决了全国特厚煤层高产、高效、高回收率、安全开采等技术难题,填补了国内特厚煤层开采的技术空白。项目研发过程中,共获得授权专利22项、实用新型专利61项,制定行业标准15项,出版专著6部,发表相关文章237篇,从开采到技术装备均具有自主知识产权,达到国际领先水平。

二 等 奖

超高性能混凝土抗爆材料成套制备技术、结构设计及其应用(主持完成项目)

东南大学

中国人民解放军理工大学

江苏省建筑科学研究院有限公司

江苏苏博特新材料股份有限公司

孙　伟　方　秦　刘加平　张云升　刘建忠

戎志丹　吴　昊　周华新　秦鸿根　陈惠苏

该项目主要针对目前超高强混凝土存在的制备和养护工艺复杂、无法使用粗集料、造价高,难以满足现场大规模施工的要求,抗超高速侵彻能力的提升受限,推广使用难等问题,在国际上率先系统开展了超高性能混凝土抗爆材料成套制备、结构设计及应用的关键技术研究,在混凝土抗爆材料的超高强、超高韧、超高抗力等方面取得了一系列原创性成果。研究成果满足了工程防护的重大战略需求,推动了超高性能混凝土产业的自主创新与技术进步,具有良好的经济效益与社会效益。

服务"三农"的安全可信金融电子交易关键技术和应用(主持完成项目)

东南大学

江苏东大集成电路系统工程技术有限公司

时龙兴　杨　军　李　杰　王　超　卜爱国

曹　鹏　胡　晨　田有东　单伟伟　刘新宁

该项目历经多年研发与试点,目前已应用于全国31个省市自治区,成为农村保有量最大、覆盖面最广的专用电子交易终端,交易系统安全无故障运行9年以上,支持助农取款、小额贷款、新农合、新农保、农资直补等30多种农村特色业务,超过6000万农户、2亿农民足不出村享受了现代金融服务。

复杂河网多目标水力调控关键技术与应用(主持完成项目)

河海大学

中水淮河规划设计研究有限公司

浙江大学

安徽省(水利部淮河水利委员会)水利科学研究院

淮河流域水资源保护局

唐洪武　王船海　肖　洋　何华松　郑金海

王玲玲　顾正华　虞邦义　张　蔚　程绪水

该项目结合淮河、太湖等流域规划、防洪除涝、水污染控制、水资源调配等实践,历经10余年,开展了产、学、研联盟协同攻关,构建了一套复杂河网工程调控与水动力耦合互馈精确模拟方法,建立了多目标水力调控决策方法和成套实用技术,解决了调控规模大、要素多、目标多、决策实时性强等难题。成果获发明专利4项,发表论文70余篇;部分成果被国家、行业标准和设计手册采纳。研究成果成功应用于淮河、太湖、珠江、上海世博园等流域30多个复杂河网多目标调控中,实现了水动力时空分布再构造,满足了水问题综合治理需求,近3年节省工程投资及运行管理费3亿多元,防洪、水环境等综合效益数十亿元,社会效益明显。

脑梗死血管学特征谱的新发现与血运重建治疗的新策略(主持完成项目)

中国人民解放军南京军区南京总医院

北京大学

香港中文大学

刘新峰　刘国庆　梁慧康　徐格林　史兆荣

樊新颖　朱武生　马敏敏　殷　勤　张仁良

该项目首先明确了我国脑梗死的血管学特征谱。率先构建了我国规模最大、随访时间最长的研究平台——南京卒中注册和首个网络化、开放式卒中血管内治疗信息共享平台——中国卒中介入注册。据此,发现了我国脑梗死的血管学病变特征分布谱,首次明确了大动脉粥样硬化是我国脑梗死的首要病因,也是影响预后和复发的关键因素,并提出了脑梗死血管学分层诊断的理念,建立了相应的诊断标准,为脑梗死个体化治疗提供了依据。

其次,创建了多模式血运重建治疗的新策略。首创了基于压力导丝和光学断层成像的脑血管功能和结构评估方法,确立了反映高危人群血流储备的临界值。在此基础上,创建了脑梗死多模式血运重建治疗的新策略,成功应用于13207例患者,危重脑梗死患者的死亡率下降了一半,良好预后率提高了近一倍。构建了我国规范化的脑血管介入治疗体系,主持制定了中华医学会《中国缺血性脑血病血管内介入诊疗指南》。

此外,该项目发现了预防血运重建后血管再狭窄的新方法。针对血管再通后易发生再狭窄的难题,在国际上首次发现了再狭窄发病机制的三条关键通路,为临床干预提供了新靶点。据此首次提出并证实了强化他汀治疗可预防颅内外动脉支架置入后再狭窄。1年再狭窄率、卒中复发率均下降了约一半,进一步提高了血运重建的远期疗效。项目组受国家卫计委委托,主持制定了《中国脑卒中血脂管理指导规范》。

在整个项目完成阶段,团队各成员共发表论文543篇,其中SCI论文147篇,IF>5的29篇,总IF 554。受主编国际血管与介入神经病学学会(SVIN)官方杂志 *Interventional Neurology*。成果在全国102家医院推广应用,累积救治患者2.7万余例。

南海及周边地区遥感综合监测与决策支持分析(主持完成项目)

南京大学

中国科学院地理科学与资源研究所

中国南海研究院

中国科学院南海海洋研究所

国家海洋局第二海洋研究所

李满春　吴士存　苏奋振　刘永学　程　亮

周成虎　赵焕庭　毛志华　沈固朝　李飞雪

该项目研究取得了从动态监测技术、到综合数据仓库,再到评价模型库群,最后集成到决策支持平台的一系列成果;建成了南海及周边地区长时间序列、全覆盖的对地观测数据集与遥感信息产品集,总数据量达TB级;开发了岛礁、石油开发平台等专题目标遥感信息提取与反演系列算法,构建了岛礁战略地位评价、航道安全评价等成系列遥感评价模型;实现南海遥感从局部到整体、从静态到动态、从单一到系统的技术与服务跨越。

该项目实现了多方面的科技创新:一是突破异质、时变环境下南海自然与人工目标识别关键技术,系统构建适用于多平台、多尺度遥感监测的南海珊瑚岛礁地貌分类体系,实现南海遥感动态监测;二是突破资料诊辨、过程重建、时空基准统一、地理关联匹配等数据建库关键技术,建成“陆海兼备、历史与现状统一、自然与人文融合”的南海综合数据仓库;三是突破南海分析评价模型库群研建关键技术,研发具有自主知识产权的南海综合决策支持分析平台,编制《中国南海主权态势演变图集》。

试油测试技术的创新与应用(工人农民创新项目、主持完成项目)

中国石油化工股份有限公司江苏油田分公司

田　明

试油测试工艺的创新,解决了常规工艺在射孔、测试、抽汲、取高压物性样品等诸多环节的受限问题,让试油测试的精度更高,应用范围更广,获取的资料更全更准。2011—2013年,为江苏油田东台坳陷沙埝构造、高邮凹陷花庄构造等7个区块探明地质储量提供了精确的测试数据。该项目系统解决了油田井下作业的5项行业难题,不仅在国内得到应用,其部分技术已在德国、俄罗斯等国家推广,直接创效6800万元,间接创效7000万元。

优质草菇周年高效栽培关键技术及产业化应用(工人农民创新项目、主持完成项目)

江苏江南生物科技有限公司

姜建新

该项目以草菇栽培设施、生产工艺、菌种选育、加工技术等为突破口,自主发明了草菇周年栽培房,制定了无公害草菇室内栽培技术规程,成功实现了草菇反季节、周年化生产,而该项目近年来共获得9个专利成果。

江南生物科技有限公司日产草菇超过3吨,为加快科研成果的推广利用,自2004年起,江南生物科技有限公司为菇农提供菌种、物料和回收服务,形成了资源共享机制。同时通过实施“订单农业”和“企业+专业合作社+农户”等模式,带动了省内外3000余户农民开展草菇周年化生产,走种菇致富之路。目前,草菇已成为丹阳一大优势特色产业。

该项目打破了草菇传统栽培的地域、季节、气候等自然因素限制,实现周年化生产,令中国的草菇栽培过长江、跨黄河、越长城变成了现实。

高效能棉纺精梳关键技术及其产业化应用(主持完成项目)

江苏凯宫机械股份有限公司

中原工学院

江南大学

上海昊昌机电设备有限公司

河南工程学院

任家智　苏善珍　崔世忠　高卫东　张立彬

谢春萍　张一风　马　驰　钱建新　贾国欣

该项目在优质化、高速化、高适纺等方面实现了突破,具有高速、高效、优质、节能等特点,在棉结杂质排除率、国产精梳机车速、对纤维原料的适纺性等重要技术指标上,均达到或超越了国外一流精梳机水平。该项目获国家授权专利28项,其研发成功标志着中国精梳机生产技术达到了一个全新的高度。

目前,该项目成果已成功实现产业化。自2011年至项目申报时,该项目产品已在国内25个省市、106家纺织企业使用,并远销国外。

高效离心泵理论与关键技术研究及工程应用(主持完成项目)

江苏大学

江苏振华泵业制造有限公司

利欧集团股份有限公司

新界泵业集团股份有限公司

重庆水泵厂有限责任公司

山东博泵科技股份有限公司

陕西航天动力高科技股份有限公司

袁寿其　刘厚林　袁建平　孔繁余　谈明高

张金凤　汤　跃　王　洋　董　亮　曾　培

针对国防和工业领域急需解决的离心泵重大技术难题,为打破西方对尖端国防特种泵产品的技术封锁,实现重大工业泵产品替代进口,缩小与国外的技术差距,项目组依托国家水泵及系统工程技术研究中心、流体机械及工程国家重点学科,在国家杰出青年基金、“863计划”等近10个国家和省部级课题的资助下,对离心泵理论、关键技术和高端特种产品进行了全面、系统、深入的研究和推广应用。

该项目提出和创新了离心泵现代水力设计技术,研发的6种高难离心泵产品的技术达到了国际先进水平,实现离心泵系统节能15%以上。该项目获2013年教育部科技进步一等奖,还授权发明专利13件和软件著作权7项,制修订行业标准4部,发表学术论文96篇,其中被SCI和EI检索76篇,出版著作4部。

该项目研究成果已先后转让、应用和技术辐射了江苏、浙江、山东、重庆、陕西和辽宁等10多个省市的100多家企业,并被美国ITT、日本新明和、德国KSB以及丹麦格兰富等国外著名离心泵生产企业采用。

高端重载齿轮传动装置关键技术及产业化(主持完成项目)

南京高速齿轮制造有限公司
重庆大学
郑州机械研究所
杭州前进齿轮箱集团股份有限公司
刘建国　秦大同　王长路　刘伟辉　朱才朝
何爱民　刘忠明　李华斌　袁包钢　石万凯

该项目在重载齿轮传动创新设计、振动噪声抑制、高效高品质制造、性能评价等方面取得了重大突破,开发了三大类40余种规格的高端重载齿轮传动产品,打破了欧美等发达国家的技术垄断,彻底改变了高端重载齿轮传动装置依赖进口的局面,支撑了中国风电机组、大型船舶、海洋平台等高端装备的升级和发展。

抗精神病新药奥氮平及其制剂的研制和应用(主持完成项目)

江苏豪森药业股份有限公司
上海医药工业研究院
中国药科大学
岑均达　钟慧娟　王广基　吕爱锋　洪文华
赵军军　孙长安　肖　军　陈亭亭　陈刚胜

作为重性精神疾病之一,精神分裂症患者约占精神科住院患者的一半以上。传统国产精神分裂症治疗药物,如氯丙嗪、氟哌啶醇等,有效率为55%左右,不可逆迟发性运动障碍发生率达7.5%,严重影响患者的服药依从性。虽然新型药物奥氮平治疗有效率高,并被纳入医保,但因价格不菲,给患者和国家医保带来沉重负担。

为解决上述问题,该项目针对奥氮平生产工艺条件苛刻,副产物多,原研公司对于原料药晶型专利封锁,所用物料危险性高等技术难题,进行产学研攻关。通过工艺创新,该团队研究出全新的合成路线和工艺,研制出适合药用的全新晶型及特有的制剂技术,研发出新型取代和还原环合工艺,生产安全、环保。2001年年底,欧兰宁获得新药证书和生产批件,打破国外技术壁垒,成为首个获得国家正式批准生产的国产奥氮平片。

截至目前,该项目成果已获国家发明专利5项、新药证书2项,主持制定国家标准2项。2011—2014年,该药累计实现销售额28.9亿元,利税10.1亿元,节约社会成本近43.4亿元。2012年,该药市场占有率高达71.9%,经济效益、社会效益显著。

黄淮地区农田地力提升与大面积均衡增产技术及其应用(主持完成项目)

中国科学院南京土壤研究所
河南省农业科学院
河南省土壤肥料站
河南农业大学
扬州市土壤肥料站
中国地质大学(北京)
张佳宝　黄绍敏　林先贵　曹志洪　孙笑梅
刘建立　谭金芳　张月平　丁维新　马政华

跨越河南、山东、江苏、安徽4省的黄淮地区,地势平坦,水热资源胜过北方,光照资源优于南方,是中国的重要粮食主产区,但却同时又分布着上亿亩的中低产田。该项科技成果以缩小中低产田与高产田差距,实现大面积均衡增产,全面提升黄淮平原地区粮食增产潜力为主要目标,针对该地区中低产田治理和高标准农田建设中面临的一系列瓶颈问题,开展了历经10余年的系统研究,在以下多个方面取得了的重要创新成果:

一是最先研究了潮土质量及其演变规律,发

现微碱性土壤因能中和化肥酸化,避免了长期(平衡不过量)施用化肥引起的系列土壤退化过程,修正了“长期施用化肥不能持续”一概而论的观点。新认知了土壤基础地力由速效性和稳定性2部分组成,速效性部分占比越高对化肥依赖越强,由此明确了培育地力的核心任务是土壤障碍因子的消减和稳定性地力部分的提升。

二是通过实现叠加求交划分地力评价单元和多法耦联的属性赋值的技术创新,突破了高分辨率壁垒,开发出了地块级县域耕地信息管理和地力评价系统,并被全国农业技术推广中心推荐,在全国2000多个县推广应用,为详细划分中国耕地地力等级和弄清障碍因子分布情况提供了强有力的技术支撑。

三是提出了土壤障碍因子分类消减法,针对旱、渍、坡等衍生性土壤障碍因子研发了现代标准化的长效控制共性技术,针对沙、黏、碱、瘠等土壤属性障碍因子研发了专性靶向技术,并在实践中分类别进行了障碍因子的定向消减。还发现通过采取调低O_2分压、激发和驯化有机质积累微生物群落、减少物理干扰等措施,能够有效增进土壤有机质积累、团聚体形成、生物活性增强。同时研发了激发式秸秆还田、五季连免一季深翻、增施土壤养分活化增效剂等培育地力技术,发明了高腐解菌有机肥生产连续好氧快速发酵技术,解决了激发式秸秆还田高腐解菌有机肥源问题。

四是研发了与地力培育协同的水肥高效与作物高产关键技术,其中包括地块级数字化测土配方施肥技术、智能配肥机、高效能配方肥,以平衡促增效防退化;与控旱涝渍障碍协同的灌溉水输-灌-耗多级增效技术;与土壤地力特征相协同的品种适应性差异潜力挖掘技术。这些技术的推广应用有效促进了地力提升与水肥高效利用实现双赢。

五是提出了地力提升关键技术分层次集成、接力式推进、后台信息高技术支撑前台的创新思路,通过后台高新技术服务,支持田间一体化精准操作,创建了既轻简又现代化的中低产田“地力-产量双跨越技术体系”,实现了黄淮地区农田大面积均衡增产增效。

该项科技成果共取得48项知识产权,其中授权发明专利16项、授权实用新型专利10项、软件著作权21项,制定行业标准1项。在EST、SBB、土壤学报等学术期刊发表论文227篇,其中SCI论文68篇。同时还先后获得省级科技进步一等奖1项、二等奖1项、农业部丰收一等奖1项。该项目形成的地力-产量双跨越综合技术已被河南省政府采用,并在全省16个粮食生产大县建立了县域推广样板,有效带动了全省的均衡增粮;数字化测土配方施肥技术也已被江苏和河南两省农业主管部门采用并全面推广;激发式秸秆还田技术还被农业部科教司推荐在黄淮海平原小麦种植区推广应用。据不完全统计,该项科技成果在近3年来累计有效推广面积1380万公顷(2.07亿亩),新增粮食产量60.7亿公斤,产生直接经济效益156.7亿元。可以预见,该项技术体系对中国中低产田治理、地力提升、水肥高效利用和大面积粮食增产等方面有着广阔的应用前景。

小麦种质资源重要育种性状的评价与创新利用(参与完成项目)

江苏省农业科学院

蔡士宾

该项目针对小麦种质资源研究与育种需求相对脱节的主要问题,以“九五”以来国家科技攻关(支撑)项目为依托,围绕不同生态区重要育种性状,建立稳定的研究团队,在小麦种质资源深入研究与有效利用等方面取得了实质性突破。

1. 研制重要性状鉴定新技术12项,突破了复杂性状鉴定结果重复性差的技术瓶颈,为获得目标性状明确的优异种质奠定了技术基础。针对多基因控制的复杂性状鉴定结果重复性差的难题,研发了赤霉病、纹枯病、穗发芽、盐害以及高、低分子量麦谷蛋白等复杂性状鉴定新技术6项,并在小麦主产区7个试验点建立了完善的重要性状高效精准评价技术体系;为解决黑麦R基因组和长穗偃麦草E基因组在小麦改良中依赖细胞学检测,技术难度大且费工费时的难题,开发出基于分子标记的快速、准确检测技术6项。利用这些新技术,系统评价了12859份种质资源,鉴定出具有2个以上重要育种性状的优异种质687份,复杂性状的鉴定结果可以在7个环境下重复验证,证明了该项目建立的高效精准评价技术体系的科学性与可靠性。

2. 创制新种质112份,发掘新基因67个,为向育种提供目标性状明确的优异种质、满足育种需求奠定了物质基础和战略储备。针对育种需求,通过品种间杂交,创制新种质84份;通过远缘杂交,将来自小麦族6个属、10个种中的优异基因转入普通小麦,创制新种质28份;发掘高产、优质、抗病虫、抗逆、资源高效等新基因67个,并建立了紧密连锁分子标记;从圆锥小麦中发掘出抗麦长管蚜新基因RA-1,填补了中国缺乏抗性基因的空白;根据不同生态区育种要求,以及新种质在7个环境下的表现,提出不同新种质、新基因的有效利用途径,为基因布局育种、控制生物和非生物灾害提供了理论依据、技术支撑和物质基础。

3. 创建种质资源高效利用技术体系,育成新品种38个,累计种植面积1093.33万公顷(1.64亿亩),开辟了作物种质资源与育种紧密结合、协调发展的新模式。针对种质资源研究与育种需求相对脱节的问题,创建了"鉴定新技术研发→精准评价→创制新种质→遗传分析→新基因→分子标记→田间展示→育种家自主选择→无偿提供→相互反馈相关信息"的种质资源高效利用技术体系,提升了种质资源解决育种与生产重大需求的研究水平,解决了公益性种质资源研究与市场化育种之间有机联系的难题。利用该项目17份优异种质培育新品种38个,累计种植面积1093.33万公顷(1.64亿亩),取得社会经济效益90.2亿元。其中,利用小麦-易变山羊草创新种质,培育出中国第一个抗禾谷孢囊线虫新品种"科成麦2号";利用新种质"宁麦资25",育成全国推广面积最大的弱筋品种"扬麦13";利用新种质"泰农2413"培育的高产优质抗倒新品种"泰农18",已成为山东省第二大品种,该省农业厅组织连续3年3点实打亩产均超过738公斤。

该项目获国家发明专利10项、植物新品种权6项、行业标准1项,发表论文128篇,其中SCI论文99篇,出版专著1部,获省部级科技一等奖励2项。

杨树高产优质高效工业资源材新品种培育与应用(参与完成项目)

南京林业大学
潘惠新

杨树是中国人工林主要造林树种,木材产量约占全国木材总产量的三分之一,不仅是中国平原木材加工产业的主要资源,而且在保障国家木材安全战略中占有重要地位。该项目就是针对中国杨树人工林生产力低、材质不能满足加工需求及品种老化单一等问题,经多家单位几代杨树育种人历时近20年的合作攻关,在其育种理论与技术方法、优良品种创制、种质资源创新、品种应用推广等方面取得了重大突破,主要体现在以下几方面:

1. 首次将生态育种理念应用于杨树良种选育,并划分出了中国杨树九大育种区,创立了亲本、组合、无性系选择三位一体的多级选种程序和资源高效型品种评价指标体系,开发出了重要性状功能分子辅助早期选育技术,突破了高效快速培育优良品种关键技术瓶颈,建立了现代杨树育种体系。

2. 首次从全自然分布区多水平收集中国极端缺乏的高生产潜力黑杨派种质资源,分7个气候生态区建立了8个黑杨种质资源保存库,系统评价并构建出了核心育种资源群体,突破了制约中国杨树育种有效资源匮乏的"瓶颈"问题,开创了中国杨树育种高效、持续、发展新局面。

3. 提出了分区专适新品种群创制,选育出了适于中国东北、华北、西北、江淮及长江中下游等杨树主产区有地域特异性的高产优质高效工业资源材系列新品种30个,覆盖中国杨树主栽区面积80%以上,实现了杨树主栽区良种普遍的升级换代,提升了中国杨树产业化能力及国际竞争力。

4. 提出了品种与栽培模式同步评选,创建了良种与良法配套同步推广应用新模式,显著提高了良种转化效率。

成果选育出的30个新品种,其中渤丰1号、南林895杨、鲁林1号杨等5个品种获国家级及省级林木良种;凌丰1号、黄淮3号杨等15个品种获国家植物新品种权;京杨系列、西丰杨系列和南林杨系列品种分别获国家"九五""十五"科技攻关认定成果4项;"江淮2号杨""龙丰1、2号""通林7号杨""汇林88号杨"分别获地方科技鉴定成果4项;鲁林系列杨获山东省科技进步一等奖。30个新品种已在中国26个省区推广应用,面积达63.72万公顷,比当地主栽品种材积生长量提高11.1%~60.9%,年产木材1433.7万立方米,使中国现有杨树人工林产量提高20%以上,累计创产值252.93亿元,取得了巨大的经济、社会和生态效益。

非耕地工业油料植物高产新品种选育及高值化利用技术(参与完成项目)

中国林业科学研究院林产化学工业研究所
夏建陵　聂小安

该项目在国家"863"、国家科技支撑计划和省部级重大项目的支持下,针对中国非耕地发展工业油料产业存在高产品种缺乏、加工技术和装备落后、产业效益较低等难题,历时15年,在蓖麻、光皮树和油桐的高产新品种选育、非耕地密化栽培和油料高值化利用方面取得突破性成果,实现了非耕地油料植物的大面积种植和工业油料规模化加工利用。

该项目共选育出工业油料新品种22个,获国家发明专利24项,制订行业和企业标准5项,发表论文136篇(SCI/EI收录23篇),出版专著4部,鉴定成果12项。选育出的新品种在湖南、新疆、内蒙古、吉林等20个地区以及印度尼西亚、马来西亚等12个国家的山地、盐碱地等非耕地推广,累积推广约40.67万公顷(610多万亩);其油料加工技术及产品先后在湖南金德意能源油脂集团、北大未名集团、南京天力信有限公司等大型企业应用。各类产品近三年累计实现产值49.38亿元,新增税收1.43亿元,产生了显著的社会、经济和生态效益。

该项目的主要创新点:

一是首创了蓖麻纯雌系三系杂交育种新技术,选育出淄蓖麻8号等高产高含油新品种8个,亩产干籽303.6千克以上,较对照提高32.8%以上;运用无性系矮化育种技术选育出高产高含油的光皮树矮化新品种10个和油桐新品种4个,光皮树干果和油桐干籽亩产分别超过351.6千克和203.8千克。

二是研制出蓖麻、光皮树和油桐在非耕地规模化、集约化高产栽培技术体系。创立了蓖麻纯雌系工程化高产制种新技术,系统研究出新品种区域应用组合控制、株型调控和立地指数密度"三控制"高产栽培技术,产量比对照增加20.9%以上;攻克了光皮树组织培养、扦插和嫁接技术,工厂化年繁育苗木1600万株,创新集成品种矮化和砧木矮化栽培的"双重矮化"技术,实现了光皮树矮密化栽培,3年始果,5年达到盛果期,株高小于3.0米,产量比对照提高25.3%以上;建立了油桐花果调控高产栽培技术,坐果率提高16.7%以上。

三是发明了高含油、多双键和羟基活性官能团的工业植物油料清洁、高效制备技术,创建了蓖麻、光皮树和油桐油料理化性质的快速检测方法,发明了连续式低温压榨耦合多级逆流萃取制油技术与装备,实现了油料直接入料压榨以及油脂和磷脂等高附加值产品的同步提取,制油过程温度低于80℃,残油率小于1.0%,蛋白变性率低于5.2%,较传统技术节能10.3%以上。

四是发明了集气-液-固三相酯化、粗甲酯无水脱皂功效于一体的甘油沉降耦合连续酯交换技术制备生物柴油工艺,开发了耐低温柴油添加剂和生物柴油混配产品B5和B10,油脂单程转化率提高14.7%,能耗降低18.6%;创新集成油脂选择性加成定向聚合酰胺化等关键技术和制备工艺用于环氧结构胶和环氧沥青材料的耐高温低黏度聚酰胺固化剂产品;创新分子结构定向重组、高活性催化转化及高效多步合成技术,开发出替代石油的-60℃到60℃大跨度温度范围油脂基高性能绿色润滑油系列新产品。形成整体技术和产品链,实现工业油料植物的高值化利用。

中国植物油和石油对外依存度分别高达70%和60%以上,严重威胁到中国粮油和能源安全,工业油料植物产业已成为中国绿色增长的新方向,该项目选育出的新品种对土壤要求较低,在劣质土地如废旧矿区、盐碱地和重金属污染地区生产良好,一个最大的优势就是吸附土壤中的重金属,改善环境,可做到"不与粮争地,不与口争粮"。其产品除了服务粮油安全和能源安全外,还可应用于航空和军工领域。

东海区重要渔业资源可持续利用关键技术研究与示范(参与完成项目)

江苏省海洋水产研究所
汤建华

渔业资源是21世纪人类最重要的蛋白来源。世界各沿岸国为争夺海洋资源的管辖权和开发权,纷纷依据国际海洋法提出有利于本国的海洋专属经济区主张和严格的渔业管理制度。东海区海域辽阔,是我国海洋渔业资源最丰富、生产力最高的海区之一,长期以来海洋捕捞总产量占全国的40%~50%,在我国海洋渔业中起着举足轻重的作用。

该项目从国家战略需求出发,针对东海区渔业现状和特点,围绕重要渔业资源可持续利用,通过调查探测、评估分析、试验实践等相结合的综合手段,掌握突破了重要渔业资源变化规律、养护技术及渔业管理等关键科学技术问题,为重要渔业资源可持续利用提供了系统的理论、方法和技术支撑,促进了东海区重要渔业资源的可持续利用。

针对东海区重要渔业资源"家底"不清,全方位开展了重要渔业资源调查评估,确定了我国在东海的鱼源国主体地位,认知了主要渔场生态系统结构功能,掌握了重要渔业资源变化规律,并研发了渔业资源利用能力和渔场环境数字化监测评估系统,为制定积极稳妥的利用政策、科学合理的养护政策以及涉外海域的渔业谈判等提供了重要科学依据。

针对东海区重要渔业资源衰退与近岸海域生境"荒漠化"现象,全方位开展了重要渔业资源养护工程技术研发,完成了适宜增殖放流种类的筛选,突破了增殖放流关键技术,研发了人工鱼礁、人工藻场以及天然岛礁保护区建设关键技术,建立了增殖放流效果评价指标体系,组织实施了规模化增殖放流与生境修复示范区建设,增加了渔业资源补充量,改善了近岸海域生境"荒漠化"现象,为东海区重要渔业资源养护与渔业可持续发展提供了重要技术支撑。针对东海区重要渔业资源特点及渔业管理现状,全方位开展了重要渔业资源可持续利用管理策略研究,提出了建立东海区重要渔业种类种质保护区的建议,提出了"东海区伏季休渔方案"并系统解析伏季休渔制度的科学性和局限性,研制了《重要渔业资源品种可捕规格》国家标准,建立了海洋捕捞渔具准入制度,被国家渔业行政主管部门采纳并以法规形式颁布实施,多层面创新了渔业资源管理策略,为东海区重要渔业资源可持续利用提供了重要政策保障。

项目掌握突破了12项关键科学技术,筛选出增殖放流种类18个,研发新工艺、新技术或新装置等32项,获授权发明专利22项、实用新型专利28项、软件著作权2项,制定技术标准或规范12项,出版著作12部,发表论文232篇(其中SCI收录论文32篇、一级期刊论文88篇)。

形成的成果现已广泛应用于渔业管理、渔业生产、生态保护、涉外谈判、国防安全、科研教育等领域。

辣椒天然产物高值化提取分离关键技术与产业化(参与完成项目)

中华全国供销合作总社南京野生植物综合利用研究所
张卫明　赵伯涛

辣椒红、辣椒素是重要的天然功能提取物,广泛应用于食品、医药等领域。中国是辣椒资源大国,但传统上以初级加工及辣椒干出口为主,辣椒提取存在着周期长、提取率低、溶剂和能耗大的技术难题,质量安全难以保障,长期以来辣椒提取物依赖进口。针对以上难题,该项目历经10余年研究攻关、集成创新,研制开发出连续同步提取分离、一体化原料处理、质量控制等关键技术与装备,大幅提高了辣椒红、辣椒素提取率和产品品质。

该项目开发了连续同步提取分离技术与装备,建成了世界首条连续化、规模化辣椒提取分离生产线,单套设备日投辣椒颗粒由项目实施前的2吨提高到200吨,辣椒红、辣椒素提取率分别由82%、35%提高到99%、95%;日分离提取浓缩物由0.2吨提高到20吨,辣椒红中辣椒素含量由500毫克/千克降至5毫克/千克以下,溶剂消耗降低99.2%,能耗降低76.7%。突破了辣椒提取规模化生产的制约瓶颈,创新辣椒粉制粒技术,创新开发出集除杂、输送、破碎、筛分、干燥、磨粉、制粒、除尘于一体的技术与装备,建成业内首条规模化密闭型原料预处理生产线,并实现了清洁化生产。建立了辣椒从种植、采收、储运到加工全过程质量与安全保障体系,并制定了原料、产品和检测方法国家标准,所生产的辣椒提取物品质引领了国际高端产品市场。

该项成果完善了辣椒提取加工技术理论体系,突破了固有加工模式和工艺思路,带动了中国辣椒提取产业生产技术、装备水平及产品品质全面提升。技术与装备推广到吉林、山东等国内外30余家企业应用,项目完成单位及主要应用单位近3年新增销售收入46.1亿元,利税10.6亿元。目前,晨光生物科技集团股份有限公司辣椒红国际市场份额达50%以上,产销量跃居世界第一,带动中国辣椒红国际市场份额由不足2%提高到80%,辣椒素国际市场份额提高到50%,实现了由严重依赖进口到掌握国际市场话语权的根本转变。

百万吨级精对苯二甲酸(PTA)装置成套技术开发与应用(参与完成项目)

南京宝色股份公司

该项目首创了带脱水段及特殊气体分布结构的无搅拌塔式氧化反应器,发明了组合进气旋动装置。其设计制造的无搅拌塔式氧化反应器与引进技术相比,可节省400万美元的投资,同时每年节电1600万千瓦时。

为了克服PTA浆料传统两步法分离技术的不足,项目组开发了集压滤、洗涤、干燥、卸料于一体的一步法分离工艺技术。与传统两步法离心分离工艺相比,一步法工艺可节省设备投资约60%,年节电约1400万千瓦时。

针对PTA精制母液的组成特性,该项目首创了超滤+离子交换+反渗透深度处理PTA母液新工艺,提高了有机物回收率,废水COD可降低20%,避免了重金属污染,减少了工艺水排放,水的重复利用率可达70%。

项目组还开发了氧化、精制及尾气焚烧、溶剂脱水、母液深度处理等的成套技术、设备、控制和安全系统,实现了百万吨级PTA成套技术的集成创新。与同期引进装置相比,该成套技术建设的PTA装置万吨投资节省40%,吨产品原料消耗降低5千克、节能折标油30千克,每年可节省生产费用1.6亿元。

高性能细晶粒钢筋的规模化生产及应用关键技术(参与完成项目)

江苏永钢集团有限公司

陈华斌

建筑用钢筋是我国经济建设中举足轻重的建筑材料,在钢铁产品中占有很大的比例。2012年全年钢产量为7.3亿吨,而作为建筑钢材的钢筋产量就达到了1.8亿吨,约占全国全年钢材总产量的24.6%。细晶粒钢筋作为21世纪具有代表性的先进高性能材料,其强化机理完全不同于传统的以合金元素添加及热处理为主要工艺的强化思路,主要采用通过控制工艺轧制和冷却,提高钢筋的强度和韧性,可以不用或少用合金元素,达到细化晶粒的效果,从而降低了生产成本获得明显的经济效益和社会效益。

细晶粒钢筋是高效节能的新产品,利用控冷控轧工艺,达到少添加合金元素便可细化晶粒的效果。该项目根据冶金及土木工程的专业特点和行业需求,以创新高性能细晶粒钢筋生产的全流程温度控制临界奥氏体控轧工艺理论为起始,通过研发工艺与生产线,建立性能评价体系,开展关键工程应用技术研究与工程示范,打通了从生产到应用的系列技术环节,突破了十个关键技术,取得了一系列国际先进的创新性成果,实现了高性能细晶粒的规模化应用。

通过本项目的研究,已将细晶粒钢筋纳入到JGJ18《钢筋焊接及验收规程》中,解决了细晶粒钢筋焊接的瓶颈性技术难题,并将细晶粒钢筋纳入《混凝土结构设计规范》《混凝土结构工程施工规范》《混凝土结构工程施工质量验收规范》中。项目建立了涵盖配置细晶粒钢筋混凝土结构设计、施工、验收的完整应用技术及标准规范体系,为细晶粒钢筋规模化应用提供可靠技术保障。

先进铁素体不锈钢关键制造技术与系列品种开发(参与完成项目)

南京造币有限公司

邵继南

该项目所属学科为钢铁材料加工制造工艺领域,涉及冶金、压力加工、材料等学科。在国家科技支撑计划等项目支持下,创新集成了世界上最先进以生产铁素体不锈钢为主的全流程生产线;形成了具有国际领先水平的全流程铁素体不锈钢生产工艺,并实现关键技术突破;自主开发了高端行业和民生领域急需的30余个铁素体不锈钢新品种,填补了国内空白,满足了铁路运输、汽车等高端行业需求。经专家委员会鉴定,项目总体技术达到国际领先水平。该项目实现了铁素体不锈钢关键技术突破和生产装备的大型化、规模化、连续化、高效化,成为全球不锈钢工业发展的新标杆;优化了中国不锈钢品种和消费结构,大量替代进口,对提升中国不锈钢产业整体竞争力具有重要的战略意义。

高等级中厚钢板连续辊式淬火关键技术、装备及应用(参与完成项目)

南京钢铁股份有限公司

王道远

该项目攻克了大型板材高强度高均匀性淬火、系列大型喷嘴、工艺模型等关键技术,自主研制成功中国首套中厚板辊式淬火装备和系列高等级产品,为促进中国钢铁工业的健康发展、满足装备制造业对高端钢铁材料的需求做出突出贡献。项目的完成解决了长期以来制约中国高端中厚钢板热处理生产技术及装备的难题,突破了进口同类装备生产钢板的厚度下限,使中国成为除瑞典SSAB外掌握4~10毫米极限薄规格高强调质钢板生产技术的国家。相关成果被《世界金属导报》列为2013年世界钢铁工业十大技术要闻。成果获行业和省级一等奖4项、国家重点新产品3项、发明专利15项、软件著作权3项,发表SCI/EI论文60余篇。自主研制的淬火成套装备在太钢、宝钢等应用11套,国内市场占有率达44%。高等级不锈钢固溶处理钢板、4~10毫米厚淬火碳钢板占全国产量的70%~80%,不仅满足了国内对高端特种钢板的需求,且批量出口至英国、西班牙等10余个国家。近3年,完成单位新增产值87.5亿元,利税11.5亿元。

微通道管材与换热器制造技术及其应用(参与完成项目)

无锡凯博易机电科技有限公司

彭颖红　李大永　唐　鼎

我国年产各类空调逾1亿台,每年空调运行耗电达8000亿度,约占全国电力消耗的20%;氟利昂制冷剂年使用量27万吨,二氧化碳当量排放46亿吨,占全球三分之二。提高换热器效能,减少二氧化碳排放是中国乃至世界空调制造业面临的难题。微通道换热器通过微通道扁管的强化换热作用和尺度效应,可显著提高换热效率和减少制冷剂充注量,是解决这一难题的有效途径。

该项目在自然基金重点项目等支持下,历经十多年产学研持续攻关,围绕微通道换热器系统设计、微通道管材成形制备、换热器集成制造3方面关键技术进行科研攻关,主要工作与创新成果如下:

1. 由于对微通道换热器的换热效能缺乏系统研究,导致换热器设计系统效能低下,换热效能比国外先进水平低约30%。项目针对微通道管材与换热系统匹配的难题,研究了两相制冷剂在微通道管材与换热器中的流动和传热规律,发明了小管径集流管连接结构、扁管焊接防堵塞结构与防端盖转动装置,建立了局部弯扭大变形技术,设计了迴绕式微通道换热器等10余款微通道换热器,与同尺寸管翅式换热器相比,体积可减小60%,制冷剂充注量减少70%。

2. 微通道管成形过程复杂,缺乏核心模具与工艺技术,挤压管材尺寸精度和承压能力比国外先进水平低30%~40%,新型折叠式微通道多孔管制造与装备技术在国际上尚处起步阶段。本项目提出了基于空洞演化的管壁强度计算模型,建立了管壁空洞体积分数与晶粒度控制方法,建立了微通道管材连续塑性成形过程的高效精确模拟方法,研发了小圆弧成形与大平面回弹精确控制技术,实现了大挤压比和长区间成形中变形量合理分配,解决了微小孔径管材成形中管壁强度和精度难以控制的难题。开发了具有承压高、耐磨损、精度高的组合式微通道挤压模具,研制了一种以复合薄带制备多孔微通道管的精密辊弯成形工艺与装备,制备出当量孔径0.5mm、壁厚0.25mm的挤压管材和当量孔径1mm、最小壁厚0.26mm的多孔折叠式微通道管。

3.由于换热器制造和系统集成技术水平低,国产微通道换热器产品一次合格率不到90%。项目针对微通道管-翅片-集流管装配精度控制的难题,建立了大长厚/长宽比构件柔性夹持和矩阵排布阵列整体定位技术;建立了温度场-变形量-钎焊组织的关系模型,解决了装配结构钎焊控形控性的难题;发明了换热器无模折弯技术与装备,明显提高了换热器折弯成形质量。建立了微通道换热器规模化生产线,并构建了微通道管材与换热器的快速质量检测平台,换热器一次合格率达99.85%。

项目拥有知识产权58项:授权发明专利19项,实用新型专利24项,公开发明专利8项,获软件著作权7项。发表SCI/EI论文68篇;出版专著3部。经教育部组织成果鉴定,认为本项目技术总体处于国际先进水平,部分技术达到国际领先水平。

大型电站锅炉混煤燃烧理论方法及全过程优化技术(参与完成项目)

中国国电集团公司谏壁发电厂

该项目属火力发电技术与工程领域。

电力生产为我国六大高耗能高污染行业之一,目前80%的电力来自燃煤火力发电,燃煤电厂80%以上的成本来自于燃煤消耗,因此煤的高效清洁利用技术是工业节能的重点。600MW以上的大型电站锅炉燃煤量大,是节能减排领域的重中之重。大型电站锅炉高效低污染燃烧存在2个关键技术问题:①因煤炭资源与地区的经济发达程度呈逆向分布,煤源供应不稳定,使得燃煤电厂来煤复杂,偏离锅炉设计煤种,普遍缺乏科学混煤方法与技术手段;②目前火电厂煤场堆煤、输煤、制粉及锅炉燃烧系统相对独立控制,成为信息孤岛,缺乏统一的全流程科学混煤。大型电站锅炉安全、经济、环保混煤燃烧是火力发电行业亟待解决的关键技术问题。

10年来,团队围绕混煤燃烧全过程中“精细混配”“精确输送”“优化燃烧”3个方面的迫切需求,从理论方法研究、关键技术突破、全流程装备研发等多层面开展工作,构建了面向燃煤电厂混煤燃烧“堆、取、配、送、烧”全过程优化的软硬件数字化平台。授权发明专利9项,软件著作权4项,编写国家和行业标准3项,专著2部,SCI论文56篇,EI论文77篇。主要创新点如下:

1. 宽煤阶多煤种精细化混配理论方法

针对混煤燃烧的非线性建模难题,构建了煤复杂结构的分形扩散燃烧模型,开发了煤与锅炉耦合的经济、安全、环保多元非线性综合评价系统,形成了完善的非线性解耦精细混配理论方法,实现了混煤掺烧过程中精细混配,为宽煤阶多煤种高效清洁燃烧奠定了理论基础。

2. 混煤精准输送动态反馈控制技术与装置

针对煤仓内煤种实时辨识的难题,发明了多煤种分层界面辨识技术,开发了锅炉运行参数耦合煤质特性的混煤动态反馈控制系统,研制了煤场智能堆取系统及装置,实现了混煤“堆、取、送”精准控制。

3. 混煤燃烧优化氧量自适应控制技术

针对炉内混煤燃烧氧量多目标寻优难题,提出炉内自适应氧量控制方法,建立多煤种经济氧量混烧优化模型,发明了多煤种混煤炉内“二次可控燃烧”技术,实现了变煤种氧量闭环锅炉安全高效运行。

成果已在51台大型电站锅炉上得到实施应用,总装机容量2677万kW,其中国内最大容量1000MW机组锅炉已应用10台(截至2012年年底全国共投运38台)。以一台600MW等级机组锅炉为例,应用后,锅炉效率由93.6%提升至94.2%,供电煤耗下降3.4g/kW·h,SO_2平均排放浓度降低35%,NOx平均排放浓度降低29%,可燃煤种数量由10种拓宽到25种。项目总体成果经多位院士专家鉴定,达到国际先进水平。

大型超超临界机组自动化成套控制系统关键技术及应用(参与完成项目)

中国国电集团公司谏壁发电厂
马骏驰

大型超超临界火力发电机组具有节能减排的显著优势,已成为火电建设的主要方向。我国已基本实现了超超临界机组动力设备制造的国产化。然而,被称为“大脑”和“神经中枢”的自动化成套控制系统仍然依赖国外进口。截至2010年年底,我国投运的32台1000MW超超临界机组全部采用了国外进口的自动化成套控制系统。2006年,国务院《关于加快振兴装备制造业的若干意见》将“重大工程自动化控制系统”列为重大装备国产化的16个专项之一。

2001年以来,项目组在国家自然科学基金、国家“863计划”、原国家电力公司项目等的资助下,围绕超超临界机组建模、控制、仿真与自动化装备研发等内容,开展了系统深入的基础理论与关键技术研究。通过国家能源局新技术示范项目“国电谏壁电厂100万kW超超临界机组自动化控制系统”的实施,自主研发的1000MW超超临界机组自动化成套控制系统首次获得成功应用,实现了关键技术的突破和装备的自主化、国产化。

该项目的主要技术内容与取得的关键技术突破包括:

1. 大型超超临界机组复合建模理论与状态重构技术。提出了基于机理分析与数据分析的热力发电过程复合建模理论,建立了1000MW超超临界机组非线性控制模型、变相变点高精度仿真模型;基于大数据信息融合技术,构造了入炉煤质、烟气含氧量、热量信号、受热面积灰结渣等状态参数;为大型超超临界机组智能优化控制提供了必要的模型与信号基础。

2. 大型超超临界机组智能优化控制技术。基于煤质在线校正、机组蓄热补偿、全工况变增益非线性控制、基于规则的燃烧过程控制等技术,提出了大型超超临界机组智能优化协调控制策略,解决了锅炉大比例劣质煤掺烧等控制难题,实现了燃烧过程高性能稳定控制和机组管控一体化智能优化控制。

3. 自动化成套控制系统装备研发与集成应用技术。提出了基于分布式实时数据库与分布式计算环境的柔性分域技术,支持自动化成套控制系统大规模应用的需求;提出了信息安全主动防御技术,保证了自动化成套控制系统的安全性与可靠性;提出了基于虚拟DCS的1000MW超超临界机组全激励仿真技术;研发了“机炉电辅仿”一体化的超超临界机组自动化成套控制系统,掌握了自动化成套控制系统装备制造技术与系统设计、调试、运行维护技术。

该系统成功应用于国电谏壁发电厂。项目共申请发明专利60项,其中已授权发明专利20项;获软件著作权46项;发表SCI收录论文22篇,EI收录论文23篇。项目先后通过了中国电机工程学会、科技部、国家能源局组织的技术鉴定和项目验收。

高水压浅覆土复杂地形地质超大直径长江盾构隧道成套工程技术(参与完成项目)

东南大学
河海大学
钱春香　朱　伟

南京长江隧道位于南京长江大桥上游约10km,是南京市跨江发展战略的标志性工程。隧道全长3905m,其中盾构段3022m,双向6车道,行车速度80km/h。工程于2005年9月开工,2010年5月通车。工程建设面临超大直径(Φ14.93m)、高水压(0.65MPa)、地层强渗透性(85%的地段穿越粉细砂、砾砂、卵石地层,最大渗透系数43.2m/d)、地层高磨蚀性(最大石英含量60%,卵石最大粒径约30cm,最大标贯击数>50,该地层平均50m需更换1次刀具)、长距离掘进(一次掘进长度3022m)、超浅覆土(江中覆土最薄处10.49m)、地形陡变(次深槽紧邻防洪堤坡脚)七大技术难点。本项目针对这些工程难点,从保证结构长久安全性与稳定性、盾构长距离安全掘进、工程经济性等方面开展系统研究,形成了成套工程技术,主要创新成果有:

1. 构建了大型盾构隧道设计施工营运全过程结构安全保障技术体系,系统解决了高水压强渗透地层超大直径盾构隧道结构体系优化、结构施工状态与稳定性控制、管片耐久性设计与制备、结构抗火性能与灾后评估等技术难题,保证了工程的长久稳定与安全。

2. 提出了高磨蚀性密实砂卵石砾石地层刀具破坏机理,开发了此类地层刀具配置技术,创新了刀具更换技术与配套泥膜技术,攻克了高水压高磨蚀地层超大直径盾构长距离连续掘进技术难题,保证了施工安全与工期。

3. 建立了高水压强渗透地层浅覆土地形陡变条件下超大直径泥水平衡盾构安全掘进技术体系,保证了困难条件下浅覆土穿越深槽与超浅覆土始发安全,突破了盾构隧道施工覆土的极限,缩短了隧道长度,提高了经济性。

该项目成果的应用不仅保证了工程的安全性、经济性和施工质量,且工程和技术的各种指标先进:(1)是世界上在强渗透地层中修建的直径最大的盾构隧道;(2)是世界上在水下强渗透地层中修建的覆跨比最小的盾构隧道;(3)是世界上在强渗透地层中水压力最高的盾构隧道;(4)将国内在复杂地层中盾构隧道直径由11m级提升至15m级;(5)隧道无渗漏水,实测管片错台量最大为5mm,95%的错台量小于3mm。

已获国家专利25项(其中发明专利8项),软件著作权3项,国家级工法1项,发表论文124篇,专著2部。工程获2012—2013年度“鲁班奖”和2013年全国建设工程优秀设计一等奖。

该项目成果全面应用于南京长江隧道,节省建设资金16430万元;推广应用于扬州瘦西湖隧道、南京地铁十号线大盾构越长江区间、广深港高铁益田路隧道和深港隧道、杭州环城北路地下快速路通道、南京纬三路长江隧道、南京梅子洲过江通道右汊隧道等多项工程,节省建设资金15959万元。

该项目成果取得了水下隧道修建技术的重大突破,推进了本领域的科技进步,对此后相继建设的隧道工程起到了引领和示范作用。

拆除工程精确爆破理论研究与关键技术应用(参与完成项目)

中国人民解放军理工大学野战工程学院

龙 源 齐世福

该项目首创了高耸建(构)筑物薄壁筒体高卸荷槽复式切口爆破、城区特大桥阶梯式顺序塌落爆破等施工方法,为国家“节能减排”小火电机组快速环保安全拆除和城市建设改造提供了新的理论依据与技术支撑。

超高心墙堆石坝关键技术及应用(参与完成项目)

河海大学

速宝玉

中国西部地区水能资源丰富,已建、在建和拟建一批高坝大库的大型水电站,由于交通及地形地质等条件的制约,高心墙堆石坝的优势极其明显,近20座电站将其作为重要的代表性坝型,总装机容量约4900万千瓦,总投资约5880亿元。但截至2001年,中国已建超过100米的心墙堆石坝较少,以160米的小浪底大坝为最高,没有适用于200米以上超高心墙堆石坝筑坝成套技术和经验,急需针对超高心墙堆石坝面临的高水头、高应力水平、筑坝材料性能要求高、抗震和防裂要求高、缺少有效的理论和计算分析方法支撑、高坝安全控制技术有限等关键技术问题开展系统深入的研究,以满足西部大型水电站工程开发建设的需求。

该项目组在10余项国家自然科学基金和科技攻关项目及50余项重大工程科研项目资助下,围绕超高心墙堆石坝工程的关键、共性技术问题,全面系统地开展了近10年的研究及工程应用,主要技术内容和创新成果如下:

1. 通过研究分析、总结与集成,首次系统研究提出了超高心墙堆石坝设计准则,包括土石料场综合勘察技术要求,筑坝材料特性及设计准则,坝体结构与材料分区准则,基础处理技术要求和坝体计算分析方法等五大方面,为超高心墙堆石坝工程设计提供了重要依据。

2. 首次系统提出并实践了人工掺砾防渗土料集成成套技术,首次论证含软岩堆石料在上游坝壳利用的可行性并成功实践:系统开展了大量的室内试验和大型现场试验,科学地确定了人工碎石掺砾含量;首创了人工掺砾防渗土料的施工工艺、质量控制与检测方法等成套技术,解决了超高心墙堆石坝防渗土料力学性能不足的关键问题;首次论证并将含软岩的堆石料应用于超高心墙堆石坝上游坝壳,充分利用了工程开挖料,经济和环境效益显著。

3. 修正了土石料静、动力本构模型,提出了超高心墙堆石坝水力劈裂机理等新的静、动力计算分析理论和方法:首次提出了修正的双屈服面模型及多维量化记忆(SM)动力本构模型;首次提出了心墙水力劈裂机理,建立了心墙水力劈裂计算模型及扩展过程有限元算法;系统研究了土石坝裂缝发生的力学机理及判别方法,首次提出了压实黏土基于无单元法的弥散裂缝模型和有限元计算方法;首次提出了高土石坝地震输入标准及地震永久变形、坝坡抗震稳定、动强度等控制标准,并给出了抗震措施。

4. 首次提出了超高心墙堆石坝综合安全评价指标体系,并研发了工程安全评价与预警信息管理系统:研发了适用于超高心墙堆石坝的安全监测新技术,研发了集测量机器人、GNSS监测系统、内观自动化系统于一体的300米级高心墙堆石坝大型安全监测自动化系统;首次提出了超高心墙堆石坝建设期、蓄水期及运行期的安全评价指标,并根据监测和预测成果修正和完善大坝的安全评价指标及预警值,提出相应的应急预案及防范措施;首次研发了大坝安全评价与预警信息管理系统,为高堆石坝的监测信息管理、性态分析、安全评价及预警发挥重要作用。

成果应用于高261.5米的糯扎渡心墙堆石坝,直接经济效益共计30.3亿元,电站提前2年发电,发电收益约144亿元。并为澜沧江古水、如美,金沙江其宗,雅砻江两河口,大渡河双江口等高心墙堆石坝工程的勘测设计科研工作提供了技术支撑和实践经验,间接经济效益显著。

成果获云南省科学技术进步一等奖1项,取得授权知识产权19项,其中发明专利11项,实用新型专利7项,软件著作权1项,发表论文200余篇,其中SCI检索11篇,EI检索86篇,出版专著1部。

粉砂质海岸泥沙运动规律研究及工程应用(参与完成项目)

水利部交通运输部国家能源局南京水利科学研究院
孙林云

该项目属于交通运输业港口与航道工程学科。中国绵长的海岸线上,散落分布着大量粉砂质海岸,受泥沙问题困扰,这些海岸曾被列为“建港禁区”,国内外研究基本处于空白。

该项目系统地开展了粉砂质海岸泥沙水力特性、运移形态、淤积规律、航道治理方法及工程应用研究,科学地揭示了粉砂质泥沙运动规律,并创新性地提出理论解析,为粉砂质海岸港口建设奠定了理论基础和科学依据;独创性地提出并开发了粉砂质海岸航道骤淤模拟新技术;创新了粉砂质海岸航道等港口水域的设计理论,研究成果经鉴定总体技术达到国际领先水平。

水利部交通运输部国家能源局南京水利科学研究院创新性地提出了粉砂质海岸在风暴潮作用下复合沿岸输沙概念及其计算方法,科学地阐明了风暴潮作用下沿岸输沙运动及外航道骤淤机理,丰富和发展了海岸泥沙运动理论;独创性地提出了粉砂质海岸破波带内外岸滩按不同粒径模型沙进行动床模拟试验技术,并利用该技术在国内外首次成功地复演了强风暴潮航道骤淤过程;科学地预测了粉砂质海岸建设深水航道泥沙淤积情况,提出了解决京唐港外航道风暴潮骤淤的整治工程措施并应用于工程实践,为京唐港航道深水化建设奠定了基础。

该项目研究成果已推广应用在河北、山东、江苏、辽宁等国内港口建设及海洋工程和巴基斯坦、印度尼西亚等海外工程中,相关成果纳入了《海港水文规范》《海港总体设计规范》等水运行业标准,获得省部级及行业协会科技进步一等奖2项、二等奖1项。项目成果为科学指导中国水运建设,提高水运工程建设质量和水平以及提高在海外水运建设市场中竞争力发挥了重要作用。

重型柴油车污染排放控制高效SCR技术研发及产业化(参与完成项目)

无锡威孚力达催化净化器有限责任公司
刘　洋

该项目针对中国重型柴油车NOx和PM排放污染问题,提出了中国重型柴油车国Ⅳ达标的

SCR技术路线，自主设计研发了具有国际先进水平的SCR催化剂及其制备技术，在中国首次研发成功并量产了大尺寸SCR催化剂载体，自主开发了高精度还原剂供给系统与车载故障诊断技术，实现了SCR系统与柴油车的匹配集成、车型配套与达标认证。打造了具有自主知识产权的国产化“大尺寸催化剂载体—催化剂生产与封装—匹配控制技术与集成”这一完备的技术产业链，形成了国内最大的重型柴油车SCR后处理系统生产供应体系。

污泥搅动型间接热干化和复合循环流化床清洁焚烧集成技术(参与完成项目)

南通万达锅炉有限公司

该项目面向国家污泥无害化处理处置的重大需求，以污水处理厂污泥的减量化无害化处置为目标，兼顾污泥能源化资源化利用，在污泥搅动型间接热干化、复合循环流化床污泥焚烧以及污泥干化焚烧过程的污染物控制等方面实现了关键技术突破。形成了拥有自主知识产权的系列化污泥干化焚烧集成技术装备，打破了国外公司的技术垄断，通过技术创新实现了污泥干化焚烧处置系统的长期可靠稳定运行，为我国污泥的无害化、减量化和资源化处理处置提供了有效的技术选择。

该项目主要的创新成果包括：

创新点1.开发了国内首台套污泥搅动型间接干化设备。原创性提出了污泥在搅动型间接干化设备内黏滞点的定义，探明了污泥在搅动型间接干化设备内温度、含水率和黏滞特性的时空规律。开发了国内首台套搅动型间接干化机，通过叶片多种布置方式创新、根据污泥黏滞状况设置角度可调的羽根、强化传热、热源多点多段进入等技术手段，有效解决了在干燥阶段污泥黏滞问题。开发了污泥干化机的前置式E型换热器，通过将干化尾气能量用于污泥预加热，比常规的污泥干化装置节能10%左右。

创新点2.开发了复合循环流化床污泥焚烧技术。探明了不同来源污泥的燃烧特性，揭示了污泥在流化床内燃烧过程中的水分和挥发分的析出规律。开发了半绝热复合循环污泥流化床焚烧锅炉，以半绝热膜式水冷壁、干湿污泥逆向流动、物料多重循环和冷热风分级送风为核心，实现了污泥焚烧锅炉的稳定高效运行。掌握了干化后污泥在燃煤锅炉或生活垃圾焚烧锅炉掺烧后对燃料组分、燃烧温度、烟气流量、锅炉效率、受热面磨损和运行成本的影响。

创新点3.研发了污泥干化焚烧过程中的污染物控制技术。掌握了污泥在干化和燃烧过程中的污染物排放特性，探明了污泥中氮、硫和氯等典型组分以及干化污泥与煤掺烧对二噁英生成和影响的规律，揭示了污泥干化过程中的臭气生成特性和影响因素，提出了污泥焚烧污染物控制的策略和方法。采用了“气固分离+水汽冷凝+等离子降解+回炉焚烧”的四段式污泥干化臭气处理和控制的优化工艺，全面防止了污泥干化过程产生的臭气外泄。结合炉内燃烧控制和尾部脱除的技术，使二噁英等主要污染物的排放优于国家标准。

创新点4.研发了完整的搅动型间接热干化和复合循环流化床清洁焚烧的集成技术体系。集成了干化—焚烧—污染物控制等关键技术，建立了污泥干化和焚烧联用过程的能量平衡模型，提出了污泥干化后入炉焚烧最佳含水率的计算方法，开发了污泥干化焚烧集成处理系统的设计软件和优化控制系统。形成了单套处理能力20~500吨/日的系列化污泥干化及焚烧集成装备。

多功能分子成像肿瘤诊疗关键技术及应用(参与完成项目)

南京医科大学

倪　健

研究者首次提出了“肿瘤系统分子成像”新理念，即在活体状态下，通过发展系统性(肿瘤细胞、微环境、细胞内/间信号传导)、多靶点和多模态(单光子发射计算机断层成像术、正电子发射型计算机断层扫描、磁共振、光学、光声)分子成像技术，克服现有单一靶点、单一模态分子成像技术的不足，实现肿瘤细胞及其微环境中多个关键分子靶点及相互作用动态过程的定性定量可视化，为下一代肿瘤分子诊疗模式奠定基础。同时，率先提出了“在体分子成像示踪胚胎干细胞靶向诊断治疗肿瘤”假说，并应用肿瘤系统化分子成像揭示了趋化因子CXCL12-CXCR4信号轴调控干细胞归巢机制。

针对活体状态下各种细胞因子的趋化作用尚不明确,严重限制了干细胞的临床规范化应用等问题,研究者率先提出了"在体分子成像示踪胚胎干细胞靶向诊断治疗肿瘤"的假说并进行验证。

该项目在分子靶点、分子探针方面开展研究,创建了具有自主知识产权的大规模和高通量全人抗体库筛选技术;创建了多功能诊疗一体化分子探针的规模化可控制备新技术;设计并制备出17种能够与关键分子靶点高效结合,且生物相容性好、安全性高的新型多功能分子探针;创建了基于多功能分子探针的新型药物递送系统,实现了基因及药物的分子水平靶向、高效递送及肿瘤精准治疗,实现了高效、靶向、精准给药,显著提高了基因治疗及药物治疗疗效,降低了全身毒副反应。为恶性肿瘤分子水平的动态精确诊断、诊断同时治疗和治疗实时监测提供了全新的技术平台。

抗高血压沙坦类药物的绿色关键技术开发及产业化(参与完成项目)

常州四药制药有限公司

王晓东

该项目是国家重点科技攻关项目,常州四药制药有限公司与上海医工院紧密合作,通过8年研发和艰苦攻关,解决了沙坦类药物产业化难题,获得了国家药监局批准的新药证书和生产批件。2004年以来,又用8年时间围绕沙坦类药物产业化继续组织二次攻关,运用四药自主创新的2项发明专利技术,并在关键技术上实现绿色制造,成功解决了合成原料药催化剂毒性大、微量基因毒性杂质去除、制剂造粒工艺极其复杂难以产业化等三大难题,实现了新GMP规模化大生产。

该项目关键技术突破后,已成功打入国际高端市场。其生产成本降低50%,COD减少排放70%以上,质量达到国际国内先进水平,其中的缬克系列已成为常州四药制药有限公司第3个年销售5亿元的省名牌产品。该产品价格仅为进口药的一半,大大降低了医保和患者的经济负担。现已列为国家基本药物,每年销量增长2成以上,达到了节能环保、绿色制造的目标,取得了良好的经济效益和社会效益。

防治农作物病毒病及媒介昆虫新农药研制与应用(参与完成项目)

江苏安邦电化有限公司

季玉祥

该项目在国家"973计划"和科技支撑计划等多个项目资助下,以绵羊体内的天然活性成分氨基磷酸为先导,创制出我国具有自主知识产权的全新结构抗植物病毒仿生新农药-毒氟磷。研发出毒氟磷和吡蚜酮的清洁新工艺,建成国内规模最大的工业生产装置,实现产业化生产,提出了水稻病毒病全程免疫防控新策略,构建了"控虫防病"的新技术体系,解决了农作物病毒病及媒介昆虫防控的重大难题。在全国累计应用4755万亩次,创经济效益48.45亿元;获国家授权发明专利23项、获国家新农药登记7个、获国家重点新产品2个;发表SCI收录论文47篇。

超级稻高产栽培关键技术及区域化集成应用(参与完成项目)

扬州大学

张洪程　霍中洋

水稻矮秆品种和杂交稻选育及栽培技术配套应用实现了我国水稻产量的二次飞跃,对水稻生产发展做出了重要贡献。为进一步提高水稻产量,实现第三次突破,20世纪末我国实施了超级稻研究与推广计划。2005年国家农业部门开展超级稻品种认定,目前已认定超级稻品种117个,年推广面积占水稻总面积25%以上,为水稻增产奠定了品种基础。该项目针对超级稻品种物质生产量大、穗大粒多等诸多特性,与普通水稻品种存在很大差异,传统栽培技术与其不配套,不能充分发挥增产潜力等问题,开展超级稻品种特性、高产机理及适宜高产栽培方式研究,重点研发关键栽培技术,并结合区域生态特点开展技术集成应用,为我国超级稻大面积生产提供栽培技术支撑。

1. 成果创新点。(1) 揭示了超级稻品种高产生长特性,研明了超级稻高产形成的共性规律。通过不同稻区、季别和类型的超级稻与普通水稻品种生长特性及产量形成比较研究,明确了二者收获指数差异不大,而总物质生产量差异大,阐明了超级稻高产生物学基础是稳定前期物质生产量,提高拔节到抽穗及抽穗到成熟的物质生产量;明确了群体足够总颖花量是超级稻高产形成的库容基础,研明了超级稻品种穗粒数与每穗一次枝梗数相关较小,而与每穗二次枝梗数相关密切,形成大穗主要依靠增加每穗二次枝梗数。上述观点的阐明为超级稻高产栽培促进大穗形成提供了理论依据;明确了超级稻品种高产条件下氮磷钾需求量,揭示了超级稻氮生产效率高和中后期氮素吸收量大等特点,为超级稻品种高产栽培的定量施肥提供了重要理论指导。

(2) 提出了超级稻品种高产群体构建的实用指标,创立了超级稻高产栽培关键技术。根据主要稻区超级稻增产因素分析,明确了超级稻增产需走稳定穗数增加穗粒数的途径。比较超级稻不同种植方式(手插、机插、抛秧和直播)的生长特性和产量表现,明确了超级稻品种高产生长模式,并提出基本苗数、成穗率、有效穗数、抽穗期叶面积指数(LAI)及群体颖花数等高产群体构建的实用指标。提出了“区域差异、品种特色、季节特点、增施穗肥”为特征的超级稻定量施肥方法,创立了超级稻“前期早发够穗苗、中期壮秆扩库容、后期保源促充实”的高产栽培共性关键技术。

(3) 建立了我国超级稻品种区域化高产栽培技术体系。针对水稻种植从传统手插秧向抛秧、机插等转型,提出超级稻品种在不同稻区与种植方式结合的高产种植方式,优化超级稻品种高产种植布局及编制布局图,降低了超级稻品种种植方式不当的风险,为超级稻大面积推广提供重要决策。根据阐明的超级稻高产形成特点和规律,以定量控苗、精确施肥、好气灌溉等高产栽培关键技术为核心,结合区域与种植方式,集成了与稻区和种植方式相适应的超级稻高产栽培技术17套。制作了国家农业部门认定的超级稻品种栽培技术规程,编制了品种栽培模式图100多份,制定生产技术地方标准8个,主编出版《超级稻品种配套栽培技术》《超级稻品种栽培技术模式图》等专著10部,建立了我国主要稻区超级稻高产栽培技术体系,为超级稻大面积推广及水稻高产创建提供了重要技术支撑。根据不同稻区、季节、类型超级稻高产示范,2011—2013年“扬两优6号”“天优华占”“中嘉早17”等21个品种43点平均亩产达660.3千克,比相同品种区试和生产性试验的平均亩产540.1千克增120.2千克,增产达22.3%。

2. 社会经济效益显著。从2006年以来,本成果技术在我国主要稻区的安徽、广东、湖南、吉林、江苏、江西、四川和浙江等省推广应用。根据各地试验示范结果,与传统栽培技术比较,超级稻区域化高产栽培技术大面积应用实现增产50.4~73.2千克/亩,平均亩增产8.4%~13.1%。2011—2013年本成果应用面积达792.73万公顷,亩增产59.7千克,增产稻谷640万吨(缩值系数0.9),实现增产增效116.5亿元,通过节本增效实现节支20.9亿元,累计增效137.4亿元。通过超级稻配套高产栽培的技术应用,提高了水稻单产水平,对保障我国粮食安全做出了重要贡献。

地球系统科学数据共享国家平台构建、关键技术与应用服务(参与完成项目)

南京师范大学

闾国年

地球系统科学是以“地球系统”为对象,研究其整体结构、特征、功能和行为的综合交叉学科,是21世纪地球科学发展的前沿。地球系统科学数据是支撑地球系统科学和全球变化研究的重要基础和社会经济发展决策的重要依据。然而,长期以来,中国缺乏可真正运行的地球系统科学数据共享平台,导致一方面数据资源重复建设,另一方面大量数据未能有效利用,甚至濒临丢失,极大影响了中国地球系统科学研究的创新水平,严重制约了地球系统科学服务全球变化国际谈判、自然灾害应急决策的能力等。因此,地球系统科学数据共享不仅是促进中国地学从大国走向强国、赶超国际水平的迫切需求,更是当前国家参与国际科技竞争的战略需求。正因如此,中国科技界和政府部门一直呼吁应该尽快实现地球系统科学数据的共享。

由于地球系统科学数据具有分散、海量、多源、异构和时空特征明显等特点,其共享显得尤其复杂和困难,已经成为地学研究领域重要的国际前沿。在此背景下,该项目通过40多个单位400多名学者近10年的长期坚守和联合攻关,系统开展了地球系统科学数据共享研究与应用服务,主要创新体现在：

1. 开拓性建成了中国唯一的地球系统科学数据共享国家平台，建立了数据持续集成、共享质量控制和安全运行为一体的管理与技术体系，形成了一站式的共享服务网络。

2. 自主发展了多源地学数据集成、同化方法和模型共 享系统，建成了涵盖五大圈层18个学科的中国规模最大、覆盖面最广的研究型地球系统科学数据库。

3. 创新设计了地学数据共享标准规范参考模型，系统解决了多学科地学数据分类编码、描述、集成与服务等关键问题，形成5项国家标准。

4. 突破了分散、海量、异构地学数据共享的三大关键技术，研发了第1套自主知识产权的分布式科学数据共享软件，为数据共享平台的快速构建奠定了技术软件基础。

项目出版了《地球系统研究与科学数据》《地球系统科学数据资源体系研究》和《地球系统科学数据共享关键技术研究》等21部专著，完成5项国家标准、3项行业管理规范，取得国家发明专利15项、软件著作权59项，形成了完整的地球系统科学数据共享理论与技术方法体系，培养了一支专门从事科学数据共享研究的人才队伍，推动了科学数据共享研究的发展。

截至2012年年底，整合集成138.8 TB的分散科学数据资源，为73669名用户，1568项国家重大科研项目、34项重大建设工程、32项民生工程等提供了95.44 TB的数据服务。支撑发表在*Nature*等国内外知名期刊上的论文1067篇，产生了显著的社会经济救益。

主持完成了“国家科学数据共享工程规划”，促进和推动了国家南北极数据中心、国家“973计划”资源环境领域项目数据汇交管理中心、国家自然科学基金委西部环境与生态科学数据中心等的建设，为45个行业部门和地方政府的数据共享系统提供了技术软件的支撑，引领中国科学数据共享事业的发展。

领导创建了东北亚地区(中、俄、蒙)科学合作研究网络，与世界数据系统、美国全球变化主目录、中国科技资源网等建立了“国际—国家部—部门”3个层次的联结中国、美国、俄罗斯、欧洲、南亚等国家和地区的数据交换网络，提升了中国地学数据共享的国际影响力，推动国际科学数据共享的发展。

宁东特大型整装煤田高效开发利用及深加工关键技术(参与完成项目)

中国矿业大学

该项目历经10年的创新研究和科技攻关，取得了以自主创新为主具有国际领先水平的技术成果。成果首创宁东特大型整装煤田亿吨级煤炭基地高效开发关键技术；首创西部复杂地层大断面井筒快速施工技术；首次实现煤制丙烯技术的集成创新及规模化应用；首次以超低灰无烟煤取代传统工艺原料，自主研发了活性炭活化炉大型化制备等多项技术，实现了煤炭从燃料到炭基材料的高附加值转化。项目获得授权专利93项(8项发明专利)，核心成果获得省部级科技进步奖特等奖1项、一等奖4项、二等奖6项。

大型铁矿山露天井下协同开采及风险防控关键技术与应用(参与完成项目)

中国矿业大学

吴立新　汪云甲

大型铁矿山露天井下协同开采及风险防控技术是以鞍钢为主的团队多年攻关形成的贫铁矿开发关键技术，首创了露天井下协同开采理论与技术，已纳入我国冶金矿山开采设计规范；自主创新了高陡边坡稳定性三维评价、预警、治理一体化技术，防止了大型露天矿开采过程中重大地质灾害；集成创新并配套了强电磁场等干扰环境采空区精准探测及预警风险防控技术，将众多隐患禁区转变为有效资源区。通过持续研发与实践，弓长岭、大孤山铁矿项目已成为贫铁矿开发的标志性工程，齐大山铁矿已建成亚洲最大铁矿山，实现了资源开发与环境和谐，确保了复杂环境下安全高效规模开采，大幅提升了全国可采资源与铁矿石产量，总体达国际领先水平。

露天井下协同开采及风险防控关键技术与应用开创了世界同一矿体中露天井下协同开采的先例，破解了急倾斜矿体多采场同步规模开采、深凹露天矿高陡边坡风险防控、采空区塌陷涌水重大安全隐患等世界共性难题，形成了3方面核心技术。

1. 露天井下协同开采技术。首次提出临界散体柱支撑岩移体理论，建立岩移角计算公式，推理出单矿体同时开采的安全落差范围。首创露天井下协同开采工艺技术，实现单矿体多方式多采场同步规模开采，突破沿用半个世纪的采矿设计思路，为我国首部《冶金矿山采矿设计规范》的制订提供了理论技术支撑和成功案例。

2. 高陡边坡稳定性三维评价、预警、治理一体化技术。针对露天井下协同开采边坡岩体双重卸荷重大风险，创建了卸荷和爆破联合作用下露天矿高陡节理边坡稳定性的评价方法，开发了露天矿边坡的多源遥感遥测预警新技术，实施高陡节理边坡预应力硐锚加固。定位探测效率提高4倍，成功预测预防12次大型滑坡。

3. 强干扰环境采空区精准探测及预警风险防控技术。针对采空区探测时振动和电磁场等强干扰影响，组合应用浅层地震-高密度电阻率-瞬变电磁技术，研制瞬变电磁超多匝便携式可拆卸重叠小回线探测仪，创立了4项采空区处理新工法，实现强干扰环境采空区精准探测与有效治理，提升了资源利用率。

铁矿石是重要战略资源，我国铁矿资源量744亿吨，78%为急倾斜矿，资源开发利用率极低，仅7.6%。另一方面，我国铁矿石进口依存度居高不下，2012年为72%。由于不掌控矿价话语权，十年累计多支出铁矿石费用2万亿元，钢铁全行业亏损。鞍钢应用露天井下协同开采与风险防控关键技术，铁矿石自给率从47%提至82%，增产1.1亿吨，增幅全国最大，三年直接经济效益84.8亿元，走出了一条复杂条件下贫铁矿高效规模开发的新路。

听伯伯讲银杏的故事(科普项目、主持完成项目)

南京林业大学
曹福亮　祝遵雷　郁万文　卫　欣　周吉林
顾炜汉　周统建　张武军

《听伯伯讲银杏的故事》以其通俗易懂的语言、趣味浓郁的故事和栩栩如生的图画，向青少年讲述了银杏的由来；列举了有代表性的中国著名古银杏树，使读者了解中国银杏悠久的历史；介绍了历代文人墨客对银杏的礼赞，阐述了中国丰富的银杏文化；还介绍了银杏奇特的生长特性、银杏广泛用途以及现代科技手段对银杏的研究等。

远走的悸动——生命起源与进化(科普项目、主持完成项目)

中国科学院南京古生物研究所
冯伟民　许汉奎　傅　强

古生物学作为揭示地球历史过程中各种生命现象及其演化规律的学科，其作用和影响已远远超出了学科本身，在科学发现和人类社会进步上显示出特殊的重要性。近30年来，由于古生物学一系列新发现和新成果，人类对于地球生命的认知达到了一个崭新的高度，在一些长期迷茫，不甚了解的领域，如生命诞生、早期生命演化、寒武纪生命大爆发、生物如何从灭绝走向复苏产生新演化、鸟与恐龙的演化关系等前沿性的领域都有了突破性的新发现和新认识。尤其在中国发现的贵州“瓮安生物群”、云南“澄江动物群”、贵州“关岭生物群”、辽西“热河生物群”和甘肃“和政动物群”等，为建立一个真实的地球生命演化史提供了关键依据。

地球生命的进化与自然环境的演变有着千丝万缕的联系，生命进化史及其重大事件，如大辐射、大灭绝和一般的演化规律都对当今人类树立正确的自然观，应对自然环境的变化和保护生物多样性提供了重要的启示。因此，编著一部地球38亿年来的生命起源与进化史书，将各个地质历史时期的众多生物门类和许多重大的生物事件浓缩到一本书中，进行科学传播，并为广大公众所喜闻乐见显得非常必要。

主要成果：

1.《远古的悸动——生命起源与进化》由生命起源的地球环境、生命起源与早期进化、无脊椎动物大发展、生物登陆、两栖王国、爬行盛世和哺乳为王7个章节组成。通过地球38亿年以来的大量化石实证，如最原始的单细胞藻类、最原始的多细胞动植物化石、胚胎化石、最原始的骨骼化石、见证寒武纪生命大爆发的澄江动物群化石，包括天下第一条鱼形化石——海口鱼等,中生代鱼龙化石和恐龙化石,新生代哺乳动物化石以及古人类化石等,以地质时间为顺序,形象生动地记述了地球生命从简单到复杂、从单细胞到多细胞、从低级到高级直至人类诞生的演化过程。这是新中国成立以来我国难得一见的系统介绍地球生命演化历史的科普图书。读者能够通过一本书领会生命进化的整体面貌、重要知识点及生命进化所带给人类在认知自然现象上的启示。

2. 通过一系列重大生命事件,构成此书的一个个亮点。此书引用了近30年来涌现出来的大量古生物学新成果,如深海黑暗生物链、贵州瓮安新元古代的胚胎化石、寒武纪生命大爆发、宏演化、生物灭绝和复苏事件、早期维管植物、海生爬行动物、鸟的起源、被子植物起源和人类进化等,全新演绎了地球演变过程中一系列的重大生命进化事件。这些新成果构成了本书阐述地球生命进化的崭新亮点,它们展现了一个个依稀可见的远古生命的奇特面貌,揭开了生命背后所隐含的演化规律,勾勒了地球生命全新的演化场景,许多内容都是首次披露给公众,增强了全书内容的新颖性和时效性。在一本书中集成了这么多的科研新成果,体现了此书在选题和选材内容上的创新之处。

3. 充分利用中国古生物研究成果,创新性地打造了充满中国元素的地球生命历史。此书突出展示了中国古生物学近30年来连续取得的新发现,如贵州"瓮安生物群"(新元古代埃迪卡拉纪)、云南"澄江动物群"(古生代寒武纪)(此项研究获得2003年国家自然科学一等奖)、"关岭生物群"(中生代三叠纪)、辽西"热河生物群"(中生代白垩纪)和甘肃"和政动物群"(新生代新近纪)等;不断形成的新成果和新观点,如早期生命的演化、寒武纪生命大爆发、宏演化、生命大灭绝与复苏、恐龙与鸟的演化关系、生命演化与地球环境的关系等。这些新发现和新成果使中国古生物学研究走在了世界的前列,为人类认知生命世界,特别是地球生命史做出了重要贡献,因而为我国赢得了巨大的荣誉。此书对这些成果的重点介绍,让公众了解到中国古生物学所取得的非凡成就,在理解这些成果对生命进化所具有重要意义的同时,也对提高公众的民族自豪感起到了积极的作用。

4. 突出地球演变与生命进化的相互关系。每个重要章节都有地球环境背景的介绍,将生命进化融入地球整体演变的大格局中,体现了生物圈与岩石圈、水圈和大气圈的相互交融和演化的密切关系,进一步提高了此书的知识高度和生命进化的可信度。

2014年度江苏省科学技术奖

Awards of Jiangsu Provincial Science & Technology in 2014

一等奖(20项)

分布式组网与协作传输理论及应用

东南大学

尤肖虎 高西奇 金 石 王东明 陈 明 许 威 江 彬 李 潇 潘志文 赵春明 赵新胜

移动通信是信息社会的重要基础支撑。为实现宽带信息服务向移动终端延展,发展以数据业务为主的宽带移动通信网络已成为我国的基本战略需求。移动网络能源消耗快速增长,频谱资源日益紧缺,单纯从点到点无线链路寻求系统性能的提升已面临发展瓶颈,需要从全新的角度寻求突破,力求从网络架构及多节点协作等方面着手解决移动通信业务迅猛发展所面临的频谱和功率利用率的大幅度提升问题。在国家自然科学基金重大项目和国家科技重大专项课题等多项重要课题的支持下,经过近10年的研究与探索,该项目在分布式无线网络的容量解析分析方法、分布式系统的网络规划与资源联合调配、协作传输以及基于环境特征的自组织组网等方面取得了一系列突破,形成了分布式无线组网与协作传输理论技术体系,解决新一代移动通信系统所涉及的网络效率、频谱效率、功率效率和运营效率等问题。主要创新研究成果概括如下:

1. 在国际上率先开展分布式无线网络体系构

架研究,提出了分布式系统容量的闭式解析方法,从理论上证明了其显著的频谱效率和功率效率优势,阐明了基站侧分布式多天线优化配置所应遵循的准则,解决了分布式系统网络优划的难题。

2. 提出分布式联合资源调配和干扰管理理论方法,提高了分布式网络的无线资源利用率并降低实现的复杂度。在此基础上,提出了基于环境特征、用户特征以及业务流量的自优化、自配置和自管理的自组织组网技术,解决QoS需求和业务区域分布不平衡情况下系统性能优化及运营效率提升问题。

3. 针对多点协作传输中由于协作节点增加引发的信道信息获取及交互的瓶颈问题,突破了分布式协作网络系统所涉及的协作传输容量分析和系统性能分析方法,提出了能够克服信道信息获取及基站间信息交互瓶颈的节点协作传输理论方法及协作调度理论方法,实现高效能协作传输。

该项目在IEEE核心刊物发表论文30余篇,获授权国家发明专利19项。相关理论成果受到国际上的广泛关注,被国际上一批著名学者所引用,获国际通信学术界有重要影响的IEEE通信理论莱斯最佳论文奖,为该奖项自设立以来首次授予中国大陆学者,并获得旨在奖励在中国做出重大原创性研究成果的陈嘉庚科学奖;所发表的论文共被引用1400余次;通过所牵头承担的国家重大科技专项的实施,成果被应用于华为公司及江苏移动的基站产品及网络优化,显著提升了网络性能,技术水平业界领先,产生了显著的经济效益,为提升我国移动通信技术研发水平做出了重要贡献。

7000米载人潜水器(蛟龙号)总体及集成

中国船舶重工集团公司第七〇二研究所

徐芑南 崔维成 胡 震 刘 涛 叶 聪
侯德永 杨有宁 程 斐 张 华 范建国
邱中梁

“蛟龙”号载人深潜器是中国首台自主设计、自主集成研制的作业型深海载人潜水器,设计最大下潜深度为7000米级,也是目前世界上下潜能力最深的作业型载人潜水器。“蛟龙”号可在占世界海洋面积99.8%的广阔海域中使用,对于中国开发利用深海的资源有着重要的意义。

中国是继美、法、俄、日之后世界上第5个掌握大深度载人深潜技术的国家。在全球载人潜水器中,“蛟龙”号属于第一梯队。目前全世界投入使用的各类载人潜水器约90艘,其中下潜深度超过1000米的仅有12艘,更深的潜水器数量更少,目前拥有6000米以上深度载人潜水器的国家包括中国、美国、日本、法国和俄罗斯。除中国外,其他4国的作业型载人潜水器最大工作深度为日本深潜器的6527米,因此“蛟龙”号载人潜水器在西太平洋的马里亚纳海沟海试成功到达7020米海底,创造了作业类载人潜水器新的世界纪录。

下潜至7000米,标志着中国具备了载人到达全球99%以上海洋深处进行作业的能力,标志着“蛟龙”载人潜水器集成技术的成熟,标志着中国深海潜水器成为海洋科学考察的前沿与制高点之一,标志着中国海底载人科学研究和资源勘探能力达到国际领先水平。

人机交互力反馈遥操作机器人关键技术及应用

东南大学
扬州大学

宋爱国 宋光明 李会军 唐鸿儒 崔建伟
赵国普 徐宝国 吴 涓 李建清 卢 伟
包加桐

人机交互力反馈遥操作机器人系统将人的知识智慧与机器人的适应性相结合,通过人与机器人之间传感与控制信息的交互,可以实现各种远地环境或危险环境中的复杂作业任务,是当前各发达国家竞相发展的高技术。随着人机交互遥操作机器人在远程作业、远程监控、远程制造、远程医疗等领域的应用,迫切需要解决多个技术难题与技术瓶颈。该项目针对人机交互力反馈遥操作机器人的力感知、力反馈、大时延控制和人机交互界面设计等关键技术,经过10多年系统深入的研究,突破了多项核心技术,研制成功人机交互遥操作的关键支撑设备,填补了国内空白,并在多个重要领域得到成功应用。该项目的技术创新点:

1. 提出了一种自解耦的机器人多维力传感器的敏感单元设计方法,从传感器的结构设计上有效降低了多维力传感器的维间耦合效应;提出了一种基于误差建模的多维力传感器解耦算法，提高了多维力传感器的测量精度，测量精度可达1% F.S.。

2. 提出了一种基于磁流变液控制的无源力觉再现方法，解决了大量程力反馈人机交互设备的体积大、惯性大与不安全问题，实现了大量程安全柔性的力触觉人机交互。提出了一种基于并联机构的异构式机器人力反馈手控器设计方法，解决了力反馈手控器三维平动和三维转动之间运动与力的耦合问题，六维运动位置测量精度达1%F.S.，力反馈精度达2%F.S.。

3. 针对人机交互力反馈遥操作机器人在双边通讯环节上存在的短时延(≤2秒)造成的不稳定问题，提出了力反馈遥操作机器人的多模式控制技术和自适应阻抗匹配无源控制算法，解决了短时延情况下力反馈遥操作机器人的稳定性和操作性问题；针对人机交互力反馈遥操作机器人在双边通讯环节上存在的大时延(＞2秒)造成的不稳定难题，提出了基于虚拟环境建模的力反馈遥操作机器人预测控制技术，给出了基于滑动最小二乘法的环境动力学参数在线辨识算法和模型滚动修正方法，解决了大时延情况下力反馈遥操作机器人稳定性和操作性问题。

4. 提出了以提高人的感知能力为目标的交互式力反馈遥操作机器人的多感知界面设计方法，并针对人机交互界面力触觉感知与视觉感知的协调同步问题，提出了一种分布式力触觉交互的快速计算算法和无源稳定性判据，实现了多感知通道人机交互方式下具有力觉临场感的遥操作。

该项目获国家发明专利授权33项；获实用新型专利授权5项；获计算机软件著作权2项。发表论文186，其中SCI收录65篇，EI收录107篇，论文被他人引用1200多次，其中SCI他引375次，并在国际遥控机器人会议上作大会特邀报告。该项目相关成果曾获2010年国家知识产权局中国专利优秀奖、2012年与2013年日内瓦国际发明金奖等。

该成果不仅在中国载人航天与探月工程中得到应用，而且在国内首次应用于核反应堆的安全巡检与应急处置。该成果还在智能工程机械、工业机器人、大型泵站远程监控、野生动物探查保护等重要领域得到应用或产业化，取得了重大的社会效益和经济效益，近3年新增产值9.5117亿元，新增利税2.2199亿元，间接经济效益20多亿元。

子痫前期母胎界面免疫平衡的调控机制及其改善策略

南京大学医学院附属鼓楼医院
侯亚义　胡娅莉　周建军　樊竑冶　戴毅敏
刁振宇　王志群　赵光锋

以桂枝茯苓胶囊为示范的现代中药功效相关质量标准体系创立及应用

江苏康缘药业股份有限公司
南京中医药大学
大连工业大学
萧　伟　王振中　凌　娅　段金廒　丁　岗
朱靖博　章晨峰　李家春　范麒如　赵祎武

中成药质量标准水平不断进步，由多采用单一指标成分的含量控制逐步表现为更多地采用多指标成分控制，然而现有中药质量控制技术水平难以实现“安全、有效、质量可控”的药品基本属性，中成药质量控制问题仍是制约中药现代化、国际化的主要瓶颈。一方面，控制的指标成分多未与药品功效相关，内在质量的整体控制水平未有质的突破；另一方面，由于原药材质量不稳定和生产过程缺乏质量控制或控制水平不高，导致产品批间均一性较差，难以保证药品疗效的稳定发挥，未达到国际药品标准先进水平。

针对上述关键科学问题，该项目经过7年的研究与攻关，搭建了基于复方中药多重功效的中药质量控制新技术研究平台，集成、发展了中药功效成分研究以及生产过程控制的技术与方法，以成分复杂、功效多的传统复方桂枝茯苓胶囊为示范，首次在产业化水平构建、应用了现代中药功效相关质量控制体系，显著提高了复方中成药的质量均一性和有效性，解决了中药质量控制与产品功效不相关、产品批间均一性差的根本问题，得到国内国际认可。

复杂体系中典型难降解有毒污染物治理新技术研发与应用

南京大学
江苏省环境科学研究院
江苏南大环保科技有限公司
南京大学盐城环保技术与工程研究院
李爱民　刘福强　吴海锁　陆朝阳　戴建军
龙　超　刘　波　王津南　喻学敏　杨维本
陈金龙

酵母生物炼制的关键技术突破及产业高端应用

南京工业大学
南京同凯兆业生物技术有限责任公司
应汉杰　欧阳平凯　陈晓春　陈　勇　张　磊
黄小权

高性能长寿命光纤传感技术及其结构健康监测理论和系统创新

东南大学
江苏省交通科学研究院股份有限公司
北京特希达科技有限公司
江苏华通工程检测有限公司
同济大学
石家庄铁道大学
吴智深　杨才千　张宇峰　孙　安　李素贞
张　建　张　浩　杨书仁　夏叶飞　朱晓文
万春风

结构健康监测(SHM)技术是提高土建交通工程结构健康安全及实现其可持续性的最有效途径之一。然而,点式传感技术无法满足大型复杂结构长期监测和性能评估需求,长期阻碍着SHM在该领域的实质性应用。该项目历经10余年,创新性地提出了大型结构区域分布传感理念,发明了高性能长寿命传感技术,建立了相关结构分析与性能评估理论,实现了仅用单种长标距应变传感技术进行结构全面长期监测的重大突破。

大型桥梁船—桥碰撞机理与复合材料防撞系统研究及应用

南京工业大学
中铁大桥勘测设计院集团有限公司
江苏省交通规划设计院股份有限公司
江苏博泓新材料科技有限公司
刘伟庆　庄　勇　方　海　韩大章　周　叮
陆伟东　陈　伟　祝　露　万　里　王　俊
齐玉军

镇江香醋酿造微生物群落功能优化关键技术及其产业应用

江南大学
江苏恒顺醋业股份有限公司
许正宏　李国权　陆震鸣　史劲松　佘永建
夏　蓉　朱胜虎

该项目突破了传统发酵固有技术理念与思路的限制,采用现代分子微生态学技术,系统解析了镇江香醋多菌种混合发酵过程微生物群落及其功能关系。项目实施成功打破了传统酿造工艺主要沿袭师传身授的方式,提高了发酵原料利用率和产品质量,降低了食品安全隐患,促进了行业技术进步和国际竞争力的提升。该项目研发还完成江苏省科技成果鉴定2项,承担国家级项目3项,获授权国家发明专利5项。并制定《地理标志产品镇江香醋》国家新标准1项,在国内外权威杂志和核心期刊发表论文16篇。

国家一类新药左奥硝唑原料及制剂的研制与产业化

南京圣和药业有限公司
王　勇　张　仓　滕再进　张文萍　陶小鑫

该项目历时10年,耗资数亿元,结出了丰硕成果。左奥硝唑在国内外率先上市,凭借其显著的疗效和极低的毒副作用,为抗感染类药物在临床上的应用提供了更佳选择,不仅为患者提供了安全、有效、价廉的产品,改善了人民健康水平,也为推进中国硝基咪唑类药物研究和药物手性分子活性研究,推动中国创新药物研究新模式的具有积极的意义,实现了较好的经济效益和社会效益。该产品已获国家发明专利授权5项,国际专利授权3项,在建立符合中国国情、行之有效的创新药物研究管理新模式的探索之路上迈进了一大步，为江苏省乃至中国的医药行业开发具有自主知识产权的产品起到了一定的示范作用。

燃煤烟气SCR脱硝关键技术研发与工程应用

东南大学
南京龙源环保有限公司
瑞基科技发展有限公司
宜兴市宜刚环保工程材料有限公司
无锡华光新动力环保科技股份有限公司
南京东大能源环保科技有限公司
南京宇行环保科技有限公司
金保昇 仲兆平 周长城 黄亚继 张亚平
张勇 沈凯 李仁刚 尤毓敏 姚力智
吴磊

燃煤锅炉氮氧化物(NOx)减排是“国家大气污染防治计划”的重要组成部分，实现减排的关键在于烟气脱硝工程的建设。选择性催化还原法(SCR)由于脱硝效率高、无二次污染等优点而在全世界范围内得到广泛应用(约占95%)。中国通过引进德国、日本、美国等发达国家的SCR技术建设了一批脱硝工程，虽减排了一部分NOx，但仍存在着核心技术和材料受制于人、投资和运行成本过高等一系列问题。该项目在国家科技部、江苏省政府的支持下，围绕烟气脱硝过程工艺技术、低成本脱硝催化剂制备技术、对现有锅炉的适应性技术等三大核心关键问题，开展了长达11年的研究，截至2013年，已应用于国电、大唐、华能、中石油、武钢等企业300多台锅炉的烟气脱硝工程，覆盖电站锅炉(420~2050 t/h)、工业锅炉(75~410 t/h)和热水锅炉(35~64 MWt)。近3年新增产值74.89亿元、利润11.51亿元、税收5.24亿元。

该项目获授权专利30项(其中发明专利8项)，公开发明专利20项。编制国家环保部环境保护行业标准1项，发表论文26篇，SCI收录8篇，EI收录18篇(含双收录)。

近海台风短临预报技术

南京大学
王元 赵坤 陈宝君 宋金杰 明杰
丁爱军 舒守娟 潘益农 张熠 江静
诸葛小勇

该项目将风雨分布预报的平均风速误差保持在2米/秒之内、定量降水预报平均准确率保持在70%以上，已在江苏省气象台和中央气象台等16家单位得到应用，对中国东南沿海防台减灾大有裨益。

老年性痴呆早期预警、诊断与干预研究

东南大学附属中大医院
福建医科大学
安徽医科大学
张志珺 陈晓春 汪凯 袁勇贵 柏峰
潘晓东 谢春明 朱春燕 王少华 闫福岭
任庆国

老年性痴呆症是以认知障碍为临床主要症状的一种神经退行性疾病，在65岁以上的老人中发病率较高。易得这种疾病的高危人群面临着早期识别困难、干预手段匮乏、病因诊断不清等难题，疾病预后较差。

为推进老年性痴呆症的早诊早治，该项目组进行了一系列患者病例对照随访研究，发现遗忘型轻度认知障碍患者和首发恢复期老年抑郁患者，均为阿尔茨海默病的高风险人群。通过对比研究，在国际上首次发现这两类高风险人群共同的发病机制和受损脑区，为阿尔茨海默病提供了早期预警指征和早期干预时间窗，并率先建立了为认知障碍早期识别提供敏感定量指标的一系列认知研究方法。

这项研究还创造性地发现，寡聚态β-淀粉样蛋白(Aβ)是启动认知障碍发生的最早期病理事件，修正了国际上一贯认为凝聚态Aβ发挥核心作用的传统观点。该研究还首次发现，海马区钙结合蛋白标记的γ-氨基丁酸，能使神经元亚型选择性缺失，是海马相关空间记忆障碍的关键分子机制。

该项目成果自应用以来，已在临床上取得了明显成效。在病例随访研究中，遗忘型轻度认知障碍的老年痴呆发生率从7年前的7.7%降为4.2%，两年半转化率从22%降为19%；首发恢复期老年抑郁的转化率，从15%降为抗抑郁剂治疗2年

后的7.2%,显著低于国外报道的13.3%。

红外吸收微粒的表面改性及在节能树脂中的应用

南京大学
江苏兴业塑化股份有限公司
薛 奇 周东山 王昭群 薛纪良 卞忠华
陈 强 陈 葳 王晓亮 江 伟 汪 蓉
李林玲

稻麦生长指标无损监测与精确诊断技术

南京农业大学
江苏省作物栽培技术指导站
河南农业大学
江西省农业科学院
曹卫星 朱 艳 田永超 姚 霞 倪 军
刘小军 王绍华 邓建平 张 娟 李艳大
马吉锋

该项目经示范应用后,表现为明显的节氮(约7.5%)和增产(约5%)作用,已累计推广约197.99万公顷(2969.8万亩),新增效益13.88亿元。

生物起搏应用于缓慢性心律失常治疗的相关研究

苏州大学附属第一医院
杨向军 周亚峰 赵 欣 李红霞 许海峰
钱晓东 邹 操 蒋文平

植入电子起搏器是目前治疗症状性缓慢性心律失常的首选方法,并取得很大的成功。然而,有限的电池寿命、缺乏对神经激素自动反应性、儿童期植入起搏器后电极不能随身体的发育而相应变长等缺点使得人们迫切需要一种更理想的治疗方法,基于基因治疗和细胞治疗构建的生物起搏在不久的将来可能会成为电子起搏器最为理想的替代方法。该项目组经过多年研究,在4项国家自然科学基金和2项江苏省自然科学基金的支持下取得一系列创新性成果,通过基因改造的方法成功构建生物起搏细胞,并在体外和体内研究中获得了重大突破,相关研究为生物起搏运用于临床打下了坚实的基础。

微囊藻毒素多尺度分析技术体系及健康危害作用机制研究

南京大学
中国科学院水生生物研究所
江苏省无锡市疾病预防控制中心
浙江大学
沈萍萍 华子春 宋立荣 鞠熀先 陈 霆
徐立红 林玉娣 甘南琴 卢 彦 崔 隽
施 谦

大型工程建设成套吊装设备关键技术与应用

徐工集团工程机械股份有限公司
陈卫东 孙 丽 孟进军 韩 雷 赵 斌
孙 影 丁美莲 章 琢 余钦伟 掌丽华
李香伟

大型工程建设安装的传统一体化整体吊装方法是采用一台履带起重机作为主吊,一台履带起重机作为溜尾设备,依靠人工指挥完成多机协调吊装作业,存在施工风险大、施工周期长、转场成本高、路基承载高、拆装复杂等一系列问题。

随着我国石油化工、煤化工、核电、风电等行业技术不断进步,工程构件逐步趋向工厂预制大型化;一体化整体吊装施工已成为主流趋势,但是受国内大型履带起重设备关键技术的制约及传统吊装工艺的限制,无法实现大型构件的整体吊装施工,严重制约我国大型工程的建设。

大型吊装设备是集机械、液压、控制和通信技术于一体的复杂机械装备,其中履带起重机具有吊装能力强、接地比压小、具备带载行走功能等优势,一直是大型工程安装建设的主力设备。徐工集团经过多年的技术积淀和研究攻关,突破了多工况组合臂架系统优化设计、专用溜尾设计、多动力多机构协同控制等关键技术瓶颈,成功研制了世界最大的3600吨履带起重机、1100吨首台自行走专用溜尾机,在全球领域率先成功实现了工程安装高度超过110米、重量超过2000吨的丙烯塔的一体化整体吊装一次安装到位,提升了我国高端装备的核心竞争力。

1. 技术成果及创新点

该项目全面攻克了大型履带起重机及溜尾机

的关键技术,形成了多项技术创新,完成了650~3600吨系列履带起重机及溜尾机产品开发,整体技术达到国际先进水平,专用溜尾设备等3项技术为国际首创,多工况组合臂架系统优化设计技术等3项技术达到国际领先水平。项目共申请自主知识产权34项,授权发明专利8件(ZL200810171607.0;ZL 200910131733.8;ZL 200910133691.1等),实用新型10件(ZL 200820176406.5;ZL 201020630366.4;ZL 201220223101.1等),提升了国产履带起重机研制水平,推动行业技术进步和大型工程施工的技术进步。

(1)突破了多工况臂架系统优化设计技术,起重能力实现跨越针对随着臂长增加自重挠度增大过快、性能急剧衰减带来的臂架刚度与重量匹配难题,建立多级变刚度组合臂架力学模型,研究超长臂节间刚度变化对臂架系统应力与位移的作用规律,发明了变壁厚组合臂架系统、随动式挠度控制腰绳,降低臂架挠度80%以上、重量40%以上,实现起重量从650~3600吨、起重力矩从7000~88000吨·米的大幅度跨越,起重能力居世界首位。

(2)掌握了专用溜尾设备技术,创新了吊装施工工艺传统吊装大型构件在溜尾至竖直状态过程中,存在晃动量大、臂架受侧载、摘钩困难等不安全因素,针对此难题,独创了"提""托"动作相结合的自行式专用溜尾设机,发明了油缸缆绳式提升机构,构件挂点低,晃动量减小到0.2米以内,摘钩安全便捷,实现了主吊设备及溜尾机的集成作业。

(3)解决了多动力多机构协同控制技术难题,确保作业安全可靠针对大型吊装作业高安全性、高平稳性的要求,以及主吊和溜尾设备联合作业高协同性的要求,开发了具有实时采集、在线诊断、模拟修正功能的协同控制系统,解决了多动力多机构协同控制难题,实现了整车多种作业模式,大幅提高主机各项动作的安全平稳性;其中首创的无线/有线双冗余系统技术,实现主吊和溜尾设备的实时监控与调整,确保在任意工况下协同作业的安全可靠性。

2. 应用情况

从2009年开始,项目关键技术批量应用到650~3600吨系列大型成套吊装设备,打破了国外厂商的市场垄断格局,积极承担石化、煤化工、海洋工程、风电、火电、大型场馆等国家重大工程建设。其中650吨批量出口乌拉圭、伊朗、印度等海外市场,广泛应用于风电、火电、冶金等大型工程;1250吨出口印度尼西亚,创国内出口吨位记录之最,积极参与海洋石油钻井平台建设,3600吨是目前投入工程应用全球最大的流动式吊装设备。

3. 经济效益和社会效益

成果技术已用于系列大型履带起重机和溜尾机产品,近3年直接经济效益22.5亿元,以福建联合石化为例,工期从6个月缩短为2天,仅此项目间接经济效益可达500亿元,大大降低了我国大型工程建设的成本。大型工程建设关键成套吊装设备的研制与应用成功,形成了系列具有自主知识产权的高端装备,其中,自行式专用溜尾机填补了国际空白,掌握了大型履带起重机及专用溜尾机的关键核心技术,提升了民族制造的地位和影响,主导了高端施工设备的技术发展趋势,推动了我国重大工程的建设进程。

NSQYPHFH 1493型泥水气压平衡复合式隧道掘进机

中交天和机械设备制造有限公司
史福生 周 骏 戴佳临 张伯阳 季雪兵
那宿燕 张天举 游光文 吴忠善 陈 铭
赵建中

该科技成果由中交天和机械设备制造有限公司自主研制,成功应用在南京市纬三路过江通道项目中。该隧道为上软下硬复合性复杂地质,石英含量高达65%的砂卵石,该产品能连续掘进2580米不更换刀具,其间还穿越了15~20Mpa的玻璃纤维混凝土墙12米,超出同类地质同直径国际产品掘进距离3倍以上,取得了较高的经济效益和社会效益。该装备在国内成功应用,对中国基础建设、国防工程将提供有力的技术支撑,对促进中国隧道盾构机械产业的发展起到积极作用。

二等奖(60项)

认知图像特征的学习理论与计算方法研究

苏州大学

李凡长 曾 嘉 钟宝江 张 莉 樊建席 张 召

高性能智能手机液晶显示面板的产业化

昆山龙腾光电有限公司

钟德镇 崔宏青 唐先柱 邹忠飞

基于资源可控的高速网络测量技术及其产业化应用

东南大学

南京烽火星空通信发展有限公司

程 光 彭艳兵 丁 伟 汪 洋 吴 桦 杨 望 吴剑章 王 晨 龚 俭

智慧协同混合域生态环境监控服务系统及应用

南京邮电大学

江苏省生态环境监控中心

南京三宝科技集团有限公司

江苏南邮物联网科技园有限公司

朱洪波 何春银 沙 敏 杨龙祥 辛柯俊 朱 琦 程崇虎 王永进 朱晓荣

一类非线性色散波方程的解分析研究

南京师范大学

江苏大学

西北大学

田立新 桂贵龙 张平正 周江波 沈春雨 殷久利 卢殿臣 丁丹平 艾小莲

虚拟桌面云应用平台研发及产业化

南京邮电大学

江苏集群信息产业股份有限公司

王汝传 韩志杰 季一木 付 雄 张 琳 王海艳 杨占勇

特异复合材料的光热传输特性及器件设计

苏州大学

复旦大学

高 雷 黄吉平 高东梁 倪亚贤

新型氧化还原酶的发现、改造与高效制备应用研究基础

江南大学

张荣珍 穆 晓 聂 尧 徐 岩

高质量肝素和胰激肽原酶大品种生化药物重大技术创新及产业化

常州千红生化制药股份有限公司

王耀方 刘 军 周 翔 叶鸿萍

鸡马立克氏病CVI988单价和二价活疫苗的研制及其规模化生产技术

扬州大学

乾元浩生物股份有限公司

刘秀梵 甘军纪 刘玉云 袁金城 吴艳涛 卢存义 刘晓文 张传明 侯 军

量子点的水相可控制备及其生物医学应用

南京邮电大学

汪联辉 黄 维 范曲立 樊春海 宇文力辉

他汀类药物中间体绿色合成工艺的开发及产业化

江苏阿尔法药业有限公司

东南大学

吉 民 陈峻青 漆志文 尹晓龙 蔡 进 石利平 徐春涛

高端重载齿轮传动装置关键技术及产业化

南京高速齿轮制造有限公司

重庆大学

郑州机械研究所

杭州前进齿轮箱集团股份有限公司

刘建国 秦大同 王长路 刘伟辉 朱才朝
何爱民 刘忠明 李华斌 王朝阳

2.5MW直驱永磁风电机组研发及产业化
江苏金风科技有限公司
东南大学
盐城工学院
陈小海 林鹤云 李小凡 姜桐举 方 明
张新刚 李荣富 马武福 宁海峰

高效率晶硅太阳能电池研发及产业化
常州天合光能有限公司
高纪凡 张映斌 杨 阳 陈奕峰 朱治国
熊 震 陈达明 包 健 袁声召

机械蒸汽再压缩蒸发系统关键技术研究与应用
南京航空航天大学
江苏乐科热力科技有限公司
韩 东 彭 涛 夏君君 岳 晨 蒲文灏
梁 林

智能配电网运行控制关键技术及核心装备研发与应用
国电南瑞科技股份有限公司
江苏省电力公司南京供电公司
江苏省电力公司扬州供电公司
江苏省电力公司苏州供电公司
南京南瑞集团公司
沈浩东 吴 琳 赵仰东 沈兵兵 杜红卫
沈培锋 周 捷 朱 红 梁 顺

铝酸盐系列荧光粉的研发及产业化
英特美光电(苏州)有限公司
李依群 周卫新 顾竞涛 段成军 邓丽君

生物质替代石油原料制备环保增塑剂关键技术及产业化应用
江南大学
江苏卡特新能源有限公司
江阴市向阳科技有限公司
南通海珥玛植物油脂有限公司
蒋平平 董玉明 邓健能 张伟明 李祥庆
张萍波 朱士洪

高速重载电梯用纳米凹凸棒石改性MC尼龙传动轮关键技术研发及产业化
扬州赛尔达尼龙制造有限公司
中国科学院化学研究所
张爱平 马永梅 王健军 沈国春 张玉蓉
曹新宇 房雪松 程维斌

纳米结构磁性复合材料的可控合成及磁电光多物性调控
南京大学
钟 伟 汤怒江 都有为 祁小四 文剑锋

LNG专用9%Ni钢中厚板关键工艺技术开发及产品应用
南京钢铁股份有限公司
东北大学
南通太平洋海洋工程有限公司
黄一新 刘振宇 楚觉非 王国栋 周 兵
霍松波 谢章龙 姚 宁 王道远

高速重载铁路货车高性能锻造钩尾框的关键技术研发及产业化
南京中盛铁路车辆配件有限公司
南京工程学院
南京钢铁股份有限公司
胡其江 王章忠 张保森 胡 谦 林国强
高大可 程维玮 毛向阳 章晓波

家电板用系列高性能预涂卷材涂料的研究开发
中海油常州涂料化工研究院有限公司
中海油常州环保涂料有限公司
李大鸣 冯春苗 吴奎录 甘崇宁 常霞俊
马吉康 李国华 张啸东 周春利

2兆瓦及以上风电叶片用玻纤多轴向经编增强材料
常州市宏发纵横新材料科技股份有限公司
东华大学

谈昆伦 陈南梁 何亚勤 季小强 吴红亚
程丽美 蒋金华 吴燕娟 刘时海

新型非棉天然纤维纺织应用关键技术及产业链建设
江苏紫荆花纺织科技股份有限公司
刘国忠 张熙明 陈红武 蒋建新 姚建刚
周治洪 李艳然

新型节能导线的研发及产业化
无锡华能电缆有限公司
东南大学
南京信息工程大学
叶胜平 蒋建清 鞠 霖 杨 怀 涂益友
周 瑾 徐 俊 周文文 邹岸辛

7N电子级超纯氨的研发及产业化
苏州金宏气体股份有限公司
金向华 李荷庆 孙 猛

用于海洋、能源等领域重大工程的高性能表面防护材料的研发及应用
南京航空航天大学
江苏麟龙新材料股份有限公司
姚正军 冯立新 张平则 尹国贤 缪 强
张敏燕 魏东博 魏小昕 应 峰

复杂煤层高效采掘装备关键技术及应用
中国矿业大学
江苏中机矿山设备有限公司
西安煤矿机械有限公司
石家庄中煤装备制造股份有限公司
中国矿业大学(北京)
徐州宝迪电气有限公司
杜长龙 刘送永 童敏明 李 威 伍小杰
吴海雁 田 劼 童紫原 李占利

机器人机构设计的现代系统理论与方法
常州大学
中国人民解放军理工大学
上海工程技术大学
南昌大学
杨廷力 沈惠平 刘安心 杭鲁滨 罗玉峰
金 琼 石志新 邓嘉鸣 张晓南

越野轮胎起重机关键技术研究及产业化
徐州重型机械有限公司
单增海 丁宏刚 朱守法 张付义 陈向东
刘 威 张盛楠 史 飞 张德荣

挖掘机核心技术及新能源挖掘机械创新与应用
三一重机有限公司
上海交通大学
南京工业大学
上海三一重机有限公司
曹东辉 俞宏福 代晴华 朱传宝 殷晨波
柳洪文 陈 健 陈克雷 戴旭东

高层建筑灭火用举高消防车关键技术研究与产业化
徐州重型机械有限公司
陆 川 史先信 徐小东 张 义 姚 明
田志坚 张 军 冯 瑜 阚四华

三维打印设计与制造关键技术及产业化应用
南京师范大学
南京航空航天大学
江苏紫金电子集团有限公司
南京理工大学
杨继全 戴 宁 侯丽雅 连 宁 彭 晨
崔海华

MST大气探测雷达
南京恩瑞特实业有限公司
中国科学院大气物理研究所
中国电子科技集团公司第十四研究所
李 忱 吕达仁 姚 琪 刘一峰 谈 洪
严 勇 项大健 蒋润良 段 树

提升电力互感器运行状况下测量准确性关键技术研究与应用
江苏省电力公司电力科学研究院
中国电力科学研究院

南京南瑞集团公司
东南大学
苏州华电电气股份有限公司
许继集团有限公司
江苏思源赫兹互感器有限公司
黄奇峰 杨志新 杨世海 陈铭明 赵双双
周 赣 周 峰 田志国 徐 晴

大型智能化非开挖定向钻机关键技术及产业化

徐州徐工基础工程机械有限公司
中国地质大学(武汉)
东南大学
常仁齐 李根营 吕伟祥 马保松 叶 桦
张永华 贾 丽 李 静 刘 强

固体密实充填采煤岩层控制理论与实践

中国矿业大学
缪协兴 张吉雄 黄艳利 卞正富 李 剑
茅献彪 周 楠 郭广礼 周跃进

规模养殖场污染物减排与废弃物资源化

江苏省农业科学院
江苏省农业环境监测与保护站
海门市兴农畜牧机械制造有限公司
南京宁粮生物工程有限公司
常志州 黄红英 管永祥 马 艳 梁永红
杜 静 吴 昊 吴华山 邱建兴

气象信息网格化关键技术与应用研究

南京信息工程大学
江苏省气候中心
国家气候中心
邱新法 曾 燕 苏布达 何永健 王艳君
谢志清 姜 彤 祝善友 施国萍

电子废弃物全组分高值化绿色利用关键技术与工程示范

江苏理工学院
扬州宁达贵金属有限公司
常州翔宇资源再生科技有限公司
周全法 尚通明 朱炳龙 张锁荣 程洁红
樊红杰 王怀栋 王 琪 刘维桥

区域公路网交通安全管控关键技术及应用

公安部交通管理科学研究所
东南大学
江苏省公安厅交通管理局
江苏省高速公路联网营运管理中心
同济大学
清华大学
苏州市公安局交通巡逻警察支队
赵新勇 姜良维 方艾芬 陆 建 李麟俊
李瑞敏 王俊骅 张 铿 夏国喜

岩石精确爆破关键技术及应用

中国人民解放军理工大学
中国科学技术大学
中国核工业华兴建设有限公司
葛洲坝集团第二工程有限公司
核工业南京建设集团有限公司
谢兴博 陈亦望 马宏昊 纪 冲 范 磊
高振儒 李兴华 徐全军 沈勤明

水利工程影响下河流生态环境变化及调控方法

河海大学
水利部交通运输部国家能源局南京水利科学研究院
戴会超 陈求稳 毛劲乔 蒋定国 王 煜
戴凌全 张培培 张鸿清 郑铁刚

万箱级超大型集装箱船设计与制造关键技术

南通中远川崎船舶工程有限公司
江苏科技大学
韩成敏 陈 弓 潘志远 龚江华 姚震球
罗广恩 莫中华 许维明 孙启荣

水产养殖物联网关键技术及装备

江苏中农物联网科技有限公司
中国农业大学
江苏大学

全国水产技术推广总站
宜兴市农林局
李道亮　傅泽田　位耀光　赵德安　李可心
蒋永年　李振波　朱泽闻　汤旭东

我国南方山区两种重要地产药用植物产业化关键技术研究

江苏省中国科学院植物研究所
隆回县林业局
福建省明溪经济开发区管委会
隆回县科学技术局
冯　煦　汪　仁　陈　雨　王　鸣　彭　峰
马社军　徐　晟　管福琴　李晓丹

苏淮猪的选育与产业化开发

淮安市农业委员会
南京农业大学
淮安市淮阴种猪场
江苏省畜牧总站
淮安市淮阴区农业委员会
淮安市畜牧技术推广站
江苏华威农牧发展有限公司
黄瑞华　张进成　于传军　周　波　侯庆文
李平华　颜　军　江浩军　朱柳燕

高产优质多抗小麦新品种扬麦16

江苏里下河地区农业科学研究所
张伯桥　程顺和　张　勇　高德荣　张　晓
冷苏凤　吕国锋　张晓祥　朱冬梅

国家一类新兽药重组溶葡萄球菌酶粉的技术开发与产业化

昆山博青生物科技有限公司
上海高科联合生物技术研发有限公司
黄青山　陆婉英　李国栋　黄晋江　陆锦春
张继恩　蒋司嘉　陆海荣　赵晓蔚

农产品辐照加工标准体系的建立与产业化

江苏省农业科学院
中国农业科学院农产品加工研究所
江苏瑞迪生科技有限公司
江苏海企长城股份有限公司
严建民　哈益明　朱佳廷　冯　敏　李庆鹏
赵永富　王　锋　刘春泉　周洪杰

功能磁共振新技术的研究及其在脑疾病中的应用

东南大学附属中大医院
中国科学院高能物理研究所
滕皋军　居胜红　单保慈　焦　蕴　张洪英
姚志剑　杨　明　刘　斌　朱西琪

肾小管间质纤维化分子机制及干预的研究

南京医科大学第二附属医院
杨俊伟　方　丽　周　阳　江　蕾　曹红娣
刘友华　戴春笋　何伟春　熊明霞

口颌功能重建的临床应用及相关基础研究

南京医科大学附属口腔医院
陈　宁　吴煜农　于金华　袁　华　沈　铭
汤春波　叶金海　袁　冶　施星辉

江苏省重大新发传染病处置关键技术与应用

江苏省疾病预防控制中心
周明浩　鲍倡俊　崔仑标　祁　贤　焦永军
朱叶飞　汤奋扬　史智扬　郭喜玲

濒危道地中药材茅苍术种质资源保护、创新及应用

江苏大学
皖西学院
安徽中医药大学
江苏茅山地道中药材种植有限公司
六安正元中药材科技有限公司
欧阳臻　吴沿友　魏　渊　赵　明　韩邦兴
彭华胜　汤　建　经守菊　姚厚军

慢性肾脏病心血管病变基础与临床研究

东南大学附属中大医院
重庆医科大学
马坤岭　刘必成　汤日宁　阮雄中　刘　宏
伍　敏　吕林莉　高　民

基于TGF-β/SMAD通路的非小细胞肺癌遗传学与表观遗传学研究

苏州大学

张洪涛　赵　军　雷　哲　李　畅　杨天杰
刘　霞　刘泽毅　陈　俊

男科常见疾病的诊疗技术创新及关键技术应用

南京医科大学第一附属医院

王增军　宋宁宏　刘边疆　王　巍　杨　杰
秦　超　沈百欣　张　炜　王海南

三等奖(113项)

高压大电流高性能IGBT芯片及模块的产业化

江苏宏微科技股份有限公司

赵善麒　刘利峰　王晓宝　张景超　戚丽娜
刘清军　姚天保

多核芯片设计关键技术及应用

南京大学

中国电子科技集团公司第十四研究所

李　丽　潘红兵　沙　金　周海斌　何国强
于宗光　李　伟

量子群的构造及其在计算机科学P问题NP问题与量子杨-Baxter方程求解中的应用基础研究

东南大学

王栓宏　刘国华

特种/极端环境高动态MEMS压力传感器研发及产业化

昆山双桥传感器测控技术有限公司

苏州大学

西安交通大学

苏州科技学院

王文襄　王　冰　陈立国　赵玉龙　赵立波
程新利　毛超民

高功率同带泵浦"光纤-体块"混合激光器技术

江苏师范大学

沈德元　陈　浩　王　勇　黄海涛　赵　婷
杨晓芳　刘　玄

输变电设备状态监测系统关键技术研发与应用

南京南瑞集团公司

江苏省电力公司

林　峰　李盛盛　李　莉　朱　江　张晓帆
项　薇　王沈亮

中文社会科学引文索引服务平台及其推广应用

南京大学

苏新宁　邓三鸿　邹志仁　白　云　潘有能
朱　超　杨建林

应用于高压单片智能LED照明驱动芯片的700V BCD工艺技术

无锡华润上华半导体有限公司

张　森　韩广涛　孙贵鹏　肖金玉　王　浩
张广胜　胡振华

大型装备制造企业经营魔方管控信息化应用软件系统

徐州工程机械集团有限公司

吴江龙　张启亮　闫丽娟　张　翀　赵成彦
魏　兵　罗旭东

数字城市-泰州地理空间框架平台及其应用

江苏省测绘地理信息局

武汉大学

江苏省地理空间信息技术工程中心

泰州市国土资源局

江苏省基础地理信息中心

李德仁　邵振峰　虞泰泉　史照良　潘金华
仲　思　孟尔贵

云计算认知资源管理平台研发及产业化
南京中兴新软件有限责任公司
董振江 陆 平 王志坤 杨 勇 王继刚
黄震江 赵 培

银行回单自助盖章系统的关键技术研究及应用
江苏国光信息产业股份有限公司
褚建民 徐建东 李卫国 曹云峰 袁建华
汤中皓 陈 敏

晶圆级封装(WLP)技术产品
南通富士通微电子股份有限公司
南通大学
南通市知识产权维权援助中心
石明达 夏 鑫 高国华 陈 斌 张小丹
王洪辉 石海忠

基于QFN COL封装技术的超小型集成电路器件研发及产业化
苏州固锝电子股份有限公司
吴念博 李国发 胡乃仁 钟利强

痛风治疗新药非布司他研发及产业化
江苏万邦生化医药股份有限公司
徐州万邦金桥制药有限公司
吴以芳 吴世斌 陆海波 乔德水 杨 炜
周永春 刘 玮

中药饮片产业链的构建与集成创新产业化示范项目
南京海昌中药集团有限公司
南京海源中药饮片有限公司
杭州海善制药设备有限公司
南京博善医药技术发展有限公司
江苏海昇药业有限公司
秦昆明 蔡 挺 蔡宝昌 王 波 李伟东
蔡 皓 周金海

肿瘤新药奈达铂及注射用奈达铂的研制与产业化
江苏奥赛康药业股份有限公司
蔡继兰 陈祥峰 赵小伟 陈 卫 赵砚荣
王孝雯 张宜山

关节炎系列治疗药物的研发与产业化
江苏正大清江制药有限公司
淮阴师范学院
上海医药工业研究院
重庆医药工业研究院有限责任公司
顾海成 王 伟 滕 奇 马玉恒 陈新洋
陈文静 王崇益

盐酸氨溴索及其制剂的研制与产业化
江苏豪森药业股份有限公司
岑均达 吕爱锋 宋 阳 张春红 刘晓艳
冯 征 李孝壁

尿失禁治疗用药曲司氯铵片的开发
扬子江药业集团有限公司
路显锋 赵文镜 杨 菡 王庆辉 吕慧敏
罗宏军 林 梅

电机系统混沌行为的基础理论研究
东南大学
王 政 邹国棠 程 明

大型工业企业能源管控关键技术研究及系统集成应用
南京南瑞继保电气有限公司
南京南瑞继保工程技术有限公司
姜 彬 解 凯 李 华 彭 兴 金 浩
梁少华 孟宪宇

百万千瓦级核电站在役检查装备和技术开发与应用
苏州热工研究院有限公司
中广核检测技术有限公司
李 明 陈怀东 刘金宏 林 戈 洪茂成
肖学柱 徐清国

电力电缆运行状态检测关键技术研究及检测装置研制
江苏省电力公司电力科学研究院
中国电力科学研究院
江苏省电力公司无锡供电公司

江苏省电力公司苏州供电公司
哈尔滨理工大学
赵健康 费益军 蒙绍新 周 立 王建明
夏 荣 何光华

大电网广域电能量测系统关键技术及工程应用

江苏省电力公司电力科学研究院
清华大学
江苏方天电力技术有限公司
南京新联电子股份有限公司
江苏省电力公司南京供电公司
李 斌 顾国栋 颜庆国 李新家 范 洁
钱立军 陈 霄

纯电动客车关键技术研究及整车开发与应用

江苏常隆客车有限公司
江苏大学
杨重山 何 仁 蒋 洪 张中帆 边东生
胡春花 刘文光

电站冷凝热回收大型第一类溴化锂吸收式热泵机组

双良节能系统股份有限公司
毛洪财 王炎丽 丁贯林 徐建虎 俞 丹
曹仲清 陈 杰

高性能光伏发电系统关键元件的研发和产业化

常熟开关制造有限公司
管瑞良 俞晓峰 王炯华 殷建强 李志鹏
周敏琛 陈志刚

新型GIS电力互感器研制及现场检定关键技术

江苏思源赫兹互感器有限公司
江苏省电力公司电力科学研究院
国网电力科学研究院
中国电力科学研究院
华中科技大学
卢树峰 王占宾 徐敏锐 孙浩良 陈 刚
周宪林 吴良科

多种燃料发动机综合电子控制单元

镇江恒驰科技有限公司
张育华 王 洪 宋雪桦 薛小莉 张金华
黄咏梅 钟 艳

直驱型风力发电变流器

江苏大全凯帆电器股份有限公司
陈卫国 王颢雄 周 峰

电动汽车用新型无镉高能动力电池开发及产业化

江苏华富储能新技术股份有限公司
扬州大学
江苏华富控股集团有限公司
居春山 周寿斌 吴战宇 许文林 唐学平
于尊奎 朱明海

新能源汽车电子控制系统关键技术研发与产业化

江苏春兰清洁能源研究院有限公司
吉林大学汽车工程学院
泰州职业技术学院
李 玮 杨 桃 邹海曙 郭建成 于远彬
秦盛荣 赵家宏

超高压及特高压变压器用新型特种换位导线的研发及产业化

无锡锡洲电磁线有限公司
曹永义 张 斌 陈爱兵 马晓明 蒋 健

省级电网电压安全提升与节能降损关键技术及应用

江苏省电力公司电力科学研究院
清华大学
南京软核科技有限公司
上海交通大学
北京九瑞福软件技术开发有限责任公司
刘建坤 周 前 胡泽春 江 林 高小涛
孙志明 郑爱霞

高精度高强度耐腐蚀大容积钢质气瓶用大口径无缝钢管

扬州诚德钢管有限公司

扬州诚德重工有限公司
张怀德　王如军　徐国荣　陈立柱　刘海春
李　进　高宏明

柠檬酸酯类无毒增塑剂的技术开发与产业转化
南京工业大学
江苏雷蒙化工科技有限公司
郭　凯　李振江　李　昕　方　正　周永芳
张　锴　姜　岷

高速铁路接触网用高性能钢丝绳研发及产业化
江苏法尔胜股份有限公司
江苏法尔胜泓昇集团有限公司
张春雷　董　东　黄　磊　刘红芳　张　伦
王　晖　赵维凯

海洋工程用调质热处理钢板的开发
江苏沙钢集团有限公司
张晓兵　聂文金　刘东升　郭　桐　程俊杰
鲍德志　徐天明

基于PTT及其复合纤维面料制造的关键技术与产业化
江苏箭鹿毛纺股份有限公司
中国人民解放军总后勤部军需装备研究所
刘庆年　肖　红　施楣梧　孙召云　韩玉美
臧　超　姜爱娟

多元NiTi形状记忆合金和复合稀土CuZnAl形状记忆合金的应用
镇江忆诺唯记忆合金有限公司
江苏大学
司松海　司乃潮　李晓薇　张志敏　刘光磊
齐克尧

超(超)临界火电机组用高性能不锈钢管
江苏武进不锈股份有限公司
常州大学
宋建新　朱国良　章建新　胡　静　朱秋华
徐　奇　丁金贤

气化连续一步法高性能不溶性硫黄的研制
无锡华盛橡胶新材料科技股份有限公司
陆韵秋　陈锡林　陈　杰　陈培康　陈　群
石　杰　彭炳湖

碳纳米管批量化可控制备及规模应用技术
中国科学院苏州纳米技术与纳米仿生研究所
李清文　张永毅　金赫华　陈名海　李红波
勇振中　张骁骅

国产高性能T700级碳纤维工程化及应用
中简科技发展有限公司
温月芳　杨永岗　李　辉　范军亮　胡培贤
王　伟　王　平

铃兰醛及中间体绿色工艺的研发及产业化
宿迁科思化学有限公司
葛建军　刘启发　唐梁平　沈宏宇　杨茂霞
马　瑞　许治永

氟催化分离技术在有机合成中的运用
南京理工大学
易文斌　蔡　春

亚微米锌粉制备技术
江苏科创金属新材料有限公司
江苏科成有色金属新材料有限公司
南京理工大学
严海锦　翟国华

高磁性能高稳定性磁材的关键制备技术与应用
南通万宝实业有限公司
浙江大学
严　密　周连明　王新华　姜银珠　陶　姗
曹国洲　曹　阳

高品质节约型中厚板新一代TMCP生产工艺与技术开发
南京钢铁股份有限公司
东北大学

辽宁科技大学
朱金宝　王昭东　廖仕军　张春阳　陈东文
李家栋　王新平

高性能焊丝钢开发及工业应用
江苏沙钢集团有限公司
麻　晗　张　宇　潘　鑫　贺莹莹　邹长东
郭慧英　李鸿友

特高压铝电解电容器用高性能电极箔材料的关键技术研发及产业化
扬州宏远电子有限公司
马坤松　相志明　颜国生　钟志良　朱德秋
辛开选　陈厚兵

两亲性高分子结构设计与聚集形态调控及应用
扬州大学
江苏擎宇化工科技有限公司
朱爱萍　秦敦忠　杨继生　王小天　冯建国

高效节能聚酯生产装置
扬州惠通化工技术有限公司
严旭明　张建纲　景辽宁　钟　明　曹　文
李立青　张跃胜

液混式膨化硝铵炸药生产技术
南京理工大学
无锡市前洲宇方设备厂
陆　明　刘祖亮　吕春绪　胡炳成　叶志文
周新利　张　剑

新型高性能聚醚多元醇系列产品
句容宁武新材料发展有限公司
应　珏　应　军　翟洪金　盛恩善　郑　磊
倪小明　夏文华

新型复合催化剂连续制备乙酰乙酸甲酯关键技术开发与应用
江苏天成生化制品有限公司
同济大学
常州大学
陈　飞　郭占云　姜　彦　崔惠忠　王小清
袁　般　张洪文

耐高温连续碳化硅纤维的研发及产业化
苏州赛力菲陶纤有限公司
张卫中　冯春祥　何立军　张　冀　蒋伟鸣
张　博　陆　仁

一步法合成烷基糖苷关键技术研发及产业
扬州晨化新材料股份有限公司
大连理工大学
张淑芬　于子洲　唐炳涛　许文林　董晓红

一步法合成低聚丙二醇单甲醚乙酸酯的绿色工艺及产业化
江苏华伦化工有限公司
江南大学
夏咏梅　吴义彪　陈忠平　胡学一　许　飞
丁建飞

TH578J型集聚纺自动落纱细纱机
常州市同和纺织机械制造有限公司
江南大学
唐国新　毛阿平　谢春萍　徐伯俊　黄新伟
刘亚军　徐兆山

第三代核电站高效安全隔离装置关键技术研发和产业化
江苏神通阀门股份有限公司
东南大学
吴建新　张逸芳　余新泉　陆　平　沈捷美
王建新　姜　燕

高强高效非织造土工合成材料装备与技术
江苏迎阳无纺机械有限公司
南通大学
宏祥新材料股份有限公司
范立元　王建刚　范　莉　张　瑜　李素英
任　煜　崔占明

高压喷油泵关键技术与产品开发

中国第一汽车股份有限公司无锡油泵油嘴研究所

居钰生　陈希颖　华　弢　夏兴兰　骆　聪

黄　俊　陈光利

伺服控制高性能精密压力机系列产品开发及产业化

江苏省徐州锻压机床厂集团有限公司

东南大学

柯尊芒　贾　方　王兴松　姚立敏　闫长海

秦　剑　梅碧舟

HPE-3048机械伺服数控转塔冲床

江苏亚威机床股份有限公司

清华大学

河海大学

冷志斌　刘辛军　卞新高　朱灯林　肖　军

9～12米大型高效能摊铺机研制及产业化

徐工集团工程机械股份有限公司

陶永生　朱振东　童卫东　王　浩　孙志刚

杨军民　王克冰

高性能电脑横机关键技术研究及其产业化

常熟理工学院

江苏金龙科技股份有限公司

徐惠钢　金永良　陈景波　潘　启　霍铖宇

张和中　兰先川

智能节能型混凝土成套设备关键技术研发及产业化

徐州徐工施维英机械有限公司

陈　维　徐怀玉　章　跃　沈千里　李晓峰

息树辛　贾华东

1400毫米二十辊可逆式冷轧机组

无锡市桥联冶金机械有限公司

东北大学

唐　明　刘相华　张　靖　徐强琦　胡智伟

唐国震　鲁建雄

智能化高效油料保障装备关键技术研究及应用

航天晨光股份有限公司

倪桂平　高智勇　刘灿荣　季明慧　舒　鹏

王祖工　张晓亮

A2级防火铝复合板及其连续化生产设备的研发和产业化

江苏协诚科技发展有限公司

淮阴工学院

江苏阿路美格建材有限公司

陈建明　都　东　王建兴　吴建平　石维军

沙　英　李　斌

自保护式全合金铸钢超高温冶金炉窑冷却系统

江苏联兴成套设备制造有限公司

北京科技大学

王志斌　程树森　周　成　樊旭初　朱大胜

潘　宏　邢　涛

自动化涤纶超细纤维高速弹力丝机的关键技术创新和整机制造

无锡宏源机电科技有限公司

缪小方　张始荣　钱凤娥　吴敏伟　苏　甦

华凤笙　杨晓庆

复杂神经网络的若干基础理论问题研究

江南大学

崔宝同　楼旭阳

HXD1、HXD1C和HXD2系列大功率电力机车齿轮传动装置研制

南车戚墅堰机车车辆工艺研究所有限公司

刘忠伟　颜　力　戴如勇　靳国忠　刘　升

文　超　封雪平

BFH铜包铝高效复合成形机组

江苏省南扬机械制造有限公司

南京理工大学

王正田　彭斌彬　颜兴林　蒋仕龙　刘　成

曹春平　陈俊平

海洋石油钻井平台井口成套装备及其关键技术

江苏如通石油机械股份有限公司
南通大学
吴国庆　曹彩红　周井玲　何云华　陈世龙
马强维　陆维松

晚新生代重要全球变化事件中的生物多样性响应

中国科学院南京地质古生物研究所
江苏省地质调查研究院
苏州市考古研究所
王伟铭　李保华　舒军武　周晓丹　丁金龙
刘金陵　钟石兰

面向海量地震数据的逆时偏移(RTM)技术研发与应用

中国石油化工股份有限公司石油物探技术研究院
杨勤勇　方伍宝　王立歆　孔祥宁　李　博
张慧宇

长三角地区大气污染特征及农作物的逆境生理生态响应机制

南京信息工程大学
南京大学
郑有飞　王体健　吴荣军　朱　彬　刘建军
胡　忻　庄炳亮

苏北盆地隐蔽性断层分布与控藏研究

中国石油化工股份有限公司江苏油田分公司
刘玉瑞　丁卫星　娄国泉　丁建荣　马英俊
蒋阿明　罗龙玉

盐碱滩涂综合改造技术研究与应用

江苏顺通建设集团有限公司
江苏南通六建建设集团有限公司
南通宝华海产品养殖有限公司
西北农林科技大学
南京海培特农业科技有限公司
葛家君　陈启康　甄常生　骆祥平　陈　博
罗伟祥　亢勇军

一体化船舶油污水处理关键技术及设备应用

东台市东方船舶装配有限公司
哈尔滨工程大学
盐城工学院
梅东兴　任芝军　张莹莹　徐　森　王　斌
赵小明　蔡晓幸

煤矿安全高可靠性监控系统

天地(常州)自动化股份有限公司
中煤科工集团常州研究院有限公司
邹哲强　王晓阳　汪丛笑　贺耀宜　陆　铮
王海波　张立斌

南京市活断层探测与地震危险性评价

江苏省地震工程研究院
侯康明　刘建达　张振亚　熊　振　黄永林
李丽梅　徐　徐

资源化利用废旧轮胎制备橡胶沥青的综合路面技术与装备

江苏省交通科学研究院股份有限公司
曹荣吉　吴春颖　李　豪　丁武洋　陈李峰
刘开琼　李爱芳

环保型HAP-F饮用水除氟关键技术与装备产业化

江苏永冠给排水设备有限公司
中国矿业大学
河海大学
冯　莉　刘泽山　刘　成　张宝军　施　炎
丁厚利　石　美

煤矿地面工业环境中既有钢筋混凝土结构损伤劣化机理和防治技术

中国矿业大学
徐州矿务集团有限公司
吕恒林　周淑春　吴元周　朱亚平　付中英

黄建恩　尹世平

新型高耸塔型结构建造关键技术研究与工程应用

江苏中南建筑产业集团有限责任公司
河海大学
南通大学
张　军　陈耀钢　魏桂顺　包　华　韦芳芳
张凯平　朱建民

抗番茄黄化曲叶病番茄育种技术、品种创新与应用

江苏省农业科学院
江苏省植物保护站
江苏省江蔬种苗科技有限公司
赣榆县蔬菜技术指导站
江苏徐淮地区徐州农业科学研究所
余文贵　赵统敏　季英华　张保龙　杨玛丽
赵丽萍　胡　婕

江苏省特色果蔬加工贮运及品质控制关键技术开发与应用

南京农业大学
连云港市东海果汁有限公司
扬州福尔喜果蔬汁机械有限公司
屠　康　韩永斌　郁志芳　顾振新　郑永华
陈培琦　吴正祥

以废弃物为原料的设施园艺栽培基质开发及精细化应用技术

江苏大学
南京农业大学
南京林业大学
江苏恒顺集团有限公司
李萍萍　郭世荣　朱咏莉　张西良　沙爱国
胡永光　孙　锦

稻米蔬菜中农药残留超标主导因子及风险控制关键技术

江苏省农业科学院
中国农业科学院农业质量标准与检测技术研究所
南京农业大学
溧阳中南化工有限公司
余向阳　钱永忠　王冬兰　王鸣华　张志勇
简　秋　陈　晨

高附着喷雾施药关键技术研发与应用

江苏大学
农业部南京农业机械化研究所
贾卫东　张　玲　陈树人　陈志刚　施爱平
杜彦生　丁素明

团头鲂循环水清洁高效养殖关键技术示范与推广

中国水产科学研究院淡水渔业研究中心
通威股份有限公司
常州市武进区水产技术推广站
宜兴市水产畜牧站
戈贤平　谢　骏　刘　波　沈全华　刘　勃
胡庚东　高启平

典型调理食品加工品质调控关键技术研究及应用

江南大学
中华全国供销合作总社南京野生植物综合利用研究院
张　慜　张卫明　杨瑞金　孙晓明　王玉川
吴素玲　张文斌

全架式大功率拖拉机关键技术及产业化

南京农业大学
徐州凯尔农业装备股份有限公司
朱思洪　张广庆　肖茂华　张海军　杨　飞
周永清　高辉松

家禽质量安全控制关键技术研究与应用

江苏省家禽科学研究所
江苏立华牧业有限公司
扬州口缘食品有限公司
高玉时　陆俊贤　唐修君　施祖灏　唐梦君
窦新红　张小燕

加压素治疗疼痛的临床应用和神经分子基础研究

江苏省苏北人民医院
南京市第一医院
新乡市高新医药研究院
中国人民解放军第二军医大学
济宁医学院
杨　俊　李雪萍　孙方杰　王大新　林葆城
刘文彦　周罗晶

神经干细胞的分化调控及其治疗脑损伤的研究

南通大学
苏州大学
金国华　张新化　李浩明　谭雪锋　衣　昕
施金洪　邹琳清

IGF2基因组印迹丢失在消化道肿瘤中的基础与临床应用研究

南京市第一医院
王书奎　潘玉琴　何帮顺　聂珍琳　蒋红兵
高天翼　许晔琼

全瓷修复技术在前牙美学修复中的临床应用基础研究

南京市口腔医院
骆小平　孟翔峰　张　蕾　周小陆　柳正明
周　峰　季　骏

前炎症因子及趋化因子信号在角膜新生血管发病及干预中的作用

苏州大学附属第一医院
陆培荣　张学光　刘高勤　张光波　李龙标
赫雪飞　傅丰庆

中枢神经系统损伤后内源性神经保护靶点的研究

南京军区南京总医院
王汉东　闫　伟　茅　磊　金　伟　王笑亮
潘　灏　胡志刚

脊髓损伤继发炎症反应的机制研究和临床应用

南通市第一人民医院
南通大学
崔志明　沈爱国　贾连顺　徐冠华　蔡卫华
刘永华　李卫东

重症急性胰腺炎多器官损害的细胞分子机制及其干预

江苏大学附属医院
浙江省肿瘤医院
张建新　张喜平　党胜春　姜德立　陈　敏
王旭青　范　昕

江苏省多代谢异常和代谢综合征综合防治研究

江苏省疾病预防控制中心
苏州大学
南京医科大学
苏州市疾病预防控制中心
武　鸣　郭志荣　胡晓抒　沈　冲　胡一河
杨　婕　周正元

基于症状监测的口岸公共卫生预警关键技术及控制措施的应用

中华人民共和国江苏出入境检验检疫局
中国检验检疫科学研究院
中华人民共和国南京出入境检验检疫局
中华人民共和国镇江出入境检验检疫局
吴海磊　罗　岚　慈　颖　陆永昌　胡　云
翁贇琦　符丽媛

脑、脊髓损伤救治的基础与临床

南京医科大学第一附属医院
李立新　金庆文　陆晓诚　田和平　黄保胜
陶　轶　谢青松

Th17细胞及其相关因子在自身免疫性疾病发生中的基础与临床研究

江苏大学
苏兆亮　许化溪　焦志军　陈建国　孙英琨
周成林　陈德玉

拇、手指软组织缺损的临床分型和治疗的临床研究

无锡市第九人民医院

芮永军　周　晓　施海峰　糜菁熠　许亚军

沈小芳　钱　俊

肾损伤相关分子在急、慢性肾脏病中的作用

南京市第一医院

曹长春　万　辛　谢红光　杜　新　潘斌斌

夏文楷　陈　文

2014年度江苏省企业技术创新奖

Awards of Jiangsu Provincial Enterprise Technology Innovation in 2014

获奖企业名录(12家)

1. 无锡威孚高科技集团股份有限公司
2. 南车戚墅堰机车车辆工艺研究所有限公司
3. 江苏扬农化工股份有限公司
4. 江苏久吾高科技股份有限公司
5. 常州市润源经编机械有限公司
6. 南京绿叶思科药业有限公司
7. 国电联合动力技术(连云港)有限公司

8 中蓝连海设计研究院

9. 南化集团研究院
10. 江苏太平洋精锻科技股份有限公司
11. 江苏天瑞仪器股份有限公司
12. 亚普汽车部件股份有限公司

行 业 科 技

Industrial Science & Technology

经济与信息科技

Economy and Information Science & Technology

【概 况】 2014年,江苏省经济和信息化委员会深入学习贯彻党的十八大、十八届三中、四中全会精神,主动适应经济发展新常态,认真贯彻省委省政府部署,坚持稳中求进、改革创新,不断激发企业科技创新活力,积极推动工业强省建设,打造江苏工业经济升级版。

【技术创新】《江苏省企业技术进步条例》(以下简称《条例》)经修订后,于2014年10月1日正式施行。《条例》中明确要“引导企业独自设立或者联合建立企业技术中心等研究开发机构”。截至2014年年底,全省省级以上企业技术中心数量达到1610家,其中国家级企业技术中心83家,省级企业技术中心1527家(其中工业类1322家、物流类67家、软件类76家、建筑类62家),全省年销售收入亿元以上的工业企业中有7%的企业拥有省级以上企业技术中心,超过4000家企业拥有市级企业技术中心。2014年,新增国家技术创新示范企业7家,累计已达19家,新增数居全国第一,累计数居全国前列。

【企业创新】 全年争取国家财政补助项目14个,争取国家补助资金8040万元。组织实施国家级创新能力建设项目5个,国家重大科技成果转化项目19个,国家电子信息产业调整振兴项目4个。完成省工业和信息产业转型升级专项引导资金科技质量类项目组织工作,安排资金13565万元,组织实施了125个项目,在特大型起重运输机械制造、超高性能混凝土的外加剂及其制备技术等领域突破27项关键核心技术,形成近百项自主知识产权。

表5-1 2014年度江苏省企业技术创新体系建设情况

类别	事 项	2012年(个)	2013年(个)	2014年(个)	新增(个)	净增(个)	净增幅(%)
企业技术创新体系建设	国家技术创新示范企业	7	12	19	7	7	58.3
	省级以上企业技术中心	1017	1293	1610	318	317	24.5
	其中:国家级企业技术中心	67	75	83	8	8	10.7
	省认定企业技术中心(工业)	835	1058	1322	272	264	25.0
	省认定物流企业技术中心	40	55	67	12	12	21.8
	省认定建筑企业技术中心	41	53	62	10	9	17.0
	省认定软件企业技术中心	34	52	76	24	24	46.2
	行业技术中心(公共技术平台)	14	14	14	—	—	—
	省重点企业研发机构累计数	—	388	644	236	236	60.8
	其中:省重点企业研发机构(省级企业技术中心)	—	67	159	92	92	137.3

(江苏省经济和信息化委员会 黄海勇)

建设科技

Construction Science & Technology

【概　况】 2014年江苏省建设系统获国家批准立项的科技项目为130项,省级建设科技项目和科技示范工程项目立项147项,补助研究示范经费396万元。获“国家科技进步奖”2项、“江苏省科技进步奖”7项、“华夏奖”项目11项、“江苏省建设科学技术奖”项目13项、“江苏省绿色建筑创新奖”11项、科技成果鉴定项目62项。

【科技成果推广】 发布建设领域科技成果推广项目620项。制定下发了《〈居住建筑标准化外窗系统应用技术规程〉有关问题的补充说明的通知》(苏建函科〔2014〕558号);与省公安厅共同下发了《关于执行〈建筑设计防火规范〉(GB50016-2014)有关要求的通知》(苏建科〔2014〕614号)。

【科技奖励】 东南大学“现代预应力混凝土结构关键技术创新与应用”及“超高性能混凝土抗爆材料成套制备技术、结构设计及其应用”分别获得2014年国家科技进步奖一、二等奖;“大型工程建设成套吊装设备关键技术与应用”等4个项目获得2014年度江苏省科学技术进步奖,齐康院士获江苏省科学技术突出贡献奖,中蓝连海设计研究院获江苏省科学技术企业技术创新奖;“户外广告巡管监控服务平台”等10个项目获得2014年度华夏建设科学技术奖。积极开展2014年度江苏省建设科技奖和省绿色建筑创新奖评选工作,评选出“环保稳定型橡胶沥青的研究与应用”等13个建设科技奖项目和“南京万科上坊保障性住房6-05栋预制装配式住宅”等11个绿色建筑创新奖项目。

【工程建设标准化】 编制发布《江苏省居住建筑热环境与节能设计标准》等23项地方标准和《预制混凝土双板叠合墙体系施工及质量验收规程》《先张法预应力混凝土方桩》等17项企业标准。开展标准宣贯培训和注册人员继续教育,累计培训专业人员超过1.7万人次。推动养老服务设施、无障碍环境建设、光纤到户等专项标准执行,出台了《关于加强养老服务设施规划建设工作的通知》,开展了光纤到户标准执行情况专项检查。

【智慧城市】 省政府出台《关于推进智慧江苏建设的实施意见》和《关于印发智慧江苏建设行动方案(2014—2016年)的通知》。组织南通、丹阳、丰县等25个市(区、县)开展国家智慧城市试点创建,南京建邺区等一些试点的案例被住房城乡建设部纳入全国经典案例汇编。苏州工业园区等基础条件好的城市完成了创建任务书全部工作量的80%以上。与国家开发银行江苏省分行签订了《江苏省智慧城市建设合作协议》,召开了智慧城市融资对接会,协助智慧城市试点单位争取国家低息贷款,争取低息贷款数十亿元。争取省经济和信息化委员会软件系统开发资金,组织智慧城市共性信息平台开发,避免了信息系统重复建设。组织开展建筑物数据库课题研究,计划编制全省建筑物数据库技术标准。

【建筑节能与绿色建筑】 2014年,全省新增节能建筑16942万平方米,其中居住建筑12676万平方米,公共建筑4265万平方米。年度新增节能能力166万吨标准煤、减少二氧化碳排放370万吨。新增232个绿色建筑项目,面积2313万平方米。省级建筑节能专项引导资金共安排36790万元,用于扶持各类建筑节能与绿色建筑项目。截至2014年年底,全省节能建筑总量达到126291万平方米,占城镇建筑总量的48%,比2013年末上升了3个百分点。

新建建筑节能。全省新增节能建筑16942万平方米,其中1716万平方米的建筑执行节能65%的设计标准。发布了《江苏省居住建筑热环境和节能设计标准》等强制性标准,为全面推进建筑节能和绿色建筑提供了技术法规支撑。并加强新建建筑能效测评,全省共有651个项目通过建筑能效测评。

绿色建筑。全省全年新增232个绿色建筑项目,面积2313万平方米,同比增长40%。全省绿色建筑标识数量和规模继续稳居全国第一。《江苏省绿色建筑发展条例》地方性法规顺利通过省政府审议和省人大一审,发布了《江苏省绿色建筑设计标准》,并编制了配套的《绿色设计编制深度规定》《参考样式》《技术审查要点》。成功召开第七届江苏省绿色建筑国际论坛,组织实施绿色建筑设计标准宣贯培训。全省有12个省辖市以市政府名义出台了绿色建筑行动实施意见,有8个市设立了建筑节能、绿色建筑专项资金。

绿色建筑区域示范。全省全年新批准绿色建筑示范城市(县、区)8个,绿色建筑和生态城区区域集成示范2个。示范区全年新开工绿色建筑6434万平方米,建成1566万平方米。截至2014年年底,累计设立省级示范区54个,示范区内共有绿色建筑评价标识项目353个,3036.9万平方米,占全省获得绿色建筑标识的比例分别为62.4%和50.2%,示范引领作用充分凸显。2014年,绿色建筑示范区信息管理平台也已正式运行,通过信息化手段提高了示范项目的管理效率和质量。

可再生能源建筑应用。全省新增可再生能源建筑应用面积5972万平方米,应用比例达到35.2%。其中太阳能光热5393万平方米,浅层地能579万平方米。国家可再生能源建筑应用示范市县项目实施进展顺利;省级建筑节能引导资金批准可再生能源建筑应用和超低能耗建筑示范项目14项,补助资金1935万元。

既有建筑节能改造。全省实施建筑节能改造面积651万平方米,其中既有居住建筑节能改造258万平方米,既有公共建筑节能改造393万平方米。加强资金扶持,省级建筑节能资金确立既有建筑节能改造示范区(市、县)和既有建筑节能改造示范2种类型,扶持常州市申报既有建筑节能改造示范城市,省级财政投入资金1500万元;扶持苏州吴江区申报既有建筑节能改造区域集中示范,省级财政投入资金1500万元;扶持南京、镇江、徐州三市的住宅小区和既有建筑开展节能改造示范,省级财政投入资金875万元;推动以合同能源管理模式实施公共建筑节能改造,省级财政投入资金1670万元。

监管体系建设。节能监管建设深入推进,实现全省建筑能耗数据中心省辖市全覆盖。2014年,全省开展建筑能耗统计11845项、能源审计188项、能耗分项计量并实时上传数据的842项。同时大力推进公共建筑能耗限额管理试点工作,常州、无锡两市已会同机关事务管理局等部门联合发布了公共建筑用能"基线"。继续推进节约型校园建设,14所高校节约型校园节能监管平台通过验收,其中中央财政支持的6所、省级财政支持的8所。

(江苏省住房和城乡建设厅 赵慧媛)

交通运输科技

Transport Science & Technology

【概　况】 2014年是实施"十二五"规划的关键之年,也是全面开启江苏交通运输现代化建设的起始之年。江苏交通运输行业科技工作贯彻落实党的十八大、十八届三中全会、四中全会精神,围绕交通运输发展主线,凝心聚力,务实创新,突出抓好创新能力建设、重大科技专项研究、交通标准化建设,加快推进"232畅通网"和交通运输部信息化示范工程实施,全面开展绿色循环低碳交通运输体系示范建设。

【创新能力建设】 以技术研发中心建设为重点,有效推进以企业为主体的创新体系建设,形成了"1+2+6"的多层次行业研发中心格局(1个国家级平台,2个交通运输部行业研发平台,6个省厅研发中心)。加强对已建成科技平台的运行管理和业务指导,充分发挥其在科研攻关、技术推广、交流培训以及其他公益性服务方面的作用。新型道路材料国家工程实验室完成了道路材料基础研究室、性能实验室2个研究室,3个新型道路材料研发平台和1个中试平台的建设,举办了美国沥青路面预防性养护、泡沫温拌沥青等技术交流会;水运工程技术研究中心全面参与连云港港30万吨级深水航道国家"863"项目研究工作,承担了全省沿海港口建设条件研究等重大专项;智能交通工程技术研究中心在"232畅通网"工程中发挥了主力军作用,在船联网、港口信息化、高速公路运营与服务智能化平台建设中提供了重要技术支撑。

【科技成果转化与推广】 全面开展重大科技专项研究,推进江苏沿海建港关键技术集成、公路养护技术与决策体系、桥梁健康监测与状态评估、城乡客运运营与评价技术、内河养护成套技术、内河水上运输安全绿色技术、货运与现代物流融合发展7个重大专项研究工作,及时总结阶段性成果,通过集成研究、工程试点示范等,形成相应的指导意见、指南和标准,取得了12项拥有自主知识产权、技术水平国内领先、成果实用性强、经济效益显著的科研成果和科技产品。

加强成果转化与推广工作。组织开展了"连云港绿色智能港口建设与运营"部科技示范工程建设,对深水软基新型岸壁结构、淤泥质海岸疏浚土综合利用、高压变频数字化船用岸电等11项先进适用、效益良好的技术成果进行集成应用示范。依托宁高高速公路改造,省道238、122养护维修,芜申运河整治等工程,开展旧路面废料循环再生、温拌沥青路面、新型护岸结构以及混杂纤维加固桥梁等技术示范应用,促进科技成果的集成应用和规模应用。

【交通运输标准化】 为做好全省交通运输标准化工作会议准备,筹备成立省交通运输厅标准化管理委员会,理顺标准化工作机制,全面加强对交通运输标准化工作的指导,协调衔接各种交通运输方式标准;拟分领域设立省交通运输标准化技术委员会,优化、整合全省科研院校、技术机构和行业管理等多方资源。同时,拟由厅属有关单位成立标准化工作组,协调相关单位(部门)共同推进标准制修订、宣贯培训、实施等工作。研究出台加强全省交通运输标准化工作的实施意见(征求意见稿),明确工作目标和思路、重点任务和保障措施,推进全省交通运输标准化工作深入开展。

2014,省交通运输厅开展了省地方标准编制修订工作,共有20个地方标准、2个省级服务试点获省质量技术监督局批准立项。依托行业协会开展质量管理工作,评选出143个优秀QC小组,发布了11个QC小组成果。涉及路桥施工、高速公路管理、公共交通改善、道路行车安全等,QC小组活动成果覆盖面进一步扩大,不仅解决了基层实际问题,而且提升了全省交通运输行业质量管理工作水平。

【"232畅通网"工程】 "232畅通网"工程总体有序推进,宁沪高速公路综合管理与公共服务信息化示范工程、公众出行交通信息服务系统、全省内河水上应急管理信息化平台、公路客运联网售票升级工程等项目分别投入运行或试运行,公共交通"一卡通"项目完成宁镇扬都市圈联网,确定了优先推进省市两级结算中心建设的工作思路;公铁联运信息化服务按照市场运作的原则取得了实质性进展,取得显著效果。同时,组织完成了联网售票升级工程、南京市公交智能化应用等一批项目前期工作。

【ETC建设】 组织完成ETC全国联网江苏省建设任务。按照交通运输部的统一部署和要求,组织完成了《ETC全国联网江苏省技术实施方案》编制,以及各项互通兼容性测试、软硬件升级、相关服务标准制度完善等工作,2014年12月21日,正式与北京、天津、河北、山西、山东、上海、浙江、安徽、江西、福建、辽宁、湖南和陕西等实现了首批14个省(市)ETC联网运行。目前,全省ETC专用车道达818条,苏通卡用户突破180万户,ETC车道流量占整个路网客车流量的30%。

【绿色循环低碳试点示范省份建设】《江苏省加快推进绿色循环低碳交通运输发展规划(2013—2020年)》已经省政府批准,《江苏省绿色循环低碳交通运输发展区域性试点实施方案(2013—2017年)》通过了交通运输部、省政府组织的高层专家评审,目前正按方案有序推进。南京、镇江、常州、南通、淮安5个市绿色循环低碳交通运输体系区域性项目,镇丹高速公路等5条低碳公路、江阴港等4个绿色港口主题性项目的实施方案通过部审查,2014年共获得部节能减排专项补助资金11280万元,各区域性、主题性项目已全面进入实施阶段。实施了无锡市区域性项目、连云港港低碳港口建设项目,完成了宁宣绿色低碳高速公路项目,全省首个按照三星级绿色建筑标准建造的低碳、节能、环保服务区溧马高速荷叶山服务区已经建成并投入使用,取得较好成效,得到各方好评。

【能耗数据自动检测和报送平台】 初步建立了营运客车、营运货车、内河营运船舶和港口的能耗数据自动检测和报送平台,与省交通运输厅能耗数据统计调查分析系统实施了对接,并依托江苏省交通科学研究院建立了"江苏交通运输行业能耗排放监测统计中心"。编制印发了《江苏省公路水路营运车船及港口码头能耗调查监测样本布局实施方案》,在部分企业中进行能耗实时在线监测试点;按照交通运输部制定的能耗在线监测工作技术要求,常州、南通、淮安3个试点城市完成了试点方案编制和试点车船选取等试点前期工作。

(江苏省交通运输厅 郁海琛)

电力科技

Electric Power Science & Technology

【概 况】 2014年,江苏省电力公司认真贯彻落实科学发展观,落实争当创建"两个一流"排头兵战略,把科技创新作为服务地方社会经济、推进公司与电网发展方式转变的重要支撑,在国家电网公司"一流四大"(建设一流科技人才队伍、实施大科研、创出大成果、培育大产业、实现大推广)科技战略指引下,不断增强自主创新能力,努力提升核心竞争力,形成了良好的创新基础,取得了丰硕的创新成果。

2014年获省部级及以上奖励35项,其中中国电力科学技术奖3项,均为三等奖;国家能源科技进步奖6项,二等奖2项、三等奖4项;江苏省科学技术奖4项,二等奖2项、三等奖2项;国网公司科技进步奖17项,特等奖1项、一等奖3项、二等奖6项、三等奖7项;国网公司专利奖2项,一等奖1项、三等奖1项;南京市科学技术进步奖2项,一等奖1项、三等奖1项。"500kV输电线路四分裂导线行走装置"获得中国专利优秀奖。申请专利1468件,其中发明专利820件、国际专利22件;获授权883件,其中发明专利180件。建成了2个省级研究生工作站,"大规模海上风电接入电网仿真与规划技术科技攻关团队"获得国网公司命名,省电科院获得国际大电网委员会(CIGRE)集体会员资格,公司关键领域技术实力与科技攻关能力再上新台阶。

【科技管理】 一是落实创新职责。积极参与国网公司组织的基层科技创新体系建设调研,以及强化技术创新和支撑服务能力有关研究工作,按照各单位科技工作职责,分解落实各项任务,深化完善了科技创新体系。二是完善管理制度。根据总部下达的年度科研任务,修订对基层单位的考核指标,按要求完成了2014年基层单位业绩考核责任书修订。编制了"科技项目业务外包管理规定",下发了《科技成果推广应用实施细则》。三是按期完成"内控机制""五位一体""资产全寿命周期管理"等机制建设阶段性任务。完成了技术创新业务风险确认、LAM计划制订、业务协同点梳理、重点提升课题总结以及利益相关方信息完善等工作,并按要求持续改进,顺利通过检查验收。四是根据公司统一部署,及时组织收集、审核、提交外部审计组提出的资料需求,配合审计部圆满完成外部审计工作。"变电站智能设备检测技术实验室"高水平通过了国网公司周期性评估。

【科技顶层设计】 一是统筹制定规划计划。组织有关专家依托公司优势积极参与总部"十三五"规划战略研究,完成了公司"十三五"科研技术需求情况调研,制定发布了科技创新能力提升攻坚行动计划,滚动修订、扎实推进公司科技创新三年行动计划。二是举办科技信通月活动。围绕"比创新、促发展、争排头"活动主题,策划实施了"电力经济与能源"等7个重点论坛和19个其他论坛,努力拓宽各级技术、管理人员的专业视野,提高科技创新能力和业务支撑能力。充分利用内外部媒体资源,在国家电网公司省公司网站基层动态、部门动态,以及科技创新网站发布活动相关文章20余篇,扩大活动影响力。三是推动青年人才创新。组织举办了青年人才创新工作座谈会,形成了优秀青年人才激励培育机制建设思路,启动了公司青年人才创新激励培育机制建设。四是优化整合科研资源。印发了《江苏省电力公司科技攻关团队建设指导意见(试行)》,组织开展了首批科技攻关团队申报和评审工作,建成了"能源转型期电力系统规划优化"等17支公司级科技攻关团队,"大规模海上风电接入电网仿真与规划技术科技攻关团队”获得国网公司命名。五是高水平完成科技项目储备。发布了《关于进一步加强科技项目储备工作的通知》,强化了科技项目动态储备、预研要求,分2批完成了2015年科技项目储备,形成入库项目148项。发挥国网公司实验室、科技攻关团队作用,巩固并拓展优势研究领域,成功牵头申报2015年总部指南项目12项、社会公开发布项目4项,项目数量处于省级公司前列。

【项目管控】 一是严格落实项目计划。精心组织总部指南项目省公司管理项目任务书、合同签订工作,尽早实施任务下达、服务招标,督促启动实质性研究,推进经费执行。二是做实月度、季度执行分析,加快推进国家项目及总部管理项目。会同财务部共同督导经费执行,牵头承担的2项863课题顺利通过了国家经费检查。对牵头承担的19项国家项目和总部指南项目集中开展了会议督查,督促整改存在的问题,引导开展成果培育。三是大力推进项目中期专家咨询。组织各单位依托电力科学研究院、经济技术研究院及公司系统内外的技术专家,大力推进项目研究中间评审与专家咨询,确保各个技术研究环节落实到点、管理到位,保持研究方向、技术路线科学合理,提升项目管理与执行质量。四是积极开展管理培训。对徐州、宿迁、泰州等多家基层公司进行现场专项培训,引导各单位主动培育科研力量。针对2014年承担总部项目较多(10项牵头项目、30项参与项目)的情况,组织各项目负责人及相关人员有针对性地开展总部科技项目管理培训,同时结合季度会议开展科技管理全过程培训,取得了良好的成效。

【成果培育】 一是严把项目验收关。严格执行项目验收制度,认真组织好项目经费审计、验收材料审查、应用成效分析,完成国网公司指南项目“电网调控一体化关键技术研究”验收1项、省公司项目验收73项。二是推动成果积累与整合。引导各单位在科技项目的前期策划、研究执行等阶段即重视成果孵化工作,统筹谋划好专利、论文、软硬件产品的提炼、认证。对公司历年来优势领域科技成果进行梳理分类,组织专家进行整合提升,组织完成成果鉴定12项,储备高等级奖励成果。三是重视成果奖励。组织完成了公司2013年度科技进步奖评审,经形式审查、专家网评、科技委评定奖项目47项,其中一等奖9项,二等奖14项,三等奖24项。同时,择优推荐高等级奖项,在各类省部级科技奖励角逐中取得了良好的成绩。四是启动重大科技成果培育。组织各单位开展科技成果梳理,按照国家级、省部级两类初步形成重大科技成果培育计划,为进一步提升公司科技成果水平和提高获奖等级打下基础。

(江苏省电力公司 金 逸)

煤炭科技

Coal Science & Technology

【概 况】 2014年,江苏省煤炭行业加强科技攻关和产学研合作,大力推广应用新技术、新产品、新装备,加大生产系统和安全设备的技术改造力度,促进了安全生产,提高了效率和效益。

【技术进步与创新】 一是通过高端科技创新平台组织开展科研攻关,在深部安全开采的重大课题方面取得进展,研究冲击矿压发生的机理,探索深部开采矿压显现规律,研发冲击矿压预测预报和防治技术,研制防冲解危新装备,开展了徐州矿区千米深井群冲击地压机制与防控研究,有效控制了冲击灾害。二是加强热害治理和热能利用技术研究,通过国家能源深部开采重点实验室争取到1840万元的资金支持,实现矿井高温点降温系统全覆盖,积极推广张双楼矿热能利用模式,促进地热利用和节能减排。三是以企业院士工作站为平台加强支护技术研究。结合典型软岩工程实践及矿压测试,研究深部巷道不同围岩、不同采深变形机理,提出适合徐州矿区深井软围岩和新安矿区高应力大变形条件的支护新技术、控制新方法,形成深部软岩支护新技术体系。四是与中国矿业大学等合作开展矿业工程理论研究和应用,重点进行深厚表土冻结、井壁结构设计、冻结管防断技术、大水量高压动水注浆堵水技术、信息化施工技术应用研究,实现核心技术素质提升。加强建下条带开采技术研究,建设示范工程,细化开采方案,加快实施进度,实现不迁村配采优质资源。五是推进基层创新工作室建设。大屯煤电(集团)公司通过创建劳模创新工作室,加强自主管理,认真组织技术创新活动,共完成创新项目14项。六是推进矿用产品产业化基地建设。大屯煤电(集团)公司在沛县工业园区已建厂房15000平方米,拥有煤矿支护、综合防尘、矿用电器等产品种类120余种,拥有省级工程中心、乙级安全生产检测检验机构等多项资质,具备产业化基地生产加工和研发成果孵化的能力。

【科技成果】 2014年,各煤矿企业充分利用国家能源深井安全开采重点实验室、企业院士工作站及省级技术中心载体,加强与科研院所的合作,狠抓基础技术管理,促进技术进步和素质提升,以装备先进、系统集成、安全高效为方向,围绕深部软岩支护、冲击地压防治、瓦斯及地温热害治理、组织科研攻关,产生了一批较好的科技成果。

2014年,徐州矿务集团有限公司组织申报第六届安全生产科技成果奖30项,申报2014年度中国煤炭协会奖21项、江苏省科技进步奖2项、徐州市科学技术奖29项、江苏省煤炭科技进步奖63项。获得中国煤炭工业协会科技进步三等奖5项,获得徐州市科技进步奖7项,获得江苏省煤炭科技进步奖42项(其中一等奖3项、二等奖13项、三等奖26项)。申报专利7项,获得授权7项。

2014年,大屯煤电(集团)公司申报国家安全生产成果奖、中国煤炭工业协会科技进步奖等19项。其中,“水体下薄基岩厚煤层组安全开采关键技术及微山湖矿区应用”荣获国家安全生产科技成果一等奖、煤炭工业协会科技进步二等奖;“姚桥煤矿立体综合防尘体系与关键技术的建立与应用”等11项荣获江苏省煤炭科技进步奖。组织完成了“采动覆岩破坏水平变形的双探头探测装置”等38项专利申请,其中,发明专利6项。“变温管道自由伸缩的双层减振装置”等28项专利获国家授权,其中“变温管道自由伸缩的双层减振装置”获国家授权发明专利。推广应用新技术新装备,促进安全生产与降本增效,在孔庄煤矿8201工作面应用了ZY6000/17.5/38型一次采全高综采液压支架、大功率采煤机及配套设备,解决了大屯公司较厚煤层的开采问题,提高了资源回收率、生产效率和工作面单产;在龙东煤矿实施了矸石不升井,自主研发了简易的抛矸机,充分利用了龙东报废巷道,提高了工效,降低了运输成本;在徐庄煤矿安装了矿井微震监测系统,为冲击地压预测、预报提供了新的方法,避免或减少了冲击地压的发生。

(江苏省经济和信息化委员会 董伯林)

农林科技

Agricultural and Forestry Science & Technology

【概　况】 2014年,围绕“三个确保、三个加快、三个提升”的目标任务,通过实施农业重大计划推广计划,创新科技、创新推广机制,加强农业技术集成创新,强化项目带动、体系建设,推进全省农业科技进步贡献率达到64.2%,居全国各省份第一。

【农业科技集成创新】 提出构建“顶天立地”科技创新推广机制,以农业三新工程为载体,加强60个现代农业产业技术创新团队建设,针对产业发展制约瓶颈开展集成攻关,推行创新团队+示范基地的机制,把团队创新成果与农业重大技术推广计划实施无缝对接,促进农业科技创新与产业发展充分融合。建设20个生物农业示范基地,积极抢占现代农业发展制高点,引领全省农业新兴产业发展。认定11个技术力量强、创新成果多、生产水平高、带动作用大的现代农业科技集成创新与推广示范基地,加速农业科技成果转化应用。江苏有4个示范基地被评为农业部全国农业科技创新与集成示范基地。

【农业技术推广】 制定农业重大技术推广计划,明确全省农业技术推广导向,推介发布40项重大农业技术。组织实施农业三新工程,新建一批农业科技综合示范基地。组建13个重大技术推广专项协作组，推进农业重大技术推广的组织化、科学化、系统化。推进农科教大联合大协作大推广，实施挂县强农富民工程，组织全省40家涉农科教推广单位与50个农业县(市、区)对接，促进科教单位与地方、科技与产业、专家与示范户深度对接，打造一批农业科技示范镇、村。结合国家基层农技推广体系改革与建设补助项目，深化农业科技入户内涵，全面推行“一村一名农技指导员”制度，培育20万农业科技示范户。加强农业信息服务，免费向示范户发送《农家致富》手机报，办好《江苏为服务网》，开通专家视频诊断，推进农业科技快捷入户。

【基层农技推广体系建设】 加强“五有”乡镇农技推广综合服务中心建设，全面推行全员聘用、推广责任、绩效考评、人员培训和多元推广“五项制度”。实施农技推广“百千万示范工程”，着重培育100个“五有”乡镇农技推广综合示范中心、1000个村级规范化农业科技服务示范站和10000名农业科技核心示范户。开展分级培训，全省培训基层农技人员1万名。开展第七届江苏省农业技术推广奖评选，重点向基层倾斜，提高基层农技人员积极性。授予“水稻机插精确定量栽培技术集成与推广”等60个项目第七届江苏省农业技术推广奖，其中一等奖8项、二等奖20项、三等奖32项。

【农业转基因生物安全监管】 省农委印发《关于调整江苏省农业转基因生物安全管理工作小组的通知》(苏农办科〔2014〕11号)，完善省、市、县(市、区)三级农业转基因生物安全监管组织网络。强化转基因生物安全属地管理，南京、苏州、扬州等市农业行政主管部门对本行政区内的科研、教学单位和企业进行了摸底普查，并将所有从事农业转基因生物研发、生产、加工、经营等活动的单位全部纳入监管范围。严格落实研发者“第一责任人”制度，加强源头监管，把几家主要研发机构的科技管理部门纳入全省监管体系之中，进行不定期监督检查，重点抽查了6个水稻实验室和7个水稻、玉米试验点。开展2014年种子市场和水稻、玉米、油菜市场转基因成分的抽查与检测监测，对田间水稻进行抽检。强化监督检查，召集各市农委科教、执法、种子、检测机构及所辖县(市、区)农委科教科、科研教学单位和转基因加工企业进行座谈和现场查验。加大宣传教育力度，开展多期农业转基因生物安全监管专题培训，广泛发放《揭开转基因的面纱》宣传手册，多途径播放《漫谈转基因》《聚焦转基因》科普宣传片，普及农业转基因安全知识。

(江苏省农业委员会 黄银忠 刘勇军)

【江苏省农业科学院工作】 2014年，江苏省农业科学院在编职工2151人，在职一线科研人员1440人，其中院士1人，享受国务院特殊津贴专家157人，国家和省级有突出贡献的中青年专家99人，博士研究生导师20名，硕士研究生导师118人。具有高级技术职称人员844人，博士390人。建有41个基础研究和公共服务平台，其中国家级创新平台23个，省级创新平台18个。

科研立项。2014年，新上科研项目1078项，其中国家级科研项目214项，主持申报的“耐盐水稻品种选育及配套栽培技术”“化肥面源污染农田综合治理技术方案”分别获得国家科技支撑计划、公益性行业科研专项立项支持；新增合同经费3.47亿元，到账经费3.8亿元。获国家自然科学基金项目资助59项，项目资助数创历史新高。

重要科研成果。“南粳49”和“南粳5055”通过农业部超级稻认定，“苏玉29”“连粳7号”“扬麦16”等7个品种列入为农业部主导品种，“宁麦13”等58个品种入选省级主推品种；“小麦机械匀(条)播高产栽培技术”等9项技术入选省级主推技术。创建的抗番茄黄化曲叶病育种技术体系及新种质创制方法，拓宽了番茄种质创新渠道；首次发现并解析了棉花黄萎菌和大豆疫霉菌相关蛋白功能及运出机制。2014年，江苏省农业科学院作为主持单位获省级以上政府奖励7项，其中“规模养殖场污染物减排与废弃物资源化”等3项成果获江苏省科技进步二等奖，“抗番茄黄化曲叶病番茄育种技术、品种创新与应用”等2项成果获江苏省科技进步三等奖。

成果展示。2014年,江苏省农业科学院在六合基地集中展示园艺新品种、秸秆综合利用及循环农业技术体系等自主创新成果,张连珍、徐鸣、曹卫星等省领导亲临现场视察指导,给予高度肯定,农业部、省有关部门、南通、淮安等20多个市县(区)领导、种养大户、技术能手等3000多人次参观学习,新华通讯社、《新华日报》等20多家知名媒体对展示活动进行了专题报道,社会反响热烈。

2014年11月11日,江苏省委常委、副省长徐鸣在省农业科学院六合动物科学基地视察指导工作。

知识产权。2014年,江苏省农科院获植物新品种权40项;授权专利255件,其中发明专利181件;发表期刊论文1036篇,其中SCI(EI)收录151篇,同比增长34.8%;55个品种通过国家或省级审(鉴)定;制订省级以上(行业)标准64项;获国家新农药认证6项、食品新产品认证2项;29项成果通过省级以上鉴定。全年新增知识产权许可、转让合同32项。被授予"第七届中国技术市场协会金桥奖先进集体"荣誉称号。

科技人才。2014年,江苏省农科院新招博士44人,博士后20人,在植物保护和盐土农业领域引进优秀科学家2名,选派16名青年学术骨干赴美国、加拿大等国访学,与美国、加拿大等国4所知名高校、科研机构联合招收博士后5名。年内,江苏省农业科学院国家兽用生物制品工程技术研究中心获"全国专业技术人才先进集体"荣誉称号,程顺和院士入选"中国种业十大功勋人物"和"2013年江苏农业十大新闻人物",陈秀兰研究员辐射突变育种团队荣获"联合国植物突变育种杰出成就奖",马鸿翔研究员入选人力资源与社会保障部"百千万人才工程"国家级人选,毛久庚研究员获"全国优秀科技工作者"荣誉称号,院特聘研究员泰国农业大学披拉沙·斯乃文教授获2014年度国家国际科技合作奖。

科技服务。实施"农民增收科技行动计划""中央财政农技推广"等科技服务项目200多项,在全省66个县(市、区)建立120个示范点,示范推广新品种40个,新技术、新模式10项,累计应用面积超过666666.67公顷(1000万亩)。深入推进与宿迁、淮安等地科技合作,共建苏北农业科技服务中心、博士服务工作站等新型农业科技服务平台,带动自主创新成果在当地转化推广。2014年,江苏省农业科学院被国务院扶贫开发领导小组授予"全国社会扶贫先进集体"荣誉称号,镇江市农业科学研究所赵亚夫研究员被中宣部授予"时代楷模"荣誉称号。

(江苏省农业科学院 刘 钦)

农业机械科技

Agricultural Machinery Science & Technology

【概　况】 2014年,江苏省各级农机部门认真贯彻中央和省委、省政府关于加强"三农"工作的决策部署,锁定目标任务,创新工作方法,落实推进措施,农机化各项工作取得了积极成效,成为全省农村经济社会发展的一大突出亮点,为粮食增产、农民增收做出了重要贡献。

【农机装备】 2014年,全省农机装备总量快速增长。农机总动力达到4650万千瓦,比上年增加237万千瓦,增长5.1%。大中型拖拉机新增2.3万台,其中新增75马力以上拖拉机1.95万台,占比84.8%,总保有量达17.94万台。插秧机达到13.9万台,比上年增加1.75万台。新增烘干机1568台套,超过了上年保有量的总和。新推广各类高效设施农业机械近10万台套,投入使用的新型设施农业机械装备超过60万台套。

【农机作业】 全省农业机械化水平达80%,比上年提高了2个百分点。2014年全省共组织240多万台套农业机械投入夏秋机械化生产,投入小麦、水稻抢收的联合收割机超过20万台次,小麦、水稻机收水平均超过95%。全省油菜机种、机收面积分别达到5.4万公顷和7万公顷,油菜机械化连片种植和收获水平分别达到44.4%、58.3%。

【水稻种植机械化】 2014年水稻机械化插秧面积达到162万公顷,机插率达到75%,比上年提高4.2个百分点。全省实现新增插秧机17513台,其中新增高速乘坐式插秧机3644台。全省已有12个省辖市、66个县(市、区)基本实现了水稻生产机械化。

【秸秆还田机械化】 2014年全省稻麦秸秆机械化还田面积超过253.33万公顷,超额完成省政府确定的目标任务。麦秸秆机械化还田集成水稻机插秧面积达106.67万公顷,占机插秧总面积的65.8%。

【玉米生产机械化】 全省新增玉米播种机2210台、玉米收割机1119台;以纯作面积(27.2万公顷)测算,2014年玉米机播、机收分别为22.33万公顷、20.4万公顷,纯作玉米机播、机收水平分别达到82%、75%,较上年都提高了7个百分点。全省已有2个省辖市、17个县(市、区)基本实现玉米生产机械化。

【农机科技计划项目】 组织申报2015年度农业部财政项目5项;申报省农业科技支撑计划并获得立项2项;省农机三新工程项目立项31个,项目总经费投入1810万元。其中省级项目580万元,占32%;市、县项目经费1230万元,占68%。农机科技入户工程项目继续在35个县实施,补助资金总额840万元;主推水稻生产机械化、玉米生产机械化、油菜生产机械化、秸秆还田机械化、高效设施农业机械化技术、农机深松整地作业技术6个方面的18种农机化适用技术。

【农机鉴定与农机行业标准化建设】 省农机局组织对69种农机新产品进行了小批试制投产鉴定。对农业部南京农机化研究所、江苏金秆农业装备有限公司等单位开发的4LMZ-160A型苎麻收割机等18项农机科技成果进行了成果鉴定。对通过推广鉴定的农机产品发放推广鉴定证书186份,并全部向社会发布推广鉴定公告,产品范围涉及农林牧副渔业生产的耕、种、耙、收、脱、运输以及产后加工等多个环节。

省农机局与省财政厅、省发改委联合公布了《〈2013—2015年江苏省支持推广的农业机械产品目录〉(2015年度调整)申报指南》,受理省内外申报产品92个,有九大类71个产品被列入省目录公示。向农业部《2015—2017年国家支持推广的农业机械产品目录》推荐农机产品1671个。

组织农机系统相关单位积极申报2013年、2014年农业地方标准项目,有7个标准获得项目立项。

【农机培训与职业技能鉴定】 全年培训农村实用人才超过20万人次,农机职业技能鉴定合格人数达3.6万人次。全省22个培训机构完成4200人次的新型职业农民培育工程培训任务,享受财政补助450万元,是全国唯一一个承担新型职业农民培育工程培训任务的省份。

【社会化服务】 全省农机合作社总数达到5006个,比上年增加438个;入社成员45.9万人,资产总值96.8亿元,其中农业机械原值80亿元,机具总数49.8万多台套,农机合作社年作业服务总面积累计超733.33万公顷,服务农户446万户,合作社年度总收入81.9亿元。2014年组织联合收割机参加跨区作业(含省内跨区)9.7万台次(夏季5.4万台,秋季4.3万台),作业面积493万多公顷(夏季226.67万公顷,秋季266.67万公顷),作业总收入达到48亿元。全省农机经营服务总收入超过250亿元。

(江苏省农业机械管理局 高晋宇 薛艳凤)

粮食科技

Grain Science & Technology

【概　况】 2014年是粮食生产和消费发生深刻变化的一年，是江苏省粮食工作任务异常繁重的一年，也是全行业深入“江苏五粮”决策部署，行业影响力得到显著提升的一年。这一年，全省粮食行业主动把握和积极适应经济发展新常态，坚持稳中求进工作总基调，积极转变粮食发展方式，由依靠资源和物质投入真正转到依靠科技进步推动行业发展上来；这一年，全省粮食科技工作取得明显成效，江苏省粮食局获得全国首批“科技兴粮示范单位”称号，得到了省委、省政府和国家粮食局主要领导的批示肯定；这一年，全省实现了粮库改造、粮食收储、智慧粮食的新突破，粮食收储现代化水平指标纳入全省农业现代化考核体系，苏州市被国家粮食局授予“国家粮安工程建设试点示范市”，无锡市“智慧粮食”被国家发改委列为国家信息化试点工程。主要成果有：

一是加快智慧粮食建设。省粮食局与中国航天科工集团公司所属航天信息股份有限公司签署“智慧粮库”建设战略合作协议，“智慧粮库”被纳入智慧江苏建设总体规划。编制《江苏省智慧粮食三年建设方案》，发布《江苏省粮库信息化技术规范》《储备粮可视化管理系统功能规范》《粮食流通信息基础数据元规范》3项省级地方标准。在省级储备库和物流产业园建成数字粮库43家，在548家基层国有收储粮库建设可视化信息系统，实现与省级平台的业务数据互联互通和视频信息实时监管。

二是加大科技研发推广。全省粮食行业成立国家级研发中心4家，省级研发中心34家，共获得专利365件，生物柴油、饼粕提取功能多肽、小麦胚芽凝聚素等多项成果填补了市场空白，盐城“建湖大米”荣获第13届中国国际粮油产品展示交易会金奖，“淮安大米”品牌整合和产业化进程不断加快。推广粮库屋顶太阳能光伏发电和水源热泵低温储粮，推进新能源、新材料、新工艺、新装备的应用。

三是加强基础应用研究。依托科研院所的技术力量，积极构建合作平台，推进产学研联合，分别组织开展江苏省粮食安全战略、粮食烘干机配置、粮食产业园建设、粮食价外补贴等课题研究，编制《全省“粮安工程”建设规划》《全省仓储物流体系建设规划》等，有力地推动了全省粮食基础性研究应用，提升全行业创新发展水平。

【全省粮食危仓老库维修改造工程】 2014年，江苏省向国家申请维修改造粮库601个、仓容4.47×10^9千克、投资13.76亿元。项目实施后，全省实际完成维修改造粮库627个、仓容6.81×10^9千克、投资15亿元，同时建成了548个粮库建设可视化系统，超额完成维修改造粮库26个、仓容2.35×10^9千克、投资1.24亿元。全省超额兑现了对国家承诺的目标任务，取得了明显成效：一是安全储粮能力大大增强。在完成的维修改造6.81×10^9千克仓容中，拆除翻建仓容1.09×10^8千克、大修2.48×10^9千克、一般维修4.22×10^9千克，原有返潮、漏雨、不保温的粮仓得到了彻底维修，既确保了粮食储存安全，又增加有效仓容2.3×10^9千克。二是科学储粮水平大幅提升。这次维修改造，专门对粮库进出仓等设备进行了配置，全省新增或更新了机械通风仓容5.159×10^9千克、环流熏蒸仓容2.7×10^9千克、粮情检测仓容4.42×10^9千克。新添置输送设备2547台套、装卸设备955台套、清理设备445台套、计量设备385台套、信息化设备592台套，大大提高了粮库科学储粮水平。三是粮库信息化建设稳步推进。结合危仓老库维修改造，在548个基层国有收储粮库，整体推进收储可视化信息系统建设，将粮食收储、粮情检测、视频监控进行库内系统集成，并与省级平台互联互通，实现动态业务数据定时传输和视频信息实时远程监控，建设投入少，经济实用性强，企业积极性高，为行业大数据建设奠定了良好基础。

【国家物联网重大示范工程】 2014年，江苏省以建设“国家物联网重大应用示范工程”为契机，对接国家“智慧粮食”建设，突出重点项目的实施与推进，加快江苏“智慧粮库”建设步伐。省粮食局以项目为抓手，积极争取各级财政和企业资金投入，在粮食流通行业物联网试点应用进行了大量工作,在省级储备粮库和大型物流产业园区,建设以物联网应用为核心的数字化智能粮库43家,实现收储信息化、流程可视化和管理智能化。

其中,35家是列入国家物联网建设示范库点,另有国家计划外的8家物联网智慧粮库建设是由当地政府和企业自筹资金3000余万元建成,552个基层国有粮库收储系统建设由省财政和地方、企业配套资金共6000余万元支持建成。

【"1210"信息化建设工程】 为进一步提高全省粮食行业收储信息化水平,2014年,江苏省粮食局主导完成的《江苏省粮食局"数字粮食"建设工程项目初步设计》获得省财政厅与省发改委批复。项目方案构建1个中心(粮食流通管理数据中心)、2个平台(粮政业务综合管理平台、公共服务平台),平台下设10个子系统,涵盖了粮食收储可视化管理、储备粮远程监管、价格监测与分析、粮食应急保障、粮食仓储管理、原粮质量安全追溯、监督检查执法和粮食财会管理等政务、业务领域,并在政策性粮食交易、粮食物流公共信息服务以及电子商务方向有所突破。结合"1210"工程设计,2014年省粮食局通过建立合作平台,着力完善规划设计,分类推进识别代码试点,逐步建立储备粮监管系统,实施智慧粮库骨干库建设,实现收储系统全覆盖,初步建立粮食物流公共信息平台等做法,加快推进示范工程建设,取得了良好的示范效果。

一是着力完善规划设计。制定出台《粮库信息化建设技术规范》《粮食流通信息基础数据元规范》《储备粮可视化管理系统功能规范》3项省级信息化行业标准,并积极与国家局实行对接。编制《全省智慧粮食工程三年建设方案》,定位大数据建设思路,基于云计算架构,打造"1210"信息化工程,努力构建基础设施比较先进、行业应用基本覆盖、主要业务可视可控、相关信息互联共享、系统运转安全稳定的智慧粮食体系。

二是分类推进识别代码试点。按照国家局部署,分批实施全省识别代码试点建设。首批18家单位均如期生成识别代码,登记货位信息433个,货位存粮信息236个。第二批62家试点单位覆盖各省级储备库和无锡市涉粮企业,10月末成功实现试运行。第三批拓展到120多个地方中心粮库参与试点建设,与已建成的数字粮库系统相融合,结合明年夏粮收购开展试运行,有望实现跨区域不同层次、不同类别企业之间粮食收储、流通关联信息全程可追溯。

三是探索建设江苏粮食价格指数。选择稻谷、小麦、大米、面粉四大品种,覆盖省内200个价格采集点,完成系统建设并上线运行,向社会发布价格指数信息,为分析预测粮食市场价格变化、实施粮食宏观调控、服务粮食企业经营提供科学依据。

【科技储粮】 2014年,全省继续推进新能源、新材料、新工艺、新装备的应用,充分利用现有优势产品和其他领域成熟技术,积极寻求国家粮食局科学研究院及地方粮食院所合作支持,加大机械通风、粮情检测、环流熏蒸和低温储粮、太阳能光伏电站等新能源、新材料、新工艺、新技术推广使用力度,提高科学储粮、节能减损水平。常州城北国家粮食储备库利用屋顶闲置空间建设光伏电站,每年可向该粮库提供绿色电力267.96万度,节省93.79万千克标准煤,减少烟尘排放4820千克,减少排放二氧化碳233.77万千克、二氧化硫17420千克。

【国家重大科技项目】 由江苏省粮油信息中心、中科软件股份有限公司、航天信息股份有限公司、北京大学等共同承担的国家科技支撑计划项目"数字化粮食应急调控技术研究"完成区域粮食应急调控的基础数据采集、处理等需求分析,确定应急平台需求、预警模型影响因素和预警指标,以及应急调控决策模型的开发,为下一步在全省范围内实施部署做好技术准备。

江苏省粮油信息中心与航天信息股份有限公司合作牵头承担的公益性行业科研专项项目"粮食仓储物联网多应用融合研究与示范"在江苏进行示范应用,主要进行智能通风系统等11个系统的研究和应用,重点研究基于多传感器的储备粮动态监管技术,重点测试各技术和应用系统在粮食产区、销区、产销过渡区不同粮食收购、仓储模式下的适应性,各设备、应用系统在中温干燥、高湿地区的稳定性和可靠性。并结合"智慧粮食"建

2014年1月21～22日，国家粮食局副局长徐鸣、吴子丹，总工程师何毅在常州城北库、南京灵山物流园等地调研粮食信息化建设工作，重点了解数字粮库运行及粮食科技创新成果情况。

2014年7月3～6日，国家粮食局局长、党组书记任正晓一行调研江苏粮食信息化工作。

设，进行粮食库存识别代码的融合应用。在该项目研发技术的基础上，结合已有储备粮动态监管物联网技术及应用系统，针对全省不同区域储粮特点，全省选择10家单位进行智能通风等11个系统的规模化示范应用。

【重大科技活动】 2014年5月17日，江苏省粮食局、江苏省教育厅、江苏省妇女联合会、南京财经大学在南京联合举办了2014年粮食科技宣传周暨《粮食流通管理条例》颁布十周年纪念活动，拉开了2014年江苏省粮食科技活动周的序幕。本次科技活动周的主题是“科学食粮，健康圆梦，共享青奥”。现场宣传讲解了爱粮节粮、膳食平衡、合理

2014年11月30日，江苏省粮食局与航天信息股份有限公司签署了江苏省“智慧粮库”建设战略合作框架协议，将智慧粮库纳入智慧江苏建设总体规划。江苏省省委副书记、省长李学勇，副省长史和平出席签约仪式。

营养、保障国家粮食安全等科普知识，引导广大城乡居民树立科学饮食意识，让民众吃的更健康、身体更健康。

2014年11月16～17日，全国粮食科技创新大会在北京召开。江苏省“江苏省粮食局”和“江苏牧羊集团”2家单位被国家粮食局授予首批“全国科技兴粮示范单位”称号。其中，江苏省粮食局是全国唯一一家获此殊荣的粮食行政管理部门。

2014年11月30日，省政府与中国航天科工集团在北京举行工作会商。省长李学勇、航天科工集团董事长高红卫出席工作会商并签署合作协议。副省长史和平以及省政府办公厅、省发改委、财政厅、科技厅、粮食局负责同志出席会议。工作会商会上，在省长李学勇、副省长史和平、董事长高红卫及双方有关部门负责同志的见证下，省粮食局与航天科工集团所属航天信息股份公司签署江苏省“智慧粮库”建设战略合作框架协议，双方将在组建物联网研发机构、加快行业人才培育、加大行业科技研发、推进智慧粮库升级改造等方面继续加强合作，共同推进江苏“智慧粮食”建设步伐。

2014年12月4日，省粮食局组织开展了库存粮食识别代码扩大试点工作培训，63家开展试点工作的企业负责人及业务骨干162人参加了培训。库存粮食识别代码可关联到所有与库存管理有关的各类信息，进而为粮食库存监管、宏观调控、储粮安全、粮食质量追溯、企业经营管理等业务提供信息支持，开展库存识别代码试点工作，是粮食行业落实中央领导指示及有关文件精神的具

体实践和有益探索,是对"粮安工程"的有力支撑。随着识别代码推广普及和"智慧粮食"的推进,将对粮食流通管理产生变革性影响。

2014年12月30日,江苏粮食价格指数试运行。江苏粮食价格指数产品特色突出,指数体系健全,价格采集点布局范围广、类型多,涵盖全省各市和各类粮食企业,具有较强的代表性。该指数形成和发布后,将为分析研究全省粮油市场价格变化、预测粮食市场价格发展趋势、实施粮食宏观调控提供可靠的依据和及时、高效的信息服务,促进企业提高经营水平。

(江苏省粮食局 潘 迪)

海洋与渔业科技

Marine and Fishery Science & Technology

【概 况】 2014年,省海洋与渔业局深入贯彻实施科教和人才兴海强渔战略,大力推进海洋与渔业科技创新、成果转化和科技服务工作,培育了一批科技创新领军人才,组建了一批高水平的科技创新团队,突破了一批海洋与渔业产业发展中的重大技术难题,形成了一批全国领先的科技成果并得到示范应用,显著推动了江苏省海洋与渔业相关产业快速发展。

【重大科研成果】 2014年,示范建设池塘工程化生态养殖系统2万多平方米,工程化养殖水槽每平方米常规鱼产量普遍达70~100千克,较好解决了传统池塘养殖劳动强度大,产出率低,粗放投饵用药、粪便留塘引发的水质污染问题。积极推进病害防控研究,完成了省水产养殖动物主要病原菌的收集与鉴定,基本查明主要病原微生物的动态分布规律;开展了主要病原菌的耐药性测定及规范用药研究与应用,项目实施区抗生素类渔药使用量下降20%、细菌性疾病治愈率提高20%;系统调查了全省渔药使用情况,如东、兴化2项目实施区发布了耐药性公告;建立了9种鱼虾病毒的综合检测技术,准确度达90%以上。开展青虾新品种选育工作,"太湖2号"青虾已确定选育起始群体,构建了51个家系,基于生长速度、耐低氧能力、越冬能力等多性状聚合选育,获得了优良育种材料5个。推进近海海域渔业综合开发,完成了抗风浪网箱制作、安装、固泊、吊装、材质选择及防污附处理等研发工作,提高了河鲀、美洲黑石斑、黑鲷、三文鱼苗种成活率,形成了黑鲳、黑鲷、鲈鱼、海参等品种网箱健康养殖模式4个。系统建立了刀鱼全人工繁殖、生态养殖、全过程生物饵料筛选与组合、浮性颗粒饲料研发与训食、抗应激运输、病害防治等配套技术。开展了"优鲈1号"大口黑鲈苗种规模化繁育、大规格鱼种培育和颗粒饲料全程养殖等专题试验,更新全省大口黑鲈种质,减少了因种质退化造成的病害损失,实现了苗种提早规模化繁育。突破了四腮鲈人工繁殖、小黄鱼繁殖等关键技术,目前处于相关及配套技术深化与熟化阶段,鲳鱼驯养正处于营养转换关键技术联合攻关阶段。

水下滑翔器项目研制成功"海翔1"与"海翔2"2台水下滑翔器工程样机,具有目前国内外同类水下滑翔器中最大的有效载荷量,项目组克服恶劣天气成功进行了第一次南海海试,下潜最大深度82米,为产业化应用奠定了良好基础。编制完成了江苏沿海贝类资源调查报告,开展了贝类调味品、休闲食品、降糖颗粒等多个产品中试。江苏省海洋防灾减灾数据库和江苏海涂资源与环境数据库已业务化试运行。

【产业化示范应用】 集成示范推广蟹池多品种主养模式406.67公顷,南京、苏州、阜宁、海门等大部项目实施区实现了亩增效益800~1500元,形成了"蟹、南美白对虾双主养""蟹、青虾、细鳞斜颌鲴、长春鳊混养"等4个成熟模式,较好地提高了饲料利用效率、改善养殖水体环境、降低病害发生、提高综合生产能力和抗市场风险能力。进一步加强"长江1号"及"长江2号"河蟹、"太湖1号"青虾、"苏通1号"紫菜等新品种的推广力度。目前,全省"长江1号"河蟹推广面积1.93万公顷,生产"长江

2号”蟹苗16亿尾,推广“太湖1号”青虾养殖3.33万公顷、“苏通1号”紫菜9466.67公顷。熟化并推广泥鳅规模化人工繁育及大规格苗种培育技术,项目区苗种自给率95%以上,建立泥鳅低密度健康养殖面积1000公顷。开展大宗淡水鱼精深加工技术研发,开发了系列即食风味食品及冷冻调理品,建立生产线3条,加工制品23万千克,销售额590万元。

2014年全面启动江苏海洋经济创新发展区域示范建设工作取得显著成效,首轮9个项目完成总投资超过5亿元,预计带动实现工业产值超过60亿元,较好推进了一批相关企业与行业的联动发展,如苏州桑泰海洋仪器研发有限责任公司、江苏和信石油机械有限公司等中小企业,预计未来3年销售收入复合增长率将超过50%,有望成为行业标杆或龙头企业;水下铠装缆及连接器设备、海工平台用R5系泊链、海工高性能涂层材料等首批高精尖技术物化产品,有望成为国际性优势产业。

【科研平台建设】 通过国家级项目支撑和引领,整合省内外优势科研团队和力量,不断强化“海洋装备”和“海洋生物”2个联盟的能力建设,开展了对海洋观测调查装备、滩涂贝类等产业关键技术的攻关集成和成果转化。鼓励和支持“海洋装备”联盟内企业、高校院所等申报海洋经济创新发展区域示范项目13项。帮助大丰园区加强与省内外涉海科研单位、企业加强联系和合作,支持大丰产业园区成功举办海洋生物博览会。继续完善2013年组建的河蟹、青虾2个产业技术体系及长江特色鱼类、水生动物病害研究2个协同创新中心建设方案,重点支持联盟型科研平台有计划、有重点、有关联地推动产业重大关键共性技术创新与转化,4个平台获各类专项立项8项。在多次开展调研、座谈的基础上,组织起草了“江苏省水产种质资源保护与利用协同创新中心建设方案”。

【科技推广服务】 全面推进渔业科技入户工程。组织编制了全省渔业科技入户工程年度实施方案、专家组全年工作方案及计划,分片区召开了科技入户工作推进会议,指导敦促各工程实施区严格按照合同开展各项工作,并组织专家实地指导、检查工程进展。组织召开了渔业科技入户工程省级专家组工作座谈会,审议通过并正式印发了《渔业科技入户工程省级专家组管理规定(试行)》,进一步强化了对省级专家组的考核与管理。2014年渔业科技入户工程覆盖全省68个涉渔县(市、区)、636个乡镇和4184个行政村,1742名各级专家和渔技推广人员参与项目实施,累计培育示范户2.5万户,建立健康、安全、高效养殖示范面积6.99万公顷,入户指导服务近30万次,举办各级各类培训班3887期,培训养殖户22.7万人次,发放各类技术资料98.9万份。示范户亩均效益3707元,比周边辐射户增效10%以上。随机电话调查了全省1792名示范户和指导员,满意率近99%。深化实施挂县强渔富民工程。组织省域内10家涉渔科研教学推广单位和10个县(市、区)开展深度对接。编制了工程实施方案,组织召开了全省挂县强渔富民工程推进会,以合同形式规范、强化了对接责任和要求。挂县单位共遴选55项先进科技成果和实用技术在对接县进行试验、应用并推广。积极推动基层推广体系改革。按照农业部要求,依托基层农技推广体系改革与建设补助项目,会同省农委、省财政厅联合组织实施基层推广体系改革,涉及全省64个渔业县(市、区),争取渔业推广补助资金1409.8万元。

【科技人才培养】 依托体系及中心建设,以及一批重大项目的实施,目前全省初步组建了20多个由首席专家担纲的科技创新团队。根据部、省要求,按照年初编制的基层渔技推广人员培训实施方案部署,在全省组织开展了省、市、县基层渔技推广骨干人才岗位培训和专业技能培训以及渔业科技研修工作。组织制定了《江苏省渔业教育与培训定点机构认定管理办法(暂行)》,中国水产科学研究院淡水渔业研究中心等8个单位被认定为首批省级渔业教育与培训定点机构。2014年全省累计培训各级各类渔业科技人员3000余人次,17个县(市、区)的160名河蟹重点养殖户进行了专题研修。联合省妇联举办了基层女水产科技工作者培训班。根据省领导的批示要求,经与省财政厅及相关部门协调,职业渔民培训工作首次纳入省职业农民培训范围,统筹推进,全年累计培训职业渔民4.8万人。

【项目管理】 做好项目管理工作。围绕海洋观测探测、环境保护、资源可持续利用领域收集、储备了一批科技项目,"滨海盐碱地几种资源综合利用技术集成与示范"项目已获国家立项。组织了2014年省三新工程项目申报与立项工作,依规择优立项58项。

【成果申报】 做好成果申报工作。组织开展了海洋科学技术奖、中华农业科技奖、江苏省科学技术奖、江苏省第七届农业技术推广奖等推荐工作,"青虾池塘生态高效养殖关键技术集成与推广""条斑紫菜新品种(系)培育及应用配套技术集成推广"2个项目分获省农业技术推广奖一、二等奖,另有3个项目获三等奖。

(江苏省海洋与渔业局科技教育处)

国土资源科技

Land and Resources Science & Technology

【概　况】 2014年江苏省国土资源厅围绕中心工作,组织实施《江苏省国土资源"十二五"科技发展中长期发展规划》,较好地发挥了科技支撑作用。

【科技队伍】 截至2014年年底,江苏省国土资源厅机关、厅直属单位在职职工总数563人,其中科技人员475人,占职工总数的84.3%,具有高级技术职称的193人,占科技人员总数40.6%,中级技术职称160人,占科技人员总数33.6%,初级技术职称92人,占科技人员总数19.3%。

【科技工作】 2014年省国土资源厅开展了面向全省国土资源系统科技项目立项工作,下发了《2014年度江苏省国土资源科技项目指南》。开展了省国土资源科技项目的立项工作,经专家论证,有36个项目通过论证被列入科技项目计划,其中指令性项目10项,指导性项目26项。

2014年省国土资源厅开展了2015年度国土资源公益性行业科研专项项目的推荐申报工作。共推荐了5个项目,其中3个项目经过国土资源部科技专家咨询委员会审议并公示。

【科技成果验收评审】 《江苏地区干热岩地热资源潜力评价研究》等17个科技项目通过了省国土资源厅组织的验收、评审。

【科技成果奖励】 根据国土资源部科学技术奖推荐申报要求,2014年省国土资源厅组织国土资源系统的申报工作,全省共有2项获2014年度国土资源部科学技术奖二等奖,获奖项目为"江苏省地质勘查基金项目预算标准""长江三角洲地区多目标区域地球化学调查成果"。

根据江苏省科技厅科学技术奖申报要求,2014年省国土资源厅组织国土资源系统的申报工作,有1项获2014年度江苏省科学技术奖三等奖,获奖项目为"数字城市－泰州地理空间框架平台及其应用"。

根据《江苏省国土资源科技创新奖奖励办法》的规定,省国土资源厅组织专家进行了2014年度省国土资源科技创新奖的评审工作。评选出一等奖项目3个和二等奖项目17个,评审结果在厅门户网站上进行了公示,无异议后进行了公布。

根据《江苏省土地、地质矿山环境整治项目科技创新奖评选办法》的规定,组织专家对申报2014年度省土地、矿山地质环境整治项目科技创新奖的项目进行了评审,评出了一等奖2项,二等奖5项,三等奖10项,评审结果在厅门户网站上进行了公示,无异议后进行了公布。

【科技管理】 根据《江苏省国土资源科技项目管理办法》,对系统内承担的国家级、部级的重点科技项目及省国土资源厅科技项目的完成情况及时跟踪管理,大部分项目实施情况良好,完成了预定的目标任务。

【科技平台】 省国土资源厅分别组织“海岸带开发与保护重点实验室”“地裂缝地质灾害重点实验室”召开学术委员会工作会议,提高了实验室影响力,下发了《关于加强全省国土资源科技平台建设与管理的通知》,规范和加强了科技平台的建设和运行管理,促进了科技平台持续健康发展。

【国土资源科普】 结合“世界地球日”“全国土地日”“全国科技活动周、省科普宣传周”等活动,大力宣传基本国情、基本国策和国土资源科学知识,有效地增强和提升全社会的资源忧患意识和保护意识。

2014年4月22日是第45个“世界地球日”,省国土资源厅积极开展第45个世界地球日主题宣传周活动。配合国土资源部宣教中心、扬中市政府成功举办了纪念第45个世界地球日主题宣传示范活动——社会科普大讲堂暨科普展。《人民日报》、新华社、《新华日报》、江苏电视台、《国土资源报》等十多家中央和省级新闻媒体对此次活动进行了报道,在全国各地取得了较大的社会影响和较好的宣传效果。“地球日”活动期间在全省范围内组织开展了如“地球日广场咨询活动”“我眼中的地质科普摄影大赛”“地球科学系列科普讲座”等形式多样、内容丰富的宣传活动。

江苏省国土资源科普基地的挂靠单位依据自身条件和优势,开展了培训班、主题讲座、科普进校园、科普进社区等系列活动。

(江苏省国土资源厅 姜耀宇)

环境保护科技

Enviromental Protection
Science & Technology

【概 况】 2014年,江苏省上下深入学习贯彻党的十八大和十八届三中、四中全会以及习近平总书记系列重要讲话精神,全面推进生态文明建设工程,全力打好治污减排攻坚战,依法强化环境监管执法,不断深化环保制度改革,圆满实现主要污染物总量减排、大气污染防治等年度目标,成功保障南京青奥会、国家公祭日环境质量。全省环境质量总体保持稳定,部分指标有所改善,环境保护工作取得新进展。

【生态文明建设工程】 深入实施生态文明建设工程。2014年12月,中共中央总书记、中央军委主席习近平视察江苏工作,希望江苏省走出一条经济发展和生态文明相辅相成、相得益彰的路子,努力建设经济强、百姓富、环境美、社会文明程度高的新江苏。省委书记罗志军在省委十二届九次全会明确提出,以更大的决心,拿出更硬的措施,把生态文明建设工程向纵深推进。省长李学勇多次强调,以改善环境质量为目标,以深化改革创新为动力,更大力度地推进碧水蓝天工程,推动生态文明建设各项工作不断取得新成效。全力推进生态文明建设“七大行动”,完善生态文明建设工程考核办法和实施细则,与各省辖市、省有关部门签订目标责任书,一起纳入目标责任体系同部署、同督查、同考核。苏南苏中所有市县实现生态文明建设规划全覆盖。2014年,全省节能环保产业增速达18%以上,规模和产值继续位居全国前列。全面完成化解过剩产能年度任务,提前完成国家下达的淘汰落后产能“十二五”目标。煤炭消费占比下降到67.4%,清洁能源占比增长1个百分点。深入推进城乡环境整治,累计完成3.7万个城市环境综合整治项目、16.6万个村庄环境整治项目。全省城乡统筹区域供水乡镇覆盖率达88%,建制镇污水处理设施覆盖率达80%,镇村生活垃圾集中收运率超过80%。推进生态保护与修复,自然湿地保护率提高到38.5%,林木覆盖率达22.2%。

进一步加强生态空间管控。制定印发江苏省生态红线区域保护监督管理评估考核细则,量化5个方面23项考核指标。省政府组织首次考核,将生态补偿资金从10亿元提高到15亿元,出台的新型城镇化建设等一系列重要规划和意见,均主动与红线保护规划衔接,生态红线在江苏经济社会发展中的战略性、基础性、约束性地位得到确立并巩固。过半省辖市和部分县(市、区)完成辖区生态红线保护规划和配套政策制定工作。

持续深化生态创建工作。新增13个国家生态市县,累计建成国家生态市县35个,占全国总数的38%。累计有65个地区达到国家生态市县考核标准,占全省89个市、县(市、涉农区)的73%。

南京高新技术产业开发区等5家园区通过环保部、商务部、科技部组织的国家生态工业示范园区建设考核验收,张家港经济技术开发区等3家园区被批准建设国家生态工业示范园区。江苏常州戚墅堰经济开发区等8家开发区被命名为省级生态工业园区。

【污染减排】 完成年度污染减排任务。积极拓展工程减排空间、深挖结构减排潜力、提升管理减排水平,大力削减污染物排放总量。2014年,全省化学需氧量、氨氮、二氧化硫、氮氧化物排放总量分别为110万吨、14.25万吨、90.47万吨、123.26万吨,较2013年分别削减4.25%、3.32%、3.92%、7.88%,均超额完成年度目标,化学需氧量、二氧化硫提前一年完成"十二五"减排任务。

完成水污染物减排项目1435个,新增城镇污水处理能力80万立方米/日,建设污水收集主干管网2500公里,城镇污水处理厂全年实际处理污水量达38.3亿立方米。建设企业深度治理和再生水回用工程49个、沼气治理工程482个、生物有机肥加工试点项目18个、畜禽粪便处理中心项目29个,全省规模养殖场畜禽粪便无害化处理和资源化利用率达83%。扶持建设大田循环农业项目35个,鼓励对沼气治理工程产生的沼渣沼液进行循环利用。

完成大气主要污染物减排项目671个,省级财政共安排火电脱硝资金3.5亿元、脱硫资金1亿元、机动车淘汰资金2.6亿元。关停小火电机组65.45万千瓦,完成电力机组脱硫项目125个1400万千瓦、脱硝项目186个1750万千瓦。完成脱硫钢铁烧结机(球团)面积1990平方米、脱硝水泥产能2220万吨/年。

出台《江苏省燃煤发电机组环保电价及环保设施运行监管实施细则》,实施严于国家要求的电价考核标准,促进企业加强环保设施管理。对排放废气企业核发排污许可证,全年核发近5000家企业,国控重点企业基本实现全覆盖。

【大气污染防治与重大活动保障】 大气污染防治取得新进展。省政府以1号文件印发《江苏省大气污染防治行动计划实施方案》,分解下达1166个年度重点工程项目。严格环境准入,将烟粉尘、挥发性有机物"减二增一"作为项目环评审批前置条件。出台全省煤炭消费总量控制和目标责任管理实施方案,建立能源消费强度和消费总量"双控"机制。完成燃煤机组超低排放示范工程8个、火电等企业除尘提标改造项目343个、有机废气治理项目490个,在19家大型石化企业推行泄漏检测与修复技术。以生态红线区、高污染燃料禁燃区、省级以上开发区为重点,整治燃煤锅炉4273台、8340蒸吨。

机动车污染防治取得新成绩。建设全省机动车排气监管系统,机动车环保检测率达90%,淘汰黄标车和老旧机动车47.7万辆;沿江8市车用汽油升级到国Ⅴ标准,全省车用柴油升级到国Ⅳ标准;全省储油库、加油站、油罐车的油气回收治理改造率达96%。

城市扬尘控制取得新突破。全面推行建筑施工现场文明施工标准化管理,开展建筑工地扬尘集中整治"双百日"行动,工地围挡达标率达98.7%,道路硬化达标率达98.8%,车辆冲洗达标率达98.2%,渣土车密闭运输达标率达93%,创建1000多个省级标准化示范工地。

大气环境管理实施新机制。实施燃煤机组超低排放临时电价补贴政策,每度电再加价1分;改革扬尘排污费征收方案,征收标准提高至每平方米每月1元。加大燃煤锅炉整治、脱硫脱硝、除尘提标改造、油气回收、黄标车和老旧机动车淘汰等重点工作的财政补助力度。

确保重大赛事和活动空气质量。为保障南京青奥会空气质量,省政府成立工作小组,制定保障方案,建立"一核两圈、四控并举、立体严查、精准研判”的保障机制，明确23项保障措施，切实加强污染管控和区域联防联控；开展“省级督查、市级巡查、县级检查”三级联查，建立专家集中会商和预测预判机制，及时发布空气质量监测预警信息。在各方面共同努力下，圆满实现“绿色青奥”和国家公祭日空气质量保障目标。

青奥会后，省委办公厅、省政府办公厅下发《关于进一步强化大气污染防治措施落实的通知》，省政府办公厅下发《关于采取切实有效措施确保改善环境空气质量的通知》，强化空气质量改善目标责任制，把青奥会空气质量保障经验进一步转化为大气污染防治长效机制。

【流域和区域污染防治】 扎实推进太湖治理。全面实施修编后的国家《太湖流域水环境综合治理总体方案》和省实施方案，统筹推进应急防控和长效治理措施。强化监测预警，4~10月安全度夏期间，每日对太湖湖体、饮用水水源地、主要出入湖河流和调水通道进行巡查监测，实行卫星遥测、自动监测、人工巡测相结合，严密监控太湖水质和蓝藻变化情况。强化落实“双河长制”和“断面长制”，对主要入湖河流开展现场督查，定期通报断面水质状况。完善水质异常波动调查处置机制，及时捕获和调处水质波动现象50余起。太湖连续7年实现“确保饮用水安全、确保不发生大面积湖泛”目标。

加强淮河、长江水污染防治。认真落实国家重点流域水污染防治“十二五”规划，列入规划的245项工程项目完成率70.6%。组织开展12条重点入江支流整治。淮河、长江流域治污工作国家考核结果为优，处于全国前列。加强南水北调沿线环境监管和水质监测预警。实施加密监测，强化应急防控，发布控制船舶污染公告，制定化学品限制清单，圆满完成南水北调东线通水试验，实现达标通水的预期目标，顺利通过国家南水北调治污规划实施情况评估。

切实保障集中式饮用水水源地安全。开展全省城市饮用水水源地环境状况调查评估和县级饮用水水源地调查评估，推进实施城市饮用水水源地环境保护规划，开展集中式饮用水水源地环境安全隐患专项检查，进一步排查整治环境隐患。

加快推进城市河道整治。推广苏州活水治水经验，推动各地采取截污、清淤、活水、保洁、生态修复等综合措施整治城市河道。建立城市河道“河长制”，公开河道整治评估结果和“河长”名单，引导社会公众参与河道整治监督。全年整治城市河道213条、616千米，投入整治资金80亿元左右，其中148条河道达到整治评估标准。

加强南水北调和通榆河清水廊道建设。扎实做好南水北调通水水质保障工作，通水期间开展水质加密监测，确保清水北送。对《通榆河水污染防治规划》实施情况进行考核评估，组织编制通榆河排污口整治工程实施方案和通榆河流域水环境监测体系建设方案。

加强近岸海域污染防治。研究制订加强近岸海域污染防治工作的意见，加强黄海浒苔暴发防控工作，建立浒苔防治工作月报制度。

提高重金属污染防治水平。认真组织实施国家和省重金属污染综合防治规划，规划重点项目完成率分别达90.9%、85.7%。开展全省涉及重金属排放污染源调查评估，进一步掌握重金属污染物排放状况。完成新一轮铅蓄电池和再生铅行业综合整治，全省关停淘汰涉铅企业62家。开展苏中苏北地区电镀企业环保综合整治和全省涉汞企业专项整治。重金属污染防治国家考核结果在全国14个重点防控省份中名列首位。

加大沿海化工园区环保专项整治力度。全省投入资金58.5亿元，关闭化工企业53家，淘汰化工项目86个，停产整治199家企业，限期治理355家企业，对281家企业实施“一企一管”及明管化改造，完成“三废”改造项目1360个，搬迁环境敏感目标1771户，查处环境违法案件192起。

加强农村环境综合整治和生态保护。全面启动全省“覆盖拉网式”农村环境综合整治试点工作,建成200多套集中式污水处理设施,3000多套分散式、微动力及无动力污水处理设施,铺设污水管网3000多公里。加强自然保护区规范管理,实施盐城珍禽自然保护区退渔还湿和泗洪洪泽湖湿地自然保护区内养殖户转产搬迁工程。加快亚洲开发银行贷款项目推进工作,进一步完善项目管理配套制度。加强生物多样性保护,印发实施《江苏省生物多样性保护战略与行动计划》,组织开展"5.22国际生物多样性日"系列主题宣传活动。

【环境执法监督管理】 持续加大环境执法力度。深入开展环境执法"规范年"活动,重点开展整治违法排污企业保障群众健康、大气污染防治、南京青奥会及国家公祭日环境质量保障、沿海化工园区整治、集中式饮用水水源地保护、太湖流域安全度夏6个专项执法行动。全省环保部门累计出动执法人员65万人次,检查企业26万厂次,立案处罚5463件、处罚金额2.3亿元,挂牌督办重点环境问题479件。全年征收排污费20.75亿元,连续14年居全国第一。省环保厅在媒体公开曝光37起典型环境违法案件,社会反响强烈。

完善环境应急保障体系。全年接报环境突发事件信息70条,没有发生重特大突发环境事件。省政府发布《江苏省重污染天气应急预案》和《江苏省突发环境事件应急预案》。建成省级环境应急物资库淮安储备基地,全省社会化环境应急物资储备体系初步建成。制定《江苏省环境应急救援队伍建设工作方案》,建立3支省级环境应急救援队伍。全省各级环保部门共组织、参与突发环境事件应急演练32次,提高应急处置能力。

加强环境信访问题调处。制定下发《关于及时就地解决环境信访突出问题提高群众满意度的意见》,集中3个月时间开展及时就地解决环境信访突出问题专项行动。全省环保部门共受理群众环境投诉98329次,主动排查重点环境矛盾纠纷890件,已化解841件。省环保厅领导接待群众上访13批、28人次,带案下访55人次;县市环保局领导参加接访2189人次,带案下访3354人次,推进解决了一批久拖不决的环境信访问题。

司法联动迈出实质步伐。省环保厅、公安厅联合出台《关于加强全省环境保护与公安部门执法衔接配合工作的实施意见》,明确工作职责和流程。开展"打击食品药品环境犯罪深化年"活动,重点查处非法处置危险废物、私设暗管偷排、故意不正常运行治污设施、阻挠环境监管检查等环境违法犯罪行为。全省立案侦查环境污染案件139件,抓获案件嫌疑人414人,有力打击了环境违法犯罪。泰兴"12.19"废酸倾倒环境公益诉讼案,终审判决赔偿1.6亿元,创全国环境公益诉讼赔偿金额之最。

秸秆禁烧成效显著。出台《江苏省秸秆综合利用和禁烧考核办法》。禁烧期间,省领导亲自带队督查,省环保厅组织14个督查组驻守各地开展巡查。完善卫星遥感、路面巡查和$PM_{2.5}$监测"三位一体"的监控模式,探索使用无人机、直升机监测监控火点,每日在新华日报、江苏卫视公布各地火点情况,环保部通报的秸秆火点同比下降88%。

【环境监测预警与信息化】 率先启动全省环境空气质量预报。加强空气自动监测数据质量管理,建成省级重污染天气监测预警系统,在全国率先以省为单位分时段发布区域和城市未来24小时空气质量预报信息。南京等城市启动本地大气污染源解析工作,提高大气治理的科学化、精细化水平。

推进重点企业自行监测和信息公开。建成重点监控企业自行监测信息发布平台,对国控重点污染源的监督性监测和企业自测信息公布率分别达100%和98.1%,均居全国首位。

引导培育社会环境检测力量。出台社会环境检测机构环境监测业务能力认定办法和实施细则,培育和公布首批13家社会环境检测机构,加强对相关从业人员的培训,稳步推进监管试点。

扩大政府环境信息公开。省环保厅行政权力清单、审批清单、责任清单全部公开。加大环境质量信息、污染源环境监管信息公开力度,对项目环评报告书、批复和验收文件实行全本、全过程公开。江苏环保网站全年对外发布各类信息8483篇,年访问量达875万人次。

2014年12月2日,江苏省环保厅主办的"江苏环保新技术交流洽谈会"在南京金陵会议中心举行。

2014年5月31日,由中华环境保护基金会、江苏省环保厅、安利(中国)日用品有限公司主办的"环保嘉年华"南京站活动在明故宫遗址公园开幕。

【政策科技改革创新】 深化环保制度改革。大刀阔斧简政放权,省环保厅进一步下放12项行政审批权限。完善经济社会发展绿色评估体系,省政府常务会议专题听取评估情况汇报,报告分送各市党政主要领导参阅。出台水环境区域补偿实施细则,补偿断面扩大到66个,试行上下游"双向补偿"。扩大排污权有偿使用和交易试点,大气排污权交易金额超过7500万元。在全省2万多家污染源开展环保信用评价,结果与企业融资信贷等挂钩。稳妥推进环境污染责任保险试点,全省投保企业数量占全国总数的42.4%,居全国第一。

加大环保科技创新力度。安排省级环保科研课题53项。全省有2项成果获国家环保科技一等奖、2项获二等奖、8项获三等奖,1项成果获省科学技术一等奖、1项获二等奖。研究制订《工业炉窑大气污染物排放标准》《生物质成型燃料及炉具技术规范》等地方环境标准。成功举办江苏环保新技术交流洽谈会,吸引来自美国、德国、澳大利亚等10个国家(地区)的140多家企业参加,现场交流337项环保先进技术。

【宣传教育与国际交流】 积极推进公众参与环境保护。组织第二届"全省环境宣传教育周"活动,举办"守望绿色家园"文艺汇演、"环保号地铁"开通仪式、"带着微博看环保"等系列活动。围绕宣传新修订的《环境保护法》以及群众关注的热点环保问题,组织新闻发布会54次。"江苏环保"政务微博粉丝量达218万,"江苏联合环保行动"微信公众号引起广泛关注,全省环保社会组织联盟壮大到9家,资助环保公益项目13个,与公众的环保互动交流不断加强。建成集工作展示、科普教育、互动体验于一体的省生态环保体验中心,命名全省第14批111所"绿色学校(幼儿园)"。

着力扩大环保国际交流合作。与德国北威州气候环境农业自然和消费者保护部及新加坡企发局签署合作谅解备忘录,加强水环境、空气质量管理等领域的交流与合作。实施中美合作大气质量管理技术援助项目、中日合作土壤污染防治技术项目、江苏-瑞典东约特兰省清洁生产审计项目。主动与俄罗斯莫斯科州、丹麦首都大区、韩国京畿道等地区,就核与辐射环境管理、土壤污染修复等建立新的合作渠道。积极推进斯德哥尔摩(POPs)公约履行能力建设项目后续工作。

(江苏省环境保护厅 荆 琳)

卫 生 科 技

Sanitary Science & Technology

【概 况】 2014年5月,按照中共中央办公厅《江苏省人民政府职能转变和机构改革方案》和省委省政府《江苏省要民政府职能转变和机构改革实施意见》设立省卫生和计划生育委员会并挂牌。11月按省政府《江苏省卫生和计划生育委员会主要职责内设机构和人员编制规定》完成省卫生厅与省计划生育委员会的机构整合。

【重大事项】 励建安教授当选美国医学科学院外籍院士,成为继陈竺、韩启德之后来自中国的第8名院士。根据复旦大学医院管理研究所一年一度的"医院排行榜"和最佳专科排行榜,江苏地区共有6家医院上榜,进入100强。入选前十的最佳专科有9个,省人民医院康复科,继续位居全国第一。国家依托省计划生育研究所成立计划生育药具不良反应监测中心,在全国31个省市自治区105个县建立监测点,进行不良反应监测工作。

【学科建设和人才培养】 "科教兴卫工程"建设进展顺利,对12个临床医学中心(高技术创新平台)、36个医学重点学科(实验室)、51个医学创新团队(领军人才)、143名医学重点人才年度考核任务。工程获得国家级课题61项、国家自然科学基金项目278项、省部级课题160项、厅级课题153项,获得省部级科技进步奖一等奖11项、二等奖20项,获得发明专利110件,新药证书9张,发表SCI论文2133篇。印发《关于公布2013年度"科教兴卫工程"考核结果的通知》,根据考核结果下达工程建设培养补助资金4000万元。

【科研项目与成果】 2014年省卫生和计划生育委员会医学新技术引进评估工作共受理申报620项,评出220项,其中,特等奖1项、一等奖52项、二等奖167项。2014年度省卫生和计划生育委员会医学科研项目评审工作受理申报270项,评出125项,其中,面上项目63项、青年项目14项、医改项目20项、信息化项目11项、指导性项目17项。下达医学科研项目经费498万元。

【科技管理】 2014年8月对涉及人类遗传资源的国际合作项目清理情况分析汇总并上报科技部及国家卫生和计划生育委员会。确认全省单位牵头承担经中国人类遗传资源管理办公室批准的项目7项(其中2项各有2个不同年度批号,共同4个批号),已申请但尚无批复的项目1项,拟根据需要报批的项目1项。另有已完成但未报批的相关项目1项,承担单位报告该项目不涉及人类遗传资源的出入境或人类遗传信息与国际合作单位间的共享。全年审批并出具23项医用特殊物品准出入境证明,其中入境20项,出境3项;科研样品11项,人体物质12项。

【城乡基层适宜卫生技术推广】 公布"江苏省城乡基层适宜卫生技术项目资源库"项目名单(2014年度),全年推广105项适宜技术,有7939名基层卫生技术人员接受了培训;组织全省疾病控制、临床医疗和院前急救等相关人员9334人开展埃博拉出血热防控培训工作。其中,南京市在青奥会开幕前提前完成相关人员的全员集中培训。

【卫生科技期刊管理】 2013年度在省新闻出版局登记注册、编入国内统一刊号、由省卫生和计划生育委员会主管的卫生科技期刊(12本)以及连续性内部资料出版物(3本)进行年度核验。推选了《中国血吸虫病防治杂志》《临床检验杂志》参评江苏省十强报刊。

(江苏省卫生和计划生育委员会科技教育处)

中医药科技

Traditional Chinese Medicine Science & Technology

【概 况】 2014年,按照国家科技创新驱动发展战略和建设创新型省份的要求,积极推进中医药科技创新,大力加强中医药人才队伍建设,不断提升中医药发展水平。在第二届国医大师评选工作中,干祖望、夏桂成2位教授光荣入选,江苏成为全国拥有国医大师最多的省份。国家中医临床研究基地二期建设和中国中医科学院江苏分院建设进展顺利,积极开展中医药传统知识调查,大力推进中药资源普查试点工作。继续强化各类科技计划中医药项目统筹管理,加快中医药协同创新体系建设。建立中医药协同创新基地5个,新增国家中医药管理局重点研究室和省临床医学中心各1个。全年获得省部级以上科研项目131项,其中国家自然基金91项,专利授权82项,发表核心期刊论文2192篇、SCI收录论文374篇。

【中药资源普查试点】 按照国家中医药管理局统一部署,江苏作为辽宁、山东、浙江、福建、广东、江苏沿海六省的牵头单位,于2014年4月23日正式启动了第四次中药资源普查试点工作。这是新中国成立以来的第四次中药资源普查,距离第三次普查已近30年。江苏成立了中药资源普查试点工作组织机构和专家委员会,以南京中医药大学为技术依托单位,制订了普查工作实施方案,并联合省内相关高校和科研院所,成立了10支普查大队,在全省20个试点县市开展了中药资源普查工作。截至2014年年底,已完成样地85个,完成样方套395个;发现植物种类514种,其中重点品种113种;采集压制蜡叶标本2407份,药材标本174份,收集种子种苗数107份,拍摄照片2.3万张,记录影音资料24.5GB。并就菊花、水蛭等地产水生、耐盐中药资源进行重点调查,收集到了一些第三次中药资源普查没有的珍贵资料。与地方政府相关部门协调,在射阳县羊马镇(苏北)、泰州医药城(苏中)及南京市溧水区永阳镇(苏南)建立了中药资源动态监测站。开展包括茅苍术、黄蜀葵、银杏叶、桑、芡实、青蒿、荆芥在内的7个品种的种子种苗繁育基地项目建设,计划建成种子繁育基地146.67公顷,年繁殖种子种苗1.03×10^4千克。本次中药资源普查工作的开展,将为建立全省中药资源信息库提供基础数据,也为制定中药资源保护与合理利用、中药产业发展政策规划提供科学依据。

【传统知识调查】 2014年,中医药传统知识保护研究项目在全省有序推进。该项目是国家中医药管理局专项课题,由江苏省中医药局负责整体部署和组织协调,常州市中医医院作为技术依托单位负责具体实施。项目包括传统诊疗技术、单验方、传统制剂方法、中药炮制技艺、养生方法和其他6类。省中医药局制定了《江苏省中医药传统知识调查工作实施方案》,编印了相关培训资料,召开了项目培训会,统一对调查人员进行了技术规范培训。截至2014年年底,已搜集中医药传统知识项信息506条,完成306个项目的初审,为下一步建立全省中医药传统知识保护名录和数据库奠定了基础。

【协同创新平台】 加强中国中医科学院江苏分院、国家中医临床研究基地、江苏省中医临床研究院、重点研究室和重点学科等平台建设,并积极发挥中医药学术团体的优势,努力打破创新主体间的壁垒,凝聚优势力量,促进跨领域、跨产业、跨学科的联合,推动创建战略联合体,中医药协同创新步伐全面加快。2014年4月1日,江苏省中药资源产业化过程协同创新中心首批科技创新平台及示范性项目在南京中医药大学正式签约,该中心将凝练和瞄准一批关键科学技术问题进行协同创新,实现人才培养、科学研究和学科建设三位一体的建设目标。8月27日,中国中医科学院江苏分院协同创新大会在南京举行,新成立的协同创新研究中心——组分结构中药协同创新研究中心、复方中药现代药理学协同创新研究中心同时揭牌,并与多家科研院所、医疗机构和医药企业签订了中医药协同创新合作协议书。9月13日,江苏省中西医结合学会灾害与救援医学协同创新研究基地在江苏大学附属武进医院正式成立。9月20日,江苏省中医药学会中药饮片剂型改革协同创新研究基地在江阴天江药业正式揭牌。基地将围绕中药配方颗粒行业发展,组织优势专家团队开展中药饮片剂型改革产业发展战略研究,提升中医药国际市场竞争力。

【人才培养】 认真抓好各类人才培养专项,启动第二批省农村优秀中医临床人才培养工程和省老中医药专家学术经验继承工作,遴选100名培养对象,确定54名指导老师和96名继承人。10人成为全国中药特色技术传承人才培养对象、22人入选全国中医护理骨干人才培养项目,新增全国名老中医传承工作室8个。完成1825名中医住院医师规范化培训结业考核工作,18家医院入选全国首批中医住院医师规范化培训基地,新增中医全科医生规范化培养基地19个,基层培养基地44个。举办国家级中医药继续教育项目48项、省级98项,获得国家中医药优势特色教育培训基地6所。开办第八期西学中研究生课程进修班。

(江苏省中医药局 王霞云)

防震减灾科技

Quakeproof and Disaster Reduction Science & Technology

【概 况】 2014年,省地震局认真组织实施江苏省防震减灾"十二五"规划,强化地震监测预报、健全震灾预防体系、加强应急救援准备,防震减灾社会管理和公共服务水平进一步提升,工作成效显著,为江苏经济发展和社会稳定发挥重要作用。

【地震监测预报】 2014年,省监测台网共分析处理全省陆地及邻近地区地震事件271条,其中3级左右有感地震均在1分钟内完成速报。省地震局参加全国地震观测资料质量评比,有16项获前三名,位列全国前列。省地震预报研究中心对年度震情趋势判定比较准确,对省内及邻省强有感地震发生后的趋势判定也比较准确。省地震局组织专家现场落实和研判全省多项异常情况,编写上报异常落实报告15篇。省、市地震部门全面实行24小时行政值班、震情值班、应急值班制度,确保地震发生后第一时间将震情信息和应急处置情况报送省委、省政府和中国地震局。全省地震系统加强震情监视和预测预报工作,扎实做好重点时段和节假日期间的地震安全保障工作。南京青奥会期间,省地震局组织开展持续、稳定加密监测和会商研判,为全省性大型活动举办提供地震安全保障。

【城乡震害防御】 2014年全省共278项重大建设工程依法开展了地震安全性评价。省地震局连续第4年在全省范围内组织检查地震安全性评价结果在建设工程抗震设计中的应用,抽查72个工程项目,取得良好效果。推进活断层探测工作,全省已有9个城市完成或正在开展活断层探测,制定《江苏省城市活断层探测项目管理办法(暂行)》,加强活断层探测项目科学管理。进一步加强对农村建房抗震设防工作的指导,总结推广农村民居地震安全示范村建设经验。加强对新建校舍抗震设防要求监管和校址断层排查,组织学校科学制订校舍综合防灾工作方案。地震安全示范社区创建成效明显,2014年全省新增10个国家级地震安全示范社区和65个省级地震安全示范社区。

【地震应急救援】 省政府办公厅印发经修订的《江苏省地震应急预案》,省防震减灾联席会议各成员单位分别修订本单位地震应急专项预案,全省13个省辖市均开展并完成新一轮地震预案修编工作。加强军地协调,规范3支省级地震灾害紧急救援队的管理,积极推动全省IEC国际救援队认证工作。加强地震应急志愿者队伍建设,开展全省应急志愿者紧急救助员培训。省应急管理办公室、省地震局、省民防局、省住房和城乡建设厅等部门联合对全省地震应急避难场所规划建设情况进行专项督查。各市县开展各种形式的地震应急演练。市县基层开展灾情速报培训,不断完善三级政府部门灾情速报网络。截至2014年年底,全省共建成地震应急避难场所194个,数量居全国前列。

【防震减灾宣传】 截至2014年年底,全省共建成并命名防震减灾科普示范学校246所,约占全国总数的十分之一。充分利用"科普周""防灾减灾日"等重点时段,组织"平安中国"等科普宣传和咨询活动,开展各类防震减灾宣传活动300多次,受众达百万人次。12322防震减灾公益服务平台一年总呼入量近2.4万次。江苏防震减灾网全年发布信息2526条,累计点击次数2695万次。

【依法行政】 2014年2月27日，省政府召开省防震减灾工作联席会议，副省长徐鸣部署年度防震减灾重点任务，连续第8年由省政府与各市政府、市级政府与县级政府逐级签订防震减灾工作目标管理责任书。11月，全省启动调整联席会议成员单位相关工作，新增12个成员单位，充分调动和广泛整合各方力量参与防震减灾事业发展。调整省地震安全性评审委员会成员，制定、修订、完善委员会相关工作制度。“地震安全性评价人员职业资格核准”行政许可审批事项转移到省地震学会办理。加大《江苏省防震减灾条例》宣传贯彻力度，省人大法制工作委员会、环境资源城乡建设委员会和省地震局联合编写出版了《〈江苏省防震减灾条例〉释义》，对条文深入解读，推进依法行政工作。依法加强地震观测、环境保护，在促进经济建设的同时，保证全省地震监测工作的正常开展。省防震减灾行政许可、行政处罚、行政奖励等行政权力事项已向社会公布，省地震局完成进驻省政府服务中心窗口的相关准备工作。

【地震科技】 2014年，省地震局新增防震减灾相关科研项目27项，在研项目达49项，3项成果获省部级奖励。进一步加大对中青年科技人员的培养，省地震局设立局长基金，增加了青年专项基金项目和经费额度，针对新进硕士生以上学历人员设立了青年专项基金项目作为科研启动经费。加强科技交流活动，组织开展大型学术报告会7次。全省研制的地震速报软件、地震观测仪器继续在全国地震观测领域得到较广泛的应用。《防灾减灾工程学报》进入中国科学院“中国科学引文数据库”，在国内外防灾减灾科研领域的影响力不断扩大。省“十二五”规划重点项目——“江苏省防震减灾基础能力提升工程项目”分解为4个子项目，按计划正抓紧实施。“地震背景场探测” 项目江苏部分“国家地震社会服务工程”等重点项目主体施工基本完成，全面进入试运行阶段。

(江苏省地震局 朱 琳)

气象科技

Meteorological Science & Technology

【概 况】 2014年全省气象部门深入学习贯彻党的十八大和十八届三中、四中全会精神，习近平总书记系列重要讲话精神特别是对江苏工作的新要求，全面贯彻落实全国气象局长会议精神和全省经济工作会议、农村工作会议精神，全省气象部门全面完成了各项目标任务。江苏省气象局获得第九届气象行业职业技能竞赛团体第三名。

【气象预报与服务】 加强气象观测与信息传输能力。新建交通气象站138套，气溶胶观测点10个，风廓线雷达7部，固态降水19个站。完成全省区域气象站全面升级改造(由原来的4要素升级为5~6要素)。组织完成南京空军战区航危报(航空天气报告和危险天气通报)业务改革。完成江苏海上综合气象观测平台专家论证。建成省级气象数据虚拟化云平台，实现省级网络资源集约式管理，硬件资源集约化率达95%以上。出台“统一数据环境库表命名规范”“数据存储规范”等数十项标准或规范，初步建成江苏气象基础数据环境标准化规范体系。实现省内区域自动站采集间隔达到分钟级，60秒内到达桌面；雷达数据采用实时同步传输，8分钟内到达桌面；省际共享区域自动站实现分钟级数据同步。

加强气象预报预测能力。“江苏省市县一体化气象预报业务平台”投入应用，实现了包括中短期精细化预报、短时临近预报、中小河流预报等业务在内的省市县三级协同交互分析制作功能。预报质量稳步提升，24小时晴雨预报准确率为88.90%，最高、最低气温预报准确率为89.91%、89.64%，是近年来最好成绩。研发了精细化优选集合预报技术(RIOF)，根据实时业务检验，运用BMA动态权重等多种方法进行优选融合，提供0~168小时内更加准确、更为精细的客观化全要素天气预报产品，初步形成从短临预报到全球模式数值预报有效期内无缝隙、精细化的气象预报产品链，时间分辨率达到短临10分钟，短期3~6小时，中期12小时，空间分辨率实现3×3千米,重点地区达到1×1千米。

加强公共气象服务能力。依靠气象现代化建设成果,为“第二届夏季青年奥林匹克运动会”(简称“青奥会”)开闭幕式和关键过程提供逐小时、定量化、精细化的预报,及时有效开展人工影响天气作业试验,青奥会期间江苏省气象局为赛事及城市运行提供18类中英文气象服务材料1300余份,发送短信近30万条,发布工作报告104期。青奥气象服务总体满意度达87.7分,江苏“创新理念,健全机制,以服务青奥会为契机全面推进气象现代化”工作获中国气象局2014年度创新工作奖,青奥气象服务得到了中国气象局、省委省政府及青奥组委的充分肯定。圆满完成国家公祭日和省运会气象保障服务。完成2013年度江苏省霾监测报告,初步建立雾霾和大气重污染数据库、大气主要污染物浓度和空气质量指数预报业务系统、空气污染气象条件等级预报业务系统,省气象局与省环保厅联合发布全省AQI空气质量预报,制作的空气污染气象条件等级预报落区精细到县、时效延伸到72小时。

气象防灾减灾能力不断提升。自建并使用电子显示屏19831块、预警大喇叭15096个、气象信息服务站2084个,开通气象官方微博106个、微信31个。“指点天气”“江苏天气”气象服务软件正式上线运行。“中国天气通江苏版”官方手机气象服务客户端下载量达326万次,气象信息服务定制数404万条,中国天气网江苏站访问量79万人次/日。“江苏气象”“南京气象”官方微博分别被人民日报等单位联合评选为年度全国十大气象系统微博第三名、第五名。根据国家统计局调查,江苏公众气象服务满意度为85.6%。

【气象现代化】 中国气象局和省政府召开了合作联席会议,确定了推进“合力推进江苏气象现代化建设”“加强气象保障能力建设”“提升气象服务整体水平”“推进气象科技创新和人才队伍建设”“健全气象现代化健全保障机制”5项重点任务。省气象局联合省统计局发布了2013年度全省气象现代化进程监测评价报告,全省综合评分85.3分,同比提高6.8分。气象工作首次纳入省政府绩效考核。气象更多地融入省委省政府中心工作,除依法履职、职能转变、廉洁履职等共性考核外,省委省政府针对省气象局确定了职能工作目标11条、管理工作目标19条及创新创优工作目标,考核内容涉及智慧江苏、新型城镇化与城乡发展一体化、生态文明建设、大气污染防治等。

省政府办公厅修订了气象灾害专项应急预案。截至2014年年底,13个市、65个县建立气象灾害防御领导机构,13个市、66个县印发气象灾害应急预案,4个市、55个县出台气象灾害防御规划,13个市、65个县完成气象灾害风险区划,13个市、65个县的682个单位通过气象灾害应急准备认证,2个县建成气象为农服务标准化县,31个乡(镇)建成标准化气象灾害防御乡(镇)。

【科研开发】 2014年,省气象局共承担项目265项,其中国家级科技项目4项,省级科研项目1项,中国气象局科研项目6项。全省全年共获得科技成果30项,其中省部级科技成果8项。共发表国内核心期刊46篇,SCI收录共2篇。获得专利1项,计算机软件著作权24项。获批建设省部级实验室“中国气象局交通气象重点开放实验室”。正式成立“大气环境科技创新团队”。

与中国电子科技集团公司第十四研究所合作,开发了具有高集成、智能化特点的省市县一体化气象业务预报系统,实现了各类信息的集成,便于预报员对比资料,提高了预报员工作效率,建立了江苏9千米—3千米—1千米三层嵌套的JS-RUC循环同化预报系统,为第二届青年奥林匹克运动会开闭幕式等重大活动、各场馆及赛事重点区域等提供24小时内多要素的精细化天气预报服务。开发了江苏道路交通监测、预警服务系统,建成了智能一体化的全省道路交通气象预警预报业务平台和领先全国的省级道路交通气象服务及信息共享系统,系统在江苏省气象服务中心、江苏联网高速公路进行了服务应用和检验,建立了多部门的应急联动机制。研发了“江苏省地基GPS对强降水的监测和预警技术”,针对2006年江苏省气象局和江苏省测绘局共同组建的65个GPS/MET基准站和2个数据处理中心组成的江苏省GPS气象探测网,在实时有效解算大气可降水量(PWV)基础上,开展了基于PWV对灾害性天气、特别是分级降水的监测与预警预报指标提炼、方法研制,并进一步将GPS水汽遥感这一先进技术运用于中尺度数值模式中,提高全省中尺度数值模式对非常规观测资料的同化水平和本地化应用能力,研发的江苏省GPS监测预警分析平台2011年汛期正式投入应用,实现了全省气象部门的实时同步共享。研发了“江苏城市霾数值预报系统”,通过更新污染源排放清单,选择与污染排放密切相关的参数化方案,引进基于WRF的城市冠层模型,形成了江苏城市霾数值预报流程,首次建立了针对江苏城市的本地化霾数值预报系统,可提供多尺度、高分辨率的大气成分预报产品,包括$PM_{2.5}$、PM_{10}、SO_2、O_3、NO_X等污染物浓度,并形成了全省13个市的AQI指数、AQI等级、能见度、霾等级等服务应用产品。研发了“江苏省太湖蓝藻水华气象监测预警平台”,对太湖蓝藻水华状况和未来趋势进行分析、评估和预测,研发了集太湖蓝藻监测、监控、预报、预警于一体的综合性平台,使太湖蓝藻水华监测从单纯的、定性的水域识别发展到对相关指标定量的监测、预报和预警,提高了蓝藻水华的监测预警和共享服务能力,该平台自2013年建成以来已成为苏州市水利局、苏州市环境监测中心站、苏州市气象台在太湖蓝藻水华监测预警服务不可或缺的应用平台。

【科技人才】 组织实施新入职人员个人发展计划和青年新秀培育计划。新进人员中,博士、硕士占67.7%,气象专业占80.3%。新增正研3人,1人入选中国气象局首批青年英才。1人获“全国五一劳动奖章”,1人获“省五一劳动奖章”。

【气象科普】 围绕世界气象日主题“天气和气候:青年人的参与”(Weather and climate: engaging youth),组织开展形式多样的纪念宣传活动。气象日期间,以新闻发布会、专家访谈、气象台站开放、广场科普宣传等多种形式全方位广泛宣传,组织气象科普宣传小组进社区、进学校、进乡镇,送书刊、送展览、送讲座。2014年3月23日,中国北极阁气象博物馆全天对公众开放,接待参观市民12000余人次;高淳区气象局联合区教育开展了“2014年高淳区中小学生气象科学知识竞赛”活动;扬州市气象部门先后举办了市区校园气象信息员培训工作会议,邀请校园师生走进气象台;镇江市政府应急办、市气象局、市环境保护局、教育局以及市科学技术协会在丹阳华南实验学校联合举办了全市青少年气候与环境科普知识竞赛,此次比赛吸引了全市187所中小学的48000余名学生广泛参与,并引起全市多家媒体的广泛关注;徐州市气象局精心打造“气象科普一日游”,悉心配备4名专职讲解员和20余名科普活动志愿者,力求将气象知识传播至全市各个角落;盐城市气象局通过开放市气象科普馆,组织了盐城晚报百名小记者到市气象科普馆进行实地采访,通过“零距离”接触气象仪器设备、面对面采访气象专家、观看盐城气象灾害3D电影、操作模拟人工增雨作业系统,从不同角度领略气象的风云变幻,感受观云测天的神奇。

聚焦“雾霾”等社会热点问题,省气象局和省气象学会联合举办多场专家报告会,在南京图书馆举办了向南京市民解读“江苏雾霾及其防御”报告会、在北极阁博物馆举办了“气候变化与我们的生活”“从雾霾带来的意外收获说起”2场报告会、在南京信息工程大学举办“从历史视角解读气候变化”“气象防灾减灾科普知识”科普讲座,深受市民和学生的欢迎。

【气象工作与政策支持】 《江苏省气候资源保护和开发利用条例》由江苏省第十二届人民代表大会常务委员会第十二次会议于2014年9月26日通过,并于2015年1月1日起施行,该条例确定了江苏气候资源保护和开发利用的原则和主要措施。建立了气象行政审批事项清单,明确了8项气象行政审批事项。建立了政府行政权力清单,确定了78项气象行政权力。气象行业技能竞赛首次纳入江苏省十大工种职业技能竞赛。开展气象服务优质年活动,形成信息服务、防雷服务、行政审批三大类15项服务规范。“农村气象信息服务站”被省文明委评为江苏省第四批优质服务品牌。

(江苏省气象局 夏 瑛)

水 利 科 技

Water Conservancy Science & Technology

【概　况】 2014年,全省水利科技工作全面贯彻落实习近平总书记提出的"节水优先,空间均衡,系统治理,两手发力"的治水新思路,紧紧围绕全省水利中心工作和改革发展的重点任务,积极开展水利现代化建设中事关全局和长远的重大课题和关键技术研究,取得明显成效。

【科技项目】 改进省水利科技项目安排方式。2014年初,在调研基础上,会同省财政厅下发《关于申报2014年省水利科技项目的通知》,明确项目申报指南,确定支持范围为重大技术攻关、先进实用技术研究应用推广、水利科技推广示范基地(项目)三大类32个重点方向,重点向服务水生态文明建设、服务水利现代化建设的相关研究推广课题倾斜,共立项科研项目83项。同时,加强在研项目中期指导,强调绩效评价,严格按照合同进行结题验收。

【制度建设】 水利科技管理制度建设取得初步成果。根据国家、部、省有关文件要求,结合全省近年来水利科技工作实际情况,重点在项目选题、项目评审、项目过程管理、资金管理以及成果应用推广等方面,着重体现鼓励科技创新,紧紧围绕服务水利中心工作,进一步建立健全《江苏省水利科技项目管理办法》《江苏省水利科技成果管理办法》《江苏省水利科技项目资金管理办法》等有关制度。

【科技示范基地】 进一步完善水利科技示范基地建设与测评机制。依据水利科技示范基地建设指导意见和考核办法,在2013年试行的基础上,总结经验,将工作落在实处,细化了示范基地建设与测评机制,优化了基地考核指标体系与赋分标准,对示范基地建设管理及经费安排作了进一步明确。"江阴市智慧水利信息化技术推广示范基地"被评为水利部和省水利厅科技推广示范基地。

【科技奖励】 组织科技奖申报及评审工作。全省共评出2014年省水利科技优秀成果奖62项,其中"江苏省水利普查空间信息处理技术体系构建与应用"等11项成果获一等奖,"大型竖井式贯流泵装置研究与应用"等22项成果获二等奖,"沿海大棚农业种植区排水沟布局试验研究与应用"等29项成果获三等奖。

【科技成果评价】 开展水利科技成果评价办法研究。科学划分水利科技成果类别,构建不同的水利科技成果评价指标体系,按照不同类别对水利科技论文、著作、专利以及研究报告等产出的价值进行探索性分析,并选取不同类型的水利科技成果进行实证分析。

【科技成果】 2014年度大禹奖三等奖——"基于3S技术的河湖巡查管理系统研制与推广"。该项目由江苏省水利科学研究院完成,以江苏洪泽湖和里下河湖区为研究对象,开展3S技术(全球定位系统、地理信息系统和遥感技术)在河湖巡查管理中的应用研究。项目集成了3S、.net和WebService等技术,开发了湖泊GPS巡查管理系统。湖泊GPS巡查系统围绕河湖管理迫切需求,结构设计合理、功能实用、技术先进,满足湖泊巡查实时定位、上报、监管、考核等多方面需求,为河湖的管理提供了较好的技术手段,促进了湖泊巡查管理的信息化水平。

2013—2014年度中国水利工程优质(大禹)奖——"南水北调东线一期工程宝应站工程"。该项目由江苏省南水北调宝应站工程建设处、江苏省水利勘测设计研究院有限公司等单位完成,宝应站工程位于江苏省扬州市宝应县境内,是南水北调东线工程的源头工程。宝应站站身采用肘形进水、流道虹吸式出水,水力性能优良,进出水流道底板间采用拉锚墙结合模板及基坑支护,减少超挖回填,节省投资,基本无不均匀沉降。宝应泵站液压调节机构高效灵活,成功引进国外大型水泵液压调节关键技术,泵站整体装置效率达同类型国内外先进水平,该工程设计有较大创新,为后续南水北调泵站枢纽建设提供成功经验,取得了良好的经济效益与社会效益。

2013—2014年度中国水利工程优质(大禹)奖——“南水北调东线一期工程淮安四站工程”。该项目由江苏省南水北调淮安四站工程建设处、江苏省水利勘测设计研究院等单位完成。淮安四站泵站工程位于江苏省淮安市楚州区三堡乡境内里运河与灌溉总渠交汇处,为南水北调东线一期工程的第二个梯级——淮安梯级泵站之一,是南水北调东线长江至骆马湖区间工程的重要组成部分。在淮安四站泵站工程站身进、出水流道线性分析中采用计算流体动力学方法(CFD)进行数值分析,优化进、出水流道线性;利用数模分析,优化泵站出水渠口门布置;通过研究各类建筑物基坑支护结构形式,结合工程场地地质情况,采用了预应力锚杆地连墙作为站身建设期的基坑支护,解决了泵站上下游引河河底高差问题;采用密闭循环供水方式,改进泵站供水系统。该项目研究采用了新型结构,提高了工程性能,节省了工程投资,经济效益和社会效益显著,应用前景广阔。

2013—2014年度中国水利工程优质(大禹)奖——“走马塘拓浚延伸张家港枢纽工程”。该项目由江苏省走马塘张家港枢纽工程建设处、江苏省太湖水利规划设计研究院等单位完成。走马塘拓浚延伸张家港枢纽工程地处苏州张家港与常熟交界处,是走马塘拓浚延伸工程的主要控制建筑物之一,由立交地涵、泵站、节制闸、退水闸四座水工建筑物及相关工程内容组成。项目对枢纽各单体建筑物进行合理布置,通过模型试验,对竖井贯流泵装置进行优化,分别采用有限元和计算流体动力学的方法,对金属导轴承和水润滑导轴承的结构性能进行计算,选择最优性能的导轴承。项目沟通了走马塘河道与张家港河(申张线)的航道,为类似工况地区泵站建设积累了宝贵经验,为水利机械设计开拓了思路、积累了经验,也将直接提高该泵型水利设施的能源利用效率,具有可观的社会效益和经济效益。

2014年度江苏省农业技术推广奖二等奖——“高标准农田水利工程建设关键技术的研究与应用推广”。该项目由江苏省农村水利科技发展中心、扬州大学等单位完成,制定了高标准农村水利建设标准、提出了农田水利分区治理模式、修订了农田水利示范园区建设标准;归纳整理了田间沟渠标准化布置模式;定型设计了小型机电渠(管、管渠结合)灌区田间灌排系统,并开发了田间工程管理信息系统;总结提出了衬砌渠道和河道的生态修复、生态排水沟道构建的建议与措施;开发了小型泵站与相关新一代田间装配式建筑物,改进了渠系量水设备,完善了常用装配式田间配套建筑物图集;开发了灌区计算机辅助设计专家系统和基于GIS的灌区信息化管理系统。累计推广面积达78万公顷(1170万亩),产生直接经济效益7.83亿元。项目成果对规范全国农田水利工程的规划设计与建设管理工作、农业增产增效、农民增收具有重要现实意义。

【技术标准】 2014年,加大地方标准工作力度,编制的《水利工程施工质量项目法人委托检测规范(DB32/T 2707-2014)》《水利工程施工质量监理检测规程(DB32/T 2708-2014)》《水利工程建设项目概算编制规定(DB32/T 2709-2014)》《堤坝道路施工质量检验与评定规范(DB32/T 2710-2014)》4项地方标准通过省质量技术监督局审查,并于2014年11月15日发布实施;编制的《水利工程闸门卷扬式启闭机检修技术规范》《水稻灌溉技术规范》《节水型学校评价规范》《江苏省水文水质监测成果质量考核规约》《高效节水园区水利信息系统技术规范》5项地方标准通过省水利厅技术审查。

【对外合作】 严格规范因公出国(境)管理,做好国际交流服务。2014年共组织出访7批次,13人次,分别执行外出学习培训、短期工作、参加国际会议和对外访问任务其中自组团2批次,双跨团组5批次。2014年6月,接待了美国兰德公司代表来访,就水资源和防汛防旱方面的问题做了交流。10月,接待了澳大利亚FORESHORE公司总裁一行来访,并组织相关人员就有关技术在水利工程建设中的应用进行深入交流和对接。

【水利信息化建设】 水利信息化建设整体有序推进。在省水利厅信息化工作领导小组的指导下,努力提升项目建设的前期工作质量,加强建设管理,推进信息化工程建设工作向前开展。列入2014年水利信息化投资计划的项目有4项,其中2项初步设计报告已批,正在实施,另外2项初步设计报告已报发改委待批。

加强信息化建管力度。2014年,省太湖流域水环境自动监测站网工程、省水利厅行政权力网上运行系统完成竣工验收项目。国家防汛指挥系统二期工程(江苏部分)水情、工情分中心基本完成建设,工程视频监控系统招标文件编制完成;省小型水库防汛通讯预警系统进入试运行;省重点水利工程防汛视频监控系统正在进行项目竣工验收准备;省水利地理信息公共服务平台完成系统的详细设计和代码设计;省中小河流水文监测系统信息化部分一期报汛通信系统共计1357万元,目前已全部完成,二期报汛通信系统580万元,预警预报系统4100万元,共计4680万元,均已进入实施阶段;省水资源管理信息系统一期工程已进入试运行;南水北调东线第一期工程江苏段调度运行管理系统正在光缆线路工程施工,计划完成骨干网和部分二级接入站点的通信线路。

扎实开展前期工作的研究。基础设施工程两大项目已经立项,省水利地理信息服务平台已开工建设,省水利数据中心一期工程初设报告批复。在此基础上,有序推进各服务平台建设的前期工作,省水土保持监督管理与综合治理信息系统可研报告、省水利厅财务审计管理信息系统初步设计报告上报待批,省水利工程和河湖资源管理系统、水利重点工程建设安全风险远程管理系统、省农村水利信息管理系统一期工程等可研报告已具备报审条件。

水利信息化资源整合共享。赴外省市和其他行业进行水利信息化调研,邀请专家对全省水利信息资源整合共享思路进行咨询。在对全省水利信息资源整合共享的现状和主要存在问题分析基础上,提出江苏省水利信息资源整合共享工作方案,明确了整合共享的原则、目标和主要任务,并制定了分年度、分部门实施计划。主要任务包括:基础设施、信息资源、业务应用和安全保障的整合与共享4个方面。

指导各市县及管理处水利信息化工作的开展。进一步修订完善了市县水利信息化考核指标,明确了2014年各市县水利信息化建设任务。做好了召开厅属管理处信息化工作座谈会的准备,对下一步水利工程信息管理平台建设提出方案,规范水利工程信息化管理。

开展省信息资源共享平台对接。按照省经济和信息化工作委员会要求,参与了省信息资源共享交换平台建设前期工作,省水利厅成为《省信息资源共享交换平台一期建设方案》共建单位,厅信息办征求各部门信息资源需求,做好需求对接。

(江苏省水利厅 丁 亚 刘仲刚 陆 明 洪 欣)

广播电视科技

Radio and TV Science & Technology

【概　况】 截至2014年年底,江苏省公共广播节目套数130套,其中省级11套,地市级53套,县级66套;全年公共广播播出时824365小时52分钟,比上年增加14989小时22分钟;制作广播节目时间603551小时31分钟,比上年增加2829小时9分钟;江苏省公共电视节目套数126套,其中省级9套,地市级53套,县级64套;付费电视节目套数3套;全年公共电视节目播出时819527小时54分钟,比上年减少1949小时36分钟;制作电视节目时间193135小时11分钟,减少24536小时49分钟。

截至2014年年底,江苏省共有中、短波发射台21座,发射机105部,发射机功率734千瓦,其中中波发射机104部634千瓦,短波发射机1部100千瓦。全省共有调频发射台106座,发射机224部,发射机功率169.75千瓦。全省共有电视转播发射台83座,发射机322部,发射机功率521.45千瓦。全省有线广播电视传输干线网络总长349432.06公里,有线电视用户数2291.47万户,数字电视用户1787.11万户,有线电视入户率94.55%,数字电视入户率77.98%。全省广播人口综合覆盖率99.99%,电视人口综合覆盖率99.88%。

截至2014年年底,江苏省广播电视资产总额889.98亿元。2014年,江苏省广播电视总收入

280.21亿元,其中:实际创收收入267.69亿元,同比增长分别7.88%和9.33%。2014年,江苏省城市电影票房收入27.96亿元,同比增长39.97%,农村电影放映25.46万场,观影人次4140.72万人。

截至2014年年底,江苏省广播电视从业人员53699人。其中:管理人员8421人、专业人员27735人、其他人员17543人。其中:研究生及以上学历2038人,占比3.80%;本科及大专学历37638人,占比70.09%;高中及以下学历14023人,占比26.11%。江苏省专业技术人员37413人,其中:正高级职称265人,占比0.71%;副高级职称1414人,占比3.78%;中级职称6966人,占比18.62%;初级职称28768人,占比76.89%。

【广播发射中心】 2008年2月14日,江苏省委召开常委会,确定江东门发射台采用异地重建方式,迁往南京江宁区谷里街道莲花塘村。至此,广播发射中心迁建项目正式开始全面启动。2009年3月,广播发射中心获得省发改委立项,并连续两年被列为省内“十大民生工程”之一。2011年12月,主体建筑打下第一根基桩,项目进入了建设阶段。至2014年,总台广播发射中心迁建项目取得了实质性进展。技术工艺系统、土建工程、内装工程、幕墙工程、室外景观工程等各项工程基本按年度目标完成任务,为年底广播发射中心的正式启用奠定了坚实的基础。广播发射中心迁建项目全年无发生安全责任事故,工程建设以快速、平稳、安全姿态扎实迈进。2014年6月3日,总台广播发射中心迁建项目技术系统顺利通过验收,广电总局专家组一致认为广播发射中心技术系统建设达到了“全国领先、世界一流”的水平。2014年12月31日,在省领导的见证下,新建广播发射中心正式启用。

2014年12月31日,江苏省广播电视总台(集团)广播发射中心在南京市江宁区谷里街道正式启用。

【IPTV监测监管系统】 2014年8月,省IPTV监测监管系统完成项目验收。该项目构建了三级监管架构,主要对省广播电视总台IPTV集成播控平台、电信分发传输核心节点和用户终端三大环节进行监测监管。系统分别对3个环节的监管前端进行控制和数据采集,将播控平台、分发传输核心节点和用户终端的EPG信息、节目内容码流、节目信息等信息采集回传到省监测台统一的监测监管平台,实现IPTV节目内容实时监看、EPG管理与核查、审批信息管理与核查、点播节目合法性鉴别、违规取证、监管信息共享等功能,并对采集的节目内容和监管数据进行存储和管理,实现对IPTV节目源、传输和分发、用户终端的全程全网监管。

【广播电视网(NGB)技术创新实验室】 2014年5月,NGB技术创新实验室获得国家新闻出版广电总局批复。实验室将根据国家新闻出版广电总局关于下一代广播电视网建设的总体规划,按照三网融合发展要求,充分发挥江苏有线在技术基础、用户规模、网络资源和业务形态等方面的优势,在江苏有线已取得的云媒体电视业务平台、智能电视操作系统和家庭网络等成果基础上,面向NGB与云计算、大数据、移动互联网等新一代信息技术的融合发展要求,联合产、学、研、用各方力量,积极开展NGB技术创新研究,以技术创新带动和促进业态创新和服务模式创新,推动相关技术产业化发展,为总局制定相关技术政策和标准,开展新技术试验、展示和推广新技术提供支撑。

【中国科学院国家授时中心-江苏广电联合时间服务中心】 2014年7月16日,由中国科学院国家授时中心和江苏省广播电视总台组成的“中国科学院国家授时中心-江苏广电联合时间服务中心”暨“广播电视高精度时间同步及定位技术联合实验室"成立及揭牌仪式在省总台发射传输台举行。联合时间服务中心暨联合实验室将构建江苏广电时间服务平台,该平台是国内第一个民用时间服务平台,也是第一个行业时间频率应用中心,对我国时间频率体系的建立和完善具有重要的意义,对满足广播电视数字系统自身高精度时间同步的需求具有重要的应用价值,对拓展广播电视信号传输的应用具有重要的示范作用。

【省监测台新业务机房】 2014年6月,江苏省广播电视监测台新业务机房建设项目完成招标。该项目在省监测台原址3楼新建江苏省监测台业务用房,包括中心机房274平方米、UPS及配电室67平方米、监测调度指挥大厅200平方米。历时5个月,完成了中心机房及UPS配电室的基础装修,及配电、防雷接地、通风、UPS电源、空调、环境动力监控等多个设施部署。新建成的中心机房拥有103个标准机柜,采用4台100kW的下送风式精密空调实现恒温恒湿;双路供电加600kVA高频机UPS保障机房电力安全;监测调度指挥大厅采用LPD数字显示屏,接近180度的视角、800尼特亮度和0.25毫米的光学缝隙,使得各个监测系统数据可以在10平方米大屏上纤毫毕现。2014年12月,新业务机房正式启用。

(江苏省新闻出版广电局 李桂洪 黄 梅)

质量技术监督

Quality & Technology Supervision

【概　况】 2014年,江苏省质监系统认真落实省委、省政府"稳增长、调结构、抓创新、促改革、惠民生、防风险"的总体要求和质检总局"抓质量、保安全、促发展、强质检"的工作方针,围绕中心、服务大局,突出重点、全面履职,为全省经济社会在转型升级中实现平稳健康发展提供了可靠的质量保障。

【质量强省建设】 深入推进质量强省建设,服务全省经济提质增效升级。一是宏观质量管理成效明显。省政府建立计量工作联席会议制度,省政府办公厅出台《江苏省贯彻实施质量发展纲要2014年行动计划》《关于进一步加强计量工作的意见》,质量发展的政策环境更加优化。质量考核导向作用有效发挥,以较好成绩通过国务院质量工作"首考",全面完成对各省辖市政府质量的工作考核。质量标杆效应不断放大,南京、南通被质检总局授予"全国质量强市示范城市",常州、扬州、宿迁、泰兴等地开展"全国质量强市示范城市"争创活动。推动江苏优势产业集群提档升级,黄桥乐器文化产业园区、丹阳眼镜产业聚集区、姜堰溱湖风景区成功申报"全国知名品牌示范区",江阴精纺呢绒等4个产业集群被评为2014年度"江苏省优质产品生产示范区"。质量强企建设稳步推进,新培育发展5家江苏省质量奖组织,会同省国资委等部门对640家国有企业开展质量工作调研。出台年度江苏名牌申报指南,重点扶持战略性新兴产业和现代服务业争创名牌,全年新发展249个江苏名牌。二是技术标准作用得到彰显。改革企业产品标准备案制度,出台《江苏省企业产品标准备案管理办法》,在全国率先实现网上备案。全面完成省委、省政府年度考核任务,组织全省企业参与制定11项国际标准,主导制(修)订522项国家标准和行业标准;获批5个国家循环经济标准化试点、14个国家服务业标准化试点,全省国家服务业标准化试点累计达53个,位居全国第一;东海石梁河葡萄、大丰东沙紫菜、新沂水蜜桃、邳州板栗、盐城海盐5个江苏特色产品获得国家地理标志产品保护,全省地理标志产品累计达43个。三是生态文明建设推动有力。积极为节能减排立标,新发布9项地方标准。联合省级机关事务管理局开展公共机构能源资源计量工作,会同省经信委对全省231家电机生产企业开展能效标准标识执行情况检查,为61家节能低碳行动企业提供能耗限额对标、能效测试等计量技术服务。对142个型号锅炉开展定型能效检测，对476台在用锅炉开展能效测试，超额完成国家下达的任务。推动能源体系认证，获证数位列全国第一；推广节能、节水和环保产品认证，徐州中联水泥公司获得全国首批低碳产品认证证书，大丰获得国家认监委"有机产品认证示范创建区"称号。

【质量安全】 2014年，全省积极创新监管理念，优化监管机制，突出监管重点，生产领域未发生区域性、系统性、行业性质量安全问题。特种设备事故率、死亡率均为0.08起/万台，大幅低于全国平均水平。国家监督抽查全省产品2571批次，平均合格率为93.6%；省级监督抽查平均合格率为94.7%，持续处于较高水平。出动执法人员8.9万人次，检查企业2.8万家，查办案件4398起，涉案货值22.02亿元，移送司法机关案件169起。特种设备安全平稳向好。摸清省内长输管道"底数"，对3300公里长输油气管道部署排查整治。采取高压严管措施，开展专项整改行动，织密青奥会特设"安全网"，实现了青奥会特种设备安全零事故，受到省委省政府表彰。狠促电梯维保水平提高，对667家电梯维保单位进行星级评定，评出五星级10家、四星级11家、三星及以下级别646家。消费品质量稳步提升。强化潜在质量风险监控，加大群众关注产品和地方发展支柱产品的监督抽查力度，适时开展了雾霾个人防护用品、通信产品、餐厨电器、清洁用品、夏令服装等社会高关注度产品的监督抽查。促进电子商务规范发展，对泳装等60类电商产品实施风险监测。

【强企惠民】 积极回应企业呼声、顺应群众需求，努力办好强企惠民实事。一方面，保质保量做好既有强企惠民实事。组织召回2.6万余件存在质量安全隐患的儿童用品，召回产品数量连续两年翻番。对全省2481家集贸市场以及2.4万家农村医疗机构、计划生育指导站、社会福利院的28.4万台件计量器具实施免费检定，"江苏质监·计量惠民"活动被评选为江苏省优质服务品牌。充分发挥12365服务热线功能，有效畅通群众质量投诉举报渠道，全省共受理举报、投诉、咨询案件4.6万余起。会同省公安厅等部门开展机动车隐患大检查，推行车主签收机动车安全技术检验报告制度，严厉打击安检机构缺检、漏检等违规行为。推动电梯责任保险试点，推进电梯应急救援网络建设，对597台老旧住宅电梯实施检测评价，指导南京、苏州、南通率先建成电梯应急处置服务平台。另一方面，顺时应势创新强企惠民举措。把减少行政审批事项作为强企惠民的突破口，大力推行简政放权，列出行政许可项目清单，实现目录化管理，全部取消原有28项非行政许可事项，将22项行政许可事项减少为17项。下沉执法力量，在省光电线缆、石材木材等商会设立打假维权工作站，就地就近维护企业和群众利益。制定实施《江苏省家用汽车三包申诉处理工作暂行规定》，指导常州在全国率先开展汽车4S店质量信用评价试点。安排11家技术机构、235台套大型仪器设备进入"江苏省大型科学仪器共享服务平台"，提供服务1.1万余次；安排10家技术机构、100台套仪器进入所在地"大型科学仪器共享服务平台"，提供服务10.6万余次。

【队伍建设】 聚焦关键环节，着力加强质监队伍建设。一是法制建设取得进展。质监法规体系不断健全，《江苏省计量校准监督管理办法》立法工作接近尾声，提交省政府常务会议审议；《江苏省特种设备安全监察条例》修订工作完成并通过省十二届人大常委会第13次会议初审。依法行政工作成绩喜人，省质监局被质检总局确定为全国质检系统首批依法行政示范单位。二是机构队伍建设成效明显。按照上级统一部署，稳步推进质监管理体制改革、市县食品监管职能调整等工作。认真落实省委省政府"三集中、三到位"要求，经省编办批复成立行政审批服务处，统一负责全局行政审批工作。积极谋划检验检测认证机构整合，完成省特检院及其19个分院的深度整合。加速干部职工知识更新，举办10期《江苏质监大讲堂》。三是技术机构建设进展顺利。国家家用电器质检中心获批筹建，国家信息网络产品质检中心获批成立，全省质监部门累计获批建设国家质检中心40个，已建成32个；新批准建设3个省质检中心，累计批准建设省质检中心53个,已建成42个;累计批准建设省计量中心16个,已建成11个。吴中获得国家认监委"国家公共检验检测服务平台示范区"称号,测量互感器、水质分析仪、材料试验机3个国家型式评价实验室获质检总局批准筹建。安排7000万元专项资金用于县级计量技术机构配备标准装置,提升基本保障能力。

(江苏省质量技术监督局 龚一平)

表5-2 2014年度江苏省新颁布地方标准目录

序号	标准编号	地方标准名称
1	DB32/T 2372-2013	苏香粳3号品种
2	DB32/T 2373-2013	太湖糯2号品种
3	DB32/T 2374-2013	芦笋大棚栽培技术规程
4	DB32/T 2375-2013	南方红豆杉盆栽技术规程
5	DB32/T 2523-2013	蜀桧扦插育苗技术规程
6	DB32/T 2524-2013	千头椿硬枝扦插设施育苗技术规程
7	DB32/T 2525-2013	广玉兰嫁接育苗技术规程
8	DB32/T 2526-2013	金镶玉竹育苗技术规程
9	DB32/T 2527-2013	琼花播种育苗技术规程
10	DB32/T 2528-2013	琼花绿化苗木质量分级
11	DB32/T 2529-2013	茶园机械化管理技术规程
12	DB32/T 2530-2013	茶园设施栽培技术规程
13	DB32/T 2531-2013	城市轨道交通运营服务
14	DB32/T 2532-2013	雨花石鉴评规范
15	DB32/T 2546-2013	工贸行业小微企业安全生产标准化基本规范
16	DB32/T 2547-2013	石油化工码头及库区安全设施配备目录和技术要求
17	DB32/T 2548-2013	悬索桥主缆除湿系统设计规范
18	DB32/T 2549-2013	悬索桥主缆除湿系统施工及验收规范
19	DB32/T 2550-2013	"金陵美玉"樱桃番茄品种
20	DB32/T 2551-2013	"苏粉15号"番茄品种
21	DB32/T 2552-2013	"春佳"小白菜品种
22	DB32/T 2553-2013	"苏崎4号"茄子日光温室栽培技术规程
23	DB32/T 2554-2013	ESR波谱法-含结晶糖辐照农产品的检测
24	DB32/T 2555-2013	薄壳山核桃容器育苗技术规程
25	DB32/T 2556-2013	薄壳山核桃有机栽培技术规程
26	DB32/T 2557-2013	大蒜辐照抑制发芽技术规范
27	DB32/T 2558-2013	稻麦农田沼液施用技术规程
28	DB32/T 2559-2013	淀粉酶辐照灭菌技术规范
29	DB32/T 2560-2013	杜鹃嫁接技术规程
30	DB32/T 2561-2013	鹅坦布苏病毒的检测 RT-PCR方法
31	DB32/T 2562-2013	防治空心莲子草真菌制剂的制备及防效评价
32	DB32/T 2563-2013	甘薯 苏薯16号生产技术规程
33	DB32/T 2564-2013	规模化育肥羊场建设规范
34	DB32/T 2565-2013	荷兰豆品种苏豌1号
35	DB32/T 2566-2013	红颊草莓生产苗繁育技术规程

续表 5-2

序号	标准编号	地方标准名称
36	DB32/T 2567-2013	花生果辐照杀虫防霉技术规范
37	DB32/T 2568-2013	黄瓜工厂化穴盘嫁接育苗技术规程
38	DB32/T 2569-2013	黄秋葵鲜果荚保鲜技术规程
39	DB32/T 2570-2013	鸡传染性法氏囊RT-LAMP诊断技术规程
40	DB32/T 2571-2013	鸡传染性支气管RT-LAMP诊断技术规程
41	DB32/T 2572-2013	鸡爪槭种子育苗技术规程
42	DB32/T 2573-2013	加工用草莓生产技术规程
43	DB32/T 2574-2013	粳稻品种南粳49
44	DB32/T 2575-2013	可冲调谷类方便食品辐照杀菌技术规范
45	DB32/T 2576-2013	绿化用杜鹃栽培技术规程
46	DB32/T 2577-2013	南粳47机插高产栽培技术规程
47	DB32/T 2578-2013	鸟巢蕨设施栽培技术规程
48	DB32/T 2579-2013	茄子品种抗青枯病鉴定技术规范
49	DB32/T 2580-2013	青蚕豆速冻加工技术规程
50	DB32/T 2581-2013	青花菜工厂化穴盘育苗技术规程
51	DB32/T 2582-2013	设施蔬菜土壤化学消毒剂使用技术规程
52	DB32/T 2583-2013	饲料中饲用芽孢杆菌的测定
53	DB32/T 2584-2013	苏扁1号扁豆品种
54	DB32/T 2585-2013	苏豆8号大豆
55	DB32/T 2586-2013	苏红1号红小豆品种
56	DB32/T 2587-2013	苏科糯3号生产技术规程
57	DB32/T 2588-2013	苏绿2号绿豆品种
58	DB32/T 2589-2013	苏系长毛兔
59	DB32/T 2590-2013	甜瓜 苏甜二号品种
60	DB32/T 2591-2013	铁线蕨设施栽培技术规程
61	DB32/T 2592-2013	温室大棚烟熏剂施用技术规范
62	DB32/T 2593-2013	无花鲜果保鲜技术规程
63	DB32/T 2594-2013	霞晖8号桃果实分级标准
64	DB32/T 2595-2013	霞晖8号桃生产技术规程
65	DB32/T 2596-2013	鲜食甘薯 宁紫薯2号生产技术规程
66	DB32/T 2597-2013	鲜食玉米穗速冻加工技术规程
67	DB32/T 2598-2013	新大粒1号大豆
68	DB32/T 2599-2013	畜禽肠出血性大肠杆菌O157:H7的检测
69	DB32/T 2600-2013	畜禽养殖粪便集中收集处理技术规程
70	DB32/T 2601-2013	沿海农区土壤有效磷、速效钾丰缺指标
71	DB32/T 2602-2013	沿江农区土壤有效磷、速效钾丰缺指标
72	DB32/T 2603-2013	养殖场污水生物净化处理技术规程
73	DB32/T 2604-2013	养猪场雨污、粪尿分离技术规程
74	DB32/T 2605-2013	一品红种苗组培快繁技术规程
75	DB32/T 2606-2013	玉米品种 苏科糯3号
76	DB32/T 2607-2013	猪流行性腹泻病毒、猪传染性胃肠炎病毒与猪A群轮状病毒检测技术 多重RT-PCR法

续表 5-2

序号	标准编号	地方标准名称
77	DB32/T 2608-2013	猪流行性乙型脑炎诊断技术
78	DB32/ 2533-2013	纸浆单位产品综合能耗限额及计算方法
79	DB32/ 2534-2013	书写印刷用纸单位产品综合能耗限额及计算方法
80	DB32/ 2535-2013	生活用纸单位产品综合能耗限额及计算方法
81	DB32/ 2536-2013	包装用纸和纸板单位产品综合能耗限额及计算方法
82	DB32/ 2537-2013	特种纸和纸板单位产品综合能耗限额及计算方法
83	DB32/ 2538-2013	印制电路板单位产品能源消耗限额
84	DB32/ 2539-2013	压缩空气站运行电耗限额及节能监测技术要求
85	DB32/ 2540-2013	炭黑单位产品综合能耗限额及计算方法
86	DB32/ 2542-2013	粘胶(长、短)纤维能耗限额标准
87	DB32/ 2543-2013	铝合金铸件可比单位综合能耗限额及计算方法
88	DB32/T 449-2013	美系白色獭兔
89	DB32/T 539-2013	家化暗纹东方鲀
90	DB32/T 540.1-2013	家化暗纹东方鲀养殖技术规范 第1部分:亲鱼培养技术
91	DB32/T 540.2-2013	家化暗纹东方鲀养殖技术规范 第2部分:人工繁殖技术
92	DB32/T 540.3-2013	家化暗纹东方鲀养殖技术规范 第3部分:鱼苗培育技术
93	DB32/T 540.4-2013	家化暗纹东方鲀养殖技术规范 第4部分:幼鱼育成技术
94	DB32/T 541-2013	家化暗纹东方鲀 疾病防治技术规范
95	DB32/T 542-2013	家化暗纹东方鲀 配合饲料
96	DB32/T 543-2013	家化暗纹东方鲀 安全加工操作规范
97	DB32/T 581-2013	河蟹、青虾池塘混养技术规范
98	DB32/T 582-2013	现代化渔业示范区建设规范
99	DB32/T 1589-2013	苏式日光温室(钢骨架)通用技术要求
100	DB32/T 2311-2013	“滨乌1号”白首乌栽培技术规程
101	DB32/T 2312-2013	白首乌繁殖技术规程
102	DB32/T 2318-2013	东方百合鳞片扦插繁殖籽球技术规程
103	DB32/T 2319-2013	东方百合种球繁育技术规程
104	DB32/T 2350-2013	连粳9号栽培技术规程
105	DB32/T 2376-2013	蓝莓嫩枝扦插育苗技术规程
106	DB32/T 2377-2013	中山杉苗木质量分级
107	DB32/T 2378-2013	茉莉扦插育苗技术规程
108	DB32/T 2379-2013	中山杉302扦插育苗技术规程
109	DB32/T 2380-2013	薄壳山核桃早实丰产栽培技术规程
110	DB32/T 2381-2013	非洲菊盆花质量分级
111	DB32/T 2382-2013	杨树人工林修枝技术规程
112	DB32/T 2383-2013	微型月季“粉姬”盆花质量分级
113	DB32/T 2384-2013	非洲菊盆花生产技术规程
114	DB32/T 2385-2013	梨果实主要风味品质的测定——HPLC法
115	DB32/T 2386-2013	梨树蜜蜂授粉技术规程
116	DB32/T 2387-2013	梨园除草剂使用技术规程
117	DB32/T 2388-2013	梨树矮化密植栽培技术规程
118	DB32/T 2389-2013	冷鲜鹅加工操作技术规程

续表 5-2

序号	标准编号	地方标准名称
119	DB32/T 2390-2013	蔬菜作物种子遗传纯度DNA分子检测技术规程
120	DB32/T 2391-2013	奶牛隐性乳房炎预防管理技术规程
121	DB32/T 2392-2013	奶牛繁殖管理技术规程
122	DB32/T 2393-2013	奶牛全混合日粮(TMR)制作技术规程
123	DB32/T 2394-2013	生态猪场建设
124	DB32/T 2395-2013	种猪场场内测定技术规程
125	DB32/T 2396-2013	编织柳栽培技术规程
126	DB32/T 2397-2013	杨树插干造林技术规程
127	DB32/T 2398-2013	秤锤树扦插繁殖技术规程
128	DB32/T 2399-2013	南京椴容器苗培育技术规程
129	DB32/T 2400-2013	蒲公英芽苗菜生产技术规程
130	DB32/T 2401-2013	百合盆栽技术规程
131	DB32/T 2402-2013	脱毒马铃薯微型种薯生产技术规程
132	DB32/T 2403-2013	火焰南天竹组织培养繁殖技术规程
133	DB32/T 2404-2013	南方红豆杉培育技术规程
134	DB32/T 2405-2013	镇椒八号 品种
135	DB32/T 2406-2013	镇椒八号生产技术规程
136	DB32/T 2407-2013	真姬菇工厂化生产技术规程
137	DB32/T 2408-2013	小麦品种 镇麦 168
138	DB32/T 2409-2013	枫杨苗木质量等级
139	DB32/T 2410-2013	枫杨播种育苗技术规程
140	DB32/T 2411-2013	榉树造林技术规程
141	DB32/T 2412-2013	家兔人工授精技术规程
142	DB32/T 2413-2013	泗稻12栽培技术规程
143	DB32/T 2414-2013	地理标志产品 狼山鸡
144	DB32/T 2415-2013	淮稻11机插栽培技术规程
145	DB32/T 2416-2013	切花郁金香日光温室栽培技术规程
146	DB32/T 2417-2013	连麦6号栽培技术规程
147	DB32/T 2418-2013	连葱5号洋葱栽培技术规程
148	DB32/T 2419-2013	连葱8号洋葱栽培技术规程
149	DB32/T 2420-2013	港啤2号大麦栽培技术规程
150	DB32/T 2421-2013	莲藕大棚浅水早熟栽培技术规程
151	DB32/T 2422-2013	茭白-慈姑套作栽培技术规程
152	DB32/T 2423-2013	水芹 秋芹1号品种
153	DB32/T 2424-2013	水芹 伏芹1号品种
154	DB32/T 2425-2013	“伏芹1号”水芹遮阳网覆盖栽培技术规程
155	DB32/T 2426-2013	“秋芹1号”水芹栽培技术规程
156	DB32/T 2427-2013	芡实早春设施育苗技术规程
157	DB32/T 2428-2013	玉米全程机械化栽培技术规程
158	DB32/T 2429-2013	棉花田间生长发育观察记载规范
159	DB32/T 2430-2013	大田小麦长势遥感监测操作规范
160	DB32/T 2431-2013	稻茬移栽油菜亩产250公斤高产栽培技术规程

续表 5-2

序号	标准编号	地方标准名称
161	DB32/T 2432-2013	小麦拔节期冻害诊断与补救技术规程
162	DB32/T 2433-2013	啤酒大麦全程机械化高产优质栽培技术规程
163	DB32/T 2434-2013	淮北稻茬晚播小麦亩产450千克栽培技术规程
164	DB32/T 2435-2013	撒播小麦栽培技术规程
165	DB32/T 2436-2013	稻茬小麦精播半精播亩产600千克以上栽培技术规程
166	DB32/T 2437-2013	小麦苗期冻害诊断与防御技术规程
167	DB32/T 2438-2013	玉米壮苗诊断指标
168	DB32/T 2439-2013	扬辐麦4号栽培技术规程
169	DB32/T 2440-2013	南粳44抛秧精确定量栽培技术规程
170	DB32/T 2441-2013	甘蓝型双低油菜苏油211栽培技术规程
171	DB32/T 2442-2013	沿江地区稻田直播油菜栽培技术规程
172	DB32/T 2443-2013	杂交棉宁杂棉3号栽培技术规程
173	DB32/T 2444-2013	超甜玉米扬甜2号栽培技术规程
174	DB32/T 2445-2013	盐碱地棉花栽培技术规程
175	DB32/T 2446-2013	洪泽湖鹅
176	DB32/T 2447-2013	马立克氏病病毒感染的间接免疫荧光诊断技术操作规程
177	DB32/T 2448-2013	长江刀鱼池塘养殖技术规程
178	DB32/T 2449-2013	红螯螯虾池塘养殖技术规程
179	DB32/T 2452-2013	刺参浮筏吊养技术规范
180	DB32/T 2453-2013	魁蚶筏式吊笼养殖技术规范
181	DB32/T 2454-2013	刺参池塘养殖技术规范
182	DB32/T 2455-2013	南粳44机插秧精确定量栽培技术规程
183	DB32/T 2456-2013	网箱养殖长吻鮠操作规程
184	DB32/T 2458-2013	淡水鱼用微生物制剂使用技术规范
185	DB32/T 2459-2013	乌苏里拟鲿人工繁殖技术规程
186	DB32/T 2460-2013	河蚬放流增殖技术规范
187	DB32/T 2461-2013	沙塘鳢人工繁殖技术规程
188	DB32/T 2462-2013	斑点叉尾鮰鱼苗、鱼种质量要求
189	DB32/T 2463-2013	沙塘鳢苗种培育技术规程
190	DB32/T 2464-2013	龙桑枝条生产干枝技术规程
191	DB32/T 2465-2013	桑枝屑、蚕沙生产杏鲍菇技术规程
192	DB32/T 2466-2013	棉花泗杂棉栽培技术规程
193	DB32/T 2467-2013	棉花品种 泗杂3号
194	DB32/T 2468-2013	荷仁豆美洲斑潜蝇防治技术规程
195	DB32/T 2469-2013	鲜食糯玉米江南花糯生产技术规程
196	DB32/T 2470-2013	无公害农产品大棚春提早西瓜生产技术规程
197	DB32/T 2471-2013	淮稻13抛秧栽培技术规程
198	DB32/T 2472-2013	淮稻12栽培技术规程
199	DB32/T 2473-2013	盐粳10号水稻原种生产技术规程
200	DB32/T 2476-2013	梨单层主干形整形修剪技术规程
201	DB32/T 2477-2013	草莓田石灰氮土壤处理技术规程
202	DB32/T 2478-2013	葡萄标准园建设规范

续表 5-2

序号	标准编号	地方标准名称
203	DB32/T 2479-2013	青菜有机生产技术规程
204	DB32/T 2480-2013	四鼻须鲤池塘养殖技术规范
205	DB32/T 2481-2013	天然复合菌发酵床养猪技术规程
206	DB32/T 2482-2013	黄桃栽培技术规程
207	DB32/T 2483-2013	铁棍山药栽培技术规程
208	DB32/T 2484-2013	城市绿地养护管理规范
209	DB32/T 2485-2013	杂交籼稻扬籼优68生产技术规程
210	DB32/T 2486-2013	水稻品种　扬籼优68
211	DB32/T 2487-2013	优质杂交籼稻扬两优013生产技术规程
212	DB32/T 2488-2013	小麦扬麦18原种种子生产技术规程
213	DB32/T 2489-2013	茗毫茶生产、加工技术规程
214	DB32/T 2490-2013	白沙枇杷大棚栽培技术规程
215	DB32/T 2491-2013	强桑1号桑树栽植技术规程
216	DB32/T 2492-2013	宁麦11栽培技术规程
217	DB32/T 2493-2013	苏啤6号栽培技术规程
218	DB32/T 2494-2013	雪莲茶质量分级
219	DB32/T 2495-2013	雪莲茶加工技术规程
220	DB32/T 2496-2013	沿海地区油棉套作生产技术规程
221	DB32/T 2497-2013	银毫茶加工技术规程
222	DB32/T 2498-2013	海门山羊种羊饲养技术规程
223	DB32/T 2499-2013	海门山羊肉加工技术规范
224	DB32/T 2500-2013	鲜食糯玉米“海鲜玉1号”栽培技术规程
225	DB32/T 2501-2013	厚皮甜瓜“海蜜5号”品种
226	DB32/T 2502-2013	甘露翠螺茶 质量分级
227	DB32/T 2503-2013	茶鸭共作技术规程
228	DB32/T 2506-2013	林地养鸡技术规程
229	DB32/T 2507-2013	淮椒98-1
230	DB32/T 2508-2013	淮椒98-1生产技术规程
231	DB32/T 2509-2013	凤凰水蜜桃栽培技术规程
232	DB32/T 2510-2013	小型西瓜京秀大棚栽培技术规程
233	DB32/T 2511-2013	中华绒螯蟹亲蟹土池培育技术规范
234	DB32/T 2512-2013	褶皱臂尾轮虫土池培育技术规范
235	DB32/T 2514-2013	连麦5号栽培技术规程
236	DB32/T 2515-2013	米猪生产技术规程
237	DB32/T 2516-2013	黄皮洋葱连葱6号生产技术规程
238	DB32/T 2517-2013	常优5号生产技术规程
239	DB32/T 2518-2013	农田径流氮磷生态拦截沟渠塘构建技术规范
240	DB32/T 2519-2013	苏香粳3号—太仓白蒜轮作生产技术规程
241	DB32/T 2520-2013	马铃薯—水稻周年生产技术规程
242	DB32/T 2521-2013	稻田套播湿栽水芹栽培技术规程
243	DB32/T 2609-2013	苏棟1号栽培技术规程
244	DB32/T 2610-2013	江苏滨海淤长型湿地生态健康评价技术规程

续表 5-2

序号	标准编号	地方标准名称
245	DB32/T 2611-2013	纤维用光叶楮造林技术规程
246	DB32/T 2612-2013	林果(茶)地草鸡放养技术操作规程
247	DB32/T 2450-2013	双齿围沙蚕人工育苗技术规程
248	DB32/T 2451-2013	双齿围沙蚕养殖技术规程
249	DB32/T 2457-2013	小麦镇麦168生产技术规程
250	DB32/T 2474-2013	黄金蝉养殖技术规程
251	DB32/T 2475-2013	洪泽湖鹅饲养技术规程
252	DB32/T 2513-2013	食用樱花盐渍加工技术规程
253	DB32/T 2545-2013	食用樱花栽培技术规程
254	DB32/T 2613-2014	清洁能源(压缩天然气)汽车 应急救援服务规范
255	DB32/T 2614-2014	清洁能源(压缩天然气)汽车加气站 安全管理规范
256	DB32/T 2615-2014	青奥场馆压力管道安全保障及地理信息 系统(GIS)管理技术服务规范
257	DB32/T 2616-2014	锅炉安全与节能远程监测技术要求
258	DB32/T 2617-2014	刀片服务器能效标准及节能评价
259	DB32/T 2618-2014	江苏省高速公路建设工程 施工安全技术规程
260	DB32/T 2619-2014	硅藻精土改性沥青混合料施工 技术规范
261	DB32/T 2620-2014	高速公路联网监控系统技术标准
262	DB32/T 2621-2014	特大型桥梁机电工程质量检验评定规范
263	DB32/T 2622-2014	地理标志产品 黄川草莓
264	DB32/ 2623-2014	大豆油生产主要工序单位产品能耗限额及计算方法
265	DB32/ 2624-2014	合成洗衣粉单位产品能耗限额及计算方法
266	DB32/ 2625-2014	卷烟生产企业单位产品综合能耗限额及计算方法
267	DB32/ 2626-2014	火力发电厂供电标准煤耗限额
268	DB32/ 2627-2014	轮胎单位产品综合能耗限额及计算方法
269	DB32/ 2628-2014	铸铁件可比单位综合能耗限额及计算方法
270	DB32/T 2629-2014	粮食流通信息基础数据元规范
271	DB32/T 2630-2014	粮库信息化建设技术规范
272	DB32/T 2631-2014	储备粮可视化管理系统功能规范
273	DB32/T 2632-2014	溧阳鸡种蛋孵化技术规程
274	DB32/T 2633-2014	乡镇(街道)便民服务中心服务管理规范
275	DB32/T 2634-2014	村便民服务中心(站、室)管理服务规范
276	DB32/T 2288-2013	在用汽车排气污染物限值 及检测方法(遥测法)
277	DB32/T 2289-2013	重点领域工业控制系统信息安全保护 基本要求
278	DB32/T 2291-2013	信息化工程验收规范
279	DB32/T 2265-2012	鲜食玉米中直链淀粉和支链淀粉含量的测定双波长分光光度法
280	DB32/T 2635-2014	电梯维护保养规范
281	DB32/T 2638-2014	房车旅游服务区 基本要求
282	DB32/T 2639-2014	街道社会管理与服务 中心化模式
283	DB32/T 2640-2014	茶薪菇生产技术规程
284	DB32/T 2641-2014	靖江香沙芋生产技术规程
285	DB32/T 2642-2014	主要农作物病虫草害机械化统防统治 作业规范
286	DB32/T 2643-2014	铡草机实地安全检验规范

续表 5-2

序号	标准编号	地方标准名称
287	DB32/T 2644-2014	油菜精量播种机 作业质量
288	DB32/T 2645-2014	饲料粉碎机实地安全检验规范
289	DB32/T 2646-2014	设施蔬菜穴盘精密播种技术规范
290	DB32/T 2647-2014	农业机械 作业质量评价通则
291	DB32/T 2648-2014	农田机耕道通用技术条件
292	DB32/T 2649-2014	棉秆机械化拔秆作业技术规范
293	DB32/T 2650-2014	联合收割机安全鉴定 技术规范
294	DB32/T 2651-2014	秸秆揉搓机作业质量评价技术规范
295	DB32/T 2652-2014	秸秆捡拾打捆机操作规范
296	DB32/T 2653-2014	秸秆捡拾打捆机 作业质量评价技术规范
297	DB32/T 2654-2014	机动植保机械实地安全检验规范
298	DB32/T 2655-2014	机动脱粒机实地安全检验规范
299	DB32/T 2656-2014	大棚卷帘机 质量评价技术规范
300	DB32/T 2657-2014	大棚卷帘机安全操作规范
301	DB32/T 2658-2014	插秧机实地安全检验规范
302	DB32/T 2659-2014	插秧机安全鉴定 技术规范
303	DB32/T 2660-2014	背负式静电喷雾器操作规程
304	DB32/T 2661-2014	公证服务质量管理规范
305	DB32/ 2662-2014	酒精单位产品能耗限额及计算方法
306	DB32/ 2663-2014	行政机关单位综合能耗限额及计算方法
307	DB32/T 2665-2014	机动车维修费用结算规范
308	DB32/T 2666-2014	水产品冷链物流服务规范
309	DB32/T 2667-2014	地理标志产品 邳州苔干
310	DB32/T 2668-2014	电梯应急救援规范
311	DB32/T 2673-2014	文化广场创建与评价规范
312	DB32/T 2674-2014	企业职工文化示范单位创建规范
313	DB32/T 2675-2014	公共就业培训机构服务规范
314	DB32/T 2676-2014	泡沫沥青冷再生路面施工技术规范
315	DB32/T 2677-2014	公路涉路工程安全影响评价报告编制标准
316	DB32/T 2678-2014	复合浇注式沥青钢桥面铺装设计与施工技术规范
317	DB32/T 2680-2014	商业连锁经营管理服务规范
318	DB32/T 2681-2014	储气井定期检验规则
319	DB32/T 2682-2014	人力资源培训服务组织管理规范
320	DB32/T 2684-2014	南美白对虾、罗氏沼虾淡水混养技术规程
321	DB32/T 2687-2014	大棚春提早番茄生产技术规程
322	DB32/T 2176-2012	太阳能电池用涂锡焊带
323	DB32/T 2679-2014	广陵客栈服务规范
324	DB32/T 2688-2014	金融外包服务规范
325	DB32/T 2689-2014	供应链金融服务规范 采购
326	DB32/T 2690-2014	人事档案射频识别标识应用规范
327	DB32/T 2691-2014	商品鹅健康养殖技术规程
328	DB32/T 2692-2014	商品肉鸭健康养殖技术规程

续表 5-2

序号	标准编号	地方标准名称
329	DB32/T 2693-2014	地理标志产品 南通蓝印花布
330	DB32/T 2694-2014	地理标志产品 大丰东沙紫菜
331	DB32/T 2695-2014	地理标志产品 金坛雀舌茶
332	DB32/T 2696-2014	青茶生产技术规程
333	DB32/T 2697-2014	青茶加工技术规程
334	DB32/T 2698-2014	客车座椅约束隔板结构强度及安全要求
335	DB32/T 2699-2014	商务旅游示范区建设规范
336	DB32/T 2701-2014	硫黄温拌沥青混合料路面施工技术规程
337	DB32/T 2685-2014	村级组织勤廉指数测评指南
338	DB32/T 2686-2014	商务旅游会展服务规范
339	DB32/T 2702-2014	蒸压加气混凝土砌块单位产品能耗限额及计算方法
340	DB32/T 2705-2014	公路工程地质勘查监理规程
341	DB32/T 2706-2014	机动车维修业节能环保技术规范
342	DB32/T 2707-2014	水利工程施工质量项目法人委托检测规范
343	DB32/T 2708-2014	水利工程施工质量监理检测规范
344	DB32/T 2709-2014	水利工程建设项目概算编制规定
345	DB32/T 2710-2014	堤坝道路施工质量检验与评定规范
346	DB32/T 2711-2014	计量惠民示范县(市、区)建设与评价规范
347	DB32/T 1691.3-2014	重点单位(部位)公共安全技术防范系统建设规范 第3部分:学校、幼儿园
348	DB32/T 1691.4-2014	重点单位(部位)公共安全技术防范系统建设规范 第4部分:便利店
349	DB32/T 1691.5-2014	重点单位(部位)公共安全技术防范系统建设规范 第5部分:金银珠宝店
350	DB32/T 2712-2014	北美栎树播种育苗技术规程
351	DB32/T 2713-2014	江苏省生态公益林与商品林分类技术指标
352	DB32/T 2714-2014	半自动喷雾扦插系统建造技术规程
353	DB32/T 2715-2014	豆梨嫁接育苗技术规程
354	DB32/T 2716-2014	政府采购 项目控制
355	DB32/T 2717-2014	政府采购 供应商质疑投诉
356	DB32/T 2718-2014	政府采购 竞争性谈判
357	DB32/T 2719-2014	安全文化建设示范企业评价规范
358	DB32/T 2720-2014	公共建筑集中空调通风系统卫生规范
359	DB32/T 2721-2014	机动车驾驶培训智能化管理与服务系统计时终端技术规范
360	DB32/T 2314-2013	杂交青虾"太湖1号"池塘生态养殖技术规范

测绘科技

Surveying and Mapping Science & Technology

【概 况】 2014年,省测绘地理信息局认真落实"十二五"科技发展规划及人才发展规划,加大科研资金和人才投入,统筹重点测绘任务、科技专项、核心技术应用,积极开展业务交流及培训工作,不断完善人才工作运行和管理机制,促进全省测绘地理信息科技创新和人才进步。积极开展科技发展规划实施情况评估,完成了《测绘地理信息科技发展"十二五"规划》执行情况调查工作。推进完善研究机构的建设与发展,依托卫星测绘技术与应用国家测绘地理信息局重点实验室、江苏省地理信息重点实验室、省测绘研究所、省测绘工程院空间信息技术研究中心等承担项目课题,研究前沿技术,打造科技创新高地。局科学技术委员会依据《江苏省测绘地理信息科研项目管理办法》,面向全省行业系统提供60多万元资助科研项目23个;结题验收科研资助项目18个,推动了全省测绘地理信息科技的发展和人才的培养;依据《江苏省测绘地理信息科技进步奖奖励办法》,省测绘地理信息学会和省科协联合评选省测绘地理信息科技进步奖,2014年共评选科技进步奖25个。

【科研项目】 根据《江苏省测绘地理信息科研项目管理办法》,面向全省测绘地理信息行业,对有价值的科研项目给予经费支持,鼓励行业进行科技创新。积极引导、鼓励全省测绘单位解决测绘生产和产业化过程中涉及的技术问题,赋予科技人员经费自主权,鼓励全省测绘科技人员面向实际进行科技创新。

2014年5月,组织了2014年度江苏省测绘科研项目立项评审,基于CORS的地表沉降预测组合模型研究、GB-SAR与TLS变形监测数据融合方法研究、实时动态地图符号建模与表达、建筑物内外一体化建模方法研究、基于一张图的县域土地综合监管系统、复杂地理场景中室内外一体化日照分析模型与算法研究、"智慧国土"监管平台建设研究、基于船载动态三维激光扫描的滩涂测量系统研制、测绘业务操作规范研究、顾及波形特征的星载激光测高数据和光学影像联合平差研究、县(市)级数字城市地理空间数据更新维护关键技术研究、面向对象的序列遥感影像接缝线自动提取算法研究、面向工业设备安装检测的三维坐标测量与分析系统开发、综合DSM和DOM的城市违章建筑快速检测技术、市县乡三级基础地理信息系统安全风险评估规范研究、不动产三维数据库建设与应用研究、地理国情普查内外业一体化应用研究、基于CORS的车道级导航与监控关键技术研究、多视角航空摄影的三维城市建设关键技术研究、DLG数据质量检查与评定系统研发、基于纹理信息与决策树的植被分类方法研究、基于移动测绘系统的河景三维技术研究、基于CORS的测绘市场监管研究23个测绘科研项目获准立项资助。

全年结题验收了苏州市交通行业地理信息服务技术研究、机载POS技术在省级基础测绘数据更新中的应用研究、三维激光扫描技术工业管线应用研究、基于webbos的城市测绘档案管理系统、基于JSCORS的区域对流层延迟模型和海潮模型的建立及应用、地下文化遗存三维建模方法研究、利用高分辨率遥感数据更新主要地物信息方法研究、基于矢量CA的近30年江苏省土地利用动态演化模拟、城市精细三维场景快速重建技术研发、基于小波理论的GPS动态变形监测与预警一体化建模、基于三维激光扫描仪的城市森林主要树种三维重建研究、无人机低空遥感技术在土地整治与开发复垦中的研究应用、信息化测绘体系下网络发展规划的研究、"天地图·江苏"数据更新技术研究、PS-InSAR技术在江苏省无锡市的形变监测研究、省级基础测绘"网格化"更新方案研究、基于Web的新农村建设地理信息服务平台建设——姜堰市沈高镇河横村为例、三维技术在地下管线质检中的应用研究18个科研资助项目。

【科技成果】 2014年6月,省测绘地理信息学会与省科协共同组织了2014年度江苏省测绘地理信息科技进步奖的评选,共评选出获奖项目25项。精密海洋导航测量集成系统研究、江苏省地理信息云服务平台构建关键技术研究、南京市地理信息公共服务平台数据脱密系统、江苏北斗地基增强系统一期工程4项成果获省测绘地理信息科技进步一等奖;城市地下工程安全监测技术与系统研究、新一代多卫星遥感技术在江苏省淮北地区综合干旱监测中的应用研究、城市地理空间参考框架的维护与服务关键技术研究、市县一体化地理信息公共服务平台建设关键技术研究与应用、基于多源立体影像的按需测绘技术研究、"房地一张图"关键技术研究与应用、徐州市综合管线与基础空间信息系统建设7项成果获省测绘地理信息科技进步二等奖;星月生活地图服务平台建设、基于Web的3D GIS城市三维公共服务信息系统、天地图·新沂、常州市城乡地籍一体化建设、江苏卫生地理信息共享平台、利用高分辨率遥感数据更新主要地物信息方法研究、苏州市交通行业地理信息服务技术研究、常熟市政公用地理信息管理平台、苏电测绘协同工作平台、天地图·宜兴、利用JSCORS研究区域对流层延迟、基于WebBOS的城市测绘档案管理系统、基于"天地图·徐州"的移动端应用系统研究、无锡市三维智慧社区扁平化管理系统14项成果获省测绘地理信息科技进步三等奖。

2014年,局系统多个项目获得国家及省部级科技奖项:《省级地理信息云服务平台构建与应用》获得2014年度中国地理信息科技进步一等奖;《江宁国土资源一张图工程》《武进区地理信息公共服务平台》获得2014中国地理信息产业优秀工程金奖;《天地图·新沂》《淮安市主城区三维精细建模》获得2014中国地理信息产业优秀工程银奖;《市县一体化地理信息公共服务平台建设关键技术研究与应用》获得2014年度测绘科技进步二等奖;《江苏北斗地基增强系统一期工程》获中国定位导航协会科技进步二等奖。

2014年,"一种高效电子地图注记交互方法""一种基于数学形态学的复杂桥梁对象自动符号化方法"申请专利,《QuickMap网络地图服务平台软件》取得著作权等。

【地理国情普查】 2014年,根据全国第一次地理国情普查任务需求,积极开展数据建库试点试验,编写全省数据建库实施方案,开展数据入库试点,走通技术流程;探索地理国情统计分析工作,编写全省地理国情分析评价实施方案,开展统计分析试点。组织省级技术培训,先后针对局系统、市(县)管理部门、行业单位、监理单位举办了7期培训班,累计培训人员超过1200人次,培养了一批能够指导普查生产的技术骨干,为全省第一次地理国情普查的数据采集、标准时点核准、建库以及分析提供了技术支撑。

【标准建设】 2014年,不断完善测绘标准建设工作,发挥测绘科研力量优势,积极争取国家和省科研项目。参与测绘行业标准《导航电子地图框架数据交换格式》的修订,完成了《测量标志数据库建设规范》等3项标准征求意见反馈工作。承担了国家科技支撑计划项目《省域地理国情综合数据库建设研究》、国家测绘公益行业科研专项《多方法海岸带地形遥感监测研究》、江苏省科技厅自然科学基金项目《DEM地形纹理及地形形态特征识别研究》及科技公共服务平台及服务业务项目《江苏省天地一体化地面沉降动态监测特色业务建设》。

【科技人才】 认真贯彻落实"十二五"人才发展规划,不断完善人才工作运行和管理机制,加速构筑人才发展优势。坚持人才优先投入,全面实行人才工作目标责任制,严格落实"一把手"抓第一资源的责任。大力引进急需人才,2014年全局通过事业单位公开招聘引进24名本科以上岗位急需人才,其中研究生以上学历17名、占71%,极大地改善了人才队伍结构。出资选送多名年轻技术骨干,到武汉大学、中国测绘科学院等科研院所,赴美国、德国等西方发达国家学习测绘先进技术。积极推进合作型研发机构建设,通过与武汉大学、河海大学、南京工业大学等联合成立的研究生培养基地,继续合作培养测绘地理信息相关专业的研究生。统筹全省重大测绘地理信息项目实施和人才培养、科技创新团队建设,加强以重点人才培养工程为抓手推进各类人才队伍建设。目前,全局科技人才占在职职工总数的81%,高级工程师154名,注册测绘师61名,本科学历占55%,研究生以上学历占24%,另有享受国务院特殊津贴专家2名,国家测绘地理信息局管理的青年学术和技术带头人3名,省有突出贡献中青年专家1名,9名同志入选省"333高层次人才培养工程",人才队伍结构不断优化。

【交流与培训】 积极推动江苏测绘地理信息"走出去"战略实施工作。2014年,经省政府批准,组织全省测绘地理信息系统管理人员和技术骨干27人次分赴美国、日本、瑞士进行地理信息技术及地理国情监测培训和交流。

2014年4月21日,江苏省测绘地理信息学会在淮安召开了十届一次常务理事扩大会议,传达了省科协和中国测绘地理信息学会相关文件精神,确立了组建江苏省测绘地理信息学会科技传播专家服务团队人选并讨论通过了学会2014年工作计划,落实了各专委会工作计划。10月18日在南京召开了十届二次常务理事会议,讨论了省科协"服务科技创新能力计划"的申报事宜。12月19日在南京召开了十届二次理事会议,总结了全年的工作并确定了2014年学术年会的各项议程。12月19日召开了江苏省测绘地理信息学会2014年度学术年会并举行了2014年度江苏省测绘地理信息科技进步奖颁奖仪式和江苏省测绘地理信息学会学术年会优秀论文颁奖仪式。

2014年其他交流会议有:6月7~8日水下与海洋测量专业委员会在扬州召开了水下与海洋测量专委会学术交流会议。8月29日GPS、大地专业委员会在南京召开了2014年度江苏省测绘地理信息学会GPS、大地专业委员会学术年会暨JSCORS技术交流大会。9月15日遥感、航测专业委员会在南京组织召开了地理国情普查内业判读技术经验交流会。10月10~12日新技术应用专业委员会在南京工业大学举办了"苏一光杯"第五届江苏省高校测绘技能大赛。10月16~18日,工程测量专业委员会承办了全国变形与安全监测学术研讨会。科普与教育工作委员会于11月16日在南京开展了省测绘地理信息高校本科优秀毕业论文评选和省测绘地理信息高校教材评选活动,共评选出高校优秀毕业论文71篇、优秀教材8本。

2014年,江苏省测绘地理信息学会、江苏省测绘与地理信息协会、江苏省测绘科技信息站共同主办的《现代测绘》杂志共收到稿件1000多篇,正式出版6期,增刊2期,刊登学术论文200余篇。

(江苏省测绘地理信息局 丁馥虹)

地 区 科 技

Regional Science & Technology

南 京 市

Nanjing City

【概 况】 2014年,南京市科技工作以深化科技体制改革为引领,破除体制机制障碍,着力将南京的科技、教育、人才优势转化为科技创新创业优势,形成了科技创新的浓厚氛围、科技创业的良好态势。

2014年7月25日,《南京市紫金科技人才创业特别社区条例》获省人民代表大会通过,10月1日起正式实施。《南京市科技创新券实施管理办法(试行)》出台,科技型中小微企业凭券向高校、科研院所、相关科技平台购买科技服务、科技成果以及抵扣实施科技成果转化项目的相关科技创新支出,降低中小微企业的创新成本。通过强化创新优惠政策落实、科技金融支持、促进专利产业化和成果转化等综合手段,进一步激发企业研发创新活力。推进企业技术开发费用税前加计扣除的审核认定工作,全年组织10场次各类政策宣讲及培训活动,受训企业近2000家。全年经市科委认定备案的技术开发项目共11个批次,项目总数为4614项,项目总投资超过161亿元,其中,2014年当年投入超过92亿元。全市新增民营科技企业526家、新增高新技术企业215家,全市民营科技企业共8004家、高新技术企业1023家。通过高新技术特色产业基地、新兴产业基地的建设,全市高新技术产业集聚度进一步提高,优势特色产业已初具规模,软件、生物医药、电力自动化、现代通信软件等一批特色产业基地不断发展壮大,高新技术产业已成为全市经济增长的主力军,全市高新技术产业运行速度和效益继续保持平稳较快增长。全市高新技术产业总产值达到7505亿元,高新技术产业产值占全市规模以上工业总产值的比重达48.6%。

2014年,全市共组织参与各类产学研活动15场(次),涉及高校院所100多家。吸引了北京大学、剑桥大学等一批国内外著名高校院所优势科技创新资源与南京的区、园区共建大学科技园和战略性新兴产业创新中心。先后有128个项目获得省成果转化专项和产学研联合创新专项的支持,获得省无偿资助1.42亿元,推动了一批有较广阔市场前景的技术产品的市场化。全市新增国家级大学科技园1家(共5家),市级大学科技园2家(共31家)、战略性新兴产业创新中心5家(共36家),新增省高校协同创新中心19家(共43家)。新建了增材制造(3D)打印、智能激光制造2个重大科技公共技术服务平台,全市市级重大科技公共技术服务平台已达15家,有力地满足了相关园区的共性专业技术需求。

举办第三届全球(南京)研发峰会、江苏-安大略省产业技术合作对接会,拓宽了国际合作渠道,促进国际技术转移和科技成果转化。全年共引进国内外500强企业研发机构17家,引进国内外500强企业研发机构累计达80家。

实施了知识产权人才培养“百千万”工程,推进了一批专利产业化,在全市培育了一批知识产权服务机构和专利产业化基地。全市专利申请总量突破5.6万件,其中发明专利申请2.8万件、同比增长25%,发明专利授权量居全省第一,每万人有效发明专利拥有量达25.6件,位居全省第一、全国前列。成立了知识产权维权援助中心、专利行政执法支队。成功创建“国家知识产权工作示范市”和“全国专利保险试点城市”。知识产权保护工作全面提升。以青奥知识产权保护为重点开展了系列知识产权保护工作,市科技与专利行政执法支队和知识产权维权中心正式授牌成立。南京市政府召开新闻发布会,向海内外公开发布《2013年南京市知识产权保护状况》白皮书。加强专利行政执法,全年侵权纠纷案件立案32件,结案37件;假冒专利立案318件,结案318件。

针对南京市社会事业重大科技需求,在生态环保、节能减排、公共安全、医疗卫生等社会发展领域继续开展科技示范工程,推动成熟先进适用科技成果的应用示范,使科技创新的成果更多地惠及广大人民群众。组织开展了新能源汽车推广应用技术研究工作,做好新能源汽车专家库和新能源汽车充电桩国家标准库(30项国家标准)的组建工作。2014年,新增南京农业科技园区3家、农村科技服务超市2家。完成市委市政府帮促经济欠发达镇街任务,开展了六合龙袍街道及部分贫困镇村、社区的帮扶工作,全年共安排解决帮扶资金300万元。

(贾　敏)

【科技管理】 科技计划项目的实施与管理。2014年,全市共实施各类科技计划657项,其中,国家级计划79项;省级计划361项,下拨经费30399万元;市级专项经费4.14亿元,其中市科委下达计划479项,下拨经费39030万元。市级科技计划项目中,应用技术研发与成果转化专项资金和知识产权专项资金计划共下达5批次217项,下拨经费5330万元,涉及科技成果转化、知识产权战略推进、人口卫生科技、软科学研究、高新技术产业培育、社会科技事业、现代农业科技、国际科技合作等领域专项;科技公共平台建设专项资金计划,共下达3批次73项,下拨经费8190万元;科技人才创业特别社区建设与发展专项资金计划,共下达2批次37家/次,下拨经费20670万元;2014年,全市首次实施科技创新券计划,以市政府办公厅名义印发了《南京市科技创新券实施管理办法(试行)》,专项用于全市科技型中小微企业向高校、科研院所、相关科技平台购买科技服务、科技成果以及实施科技成果转化项目的相关科技创新支出补助,鼓励本市科技型中小企业高效利用社会科技资源,开展科技创新活动。2014年,共面向全市259家科技型中小微企业发放科技创新券7010万元,兑现企业152家,兑付资金4840万元。加强和规范市级科技计划项目的管理,启动对21个市级重大科技计划项目的监理程序,被监理项目总投资684万元,其中市级拨款为6550万元。

(王　恺)

【科技成果】 省重大专项资金项目。2014年,南京市“海洋复合非金属管道系统工程关键技术及产业化”等14个项目列入省科技成果转化专项资金项目,获省资助经费1.08亿元;14个项目获得省科技成果转化专项资金项目贷款贴息,共贴息2458万元。截至2014年年底,全市累计承担省科技成果转化专项资金项目达180个,累计获省资助经费18.03亿元。

(贾尚斌)

重大创新载体建设。2014年,推动中科院、东南大学等国内著名科教单位的一批优势科技创新资源落户南京,新启动建设13个战略性新兴产业创新中心和1个大学科技园,给予建设扶持资金1000万元;续建南京光电战略性新兴产业研究院、南京先进激光技术研究院、南京通信与网络产学研联合创新服务平台、南京高技术玄武岩纤维材料产学研联合创新服务平台等省重大创新载体,完成南京高新区生物与医药产业产学研联合创新服务平台启动期建设并通过验收。南京邮电大学科技园被认定为国家级大学科技园。先进激光技术研究所、转化医学与创新药物技术研究所2个研究机构获批成为第二批省产研院预备研究所(共批复3家)。新获批国家“2011协同创新中心”2个,新获批立项建设19个省级协同创新中心和培育建设4个省级协同创新中心。

(赵　翔)

科技人才创新创业。2014年,南京市有21人(团队)入选“国家创新人才推进计划”,其中13人入选“中青年科技创新领军人才”,7人入选“科技创新创业人才”;1个团队获“国家创新团队”、南京高新技术产业开发区管理委员会、南京大学、南京理工大学入选“创新人才培养示范基地”;有71人入选“江苏省高层次创新创业人才引进计划”,其中自主创业(A类)38人,企业创新(B类)6人,事业单位创新类27人,获得省专项资助5016万元;有67人入选“江苏省企业博士集聚计划”,其中企业类3人,企业创新类21人,企业博士后类2人,境外世界名校类41人(企业创新1人,科研院所创新1人,医院创新3人,高校创新36人),获得省专项资助975万元;共有14个团队入选"江苏省创新团队计划",其中服务外包类1个,软件物联网类1个,教育类8个,现代农业类1个,卫生类1个,外国院士类2个,获得省专项资助4400万元。

(徐宁虹)

【高新技术产业】 2014年,全市高新技术产业实现总产值7505亿元,增长18.9%,规模以上工业高新技术产业产值占规模以上工业总产值的比重达到48.6%;高新区"一区两园"实现工业总产值8798.32亿元,技工贸总收入10626.42亿元,出口创汇171.20亿美元,实现增加值(GDP)2121.23亿元。民营科技企业发展迅猛,526家企业通过省民营科技企业资质确认备案,总数8004家。新获认定高新技术企业215家,累计1023家。全市9家国家火炬特色产业基地实现总销售收入2272.63亿元。

(舒培浩)

创新基金管理。2014年,共获得国家创新基金创新项目25项,立项资助2385万元,其中13个项目分别获得100万~200万元支持,10项科技服务项目获得业务奖励965万元,1项创投引导基金项目获得风险补助300万元;省创新资金立项39项,获得经费资助1025万元;2家创业投资管理企业获得省科技型中小企业创业投资引导资金补助支持,金额为397万元。

技术先进型服务企业。会同市商务局、财政局、国税局、地税局、发展改革委开展技术先进型服务企业申报、认定及复审工作。南京罗杰软件发展有限公司被认定为技术先进型服务企业,南京药石药物研发有限公司等6家企业通过复审,全市技术先进型服务企业累计为32家。

(刘卫卫)

国家火炬计划特色产业基地。12月,江宁通信与网络特色产业基地通过科技部火炬中心认定,至此,全市国家火炬(高新技术)特色产业基地的总数达到9家,专业涉及生物医药、可再生能源、精细化工、智能电网、通讯软件、移动互联等领域。全市国家火炬特色产业基地实现总销售收入2273亿元,工业总产值1760亿元,工业增加值363亿元,上缴税额153亿元,出口创汇42亿美元。

民营科技企业。2014年,全市民营科技企业围绕传统产业的技术改造升级,以高新技术成果转化为切入点,为实现依靠科技创新加快推动经济社会转型升级做出了重要贡献。全年新增民营科技企业988家,总数达8004家,同比增长14%;新认定省级民营科技企业526家。实现总收入4900亿元,投入研发经费147亿元,占总收入的3%;全市民营科技企业年末从业人员达65万人,从事科技活动人员20.1万人,其中研究与试验发展人员14.3万人;累计拥有有效专利数24800件。

(陆　璐)

【创新平台与载体】 科技企业孵化器。南京市紫金(新港)科技创业特区创业服务中心、J6软件创意园、江苏生命科技创新园国际生物医药孵化器和新城国际企业孵化器4家载体通过了国家级科技企业孵化器认定,至此,全市国家级科技企业孵化器、国家大学科技园和软件园等国家级创业载体总数达20家。南京金港创业园成为第二批国家级科技创业孵化链条试点示范单位。全市新认定市级孵化器21家,新增孵化面积110万平方米,新增在孵企业2078家,新增毕业企业180家。全市市级以上科技企业孵化载体共142家(包括创业服务中心、大学科技园、留学生创业园等),其中国家级20家、省级43家;包括大学科技园13家、科技创业服务中心183家、软件园3家、留学生创业园1家。全市科技企业孵化器总孵化面积502万平方米,集聚科技型企业7178家,从业人员10.7万人,累计毕业企业1600家。

(陈　健)

紫金(江宁)科技创业特别社区。全市在特区建设上已累计投入资金374.9亿元,建设和改造载体开工面积1017.2万平方米,建成601.7万平方米。特区成功集聚各类人才1381名,其中领军型人才1150名,科技创业家73名,"千人计划"人才158名,先后引进科技型企业2814家,毕业企业255家,培育高新技术企业126家,专利申请量6779件。全市特区可使用的专业技术支撑平台51个,已搭建完成科技金融服务平台30个和综合公共服务平台64个。

(尚祚进)

2014年10月29日,科技部党组书记、副部长王志刚在紫金(江宁)科技创业特别社区调研。

【科技惠民与农村科技】 科技惠民。2014年,全市科技惠民重点围绕科技青奥、生态环境、绿色低碳、公共安全、科技社区、人口卫生健康等领域大力实施社会事业科技示范工程。市科技发展计划共安排社会发展科技项目90项,资助金额1340万元。全市获得省科技支撑计划(社会发展)项目3项,资助金额195万元;省基础研究计划(自然科学基金)项目88项,资助金额1425万元;省临床医学专项18项,资助金额2393万元。

(陶 波 唐 庄)

农业科技研究及推广。加快新品种、新技术、新模式在现代农业领域的研究和推广应用,重点加大高效农业发展关键技术与成果的转化力度。整合相关企业资源,组织申报国家科技富民强县专项行动计划,重点加强农产品精深加工和农业新产品开发,获得国家科技部100万元资金支持,农业综合生产能力和产业效益显著提高。白马农业科技园区、南京新得力食品有限公司和南京佳邦食品有限公司申报的3个项目被国家立项,共获得220万元资金资助。首次实施南京市科技创新券支持激励政策,在经济林果、设施蔬菜、农产品深加工、生物质能等领域,共有21家企业申请获得780万元创新券,引导相关企业、高校、科研院所总研发推广投资超过5000万元。其中江苏省苏科农化有限责任公司“解淀粉芽孢杆菌水分散粒剂的研制与示范应用项目”等18家农业企业研发及推广应用项目今年已兑现创新券660万元。溧水县华成蔬菜专业合作社的“设施叶菜周年高效生产关键技术创新与应用”等11个农业科技发展计划项目,获资助经费220万元。

(陶 波 濮少杰)

国家科技青奥计划。2014年,“十二五”国家科技支撑计划“南京青奥会支撑技术集成与应用示范”项目(以下简称“项目”)各项目标任务圆满完成。5月,江苏省科技厅对项目实施检查和工作推进,向科技部报告了项目进展情况;完成了项目6个课题的技术验收和财务验收。项目涵盖的智能交通、智能安保、蓝天行动、气象服务、食品安全、赛事管理6个子课题,共发表科技论文172篇;申请专利43项,其中申请发明专利39项,获得国内发明专利授权5项;研制完成1项国际标准、2项国家标准、10项行业标准;获得国家科技奖励1项、省部级科技奖励7项,应用成果43项。项目构建了“实时交通信息服务平台”“青奥安保智能指挥调度平台”“南京青奥会空气质量保障决策支持系统平台”“南京青奥气象服务信息发布平台”“南京青奥气象业务一体化平台”“服务赛事管理的云资源管理平台”“有机牛奶生产线”“肉制品和乳制品质量追溯应用示范基地”“青奥会食源性预防控制基地”和“青奥会食品质量安全检测基地”等一批公益性突出、服务民生领域的科技服务平台,为城市未来可持续发展建立了扎实的工作基础。项目全程参与了青奥会实战演练,一批科技成果在青奥会中得到了示范作用,为青奥会成功举办提供了科技支撑。

(陶 波 唐 庄)

江苏省科技青奥项目。省科技厅把科技青奥作为厅市会商重点工作,共资助“省科技青奥示范工程”项目7项,与国家科技青奥项目展开协同作战,为2014年南京青奥会的成功举办提供了强有力的技术支撑和环境保障。“青奥板块建筑节能适宜技术集成与示范”项目开发出一整套相对完整的区域建筑能源规划、低能耗建筑围护结构体系、建筑节能技术适宜性评价、区域建筑能耗监测与控制等建筑节能关键技术,并在南京青奥村——国际风情街、青奥城能源站和青奥中心示范应用,示范建筑面积超过53万平方米,体现了节约青奥、智能青奥的理念。“南京市青奥会志愿者在线培训平台研究开发与应用示范”项目落实国际奥委节约办青奥的理念,设计开发了南京市青奥会志愿者在线培训平台,为赛事培训输送了大量具有专业素质的合格志愿者人员,降低了青奥会的志愿者培训费用。“南京青奥会云打印制程技术集成应用研究”项目开发了“砳砳云打印平台客户端服务软件”及“青奥会云打印服务平台软件”,在青奥会期间进行了基于真实大型赛事活动环境下的应用示范,共完成554项打印任务。“青奥村特色绿化景观构建技术集成创新与应用示范”项目引种新优植物50种,筛选出适宜南京栽培的屋顶绿化品种和基质,制定出一套新型墙体绿化技术规程,在青奥村建成室内外植物绿墙、立体花坛、屋顶绿化5个示范点,示范面积3300平方米,美化了青奥会环境,呼应了绿色青奥的主题。

科技社区示范工程。2014年,实施科技社区项目7项,市拨款140万元。应对人口老龄化,推进社区管理创新,立足全市现有居家养老服务基础,联合专业养老服务机构,实施“南苑街道家有爸妈智能居家养老服务系统的应用示范”项目,探索建设医养融合型居家养老服务体系,全面提升社区服务老年人的水平。推进低碳节能技术进社区,实施“绿色低碳科技产品在美丽乡村中的应用”项目,开展居住区污水处理、生活饮用水设施改造、生活垃圾分类收集运送、河流水道清淤、社区绿化出新和村容村貌环境整治,在社区推广应用LED路灯、秸秆还田(粉碎、堆肥),建设美丽乡村。推动信息网络技术进社区,实施“石塘村智慧社区科建”“谷里街道谷里社区智慧社区”项目,将互联网、云计算、信息智能终端等信息技术应用于社区治安、劳保、养老、科教等民生服务,进一步社区的提升综合管理和服务水平。

新能源汽车科技示范工程。支持新能源汽车重点关键技术研发与应用,实施了“新能源客车适用于城市公交的关键技术研究与示范应用”“新能源电池保护元件的开发及产业化”“PT001电动汽车电池箱”等项目,重点开展新能源汽车的驱动电机、电控系统、动力电池及保护等新能源汽车关键核心技术研究,推动新能源汽车技术进步。开展新能源汽车科技示范工程,选取了南京11路与江宁区19路作为新能源公交车实验示范路线,研究了新能源公交车整车能源优化管理控制技术、营运管理模式以及应用保障措施。组织筹备新能源汽车专家库,建立了新能源汽车充电桩国家标准库(30项国家标准)。按科技部、财政部部署,截至2014年年底南京新能源汽车推广2217辆电动汽车,申请国家补助资金9.66亿元。

【产学研合作】 2014年,南京市继续深化产学研对接交流合作,与南京大学、东南大学签订战略合作协议;与中科院软件研究所、中科院南京分院、金陵科技学院签订协议合作共建南京软件科技大学;组织各类产学研对接交流活动300多场(次),技术人员服务企业达7700多人(次),新建校企联盟1355个,在宁高校、科研院所应用技术成果就地转化4300多项,转化率达47.8%;与中科院联合开展产学研合作项目166项,实现销售收入59.4亿元;获得省产学研联合创新资金项目114项,累计获得无偿资助3440万元;有17名企业选聘专家入选省第二批“科技副总(企业创新岗)”特聘专家,全方位指导全市企业开展技术创新。

(赵　翔)

【科技金融】 科技与金融结合。2014年,南京市大力推进科技金融创新与实践,实现科技创业创新与金融服务深度融合。政策体系方面,形成了省、市两级财政资金对科技担保、天使投资、科技保险的“共担共补”机制,全市全年获得担保和天使投资省级财政补贴1297.77万元;机构建设方面,南京市建邺科技创新创业金融服务中心被确定为第二批省级科技金融服务中心,上海银行南京建邺支行获批成为全市第10家科技银行,南京市瀚华科技小额贷款公司获批成立。截至2014年年底,全市共有4家省级科技金融服务中心、10家科技银行和18家科技小额贷款公司。全年举办“银企对接”活动9场,科技金融“962020”热线服务2362次,网上受理1027家科技创业企业贷款申请,其中892家科技创业企业获得10家科技银行信贷支持54.16亿元,当年科技贷款余额52.93亿元。推进科技保险工作,全年共有79家科技创业企业在全市2家专营的科技保险公司投保,累计保费收入574.12万元。与江苏银行合作推进全市“苏科贷”(江苏省科技成果转化风险补偿资金贷款)工作,为69家拥有自主知识产权的科技型小微企业争取科技成果转化专项资金基准利率贷款1.91亿元。完成2014年度省天使投资引导资金项目申请和机构入库工作，当年入库机构4家，7个天使投资项目获得省风险补偿准备金153万元。全市18家科技小贷公司共为所在园区科技创业企业发放3738笔55.51亿元小额科技贷款。南京市联合产权(科技)交易所完成综合服务平台入库企业信息4800家，“中小微科技企业股权报价服务系统”正式挂牌企业10家，“小额贷款公司交易板块”建设方案已报金融监管部门审批，与30家园区、创业投资机构签订合作协议。市科技创新投资担保管理有限公司在保科技创业企业户数52家，在保余额3.02亿元，累计担保客户393家、累计担保额26.66亿元。

（陈志俊）

【知识产权】 2014年，全市知识产权工作保持良好的发展态势。5月，市委市政府召开了全市知识产权与质量强市工作会议，印发了《市政府关于加快知识产权服务业和检验检测服务业发展的意见》，会后配套出台了《南京市知识产权服务业集聚发展试验区认定管理办法》，形成了较为完备的知识产权政策体系。

全市专利申请保持稳定增长，社会创新创业的潜能和活力被充分激发，涌现了一大批拥有自主知识产权和知名品牌、具有核心竞争力的创新型企业。全市专利申请总量达56108件，同比增长1.84%，其中发明专利28050件，同比增长24.8%，发明专利申请量在全国同类城市中排名第三，授权专利总量达22844件，同比增长17.24%，其中授权发明专利5265件，同比增长11.33%，位居全省第一；全市每万人有效发明专利拥有量达25.6件，位居全省第一、全国前列。发明专利授权量、万人有效发明专利拥有量、集成电路布图设计登记量3项指标位居全省第一；发明专利申请量、发明专利授权量2项指标位居全国同类城市第三位。获得中国优秀专利奖16项；18家单位获得第八届江苏省专利项目优秀奖；46家企业获得南京市优秀专利奖奖项。

4·26知识产权宣传周期间，举办了“迎青奥”南京市中小学生科技小发明优秀作品展，集中展示了全市中小学生近两年来优秀科技小发明成果216项。中国专利周期间，采取网络会场的形式，紧扣“生物医药领域可转让专利技术”主题，开展知识产权服务对接活动，为企业创新、发展提供有针对性的高质量服务。

实施“知识产权百千万人才工程”，加大知识产权人才培养工作力度，充分利用高校丰富的科教资源，在全市建立了5家知识产权人才培训基地。全年举办2期企业家知识产权高层研修班、1期南京市知识产权工程师培训班，举办了首届知识产权总监培训班和专利信息挖掘与布局初级实战班。

开展专利资助与项目申报工作，全市资助发明授权专利4749件，给予资助金额1702.1万元。各区对提出申请的各类专利也给予了不同额度的资助。年内，自主知识产权开发计划支持28家企业承担专利产业化，重大专利技术二次开发、战略推进计划项目，给予经费支持总计800万元。全市26家单位获得承担江苏省企业知识产权战略推进计划、省专利实施计划、示范区域建设推进等项目，共计获得经费支持总计656万元。

2014年4月25日，南京市知识产权局与北京银行南京分行战略合作签约会暨市第九期企业家知识产权高研班开班仪式举行。会上，北京银行南京分行与南京市知识产权局签订了《知识产权质押融资战略合作协议》。

知识产权运用推进。2014年是国家确定南京市为全国专利保险试点城市的第二年，市人保与市区知识产权局联动，对全市58件核心发明专利投保专利执行险20万元、总保障金额580万元。年初，市知识产权局与北京银行南京支行签署《知识产权质押融资战略合作协议》,开展与金融机构知识产权质押融资对接活动和对接会,全市参与企业200多家。全市开展以专利权、软件著作权等知识产权为质押方式融资金额1.6亿元。认定紫金(江宁)科技创业特别社区和紫金(模范路)科技创业特别社区为南京市知识产权服务业集聚发展试验区。各高校、研发机构、社会中介机构、企业等纷纷成立了知识产权运营机构,采取各种合作方式,在各种专业层面开展知识产权运营业务,南京理工大学技术转移中心等运营机构得到了省专利运营类计划项目330万元的资金支持,为建立带动全省、辐射全国的专业化区域知识产权交易市场打下了良好的基础。

围绕新兴产业发展,以企业为主体开展知识产权试点示范创建工作。鼓楼区、栖霞区通过了国家知识产权强县工程试点工作的验收,被列为国家强县工作示范区。江宁经济技术开发区、南京高新技术产业开发区申报了国家知识产权强县工程试点园区,江宁(大学)科教创新园、南京经济技术开发区、浦口经济技术开发区被列为省知识产权战略试点园区。截至2014年年底,全市共有3个区被确定为国家级知识产权试点示范区、1个园区被确定为国家级知识产权试点示范园区,9个区被确定为江苏省知识产权试点示范区。6个园区被确定为省知识产权试点园区,新增江苏生命科技园为市专利产业化基地,全市98家企业被认定为市知识产权示范企业。

知识产权保护。2014年4月22日,南京市政府召开新闻发布会,向海内外公开发布《2013年南京市知识产权保护状况》白皮书。加强专利行政执法,全年侵权纠纷案件立案32件,结案37件;假冒专利立案318件,结案318件。开展“正版正货”示范街区创建活动,新增省级“正版正货”示范创建单位1家,市级“正版正货”示范创建单位4家。深入推进企业“贯标”工作。全市新增“贯标”创建单位94家,2家企业通过国家“贯标”审核认证。作为南京青奥知识产权保护指挥中心的成员单位之一,市知识产权局主动承担协调部门联动,开展青奥会知识产权侵权预防、检查、查处等工作。印发《迎“青奥”行政执法200天专项整治行动实施方案》,指导全市专利系统青奥知识知识产权保护工作。

(牟晓健)

《关于加快知识产权服务业和检验检测服务业发展的意见》出台。2014年5月22日,市委、市政府召开全市知识产权与质量强市大会,出台了《关于加快知识产权服务业和检验检测服务发展的意见》(以下简称《意见》)。《意见》共分4部分,涉及19项重点任务和9项财政扶持政策,重点培育知识产权服务业集聚区、专利导航产业发展实验区、知识产权高端服务机构。

全市专利申请和授权量继续保持稳步增长。根据国家知识产权局数据中心统计,截至2014年12月底,南京市专利申请总量达56108件,同比增长1.84%,位居全国同类城市第四位。其中发明专利28050件,同比增长24.8%,发明专利申请量在全国同类城市中排名第三,实用新型16857件,外观设计11201件。授权专利总量达22844件,同比增长17.24%,其中授权发明专利5265件,同比增长11.33%,位居全省第一;通过PCT渠道申请国外专利225件,同比增长18.4%;全市每万人有效发明专利拥有量达25.39件,位居全省第一、全国前列。

知识产权战略试点示范区和试点园区。2014年1月,南京经济技术开发区、南京江宁(大学)科教创新园2个园区被批准为省级知识产权试点园区;8月,栖霞、雨花台、高淳、鼓楼、建邺5个区获批为省级实施知识产权战略区域示范单位,溧水区获批为省级实施知识产权战略区域试点单位。鼓楼、栖霞2个区通过了国家知识产权强县工程试点工作的验收,被列为国家强县工作示范区;12月,南京浦口经济开发区被批准为省级知识产权试点园区。截至2014年年底,全市有3个区被确定为国家级知识产权试点示范区、9个区被确定为江苏省知识产权试点示范区。1个园区被确定为国家级知识产权试点示范园区、6个园区被确定为省知识产权试点园区,新增江苏生命科技园为市级专利产业化基地。

2014紫金国际知识产权论坛。2014年11月13日,2014紫金国际知识产权论坛在南京召开。本届论坛以“知识产权实务聚焦企业”为主题,邀请了美国摩根路易斯律师事务所、松下电器(中国)有限公司、博西家用电器投资(中国)有限公司、香港的近律师事务所、台湾理律法律事务所等8位知识产权界专家就“涉外专利布局策略”“成功的企业专利申请策略”“跨境交易中的知识产权实务”“企业专利及知识产权的管理思维及管理机制”等专题进行演讲。“紫金企业知识产权战略推进中心”在论坛举办期间揭牌。

2014年企业家知识产权论坛。2014年11月12日,由南京市知识产权局主办、南京市知识产权(金陵科技学院)人才培训基地承办的“2014年企业家知识产权论坛”在南京举办。本届论坛的主题为知识产权与企业发展。国家知识产权局专利初审与流程部副部长何越峰、省知识产权局局长朱宇、南京市政府副市长罗群等国家、省、市领导及100多位企业家参加论坛。本届论坛是对全市未来知识产权事业与企业发展的交流与展望,也是对全市近5年来连续举办的10期企业家知识产权高级研修班的总结。

专利保险实施。2014年是国家确定南京市为全国专利保险试点城市的第二年,南京市依据《关于加快南京市知识产权服务业和检验检测服务业发展的意见》和《南京市实施专利保险试点工作的意见》,成立了政府部门、保险公司、专利代理机构、高校4方合作的专利保险试点工作机制,推进南京专利保险服务平台建设。对全市28家自主知识产权开发计划承担单位、30家知识产权示范企业验收优秀单位的58件核心发明专利投保专利执行险,单笔保费金3000元、保障额度10万元。年内,全市企业投保专利执行险近20万元、总保障金额580万元。

知识产权质押融资。2014年,全市深入开展知识产权质押融资工作。4月,市知识产权局与北京银行南京分行签订《知识产权质押融资战略合作框架协议》,协议明确在未来3年北京银行南京分行为南京市企业提供知识产权质押融资额以每年保持1亿元的幅度递增。2014年,全市开展以专利权、软件著作权等知识产权质押融资金额达1.6亿元,贷款笔数近500笔。

自主知识产权开发计划。2014年,全市面向战略性新兴产业实施自主知识产权开发计划,支持专利产业化、重大专利技术二次开发和企业知识产权战略推进计划三大类专项共28个项目,扶持资金达800万元。

(李　群)

16家单位获第16届中国专利优秀奖。2014年,经中国专利奖评审委员会评审,农业部南京农业机械化研究所的根茎类作物联合收获机等16家单位的专利获第16届中国专利优秀奖。

(夏云聪)

南京市首批知识产权示范企业认定。2014年,南京市对知识产权示范培育期满企业组织验收,江苏柯菲平医药有限公司、江苏先声药物研究有限公司、南京常荣声学股份有限公司等95家单位通过验收,成为南京市第一批知识产权示范企业。

3家专利代理机构列入省星级专利代理机构。2014年,南京纵横知识产权代理有限公司、南京天华专利代理有限公司、南京正联知识产权代理有限公司3家专利代理机构被评为江苏省星级专利代理机构。

省知识产权战略推进计划项目承担情况。2014年,中国电子科技集团公司第十四研究所和中材科技股份有限公司承担江苏省知识产权战略推进计划重点项目;南京晨光集团有限责任公司、南京金鑫传动设备有限公司和南京法宁格节能科技有限公司承担江苏省知识产权战略推进计划一般项目。

省知识产权专利实施计划项目承担情况。2014年,南京圣和药业有限公司承担江苏省专利实施计划(专利实施类)项目;江苏省农业科学院、南京理工技术转移中心有限公司和江苏钟山知识产权服务公司承担江苏省专利实施计划(专利运营类)项目。

南京市9人获江苏省第6届十大杰出专利发明人和十大优秀专利发明人称号。江苏省第6届十大杰出专利发明人评选活动由江苏省知识产权局、省经济和信息化委员会、省教育厅、省科学技术厅、省财政厅、省人力资源和社会保障厅、省总工会、省科学技术协会、省发明协会联合开展,南京大学李爱民、农业部南京农业机械化研究所胡志超、江苏苏博特新材料股份有限公司刘加平、中国药科大学徐云根和国网电力科学研究院郑玉平荣获十大杰出专利发明人称号;南京理工大学陈光、南京工业大学黄筱调、东南大学宋爱国和红太阳集团有限公司薛谊荣获十大优秀专利发明人称号。

南京4家企业受表彰为江苏省实施企业知识产权战略先进单位。2014年,南京市6家企业承担2011年度省战略推进计划项目,江苏省交通科学研究院股份有限公司、江苏省学业科学实业总公司、江苏省建筑科学研究院有限公司和南京聚隆科技股份有限公司4家单位获得2014年度江苏省实施企业知识产权战略先进单位。

46家单位获南京市优秀专利奖。2014年,南京市授予"艾拉莫德结晶形态及其组合物"(ZL200510015340.2)等22项优秀发明专利,"三效复叠法有机气体回收装置"(ZL201120200888.5)等21项优秀实用新型专利,"转向器"(ZL201030128570.1)等3项优秀外观设计专利为南京市优秀专利奖。

南京市29件专利获江苏省百件优质发明专利称号。2014年,中兴通讯股份有限公司南京分公司、中国移动通信集团江苏有限公司、中国药科大学、南京千年本草生物科技有限公司、三星电子(中国)研发中心、南京中敬医药科技研究所、南京长青激光科技有限责任公司、南京农业大学、南京钛威科技有限公司、南京圣和药业股份有限公司、南京科晖印刷科技有限公司、南京卡文迪许生物工程技术有限公司、南京迪威尔高端制造股份有限公司、南京大学、南京碧迪可医药科技有限公司、南京爱德程医药科技有限公司、华为技术有限公司、江苏省农业科学院和南京工业大学19家企事业单位的29件专利获评为江苏省百件优质发明专利。

(夏云聪)

"迎青奥"中小学生科技小发明优秀作品展。2014年4月24日~2014年5月3日"迎青奥"中小学生科技小发明优秀作品展在南京科学会堂举办,该展展示了全市中小学生近两年216项优秀科技小发明成果,评选出优胜奖50项,优秀组织奖5个。期间,全市18家专利代理机构的20多位律师现场为中小学生进行专利方面的答疑咨询、为符合条件的优秀发明创造代理申请国家专利。

企业家知识产权高层研修班。2014年4月、10月,分别举办了2期企业家知识产权高层研修班(以下简称"高研班"),南京康尼机电股份有限公司、南京澳德思电气有限公司等114位企业一把手及部分区知识产权局长参训。高研班每期跨度2个月,国家、省知识产权局、司法系统、高校等国内知识产权界专家结合国内外知识产权形势分7个专题为学员授课,企业家知识产权高研班自2010年开班,已连续举办10期,全市500多位企业一把手参训。

首期知识产权总监培训班。2014年4月,南京市首期知识产权总监培训班在南京理工大学知识产权学院成功举办。来自南京地区上市企业、高新技术企业、知识产权战略推进计划承担企业和知识产权贯标企业的知识产权工作高管以及在宁高校、科研院所科技处处长等142人参加了培训。培训班采用课堂授课、案例讨论、经验介绍等方式,紧紧围绕知识产权的政策解读、战略运用、保护与管理等内容,帮助学员清晰把握知识产权事业发展的形势政策,全面了解企业知识产权战略的制定方法,熟练运用企业知识产权运营管理策略,系统掌握知识产权诉讼技巧以及危机处理对策。

第七期知识产权工程师培训班。2014年9月,南京市第七期知识产权工程师培训班在南京理工大学举办,全市303位企事业单位从事技术和知识产权服务与管理工作人员参训。南京市从2010年开始举办知识产权工程师培训班,目前已连续举办7期,1800多名学员结业。

首期专利挖掘与布局初级实战培训班。2014年10月,南京市专利挖掘与布局初级实战培训班在南京知识产权人才(南京工业大学)培训基地举办,来自全市企业、高校院所60余人参加了学习培训。培训班邀请国家知识产权局资深审查员授课,进行了专利挖掘实务、现有技术检索与阅读技巧、技术交底书撰写、专利申请文件撰写与检查、申请文件答复等内容授课与辅导。

南京市知识产权人才(南京工业大学)培训基地揭牌。2014年10月23日,"南京市知识产权人才(南京工业大学)培训基地"揭牌仪式在南京工业大学举行。

国内专利资助情况。2014年,全市授权发明专利资助申请4729项,集成电路布图设计登记资助项目44项,完成对2014年度省、市两级专利专项资助经费1702.1万元和市级集成电路布图设计登记资助经费8.8万元发放工作。

国外专利申请及资助情况。2014年,全市专利权人申报省级国外专利资助项目180项,获得财政资助经费合计416.2万元。截至2014年年底,上述经费全部拨付到位。

(李飞虹)

【重大科技活动】 第三届全球(南京)研发峰会。2014年11月7日,第三届全球(南京)研发峰会在南京江宁会展中心举行,国家、省、市科技部门领导及300多位世界和中国500强企业负责人、全球知名高端研发机构负责人、著名跨国技术转移中介机构代表、在江苏设立国际合作研发与成果转化载体的外方合作机构代表、省内高新技术企业代表、省内各类创新创业及产业化园区代表、市县基层科技主管部门代表参加峰会,围绕"开放创新,合作共赢"展开交流研讨和寻求跨国技术转移以及合作。南京市20余个区、园区及其他单位组团参加专场项目对接,达成了一批国际合作成果,主要包括:江苏德林环保技术有限公司与加拿大西安大略大学初步达成共同成立水净化联合研究中心意向;加拿大滑铁卢大学意向在南京设立滑铁卢大学国际技术转移中心;加拿大爱纳医疗科技公司(INano Medical Inc.)意向在南京设立青光眼筛查、诊断技术研发中心等。

(郭玉明)

【科技奖励】 2014年,南京地区有33项重大科技成果荣获国家科学技术奖,其中国家自然科学奖二等奖3项;国家技术发明奖(通用项目)二等奖7项;国家科学技术进步奖(通用项目)一等奖2项、二等奖21项。获江苏省科学技术奖97项,其中一等奖15项、二等奖35项、三等奖47项。3家企业获江苏省企业技术创新奖,1项获省国际科学技术合作奖。评出第12届市科技功臣奖4名;市科技进步奖94项,其中一等奖6项、二等奖29项、三等奖59项。

(刘 宏)

无锡市

Wuxi City

【概 况】 2014年,无锡市科技工作认真贯彻落实党的十八大、十八届三中四中全会和习近平总书记系列重要讲话精神,着力推进科技体制改革,深入实施创新驱动发展战略,为加快打造"四个无锡"和率先基本现代化建设提供有力的科技支撑。全社会研发费用占地区生产总值比重达到2.75%;高新技术产业产值占规模以上工业总产值比重达到41.5%;每万人有效发明专利拥有量达到18.64件;全市科技进步贡献率达到59.9%,列全省第一。

【科技体制改革】 以科技计划项目和科技专项资金管理为重点,出台了《关于进一步推进科技计划项目管理改革的意见》《市级科技专项资金管理平台实施暂行办法》《无锡市科技计划项目相关责任主体信用管理办法(试行)》等制度,探索引入第三方力量参与科技项目与资金管理,依托农行无锡分行及其7家分支机构为科技资金监管银行,对企业专项资金进行账户监管、用途监督、预警管控等,确保科技专项资金的专款专用和使用绩效。积极推动科技与金融更紧密结合,破解科技型企业融资难题。设立科技金融风险补偿资金,市、区两级风险补偿资金总量超过2亿元。截至2014年年底,累计发放风险补偿贷款28.33亿元,在贷余额14.16亿元。全年共立项"苏科贷"项目83项,发放贷款5.428亿元,在全省各合作主体中位列第一;贷款额度稳步增长,95家科技型企业获得专利权质押贷款3.224亿元。建立了国家专利保险试点投保、补贴、理赔"绿色通道",全年办理专利保险50单,保障金额200万元,兑现了省内首单、也是迄今唯一的专利保险理赔。

【技术创新】 发挥企业创新主体作用,鼓励和支持企业围绕制约行业发展的关键共性技术开展科技攻关,取得一批重大突破,在微电子、传感网、生物制药、装备制造等领域取得了一大批核心技术,涌现出了集成电路封装、IGBT芯片、MEMS磁性及微纳传感器、干细胞应用、发动机排放控制及汽车尾气净化处理、3D打印等一大批国际国内领先的重大科技成果。2014年,全市企业共获得国家科学技术奖励7项,获奖数保持全国同类城市第一方阵;全市企业累计承担国家和省各类科技项目419项,到位国家和省专项科技资金8.4亿元。加快落实兑现鼓励企业科技创新创业的各类优惠政策,全年落实高新企业所得税减免总额25.91亿元,惠及企业724家;落实研发费用加计抵扣总额达到27.55亿元,减免税额6.89亿元,惠及企业1172家。

【企业创新体系建设】 2014年,全市企业研发经费占销售收入比重达到1.44%,累计建成省级以上企业研发机构523家,均列全省第一,84家企业研发机构入选"江苏省重点企业研发机构",位居全省第二。

【高新技术产业】 2014年,全市高新技术产业预计可实现产值6000亿元,高新技术产业产值占规模以上工业总产值的比重达到41.5%,继续列全省第二位。全市新兴产业总产值合计为9460.5亿元,同比增长16.2%,其中物联网与云计算产业同比增长40.8%、高端装备制造业同比增长11.2%、微电子产业同比增长12.1%;工业设计产业产值达458.8亿元,同比增长20%;生物医药产业产值达465.5亿元,同比增长15.5%,生物医药国际顶尖人才加快集聚,全年新引进了托马斯·聚德霍夫等3位诺贝尔奖得主,在无锡与企业共建企业研究院、合作开办公司。无锡高新区生物医药产业园在科技部生物中心组织的全国生物医药园区综合能力评比中,跻身综合评比前十。深入实施高新技术企业培育计划,全市有效期内的高新技术企业累计达到1373家,其中国家创新型(试点)企业累计达到7家;省级民营科技企业1324家;科技企业上市培育计划入库企业165家。

启动建设国家超级计算(无锡)中心。无锡江南计算技术研究所获批承担国家"863"计划重大项目"高效能计算机及应用服务环境(二期)",预算总经费18亿元,其中国拨经费5.95亿元,国家超级计算(无锡)中心正式启动建设。

列入国家重点新产品计划项目20项。2014年,全市列入国家重点新产品计划项目20项。包括江苏法尔胜缆索有限公司的锌铝合金镀层钢丝拉索、江阴兴澄特种钢铁有限公司的超超临界火电机组高压锅炉管用SA-335 P91连铸圆坯、远景能源(江苏)有限公司的1.5MW低风速高效风力发电机组、宜兴市灵人机械有限公司的AMD-A3型双主轴高速精密加工中心、无锡锡州机械有限公司的高效冷凝式燃气余热回收装置、无锡华盛橡胶新材料科技股份有限公司的高性能不溶性硫黄IS-HS、无锡方盛换热器制造有限公司的B6667型高压铝制板翅式换热器。

【企业研发机构】 突出企业创新主体地位,依托产学研合作,激发企业创新活力,着力推动大中型工业企业和规模以上高新技术企业研发机构建设。一是夯实基础,全力推动工程技术研究中心建设。新增53家省级工程技术研究中心,64家市级工程技术研究中心。二是抓住重点,助力培育高水平企业研发机构。新增1家省级企业重点实验室,获得省科技经费300万元。共有82家企业研发机构被认定为省级重点研发机构。新增3个市级企业技术研究院,市科技经费支持150万元。三是集聚人才,巧借外力搭建研发机构人才平台。新增10家省级企业研究生工作站,获得省科技经费50万元。

【科技企业孵化器】 2014年,全市孵化器建设顺利推进,入驻企业不断增多,服务水平有效提升,孵化器日益成为全市集聚人才和成果转化的重要基地。一是建设质量不断优化。全市建成省级以上科技企业孵化器45家,其中国家级20家,孵化场地面积共计496.59万平方米,企业入驻率达75.68%。无锡软件园产值近200亿元,较上年同期翻一番;无锡国家工业设计园创意园产值超65亿元,较上年同期增长20%以上。全年新增4家国家级科技企业孵化器和2家省级科技企业孵化器;新增2家省级科技企业加速器,新增2家省级"苗圃—孵化器—加速器"科技创业孵化链条。全市已基本形成"孵化器+加速器+产业园区"接力式孵化体系。二是运行效益不断增强。全市孵化器累计培育科技型企业5442家,集聚了硕士以上高层次人才8000多名;全年新引育高科技企业958家,注册资本达到115亿元;全年实现营业额600多亿元,比上年同期增长46%,实现利税24亿元,累计毕业企业860家。三是服务水平不断提升。引导各类孵化器建立信息、公共技术等服务平台,组织全市40多名科技企业孵化器从业人员参加国家、省孵化器从业人员和主任培训班,提升孵化器的专业服务能力。9家国家级科技企业孵化器享受税收优惠减免4325万元,有效降低了孵化器管理运营成本,促进孵化器更好更快的发展。

【科技计划】 2014年,全市列入江苏省中小企业技术创新资金项目26项,到位省资金705万元;列入国家2014年中小企业发展专项资金科技创新、科技服务和科技型中小企业创业投资引导基金项目共计49项,对上争取国家资金共计4680万元;列入江苏省科技支撑计划(工业)项目24项(其中重点项目2项),获得省拨款经费2430万元,其中标准类项目立项数全省第一、重点项目立项数列全省并列第一,由无锡国家电影产业园牵头申报成功的"现代数字影视特效关键技术研究"项目是全省唯一的文化和科技融合类工业支撑重点项目;全市共获得省自然科学基金86项,省拨经费1770万元。其中江南大学获得4项资助额度为100万元的杰出青年基金项目;全市组织实施"长安街道堰新社区3D信息便民服务系统""工业化制备透明质酸酶以及透明质酸寡糖的关键技术""物联网架构下的科学健身示范区建设和全民健身公共服务供给模式的研究与应用"等14项省社会发展科技支撑项目,省拨经费800万元;全市组织实施"乳腺癌多药耐药个体化诊断体系创新和临床应用""结直肠癌的早期诊断及腹腔镜手术治疗的基础与临床研究""基于蛋白质谱的新发展晚期血吸虫病诊断方法的研究"等7项省级临床医学科技项目,省拨经费607万元;列入省科技成果转化专项资金项目23项,获省专项资金16600万元。

向上争取8.4亿元。2014年度全市获国家、省科技经费8.4亿元,比去年同期增长52.59%,其中获国家科技经费5.18亿元,比去年同期增长150.69%,获省科技经费3.22亿元。获国家级科技计划经费主要有:国家"极大规模集成电路制造装备与成套工艺"重大科技专项2.9亿元;国家"863计划"项目"10亿亿次超级计算机系统"科技拨款1.8亿元;科技部科技型中小企业技术创新基金4154万元,其中创新项目31项,资金2510万元。获省级科技计划经费主要有:省级重大成果转化资金16405万元,其中贷款贴息2405万元,占全省本批经费的19%;省社会发展经费800万元;省自然科学基金经费1650万元;江南大学食品科学与技术国家重点实验室获省立项,获经费500万元(全省共14家);省级产学研联合创新资金分年度拨款4300万元,占全省本批经费的19%,其中清华大学无锡应用技术研究院获得1000万元。通过项目实施,迅速转化了一大批具有自主知识产权的重大创新成果,在微电子、传感网、生物制药、装备制造等领域攻克了一批制约产业发展的核心技术。

【产学研合作】 2014年年新建"校企联盟"62个,全市累计"校企联盟"总数累计达到828个。共有42个省产学研前瞻性项目立项,获省专项资金支持840万元。

加快建设东方硅谷。2014年,全市新认定科技创新创业领军人才项目92项;累计引进9名诺贝尔奖得主和11名海外院士与民营企业共建研究院。东方硅谷创业企业产业化进程加快,全年东方硅谷创业企业销售收入达228亿元,同比增长65.2%,缴纳税收8亿多元,同比增长50.4%,其中销售收入超亿元和超千万元的企业分别为18家和197家。

【国际科技合作】 加快推进创新国际化步伐,与美国、德国、以色列、俄罗斯等15个国家建立了良好的科技交流与合作关系,与美国麻省理工学院、以色列魏茨曼研究院、俄罗斯圣彼得堡国立技术大学、欧洲商业与创新联盟(EBN)、西班牙国家科学技术协会、俄罗斯国家科学院、意大利利古里亚区域发展中心、荷兰TNO研究院等多家世界知名科研院校及国际技术转移组织建立了合作关系,开展国际科技合作和技术转移。2014年获国家级国际合作项目8项、省级项目11项,市级项目6项,其中5个项目获国家中小企业发展专项资金中欧国际合作项目立项,项目数列全省第二,同时,实现了全市在该项目上零的突破。

整体推进——建9家国家级国际合作基地。近年来,全市上下加快引进国际科技资源,结合各地特点,以无锡市与国外顶尖高校合作、国外商业化技术转移机构合作、国际专家合作等多种形式成立国际科技合作基地,聚集国际资源,组建联合研发团队,开展联合攻关,助推新兴产业发展,推进全市各类特色产业步入国际化轨道。锡山麻省理工学院产业联盟国际技术转移中心和江阴高新区中欧示范型国际科技合作基地2个国际合作载体被认定为国家级国际合作基地,截至2014年年底,全市被认定国家级国际合作基地9个,新增国家级国际合作基地和国家级国际合作基地总量均列全省第一。国家级国际合作基地为全市打开了一扇开展国际技术合作的窗口,开展国际间的技术转让与交易,引进更多的高新与实用技术。

【知识产权】 大力推进知识产权创造、管理和运用,不断推动知识产权质量提升。2014年,全市共有13个项目获第16届中国专利奖,其中金奖1个,在全国地市级城市中位列第一。企业专利大幅提升,企业专利申请量和授权量分别为37194件和19419件,分别占比为68.2%和69.5%;专利结构有所优化,全市专利申请量为54519件,其中发明专利申请量为22788件,比重达到41.80%,同比增长8.73个百分点;全市专利授权量为27937件,其中发明专利授权量为2801件,同比增长3.24个百分点,每万人有发明专利拥有量达到18.64件,继续保持全省前列。加大知识产权行政执法力度,成立了知识产权行政执法支队,建立了专利违法行为公示制度,查处假冒专利案件317件,结案率达到100%。

第16届中国专利奖无锡获奖项目排名地市级首位。 在“第16届中国专利奖”获奖名单中,无锡有13个项目榜上有名,其中江南大学申报的专利名称为“一种产α-酮戊二酸酵母工程菌及其构建方法”(专利号为“ZL201010578594.6”)的项目获得第16届中国专利奖最高奖——金奖,其余12个项目获优秀奖,无锡获奖项目在全国地市级城市中排名第一。

第7届无锡市专利奖评审。2014年,市专利奖评审委员会办公室按照《无锡市专利奖实施办法》规定程序对申报2014年无锡市专利奖的项目进行了形式审查、专业组评审、入围项目现场考察、入围项目公示及综合评审。最终评出宜兴江苏傲伦达科技实业股份有限公司的“一种高纯度4,4′-二羟基二苯砜的分离提纯方法”等4个专利项目获专利金奖和滨湖区无锡雪浪环境科技股份有限公司的“一种旋转喷雾反应塔烟气气流分配装置”等16个专利项目获专利优秀奖。

知识产权项目向上争取创新高。2014年无锡有7个项目承担江苏省知识产权战略推进计划,3个为重点项目,每项有100万元的经费资助,4个为一般项目,每项有30万元的经费资助,共获经费资助420万元。无锡新区佰腾专利运营中心承担江苏省专利实施计划,获经费资助100万元。共计520万元,创历史新高,较2013年所获经费资助410万元增长26%。

知识产权区域示范成效显著。全年新增4张国家级知识产权试点示范名片,无锡高新技术产业开发区列入国家知识产权示范园区,江阴市列入国家知识产权示范城市,锡山技术经济开发区成为国家知识产权试点园区,惠山区列入国家知识产权强县工程试点。崇安区成为省级知识产权试点区,江阴临港经济开发区、宜兴陶瓷产业园列入省级知识产权试点园区。(太湖)国际科技园物联网产业领域知识产权集群管理获得国家知识产权局持续支持。无锡国家工业设计园作为全省今年唯一具备资格的园区,获省局推荐上报国家级示范园区。

市知识产权行政执法支队挂牌成立。2014年9月24日,无锡市机构编制委员会办公室批复,同意在市科技局(知识产权局)政策法规处增挂知识产权行政执法支队牌子,增加1个副职领导职数。

专利保护环境更趋优化。全市知识产权维权保护环境建设进一步优化。全市知识产权护航行动专项执法检查34次,检查流通领域卖场60家次,检查商品超过5000件;江苏省专利行政执法巡回审理庭在无锡建成;全市假冒专利立案量317件,结案317件,行政处罚5件,办案量同比增加114.2%;纠纷案件立案8件,结案4件。各类案件结案率达到98.5%。全市县(市、区)专利案件处理量实现“零”突破。建立专利违法行为公示制度。行政处罚案件处理结果全部通过局机关门户网站向社会公示。“正版正货”承诺推进计划工作走在全省前列。无锡中山路商业街被国家局批准为全国首批知识产权保护规范化市场培育单位,无锡广益家居城和中国宜兴国际环保城2家单位批准为省级“正版正货”示范街区(商城),7家单位确定为市级“正版正货”示范街区(商城)培育单位,江苏苏宁商业管理有限公司等48家企业增列2014年度省级“正版正货”承诺试点名单。

首次开展专利行政指导工作。在电子商务领域专利执法维权工作中,巡查电商平台38家,涵盖全市主要的B2C、B2B和应用电商企业,巡查涉及小家电、母婴用品、日用品、物联网等商品119件,对其中9家企业发出行政警示函,并分别上门开展行政指导,指导帮助企业化解知识产权侵权风险。

开展知识产权职称评审工作。2014年召开了市知识产权专业技术资格评审会,新评定知识产权初级职称10人,中级职称15人,累计评定知识产权初级职称48人,中级职称58人。

科技项目服务深入开展。中国(无锡)知识产权维权援助中心利用“4·26知识产权宣传周”专项活动,大力宣传知识产权保护的重要意义;进驻第11届中国(无锡)国际设计博览会和第5届中国国际物联网博览会,开展知识产权联合执法和服务监管;重点针对实体卖场和电商网络平台开展专利巡查,查处涉嫌假冒专利商品188件。2014年通过本市技术市场认定登记的高校、科研院所以及技术贸易机构与客户间的技术贸易合同项目达1443项,合同成交金额超13亿元。

【科技惠民】 2014年专门出台了《市科技局关于进一步加强科技惠民工程的实施意见》,进一步强化民生科技集成创新和基层示范应用。农业科技创新成效明显,全市农业科技进步贡献率达65.1%,居全省第二。在人口健康、公共安全、基层社会服务和生态环境等领域,大力推动科技成果的转化和应用,实施了太湖贡湖湾退渔还湖与水源地保护生态修复、农村水环境监管平台建设、最美乡村等一批生态宜居环境建设科技示范工程。

【农业科技】 2014年市科技局农业科技创新工作着重优化整合农业科技资源,不断加强农业科技自主创新能力,积极促进农业科技成果转化,努力构建现代农业科技创新体系,推进无锡现代农业产业发展。通过围绕产业链部署创新链,加强农业关键技术研究,全市农业科技园区和科技型农业企业建立各类科研平台26个,新增项目投资6727万元,形成新品种2个,新产品和新工艺37项,申请专利150项,其中发明专利109项,授权专利60项,其中发明专利48项,引进新品种69个,推广37个,引进推广新技术29项,培训农户1.2万人次,示范带动3126.67公顷,新增产值2.38亿元。

新建5家农村科技服务超市。按照省农村科技服务超市建设的标准要求和整体部署,围绕无锡产业特色,在经济林果、花卉苗木、设施蔬菜等领域,以农业龙头企业和具有规模优势的合作社为龙头,新建成“江阴苗木花卉产业分店”等5家科技超市,并通过省科技厅组织的考核认定。

5单位新增为江苏省创新型试点乡镇。宜兴市新建镇、江阴市华士镇、顾山镇、祝塘镇、滨湖区太湖街道5个乡镇(街道)被江苏省科技厅命名为第四批江苏省创新型试点乡镇。

【工业设计产业】 2014年全市列入统计的工业设计企业961家,其中规模以上企业324家,全市工业设计产业实现产值458.8亿元,同比增长20%。2014年新认定无锡市工业企业设计中心105家,累计达到352家。无锡(国家)外观设计专利信息中心数据库建成,国家知识产权局完成了对无锡=(国家)外观设计专利信息中心外观专利数据库建设的验收。该图像检索系统,是大陆唯一可以进行国内外外观设计专利数据检索的专业系统,可与国家知识产权局最新数据同步更新。目前中心已经正式对外开展服务,查询单位只要提供一张产品图,就能与几百万件专利进行比对分析;或者仅需提供一个专利申请号,就可便捷查询到该专利及相关专利的图片与信息。

【第11届中国无锡国际设计博览会】 2014年5月23日,第11届中国无锡国际设计博览会在无锡开

2014年5月23日，第11届中国无锡国际设计博览会在无锡开幕。省委常委、无锡市委书记黄莉新宣布开幕，并在国际设计博览会展厅参观。

2014年5月23日，第11届中国无锡国际设计博览会在无锡开幕。无锡市委副书记、市长汪泉在开幕式上致辞。

幕。本届博览会是由科技部、国家知识产权局、江苏省人民政府联合主办，中国工业设计协会、中国汽车工程学会、江苏省科学技术厅、江苏省知识产权局、江苏省科技创新协会和无锡市人民政府共同承办的一次国家级的创新设计活动。省委常委、市委书记黄莉新宣布开幕；科技部社发司司长马燕合、国家知识产权局副局长甘绍宁、美国工业设计师协会主席布莱恩·莱德曼、无锡市人民政府市长汪泉分别在开幕式上致辞；科技部高新司副司长胡世辉、国家知识产权局专利局外观专利审查部部长林笑跃、中国工业设计协会副会长汤重熹、江苏省知识产权局局长朱宇以及国内外行业协会等领导和嘉宾出席了开幕式。本届博览会以“创新改变生活，设计成就未来”为主题，展示的国内企业达500余家，其中国外设计机构有近百家；展出面积31200平方米，参观人数达6万多人次。本届博览会展出了在全国陶瓷工业中占据重要地位的宜兴紫砂、景德镇瓷器、龙泉青瓷、德化白瓷等精美陶瓷艺术品；展出了美国麻省理工学院、欧盟、IXDA国际交互设计作品、IXDC国际体验设计作品、融通并茂江苏省高校设计作品；展出了来自美国、澳大利亚、日本、韩国等国家的获奖作品和创意设计精品。全省13个城市近50家企业展示了他们的最新创新产品。共有30个产学研合作科技成果项目签约，投资额达6.6亿元，105家无锡市企业设计中心正式授牌。这次参会院校的5200多项成果已经制作成光盘，供参会企业和相关科技企业在会后做进一步了解，寻找合适的技术成果，加强与院校合作，提升企业的科技创新能力和产品的市场竞争力。举行了第3届“太湖奖”设计大赛颁奖仪式，其中创意组有近400个院校的3000余件作品参赛，加上产品组本届博览会共收集到4000余件参赛作品。最终有42件作品获得三等奖，24件作品获得二等奖，12件作品获得一等奖，2件作品获得特等奖。

【科技成果】 2014年，无锡市4个项目列入国家科技进步奖，3个项目列入国家技术发明奖。获得省科学技术奖28项，其中，1项省科学技术突出贡献奖，1项省企业技术创新奖，26个项目分别获得省科学技术奖一、二、三等奖。80个项目获得市科学技术进步奖，其中一等奖5项，二等奖20项，三等奖55项。4个项目获得市腾飞奖。

（吴新伟 石秀臣）

表6-1 2014年度无锡市科学技术进步奖获奖名单

等级	序号	项目名称	完成单位
一等奖	1	超高压及特高压变压器用新型特种换位导线的研发及产业化	无锡锡洲电磁线有限公司
	2	团头鲂循环水清洁高效养殖关键技术研究与推广	中国水产科学研究院淡水渔业研究中心 通威股份有限公司 宜兴市水产畜牧站
	3	煤矿瓦斯治理底抽巷九十度全方位液压钻车	江苏中煤矿山设备有限公司
	4	高性能陶瓷介质多工器关键技术及系列产品	江苏贝孚德通讯科技股份有限公司
	5	MicroRNA在胶质瘤分级,预后判断及治疗中的作用	无锡市人民医院
二等奖	1	10万吨/年润滑油(剂)系列产品成套技术开发及产业化	江苏高科石化股份有限公司
	2	疟疾病原学监测关键技术的研究与应用	江苏省血吸虫病防治研究所
	3	温控智能呢的研制与开发	江苏阳光集团有限公司
	4	高速列车牵引变压器用聚芳酰胺纸包铝扁线的研发	无锡统力电工有限公司
	5	适用于节能电源的大直径薄片晶圆制造技术	无锡华润华晶微电子有限公司
	6	国内首台垃圾与煤热值掺烧比4:1的650t/d循环流化床垃圾焚烧锅炉	无锡华光锅炉股份有限公司
	7	新发传染病防控高技术平台的建立与应用	无锡市疾病预防控制中心
	8	采用新型催化剂固定床连续化生产二丙二醇甲醚醋酸酯技术	江苏天音化工有限公司 德纳(南京)化工有限公司
	9	FCB高效智能化焊接技术	无锡华联科技集团有限公司
	10	轴承式管式捻股(绳)机系列化研制开发与产业化	江苏法尔胜泓昇集团有限公司
	11	TRPC1-BK复合体对糖尿病冠状动脉功能影响及其分子机制研究	无锡市人民医院、无锡市第二人民医院
	12	有线电视网络通信平台及关键设备研发与产业化	无锡路通视信网络股份有限公司
	13	超低功耗蓝牙射频SOC的研发及产业化	无锡中星微电子有限公司
	14	卵巢癌早期诊断和治疗的研究	江南大学附属医院(无锡市第四人民医院)
	15	含转LIF基因饲养层细胞的脐血造血干/祖细胞体外培养体系的建立及培养效果观察	无锡市红十字中心血站、苏州大学
	16	表面处理自动化生产线	无锡出新环保设备有限公司
	17	自密封旋转补偿器应用于长距离蒸汽传输技术	江苏宏鑫旋转补偿器科技有限公司
	18	皮肤组织微环境仿生材料的构建和临床应用研究	无锡市第三人民医院
	19	大卷径高精度层压嵌入式铝钢复合带材的关键技术及产业化	银邦金属复合材料股份有限公司 北京工业大学、广东工业大学
	20	谷氨酰胺合成酶在胶质瘢痕及胶质瘤发生发展中的功能及机制研究	无锡市人民医院

表6-2 2014年度无锡市腾飞奖项目情况

序号	项目名称	完成单位
1	民意为舵 民心为桨 让山泉村幸福流淌的现代村官-李全兴	江阴市周庄镇山泉村村民委员会
2	“一体化”诊疗新模式助推无锡三院烧伤外科实现新腾飞	无锡市第三人民医院
3	基于风味导向的固态发酵白酒生产新技术及应用	江南大学
4	国家工程中心,引领产业创新发展	江苏法尔胜泓昇集团有限公司

徐州市

Xuzhou City

【概 况】 2014年,徐州市科技工作在市委、市政府的正确领导下,深入贯彻党的十八大、十八届三中、四中全会精神和习近平总书记系列重要讲话精神,坚持围绕实施创新驱动战略,深化科技体制改革,以科技创新驱动经济转型发展为主线,组织实施"七大行动计划",着力在强化创新主体培育、优化科技资源配置、促进产业转型升级等方面加大工作力度,各项工作取得了显著成效。全市召开了科技创新大会,举办了"4·26"知识产权宣传周活动和政企(医)协同创新项目签约仪式。全年高新产业实现产值4050亿元,居全省第6位;新增国家级孵化器2家,实现历史性突破;全市专利申请量14014件,专利授权量8468件,国际PCT专利77件;获国家、省科技进步奖11项、国家专利奖2项、国际专利展会金奖8项、省百件优质发明专利3项,均居全省前列;争取国家、省各类科技项目538项,资金3.3亿元,创历年新高;全社会研发投入达95亿元,占GDP比重提升到1.9%。

2014年4月10日,徐州市委、市政府召开全市科学技术奖励暨科技工作会议,市领导曹新平、朱民、刘忠达、夏文达、李燕、葛维琴等出席会议。

【高新技术产业】 组织实施创新主体结构优化计划,高新技术产业发展实现提质增效。一是加大创新主体培育力度。制定实施《科技企业培育发展行动计划(2312工程)》,积极构建创新型企业集群。全力打造的2家世界级创新型企业发展态势明显,徐工集团在新常态下,市场占有率不断上升;江苏中能硅业科技发展有限公司重大科技项目流化床多晶硅工艺获得成功,大幅降低了成本、提高了质量,成为全球竞争力首位。全年新增省级高新技术企业66家,总数达230家;入选省科技上市备库企业5家。二是加快产业技术创新步伐。围绕高端装备制造、光伏新材料等优势产业,集中力量组织实施了工程机械信息智能化建设、超大型多晶硅还原炉及沉积工艺研究等一批科技攻关计划,为相关龙头企业和产业快速发展提供了有力的技术支撑。全市获批国家中小企业技术创新基金项目6项,省科技型企业技术创新资金项目8项、省科技支撑(工业)项目6项,省高新技术产品486项,认定市高新技术产品55项。三是积极培育发展高新产业。完善高新技术产业发展月调度、季总结制度,积极落实高企税收减免等政策措施。2014年全市高新产业实现产值4050亿元,总量居全省第6位。

【知识产权与科技成果转化】 组织实施知识产权推进计划,国家知识产权示范市建设步伐加快。一是优化知识产权创造环境。研究制订2014年全市知识产权工作方案,大力开展知识产权保护维权工作。邳州、睢宁分获省知识产权战略示范区和试点县,徐州开发区、睢宁开发区获批省知识产权试点园区。培育认定市专利领航企业5家、专利小巨人企业10家。全市专利申请量14014件,专利授权量8468件,国际PCT专利77件。二是提升知识产权运用能力。积极推进企业知识产权贯标工作和战略推进计划,组织开展市级科技进步奖和专利奖评选工作,促进科技成果加快转化。全市入选省贯标企业22家,获省企业知识产权战略推进计划企业4家。培训知识产权工程师200余人,企业知识产权内审员28人。获国家、省科技进步奖11项,获国家专利奖2项、国际专利展会金奖8项、省百件优质发明专利3项,均居全省前列。三是完善知识产权保护和服务体系。成功举行了

“4·26”知识产权宣传周活动，组建了首批50名知识产权维权援助志愿者队伍，建成了苏北首家专利行政执法巡回审理庭和知识产权维权援助中心徐州分中心，开通了徐州“12330”知识产权维权援助公益服务热线。大力开展知识产权执法维权“护航”专项行动，查处假冒专利案件132件并全部结案。徐州知识产权局获评苏北唯一一家知识产权工作先进单位。

2014年4月25日，知识产权宣传周活动启动仪式在徐州市科学会堂隆重举行。

【科技惠民与农村科技】 组织实施科技兴农惠民计划，促进科技成果惠及民生。一是加快农业科技创新。深入推进优良品种创新工程和科技富民强县工程，加快科技服务超市、农业科技园区建设，发展壮大农业科技型企业和农业特色产业，大力促进民生科技发展。全市获批国家科技富民强县项目1项、国家农业科技成果转化资金项目3项、省苏北科技专项资金38项、省农业科技支撑7项；实施新品种引育项目12个，3个农作物新品种通过国家、省级鉴定。二是加快农业科技载体建设。加快科技服务超市、农业科技园区建设，发展壮大农业科技型企业和农业特色产业。组织邳州、睢宁联合申报国家级农业科技园，并成功获批。全市新建农村科技服务超市分店、便利店6家。三是促进民生科技发展。围绕人口健康、生态环保、公共安全、社会管理等民生领域，集中力量开展了围手术期医疗质量智能管控平台与关键信息技术研究、精神神经类药物系列化产品研究开发、S13型系列节能电力变压器等一批民生科技专项、成果应用与转化项目，使科技成果更好地惠及百姓。

【科技创新孵化载体】 组织实施科技创新创业孵化链转型升级计划，科技创新载体建设加快推进。一是加快孵化载体基础建设。制定出台《徐州市科技企业孵化器管理和考核办法(试行)》，设立了200万元专项扶持资金及财政资金奖补制度。积极推动投资主体多元化，引导非政府组织、企业和自然人利用社会资本和闲置房屋参与孵化器建设。全市新增国家级科技企业孵化器2家，省级孵化器3家，全市科技孵化器总数达34家，孵化总面积140万平方米。徐州永嘉科技园获批徐州首家民营省级科技企业加速器。二是推动特色园区提档升级。把省级研发机构、省级高企数量及高新产值占比等指标纳入市委市政府对国家级园区考核体系。推动中国矿业大学国家大学科技园进行股权重组。引导徐州医学院大学科技园、徐州工业职业技术学院大学科技园、徐州工程学院大学科技园等创建各具特色的省级大学科技园。三是强化园区孵化功能建设。建立健全科技中介服务体系，重点支持建设9家科技公共服务平台，推动现有科技资源向企业和社会开放共享。全市科技服务业预计实现收入超过65亿元。

2014年12月18日，国家级科技企业孵化器揭牌仪式在江苏师范大学科技园举行。

【产学研合作与科技交流】 组织实施创新平台提档升级计划，产学研协同创新不断深化。一是加快产学研创新载体建设。鼓励企业自建或与高校院所合作共建创新载体，积极推动国际技术合作。全市新建校企联盟180个，推动北京理工大学、山东大学、河北工业大学等在徐州新建联合创新载体6家,开展各类产学研对接活动20余次,共有40余家高校院所与在徐企业建立了技术合作关系。江苏伟楼生物科技有限公司在英国剑桥圣约翰创新园区设立"剑桥英华生物技术研发中心",格利尔等企业获批国家、省产学研合作项目支持。二是提升研发机构建设水平。支持规模以上工业企业和高新企业采取自建、共建、并购等方式建立研发机构,提升企业自主创新能力。全市新增省级国家研发机构培育点1家,企业院士工作站、研究生工作站25家。认定市级工程技术研究中心233家,市级企业研发机构总数超过4000家。三是依托项目平台集聚创新人才。积极举办2014美南专家徐州行、海外高端人才徐州(丰县)行、徐州籍海外人才故乡行等人才对接活动,着力提升自主创新能力。全市获批省"双创人才"计17名、省"双创博士"计划23名、省科技副总40人,获省推荐科技部创新创业人才4人,入围苏北创业领军人才奖4人。

【科技体制改革】　组织实施项目管理体制改革计划,科技管理体系建设不断完善。一是创新财政科技计划管理方式。坚持向改革要活力,向创新要红利。充分发挥市场决定性作用和政府引导作用,探索启动政企、政医协同创新,积极通过创新组织形式、评审模式和经费后补助、分段补助等方式创新财政科技计划管理方式。2014年10月23日,成功举办了政企、政医协同科技创新项目签约仪式,推动科技计划由"政府点题、企业申报、政府审批"向"市场点题、企业选题、政府协同支持创新"的模式转变。二是深化科技金融融合发展。研究制定了《徐州市科技贷款管理办法》《促进科技与金融结合工作方案》和《徐州市科技金融信息服务平台的建设方案》等,积极组织举办科技投融资对接会,开展风险补偿资金贷款等服务。全市31家企业获得省科技成果转化风险补偿资金贷款资助1.28亿元,全市创业投资规模达12亿元。三是积极向上争取政策支持。全市争取国家、省各类科技项目538项,资金3.3亿元,创历年新高,受到市委市政府的充分肯定;全社会研发投入达95亿元,占GDP比重提升到1.9%。

2014年10月22日,政企(政医)协同科技创新项目签约仪式在徐州举行。副市长李燕出席签约仪式并讲话,市级机关工委、市财政局、市卫生局相关领导,政企(政医)协同科技创新项目单位、各县(市)区科技部门相关负责同志等参加签约仪式。

(王玉君)

常州市

Changzhou City

【概　况】　2014年,常州市科技局深入实施创新驱动战略,围绕加快形成以创新型企业为主力军、创新型园区为主战场、新兴产业为主攻方向的创新发展一体化格局,突出"转型升级、自主创新、体制改革"三位一体的科技工作主线,创新型城市建设取得新成效。连续14年获"全国科技进步先进市"称号,在福布斯中国大陆最具创新力城市排名中列第10位,创新型城市综合监测指标位居全国53个试点城市前列。国家知识产权示范城市获得批复,武进国家高新区获批成为省知识产权示范园区。

【创新型园区】　深化完善"一核两区三园多基地"区域创新布局,创新园区体制机制,进一步促进创新要素向园区集中、高端产业向园区集聚、重大政策向园区集成,园区职能权限进一步扩大,发展活力进一步增强。一是建设创新之核。常州科教城获准建设省唯一一家科技服务示范区,获批成为国家级两化深度融合试验区,在《创业邦》组织的中国最佳创业园区评选中,连续两年排名第二。全年实现营业收入61亿元,新增申请专利1622件,其中申请发明专利1007件,新引进高层次创新创业人才51个。新增入驻机构和孵化企业198家,科技人才累计达到1.6万人。二是做强创新两翼。常州、武进2个国家高新区成为新兴产业的主要载体,常州高新区的文化与科技融合发展科技产业园被认定为省文化科技产业园;新建的常州航空产业园被认定为省级科技产业园,龙头项目新誉宇航股份有限公司开工;顺丰物流、精功通航股份有限公司、常州海杰冶金机械制造有限公司无人机等招商引资项目进展顺利,规划用地13.33公顷的科技企业加速器建设项目启动。武进高新区启动建设创新型特色园区,信息产业园被认定为省级科技产业园;中国香精香料有限公司、中芬科技园、德国菲斯曼等重大项目签约落户绿色建筑产业园区;中国科学院绿色科技产业园开园运营。三是彰显3园特色。西太湖科技产业园荣获国家级石墨烯新材料高新技术产业化基地,石墨烯产业园完成投资2亿元,建成石墨烯薄膜材料、石墨烯新能源等重点实验室11个;园区引进上海交通大学、四川大学等5所大学的研究院或技术转移机构,落户"千人计划"16个;西太湖医疗孵化园完成投资3.9亿元,即将投入使用。江苏中关村科技产业园的高端装备及通用航空产业、健康产业、绿色能源产业加快集聚,上海交通大学节能环保研究院测试实验平台加快建设。华罗庚科技产业园从先期的北区3.5平方千米,扩展为南、北区15.8平方千米,3D打印纳米科技产业园公共研发平台启动建设,国家纳米检测中心、纳米电子中心实验室签约,中科博益科技有限公司、烨科光电技术有限公司、易控电子科技有限公司、业际光电股份有限公司等项目入驻。国家创新型科技园区"一核八园"入园企业营业收入超1600亿元;新开工建设项目67项,当年完成投资超过91.7亿元。智能装备产业园实现营销收入超320亿元,增长15%,入库税收超12亿元,增长53.5%。光伏、智能装备、环保三大产业园入库税收实现增长均超30%。

【创新型企业】 筛选确定培育企业库,针对不同类别企业的创新发展需求,加强分类指导。培育创新型领军企业13家,科技型上市培育企业新增36家,累计116家;高新技术企业新增126家,累计986家。创新领军型企业实现销售收入超1000亿元,占全市规模以上工业总产值的8.98%。一是增强创新能力。组织创新型企业争取省级以上科技项目529项,争取经费5.2亿元,比2013年增长2.36%。建有"两站三中心"(博士后科研工作站、企业院士工作站、企业工程中心、企业技术中心、企业工程技术研究中心)795家,占全市75.8%;专利授权量4021件,占全市42.6%。江苏上上电缆集团有限公司获2014年度中国机械工业科学技术奖一等奖,南车戚墅堰机车车辆工艺研究所有限公司获2014年"国家技术创新示范企业"称号,常州光洋轴承有限公司等9家创新型企业被省知识产权局认定为企业知识产权管理规范标准化示范创建先进单位,常州光洋轴承有限公司成为常州市唯一一家获全国首批知识产权管理体系认证证书的企业。二是助推上市融资。先后组织召开全市创新型企业银企对接会、新三板辅导培训会,上百家创新型企业与券商、律师事务所、会计师事务所开展对接,20家创新型企业与银行机构集中签约,签约金额超过19亿元。116家科技型上市培育企业中50家与券商签约并完成股改,66家与券商签约,45家企业已有风投、创投进入,投资金额21.1亿元。江苏亚邦染料股份有限公司、常州瑞杰塑料股份有限公司、常州第六元素材料科技股份有限公司、常州爱特科技有限公司、常州贝斯塔德机械科技有限公司、溧阳科华控股股份有限公司6家科技型企业先后在主板和新三板挂牌上市。新增省科技企业上市培育计划入库企业25家,位列全省第二,累计131家。

【高新技术产业】 全市高新技术产业产值完成4805.99亿元,占规模以上工业产值比重42.9%;高新技术企业新增126家,累计986家;721家规模以上高新技术企业完成产值2487.07亿元,利税241.49亿元,分别占全市规模以上工业企业的17.82%、29.9%和39.99%。牵头推进碳材料和新医药产业链,实施碳元科技股份有限公司、神鹰碳塑复合材料有限公司、千红生化制药股份有限公司、紫龙药业有限公司、国际医疗器械城等投资超5000万元项目33个,完成投资47.9亿元。碳材料产业11家规模以上企业完成产值33亿元,增长50%。新医药产业146家规模以上企业完成产值400亿元,增长6.9%。

2014年6月20日,创新型企业培育推进会在常州市举行。

【科技成果】 2014年,常州四药制药有限公司与上海医药工业研究院、浙江华海医药股份有限公司联合完成的《抗高血压沙坦类药物的绿色关键技术开发及产业化项目》,获国家科学技术进步二等奖。沙坦类药物是占据市场份额最大的一类抗高血压药物,常州四药制药有限公司通过与上海医药工业研究院合作,对原料药绿色生产的多项合成技术进行创新,达到国际领先水平,其中氯沙坦钾等原料药的国际市场占有率已超过50%。该项目还突破国外企业的技术壁垒,全面创新了沙坦类药物制剂处方和造粒工艺,已应用于14个制剂产品的制备。其中,2个制剂产品获美国食品及药物管理局批准,7个制剂产品获欧盟药监局批准,成为中国沙坦类制剂唯一出口欧美的系列产品。

表6-3　2014年度常州市科学技术进步奖获奖名单

序号	项目名称	完成单位	主要参加人员
一等奖(8项)			
1	高质量肝素和胰激肽原酶大品种生化药物重大技术创新及产业化	常州千红生化制药股份有限公司、南京大学	王耀方　刘　军　戴国平　赵　刚 蒋建平　蒋文群　叶鸿萍　邹少波 范　泳
2	XGN55A-2X27.5气体绝缘金属封闭开关设备	常州太平洋电力设备(集团)有限公司	高旻东　黄协平　蒋　蓁　江小飞
3	废弃油脂清洁化生产生物柴油和生物增塑剂关键技术及产业化应用	江苏悦达卡特新能源有限公司	张伟明　杨锦梁　肖达明　牟胜学 许梅芳　吴　杰　杨伯文　陆小林 陆小青
4	煤矿安全监控关键技术与装备	天地(常州)自动化股份有限公司、中煤科工集团常州研究院有限公司	邹哲强　许　中　王晓阳　汪丛笑 贺耀宜　陆　铮　王海波　张立斌 屈世甲
5	双膜法液体盐制备技术的研发与应用	中盐金坛盐化有限责任公司、江苏久吾高科技股份有限公司	管国兴　张　宏　陈留平　周蓉美 虞金法　陈先钧　王肖虎　赵营峰 李文华
6	超级稻武运粳24号的选育与应用	江苏(武进)水稻研究所	朱邦辉　徐玉峰　徐洁芬　于　斌 张小英　刘古春　宋学堂　吴　越 钮中一

续表 6-3

序号	项目名称	完成单位	主要参加人员
7	微炎症反应对慢性移植肾肾病的影响	常州市第一人民医院	何小舟 薛 冬 周萃星 许贤林 杨 敏 季 云 宋广来 毛庆岩
8	食管癌细胞周期相关基因甲基化分子表型与临床研究	常州市肿瘤医院	凌 扬 张长松 朱 静 范婷婷 徐 赟 高 璐 李 蓉 刘永萍 卢明柱
二等奖(22项)			
1	挖掘机用整体式多路阀阀体铸件	江苏恒立高压油缸股份有限公司	汪立平 庄 晔 邱永宁 施密特 牟华军 陈 展 刘红光
2	高效节能低成本电转炉炼钢技术开发与应用	中天钢铁集团有限公司	万文华 朱海岗 是一峰 张俊峰 耿建林 卢同贵 王真华
3	节能环保型非道路多缸柴油机关键技术研发	常柴股份有限公司、江苏理工学院	王伟峰 孙建中 周小勇 王文勤 吕国华 束卫兵 熊 飞
4	碳纤维多轴向经编机	常州市第八纺织机械有限公司	谈昆伦 蒋国中 谢雪松 陈 震 陈 龙 刘勇俊
5	NB2031B交银自助通	江苏国光信息产业股份有限公司	褚建民 徐建东 朱秀琴 李卫国 袁牡华 袁建华 沙建役
6	高效单机MW级光伏并网逆变器	常州佳讯光电产业发展有限公司	吕全亚 汪海宁 焦道海 李安定 苏建徽 许迎锋 唐 燕
7	核电站用1E级控制电缆、仪表电缆、补偿电缆	常州八益电缆股份有限公司	洪启付 周叙元 郭大利 范沛菁 朱咸林 徐 佳 朱强中
8	用于超高压或特高压变压器的绝缘均压管	常州市英中电气有限公司	俞英忠 徐洪波 马 旭 张 升 陈志平 蒋志锋 刘 乾
9	大功率风电主轴集成塑性成形制造技术	江苏金源锻造股份有限公司、南京理工大学	葛艳明 黄 俊 袁志伟 樊新民 黄洁雯 杨志华 孔 见
10	固废对苯二甲酸生产有机锌关键技术研究与产业化	江苏爱特恩高分子材料有限公司、华东理工大学、常州市五洲化工有限公司、江苏爱特恩东台新材料科技有限公司	方春平 刘够生 丁玉兰 陈 慧 陈志英 胥成桃 张莉娜
11	双绳牵引无极绳连续牵引系统	常州科研试制中心有限公司	姜世文 陈兴江 王眉林 史发慧 李进喜 高建荣 冯维钧
12	节能环保预制组合检查井	江苏河马井股份有限公司	周佰兴 周敏伟 周敏宏 周敏飞 吴恒立 周纪润 潘萍波
13	液压阻尼器测试技术及测试装备	河海大学常州校区、常州格林电力机械制造有限公司	雪 松 汤炳新 钱亚鹏
14	优质鸡品质控制关键技术研究与应用	江苏立华牧业有限公司 江苏省家禽科学研究所	高玉时 袁青妍 唐修君 顾 荣 陈大伟 程立力 贾雪波
15	污水处理厂排水毒性管理技术集成与应用示范及毒性排放控制标准研究	常州市环境监测中心、常州大学	薛银刚 徐东炯 许 霞 龙 湘 谢文理 曹志俊 李 金
16	基于地址数字化编码的标准地址库	常州市公安局	钱东炜 朱亚林 沈岳民 董文缨 秦文荣 生荣林 高 超

续表 6-3

序号	项目名称	完成单位	主要参加人员
17	常州公交信息系统集成工程	常州市公共交通集团公司、青岛海信网络科技股份有限公司	蔡健臣 朱向军 吴 强 周红卫 杭福兵 金煜鹏 张 锐
18	综合交通枢纽智能化运行管理技术示范	常州市铁路建设指挥部办公室、华东建筑设计研究院有限公司	卢明康 沈惠康 张 磊 吴 洋 章 玺 周鲁平 林海雄
19	磁共振功能成像技术在肾癌诊治中的应用研究	常州市第一人民医院	邢 伟 何小舟 陈 杰 孙 军 丁玖乐 陈铜兵 俞胜男
20	幽门螺杆菌感染与宿主基因多态性的\交互作用参与胃癌发生发展机理的研究	常州市第二人民医院、南京医科大学第一附属医院	王晓勇 薛乐宁 张国新 徐克群 谭 勇 林 敏 朱秋伟
21	狭窄空间中氮氧化物中毒损伤的基础研究及临床救治	常州市武进人民医院	岳茂兴 李 瑛 夏锡仪 李建忠 卞晓星 尹进南 刘志国
22	精氨酸加压素联合左昔蒙旦对脓毒症时急性肺损伤的影响	金坛市人民医院、南京军区、南京总医院	李国民 杨建军 袁 冬 管双仙 范云霞 纪木火 王建强

表6-4 2014年度常州市科技进步先进企业名单

序号	企业名称	序号	企业名称
1	中盐金坛盐化有限责任公司	6	常州天合光能有限公司
2	江苏上上电缆集团有限公司	7	梅特勒—托利多(常州)测量技术有限公司
3	新誉集团有限公司	8	常州千红生化制药股份有限公司
4	瑞声声学科技(常州)有限公司	9	常州亚玛顿股份有限公司
5	江苏武进不锈股份有限公司	10	南车戚墅堰机车车辆工艺研究所有限公司

【创新创业平台】 累计建成"两站三中心"1052个,新增研发投入15.5亿元,研究开发新产品、新工艺、新装置1500件;新增申请发明专利364件,授权发明专利110件。召开全市公共创新平台建设发展座谈会,分类指导20家公共创新平台工作重点从载体建设转向内涵发展。首次组织专家开展绩效评估,择优支持推动公共创新平台与常州市产业、企业的合作。江苏中国科学院智能科学技术应用研究院进展明显,启动了机器视觉实验室建设,研发中心和焦点中心建设正在推进,成功获批江苏省智能装备产业技术创新中心。按照"拓展空间、完善功能、强化服务、提升水平"的发展理念,引导各类主体加大投资力度,推进孵化器物理空间等基础形态建设,民营资本投资和合作建设的市级以上孵化器45家。武进国家高新区30万平方米的科技企业加速器正式启用。设立市科技创业平台项目,支持市级以上孵化器建设"一平台三中心"(公共技术服务平台、产学研服务中心、科技金融服务中心、创新创业人才服务中心),提升创业孵化服务能力。长江龙城创研港、西夏墅工具产业创业服务中心升级为国家级科技企业孵化器。常州三晶世界科技产业发展有限公司孵化基地和长江龙城科技有限公司成为首批江苏省苗圃-孵化器-加速器科技创业孵化链条试点单位。全年新认定市级孵化器、加速器14家,累计92家;新增省级2家,累计25家;新增国家级2家,累计14家。新增孵化、加速面积102万平方米,累计703万平方米,培育科技企业超5500家。

【产学研合作】 围绕十大产业链,面向82家高校院所征集148项成果向企业发布,组织第九届中国常州先进制造技术成果展示洽谈会(简称"5·18"

展洽会)等重大产学研活动13次,新增产学研合作项目1053项,其中重点产学研合作126项。2014年常州市校(院)地合作圆桌会议、中国科学院—武进半导体照明产学研对接洽谈会、2014工程机械磨耗件院士论坛、首届“光伏科学与技术”高端论坛相继在常州举办。

【国际科技合作】 重点开展与以色列、英国、德国、芬兰等国的科技合作交流,举办生物医药、新能源、输变电、智能制造等技术领域的重大会议和活动8次。西太湖科技产业园在2013年被科学技术部认定为国家医疗器械国际创新园的基础上,2014年正式成为中以两国政府首例合作共建的科技园区。2名学者入选省科学技术厅与德国弗劳恩霍夫应用研究促进协会合作的访问科学家合作交流计划。争取国家科学技术部国际科技合作项目7项,获支持经费1898万元;争取省国际科技合作项目12项,获支持经费700万元。全市有国际创新园1家、国际科技合作基地4家。新增省外资研发机构8家,累计86家;省、市国际科技合作计划项目支持江苏恒立高压油缸股份有限公司等创新型企业在境外以收并购或直接投资等方式设立海外研发机构3家。

【科技惠民】 2014年,常州市实施健康产业(生物技术与新医药)专项,争取国家和省科技计划项目77项,经费支持6078万元。应用基础科学研究实现突破,争取国家自然科学基金项目66项,经费2847万元;省自然科学基金项目56项,经费958万元,创历史最高,特别是北京化工大学常州先进材料研究院承担的聚酰亚胺的可控金属化及其微观结构与性能关系研究获省杰出青年计划项目。武进绿色建筑综合示范工程项目、市公安局应急空间信息管理与应用服务平台2个生活发展科技示范项目被省科学技术厅列入2014年社会发展科技示范计划;推动国产创新医疗器械产品评价应用与示范工程项目,通过尽可能采用常州本地产品,明显降低医疗费用。金坛茶产业创新项目列入科技部富民强县专项。

【农业科技】 截至2014年年底,全市有农业高新技术企业累计92家、省农业科技型专业合作社17家、省农村科技服务超市5家。新认定市农业科技示范园区17家、省农业科技型企业5家,新建农业技术转移苏南分中心2家。市科技局10次赴江、浙、沪等地开展产学研走访活动,签署常州-江南大学产学研全面合作、浙江大学-常州农业科技推广中心共建、青枫茶籽油开发和太湖银鱼产学研合作4个协议,达成稻米品种、粮食害虫性诱剂开发、碧根果食品开发等一批合作意向。由常州市现代农业科学院牵头成立的常州市农业科技创新联盟实现常态化运作,加盟单位30余家。金坛茶产业创新项目列入科技部富民强县专项。

【创新创业人才】 2014年,科技部首批领军人才创新驱动中心落户常州,属苏南地区首家。通过“龙城英才计划”推介会引进创新人才,积极辅导、帮助落户高层次人才创办企业申报省人才计划,申报省双创人才35项,获资助7项;省博士计划41项,获资助20项;省创新团队10项,获资助1项,获资金支持300万元。通过第六批“龙城英才计划”引进创业人才,已有384个人才(项目)申报,A、B类项目通过投审会13项,C类确定156项。全市累计签约落户领军人才项目2049名,其中国家“千人计划”342名,省“双创人才”194名。启动实施杰出创新人才引育“云计划”。重点支持创新人才合作项目、企业领军型创新人才引进培育项目以及科技型企业家培训项目三大类。其中创新人才合作项目突出人才“为我所用”,重点鼓励企业加强合作引进,集聚创新人才和团队;企业领军型创新人才引进培育项目,重点引导企业通过实施产学研项目、建设研发机构引进培育高层次创新人才,这2类项目正在组织申报中。开展以“绿色创新”为主题的创新企业总裁研修班,培训来自国家高新技术企业、领军人才创业企业的科技企业家共341名,通过理论教学、现场教学、座谈交流和产学研对接等方式,提升经营管理、战略思维和创新发展的能力。

【科技金融】 2014年,常州市完善科技与金融相结合的机制。围绕创新链完善资金链,支持金融机构创新科技金融产品和服务,加快发展创业投资、风险投资,构建多元化、多层次的科技投融资体系。针对中小科技型企业创业启动难、信贷融资难、建厂扩产难的"三难"制约,创新科技金融服务,为153户科技型中小企业发放风险补偿贷款4.85亿元。"苏科贷"定向在常州科教城设点,由江苏银行常州分行提供1亿元授信额度,专为园区内科技型中小微企业技术研发和市场开拓提供定向资金支持,实现"三个最",即利率最低、门槛最低和流程最短。组织39个投资项目获省天使投资引导资金风险准备金支持,列全省第二。2014年8月19日,市金融办、科技局、人民银行常州市中心支行联合举办"十百千"创新型企业银企对接会,20家创新型企业代表现场与相关银行机构进行了集中签约,签约金额超19亿元。

2014年8月19日,常州市人民政府金融工作办公室、科技局、人民银行常州市中心支行在常州联合举办"十百千"创新型企业银企对接会。

【知识产权】 2014年,常州市以新一轮专利创造激励政策为引导,实施专利战略3年推进计划,提高知识产权创造、运用、保护和管理能力。全年完成专利申请37833件,其中发明专利11668件;专利授权18152件,其中发明专利授权1696件;万人发明专利拥有量13.9件。全年全市专利质押总数125件,为7家企业授信、发放贷款1.31亿元;省级专利专项资助(PCT)44件,下达资金87.6万元。

重点推进"十百千"创新型企业实施知识产权战略。2014年贯标合格以上单位90家,培育和认定市知识产权创新企业20家,累计88家。新增省知识产权管理标准化示范企业58家,累计381家;新增先进单位9家,累计44家。企业实施省企业知识产权战略推进计划项目11项,市本级投入370万元支持33家企业实施项目。

继续深化省知识产权战略区域试点示范工作。进一步加强地区主导产业的知识产权战略规划与预警分析,探索建立重大项目引进的知识产权分析评议机制。新增市级"正版正货"示范街区8家,常州月星国际家居广场、江苏万和奥莱斯购物公园、江苏上河城国际步行街3家常州街区成为省"正版正货"示范创建街区,金坛中大国际商贸城获批成为省"正版正货"示范街区深化创建试点区,其中金坛中大国际商贸城有19家单位被评为省"正版正货"承诺试点企业。

全年全市培训知识产权工程师280人、专利代理人120人、企业知识产权总监65人,培训累计超过9000人次。推进依法行政,实施执法维权"护航"专项行动,全年办理专利案件459件,其中专利侵权纠纷案82件、涉嫌假冒专利行为案356件、诉调对接案21件。常州大学知识产权研究中心揭牌成立,获批组建江苏省机器人及智能装备制造产业知识产权联盟。

【创新环境】 常州市完善企业发挥主体作用与政府优化服务良性互动的机制。坚持科技创新政策落实联席会议制度,落实企业创新优惠政策,加强政策宣传与培训,落实高新技术企业、研发费用加计扣除等税收优惠政策,企业享受科技减免税超23.04亿元。130个重大科技项目列入政企协同推进,125个完成年度目标任务,完成率96.2%,比2013年提高7.1%;完成研发投入12.4亿元,项目投入12.93亿元,实现销售39.4亿元;引进人才(团队)242个;专利申请1476件,其中专利授权683件,发明专利授权229件。

【重大科技活动】 2014年5月8日,江南石墨烯研究院——雷伊·鲍曼外籍院士工作站在西太湖科技产业园揭牌成立。雷伊·鲍曼是美国材料科学家,达拉斯德克萨斯大学纳米科技学院主任,2014年当选中国"千人计划"突出贡献外籍专家。院士工作站成立以后,将以研究院为依托,加强石墨烯及先进碳材料的应用研发。计划在未来5年内,由江南石墨烯研究院、常州碳宇纳米科技有限公司、鲍曼院士团队共同出资1000万元,用以支持碳纳米管纤维超级电容器、先进碳材料电极组件的热能量收集、石墨烯高分子光电池、特殊形态的碳材料热量采集与转换材料、碳纳米管人工肌肉、石墨烯/纺丝碳纳米管复合纤维6个应用领域的技术研发,在2~3年内产生3个产业化成果,5年内创办企业2~3家。

2014年5月20日,国务院副总理刘延东访问以色列、出席以色列首届创新大会期间,科学技术部、江苏省与以色列经济部共同签署常州国际创新园共建协议,常州西太湖科技产业园正式成为中以两国政府首个合作共建的科技园区。常州市政府、常州国际创新园和以色列产业研发促进中心3方还签署了为以色列企业入驻园区提供具体优惠政策为主要内容的具体执行协议。

2014年6月19~20日,2013年诺贝尔化学奖获得者迈克尔·莱维特在浙江大学常州工业技术研究院建立诺贝尔奖获得者工作室,并担任浙江大学常州工业技术研究院纳米药物研究中心首席科学家。迈克尔·莱维特教授是著名的生物物理学家,1987年后一直在美国斯坦福大学担任结构生物学教授。2013年,迈克尔·莱维特教授与另外两位美国科学家马丁·卡普拉斯(Martin Karplus)和亚利耶·瓦谢尔(Arieh Warshel)因建立发展复杂化学体系多尺度模型而获诺贝尔奖。

迈克尔·莱维特团队成员、浙江大学思源讲座教授周如鸿联合中国科学院院士唐孝威,在浙江大学常州工业技术研究院共同建立纳米药物研究中心作为诺贝尔奖获得者工作室的运营主体,迈克尔·莱维特担任该中心的首席科学家,重点开展结构生物学和纳米药物研究,常州高新区和浙江大学常州工业技术研究院给予重点支持。6月20日,迈克尔·莱维特受聘担任常州市科技顾问。

2014年8月26日,协同中以科技创新基金成立暨中以国际创新园共建签约仪式在武进区行政中心举行。该基金(英文名WBP)由香港桥道资本、以色列PTL公司和常州西太湖科技产业园共同发起成立,为纯人民币基金。目的是关注落户在园区内的以色列企业,并对其中的高成长型企业进行风投、创投,帮助企业发展,第一期基金规模1亿元。常州市科技局、武进区政府、常州西太湖科技产业园就共建中以国际创新园进行签约。

2014年4月9日,第三次亚太经合组织(APEC)科技创新政策伙伴关系机制(PPSTI)会议在常州开幕,会议围绕APEC主题和优先议题制订年度工作计划,并就各成员APEC项目合作交换意见并规划未来合作。

2014年5月18日,第9届中国常州先进制造技术成果展示洽谈会开幕,发布最新科技成果5000余项、企业技术需求500余项,举办各类活动96场,共达成合作意向322项,现场签约21项。

2014年5月18日,第9届中国常州先进制造技术成果展示洽谈会开幕式在常州举行。

2014年12月13日,习近平总书记视察江苏省产业技术研究院。江南石墨烯研究院名誉理事长冯冠平教授汇报常州石墨烯产业化情况。在成果展示区,习总书记拿起石墨烯气体阻隔膜,并了解产品性能、市场应用、产业前景等。

2014年12月13日,习近平总书记视察江苏省产业技术研究院时,北京化工大学副校长、碳纤维技术研究所所长、北京化工大学常州先进材料研究院院长陈标华教授向习总书记展示了应用碳纤维制造的飞机机翼模型、大型运载火箭用碳纤维复合材料气瓶等最新应用成果。

(许红梅)

苏州市

Suzhou City

【概　况】 2014年，苏州市科技工作紧紧围绕市委市政府工作部署，聚焦“企业自主创新能力、社会创新转化能力、服务产业服务企业能力”三大提升，加快实施创新驱动发展战略，全面推进各项工作，取得了较好成效，形成了新的特色和亮点。

【科技人才】 高层次领军人才加快集聚。2014年，全市新增姑苏人才132人，累计达606人；新增省双创人才98人，累计达501人，连续八年位居全省第一；新增国家千人计划人才32人，累计157人，其中创业类人才95名，居全国第一。604家市级以上人才创业企业预计全年实现销售140亿元，同比增长20%。

【企业创新】 集成各类资源和手段，扎实开展“雏鹰计划”“瞪羚计划”的组织实施，推动一批中小科技企业快速成长；支持企业加快建设研发机构，新增省级以上工程技术研究中心、企业院士站、重点实验室等106家；新增国家高新技术企业669家，累计达2950家，新增省级民营科技企业1284家，累计达9098家，均为全省第一。

【产学研合作】 产学研合作持续拓展。2013年10月，石泰峰书记、周乃翔市长率队访问中科院并签署新一轮深化院市合作备忘录，标志着双方合作进入了全面发展的新阶段。在此带动下，全市产学研合作渠道不断扩大，全市新增合作院校14所，新增产学研联合体168个，新增产学研合作项目1250个，中科院科技服务网络苏州中心、中科院兰州化学物理研究所、中科院大连化学物理研究所、中科院上海硅酸盐研究所等一批重大载体相继落户。

【科技金融】 建立省、市、县三级联动推进科技金融结合的体制机制，制订《关于进一步推进苏州市科技金融深度结合的实施方案》，聚焦信贷、保险、创投、担保4个重点方向，通过完善“首投”“首贷”“首保”机制，切实缓解中小科技企业的融资难问题，“科贷通”累计帮助1319家中小科技企业活动银行贷款112.15亿元。

【科技平台】 自主创新广场建设迈上新台阶。广场获批“国家技术转移苏南中心”，成为全国第三家、也是唯一建立在地级市的国家技术转移平台。各服务平台功能不断完善，主动承接上海科技创新能力、成果辐射，与上海研发公共服务平台合作共建苏州分中心。科技成果转化平台举行18场专题对接会，达成合作意向70项，技术经纪人队伍超1200人，大仪网入网仪器2408台套,原值14.1亿元，促成供需对接821项。

【科技体制】 突出需求导向，完善科技计划体系，指南意见征集过程中，累计召开座谈会32场，向637家单位征集了926条意见和建议。改革科技经费使用方式，提升科技管理水平，通过拨加投、拨加补、拨加保、拨加奖等方式，从事前支持、直接支持更多地转向事后补助、间接支持。2014年用于后补助、间接支持的经费占年度可支配经费的比例达到60%左右。

【科技惠民】 加强农业技术集成与创新示范，组织实施重大农业科技示范项目24项，大力发展壮大农业科技型企业、现代农业科技园、科技型农业专业合作组织，农业科技进步贡献率超65%；大力发展民生科技，围绕节能减排与资源环境、公共安全、城市公共服务管理等民生科技的重点领域，组织实施重大民生科技示范项目23项。继续在7个社区开展“创新医疗器械产品进社区系列活动”，服务人群将超千人。

【科技创新】 2014年，全市科技创新环境进一步完善，区域创新能力和科技综合实力持续增强。落实研发费用加计扣除、高新技术企业税收优惠等重点政策为3500多家企业减免税收金额66.7亿元；全社会研发投入占GDP比重预计可达2.7%；全年高新技术产业产值1.37万亿元，占规模以上工业总产值的44.8%；根据省科技厅最新统计监测数据，科技创新综合实力继续保持全省领先，荣获福布斯"中国大陆城市创新力排行榜"第二位(仅次于深圳),科技创新为全市经济保持平稳较快增长和发展方式转变作出了积极贡献。

【重大科技活动】 江苏省科学技术厅-苏州市人民政府厅市工作会商召开。2014年1月15日下午,江苏省科学技术厅-苏州市人民政府厅市工作会商在市会议中心举行。省政协副主席、省政府党组成员、省科技厅厅长徐南平,苏州市委副书记、市长周乃翔出席会议并分别作重要讲话。厅、市双方就科技金融体制创新、国家技术转移苏南中心建设、大科学装置以及产业技术研究院建设等方面进行了工作会商。省科技厅王秦副厅长与苏州市政府徐美健副市长共同签署了《江苏省科学技术厅苏州市人民政府工作会商协议书》。

2014年1月15日,省科技厅王秦副厅长与苏州市政府徐美健副市长共同签署了《江苏省科学技术厅苏州市人民政府工作会商协议书》。

苏州市科技局长工作会议召开。2014年1月24日,苏州市科技局长工作会议在苏州自主创新广场召开,全市科技系统70余人参加会议。会上,黄戟局长代表局党组作了全市科技工作报告,总结了2013年全市科技工作,对2014年工作进行了全面部署。会议表彰了2013年度苏州市科技系统先进集体、先进个人以及优秀调研报告获得者,部分市、区科技局长进行了交流发言,市科技局各处室对2014年重点工作方案进行了解读。

"纳米真空互联实验站"筹建工作领导小组会议在苏召开。2014年4月8日,江苏省首个"大科学装置"——"纳米真空互联实验站"筹建工作领导小组第一次会议在苏州工业园区召开。会议旨在加快推进"纳米真空互联实验站"建设,总结了前期工作进展,研究部署了下一步工作。实验站建成后将申请纳入国家大科学装置体系,同时也将成为国际上首个真空互联的纳米科技公共实验平台,通过吸引和培养一批顶尖人才,形成一批关键核心技术、重大产品和尖端科学装备,产出一批重大研究成果,促进全市乃至全省产业转型升级和科技创新发展。江苏省政协副主席、省政府党组成员、省科技厅厅长徐南平,中国科学院副院长丁仲礼及筹建小组成员等参加了会议。

2014年4月8日,江苏省首个"大科学装置"——"纳米真空互联实验站"筹建工作领导小组第一次会议在苏州工业园区召开。江苏省政协副主席、省政府党组成员、省科技厅厅长徐南平,中国科学院副院长丁仲礼及筹建小组成员等参加了会议。

苏州创新领袖训练营及创新峰会举办。2014年4月10~13日,苏州市科学技术局和苏州大学联合举办了"2014年苏州创新领袖训练营及创新峰会"。这是在继举办"北京大学苏州创业训练营"之后,再次针对创新型企业家进行集中培训辅导。160多名来自千人计划、长江学者、姑苏领军人才、创投公司的代表参加了本次活动,并获得结业证书。

科技部副部长曹健林赴苏州调研苏南自主创新示范区创建情况。2014年5月6日,科技部副部长曹健林率调研组赴苏调研自主创新工作。省政协副主席、省政府党组成员、省科技厅厅长徐南平陪同调研,苏州市委副书记、市长周乃翔会见了调研组一行。在苏州期间,曹健林一行先后赴苏州工业园区、苏州高新区考察了中科院苏州纳米所、苏大维格光电科技股份有限公司、东沙湖创投中心、东微半导体公司、中科院苏州医工所、易程新技术股份有限公司等地。苏州的自主创新成效给曹健林一行留下了深刻印象,他鼓励苏州企业进一步增强自主创新能力,为转型升级、创新发展做出更大贡献。

2014年5月6日,科技部副部长曹健林率调研组赴苏州调研自主创新工作,省政协副主席、省政府党组成员、省科技厅厅长徐南平陪同调研。

苏州市科技企业创新服务咨询会举行。2014年5月21日,苏州市科技企业创新服务咨询会(知识产权专场)在自主创新广场举行。来自全市的"千人计划"专家、人才企业、"瞪羚计划"企业及服务机构代表共计100余人参加了此次活动。会上,上海市知识产权局副局长洪涌清、国家知识产权局知识产权出版社首席培训师赵国壁等专家分别围绕科技创新与知识产权、竞争情报与企业转型等作了精彩演讲,并就企业如何有效挖掘并利用专利信息、服务机构如何为企业提供有价值的竞争情报等问题,与参会人员进行了热烈交流、现场解答。

中国科学院电子学研究所苏州分所落户苏州工业园区。2014年6月6日,中国科学院电子学研究所与苏州工业园区签订共建"中国科学院电子学研究所苏州分所暨苏州电子信息科学技术研究所"合作协议。中科院电子所所长、院士吴一戎,党委书记、副所长孙殿义,江苏省科技厅副厅长蒋跃建,苏州市委常委、园区工委书记王翔,苏州市副市长陆留生等出席签约仪式。合作协议的签署标志着中科院电子所苏州分所正式落户苏州工业园区。苏州分所作为中科院电子所的有机组成部分,是继中关村园区和怀柔园区后新的发展空间,将成为电子所新增科研布局和产业化的承载平台,初期将主要研究领域定位为电子信息一体化融合平台,未来则会根据研究所科研布局调整拓展业务领域。

苏州市科技创新重点工作座谈会召开。为加快全市科技创新重点工作推进步伐,2014年7月8日,全市科技创新重点工作座谈会在苏州自主创新广场召开。各市、区科技局局长、办公室主任,各高新区科技部门主要负责人,市科技局副处长以上干部、直属单位负责人参加了会议。会上,各市、区科技局围绕上半年亮点工作及下半年工作打算作交流发言,市科技局各分管局长分别部署了下半年重点工作。黄戟局长从抓住重点,突破难点、提升效能3个方面对全市创新载体建设、科技金融、科技人才等工作做了部署,要求加强对科技型企业的分类指导,不断加强科技型企业培育,更好地服务地方产业高端发展。

"2014苏州国际精英创业周·海归创业沙龙"。2014年7月10日,由市人才办、市科技局主办,苏州市千人计划专家联合会、市科技服务中心承办的"2014苏州国际精英创业周·海归创业沙龙"举行。市科技局局长黄戟、市千人计划专家联合会理事长张佩琢、市科技服务中心主任赵玮芳,在苏州的国家"千人计划"专家、国家级孵化器负责人、金融机构代表,以及参加精英周的海外人才共计130余人参加了沙龙活动。本次海归创业沙龙邀请10余位国家"千人计划"专家分享创业成功经验,充分发挥以才聚才、以才引才、以才揽智的作用。近10家国家级孵化器和金融机构现场推介特色科技服务和相关落户政策,加深了海外人才对苏州创业环境、科技政策、政府服务的认识,促成了人才间广泛的对接合作,提高了精英周品牌活动的影响力。

徐南平赴常熟调研科技创新工作。2014年7月26日,省政协副主席、省政府党组成员、省科技厅厅长徐南平赴常熟市调研科技创新工作落实情况。苏州市副市长徐美健,科技局局长黄戟,常熟市委副书记、市长王飚等陪同调研。徐南平实地调研了江苏隆力奇生物科技股份有限公司、中交天和机械设备制造有限公司等企业,重点了解科技创新核心位置的落实情况、创新政策的落实情况以及省委省政府近年来重大工作部署的落实情况,对常熟企业主动与高校、科研院所开展产学研合作,设立海外研发机构,增加产品科技含量,通过提高科技创新能力加快转型发展的路径表示肯定。

2014年7月26日,省政协副主席、省政府党组成员、省科技厅厅长徐南平在常熟市调研科技创新工作落实情况。

"创业梦工场,服务360"苏州科技人才企业服务对接会举行。2014年9月12日,主题为"创业梦工场,服务360"科技人才企业服务对接会在苏州自主创新广场举行。市委组织部副部长、市人才办主任周昌明到会致辞,市科技局局长黄戟、市千人计划专家联合会理事长张佩琢、11家市人才工作部门领导,以及人才企业、10家金融机构代表共计200余人出席了会议。会上,相关部门负责人及专家分别就知识产权金融、企业社保、自带物品出入境等人才普遍关心的政策作了精彩讲解。会议还启动了苏州科技人才招聘频道,该频道是由苏州市科技服务中心会同国际人力资源机构建设的线上科技人才招聘平台,旨在帮助企业打造常态化的科技人才引进渠道。

APEC科技成果转化交流会在苏州召开。为加强亚太区域创新合作,促进科技成果转移转化,9月14~15日,由国家技术转移苏南中心和苏州市科学技术局共同主办的APEC科技成果转化交流会在苏州举行。来自美国、澳大利亚、韩国、墨西哥、中国、菲律宾、俄罗斯、中国台北、中国香港、越南10个经济体的专家和学者参会,来自全国30多个城市的高校及科研院所专家、投资机构及私营企业代表、技术转移机构代表、相关政府官员代表近200人共同参与,围绕如何促进跨国技术转移和科技成果转化展开积极探讨。

苏州市政府与中国科学院在北京签署深化院市合作备忘录。2014年10月20日,苏州市政府与中国科学院在北京签署深化院市合作备忘录,力争通过5~10年的努力,在纳米技术、医疗器械、新医药、新能源、新材料、机器人等重点领域形成5~10个中国科学院院属单位在苏州集聚的"集团军",这标志着双方合作步入了全面发展的新阶段。中国科学院院长白春礼,省委副书记、市委书记石泰峰,市委副书记、市长周乃翔出席院市合作会谈签约仪式。

近年来,在院市双方努力下,中科院苏州纳米技术与纳米仿生研究所和中科院苏州生物医学工程技术研究所相继落户苏州,中科院苏州育成中心等一批产学研合作平台先后成立,近百项中科院重大科技成果在苏州产业化,200多家苏州企业与50多个研究所(院)、公司开展了科技合作。随着苏州与中科院的合作进入新的阶段,全市将加快纳米真空互联实验站、中科院苏州创新服务中心(STS服务中心)等重点载体建设步伐,打造技术转移、成果转化、协同攻关、系统集

2014年10月20日,苏州市政府与中国科学院在北京签署深化院市合作备忘录,中国科学院院长白春礼,省委副书记、市委书记石泰峰,市委副书记、市长周乃翔出席院市合作会谈签约仪式。

2014年10月27日,中新双边合作联委会第十一次会议、苏州工业园区联合协调理事会第十六次会议和天津生态城联合协调理事会第七次会议在苏州工业园区召开。会上,国家科技部曹健林副部长和新加坡贸工部高级政务部长李奕贤共同为"新加坡-中国(苏州)创新中心"揭牌。

成的科技服务网络,推动一批重大科技成果、产学研项目和创新研究机构落户苏州。

"新加坡-中国(苏州)创新中心"揭牌。2014年10月27日,中新双边合作联委会第十一次会议、苏州工业园区联合协调理事会第十六次会议和天津生态城联合协调理事会第七次会议在苏州工业园区召开。中共中央政治局常委、国务院副总理、理事会中方主席张高丽和新加坡副总理、理事会新方主席张志贤共同主持会议,中新两国政府有关部门以及江苏省负责人参加了会议。会上,国家科技部曹健林副部长和新加坡贸工部高级政务部长李奕贤共同为"新加坡-中国(苏州)创新中心"揭牌。创新中心将以新加坡国立大学为主要合作单位,面向新加坡主要科技创新资源,着力建设国际技术转化中心、国际产业孵化中心、国际科技交流中心三大服务平台,大力推动创新成果的产业化与市场化。

北京大学创业训练营苏州创新特训二期班暨北京大学创业训练营2014年会在苏州举办。2014年11月27~30日,北京大学创业训练营在全市举办了苏州创新特训二期班暨2014年会。省委副书记、市委书记石泰峰会见了来苏州出席北京大学创业训练营2014年会的北京大学常务副校长、北京大学校友会常务副会长吴志攀一行。北京大学创业训练营是北京大学面向全国推出的全公益平台,旨在支持企业家创新创业。本次特训班围绕创新主题,邀请了十余位创新创业领域专家,推出"企业战略与创新""企业人才的选用育留""新三板—中国的NASDAQ""创业投融资实战""移动互联网时代的机遇和挑战"等课程,超过100家创新型企业参加了对话活动。

(张　彬)

表6-5　2014年度姑苏创新创业领军人才名单

序号	姓名	单位	序号	姓名	单位
1	薛新忠	苏州华博电子科技有限公司	16	张宝印	江苏太奇通软件有限公司
2	唐海娣	张家港耐维思通电子科技有限公司	17	钟生平	金仕生物科技(常熟)有限公司
3	樊希安	苏州赛格瑞新材料有限公司	18	魏建军	苏州林华通信科技有限公司
4	曹　阳	张家港燎原环保科技有限公司	19	罗小帆	苏州聚复高分子材料有限公司
5	张　农	苏州友邦汽车底盘科技有限公司	20	周　印	苏州金山太阳能科技有限公司
6	徐　力	苏州光翼光电科技有限公司	21	杨　峰	苏州攀星光电科技有限公司
7	金　鹏	江苏盛弘光电科技有限公司	22	马志敏	苏州久润能源科技有限公司
8	陆　超	苏州卡耐博生物技术有限公司	23	张庆军	苏州拓康自动化技术有限公司
9	朱欣恩	张家港恩达通讯科技有限公司	24	黄新江	苏州欧凯医药技术有限公司
10	叶继春	苏州强明光电有限公司	25	刘友宏	苏州中尧节能环保设备有限公司
11	陈树军	苏州赛智达智能科技有限公司	26	耿　彤	苏州雷姆斯汽车工程有限公司
12	张华俊	苏州芷宁信息科技有限公司	27	王　栋	昆山汇维新材料有限公司
13	雍太有	苏州港能信息技术有限公司	28	林政德	昆山合谷数码科技有限公司
14	胡文波	江苏金标世纪生物科技有限公司	29	刘鸿达	昆山超绿光电有限公司
15	王　飞	张家港哈工药机科技有限公司	30	袁　涛	昆山睿翔讯通通信技术有限公司

续表 6-5

序号	姓名	单位	序号	姓名	单位
31	童小林	昆山思雷电子科技有限公司	70	曹曙光	苏州安安新材料有限公司
32	徐　岩	花桥华拓数码科技(昆山)有限公司	71	牟　恒	江苏德尔森传感器科技有限公司
33	朱峥嵘	昆山胜泽光电科技有限公司	72	胡文闯	张家港万众一芯生物科技有限公司
34	童水光	苏州新华软智能装备有限公司	73	高任峰	苏州峰通光电有限公司
35	门洪达	苏州天微工业技术有限公司	74	方钢锋	苏州锋驰微电子有限公司
36	周振东	江苏东迈重工机械有限公司	75	王　东	张家港丰德精密设备有限公司
37	张　芸	苏州昕皓新材料科技有限公司	76	曹　然	苏州容芯微电子有限公司
38	易　新	苏州朗开医疗技术有限公司	77	刘　鹏	张家港中贺自动化科技有限公司
39	黄保华	苏州宜百奥生物科技有限公司	78	张　磊	苏州衡微仪器科技有限公司
40	李　华	苏州固泰新材料科技有限公司	79	王胜军	张家港汇普光学材料有限公司
41	李力南	苏州宽温电子科技有限公司	80	于良耀	苏州汇琨菁华电子科技有限公司
42	张　登	苏州爱瑞德医疗科技有限公司	81	张发饶	苏州能之光新材料有限公司
43	李　励	苏州长风药业有限公司	82	李　荐	张家港能瓷材料科技有限公司
44	张　健	江苏天行健汽车科技有限公司	83	乔德瑞	江苏能华微电子科技发展有限公司
45	杨　军	苏州上声无线音频传输系统研究院有限公司	84	查超麟	江苏爱康实业集团有限公司
			85	陈永奇	江苏华昌(集团)有限公司
46	郭天鹏	苏州市清泽环境技术有限公司	86	陈佳佳	江苏艾思特信息科技有限公司
47	程　凯	苏州晶湛半导体有限公司	87	王　瑾	江苏威拓英立通信科技有限公司
48	白仲虎	拜明(苏州)生物技术有限公司	88	王　健	常熟恒富昱光电有限公司
49	姚亦明	苏州融析生物科技有限公司	89	华云峰	苏州西凌铂睿特种材料有限公司
50	龚霄雁	苏州英络医疗器械有限公司	90	赵　伟	苏州管复管道材料科技有限公司
51	马振坤	丹诺医药(苏州)有限公司	91	曾小勤	苏州慧驰轻合金精密成型科技有限公司
52	崔占峰	奥凯(苏州)生物技术有限公司	92	邵敏华	苏州康吉诊断试剂有限公司
53	应　峰	思瑞浦微电子科技(苏州)有限公司	93	郑清好	辛柏机械技术(太仓)有限公司
54	刘晓雷	科升无线(苏州)有限公司	94	汪济奎	苏州康邦新材料有限公司
55	刘　非	苏州昕健医疗技术有限公司	95	曹雪官	壹埃光学(苏州)有限公司
56	韩　民	苏州新锐博纳米科技有限公司	96	陈志祥	安佑生物科技集团股份有限公司
57	陈　菲	苏州和锐医药科技有限公司	97	翁濬一	苏州联辰生物技术有限公司
58	徐　敏	派格生物医药(苏州)有限公司	98	张　帆	昆山高联机器人有限公司
59	梁　非	江苏优聚思信息技术有限公司	99	张后启	中驰电子商务(昆山)有限公司
60	王允军	苏州星烁纳米科技有限公司	100	史玉升	江苏九钰机械有限公司
61	陈新江	苏州汉纳材料科技有限公司	101	谭方平	昆山创驰电子科技有限公司
62	刘　前	苏州华维纳纳米科技有限公司	102	陈　博	苏州君盟生物医药科技有限公司
63	虞留明	苏州博源医疗科技有限公司	103	方曙光	江苏紫石微康生物科技有限公司
64	王　谦	苏州沃伦韦尔高新技术股份有限公司	104	魏　凯	苏州福兴纳米科技有限公司
65	鲁永泉	苏州蓝海彤翔系统科技有限公司	105	张雪江	苏州盛运智能科技有限公司
66	杨　刚	苏州威士达信息科技有限公司	106	吴之中	苏州之诺新材料科技有限公司
67	赵若飞	苏州尚善新材料科技有限公司	107	陈　伟	江苏亨通光纤科技有限公司
68	白小青	苏州爱科博瑞电源技术有限责任公司	108	洪　建	苏州莱泰生物科技有限公司
69	韩立军	美合实业(苏州)有限公司	109	肖黎明	苏州孚尔唯系统集成有限公司

续表 6-5

序号	姓名	单位	序号	姓名	单位
110	金　毅	苏州药明康德新药开发有限公司	122	宋延林	苏州中科纳福材料科技有限公司
111	倪　春	苏州皇家整体住宅系统股份有限公司	123	王陆平	江苏南大光电材料股份有限公司
112	熊守美	苏州三基铸造装备股份有限公司	124	张汝志	弗洛里光电材料(苏州)有限公司
113	夏继波	苏州宇恒生物科技有限公司	125	杜志江	苏州康多机器人有限公司
114	郑　钢	苏州市优谱德精密仪器科技有限公司	126	李向东	苏州向东智造医疗科技有限公司
115	王　鹏	苏州亚宝药物研发有限公司	127	周　荣	江苏超敏仪器有限公司
116	杨　平	苏州泓迅生物科技有限公司	128	郑岷雪	苏州国科闻普生物科技有限公司
117	李　浪	苏州百益倍肯新材料科技有限公司	129	朱　斌	苏州艾吉克膜科技有限公司
118	韩逎骞	苏州工业园区韵光电子科技有限公司	130	陈　斌	苏州戴斯蒙顿仪器科技有限公司
119	董昆林	凯美瑞德(苏州)信息科技有限公司	131	宣英男	苏州珀力玛高分子材料有限公司
120	邓文平	苏州谱道光电科技有限公司	132	崔成强	安捷利电子科技(苏州)有限公司
121	谢永林	苏州锐发打印技术有限公司			

表6-6　2014年度苏州市科技创新创业市长奖获奖名单

序号	姓名	单位
1	安　旭	苏州斯莱克精密设备股份有限公司
2	倪祖根	莱克电气股份有限公司
3	王　安	苏州热工研究院有限公司
4	肖佐楠	苏州国芯科技有限公司
5	徐智策	苏州大学附属第一医院
6	张希军	苏州纳米科技发展有限公司

表6-7　2014年度苏州市科技合作贡献奖获奖名单

序号	姓名	单位
1	韩英铎	清华大学
2	Mary Brown Bullock(玛丽·布朗·布洛克)	美国艾格尼丝·斯科特学院
3	李兴德	美国约翰霍普金斯大学
4	赖载兴	新加坡国立大学

南通市

Nantong City

【概　况】 2014年,南通市深入推进国家创新型试点城市建设,所辖县(市)区均列入省级创新型试点,科技工作继续保持良好的发展势头。全市科技创新工程综合发展指数全省第一,连续第4次入选福布斯中国大陆创新能力25强排行榜,位列第15位;高新技术产业持续较快发展,全年产值5404.03亿元,占规上产值比重达43.6 %,同比增长16.72%,全省占比9.43%;创新载体平台建设实现突破,南通高新技术产业开发区、南通大学科技园成功晋级国家级;产业研究院建设快速推进,新引进高层次科研院所4家,全市新增三创核心区180万平方米;企业创新主体地位凸显,新增高企330家、省级重点研发机构58家,大中型工业企业和规模以上高新技术企业研发机构建有率全省第一;国家级知识产权示范城市建设再上新台阶,全国层面考核列第9位,万人发明专利拥有量达到11.53件,增幅全省第一,实现了国家专利金奖"零"的突破;全社会研发投入占比监测值达到

2014年4月1~3日,省政协副主席、省政府党组成员、省科技厅厅长徐南平在南通市调研科技创新工作。

2.48%,全年帮助企业争取省级以上科技资金3.39亿元、落实优惠政策13.63亿元;2人入选科技部科技创新创业人才,29人获省"双创"人才资助,31人获省博士计划支持,评选表彰9名"科技兴市功臣";获得2014年度"何梁何利基金科学与技术进步奖"、2项国家科技进步二等奖、6项省科学技术奖二等奖、11项省科学技术奖三等奖;市科技局成为全省"部门统计示范点",被表彰为全市作风建设优秀单位、党风廉政建设优秀单位、市级机关党建综合管理先进党组织、安全工作优胜单位等。

表6-8　2014年度南通市科技兴市功臣名单

序号	姓名	单位
1	申万秋	江苏海兰船舶电气系统科技有限公司董事长
2	孙道权	鑫缘茧丝绸集团股份有限公司副董事长、常务副总经理
3	魏昌林	江苏兴华胶带股份有限公司董事长
4	张　钢	江苏海上龙源风力发电有限公司总经理
5	朱德省	江苏林洋电子股份有限公司副总经理
6	沈捷美	江苏神通阀门股份有限公司核电事业部副总经理
7	李淑娥	江苏省南通市公路管理处总工程师
8	崔志明	南通市第一人民医院副院长
9	吴春芳	江苏沿江地区农业科学研究所副研究员

【高新技术产业】 深入实施高新技术产业发展计划,不断完善科技创新体系,加大扶持力度,加快推进产业转型升级步伐,全市高新技术产业保持了良好的发展态势。2014年全市高新技术产业产值5404.03亿元,增长16.72%,占全省份额达到9.43%;占规模以上工业产值比重为43.6%,同比增长1.2个百分点,直接拉动全市规模以上工业增长6.9个百分点,对全市规模以上工业增长的贡献

率达到61.8%。全市共有高新技术企业663家,同比增长39%;全年新增国家重点新产品13项、省级高新技术产品948项,有38个项目列入国家火炬计划。围绕海洋工程、新能源、新材料3个优势新兴产业和生物医药、智能装备、节能环保、软件与服务外包四大成长型新兴产业的产业链延伸和关键核心技术突破,加强省以上科技项目争取工作,共争取国家、省科技经费资助1.36亿元,其中南通富士通微电子股份有限公司有3个课题列入国家02重大科技专项,获科技部拨款无偿资助1.18亿元。

表6-9　2014年度南通市新增国家重点新产品名单

序号	项目编号	项目名称	承担单位
1	2014GRC10057	大型集中供热节能环保型燃气热水锅炉	南通万达锅炉有限公司
2	2014GRC10066	IPM26家电用IGBT模块产品	南通富士通微电子股份有限公司
3	2014GRC10013	聚氨酯保温材料	江苏绿源新材料有限公司
4	2014GRC10606	高强耐磨型抗水解聚酯单丝 0.08~0.50mm	南通新帝克纺织化纤有限公司
5	2014GRC10009	4G低损耗馈线(7/8)	中天日立射频电缆有限公司
6	2014GRC10012	海上浮式天然气生产存储装置	惠生(南通)重工有限公司
7	2014GRC10039	FTTX用新一代R5超低弯曲损耗光纤(G657B3)	中天科技光纤有限公司
8	2014GRC10017	苯甲醛	南通市天时化工有限公司
9	2014GRC10078	新型海上大功率风机导管架基础承载平台	江苏海力风电设备科技有限公司
10	2014GRC10018	NLN137型基于多通道的高精度能效监测管理终端	江苏林洋电子股份有限公司
11	2014GRC10027	能量回收型发动机动态试验系统	启东市联通测功器有限公司
12	2014GRC10031	第三代核电站用核级高压球阀(80H2Q967Y-1500P)	江苏神通阀门股份有限公司
13	2014GRC10056	128kW·h储能锂离子蓄电池组	江苏海四达电源股份有限公司

表6-10　2014年度南通市创新核心区建设情况　　单位:万平方米

类别	全市	崇川区	港闸区	开发区	海安县	如皋市	如东县	海门市	通州区	启东市
新增数	221.7	16.1	36.4	32.5	37.8	32.1	4.5	5.2	33.6	23.5
累计数	395.8	32.6	54.5	83.5	69.1	44.2	10.2	24.9	47.2	29.7

南通高新技术产业开发区。研究出台了《支持南通高新技术产业开发区加快发展的意见》,确定了建设家纺、建筑等传统产业转型升级的示范区,航空制造、医疗健康等新兴产业的集聚区,科技金融、对外开放、经济体制改革的先行区等主要任务,明确了"争当国内一流高新区、打造国家级高新区样板区"的发展定位。2014年7月27日,召开南通国家高新区建设推进,会上科技部曹健林副部长宣布,经国务院批准,南通高新区升级为国家高新技术产业开发区,掀开了南通创新发展、转型发展的新篇章。

【科技金融】 2014年,先后制定出台《深化南通科技金融合作创新示范区建设实施方案》《南通市区科技金融机构备案确认标准》《南通市科技金融"投贷保"联动管理办法》和《南通市区科技成果转化风险补偿资金管理办法》等科技金融政策文件,全面构建船舶与海工装备产业国际技术转移平台,先后推出"江风海韵""苏科贷""投贷保联动"等10多项创新型金融产品,大力开展科技金融服务,全市新增创投、股投34家,总数达到106家,规模达到100亿元,科技银行服务企业382家、累计贷款达到15.6亿元;科技担保服务企业82家,帮助企业获得科技信贷8.4亿元;科技创业投资服务企业15家,帮助企业吸引社会资本风险投资7700万元;7家科技小贷公司累计服务企业1562家,发放贷款43.3亿元。南通市科技金融服务中心和南通高新区科技金融服务中心被认定为江苏省科技金融服务中心。

【科技计划】 2014年,南通市组织实施市本级科技计划,立项382项,计划资助11844万元,在项目申报、评审、立项等方面,更加突出对重点产业、重点领域的扶持,实现了市本级科技资金80%用于支持企业创新,80%用于资助市级重大、重点科技项目,80%用于扶持七大新兴产业创新,为南通市产业转型升级注入了强劲动力。积极帮助企业申报国家和省科技计划,全年共争取省级以上科技计划项目立项1813项,获资金扶持3.6亿元,创历史新高,其中南通富士通微电子股份有限公司争取国家02专项立项获资助资金1.12亿元。2014年,南通市科技局加强科技研发投入统计监测,健全科技统计与监测机制,将动态监测范围扩大到全市所有规模以上企业,将全市县(市)区R&D占比纳入市统计月报,全市全社会研发投入占GDP的比重监测值达到2.48%。

表6-11 2014年度南通市获国家科技计划项目名单

序 号	项目名称	承担单位
中欧国际合作项目		
1	智能电网装备用高性能大型复杂铝合金承压件关键技术研发	南通宏德机电有限公司
2	高速动车轴承用圆锥滚子四工位冷镦工艺及装备研究	江苏力星通用钢球股份有限公司
科技型中小企业技术创新基金项目		
1	自供电无线传感控制成套系统	江苏博悦物联网技术有限公司
2	基于双嵌入式制动测厚技术的高精度复合高强钢带无齿永磁同步曳引系统	圣三一电机科技南通有限公司
3	无线停车记录仪	南通普佳安电子有限公司
4	高场功能磁共振成像科研用谱仪研制	南通尚青医疗科技有限公司
5	手机面板用大尺寸蓝宝石单晶板材的研发	江苏中电振华晶体技术有限公司
6	基于管壳双侧传热强化的变流量螺旋槽管缠绕式冷却器	海安天润机械科技有限公司
7	高熔指高刚性高伸长聚丙烯塑料	江苏英纳新材料有限公司
8	肺癌循环肿瘤细胞检测试剂盒	格诺思博生物科技南通有限公司
9	一体式海上测风塔	江苏道达海上风电工程科技有限公司
10	汽车金属表面锌镍合金电镀清洁生产技术	南通创源电化学科技有限公司
科技型中小企业科技服务项目		
1	中小医院医疗影像设备技术咨询/工程改造服务	南通市牧井微电科技发展有限公司
2	企业知识产权人才培训和技术咨询服务能力建设	南通市生产力促进中心
3	面向长三角地区软件产业的技术培训平台	如皋青软实训软件培训中心
4	医药物流咨询规划服务整体解决方案	南通捷科软件技术有限公司
5	地下管线检测专业技术公共服务平台建设	江苏晟利探测仪器有限公司
6	技改扩、新建项目有毒有害物质控制系统检测与咨询服务	江苏泰洁检测技术有限公司
7	服务科技型中小企业科技创新活动的咨询服务平台	南通顶点科技服务有限公司
科技型中小企业创业投资引导基金项目		
1	科技型中小企业创业投资引导基金	南通科技创业投资管理有限公司
02专项		
1	基于Low-K芯片的BOT-FC等高密度系统集成封装量产技术开发与产业化	南通富士通微电子股份有限公司

续表 6-11

序号	项目名称	承担单位
2	国产集成电路封测关键设备与材料量产应用工程	南通富士通微电子股份有限公司
3	8英寸CMOS嵌入TSV转接板中道晶园加工及系统芯片封装产业化技术	南通富士通微电子股份有限公司
国家火炬计划项目		
1	高速铁路用内屏蔽铁路数字信号电缆	中天日立射频电缆有限公司
2	采用弓形振子的移动通信基站一体化天线	江苏华灿电讯股份有限公司
3	Flip Chip 封装技术开发及产业化	南通富士通微电子股份有限公司
4	超长距离无中继通信系统用低损耗光纤	中天科技光纤有限公司
5	超级247晶闸管器件	江苏捷捷微电子股份有限公司
6	异种(猪)脱细胞真皮基质	江苏优创生物医学科技有限公司
7	三氯蔗糖产业化	南通市常海食品添加剂有限公司
8	手性抗艾滋病药物中间体——恩曲他滨薄荷酯	江苏科本医药化学有限公司
9	2,3,5-三甲基氢醌	南通柏盛化工有限公司
10	止咳药物右美沙芬	启东东岳药业有限公司
11	ITO透明导电镀膜玻璃	江苏铁锚玻璃股份有限公司
12	直流无刷变频马达用极异方烧结铁氧体磁环	南通万宝磁石制造有限公司
13	AP1000核电站主设备不锈钢硬铬镀件	南通市申海工业技术科技有限公司
14	远距离1000kV输电线路金具	江东金具设备有限公司
15	高磁性径向异性干压永磁铁氧体	海安县巨力磁材有限公司
16	纳微孔结构强耐水性高压电极箔	南通海星电子股份有限公司
17	五层复合高强度铝合金材料	南通恒秀铝热传输材料有限公司
18	2-甲基-5-氨基四氮唑	南通市华峰化工有限责任公司
19	N-BOC-L-焦谷氨酸乙酯	江苏德峰药业有限公司
20	低滚动阻力绿色轮胎用UT级特高强度钢帘线	江苏宝钢精密钢丝有限公司
21	精梳涤棉高性能赛络纺纱线产业化	南通华强布业有限公司
22	可生物降解记忆绵	江苏恒康家居科技股份有限公司
23	高频高压型电子加速器	江苏海维科技发展有限公司
24	高速重载直线导轨	江苏瑞安特机械集团有限公司
25	火箭等超大型特种设备运输箱研发及产业化	南通中集特种运输设备制造有限公司
26	宽量程三相线制自适应互感式智能表	江苏林洋电子股份有限公司
27	LSY-01型压裂酸化工作液动态滤失仪	海安县石油科研仪器有限公司
28	LJ高强度液压泵/马达壳体系列铸件	江苏力源金河铸造有限公司
29	高性能车用电动玻璃升降器永磁直流电机	海安联科汽车零部件有限公司
30	洁净室用循环导热节能型空气处理机组	江苏风神空调集团股份有限公司
31	六氟磷酸锂	江苏九九久科技股份有限公司
32	自升式风电安装平台	南通润邦海洋工程装备有限公司
33	220kV交联聚乙烯绝缘光纤复合海底电缆	中天科技海缆有限公司
34	5000立方米全压式双罐LPG船	南通太平洋海洋工程有限公司
35	筒内循环式球封密封水平旋转干馏炉	江苏鹏飞集团股份有限公司
36	大流量高压差低噪声煤气调压装置	江苏神通阀门股份有限公司
37	高品质再生铝合金锭产业化	南通曼特威金属材料有限公司
38	智能化大型废钢破碎线	南通棉花机械有限公司
国家自然科学基金		
1	箭图在代数上的表示	理学院
2	有限单群的若干刻画	理学院

续表 6-11

序号	项目名称	承担单位
3	金属纳米颗粒阵列中表面等离激元的受激辐射放大特性研究	理学院
4	基于互穿框架的调控及功能型混合配体高质子传导MOFs的合成与研究	化学化工学院
5	双功能离子液体萃取稀土动态界面性质及动力学规律的研究和应用	化学化工学院
6	三株海洋共附生细菌中多重耐药性外排泵抑制剂成分研究	药学院
7	多样性导向和生物性导向合成的活性二苯并七元内酯环类化合物结构优化及功能研究	药学院
8	蛋白质冠状物对纳米载体靶向功能的影响	药学院
9	孕期$PM_{2.5}$暴露对子代肥胖发生的影响及机制研究	公共卫生学院
10	基于酶蛋白再激活构筑重金属电化学免疫传感器的研究	公共卫生学院
11	高效携氧人工红细胞的构建及其机制的研究	公共卫生学院
12	光控“开-关”释药温敏糖基智能水凝胶设计合成及其构效研究	化学化工学院
13	TCDD经SSeCKS/TRAF6通路诱导星形胶质细胞激活致神经毒性的机制研究	公共卫生学院
14	靶向单基因模型构建与新型小分子化合物CB抗衣原体分子作用机制研究	药学院
15	植物抗病相关激素的多位点实时检测及其互作研究	公共卫生学院
16	insm1a在成年斑马鱼自发性脊髓再生过程中的功能研究	神经再生重点实验室
17	采用光电联用技术对谷氨酸能与GABA能突触囊泡回收机制的异质性研究	航海医学研究所
18	MicroRNA-146a在神经病理性疼痛中的作用和调控机制	公共卫生学院
19	溶血磷脂酸受体(LPAR2a/2b/3)在斑马鱼后侧线原基的集体细胞迁移和MET中的作用及机制	神经再生重点实验室
20	自发性脊髓再生中MIF的非炎性功能研究	神经再生重点实验室
21	核呼吸因子1调控HIF-1α表达对细胞低氧适应的影响	航海医学研究所
22	多疣壁虎断尾再生起始过程中影响愈伤上皮和芽基形成的关键信号通路研究	神经再生重点实验室
23	青藏高原流域高程面积积分谱系研究	地理科学学院
24	黄土高原末次冰期以来气候变化模式及突变事件的高分辨率石笋记录研究	地理科学学院
25	CNTs/ La^{3+}掺杂TiO_2纳米纤维的制备及对重金属去除机理研究	纺织服装学院
26	基于HDP-HSMM的机械设备故障预测关键技术研究	机械工程学院
27	大型电池储能电站调度特性建模及考虑不确定性的调度策略随机优化	电气工程学院
28	过渡流下分离与再附不稳定性及其传热强化机理的研究	机械工程学院
29	无线协作中继系统中的高能效双向中继技术研究	电子信息学院
30	降雨视频分析及雨天运动目标检测关键算法研究	电子信息学院
31	面向5G的大规模MIMO多用户无线传输关键问题研究	电子信息学院
32	认知车联网双向通信中继策略及资源优化	电子信息学院
33	移动云服务中轻量级设备隐私保护技术研究	计算机科学与技术学院
34	基于事件触发的网络化广义系统的性能分析和设计	电子信息学院
35	多模态工业过程辨识建模方法研究	电气工程学院
36	纳米ZnO原位修饰电极绿色制备及结构简单的P450酶生物传感器	药学院
37	肿瘤激光热疗近红外实时疗效评估基础研究	机械工程学院
38	差分微波功率分配类器件及其协同设计研究	电子信息学院
39	闭环不确定系统基于反馈控制的故障诊断方法研究	电气工程学院
40	二维薄层晶体材料的显微共焦光调制反射光谱研究	专用集成电路设计重点实验室
41	救援物资库存系统的VMI策略研究	商学院
42	循环Tfh细胞调控B细胞影响IgE的产生在哮喘病理过程中的作用机制研究	第三附属医院
43	SIRT3在硫化氢抗血管内皮氧化应激损伤中的作用机制研究	药学院

续表 6-11

序号	项目名称	承担单位
44	瘦素在肝星状细胞中调控miRNA-122的机制及后者与抑制肝星状细胞激活关键因子SREBP-1c关系	医学院
45	GPR151在神经病理性疼痛中的作用和机制	航海医学研究所
46	MRKβ与p-MSK1介导NFκB信号通路在神经炎症引起的神经元损伤中的作用及其机制	附属医院
47	红景天苷类似物SalA对脑缺血损伤的保护及机制研究	神经再生重点实验室
48	过氧化物酶体增殖物活化受体α(PPARα)在抑郁症病理生理过程中的作用及其机制研究	药学院
49	小胶质细胞炎性活化在系统性红斑狼疮抑郁的作用及机制研究	第二附属医院
50	人脐带间充质干细胞对大鼠自然流产模型中Th1/Th2/Th3/Th17细胞因子平衡的调节及机制	附属医院
51	β4GalT1调节PPARγ糖基化修饰在小胶质细胞炎症激活中的作用	医学院
52	放射性核素标记的EphrinA1配体类似物对非小细胞肺癌靶向治疗的实验研究	附属芜湖临床医院
53	低氧靶向控释磁性聚合物药物载体的构建及作用机制研究	航海医学研究所
54	调节性T细胞Foxp3下调在弓形虫排泄分泌抗原致流产中的作用及其机制的研究	医学院
55	低能近红外响应的载基因纳米粒水凝胶系统防治肌腱粘连的机制研究	附属医院
56	bFGF/VEGF基因修饰肌腱干细胞治疗肌腱损伤的研究	附属医院
57	MKP-4调节ERK信号通路在肝细胞癌发生发展中的意义	附属医院
58	膜联蛋白A2亚硝基化诱导肝细胞癌上皮-间质转化的机制	附属医院
59	FOXM1调控GRP78的基因转录参与胃癌转移的分子机制研究	附属南通市肿瘤医院
60	低氧通过激活TRPM7促进肝癌细胞转移的作用和机制研究	医学院
61	靶向VEZF1的miR-19b-1调控乳腺癌诱导血管生成及作用机制研究	药学院
62	miR-124靶向TRAF6在骨肉瘤中的作用	第四附属医院
63	ROC1活化mTOR通路促进膀胱癌侵袭及转移的机制研究	第四附属医院
64	PAX3/p53途径调控胶质瘤干细胞分化与凋亡的机制研究	附属医院
65	DNA氧化损伤修复基因microRNA结合位点的序列变异及其功能改变与年龄相关性白内障的关系	附属医院
66	PCAF干扰PGC-1a转录活性对Ⅱ型糖尿病小鼠肝糖异生调控作用的研究	神经再生重点实验室
67	p75ICD调控p35-p25/CDK5信号通路在脑出血诱导的神经元凋亡中的作用	附属医院
68	细胞外基质修饰的组织工程神经移植物修复周围神经缺损的研究	神经再生重点实验室
69	磷酸化nNOS/Sox2相互作用调控Shh/Gli1信号通路对脑缺血损伤后神经干细胞的影响及其机制	附属医院
70	HDAC介导的小胶质细胞极化在脑白质损伤中作用及机制研究	航海医学研究所
71	Spy1/CRMP1及其介导的Sema3A信号通路在周围神经损伤及修复中的功能及意义	附属医院
72	牛膝多肽对周围神经损伤中施万细胞的保护及作用研究	附属医院
73	Igκ基因双增强子作用模式及其对B细胞抗体产生的调控	医学院
74	TLR4异常激活导致BM-MSCs衰老在SLE发生中的作用	附属医院
75	脱细胞支架再造胰岛素分泌器官的基础研究	附属医院
76	日本血吸虫虫卵蛋白诱导肝星状细胞衰老的分子机制研究	医学院
77	ASIC1a介导椎体终板软骨细胞凋亡小体在终板退变钙化中的作用机制研究	第三附属医院
78	NLK的表达调控在Smad4介导非小细胞肺癌转移中的作用	附属医院
79	Prdx1-Spy1通过增强CDK2介导的p27降解在肝细胞肝癌发生中的意义	附属医院
80	大麻素CB1受体别构拮抗剂及其治疗尼古丁成瘾性作用研究	药学院

续表 6-11

序号	项目名称	承担单位
81	靶向活化SIRT1调节tau外显子10可变剪接在阿尔茨海默病防治中的作用	医学院
科技型中小企业技术创新项目		
1	自供电无线传感控制成套系统	江苏博悦物联网技术有限公司
2	无线停车记录仪	南通普佳安电子有限公司
3	高场功能磁共振成像科研用谱仪研制	南通尚青医疗科技有限公司
4	肺癌循环肿瘤细胞检测试剂盒	格诺思博生物科技南通有限公司
5	基于双嵌入式制动测厚技术的高精度复合高强钢带无齿永磁同步曳引系统	圣三一电机科技南通有限公司
6	手机面板用大尺寸蓝宝石单晶板材的研发	江苏中电振华晶体技术有限公司
7	基于管壳双侧传热强化的变流量螺旋槽管缠绕式冷却器	海安天润机械科技有限公司
8	高熔指高刚性高伸长聚丙烯塑料	江苏英纳新材料有限公司
9	一体式海上测风塔	江苏道达海上风电工程科技有限公司
10	汽车金属表面锌镍合金电镀清洁生产技术	南通创源电化学科技有限公司
科技型中小企业科技服务项目		
1	中小医院医疗影像设备技术咨询/工程改造服务	南通市牧井微电科技发展有限公司
2	企业知识产权人才培训和技术咨询服务能力建设	南通市生产力促进中心
3	面向长三角地区软件产业的技术培训平台	如皋青软实训软件培训中心
4	医药物流咨询规划服务整体解决方案	南通捷科软件技术有限公司
5	地下管线检测专业技术公共服务平台建设	江苏晟利探测仪器有限公司
6	技改扩、新建项目有毒有害物质控制系统检测与咨询服务	江苏泰洁检测技术有限公司
7	服务科技型中小企业科技创新活动的咨询服务平台	南通顶点科技服务有限公司
科技型中小企业创业投资引导基金项目		
1	风险补助	南通科技创业投资管理有限公司

【农村和社会发展】 2014年,南通市本级农业科技经费和民生科技经费额度放大到2000万元以上,强化了科技创新对农业和社会事业发展的支撑作用。积极组织相关单位申报省以上项目,获省以上农业和社会事业科技项目立项数共计122项,获扶持资金4896万元。实施部省重点项目能力不断增强,组织实施国家863重大支撑项目1项,国家农业科技成果转化资金项目3项,国家自然基金项目82项,获国家星火计划项目立项37项。南通大学顾晓松"周围神经缺损修复与功能重建"项目荣获2014年度"何梁何利基金科学与技术进步奖"。注重加强农业创新载体建设,紧扣南通市产业特色和生态农业主题,创新采取"一园多区"组织模式,完成了"国家级(南通)农业科技园""国家级(如皋)可持续发展试验区"创建申报工作,均已通过科技部专家组现场考察论证。指导江苏中洋集团股份有限公司,成功牵头创建"国家长江珍稀鱼类产业技术创新战略联盟"。扎实开展"送科技下乡活动"。全市总计组织"送科技下乡(进社区)"98场(次),其中市县联动重点活动12次,通过送专家、送书籍、送资源到田间地头,助力"最后一公里",促进农民增产增收,全市新增省级

2014年11月11日,国家长江珍稀鱼类产业技术创新战略联盟创建大会在南通市海安县召开。

农村科技服务超市产业分店与便利店23家。

【科技成果】 2014年,紧紧围绕目标任务,突出重点,全面推进,在研究院建设、成果转化、产学研合作等工作上取得了明显成效,创新环境得到了新的提升。积极开展"招所引院"工作。南通产业技术研究院引进李德仁院士团队共建南通智慧建筑产业研究院、北京交通大学曹宇男博士团队建立南通智能装备产业研究院、中国铝业郑州研究院合作共建绿色技术中试研究院、华东理工大学共建南通华理功能材料研究院,搭建了"智慧城市时空信息实境交互研发平台""智信科技南通智能机构工程实验室""工业机器人研发平台" "无中心智慧建筑实验平台"4个公共技术服务平台。引进同济大学原副校长李国强教授创业团队落户开发区;引进天津大学在通设立技术转移中心。南通国家高新技术产业开发区和江苏科技大学签订合作共建江苏省海工装备研究院协议。推进已引进高层次科研院所建设。滨海园区、沿海开发集团和中科院海洋研究所签署了《中国科学院长江口生态站暨中国科学院海洋研究所(南通)海洋产业基地项目合作协议书》,项目正式落户通州湾科教城。中科院南通光电中心自主研发的高速光电模块中标"天河二号"超级计算机项目。积极开展产学研合作活动。成功组织滨海园区与部分中科院系统院所的合作恳谈会、智能建筑专场产学研对接活动、2014上海高校科技成果转化南通行"助推计划"等活动,征集企业产学研合作技术需求560余项,发布高校院所的最新科研成果892项,实施420余项产学研联合攻关项目。南通市万达锅炉、海洋研究所2个项目分别获得2014年度国家科技进步二等奖,5个项目获省科学技术奖二等奖、11个项目获省科学技术奖三等奖;"大型船舶动力定位推进器研发与产业化"等170个项目获2014年度南通市科技进步奖,其中一等奖10项、二等奖60项、三等奖100项。

表6-12　2014年度南通市科技进步奖一等奖项目名单

序号	项目名称	项目名称	完成人员
1	大型船舶动力定位推进器研发与产业化	大型船舶动力定位推进器研发与产业化	戴立新 褚德英 程大地 张 洋 李 文 蔡军权 张 园
2	基于PP、PET、布类基材开发水性防水打印介质关键技术研发及应用	基于PP、PET、布类基材开发水性防水打印介质	陆建辉 王玉丰 姜剑华 李文彬 付少海 邹 竞 谢宜风
3	高效洁净智能化螺旋速冻装备	关键技术研发及应用	楼晓华 黄 杰 孙 宇 梁惠华 武 凯 周鸣惠 孙锦明
4	甲基丙烯酰氧乙基异氰酸酯(MOI)	高效洁净智能化螺旋速冻装备	韩邦友 李梅芳 李 强 李 云 钱圣利 沈 建 孙光琴
5	高密度TCB FCBGA封装技术产品	甲基丙烯酰氧乙基异氰酸酯(MOI)	石 磊 缪小勇 沈海军 王洪辉 高国华 施建根 朱海青
6	海马神经再生研究	高密度TCB FCBGA封装技术产品 海马神经再生研究	金国华 李浩明 成 翔 秦建兵 张新化 施金洪 赵荷艳
7	肝癌GPC-3异常表达及其分子靶向治疗价值的研究	肝癌GPC-3异常表达及其分子靶向治疗价值的研究	姚 敏 姚登福 杨君伶 何俊凤 王 理 郜伯军 邱历伟
8	负压闪爆技术在纺织品功能性整理中的应用及产业化	负压闪爆技术在纺织品功能性整理中的应用及产业化	陈永兵 高 强 汪明星 葛 彧 刘金抗 吴绥菊 钱 坤
9	太阳能光伏及风力发电用大容量储能系统	太阳能光伏及风力发电用大容量储能系统	沈 涛 唐琛明 沈晓彦 黄钟琪 茅海忠 杨 波 陶以彬
10	12000立方米半冷半压式LEG船	12000立方米半冷半压式LEG船	李兰珀 李 翔 耿国立 刘洪燕 韩加进 田宇鹏 王兆清

【知识产权】 2014年,南通市加强顶层设计,及时完善国家知识产权示范城市建设的工作方案,在全省率先建立了知识产权战略实施绩效的评价机制,对县(市)区和相关园区开展绩效评价。首次建立市县知识产权工作会商合作机制,邀请省知识产权局和河海大学的专家与每个县(市)区政府进行知识产权战略实施会商,帮助查摆问题,研究提出推动措施。扎实推进知识产权区域和园区试点示范工作,海安开发区、南通高新区相继列入国家级知识产权试点园区,全年新增4家省级试点园区,省级试点园区总数已达11个;港闸区列入国家知识产权强县工程试点,全市已有7个县(市)区进入知识产权区域试点示范"国家队"阵列。在国家综合考核中,南通位居全国41个知识产权示范城市第9位、地级市第6位。南通市的经验和做法被国家《知识产权公共管理决策参考》专刊印发,并在全国知识产权示范城市工作会议上专题交流。积极探索专利引导政策的优化调整,突出资助奖励的择优评价机制和质量提升、价值运用的目标导向,制定出台的《南通市专利资助奖励办法》作为样板在全国示范推广。研究出台了《推动全市专利申请量质并举的工作意见》,启动专利优势企业、优势产业培育工程,推动形成区域专利创造"以量布局,以质取胜,稳量提质"的良好态势。创新推动企业知识产权管理标准化工作,先后举办8期共350多人参加的专利挖掘布局实战培训,有效提升了企业专利挖掘布局意识能力和专利创造的策略水平,有41家企业新通过省贯标绩效评价。江苏神通阀门有限公司张逸芳、江苏万高药业有限公司姚俊华分别荣获江苏省第六届十大杰出发明人和十大优秀发明人,为历年参评最好成绩。全年全市专利授权量达到12391件,全市有效发明专利达到8416件,由2013年的全省第五位升至第四位,万人发明专利拥有量由从2013年的6.41件上升到11.53件,同比增幅为79.98%,位列全省第一。中远船务工程集团有限公司的"浮式钻井储油平台总段下水及旋转合拢对接方法"发明专利荣获2014年中国专利金奖,实现了南通市国家专利金奖"零"的突破;南通星球石墨设备有限公司和南通山剑石墨设备有限公司的2项实用新型专利分别获得中国专利优秀奖,市知识产权局获得优秀组织奖。

表6-13 2014年度南通市各县(市、区)专利申请/授权量/万人发明专利拥有量一览 单位:件

县(市)区	专利申请		专利授权		万人发明专利拥有量
	总 数	发明专利	总 数	发明专利	
海安县	4245	1286	2313	143	15.58
如皋市	2890	1280	1288	158	9.08
如东县	1049	326	581	64	7.49
海门市	1714	555	627	66	10.86
启东市	3676	1419	1378	57	8.75
通州区	3596	1005	2141	64	14.25
崇川区	4904	1099	2020	233	11.43
港闸区	3700	895	974	55	14.53
开发区	1918	585	1069	92	26.26
合 计	27692	8450	12391	932	11.53

知识产权管理。2014年,南通市41家企业通过贯标验收,获评为省"贯标"合格单位;10家企业被表彰为省"贯标"先进单位,获得省级贯标奖励经费共计80万元;全市省"贯标"合格单位累计122家,省"贯标"先进单位累计61家。2014年,市知识产权局积极配合省知识产权局推动全市省标与国标的有效衔接,大力推动企业知识产权管理规范国家标准"贯标",首次将"国标"贯标列入县(市)区党政科技进步考核和县(市)区科技及知识产权工作年度综合考核,推动全市"国标"贯标

工作的开展。

知识产权保护。加大知识产权保护与执法力度,制定了《2014年南通市知识产权执法维权“护航”行动方案》《2014年南通市知识产权保护行动计划》,组织各县(市)区签订了《2014年南通市专利行政执法目标责任书》,强化跨部门联合执法、常态化执法,2014年全年办理专利案件408件,其中调处专利侵权纠纷119件。专利执法维权工作绩效考核全省第一、全国第五,较2013年度上升了30个名次。2014年3月12日,中国南通(家纺)知识产权快速维权援助中心建成挂牌,成为全国第二家投入运营的快速维权中心,年度受理外观设计专利申请2700余件,授权2500余件,调处专利侵权73件。

知识产权服务。2014年,南通市出台了促进知识产权服务业发展的扶持政策,打造知识产权服务业集聚区,引进北京、广东、上海等省外知识产权高端服务机构18家,吸聚知识产权高端服务人才200人,构建专利托管、工业设计、专利保险等公共服务平台8个,形成了覆盖市、县、园区的三级知识产权服务网络。

【科技服务】 2014年,积极培育引导新兴专业科技服务业发展,加快发展专业特色和品牌示范效应显著的科技服务业集聚区,规划建设了5000平方米的知识产权服务业集聚区,招引了北京、上海等地15家知识产权高端服务机构,为企业提供知识产权创造、运用、保护、管理一条龙服务;全市新增科技服务机构46家,总数达到365家,比2013年增长14.42%;全年新增国家级研发中心2家,认定省级企业院士工作站1家、企业重点实验室3家、企业研究生工作站65家、工程技术研究中心30家、重点企业研发机构58家;新增“三创”核心区221.7万平方米,累计已达395.8万平方米,在建面积94万平方米;全市建有科技企业孵化器64家,其中国家级8家、省级23家,入孵企业2140家。南通大学科技园被科技部认定为苏中苏北第一家国家大学科技园。如皋下原科创园和如东银河科创园被认定为省级科技创业服务中心。南通大学技术转移中心、通州区家纺产业发展服务中心成功入选国家技术转移示范机构。大力推进南通高新区省级科技服务示范区建设,培育、引进研发设计、技术转移、科技金融等各类科技服务机构190家,服务各类企业500家,集聚科技人才100人,实现科技服务收入4亿多元。从中小企业研发需求出发,整合本市科技资源、共享上海研发科技资源、链接国家平台资源,启动建设涵盖三大网络6项服务的市级研发公共服务平台,为中小企业提供大型科学仪器设备、科技文献信息、检验检测等科技服务,支持企业研发创新。全市今年各类科技服务机构完成总收入152.8亿元,比2013年度增长32.87%,市科技局被评为市直部门服务业工作先进单位。

(吴永峰)

表6-14 2014年度南通市新增国家级研发中心名单

序号	企业名称	企业技术中心名称
1	中天科技股份有限公司	江苏中天科技股份有限公司技术中心
2	江苏联发纺织股份公司	江苏联发纺织股份公司技术中心

表6-15 2014年度南通市新增省级企业院士工作站名单

序号	名称	承担单位
1	江苏省(景瑞农业)企业院士工作站	江苏景瑞农业科技发展有限公司

表6-16 2014年度南通市新增省级企业重点实验室名单

序号	名称	承担单位
1	江苏省(中天科技)光电传输新技术研究院	江苏中天科技研究院有限公司
2	江苏省(神马)电力复合材料及装备研究院	南通神马电力股份有限公司
3	江苏省核电阀门重点实验室	江苏神通阀门股份有限公司

表6-17 2014年度南通市新增企业研究生工作站名单

序号	承担单位名称	合作单位名称
1	江苏大生集团有限公司	东华大学
2	江苏奥蓝工程玻璃有限公司	南京大学
3	南通中集罐式储运设备有限公司	南京理工大学
4	南通同洲电子有限责任公司	南通大学
5	南通福乐达汽车配件有限公司	合肥工业大学
6	江苏韩通船舶重工有限公司	江苏科技大学
7	江苏鹏飞集团股份有限公司	南京工业大学
8	江苏铁锚玻璃股份有限公司	西北工业大学
9	江苏天成生化制品有限公司	常州大学
10	招商局重工(江苏)有限公司	江苏科技大学
11	江苏利田科技股份有限公司	中国科学技术大学
12	江苏苏通茧丝绸有限公司	苏州大学
13	南通太平洋海洋工程有限公司	江苏科技大学
14	江苏道达海洋重工股份有限公司	天津大学
15	江苏瑞帆环保装备股份有限公司	东南大学
16	双钱集团(江苏)轮胎有限公司	哈尔滨工业大学
17	江苏金盛山羊繁育技术发展有限公司	南京农业大学
18	江苏黄海汽配股份有限公司	南通大学
19	南通南京大学材料工程技术研究院	南京大学
20	南通升环木业有限公司	南京大学
21	南通振华生物工程有限公司	东南大学
22	南通汉瑞实业有限公司	南京理工大学
23	江苏海四达电源股份有限公司	河海大学
24	江苏河海嘉裕节能科技有限公司	河海大学
25	江苏科飞机械有限公司	河海大学
26	江苏奎泽机械工业有限公司	河海大学
27	江苏启力锻压机床有限公司	河海大学
28	南通曙光机电工程有限公司	河海大学
29	南通威尔电机有限公司	河海大学
30	启东乾朔电子有限公司	河海大学
31	启东家和食品有限公司	南京农业大学
32	如皋金阳现代农业发展有限公司	南京农业大学
33	江苏省海洋水产研究所	南京师范大学
34	南通国电电站阀门有限公司	南京工业大学
35	鹿得医疗器械(南通)有限公司	南京邮电大学
36	中天科技光纤有限公司	南京邮电大学

续表 6-17

序号	承担单位名称	合作单位名称
37	江苏汤臣汽车零部件有限公司	江苏大学
38	江苏中威重工机械有限公司	江苏大学
39	南通东海机床制造有限公司	江苏大学
40	南通金奥莱机电制造有限公司	江苏大学
41	南通金牛机械制造有限公司	江苏大学
42	江苏宏强船舶重工有限公司	江苏科技大学
43	南通润邦海洋工程装备有限公司	江苏科技大学
44	海安县石油科研仪器有限公司	常州大学
45	江苏合海集团股份有限公司	常州大学
46	江苏中矿重型装备有限公司	常州大学
47	南通科星化工有限公司	常州大学
48	南通亚威机械制造有限公司	常州大学
49	江苏海建股份有限公司	江南大学
50	江苏华安科研仪器有限公司	江南大学
51	南通海珥玛植物油脂有限公司	江南大学
52	南通华强布业有限公司	江南大学
53	南通田野服装有限公司	江南大学
54	江苏顺远纺织科技有限公司	苏州大学
55	江苏文凤化纤集团有限公司	苏州大学
56	中天宽带技术有限公司	苏州大学
57	紫罗兰家纺科技股份有限公司	苏州大学
58	江苏海力风电设备科技有限公司	南通大学
59	江苏金冠立体停车系统工程有限公司	南通大学
60	江苏苏中电池科技发展有限公司	南通大学
61	江苏天泽环保科技有限公司	南通大学
62	南通爱利特机电制造有限公司	南通大学
63	南通综艺新材料有限公司	南通大学
64	如皋市大生线路器材有限公司	南通大学
65	国营海门市种羊场	扬州大学

表6-18 2014年度南通市新增省级工程中心名单

序号	工程中心名称	承担单位
1	江苏省(大地)汽车电线束工程技术研究中心	南通大地电气有限公司
2	江苏省汽车电子人机交互控制模组工程技术研究中心	南通万德科技有限公司
3	江苏省船用机械及海洋装备工程技术研究中心	江苏政田重工股份有限公司
4	江苏省铝电极箔与装备工程技术研究中心	南通海星电子股份有限公司
5	江苏省高端铝压铸件工艺技术及新材料工程技术研究中心	雄邦压铸(南通)有限公司
6	江苏省新能源船舶工程技术研究中心	江苏韩通船舶重工有限公司
7	江苏省棉花安全储运工程技术研究中心	南通御丰塑钢包装有限公司
8	江苏省(四通)人造板设备工程技术研究中心	南通四通林业机械制造安装有限公司
9	江苏省作物移栽机械化工程技术研究中心	南通富来威农业装备有限公司
10	江苏省绿色智能建筑工程技术研究中心	江苏达海智能系统股份有限公司

续表 6-18

序号	工程中心名称	承担单位
11	江苏省柠檬酸盐制品工程技术研究中心	南通市飞宇精细化学品有限公司
12	江苏省中低压电力金具工程技术研究中心	江苏嘉盟电力设备有限公司
13	江苏省海工绿色造船工程技术研究中心	江苏宏强船舶重工有限公司
14	江苏省(乾朔)精密连接器工程技术研究中心	启东乾朔电子有限公司
15	江苏省车用电子线缆工程技术研究中心	江苏亨通电子线缆科技有限公司
16	江苏省心脑血管新药工程技术研究中心	江苏晨牌药业集团股份有限公司
17	江苏省新能源电解电容器应用工程技术研究中心	南通三鑫电子科技股份有限公司
18	江苏省(万高)抗肿瘤药物工程技术研究中心	江苏万高药业有限公司
19	江苏省电弧石英坩埚工程技术研究中心	南通路博石英材料有限公司
20	江苏省新型输送机械工程技术研发中心	江苏中矿重型装备有限公司
21	江苏省自补偿超大型数控锻压设备技术研究中心	江苏中威重工机械有限公司
22	江苏省抗冰型电力光缆工程技术研究中心	中天日立光缆有限公司
23	江苏省新型高能化学电源工程技术中心	江苏苏中电池科技发展有限公司
24	江苏省新型风力设备工程技术研究中心	江苏海力风电设备科技有限公司
25	江苏省汽车轮胎模具再制造工程技术研究中心	南通通轮模具有限公司
26	江苏省节能环保型聚氨酯复合粘合剂工程技术研究中心	南通高盟新材料有限公司
27	江苏省特高压电力金具工程技术研究中心	江苏天南电力器材有限公司
28	江苏省防锈缓蚀化工工程技术研究中心	如皋市金陵化工有限公司
29	江苏省离心法预应力混凝土空心方桩工程技术研究中心	南通中技桩业有限公司
30	江苏省省新型换热结构装备及工艺工程技术研究中心	南通曙光机电工程有限公司

连云港市

Lianyungang City

【概　况】 2014年,连云港市科技系统以加快国家创新型试点城市建设为主线,以深化科技体制改革为动力,以培育创新主体和完善服务体系为着力点,实施创新驱动战略,推进科技创新工程,积极发挥科技创新对经济转型升级的引领支撑作用,圆满完成了各项目标任务。全市科技进步贡献率达51%,全社会R&D支出占GDP比重达1.7%,万人有效发明专利拥有量达2.76件,全市高新技术产业实现产值1904.3亿元,国家级高新技术企业总数达140家。市科技局荣获2014年度全市经济建设和社会发展目标考评综合一等奖部门、投资发展软环境建设十佳单位、全市工业发展先进单位。

【高新技术产业】 全市高新技术产业实现产值1904.3亿元,占规模以上工业总产值的比重达到39.5 %,同比增长15%。化学药品制剂、硅材料、风电等行业生产保持良好增长势头,全年分别同比增长20.22%、22.53%、31.06%,高于全市高新技术产业产值增幅。组织实施国家火炬计划产业化示范项目11项,省重大科技成果转化项目4项;开发认定市级以上高新技术产品283个,其中省级高新技术产品188个、国家重点新产品5个。

科技创新平台。中科院能源动力研究中心开始气化炉试验,积极推进申报“高效低碳燃气轮机试验装置”国家重大科技基础设施;省海洋资源研究院海洋药物研发平台初步建成,成功获批建设江苏省海洋药物活性分子筛选重点实验室。江苏豪森药业股份有限公司获批国家重点实验室培育点,市海洋药物与生物制品重点实验室晋升省级重点实验室。新建市级以上企业研发机构60个,其中省级工程中心和研究生工作站30个、市级工程中心30个、总数达314个。

科技金融服务。东海获批建设省级科技金融服务中心,润财取得国家中小企业创投机构资质,全年落实“苏科贷”科技贷款9260万元。“科技创新券”政策试点全面启动,向203家企业发放创新券总额2000万元。

【科技创新】 创新创业政策。召开了全市科技奖励暨科技创新工作会议,出台《创新型试点城市建设推进计划(2014—2015)》,研究制定推进创新型城市建设工作考核评价办法,形成了联动协同的工作机制。制定《连云港市国家知识产权试点城市建设实施方案(2014—2016年)》,修订《连云港市科学技术奖励办法》等一系列政策文件。

科技企业培育。实施科技企业培育“十百千”工程,建立了首批518家科技企业培育库。全年新增国家新高新技术企业38家,备案省级科技型中小企业增至415家。新建市级以上企业研发机构60个,其中省级企业研究生工作站和工程中心30个,总数达315个。江苏豪森药业股份有限公司荣获国家科技进步二等奖,江苏康缘药业股份有限公司获省科技进步一等奖(全省获奖企业4家),国电联合动力技术有限公司、中蓝连海设计研究院获省企业创新奖(全省12家)。4家骨干药企入选2014年中国医药研发产品线最佳工业企业20强,为全国地级市入选企业最多的城市。国家科技重大专项。新上新药创制国家科技重大专项2项,累计实施国家“重大新药创制”科技专项56项。

【科技富民惠民】 农村科技自主创新。东海县国家可持续发展实验区顺利推进。东海、灌云、灌南三县被省科技厅确定为省富民强县重点县,赣榆被确定为省现代农业科技园提升建设重点县,东海县“特色果蔬及加工技术集成创新示范”项目列入国家科技富民强县专项行动计划,21个项目列入国家星火计划。

农村科技超市。科技超市建设省内领先,全市4家分店、1家便利店获评优秀,并获得省易购奖补资金支持。

民生科技。在公共卫生、生态环境、公共安全、文化科技等领域,实现一批关键技术研发和成果转化运用。“科教兴卫”工程取得新进展,市第一人民医院获省临床专项立项,在该领域实现“零”的突破。国务院参事张鹤镛一行在连云港调研“医药科技资源配置情况”,对市医药创新服务民生给予高度肯定。

【科技成果】 国家级科技进步奖1项。江苏豪森药业股份有限公司的抗精神病药物欧兰宁奥氮平及其制剂的研制和应用项目,获得国家科技进步二等奖。奥氮平是一种主要用于精神分裂症短期和长期治疗的非传统抗精神病药物。该药物的制备方法获得多项发明专利,并被科技部评为国家重点新产品,后续研究列入国家科技重大专项。2013年,该产品荣获中华全国工商业联合会科技进步奖一等奖。自产品上市以来,江苏豪森药业股份有限公司的欧兰宁奥氮平已供应了国内近3000家医院,其价格不到进口药物的一半,惠及广大患者。

省级科技进步奖。江苏康缘药业股份有限公司的以桂枝茯苓胶囊为示范的现代中药功效相关质量标准体系创立及应用项目荣获2014年度江苏省科技进步奖一等奖;江苏豪森药业股份有限公司的盐酸氨溴索及其制剂的研制与产业化项目获科技进步奖三等奖;国电联合动力技术(连云港)有限公司、中蓝连海设计研究院荣膺企业技术创新奖。

4个项目列入省重大成果转化专项资金项目。连云港天明装备有限公司的“智能化大型变频刮板输送机成套装备研发及产业化”、连云港黄海机械股份有限公司的“深井页岩气高效顶驱勘探与开采技术及成套装备研发及产业化”、连云港市兆昱新材料实业有限公司的“钕铁硼废料清晰化全回收技术和再生磁材的研发及产业化”和连云港福东正佑照明电器有限公司的“化合物半导体晶体生长用高纯石英器件研发及产业化”项目获得了该类项目的支持。4个项目总投资41538万元,共获得省资助经费3900万元,项目执行期内将实现销售收入159200万元,实现利税25520万元。

科技成果鉴定。全市共鉴定科学技术成果121项,其中达到国际先进水平8项,国内先进水平81项,省内先进水平27项;工业研究成果48项,农业研究成果31项,医疗卫生研究成果27项。主要分布区域:高校院所31项;市属45项;开发区20项,海州区7项,赣榆区5项,连云区1项;东海县10项,灌云县1项,灌南县1项。

【产学研合作】 国内产学研合作。组织开展“连云港-西安人才与科技合作恳谈会”“南京工业大学与连云港市科技对接交流会”等活动近30场,成功推进重点合作项目100多个,校企联盟总数发展到837家。启动建设中国药科大学连云港研究院、东华大学连云港纤维新材料研究院,全市引进高校共建研究院总数达13个,建成科研设施面积设近2万平方米,基本实现县区全覆盖。

产学研合作平台。依靠企业、依托平台,新设立省级企业研究生工作站26个,全市已累计集聚国家“千人计划”15人,省科技创新团队3个,省“双创计划”78人,省“企业博士集聚计划”103人。

国外产学研对接。利用省国际科技合作平台,帮助企业与外方开展在线对接,江苏恒瑞医药股份有限公司、江苏正大天晴药业股份有限公司、江苏酷歌数码集团有限公司、连云港市丽港稀土实业有限公司等10家企业,通过深入洽谈,已达成合作意向。组织申报国家省国际科技合作项目12项,全市受国家、省计划支持项目和资金列苏北首位。邀请跨国技术转移中心专家进行国际科技合作工作指导,调研10多家单位和企业,听取企业和相关单位对外合作的困难和具体的技术难题,重点推介以色列、俄罗斯、德国、芬兰等国的成熟技术和先进成果。组织企业赴国外开展对接交流活动,组织江苏恒瑞医药股份有限公司、江苏康缘药业股份有限公司参加在以色列举行的首届全球创新大会,全市企业达成合作意向2项。组织江苏乐园新材料集团有限公司、江苏酷歌数码集团有限公司和连云港金豆科技有限公司参加江苏省在俄罗斯、芬兰、荷兰等国开展海外举办的清洁技术、纳米材料和电子信息项目对接交流活动,并达成相关合作协议。

连云港-西安人才与科技合作恳谈会。2014年7月4日,“连云港-西安人才与科技合作恳谈会”在西安举行。市政府副市长陈岩松出席会议并致辞。此次活动由连云港市人民政府主办,市委组织部、市科技局承办。会上,市企业与西安交通大学、西北工业大学、西北农林科技大学、西安电子科技大学、陕西师范大学、长安大学、西北大学、第四军医大学、西安理工大学、中国科学院西安光学精密机械研究所等高校院所面对面进行人才和科技工作交流,现场签订项目合作协议16个。

【知识产权】 知识产权宣传培训。开展“4·26知识产权宣传周”宣传培训活动,发放宣传资料1万余份,接受群众咨询3000余人次,制作知识产权专题宣传片5期,举办专利执法培训班2期。

知识产权执法检查。开展知识产权执法维权“护航”专项行动,检查专利商品1000余件,立案查处32起。

知识产权战略实施。全年专利申请量首次突破一万件,达到10900件,授权6300件。2家专业市场成为首批国家级知识产权保护规范化培育对象,连云港市水晶街被认定为省正版正货示范创建街区,10家企业和8家行业商会被认定为省正版正货承诺试点企业。省级知识产权战略试点示范实现县区全覆盖,海州区获批为国家知识产权强县工程试点区。参加第八届国际发明展览会,日出东方太阳能股份有限公司高效太阳能平板集热器、富安紫菜机械有限公司FA-20型全自动紫菜初加工机组、江苏苏云医疗器材有限公司智能化站立平衡评定训练系统、东海县宝盛石英制品有限公司大口径厚壁石英玻璃管4项专利产品荣获金奖;弘扬石英制品有限公司大口径高品质不镀膜激光石英棒、透红外石英管及连云港德翔新材料有限公司三元乙丙橡胶接枝马来酸酐颗粒、预制型EPDM树胶跑道和江苏泰格油墨有限公司水溶性环保凹版油墨等9项专利产品获得银奖。

第16届中国专利奖。江苏豪森药业股份有限公司的“新型抗癌药吉西他宾重要中间体新合成工艺”获得专利奖金奖。江苏康缘药业股份有限公司的“一种治疗头痛病的药物组合物及其制备方法和应用”与中蓝连海设计研究院“一种适用于含氮化工废水总氮的处理方法”获得优秀奖。

【科技服务】 争取发放科技经费。全市获批国家和省各类科技项目352项,项目经费20340万元,安排市级科技项目228项,项目经费4752万元,新增科技创新投入55.5亿元。授予70个项目市科学技术进步奖,发放奖金119万元。

科技公共服务平台。市科技创业服务中心获批为全市首家国家级科技企业孵化器,杰瑞科技创意园、连云海洋功能材料科技产业园晋升为省级(文化)科技产业园,全市省级(文化)科技产业园增至8个。启动市科技广场建设,组建省专利信息服务中心连云港分中心,科技部人才中心、省科技厅、市科技局三方启动共建国家科技领军人才创新驱动中心连云港分中心;716所、中蓝连海设计研究院获评"江苏省百强科技服务机构"。

科技减免税额。备案确认企业研发项目262项,落实科技减免税额7.73亿元。

【重大科技活动】 2014年3月5日,市委、市政府召开全市科技奖励暨科技创新工作会议,贯彻落实国家、全省科技奖励大会和科技工作会议精神,表彰2013年为全市科技进步做出突出贡献的单位和个人,研究部署2014年科技创新工作任务,动员全市上下以更大力度推动科学技术事业更上新台阶。会上宣读了《市政府关于颁发连云港市2013年度科学技术奖的决定》,对4家市科学技术特别奖获奖单位、2位科学技术突出贡献奖获得者和70个科学技术进步奖项目进行了表彰。市科学技术突出贡献奖获得者、淮海工学院教授阎斌伦做了交流发言。

2014年3月24日,国务院参事张鹤镛一行在连云港调研医药科技资源优化配置情况。调研组一行考察了市重点制药企业,对全市医药企业创新战略、国际化战略以及人才战略的实施情况予以了充分肯定。调研组一行还与市相关科研院所、高校、企业单位进行了座谈交流,认真听取了对国家科技资源配置的相关建议。

2014年4月10日,省科技厅与连云港市就苏北2014年度苏北科技专项资金(富民强县)安排进行会商。省科技厅副巡视员周贡生、省科技厅农村处人员、省有关农业院所专家、市政府副市长陈岩松、市科技局副局长孙礼国以及东海、灌云、灌南县分管科技工作的副县长等有关人员参加了会商活动。会商按照省政府《关于加快推动科技资源向苏北集聚的意见》精神和要求,就农业科技工作方面的产学研合作、建立考核竞争与择优滚动机制、项目和资金支持与对各市县的考核结果挂钩、推动技术(成果)、人才、资金、平台和载体等向苏北集聚等内容进行了会商。

2014年4月25日,市政府召开知识产权联席会议,回顾总结前一阶段实施国家、省知识产权战略工作的有关情况,审议讨论《连云港市国家知识产权试点城市建设实施方案》,研究部署下一阶段工作安排。市知识产权联席会议成员单位分管领导和联络员共60余人参加了会议。副市长陈岩松出席会议并作重要讲话。

2014年6月19日,省知识产权局下发江苏省第六届"十大杰出专利发明人"和"十大优秀专利发明人"的名单,江苏豪森药业股份有限公司吕爱锋获得杰出发明人称号。吕爱锋,江苏豪森医药集团有限公司副总裁、江苏豪森药业有限公司创新药物研究院院长、高级工程师,主要从事抗生素类、抗肿瘤类、精神类、内分泌类、消化道类等各类国家级新药的研发。在他带领下,豪森成功开发出抗肿瘤类、精神类、抗生素类等各类国家级新药70多项,累计申请国家发明专利148项,其中已授权专利38项,PCT专利28项。

2014年6月20~21日,由省苏北发展协调小组主办的科技助推苏北产业发展对接活动在南京东南大学举行,中国科学院能动中心、连云港市科技创业城等7家创新平台提供了参展资料,102家企业提供了技术需求,近20家企业参加了活动的相关会议,并且有3家企业在苏北科技合作项目推介会上发布了技术需求,取得较好成效。

2014年7月24日,在第49届全国新特药品交易会第3届新药论坛发布了2014年中国创新力"二十强"医药企业名单。江苏恒瑞医药股份有限公司、江苏豪森药业股份有限公司、江苏正大天晴药业股份有限公司、江苏康缘药业股份有限公司分别位居第1、3、4、13位。

2014年8月5日,市科技局、市信用办联合制定发布《连云港市科技计划项目相关责任主体信用管理办法》(以下简称《办法》),是全省第二家发布地方科技信用标准的地级市。该办法旨在强化科技信用管理,提高市科技计划项目相关责任主体的信用意识和信用水平,提高科技计划项目管理水平，促进全市的科技信用体系建设。

2014年9月3日，依托江苏康缘药业股份有限公司建设的“中药制药过程新技术国家重点实验室”通过了科技部组织的专家验收。中国工程院院士姚新生担任专家组组长，市领导曹永林、陈岩松出席会议。中药制药过程新技术国家重点实验室2010年1月获国家科技部批准建设，以中药制药过程新技术研究为主题，紧密围绕中药制药过程新技术的学术前沿和关键问题开展研究，依照产业发展的实际需求，凝练了中药提取精制新技术、中药制剂新技术、中药质量控制新技术三大研究方向。实验室在建设期间，承担了国家和省级重点科技项目10项，发表论文146篇，其中SCI论文15篇，申请相关发明专利51件，获国家科技进步二等奖1项、省部级科技奖励5项。实验室的建设得到了国家、省、市科技主管部门和依托单位的积极支持，建设期实验室新增设备241台套，新增实验室面积13955平方米，建成了国内领先的科研基础设施，突破了一批关键共性技术，集聚和培养了一批优秀人才，在全市医药产业的创新发展中，发挥了骨干和引领作用。

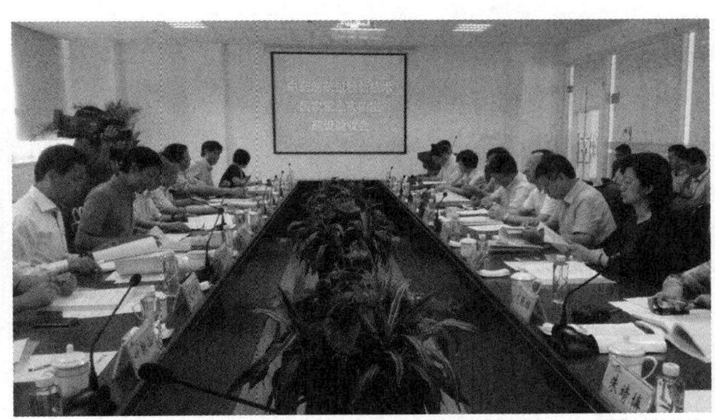

2014年9月3日，中药制药过程新技术国家重点实验室建设验收会在连云港市举行。

2014年9月19日，由连云港科技局牵头，南京工业大学连云港工业技术研究院共同组织的“南京工业大学与连云港市科技对接交流会”在南京工业大学丁家桥校区召开。

2014年10月23日，江苏省知识产权局局长朱宇同志一行到连云港调研企业知识产权工作情况。陈岩松副市长，市科技局李莉局长、章云霓副局长陪同参加调研。调研组先后走访了中船重工第七一六研究所与江苏豪森医药集团，了解企业知识产权管理与保护工作开展情况。

2014年11月9日，江苏康缘药业股份有限公司董事长萧伟与上海中医药大学校长徐建光共同签署了《中医药创新基金协议书》。根据协议内容，康缘药业每年向校方出资一定额度的资金，用于经典方剂开发、海洋保健食品研发等方向。陈岩松副市长、市科技局局长李莉、市卫生局局长周伟出席签约仪式。

2014年10月26日，连云港市政府与东华大学签约，共建连云港纤维新材料研究院。该研究院由校地双方合作共建，江苏奥神集团有限责任公司具体承建。研究院注册为公司制法人单位，旨在依托连云港市纤维新材料产业基础，以纤维新材料及其复合材料产业化研发为重点，充分利用东华大学创新资源，整合社会资源，构建完善的产业化研发体系，建设国内一流的新材料研发公共服务平台。

2014年12月31日，连云港市知识产权公共服务平台(www.lygipp.cn)正式上线试运行。知识产权公共服务平台包含数据中心、公共服务、知识产权管理、专利运营与专利保护5个主功能模块。作为全市国家知识产权试点城市工作开展的重要组成部分，知识产权公共服务平台将进一步拓展功能范围，提供线上线下立体式服务，为政府与企事业单位快速找到知识产权问题的解决方案提供渠道，为全市科技创新驱动发展提供有力支撑。

(祁　锋)

表6-19　2014年度连云港市新增国家级高新技术企业名单

序号	企业名称	序号	企业名称
1	江苏道博化工有限公司	20	连云港贝兹乐信息科技有限公司
2	江苏宇田生物医药科技有限公司	21	江苏克胜作物有限公司
3	中复碳芯电缆科技有限公司	22	江苏耕耘化学有限公司
4	番禺珠江钢管(连云港)有限公司	23	灌南银得隆木业有限公司
5	连云港天邦科技开发有限公司	24	连云港宫良木业有限公司
6	连云港福源医疗器械有限公司	25	连云港锐华化工有限公司
7	连云港万泰医药材料有限公司	26	江苏晋光化工科技有限公司
8	连云港元丰机械制造有限公司	27	江苏丽港科技有限公司
9	连云港丰达电子有限公司	28	连云港健发磁性材料有限公司
10	连云港市港圣开关制造有限公司	29	江苏久日化工有限公司
11	连云港金瑞照明电器有限公司	30	连云港德丰电子材料科技有限公司
12	江苏奥石科技有限公司	31	江苏雅仕农场有限公司
13	连云港东睦新材料有限公司	32	连云港市云海电源有限公司
14	连云港港口集团通信信息工程公司	33	连云港市兴安机械制造有限公司
15	连云港金优车辆机械有限公司	34	连云港利丰医用氧产品有限公司
16	江苏华海诚科新材料有限公司	35	连云港华海诚科电子材料有限公司
17	江苏正融科技有限公司	36	连云港腾越电子科技有限公司
18	江苏西德电梯有限公司	37	连云港贝斯特机械设备有限公司
19	连云港倍特超微粉有限公司		

表6-20　2014年度连云港市新增国家级重点新产品名单

序号	产品名称	承担单位
1	比阿培南及注射用比阿培南	正大天晴药业集团股份有限公司
2	新一代祛痰药物盐酸氨溴索氯化钠注射液	江苏豪森药业股份有限公司
3	银杏二萜内酯葡胺注射液	江苏康缘药业股份有限公司
4	盐酸右美托咪定原料药及制剂	江苏恒瑞医药股份有限公司
5	LQFP绿色环保型塑封料SP-G3	江苏中鹏新材料股份有限公司

表6-21　2014年度连云港市新增省高新技术产品名单

序号	产品名称	承担单位
1	食用菌生产用袋栽液体接种机	连云港国鑫食用菌成套设备有限公司
2	南美白对虾小虾配合饲料	江苏天福莱集团有限公司
3	矿用防爆柴油机无轨胶轮车	连云港天明装备有限公司
4	DN15-DN20高精度(R=160)单流束干式水表	连云港福思特表业有限公司
5	新型电脑提花割圈圆机	连云港元丰机械制造有限公司
6	低温换热器用高强度石英玻璃管	连云港市盛昌照明电器有限公司
7	6V20W显微镜用氮氪气体卤素灯	连云港市盛昌照明电器有限公司
8	大流量高速智能开关控制阀	连云港富安紫菜机械有限公司
9	索拉菲尼	连云港盛和生物科技有限公司
10	JR-TSC-E100型道路交通信号控制机	连云港杰瑞电子有限公司

续表 6-21

序号	产品名称	承担单位
11	苁蓉总苷胶囊	江苏康缘药业股份有限公司
12	龙血通络胶囊	江苏康缘药业股份有限公司
13	新型烟气余热收能器	连云港正航电力节能技术有限公司
14	环保节能SKY2A硅整流器	连云港丰达电子有限公司
15	吊机式船用LNG加注设备	连云港远洋流体装卸设备有限公司
16	UD1250单向经编织物	连云港天常复合材料有限公司
17	港口设备管理信息系统软件V1.0	连云港港口集团通信信息工程公司
18	港口计件工资管理信息系统软件V1.0	连云港港口集团通信信息工程公司
19	iPort港务通平台集成系统软件V1.0	连云港港口集团通信信息工程公司
20	港口外轮理货业务平台V1.0	连云港港口集团通信信息工程公司
21	自镇流混光金卤灯	东海县飞亚电光源有限公司
22	超细铈基抛光粉	江苏丽港科技有限公司
23	3000W热辐射全编织碳纤维加热灯	连云港市欧雅特照明电器有限公司
24	纯净紫菜片张加工系统装备	连云港富安紫菜机械有限公司
25	JFZ1815J节能型汽车发电机	连云港博莱顿汽车电器有限公司
26	氯舒隆	连云港市亚晖医药化工有限公司
27	0-甲基异脲半硫酸盐	连云港市亚晖医药化工有限公司
28	广谱驱虫药及免疫增强剂盐酸左旋咪唑	连云港市亚晖医药化工有限公司
29	依替巴肽注射液	江苏豪森药业股份有限公司
30	LZ62-6.0型风力发电机组风轮叶片	连云港中复连众复合材料集团有限公司
31	新型塔架式仿真设计与自动化控制登船梯	连云港振兴集团石化设备制造有限公司
32	多体位康复训练床	江苏苏云医疗器材有限公司
33	安全式静脉留置针	江苏苏云医疗器材有限公司
34	一次性使用斜头吸痰管	江苏苏云医疗器材有限公司
35	保护膜凹印油墨	江苏泰格油墨有限公司
36	噻托溴铵吸入粉雾剂	正大天晴药业集团股份有限公司
37	注射用地西他滨	正大天晴药业集团股份有限公司
38	低黏度无卤覆铜板用电子级高纯超细熔融硅微粉	江苏联瑞新材料股份有限公司
39	甲磺酸伊马替尼	连云港润众制药有限公司
40	达沙替尼	连云港润众制药有限公司
41	LG-40氧化钪	连云港市丽港稀土实业有限公司
42	LG-N5氧化钕	连云港市丽港稀土实业有限公司
43	软式内窥镜消毒灭菌器	连云港市福利达医疗设备有限公司
44	FW-G-01环保冷凝器	连云港富文实业有限公司
45	LXLC-50～200/F高清晰度水平螺翼干式可拆卸远传水表	连云港水表有限公司
46	4Kx2K超高清智能电视	连云港伍江数码科技有限公司
47	先张法预应力混凝土实心方桩	江苏东浦管桩有限公司
48	双冷凝交叉循环热管	连云港众沃太阳能科技有限公司
49	易简外贸业务管理系统软件V1.0	连云港易简信息技术服务有限公司
50	高效环保LED日光节能灯	连云港奇晴光电照明有限公司
51	YG-01厚壁小内径石英玻璃管	连云港华凌石英制品有限公司
52	系船缆绳拉力监测单元及自动化控制系统	连云港步升机械有限公司
53	BZL-1型ETC电动栏杆机	连云港贝兹乐信息科技有限公司

续表 6-21

序 号	产品名称	承担单位
54	BZL-2型ETC电动栏杆机	连云港贝兹乐信息科技有限公司
55	BZL-4型ETC电动栏杆机	连云港贝兹乐信息科技有限公司
56	一种用于高端石材表面处理及精加工用合金钢砂	连云港倍特超微粉有限公司
57	JFZ1855M节能型汽车交流发电机	连云港博莱顿汽车电器有限公司
58	JFZ1865M节能型汽车发电机	连云港博莱顿汽车电器有限公司
59	高效智能型小机房乘客电梯	江苏西德电梯有限公司
60	结构紧凑型无机房电梯	江苏西德电梯有限公司
61	低合金高性能建筑用钢	江苏省镔鑫钢铁集团有限公司
62	低合金高性能抗震建筑用钢	江苏省镔鑫钢铁集团有限公司
63	磷酸氢钙	连云港东泰食品配料有限公司
64	磷酸二氢钙	连云港东泰食品配料有限公司
65	磷酸三钙	连云港东泰食品配料有限公司
66	1GKNM-140型双轴灭茬旋耕机	江苏威迪农业装备科技股份有限公司
67	1GKL-300型旋耕机	江苏威迪农业装备科技股份有限公司
68	1SZL-200型深松整地联合作业机	江苏威迪农业装备科技股份有限公司
69	电子口岸集装箱入库单网上申报系统软件V1.0	连云港电子口岸信息发展有限公司
70	电子口岸公共保税仓库信息管理系统软件V1.0	连云港电子口岸信息发展有限公司
71	注射用盐酸吉西他滨	江苏豪森药业股份有限公司
72	瑞格列奈片	江苏豪森药业股份有限公司
73	天舒软胶囊	江苏康缘药业股份有限公司
74	银杏叶片	江苏康缘药业股份有限公司
75	拱顶应力在线控制石油液化气储罐网壳	连云港振兴集团石化设备制造有限公司
76	邻羟基苯甲醚	连云港三吉利化学工业有限公司
77	杰瑞基于CMMI(GJB5000A)的软件项目管理平台	连云港杰瑞深软科技有限公司
78	亚叶酸钙原料药及制剂	江苏恒瑞医药股份有限公司
79	唑来膦酸原料药及制剂	江苏恒瑞医药股份有限公司
80	盐酸坦洛新原料及制剂	江苏恒瑞医药股份有限公司
81	氨纶粗旦丝卷绕机	江苏天明机械集团有限公司
82	高位拆叠盘机	连云港千樱医疗设备有限公司
83	液体软包袋装箱机	连云港千樱医疗设备有限公司
84	正融体检管理信息系统软件	江苏正融科技有限公司
85	正融办公自动化系统软件	江苏正融科技有限公司
86	正融SkyView系列图文影像分析系统软件V3.0	江苏正融科技有限公司
87	螺旋式电容器盖板用酚醛模塑料	江苏中鹏新材料股份有限公司
88	泥鳅中期配合饲料	江苏天福莱集团有限公司
89	河蟹配合饲料(仿野生风味河蟹壮黄期专用配合饲料)	江苏天福莱集团有限公司
90	地西他滨原料药与制剂	连云港杰瑞药业有限公司
91	甲磺酸伊马替尼原料药与片剂	连云港杰瑞药业有限公司
92	大功率电牵引采煤机	连云港天明装备有限公司
93	基于物联网的太阳能工程供热系统	日出东方太阳能股份有限公司
94	隔热自清洁涂膜钢化玻璃	江苏惠宇玻璃有限公司
95	弹簧补偿式低温球阀	连云港远洋流体装卸设备有限公司
96	大功率LED覆铜板用电子级超细硅微粉	江苏联瑞新材料股份有限公司

续表 6-21

序号	产品名称	承担单位
97	UP2000-105双馈式风力发电机组	国电联合动力技术(连云港)有限公司
98	替加环素	江苏豪森医药集团连云港宏创医药有限公司
99	甲磺酸伊马替尼	江苏豪森医药集团连云港宏创医药有限公司
100	再生高性能尼龙合金材料	连云港德翔新材料有限公司
101	高性能海底及风力发电专用电缆护套料	连云港德翔新材料有限公司
102	无源直读智能水表	连云港腾越电子科技有限公司
103	马来酸恩替卡韦	连云港润众制药有限公司
104	LG-L5氧化镧	连云港市丽港稀土实业有限公司
105	金刚素管材专用色母	江苏省金肯科技实业股份有限公司
106	10kv户外智能真空断路器	连云港市港圣开关制造有限公司
107	大容量低温等离子体灭菌器	连云港佑源医药设备制造有限公司
108	等离子体空气消毒净化机	连云港佑源医药设备制造有限公司
109	GCF240高性能微米级碳化硅微粉	连云港龙塔研磨材料有限公司
110	铝合金芯高导电率铝绞线	中复碳芯电缆科技有限公司
111	COE直缝焊管	番禺珠江钢管(连云港)有限公司
112	螺旋预精焊埋弧焊管	番禺珠江钢管(连云港)有限公司
113	超低温环保流体装卸臂	连云港佳普石化机械有限公司
114	卧式螺旋卸料沉降过滤一体机	连云港双惠机械有限公司
115	高强度铝塑复合膜	江苏东浦医药包装股份有限公司
116	IC产业用Φ530超大口径抗高温变形透明石英玻璃管	连云港市东海县宏伟石英制品有限公司
117	大规模高品质石英玻璃硫酸提纯装置	连云港市东海县宏伟石英制品有限公司
118	光导纤维用直径1.2mm石英玻璃棒	连云港市盛昌照明电器有限公司
119	自恢复保险丝用直径3mm石英玻璃管	连云港市盛昌照明电器有限公司
120	微波炉用截紫外线透红外石英管	连云港市弘扬石英制品有限公司
121	石英与光纤复合相位共轭镜用大直径石英棒	连云港市弘扬石英制品有限公司
122	石英陶瓷坩埚用高纯熔融石英粉体材料	中材高新江苏硅材料有限公司
123	定影电子灯用石英玻璃管	江苏太平洋石英股份有限公司
124	低羟基无臭氧高纯石英管	江苏太平洋石英股份有限公司
125	10.00-24工程起重机用加宽型车轮	东海县兰天汽车车轮厂
126	采用废料回收方法制取人造石墨碎	连云港江利达矿产品有限公司
127	采用高强度PC料生产的环保型G9LED灯	东海县华亚照明器材有限公司
128	LED球泡灯	连云港奇晴光电照明有限公司
129	LED吊灯	连云港奇晴光电照明有限公司
130	Le橡塑用硅微粉	东海县晶盛源硅微粉有限公司
131	油脂加工无动力式脱色设备	连云港通元机械有限公司
132	大颗粒尺寸的碱性钠型硅溶胶	江苏佳宇资源利用股份有限公司
133	硼替佐米	连云港金康医药科技有限公司
134	一种用于精细表面处理及强化的不锈钢丸	连云港倍特超微粉有限公司
135	实用高效型医用电梯	江苏西德电梯有限公司
136	美观节能型观光电梯	江苏西德电梯有限公司
137	资源再生型稀土材料:氧化镨钕	连云港健发磁性材料有限公司
138	资源再生型稀土材料:镨钕合金	连云港健发磁性材料有限公司
139	资源再生型稀土材料:氧化镝	连云港健发磁性材料有限公司

续表 6-21

序 号	产品名称	承担单位
140	资源再生型稀土材料:氧化铽	连云港健发磁性材料有限公司
141	资源再生型稀土材料:氧化钆	连云港健发磁性材料有限公司
142	资源再生型稀土材料:氧化铕	连云港健发磁性材料有限公司
143	资源再生型稀土材料:氧化钇	连云港健发磁性材料有限公司
144	资源再生型稀土材料:氧化镧	连云港健发磁性材料有限公司
145	无机防火轻集料膨胀珍珠岩保温板	连云港松彬建筑材料有限公司
146	钢三维板	江苏欧野建筑节能科技有限公司
147	免拆保温模板	江苏欧野建筑节能科技有限公司
148	1GNMD-200型双轴灭茬旋耕机	连云港市连发机械有限公司
149	1JMS-200型水田埋茬(草)耕整机	连云港市连发机械有限公司
150	1GZN-135V1型烟地起垄机	连云港市连发机械有限公司
151	1GZM-210型双轴灭茬整地机	连云港市连发机械有限公司
152	1GZM-280型双轴灭茬整地机	连云港市连发机械有限公司
153	1GSZ-260型水田埋茬起浆机	连云港市连发机械有限公司
154	1JH-200型秸秆粉碎还田机	连云港市云港旋耕机械有限公司
155	1GFM-200型反转灭茬机	连云港市云港旋耕机械有限公司
156	1GSZ-260型水田埋茬(草)耕整机	连云港市锐远农业装备科技有限公司
157	1GKN-230加强型旋耕机	连云港大陆农业机械装备有限公司
158	1GKN-180加强型旋耕机	连云港大陆农业机械装备有限公司
159	1GFM-200加强型反转灭茬机	连云港大陆农业机械装备有限公司
160	1GKNM-200型双轴灭茬旋耕机	江苏威迪农业装备科技股份有限公司
161	1GKN-200S型旋耕机	江苏威迪农业装备科技股份有限公司
162	1GKN-250S型旋耕机	江苏威迪农业装备科技股份有限公司
163	1JSL-360水田埋茬(草)耕整机	江苏银华春翔机械制造有限公司
164	1GKNM-230ZG双轴灭茬多用旋耕机	江苏银华春翔机械制造有限公司
165	1JH-260型秸秆粉碎还田机	连云港市东堡旋耕机械有限公司
166	1GKN-300H型加重旋耕机	连云港市东堡旋耕机械有限公司
167	1GKN-250H型加重旋耕机	连云港市东堡旋耕机械有限公司
168	1JH-230型秸秆还田机	连云港市东堡旋耕机械有限公司
169	旋都牌 1GKN-300型旋耕机	连云港巨龙机械装备有限公司
170	旋都牌 1GKNM-320型双轴灭茬旋耕机	连云港巨龙机械装备有限公司
171	1GZMN-140D2V2型双轴灭茬旋耕起垄整地机	连云港市金云旋耕机械有限公司
172	1GZMN-210D3V3型双轴灭茬旋耕起垄整地机	连云港市金云旋耕机械有限公司
173	2-溴-3-氟苯甲酸	连云港威远精细化工有限公司
174	高纯度溴氨酸钠盐	江苏亚邦染料股份有限公司连云港分公司
175	β-胸苷	连云港笃翔化工有限公司
176	2'3'-二-O-乙酰基-5'-脱氧-5-氟胞苷	连云港笃翔化工有限公司
177	10%噻唑膦颗粒剂	江苏嘉隆化工有限公司
178	氯甲酸烯丙酯	江苏嘉隆化工有限公司
179	轻质高强木质复合胶合板	连云港宫良木业有限公司
180	60#蓝粗品	江苏华尔化工有限公司
181	97%吡虫啉原药	江苏克胜作物科技有限公司
182	2-氯-5-氯甲基吡啶(CCMP)	江苏克胜作物科技有限公司

续表 6-21

序 号	产品名称	承担单位
183	啶虫脒原药	江苏克胜作物科技有限公司
184	吡蚜酮原药	江苏克胜作物科技有限公司
185	哌虫啶原药	江苏克胜作物科技有限公司
186	雄甾-3-酮-4-烯-17β 羧酸	连云港恒飞制药有限公司
187	2-溴-5-碘甲苯	江苏威格瑞斯化工有限公司
188	4-[4-(哌啶甲基)吡啶基-2-氧]-顺-2-丁烯-1-醇	江苏威格瑞斯化工有限公司

表6-22 2014年度连云港市各县、区专利申请/授权情况

单位：件

县、区	专利申请				专利授权			
	合计	发明	新型	外观	合计	发明	新型	外观
东海县	1893	315	170	1408	1331	22	148	1161
赣榆县	2157	330	127	1700	1012	27	67	918
灌南县	1297	128	59	1110	736	9	54	673
灌云县	821	127	126	568	238	6	60	172
海州区	2291	470	506	1315	2076	121	431	1524
开发区	869	226	226	417	364	78	165	121
连云区	762	116	95	551	584	10	71	503
合 计	10090	1712	1309	7069	6341	273	996	5072

表6-23 2014年度连云港市国家科技计划项目获批情况

序号	计划类别	获批项目数(个)	获批经费(万元)
1	国际合作	1	300
2	国家中小企业技术创新基金无偿资助	3	214
3	国家重点新产品	5	150
4	国家火炬计划	12	50
5	农转资金	2	120
6	国家星火计划	21	
7	高新技术企业	50	
合 计		94	834

淮安市

Huai'an City

【概 况】 2014年,淮安市科技工作紧紧围绕党的十八大、十八届三中、四中全会要求,以创建国家创新型试点城市为目标,主动服务全市经济、社会发展大局,取得了显著成绩。全市高新技术产业实现产值1474亿元,同比增长25.36%,增幅全省第一,占规模以上工业总产值比重达26%。全市专利申请量15101件,首次突破15000件,同比增长25.06%,增幅全省第一;其中发明专利申请量3415件,同比增长59.95%;专利授权量6663件,同比增长45.7%,增幅全省第一。全社会研发费用占地区生产总值比重达到1.6%。科技进步贡献率预计达50%。

出台《区域创新能力大幅提升实施方案》。2014年1月20日,淮安市委、市政府出台《区域创新能力大幅提升实施方案》(以下简称《方案》),明确六大重点17个方面的工作任务,全力推进区域创新能力大幅提升,并提出到2015年创成国家创新型试点城市目标。《方案》主要从培育科技型企业梯队、完善科技创新与服务平台体系、集聚创新创业高端人才、打造科技成果转化基地、发展创新型园区、实施自主知识产权战略6个方面提出了具体要求,通过实施创新驱动战略,加快形成以技术、品牌、质量为核心竞争力的创新优势,到2015年,全市全社会研发经费占生产总值比重力争达2.0%,企业研发投入占全社会研发投入比重达90%;累计建成市级以上"两站三中心"等研发机构800家;科技进步贡献率超过50%;全市高新技术产业产值占规模以上工业总产值比重达26%。把淮安建设成为创新创业要素加速集聚、人才持续涌现、机制不断完善、成效显著提升、具有一定影响力和竞争力的国家创新型试点城市,清河、淮阴、淮安、涟水、洪泽、盱眙、金湖等县区成为省级创新型试点县区,创新型城市建设实现跨越发展。

召开全市提升区域创新能力暨创建国家创新型试点城市推进大会。2014年10月30日,淮安市委、市政府召开会议,推进国家创新型试点城市创建工作,促进区域创新能力大幅提升。市领导姚晓东、曲福田、张彤、王维凯、唐道伦、陈洪玉、刘学军等出席会议。

2014年10月30日,淮安市提升区域创新能力暨创建国家创新型试点城市推进大会在淮安召开。

2家单位荣获2014年度国家科学技术奖。2014年,淮安市共有2家单位、3名人员获国家科学技术奖励,其中淮阴工学院及其金叶玲教授、陈静教授参与申报的"基于干法活化的食用油脱色吸附材料开发与应用"项目获得国家技术发明二等奖,该奖项是淮阴工学院近5年来首次获国家级科技奖励,奖项的获得及时解决了淮安大学筹建缺少国家级科技奖励的一个门槛问题;另外江苏安邦电化有限公司及其季玉祥总经理参与申报的"防治农作物病毒病及媒介昆虫新农药研制与应用"项目获得国家科学技术进步二等奖,亦是该市企业近5年来首次获得国家级科技奖励。

淮安软件园获批省级文化科技产业园。经省科技厅、省委宣传部、省文化厅、省广播电视局、省新闻出版局5家单位共同认定,淮安软件园成功获批省级文化科技产业园,成为全市第一个获此称号的园区。文化科技产业园的建设是为了进一步推进文化与科技融合,提高文化科技创新能力,发挥园区产业集聚、项目孵化和示范引导作用,促进新兴文化产业跨越发展。

淮安市第四届大学生科技创业大赛圆满闭幕。2014年5月13日,第四届淮安市大学生科技创业大赛在淮安信息职业技术学院举行了决赛暨颁奖典礼。此次大赛历时6个月,共有6所高校

300多个项目参赛。经过校内选拔和初评,10个项目进入决赛。经过紧张激烈的比拼,淮安信息职业技术学院的“小型激光切割机水箱补水系统的研制与产业化”项目荣获一等奖,获30000元创业奖励。淮阴师范学院“基于移动平台的自助式证件照系统”等3个项目获得二等奖、淮阴工学院“LYC新型墙体装饰材料”等6个项目获得三等奖,并将分获10000元、6000元的创业奖励;另有“出租车营运计价管控网络系统”“优创机器人科技”等10个项目获得优秀奖,得到2000元的创业奖励。

洪泽县跻身江苏省创新型试点县。2014年,洪泽县被省科技厅命名为全省第四批创新型试点县(市、区),成为继盱眙县、金湖县之后,淮安市第三家省创新型试点县。

3个乡镇被评为第三批江苏省创新型试点乡镇。2014年,淮安市清河区长东街道、洪泽县高良涧镇、淮安区淮城镇获批省级创新型试点乡镇。截至2014年年底,淮安市共有10个乡镇荣膺江苏省创新型试点乡镇。

【工业科技】 2014年,淮安市继续加大高新技术产业和企业培育,全年新开发和引进市级新产品1065项,117个产品被认定为省高新技术产品,79个产品被认定为市高新技术产品。全市通过认定国家级高新技术企业74家,国家高新技术企业保有量突破200家;新认定市级高新技术企业69家;全市科技型企业总数已达410余家。

苏北首家国家重大科学仪器设备开发专项在淮安市启动。2014年3月23日,由江苏汉邦科技有限公司牵头实施的国家重大科学仪器设备开发专项“超临界流体色谱仪的研制与应用开发”项目在淮安市正式启动。该项目是苏北首家获得的国家重大科学仪器设备专项,项目建设周期为3年,总投入6700余万元,其中将获国家无偿经费支持2431万元。项目完成后,将实现仪器销售700余套,销售额超4亿元,利润超9000万元。同时,该项目还将填补中国在超临界流体色谱仪器生产、制造方面的空白,打破欧美、日本等国家的垄断。

国家火炬计划金湖石油机械特色产业基地通过复核。2014年7月,淮安市国家火炬计划金湖石油机械特色产业基地顺利通过科技部火炬中心复核。金湖石油机械特色产业基地于2007年启动建设,2009年通过了国家科技部高技术产业开发中心的审批,成为淮安市第一家国家火炬计划特色产业基地。

第九届中国凹土高层论坛在盱眙举办。2014年7月18~20日,第九届中国凹土高层论坛在盱眙县举办。省政协副主席、中科院南京分院院长周健民,中国工程院院士蔡道基,江苏省科技厅副厅长段雄,中科院南京分院副院长、中科院南京地理与湖泊研究所党委书记、副所长谷孝鸿,淮安市政府副市长赵洪权,淮安市科技局局长李太生等省市领导以及中材集团、益海嘉里集团等企业代表,国内53家科研院所代表和100多名客商代表,共计300余人参加了开幕式活动。此次论坛旨在提高凹土资源开发利用,拓展凹土应用领域,加强国内外技术交流,提高科技创新能力,加快科技成果转化,一步步实现着“点土成金”的盱眙梦想。论坛先后进行盱眙凹土科技园项目集中竣工仪式、科技银行揭牌、科研项目签约、江苏省凹土产业技术创新战略联盟会议、产学研银对接会、凹土中心和科技园参观、专家学者进企业等16项子活动。

高等级耐高温超薄电容膜在淮安转化。2014年,由江苏中立方实业有限公司实施的“高等级耐高温超薄双向拉伸聚丙烯电容膜”项目顺利试生产,并初步形成销售1000多万元,科技成果转化成功。该项目的产业化,成功打破了国外对高等级膜制造技术和对优质原材料的双重封锁,对国内相关行业发展具有重要意义。

【农业科技】 2014年,淮安市组织实施现代农业科技创新工程和现代农业科技示范工程,大力促进自主创新、成果转化和推广服务,全面推动农业和农村发展真正走上依靠科技进步和提高农民素质的轨道。全年共组织申报国家科技富民强县专项行动试点县1个,组织申报省科技支撑计划(农业)和苏北科技发展专项资金项目91项,立项35项。培育市级农业科技型企业15家、科技型农民专业合作社10家,农业科技进步贡献率达61.2%。

淮安国家农业科技园区规划编制加速推进。2014年2月17日,淮安市委副书记练月琴主持召开专题会议,推进淮安国家农业科技园区综合性发展规划编制工作。淮安市副市长赵洪权、政协副主席朱毅民参加会议。针对下一步工作,练月琴提出4点要求。第一,厘清三个关系,扎实做好规划;第二,突出产业,全力打造特色园区;第三,明确重点,扎实开展园区建设;第四,积极配合,合力推进园区建设。

淮阴区国家科技富民强县项目通过验收。2014年2月20日,受科技部委托,省科技厅组织有关专家对淮阴区政府承担的国家科技富民强县专项行动计划"优质瘦肉型猪规模化养殖及肉品加工技术集成产业化开发"项目进行了验收,验收组认为,该项目全面完成了技术经济目标,有力地促进了农业增效、农民增收和当地经济社会发展,一致同意通过验收。

3个项目获国家农业科技成果转化资金资助。2014年,淮安市3个项目获得国家农业科技成果转化资金,立项数居苏北首位。3个项目分别是江苏徐淮地区淮阴农科所承担的"高产优质粳稻新品种淮稻14号高效安全配套技术集成与推广"项目、江苏峻德生态农业科技有限公司承担的"国家级新品种'苏淮猪'生态健康养殖及产业化开发"项目和金湖县华能机电有限公司承担的"基于物联网的水产养殖智能投饲机开发与产业化"项目。项目合计将获得国家无偿资助资金180万元。

新获1项国家科技富民强县项目。2014年,淮安市淮阴区"优质瘦肉型猪规模化养殖及肉品加工技术集成产业化开发"获中央财政95万元无偿资助。

省专家组调研淮安市农业科技服务超市。2014年12月18日,省科技厅周贡生副巡视员、农村科技处吴翔副处长带领专家到金湖调研农业科技服务超市建设情况。周贡生强调,农业科技服务超市,重点是借鉴"超市"来开展农业技术服务,农业科技服务超市分店和便利店建设要重点突出"六有",围绕既定服务的产业,打造服务链和产业链。

【科技创新体系】 2014年,全市共新建省级科技创新载体平台30个,其中企业重点实验室1个,工程技术研究中心8个,企业研究生工作站21个。新建市级科技创新载体平台92个,其中重点实验室4个,科技公共服务平台4个,院士工作站3个,工程技术研究中心82个。企业研发机构建设工作成效显著:本土大中型工业企业及高新技术企业研发机构实现动态全覆盖;列统企业研发机构建有率达65%。截至2014年年底,淮安市共有科技创新载体平台560个,其中省级147个,市级413个。

盖钧镒院士工作站成立。2014年5月9日,淮安市盖钧镒院士工作站揭牌仪式举行。中国工程院院士、南京农业大学原校长、国家大豆改良中心主任盖钧镒,淮安市副市长王兴尧为工作站揭牌。此举标志着南京农业大学与淮安校地合作迈出了新步伐、产学研合作达到了新高度,为重大农业项目研发、高层次人才培育、科技合作交流等搭建了新平台,将为增强淮安市农业自主创新能力和核心竞争力提供新动力。

淮安市科技广场召开专家论证会。2014年7月4日,淮安市科技广场建设方案专家论证会在市软件园召开,会议邀请了省科学技术厅、省科学技术情报研究所、南京财经大学、省科技创新技术协会的有关专家参加。会议由淮安市政府副秘书长王苏君主持,副市长唐道伦,市经济技术开发区管委会主任陶光辉,市科技局局长李太生以及市软件园、留创园、科教产业园等相关负责人出席了会议。专家组认为淮安市针对当地科技服务业发展的关键环节和难点,围绕科技创业服务、科技金融服务、科技咨询服务(含知识产权服务)、科技成果转化服务和专业技术服务五大平台,构建网络化、专业化、社会化、品牌化的现代科技服务体系,立意高远、思路清晰、目标明确,具有很强的指导性和可操作性。在未来的发展目标中,科技广场着力打造一站式、全流程、系统化的科技公共服务平台,建成综合性、专业型、高端化的科技服务示范区。

3家科技支行开业。2014年6月18日,淮安市首家专门从事科技金融服务的银行机构——江苏银行淮安科技支行正式揭牌开业。仪式上,江苏银行淮安科技支行当场与10家科技型企业举行了"苏科贷"授信签约活动,授信贷款总额8800万元。项目投产达效后,预计可新增销售收入3.5亿元。7月7日,中国农业银行淮安科技支行举行揭牌暨授信签约活动。淮安市委常委、常务副市长戚寿余出席活动。活动现场,淮安市财政局、科技局和淮安市农业银行3方签署了《淮安市科技型中小企业风险补偿资金贷款业务合作协议》,农业银行淮安科技支行与10家科技企业签署了银企授信合作协议,授信总额7300万元。7月18日,在第九届中国盱眙凹土论坛上,盱眙农村商业银行科技支行正式揭牌,并现场为6家凹土企业授信1.2亿元。

2014年6月18日,江苏银行淮安科技支行揭牌暨授信签约仪式在淮安举行。

7个省级骨干科技服务项目集中签约。2014年8月13日,淮安市引进省级骨干科技服务机构签约仪式举行。省科技厅副厅长蒋跃建、省知识产权局副局长支苏平、淮安市副市长唐道伦、淮安经济技术开发区党工委书记周毅、省科技厅条件处处长景茂出席签约仪式。本次集中签约的7个项目分别是:江苏省科学技术发展战略研究院、淮安市科技局签署的"科技与金融"战略合作协议;江苏省高新技术创业服务中心、淮安市科技局签署的引进"江苏省科技创业及政策咨询平台"合作协议;江苏省专利信息服务中心、淮安市科技局签署的"淮安区域知识产权咨询服务"合作协议;江苏省科学技术情报研究所、淮安市科技局签署的合作协议;江苏佰腾科技有限公司、淮安软件园、淮安市科技局签署的"江苏省知识产权公共服务平台网络(淮安)中心"合作协议;江苏省科技创新协会、江苏钟山知识产权服务有限公司、淮安市科教产业发展办公室、淮安市科技局签署的"紫金科技中心呼叫中心淮安分中心"和"江苏(中欧)国际知识产权及技术转移中心"合作协议。

2014年8月13日,7个省级骨干科技服务项目集中签约落户淮安市科技广场。

海创智库(千人计划)淮安盐化新材料产业研究院成立。2014年10月18日,淮安市组织"海聚千人·智汇淮安"助推产业升级发展活动。72位国家"千人计划"专家应邀出席。淮安市委常委、组织部长张彤与国家"千人计划"专家联谊会办公室主任沈伟共同为海创智库(千人计划)淮安创新创业服务中心揭牌,该中心是海创智库(千人计划)科技服务中心在省江北地区设立的首家服务中心,将依托"千人计划"专家智慧资源,为淮安市高层次人才引进和企业转型升级提供强有力的高端智力服务。60家企业(单位)与62位专家现场签订67个合作项目协议。

14家企业获得"苏科贷"贷款3900万元。2014年是淮安市"苏科贷"工作开展的第一年,自9月份以来共开展3批,14家企业贷款项目通过审批,共获得科技贷款额度3900万元,有效解决了这些企业在科技创新过程中的融资难问题。

淮安市新增一家省级科技孵化器。2014年,淮安市新港科技创业园成功获批省级科技企业孵化器。至此,该市省级以上科技企业孵化器达14家,孵化面积超过85万平方米。新港科技创业园于2011年由淮安市经济开发区管委会批准成立,同时成立淮安鑫方达实业有限公司作为运行主体,负责创业园的日常管理。园区目前拥有可自主支配面积11457.74平方米,其中为在孵企业提供的孵化场地8166.2平方米。

【产学研合作】 2014年,淮安市坚持创新驱动发展战略,立足"集聚科技资源,促进创新发展"的思路,加快推进产学研协同创新,先后组织企业家"院校行"、科技局长校园行、院校专家"企业行"等专项产学研对接活动20余批次。成功举办淮安·武汉东湖科技合作恳谈会、驻苏部属科研院所淮安产学研合作推进会等,签约科技合作项目40项,清华大学淮安市新能源材料技术研究院、驻苏部属科研院所淮安工作站、常州大学淮安技术转移中心等挂牌成立,与美中创新技术协会、牛津大学Isis公司、北京化工大学、青岛科技大学、紫金科技人才创业特区等20多家国内外高校科研院所达成合作意向。推动驻淮高校院所新建立校企联盟60家,累计达500家。

出台《引进高校院所设立研发机构管理办法(试行)》。为鼓励和推进国内外著名高校院所到淮安设立各类研发机构,充分发挥其创新服务作用,2014年10月24日,淮安市印发《引进高校院所设立研发机构管理办法(试行)》(以下简称《办法》)(淮政办发〔2014〕103号),从职责分工、招引落户、建设与运行、督查与考核、扶持政策、资金管理6个方面,加强对引进高校院所设立研发机构的管理。主要内容包括:建立研发机构跟踪管理和绩效评价制度,每年进行绩效考核;市财政设立专项资金,支持研发机构科研条件配备、人才团队建设和科研项目开发;鼓励风险投资资金参与建设研发机构,探索科技金融等多元化融资模式,带动社会资本共同支持研发机构建设;研发机构建成后,每年应至少推动3~5项科研成果在淮安转化或实现产业化,为淮安企业开展合作科研、联合攻关、技术服务10次以上;研发机构孵化或衍生的企业年开票销售收入超过1000万元的,由县区政府(园区)制定税收优惠政策,支持其滚动发展。同时,《办法》还规定了退出机制,对骨干人员离开或合作关系发生重大变化、难以完成建设和工作任务、建设与运行不能继续实施以及连续2次年度绩效评价不合格4种情况,将申请中止合作。对弄虚作假,截留、挪用、挤占专项补助资金;管理不善、不能按期完成建设与工作任务;不接受有关部门项目检查、审计等情形的,实行劝退或撤销研发机构。

出台《关于加快推进驻淮高校院所政产学研合作的若干意见(试行)》。2014年10月24日,淮安市出台《关于加快推进驻淮高校院所政产学研合作的若干意见(试行)》,提出强化政府引导投入,设立"驻淮高校院所协同创新专项引导资金",支持驻淮高校院所政产学研合作载体与平台、产业技术研发机构、技术转移中心、科技基础条件平台和协同创新服务网络体系建设,鼓励驻淮高校院所加强技术转移和科技成果转化,引导教师和科技人员参与科技创业。力争通过3~5年的努力,在全市构建较为完善的政府政策支持体系、企业技术创新体系和高校院所科技支撑体系,形成2000家以上企业博士和科技特派员聚集局面。

江苏产业技术国际研究院淮安分院揭牌。2014年1月17日,江苏产业技术国际研究院淮安分院签约落户淮安高教园,并正式揭牌。省经济和信息化委员会副主任龚怀进,副市长唐道伦等出席活动。淮安经济技术开发区管委会主任陶光辉主持签约仪式。江苏产业技术国际研究院是国际性的高新技术服务企业和产业技术交流平台,在淮安设立分院,将结合该市的区域优势和产业规划,整合全球资源来参与和推动淮安的发展。

淮安市与常州大学开展全面合作。2014年3月26日,常州大学与淮安市政府举行校地全面合作协议签订仪式。常州大学副校长丁建宁、淮安市副市长唐道伦等出席仪式并代表双方签约。唐道伦在致辞中表示,与高端资源加强合作,对于淮安更好地借助科技、人才力量加快发展具有十分重要的意义。丁建宁表示,近年来,淮安市经济社会和科技创新事业取得了令人瞩目的发展成就,常州大学将利用自身优势学科资源,积极与淮安市政府、与淮安市高新技术企业开展合作。签约仪式上,常州大学张炳生等4名教授分别与淮安市4家企业签署了产学研项目合作协议。9月17日,常州大学技术转移中心淮安分中心正式签约成立。常州大学副校长丁建宁与淮安经济技术开发区、市科技局共同签署了《共建常州大学技术转移中心淮安分中心协议书》。

与清华大学材料科学与工程研究院开展新能源材料产业合作。2014年4月13日,淮安市与清华大学材料科学与工程研究院签署新能源材料技术研究院合作协议。淮安市市长曲福田、副市长唐道伦,中国科学院院士、清华大学材料科学与工程研究院院长南策文等出席仪式。仪式上,唐道伦与南策文院士代表双方共同签署了"淮安新能源材料技术研究院"合作协议。淮安新能源材料技术研究院将结合清华大学材料科学与工程研究院人才与科研实力,依托淮安凹土、盐化新材料、新能源汽车等资源和产业优势,利用5年左右时间,孵化、投资、培育"凹土动力锂电池隔膜材料""电动汽车动力电池梯次利用"等5~10家新能源重点企业,最终打造淮安市新能源材料产业基地,形成百亿元产业集群。

16家企业获派"科技副总"。2014年,淮安市康乃馨织造有限公司、今世缘酒业股份有限公司等16家企业的"科技副总"获省级立项支持。选派的专家将到该市相关企业任职,在推动企业科技创新管理,完善企业研发机构建设,加强企业知识产权工作,引进培养技术人才,深化产学研合作,开展技术研发、产品开发、成果转化等方面出成果、做贡献。

科技合作框架协议书。2014年9月22日,淮安市科技局与美中创新技术协会举行科技合作交流洽谈会。会上,市科技局与美中创新技术合作协会签订了科技合作框架协议书。根据协议,双方将共建科技合作办公室,或由美中创新技术协会在淮安设立分站等科技服务机构,以此实现双方科技及产业信息资源共享。

进一步深化与南京师范大学的合作。继2013年12月南京师范大学淮安研究院签约落户淮安后,南京师范大学在淮安市建设技术转移中心、研究生分院等事宜又取得突破性进展。8月22日,淮安市与南京师范大学合作项目签约仪式举行,进一步明确了双方合作方向。市长曲福田、副市长唐道伦,南京师范大学党委书记、校长宋永忠等出席活动。作为上轮协议的后续补充,此次双方签订的合作协议明确了研究院的组织框架、功能、运作机制,以及将先期启动的3个领域:一是共建"南京师范大学技术转移中心淮安分中心",组建生物、化学2个专业实验室;二是共建"南京师范大学研究生院淮安分院",双方共同培养南京师范大学研究生;三是共建"南京师范大学人才培训中心淮安分中心",建立实训、实习以及教育培训基地。

中科院生物物理研究所淮安研究中心揭牌。2014年9月15日,淮安市与中科院生物物理研究所共建淮安研究中心补充协议签约暨揭牌仪式举行。中科院生物物理研究所所长徐涛、淮安市市长曲福田共同为中科院生物物理研究所淮安研究中心、淮安成果转化基地揭牌。副市长唐道伦与中科院生物物理研究所副所长高光侠签署共建补充协议。中科院生物物理研究所淮安研究中心的成立,是对淮安科技创新能力的又一极大提升,将对淮安食品、生物医药等产业发展起到积极的促进作用。

与武汉东湖自主创新示范区深化合作。2014年11月19日,淮安市政府在武汉召开"淮安·武汉东湖科技合作恳谈会",这是继2013年9月,淮安市政府与武汉东湖高新技术开发区管委会签署全面合作框架协议后的全面对接。恳谈会上,10个项目进行了集中签约,涉及电子、机械、食品、矿业、农业等领域。武汉市政协副主席、东湖新技术开发区管委会主任张文彤,中科院水生生物研究所所长赵进东,湖北省科技厅副厅长彭泉,淮安市市长曲福田等出席恳谈会,淮安市副市长唐道伦主持会议。

与青岛科技大学签署战略合作协议。2014年11月20~21日,淮安市市长曲福田、副市长唐道伦率团赴青岛考察推进经贸科技合作。期间,淮安市与青岛科技大学签署战略合作协议,与相关企业达成合作意向,淮安、青岛两地的交流合作得到进一步拓展。11月21日,淮安市人民政府与青岛科技大学战略合作协议在青岛科技大学崂山校区签约。

淮安市-清华大学深化全面合作座谈会在北京举行。2014年11月28日,淮安市-清华大学深化全面合作座谈会在北京举行。淮安市市长曲福田和清华大学党委副书记史宗恺就双方深入推进全面合作进行高效务实交流。市委常委、组织部长张彤,清华大学党委组织部副部长、研究生工作部部长张小平等老师代表及在淮安工作的清华大学毕业生、在淮安短期挂职和暑期实践学生代表参加座谈会。2009年5月,淮安市和清华大学签订了全面合作协议,构建了以产学研合作、干部交流人才培训、学生实践锻炼为三驾马车的全面合作体系。2013年1月,淮安市又与清华大学签署了深化全面合作协议。校地两方集中了资源优势和人才、科技优势,在项目对接、科研成果转化、人才交流等多个方面取得了良好的成效。

江苏省部属科研院所联合会淮安工作站成立。2014年12月10日,江苏省部属科研院所联合会淮安工作站正式揭牌成立。江苏省部属科研院所联合会、中蓝连海设计研究院、中华全国供销合作总社南京野生植物综合利用研究院3家驻苏部属科研院所与淮安市相关单位签署战略合作协议。南京工业大学电光源材料研究所等10家院所与该市有关企业开展项目合作。此前,淮安市相关方面共征集到企业技术需求170多项,已一次性成功签约30项,预计将带动各项投资3亿元。“江苏部属科研院所联合会淮安工作站”成立后,将进一步推动科技成果、高端人才等优质创新资源向淮安集聚,并在联合申报项目、共同开展技术攻关、共建研究生培养基地和技术转移中心等方面开展合作,实现多方合作共赢。

2014年12月10日,驻苏部属科研院所淮安产学研合作推进会在淮安市召开,会上,江苏省部属科研院所联合会淮安工作站正式揭牌成立。

江苏科技大学与淮安市对接校地合作。2014年12月10日,江苏科技大学党委书记王济干一行在淮安,就与淮安开展校地合作进行对接。淮安市副市长王红红以及市教育局、科技局、发改委、部分驻淮高校、中学相关负责人出席座谈会。王济干希望江苏科技大学能与淮安市在产学研合作、高层次人才培养、继续教育、招生等方面加强合作,搭建校地人才科技对接平台,优化学科专业建设,服务淮安地方经济发展,努力实现双赢。王红红希望通过双方进一步的交流合作,共同推动校地合作,促进地方经济发展,达到优势互补、互惠互赢的局面。

【知识产权】 2014年,淮安市认真贯彻落实《国家知识产权战略纲要》《江苏省知识产权战略纲要》精神,以创建国家知识产权示范城市为主要目标,积极转变思路、找准工作重点,不断提高知识产权创造、运用、保护和管理能力,取得了显著成效。专利申请量、授权量和发明专利申请量增幅均居全省前列,万人有效发明专利拥有量1.8件。2件专利获得省百件优质发明专利。江苏盱眙经济开发区获批江苏省知识产权试点园区;淮安经济技术开发区顺利通过江苏省知识产权试点园区验收;洪泽县、淮阴区、盱眙县、金湖县顺利完成江苏省知识产权战略示范单位年度自评工作。

2014年省知识产权局系统新任干部培训班在淮安市举办。2014年6月5~6日,2014年全省知识产权系统新任干部培训班在淮安市举办。来自全省各市知识产权局任现职不满2年的中层以上干部,县(市、区)知识产权局及有关园区知识产权管理部门的新任分管领导和业务干部等,共170余人参加培训。省知识产权局局长朱宇、副局长黄志臻、纪检组长丁荣余、淮安市科技局局长李太生参加了开班动员。

两街区获批省“正版正货”示范创建街区。2014年,淮安市“淮海路商业街”和“金石农机农资机电城”获批为江苏省“正版正货”示范创建街区,并分别获得省“正版正货”示范街区创建项目资金20万元。同时批准该市江苏中央新亚百货股份有限公司、淮安市新华书店等34家企业为省“正版正货”承诺试点企业。

2014年度江苏省知识产权工程师培训淮安班举办。2014年6月26日~7月2日,江苏省知识产权工程师培训在淮安市开班,共为期7天,来自全市高新技术企业、民营企业的科技人员及知识产权管理人员共90余人参加了此次培训。培训期间,省知识产权局副局长黄志臻、支苏平、张春平等领导和专家针对企业知识产权风险防范与应对、知识产权强省建设思考、企业知识产权保护、企业知识产权工作实践与思考、国标《企业知识产权管理规范》解读和专利审批程序等内容分别进行授课。

2014年度江苏省企业知识产权总监培训(淮安班)举办。2014年9月4日,由省知识产权局、国家知识产权培训(江苏)基地-江苏大学和淮安市知识产权局联合举办的2014年度江苏省企业知识产权总监培训(淮安班)圆满结束。来自全市的省市知识产权战略推进计划承担单位、知识产权管理规范贯标先进单位、上市企业、传统优势产业规模以上工业企业的58位企业知识产权分管副总或总监参加了此次培训。支苏平、唐恒、李太生、杨建洪等省、市知识产权局、科技局领导参加了开班动员。培训班为期2天,主要培训内容有知识产权与企业发展、企业知识产权规范化管理、企业知识产权管理的保障条件建设、企业专利布局与知识产权运营、企业知识产权风险管理、企业知识产权纠纷处理等。

设立首批知识产权维权援助工作站。2014年11月11日,在淮安市专利行政执法和维权援助工作推进会上,市知识产权局、知识产权维权援助中心结合该市产业结构特点及工作站所需行业性、典型性等条件,成功设立“知识产权维权援助淮海路商业街工作站”等首批3家工作站。通过设立维权援助工作站,进一步发挥知识产权维权援助的公共服务职能,充分利用“12330”电话的举报投诉功能,提高社会各界的知识产权维权意识,促进该市的知识产权工作开展,改善知识产权保护环境。

【科技人才】 2014年,淮安市共引进国家“千人计划”专家20名、省“双创计划”人才18名、省“博士计划”人才29名,评选“淮上英才计划”创新创业团队2个、领军人才54人。

实施人才工作“五项行动”服务创新驱动战略。2014年5月,淮安市制定出台《关于服务创新驱动战略实施人才工作“五项行动”的意见》(淮办发〔2014〕48号),进一步加强高层次人才队伍建设,服务创新驱动战略。一是实施汇智行动,加快高层次人才集聚;二是实施提升行动,加强人才素质能力建设;三是实施安心行动,优化人才发展环境;四是实施示范行动,发挥典型引领作用;五是实施保障行动,完善人才工作体制机制。

赴京对接高端创新创业资源。2014年11月29日,淮安市高层次(紧缺)人才专场招聘宣传推介会在清华大学举行,清华大学、北京大学等知名高校数百位青年精英踊跃应聘,希望到淮安市创新创业,成就人生价值。淮安市市长曲福田介绍了该市经济社会发展和创新创业资源情况。市委常委、组织部长张彤主持推介会。清华大学党委组织部副部长、研究生工作部部长张小平介绍清华大学与淮安市人才交流取得的进展和成绩。淮安市政协副主席、盐化新区党工委书记、管委会主任刘学军参加宣传推介。

与清华大学联合举办盐化新材料产业高级研修班。2014年7月28日~8月2日,淮安市委组织部、市科技局在清华大学联合举办淮安市盐化新材料产业高级研修班,该市45名盐化新材料科技企业负责人参加了培训。研修班采取专家授课、实地考察、人才对接、交流讨论等形式,帮助企业家深入了解宏观经济形势、化工企业战略定位、盐化工行业发展与创新趋势、“千人计划”专家研究成果等方面内容,取得了良好效果。

实施2014年千户企业引才引智竞赛活动。2014年8月16日,淮安市召开2014年度千户企业引才引智竞赛活动动员会议,对该项活动进行部署。活动从8月份开始,12月份结束,参加竞赛企业前10名,每个企业奖励10万元。

召开第六批科技镇长团工作总结暨第七批科技镇长团下派工作会议。2014年8月28日,淮安市召开第六批科技镇长团工作总结暨第七批科技镇长团下派工作会议,市委常委、组织部长张彤,市委组织部副部长、市人力资源和社会保障局局长江泽清,市科技局局长李太生等参加会议。张彤代表市委、市政府对第六批科技镇长团成员表示感谢,对第七批科技镇长团成员来淮挂职表示欢迎,并对第七批科技镇长团新成员提出3点希望:一是充分依托后方资源,强力推动政产学研交流合作;二是主动深入基层一线,指导企业提升自主创新能力;三是立足本职出谋划策,助推淮安经济社会跨越发展。会议对第六批科技镇长团优秀团队、优秀团长、优秀团员进行表彰,并为离任的20位团员颁发“淮安市创新驱动战略科技顾问”聘书。

举办电子信息产业高级研修班。2014年11月29日～12月4日，淮安市人才办、市科技局和市经信委在浙江大学联合举办了淮安市电子信息产业高级研修班，来自全市电子信息产业的近50名企业家参加了此次专题培训。本次高级研修班旨在进一步服务全市“4+2”主导产业发展，促进电子信息产业企业家更新知识，不断提升电子信息产业企业家科技创新能力和经营管理能力。研修班通过课堂教学、实地参观、座谈交流等方式进行，重点围绕当前宏观经济形势分析、硅谷创新创业机制及智慧经济解读、新一代互联网技术与应用、企业战略管理与技术创新、企业风险预测与驾驭风险法则等内容进行了学习研讨，为加快推进全市电子信息产业发展、促进电子信息产业转型升级提供了必要的知识更新和智力保障。

1名人才入选科技部创新人才推进计划。江苏协诚科技发展有限公司陈建明获得科技部2014年创新人才推进计划入选对象。截至2014年年底，淮安市共有2人获得该项计划，另一位为江苏华天通科技有限公司的王明华。

拟建科技领军人才创新驱动中心淮安工作站。由国家科技部科技人才中心、江苏省科技厅、淮安市科技局联合共建的科技领军人才创新驱动中心淮安工作站开始建设。工作站将重点以发展淮安市盐化新材料，高端装备制造和新能源汽车及零部件产业(1+2)为主线，围绕产业创新链各个环节特定服务需求，打造形成全流程、全方位、特色化的科技服务链。通过政府的政策支持和环境营造，充分发挥市场在科技服务资源配置中的决定性作用。

(朱小柱)

表6-24　2014年度淮安市新增国家高新技术企业名单

序号	企业名称	所属县区	序号	企业名称	所属县区
1	江苏玖川纳米材料科技有限公司	盱眙县	27	希尔盖电子科技淮安有限公司	淮安区
2	淮安市劲风橡塑有限公司	淮阴区	28	江苏惠民汽车配件制造有限公司	淮安区
3	江苏腾达电气设备有限公司	金湖县	29	淮安淮海塑钢型材有限公司	淮阴区
4	江苏宏基铝业科技有限公司	洪泽县	30	江苏和兴汽车科技有限公司	开发区
5	江苏楚淮软件科技开发有限公司	开发区	31	江苏省神工机械制造集团有限公司	清浦区
6	金湖县支点石油科技有限责任公司	金湖县	32	洪泽东俊机械有限公司	洪泽县
7	江苏思诺泰克电子技术有限公司	洪泽县	33	江苏汉邦科技有限公司	开发区
8	淮安市奋发电子有限公司	淮安区	34	淮安澳洋顺昌光电技术有限公司	清河区
9	金湖县百瑞特化工有限责任公司	金湖县	35	江苏华源新能源科技有限公司	洪泽县
10	江苏苏益电器有限公司	清河区	36	江苏天士力帝益药业有限公司	清浦区
11	金湖政轩石油机械有限公司	金湖县	37	江苏劲嘉新型包装材料有限公司	开发区
12	淮安市久泰汽车零部件制造有限公司	淮安区	38	江苏省金象传动设备股份有限公司	清河区
13	金湖县赛欧电气有限公司	金湖县	39	江苏乔扬数控设备有限公司	淮安区
14	江苏顺泰包装印刷科技有限公司	清河区	40	江苏正大清江制药有限公司	清河区
15	江苏清淮机械有限公司	开发区	41	淮安市楚城水泥有限公司	淮安区
16	西派集团有限公司	金湖县	42	江苏天一超细金属粉末有限公司	盱眙县
17	盱眙恒信粘土科技有限公司	盱眙县	43	江苏宏业轴承有限公司	盱眙县
18	淮安市恒春医疗器材有限公司	涟水县	44	江苏路通汽车工业技术有限公司	盱眙县
19	江苏震展泡塑科技有限公司	盱眙县	45	淮安三九网络科技有限公司	开发区
20	江苏淮阴正大有限公司	清浦区	46	江苏红光仪表厂有限公司	金湖县
21	淮安市荣佳教学用品有限公司	淮安区	47	江苏雄成液压器材制造有限公司	盱眙县
22	江苏云飞机械有限公司	金湖县	48	江苏杰东通信科技有限公司	开发区
23	江苏快乐电源(涟水)有限公司	涟水县	49	江苏永安化工有限公司	涟水县
24	江苏新澎复合材料有限公司	淮阴区	50	江苏金麟户外用品有限公司	金湖县
25	江苏斯德瑞克化工有限公司	洪泽县	51	江苏精明机械有限公司	金湖县
26	淮安华电环保机械制造有限公司	淮阴区	52	江苏格罗瑞化学有限公司	洪泽县

续表 6-24

序号	企业名称	所属县区	序号	企业名称	所属县区
53	江苏虹天电器有限公司	盱眙县	64	淮安市淮阴大地绿色食品发展有限公司	开发区
54	江苏赛尔电池有限公司	金湖县	65	江苏越城照明电器科技有限公司	洪泽县
55	江苏麦阁吸附剂有限公司	盱眙县	66	江苏爱吉斯海珠机械有限公司	洪泽县
56	淮安锦纶化纤有限公司	涟水县	67	江苏物合智联科技有限公司	开发区
57	江苏恒安化工有限公司	洪泽县	68	江苏金石机械集团有限公司	金湖县
58	江苏紫奇化工科技有限公司	洪泽县	69	江苏腾威电子有限公司	金湖县
59	江苏盛博金属制品有限公司	盱眙县	70	江苏超联机械有限公司	金湖县
60	江苏杰创科技有限公司	金湖县	71	江苏小铁人机床有限公司	金湖县
61	淮安阳光液压机械有限公司	淮阴区	72	金湖小青青机电设备有限公司	金湖县
62	淮安市安洁医疗用品有限公司	清河区	73	江苏财智达电子有限公司	淮安区
63	江苏金卫机械设备有限公司	金湖县	74	江苏侨新纤维有限公司	金湖县

表6-25　2014年度淮安市获国家中小企业技术创新基金项目名单

序号	项目名称	企业名称	备注
1	阵列和串联激光器芯片的封装与产品研制	江苏微宁科技有限公司	科技型中小企业技术创新项目
2	基于机器视觉的主随动工业机器人的研发及产业化	江苏小铁人机床有限公司	
3		江苏蓝色动力投资管理有限公司	科技型中小企业创业投资引导基金
4		淮安普瑞精仪科技有限公司	
5		淮安智祥科技有限公司	
6		江苏物合智联科技有限公司	
7		淮安天泽星网信息产业有限公司	

表6-26　2014年度淮安市新增国家重点新产品名单

序号	项目名称	企业名称
1	SM550YL高速一体化智能成套装备	金湖三木机械制造实业有限公司

表6-27　2014年度淮安市新增国家大学科技园名单

序 号	园区名称
1	淮安市国家大学科技园

表6-28　2014年度淮安市新增国家农业科技成果转化资金项目名单

序号	项目名称	承担单位名称
1	淮稻14号高效安全配套技术集成与推广项目	江苏徐淮地区淮阴农业科学研究所
2	“国家级新品种‘苏淮猪’生态健康养殖及产业化开发”项目	江苏峻德生态农业科技有限公司
3	基于物联网的水产养殖智能投饲机开发与产业化项目	金湖县华能机电有限公司承担

盐城市

Yancheng City

【概　况】 2014年,盐城市科技工作以创新驱动发展为核心战略,继续深化“一培两创”(培养企业自主创新能力,创建国家创新型试点城市和国家可持续发展实验区),国家创新型试点城市和国家可持续发展实验区建设取得新进展。省科技统计监测科技进步排全省第九位,苏北第一位;省“八项工程”监测指标排序全省第八位,较2013年提升1个位次。获批国家新能源汽车推广应用示范城市;国家知识产权试点城市建设通过验收,专利申请首次突破2万件;高新技术产业产值首次突破2000亿元,占规上工业产值的比重达30%以上;全社会研发投入(R&D)达1.8%,新增0.15个百分点;全市科技进步贡献率预计达56%,新增4.5个百分点,科技创新为全市经济转型发展提供了有力的科技支撑。

【科技管理】 科学技术奖励工作成效明显。2014年3月,盐城召开科技创新大会,部署全市国家创新型试点城市建设任务。明确建设的总目标和阶段目标、工作措施。按照省科技厅《关于拓展科技创新工程的实施方案(2014—2015年)》部署,做好科技创新统计监测工作。2014年,全社会研发投入占GDP比重达1.8%,较2013年的1.65%明显有所增加,盐城市省级以上企业研发机构新增46家,累计达到276家。新获批盐都、滨海2个创新型县(区)、创新型乡镇6个,均列全省第二位。

继续推进可持续发展实验区建设。2014年,盐城分别向国家科技部和省科技厅进行汇报,争取在江苏省与科技部部省会商框架内,筹备建立盐城国家可持续发展实验区部省(市)联席会议制度。开展实验区建设理论研究,实验区办公室组织申报的“江苏沿海地区科技支撑可持续发展路径的研究”项目获省科技厅立项支持。上半年,组织完成科技部组织的国家可持续发展实验区创新能力监测数据调查工作,完成《国家可持续发展实验区自评估报告》。加大可持续发展技术的推广工作,组织转发《大气污染防治先进技术汇编》,支持特色产业发展,7方面36个试验区优先发展项目推进工作顺利。

【科技计划项目】 2014年,盐城市有118个科技项目获科技部立项,其中国家创新基金项目14个,国家火炬计划项目13个,国家星火计划项目47个,国家重点新产品计划项目5个。28个项目获省自然科学基金立项,青年基金项目14个,分别获20万元无偿资金;面上项目14个,分别获10万元无偿资金。4个项目获省软科学资金扶持,获14万元扶持资金。

出台奖励中小企业创新政策。2014年,盐城市科技局、财政局联合发文《关于下达2013年度盐城市培育科技型中小企业政策奖励资金的通知》盐科计〔2014〕100号,从研发投入、科技成果转化、引进和培养人才、建立研发机构、知识产权、培育科技型中小企业集群6个方面,对2013年度438家企业申报的1439个项目进行奖励,奖励资金总额为7525.26万元,其中市财政下达3554.38万元,县(市、区)配套总额为3970.88万元。同时开展盐城市优秀科技型中小企业和企业家的评选活动,获评盐城市首届优秀科技型中小企业和企业家分别为19家、19名,每家企业、每名企业家分别获奖金20万元。

盐城市政策落实减免税额3.78亿元。2013年度,高新技术企业减免所得税2.39亿元,加计扣除减免税额1.39亿元,政策惠及企业455家。

【高新技术产业】 2014年盐城市高新技术产业实现产值2044.97亿元,占全市规模以上工业企业总产值的27.6%,占全省高新技术产业的比重为3.57%。105家企业被认定为2014年度国家级高新技术企业,24家高企通过复审,64家企业获省高新技术(后备)企业,134家企业被认定为市高新技术企业。3家企业被认定为国家火炬计划重点高新技术企业。443家企业被认定为2014年省民营科技企业。96家企业获批2014年省科技型中小企业。大丰东方1号文化科技产业园、城南聚龙湖文化科技产业园被列为省级文化科技产业园。盐城新源汽车科技产业园、建湖县节能电光源科技产业园、阜宁新材料科技产业园被列为省级科技产业园。

5个产品获批国家重点新产品。江苏丰东热技术股份有限公司“ASPN活性屏离子氮化炉”、盐城三益石化机械有限公司“FKDQ320-4型智能感控石油钻采防喷井控装置”、江苏南车电机有限公司“6MW直驱永磁同步风力发电机”、江苏悦达纺织集团有限公司“高性能煤矿防护服面料”、盐城捷康三氯蔗糖制造有限公司“高热稳定性三氯蔗糖98.0~102.0”5个产品获批国家重点新产品。2014年获省厅新认定省高新技术产品517个。

13家企业承担的项目获国家科技型中小企业技术创新基金支持。盐城鼎力达焊接科技有限公司“高频逆变远程无线智能控制直流电焊机的研发”等13家企业承担的项目获国家科技型中小企业技术创新基金1152万元支持项目。

12家企业承担的项目获省科技型中小企业技术创新资金支持。盐城拜明生物技术有限公司“食品不耐受和食品过敏免疫检测分析技术产品的研发”等12家企业承担的项目获省科技型中小企业技术创新资金300万元支持。

3家被认定为国家火炬计划特色产业基地。国家火炬盐城物联网产业基地、国家火炬盐都输变电装备特色产业基地、国家火炬滨海流体装备特色产业基地被认定为国家火炬计划特色产业基地。

4家国家火炬计划特色产业基地通过复核。国家火炬计划盐城环保装备特色产业基地、盐城绿色新能源特色产业基地、盐城汽车及汽车零部件特色产业基地、建湖石油装备特色产业基地通过复核。

新增国家级科技企业孵化器3家,省级科技企业孵化器3家,省科技企业加速器1家。2014年,大丰高新技术创业园、滨海沿海工业园生物医药科技创业园、阜宁县科技创业园被认定为国家级科技企业孵化器,建湖县高新技术科技园、东台城东科技创业园、盐城师范学院大学科技园(筹)被认定为省级孵化器。盐城中小企业园科技企业加速器被认定为省科技企业加速器。

盐城市被认定为新能源汽车推广应用示范城市。2014年2月8日,盐城市被国家科技部、发改委、工信部和财政部认定为新能源汽车推广应用示范城市,2014年全市推广应用新能源汽车1255辆。

表6-29　2014年度盐城市新增国家高新技术企业名单

序号	企业名称	序号	企业名称
1	盐城市盐海拖拉机制造有限公司	18	江苏自强涂装机械有限公司
2	江苏灵狐软件科技有限公司	19	盐城申源塑胶有限公司
3	江苏星月测绘有限公司	20	江苏宝华电线电缆有限公司
4	江苏中展车辆配件有限公司	21	江苏百斯特环境工程有限公司
5	汉创企业(中国)有限公司	22	盐城市双强管桩有限公司
6	江苏华恒兄弟动漫制作有限公司	23	盐城宝鼎电动工具有限公司
7	江苏岭南发酵设备有限公司	24	江苏汉印机电科技发展有限公司
8	江苏国艾电气有限公司	25	盐城市赛隆节能技术工程有限公司
9	江苏三菱磨料磨具有限公司	26	盐城市昶桦户外用品有限公司
10	江苏高精机电装备有限公司	27	盐城市中联复合纤维有限公司
11	江苏中建材环保研究院有限公司	28	江苏新海科技发展有限公司
12	盐城市科博液压机械制造有限公司	29	盐城市龙科电器有限公司
13	江苏舒适照明有限公司	30	江苏维尔思环境工程有限公司
14	盐城市建得模塑有限公司	31	盐城圣科球阀有限公司
15	江苏科行环保科技有限公司	32	江苏闳业机械有限公司
16	盐城市荣南机械制造有限公司	33	江苏悦达家纺有限公司
17	江苏坤泰机械有限公司	34	盐城市鑫浩机械制造有限公司

续表 6-29

序号	企业名称	序号	企业名称
35	江苏华东砂轮有限公司	68	江苏凯卓立液压设备有限公司
36	江苏蔚联机械股份有限公司	69	江苏恒才液压机械制造有限公司
37	盐城市步高汽配制造有限公司	70	江苏莲源机械制造有限公司
38	江苏荣生电子有限公司	71	建湖县永维阀门钻件有限公司
39	江苏天容集团股份有限公司	72	江苏省射阳县智能探伤设备有限公司
40	响水恒利达科技化工有限公司	73	上海宝松盐城重型机械有限公司
41	正丰阀门集团	74	江苏新彩阳机电技术有限公司
42	江苏雄越石油机械设备制造有限公司	75	江苏辉丰农化股份有限公司
43	盐城晨风环卫装备有限公司	76	江苏丰山集团有限公司
44	江苏大华化学工业有限公司	77	江苏森威精锻有限公司
45	江苏苏滨生物农化有限公司	78	江苏多为泵业股份有限公司
46	江苏腾龙石化机械有限公司	79	江苏正大丰海制药有限公司
47	盐城凯利药业有限公司	80	江苏英达机械有限公司
48	盐城雪尔纺织有限公司	81	江苏剑豪传动机械有限公司
49	盐城开元医药化工有限公司	82	大丰市海纳机械有限公司
50	滨海明鸿精细化工有限公司	83	盐城汇百实业有限公司
51	滨海瀚鸿生化有限公司	84	江苏云马农机制造有限公司
52	江苏中正生化有限公司	85	盐城科菲特生化技术有限公司
53	江苏恒达机械制造有限公司	86	江苏金色工业炉制造有限公司
54	江苏三得普华智能电力技术有限公司	87	盐城思达德民力阀门有限公司
55	江苏蓝天环保集团有限公司	88	上海新闵(东台)重型锻造有限公司
56	盐城市森鑫石油机械有限公司	89	东台市新锦泰化工有限公司
57	江苏天正电气有限公司	90	江苏正阳锅炉有限公司
58	盐城海特机械科技有限公司	91	江苏生久农化有限公司
59	江苏宏发工程尼龙有限公司	92	江苏东强股份有限公司
60	江苏九龙阀门制造有限公司	93	江苏江佳机械有限公司
61	建湖县鸿达阀门管件有限公司	94	东台市食品机械厂有限公司
62	江苏日月照明电器有限公司	95	江苏东阁不锈钢制品有限公司
63	江苏福吉特管业有限公司	96	江苏益通流体科技有限公司
64	江苏华威机械制造有限公司	97	江苏华信亚麻纺织有限公司
65	江苏天一机场专用设备有限公司	98	江苏金瀚电子科技发展有限公司
66	江苏克胜集团股份有限公司	99	江苏金谷不锈钢有限公司
67	江苏扬标石油机械有限公司	100	江苏舜天高新炭材有限公司
		101	江苏巨威机械有限公司

表6-30　2014年度盐城市获国家科技型中小企业技术创新基金项目名单

序号	项目名称	承担单位
1	准高频逆变远程无线智能控制直流电焊机的研发	盐城鼎力达焊接科技有限公司
2	基于双重缩聚增粘技术的新型聚酯瓶片回收再生装置	盐城市华普轻纺机械有限公司
3	芳纶短纤耐磨高档砂带基布关键技术研发	江苏华跃纺织新材料科技有限公司
4	高性能纤维纺丝组件抽屉式预热炉	江苏都盛科技发展有限公司
5	联盟式远程鸡病诊断系统平台的研究与应用	盐城天佑网络科技有限公司
6	高性价比绿色环保铅碳电池	江苏航虹新能源有限公司

续表 6-30

序号	项目名称	承担单位
7	新型节能油田稠油热采减压装置的研发	江苏万兴石油装备有限公司
8	高效能主栅镂空精密电池网版的研发	江苏盛矽电子科技有限公司
9	基于智能语音技术的中小学英语互动教学及测评系统	盐城清语信息科技有限公司
10	食品不耐受和食品过敏免疫检测分析技术产品的产业化	盐城拜明生物技术有限公司
11	生物发酵以及膜分离生产万古霉素	江苏海阔生物医药有限公司
12	超结构光矿化空气净化器的研发	中智环保新材料江苏有限公司
13	固液废弃物综合处理公共技术服务平台	江苏同盐环保科技有限公司

表6-31　2014年度盐城市获省科技型中小企业技术创新资金项目名单

序号	项目名称	承担单位
1	食品不耐受和食品过敏免疫检测分析技术产品的研发	盐城拜明生物技术有限公司
2	移动式高效矿用干式除尘器的研究	盐城兰泰环境工程科技有限公司
3	商用车3D定位底盘测量系统	江苏卡汀美智电子科技有限公司
4	基于云架构的农村经营管理政务系统	江苏泽宇软件科技有限公司
5	基于GIS的城市复合型大气污染源监控与大气质量预警预报系统	盐城和美软件有限公司
6	自动控制精密对花墙纸生产线	江苏远华轻化装备有限公司
7	大马力超低温启动静音环保型汽油发电机	盐城博尔福机电科技发展有限公司
8	转子履带自动抛丸机研发	江苏省成越科技有限公司
9	基于微波等离子化学气相沉积装置关键技术研究与应用	建湖永佳机械有限公司
10	氯磺化橡胶树脂新产品研发	江苏瑞和新材料股份有限公司
11	新型柴油调和组分多聚甲醛二甲基醚研究	盐城通海生物科技有限公司
12	对失能人士的多功能护理系统的研发制造和推广	盐城市好运文具有限公司

【科技金融】 有效推进“苏科贷”项目开展。与盐城市财政、江苏银行合作协同开展苏科贷业务，缓解科技型中小微企业融资难问题。2014年全市发放“苏科贷”280项，共计7.2亿元，分别比上年增长72%、107%，占全省苏科贷总额的24.3%，为全省第一。其中盐都区68个企业获得立项，贷款额达1.75亿元，立项数及贷款额在全省县(市、区)中均排名第一。

推进“盐创母基金”设立。向盐城市政府申请成立了盐城市科技创新创业投资引导基金管理委员会、投资管理中心、投资管理有限公司；拟定了《盐城市科技创新创业投资引导基金管理办法》《“盐创母基金”风险控制及管理办法》《“盐创母基金”投资项目跟踪管理办法》等10余项规章制度。

加强与金融单位合作。在盐城市经济开发区成功开展了科技型中小微企业风险补偿资金贷款(“金科通”)业务基础上，向盐城市政府请示将“金科通”推广至全市。与建设银行、中国银行、商业银行、民生银行、南京银行等金融机构洽谈科技金融业务事宜。与市财政局联合下发《盐城市金融机构科技型中小企业贷款风险补偿资金池管理办法》。

招引风投(创投)基金落户盐城。引进上海祖禾资本落户盐城，设立了注册资金为1亿元的盐城祖禾股权投资基金，并首投盐城东久重工锅炉制造有限公司300万元股权。

积极探索科技型企业股权融资。多元化推动市科技型中小微企业在新三板以及上海股权托管交易中心、天津股权交易所、深圳前海股权交易中心、江苏股权交易中心等区域场外资本市场挂牌交易。2015年52家企业在上海股权托管交易中心Q板挂牌,建湖韩森车业在上海股权托管交易中心E板成功挂牌上市。东台威尔五金有限公司和开发区热点科技在天津股权交易所成功挂牌上市,并为2家企业股权质押融资3600万元。江苏诚赢照明股份有限公司、江苏高和机电股份有限公司、江苏东方滤袋股份有限公司、江苏驰翔精密齿轮股份有限公司4家国家级高新技术企业成功在新三板上市。江苏焕鑫新材料股份有限公司、江苏丰山集团股份有限公司等7家企业获批为2015年度江苏省科技企业上市培育计划入库企业。

【知识产权】 2014年,盐城市共申请专利1.99万件,同比增长19.5%;其中发明专利申请2943件,占申请总量的14.76%;企业专利申请1.07万件,占申请总量的53.44%;专利授权4549件,其中发明专利授权270件,占授权量的5.94%;企业专利授权3020件,占授权量的66.39%。

知识产权工作受到省级以上表彰。盐城市通过国家知识产权试点城市的考核验收。设立盐城市人民政府专利奖,是长江以北省辖市中首家,全省第二家。盐都区进入国家知识产权强县工程试点单位。大丰港、亭湖、建湖、阜宁、滨海经济开发区进入省级知识产权试点园区。大丰市、盐都区知识产权局和经济技术开发区科技局分别被省科技厅和省知识产权局表彰为省知识产权工作先进集体;薛坚、陆伟、沈晶和沈阳被省科技厅和省知识产权局评为省知识产权工作先进个人;亭湖区、射阳县知识产权局和城南新区组织人事部被省知识产权局表彰为省知识产权宣传培训工作先进单位;东台市、建湖县知识产权局被省知识产权局表彰为省知识产权执法工作先进单位;徐思翔、张中华、王祚广被省知识产权局评为省专利行政执法先进个人。

1项专利获第16届中国专利优秀奖。江苏中恒宠物用品股份有限公司的发明专利"自动清理宠物犬粪便厕所"(专利号为ZL200810194514.X)获16届中国专利优秀奖。

28家企业被列入省企业知识产权贯标创建单位,3家企业被评为省企业知识产权管理标准化示范建工作先进单位。2014年内共有28家企业被列入省企业知识产权贯标创建单位。盐城宏景包装机械有限公司、东台市食品机械厂有限公司和江苏苏盐阀门机械有限公司被评为2014年度江苏省企业知识产权管理标准化示范建工作先进单位。

【科技服务】 知识产权"护航"行动。2014年,全市开展知识产权执法维权"护航"专项行动,重点查处群体性专利侵权行为、反复侵权行为、假冒专利行为及专利诈骗行为。全市共有假冒专利立案103件,已全部结案,鉴于其违法行为轻微并已及时纠正,且未造成危害后果,根据《中华人民共和国行政处罚法》第三十八条、《中华人民共和国专利法》第六十三条的规定,市科技局决定不予行政处罚。专利纠纷调解案件结案3件,专利侵权案件立案9件。

成立大学生保护知识产权志愿者服务队。2014年10月23日,盐城市大学生保护知识产权志愿者服务队在盐城工学院成立。盐城工学院首批20名大学生知识产权保护志愿者和大学生科技协会的会员代表共200余人参加活动。

积极开展知识产权培训活动。市科技局与人力资源与社会保障局合作启动知识产权助理工程师培训,在各县(市、区)组织10次培训班,培训总人数1000多名,参加培训人员,作为申报知识产权专业技术资格的必要条件。组织盐城市第六期知识产权工程师培训,148人参加自学阶段的学习,其中,114名学员进入面授阶段学习,96名学员获得知识产权工程师结业证书。组织62家企业总监或分管副总进行为期3天的知识产权总监培训,通过省内外知名知识产权管理专家学者授课、典型企业交流发言,使得参训学员能够将学到的理论知识运用到企业实际的管理中去。

【科技合作和交流】 2014年,市科技局配合省科技厅组织企业参加技术交流会。组织企业参加赴法国、德国、俄罗斯、波兰、芬兰、荷兰等国的技术交流会。江苏菲特滤料有限公司、江苏壹叁玖医疗器械有限公司、盐城市圣泰阀门有限公司等企业分别参加法国、俄罗斯等专场技术交流会。参加省国际产学研合作论坛。全市20多家企业参加

2014年中国·江苏第四届国际产学研合作论坛暨跨国技术转移大会,会上东台市赐百年生物工程有限公司、江苏东工环保科技有限公司、盐城市圣泰阀门有限公司、江苏壹叁玖医疗器械有限公司等公司分别与以色列、芬兰、俄罗斯等国家的科研机构及单位进行一对一对接洽谈,洽谈双方都有初步合作意向。参加中阿合作伙伴第一次会议。组织中节能东台太阳能发电有限公司、江苏丰海新能源淡化海水发展有限公司、江苏绿苑海蓬子有限公司3家企业参加中阿合作伙伴第一次会议,并在会上作项目推介。

省国际合作项目。2014年,盐城市共有2个省国际科技合作计划项目获得省科技厅立项支持,争取无偿资金100万元。分别为:江苏恒力组合机床有限公司与德国鲍威尔阀门公司合作的"柔性制造模块机床及成套技术引进项目"、盐城天海医药技术有限公司与美国GLSynthesis Inc. 合作的"抗艰难梭菌新药GLS362E临床前研究"项目。

积极推进中韩国际创新园建设。2014年初,市科技局与开发区韩资园、开发区科技局对接,商谈申报创建需做的各项前期准备,做好与韩国官方机构建立长期合作、成立工作小组、组织企业回访韩国等事宜。5月中下旬,制订盐城中韩汽车国际创新园实施方案,6月中旬,方案和《国家国际科技合作基地申请书》报省科技厅国际科技合作处审阅。7月中旬,韩国国家综合广告代理株式会社社长孔成珍一行在中韩文化产业研究院王占海院长、中韩文化产业研究院刘宇辉副理事长(中国驻韩国大使馆前文化参赞)、中韩文化产业研究院理事长剧作家阳子陪同下专程到盐城考察调研。9月,孔成珍组织韩国建设技术研究院、KMTL、大凤桥梁、Bentech Frontier、GCT、OH系统等公司在盐城经济开发区进行项目推介。

【产学研合作】 举办2014盐城市科技项目对接会。2014年5月18日,市委、市政府举办"中国盐城丹顶鹤国际生态旅游节暨第七届海盐文化节",作为系列活动之一,此次科技活动的主题是"科技引领,发展共赢"。市科技局制订"5·18"前期产学研及科技招商工作方案,组织多个科技小分队赴各地开展产学研及科技招商活动,先后征集1000多项科技成果和科技招商项目。科技项目对接会的成效显著,共签约68个项目,总投入30.5亿元。

【科技人才】 成功举办第四届上海人才峰会科技专场。2014年8月29日,盐城在上海举办第四届上海人才峰会科技专场,会上27名具有博士学位或副高以上专业技术职务的科技人才与盐城市企业签约,到盐城市企业担任科技副总。

表6-32 2014年度与盐城市企业签约的科技副总名单

序号	企业	高校院所	科技副总	县(市、区)
1	江苏盐城市建民工具有限公司	安徽工业大学材料学院	张世宏	城南新区
2	盐城虹之谷文化发展有限公司	辽宁科技大学产学研研究室	韩　宇	
3	江苏氟美斯环保节能新材料有限公司	天津工业大学	张　恒	阜宁
4	中科天工电气控股有限公司	上海电力学院	韩文花	
5	江苏金风科技有限公司	上海交通大学教授	李　晔	大丰
6	上海青鹰大丰节能建材科技有限公司	同济大学机械工程学院	李峥嵘	
7	大丰万达纺织有限公司	东华大学纺织学院	吴德群	
8	盐城顶益食品有限公司	湖北工业大学	方亚鹏	亭湖
9	江苏高精机电装备有限公司	华中科技大学机械学院	张超勇	
10	响水爱特纺织有限公司	东华大学副教授	张　斌	响水
11	江苏科力普汽车部件有限公司	江苏科技大学	夏春智	
12	盐城市兰丰环境工程科技有限公司	安徽理工大学	陈明功	盐都
13	江苏神泰科技发展有限公司	上海东华大学	何　勇	
14	江苏恒力组合机床有限公司	温州大学	冯爱新	

续表 6-32

序号	企业	高校院所	科技副总	县(市、区)
15	江苏汉阔生物有限公司	上海应用技术学院	刘振江	滨海
16	江苏建农植保有限公司	上海雅本化学股份有限公司	袁传敏	
17	江苏华生恒业科技有限公司	上海市枫林医学检验所	王　健	开发区
18	江苏悦达墨特瑞科技有限公司	上海第二工业大学	吴子华	
19	江苏东阁不锈钢制品有限公司	同济大学土木工程学院	张其林	东台
20	江苏峰峰钨钼制品股份有限公司	中国科学院上海光学精密机械研究所	冯　衍	
21	江苏健佳药业有限公司	中科院药物研究所	马　良	
22	江苏诸利电器有限公司	上海第二工业大学	吴中林	
23	江苏万宇电能科技有限公司	河海大学	张建勇	射阳
24	射阳康余水产科技有限公司	上海长江水产研究所	曾令兵	
25	盐城可理斯机械制造有限公司	东北农业大学	刘宏新	建湖
26	江苏诚赢照明电器有限公司	中国科学院上海硅酸盐研究所	汪　正	
27	盐城三益石化机械有限公司	北京科技大学	张晓彤	

成功举行江苏省产学研专场对接洽谈会——环保产业技术成果专题洽谈。11月8日，2014年江苏省产学研专场对接洽谈会——环保产业技术成果专题洽谈在盐城市举行。中科院、北京大学、复旦大学、同济大学、厦门大学、华南理工大学、南京大学、盐城工学院、盐城师范学院等19家高校院所的40多名专家，登记对接的省内100多家环保企业负责人，以及有关省辖市及县(市、区)科技局代表等近300人参加了会议。18家高校院所的70项前期预对接成果项目专家与企业进行了一对一的对接洽谈。据初步统计，33位专家与省内企业达成合作意向71个，其中盐城地区35项。

【科技成果转化】 省重大科技成果转化项目全覆盖。2014年，盐城有4个项目获省重大成果转化专项资金项目立项，争取省科技经费3600万元。其中，江苏亚邦爱普森药业有限公司的“一类新药枸橼酸西地那非片的研发及产业化”项目获得省科技经费资助1200万元，实现了响水省重大科技成果转化项目零的突破，实现县(市、区)省重大科技成果转化项目全覆盖。

积极组织申报评审科学技术奖。2014年，市科技局组织2014年省科学技术奖的申报工作，经过单位申报、县(市、区)推荐、专家初审和网上公示，共组织申报经市初评最终申报企业创新奖3项，省科学技术奖19项。组织2013、2014年盐城市科学技术奖组织申报工作，并完成了评审工作分别评出2013年、2014年市科学技术一等奖(含特等奖)各15项，二等奖各30项，三等奖各50项。

【农村科技】 2014年，江苏农垦麦芽有限公司的“江苏地产啤酒大麦麦芽低浊度生物制麦技术示范与产业化”项目获得国家富民强县试点县立项，争取无偿资金130万元；江苏沿海地区农业科学研究院的“水稻耐盐性评价新技术与耐盐种质资源筛选”等2个项目获得国家农业支撑立项支持，争取无偿资金600万元；滨海县爱生中药材专业合作社的“白首乌良种繁育及无公害栽培技术集成示范”等5个项目被列为省级农业科技支撑计划项目，共争取资金250万元；江苏悦达黄海手扶拖拉机有限公司的“智能型履带式多功能茶园管理机研发与产业化”等16个项目被列为省富民强县项目，共争取立项资金1970万元，带动农业研发投入3亿元以上。江南大学技术转移中心在盐城建立。

【科技惠民】 积极推广科技服务超市。全市新建盐都区苗木花卉产业分店、盐城市畜禽产业分店、阜宁县设施蔬菜产业分店、亭湖果蔬产业分店、盐城市经济林果产业分店5个科技服务超市分店。截至2014年年底，科技服务超市共推广新型适用技术500多项,开办培训班200多个,培训人员9万余人次。

成立盐城首个涉农国家级产业技术创新战略联盟。2014年11月29日,“国家食用菌装备产业技术创新战略联盟”在江苏盐城正式成立,盐城爱菲尔菌菇装备科技有限公司任联盟理事长单位。该联盟以国家战略产业和区域支柱产业的技术创新需求为导向,以形成产业核心竞争力为目标,围绕优化食用菌装备产业技术创新链,运用市场机制集聚创新资源,创新食用菌装备产业产学研结合机制,实现企业、大专院校和科研机构在战略层面的有效结合,共同致力于突破食用菌装备产业技术创新和产业发展的技术瓶颈,提升全国食用菌装备产业整体水平。

(徐铭旋)

表6-33　2014年度盐城市列入省级农业科技支撑计划项目名单　单位:万元

序号	企业	承担单位	金额
1	白首乌良种繁育及无公害栽培技术集成示范	滨海县爱生中药材专业合作社	50
2	双齿围沙蚕饱和湿土养殖新技术集成创新	东台光亚水产品有限公司	50
3	基于农业废弃物“两段式”增值处理的设施种养高效循环生态农业新模式的集成与应用	盐城市春泉现代农业科技有限公司	50
4	杏鲍菇工厂化生产新技术集成及示范	江苏久禾生物科技发展有限公司	50
5	江苏沿海滩涂耐盐特质植物产业化关键技术集成创新	江苏大丰盐土大地农业科技有限公司	50
合　计			250

表6-34　2014年度盐城市列入省苏北富民强县项目名单　单位:万元

序号	企业	承担单位	金额	地区
1	智能型履带式多功能茶园管理机研发与产业化	江苏悦达黄海手扶拖拉机有限公司	75	市直
2	多功能园艺作业拖拉机研发与产业化	马恒达悦达(盐城)拖拉机有限公司	75	
3	草菇工厂化生产节能型菇房及关键配套装备研发与产业化	盐城爱菲尔菌菇装备科技有限公司	50	
4	JF690电喷型双缸汽油机开发与产业化	盐城市江动汽油机制造有限公司	50	
5	4LBZ系列半喂入联合收割开发与产业化	江苏东禾机械有限公司	50	
6	轮式拖拉机液压悬挂智能控制系统研发与产业化	盐城平安机械有限公司	50	
7	瘤背石磺保种、繁育及资源增殖技术研究	盐城海明峰水产有限公司	75	射阳
8	“长江2号”河蟹保种及大规格亲本生态繁育技术的研究与应用	射阳县朱平水产苗种有限公司	75	
9	“红海蜇”亲本保种驯化与苗种繁殖技术的集成与应用	盐城市龙翔水产良种有限公司	50	
10	鮰鱼生物降脂增香关键技术研究与产品开发	射阳县联农水产品专业合作社	50	
11	海水捕捞低值鱼类的精深加工关键技术研究	盐城怡美食品有限公司	50	
12	泥鳅全鱼肉骨泥食品加工关键技术研发	盐城裕达水产养殖有限公司	50	
13	耐盐特色树种——中山杉标准化扩繁及栽培枝术集成与示范	大丰市林场	75	大丰
14	耐盐特色蔬菜马齿苋产业化开发	大丰市奇港食品有限公司	75	
15	优质高效耐盐植物——藏红花产业关键技术集成与示范	江苏丰收大地种业发展有限公司	50	

续表 6-34

单位:万元

序号	企业	承担单位	金额	地区
16	辣根产品深加工技术研究	盐城南翔食品有限公司	50	大丰
17	盐生蔬菜育苗播种机研发及产业化	江苏云马农机制造有限公司	50	
18	芦苇工业化利用生物质模塑产业开发	大丰市苏港包装新材料有限公司	50	
19	葡萄采后处理与贮藏保鲜技术的研究与示范应用	盐城市亭湖区香兰葡萄种植园	32	亭湖
20	食药两用保健蔬菜-菜芙蓉的种植与精深加工技术研究	盐城市菜芙蓉家庭农场有限公司	32	
21	物联网技术在草莓全程质量安全溯源系统中的应用及推广	盐城市亭湖区八戒生态果蔬专业合作社	32	
22	高效生态观光采摘棚架设施梨园建设与示范	盐城市鹤鸣轩生态农业发展有限公司	32	
23	苏北沿海地区耐盐新优苗木高效培育关键技术集成与示范推广	盐城绿茗花卉有限公司	32	盐都
24	欧洲七叶树引种及苗木高效培育技术研究	盐城市秀城生态农业发展有限公司	32	
25	“甜春雪”桃高产、优质、无公害综合配套技术创新集成及示范	盐城市红多草莓专业合作社	32	
26	桃新品种与优质栽培技术集成示范	盐城市盐都区永佳果蔬专业合作社	32	响水
27	大竹蛏高效立体生态养殖关键技术集成与应用推广	响水县浦港海产品专业合作社	32	
28	梭鱼生态高效养殖技术示范与推广	响水县安富海淡水养殖专业合作社	32	
29	青蛤与斑节对虾高效生态养殖关键技术集成与示范	响水县昌沅水产养殖有限公司	32	
30	半滑舌鳎工厂化健康高效养殖关键技术集成与示范	响水县华星海产品专业合作社	32	
31	耐褐变丝瓜新品种良繁技术集成示范	滨海县鑫润蔬菜专业合作社	32	滨海
32	设施蔬菜新品种引进及工厂化育苗技术集成示范	江苏绿琛蔬菜种植有限公司	32	
33	出口蔬菜新品种引进及速冻保鲜技术集成示范	江苏海大食品有限公司	32	
34	蔬菜新设施、新材料和新技术集成示范应用	滨海县建农蔬菜专业合作社	32	
35	盐蒿精深加工关键技术研究及产业化	江苏海苑食品有限公司	24	
36	蔬菜工厂化育苗技术集成创新与示范应用	阜宁县正源农业科技有限公司	32	阜宁
37	江苏科技服务超市阜宁蔬菜产业分店建设	江苏民香农业科技推广有限公司	32	
38	设施蔬菜种植物联网关键技术集成创新与示范推广	阜宁县春雨农业科技有限公司	32	
39	绿色蔬菜高效低碳加工关键技术开发及应用	盐城洪源食品有限公司	32	
40	青虾深加工及产业化关键技术开发与应用	建湖县华盛河虾养殖专业合作社	32	建湖
41	罗氏沼虾深加工关键技术开发及健康养殖示范	盐城王开食品有限公司	32	
42	沙塘鳢幼苗培育与鱼、虾、蟹混养技术的推广应用	江苏东华农业发展有限公司	32	
43	长江一号河蟹苗种培育及生态养殖关键技术	建湖九龙口大闸蟹有限公司	32	
44	基于全供应链协同的东台市绿色食品电子商务平台	江苏翠源食品有限公司	32	东台
45	利用酶解红薯和专利菌株加工发酵乳关键技术研究与新产品开发	东台市宇航奶业有限公司	32	
46	高品质冰鲜鸡肉制品加工关键技术集成及产业化	江苏悦达禽业科技有限公司	32	
47	烤鳗副产品生产鳗鱼营养蛋白关键技术研究与开发	江苏省华大水产实业有限公司	32	
合计			1970	

扬州市

Yangzhou City

【概　况】　2014年,扬州科技工作坚持“建设创新型城市、发展创新型经济”的工作主线,促进经济转型升级,创新型经济发展态势良好。组织实施110项产业技术研发项目和53项投资5000万元以上的科技成果转化项目;新开发省级高新技术产品954个,列全省第四。全市高新技术产业投资连续两年超过30%,是工业投资的2倍,继续呈现活力强、后劲足的良好态势;全年高新技术产业产值同比增长13.6%。新注册科技服务机构468家,总数超过2000家,科技服务业税收收入增长39.5%。新增高新技术企业92家,总数达524家;新增18家省科技企业上市培育计划入库企业,总数达75家,其中扬州杨杰电子科技股份有限公司在创业板上市,扬州立德粉末冶金有限责任公司、扬州中天利新材料股份有限公司等8家科技企业在“新三板”挂牌。全市大中型企业研发投入占销售收入的比重达1.6%,省级以上“三站三中心”突破400家。科技产业综合体累计建成面积达231万平方米,在孵企业521家,实现年销售30亿元;扬州市产业技术研究院正式成立。全年专利申请22709件,专利授权11843件,万人发明专利拥有量达4.6件,同比增长25%。科技创新工作迈上了新台阶,科技对经济社会发展的支撑作用日益显现。

【创新型城市建设】　按照创新型城市建设三年行动计划,召开创新型城市建设工作总结交流会,加强与创新型城市建设领导小组成员单位间的对接交流,建立有效的联动协作机制,努力形成共同推进创新型城市建设的强大合力,有序推进各项监测指标。以提升自主创新能力、构建现代化产业发展体系为主线,以实现创新驱动发展为导向,以纵深推进创新型试点县(市、区)、创新型试点乡镇为抓手,促进各地不断集聚创新资源、营造创新环境、健全创新体系,探索完善区域发展创新模式。2014年,广陵区获批成为省创新型试点县(市、区),江都区真武镇、邗江区杨寿镇、广陵区头桥镇、高邮市送桥镇4个乡镇获批省创新型试点乡镇,全市已有邗江区、江都区、高邮市、广陵区4个创新型试点县(市、区),13个创新型试点乡镇,初步形成了各具特色、优势互补的区域创新体系。

【高新技术产业】　2014年,围绕汽车、机械、软件信息、新材料等10条重点产业链,组织实施110项产业技术研发项目和53项投资5000万元以上的科技成果转化项目;新开发省级高新技术产品954个,列全省第四,有力支撑工业经济“调高调优”。全市高新技术产业投资连续两年超过30%,是工业投资的2倍,继续呈现活力强、后劲足的良好态势;全年高新技术产业产值同比增长13.6%。其中,智能装备制造业实现平稳增长,实现产值1700亿元,同比增长12.5%,占高新产值的比重超40%,产业呈现高端智能化发展特点,江苏扬力铸锻有限公司的高速精密压力机、扬州恒佳机械有限公司具有视觉功能的六轴专用折弯机器人相继进入研发中试阶段;随着智慧城市试点建设的有力推进,以软件服务、电子信息及通信设备为主的智慧产业迅速发展,同比增长50%以上;受欧盟双反危机解决、分布式光伏发电补贴等利好政策刺激,新能源、新光源、智能电网等产业快速增长,分别同比增长35%、16%、15%。

表6-35　2014年度扬州市获国家火炬计划立项项目名单

序号	项目名称	承担单位
1	新型超短波双频段抗干扰通信设备	扬州万方电子技术有限责任公司
2	智能电网用高压大功率薄膜电容器关键技术	扬州凯普电子有限公司
3	高清晰医疗影像处理输出系统	江苏亚达科技集团有限公司
4	新支流三联灭活疫苗关键技术应用与产业化	国药集团扬州威克生物工程有限公司
5	环氧高强度高压玻璃钢输油输水管道	扬州新扬科技发展产业有限公司

续表 6-35

序号	项目名称	承担单位
6	舰船用低烟无卤低毒通信仪表及电子设备电缆	扬州光明电缆有限公司
7	船舶与海洋技术——深海定位合成纤维绳缆	九力绳缆有限公司
8	5N级高纯氧化铝及微纳米粉产业化	扬州高能新材料有限公司
9	新型双轴定向拉伸耐电晕聚酰亚胺薄膜	江苏亚宝绝缘材料股份有限公司
10	150℃环保型辐照交联低烟无卤阻燃护套料	江苏宝源高新电工有限公司
11	高温陶瓷化耐火中压交联电缆	江苏江扬电缆有限公司
12	高强度自润滑超高分子量聚乙烯钢塑复合管	扬州巨业耐磨复合材料有限责任公司
13	日处理量4000吨智能化油脂制取成套装备	江苏迈安德食品机械有限公司
14	MT-300E单电伺服数控转塔冲床	江苏金方圆数控机床有限公司
15	MP-3150热模锻压力机	扬州锻压机床股份有限公司
16	35kV及以下光纤复合电缆	宝胜科技创新股份有限公司
17	KL-LED智能无障碍手术无影灯	江苏科凌医疗器械有限公司
18	SL型数控板料开卷分条卷取线	江苏亚威机床股份有限公司
19	HPP-2600P高精度全自动粉末成型机	扬州市海力精密机械制造有限公司
20	ZS-JL39型数控冲剪复合自动化生产线	扬州捷迈锻压机械有限公司
21	高效节能自冷却高温热水循环泵	江苏永一泵业有限公司
22	轻量数字化桥式起重机	扬州华泰特种设备有限公司
23	LG高速精密汽车散热器铝管生产线	江苏省南扬机械制造有限公司
24	智能车载激光夜视仪	江苏精湛光电仪器有限公司
25	智能型高精度光电复合220kV交联电缆	扬州曙光电缆股份有限公司
26	JS6126UC超级电容纯电动城市客车	扬州亚星客车股份有限公司
27	基于氟切换技术的能源塔满液螺杆机组	江苏辛普森新能源有限公司
28	低色温高显色性多腔体散热LED灯泡	江苏史福特光电股份有限公司
29	光伏发电用双分裂组合式升压变压器	扬州华鼎电器有限公司
30	核电站用1E级特种控制电缆	江苏赛特电气有限公司
31	高分子聚合物密封免维护胶体储能电池	江苏欧力特能源科技有限公司
32	污泥深度调理压榨纳米级脱水关键技术与设备	江苏新天鸿集团有限公司
33	聚酯瓶片回收料直纺高效吸湿排汗涤纶长丝	仪征市中兴涤纶纤维厂
34	提高催化床层SO_2转化率的环保节能转化器	建业庆松集团有限公司
35	江苏广陵汽车零部件公共技术及信息服务平台	扬州广陵高新技术创业服务中心
36	江都国家建材机械装备产业基地公共服务平台	扬州市江都区丁伙工业园建设发展有限公司
37	高邮市特种电缆特色产业基地公共服务平台	高邮市生产力促进中心
38	扬州LED产业基地科技创新信息服务平台	扬州市科学技术情报研究所
39	LED驱动电路及IC检测公共服务平台	扬州芯际半导体有限公司

表6-36　2014年度扬州市新增国家重点新产品名单

序号	项目名称	承担单位
1	spp35多功能海洋工程供应船	扬州大洋造船有限公司
2	干法纺超高分子量聚乙烯纤维	中国石化仪征化纤股份有限公司
3	高性能改性航空绝缘材料ETFE	江苏华奥高科技发展有限公司
4	CRA700型高效就地热再生养护列车	江苏奥新科技有限公司
5	GPS/“北斗”双模授时定位设备	中电科技扬州宝军电子有限公司

续表6-36

序号	项目名称	承担单位
6	sHFC3015型数控激光切割机	江苏金方圆数控机床有限公司
7	SX-YJ65E-1600/800/200型数控钢管胀形车用桥壳生产线	扬州捷迈锻压机械有限公司
8	SDR-17800S/L型热源塔热泵系统	江苏辛普森新能源有限公司
9	MQB多层共挤轿车塑料燃油箱总成	亚普汽车部件股份有限公司

表6-37　2014年度扬州市新增国家中小企业发展专项资金科技创新项目名单

序号	项目名称	承担单位
1	基于合同能源管理高效废热利用系统节能服务	江苏煌明能源科技有限公司
2	用于光纤陀螺制造的恒张力、高精度光纤绕环机	江苏康莱特科技有限公司
3	基于低空领域的小型智能高光谱成像遥感系统研发及应用	江苏优图空间信息科技有限公司
4	适用于单晶硅生产用石英玻璃坩埚的高纯石英砂	江苏风日石英科技有限公司
5	强韧高可靠长寿命复合汇流焊带的研发	江苏傅鑫泰光电科技有限公司
6	基于标准CMOS工艺的高性能超高频RFID电子标签芯片	扬州稻源微电子有限公司
7	溶液钢带流延法连续化制备高性能、低成本全氟磺酸离子交换膜	江苏润华膜业科技有限公司
8	沿空留巷工艺配套新型除尘装备自动化集成系统	扬州市江隆矿业设备有限公司
9	中开式蜗轮蜗杆传动大功率水冷磁力耦合器	扬州协力传动科技有限公司
10	太阳能全自动节能宽谱杀虫灯	扬州康弘农业发展有限公司
11	具有高级安全加密和数据传输可靠性的超高频RFID读写芯片及系统研发	智坤(江苏)半导体有限公司
12	高性能小型谷物干燥机研发	江苏仪征华宇机械有限公司
13	面向机械装备产业节能技术推广服务	扬州市中小型企业生产力促进中心
14	面向产业基地核技术工程化应用创新服务平台	扬州辐照中心
15	面向科技型中小企业的网络信息安全公共服务	扬州大自然网络信息有限公司
16	扬州绿色化工公共技术服务中心	南京大学扬州化学化工研究院

【重大科技项目】 2014年,扬州共有13项重大科技项目入围省重大科技成果转化专项资金项目,获批省财政专项资金1.2亿元支持。重大科技成果转化已成为扬州科技创新的一面旗帜,对扬州促进经济增长方式转变、强化经济结构调整的引导发挥了巨大的示范带动作用。

2014年立项的13个项目涉及机械装备、船舶、新能源、新材料、节能环保、现代农业等多个领域,累计总投入13.12亿元,12项国家"863""973"等重大计划先进成果将在扬州实现转化和产业化,实施期内预计新增销售收入42.42亿元,新增利税8.07亿元。项目已获得授权专利109件,其中发明专利36件,实施期内还将申请专利127件,其中发明专利60件。

截至2014年年底,全市共有89个项目获得省重大科技成果转化专项资金支持,73项国家"863"和"973"重大科技计划先进成果在扬州得到成功转化和产业化,累计获得省财政支持资金8.84亿元,位列苏中苏北第一位。这些项目已累计新增投入资金152.5亿元,攻克关键核心技术284项,建设创新平台76个,吸引各类高层次人才359人,形成目标产品598个,申请专利1330件,其中发明专利672件,授权专利684件,其中发明专利232件,制定技术标准112项,其中国家和行业标准39项,新增销售收入479.9亿元,新增利税89.5亿元,创汇4.2亿元,新增就业近万人。这些项目的实施,为全市的创新型经济发展以及创新型城市建设做出了重要贡献,通过科技成果转化,加快了扬州高新技术产业化发展,促进了科技与经济的紧密结合,产业竞争力和城市综合功能得到了明显提升。江苏牧羊集团有限公司通过项目实施，建立了国家级工程技术研究中心，饲料机械产品代表国际最高水平，曾3次荣获国家科技进步二等奖，小作坊企业成长为行业亚洲第一、世界第二。江苏扬力集团有限公司的压力机产品国内市场占有率连续6年保持第一。扬州中科半导体照明有限公司，在连续2次专项资金的支持下，推动了3项国家“863”计划重大成果实现了规模产业化，企业从成立之初只有1台MOCVD的实验室型企业，发展到目前拥有50台全部投产的MOCVD、总资产28亿元、产业规模全国前三的行业领军企业，技术、资本、人才有机结合。江苏亚威机床股份有限公司 、厦门乾照光电股份有限公司、扬杰电子科技股份有限公司、江苏长青农化股份有限公司4家企业在项目实施期间成功上市，借力资本市场做大做强。江苏金方圆数控机床有限公司、江苏诚德钢管股份有限公司、江苏扬农化工集团有限公司、江苏宝胜集团有限公司、扬州威克生物工程有限公司等16家企业先后被国际国内资本看重，分别被德国通快集团、美国PPC集团、中国中化集团公司、中国航空工业集团公司、中国医药集团等世界500强和大型央企融资扩股。

【产学研合作】 2014年，在扬州市委、市政府的领导下，扬州市科技部门积极探索交流合作的新方式，以专业化、小型化和实效性的对接活动为主要形式，先后组团对北京、深圳、南京、上海、杭州、合肥等地进行拜访和项目对接，与清华大学深圳研究院、中国科学院深圳先进技术研究院、南京大学、东南大学和南京航空航天大学、中国科学院合肥物质科学研究院签订合作协议，邀请华中科技大学、山东大学、中国科学院上海分院在扬州开展对接活动，积极搭建合作平台。先后开展各类产学研对接交流活动30余场，举办了“中国扬州科技创新合作展示会”“中国扬州科技创新合作恳谈会”“2014·名城扬州携手世界名企(深圳)合作恳谈会”“中国扬州科技创新·产业合作(南京)拜访活动”。

深圳地区：2月26日，副市长孔令俊、祁小夏率扬州政府代表团参观拜访深圳清华大学研究院和中国科学院深圳先进技术研究院，并同深圳清华大学研究院党委书记、常务副院长刘岩、中国科学院深圳先进技术研究院副院长许建国等院领导开展了座谈交流。在“2014·名城扬州携手世界名企(深圳)合作恳谈会”上，扬州产业技术研究院、扬州润扬物流装备有限公司还与中国科学院深圳先进技术研究院签署了院企全面合作协议。

北京地区：3月3日，市长朱民阳率领政府代表团拜访了中关村管委会，与中关村管委会副主任白智勇等相关领导和企业家开展了座谈。

9月25日，副市长孔令俊率团赴北京参加主题为“创新创业生态系统：协同·分享·共赢”的2014年中关村论坛年会，围绕创建创新创业生态系统，推动协同创新和产业发展方面与相关专家和创新机构负责人交流意见。

南京地区：3月20日，市委书记谢正义率各县(市、区)、功能区和市有关部门负责人拜访南京大学、东南大学和南京航空航天大学，推介宣传、上门服务、招才引智、借力借智，进一步提升了扬州创新发展能力，推进跨江融合发展。其间，扬州与南京大学签署了校地全面合作协议，与南京大学、南京航空航天大学签订了13个校企科技合作项目。

杭州地区：12月23~24日，孔令俊副市长率领扬州市代表团拜访浙江大学、杭州未来科技城(海创园)、浙江工业大学和中国电子科技集团公司第五十二研究所，推介宣传、借力借智，融合长三角地区创新优势，寻求产业合作，促进扬州产业创新

2014年3月20日，扬州市人民政府与南京大学签订全面合作协议。

升级,扬州市人民政府与浙江大学签署了全面合作协议。

合肥地区:7月18日,扬州科技系统及相关企业一行38人前往中科院合肥物质科学研究院开展科技合作对接。参观了中科院安徽光学精密机械研究所环境光学中心、中科院合肥智能机械研究所运动健康中心和中科院固体物理研究所展厅。双方举办了科技合作对接会,发布企业技术需求150余项,并就"高温超导材料的制备技术""重金属污染防治技术在储能电池清洁生产中的应用""智能码垛机器人智能控制装置的设计与研发""汽车智能与主动安全"等8个合作项目进行了签约。

绵阳地区:5月21~23日,副市长张宝娟带领市科技局、市经济开发区、邗江区、军分区负责同志赴绵阳市和成都市考察了四川九洲电器集团、绵阳国家科技城建设成就展馆、西南技术物理研究所等单位,并与绵阳市有关单位进行了座谈交流,学习了绵阳市建设军民结合产业示范基地的先进经验和做法,推进了扬州军民融合科技产业园建设进程。

扬州地区:4月18~20日,"中国扬州科技创新合作展示洽谈会"(以下简称"科洽会")在扬州国际展览中心成功举办。本次科洽会不仅邀请了近200名科技嘉宾莅临展会,还汇聚了400多名来自中关村、张江、苏南等地科技企业家代表参展洽谈,进一步推进了扬州与中关村、张江等自主创新示范区以及各高校院所的合作。本次科洽会共吸引市内外300多家单位的680项最前沿科技成果前来参展,达成99个合作项目,其中40个项目在恳谈会上集中签约。

5月23日,受扬州市委市政府邀请,以华中科技大学深圳校友会为主导,浙江校友会、北京校友会、上海校友会、南昌校友会一行30多人对扬州进行实地考察。市委书记谢正义,市委常委、市委秘书长陈扬、副市长孔令俊接见了考察团成员,希望华中科技大学校友到扬州投资兴业,加强合作。活动期间,扬州市生产力促进中心与深圳校友会签署了合作协议。

2014年4月18日,中国扬州科技创新合作展示洽谈会在扬州国际展览中心开幕。

2014上半年,市政府与扬州大学多次召开专题协调会,重点推进柳湖路门面房改造、扬州大学科技园建设的等事项重点推进。7月1日扬州大学大学科技园正式开园,目前意向入驻企业数达到了35家。

8月1日,作为推动军民融合深度发展的重要内容和载体,扬州市军民融合科技产业园在扬州经济技术开发区挂牌成立。

8月11日,山东大学合作发展部王海华副部长率队在扬州开展产学研对接交流活动,就如何加强校地、校企科技合作与市科技局主要负责人及全市科技系统相关人员进行了座谈交流。

9月4日,扬州市与澳大利亚维克多利亚州巴拉瑞特市签订了"科技合作协议",市领导朱民阳、董玉海出席签字仪式,科技局杨蓉局长和巴拉瑞特市佘曼瑟·麦肯韬熙议员代表双方进行了签字。双方约定将在创新平台合作、国际技术转移、产业技术交流和科技人才培训4方面开展合作。

9月26日,中科院上海分院常务副院长朱志远一行15人在扬州,开展中科院上海分院与扬州市科技合作交流对接活动。扬州市政府副秘书长吴顺文和科技局局长杨蓉出席了活动并讲话。在合作交流对接会上中科院上海分院与晶澳太阳能有限公司、龙腾照明集团有限公司和江苏易图地理信息工程有限公司等5家企业签订了技术合作协议。各县(市、区)相关企业与上海方面专家围绕技术、产品、人才等交流合作进行深度洽谈后,海普康(扬州)自动化技术有限公司与高等所签订了合作协议,扬州润明轻工机械有限公司与中科院声学研究所东海研究站达成了初步合作意向。

10月9日,白俄罗斯戈梅利国立大学校长罗加乔夫院士一行与扬州奥泰光电生物技术有限公司围绕院士工作站建设及“光电生化医用检测仪器纳米传感器及其纳米功能材料的合作研发”项目合作进行交流洽谈,并与扬州相关企业在真空等离子体、材料表面处理、激光技术等领域的项目形成了合作意向。

11月7日,“俄罗斯托木斯克州—中国扬州市科技创新合作交流会”在扬州举行,扬州市副市长孔令俊、托木斯克州科学和创新政策厅厅长安德烈·马卡谢耶夫、投资厅厅长亚历山大·费得琴科等出席活动并致辞,双方商定,未来将通过网上对接、实地考察、组团交流等方式,进一步加强扬州与托木斯克之间的技术转移、人才交流和产业合作,深化双方在生物医疗、装备制造、节能环保、软件信息等领域的高层次科技合作。自2013年新长征活动启动以来,扬州科教合作工作成果卓著,创新资源集聚效应初步彰显,有力地推动了扬州企业转型升级和产业核心竞争力的增强。

一批创新载体正在有序建设。扬州与中关村共建的“扬州中关村科技成果产业化基地”、扬州高新技术产业开发区与清华大学共建的智能装备科技园、扬州市经济技术开发区与上海张江高科技园区开发股份有限公司共建的国际医学园、维扬经济开发区管委会与江苏启迪科技园发展有限公司共建的启迪扬州科技新城、东南大学国家大学科技园扬州园区等项目正在积极推进,扬州大学大学科技园正式开园。

一批科教合作项目成功签约。开展科教合作新长征以来,扬州共举办各类产学研专场活动122场,签约合作项目1001项,推进企业实施协同创新项目485项,破解企业技术难题378项,实现关键技术突破168项,吸引社会投资80多亿元,预计达产后形成产值360亿元,形成新产品、新工艺和新技术757项,为扬州产业转型升级与经济跨越发展奠定了坚实的科教基础。

一批研发平台相继落户。推动大连理工大学高邮研究院、哈尔滨工业大学高邮研究院、上海交通大学(扬州)工业设计研究院和中科院能源研究院、清华大学扬州智能装备研究院、东南大学扬州研究院等协同创新平台相继落户。

一批重大科技项目成功实施。截至目前全市共组织实施重大科教项目103项,主要涉及机械、汽车、软件信息和新材料等新兴产业。其中17个项目获批江苏省重大科技成果转化专项资金,金额达15900万元,项目数和资金数分别占全市65.3%和65.8%,为扬州荣获该类资金创历史新高和连续在全省排名前三发挥了决定性的作用。

一批高层次人才创新创业。开展科教合作新长征以来,全市共吸引柔性进企业博士教授2000多名,获批省创新团队8个,省企业博士集聚计划资助102人,入选数量位列全省前茅。2014年全市共获批5个省科技创新团队、61个省企业博士集聚计划,均列全省第一。

【科技创新载体】 一是加快创新型园区建设。积极推进高新区创建工作,在国家高新区创建方面,目前,扬州高新技术产业开发区申创国家高新技术产业开发区的材料已经由国务院批转至国家科技部,朱民阳市长、孔令俊副市长带队赴科技部拜访曹健林副部长,并作专题汇报。扬州支持高新技术产业开发区发展的政策意见已由市政府正式出台。在省级高新技术产业开发区创建方面,生态科技新城、高邮湖西新区均已进入部门评审阶段,全市形成高新区创建“一报一备一筹”的梯队。2014年,江都汽车及零部件、广陵液压装备、高邮绿色照明省级科技产业园获批,全市省级科技产业园总数达10家,区域特色高新技术产业集聚发展态势良好。

二是布局建设“5+1”创新载体平台。围绕产业链和创新链关键环节,以市场机制和科技体制改革为导向,加强顶层设计,形成了以区域科技创新集聚中心、国际技术转移服务中心、科技金融服务中心、知识产权维权援助中心、创新驿站服务中心和扬州市产业技术研究院为主的“5+1”科技创新载体平台。其中,科技产业综合体累计建成面积达231万平方米,在孵企业521家,本年实现销售30亿元,逐渐成为各县(市、区)的区域科技创新集聚中心;国际技术转移中心获批为国家级技术转移示范机构;科技金融服务中心已累计为企业融资9亿元;知识产权维权援助中心正式成立,设立专利巡回审理庭,开通12330知识产权维权援助及举报投诉热线;全省首家科技创新创业学院在创新驿站成立;扬州市产业技术研究院正式成立,聘请中国工程院院士、清华大学尤政教授担任院长,先行组建的智能电网研究所合同科研金额已突破100万元。

三是各类创新基地园区及孵化器功能进一步完善。通过为入驻项目、创业人才提供研发、中试、生产、经营、办公场地等硬件设施和政策、管理、融资、推广、培训等软件服务,助推小微企业快速成长,不断培养新的经济增长点。2014年,全市8个国家级火炬计划特色产业基地实现技工贸收入2033亿元,10家省级科技产业园预计实现工业产值2304亿元。全市13家省级以上科技孵化器新增入孵企业185家,目前在孵702家,共形成产值31亿元、销售收入28.4亿元;2014年孵化毕业企业103家,其中扬州瑞丰科技有限公司、江苏易图地理信息工程有限公司、江苏智途科技股份有限公司等已成为行业内的生力军。广陵高新技术创业服务中心入选全省首批"苗圃-孵化器-加速器"科技创业孵化链条试点,有效促进了扬州特色产业的链式发展,提升了科技产业综合体对科技创业链全程服务的集成能力。

2014年12月30日,扬州市召开产业技术研究院成立大会。

【民生科技】 强化农业科技基础设施建设。大力整合扬州农业科技创新资源,积极推动国家级农业创新载体建设,全市共建成4家省级现代农业科技园区,总面积为37799公顷,入驻企业200家。认定省级农业科技型企业53家,其中高新技术企业21家,建立农业科技型合作社24家,江苏省农业科技超市分店及便利店共17家。扬州大学和仪征枣林湾农业科技园区分别建成"国家级特派员创业培训基地"和"国家级特派员创业基地",全市农业领域重点企业实现研发机构全覆盖,江苏牧羊集团有限公司获批首家国家级饲料加工装备工程技术研究中心,董氏特种水产有限公司与中科院桂建芳院士团队合作共建全市首家水产养殖院士工作站。

加快农业新技术、新品种研发。大力推进农业品种科技创新、农业技术集成与示范,鼓励农业企业加强与高校和科研单位合作,围绕优良品种的培育与推广、动植物重大病虫害综合防治、耕地的治理与保护等领域加强科研力度,研发出被誉为我国第一个新鹅种的扬州鹅、我国唯一一个国家级蛋鸭新品种"苏邮1号"、高产优质多抗小麦新品种"扬麦16"等新品种。2014年,扬州在农业科研核心期刊共发表科技论文982篇,其中国外发表246篇,出版农业科技著作41种,申请专利246项,获得102项专利授权,其中发明专利授权54项,形成国家或行业标准35项,培育农业新品种43个,全市2个项目获批国家星火计划重点项目,3个项目获批国家农转资金项目,18个项目获省农业科技支撑项目,4个项目获省重大成果转化资金项目立项,位居全省前列。

强化农业科技服务。深入开展"送科技下乡、促农民增收"活动,加快农村科技超市分店和便利店建设,结合当地农业特色,促进科学技术走进田间,服务农业发展,扬州农村科技服务超市分店总数已达6个,便利店总数已达11个,实现了县(市、区)全覆盖,全年共开展各类农业知识培训351次,受训农民人数达37500人次,为种养殖户排除种养殖难题1900多次,接待农民来访3200多人次,培育科技示范户近220个,辐射带动种养殖户5500余户,户均增收9000元以上。

加强社会发展及基础科学研究。社会发展领域重点围绕惠及民生的"科技示范工程""科技社区建设",以及生物技术和新医药,深入基层,广泛发动,千方百计发掘项目源,精心组织项目申报,截至目前,扬州共有10个项目获批立项,项目数、资金数并列全省第三。基础研究领域主要围绕“省杰出青年基金”和“省青年基金”,积极组织符合条件的企事业单位研究人员申报,最终扬州共有43个项目获批立项,其中青年基金项目27项,面上项目16项。临床医学领域,主要围绕“重点病种的规范化诊疗研究”和“新型临床诊疗技术攻关”2个领域,共申报项目18项,其中市人医承担的“腔内配准前列腺TRUS/MRI图像融合穿刺导航技术的实验及临床研究”项目获批立项。

【科技进步奖励】 国家科学技术奖。2014年度国家科学技术奖励共授奖318项成果、8位科技专家和1个外国组织,扬州共有5个项目获得国家科学技术奖,居全省前列。扬州5个获奖项目中,扬州诚德钢管有限公司的“600℃超超临界火电机组钢管创新研制与应用”项目获得国家科技进步一等奖,这是扬州时隔5年再次获得国家科技进步一等奖。扬州中科半导体照明有限公司的“低热阻高光效蓝宝石基GaN LED材料外延及芯片技术”获得了国家技术发明二等奖,实现了扬州国家技术发明奖零的突破。此外,中国石油化工股份有限公司江苏油田分公司、扬州大学、扬州市土壤肥料站等单位的3个项目分别获得了国家科技进步二等奖。

江苏省科学技术奖。2014年度,扬州亚普汽车部件股份有限公司和江苏扬农化工股份有限公司2家企业获得了省企业技术创新奖(全省12家),与扬州中天利新材料股份有限公司合作的俄罗斯高纯物质化学研究所所长、俄罗斯科学院院士米哈伊尔·费奥多罗维奇·丘尔巴诺夫获得了省国际科技合作奖(全省3家)。另外,扬州还有19个项目获得了省科学技术奖,其中一等奖1项,二等奖5项,获奖项目数量再创历史新高,扬州已连续6年获奖项目数量超过15项。

扬州亚普汽车部件股份有限公司是扬州国家汽车零部件产业基地的核心骨干企业,是中国汽车燃油系统行业龙头企业,拥有国际一流的塑料油箱制造水平,目前国内汽车燃油箱市场占有率近50%,位居国内第一、全球第三,产品在奔驰、大众、通用等众多国际主流汽车公司进行应用。企业拥有油箱行业唯一的国家级认定企业技术中心和省汽车塑料燃油系统工程技术研究中心,全球有三大技术中心,在国内外拥有20个生产基地。企业的研发中心建筑总面积5000平方米,拥有各类研发、试验设施近150台/套,包括亚洲最先进、最全面的汽车燃油系统的专业实验验证设备、亚洲唯一的汽车油箱系统同步设计开发研制和检测设备等。企业累计有效授权专利142件,其中发明专利15件,一项关键核心技术的PCT国际专利已在俄罗斯、韩国、日本等国家获得授权。企业与上海交通大学、南京大学、重庆大学等长期开展产学研合作,目前研发的混合燃油系统和新一代燃油系统技术,是当今全球行业最新的前沿技术。

江苏扬农化工股份有限公司是一家引领着全国农药行业自主创新与技术进步的国家高新技术企业,其生产规模、技术水平均位列全国同行第一位,产品品种数量居全球第一位销售额位居全球第二位。长期以来,企业一直紧随国际农药发展趋势,每年的研发投入增长都在20%以上,通过自主创新,实现原始创新、集成创新,形成一批具有自主知识产权的产品,先后开发出氯氟醚菊酯、右旋反式氯丙炔菊酯、右旋七氟甲醚菊酯和四氟醚菊酯这4个具有中国完全自主知识产权的创制农药品种,其中氯氟醚菊酯是全国农药创制品种中第一个年销量过2亿的品种,企业的拟除虫菊酯系列产品国内市场占有率70%以上,2013年企业进入全球农药企业20强。通过创新,企业摆脱了国内农药关键原料长期受制于国外的局面,打破了日本跨国公司对全国卫生杀虫剂市场的垄断,并将产品成功打入日本本土市场。同时,通过创新摆脱了拟除虫菊酯类农药关键原料自行配套,实现国产菊酯内在品质与国际先进水平的全面接轨。企业目前与中国农业大学、南京大学、上海农药研究所和扬州大学等多个高校及研究所建立了长期战略合作关系,建有省农药清洁生产技术重点实验室、省拟除虫菊酯类农药工程技术研究中心和省农药废弃物资源化工程技术研究中心,是国家农药产业技术创新战略联盟主要发起人、全国农药标准化技术委员会拟“除虫菊酯工作组”秘书处单位。企业目前拥有授权发明专利57项、国际发明专利5项,主持和参与制定了10项国家标准和行业标准,“十五”以来承担了国家“863”计划、国家科技支撑计划、省科技成果转化等省级以上重大科技计划项目15项,是全市唯一一家3次实施省重大科技成果转化的企业。

江苏省科学技术奖。扬州19个项目获得省科学技术奖,获奖项目数量再创历史新高。此次扬州获奖成果有五大特点:

第一,获奖层次高。扬州大学参与完成的"人机交互力反馈遥操作机器人关键技术及应用"项目获得一等奖,项目组针对人机交互力反馈遥操作机器人的力感知、力反馈、大时延控制和人机交互界面设计等关键技术,经过10多年系统深入的研究,突破了多项核心技术,研制成功人机交互遥操作的关键支撑设备,填补了国内空白,不仅在我国载人航天与探月工程中得到应用,而且在国内首次应用于核反应堆的安全巡检与应急处置,还在智能工程机械、工业机器人、大型泵站远程监控、野生动物探查保护等重要领域得到应用或产业化,取得了重大的社会效益和经济效益。项目组已获授权发明专利33件,曾获得国家专利优秀奖和日内瓦国际发明金奖等。获得二等奖的扬州赛尔达尼龙制造有限公司的"高速重载电梯用纳米凹凸棒石改性MC尼龙传动轮"项目、扬州宁达贵金属有限公司的"电子废弃物全组分高值化绿色利用"等5个项目的关键核心技术都处于国际领先地位。

第二,企业获奖项目多。19项获奖项目中由扬州企业牵头或合作完成的项目有15项,占到近八成,江苏亚威机床股份有限公司、江苏华富储能新技术股份有限公司、扬州诚德钢管有限公司、扬州晨化新材料股份有限公司等企业都榜上有名。扬州坚持需求导向和产业化方向,坚持企业创新主体地位,围绕产业链部署创新链,加快高新技术研发和产业化步伐。目前,全市大中型工业企业研发机构建有率达93.9%,全市高新技术企业突破500家,高新技术产业产值首次突破4000亿元,企业正加快成为创新驱动发展的主导者。

第三,产业创新成效大。19项获奖项目中涉及汽车、机械装备等基本产业的有5项,涉及新材料、新能源、节能环保等战略性新兴产业的有8项。这不仅凸显了扬州的优势产业,而且也体现了扬州新兴产业的迅速发展,创新成果大量涌现,并逐渐成为科技创新和经济发展的支柱,全市实施创新驱动战略和加快产业结构调整成效显著。

第四,产学研成效明显。19项获奖项目中扬州企业与产学研合作单位联合申报并获奖的有10项,扬州赛尔达尼龙制造有限公司与中科院化学研究所合作,江苏亚威机床股份有限公司与清华大学、河海大学合作,扬州晨化新材料股份有限公司与大连理工大学合作,江苏华富能源股份有限公司与扬州大学合作等。近年来全市通过实施"科教合作新长征"行动计划,推动企业自觉地将产学研合作作为提高自主创新能力的重要手段,国内外的优秀成果、优秀人才加速向扬州企业集聚,企业配置科技资源的能力得到有效提升,扬州以企业为主体、市场为导向、产学研相结合的区域自主创新体系已基本形成。

第五,民生领域实现突破。江苏里下河地区农业科学研究所的扬麦16获得二等奖,该品种高产稳产、大穗大粒、品质优异、综合抗性强,获得了国家植物新品种权,是全省近5年来年推广面积最大的小麦品种,曾刷新过全省淮南麦区小麦亩产最高纪录,并在上海、浙江、安徽等省市也得到了大面积推广,为农业增产和农民增收发挥了巨大作用。扬州大学刘秀梵院士团队的鸡马立克氏病Ⅰ型CVI988疫苗项目也获得了二等奖。马立克氏病是鸡的一种常见的淋巴组织增生性肿瘤疾病,该类型疫苗是免疫效力最好的,也是全世界使用最广的。项目组经过十余年研究,研制出我国具有自主知识产权的该类型疫苗,已获得国家新兽药注册证书2项,已在全国主要养禽地区销售超过15亿羽份,使全国鸡马立克氏病得到良好的控制,为我国家禽养殖业减少的疾病损失约75亿元,产生了巨大的经济效益与社会效益。苏北医院的加压素治疗疼痛、省家禽所的家禽质量安全控制等涉及民生项目也获得了三等奖。

扬州市科学技术奖。根据《扬州市科学技术奖励办法》,2014年度,经各县(市)、区和市有关单位推荐,全市共收到推荐申报奖励项目197项,经过形式审查、专业评审、综合评审和网上公示等程序,共评出获奖项目82项,其中特等奖2项,一等奖10项,二等奖20项,三等奖50项,总授奖比例为

42%。

2014年,扬州市奖继续突出以应用为导向的原则,面向经济和社会发展需求,在重视技术创新水平的同时,进一步加强了科技成果对全市经济社会发展贡献份额的评价,一批对扬州经济社会发展做出重要贡献的科技成果获奖,高校院所获奖的成果大多数也是面向实际应用的产学研合作项目。82个获奖项目中,面向应用的科技成果达74项,占全部获奖项目的90%,而且都是经过了一年以上的实践检验,在成果推广应用中取得了显著的经济和社会效益,对扬州经济社会发展做出了突出贡献。

特等奖项目1:江苏亚威机床股份有限公司获奖的"数控板料开卷校平飞剪线"项目,攻克了多轴运动控制、矩阵式电磁堆垛技术、飞摆剪运动控制程序等多项世界技术难题,国内首家掌握了全套开卷校平飞摆剪线控制技术,实现了板带在高速运行不停止的状态下进行连续剪切各种直线断面或曲线断面的异形板,填补国内空白,达到国际先进技术水平,并打破了同类生产线长期被国外企业垄断的格局。已获授权发明专利2件,发明专利公示中5件,实用新型专利8件,软件著作权1项。截至2014年年底,已累计新增销售4.28万元,创收外汇1056万美元。

特等奖项目2:江苏省家禽科学研究所获奖的"地方鹅种多样性评价利用及高效低碳养殖模式创新应用"项目,建立了国内外第一个规模最大的地方鹅遗传资源DNA库,创制了肉鹅生产性能测定技术及品系繁育技术,攻破了传统粗放养殖污染严重,种蛋性能差,饲养成本高,疾病难控制等产业瓶颈,国内首创研发了新型高效低排的养殖模式,已在扬州、常州、苏州等市推广杂交组合父母代20万套,商品代1800万只,新增产值4.3亿元。

【知识产权】 2014年,全市专利产出在保持稳定增长的基础上,呈现出结构优化调整的特点,专利申请22709件,其中发明专利申请4907件;授权专利11843件,其中发明授权467件;万人发明专利拥有量达4.5件,同比增长25%。市政府与省知识产权局签署关于合作创建实施知识产权战略示范市的协议,制定出台《关于加快推进知识产权战略的实施意见》,进一步提升知识产权创造、运用、保护和管理服务能力。修订出台《扬州市市级知识产权专项资金管理办法》,加强专项资金管理,规范专项资金申请程序,提高专项资金使用效益。59项发明专利在2014年昆山"第八届国际发明展览会"上获奖,其中金奖12项、银奖23项、铜奖24项,金奖数和奖牌数均位列全省第二,实现历史性突破。提升知识产权区域试点示范水平,以高标准建设知识产权示范区、示范园区为抓手,切实推进区域知识产权的创造和运用整体提升,全市2个区被列为国家知识产权强区试点单位,4个县(市、区)被列为省实施知识产权战略示范单位,6个省级园区被列为省知识产权试点单位,各地知识产权工作不断迈上新台阶。

2014年7月11日,扬州市人民政府与江苏省知识产权局合作共建实施知识产权战略示范市签约仪式在扬州举行,江苏省知识产权局副局长支苏平和扬州市人民政府副市长孔令俊分别代表省知识产权局和扬州市政府签署共建合作协议。

知识产权宣传培训。4·26知识产权宣传周期间,在扬州市工业职业技术学院开展知识产权讲座,在扬州日报开辟知识产权宣传专栏,并向全市发放知识产权宣传资料2000余份,邗江、广陵、高邮、宝应等地区纷纷举办特色宣传活动,加大知识产权工作宣传力度。以4月26日至5月26日"护航创新之路"专项行动宣传月为重点,通过媒体、培训班和宣传台等多种形式开展立体宣传,营造全市良好的创新发展氛围。联合公安、工商、药监、银监、税务等部门联合举办"假冒伪劣产品展示咨询活动",集中展示全市打击侵犯知识产权和假冒伪劣商品专项行动成果，现场接受群众咨询400余人(次)，发放宣传资料800余份。联合市农业委员会、市水利局、市气象局、市委农村工作办公室深入扬州市广陵区湾头社区，开展法治戗牌巡展、法律咨询活动等；深入扬州市茱萸湾社区开展“党员活动日”，开展正版正货宣传、培训等活动。相继举办知识产权执法培训、知识产权总监培训、知识产权工程师培训、国家知识产权试点城市工作培训班、知识产权系统新任干部培训班、知识产权宣传工作培训班等培训活动，不断提升企业及部门知识产权工作人员的能力素质。

知识产权执法行动。制定实施《扬州市2014年知识产权执法维权护航专项行动方案》，对全市2014年专利行政执法工作进行了部署，将“全年办结假冒专利案件数量”指标再次纳入本年度“各县(市、区)科技局工作考核目标任务”体系，加大考核数量，加强考核权重，引领和倒逼各县市区加强执法工作。制定扬州市知识产权行政执法“首违不罚”“容期整改”制度，对轻微违法行为全程进行说理式教育，进行文书卷宗归档处理，实现执法过程可追溯，将相关执法信息公布至行政权力透明公开运行网，接受法制监督与纪检监察。集合省、市、区三级执法力量，开展联动执法，广陵、邗江、江都、宝应、仪征等地针对商贸流通领域陆续开展省、市、区开展联合执法，累计检查商品数量2000余件。持续开展“护航”“国门之盾”“剑网”等知识产权专项执法行动，加强知识产权执法行动，成立组成联合执法队伍，有力打击了侵犯知识产权和制售假冒商品违法行为，查处假冒专利案件124件，已全部办结。

知识产权载体平台建设。一是成立扬州市知识产权局专利行政执法巡回审理庭。8月5日，扬州市知识产权局专利行政执法巡回审理庭通过江苏省知识产权局验收并正式挂牌成立。扬州市专利行政执法巡回审理庭经省知识产权局批准，由省、市知识产权局共同出资建设。巡回审理庭设有专业合议组，配有庭审记录设备、实物投影设备、录像设备及音响设备等，可同步进行庭审录音以及影像采集、证据展示，提高了办案质量，将进一步推进扬州专利行政执法规范化建设。已受理侵权纠纷案件6件，全部经巡回审理调解达成一致和解协议。二是成立扬州市知识产权维权援助服务中心。11月28日，中国(江苏)维权服务中心扬州分中心暨扬州市知识产权维权援助服务中心在市科技局正式揭牌，中心将协调法院、市工商行政管理局、市文化广电新闻出版局等扬州知识产权联席会议成员单位，组织知识产权代理所等专业机构，研究促进重大涉外知识产权纠纷与争端合理解决的方案；组建一支知识产权专家团队，提供专利等不同知识产权的维权援助服务，为重大的研发、经贸、投资和技术转移活动组织提供知识产权分析论证和知识产权预警服务；设立知识产权维权援助专项资金，为具有较大影响的涉外知识产权纠纷以及无能力支付纠纷处理和诉讼费用的扬州企业提供一定的经费资助。中心还向社会开通了12330知识产权维权援助与举报投诉服务热线，为扬州企业等主体开展知识产权维权开辟便捷通道。

知识产权项目建设。扬州开发区半导体照明和太阳能光伏产业、邗江区数控成形机床产业承担的2013年国家战略性新兴产业知识产权管理集群试点顺利通过国家知识产权局验收，考核排名分别位居江苏省试点8个集聚区的第一、第二位。开发区半导体照明和太阳能光伏产业确定为2014年国家集群管理试点项目，邗江区数控成形机床产业为2014年江苏省集群管理试点项目。扬州五亭龙国际玩具礼品城获批国家首批“知识产权保护规范化市场培育认定计划”，全国当年仅65家专业市场获批，江苏省入围6家，扬州仅此一家。亚普汽车部件股份有限公司、江苏东宝农药化工有限公司被评为“2014年度实施企业知识产权战略推进先进单位”；江苏扬农化工集团有限公司、扬州电力设备修造厂有限公司等35家企业申报国家企业知识产权管理标准化示范创建单位；江苏迅达电磁线有限公司、扬州天辰精细化工有限公司等12家获批江苏省企业知识产权管理规范优秀单位，位居全省第三；扬州市五亭龙国际玩具礼品城获批江苏省正版正货街区深化创建，街区12家企业获批省正版正货示范承诺企业。截至2014年年底，全市共有2个区被列为国家知识产权强区试点单位，4个县(市、区)被列为省实施知识产权战略示范单位，6个省级园区被列为省知识产权试点单位。

表6-38 第八届国际发明展览会扬州市获奖项目名单

序号	项目名称	完成单位	所获奖项
1	发动机用组合式平台网纹气缸套	扬州华铁铁路配件有限公司	金奖
2	大型智能化食用油制取关键技术及成套装备	迈安德集团有限公司	金奖
3	机械伺服数控转塔冲床	江苏亚威机床股份有限公司	金奖
4	高速高效螺旋形节能灯明管全自动生产线	江苏浩明光电科技股份有限公司	金奖
5	特高压铝电解电容器用阳极箔的腐蚀工艺	扬州宏远电子有限公司	金奖
6	防治婴幼儿湿疹的中药制剂及其制备方法	扬州大学	金奖
7	一种肝素钠的高效提取工艺	扬州大学	金奖
8	节能型纵横多向切割复合锯	江苏金飞达电动工具有限公司	金奖
9	一种承压太阳能热水器(承压一体机)	江苏省华扬太阳能有限公司	金奖
10	复合型地暖空调热水集成应用系统	江苏省华扬太阳能有限公司	金奖
11	车用散热器冷却扁管的铝合金材料	江苏嘉和热系统股份有限公司	金奖
12	油料破碎机	迈安德集团有限公司	金奖
13	一种串联谐振电抗器	江苏启源雷宇电气科技有限公司	银奖
14	一种自动换极性油浸硅堆	江苏启源雷宇电气科技有限公司	银奖
15	双层引流管	扬州大学	银奖
16	一种含有秸秆的轻质木塑混合粒料及其生产方法	江苏锦禾高新科技股份有限公司	银奖
17	全干式光缆松套管的制作方法	江苏江扬电缆有限公司	银奖
18	2,6-二氟苯甲酰胺	扬州天辰精细化工有限公司	银奖
19	一种全数字化处理装置的全数字化电子学系统	江苏中惠医疗科技股份有限公司	银奖
20	检测食品中沙门菌的环介导等温扩增方法及试剂盒	扬州大学	银奖
21	一种高强度轨道车轮(发明专利)	扬州华铁铁路配件有限公司	银奖
22	大型电子伺服三坐标多工位压力机引进开发及产业化	江苏扬力集团有限公司	银奖
23	直流调速小型球磨机	扬州大学	银奖
24	铅纤维丝及其制作方法	扬州锦江有色金属有限公司	银奖
25	一种无机房电梯	江苏通用电梯有限公司	银奖
26	一种大枣光电分级生产线	扬州福尔喜果蔬汁机械有限公司	银奖
27	铅酸蓄电池用云胶电解液	江苏华富储能新技术股份有限公司	银奖
28	新一代高效低毒创制卫生杀虫剂氯氟醚菊酯	江苏扬农化工股份有限公司	银奖
29	高效新型热管式太阳能真空管	江苏奥莱佳太阳能科技有限公司	银奖
30	节能环保耐环境开裂聚乙烯电缆料	宝应安洋电缆料有限公司	银奖
31	一种轧钢加热炉耐热垫块用的耐高温钴基合金	中冶京诚(扬州)冶金科技产业有限公司	银奖
32	HPP-5000P全自动粉末成型机	扬州市海力精密机械制造有限公司	银奖
33	自循环多层翻板烘干机以及自循环分段烘干方法	扬州福尔喜果蔬汁机械有限公司	银奖
34	SLHSJ16双轴桨叶式高效混合机	江苏牧羊控股有限公司	银奖
35	新型双轴定向拉伸耐电晕聚酰亚胺薄膜	江苏亚宝绝缘材料股份有限公司	银奖
36	电子式电流互感器(10kV)	江苏博斯特科技电力有限公司	铜奖
37	新型墙体材料全自动生产线	江苏朝阳液压机械集团有限公司	铜奖
38	MYRB90型码垛机器人	江苏牧羊控股有限公司	铜奖
39	辐流式二沉池周边传动刮吸泥机	江苏清溢环保设备有限公司	铜奖
40	基于光纤阵列的空间光耦合探测装置	江苏海虹电子有限公司	铜奖
41	内置陶瓷芯片天线手机	扬州万事通通讯电子发展有限公司	铜奖
42	镶嵌式LED招牌	江苏嘉德光电科技有限公司	铜奖
43	一种简便的利用无线局域网进行用户定位的方法	扬州易游物联网络科技有限公司	铜奖

续表 6-38

序号	项目名称	完成单位	所获奖项
44	一种功效化妆品及其制备方法	扬州大学	铜奖
45	在数字血管造影图像中分割血管数据的方法	江苏亚达科技集团有限公司	铜奖
46	一种5-5-二氟-3-取代哌啶衍生物的制备方法	扬州氟药科技有限公司	铜奖
47	用于豆乳制品发酵的嗜热链球菌grx90及其用途	扬州大学	铜奖
48	港机船舰海工用高性能多耐特软电缆	江苏远洋东泽电缆股份有限公司	铜奖
49	高强度超耐磨耐高温铸型尼龙滑轮	扬州赛尔达尼龙制造有限公司	铜奖
50	智能电压互感器	江苏博斯特科技电力有限公司	铜奖
51	灯杆电器门一次冲压成型技术	龙腾照明集团有限公司	铜奖
52	一种无水冷抗变形炉辊	中冶京诚(扬州)冶金科技产业有限公司	铜奖
53	一种连续面料板坯的湿法切割机	杰斯(扬州)智能环保科技有限公司	铜奖
54	一种蛋品自动分级生产线及其工作方法	扬州福尔喜果蔬汁机械有限公司	铜奖
55	板式熨平压花机的液压控制系统	扬州扬宝机械有限公司	铜奖
56	一种植物来源D-氨基葡萄糖盐酸盐的制备方法	扬州日兴生物科技股份有限公司	铜奖
57	盘式脱粒机	扬州大学	铜奖
58	一种菊酯微胶囊的制备方法	扬州大学	铜奖
59	一种防治小菜蛾等蔬菜害虫的农药制剂	扬州大学	铜奖

【科技信息平台】 2014年,扬州科技文献公共服务平台新开用户20家,累计用户2300家,文献全文下载量增加32万余篇。揭牌成立江苏省工程技术文献中心扬州分中心,面向全市提供开放服务,扬州市科技文献公共服务电子阅览室面向全市免费开放。赴各县(市、区)为企业提供上门检索技术培训服务,共培训500多人次。编发24期《科技情报参考》,对扬州汽车及零部件、机械装备、软件与信息服务业、太阳能光伏、LED、化工新材料等重点产业国内外政策与科技动态进行长期跟踪,并编印《江苏省科技动态》《新能源汽车》等专刊。对汽车及零部件行业的产业政策、市场投资和技术等动态信息,开展长期跟踪,通过移动手机报平台,每周发送手机报2期。建立扬州汽车零部件产业科技文献数据库和事实型数据库,文献库包括期刊、专利、标准和成果数据库;事实型库包括70多家基地企业信息库和100多个企业产品库,国内外行业知名科技机构70多家信息库和200多名国内外行业权威专家库等。完成扬州汽车及零部件产业分析与建议、国内外新能源汽车产业发展状况分析、新能源汽车产业相关标准分析、新能源汽车产业发展政策研究等研究课题的调研报告8篇,完成汽车及零部件产业专利分析报告20篇。

(胡　军)

镇 江 市

Zhenjiang City

【概　况】 2014年以来,镇江市科技工作抢抓苏南国家自主创新示范区建设机遇,加快推进科技体制机制改革,镇江高新技术产业开发区成功升级国家高新区,镇江居福布斯中国大陆城市创新力排行榜第19位。全市"高新技术产业产值占规模以上工业产值的比重"达48.2%,继续保持全省第一;"万人发明专利拥有量"12.49件,百亿元GDP专利授权数391件。

载体和平台建设实现突破。新增2家省级科技企业孵化器、3家省级科技产业园、1家省创新型试点市和3家创新型试点乡镇,新增孵化面积52.4万平方米。新增省级研发机构69家,大中型工业企业和规上高新技术企业省级以上研发机构占比达42.5%。35家企业研发机构入选"江苏省重点企业研发机构";4家工程技术研究中心和4家科技公共服务平台被省科学技术厅绩效评估为优秀。

高新技术产业发展良好。深入组织实施高新技术产业"双提升"计划,按照"三集"要求加快新材料、航空航天等战略性新兴产业发展,完成高新技术产业产值3897.3亿元,比去年同期增长15.8%。实施"科技小巨人"培育计划,全年认定"科技小巨人"企业35家,高新技术企业获认定140家,全市民营科技企业达8000家,省高新技术产品获认定317个。组织企业(团队)参加中国第三届和江苏省第二届创新创业大赛,比赛成绩列全省第二位。

产学研合作更加紧密。"产学研协同创新体系建设年"活动有效推进,开展综合性及专题性产学研活动80余场,组织实施产学研合作重点项目300多项,培育认定产学研协同创新示范企业100家。江苏大学、江苏科技大学技术转移中心成功入选第五批国家技术转移示范机构,镇江航空产业产学研联合创新平台、北京交通大学长三角研究院获省科学技术厅建设期项目立项。镇江市与中国科学院院地合作成效再获全省第一,市科学技术局被评为"院省合作先进单位"。

科技金融体系愈发完善。省级科技金融服务中心建成,全市第3家科技支行和第3家科技小额贷款公司成立。全市"苏科贷"风险准备金从2300万元增加到4000万元,撬动银行8亿多元资金扶持科技型企业发展;全市"苏科贷"新增贷款4.69亿元,累计10.85亿元,位居全省第二位。全年累计为30家科技型企业发放科技风险池基金贷款超1亿元;为37家企业发放"科技型中小企业履约保证保险贷款"8380万元。全省首创专利质押贷款保险,全年完成专利保险164单,保障金额达1250万元,居全国25个专利保险试点城市前列。3家创业投资机构获国家、省创投引导资金补助499万元,2家创投机构投资的4个项目获省天使投资引导资金风险准备金550万元。

2014年7月18日,镇江市召开全市科技金融银企对接会。

科技人才队伍建设有力。积极配合实施各类人才计划,大力引进集聚海内外高层次人才。全年新增国家"千人计划"28人,省"双创人才"44人,市"331"计划领军人才(团队)145个。

科技惠民成效显著。万山红遍农业科技示范园被授予首批"国家级科技特派员创业基地",江苏大学组建的"新农村发展研究院"被科技部、教育部正式挂牌,新认定市级农业科技示范园51家。科技服务业营业收入达120亿元,江苏大学技术转移中心、镇江京江软件园有限公司入选省科技服务业"百强"机构。市技术产权交易平台开始运营,市生产力促进中心连续6年保持"国家级示范生产力促进中心"称号。与市卫生局、市科学技术协会等单位建立合作机制,开通"镇江科技"公众微信、官方微博和“科技政策咨询与服务”QQ群,组织开展“科技进田头、进社区、进企业、进园区、进校园”等活动,科技工作更加“亲民”。

知识产权工作积极创新。启动专利数量与质量“双提升”专项行动,全市专利申请总量25179件,其中发明专利申请8969件;专利授权总量12707件,成为国家3家“中小企业知识产权托管工程”试点城市之一,在全国率先开通市知识产权公共服务平台(国家中小企业知识产权托管平台)。京口区以评分第一跻身国家知识产权强县工程示范区;6个辖市区被评为省实施知识产权战略示范单位。17家企业被评为省企业知识产权管理标准化示范先进单位,镇江市通过贯标认证企业数和贯标优秀企业数均继续位居全省第一。成功举办镇江市首届工业品外观设计大赛。完成市专利行政执法巡回审理庭建设并投入使用,立案查处各类专利假冒和侵权案件300余件。

科技创新环境更加优化。建成市级科技计划信用管理数据库,被列入省科技信用体系建设试点。推行科技计划项目廉政承诺制度,面向社会聘请18名行风监督员全程监督科技项目评审立项。出台《镇江市产学合作奖奖励办法》《镇江市企业专利突破奖资金管理办法》,修订《镇江市科学技术奖励办法》。大力宣传“科技创新20条”等惠企政策,为企业落实科技政策减免税约8亿元。4家单位参与研发的5个项目获国家科学技术奖;15个项目获省科技进步奖;授予77个项目市科技进步奖。

【国家高新区创建】 全国“两会”期间,市政协李国忠主席等市领导率科技局和润州区主要领导赴科技部向中央纪委驻科技部纪检组郭向远组长汇报了创建工作进展及争创国家高新区的迫切性。2014年5月,科技部副部长曹健林率11部委组成的苏南国家自主创新示范区联合调研组来苏南调研,市委书记杨省世、市长朱晓明向调研组汇报镇江创建情况,得到调研组的肯定。随后,市主要领导向国务院有关领导和科技部、发改委等职能部委领导分别作汇报,得到有关领导支持,建议国务院在同意建设苏南国家自主创新示范区的同时批准镇江高新区升级为国家高新区。同时,市科学技术局积极推进高新区建设工作,提升船舶与海工配套产业,对上争取有关科技计划扶持,加强科技创新核心区建设,完成国家级科技企业孵化器更名工作。起草“关于镇江高新区升级和‘以升促建’工作评价考核办法”,并纳入年度产业集中集聚集约发展评价考核。10月20日,国务院发函同意江苏省建设苏南国家自主创新示范区,镇江高新技术产业开发区同步升级为国家高新区。

【高新技术产业】 深入组织实施高新技术产业“双提升”计划,大力推进新材料、航空航天等战略性新兴产业发展,2014年,全市高新技术产业完成产值3897.3亿元,比去年同期增长15.8%,占全市规模工业产值的48.2%,位居全省第一;其中民营企业实现高新技术产业产值2574.6亿元,占全市高新技术产业产值的66.6%,三资企业实现高新技术产业产值1114.5亿元,占全市高新技术产业产值的28.7%,国有企业实现高新技术产业产值208.2亿元。2014年全市高新技术产业实现销售收入3753.3亿元,比去年同期增长16.1%,占全市规模工业销售收入的47.7%;完成利税389.4亿元,比去年同期增长20.8%,占全市规模工业利税的49.0%。

全市组织申报国家创新基金项目96个,20家企业申报的项目获得立项,国拨经费2111万元。20个项目被科技部列为2014年度国家火炬计划项目,其中“镇江国家大学科技园知识产权公共服务平台项目”列入火炬计划产业化环境建设类项目,获国家70万元的资金扶持。组织申报省科技支撑计划(工业)项目49项,20个项目获得立项,省拨经费1820万元。镇江新元素医药科技有限公司承担的“抗痛风一类新药黄嘌呤氧化酶抑制剂的临床前研究”项目(项目编号:BE2014690)列入省科技支撑计划医药类项目,省拨经费45万元。18个项目获省科技型中小企业创新资金项目立项,省拨经费480万元。6个产品获国家重点新产品认定,317项产品获得省级高新技术产品认定。89家企业被江苏省高新技术认定管理工作协调领导小组办公室按照新标准认定为高新技术企业。

表6-39 2014年度镇江市新增国家重点新产品项目名单

序号	项目编号	项目名称	承担单位
1	2014GRC10028	交通车辆用高性能连续纤维热塑复合板材	江苏奇一科技有限公司
2	2014GRC10045	ZKSX-3004光纤耦合输出高功率全固态激光器	江苏中科四象激光科技有限公司
3	2014GRC10053	大中型火电机组半干半湿法烟气脱硫除尘成套装备	镇江市电站辅机厂有限公司
4	2014GRC10612	HAG614106型混合液晶材料	江苏和成显示科技股份有限公司
5	2014GRC10615	高端射频芯片测试仪Matrix-1000	镇江艾科半导体有限公司
6	2014GRC10617	HKT800碳纤维	江苏航科复合材料科技有限公司

表6-40 2014年度镇江市按新标准认定高新技术企业名单

序号	企业名称	所在地	序号	企业名称	所在地
1	江苏丹通电气有限公司	丹阳市	34	镇江丰成特种工具有限公司	扬中市
2	丹阳丹耀光学有限公司	丹阳市	35	江苏海纬集团有限公司	扬中市
3	江苏金国电子有限公司	丹阳市	36	镇江安华电气有限公司	扬中市
4	江苏海德莱特汽车部件有限公司	丹阳市	37	江苏星河阀门有限公司	扬中市
5	江苏辰阳电子有限公司	丹阳市	38	镇江荣诚管业有限公司	扬中市
6	江苏新天洋机械制造有限公司	丹阳市	39	江苏海晟涂料有限公司	扬中市
7	江苏高皓工业炉有限公司	丹阳市	40	亿恒节能科技江苏有限公司	扬中市
8	江苏潮华玻璃制品有限公司	丹阳市	41	江苏联合化工有限公司	扬中市
9	江苏丰豪科技有限公司	丹阳市	42	扬中市阳光电源材料有限公司	扬中市
10	丹阳华神电器有限公司	丹阳市	43	镇江江冠电力设备有限公司	扬中市
11	丹阳市亚邦机械精密机械有限公司	丹阳市	44	江苏欣安新材料技术有限公司	扬中市
12	江苏元景锂粉工业有限公司	丹阳市	45	镇江春环密封件集团有限公司	扬中市
13	江苏欣隆羽绒有限公司	丹阳市	46	江苏天海光电科技有限公司	扬中市
14	江苏创力电梯部件有限公司	丹阳市	47	江苏福泰电力设备有限公司	扬中市
15	江苏双仪光学器材有限公司	丹阳市	48	江苏新坝电气有限公司	扬中市
16	江苏迈技科技有限公司	丹阳市	49	镇江市砺河磨具有限公司	扬中市
17	丹阳市新航特种合金有限公司	丹阳市	50	江苏扬碟钻石工具有限公司	扬中市
18	丹阳市德全汽车饰件有限公司	丹阳市	51	江苏大全箱变科技有限公司	扬中市
19	丹阳谊善车灯设备制造有限公司	丹阳市	52	联合动力长江(江苏)有限公司	扬中市
20	江苏华凯线束有限公司	丹阳市	53	扬中市神洲化工电力设备有限公司	扬中市
21	丹阳琦瑞机械有限公司	丹阳市	54	江苏有能照明有限公司	扬中市
22	江苏中容科技有限公司	句容市	55	江苏吉星新材料有限公司	扬中市
23	句容泰博尔机械制造有限公司	句容市	56	江苏长凯机械设备有限公司	扬中市
24	江苏新光环保工程有限公司	句容市	57	江苏百瑞吉新材料有限公司	丹徒区
25	江苏电科电气设备有限公司	句容市	58	镇江亨威金融保险机具有限公司	丹徒区
26	句容佳泰金属制品有限公司	句容市	59	江苏元洲生物工程有限公司	丹徒区
27	江苏华大天益电力科技有限公司	句容市	60	江苏力凡胶囊有限公司	丹徒区
28	江苏盈科汽车空调有限公司	句容市	61	镇江索达联轴器有限公司	丹徒区
29	江苏华阳管业股份有限公司	句容市	62	益海芯电子技术江苏有限公司	丹徒区
30	江苏帕维电动科技有限公司	句容市	63	镇江华浩通信器材有限公司	丹徒区
31	江苏旭华圣洛迪建材有限公司	句容市	64	镇江威孚锅炉有限公司	丹徒区
32	镇江市三维电加热器有限公司	扬中市	65	镇江培蕾基质科技发展有限公司	京口区
33	江苏兴隆防腐设备有限公司	扬中市	66	镇江飞驰汽车集团有限责任公司	京口区

续表 6-40

序号	企业名称	所在地	序号	企业名称	所在地
67	镇江江工生物工程成套设备有限公司	京口区	79	江苏阳明船舶装备制造技术有限公司	镇江新区
68	江苏锐天信息科技有限公司	京口区	80	镇江智拓智能科技发展有限公司	镇江新区
69	镇江市新创计算机系统集成有限公司	京口区	81	江苏领瑞新材料科技有限公司	镇江新区
70	江苏远东环保工程有限公司	润州区	82	镇江高鹏药业有限公司	镇江新区
71	镇江市宏业科技有限公司	润州区	83	江苏大秦电气有限公司	镇江新区
72	镇江金港磁性元件有限公司	润州区	84	航天海鹰(镇江)特种材料有限公司	镇江新区
73	江苏万宝瑞达纸业有限公司	镇江新区	85	镇江润晶高纯化工有限公司	镇江新区
74	江苏物泰信息科技有限公司	镇江新区	86	镇江赛尔尼柯自动化有限公司	镇江新区
75	江苏特森特新材料科技有限公司	镇江新区	87	江苏七政新能源有限公司	镇江新区
76	镇江东方康驰电机制造有限公司	镇江新区	88	江苏海宏制药有限公司	镇江新区
77	镇江奥菲特光电科技有限公司	镇江新区	89	江苏华峰电器控制设备有限公司	镇江新区
78	镇江威信广厦模块住宅工业有限公司	镇江新区			

【科技计划】 2014年,全市科技部门围绕重点工作组织各级各类科技计划项目2100多项,其中获得国家级、省级资助的科技计划项目517项,共获上级科技拨款3.01亿元。获得立项的省级以上科技计划项目大多数来自于全市高端装备制造、新材料、新能源、生物技术及新医药、电子信息、现代农业、节能环保等新兴产业领域,项目数和拨款额占全市70%以上。市科技部门加强与税务部门、财政部门的配合,加大创新政策的宣传力度,落实企业研究开发费用加计扣除、高新技术企业所得税减免、创业投资企业等重点政策,全市科技税收减免达8.7亿元,其中高新技术企业获减免企业所得税5.7亿元,研发费用加计抵扣政策减免所得税2.2亿元。

表6-41 2014年度镇江市获国家科技型中小企业技术创新基金项目名单 单位:万元

序号	项目编号	项目名称	承担单位	国家拨款
1	14C26213201064	新型高温耐热耐腐蚀不锈钢	江苏锦越航空合金材料有限公司	100
2	14C26213201146	新型用于原油的太阳能昼夜伴热系统的研发	江苏新世纪光电科技有限公司	100
3	14C26213201099	高效智能管道检测机器人	镇江先端信息科技有限公司	72
4	14C26213201079	鳞片状金属软磁微粉	镇江宝纳电磁新材料有限公司	60
5	14C26213201207	油电混合汽车用超功率镍氢电池	江苏博力新能源有限公司	80
6	14C26213201178	利用导模法设备和技术直接生长C面蓝宝石衬底材料关键技术	镇江和和蓝晶科技有限公司	50
7	114C26213201199	高强匀质复合材料免拆保温模板性能研究与系统开发	江苏特友诺新材料科技有限公司	100
8	14C26213201046	基于HIL技术的航电设备测试平台软件	江苏锐天信息科技有限公司	200
9	14C26213201216	洁净核能源超导舱及其核心部件的研发与产业化	江苏安德信超导加速器科技有限公司	100
10	14C26213201134	新型高性能纤维复合材料(UD)及其制品	江苏领瑞新材料科技有限公司	92
11	14C26213201164	船舶及海洋工程合拢管设计制造系统的开发制造及产业化	江苏阳明船舶装备制造技术有限公司	60
12	14C26213201206	智能微电网复合储能系统	江苏峰谷源储能技术研究院有限公司	100
13	14C26213201235	高纯度异麦芽酮糖的生产技术研究	镇江欣隆生物有限公司	250

续表 6-41

单位:万元

序号	项目编号	项目名称	承担单位	国家拨款
14	14C26243201260	镇江光电子与通信元器件产业基地技术转移公共服务平台建设	镇江市生产力促进中心	100
15	14C26243201275	高分子材料技术工程化服务平台	江苏和伟美科技发展有限公司	200
16	14C26243201279	丹阳市眼镜汽车零部件技术检测服务平台	丹阳市产品质量监督检验所	100
17	14C26243201295	面向电力电器产业基地内中小企业检测服务平台建设	扬中市产品质量监督检验所	100
18	14C26253201355		镇江高科创业投资有限公司	25
19	14C26253201356		镇江高新创业投资有限公司	130
20	14C26253201357		镇江亿致能源科技孵化器有限公司	92
合　计				2111

表6-42　2014年度镇江市获国家火炬计划项目名单

序号	项目编号	项目名称	承担单位
1	2014GH010232	第四代移动通信光器件及芯片的研发和产业化	江苏飞格光电有限公司
2	2014GH020238	新型葛根醋饮料的混菌发酵关键技术及产业化	江苏恒顺醋业股份有限公司
3	2014GH030265	纳米级超光滑大尺寸HEM蓝宝石衬底	江苏吉星新材料有限公司
4	2014GH030276	抗疲劳加成型硫化液态硅橡胶产业化	江苏天辰硅材料有限公司
5	2014GH030300	太阳能电池用超软无铅涂锡焊带的产业化	江苏太阳光伏科技有限公司
6	2014GH030310	HG3-600℃以上超耐高温防腐涂层材料	江苏荣昌新材料科技有限公司
7	2014GH030319	高铁砂浆灌注专用新型材料灌注袋及封边带	江苏鼎泰工程材料有限公司
8	2014GH040340	KYN61-40.5高原型交流开关设备	江苏大全长江电器股份有限公司
9	2014GH040400	高效节能电力驱动石油平台支持船	江苏省镇江船厂(集团)有限公司
10	2014GH050418	SCBH15干式非晶合金配电变压器	镇江天力变压器有限公司
11	2014GH050421	特高压辐轴向并列三复合导线研发与产业化	江苏句容联合铜材有限公司
12	2014GH050427	高得率清洁制浆关键装备的研发及产业化	江苏金沃机械有限公司
13	2014GH050430	节能环保高效钎焊板式余热回收装置	江苏巴威工程技术股份有限公司
14	2014GH050431	高光效通风式交叉型模组化大功率LED路灯	江苏大秦光电科技有限公司
15	2014GH050433	节能型母线槽	江苏万奇电器集团有限公司
16	2014GH050447	高效双节能环氧浇注立体卷铁芯干式变压器	江苏中容科技有限公司
17	2014GH050468	可调式风力发电机传动链宽频弹性支撑	镇江铁科橡塑制品有限公司
18	2014GH050469	ZGS11-Z·F-3MW风力发电箱变	江苏大全箱变科技有限公司
19	2014GH060471	废旧轧辊快速连续复合再制造关键技术研究	江苏新亚特钢锻造有限公司
20	2014GH540503	镇江国家大学科技园知识产权公共服务平台	镇江市江大江科大大学科技园股份有限公司

省级青年科技人才专项资助数连续三年位居全省第二。“无机纳米材料的化工过程设计与优化研究”“轻合金激光冲击颗粒植入技术及多效应协同强化机制”等106个项目获省自然科学基金(青年科技人才专项资金)立项、资助经费2047万元,立项数和经费数居全省第二,其中江苏大学获省杰出青年基金3项、青年基金61项,资助经费1520万元,居全省高校第二。

省社会发展和临床医学科技专项立项数再创新高。“利用纺织废弃物再制造汽车内饰复合材料的关键技术研发”“镇江世业生态文明科技示范社区建设”“MDSCs源性lncRNA在肺癌患者免疫功能评价中的应用”等11个项目获得省社会发展和临床医学科技专项立项支持。

组织申报国家、省、市各类农业科技计划项目150余项,有62个项目正式列入各级各类农业科技计划,经费总投入超2亿元。其中,争取省级以上农业科技计划立项27项,累计获经费资助1300万元,其中国家级立项11个,获拨款550万元,省级立项16个,获拨款750万元。市本级农业科技支撑计划共立项35项,安排经费700万元,年度农业科技创新资金占全部财政科技创新资金比重超过20%。有36个农业科技项目通过国家、省、市级验收和成果鉴定;获得镇江市科技进步一等奖1项,三等奖2项。

句容市人民政府2014年申报的国家科技富民强县专项行动计划《丘陵山区果茶优质高效关键技术集成创新及产业化》项目,获得国家科技部、财政部立项,这是镇江首次获此类专项资助。科技富民强县专项行动计划是国家为把“科教兴国”战略落实到基层,依靠科技促进农民增收致富和壮大县乡财政实力,推动县域经济健康持续发展,实现民富县强而设立的中央财政专项资金。《丘陵山区果茶优质高效关键技术集成创新及产业化》项目,立足句容发展应时鲜果和优质茶叶独特的区位和生产条件,大力推进应时鲜果、优质茶叶开发,培育富有丘陵特点和句容特色的农业支柱产业。项目分2年实施,主要目标是通过果茶技术集成创新与示范推广项目的实施,构建句容果茶良种繁育体系,建立1万公顷应时鲜果和4666.67公顷优质茶叶规模生产基地,推广设施栽培、绿色防控、节水灌溉、水肥一体化等实用创新型集成技术,提升果茶生产机械化和标准化水平,有效改良全市果园茶园土壤,建立健全果茶质量安全检测体系,培育句容果茶品牌竞争力,扶持培育一批农业龙头企业和新型经营主体,建立完善果茶采后贮运和加工体系,提高产业综合效益,实现农业增效、农民致富和财政增收。

【创新载体平台】 句容市获省级创新型试点市认定,丹阳丹北镇、句容下蜀镇、润州蒋乔街道获省创新型试点乡镇认定。江苏省句容路面新材料科技产业园、江苏省句容绿色建筑科技产业园获省级科技产业园认定,江苏省镇江京口文化科技产业园被认定为江苏省文化科技产业园。镇江高新区科技企业加速器获批“第二批江苏省科技企业加速器”。镇江润州船舶配套科技创业园获批省级“苗圃-孵化器-加速器”科技孵化创业链条试点。全市有省级以上科技孵化、加速器27个,总面积339.5万平方米,其中2014年新建52.4万平方米。

2014年2月14日,江苏大学“国家水泵及系统工程技术研究中心”与江苏省产业技术研究院签订协议,培育建设江苏省产业技术研究院流体工程装备技术研究所,正式成为首批预备研究所,获专项培育经费500万元。流体工程装备技术研究所围绕国家重大技术装备国产化、节能减排、大型水利工程建设、农业装备节能增效等重大技术需求,突出应用研究和服务中小企业,建成国内流体机械国际前沿应用技术研究、支撑行业长远发展和培养高级专门人才的重要基地,立足镇江、服务全省,为70家以上企业提供技术服务,预计2014年企业合同科研到账收入达1100万元以上。

江苏恒顺醋业股份有限公司获批组建“江苏省国家食醋工程技术研究中心培育点”(以下简称“中心”),获省财政资助经费300万元,这是镇江首家获批的国家级企业研发机构培育点项目。中心主要围绕传统食醋固态酿制工艺现代化、食醋健康食品开发、现代果醋液体发酵技术、食醋酿造安全性评价与控制、醋糟资源化开发5个方面开展研究,提升“镇江香醋”文化价值和商业价值。项目建设期内,中心将新增建设经费2500万元,新建实验室面积3000平方米,形成研发场所总面积达5000平方米,新增价值750万元的研发设备,形成200多人的研发团队;未来3年,中心将承担国家、省级重大科研项目6~8项,申请发明专利15件,制定标准3~5项,建立5个工程化研究基地,实现行业技术转移30项、技术服务50项,争取国家、省部级科技奖励3~5项,创建国家级工程技术研究中心。

2014年11月8日,江苏大学新农村发展研究院揭牌。这是由科技部、教育部批准建设的全国唯一一所以工程化农业为特色的新农村发展研究院。江苏大学新农村发展研究院重点围绕长三角发达地区城镇化进程中新农村发展综合实验区建设,以江苏省开展"万顷良田"工程试点工作为契机,学校与镇江新区签订《江苏大学与镇江新区城乡一体化示范建设合作协议》,组建7个示范组,共建新农村发展研究院示范基地、现代农业装备与技术协同创新中心成果转化基地和"社区大学";重点围绕苏南现代化示范区丘陵地区试验示范基地建设,根据苏南区域多丘陵山区地理特征,与句容市人民政府签订《关于加强科技创新促进农业现代化和新农村发展战略合作》协议,通过与新型农村合作社等组织组建示范组,共建新农村发展研究院示范基地。江苏大学新农村发展研究院还将围绕"三农"领域的重大经济管理问题,研究范围涉及农村人力资本研究、农村社会保障研究、农民创业与乡村发展研究、农业现代化研究、乡村治理研究。

2014年,认定镇江市江南食用菌科技示范园等51家园区为镇江市农业科技示范园,其中新增17家,已建示范园通过复核的34家。镇江市农业科技示范园区建设紧紧围绕"高产、优质、高效、生态、安全"的现代农业总体要求,以优质粮油、特种养殖、高效林业等五大特色产业"集中、集聚、集约"发展为目标,通过科技引导、试验示范、以点带面,将最新科技成果转化成农民"看得见、摸得着、学得会、用得上"的实用技术,来实现农业增效农民致富,取得了明显成效。据统计,全市农业科技示范园(不含新增)总面积达5640公顷,拥有设施栽培面积2906.67公顷,吸引建设投资超15亿元,形成年销售收入近10亿元。示范园目前拥有科技人员930人,具有大专以上学历人员总数达700人;建有各类研发机构35个,累计实施完成国家级项目16项,省级项目44项,引进新品种485个,推广新品种114个,引进新技术125项;拥有专利406件,其中发明专利244件;拥有品牌农产品94个,其中有机农产品28个,绿色农产品16个。全年培训农民189场次,超2.4万人次,带动农民就业5万多人。

【科技金融】 加强省级科技金融合作创新示范区建设,印发出台《关于扎实做好科技金融服务推进省级科技金融合作创新示范区建设的实施意见》,加快建立健全以科技支行、风险投资、担保机构、科技小额贷款等为主体的科技金融体系,开展全程、全方位的科技金融服务。镇江市科技金融服务中心于11月被省科技厅认定为第二批省级科技金融服务中心,134家企业确认为省科技型中小企业。"镇科通""镇保贷"2项产品全年为30家科技型企业贷款10250万元,为37家企业贷款8380万元。3家创投机构申请国家、省科技型中小企业创业投资引导资金,获499万元扶持;2家创投机构进入省天使投资机构库,4个科技型投资项目获省天使投资引导资金风险准备金550万元。47家企业被列入省科技企业上市培育计划,其中有5家企业的研发项目获得省科技企业上市培育计划专项扶持资金共290万元。江苏兆鋆新材料股份有限公司于9月17日在新三板成功挂牌上市、镇江三维输送装备股份有限公司于12月30日新三板成功挂牌上市。

开展知识产权投融资试点工作,全年知识产权质押融资额4.5亿元,全市开展知识产权质押融资合作商业银行达6家。推动专利权价值评估,11家企业32件专利进行了专利权价值评估,总评估价值达3.18亿元,分别获得专利权质押贷款5250万元、增资额2.1亿元。新成立交通银行科技支行,与市科技局(知识产权局)合作开展知识产权质押贷款。首次推出"专利质押贷款保险"新业务,推动企业开展专利质押保险贷款,三家企业成为首批专利质押融资保险案例试点。

2014年11月7日,交通银行镇江科技支行成立暨市科技局、交行科技金融合作签约仪式在镇江举行。

【科技管理】 2014年,全市科技管理工作以"六大任务百项工作"和"科技与人才工作目标责任制考核”为抓手,求真务实、扎实工作,取得明显成效。3月20日,全市科技创新暨人才兴市大会召开,部署推进全市科技创新工作。“六大任务百项工作”中创新驱动类各项目标、任务和重点项目顺利完成,市科技与人才目标责任制考核工作深入开展,科技统计的效率和质量进一步提高。创新科技资金使用模式,发挥镇江高科创业风险投资公司作用,大力开展风险投资业务,积极探索后补助、科技保险等资助方式。全社会R&D经费支出81.7亿元,比去年同期增长13.25%,占地区生产总值的比例达2.53%。完善市级科技计划“组评分离”项目评审模式,全年受理网上申报科技计划452项,立项405项。全市科技进步贡献率达59.5%,科技进步综合实力继续保持全省前五。

2014年3月20日,镇江市召开科技创新暨人才兴市大会,部署推进全市科技创新工作。

在市委、市政府坚强领导和大力支持下,市科技局作为牵头单位,与各辖市区和市有关部门,紧紧围绕“六大任务百项工作”创新驱动类中的各项工作目标、任务和重点项目,合力推进、上下联动,取得较好成效。科技创新35个重点项目累计申请专利323件,其中发明专利申请200件;累计授权专利208件,其中发明专利授权60件。35个项目全年累计引进人才团队91人,有22个项目已产生经济效益,累计实现销售收入25.31亿元,利税3.57亿元。

科技部门结合“六大任务百项工作”“科技与人才体制机制改革”以及省委新修订的“八项工程指标体系”等要求,及时调整完善有关考核指标,总指标数由32个精简至24个。年初制定《镇江市2014年度辖市、区科技与人才工作目标责任制实施意见》,下发《2014年全市科技与人才工作目标任务》;7月对各地目标责任制执行情况进行了中期检查,下发检查通报;年底对辖市区7个单位,18名领导干部进行考核,评选出科技进步目标管理先进集体一等奖2个、二等奖5个,科技与人才工作优秀领导干部1名,党政领导科技与人才工作目标责任制考核先进个人7名。

2014年镇江被列入省科技信用体系建设试点城市,积极建设市级科技信用管理信息系统,开展科技信用情况的资料收集和记录,对不良信用进行调查处理,定期更新维护相关责任主体信用数据,形成经验后向全省范围内推广、示范。市科技局制定印发《镇江市科技计划项目相关责任主体信用管理办法(试行)》,并委托软件公司开发“镇江市科技计划项目相关责任主体信用管理数据库”。

【科技合作】 积极组织实施“产学研协同创新体系建设年”工程,以构建市场为导向、企业为主体、产学研相结合的技术创新体系为目标,围绕产业转型升级和企业技术需求,大力引进最新科技成果,加强与国内外著名高校院所和企业的科技合作,推进科技资源集聚,增强企业自主创新能力,支撑全市经济社会发展。全年共组织开展80余场次系列产学研活动,征集企业需求266项,征集发布航空航天领域科技成果和专利技术成果8批397项,签订产学研合作协议360多项,培育认定产学研协同创新示范企业100家。围绕航空航天产业开展产学研系列活动,先后组织企业赴北京、江西、贵州等地,与国家国防科技工业局、中国航天科工集团第三研究院、洪都航空工业集团、南昌航空大学、中航工业贵州航空集团、中国航天科工贵州航天公司等单位进行科技合作对接交流;启动“蓝火计划在镇江”相关工作;镇江航空产业产学研联合创新平台、北京交通大学长三角研究院启动期项目顺利通过省科技厅验收,建设期项目分别获省科技厅立项;“中-乌(江苏)船舶与海洋工程产业跨国技术转移中心”获省国际科技合作计划技术转移能力提升项目资金支持。

2014年11月6~8日,科技部、省政府在南京金陵饭店举办“中国·江苏第四届国际产学研合作论坛暨跨国技术转移大会”，市科技局带领全市42家企业和各地科技管理部门共65位代表参加了大会，5家企业参与大会一对一重点对接洽谈，与境外专家和机构达成合作意向6项。会前丹阳新材料领域相关企业赴法国摩泽尔省开展交流对接，同时丹阳作为新材料产业发展密集区，被大会列为境外代表考察交流回访地区之一。11月6日，在“中国·江苏第四届国际产学研合作论坛暨跨国技术转移大会”期间，举办“科技外交官镇江行”活动。当日中国驻美国、加拿大、瑞典、荷兰、俄罗斯和波兰使(领)馆的6位科技外交官和科技部国际合作司司长靳晓明、人事司副司长蒋苏南一行参观考察了镇江科技新城展示馆和镇江中研电控有限公司、江苏奥雷光电有限公司等具有国际科技合作背景的企业。在随后举行的“镇江国际合作对接交流会”上，6位科技外交官分别介绍了中国与所驻国政府双边科技合作内容及项目，并与来自镇江科技园区、孵化器和企业的技术负责人展开充分对接交流，为镇江国际科技合作拓宽了新渠道。

2014年11月6日，科技外交官镇江行——镇江国际科技合作对接会在镇江市召开。

2014年，市科技局在往年组织驻镇高校产学研合作奖评审工作的基础上，修订完善并出台《镇江市产学研合作项目奖励暂行办法》，组织全国范围高校院所参与企业合作的产学研合作奖评审。全市受理申报项目62项，最终授予“混菌固态发酵油脂饼粕制备多肽饲料关键技术研究及生产”等5个项目一等奖，“高清晰数字式X射线机关键技术开发及产业化”等10个项目二等奖，“硼化物颗粒增强耐磨模具钢”等22个项目三等奖，奖励总金额达到198万元。

2014年6月，“江苏省镇江航空产业产学研联合创新平台”和“北京交通大学长三角研究院”2个省级产学研重大创新载体顺利通过省科技厅组织的启动期建设验收；7月，2个载体建设期项目获省科技厅立项，分别获得1500万元和400万元资金的滚动支持，获拨经费总数超当年省专项资金的三分之一，列全省首位。航空平台启动期已投入资金13017.74万元，完成基础设施建设14300多平方米，建成3个子平台和无损检测技术研发中心，建设期将进一步建设完善研发、孵化和公共技术服务等基础设施10000平方米以上。北京交通大学长三角研究院启动期已投入资金3969.07万元，完成基础设施建设与改造9500平方米，建成6个子平台及产业化基地，建设期将进一步完善智能交通、智能电网、装备制造等领域三大平台建设，开展应用技术研发和公共技术服务，完成基础设施建设4000平方米。

为深入推进多元开放、集成高效的产学研协同创新体系建设，通过典型引路和示范带动，规范化、标准化、精准化推进产学研合作，积极开展产学研协同创新示范企业培育工作。全市受理企业申报181家，企业主营业务涉及电子信息、新材料、先进制造、新能源、生物医药、现代农业和资源与环境等技术领域，企业类别涵盖高新技术企业、省高新技术后备企业、省(市)民营科技企业、省科技型中小企业、省技术创新领军企业、省上市入库企业、市科技小巨人企业等。最终认定2014年度镇江市产学研协同创新示范企业100家，其中丹阳21家，句容15家，扬中19家，丹徒13家，京口8家，润州4家，新区20家。

表6-43 2014年度驻镇高校产学研合作项目获奖名单

序号	项目名称	合作高校院所	合作企业	主要完成人
一等奖(5项)				
1	混菌固态发酵油脂饼粕制备多肽饲料关键技术研究及生产	江苏大学	江苏天琦生物科技有限公司	何荣海 马海乐 骆 琳 曲文娟 张文伟
2	用伸缩性羊毛纱开发生产形态记忆精纺面料	东华大学	江苏丹毛纺织股份有限公司	徐荣良 邹银芳 黄晓亮 周彩琴 符爱芬
3	有线/无线灵活自组网的智能配电系统研发与产业化	东南大学	江苏镇安电力设备有限公司	叶小松 裴文江 郑建勇 吴振飞 邢 鸣
4	船用柴油机低排放燃烧系统关键技术	江苏大学	中船动力有限公司	王 谦 何志霞 吉恒松 陈福明 潘海飞
5	T800碳纤维产业化	中国科学院西安光学精密机械研究所	江苏航科复合材料科技有限公司	王浩静 刘福杰 程 璐 范立东 薛林兵
二等奖(10项)				
1	高清晰数字式X射线机关键技术开发及产业化	东南大学	江苏鱼跃医疗设备股份有限公司	吴光明 易 红 赵 帅 张 佳 汤文成
2	精密模具用高品质模具钢关键技术研发及产业化	电子科技大学	江苏天工工具有限公司	朱旺龙 马党参 方 峰 徐辉霞 迟宏宵
3	超纯净高性能镍基高温合金关键技术开发与产业化	中国科学院金属研究所	丹阳市精密合金厂有限公司	万柏方 刘 奎 万留方 张建国 万 捷
4	节能母线槽自动化激光焊接生产线合作项目	中国科学院沈阳自动化研究所	江苏万奇电器集团有限公司	马纪财 房灵申 马松涛 杨 杰 唐荣华
5	核级波纹管仪表截止阀	机械科学研究总院武汉材料保护研究所	江苏海纳机电集团有限公司	王成虎 王 征 潘 邻 张良界 靳淑军
6	功能微生物强化生产富含川芎嗪镇江香醋的关键技术研究	江南大学	江苏恒顺醋业股份有限公司	李国权 许正宏 余永建 陆震鸣 朱胜虎
7	新型高性能电梯曳引机蜗轮材料及产品产业化技术改造	江苏大学	镇江汇通金属成型有限公司	纪嘉明 鲁远勇 吴 晶 虞建平 孟国萃
8	高端大功率风机系列弹性支撑关键技术研发及产业化	江苏科技大学	镇江铁科橡塑制品有限公司	温华兵 沈超明 朱成顺 吕 珏 刘春岐

续表 6-43

序号	项目名称	合作高校院所	合作企业	主要完成人
9	便携式低压无功补偿检测装置	江苏科技大学	镇江泰利丰电子有限公司	陈　迅　刘新坡 刘　利　李绍鹏 徐文浩
10	高包封率PEG化盐酸表阿霉素磁性纳米脂质体的研制及应用	江苏大学	江苏吉贝尔药业有限公司	吴修艮　陈　敏 谢吉民　姜德立 陈　进　聂丽云
三等奖(22项)				
1	硼化物颗粒增强耐磨模具钢	北京工业大学	江苏盛伟模具材料有限公司	符寒光　丁　刚 丁家伟　耿德英 印　杰
2	AP1000型核电站用带直段弯管及弯头成型技术	南京航空航天大学	江苏华阳金属管件有限公司	李　鸣　陶　杰 丁月霞　唐巧生 巫达生
3	特高压输电线路用高强度长棒形瓷复合绝缘子关键技术开发和产业化	中国科学院上海硅酸盐研究所	江苏南瓷绝缘子股份有限公司	杨志峰　王士维 刘少华　张正铜 朱文浩
4	TSP系列双螺杆浸渍机	中国林业科学研究院林产化学工业研究所	江苏金沃机械有限公司	曹堪洲　房桂干 范刚华　邓拥军 陈景芝
5	基于商务智能和数据集中管控的集团企业信息化管理服务平台的研发与应用示范	江苏大学	大全集团有限公司	雍建平　徐　慧 赵曦滨　詹永照 胡　勇
6	环氧、丙烯酸等高性能纳米水性无毒防腐蚀涂料用	中国科学院金属研究所	江苏荣昌新材料科技有限公司	常　春　刘福春 穆　颖　钟　涛 陈　群
7	鳞片状金属软磁微粉	电子科技大学	镇江宝纳电磁新材料有限公司	阳开新　刘颖力 戴少银　嘉利军 陈大明
8	500kW光伏并网逆变器	中国人民解放军海军工程大学	江苏大全凯帆电器股份有限公司	陈卫国　王颢雄 吴振兴　王　敏 许跃宏
9	200J541M-600LB内平衡式氧气截止阀关键技术研发及产业化	哈尔滨工程大学	江苏亿阀集团有限公司	钱存根　江树勇 王启贵　张艳秋 赵亚楠
10	罐式炉低温煅烧石油焦关键技术研发与应用	沈阳铝镁设计研究院	镇江焦化煤气集团有限公司	万红根　孙　毅 周善红　陈　怡 谈双根
11	高性能拉丝铝带生产技术与产业化	江苏大学	镇江龙源铝业有限公司	薛卫龙　刘忠德 董福伟　罗　锐 张　龙
12	新型中温锌基钎焊材料的研发及产业化	江苏科技大学	镇江市旺盛合金材料有限公司	邹家生　许祥平 殷旺庆　殷　星 王　超

续表 6-43

序号	项目名称	合作高校院所	合作企业	主要完成人
13	便高效海水淡化泵的研制开发	江苏大学	镇镇江江大泵业科技有限公司	袁丹青　丛小青　张晓峰　李维斌　卢展雄
14	蓝藻污染分析和治理专用生物反应器	南京晓庄学院	江苏元洲生物工程有限公司	王　科　刘维周　徐　莹　周　琪　徐金义
15	丹徒区三明高效食用花卉产业园	南京农业大学	镇江三明生物工程有限公司	郑　晖　王康才　白敏会　徐林燕
16	用于消费类电子产品的三轴热对流加速度传感器的研发	江苏大学	江苏名通信息科技有限公司	王　权　任乃飞　秦　谦　祝　俊　付永忠
17	双组份防火硅酮材料的研发及产业化	中国核动力研究设计院	江苏海龙核科技股份有限公司	徐　斌　严　玉　段佳巍　郑家青　陈雅露
18	基于物联网的设施园艺环境智能测控系统	江苏大学	镇江江大科茂信息系统有限责任公司	盛　平　李萍萍　张　净　王纪章　张西良
19	海洋工程深海用高级别系泊链关键技术开发与产业化	上海交通大学	正茂集团有限责任公司	陈寅初　朱林放　石生文　吉　东　詹晓琴
20	海洋工程船动力定位系统关键技术研究与其应用	江苏科技大学	镇江亿海软件有限公司	杨奕飞　袁　伟　何祖军　齐　亮　李　军
21	混超大型船用螺旋桨打磨机器人控制系统	江苏科技大学	镇江华扬信息科技有限公司	王建华　杨际荣　伍东周　戎　强　吴君民
22	高效节能电动汽车PTC电加热器	江苏大学	镇江东方电热科技股份有限公司	宋新南　郑进军　解　钟　李文良　胡自成

【科技成果】 2014年,镇江市科技成果鉴定120项。全年获国家科学技术奖5项,其中国家科学技术进步特等奖1项,国家科学技术进步二等奖4项;获省科学技术奖15项,其中省科学技术一等奖1项,省科学技术二等奖4项,省科学技术三等奖10项。受理市科技进步奖申报项目140项,评出获奖项目77项,其中一等奖5项,二等奖14项,三等奖58项,获奖项目中农业项目2项,工业项目47项,社会发展事业项目28项。

江苏鼎盛重工有限公司的“海上浮式高效转载装备系统集成关键技术研发与产业化”项目、江苏艾科半导体有限公司的“可扩展射频集成电路自动测试设备关键技术开发及产业化”项目等8个项目被列入省科技成果转化专项资金项目,共获省财政专项资助7200万元。9个项目总投资额7.15亿元,项目实施期内,将申请发明专利52件,申请实用新型专利26件,累计实现销售收入8.96亿元,利税2.3亿元。

认真组织申报2014年度江苏省“苏科贷”科技贷款项目,共有118个科技项目获得省“苏科贷”科技贷款共计4.63亿元,其中有96个科技项目获省“苏科贷Ⅰ”科技贷款2.29亿元,22个项目获省“苏科贷Ⅱ”科技贷款2.34亿元,占全省“苏科贷”贷款总额的7.76%,有效解决科技型小企业融资难的问题,有力推动科技金融的发展。

全市共签订技术合同720项,成交总金额27.58亿元,比上一年增长超10%。技术开发合同成交金额27.38亿元,技术转让合同成交金额1969万元。在成交合同中,涉及技术秘密、技术许可、专利、计算机软件著作权等知识产权的技术合同计36项,成交金额1969万元。2014年进入技术市场进行交易的各级科技计划项目181项,成交金额达到25.45亿元。全市通过技术市场认定登记实现减免税的技术合同539项,合同成交总额2.13亿元,技术交易额2.1亿元,合计减免各类税收约1300万元。

表6-44　2014年度镇江市科技进步奖项目名单

序号	奖励等级	项目名称	完成单位
1	一等奖	高效节能生物反应器系统集成关键技术及其产业化应用	镇江东方生物工程设备技术有限责任公司、江南大学
2	一等奖	大棚草莓绿色安全生产技术集成研究	镇江市农业科学院、江苏省绿盾植保农药实验有限公司
3	一等奖	国家西气东输工程高性能管线钢关键检验技术的研究及应用	镇江出入境检验检疫局、中国石油集团石油管工程技术研究院
4	一等奖	新型多级深井离心泵设计方法与关键技术研究	江苏大学、徐州潜龙泵业有限公司、台州佳迪泵业有限公司
5	一等奖	表观遗传学改变在肿瘤发生中的作用	镇江市第一人民医院、南京医科大学附属南京医院
6	二等奖	建筑供热智控分配系统	江苏恒春智能科技有限公司、江苏大学
7	二等奖	纳米级超光滑4吋HEM法蓝宝石衬底	江苏吉星新材料有限公司
8	二等奖	DTS5000型可恢复式线型光纤定温火灾探测器	金海新源电气江苏有限公司
9	二等奖	矿用救生舱研发及应用	江苏凯力德科技有限公司
10	二等奖	有线/无线灵活自组网的智能配电系统研发与产业化	江苏镇安电力设备有限公司
11	二等奖	FS-L防火硅酮泡沫	海龙核材科技(江苏)有限公司
12	二等奖	硅基气凝胶复合材料的制备及其处理工业废水的应用	镇江市环境监测中心站、江苏大学
13	二等奖	镇江市城乡规划综合地质信息服务系统研究与建立	镇江市勘察测绘研究院、北京昭明海图科技开发有限公司
14	二等奖	水上海事无线网络关键技术及长江镇江段示范应用	镇江海事局、江苏大学
15	二等奖	诱导性肿瘤耐药的机制研究及应用	镇江市第四人民医院、江苏大学附属人民医院、东南大学附属中大医院
16	二等奖	肺癌分子诊断的实验与临床研究	江苏大学附属医院
17	二等奖	日本血吸虫疫苗免疫调节作用及其机制的探索性研究	镇江市第一人民医院、南京医科大学
18	二等奖	白细胞介素-33在糖尿病心肌缺血/再灌注损伤中的作用及机制	镇江市第一人民医院
19	二等奖	错配修复基因剪接相关SNPs与胃肠道癌易感性	江苏大学附属医院、江苏省肿瘤医院
20	三等奖	高清晰数字式医用X射线机	江苏鱼跃医疗设备股份有限公司
21	三等奖	全自动快速发药系统	江苏迅捷装具科技有限公司
22	三等奖	JX36系列高速精密重载双曲轴横置式大台面压力机	沃得精机(中国)有限公司
23	三等奖	双用电子血压计	江苏康尚医疗器械有限公司
24	三等奖	PMC光学树脂镜片	江苏明月光电科技有限公司、上海明月光学眼镜有限公司
25	三等奖	新型高性能聚醚多元醇系列产品	句容宁武新材料发展有限公司

续表 6-44

序号	奖励等级	项目名称	完成单位
26	三等奖	衬陶瓷耐磨疏浚胶管	江苏华神特种橡胶制品股份有限公司
27	三等奖	高性能隔槽绝缘型小容量母线槽	江苏万奇电器集团有限公司
28	三等奖	LV密集型输配电母线系统	江苏威腾母线有限公司
29	三等奖	LDS30000多功能混合数字存储示波器	江苏绿扬电子仪器集团有限公司
30	三等奖	耐高温(≥350℃)加成型硫化液体硅橡胶	江苏天辰硅材料有限公司
31	三等奖	分体式串联高效太阳能组件接线盒系统	江苏通灵电器股份有限公司
32	三等奖	太阳能电池用超软无铅涂锡焊带	江苏太阳光伏科技有限公司
33	三等奖	WPU-066水性丙烯酸无毒防腐蚀涂料	江苏荣昌新材料科技有限公司
34	三等奖	智能控制组合式油净化装置	江苏巴威工程技术股份有限公司
35	三等奖	KFLE-250(400)剩余电流动作断路器	江苏大全凯帆电器股份有限公司
36	三等奖	BMSY平面配流摆线液压马达的研发与产业化	镇江大力液压马达股份有限公司
37	三等奖	利用安卡红曲菌、黑曲霉菌和植物乳酸杆菌生产功能性镇江香醋的开发与产业化	江苏恒顺醋业股份有限公司、浙江工业大学
38	三等奖	LJB2000系列沥青混合料搅拌设备	江苏华通动力重工有限公司
39	三等奖	低损耗射频同轴连接器关键技术的研究	江苏明联电子科技有限公司
40	三等奖	高精度优质铝箔毛料关键技术研发与产业化	镇江鼎胜铝业股份有限公司、江苏大学
41	三等奖	洁净核能源强流质子超导腔的研发	江苏安德信超导加速器科技有限公司
42	三等奖	海洋工程深海用高级别系泊链关键技术	正茂集团有限责任公司
43	三等奖	高效节能型A系列挖掘装载机关键技术研究及产业化	江苏柳工机械有限公司
44	三等奖	高强高模碳纤维生产专用关键精控牵伸(成套)装备	镇江奥立特机械制造有限公司
45	三等奖	全绝缘浇注母线	中国能源建设集团镇江华东电力设备制造厂
46	三等奖	节能型低功率励磁全封闭自冷电磁除铁器	镇江市江南矿山机电设备有限公司
47	三等奖	光伏器件及芯片加工用超硬复合耐磨切割钢丝	镇江耐丝新型材料有限公司
48	三等奖	柴油机尾气净化关键技术与应用	江苏蓝烽新材料科技有限公司
49	三等奖	基于PSFC技术的水文自动测报系统	江苏宏瑞通信科技股份有限公司
50	三等奖	直挂式高压大容量SVG(静止无功发生装置)	威凡智能电气高科技有限公司、清华大学
51	三等奖	高机械浆含量高挺度商业用铜版纸的研发与产业化	金东纸业(江苏)股份有限公司
52	三等奖	喷涂机器人轨迹优化与离线编程关键技术研究与应用	江苏大学、江苏骠马智能装备股份有限公司、江苏科技大学
53	三等奖	生物细胞光散射、光相位信息特征分析理论及其特征识别关键应用技术	江苏大学
54	三等奖	耦合物理场下制备高强韧铝基原位复合材料关键技术的开发与应用	江苏大学、南通曼特威金属材料有限公司
55	三等奖	大型船用设备并联机构及并联机床多体系统高效动力学建模及关键技术分析	江苏科技大学
56	三等奖	新型大功率高频高压除尘变压器的研制与产业化	江苏科技大学、镇江天力变压器有限公司
57	三等奖	22.5吋盘式制动器关键技术研发及产业化	江苏科技大学、江苏恒力制动器制造有限公司
58	三等奖	榉树良种选育及高效栽培模式研究	江苏农景生态建设有限公司
59	三等奖	氯硝柳胺悬浮剂应用关键技术的建立与推广	镇江市丹徒区疾病预防控制中心、江苏省血吸虫病防治研究所、镇江市疾病预防控制中心
60	三等奖	合流制管网系统及污水处理厂污泥减量化研究	镇江市水业总公司、重庆大学

续表 6-44

序号	奖励等级	项目名称	完成单位
61	三等奖	镇江地区古典建筑及园林绿化的白蚁危害及治理对策研究	镇江市白蚁防治所
62	三等奖	排水管网精细化巡查养护管理模式研究	镇江市排水管理处
63	三等奖	公路桥梁加固施工质量等级评定方法的研究	镇江市公路管理处、东南大学
64	三等奖	幽门螺杆菌cag致病岛编码Ⅳ型分泌系统伴侣蛋白功能及与胃癌发生发展关系的研究	江苏大学、江苏大学附属医院
65	三等奖	亲环素A介导的炎症反应通路在动脉粥样硬化发生发展中的作用	江苏大学附属医院
66	三等奖	不同干预方式对哮喘气道炎症的影响及机制研究	江苏大学附属医院、湖北科技学院、江苏大学第四附属医院
67	三等奖	系统性红斑狼疮患者骨髓间充质干细胞成骨分化信号通路调控机制	江苏大学附属医院
68	三等奖	神经系统退行性疾病发病机制及治疗效果研究	江苏大学附属医院
69	三等奖	α-synuclein核定位对组蛋白乙酰化修饰-PGC1α-线粒体轴的表观遗传机制研究	镇江市第四人民医院、江苏大学
70	三等奖	环境因素及分子调控对前列腺癌的作用	镇江市第一人民医院
71	三等奖	TRPV4离子通道在急性肺损伤中的作用及机制研究	镇江市第一人民医院
72	三等奖	Atelocollagen包被髓核方向分化的MSCs治疗腰椎间盘退变的研究	江苏大学附属医院、江苏大学
73	三等奖	抑郁症脑生化代谢的磁共振波谱研究	镇江市精神卫生中心
74	三等奖	IL-6调节多巴胺能神经元自噬应激及其机制	镇江市第一人民医院
75	三等奖	山丘型地区快速阻断血吸虫病传播防治方案的研究	句容市疾病预防控制中心
76	三等奖	术中亚甲基蓝标定清扫淋巴结提高食管胃结合部肿瘤患者生存率	丹阳市人民医院、南通大学附属医院
77	三等奖	Sp1启动子区单核苷酸多态性与胃癌易感性有临床病理关系的研究	扬中市肿瘤防治研究所、扬中市人民医院

【科技人才】 5名人才入选2013年度国家创新人才推进计划，其中2人入选中青年科技创新领军人才计划，3人入选国家科技创新创业人才。组织申报90个人才(团队)，其中创新类58人，经过专家评审和现场考察，全市共有44个人才(团队)获得省人才计划支持。全年新增国家“千人计划”28人，市“331”计划领军人才(团队)145个。

【知识产权】 紧紧围绕创新驱动战略和省、市知识产权战略的实施，以“国家知识产权示范城市”建设为主线，不断创新知识产权工作体制机制，大力提升全市知识产权创造、运用、保护和管理能力，各项工作取得了新的进展。知识产权宏观管理不断加强。全年共安排市本级专利专项经费945万元，用于专利资助和知识产权战略的实施；在国家局公布的2013年度知识产权示范城市工作考核结果中，镇江位列全国地级示范市第5位，并被评为先进集体。企业知识产权工作扎实推进，共组织立项市专利密集型企业培育计划项目15项，下达资助经费315万元；获批省知识产权战略推进计划项目14项，获批项目数和财政资助额均占全省近两成，列全省第一，创历史新高。金东纸业(江苏)股份有限公司、江苏恒顺醋业股份有限公司成为全国首批通过《企业知识产权管理规范》(GB/T 29490-2013)认证，17家企业获省企业知识产权贯标先进单位，全市共有省贯标合格单位142家，省知识产权标准化管理贯标先进单位78家，贯标合格率和优秀率均保持全省第一；全年专利申请达25179件，专利授权达12707件，万人发明专利拥有量达12.49件。知识产权金融服务持续创新，积极开展国家知识产权投融资试点市建设，全年知识产权质押融资额4.5亿元，全市开展知识产权质押融资合作商业银行达6家;制定出台专利执行险、侵犯专利权责任险统保措施文件,安排专利保险工作资助经费40多万元,完成151件专利执行险、10件侵犯专利权责任保险、3件专利质押贷款保险的投保工作。知识产权服务体系逐步完善,打造知识产权服务业集聚区,成立镇江知识产权服务联盟,全国率先启动实施国家中小企业知识产权托管工程。专利行政执法工作强势推进。深入开展"双打"和"护航"专项行动,全年共立案查处各类专利案件354件,其中假冒专利案件301件,专利纠纷调处案件53件。知识产权宣传培训深入开展。以企业知识产权工作需求为导向,组织开展知识产权工程师、企业知识产权总监、知识产权贯标、工业企业知识产权运用能力培育、专利挖掘与布局、"一企一训""一行一训"等相关培训;组织召开新闻通报会,发布全市知识产权发展与保护状况白皮书,开展广场宣传咨询活动;充分利用网站、报刊、广播、电视等媒体,发布知识产权工作动态,宣传知识产权政策法规。

2014年12月23日,国家中小企业知识产权托管工程启动暨镇江知识产权服务联盟成立会议在镇江市政府会议中心举行。

2014年,镇江多项专利指标取得突破,居全省前列。专利授权总量为12707件,首次突破10000件大关,同比增长29.54%,居全省第3位,其中发明专利授权1274件,首次突破1000件大关,同比增长45.77%,居全省第1位;实用新型专利授权4643件,同比增长26.1%,居全省第2位;外观设计专利授权6790件,同比增长29.26%,居全省第4位。全市万人有效发明专利拥有量12.49件,居全省第5位,提前一年完成苏南现代化专利考核指标。全市专利申请总量为25179件,其中发明专利申请8969件,占专利申请总量的比重达35.62%,居全省第4位。

2014年5月,镇江市承担《国家专利产业化推进工程——中小企业知识产权战略推进工程》,与武汉市、成都市等3个城市被批准成为"国家中小企业知识产权托管工程试点城市",积极探索全国广大中小企业实施知识产权托管服务的新模式、新方法。5月27日,镇江市下发了"关于开展专利实施许可备案及专利权质押登记前期服务工作的通知",开通专利质押登记及实施许可备案网上"绿色通道",正式启动国家知识产权示范城市专利质押融资登记、实施许可备案前期服务工作。6月25日,镇江红宝利电子有限公司一项发明专利"一种用于通讯设备的插针连接器"(专利号:ZL200910233715.0)完成专利权质押网上登记,通过国家知识产权局审核,成为专利权质押网上登记全国第一单。该项该笔业务从材料提供、网上请求到登记成功仅3个工作日,和以往登记时间1~2个月相比,大大缩短了办理时间。通过该笔业务办理,镇江红宝利电子有限公司获得江苏银行镇江科技支行300万元的专利权质押贷款。12月12日,镇江召开知识产权服务联盟(以下简称"联盟")召开首次成员大会,62家省内外知识产权服务机构成为镇江知识产权服务联盟首批成员单位。会议表决通过《镇江知识产权服务联盟章程》和《镇江知识产权服务联盟公约》,选举产生了首届理事会组织机构名单。12月23日,国家中小企业知识产权托管工程启动暨镇江知识产权服务联盟成立大会在镇江市政府会议中心举行,镇江市知识产权公共服务平台(国家中小企业知识产权托管平台)正式开通运行。该平台具是基于互联网模式下的一站式在线服务系统,整合了国内外知识产权数据库、知识产权服务机构、高校和科研院所、技术转移机构、金融保险机构、知识产权专家库等各种资源,共有13个服务模块72项服务内容。平台以"政府引导,市场化运作"为原则,建立了线上发布、线下服务、政府监管、质量第一的运行机制，为镇江市科技型中小企业提供高效、便捷、专业的综合性知识产权服务。平台不仅是“镇江国家中小企业知识产权托管工程”的核心内容，也是镇江市着力建设的知识产权服务业集聚区、镇江国家高新区“一中心、两市场”的重要支撑。国家知识产权局专利管理司司长马维野、江苏省知识产权局副局长支苏平出席启动仪式。

2014年9月，镇江市下发《关于下达2014年度镇江市企业专利突破奖奖励资金的通知》，对江苏柳工机械有限公司等71家企业的专利发明人团队予以奖励，共奖励一等奖6家，每家奖励4万元；二等奖14家，每家奖励3万元；三等奖51家，每家奖励2万元。奖励资金直接奖励给发明人团队，企业须安排不低于1:1的配套奖励资金。71家企业2013年获授权发明专利69件，实用新型专利292件，外观设计专利49件；新申请发明专利1114件，实用新型专利323件，外观设计专利206件。市企业专利突破奖励资金用于鼓励企业及其专利发明人团队积极开展专利布局，优化专利产出结构，提高专利产出能力和质量，促进企业实现专利突破并掌握一批关键核心技术。

2014年10月10日，第四届镇江市优秀专利奖评选活动启动。全市区域内的专利权人所拥有的专利，符合相应条件的，均可以申报参加评选。市优秀专利奖每2年评选1次，凡入选的专利发明人和专利权人都会获得相应表彰和奖励。最终“液晶组合物及其显示器件”等20项专利被评为优秀专利奖。市知识产权局分别为获奖单位和发明人颁发了奖牌和证书，并奖励人民币2万元。

2014年10月24日，全市实施知识产权战略项目推进会在市政府会议中心举行，会议全面部署了省、市

企业知识产权战略推进项目的管理和实施，加快推进实施知识产权战略，不断提升全市知识产权创造、运用、管理、保护能力和水平。省知识产权局局长朱宇、副局长支苏平出席会议并讲话，全市专利主管部门、100家知识产权项目承担单位、市内外39家知识产权中介服务机构等200余人参会。

2014年11月19日，第八届国际发明展览会在昆山花桥国际商务城博览中心举办，镇江航天航空产业展团亮相本届发明展。作为全省4家特装展区之一，镇江展示了包括镇江航空产业园、镇江航空产学研联合创新平台、航天海鹰(镇江)特种材料有限公司、江苏航科复合材料有限公司、费舍尔航空部件(镇江)有限公司、江苏逸帆航空科技有限公司、江苏美龙航空部件有限公司、江苏赛菲新材料有限公司、江苏豪然喷射成形合金有限公司9家载体、平台与企业以及45件专利产品，集中体现了近年来全市航天航空产业立足自主创新，通过产学研合作，大力实施专利技术成果转化的显著成效。国际发明者协会联合会主席安德拉斯，中国科学技术协会副主席、党组副书记张勤等领导专家到镇江特装展区参观考察。

2014年11月29日，第二届“三江知识产权国际论坛”在镇江碧榆园宾馆开幕，江苏大学校长袁寿其和省知识产权局局长朱宇分别在开幕式上致辞。市政协副主席卢章平出席论坛开幕式。本届论坛主题为“知识产权与自主创新”，来自美国、加拿大、欧盟、印度、韩国与中国的200余名代表对专利运营、知识产权密集型产业、创新统计与信息管理、中小企业知识产权管理、知识产权与技术管理等方面开展交流与探讨。

2014年12月，以“创新实现梦想，设计成就未来”为主题的镇江市首届工业品外观设计大赛圆满结束。大赛最终经专家评审，共评出135件获奖作品，其中一等奖5件、二等奖10件、三等奖20件、鼓励奖100件。镇江市首届工业品外观设计大赛由镇江市科学技术局(知识产权局)举办，大赛征集设计作品525件，其中498件已申请外观设计专利，作品范围涉及生活用品、交通工具、电子、机械、家居等制造产品，实现了创意设计与现代制造业的有机融合，体现了新技术、新材料在各产业领域的应用和节能、低碳、环保等理念，提高了公众对工业品外观设计专利的保护意识。

(张　舒)

泰州市

Taizhou City

【概 况】 2014年,泰州市建立完善了“泰州市科技计划信息管理系统”,启动建设了“网上科技洽谈平台”,推行科技计划以引导为主的服务创新模式,开展农村科技服务超市法人化试点;高新技术产业产值突破4000亿元,提前一年完成“十二五”规划目标;发明专利申请6657件,同比增长21.12%;发明专利授权340件,同比增长37.10%,增幅列全省第三;成功举办了泰州市首届科技创新创业大赛和外观设计(专利)大赛,并在全国创新创业大赛总决赛中,泰州市1家企业与1个团队分别获得优秀企业奖与优秀团队奖,实现参赛成绩的历史性突破。

泰州市科技局被江苏科技创业大赛组委会办公室评为“第二届江苏科技创业大赛优秀组织单位”。泰州市知识产权局被国家知识产权局办公室评为“2014年度全国知识产权系统人才工作先进集体”。中国科学院泰州应用技术研发及产业化中心获得由中国产学研合作促进会颁发的“2014年度中国产学研合作促进奖”。在第四批江苏省创新型试点乡镇创建中,兴化市昭阳镇、靖江市西来镇、高港区永安洲镇、泰兴市张桥镇、姜堰区华港镇5个乡镇名列其中。

【科技体制】 改革科技计划体系,在支持方式上,启动有偿使用试点,积极做好科技创新券实施前的各项准备工作;在支持重点上,尽力向高新技术企业、高新园区、初创期的科技型中小企业和公共服务平台等倾斜;在立项条件上,把企业的研发投入、研发力量、知识产权特别是专利情况以及企业以往实施各类科技计划项目情况等作为评估的重要条件。改革产学研活动组织形式,采取小股多批的方式,分地区、分行业组织企业与高校、科研院所开展对接活动。中国科学院泰州中心在全省率先建立市(区)工作站,进一步扩大工作的覆盖面。国家知识产权推进与服务泰州中心公司化运作迈出了实质性步伐。改革科技金融工作模式,

2014年9月12日,泰州市科技创新创业大赛决赛暨颁奖晚会举办。省高新技术创业服务中心主任夏春阳,市委常委、秘书长、宣传部长卢佩民,副市长杨杰等参加活动。

与江苏长江商业银行泰州分行进行合作,共同设立孵化器专项贷款风险补偿资金,专款用于创业中心内有融资需求的企业。全面推动江苏银行、农行泰州科技支行、农商行的科技贷款工作,全年3家银行的科技贷款余款超4亿元。

【科技直通车】 “科技直通车”是以服务转型助推升级为主题,以面向全社会提供科技服务为主线,由网络服务、基层服务和创业服务3部分构成。2014年市科技局下达了《泰州市科技系统“科技直通车”服务品牌创建工作实施意见》(泰科〔2014〕1号)。全年全市科技系统配备科技政策辅导员131人,举办创新培训班55个,进行科技政策宣讲100次,辅导服务企业3809家次。重点联系企业421家,重点监察146家企业。有115家企业享受国家高新技术企业税收减免政策,减免税收约5.1亿元;有170家企业享受研究开发费用加计扣除税收减免政策,涉及加计扣除发生额约6亿元,减免税额1.57亿元。有2人被省科技厅推荐申报国家科技创新创业人才、25人入选2014年度省“博士计划”,张旭团队入选“2014年度江苏省“双创计划”团队。

【高新技术】 98家企业进入三部委高新技术企业公示流程,4家企业获批国家火炬计划重点高新技术企业,79家企业获得江苏省高新技术企业(后备)企业认定,4家高成长性科技企业列入省科技

企业上市培育库。全年全市实现高新技术产业产值4001.35亿元,同比增长17.75%,占规模工业总产值的比重达41.21%。以企业服务为重点,先后组织举办"江苏省孵化器从业人员培训""长三角孵化器管理人员中高级业务管理培训"等培训活动,不断提升孵化能力。市高新技术创业服务中心成功招引项目33个,全年入驻企业实现产值1.75亿元,利税1851万元。

【农村科技创新】 深入推进科技富民工作,全年超市转化应用成果204项,超市门诊与田间指导50824次,举办培训班226期,培训农民24099人次,解决农户生产经营中的需求与难题2167个,全年服务农民112435人次。获批省级科技超市分店2家、便利店6家。积极参与编制《江苏泰州国家农业科技园区建设总体规划》,并通过省科技厅组织的专家组论证,现已上报科技部。

【科技项目和成果】 2014年,泰州市科技创新工作取得新突破,申报获批一大批国家、省科技计划项目,形成一系列科研成果,获得一系列各级科技进步奖。江苏亚星锚链股份有限公司参与完成的钻井平台"海洋石油981"研发与应用项目获

2014年度国家科学技术进步奖特等奖。全市有6项科技成果获2014年度江苏省科技进步奖,其中二等奖1项、三等奖5项。92项科技成果获2014年度泰州市科技进步奖,其中一等奖8项、二等奖24项、三等奖60项。

全年共获批国家级科技项目23项、省级以上科技项目160项,上争资金1.23亿元。其中获批有关国家科技计划项目68项,在14个统计单位(13个地级市加省科技厅)中名列第四;其中新增国家火炬计划32项、国家重点新产品6项、国家中小企业发展专项科技创新项目7项、国家中小企业发展专项科技服务项目2项;获批省高新技术产品562项、省科技支撑计划项目18项、省创新基金项目7项。获批国家农业科技成果转化资金项目3项、省级科技支撑农业项目5项、社发项目3项、自然资金项目6项,上争农业项目数位列全省第三。29个项目入选2014年度"十二五"农村领域科技计划预备项目库星火计划。

表6-45 2014年度泰州市新认定高新技术企业名单

序号	企业名称	序号	企业名称
1	江苏江进泵业有限公司	19	江苏威鹰机械有限公司
2	江苏苏中药业集团股份有限公司	20	江苏兴利达齿轮有限公司
3	江苏润泰化学有限公司	21	兴化市远洋机械有限公司
4	五行材料科技(江苏)有限公司	22	江苏丞宇米特医疗科技有限公司
5	江苏新时代造船有限公司	23	泰州日顺电器发展有限公司
6	江苏江山制药有限公司	24	泰兴联创绝缘材料有限公司
7	江苏三江电器集团有限公司	25	江苏华骋科技有限公司
8	靖江神驹容器制造有限公司	26	泰兴开广塑胶有限公司
9	靖江三鹏汽车模具制造有限公司	27	济川药业集团有限公司
10	江苏武新泵业有限公司	28	波瑞电气有限公司
11	泰兴市梅兰化工有限公司	29	兴化市大地蓝绢纺有限公司
12	江苏兆胜建材有限公司	30	江苏日升电力机械有限公司
13	泰州润伟机械有限公司	31	兴化市华伦达铸钢有限公司
14	江苏鑫顺不锈钢制品有限公司	32	兴化格林生物制品有限公司
15	江苏海宇机械有限公司	33	泰州市慧通机械工程有限公司
16	江苏天康食品有限公司	34	江苏亚星锚链股份有限公司
17	江苏申隆锌业有限公司	35	江苏东华测试技术股份有限公司
18	江苏新宏大集团有限公司	36	江苏上骐集团有限公司

续表 6-45

序号	企业名称	序号	企业名称
37	江苏双达泵阀集团有限公司	68	林海股份有限公司
38	江苏艾兰得营养品有限公司	69	泰州新安阻燃材料有限公司
39	江苏乐科热力科技有限公司	70	江苏能建机电实业集团有限公司
40	靖江正茂锚链附件有限公司	71	江苏璞瑞电池有限公司
41	江苏华雕机械有限公司	72	泰州市天宇交通器材有限公司
42	泰州市华源电机有限公司	73	泰州市科美伦机电有限公司
43	江苏恒丰波纹管有限公司	74	泰州市宏华冶金机械有限公司
44	米库玻璃纤维增强塑料泰州有限责任公司	75	江苏杉浦节能技术有限公司
45	泰州振昌工业废渣综合利用有限责任公司	76	泰州市苏星洗涤印染机械制造有限公司
46	江苏五星波纹管有限公司	77	江苏皓日汽车零部件有限公司
47	江苏太平洋精锻科技股份有限公司	78	江苏无畏警用装备制造有限公司
48	江苏飞船股份有限公司	79	江苏龙腾门业有限公司
49	兴江苏振华泵业制造有限公司	80	泰兴市裕廊化工有限公司
50	江苏苏北砂轮厂有限公司	81	江苏常隆农化有限公司
51	江苏泰阳消防器材有限公司	82	中船重工天禾船舶设备江苏有限公司
52	泰州新生源生物医药有限公司	83	江苏中兴水务有限公司
53	江苏康泰环保设备有限公司	84	江苏维凯科技股份有限公司
54	江苏追日汽车同步器有限公司	85	江苏泰隆减速机股份有限公司
55	江苏泰氟隆科技有限公司	86	江苏泰来减速机有限公司
56	泰州东田电子有限公司	87	泰星减速机股份有限公司
57	江苏北洋通讯设备有限公司	88	江苏江分电分析仪器有限公司
58	江苏冬庆数控机床有限公司	89	江苏天禹农业机械有限公司
59	江苏三星机械制造有限公司	90	江苏华海冶金机械设备有限公司
60	江苏海阳化纤有限公司	91	江苏扬动电气有限公司
61	万向精工江苏有限公司	92	江苏祥生新能源科技有限公司
62	泰州市腾达建筑工程机械有限公司	93	江苏弗格森制冷设备有限公司
63	江苏保力自动化科技有限公司	94	星达(泰州)膜科技有限公司
64	江苏海诞电子科技有限公司	95	江苏李文甲化工有限公司
65	扬子江药业集团有限公司	96	泰州君灵奔腾动力机械有限公司
66	泰州市华强照明器材有限公司	97	兴化市恒威生物技术有限公司
67	江苏罡阳股份有限公司	98	兴化市中兴电动工具有限公司

表6-46 2014年度泰州市获国家火炬计划立项项目名单

序号	项目名称	承担单位
1	环保型高能效全封闭转子式直流变频压缩机	江苏春兰动力制造有限公司
2	商用涡旋压缩机偏心轴	江苏罡阳股份有限公司
3	一种固定切削齿钻头	泰州市宝锐石油设备制造有限公司
4	高性能根茎类作物联合收获机械产业化	江苏宇成动力集团有限公司
5	基于生物特性的医用水胶体敷料	泰州市榕兴敷料有限公司
6	双花百合片	扬子江药业集团有限公司

续表 6-46

序号	项目名称	承担单位
7	数字化印刷用免处理阴图热敏CTP	江苏乐彩印刷材料有限公司
8	纯电动客车用变速电子控制系统	泰州市海博汽车科技有限公司
9	卫星通信用高频四层电路板	泰州市金鼎电子有限公司
10	经济型18000DWT多用途重吊船	泰州三福船舶工程有限公司
11	绝缘栅双极性晶体管的封装技术及产业化	泰州市海天半导体有限公司
12	新型ZR150-X高精汽车同步器	江苏追日汽车同步器有限公司
13	中药黄葵胶囊二次开发关键技术研究及产业化	江苏苏中药业集团股份有限公司
14	WQB型曲柄销油温监测报警装置	江苏远望仪器有限公司
15	环保高强阻燃热塑性弹性体合金纳米复合材料	五行材料科技(江苏)有限公司
16	食品及添加剂痕量SO_2类物质快速监测仪	姜堰市高科分析仪器有限公司
17	耐腐蚀超低温波纹管补偿器	江苏晨光波纹管有限公司
18	节能型耐高压旋转补偿器	江苏宝金来管道成套设备有限公司
19	多振片式驻波型超声波电机	江苏三江电器集团有限公司
20	增安型高压三相异步电动机	江苏航天动力机电有限公司
21	高速洗衣机用串励电动机	江苏三江迪生电机有限公司
22	氯化法制钛白粉用氧化炉本体	江苏双勤民生冶化设备制造有限公司
23	客运高铁专线专用混凝土搅拌站	江苏华星重工机械有限公司
24	NiBallastTM去氧化压载水管理系统	江苏南极机械有限责任公司
25	矿井及其他高尘、高湿环境用移动式防爆制冷装置	江苏永昇空调有限公司
26	功能部件系列数控高精密智能加工磨床	泰兴市晨光高新技术开发有限公司
27	ZGY悬挂式齿轮减速机	江苏泰隆减速机股份有限公司
28	清洁高效新方法制备三苯基奥美沙坦酯	江苏施美康药业股份有限公司
29	高性能资源节约型高品质气阀钢	江苏申源特钢有限公司
30	一次成型冷挤压锻造法兰式球笼	江苏海宇机械有限公司
31	FD真空冷冻干燥温暖葱	江苏兴野食品有限公司
32	科技成果转化转化平台建设	泰州市姜堰区生产力促进中心
33	姜堰区快速检测智能仪器技术服务中心建设	泰州市姜堰区高新技术创业中心
34	泰州石墨烯研究及检测平台	泰州市高新技术创业服务中心

表6-47　2014年度泰州市获国家星火计划立项项目名单

序号	项目名称	承担单位	推荐单位
1	蛋鸡自动化饲养技术示范推广	兴化市飞翔禽业专业合作社	泰州市科技局
2	出口草莓品质保障及产业化开发	靖江市益源水果专业合作社	泰州市科技局
3	高附加值宠物食品再生牛皮制备技术的研发及应用	江苏康贝宠物食品有限公司	泰州市科技局
4	设施葡萄标准化生产技术示范推广	泰兴市果园场	泰州市科技局
5	苏中地区药用黄蜀葵花种植示范	泰州市许庄种植专业合作社	泰州市科技局
6	无公害豆芽标准化工厂栽培技术集成与示范推广	泰州市菜之家蔬菜有限公司	泰州市科技局
7	绿肥/蚯蚓/青蛙/水稻生态种植模式推广	泰州绿蛙源农业有限公司	泰州市科技局
8	大棚式蛋鸡标准化养殖	姜堰市达文养殖专业合作社	泰州市科技局
9	优质花生新品种-泰花7号繁育及推广应用	泰兴市农业科学研究所	泰州市科技局

续表 6-47

序号	项目名称	承担单位	推荐单位
10	水稻生产减量用药技术示范与推广	兴化市金瑞童果蔬专业合作社	泰州市科技局
11	肉牛生态循环养殖技术示范推广	靖江市裕胜牲畜养殖专业合作社	泰州市科技局
12	“长江一号”大闸蟹优质种苗培育技术示范推广	江苏裕丰渔业科技有限公司	泰州市科技局
13	设施番茄病虫草害生态综合防治技术推广应用	兴化市红春松果蔬专业合作社	泰州市科技局
14	菇类新品种引进及其配套生产技术推广应用	兴化市有前食用菌专业合作社	泰州市科技局
15	金针菇栽培废料在秀珍菇袋栽生产中的应用与推广	泰州弘成食用菌农业合作社	泰州市科技局
16	“扬州鹅”健康养殖新型模式示范推广	兴化市建平林牧专业合作社	泰州市科技局
17	优质稻米高效产销模式应用与推广	兴化市老圩乡金农植保专业合作社	泰州市科技局
18	设施草莓高产栽培技术推广应用	兴化市老圩乡梅缘果蔬专业合作社	泰州市科技局
19	枫香优良种质资源引进及培育技术研究	江苏腾龙园林绿化工程有限公司	泰州市科技局
20	稻麦秸秆基高密度成型生物炭技术产业化技术研究与推广	泰州市鑫鑫秸秆能源化利用有限公司	泰州市科技局
21	生猪发酵床养殖技术的应用与示范推广	泰州市海陵区宏裕畜禽养殖专业合作社	泰州市科技局
22	长江野生鳜鱼秋季人工繁育与生态养殖	靖江市江潮水产养殖专业合作社	泰州市科技局
23	设施茄果类蔬菜土传病害生物防控技术示范	泰兴市双桥霞美蔬菜专业合作社	泰州市科技局
24	优质花生新品种-泰花7号繁育及推广应用	泰兴市劲丰农业科技有限公司	泰州市科技局
25	农村城镇化建设用节能铝合金型材	江苏宇马铝业有限公司	泰州市科技局
26	香荷芋提纯复壮及优质安全高效生产技术集成创新与示范	江苏金辰农业科技有限公司	泰州市科技局
27	设施水果水肥一体化灌溉施肥栽培技术示范应用	泰兴市新平水果专业合作社	泰州市科技局
28	4LL-4.1纵轴流稻麦联合收割机产业化	江苏宇成动力集团有限公司	泰州市科技局
29	铁皮石斛生态智能设施栽培技术示范应用	江苏益草堂石斛股份有限公司	泰州市科技局

表6-48　2014年度泰州市中小企业发展专项资金科技创新、科技服务项目名单

序号	项目名称	承担单位
1	基于机械蒸汽再压缩的新型节能低温蒸发系统研发及产业化	江苏乐科热力科技有限公司
2	基于多相全流技术的高压余能回收装置	江苏飞羚泵阀制造有限公司
3	基于新型传动结构穴距可调式插秧机	江苏永涛实业有限公司
4	高可靠性超大扭矩船用起重电动机	江苏世隆电机有限公司
5	超高真空NCVM制备纳米不导电金属膜	江苏海诞电子科技有限公司
6	姜堰科技型中小企业技术转移服务平台	泰州市姜堰区生产力促进中心
7	江苏省中小企业减速机产业检验检测公共技术服务平台	泰兴市产品质量监督检验所

表6-49　2014年度泰州市新增国家重点新产品名单

序号	项目名称	承担单位
1	大型抗结焦乙烯裂解炉(ZHC35R)	卓然(靖江)设备制造有限公司
2	环保型高密度可成型绿色秸秆托盘	捷运环保材料(江苏)有限公司
3	缬沙坦甲酯	江苏施美康药业股份有限公司
4	ET-P型安科索(PID-Free)组件	泰通(泰州)工业有限公司
5	Y63系列高铁用特种电连接器	泰兴市航联电连接器有限公司
6	C70G组合天线	泰州苏中天线集团有限公司

表6-50　2014年度泰州市科技成果转化专项资金项目名单

序号	项目名称	承担单位
1	高致病性猪繁殖与呼吸综合征、猪瘟二联活疫苗(TJM-F92株+C株)技术成果转化与应用	华威特(江苏)生物制药有限公司
2	女性下生殖道微生态检测评价系统的产业化	江苏硕世生物科技有限公司
3	细胞因子药物的产业化创新-注射重组人胸腺肽α1的产业化	江苏海王生物制药有限公司
4	大型港机结构状态智能化监控系统研发及产业化	江苏东华测试技术股份有限公司
5	采用激光强化技术的中空薄壁件冷温复合锻挤自动生产线研发及产业化	江苏威鹰机械有限公司
6	高比能富镍浓度梯度型微纳镍钴锰系正极材料关键技术研究及产业化	江苏菲思特新能源有限公司
7	高效烟气脱硫脱硝脱二噁英多污染物协同控制技术的研发与产业化	江苏康洁环境工程有限公司

【产学研合作】 2014年,全年签订科技合作正式协议432项,设立产学研联合体149个。市政府与南京航空航天大学签订第二轮全面合作协议。成功召开民营科技军工配套企业协会成立暨“民参军”政策报告会。组织开展企业院校行活动,围绕新能源和环保技术、光机电与先进制造领域等重点支柱产业,组织23家企业代表、带着20多项技术需求走进深圳,走访中科院深圳先进制造研究院和清华大学深圳研究院,达成产学研合作意向8项。围绕精细化工和化工新材料领域,组织22家企业代表、带着30多项技术需求走访中科院大连化学物理研究所、大连理工大学、中科院长春应用化学研究所和吉林大学,达成产学研合作意向20项,与大连化学物理研究所共同签订了《中科院大连化物所国家技术转移(泰州)分中心》协议。围绕医药医疗器械、保健品、药品疾病诊断等领域,组织20多家企业参加中科院泰州应用技术研发及产业化中心在中国医药城举办的中科院生物物理研究所项目发布对接会,达成8项意向性合作协议。围绕先进焊接技术与装备制造,组织12家企业与南京理工大学泰州研究院专题开展产学研对接,参观了南京理工大学泰州研究院实验室,达成意向性协议6项。

【研发机构】 加大企业研发机构培植力度,逐步实现由量的扩张向质的提升转变。14家省级研发平台被认定为“江苏省重点企业研发机构”。获批省级企业重点实验室2家、省级外资研发机构4家、省级研究生工作站13家、省级工程技术研究中心14家。组织已建的11个省级科技公共服务平台参加省绩效评估,3个平台获得优良等次;组织江苏农牧科技职业学院、江苏双登集团股份有限公司的省级重点实验室参加省绩效评估,其中江苏农牧科技职业学院获得良好评价;组织10家节能环保和电子信息领域的省级工程技术研究中心参加省绩效评估,其中2家获优秀等次。

2014年12月10日,泰州市政府与南京航空航天大学签订第二轮全面合作协议和共建泰州技术转移中心协议。

【知识产权】 扎实推进发明专利攻坚行动,强化专利政策引导,制定印发《关于加强科技计划知识产权管理工作的意见(试行)》,在科技计划项目的申请、评审、立项、执行、验收以及监督管理中应当把知识产权的取得、保护和运用,作为科技计划管理的重要内容。全市共申请专利26695件,同比增长4.17%。其中发明专利授权340件,同比增长37.10%。艾兰得营养品有限公司1项目获第8届国际发明展览会发明金奖、1项目获发明专利银奖。开展知识产权集群管理试点工作,兴化特种合金材料及制品产业基地承担的国家知识产权局知识产权集群管理试点项目,在全部24个试点项目验收中总评第一。成功举办首届泰州市外观设计(专利)大赛,深入开展知识产权执法维权“护航”专项行动,专利行政执法巡回审理庭正式挂牌并投入使用,全年处理专利纠纷案件38件、假冒专利案件371件,在全省排名第五。充分发挥国家知识产权战略推进与服务(泰州)中心作用,“国家重大医药专利信息发布会”在泰州市中国医药城成功举行,中美知识产权服务平台累计招募国内服务机构57家,国外服务机构19家,总成交数27件。

表6-51 2014年度泰州市科技局受表彰情况统计

序号	受表彰单位	荣誉名称	表彰单位
1	泰州市科技局	第二届江苏科技创业大赛优秀组织单位	江苏科技创业大赛组委会办公室
2	泰州市知识产权局	2014年度全国知识产权系统人才工作先进集体	国家知识产权局办公室
3	泰州市知识产权局	江苏省第四届青少年发明家评选活动优秀组织奖	江苏省知识产权局等六家单位
4	中国科学院泰州应用技术研发及产业化中心	2014年度中国产学研合作促进奖	中国产学研合作促进会

(刘月青)

宿迁市

Suqian City

【概　况】 2014年,宿迁市委、市政府深入实施创新驱动发展战略,制定出台《市政府关于印发加快创建国家创新型试点城市提升创新驱动发展水平若干政策的通知》等政策文件,进一步加大在省级创新型试点县区建设、开发区(园区)核心区建设、鼓励企业科技投入、企业研发机构建设、科技金融结合等方面的奖励和扶持政策。全社会研发投入达26.07亿元,占地区生产总值比重预计达1.35%,科技进步贡献率预计提高到49.5%。全年省级以上项目争取工作取得较大突破,获批资金较去年翻一番;获科技部创新创业人才3人,实现宿迁市“零”的突破;创新型县(区)建设取得突破,实现全市创新型试点县区全覆盖。

【科技计划】 获省级以上科技项目173项,获批资金近1.1亿元,其中,获批省科技成果转化专项资金项目5项,获省项目资金4800万元。全年获批国家级科技计划项目54项,获国家支持资金1367万元,其中,中小企业技术创新基金12项,星火、火炬计划36项,国家重点新产品计划4项,国家农业成果转化资金项目2项。共向980家企业发放8571万元科技创新券,为170家单位兑现2144.4万元,带动科技投入2.74亿元。当年全市新组织实施市级工业科技支撑计划、农业与社会发展科技支撑计划、基础设施建设计划和知识产权战略推进计划等5类项目。进一步规范市级科技计划项目、市科学技术奖评审、创新券兑现,加大专家咨询在决策中的分量,形成了专家评审、局长办公会决策、社会公示、纪检监察部门全程参与监督的一整套的规范程序。

【高新技术产业】 全市高新技术产业实现产值665.19亿元,占规模以上工业总产值比重达到19.9%,同比增长21.9%,占全省比重提高到1.16%,比2013年度提高0.11个百分点。全年新增国家高新技术企业42家、全市国家高企总数达129家。新增省科技型中小企业84家、省民营科技企业179家,新增省科技企业上市培育计划入库企业4家、总数达到23家,4家培育企业成功上市。新增国家重点新产品4个、省级高新技术产品116个。落实高企税收减免和研发费用加计扣除政策减免税8405.36万元。围绕高新技术产业和战略性新兴产业,组织实施市级工业科技支撑目21项。

【创新载体和科技平台】 已建成省级产业技术研究院1家、市级以上各类企业研发机构880家,其中省级以上133家。各类科技服务机构发展到92家。宿迁博士信息科技有限公司、江苏中鸿税务师事务所等知名科技中介机构进驻宿迁新材料科技城,中国雷灾防治研究院江苏宿迁研究所签约进驻。苏北工业技术研究院建设发展良好,宿迁设施园艺研究院重建顺利推进,南京航空航天大学与高新区正式签约共建研究院,宿迁学院产业技术研究院也已启动建设。全市全年获批省级工程技术研究中心5家、省企业研究生工作站20家,认定市级工程技术研究中心150家。成功获认定2家省级科技企业孵化器、3家省级科技产业园。泗洪县获批省创新型试点县,实现全市省级创新型试点县区全覆盖。

2014年12月20日,宿迁市产业技术研究院建设运行研讨会在宿迁市举行。

【产学研合作与科技人才】 组织产学研活动22次,邀请中国建筑材料科学研究总院清华大学等高校院所100多位知名专家同市200多家企业对接洽谈,高校院所发布成果400多项,企业发布技术需求200多项,达成合作意向135项,签订校地合作10项、校企联盟30项。先后组织企业参加第四届国际产学研合作论坛暨跨国技术转移大会等国际产学研对接活动。着力引培高层次人才,获批科技部创新创业人才3人和省"双创计划"团队1个,获批省"双创人才"项目17项、省博士计划21项。

【知识产权】 实现所有县区、省级开发区知识产权试点示范全覆盖。2014年,全市申请专利8785件,同比增幅16.34%,其中申请发明专利1746件,同比增幅36.41%;授权专利4306件,其中发明专利授权87件,同比增幅24.29%。PCT国际专利申请实现了零的突破。实现省标向国标过渡,新增贯标创建单位28家。开展知识产权执法维权"护航"行动,假冒专利案件立案100起,结案95起,专利侵权案件6起,结案6起。开展各类知识产权培训、讲座20多次,首次举办宿迁市企业知识产权总监培训班,培训企业高管60人。

【民生科技创新】 强化民生科技,科技惠民富民稳步推进。围绕11个苏北区域科技特色产业,新组织实施省级以上各类涉农科技项目65个。泗阳县申报的"秸秆代木技术及装备产业化"和泗洪县申报的"'太湖1号'青虾扩繁和标准化健康养殖"项目获得国家科技部农业科技成果转化计划项目支持,有效带动了特色产业提档升级和农民致富。大力推进富民强县计划实施。确定了"一市一园"和"一县一业"主导产业,编制产业行动方案,实施重点项目12个和面上项目17个。开展三大扶贫片区科技帮扶工作,组织实施科技项目8个,强化组织引导和示范带动作用。全市建有省级农业科技园3个、省科技型农业专业合作社20个、省级农业科技型企业31家。积极构建新型农村科技服务体系,加大农村科技服务超市建设力度,提升服务实效。新推荐确认农村科技服务超市分店、便利店4家,全市分店、便利店达10家。推动社会发展领域科技创新。围绕公共安全、节能环保、生命健康、防灾减灾等民生领域需求,组织实施省级社会发展科技计划项目5项、市级20项。累计建设8个"新知识普及、新技术示范、新产品应用"三新科技社区。

(杨皓宇 李冬冬)

表6-52 截至2014年年底宿迁市有效国家高新技术企业名单

序号	企业名称	序号	企业名称
1	江瑞声科技(沭阳)有限公司	41	江苏楠柏玻璃钢有限公司
2	江苏中辆科技有限公司	42	江苏奇鹰家纺有限公司
3	沭阳柏达电子有限公司	43	泗阳县顺洋木业有限公司
4	江苏兄弟活塞有限公司	44	江苏苏丝丝绸股份有限公司
5	兴沭阳凤凰美术颜料有限公司	45	江苏华绿生物科技股份有限公司
6	江苏奥普圣信息技术有限公司	46	江苏同辉照明科技有限公司
7	江苏盛瑞特新材料科技有限公司	47	泗阳瑞泰光伏材料有限公司
8	沭阳康顺磁性器材有限公司	48	江苏斯莱特电器有限公司
9	沭阳乐福橡塑工业有限公司	49	江苏庆丰能源有限公司
10	沭阳苏林电缆有限公司	50	江苏润天复合材料科技有限公司
11	宿迁市科路养护技术有限公司	51	江苏吉福新材料有限公司
12	江苏苏北花卉股份有限公司	52	江苏晶鼎电子材料有限公司
13	江苏宏益生化科技有限公司	53	江苏建达恩电子科技有限公司
14	正将自动化设备(江苏)有限公司	54	江苏晨电太阳能光电科技有限公司
15	宿迁恒达纺织有限公司	55	宿迁宇龙光电科技有限公司
16	江苏浩瀚汽车标准件有限公司	56	江苏昊隆换热器有限公司
17	江苏大未来信息科技有限公司	57	江苏新晨化纤股份有限公司
18	江苏大红鹰恒顺药业有限公司	58	江苏荣马新能源有限公司
19	江苏玺鑫维生素有限公司	59	江苏新创雄铝制品有限公司
20	江苏苏讯新材料科技有限公司	60	泗阳化纤产业集群有限公司
21	江苏康迪富尔饲料科技有限公司	61	泗阳县成达制盖有限公司
22	绿雅(江苏)食用菌有限公司	62	斯迪克新型材料(江苏)有限公司
23	江苏腾盛纺织科技集团有限公司	63	江苏首义薄膜有限公司
24	江苏华夏机电有限公司	64	江苏六鑫洁净新材料有限公司
25	江苏安阳文化创意产业园股份有限公司	65	宿迁洪祥饲料科技有限公司
26	江苏奕农生物工程有限公司	66	江苏永达电源股份有限公司
27	江苏晶晶新材料有限公司	67	泗洪新创源木业有限公司
28	宿迁市苏林机械制造有限公司	68	泗洪县原种场丰收种业有限公司
29	浙江天能电池(江苏)有限公司	69	江苏瑞普机床有限公司
30	福田家居用品江苏有限公司	70	江苏省艾格森数控设备制造有限公司
31	江苏宋和宋智能科技有限公司	71	宿迁傲达康复合材料有限公司
32	江苏奥光智慧信息科技有限公司	72	江苏格立特电子有限公司
33	江苏永来福实业有限公司	73	江苏贝甜宠物食品有限公司
34	江苏康之源粮油有限公司	74	江苏润大橡塑材料有限公司
35	江苏省方正电梯有限公司	75	江苏宝时达动力科技有限公司
36	蓝宝精灵锅炉江苏有限公司	76	宿迁市汇味食品有限公司
37	江苏嘉德纤维科技有限公司	77	庆邦电子元器件(泗洪)有限公司
38	江苏豪悦实业有限公司	78	江苏泗洪油嘴油泵有限公司
39	江苏福庆木业有限公司	79	江苏斯泰达新能源科技发展有限公司
40	江苏沪江线业有限公司	80	江苏阿尔法药业有限公司

续表 6-52

序号	企业名称	序号	企业名称
81	新亚强硅化学江苏有限公司	106	宿迁大北农饲料有限责任公司
82	江苏玖久丝绸股份有限公司	107	江苏德利恒棉业有限公司
83	江苏强维橡塑科技有限公司	108	宿迁市神龙家纺有限公司
84	宿迁科思化学有限公司	109	宿迁特力新材料有限公司
85	江苏景宏新材料科技有限公司	110	江苏精科智能电气股份有限公司
86	江苏健谷化工有限公司	111	江苏腾宇机械制造有限公司
87	江苏博迁新材料有限公司	112	江苏德力化纤有限公司
88	江苏北斗星通汽车电子有限公司	113	江苏沃绿宝有机农业开发有限公司
89	江苏苏源杰瑞电表有限公司	114	江苏恒州特种玻璃纤维材料有限公司
90	宿迁楚霸体育器械有限公司	115	江苏百护纺织科技有限公司
91	江苏翔盛粘胶纤维股份有限公司	116	江苏绿港现代农业发展股份有限公司
92	山亿新能源股份有限公司	117	江苏中科君达电子科技有限公司
93	宿迁嘉禾塑料金属制品有限公司	118	宿迁市金田塑业有限公司
94	江苏秀强玻璃工艺股份有限公司	119	江苏尤佳手套有限公司
95	中节能(宿迁)生物质能发电有限公司	120	宿迁亿泰自动化工程有限公司
96	宿迁市华一科技有限公司	121	江苏杰盛手套有限公司
97	江苏辰宇电气有限公司	122	江苏科美新材料有限公司
98	江苏百诺实业有限公司	123	江苏智讯天成技术有限公司
99	江苏春绿粮油有限公司	124	江苏雅泰新材料有限公司
100	江苏易鼎电力科技有限公司	125	江苏远见塑胶发展有限公司
101	宿迁市致富皮业有限公司	126	江苏铝技精密机械有限公司
102	江苏绿晶电子材料有限公司	127	江苏双星彩塑新材料股份有限公司
103	江苏固丰管桩集团有限公司	128	惠升管业有限公司
104	江苏箭鹿毛纺股份有限公司	129	长电科技(宿迁)有限公司
105	江苏力达塑料托盘制造有限公司		

表6-53 2014年度宿迁市科学技术奖获奖项目名单

序号	项目名称	承担单位
一等奖		
1	多功能智能型密炼机上辅机系统	正将自动化设备(江苏)有限公司、南京理工大学
2	QT9-15型全自动开(闭)式固体废弃物砌块成型生产线	江苏腾宇机械制造有限公司
3	食品级增塑PVC手套关键技术与应用	江苏杰盛手套有限公司、南京工业大学
4	高温超低损耗高Bs软磁铁氧体材料研发及产业化	沭阳康顺磁性器材有限公司、电子科技大学
5	高容量片式陶瓷电容器内电极纳米镍粉	江苏博迁新材料有限公司
二等奖		
1	2,4,6-三甲基苯乙酰氯及中间体工艺技术的研发及产业化 年产3500吨"高效绿色铝电解工艺技术"用合金阳极生产线项目	宿迁科思化学有限公司
2	功能化纤维面料产业化和开发	江苏奇纳新材料科技有限公司
3	风光互补LED路灯	江苏德利恒棉业有限公司

续表 6-53

序号	项目名称	承担单位
4	中药内服联合经络按摩防治儿童反复呼吸道感染	中雅智能科技江苏有限公司
5	中药内服联合经络按摩防治儿童反复呼吸道感染	宿迁市中医院、宿迁市儿童医院
6	细颗粒等静压石墨材料的研究及产业化	江苏宏基炭素科技有限公司
7	高透长效BOPP防雾薄膜	宿迁市金田塑业有限公司
8	1MW光伏并网逆变器	山亿新能源股份有限公司、东南大学
9	节能型风冷柴油机活塞制造关键技术	江苏兄弟活塞有限公司
10	玉米专用多元控释肥的研制	江苏沃绿宝有机农业开发有限公司
11	宿迁地区药物利用研究	南京鼓楼医院集团宿迁市人民医院
12	螺旋CT多平面重建辅助下颈椎椎弓根置钉的实验和临床研究	南京鼓楼医院集团宿迁市人民医院
13	改良Glisson肝蒂法在精准肝切除患者中的应用	南京鼓楼医院集团宿迁市人民医院
14	子宫动脉甲氨蝶呤灌注和栓塞联合宫腔镜下清宫术治疗胎盘植入	南京鼓楼医院集团宿迁市人民医院
15	氯胺酮麻醉的系列研究	沭阳县人民医院
16	手足口病房医护人员发生隐性感染的危险因素分析	泗洪儿童医院、泗洪县分金亭医院、泗洪县中心医院
17	肺炎支原体肺炎患儿治疗前后血清IL-2、IL-10、IL-18和D-D检测的临床意义	沭阳县人民医院
18	Excel VBA在定量检验方法学性能评价中的应用研究	泗阳县中医院、泗阳仁慈医院
19	二维超声斑点追踪评价冠心病心力衰竭患者生脉注射液治疗前后左室收缩功能的影响	沭阳县中医院
三等奖		
1	非复合型一次黏贴提花墙布的开发及产业化	江苏腾盛纺织科技集团有限公司
2	自然弹系列精纺面料	江苏箭鹿毛纺股份有限公司
3	多层共挤仿纸液体包装膜研发与产业化	江苏百瑞尔包装材料有限公司
4	紫外光辐照交联无卤低烟阻燃聚烯烃电缆料	沭阳优唯新材料有限公司
5	环保型PVC/NBR复合手套	江苏尤佳手套有限公司
6	多层共挤收缩包装用PET薄膜	江苏双星彩塑新材料股份有限公司
7	电子及光学用多功能表面保护膜的研制与产业化	斯迪克新型材料(江苏)有限公司
8	六甲基二硅氮烷无溶剂法生产工艺	新亚强硅化学江苏有限公司
9	大掺量利用工业固体废弃物制备阻燃型柔性饰面砖	江苏苏美材料科技有限公司
10	气象云资源管理与数据处理系统	江苏奥普圣信息技术有限公司
11	基于网格计算的农村饮水安全工程管理信息化系统研究及应用	宿迁市宿城区水务局、水利部南京水利水文自动化研究所、扬州大学
12	无线网ZigBee+移动4G城市智慧路灯控制技术	宿迁学院
13	醇型乳化柴油及其乳化装置	江苏鼎旺科技有限公司
14	纯电动汽车用高功率长寿命铅炭电池	天能集团江苏科技有限公司
15	年产10万m^3新型改性强化复合环保板材	江苏百诺实业有限公司
16	稀土蓝料新版海之蓝酒瓶关键技术及产业化	江苏蓝色玻璃集团有限公司
17	5001407-C39112/5001408-C39112高性能汽车左右扭杆新型免疫功能哺乳母兔专用配合饲料	江苏省宿迁市方圆机械有限公司
18	右美托咪啶在急性心肌梗死、心脏术后和脑出血患者的镇痛、镇静疗效观察	江苏康迪富尔饲料科技有限公司
19	活血化瘀膏治疗输液外渗引起局部损害的临床研究	沭阳县人民医院

续表 6-53

序号	项目名称	承担单位
20	中活血化瘀膏治疗输液外渗引起局部损害的临床研究	宿迁市中医院、宿迁市宿豫区珠江医院
21	基于归脾丸对持续性血液透析(MHD)慢性肾脏病(CKD)贫血患者微炎症状态调节探讨"培土生血"内涵	沭阳县中医院
22	大黄联合辛伐他汀对腹膜透析患者微炎症状态的影响	沭阳县人民医院
23	微切口探针导引交锁髓内钉内固定治疗股骨与胫骨干骨折	泗洪县人民医院
24	足踝内侧骨性三角的解剖学研究	南京鼓楼医院集团宿迁市人民医院、徐州医学院
25	PPH结合改良外剥内扎术治疗环状混合痔的疗效研究	沭阳县中医院
26	自制光导丝管芯在全麻胃管插管中的应用	泗阳县人民医院
27	奈达铂联合三维适形放疗治疗食管气管沟淋巴结转移的临床研究	南京鼓楼医院集团宿迁市人民医院、泗洪县分金亭医院
28	灰阶超声波对小儿肠套叠的临床诊断价值	泗洪儿童医院
29	气管内滴入利多卡因对呼吸机相关性肺炎吸痰的影响	沭阳县人民医院
30	直肠癌患者手术治疗前后血清CA50、CA242和Hcy检测的临床意义	泗阳县人民医院
31	原发性中枢神经系统血管炎的MRI诊断	南京鼓楼医院集团宿迁市人民医院
32	伊布利特联合电复律转复心房颤动的临床研究	沭阳县人民医院

表6-54 2014年度宿迁市获国家火炬计划立项项目名单

序号	项目名称	承担单位
1	高强韧原位纳米颗粒铝合金复合汽车轮毂	江苏新创雄铝制品有限公司
2	年产63万平方米人工合成石墨导热膜材料项目	斯迪克新型材料(江苏)有限公司
3	A级无卤阻燃聚氨酯保温复合板	泗阳浙阳新型保温防水材料有限公司
4	年处理3万吨碳化硅废浆料应用示范	泗阳瑞泰光伏材料有限公司
5	BIPV中空光伏组件产业化	江苏晨电太阳能光电科技有限公司

表6-55 2014年度宿迁市新增国家重点新产品名单

序号	产品名称	承担单位
1	QT12-15型面向固体废弃物资源化的砌块成型智能化生产线	江苏腾宇机械制造有限公司
2	ZHW11-126(L)/T2500-40型复合式组合电器	江苏精科智能电气股份有限公司
3	轨道车辆转向架性能参数综合检测台	江苏中辆科技有限公司
4	多种原料配方自动计量磅秤AWSR23F444DC3	正将自动化设备(江苏)有限公司

表6-56 2014年度宿迁市获国家科技型中小企业创新基金项目名单

序号	项目名称	承担单位
1	基于物联网技术的制冷设备智能检测系统的研发	江苏中科君达电子科技有限公司
2	基于MCU核的低功耗无线射频传输集成电路设计研发	江苏格立特电子有限公司
3	高效处理工业颗粒污染物用大功率智能高频高压电源装置	宿迁波尔高压电源有限公司
4	节粮环保微生物发酵饲料的研制	江苏优仕生物科技发展有限公司
5	苏北地区河蟹晚熟品种培育及其优质蟹种规模化繁育	宿迁旭邦水产科技有限公司

国家高新区

National High-Tech Industrial Development Zones

南京国家高新技术产业开发区

Nanjing National New & High Technology Industry Development Zone

【概　况】 南京国家高新技术产业开发区(以下简称"南京高新区"),成立于1988年,1991年被批准为国家高新区,是国家首批、江苏首家、南京唯一的国家高新区。园区规划面积160平方千米,拥有注册企业3200余家,初步形成了软件及电子信息、生物医药、北斗卫星应用三大战略性新兴产业集群。

2014年,高新区积极适应经济发展新常态,坚持稳中求进工作总基调,经济社会平稳健康发展。全年完成地区生产总值265.5亿元,可比价增长12%;公共财政预算收入45.6亿元,同比增长10%;全社会固定资产投资335.8亿元,同比增长11.1%。2014年10月,经国务院批准,南京高新区等9个苏南国家高新区一起成为国家自主创新示范区,同年还获批为国家生态工业示范园、国家知识产权试点园区、国家创新人才培养示范基地、首批江苏省"苗圃—孵化器—加速器"科技创业孵化链条试点单位。

【高新技术产业】 产业结构在转型升级中持续优化。2014年,实现高新技术产业总产值1150亿元,占规模以上工业总产值比重达70%;全社会研发投入占地区生产总值比重达到5.2%,连续三年年均增幅超过15%。新认定高新技术产品84件,新认定高新技术企业12家、新增省高新技术后备企业11家,目前园区共拥有高新技术企业109家。

2014年4月27日,中丹生态园项目推介会在南京高新区召开,丹麦女王玛格丽特二世陛下及亲王在省长李学勇的陪同下,观看南京高新区规划展览馆模型,并听取建设情况介绍。

【创新平台载体】 拥有包括南京科技创业服务中心、南京留学生创业园和南京鼎业百泰生物科技有限公司3个国家级孵化器在内的各类创新创业载体10余个,首批江苏省"苗圃—孵化器—加速器"科技创业孵化链条试点获批。2014年新增孵化面积5万平方米,新增在孵企业129家。积极推进生物医药公共技术服务平台建设,引进海归人才管理团队,投资8200万元购置覆盖生物医药产业链各环节的大型设备和专业数据库,建设国内技术标准高、服务专业的"一站式"平台;加快整合北斗检测中心、位置网平台和北斗地基增强网资源,打造北斗卫星应用产业公共技术服务平台。加强企业研发机构建设,当年新增省级以上企业研发机构9家,累计拥有省级以上各类企业研发机构108个,实现大中型工业企业及规上工业高企研发机构建设比例95%以上。

2014年12月9日，在由南京市金融办、市经信委、高新区生物医药谷联手清科集团举办的“2014中国(南京)生物医药产业投融资论坛”上，“南京生物医药产业金融协同创新发展联盟”正式成立。

【政产学研合作】 积极深化校地合作，推进已筹建大学科技园、战略性新兴产业创新中心加快建设。大力推进江苏省卫星应用产学研协同创新基地建设，基地现已聚集注册企业77家，与14家高校院所建立合作关系，推动共建产业公共服务平台3个、校企联盟5家，累计承担各类科技项目9项，合同额2265万元，促进多项科技成果转移转化和产业化。2014年，园区共组织产学研对接活动10余场，促进达成产学研项目60项，共建省级企业研究生工作站6家，累计拥有省级以上企业研究生工作站、博士后工作站、院士工作站45家。另有多项校企合作项目获重大科技奖项，其中，南京轩凯生物科技有限公司荣获国家技术发明奖二等奖，江苏东大集成电路系统工程技术有限公司荣获国家科学技术进步奖二等奖。

【科技服务】 以南京紫金(高新)科技创业特区为抓手，整合南京科技创业服务中心、南京留创园等创业创新资源，构建涵盖基础服务、科技金融服务等全链条孵化服务模式。完善高新区科技创新服务平台，新增在线课件及网络课堂等功能，优化区域专利监控系统，提升平台服务水平；生物医药公共技术服务平台年提供服务总量9000余批次，为企业节省运营成本2000余万元。大力推进科技金融中心建设，帮助企业解决融资难的问题，2014年新认定省级科技型中小企业21家，帮助企业争取科技支行贷款近4亿元，其中“苏科贷”项目5000万元；吸引股权投资1.5亿元；江苏艾倍科科技股份有限公司、南京赛格微电子科技股份有限公司等4家企业在新三板市场成功挂牌。

【知识产权】 成功获批国家知识产权试点园区，知识产权工作再上新台阶。实施高新区知识产权战略，企业专利布局计划取得成效，全年完成发明专利申请量1012件，出台了《南京高新区知识产权维权援助中心维权援助暂行办法》，成立高新区知识产权维权中心，新引进知识产权专业化服务机构10家。

【科技人才】 成功创建国家创新人才培养示范基地，人才工作取得新突破。全年围绕软件、生物医药、卫星应用三大主导产业，引进高端人才团队2个，引进“千人计划”人才6名，培养科技创业家4名，入选领军型科技创业人才68人，入选“省双创博士”1人，博士后进站4人，2人入选2014年度“南京市科技功臣”，1家企业选聘专家入选省第二批“科技副总(企业创新岗)”特聘专家。

2014年5月21日，由南京高新区主办的第五届中国卫星导航学术年会在南京召开，“两弹一星”功勋科学家、国家最高科学技术奖获得者、北斗卫星导航系统工程总设计师、年会科学委员会主席孙家栋院士和江苏省政协副主席、省政府党组成员、省科技厅厅长徐南平为年会优秀论文奖获得者颁奖。

【重大科技活动】 成功举办“第五届中国卫星导航学术年会”“中丹合作—南京高新生态生命科学园推介交流会”“南京生物医药发展论坛暨国际病毒性肿瘤及新药研发高峰论坛”；2014中国·南京科技创业创新与重大项目洽谈会、第10届中国(南京)国际软件产品和信息服务交易博览会、第25届中国·南京金秋经贸洽谈会等重大活动签约项目14个，总投资85亿元。

(陈晓路 李光军)

苏州国家高新技术产业开发区

Suzhou National New & High Technology Industry Development Zone

【概　况】 2014年，苏州国家高新技术产业开发区(以下简称“苏州高新区”)财政科技投入占财政支出的比例达10.93%，超出全市平均水平4.6个百分点；全社会R&D占GDP比重达3.39%，连续6年保持苏州市第一名，创高新区历史新高；医疗器械产业技术创新中心入选全省首批3家产业技术创新中心；被科技部火炬中心确定为第二批科技创新服务体系建设试点、第二批创新型产业集群试点；成为全国第二批、全省首批、苏州首个“苗圃-孵化器-加速器”科技创业孵化链条试点单位；荣获火炬统计先进单位称号。

【科技经费】 2014年，全区科技发展资金区级科技政策专项支出达到1.3亿元，占全部科技发展资金的42%，同比增加23.8%；落实企业研发费用加计扣除等重点科技政策减免企业所得税达到7.88亿元，同比增加18.8%；获批各级各类科技项目485项，争取资金超过3.6亿元，同比增长58%，其中国家级项目28项，争取上级经费25046.25万元，同比增长170%，列全市第一。重大项目争取实现新突破：首次获批2014年度国家重大项目02专项(极大规模集成电路制造装备及成套工艺项目)2项，获得中央财政资金支持6600余万元，立项数和资金数均列全市第一；获批“国家重大仪器专项”(中国科学院苏州生物医学工程技术研究所“超分辨显微光学核心部件及系统研制”项目)，争取国家专项研究经费1.7亿元；获批省成果转化项目9个(面上项目2项、招标项目7项)，同比增长80%，立项数全市第一，争取科研经费3500万元左右；获批省级战略性新兴产业发展专项资金(知识产权服务业集聚区项目)1500万元，为全省历年获批知识产权相关项目争取资金之最。

表7-1 2014年度苏州高新区国家级科技项目获批清单

序号	项目名称	承担单位	获批金额(万元)
国家极大规模集成电路制造装备及成套工艺项目(02专项)			
1	国产集成电路封测关键设备与材料量产应用工程	苏州固锝电子股份有限公司	2104.36
2	卷带式高密度超薄柔性封装基板工艺研发与产业化	安捷利电子科技(苏州)有限公司	4497.89
国家重大仪器专项			
1	超分辨显微光学核心部件及系统研制	中国科学院苏州生物医学工程技术研究所	17000
中小企业发展专项资金项目			
1	新型的高性能太阳能组件背板	苏州尚善新材料科技有限公司	100
2	中药生产工艺关键质量属性参数辨识技术及其质量控制系统开发	苏州泽达兴邦医药科技有限公司	70
3	基于微纳芯片强场非对称离子迁移谱通用化学分子检测系统	苏州微木智能系统有限公司	100
4	高真空多层绝热低温管道装置的研发	苏州拓维工程装备有限公司	52
5	基于光通信10GPON的双面镀膜滤光片	苏州鼎旺科技有限公司	44
6	Microreader 23sp身份鉴定系统的研发	苏州阅微基因技术有限公司	50
7	医院核辐射监测设备及系统	江苏超敏仪器有限公司	38
8	新材料高技术检验检测创新公共服务平台建设	工业和信息化部电子第五研究所华东分所	200
9	面向电子信息、新材料行业中小企业孵化服务平台	苏州高新区永寅创业孵化管理有限公司	80
10	面向中小企业的环境安全与职业卫生测试公共服务平台	苏州国环环境检测有限公司	100
11	面向中小企业的电子EMC测试公共技术服务平台	苏州市沃特测试技术服务有限公司	100

续表 7-1

序号	项目名称	承担单位	获批金额(万元)
科技部创投引导资金项目			
1	科技部创投引导资金项目(风险补助)	苏州高新创业投资集团中小企业发展管理有限公司	62
2	科技部创投引导资金项目(风险补助)	苏州融联创业投资企业	28
3	科技部创投引导资金项目(投资保障)	苏州翠智新技术开发有限公司	200
国家"千人计划"			
1	李鹏	苏州微木智能系统有限公司	100
2	夏淳	码实信息科技(苏州)有限公司	100
国家政策引导类——国家火炬计划			
1	苏州高新区科技公共服务平台建设	苏南工业技术研究院	
2	浙江大学苏州工研院医疗器械创新服务平台	浙江大学苏州工业技术研究院	
3	国产基础软件与应用共性技术服务平台	工业和信息化部电子第五研究所华东分所	
4	江苏医疗器械科技产业园公共服务平台	苏州科技城生物医学技术发展有限公司	
5	聚乙烯醇栓塞微球	苏州迦俐生生物医药科技有限公司	
6	均相酶免疫临床检测试剂	苏州博源医疗科技有限公司	
7	数字PET医学影像设备	苏州瑞派宁科技有限公司	
国家重点新产品			
1	新一代16编动车组影视系统	易程(苏州)智能系统有限公司	

【科技企业】 2014年，全面推进高新技术企业申报、复审及再认定工作，全年认定高新技术企业96家，其中新增高新技术企业认定44家，累计302家，批准软件企业29家，累计180家；依托"瞪羚""雏鹰"计划的深入实施，做好创新企业梯队搭建工作，培育瞪羚计划年销售额超过5亿元以上的企业2家，培育雏鹰计划年营业收入5000万元以上企业10家；持续深化企业研发机构建设，大中型研发机构建有率达到95.3%，位居全市第三，全年新增各级各类研发机构139家，其中获批市工程技术研究中心88家，列全市第一，省外资企业研发机构11家、省工程技术研究中心21家，获批数均列全市第二。

表7-2 2014年度苏州高新区新认定的国家高新技术企业名单(96家)

序号	企业名称	序号	企业名称
1	亚智系统科技(苏州)有限公司	11	苏州市创建空调设备有限公司
2	英普亿塑胶电子(苏州)有限公司	12	苏州斯尔特微电子有限公司
3	苏州德丰电机有限公司	13	苏州沈苏自动化技术开发有限公司
4	雷允上药业有限公司	14	江苏欧索软件有限公司
5	苏州日月成科技有限公司	15	苏州爱科博瑞电源技术有限责任公司
6	菲斯达排放控制装置(苏州)有限公司	16	苏州中材非金属矿工业设计研究院有限公司
7	易程(苏州)软件股份有限公司	17	苏州华旃航天电器有限公司
8	苏州安泰变压器有限公司	18	苏州法兰克曼医疗器械有限公司
9	苏州瑞派宁科技有限公司	19	苏州晶银新材料股份有限公司
10	苏州德品医疗器械技术开发有限公司	20	苏州华芯微电子股份有限公司

续表 7-2

序号	企业名称	序号	企业名称
21	雄华机械(苏州)有限公司	59	苏州龙唐信息科技有限公司
22	苏州飞拓精密模具有限公司	60	苏州恩巨网络有限公司
23	苏州苏福马机械有限公司	61	苏州天魂网络科技有限公司
24	苏州向隆塑胶有限公司	62	苏州柯利达装饰股份有限公司
25	威卡自动化仪表(苏州)有限公司	63	苏州图森激光有限公司
26	苏州大方特种车股份有限公司	64	苏州金诚轴承有限公司
27	NGK(苏州)环保陶瓷有限公司	65	苏州安皓瑞化学科技有限公司
28	苏州轴承厂股份有限公司	66	苏州百丰电子有限公司
29	中核苏阀科技实业股份有限公司	67	苏州长光华芯光电技术有限公司
30	苏州路之遥科技股份有限公司	68	普尔思(苏州)无线通讯产品有限公司
31	苏州市达圣机械有限公司	69	苏州泽众新能源科技有限公司
32	苏州市益维高科技发展有限公司	70	中国高岭土有限公司
33	苏州三和仪器有限公司	71	松下系统网络科技(苏州)有限公司
34	苏州三光科技股份有限公司	72	苏州超锐微电子有限公司
35	苏州新长光热能科技有限公司	73	苏州英威腾电气设备有限公司
36	苏州聚力电机有限公司	74	苏州富士胶片映像机器有限公司
37	苏州胜利精密制造科技股份有限公司	75	江苏科麦龙节能墙体股份有限公司
38	苏州中日兴通讯有限公司	76	苏州华辰电气有限公司
39	苏州盛域机电设备有限公司	77	苏州中航中振汽车饰件有限公司
40	苏州纽威阀门股份有限公司	78	辉创电子科技(苏州)有限公司
41	苏州英德尔室内空气技术有限公司	79	贝兹维仪器(苏州)有限公司
42	名硕电脑(苏州)有限公司	80	艾柯豪博(苏州)电子有限公司
43	苏州市博洋化学品有限公司	81	苏州市胜能弹簧五金制品有限公司
44	苏州恒久光电科技股份有限公司	82	苏州群伦精密机电工业有限公司
45	苏州旭光聚合物有限公司	83	苏州星恒电源有限公司
46	莱克电气股份有限公司	84	苏州金螳螂怡和科技股份有限公司
47	苏州星火磁电技术有限公司	85	苏州市科远软件技术开发有限公司
48	江苏中科时代电气制造股份有限公司	86	苏州光韵达光电科技有限公司
49	佐竹机械(苏州)有限公司	87	苏州国芯科技有限公司
50	苏州固锝电子股份有限公司	88	苏州科达科技股份有限公司
51	苏州蓝海彤翔系统科技有限公司	89	苏州伟仕泰克电子科技有限公司
52	苏州敬业医药化工有限公司	90	苏州澳力欣精密技术有限公司
53	苏州东菱振动试验仪器有限公司	91	苏州速迈医疗设备有限公司
54	苏州瑞玛金属成型有限公司	92	苏州勤美达精密机械有限公司
55	苏州微木智能系统有限公司	93	苏州胜禹材料科技有限公司
56	苏州芳磊蜂窝复合材料有限公司	94	苏州市晶协高新电子材料有限公司
57	苏州市华安普电力工程有限公司	95	苏州兴业材料科技股份有限公司
58	苏州百慧华业精密仪器有限公司	96	苏州苏净环保工程有限公司

【科技人才】 2014年,全区人才总量达到16.35万人,全年申报国家、省、市人才项目128项,获批第十批国家“千人计划”2项、省双创人才5项、姑苏人才16项,新增区级领军人才64项。截至目前,累计集聚各级领军人才490余人次,其中国家“千人计划”34人(自主申报获批15人,列全

市第二),省"双创"人才48人,姑苏领军人才79人(排名上升1位,列全市第三),省创新团队数量7个。积极构建全方位人才扶持体系,加大区内科技领军人才企业走访频次,组织以企业税务知识、企业劳动法、企业上市等为内容的人才沙龙活动,强化人才服务,优化留才环境。2013年人才企业销售额达到46亿元,申请专利3000件,吸引硕士及以上学历人才1033人,领军人才企业集聚和规模效应日益体现。

表7-3 2014年度苏州高新区新增区级领军人才名单(64项)

序号	领军人才姓名	学位	毕业学校	专业学科领域	项目名称
1	王兴军	博士	清华大学	电子信息	基于广电频谱的宽带无线通信系统研发与产业化
2	刘 瑄	硕士	美国密苏里大学	计算机	江加智能移动结构化电子病历
3	王 猛	硕士	南京农业大学	管理学	智能化植物工厂解决方案与终端处理设备
4	裘 初	博士	中国传媒大学	通信与信息系统	超大规模的动漫影视渲染云平台
5	张 阳	硕士	美国德克萨斯大学	计算机软件	面向金融行业的大数据管理与数据分析平台
6	张 群	博士	日本东京大学	机械情报工程	基于CAE技术的装备制造业创新设计数字化平台的研发及产业化
7	韩 勇	博士	Texas A&M University	微电子	数字温度传感器芯片开发及物联网应用
8	罗 争	硕士	中科院计算所	计算机系统结构	联合绿动云端体感互动平台CTMP项目的研发及产业化
9	易建军	博士	大连理工大学	机械电子工程	基于物联网的环境监测技术及产业化
10	杨 洋	博士	美国Temple Univ.	工商管理(信息系统方向)	iPIN经济地图-采用人才大数据和人工智能的研究和产业化
11	从卫兵	博士	南京农业大学	数学分析、科技哲学	基于大数据的智慧云图系统研究与应用
12	赵新兵	本科	中国地质大学	地理信息系统	全新一代基于DMGIS平台的山洪地质灾害预警应急指挥系统
13	刘 飞	博士	中国科学院	电子科学与技术	正弦频数据识别通讯技术
14	张 杰	博士	华东理工大学	自动化	室内外联合异构网络规划平台iBuildNet-Het及其在智慧城市中的应用
15	王文胜	硕士	得克萨斯大学	电子与计算机工程	基于P2P和可扩展矢量图的云会议系统和应用
16	白小青	硕士	西安交通大学电气工程学院	电力电子	配电网有源综合电能质量控制设备产业化
17	李向东	硕士	四川大学	凝聚态物理、医疗器械	新型磁控胶囊内窥镜机器人系统关键技术研发和产业化开发
18	王泽勇	硕士	武汉理工大学	电子信息工程	复合多功能光电散热材料的研发及产业化
19	王储记	博士	中国科技大学	化学物理	用于重大疾病诊断的高灵敏便携式呼吸气体分析仪
20	宣英男	博士	大连理工大学	材料科学	G-PVB光致变色调光隔热膜
21	黄晓鹏	博士	Stevens Institute of Tech.	电子工程	基于红外与可见光图像融合技术的隐藏危险品检测及监控系统
22	龚德瑜	博士	成都理工大学	矿产普查	页岩气含气性现场快速评价仪的研发与生产
23	郑岷雪	博士	美国休斯敦大学	分子诊断	宫颈癌早期筛查分子诊断试剂盒
24	朱 斌	硕士	浙江大学	化工过程机械	大流量低级限脱气膜
25	陈 斌	硕士	北京航空航天大学	机械电子工程	非接触式清管器远程定位监控系统
26	彭义杰	博士	新罕布什尔大学	生物医药	荧光免疫定量检测仪及其配套固相层析试纸条产业化
27	陆鉴良	硕士	浙江大学	仪器、机械工程	手持式乳腺真空旋切系统的研发及产业化
28	许东翔	博士	华盛顿大学	电子工程	心脑血管动脉粥样硬化斑块磁共振成像解决方案
29	杨春信	博士	美国加州大学戴维斯分校	光学工程	腹腔镜智慧成像系统的开发应用与产业化

续表 7-3

序号	领军人才姓名	学位	毕业学校	专业学科领域	项目名称
30	张培霖	博士	以色列魏兹曼科学研究院	分子生物学	人个性化肝细胞系列产品及服务的研发与应用
31	刘　杨	博士	美国密西根大学	电子工程	新一代智能自源微型传感器系统
32	吴　晨	博士	中国科学院	信息处理	基于大数据分析的数字出版营销云服务平台
33	高志杰	硕士	杜兰大学弗里曼商学院	工商管理	基于物联网技术的食行电子商务应用与产业化项目
34	沈天瑞	博士	剑桥大学	认知脑科学	基于IOS、Android的移动人工智能互动教育软件的应用
35	关俊辉	硕士	中国科学院研究生院	层析成像	P2P优化系统——网络流量优化算法解决方案
36	曲兆松	博士	瑞士洛桑联邦高等工业大学	河流泥沙、治河工程、水利科学计算	智慧水务与生态环保多功能三维计算模拟软件系统
37	许　东	硕士	乔治亚州立大学	金融	基于供应链金融的票据池理财平台
38	陈　奕	博士	美国伦斯勒理工学院	计算机辅助工程,计算流体力学	3D全尺寸建筑结构信息化平台的研发及产业化
39	陈　鳌	硕士	瑞士日内瓦大学	计算机视觉工程	航拍数字摄影测量数据处理软件
40	孙　媛	博士	纽约州立石溪分校	材料科学	基于微创介入技术的腔静脉滤器的研发及产业化
41	夏明亮	博士	中国科学院研究生院	眼视光学、自适应光学、波前传感技术	基于哈特曼波前传感技术在视光仪器领域中的应用
42	Roy Chin	学士	堪萨斯大学	电子工程	微创肺癌活检系统
43	曹成喜	博士	中国科学技术大学	生物分析化学	双向凝胶电泳(2DE)成套设备技术开发与应用的研究
44	解江冰	博士	美国加州大学戴维斯分校	高分子材料	基于非球面角膜塑形术及眼科高端手术器械的创新技术研发
45	李兴祥	博士	美国华盛顿州立大学	分子遗传学	匀相生物发光技术平台及快速床旁诊断试剂和仪器开发生产
46	陈初光	硕士	中国协和医科大学	生物化学与分子生物学	法医及疾病相关基因诊断试剂研发及产业化
47	王晓冬	博士	美国俄亥俄州立大学	有机化学	治疗皮肤色素沉着性疾病的新药研发
48	张　磊	硕士	南京农业大学	兽医学	基于新型滤网式套环离心技术的寄生虫检测用样本管产业化项目
49	张　龙	博士	清华大学	生命科学	以肠道菌群为靶点的结肠癌预防芯片的研究及开发
50	姜亦微	博士	美国斯坦福大学	分子生物学	以BT免疫调节肽全面替代动物养殖中的抗生素
51	瞿欢欢	博士	中国科学院过程工程研究所	生物材料	生物大分子药物纯化用层析介质的研发及产业化
52	曹世华	硕士	北京邮电大学	软件工程	基于Wi-Fi、RFID、蓝牙的多模室内场馆定位导航系统的研发及产业化
53	林世彪	硕士	纽约州立大学石溪分校	计算机科学	基于BLE Beacon近场通讯的无线支付和智能店内体验系统
54	邓士伟	硕士	南京理工大学	自动化	基于物联网无线传感网络的城市照明单灯监控管理系统
55	闵永刚	博士	宾西法尼亚大学	功能高分子	高性能石墨烯复合材料的开发及其产业化
56	朱利民	博士	斯特拉斯克莱德大学	应用化学	特种功能纤维材料的研制和产业化
57	任月璋	硕士	华中科技大学	工商管理,材料	FED值小于0.05的轨道交通设备内饰用多功能板
58	樊栓狮	博士	大连理工大学	能源化工	天然气水合物低剂量抑制剂的研发及产业化
59	黄　敏	EMBA	中国人民大学	金融管理	并网离网用双向储能光伏逆变器的研究及产业化
60	罗光前	博士	华中科技大学	能源与环境工程	烟气自适应脱汞系统研发与产业化
61	苏晓东	博士	中科院金属研究所	材料科学与工程	高效黑硅太阳电池制备技术与产业化应用
62	谭登峰	硕士	北京大学	信息技术	大尺寸触摸屏
63	任　峰	学士	郑州大学	高分子材料与工程	基于影像系统的人眼识别技术研究及产业化
64	李梦雄	博士	英国诺丁汉大学	电子工程	汽车胎压监测系统TPMS

【科技合作】 2014年,全区科技合作项目亮点纷呈:全年新增产学研合作项目216项,新建各类政产学研联合体35个,成功举办首届生物医学工程苏州国际学术会议、医疗器械科技成果转化网上对接专场会、"新常态、新内涵"产学研对接会等产学研品牌活动,成立中国Power技术产业生态联盟、苏州高新区能源电力产业技术创新联盟,赴北京等地开展高校科技行活动。

第三批"科技镇长团"顺利上任,覆盖全区各镇、街道,镇长团依托各自高校科研院所科技资源优势,积极为校—企—地项目合作对接搭建桥梁,有效促进了大学、企业、政府三者相互渗透、相互协作、相互促进。

【科技金融】 2014年,全区申报各级各类科技金融项目154项,获批104项,争取科技金融支持4600余万元。深化省市区三级联动科技型中小企业短期贷款风险补偿工作,共建科技信贷资金池,出台《苏州高新区科技型中小企业短期贷款信贷风险补偿专项资金管理办法(试行)》,引导和鼓励金融资源向科技产业前端孵化集聚。做强科技投融资体系,区内注册登记的创业投资企业近100家,资本规模达到140亿元,创投集团各基金累计投资项目21个,投资金额超过2.4亿元。拓宽企业融资渠道,助力中小企业上市融资。8家企业成为"新三板"首批全国扩容挂牌企业,其中苏州方林科技股份有限公司进入全国股转系统做市第一方阵;成功举办全国股份转让系统经验交流会,19家银行对区"新三板"金融授信总额达200亿元;持续推进区科技金融服务中心平台建设,全力搭建一个集政策、产品、中介与信息服务等为一体的科技金融服务综合平台。

【知识产权】 2014年,知识产权创造转型取得实质进展。万人有效发明专利拥有量超过32件、列全市第二;专利申请12262件,其中发明专利申请6485件,占专利申请总量的比重达到52.89%,列全市第一,高于全市水平13个百分点。

大力培育和发展知识产权高端服务业,知识产权服务业发展试验集聚区建设工作稳步推进。累计完成近16万平方米载体建设,总投资超过10亿元,核心区正式启用;集聚区内已有知识产权审查、代理、分析评估、培训交易等50余家服务机构入驻,其中包括中国商标专利事务所等10家全国前二十强及品牌服务机构,以及苏州大学知识产权研究院、中国知识产权法学研究会长三角研究基地等培训研究机构,知识产权相关从业人员超过1800人。根据苏州市知识产权服务业统计报告,集聚区在知识产权业务总收入、从业人数、服务机构数量3个方面所占比例均超过全市40%以上。国知局专利审查协作江苏中心位于集聚区一期业务用房启用、二期封顶,人员超过1500人,全年发明专利审结量达8.6万件,约占全国总量的20%。

【创新平台载体】 2014年,江苏医疗器械科技产业园成功晋级国家级科技企业孵化器、环保产业园科技企业加速器成功获批省级科技企业加速器,全区国家级科技企业孵化器和省级科技企业加速器数量分别达到5家和2家,均列苏州市第一。国家知识产权专利审查协作江苏中心二期、中国科学院苏州地理信息与文化科技产业基地、华东理工大学苏州研究院、中国移动苏州研究院、省医疗器械检验所苏州分所等创新项目建设稳步推进。中国科学院苏州生物医学工程技术研究所、浙江大学苏州工业技术研究院科技成果转化取得实效:中国科学院苏州生物医学工程技术研究所成功获批"国家重大仪器专项",争取国家专项研究经费1.7亿元,累计成立科技成果转化公司7家,与国内外21家高校、科研机构、企业成立联合研发中心;浙江大学苏州工业技术研究院已累计吸引社会资本注册产业化衍生公司46家,注册资本3.7亿元,2014年产值总计4.21亿元,同比上年增长50.4%,成功获批国家技术转移示范机构。

【战略性新兴产业】 扎实推进27个科技创新重点项目建设,着力实现科技同产业无缝对接。全年实现高新技术产业产值和新兴产业产值均超过1400亿元,占规模以上工业总产值的比例达到54%。

全力打造医疗器械产业集群,成功获批全省首批产业技术创新中心,累计集聚医疗器械企业

150家,全年医疗器械产业产值超过40亿元。软件和集成电路产业蓬勃发展,制定《苏州高新区创建软件名城实施方案》,实现软件产业产值350亿元,同比增长29%。服务外包产业保持高速发展,服务外包接包合同额和离岸接包执行额同比增长超过30%,继续保持全市第二。

重大产业创新项目实现新突破。由江苏省经济与信息化委员会牵头,联合省内外相关企业及科研院所,苏州高新区创投参与的基于IBM Power架构的自主知识产权服务器芯片项目正式落户苏州高新区。依托此项目的POWER国产安全服务器产业园也正在积极规划中,目标打造中国服务器软硬件系统的研发高地和企业集群基地,形成产学研用相结合的服务器自主创新链。

【重大科技活动】 2014年1月26日,苏州高新区召开全年度全区科技创新工作会议。市委常委、高新区党工委书记浦荣皋,高新区领导周旭东、陈启元、王蔼先、钮跃鸣、戴军、陈明、黄戟出席大会。会上,对50名区科技创新创业领军人才、25家科技工作先进单位、5家专利工作先进单位进行了表彰。

2014年1月26日,苏州高新区召开2014年度科技创新工作会议。

2014年2月27日,科技部火炬中心和全国中小企业股份转让系统公司在苏州高新区召开"火炬中心—全国股转系统战略合作签署仪式暨国家高新区全国股份转让系统经验交流会"。科技部火炬中心党委书记、常务副主任张志宏,全国股份转让系统公司董事长杨晓嘉以及全国107家国家高新区代表等出席会议。

2014年3月21日,国家知识产权局专利局专利审查协作江苏中心一期业务用房落成启用。国家知识产权局局长申长雨出席活动。省政府副秘书长朱步楼,市委常委、高新区党工委书记浦荣皋,副市长徐美健,区领导周旭东、钮跃鸣、陈明陪同考察并出席活动。

2014年4月2日,省人大常委会委员、科教文卫委员会主任许洪祥、省科技厅副厅长夏冰一行在苏州高新区调研创新型省份建设情况,重点调研海外归国人才创业情况,先后实地调研苏州凯迪泰医疗器械公司、苏州浙远自动化工程技术有限公司,详细了解企业发展情况,听取企业的困难与意见。

2014年4月9日,科技部国际合作司副司级参赞莫鸿钧调研高新区医疗器械、生物医药产业发展情况,寻找国际合作机会,区领导钮跃鸣出席座谈会并陪同调研。

2014年4月9日,科技部国际合作司副司级参赞莫鸿钧调研苏州高新区医疗器械、生物医药产业发展情况。

2014年5月6日,科技部副部长曹健林率调研组在苏州高新区调研科技创新工作,鼓励高新区企业进一步增强自主创新能力,为转型升级、创新发展做出更大贡献。省政协副主席、省政府党组成员、省科技厅厅长、省科技创新工作领导小组副组长徐南平,市委常委、高新区党工委书记浦荣皋,副市长徐美健,区领导周旭东、钮跃鸣陪同调研。

2014年5月6日,科技部副部长曹健林率调研组在苏州高新区调研科技创新工作,省政协副主席、省科技厅厅长、省科技创新工作领导小组副组长徐南平等陪同调研。

2014年7月8日,全国政协委员、原国家知识产权局局长田力普一行在苏州高新区调研,江苏省知识产权局局长朱宇,市委常委、高新区党工委书记浦荣皋、区领导周旭东、钮跃鸣等陪同调研。

2014年7月15日,省委副书记、市委书记石泰峰在苏州高新区调研,充分肯定高新区为全市发展做出的重大贡献。市委常委、秘书长王少东,市委常委、高新区党工委书记浦荣皋参加调研,区领导周旭东、徐炳兴陪同调研。

2014年9月3日,上市公司——鹏博士集团入驻高新区签约仪式以及新产品发布会在苏州高新区举行,鹏博士集团旗下的中国第四大互联网基础运营商——"长城宽带"江苏总部将落户苏州创业园。

2014年10月28日,在国家工业和信息化部的指导下,在江苏省经济和信息化委员会、苏州市人民政府的支持下,"中国POWER技术产业生态联盟成立暨合作推进会"在苏州高新区召开。400余名来自中国领军科技企业的嘉宾齐聚苏州高新区,共议如何充分利用POWER先进技术,通过消化吸收再创新,建立完善的产业生态,提升全国芯片、服务器和软件的技术水平。国家工业和信息化部副部长杨学山、江苏省政府副省长史和平出席会议并讲话,苏州市市长周乃翔、IBM大中华区董事长及首席执行总裁钱大群与IBM OpenPOWER联盟总经理Ken King致辞。江苏省经济和信息化委员会主任徐一平主持会议。会议宣布成立"中国POWER产业技术联盟",并围绕POWER产业生态建设达成一系列合作意向及协议。

2014年10月28日,中国POWER技术产业生态联盟成立暨合作推进会在苏州高新区召开。

2014年11月5日,苏州高新区举办2014年新常态、新内涵——产学研对接会。会上,高新区能源电力产业技术创新联盟揭牌成立,并签署了一系列校企、校地合作的相关协议。华北电力大学、西安交通大学等国内著名学府相关负责人以及高新区领导钮跃鸣、程华出席会议。

2014年11月5日,苏州高新区能源电力产业技术创新联盟揭牌成立。

2014年11月15~16日,江苏省法学会知识产权法学研究会2014年年会暨第一届太湖知识产权论坛在苏州高新区召开。来自省内外法学界的180多位专家、学者和有关领导,就“知识产权战略发展与转型升级”进行专题研讨。

2014年11月17日,江苏省省委副书记、省长李学勇在苏州高新区调研。

2014年11月17日,江苏省省委副书记、省长李学勇在苏州高新区调研。李学勇强调,要深入贯彻落实习近平总书记关于实施创新驱动发展战略的重要指示精神,大力实施知识产权战略,大力培育自主品牌,大力加强技术标准工作,不断增强江苏产业竞争力。省委副书记、市委书记石泰峰,市委副书记、市长周乃翔参加调研,市委常委、高新区党工委书记浦荣皋,区领导周旭东、陈明陪同调研。

(王 慧 李斌斌)

无锡国家高新技术产业开发区

Wuxi National New & High Technology Industry Development Zone

【概 况】 2014年,无锡国家高新技术产业开发区(以下简称“无锡高新区”)完成公共财政预算收入134.8亿元,同比增长10.3%;规上工业总产值达到2870亿元,高新技术产业产值占规上工业比重达到63.5%;全社会研究与开发投入占地区生产总值比重超过4.1%;进出口总额完成345.3亿元,同比增长5%。发展综合排名连续九年保持全省开发区第二位,成功获批国家知识产权示范园区,并成为全省唯一成功入选国家创新人才培养示范基地的高新区。

【高新技术企业】 突出企业创新主体,全面引进培育创新驱动动力源。强化高技术项目、高层次人才创业项目的招引和培育。全区国家级高新技术企业累计突破300家,高新技术企业产值占全区规模以上工业企业产出的47%;科技园区聚集各类科技型中小企业总数超过2000家,销售超过300亿元;累计聚集国家“千人计划”人才67人,万人发明专利拥有量超过54.5件/万人,达到发达国家水平;累计获得国家科技进步奖4个,已发布2项国际标准、3项国际标准草案、1项行业标准,牵头制定国际标准5项;累计获批各类科技计划项目超过1100项,争取各类科技资金超过24亿元。

【新兴产业集群】 强化创新支撑,努力打造“1+4+2”的新兴产业集群。打造以高端装备制造1个骨干产业,物联网、微电子、光伏新能源、生物医药4个新兴产业,软件服务外包、临空产业2个特色产业组成的战略性新兴产业集聚区。高端装备制造业率先形成千亿产业规模;物联网产业发展全国领先,无锡高新区被工信部评价为全国物联网行业技术创新、标准制定、示范应用的“最高地”;微电子产业规模全国第一、技术水平全球领先;光伏新能源产业晶硅电池组件转化率达到18.5%,为世界同行业领先水平;生物医药产业爆发潜力明显,3家全球前十位的生物医药企业落户新区,已获批和正在报批的国家一类新药共9个,总业务收入350亿元,企业承担国家重大新药创制重大项目4项,生命科技园综合能力位列全国十强。

【全球战略】 推动跨国公司技术溢出,奋力抢占开放型创新的制高点。大力推进跨国公司现有工厂总部化,特别是推进研发本土化、产销一体化。目前经省级认定的跨国公司地区总部和功能性机构达13家。一批在无锡高新区投资的跨国公司机构成为其集团全球战略的重要节点,涌现了美国卡特彼勒公司、日本普利司通公司等一大批专业性强、档次高、发展潜力足的技术研发中心和布勒投资总部、阿斯利康销售总部等一批区域总部;通用汽车公司、博世集团等外资企业中国研发中心已成“反向创新”的策源地,成为其集团总部、亚太区乃至全球专利技术和新产品的重要来源,2014年仅技术出口合同近75个,技术出口额2.5亿美元。

【创新创业载体】 完善创新创业载体平台,全力构建创新创业支撑体系。强化载体支撑,已建成科技创业载体260万平方米,引入社会资本建成了中关村软件园、天安智慧城等科技创业载体,全区国家级科技企业孵化器达到7家。强化技术平台支撑,基本实现大中型及规上高企研发机构全覆盖。累计省级以上研发机构76家,其中国家级工程技术研究中心2家,国家技术中心1家。加强平台的优化整合,形成骨干公共技术服务平台20家,产业范围涉及集成电路、物联网产业、生物医药、软件、光伏、光电等重点领域,实现了政府投资、企业自建、加盟共建等多种模式发展。集聚产业创新资源,建设了超大规模集成电路产业园、光伏产业园、生命科技园等专业产业园区,建成了物联网研究发展中心、物联网产业研究院、上海交通大学研究院等15家重点大学(中国科学院)研究院(中心),吸引中国移动、中国电信、中国联通三大通信运营商以及国家电网、国家广电网建立了专业的研发机构。

【科技金融】 大力推动金融服务创新,构建科技服务体系。为弥补创新创业企业种子期、初创期市场化投入的缺失,设立了总规模达2亿元的引导基金。为助推初创企业渡过创业死亡地带,以市场化办法构建了“首投、首贷、首担、首保、首购”“五首型”科技金融服务体系,创投基金总规模近200亿元。为鼓励社会资本进入创业投资领域,建立了创业投资风险补偿专项资金,对投资早中期项目的创投企业进行风险补偿,并牵头成立了2个初创期项目投资为主的天使基金。为科技金融发展增添新活力,积极引进外资银行、非银行金融机构以及第三方支付、专业性融资租赁、外资保理等新金融业态。在科技金融的助推下,初步打通了科技创业的服务链条,2014年全年实现上市挂牌的科技企业达40家。

(张胜亚)

中国宜兴环保科技工业园

【概 况】 2014年,中国宜兴环保科技工业园(以下简称“环科园”)工作始终围绕“建设一流国家级园区、打造千亿级环保产业”的发展目标,紧扣“建功能平台,引领军人才,聚特色产业,育高新品牌”的工作要求,秉承“专业园区、专业素质、专业队伍”的建构理念,加快形成“一区一战略产业、一县一主导产业”的创新发展格局。

【2014(第二届)中国环保技术与产业发展推进会】 2014年10月24日,由科技部、江苏省人民政府主办,宜兴市人民政府、中国宜兴环保科技工业园承办的2014(第二届)中国环保技术与产业发展推进会在宜兴举行。来自全国各地的政府机关、业内专家、环保企业家代表、金融机构,及美国、加拿大、韩国、澳大利亚、以色列等环境技术代表团的代表,共计400余人齐聚宜兴,一同探讨环保产业发展方向,为促进宜兴乃至中国环保产业发展提供智力支撑和有力助推。在本次推进会上,国际环保展示中心顺利启用,中国环保科技成果网也同时开通,展示了环科园打造高端平台、提升发展层次的重要成果。

【环保服务业】 创建国字号品牌,丰富国家级园区内涵。2014年上半年,环境保护部公布了环保服务业试点名单,环科园被列入其中。目前,园区正创设“环境医院”,服务中国环境。重点开展促进环保服务业发展的保障政策和环境管理机制试点,开展环境咨询服务;重点探索建立以环保装备交易为重点的公共服务平台、成立环保产业集团和产业联盟、建设环保装备设备检验检测的标准化体系及平台、推动工程总承包发展。

【国家级创新型特色园区创建】 国家级创新型特色园区创建工作顺利通过了专家评审。作为国内唯一以发展环保产业为主题的特色高新区,近年来园区加快整合发展资源,不断完善平台载体,深入推进政产学研合作,全力构建科技研发、成果转化、产业应用于一体的创新体系,各类优质要素加速集聚,创新创造氛围日益浓厚,环保产业的发展活力和竞争实力持续增强,为建设国家级创新型特色园区奠定了坚实基础。

【留学人员创业园】 江苏省宜兴留学人员创业园(以下简称“留创园”)申报国家级孵化器评审答辩工作在北京顺利完成。留创园为省级科技企业孵化器,总投资1.5亿元,建筑面积3.75万平方米,是集研发、孵化、转化、产业化于一体的智能化、多功能的高新技术企业孵化基地和留学人员回国创业基地。依托环科园特有的环保产业集群、完善的环保人才队伍、发达的营销网络,经过4年多的发展,孵化器类型已由综合类逐步向专业类过渡,在孵企业有70%以上为环保类企业。

【企业科技创新服务】 加大项目服务力度,巩固企业创新发展势头。组织企业各类科技政策和业务培训5场次,参训人数达到500多人次。2014年3月份组织了企业科技计划项目申报和管理业务的培训,7月份组织了高新技术企业的申报与管理业务培训,9月份组织企业知识产权工程师资格培训。

【科技项目】 2014年,组织企业申报省级以上项目41项:其中国家中小企业创新基金项目5项;科技部国际合作项目1项;科技部火炬计划项目6项;国家重点新产品3项;省重大科技成果转化项目3项;省中小企业创新资金项目6项;省工业支撑项目5项;省农业与社发项目12项;组织企业申报宜兴市级项目19项:其中工业支撑项目10项;民生科技与农业项目8项;产学研合作项目1项。另外环科园承担了国家科技部重大支撑计划项目——“高效智能化水处理装备研制及产业化”,有10家企业承担了该项目的子课题研究,得到科技部2800万元科技经费支持。2014年园区企业共对上争取科技项目支持资金5655万元。

【企业创新】 园区企业创新投入达到16.8亿元,创新投入占GDP的比重达到3.26%。2014年新申报高新技术企业7家,到期高新技术企业重新申报10家,复审8家,申报省高新技术产品55项,申报省民营科技企业12家。组织企业申报专利各类专利213件(截至2014年7月):其中发明专利86件,实用新型专利96件,发明专利授权28件。截至2014年年底,园区共拥有有效发明专利176件,万人拥有授权发明专利达到25.6件。2014年9月份组织申报了省知识产权试点示范园区。

【政产学研合作】 加大科技资源集聚,提升政产学研合作综合效益。环科园与湖北理工学院合作共建了宜兴首所本科类环保专业大学——湖北理工学院宜兴工程学院。该学院旨在围绕产业发展培育实用型人才,针对企业发展中存在的高技能人才短缺状况,加快高技能人才培训,促进宜兴环保产业转型升级。2014年9月初举办了开学典礼;11月初,学院还成功举办了首届秋季招聘会,20余家来校招聘的企业、公司的相关人员参加了此次招聘会,更好地拓宽湖北理工学院宜兴工程学院毕业生就业渠道,满足宜兴各大企业、公司的用人需求。

为加快环科园在全国树立有影响的政产学研合作标杆,拓展环保合作新领域,积极与中国科学院武汉岩土力学研究所、华中科技大学机械学院、武汉科技大学、湘潭大学等多所院校进行交流接洽。环科园与武汉科技大学资源与环境工程学院签署战略合作协议;引荐江苏兴海环保科技有限公司、无锡利保科技发展有限公司等与四川大学建筑与环境学院进行了对接,并就建立国家烟气脱硫工程技术研究中心宜兴分中心达成协议;引荐佳晨机械与华中科技大学机械学院团队签署了项目合作协议;环科园和中国科学院武汉岩土力学合作的中宜生态土研究院正式运行,并承建了国内一些环保工程项目,主要开展土壤修复,污泥、淤泥高值化处理方向的研发和产业化;由南京大学牵头,与同济大学、浙江大学、中国宜兴环保科技工业园共同建立的“水污染控制先进技术与装备协同创新中心”及其下设的“成果转化基地”“人才实训基地”,在园区正式成立;中宜金大旗下的宜正环保电商业务势头良好,为迅速提升影响,扩大业务,拟成立独立环保电商运营公司,并积极拓展与南京富士通南大软件技术有限公司的合作。

【科技人才】 加大招才引智力度,筑高智慧园区平台,强化人才激励机制。一方面加大高层次人才引进力度,建立较强吸引力的人才集聚机制,另一方面加大引进人才方面的投入,营造良好的创新创业环境。贯彻落实无锡“东方硅谷”和宜兴“陶都英才”政策,结合环科园实际制定《关于科技企业入驻孵化器的管理办法》《环科园高层次人才入住人才公寓管理办法》等措施,尤其是面向紧缺人才、领军人物采用“一事一议”,用好“科技镇长团”“千人计划工作站”“中国宜兴教授网”等人脉资源,构建了较为完善的引才体系。截至2014年10月,已引进双高双创人才70名,海归人才19名,科技创业企业15家,国家“千人计划”人才2名,申报陶都英才项目企业2家,运营良好的“530”企业15家,年销售超千万“530”企业8家,年销售超千万“陶都英才”企业6家。以同济大学环境工程系硕士研究生李彦俊为核心团队创办的江苏绿田环保科技有限公司主要业务是污水处理、水质监测,为园区环保企业大军提供了一支较高素质并富有激情和创新精神的创业团队。

【科技金融】 探索科技金融工作,助推企业加速成长。为完善园区科技金融体系,2014年上半年组织召开了“新三板”拟上市科技型中小企业培训会议,举办了“新三板”拟申报科技型中小企业定向培训,走访多家科技型中小企业宣传“新三板”并提供相关上市服务,鼓励服务企业进行风险补偿资金贷款入库以及江苏省科技成果转化风险补偿专项资金贷款(简称“苏科贷”)、宜兴市科技型中小企业信贷风险补偿资金(简称“宜科贷”)的申报工作。目前,园区企业共申请苏科贷1000多万元,凌志环保股份有限公司已成功上市,江苏弘茂重工股份有限公司、无锡跃江市政工程有限公司已在天津股权交易所挂牌。此外,江苏菲力环保工程有限公司、无锡宜友机电制造有限公司、江苏蓝天沛尔膜业有限公司3家企业正在进行股改,预计2015年可在新三板挂牌。

【国际科技合作】 开展国际技术对接工作,推进创新国际化。强力推进“中新水处理国际创新园”工作,大力推进“中韩环保产业园”建设。积极组织举办和参加了一系列国内外清洁、环保技术对接交流活动。在不断加深与园区原有七大国际技术转移中心合作的基础上,2014年先后与澳大利亚贸易委员会、新加坡工商总会、加拿大绿色中心、加拿大西安大略大学技术转移中心、以色列驻华大使馆商务处、欧盟气候知识创新协会(Climate-KIC)、环保部国际合作中心、省科技厅跨国技术交流中心等国内外组织机构建立了较好的合作网络,在加拿大设立了环科园北美代表处,开拓了新的国际国内合作渠道。博大环保和芬兰赫尔辛基大学环境大学合作的油泥分离技术/石油污染土壤(油泥)微生物无害化、资源化处理关键技术及成套装备的研发及产业化、新纪元环保和法国TMW能源集团基于MHD太阳能多相多级除湿低温低压蒸发浓缩再循环水处理技术引进再研发各自获得了科技部2014年度中小企业发展中欧国际合作300万元专项资金扶持。引进了宜兴市凌泰环保设备有限公司和加拿大BOYDEL公司的高效自控电催化综合污水系统集成技术和装备,还引进了澳洲GHD公司的华东办事处、百度宜兴网络推广中心等公司。截至2014年年底,园区共组织各类国际技术交流对接会15次,达成合作意向项目20多项。

【环保展示推广平台】 打造环保展示推广平台,发布触摸国际环保潮流。宜兴国际环保展示中心位于环科园绿园路北侧,建筑面积1.6万平方米,是集园区规划、新产品、新材料、新技术、产学研一体的大型专业展示馆。作为一个环保产业展示、交流、交易、电子信息一体化的大市场,设有园区介绍、科普宣教、产品展示、技术交流、国际合作、绿色论坛六大功能区,建设定位为国内外环保产业及国际清洁能源中心的科技成果转化和交流推广平台、生态经济的体验中心、绿色低碳的教育基地,先进环保的展示窗口。2014年10月25日顺利举办开幕展并同期举办了开馆仪式和网站开通仪式。

(刘 涛)

常州国家高新技术产业开发区

Changzhou National New & High Technology Industry Development Zone

【概 况】 2014年,常州国家高新技术产业开发区(以下简称"常州高新区")坚持实施创新驱动核心战略,大力推进科技创新工程,科技综合实力和支撑发展能力持续增强,科技创新主要指标和反映经济转型、产业升级的指标呈现良好态势。2014年,服务业增加值增速快于GDP增速达6个百分点,创意、光伏等新兴产业产值增幅达25%,高新技术产业产值达1168.9亿元,占规模以上工业总产值比重达50.7%,每万人发明专利拥有量23件。

【创新型企业】 培育"十百千"创新型企业,集聚一批拥有自主知识产权和核心竞争力的创新型企业群体。全区高新技术企业总数达330家,居全省各类开发区前列。区内企业承接省以上科技项目120项,获资金支持1.4亿元。其中,省重大成果转化项目立项11项,居全省开发区首位。

【创新平台】 开辟"智力-孵化-产业化"新路径,推进重大创新平台建设。2014年,浙江大学常州工业技术研究院投入运营,建成10个研发中心,当年销售超3000万元;印刷电子产业研究院建成"中国印刷电子公共服务平台";中国科学院遗传资源研发中心(南方)签约落户。

【科技孵化器】 加强孵化引导,打造保障链。一是深化孵化器体系建设,鼓励多元主体兴办各类孵化加速器。2014年,由西夏墅镇创办的工具产业创业中心成为全区第4家国家级孵化器。目前,全区4家国家级孵化器中,2家由镇、街道创办,1家由民营企业创办。二是强化创新政策引导作用。2014年区财政用于科技创新支出5.2亿元,占财政支出比重9.47%。创新扶持方式,以"拨改投""拨改贷"等方式,引导技术、人才、资金等创新资源向创新创业企业集聚。

【科技人才】 深入实施"龙城英才计划",加大高端创新创业人才和团队引进培育力度。连续3年入选省"双创团队"。设立全市首家诺贝尔奖获得者工作室。累计引进国家千人计划专家83人,居全省各类开发区第2位。

【科技金融】 以建设"省级科技金融合作创新示范区"为抓手,促进科技金融融合。常州高新区科技金融服务中心和小微企业金融服务中心投入运营,形成40亿元的资金池,集聚各类金融服务机构40多家。2014年,全区新三板签约企业21家,挂牌7家。30家企业获"苏科贷"项目融资1亿元。

【重大科技活动】 江苏省成果转化项目催生国家绿色镀膜工程中心常州落地。2014年5月16日,兰州交通大学国家绿色镀膜工程中心常州基地在常州国家高新区正式开工建设。常州市委书记阎立、副市长王成斌、常州高新区党工委书记张东海、管委会副主任嘉秀娟、兰州交通大学党委书记王萍、副校长刘振奎等领导出席开工仪式。依托兰州交通大学和兰州大成科技股份有限公司组建的国家绿色镀膜技术与装备工程技术研究中心是全国表面工程领域、镀膜行业第一个也是唯一一个国家工程技术研究中心。近年来,大成公司成功获得江苏省科技成果转化资金项目600万元支持,把绿色镀膜技术从汽车零部件方向的应用扩展到太阳能光热领域,并获得2014年国家科技支撑计划项目的重点支持。大成公司以项目撬动资金、人才、土地等创新要素的快速集聚,为兰州交通大学国家绿色镀膜工程中心常州基地的落地奠定了坚实的基础。常州基地区别于兰州基地,将侧重工程技术开发、成果转化和产业化。基地占地6.67万平方米(100亩),分两期建设,计划2017年全面完工,将建成集研发、工程化、检验测试、咨询、培训和产业化为一体的公共技术服务平台和产业化基地,成为兰州以外唯一的永久性载体。

"国际华人科技企业协会"来常州高新区留创园考察交流。为做好海外高层次人才引进工作,积极组织海外高层次人才和项目交流,2014年7月13日,国际华人科技企业协会会长蒿坤岳一行12人携以电子信息、环保节能、生物医(制)药等新兴产业项目,在常州高新区留学人员创业园会议室开展了对接洽谈活动。

常州高新区全面推进"新三板"企业上市培育工作凝聚创新型企业后发优势。2014年1月16日,常州高新区抢抓全国中小企业股份转让系统启动的战略机遇,适时召开"新三板"企业上市培育推进会。申银万国证券股份有限公司、东方花旗证券有限公司、江苏东晟律师事务所等证券、金融公司、律师事务所等22家中介机构代表,以及区内47家高成长性科技企业的80名代表参加了会议。

2014年1月16日,"新三板"企业上市培育推进会在常州国家高新区召开。

截至2014年年底,全区已有22家企业与券商签订协议,其中9家企业已完成股改,2家企业已将材料上报股权交易中心。

(朱咏梅)

苏州工业园区

Suzhou Industrial Park

【概　况】 苏州工业园区(以下简称"园区")是中国和新加坡两国政府间的重要合作项目,于1994年2月经国务院批准设立,同年5月实施启动,行政区划面积278平方千米,其中,中新合作区80平方千米,下辖4个街道,常住人口约78.1万人。

2014年,苏州工业园区紧紧围绕工委、管委会"坚持创新引领,率先改革突破"的决策部署,深入实施生物医药、纳米技术应用、云计算等产业发展计划,大力培育科技型自主品牌企业,扶持科技领军人才项目加速成长,扎实推进"扎根计划",优化创新生态环境,加快构建以企业为主体、市场为导向、政产学研用相结合的科技创新体系,取得了较好成效。

【新兴产业】 全年实现三大新兴产业增幅31%,其中实现生物医药产值280亿元,同比增长20.2%;实现纳米技术产业产值201亿元,同比增长41.5%;实现云计算产值192.8亿元,同比增长31.3%,带动八大战略性新兴产业(制造业)产值超2200亿元,占规模以上工业总产值的比重超60%。

纳米产业。在纳米功能材料、LED、触控、MEMS、微纳柔性制造、氮化镓等领域掌握国际一流、国内领先的产业核心关键技术,产值增长迅速,发展潜力较大;首期投入3.2亿元的纳米大科学装置首期示范工程正式启动,中科院电子所苏州产业研究院落户,高性能纳米陶瓷纤维国家地方联合工程研究中心挂牌。2014年建设了国内首条市场化、全开放的微机电系统(MEMS)中试平台,该平台已吸引国内MEMS领域90%骨干企业来园区创业,园区已被国际上视为全球八大微纳制造聚集区之一。

生物医药。已形成覆盖新药创制、医疗器械(含体外诊断)、生物技术等多个特色产业集群,新药领域共有16个1类新药分别处于完成Ⅲ期临床、进入Ⅲ期临床、取得临床批件、临床申报受理阶段,医疗器械领域共有97个产品获得注册证并规模销售;中科院药物所成果转化中心、中国药科院苏州系统所、牛津大学技术转移中心正式运作,信达生物正式开业,景昱医疗脑起搏器取得省内第一张三类有源植入产品生产许可证。

云计算。重点打造智慧基础云、健康及医疗云、文化教育云、企业云、交通云、旅游云、电子商务云和电子政务云八朵服务和应用云彩,其中旅游云产业规模排名全国前三,部分细分领域位列全国第一位。电子商务云有中国首家分销链价值整合服务商,业务规模已达20亿元。加强云计算相关产业培育发展,鼓励草根创业,在量中求质。截至2014年年底,已授牌认定了启点咖啡、创客邦、36氪等17家云计算创新孵化器,孵化了一批优秀云计算项目,认定了25个云计算创新项目,吸引了全国乃至国际上的云计算相关创新创业项目落户园区,云彩创新创业氛围日趋浓郁,“金鸡湖创业长廊”品牌初步打响。

【科技企业】 2014年新引进468个科技项目,全年又新增12家销售过亿元的科技型自主品牌企业,实现50家科技型自主品牌企业全部超亿。

企业成为资本市场追捧热点,通和资本、元生创投、经纬创投、千骥资本、中国高新投、省高投、联想之星、启迪创投、东方富海、凯鹏华盈、英飞尼迪、崇德资本、华登国际等近20家知名VC投资园区科技企业,中电集团、雷柏科技等产业资本投资园区科技企业。同程网获得腾讯、博裕、元禾和携程4家机构入股,目前持有现金20亿元。

企业股改上市进程加速。天华超净创业板上市,累计IPO上市科技企业达11家,德龙激光、艾隆科技、麦迪斯顿、华澳轮胎、太谷电力5家企业进入江苏省证监局辅导,旭创科技启动海外上市;15家科技企业实现新三板挂牌,一批科技企业积极筹备新三板挂牌工作。

【科技金融】 拨:围绕支撑创新并适度向培育成长倾斜的要求,通过调整科技政策、做大做强政策性科技金融平台,依靠市场化手段,利用政府有限资金撬动更多社会资金,促进科技企业产生更多社会和经济效益。通过科技资金“拨改贷”试点,成功帮助吉玛基因获得银行授信1000万元(科技资金放大20倍)。

贷:统贷平台共支持科技型中小企业90家,发放贷款超1.5亿元。此外,园区风险补偿资金与省、市三级联动,与银行、担保公司合作,推出“助力贷”“科技贷”以及“苏科贷”等风险补偿类创新产品,帮助76家中小企业获得贷款2.7亿元。

投:领军创投基金完成了16个科技领军人才项目的投资和决策,新增协议出资金额4250万元。创投引导基金累计参股3支子基金,协议出资金额7750万元,并实现财政资金吸引社会资本放大倍数7.87倍;引导基金全年跟进投资企业18家,出资金额2690万元,推动企业获得通和资本、中国高新投等VC基金后续融资约5亿元。

【科技人才】 全年新增评审124个领军团队,累计达730个。前7届领军人才项目累计评选606个,其中513个完成注册,企业累计投入资金总额超50亿元,累计申请专利4850项(其中发明专利3500项,占比72%),实现就业人数超1.2万人(其中研发人员7000人,占比58%),累计97人入选国家“千人计划”,累计119人入选“江苏省高层次创新创业人才”,累计180人入选“姑苏创新创业领军人才”,入选各级领军人才计划人数持续保持全国开发区和省市第一。

众多获评领军的项目在自身高速发展的同时带动了一大批上下游合作伙伴落户园区,建立了以融合通信、核酸药物、纳米技术、医药疗器械等为代表的多个产业联盟,形成了纳米新材料、微纳制造、触控技术、纳米新能源、光通信、大数据、抗体药物、微纳米级药物分离纯化、生物诊断与检测等一系列科技产业链。

【知识产权】 全国重点建设3家专利导航产业发展实验区之一、全国首批重大经济科技活动试点开发区、国家中小微企业知识产权培训基地,省内首批国家知识产权示范园区。截至2014年11月,园区发明专利授权1279件,同比增长24.8%,万人有效发明专利超60件,PCT专利申请165件,占整个苏州的40%,整个江苏的15%。

【智慧城市】 全区社会、公众、企业、政务信息化水平不断提升,获批成为全国首批智慧城市试点,与新加坡达成智慧城市发展战略合作;智慧城管、智慧交通、智慧医疗、智慧社区等重点信息化民生工程建成投运,"地理、人口、法人"等信息资源整合共享、协同应用不断深入;宽带园区、协同园区、宜居园区、亲民园区和云彩新城的"四区一城"智慧城市发展体系、发展模式初步形成。

(邹和成)

泰州国家医药高新技术产业开发区

Taizhou National Medical New & Hi-tech Industrial Development Zone

【概 况】 2014年,泰州国家医药高新技术产业开发区(以下简称"泰州医药高新区")完成高新技术产业产值211.27亿元,同比增长32.3%,增速高于泰州市平均14个百分点,高新技术产业产值占规模以上工业总产值的43.5%;R&D占GDP比重为1.01%,同比增长43%。

【科技孵化器】 2014年新增科技孵化器面积23万平方米,引进新兴产业项目20项;科技服务业产值4亿元;新增省级以上高新技术企业14家,其中三部委认定的高新技术企业5家;新增省科技型中小企业15家、省民营科技型企业24家、市级创新型企业6家;新增省高新技术产品34个。

【知识产权】 新增专利申请量604件,同比增长37.3%,其中发明专利263件,同比增长50.3%。

【研发机构】 新建产学研联合体14个;新建市级以上研发机构7个,其中省级工程技术研究中心2个,新增市级以上绩效优良研发机构6家。

【科技计划】 组织申报各类科技计划项目178项,获得国家级立项4项,省级立项13项,市级立项40多项,累计上争各类科技计划资金5800万元。

【科技金融】 科技金融渠道不断拓宽,7家企业获江苏银行科技贷款资助2100万元,16家企业获农业银行科技贷款资助10980万元。

【科技人才】 人才特区政策得到有效落实,截至2014年年底,累计引进高层次人才585名,其中国家"千人计划"专家28名,省"双创计划"专家12人,3个团队入选省"创新团队"。

(贾爱存)

昆山国家高新技术产业开发区

Kunshan National New & High Technology Industry Development Zone

【概 况】 昆山国家高新技术产业开发区(以下简称"昆山高新区")是昆山大力实施开放条件下的自主创新、加快高新技术产业集聚发展、推动经济发展方式转变的重要载体。

2010年9月,昆山高新区经国务院批准成全国县级市首家国家高新区,被列为国家科技服务体系试点园区、海外高层次人才创新创业基地。昆山高新区位于昆山市中西部,东与昆山经济技术开发区相连,西与苏州工业园区接壤,区域面积118平方千米,沪宁高速、苏昆太高速、312国道、京沪高铁、沪宁城际穿区而过,区位优越、交通便捷,是人流、物流、资金流和信息流的重要集散地。

2014年,全区完成地区生产总值769亿元,公共财政预算收入70亿元,工业总产值2200亿元,分别增长3.6%、8.1%和0.9%。高新技术产业、新兴产业产值占规模以上工业产值比重分别达67%和57%。

【科技成果】 全年认定中小企业创新基金1个、高新技术企业73家、高新技术产品199个、争取各类科技经费超2亿元,专利申请超8000件,授权专利超4200件(发明专利授权372件)。永年激光3D金属打印平台面市,能讯第三代半导体技术应用于4G移动通讯,永年激光与斯格威焊接分获第三届中国创新创业大赛企业组第二名、团队组第五名。

【公共技术服务平台】 依托工研院、清华科技园、高新技术创业服务中心等重点载体,加快打造阳澄湖科技创新核心区。提升机器人、小核酸及生物医药、模具等各类孵化器、加速器支撑技术攻关、应用转化的能力。小核酸研发实验楼投入使用,6个GMP/GLP设施加快建设。皓康科技被认定为省级科技企业孵化器,研华科技启用全球协同创新研发中心,支持富士康华南检测中心、牧野机床检测中心、宾科紧固件检测中心为中小企业提供技术服务。

【产学研协同创新】 与高等院校、科研院所深度合作,高效运作昆山产业创新研究院、南京大学创新研究院、西安电子科技大学昆山创新研究院、浙江大学昆山创新中心等产业智库,推动科技成果转化和产业化,投运北斗产业大楼、浙江大学六大研发中心、智能装备产业创新基地,认定各级各类研发机构近100家、产学研联合体超80项。

【新兴产业】 出台以机器人及精密装备制造产业为重点的"一区一战略产业"发展实施意见,完成省级机器人大学科技园申报,3家企业完成省级成果转化联合招标工作立项。完善机器人"六位一体"发展机制,集聚机器人项目超50个,产值达300亿元,省级机器人大学科技园获得省科技厅与教育厅的联合认定。小核酸产业集群被列入国家创新型产业集群试点,瑞博小核酸药物进入临床试验审批,创全国小核酸领域先例,江苏第一个1.1类新药泽璟抗肿瘤药物进入临床Ib期试验,小核酸千人计划研究院获得省级认定。

【两岸科技】 以昆山深化两岸产业合作试验区建设为契机,强化与台湾地区园区建设、产业项目、成果转化等领域对接合作,加快南淞湖2.5产业科技园规划建设步伐,构建科技成果产业化和新兴产业集聚平台。

【科技合作】 纵深推进与姜堰经济开发区挂钩合作,全力建好昆山高新区姜堰工业园,着力打造产业、技术集聚发展制高点。加大经贸交流合作联动,全面盘点存量状况和增量资源,提升经济效益和质量;扩大科技创新合作联动,充分发挥科技载体和企业的创新功能。

【科技人才】 招才引智。围绕产业转型发展需求开展高校招才活动,着力培养和引进高层次科技人才、高水平创新创业团队、高素质管理人才以及高技能使用人才。预计新增国家"千人计划"人才6名、国家"创新人才推进计划"人才1名。

人才培育。昆山杜克大学正式招生,高效运作国家高新区人力资源开发工作站。小核酸研究所获批省级千人计划研究院和博士后创新实践基地,天瑞仪器获评省级院士工作站,投运德国福伊特中国"双元制"培训中心,新增高技能人才1500名,每万名劳动力中高技能人才数超480人。

【科技金融】 获批省级科技金融创新合作示范区,加快建设财富广场,逐步健全科技金融服务体系,完成投资、担保和发放科技贷款10亿元,高新债(一期)顺利发行。丘钛科技香港上市,江苏正佰电气股份有限公司、昆山三景科技股份有限公司、江苏荣腾精密组件科技股份有限公司、昆山飞宇科技有限公司、昆山特思达电子科技有限公司"新三板"挂牌,新增拟上市和挂牌企业4家、"新三板"签约企业5家。

(沈慧峰)

江阴国家高新技术产业开发区

Jiangyin National New & High Technology Industry Development Zone

【概 况】 2014年,江阴国家高新技术产业开发区(以下简称"江阴高新区")全年完成地区生产总值710.52亿元,比上年增长12.01%;规模以上工业产值1468.98亿元,增长7.85%;公共财政预算收入54.79亿元,增长12.26%;全社会固定资产投入423.87亿元,增长10.12%,其中工业投入286.92亿元,增长10.12%;2014年,江阴高新区获批同意建设苏南国家自主创新示范区,并获得全国示范型国际科技合作基地、国家火炬计划特色产业基地、国家创新型产业集群(试点)、国家现代服务业产业化基地等国家级牌子和上市公司总部集聚园、孵化链条建设示范园区、江阴现代中药及生物医药科技产业园等省级牌子。在2013年度全省136家省级以上开发区科学发展综合考评中名列第10位,两年共上升9位,跻身全省国家级开发区十强,远超27家国家级开发区和所有省级开发区。

【苏南国家自主创新示范区建设】 2014年10月20日,国务院正式批复同意江阴高新区等8家国家高新区和苏州工业园区共同建设苏南国家自主创新示范区,标志着江阴高新区已被纳入国家战略。按照批复要求,要全面实施创新驱动发展战略,充分发挥科教人才优势和开发开放优势,积极开展激励创新政策先行先试,激发各类创新主体活力,加快科技成果转移转化,提升区域创新体系整体效能,努力建设成为创新驱动发展引领区、深化科技体制改革试验区、区域创新一体化先行区和具有国际竞争力的创新型经济发展高地。年内,江阴高新区根据江苏省科技厅工作部署,完成《江阴高新区苏南国家自主创新示范区实施方案》编制,规划"一城三区五园"载体发展格局,即江阴滨江科技城、扬子江科技金融总部园区、御龙湾科技创业社区、城南大学科教园区、特钢新材料及金属制品科技产业园、传感网(集成电路)科技产业园、汽车整车及关键零部件科技产业园、江阴现代中药及生物医药科技产业园、青阳高端智能装备科技产业园,并明确把建设江阴滨江科技城作为创新核心区,推进一批重大创新载体与重点平台建设,促进园区提档升级,进一步增强对区域创新发展的辐射带动力。

【科技创新创业】 2014年,江阴高新区突出科技企业创新主体地位,加快高新技术研发和产业化步伐,实现产业链和创新链双向融合,不断提升区域自主创新能力,优化创新发展环境。全年实现高新技术产业产值885亿元,占全区规模以上工业产值比重达60%以上;新认定高新技术企业36家,累计拥有高新技术企业102家;新增省民营科技企业30家、江苏省高新技术产品42个。新引进诺贝尔奖得主1名,新成立诺贝尔奖得主领衔的哈特穆特·米歇尔生物医药(江阴)研究院,累计建成诺贝尔奖得主研究院3家;新增各类人才1225人,其中:"国家千人计划"人才3名、院士3名,省"双创计划"人才5名、省"博士计划"人才3名、省"六大人才高峰计划"人才1名;新增中介服务领军人才1名、海外留学人才15人,引进外国专家、海外工程师共25人,组织实施60多项产业技术研发项目,获得各类科技项目经费2.02亿元;累计申报专利2798件,专利授权量716件,其中发明专利授权63件,有效发明专利总量达到428件,每万人拥有有效发明专利28件。先后赴德国、俄罗斯、以色列、美国等国家进行科技合作交流,与德国于利希国家研究中心、瑞典乌普萨拉大学等签订科技合作和技术转移合作协议,江阴中德国际技术转移中心建成投运;与中国科学院合作建立中国科学院生态环境研究中心江阴事业部,天江药业与南京中医药大学合作成立南京中医药大学江阴天江中药配方颗粒产业技术研究院;凯博易机电科技参与完成"微通道管材与换热器制造技术及其应用”,荣获国家科技进步二等奖。四大特色园区新引进物联网、生物医药、服务外包、文化创意等各类科技创业项目108个,其中投资2000万元以上的项目17个;推动本地民营资本参与投资科技项目20多个;培育紫米电子等8家销售超亿元和高雷得电力等10多家超5000万元的科技创业企业。2014年,江阴高新技术创业园获批“国家火炬计划产业化环境建设”项目。

【特钢新材料创新型产业集群】 江阴高新区特钢新材料产业集群优势明显、产业链完整、发展迅猛,已建成1个省级产业技术联盟(江苏省高性能金属线材制品产业技术创新战略联盟)和国家金属线材制品工程技术研究中心、江苏省特钢工程技术研究中心、贝卡尔特亚洲研发中心和兴澄特钢研究院等一批具有国际先进水平的核心研发机构。集群充分依托江阴高新技术创业园、扬子江科技企业加速器和产业园等载体,形成了以江阴兴澄特种钢铁有限公司、法尔胜泓昇集团、比利时贝卡尔特集团等国内外知名企业为龙头的特钢新材料创新型产业集群。2014年集群已集聚产业链企业及服务机构132家,其中高新技术企业42家,上市企业3家,超百亿企业3家。2014年集群内企业实现销售收入908.23亿元,同比增长12%。江阴高新区已成为全国最大的特种钢“替代进口”生产基地和出口基地,并先后荣获国家“863计划”新材料成果转化及产业化基地和国家火炬计划江阴高性能合金材料及制品产业基地,在县域经济区域产业升级、产业振兴进程中发挥关键性作用和示范效应。到2015年,江阴高新区特钢新材料产业集群将打造成为具有国际先进水平的千亿级产业集群,成为世界一流的特钢新材料产业中心。

【科技服务】 2014年12月15日,江阴国家现代服务业研发与检测服务产业化基地通过了科技部的认定。近年来,江阴高新区研发与检测服务产业不断发展,围绕江阴本地主导产业,以特钢新材料及高端金属制品研发检测服务、集成电路封装研发检测服务、纺织新材料研发检测服务等为主的现代科技研发检测服务业发展迅速。通过政府引导,以龙头骨干企业研发检测中心为核心,搭建面向产业共性需要的研发检测公共服务平台,解决江阴及周边地区相关中小企业的研发检测需要,节约其发展成本。其中,法尔胜泓昇集团有限公司搭建的“中小企业金属材料检验检测公共服务平台”及必维申优质量技术服务江苏有限公司搭建的“面向纺织类中小企业的公共检验检测及技术支持服务平台”获得了2014年科技部中小企业技术创新基金科技型中小企业科技服务项目。江苏长电科技股份有限公司的“智能功率模块封装技术研发与产业化”获得了江苏省科技支撑计划(工业)项目——省产业技术研究院集成创新项目。通过该基地的认定,有利于进一步推动以企业为主体、特色园区为载体、产学研一体发展、金融资本深度参与、布局合理、要素集聚的江阴高新区研发与检测服务产业创新体系不断优化发展。

(阮 波)

徐州国家高新技术产业开发区

Xuzhou National New & High Technology Industry Development Zone

【概 况】 2014年,徐州国家高新技术产业开发区(以下简称“徐州高新区”)全年共实现业务总收入1763亿元,增长9.4%,完成高新技术产业产值570亿元,占比达51.5%,实现地区生产总值453亿元,增长12.5%,实现公共预算财政收入27亿元,增长22%,实际到账利用外资1.61亿美元。先后获批国家级科技企业孵化器、国家级安全科技协同创新基地,在全国国家高新区综合考核中,位居49家新晋级国家高新区第9位、全部115家高新区第69位。

【科技创新载体】 2014年3月,徐州高新区科教集聚区正式投入使用,目前已经进驻高科技型企业58家。徐州高新区科教集聚区占地12万平方米,总建筑面积14.5万平方米,可提高新技术研发、成果转化、中小企业孵化、投融资、专业人才培训等服务。

2014年11月,徐州高新区组织包括华中科技大学、吉林大学等5所高校的知名专家学者成立千人计划研究院,目前已有13个专家团队加入。千人计划研究院旨在孵化中小型科技企业,将高校的研究成果产业化,为高新区吸引更多的专家团队进驻。

【科研机构】 2014年,徐州高新区已累计拥有省级以上研发机构43个,其中江苏省企业院士工作站3家,博士后创新实践基地13个;市级研发机构152个,率先实现了研发机构规模以上企业全覆盖。

【产学研合作】 2014年3月12日,中国农业机械化科学研究院与铜山区政府、徐州高新区举行战略合作协议签约仪式。协议约定中国农业机械化科学研究院对铜山区及徐州高新区的农业相关企业进行技术支持。

2014年3月12日,中国农业机械化科学研究院与铜山区政府、徐州高新区在徐州举行战略合作协议签约仪式。

2014年6月21日,"智汇徐州"铜山、泉山、沛县科技人才对接会在徐州高新区隆重召开,来自南京大学、苏州大学、南京信息工程大学等13所高校参会,并与高新区内的多家企业举行了签约仪式。

2014年6月21日,"智汇徐州"铜山、泉山、沛县科技人才对接会在徐州高新区召开。

2014年10月8日,由徐州市人民政府、中国矿业大学和中国安全生产科学研究院主办,徐州市科技局、徐州市安全生产监督管理局和铜山区人民政府协办,徐州高新技术产业开发区管理委员会承办的中国(徐州)第四届安全科技产业协同创新推进会暨矿山安全科技成果展示交易会在铜山区会议中心隆重召开。共计50多家高校、30余家企业参会。会上确定成立中国矿山物联网协同创新联盟,致力于矿山物联网的顶层设计及矿山安全技术的研发。

2014年,已有12家区内企业与东南大学、山东大学等省内外名校成功建立了校企联盟。

【科技创新】 2014年,徐州高新区新增国家高新技术企业7家、并有6家企业完成国家高新技术企业复审,国家火炬重点高企1家,省高新技术企业13家。申报省级创新方法试点企业2家,省级高新技术产品192项,市级高新技术企业8家,市级高新技术产品55项;目前,获批省级高新技术产品129项,市级高新技术企业5家。

申报国家重点新产品3个,全部获批;申报第三批江苏省创新型试点企业2家。

累计申报各类专利2669件。其中发明专利518件。授权专利716件。

【科技人才】 2014年6月,徐州高新区完成招才引智计划和南美专家行活动。10月,与武汉大学等高校达成高端人才引进意向32个。2014年,全年引进江苏省双创人才15人,江苏省“企业博士集聚计划”4人,市双创人才10人,铜山区双创人才12人,申报苏北发展急需人才引进计划61人,申报国家创新人才推进计划2人,申报江苏省科技副总7人,申报六大人才高峰6个。

(郭 军)

武进国家高新技术产业开发区

Wujin National New & High Technology Industry Development Zone

【概 况】 2014年,武进国家高新技术产业开发区(以下简称“武进高新区”)认真贯彻上级工作要求,以苏南国家自主创新示范区建设为机遇,以创建国家创新型特色园区为抓手,大力实施创新驱动发展战略,大力推进新兴产业培育和集聚发展。

【高新技术产业】 加快发展高新产业。围绕传统产业高新化、高新技术产业化目标,武进高新区积极实施前瞻性培育、主导性发展、竞争性参与等差异化的产业发展方略,运用高新技术和先进适用技术推动传统产业转型升级,提升产业层次和市场竞争力。促进企业加大研发投入,园区大中型企业普遍建有研发机构,2014年规模以上企业研发经费投入达11.9亿元。以转型升级来提升发展水平,充分发挥创新驱动的倍增效应,不断壮大新兴产业,全力提高高新技术产业占比,2014年完成高新技术产值608.1亿元,占规模以上工业产业比重达79.9%。联合成立“国家创新型特色园区建设领导小组”,制定出台《武进国家高新区创新型特色园区建设方案》和《专项行动计划》,在强化创新引领、加强科技支撑、促进企业成长、营造创新环境等方面提出具体建设举措,有组织、有计划地推进创新型特色园区建设工作。

【创新主体培育】 引进培育创新主体。集中集成科技资源,加速推进高新技术企业、民营科技企业等创新主体的培育壮大,激发创新原动力。全年组织19家高新技术企业复审、13家企业重新申报高新技术企业,均已通过,新申报高企23家,认定22家,累计达110家;新增省民营科技企业101家。挖掘、培植科技项目源,着力推进重大成果产业化、重大核心技术攻关、重大科技创新平台等重大创新项目,全年申报市级以上科技计划项目373项,其中国家级科技项目53项;积极开发高新技术、高新产品,申报省高新技术产品152只,认定114只。围绕半导体照明、机器人及智能装备等新兴产业,组织搭建了半导体照明联合创新国家重点实验室(常州基地)、机器人及智能装备应用技术研究中心等一批公共研发创新平台,荷兰代尔夫特理工大学中国研究院已经签约入驻。全年组织申报省级工程技术研究中心16家、认定9家,认定省级研究生工作站3家,新增市级工程技术研究中心12家。

【科技人才】 围绕智能装备、节能环保、电子信息三大新兴产业的10多个细分行业,梳理行业领军人才,以优惠的政策和优良的环境招引人才,全年引进签约“龙城英才计划”项目42个;引进中高层次人才670名,其中海外人才190名;培育年销售超5000万元人才企业1家;共有6人入选2014年度“省双创计划”、12人入选“省博士计划”。重点围绕打造千亿级智能装备产业、五百亿级节能环保产业和三百亿级电子信息产业,定期开展校企对接,通过订单化培养和应届生招聘,引进双技人才。积极开展送政策、送服务进企业活动,及时兑现各类奖励,为企业引进紧缺型人才。

【科技服务】 紧紧围绕“政产学研用资介”等各类要素资源,着力打造优良的科技服务环境。把国家级武进高新技术创业服务中心建设作为区域创新体系建设的重点,构建全程化服务链,全年新入驻科技企业69家。深化完善与中国科学院系统、国内外知名高校的“1+N”产学研合作机制,按照“小分队、常态化”模式,组织开展产学研活动。积极鼓励企业进行技术成果转化,对专利或通过成果鉴定的技术成果产业化的给予奖励。将创投基金引入产学研合作项目,加速推进园区科技型企业科研成果产业化。设立专利代理、信息咨询、项目申请等各类中介,为创新主体各环节提供立体服务。全年签订产学研合作意向40个,正式实施20项,合同金额达1977万元;全年申请专利4522余件(其中发明专利1326件),授权专利1795件,净增有效发明专利192件。

【重大科技活动】 2014年5月20日,半导体照明联合创新国家重点实验室(常州基地)项目成果发布会在武进国家高新区举行,现场发布了COF封装技术应用、智能照明控制、LED植物照明3项前沿科技成果,来自全国各地的40多家企业参加了发布会。

2014年7月15日,武进高新区科技企业加速器正式启用。加速器可满足智能装备、节能环保、电子信息等产业的科技型中小企业进驻发展,并将极大缓解园区的用地压力。

2014年7月25日,2014中国科学院——武进半导体照明产学研对接洽谈会暨“智慧城市照明”专题论坛举行。活动汇集了来自中国科学院、台湾工业技术研究院、飞利浦Lumileds照明公司等科研机构和企业的专家,全面分析了半导体照明产业发展的新动态、新思路、新成果。

2014年7月28日,武进工业设计园二期全面启运,作为武进区产业培育战役“十大载体平台”之一,工业设计园将以二期启运为契机,为广大新兴服务业企业提供良好的发展平台。启运仪式后,来自工业设计和制造业的80余位企业代表进行了现场对接。

2014年7月30日,2014武进高新区创新创业人才项目集中签约仪式暨成果展示会在天安数码城举行,常州哲博数码科技有限公司、常州晶玺照明有限公司等10家企业签约入驻武进科创中心。

2014年9月26日,2014常州机器人及智能制造国际技术交流会举行,来自国内外机器人知名企业、机构、院校的上百位专家学者共同探讨了机器人与智能装备领域的前沿技术、关键技术、发展

2014年7月28日,武进工业设计园举行二期启运仪式暨创新设计与制造对接会在武进高新区举行。

趋势及最新科技成果。

2014年9月26日,台正机床装备联盟体常州体验中心启动,这是中国第一家数控机床集群终端产品体验中心,落户于武进国家高新区的常州创胜特尔数控机床设备有限公司,该中心将充分依靠联盟体的资源、技术和信息,秉承“实时技术信息传递之桥梁、新技术新产品推广之先锋”的理念,让联盟体和最终用户都能得到理想而实用的体验,同时,该中心还将带动常武地区数控机床行业和产业链的蓬勃发展,最终成为机器人和智能化装备产业的中坚力量。

2014年9月26日,台正机床装备联盟体常州体验中心启动仪式暨常州机电学院——台正机床联盟体校企合作签约仪式在常州机电职业技术学院举行。

2014年10月28日,“中德创新园区”节能环保产业投资说明会暨污染治理专题论坛在武进国家

高新区举行。会上，来自德国的专家、客商介绍了鲁尔区当地环保行业的发展情况及水污染处理领域的产业发展动态和投资机会，并与30家本地节能环保领域企业进行了面对面交流。

(虞昕琦)

南通国家高新技术产业开发区

Nantong National New & High Technology Industry Development Zone

【概 况】 近年来，特别是通过三年的"以升促建"，南通高新区高新技术产业发展特色逐渐凸显，创新创业环境不断优化，集聚集约发展成效明显，示范、引领和带动作用显著增强。园区框架逐步拉开，初步形成了以科技新城为核心，家纺产业园、空港产业园、机电产业园为支撑的"一区三园"功能布局。转型升级不断加快，致力一手抓创新、一手抓转型，集聚了瑞典宜家、美国德尔福等一批世界500强企业，引进了中国供销集团、中国华电集团、中国航空工业集团等一批"中字头"企业，2014年在建项目达38个，同比增长33.33%，总投资规模279.12亿元，同比增长69.01%。综合实力显著增强，2014年，实现地方公共财政预算收入49.81亿元、固定资产投资416.08亿元、工业应税销售1020亿元，分别增长11.3%、11%、17.8%。

【核心区建设】 坚持高点定位，全力加快核心区建设。高起点规划科技新城，使之成为引领高新区乃至全区产业转型的核心动力。科技新城总规划面积22平方千米，先期启动4平方千米。目前，高新区在建创新载体建筑面积55万平方米。

科技之窗：已实现主体结构封顶，正在推进幕墙、室内装修、智能化、楼宇亮化、景观配套等工程，预计2015年年底能够完成项目的竣工验收。重点打造四大功能板块：技术研发、创业孵化(加速)、科技金融、综合配套；布局上主要是建设"三区三园三院"：总部经济区、综合孵化区、专业孵化区，大学生创业园、留学生创业园、创意设计园，建筑研究院、海工研究院、纺织丝绸研究院。

2014年4月3日，江苏省政协副主席、江苏省政府党组成员、江苏省科学技术厅厅长徐南平在南通高新区考察。

科创大厦：主体工程竣工，进入室内装修阶段，2015年底可投入使用，建设以智慧软件为主题的专业化园区。着重打造三大平台，一是孵化平台，成立南通诚创企业孵化器有限公司，以此为主体运作智慧软件园。孵化培育发展移动互联网、电子商务、软件服务外包等产业。二是研发平台，以中国科学院软件中心为龙头，打造智慧软件园研发平台，同时招引一批研发团队和企业。三是支撑平台：引入云平台(PaaS)及数据中心基地(iDC)，提供信息化软件开发及运营的公共服务外包平台；引入甲骨文(Oracle)，打造IT人才培训基地；引入江苏虚拟软件园，为园区企业及区内企业提供软件服务外包业务。甲骨文实训、中科天艺、广和软件、连邦软件等一批项目即将入驻。

截至2014年年底，南通高新区拥有企业院士工作站5家、国家级博士后科研工作站6家，公共服务平台12家、省级产业研究院2家、省级工程技术中心35家，被确定为国家知识产权战略试点、省第二批新型试点。产学研平台方面，重点加强与中国科学院系统的研究院所、"211"工程系列大学的对接，推动与中航工业集团等"中字号"企业共建基础技术研究院，成立了南京理工大学、江苏大学、首都高校联盟等技术成果转化中心。2014年，推动产学研合作项目450多个，共建产学研结合示范基地70多个,合作企业数占规模企业总数达到了85%。下一步,重点深化与中国科学院战略合作,推动与高校院所共建更高层次的研发平台、成果转化平台,实现高校科研院所和企业技术创新链与产业链双向融合。

【科研平台】 发挥政府引导、企业主体作用,围绕产业创新需求,引进和建设各类公共服务平台。高新区层面,加快推进家纺研究院、船舶海工研究院、现代建筑研究院建设。其中,家纺研究院以突破家纺共性关键技术为重点,建成辐射全国的家纺产业技术创新和服务基地;船舶海工研究院以产学研为基础,以海兰信基金为依托,借助市场资源,助推德国、挪威等在谈项目落户,做大做强海工产业;现代建筑研究院以智能化管理和节能环保为重点,加强现代建筑产业技术项目的研究开发,加快以新型建材开发为重点的中试基地建设,筹建绿色建筑星级评定中心,努力走出一条具有区域特色的传统产业转型升级之路。

同时,积极筹建中铝中试研究院、苏州大学纺织研究院和压铸检测中心。企业层面:依托江苏公爵新能源汽车制造有限公司,建设中国工程院江苏公爵新能源汽车研究院;依托中广核中科海维科技发展有限公司,建设电子加速器研究院,打造以质子医疗加速器为核心的核医疗产业园;依托中国供销集团国际棉花交易中心,建设交易额超300亿元的现代化电子交易服务平台。科技金融平台方面,成立南通市第一家创业投资中心,16家基金单位入驻,总注册资本14亿元,管理资产规模超过30亿元。下一步,大力引进创投、风投和各类基金,加快筹建江苏银行科技支行,设立科技金融风险补偿、新兴产业发展等各类专项资金,进一步完善科技创新资金链。创新创业平台方面,大力推动民营孵化器、专业孵化器建设,建成各类科技孵化器5家,其中,省级2家,1家正积极申报国家级,在孵和毕业企业数200多家。大力实施人才强区战略,先后落户高层次人才62名,其中"千人计划"28名,引进的高层次人才主持或承担国家"863计划"、国家"973计划"项目达9个。

【产业转型与培育】 近年来,南通高新区一方面推动特色主导产业转型,另一方面加快战略新兴产业培育,推动经济转型发展。特色主导产业方面,以组建家纺、建筑研究院为突破口,引进、消化、吸收创新成果,推动家纺产业向创意设计、电子商务等新业态延伸,建筑业向绿色、智能化方向发展。截至2014年年底,省级家纺产业研究院15000平方米的办公、研发及服务场所正进行设计,国家知识产权快速维权中心已正式运行,通过快速通道获得外观专利223件;设计中心已与10家设计公司签署了入驻协议;研发中心已与3家高校创新团队签订了合作协议,被科技部确定为第五批国家技术转移示范机构。通创现代建筑产业技术研究院联合同济大学、东南大学、南京工业大学等高校,搭建了运营管理、研发、技术服务、企业孵化四大平台,重点推动智能建筑、绿色建筑结构、新型建材、建筑施工技术四大中心建设。比如,范平一硕士创办的江苏德明新材料有限公司,致力于绿色环保建材研发,酚醛泡沫绝热材料和不锈钢管材已成功投入市场。新兴产业方面,委托仲量联行对新兴产业发展进行研究,初步确定发展海工装备、健康医疗、节能环保三大新兴产业。将海工装备作为战略产业,利用江苏科技大学与乌克兰国立造船大学跨国技术转移中心,以海工装备协同创新基地为依托,并积极推动与中国船舶重工集团公司、中国电子科技集团公司合作,致力实现核心装备的国产化。规划建设高端医疗装备产业园,美国维京医疗装备、瑞士欧培德康复医疗设备等项目已入驻,"千人计划"专家刘一军、高家红、陈新建等的医学影像领域软件研发及设备生产,缪卫民教授、陈实教授的快速诊断试剂、靶向性治疗药物研发,张云博士团队的新型缓释多功能兽用补铁剂等创新项目加快集聚。节能环保产业重点依托省电机检测中心,以南通大任永磁电机制造有限公司、南通金驰机电有限公司、南通康平电动工具有限公司等为龙头,加快发展节能机电装备板块;以南通森蓝环保科技有限公司、南通华新环保设备工程有限公司为龙头,加快培育固废处理、污水处理设备板块。

【高新技术企业】 注重自主创新,大力培育高新技术企业。突出企业自主创新主体地位,大力培育壮大科技型企业。截至2014年年底,高新区高新技术企业数量占规模以上企业数比重达31.7%,高新技术产业产值年均增幅在30%以上,2014年高新企业研发投入达95.81亿元,实现总产值近777.82亿元,获得国内专利150多件。建立高新技术企业培育库,对大企业、小微企业和孵化企业进行分类指导。大企业培育上,重点建立研发机构,加大研发投入,增强自主创新能力。小微企业培育上,鼓励与行业领军企业合作,通过技术创新实现快速发展。比如,江苏中科海维科技发展有限公司与中国广核集团有限公司合作,加快核技术应用项目的孵化和产业转化,建设通州核技术产业化基地,预计2015年销售可超亿元(2014年销售为2512万元)。

【体制机制创新】 按照省市合作共建相关要求,南通高新区进一步创新体制机制,优化高新区管理体制,打造体制机制改革创新的试验区。对科技新城管理体制进行积极探索、先行先试,按照"小政府、大公司"的目标,注资3亿元成立江苏通科高科技投资发展公司,实行管委会加公司运作模式。探索建立市场化运作机制,在招才引资、公共服务平台搭建、"三创"载体管理等方面创新举措。建立多元化投入机制,在园区基础设施建设、创新载体建设及功能建设上创新办法,实现园区滚动开发,有序发展。构建高效管理机制,在建立职能明晰、权责明确、运转协调的工作机制等方面创新思路。集成各类创新政策,整合科技、人才专项资金,建立新兴产业引导资金,形成人才、科技、产业和财税等政策统筹服务于创新创业的优惠扶持政策体系,最大限度集聚创新资源。

(陆一炜)

镇江国家高新技术产业开发区

Zhenjiang National New & High Technology Industry Development Zone

【概 况】 镇江国家高新技术产业开发区(以下简称"镇江高新区"),位于镇江市区西部。前身是2006年4月15日省政府批准、2006年5月31日国家发改委公告设立的江苏镇江润州工业园区,国土部批复面积4平方千米。2012年9月12日,经省政府同意,江苏镇江润州工业园区更名为江苏省镇江高新技术产业开发区。2014年10月20日,根据《国务院关于同意支持苏南建设国家自主创新示范区的批复》(国函〔2014〕138号),镇江高新区升级为国家高新区,成为全国第115家国家高新区,同时跻身苏南国家自主创新示范区板块。2014年12月13日,习近平总书记在江苏调研期间,考察了位于镇江高新区的惠龙易通国际物流股份有限公司。

【创新驱动】 2014年,镇江高新区以建设"创新型特色园区"为目标,大力发展船舶和海工配套特色产业集群,打造引领区域经济结构调整和发展方式转变的新引擎。加速完善科技创新体系建设,年内建成江苏省第二批省级科技企业加速器、江苏省"苗圃-孵化器-加速器"科技创业孵化链条试点,与江苏科技大学等在镇高校合作,积极建设江苏省船舶与海工关键配套产业产学研协同创新基地等。

【体制改革】 建立镇江高新区与润州区"一套班子、两块牌子"管理体制,充分发挥高新区管委会的扁平化管理和行政区层级管理的优势。镇江市委、市政府授权镇江高新区享受镇江市级经济社会管理权限和审批权。积极探索采取"管委会+公司"的运作模式,充分发挥市场在资源配置中的决定性作用。根据镇江市产业集中集约集聚发展的工作要求,积极探索经济新常态下的专业化招商模式。

【创新创业】 江苏省镇江船厂(集团)有限公司2014年先后研发制造世界上第一艘全电力推进海供船、全国第一艘直流电站电力推进特种工作船和亚洲第一艘LNG单燃料(液态天然气)动力全回转工作船。惠龙易通国际物流股份有限公司坚持创新创业,建立国内首家货运集配电子商务平台。充分发挥近10万名在校大学生的优势,谋划建设镇江高新区创客中心。通过企业股权分红激励、财政奖励补助等方式,着重培育技术创新团队和企业家群体。

【高新技术产业】 根据科技部创新驱动、战略提升的总要求和江苏省科技厅“一区一战略产业”要求,镇江高新区以船舶及海工关键配套产业为战略性主导产业,致力于打造中国船舶及海工关键配套产业的创新中心。积极发展水科技产业、数字出版、电子商务。为承载更多国家战略,高新区委托中科院科技政策与管理科学研究所负责编制《镇江高新区产业发展规划(2015—2020)》,积极发展文化科技、互联网经济、智能服务等战略性新兴产业,大力推进生产性服务业发展。

【科技服务】 完善服务型政府职能建设,根据创新发展需要,科学设置管委会职能部门,采用聘任制、聘用制、全员竞岗制等有效用人机制,实行岗位薪酬、绩效薪酬和激励薪酬等有效激励模式,建立精简高效和服务型的管理机构。大力推进生态文明示范区建设,高新区整体绿化覆盖率达36.9%,大力推进绿色发展,2014年11月顺利通过江苏省生态工业园区考核验收,为高新区营造宜居宜业的绿色生态环境。

【科技金融】 镇江高新区是江苏省第二批省级科技金融合作创新示范区,科技金融中心被确定为首批江苏省科技金融服务中心。2014年,镇江高新区开始规划建设总占地0.66平方千米的镇江市科技一条街,集中建设镇江高新区科技金融服务中心、知识产权交易市场、技术交易市场等载体,定位打造镇江市科技金融结合的关键功能区。通过成立镇江高新区科技产业投资(集团)有限公司,搭建文化旅游、高新技术产业投资等上市平台,以及产业投资基金、风投、创投、科技小贷、担保等类金融公司,为高新区开发经营和建设提供强有力的金融支撑。

【科技人才】 镇江市委、市政府出台了《关于建设镇江市人才管理改革试验区(人才特区)的实施意见》,明确重点以镇江高新区为核心建设“人才特区”,在领军人才项目资助、创投融资体系建设、企业股权分红激励、产品政府优先采购、定期发放薪酬补贴、倾斜社会保险待遇、满足人才安居需求、领军人才医疗保健、推荐人才家属就业和子女入学等20个方面给予优惠保障。镇江高新区专门出台《关于加强“人才管理改革试验区”建设的实施意见》,启动实施“英才计划”,重点鼓励围绕高新区船舶及海工关键配套、水科技、现代物流等产业,引进和培育一批创新创业领军人才。2014年,高新区人才引进取得新突破,新引进国家“千人计划”4人、江苏省“双创”2人(团队)、镇江市“331”11人。

【国际合作】 着力引进境外研发机构入驻,美国普洛保利斯股份有限公司、美国普尔利斯有限公司2家外资企业已在高新区内设立了中国研发中心。怀特(中国)驱动产品有限公司研发机构获批江苏省级外资研发机构。镇江高新区积极推进国际商务平台合作,加强与江苏省友好省州的德国巴符州建立合作机制,推动巴符州有关高科技项目落户镇江高新区。推进与国外行业协会合作,2014年9月5日德国造船及海洋工程技术协会执行秘书长艾沃·阿斯姆森一行考察镇江高新区,积极推动高新区与德国船舶及海工配套产业项目开展国际化合作。主动承载国家级科技项目合作,主动对接中德两国科技部门“中德清洁水创新中心”项目。

(印兴剑)

科 技 人 物

Personages of Science & Technology

表彰和奖励人物

Winners of Praise & Award

【2014年度江苏省科学技术突出贡献奖】 根据《江苏省科学技术奖励办法》,省人民政府决定,授予2位院士2014年度江苏省科学技术突出贡献奖。获奖名单如下:

齐　康　东南大学
徐芑南　中国船舶重工集团公司第七〇二研究所

【2014年度江苏省国际科学技术合作奖】 根据《江苏省科学技术奖励办法》,省人民政府决定,授予3名外籍专家2014年度江苏省国际科学技术合作奖。获奖名单如下:

韦恪礼(德国)　埃马克(中国)机械有限公司
保罗·威科(英国)　南京市第一医院
米哈伊尔·弗·丘尔巴诺夫(俄罗斯)　扬州中天利新材料股份有限公司

【2014年度"十佳全国优秀科技工作者提名奖"、第6届"全国优秀科技工作者"】 为深入贯彻落实党的十八届三中、四中全会精神和习近平总书记系列重要讲话精神,大力弘扬尊重劳动、尊重知识、尊重人才、尊重创造的良好风尚,充分调动和激发广大科技工作者在实施创新驱动发展战略中的创新热情和创造活力,根据《全国优秀科技工作者评选表彰办法》规定,经推荐单位评选推荐、全国优秀科技工作者评审委员会评审、中国科协全国委员会常务委员会批准,决定授予包信和等10名同志"十佳全国优秀科技工作者"称号,授予丁长青等37名同志"十佳全国优秀科技工作者提名奖",授予田野等962名同志"全国优秀科技工作者"称号。江苏省获奖名单如下(按姓氏笔画排序):

十佳全国优秀科技工作者提名奖

张齐生　南京林业大学竹材工程中心

第6届"全国优秀科技工作者"

王　文	毛久庚	仓基俊	方继朝
尹佟明	孔祥清	卢光明	付梦印
朱照红	华子春	刘　圣	刘松玉
吴小翔	吴培服	汪联辉	沈增明
陈卫东	陈发棣	范玉金	赵善麒
袁训来	钱林波	徐旭娟	高玉峰
黄银和	常建强	蒋军成	程顺和
裘进浩	路建美	窦希萍	裴　军
谭国俊	缪协兴		

【第11届"江苏省优秀科技工作者"】 为贯彻落实党的十八大、十八届三中全会精神,深入实施创新驱动战略和科技与人才强省战略,大力弘扬尊重劳动、尊重知识、尊重人才、尊重创造的良好风尚,根据《江苏省优秀科技工作者评选表彰办法》的规定,经推荐单位评选推荐、省优秀科技工作者评审委员会评审,决定授予上官东恺等100名同志第11届"江苏省优秀科技工作者"称号。获奖名单如下(按姓氏笔画排序):

上官东恺　华进半导体封装先导技术研发中心有限公司
卞洪亮　盐城市妇幼保健院
孔　霞　江苏泰隆减速机股份有限公司
王　坚　盐城市新能源化学储能与动力电源研究中心

王文新　兴化市农业技术推广中心
王在良　江苏科圣化工机械有限公司
王连军　南京理工大学
王金和　江苏吟春碧芽股份有限公司
王章忠　南京工程学院
冯伟民　中国科学院南京地质古生物研究所
卢辉和　南通市第一人民医院
刘千喜　仪征亚新科双环活塞环有限公司
刘必成　东南大学附属中大医院
刘伟忠　镇江万山红遍农业园
刘屹东　盐城增材科技有限公司
刘维周　南京晓庄学院
刘喜坤　徐州市城区水资源管理处
孙建红　南京航空航天大学
孙凌云　南京大学医学院附属鼓楼医院
朱凤才　江苏省疾病预防控制中心
朱龙彪　南通大学
朱廷刚　江苏能华微电子科技发展有限公司
朱学农　江苏省华建建设股份有限公司
邢　飞　南京煜宸激光科技有限公司
冷志斌　江苏亚威机床股份有限公司
吴　勤　常州恐龙园股份有限公司
吴在军　东南大学
吴庆龙　中国科学院南京地理与湖泊研究所
吴爱国　泰州市姜堰区农业技术推广中心
张　憋　江南大学
张乃千　苏州能讯高能半导体有限公司
张宇峰　江苏省交通科学研究院股份有限公司
张志年　徐州绿之野生物食品有限公司
张志勋　如皋市勘测院
李　冰　江苏省环境科学研究院
李宗岭　连云港市农机试验推广站
李萍萍　南京林业大学
李榆容　江苏省镇江中学
李耀明　江苏大学
杨全民　连云港师范高等专科学校
杨桂山　中国科学院南京地理与湖泊研究所
沈良儒　泗洪县分金亭医院
肖　铁　南通职业大学
芮　涛　镇江市第一人民医院
邱永斌　江苏省陶瓷研究所有限公司
邵国青　江苏省农业科学院
陈　新　常州宁录生物科技有限公司
陈建平　江苏沿海地区农业科学研究所
陈海山　南京信息工程大学
周　莹　徐州医学院附属医院
周卫娟　江苏省国土资源信息中心
易兴中　南通建工集团股份有限公司
罗玉明　淮阴师范学院
郑玉平　国网电力科学研究院
郑金海　河海大学
郑晓南　中国药科大学
金亚明　泰州市中医院
姚　勇　无锡市人民医院
姜迎新　常州电站辅机总厂有限公司
胡少伟　南京水利科学研究院
胡永红　南京工业大学
郝卫强　常州南京大学高新技术研究院
钟　雨　江苏洋河酒厂股份有限公司
钟志远　苏州大学
骆宏鹏　扬子江药业集团有限公司
唐明霞　南通市农副产品加工技术协会
夏太寿　江苏省科学技术情报研究所
徐　岩　江南大学
徐　科　苏州纳维科技有限公司
徐南伟　常州市第二人民医院
桑　红　南京军区南京总医院
袁玉峰　中石化江苏油田分公司石油工程技术研究院
袁劲梅　南京中电环保股份有限公司
郭　彤　东南大学
郭会珍　江苏捷达交通工程集团有限公司
郭锡熔　南京市妇幼保健院
陶国良　常州大学
顾　健　江苏省苏北人民医院
顾立众　江苏食品药品职业技术学院

顾利平	江苏太湖锅炉股份有限公司
顾志强	江苏扬农化工集团有限公司
曹君利	徐州医学院
梁国春	江苏贝孚德通讯科技股份有限公司
章文华	南京农业大学
阎斌伦	淮海工学院
黄新明	东海晶澳太阳能科技有限公司
强晓刚	淮安市水产技术指导站
童举希	常熟理工学院
蒋　冠	徐州市疾病预防控制中心
蒋晓东	连云港市第一人民医院
蒋淮同	江苏腾宇机械制造有限公司
谢　乾	江苏卓易信息科技股份有限公司
谢吉民	江苏大学
韩伯群	江苏丰东热技术股份有限公司
鲁守强	邳州市农业委员会
鲍荣龙	镇江市润州区官塘桥街道农业服务中心
熊大曦	中国科学院苏州生物医学工程技术研究所
缪灯奎	江苏秀强玻璃工艺股份有限公司
蔡云清	南京医科大学
燕　红	南京大学

【第14届江苏省青年科技奖暨2013—2014年度“江苏省十大青年科技之星”】 为深入贯彻落实党的十八大、十八届三中全会精神,推进全面深化改革重大战略部署,服务人才强省战略、创新驱动战略实施,表彰奖励在全省经济社会发展和科技创新中做出突出成就的青年科技人才,激励广大青年科技工作者奋发进取,勇攀科技高峰,进一步营造创新、创业氛围,经江苏省青年科技奖评委会评审和社会公示,中共江苏省委组织部、江苏省人力资源和社会保障厅、江苏省科学技术协会决定,授予张运林等10名同志第14届江苏省青年科技奖暨2013—2014年度“江苏省十大青年科技之星”荣誉称号,授予王纯等10名同志第14届江苏省青年科技奖。获奖名单如下:(按姓氏笔画排序):

第14届江苏省青年科技奖暨2013—2014年度“江苏省十大青年科技之星”名单

张运林	中国科学院南京地理与湖泊研究所研究员
陆　海	南京大学电子科学与工程学院教授
施晓雷	南京大学医学院附属鼓楼医院肝胆外科副主任医师
赵　霞	江苏法尔胜光电科技有限公司高级工程师
徐正扬	南京航空航天大学机电学院教授
殷咏梅	江苏省人民医院肿瘤科主任医师南京医科大学第一临床学院教授
郭　彤	东南大学研究生院教授
顾学红	南京工业大学国家特种分离膜工程技术研究中心教授
赖文勇	南京邮电大学信息材料与纳米技术研究院教授
熊正琴	南京农业大学资源与环境科学学院土壤学系教授

第14届江苏省青年科技奖名单

王　纯	南京脑科医院心境障碍科副主任医师
朱岱寅	南京航空航天大学信息科学与技术学院教授
严　伟	南京南瑞继保电气有限公司研究院、厂矿保护控制所高级工程师
张　勇	江苏里下河地区农业科学研究所研究员
洪锦祥	江苏省建筑科学研究院有限公司技术开发部高级工程师
徐立章	江苏大学农业工程研究院副研究员
徐赵东	东南大学土木工程学院教授
袁晓冬	江苏省电力公司电力科学研究院新能源及配网技术室高

级工程师

郭志刚　南京师范大学生命科学学院教授

崔仑标　江苏省疾病预防控制中心病原微生物研究所副研究员

【江苏省第6届十大杰出专利发明人、江苏省第6届十大优秀专利发明人】 为增强全民创新意识，弘扬尊重知识、尊重人才、鼓励创新的时代精神，激励发明创造，促进专利技术的转化运用，表彰和奖励为全省发展创新型经济、建设创新型省份做出突出贡献的专利发明人，省知识产权局、省科学技术厅、省经济和信息化委员会、省教育厅、省人力资源和社会保障厅、省财政厅、省总工会、省科学技术协会、省发明协会联合组织开展了江苏省第6届十大杰出专利发明人评选活动，经过推荐申报、网上评审、公众投票、现场评审、综合审议和公示等程序，经研究，决定授予胡志超等10名专利发明人“江苏省第6届十大杰出专利发明人”荣誉称号，授予陈光等10名专利发明人“江苏省第6届十大优秀专利发明人”荣誉称号，并予表彰和奖励，奖励经费由省知识产权局直接拨付。具体获奖名单如下：

江苏省第6届十大杰出专利发明人

胡志超　农业部南京农业机械化研究所
吕爱锋　江苏豪森药业股份有限公司
李爱民　南京大学
路建美　苏州大学
刘加平　江苏苏博特新材料股份有限公司
徐云根　中国药科大学
郑　茳　苏州国芯科技有限公司
张逸芳　江苏神通阀门股份有限公司
赵跃民　中国矿业大学
郑玉平　国网电力科学研究院

江苏省第6届十大优秀专利发明人

陈　光　南京理工大学
曹永义　无锡锡洲电磁线有限公司
黄筱调　南京工业大学
卢秀强　江苏秀强玻璃工艺股份有限公司
李耀明　江苏大学
钱志忠　江苏沪宁钢机股份有限公司
宋爱国　东南大学
徐　岩　江南大学
薛　谊　红太阳集团有限公司
姚俊华　江苏万高药业有限公司

【2014年度江苏省政府津贴】 为进一步加强全省高层次人才队伍建设，根据国家人社部《关于开展2014年享受政府特殊津贴人员选拔工作的通知》(人社部函〔2014〕28号)，经各市、各部门逐级推荐，江苏省人力资源与社会保障厅组织专家评审，拟推荐江苏省电力公司南京供电公司陈德风等92人为江苏省2014年享受政府特殊津贴人员。名单如下：

陈德风　江苏省电力公司南京供电公司
柳　政　南京汽轮电机(集团)公司
张献民　无锡金龙凤大酒店有限公司
吕国忠　无锡市第三人民医院
赵宪宇　无锡市教育科学研究院
张　毅　无锡西姆莱斯石油管制造有限公司
刘文生　徐工集团铲运机械事业部
谢逸萍　徐州市农业科学院
韩从辉　徐州市中心医院
张永洁　常州宝菱重工机械有限公司
乔　森　常州公路运输集团有限公司
赖清云　常州市农业技术推广中心
盛荣生　盛利维尔中国新材料技术有限公司
任丽珍　常熟市水产技术推广站
钱王平　江苏沙钢集团有限公司
张德强　昆山国显光电有限公司
顾　星　楼氏电子苏州有限公司
匡启和　苏州国芯科技有限公司
朱成虎　苏州热工研究院有限公司

查金荣　苏州设计研究院股份有限公司
王　晨　苏州丝绸博物馆
姚惠芬　苏州姚惠芬刺绣艺术有限公司
张逸芳　江苏神通阀门股份有限公司
彭雪峰　中远船务(启东)海洋工程有限公司
李小民　连云港市第一人民医院
孙　键　正大天晴药业集团股份有限公司
陈兆刚　淮安万邦香料工业有限公司
戚玉培　江苏爱吉斯海珠机械有限公司
王　健　建湖县人民医院
韩伯群　江苏丰东热技术股份有限公司
刘进峰　江苏省盐城技师学院
熊新华　盐城市第一中学
杨　力　盐城市粮油作物技术指导站
李爱宏　江苏里下河地区农业科学研究所
陈　平　江苏省苏北人民医院
林道立　扬州市职业大学
裴　军　大全集团有限公司
王浩静　江苏航科复合材料科技有限公司
张国兴　镇江港务集团有限公司
张智敏　镇江液压股份有限公司
张柏和　江苏罡阳股份有限公司
刘　俊　泰州市姜堰区农业技术推广中心
滕召部　江苏腾盛纺工集团
金国华　江苏凤凰科学技术出版社有限公司
张兴来　江苏省美术馆
刘旺洪　江苏省社会科学院
张　跃　常州大学
李耀明　江苏大学
刘国海　江苏大学
李　畅　江苏经贸职业技术学院
方臣富　江苏科技大学
石　奇　南京财经大学
乔　旭　南京工业大学
周建斌　南京林业大学
董志翘　南京师范大学
汤国安　南京师范大学
王永贵　南京师范大学
闵锦忠　南京信息工程大学
朱东亚　南京医科大学
陈世宁　南京艺术学院
岳　东　南京邮电大学
闵春发　南京邮电大学
吴勉华　南京中医药大学
周建忠　南通大学
沈志平　南通纺织职业技术学院
陈国强　苏州大学
金太军　苏州大学
刘　庄　苏州大学
王建良　苏州工艺美术职业技术学院
张励才　徐州医学院
徐辰武　扬州大学
周晓燕　扬州大学
张石江　江苏省人民医院
梁幼生　江苏省血吸虫病防治研究所
贾晓斌　江苏省中医药研究院
冯继锋　江苏省肿瘤医院
季国忠　南京医科大学第二附属医院
王志伟　南通大学附属医院
沈振亚　苏州大学附属第一医院
常本春　江苏省水资源服务中心
何　平　江苏省交通工程建设局
施祝斌　南通航运职业技术学院
汤　杰　江苏省建设工程施工图审核中心
刘伟京　江苏省环境工程咨询中心
杨建明　江苏交通控股有限公司
贾仲伟　江苏省苏豪控股集团有限公司
赵从国　徐州矿务集团有限公司
王　勇　江苏省畜牧总站
王绪奎　江苏省耕保站
王述彬　江苏省农业科学院
俞明亮　江苏省农业科学院
方建中　中共江苏省委党校

【2014年度江苏省“有突出贡献的中青年专家”】

根据《江苏省有突出贡献的中青年专家选拔和管理办法》有关规定，经专家评审委员会评审、省人才工作领导小组审核，省人民政府批准丁岗等200名同志为2014年度江苏省有突出贡献中青年专家，名单如下：

丁　岗　江苏康缘药业股份有限公司
丁　钢　镇江市高等专科学校
丁　铁　江苏省体育局训练中心
丁宏刚　徐州重型机械有限公司
于　军　江苏省地质调查研究院
于志国　中江国际集团
万升云　中国南车戚墅堰所
马荣华　中国科学院南京地理与湖泊研究所
王　冉　江苏省农业科学院
王　兵　常州制药厂有限公司
王　强　南车南京浦镇车辆有限公司
王三明　南京安元科技有限公司
王小元　江南大学
王元清　江阴天江药业有限公司
王友华　南通大学附属医院
王文坚　新华报业传媒集团
王东进　南京鼓楼医院
王占生　苏州市轨道交通集团有限公司
王守林　南京医科大学
王金水　中共江苏省委党校
王晓东　启东市中小学教师研修中心
王晓锋　南京理工大学
仇家斌　宝胜科技创新股份有限公司
卞卫和　江苏省中医院
方　鸣　南京军区政治部文工团
方晓堂　淮阴工学院
孔　啸　江苏申模数字化制造技术有限公司
孔祥清　江苏省人民医院
石立华　中国人民解放军理工大学
石志群　泰州市教育局教研室
叶　欣　镇江华润燃气有限公司
叶金明　扬州市水产生产技术指导站
田晓明　苏州大学
史先召　江苏海企化工仓储股份有限公司
冯恩忠　南京熊猫电子制造有限公司
吕爱锋　江苏豪森药业股份有限公司
朱　莉　泰州市人民医院
朱　辉　江苏省作家协会
朱志远　中国建材检验认证集团苏州有限公司
任　桐　江苏省广播电视总台
任建安　南京军区南京总医院
华　东　江南大学附属医院
全　勤　南京图书馆
庄传伟　新华报业传媒集团
刘　军　南水北调东线江苏水源公司
刘　超　江苏省中医药研究院
刘全海　常州市测绘院
刘宏毅　南京脑科医院
刘金平　江苏天士力帝益药业有限公司
刘宝山　无锡市文化遗产保护和考古研究所
刘喜坤　徐州市城区水资源管理处
羊海涛　江苏省血吸虫病防治研究所
许文林　镇江市第四人民医院
许亚军　无锡市第九人民医院
许如钢　江苏省广电网络公司
孙　俊　江苏省血液中心
孙建军　南京大学
孙建国　苏州凯迪泰医学科技有限公司
孙晓阳　江苏省淮安市第一人民医院
孙海翔　南京鼓楼医院
孙勤良　江苏通鼎光电股份有限公司
李　战　南京长澳医药科技有限公司
李　强　徐州市农业科学院
李文虎　常州工学院
李乐军　连云港市中医院
李旭文　江苏省环境监测中心
李克海　群众杂志社
李维林　江苏省中国科学院植物研究所
杨庚豹　沙钢集团淮钢特钢股份有限公司
肖林元　南京市教育科学研究所
吴少刚　江苏中科梦兰电子科技有限公司
吴汉全　南京审计学院

吴金山 盐城三氯蔗糖制造有限公司
吴建新 江苏神通阀门股份有限公司
吴春笃 扬州市职业大学
吴晶涛 苏北人民医院
何 侃 南京特殊教育师范学院(筹)
余 郁 扬州市市政建设处
邹厚存 江苏扬建集团有限公司
汪永进 南京师范大学
沈德元 江苏师范大学
宋吉述 江苏凤凰数字传媒有限公司
张 伟 江苏省城市规划设计研究院
张 军 江苏中南建筑产业集团
张 玫 江苏省食品药品监督检验研究院
张大兵 江苏汉邦科技有限公司
张小松 东南大学
张吉雄 中国矿业大学
张应鹏 苏州九城都市建筑设计有限公司
张其萍 江苏省演艺集团
张建赓 江苏省广播电视总台(集团)
张荣林 南京鼓楼医院集团宿迁市人民医院
张毅敏 环境保护部南京环境科学研究所
陈 韦 中国科学院苏州纳米所
陈 扬 江苏亿诚律师事务所
陈 竹 中国天楹股份有限公司
陈 朋 南通市委党校
陈卫国 江苏大全凯帆电器股份有限公司
陈永平 扬州大学
陈发棣 南京农业大学
陈克军 泰州学院
陈国清 江苏沿江地区农业科学研究所
陈昌海 江苏省动物疫病预防控制中心
陈贻来 南京陆军指挥学院
陈俊才 泰州市作物栽培技术指导站
陈剑慧 江苏赛奥生化有限公司
陈留平 中盐金坛盐化有限责任公司
陈留生 连云港师范高等专科学校
陈瑞近 苏州博物馆
陈新华 江苏省农业机械技术推广站
武善增 南京晓庄学院
范天铭 牧羊有限公司
林仲扬 江苏省计量科学研究院
郁宝平 江苏凤凰科学技术出版社有限公司
易中懿 江苏省农业科学院
易润忠 江苏龙睿物联网科技有限公司
罗 红 江苏泰隆机械集团公司
周 刚 江苏省淡水水产研究所
周 俊 盐阜大众报报业集团
周士皆 连云港港口股份东联港务分公司
周凤建 淮安市水产技术指导站
周业庭 沭阳县人民医院
周传明 中国科学院南京地质古生物研究所
周春林 南京旅游职业学院
周荣华 省信息中心
周晓明 江苏省科学技术情报研究所
郑金海 河海大学
郑葵阳 徐州医学院
孟 箭 徐州市中心医院
赵孔标 江苏熔盛重工有限公司
赵红军 江苏太平洋精锻科技股份有限公司
赵家庆 江苏省电力公司苏州供电公司
胡长华 徐州煤矿安全设备制造有限公司
胡永红 南京工业大学
胡建军 溧阳市后六初级中学
胡秋辉 南京财经大学
南亲江 江苏省南京工程高等职业学校
俞孟萨 中船重工集团公司第七〇二研究所
俞孟蕻 江苏科技大学
施 毅 南京大学
施一新 江苏沙钢集团
宣世所 东台市食品机械厂有限公司
姚 超 常州纳欧新材料科技有限公司
姚建国 中国电力科学研究院
勇 强 南京林业大学
秦光蔚 盐城市耕地质量保护站
袁伟明 中国电科集团公司第十四研究所
袁建华 江苏省农业科学院
莫乃新 常州市武进人民医院
夏国星 江苏省交通工程建设局

钱阳辉　江苏省无锡师范学校附属小学
钱剑林　苏州农业职业技术学院
徐　杰　江苏省镇江中学
徐天平　科林环保装备股份有限公司
徐文山　江苏华通动力重工有限公司
徐旭辉　中石化石勘院无锡石油地质研究所
徐国亮　中船重工第七一六研究所
徐泽水　解放军理工大学理学院
徐宗进　东海县农业技术推广中心
高洪啸　徐州书画院
郭万林　南京航空航天大学
郭青龙　中国药科大学
唐于平　南京中医药大学
唐玉国　中科院苏州医工所
黄　南　南京市社会科学院
黄　敏　苏州市立医院
黄　飚　江苏省原子医学研究所
黄建安　苏州大学附属第一医院
曹长春　南京医科大学附属明德医院
曹东辉　三一重机有限公司
曹秀明　江苏阳光集团有限公司
龚　安　江苏省扬州技师学院
常　进　中国科学院紫金山天文台
崔志明　南通市第一人民医院
崔利玲　南京市鼓楼幼儿园
阎斌伦　淮海工学院
葛玉林　兴化市农业技术推广中心
蒋　喜　苏州蒋喜美石坊玉雕工作室
蒋衍君　国电南京自动化股份有限公司
韩益飞　如东县蚕桑指导站
韩璞庚　江苏省社会科学院
程玲娟　宿迁市宿豫区农业技术推广中心
傅敏辉　63686部队
焦文瑞　镇江液压股份有限公司
温任林　无锡威孚力达催化净化器有限公司
谢焕雄　农业部南京农业机械化研究所
雷　勇　中海沥青(泰州)有限责任公司
雷卫宁　江苏理工学院
解令海　南京邮电大学
蔡　明　江苏省苏州中学
蔡健臣　常州市公共交通集团公司
潘　龙　江苏龙腾工程设计有限公司
薛花娟　江苏法尔胜泓昇集团有限公司
薛叙明　常州工程职业技术学院
戴惠学　南京市蔬菜科学研究所
戴斌荣　盐城师范学院
魏　洁　南京市五老村小学
魏青松　汇业(南京)律师事务所
糜万俊　江苏华奥高科技发展有限公司
瞿　辉　江苏省园艺技术推广站

逝世知名人物

The Renowned Who Have Passed Away

【中国科学院院士陆埮逝世】 2014年12月3日，我国著名天体物理学家、战略科学家，第五、第六、第七届全国人大代表，国际天文联合会会员，中国科学院院士陆埮先生因病医治无效，在江苏省南京市逝世，享年83岁。

陆埮，1932年2月23日生于江苏省常熟县南门外东市河，1957年毕业于北京大学物理系，先后在中国科学院原子能研究所、哈尔滨军事工程学院、长春防化学院、南京电讯仪器厂工作。1978年调入南京大学天文系，任教授、博士生导师。2003年7月调入紫金山天文台，同年11月当选为中国科学院院士。曾任南京大学天体物理研究室主任，第五、第六、第七届全国人大代表，中国天文学会理事和该学会高能天体物理专业委员会主任，国际天文联合会会员。2004年起任中国物理学会引力与相对论天体物理分会主任，2006年初兼任南京大学与紫金山天文台共建的粒子-核-宇宙学联合研究中心主任。科研领域包括粒子物理、伽马射线暴、脉冲星、奇异星和宇宙学等。

陆埮和其研究小组在国内外学术刊物上发表论文280余篇，被他人文章引用900多篇次，并著有《从电子到夸克》《宇宙-物理学的最大研究对象》等书。其本人也获得了许多奖励,包括教育部科技一等奖2次,中国天文学会张钰哲奖1次,国家自然科学二等和三等奖各1次,国家科技进步二等奖1次等奖项,以及全国先进科技工作者、中科院杰出贡献教师等称号。

【中国科学院院士江元生逝世】 2014年1月10日,中国共产党党员,中国科学院院士,著名理论化学家,第六届全国政协委员,南京大学原教授、博士生导师江元生同志因病在江苏省南京市逝世,享年83岁。

江元生,江西宜春人,1931年8月18日生,1953年毕业于武汉大学化学系。1956年江元生同志研究生毕业于吉林大学并留校任教,1991年当选为中国科学院院士,1992年1月调任南京大学,任教授、博士生导师,创建了南京大学理论与计算化学研究所。2005年当选为国际数学化学科学院院士。曾担任南京大学教学委员会主任。江元生同志长期从事理论化学的教学与科研,提出和发展了多项新理论与新方法,取得卓越的研究成果,曾于1982年、1987年获国家自然科学奖一等奖,于1999年获得教育部科技进步奖一等奖等。江元生院士为南京大学理论与计算化学学科的发展做出杰出贡献,为我国培养了众多理论化学方向的专业人才。在国内外学术界享有盛誉,当选为英国皇家化学会会士、国际数学化学研究院院士。

江元生院士从事理论化学研究,取得的成果有:表征高分子交联程度的溶胶-凝胶分配量公式用于配位场理论标准化的点群耦合系数及旋轨耦合能计算方案分子轨道图形理论方法和五参数芳香性公式大尺寸共轭分子的经典价键理论精确计算。其代表作为《矩的计算及应用》和 Valence Bond Theory Chapter 18以及大学用书《结构化学》。

科 技 机 构

Organizations of Science & Technology

机 构 名 录

Name List of Organizations

江苏省科学技术厅

地址:南京市北京东路39号 邮编:210008

厅长、党组书记 徐南平
常务副厅长、党组副书记 王 秦
副厅长、党组副书记 曹苏民
副厅长 段 雄 夏 冰 蒋跃建
党组成员 徐南平 王 秦 曹苏民 陶 静 夏 冰 蒋跃建 支苏平
纪检组长 陶 静
巡视员 朱 宇
副巡视员 李健民 蒋 洪 黄志臻

办 公 室

主 任 赵志强
副主任 李汉中 刘 波 王铁山
电 话 83362722

政策法规与体制改革处

处 长 罗 扬
副处长 王建华 金永新
电 话 83215867

发展计划与财务处

处 长 赵建国
副处长 徐 浩 李子阳
电 话 83370861

科技机构与条件处

处 长 景 茂
副处长 任志宏
电 话 86635663

高新技术发展及产业化处

处 长 倪菡忆
副处长 王 建 马鸣川
电 话 57715240

科技成果与技术市场处

处 长 马圣源
副处长 张海进 周灵群
电 话 83359474

农村科技处

处 长 陈洪强
副处长 吴 翔 顾 俊
电 话 83350386

社会发展与基础研究处

处 长 杨天和
副处长 蔡永兵 郦雅芳
电 话 57712832

产学研合作处

处 长 张少华
副处长 万发苗 卓 辉
电 话 83369311

国际科技合作处

处 长 赵扬威
副处长 李春雨 郭 红
电 话 83363070

人 事 处

处 长 施 蔚
电 话 86637541 83600402

直属机关党委
书　记　陶　静
副书记　张晓兵
委　员　李　敏　吴莉莉　倪　刚　徐　晖
电　话　83600402

老干部处
处　长　赵又飞
副处长　薛平远
电　话　83604870

机关工会
主　　席　张晓兵
副 主 席　吴凤兵
委　　员　邓逸民　郭力军　宋海冰
经审会主任　刘爱武
经审会委员　马石山　尤琛辉

中共江苏省纪委驻省科技厅纪检组
江苏省监察厅驻省科技厅监察室
副组长、主任　徐　晖
副　组　长　周继跃
电　　　话　86637626

江苏省生产力促进中心
主　　　任　胡义东
书　　　记　倪　刚
副　主　任　倪　刚　秦　克　孟庆如　吴秋云
副　书　记　胡义东
副书记兼纪委书记　秦　克
电　　　话　85485986

江苏省科学技术情报研究所
所　长　夏太寿
副所长　孙　斌　周晓明　金福兰
副书记　夏太寿
电　话　85410374

江苏省高新技术创业服务中心
主　任　夏春阳
书　记　李　敏
副 主 任　李　敏　陈　凯　章　立　戴力新
副 书 记　夏春阳
电　　话　83231518

江苏省知识产权局

地址:南京市中山北路49号　邮编:210008
局长、党组书记　支苏平
副　局　长　张春平
党 组 成 员　支苏平　张春平　丁荣余
纪 检 组 长　丁荣余
电　　　话　83279983

江苏省科学技术协会

地址:南京市北京西路30号　邮编:210024
主　　　席　欧阳平凯
党 组 书 记　陈惠娟
副　主　席　陈惠娟　施正荣(兼)　戎嘉余(兼)　刘志红(兼)　祝世宁(兼)　尤肖虎(兼)　严少华(兼)　陈　琪(兼)　宋永忠(兼)　肖云汉(兼)　杨　辉(兼)　孙飘扬(兼)　孙力斌(兼)　郁霞秋(兼)　任晋生(兼)　张铁恒　阮仁良　冯少东
党 组 成 员　张铁恒　阮仁良　冯少东　骆凤琴
纪 检 组 长　骆凤琴
副厅级巡视员　许　钧
秘　书　长　徐春生

中国科学院南京分院

地址:南京市北京东路39号　邮编:210008
院　　　长　周健民
党组书记、副院长　朱怀诚
副　院　长　肖云汉　杨桂山
党组副书记、纪检组长　杨　涛
电　　　话　83376846

表9-1 市、县(市、区)科学技术局

机构名称	地址	局长(主任)	副局长(副主任)	电话	邮编
南京市				**区号025**	
南京市科委	南京市江东中路265号新城大厦B座7～10楼	黄　河	刘小斌 (知识产权局局长) 陈丽君 (纪检组长) 周文海 于建宇 黄　榕 (知识产权局副局长) 蔡伯圣 蔡　艺 (地震局局长) 丁建华 (副巡视员) 梁晓沭 (副巡视员) 李　奇 (副巡视员)	68786213	210019
玄武区科技局	南京市珠江路455号玄武区政府17楼	胡建军	张玲玲 卢　洪 戚　军 周　正 杨　华 (科协副主席) 徐劲松 (调研员) 张瑞宏 (副调研员)	83682366	210018
秦淮区科技局	南京市秦虹路1号8楼	童泽民	樊京京 (科协主席) 胡　颖 李迎青 刘建军 曾　涛 刘　煜 段文宁 (局长助理)	84556755	210002

续表 9-1

机构名称	地址	局长	副局长	电话	邮编
建邺区科技局	南京市江东中路269号新城大厦南楼11楼	翟晓黎	夏泽华（科协副主席） 李　圆 钱海俊（副调研员）	87778309	210017
鼓楼区科技局	南京市中山北路540号下关大厦10楼	向　卫	许安秀 李智辉 洪东其 郑　浩 端　军 杜　敏 张雪男（副调研员） 刘布克（副调研员） 赵长河（副调研员） 汤　立（副调研员）	89669154	210011
栖霞区科技局	南京市栖霞区甘家边东108号	朱　勇	管建国（科协主席） 田　刚 詹　阳 仲崇蔚 孙　林 崔世海 余秀玲（副调研员） 蔡现军（科协副主席）	85551352	210046
雨花台区科技局	南京市雨花南路2号	程道伟	缪文新（党工委书记） 黄　蓓（科协主席） 俞巍蔚 戴国强	52883387	210012

续表 9-1

机构名称	地址	局长	副局长	电话	邮编
			巩广冉 （副调研员） 谷兴亚 （助理调研员） 张　川 （调研员）		
江宁区科技局	南京市江宁区天元中路189号区水利局四楼	陈炳晖	徐　丽 张学强 朱春明 刘　翔 董相超 （副调研员）	52186493	211100
浦口区科技局	南京市浦口区江浦街道文德东路18号	王　斌	葛晓峰 彭静馨 李旭杰 高宗江 （副调研员）	58882214	211800
六合区科技局	南京市六合区雄州南路268号六合大厦23楼	许锡生	李　炜 （党组书记） 周志安 李　媛 韩传金 胡彩平 吕晓红 （副调研员）	57759554	211500
溧水区科技局	南京市溧水区中山西路12号	王　敏	代　军 陈敬瑞 （副调研员）	57214533	211200
高淳区科技局	南京市高淳康乐路195号7楼	陈　斌	张　磊 （知识产权局局长） 马时洪 李求贵 毕　涛 （知识产权局副局长） 孙　伟	57312196	211300

续表 9-1

机构名称	地址	局长	副局长	电话	邮编
无锡市				**区号0510**	
无锡市科技局	新金匮路1号市民中心5号楼6楼	吴建亮	王　浩 赵建平 黄晓珊 徐重远 侍　锋 （纪检组长）	81821861	214131
江阴市科技局	江阴市澄江中路9号	赵志军	吴自强 俞均彦 朱　彤	86861567	214431
宜兴市科技局	宜兴市陶都路8号	蒋国强	廖忠祥 秦绍清 张　静 周丽明 俞　军	87986279	214200
锡山区科技局	无锡市锡山区府北路16号	陈新宇	程宇峰 华红丹 赵又力	88208768	214101
惠山区科技局	无锡市文惠路8号	虞　洁	施丽萍 张丽萍 袁　杰 薛　野 （挂 职）	83598560	214174
滨湖区科技局	无锡市金城西路500号	华兆哲	赵　新 马忠泽 祁　华 袁　珺 石　荣	81178531	214123
南长区科技局	无锡永丰路1号	黄维恭	姚咏华 张　乐	85020858	214021
北塘区科技局	无锡风宾路58号	赵　廉	陶其芳 祝振华 顾慧蕙	83158726	214044
崇安区科技局	无锡解放南路688号9号楼	叶　强	过俊红 陈伟新 （局长助理）	81011800	214011

续表 9-1

机构名称	地址	局长	副局长	电话	邮编
新区科技局	无锡新区和风路28号科技商务中心902	桂 涛	张 科 (副调研员) 李敏芸 朱中群 王 波 杨 凯 (局长助理)	81890903	214131
徐州市				区号0516	
徐州市科技局	徐州市解放南路187号	王 琦	张学良 高存宝 谢德明 陈听兴 张福生 牟显军 于学海 季小超	83842236	221009
丰县科技局	丰县中央大道中段	秦加启	康 永 包正道 马德东 刘 健 史先红	89259808	221700
沛县科技局	沛县新城区行政中心主楼6楼	韩 旭	王 苏 王玉存 胡艳丽 张庆国 张铜成 亓桂华 张旭东 吴玉华 吴伟力 (挂 职)	68869621	221600
睢宁县科技局	睢宁县经济开发区前进路16号	田 野	陈思志 李金中 王 波 赵 敏	68069696	221200

续表 9-1

机构名称	地址	局长	副局长	电话	邮编
邳州市科技局	邳州市沙沟湖行政中心16号楼	徐来龙	单士红 杨志明 张德亮 王联宏 郑　超	86224127	221300
新沂市科技局	新沂市市府路37号	闻高潮	顾学田 许鸿云 卢建民 丁　銮 蒋延丰 (挂 职)	88922569	221400
铜山区科技局	徐州市铜山区政府大院政协楼四楼	吴庆义	刘　峤 胡传志 肖开勇 李　健	83405179	221116
贾汪区科技局	徐州市贾汪区行政中心4F西首	陈　鸥	薛文庆 段绪国 王平议	66889378	221011
鼓楼区科技局	徐州市中山北路253号鼓楼区政府大楼620室	包建忠	冯秀玲 张振亚	87636220	221007
云龙区科技局	徐州市和平路东延长段庆丰路交叉路口	谷文惠	王晓燕 王　松 黄　刚 (挂 职)	80803612	221004
泉山区科技局	徐州市解放南路延安段26号泉山区行政中心	孟庆礼	周莲芳 宋志政 臧千石 杨金勇 (挂 职)	85700105	221002
经济技术开发区科技局	徐州徐海路9号科技大厦	甄文庆	李晓东	87936177	221121
高新区科技局	徐州市铜山区北京北路21号	吴庆义	胡传志 滕文桦 李　彬	85030512	221116

续表 9-1

机构名称	地址	局长	副局长	电话	邮编
常州市				**区号0519**	
常州市科技局	常州市龙城大道1280号(行政中心1号楼B座16楼)	刘 斌	杨伟红	85681500	213022
			吕卫明		
			张朝晖		
			蒋苏菁		
			蒋鹏举		
			丁建芳		
			赵 新		
金坛市科技局	金坛市南环一路118号	王洪祥	陈林风	82822319	213200
			陈 云		
			倪小平		
			许国清		
溧阳市科技局	溧阳市东大街182号	陆慧琦	周 希	87172800	213300
			丁金荣		
			陆建忠		
武进区科技局	武进区行政中心5号楼4楼	吴乐平	胡国忠	86310226	213159
			尤霄峰		
			张志华		
			于建伟		
新北区科技局	常州市新北区衡山路8号	陈华鹏	吴雪强	85163137	213022
			许 博		
			邢西哲		
			邹 莹		
			王少纯		
			魏伯福		
天宁区科技局	常州市关河东路66号九洲环B1412	高 雄	邱荣伟	86663501	213000
			查建宏		
钟楼区科技局	常州市钟楼区星港大道88号钟楼区政府内7楼	朱希贤	徐 松	88890740	213023
			汤奕如		
戚墅堰区科技局	常州市戚墅堰区东方东路168号	胡延红	周火男	89863173	213025
			吴君铭		
			李 滨		
苏州市				**区号0512**	
苏州市科技局	苏州市人民路979号	黄 戟	吴伟澎	65241084	215002
			蔡剑峰		

续表 9-1

机构名称	地址	局长	副局长	电话	邮编
张家港市科技局	张家港市长安中路344号江南大厦	万资平	潘华露 陶冠红 吴思勤 （纪检组长） 赵玮芳 （党组成员、科技服务中心主任）	58286120	215600
常熟市科技局	常熟市海虞南路85号	潘　伟	景震强 吴彦刚 董建刚 赵建华 李秋菊 （纪检组长） 王国楷 陈新祥 查银华	52772104	215500
太仓市科技局	县府东街99号行政中心6号楼6楼	朱永明	陈　岚 沈卫东 （党组成员） 张培新 （党组成员、纪检组长） 徐永明 孙惠球 张耀良 （知识产权局副局长）	53537775	215400
昆山市科技局	昆山市前进中路350号	沈跃新	万芬奇 张荣海 许昱捷 吕建坤 （知识产权局局长） 陆陈军 凌福明 （纪检组长） 孙洪涛 （知识产权局副局长）	57317682	215300

续表 9-1

机构名称	地址	局长	副局长	电话	邮编
吴江区科技局	吴江市人民路1000号吴江大厦B幢18楼	金祖辉	缪效宁 马明华 徐　刚 (知识产权局副局长) 万　能 俞瑞雪	63981879	215200
吴中区科技局	吴中开发区塔韵路苏街198号吴中商务中心B座21楼	沈玉宝	石燕华 张文华 (知识产权局局长) 王立勇 赵学福 夏钰林 施凯华	67682622	215104
相城区科技局	苏州市相城区阳澄湖东路行政中心10号楼	顾银福	顾金炎 (知识产权局局长) 曹雪琴 金　燕 (科协副主席) 何乃剑 刘凤军 (挂职)	85182151	215131
姑苏区经济与科技局	苏州市平川路510号	曹　原	韩　玲	68727615	215031
苏州工业园区科技局	苏州工业园区现代大道999号	张东驰	许文清 (知识产权局局长) 虞吉强 肖诗涛 (科技招商中心主任) 徐　健 (中小企业服务中心副主任) 周　村	66680919	215028
苏州高新区科技局	高新区科普路58号科技大厦15楼	蒋建清	孙培芳 韦纯清 李　艰 顾　君 贺宇晨 (科技招商中心主任)	68251304	215011

续表 9-1

机构名称	地址	局长	副局长	电话	邮编
			叶剑伟 王 檽 (挂 职)		
南通市				区号0513	
南通市科技局	南通市崇川路58号综合楼1号楼	李吉平	沈卫坚 季晓雷 丁铁军 林 伟 范 咏 沈风雷 孙青山 张东捷	55018866	226019
海安县科技局	海安县长江中路106号	罗正锡	赵爱玲 (党组书记) 杭永明 卢克山 孙 祥 任 镇	88897206	226600
如皋市科技局	如皋市行政中心B座十四楼	张亚鸾	石留权 陈广建 程龙泉 顾均林 沈德君 陈久平 周 标 金义明	87655900	226500
如东县科技局	如东县掘港镇富春江中路1号行政中心2号楼6楼	胡连华	高智勇 秦 卫 于章宏 季炜东 钱 勇 梁国斌	84512676	226400
海门市科技局	海门市行政中心2楼	许栋新	赵建新 姜美平 陈 忠 黄 玮	82212932	226100

续表 9-1

机构名称	地址	局长	副局长	电话	邮编
启东市科技局	启东市汇龙镇世纪大道1288号行政中心8楼	蔡　兵	徐林江 黄　健 王建斌 季旭东 施东飞	83113856	226200
通州区科技局	南通市通州区行政中心主楼12楼	王钰华	张晓卫 朱　杰 黄剑豪 蔡　陶 蔡志兵	86512516	226300
崇川区科技局	南通市青年东路94号	周一强	黄东晓 顾志聪 何志明 王　兵 濮瑾瑾	85523230	226006
港闸区科技局	南通市城港路58号	刘志刚	蓝　青 秦云美 陈　越 王　莉 任鹤新	85609772	226005
南通经济技术开发区经发局	南通开发区中央路51号	周爱群		85980198	226005
连云港市				**区号 0518**	
连云港市科技局 (连云港市知识产权局)	连云港市东盐河路17号	李　莉	赵厚峰 (党组副书记) 刘海峰 孙礼国 商显福	85820628	222006
赣榆区科技局	赣榆区青口镇黄海东路新城行政中心14楼	魏本明	章云霓 郑　刚 姚开忠 (党组书记) 王久瑜 仲法维 樊继续 (纪检组长) 魏本连	86231058	222100

续表 9-1

机构名称	地址	局长	副局长	电话	邮编
东海县科技局	东海县牛山镇晶都大道政府行政中心	陈文军	钟　伟 朱方彦 谢响春 何　林 谭琦刚 张吉磊	87236908	222300
灌云县科技局	灌云县行政中心	张永竹	山文斌 戴志边 王统成 高庆亚 王柏树	88823506	222200
灌南县科技局	灌南县人民中路1号县行政中心	王美龙	赵井东 王　强 孙文君 （党组成员）	83968266	222500
海州区科技局	连云港市海州区秦东门大街28号	谢　艳	韦清余 （党组书记） 黄宝军 仲其昌 刘　浩	85215655	222023
连云区科技局	连云港市连云区中山路26号	丁以兰	张体洋 朱立霞	82329198	222042
开发区科技局	连云港经济技术开发区黄河路43号	殷宪林	张燕燕 丁华明	82346760	222047
盐城市				区号 0515	
盐城市科技局	盐城市开放大道61号	邹毅实 周晓棣 （党组书记）	蔡建军 周　捷 倪晓峰 郭九地 丁桂林 缪志伟 成守宇	88242431	224005
响水科技局	响水县双园路188号	汪明时 （党组书记）	沈丛春 陆　伟 王志高 刘永光 孙　龙	86872838	224600

续表 9-1

机构名称	地址	局长	副局长	电话	邮编
滨海科技局	滨海县政府行政办公大楼11楼	王立超 （党组书记）	张生华 李　华	84108557	224500
阜宁科技局	阜宁县石字街76号	顾宝銮 （党支部书记）	董爱国 周军荣 刘学科 高文生	87212775	224400
建湖县科技局	建湖县南环路999号科创大厦	吴金标	朱学林 张峰梅 徐银刚 吕忠东	86212409	224700
射阳科技局	射阳县红旗路32号	周克胜	范金柱 朱文东 丁建文	69688590	224300
亭湖区科技局	盐城市亭湖区希望大道59号	刘晓军 （党组书记）	王鹤良 徐长虹 徐益清 石秋平 孙海峰	89881219	224051
盐都区科技局	盐都区新都路618号	陈　镙 陈明生 （党组书记）	张宜甲 刘仰军 杭加林 郑如素 吴卫红 高小笑 纪　炜	88116058	224005
大丰市科技局	大丰市金丰南大街6号	陈苏萍 （党组书记）	陆卫红 陈　彬 仇宏伟 陈　静 董　慧 殷蓓蓓 王　炳	87030516	224100
东台市科技局	东台市北海路8号	周能智	周治平 姜仁俊 丁荣俊	85212365	224200

续表 9-1

机构名称	地址	局长	副局长	电话	邮编
市开发区科技局	盐城经济技术开发区管委会松江路18号	严俭渠	李　红	68821650	224001
城南新区	盐城市城南新区管委会	蔡保生 (党组书记) 万永敏 (管委会副主任) 王在江 (区级机关党委书记、总工会主席)	于广进 (科技负责人)	86660073	224000
淮安市				**区号0517**	
淮安市科技局	淮安市大治西路18号	李太生	杨玮业 单宏业 顾海山 (纪检组长) 杨建洪 朱海军 万孝平 (机关党委书记) 谢筱会 (副调研员)	83665024	223001
清河区科技局	淮安市清河新区飞耀路1号	王澎飞	郭新治 郭海航 (党组副书记)	83789660	223001
清浦区科技局	淮安市淮海南路268号	王新宇	沈　亮	83515187	223002
淮安区科技局	淮安区西长街97号	张东升	余德怀 张洪顺 (纪检组长) 徐文喜 汪桂根	85912510	223200
淮阴区科技局	淮阴区承德北路606号	刘晓红	邱连华 皇甫月东 孙梅梅 吴　芳 (纪检组长)	84997802	223300
涟水县科技局	涟水县红日大道1号	张明然	李　静 朱淮英 石从富 李明星 (挂 职)	82662956	223400

续表 9-1

机构名称	地址	局长	副局长	电话	邮编
洪泽县科技局	洪泽县东七街3号12-2幢	赵劲松	杨柏祥 (党组副书记) 顾学勤 (纪检组长) 张　丹 曹　东 (挂职)	87223105	223100
盱眙县科技局	盱眙县东方大道3号	王佩华	柏正基 郑茂松 朱志弘 李翠竹 黄　凯 (挂职)	80910919	211700
金湖县科技局	金湖县健康路13号	杨红梅	潘九云 姚霞鹏 沈森林	86882428	211600
扬州市				**区号0514**	
扬州市科技局	扬州市文昌中路403号	杨　蓉	何业栋 (党组成员、知识产权局副局长) 陈　星 赵松林 赵浩岭 魏德余 (党组成员、纪检组长)	87347583	225001
宝应县科技局	宝应县工农路76号科技大厦	姜海峰 程　霞 (党组书记)	姚立新 刘　伟 王荣华 韩立清 (纪检组长)	88276003	225800
高邮市科技局	高邮市海潮东路城市商务大厦15楼	詹惜文	曹　勇 孙　刚 周弘心 徐　光 朱金荣 黄　翔 刘定猛 (纪检组长)	84612157	225600

续表 9-1

机构名称	地址	局长	副局长	电话	邮编
仪征市科技局	仪征市真州东路30号	鲁晓东	施伟文 唐济学 杜益军 陈 霞 蒋天鹏	83581081	211400
江都区科技局	扬州市江都区龙川北路1号江都市行政中心	魏 峰	黄景禧 周粉兰 （纪检组长） 谈家宽 赵 娟	86299698	225200
邗江区科技局	邗江区委党校内新城西路邗上南街	林爱顺	顾 斌 俞正平 李祖泓 杨业龙 岳 锌 孔庆春 蔡建国	87862094	225009
广陵区科技局	扬州市解放北路3号	王一愚	陈克家 肖 翔 陈惠兵 卢 璇	87259332	225003
扬州经济技术开发区科技局	扬州市维扬路108号	宋雪云		87962177	225009
扬州高新区	吉安路148号	孙承平		87848305	225127
镇江市				**区号 0511**	
镇江市科技局	南徐大道68号	毛 健	杨国祥 （调研员） 葛玉连 肖敬东 陈银芳 （纪检组长） 肖晨帆	80822824	212004
丹阳市科技局	开发区兰陵路8号	刘宏程	严国平 张和荣 胡光生 王建方 王小南	86524539	212300

续表 9-1

机构名称	地址	局长	副局长	电话	邮编
句容市科技局	句容市长江路1号	齐兴武	郑志坚 陈　卉 (纪检组长) 刘英杰 (挂职) 孙家义 熊晓燕 元彩武 (纪检组长)	87272670	212400
扬中市科技局	扬中市中电大道8号	朱　勇	朱　燕 戴　俊 杜永刚 陈学兵 鞠　勇 严生龙	88322138	212200
丹徒区科技局	丹徒新城广场西路161号	魏志康	施志刚 朱发平 马晓梅 (纪检组长) 卢建军 陈正家 陈亚兴 邱德祥	80827160	212028
京口区科技局	京口区学府路39号二楼	薛　莲	龚恋淇 (纪检组长) 丁海燕 孙宝成 任祖洪 贡　强 许红兵	84499155	212002
润州区科技局	镇江市润州路5号	张　娟	孙长康 陆承宝 李　忠 沈小梅 (纪检组长) 吴保磊 (挂职)	85623021	212005

续表 9-1

机构名称	地址	局长	副局长	电话	邮编
镇江新区经济发展局	镇江市新区大港金港大道98号	蒋红武	魏国华	83372324	212200
泰州市				**区号0523**	
泰州市科技局	江苏省泰州市鼓楼南路348号	祝　光	冯广振 顾建忠 杨国华 王本富 葛树义 （纪检组长） 丁春华 季开桢 （生产力促进中心主任） 黄雨祥 （知识产权局局长）	86399026	225300
靖江市科技局	靖江市阳光大道1号行政中心主楼14层	郑企力	沈满松 王海庆	89181420	214500
泰兴市科技局	泰兴市中兴大道218号	李　飞	孙　平 陆爱平 戴国广	87632683	225400
兴化市科技局	兴化市英武路43号	陈万健	沈福海 裴马年 华正雄 陈立新 赵友怀 陈亚俊	83242609	225700
海陵区科技局	泰州市青年北路26号	杨　臣	王加兴 王　凯 周建成 赵　晨	86231126	225300
高港区科技局	高港区口岸街道港城路8号	孙　跃	李　靖 周德明 常　宏 吴振中 （纪检组长）	86966047	225321
姜堰区科技局	姜堰市人民中路261号	王长林	杨立军 钱忠喜	88117990	225500

续表 9-1

机构名称	地址	局长	副局长	电话	邮编
宿迁市				**区号 0527**	
宿迁市科技局	宿城区洪泽湖路130号	朱近忠	单士敏 杨小勇 吴俊宁 高海燕 李启旺 （纪检组长）	84358659	223800
沭阳县科技局	沭阳县行政中心0619房间	张　云	龚军登 王庆科 吴劲雷 （纪检组长）	83593080	223600
泗阳县科技局	泗阳县众兴镇北京东路9号县党政办公大楼三楼	潘桂琴	穆武岳 （纪检组长） 葛家新 刘金阳 王克虎	85271036	223700
泗洪县科技局	泗洪县新区总工会大楼5楼	朱福成	杨志祥 （纪检组长） 王修元 张　浩	86225227	223900
宿城区科技局	宿城区成子湖路1号宿城区政府办公大楼内	蔡绍勇	庄永武 颜　安	82960287	223800
宿豫区科技局	宿豫区农林大厦308室	赵　彦	陆建全 （纪检组长） 袁冬梅	88032600	223800

表9-2 江苏省级学会名录

学会编码	学会名称	地址	挂靠单位
A001	江苏省数学学会	南京汉口路22号南京大学数学系121室	南京大学
A002	江苏省物理学会	南京市汉口路22号南京大学物理学院	南京大学
A003	江苏省力学学会	南京西康路1号河海大学科技处	河海大学
A004	江苏省声学学会	南京市汉口路22号南京大学声学所声西楼301室	南京大学
A005	江苏省天文学会	南京市金银街8号苏富特大厦215室	南京大学
A006	江苏省气象学会	南京市玄武区昆仑路16号	江苏气象局
A007	江苏省地质学会	南京市珠江路700号地质大厦	江苏省国土资源厅
A008	江苏省地理学会	南京市北京东路73号地理所	中国科学院南京地理与湖泊研究所
A009	江苏省地球物理学会	南京市卫岗21号	中国石化南京石油物探研究所
A010	江苏省古生物学会	南京市北京东路39号古生物所	中国科学院南京地质古生物研究所
A011	江苏省海洋湖沼学会	南京市北京东路73号地理所	中国科学院南京地理湖泊研究所
A012	江苏省地震学会	南京市卫岗3号	江苏省地震局
A013	江苏省动物学会	南京师范大学生命科学学院	南京师范大学
A014	江苏省植物学会	南京市中山门外前湖后村1号植物所内	江苏省中国科学院植物研究所
A015	江苏省昆虫学会	南京市钟灵街50号植保所	江苏省农业科学院
A016	江苏省微生物学会	南京市栖霞区文苑路1号南京师范大学生科学院	南京师范大学
A017	省生物化学与分子生物学学会	南京市汉口路22号南京大学生命科学学院	南京大学
A018	江苏省植物生理学会	南京市玄武区钟灵街50号江苏省农业科学院	江苏省农业科学院
A019	江苏省遗传学会	南京市卫岗1号南京农业大学农学院内	南京农业大学
A020	江苏省心理学会	南京宁海路122号南师大田家炳楼南楼801室	南京师范大学
A021	江苏省生态学会	南京林业大学森林资源与环境学院	南京林业大学
A022	江苏省环境科学学会	南京市凤凰西街241号	江苏省环境保护厅
A023	江苏省岩土力学与工程学会	南京市海福巷1号解放军理工大学工程兵工程学院	中国人民解放军理工大学
A024	江苏省野生动物保护协会	南京市定淮门大街22号江苏省林业局	江苏省林业局
A025	江苏省系统工程学会	南京理工大学自动化学院216室	南京理工大学
A026	江苏省环境诱变剂学会	南京市丁家桥87号东南大学公共卫生学院	东南大学
A027	江苏省工业与应用数学学会	南京市玄武区四牌楼2号东南大学数学系	东南大学
A028	江苏省遥感与地理信息系统学会	南京市北京东路73号	中国科学院南京地理湖泊研究所
B001	江苏省机械工程学会	南京市鼓楼区二条巷13号329室	东南大学
B002	江苏省汽车工程学会	南京市中央路331号(芦席营78号)小二楼210室	南京汽车集团有限公司
B003	江苏省农业机械学会	南京市北京西路24号	江苏省农业机械管理局
B004	江苏省农业工程学会	南京市中山门外柳营100号	农业部南京农业机械化研究所

续表 9-2

学会编码	学会名称	地址	挂靠单位
B005	江苏省电机工程学会	南京市北京西路20号	江苏省电力公司
B006	江苏省电工技术学会	东南大学动力楼426	东南大学
B007	江苏省水力发电工程学会	河海大学水利水电工程学院	河海大学
B008	江苏省水利学会	南京市上海路5号	江苏省水利厅
B009	江苏省内燃机学会	镇江市学府路301号江苏大学汽车与交通工程学院	江苏大学
B010	江苏省工程热物理学会	东南大学动力楼312室	东南大学
B011	江苏省制冷学会	南京市中山北路101号后楼405室	江苏省滩涂开发投资公司
B012	江苏省真空学会	南京市四牌楼2号东南大学电子科学与工程学院	东南大学
B013	江苏省自动化学会	南京市四牌楼2号东南大学自动化学院	东南大学
B014	江苏省仪器仪表学会	南京市四牌楼2号东南大学仪器科学与工程学院	东南大学
B015	江苏省计量测试学会	南京市石鼓路227号10F	江苏省质量技术监督局
B016	江苏省标准化协会	南京市石鼓路227号9楼	江苏省质量技术监督局
B017	江苏省工程图学会	南京四牌楼2号东南大学五五楼410室CAD培训中心	东南大学
B018	江苏省电子学会	南京市中山北路285号801室	江苏省经济和信息化委员会
B019	江苏省计算机学会	南京大学仙林校区机关603号信箱	南京大学
B020	江苏省通信学会	南京市中山北路301号	江苏省通信管理局
B021	江苏省测绘学会	南京市北京西路75号	江苏省测绘局
B022	江苏省造船工程学会	南京市虎踞关1号宇田大厦610室	江苏省交通运输厅
B023	江苏省航海学会	南通经济技术开发区通盛大道185号	江苏省交通运输厅
B024	江苏省铁道学会	南京市玄武区龙蟠路141号铁路办事处大院	上海铁路局南京铁路办事处
B025	江苏省公路学会	南京市虎踞关1号宇田大厦604	江苏省交通运输厅
B026	江苏省航空航天学会	南京航空航天大学354信箱	南京航空航天大学
B027	江苏省军工学会	南京市云南路31-1号苏建大厦310室	江苏省经济和信息化委员会
B028	江苏省金属学会	南京市长江路88号1805室	江苏省国信资产管理有限公司
B029	江苏省稀土学会	南京市长江路88号国信大厦1704室	江苏舜天国际集团有限公司
B030	江苏省化学化工学会	南京市江东北路386号6楼省盐业集团	江苏省盐业集团有限公司
B031	江苏省核学会	苏州市姑苏区西环路1788号	苏州热工研究院有限公司
B032	江苏省石油学会	南京市锁金四村6号	中国石油化工股份有限公司金陵分公司
B033	江苏省煤炭学会	南京市北京西路15-1号	江苏煤矿安全监察局
B034	江苏省能源研究会	东南大学能源与环境学院	东南大学
B035	江苏省硅酸盐学会	南京市北京西路12-1号2楼	江苏省建筑科学研究院有限公司

续表 9-2

学会编码	学会名称	地址	挂靠单位
B036	江苏省土木建筑学会	南京市北京西路12号	江苏省建筑科学研究院有限公司
B037	江苏省室内设计学会	南京市龙蟠路159号南林大艺术设计学院A109室	南京林业大学
B038	江苏省纺织工程学会	南京市中山东路482号大厦2002室	江苏苏豪集团有限公司
B039	江苏省造纸学会	南京市龙蟠路159号南林大轻工学院310室	南京林业大学
B040	江苏省食品科学与技术学会	无锡市蠡湖大道1800号江南大学食品学院	江南大学
B041	江苏省安全生产科学技术学会	南京市北京西路15-1号1013	江苏省安全生产监督管理局
B042	江苏省烟草学会	南京市长江路168号711室	江苏省烟草专卖局(公司) 江苏中烟工业有限责任公司
B043	江苏省振动工程学会	东南大学测振中心302室	东南大学
B044	江苏省颗粒学会	南京市光华路1号南理工科技园孵化大厦C座6楼	南京理工大学
B045	江苏省照明学会	南京市下关区金川门外5号	南京工业大学
B046	江苏省复合材料学会	南京市御道街29号C楼216室	南京航空航天大学
B047	江苏省消防协会	南京市龙江小区月光广场6号	江苏省公安厅
B048	江苏省分析测试协会	南京市龙蟠路189号	江苏省生产力促进中心
B049	江苏省锅炉学会	南京市板仓街78号56号信箱南师大动力学院	南京师范大学
B050	江苏省光学学会	南京市四牌楼2号东南大学金陵院	东南大学
B051	江苏省轻工协会	南京市中山东路532－2号	南京工业职业技术学院
B052	江苏省微型电脑应用协会	南京市南瑞路8号323信箱	国网电力科学研究院
B053	江苏省低碳技术学会	南京市汉中门大街301号15楼	南京鼓楼科技产业园
C001	江苏省农学会	南京市玄武区钟灵街50号	江苏省农业科学院
C002	江苏省林学会	南京市定淮门大街22号省林业大厦	江苏省林业局
C003	江苏省土壤学会	南京市北京东路71号	中国科学院南京土壤研究所
C004	江苏省水产学会	南京市南湖茶亭东街79号	江苏省淡水水产研究所
C005	江苏省园艺学会	南京市玄武区钟灵街50号	江苏省农业科学院
C006	江苏省畜牧兽医学会	南京市玄武区钟灵街50号	江苏省农业科学院
C007	江苏省植物病理学会	南京市玄武区钟灵街50号	江苏省农业科学院
C008	江苏省作物学会	南京市龙江小区江苏农林大厦16楼	江苏省农业委员会
C009	江苏省蚕桑学会	南京市软件大道48号	江苏省苏豪控股集团有限公司
C010	江苏省水土保持学会	南京市龙蟠路159号南林大森林资源与环境学院	南京林业大学
C011	江苏省茶叶学会	南京市龙江小区月光广场8号江苏农林大厦内	江苏省农业委员会
C012	江苏省原子能农学会	南京市钟灵街50号省农科院设施与装备所	江苏省农业科学院
C013	江苏省农业资源与区划学会	南京市龙江小区月光广场8号	江苏省农业委员会
C014	江苏省农业资源开发学会	南京市鼓楼区沅江路62号辰龙雅苑2幢518室	江苏省农业资源开发局
D001	江苏省医学会	南京市中央路42号	江苏省卫生与计划生育委员会

续表 9-2

学会编码	学会名称	地址	挂靠单位
D002	江苏省中医药学会	南京市汉中路282号	江苏省卫生与计划生育委员会
D003	江苏省中西医结合学会	南京市汉中路282号	江苏省卫生与计划生育委员会
D004	江苏省药学会	南京市中山东路448号(南大门)6楼	江苏省食品药品监督管理局
D005	江苏省护理学会	南京市中央路42号	江苏省卫生与计划生育委员会
D006	江苏省生理科学学会	南京市汉中路140号南京医科大学先知楼1603室	南京医科大学
D007	江苏省解剖学会	南京市汉中路140号南京医科大学先知楼702室	南京医科大学
D008	江苏省生物医学工程学会	南京市御道街29号	东南大学
D009	江苏省病理生理学会	南京汉中路140号南京医科大学先知楼1009	南京医科大学
D010	江苏省营养学会	南京市江宁区天元东路818号公共卫学院	南京医科大学
D011	江苏省药理学会	江苏省中医院	中国药科大学
D012	江苏省针灸学会	南京市汉中路282号	江苏省卫生与计划生育委员会
D013	江苏省心理卫生协会	南京市广州路264号南京脑科医院门诊六楼	南京脑科医院
D014	江苏省抗癌协会	南京百子亭42号	江苏省肿瘤医院
D015	江苏省体育科学学会	南京市栖霞区仙林大道169号省体育科学研究所	江苏省体育局
D016	江苏省免疫学会	南京市汉中路140号南京医科大学微免学系	南京医科大学
D017	江苏省预防医学会	南京市江苏路172号	江苏省疾病预防控制中心
D018	江苏省计划生育研究会	江苏省南京市中央路42号	江苏省卫生与计划生育委员会
D019	江苏省超声医学工程学会	南京广州路300号省人民医院超声医学科	南京医科大学第一附属医院(江苏省人民医院)
D020	江苏省发育生物学学会	南京市汉中路140号南京医科大学二号楼243-1	南京医科大学
D021	江苏省抗衰老学会	南京市广州路300号	江苏省人民医院
D022	江苏省毒理学会	南京市江宁区天元东路818号	南京医科大学
E001	江苏省自然辩证法研究会	南京林业大学思政部	南京林业大学
E002	江苏省技术经济与管理现代化研究会	南京市北京西路70号22号楼	江苏省经济和信息化委员会
E003	江苏省现场统计研究会	南京理工大学经济管理院	南京理工大学
E004	江苏省科技情报学会	南京市龙蟠路171号	江苏省科学技术情报研究所
E005	江苏省科学学与科研管理研究会	南京市汉口路22号南京大学科技处	南京大学
E006	江苏省工业设计学会	南京市孝陵卫南京理工大学设计与传媒学院	南京理工大学
E007	江苏省工艺美术学会	南京市山西路8号金山大厦B楼17层F座	江苏省工艺美术总公司
E008	江苏省科普作家协会	南京市湖北路85号8楼	江苏省科协
E009	江苏省青少年科技教育协会	南京市梦都大街50号省科技工作者活动中心418室	江苏省青少年科技中心

续表 9-2

学会编码	学会名称	地址	挂靠单位
E010	江苏省科教电影电视协会	南京市梦都大街50号省科技工作者活动中心411室	江苏省科协
E011	江苏省科技期刊编辑学会	南京市童家巷24号中国药科大学期刊编辑部	中国药科大学
E012	江苏省土地学会	南京市水西门大街58号建邺大厦606室	江苏省国土资源厅
E013	江苏省老科技工作者协会	南京市中山北路101号	江苏省科技厅
E014	江苏省对外科学技术促进会	南京市广州路228号易发科技大厦1403室	江苏省科协
E015	江苏省公共关系协会	南京市虎踞南路36号翔宇大厦7楼	江苏舜天鸿泰公司
E016	江苏省人力资源学会	南京大学商学院安中大楼1307	南京大学
E017	江苏省科普美术家协会	南京市北京西路74号南京艺术学院工艺设计学院	江苏省科学技术协会
E018	江苏省科技翻译协会	南京市龙蟠路171号	江苏省科技情报研究所
E019	江苏省企业发展工程协会	南京市鼎新路1号1幢203室(学会秘书处)	南京师范大学
E020	江苏省科技场馆协会	南京市北京西路30号2310室	江苏省科协科普部
E021	江苏省人才创新创业促进会	南京市北京西路67号华东饭店C座2楼	
F001	高校科协	南京市江宁区东南大学科研院	东南大学
F002	江苏省农村专业技术协会	南京市梦都大街50号	江苏省科普服务中心
F003	江苏省工程师学会	南京市梦都大街50号	江苏省科协

表9-3 江苏省科学研究与技术开发机构部属科研机构名录

序号	机构名称	机构地址	邮编
未转制机构			
1	中国科学院南京土壤研究所	南京市玄武区北京东路71号	210008
2	中国科学院南京地理与湖泊研究所	南京市北京东路73号	210008
3	中国科学院南京地质古生物研究所	南京市北京东路39号	210008
4	中国科学院紫金山天文台	南京市鼓楼区北京西路2号	210008
5	中国科学院苏州纳米技术与纳米仿生研究所	苏州市苏州工业园区独墅湖科教创新区若水路398号	215123
6	中国科学院国家天文台南京天文光学技术研究所	南京市板仓街188号	210042
7	水利部南京水利水文自动化研究所	南京市雨花台区铁心桥大街95号	210012
8	中国地质调查局南京地质调查中心(南京地质矿产研究所)	南京市中山东路534号	210016
9	中华全国供销合作总社南京野生植物综合利用研究院	南京市蒋王庙街4号	210042
10	南京841研究所	南京市鼓楼区四条巷42号	210008
11	中国医学科学院皮肤病医院(研究所)	南京市蒋王庙街12号	210042
12	中国林业科学研究院林产化学工业研究所	南京市锁金五村16号	210042

续表 9-3

序号	机构名称	机构地址	邮编
13	公安部交通管理科学研究所	无锡市钱荣路88号	214151
14	公安部南京警犬研究所	南京市雨花台区安德门130号	210012
15	中国科学院苏州生物医学工程技术研究所	苏州市苏州高新区科技城科灵路88号	215163
16	水利部交通运输部国家能源局南京水利科学研究院	南京市广州路223号	210029
17	环境保护部南京环境科学研究所	南京市蒋王庙街8号	210042
18	中国水产科学研究院淡水渔业研究中心	无锡市漆塘北村1号	214081
19	江苏省气象科学研究所	南京市北极阁2号	210008
转制机构(非军工)			
20	国网电力科学研究院	南京市鼓楼区南瑞路8号	210003
21	国电环境保护研究院	南京市浦口区浦东路10号	210031
22	中材科技股份有限公司	南京市雨花西路安德里30号	210012
23	农业部南京农业机械化研究所	南京市玄武区柳营100号	210014
24	煤炭科学研究总院南京研究所	南京市珠江路370号	210018
25	中国石油化工股份有限公司石油物探技术研究院	南京市卫岗21号	210014
26	南京工业大学电光源材料研究所	南京市下关区金川门外5号	210015
27	中石化股份公司石油勘探开发研究院无锡石油地质研究所	无锡市惠钱路210号	214151
28	中国第一汽车股份有限公司无锡油泵油嘴研究所	无锡市钱荣路15号	214063
29	无锡纺织机械研究所	无锡市青山路37号	214062
30	无锡中粮工程科技有限公司	无锡市惠河路186号	214035
31	中海油常州涂料化工研究院	常州市龙江中路22号	213016
32	中国南车集团戚墅堰机车车辆工艺研究所	常州市戚墅堰区五一路81号	213011
33	苏州混凝土水泥制品研究院有限公司	苏州市三香路718号	215004
34	煤炭科学研究总院常州自动化研究院	常州市清潭木梳路1号	213015
35	苏州电加工机床研究所	苏州市高新区金山路180号	215011
36	中国建筑材料科学研究总院苏州防水研究院	苏州市广济路284号	215008
37	苏州热工研究院有限公司	苏州市西环路1788号	215004
38	苏州中材非金属矿工业设计研究院有限公司	苏州市三香路999号	215006
39	轻工业化学电源研究所	苏州市莫邪路688号	222006
40	中蓝连海设计研究院	连云港市新浦朝阳西路51号	225001
41	中国农业科学院蚕业研究所	镇江市四摆渡	210012
42	中国农业科学院南京农业大学中国农业遗产研究室	南京市中山门外卫岗1号	210095
转制机构(军工)			
43	中国 电子科技集团公司第五十八研究所	无锡市惠河路5号	214035
44	中国船舶重工集团公司第七〇二研究所	无锡市滨湖区山水东路222号	214082
45	中国船舶重工集团公司第七〇三研究所无锡分部	无锡市解放东路888号530大厦	214007

续表 9-3

序号	机构名称	机构地址	邮编
46	中航工业航空动力控制系统研究所(无锡614所)	南无锡市梁溪路104号	214000
47	总参56所	无锡市湖滨路8号	214000
48	中国船舶重工集团公司第七一六研究所	连云港市海连东路42号	222006
49	中国船舶重工集团公司第七二三研究所	扬州市南河下26号	212018
50	中国电子科技集团公司第十四研究所	南京市雨花台区国睿路8号	210039
51	中国电子科技集团公司第二十八研究所	南京市苜蓿园东街1号	210007
52	中国电子科技集团公司第五十五研究所	南京市中山东路524号	210016
53	中国船舶重工集团公司第七二四研究所	南京市中山北路346号	210003
54	中国一航雷达与电子设备研究院	无锡市梁溪路796号	214063
55	中国航天航空科工集团南京电子设备研究所(8511研究所)	南京市后标营35号	210016
56	中国航空研究院609所(南京机电液压工程研究中心)	南京市江宁开发区水各路33号	211102

表9-4 江苏省科学研究与技术开发机构省属科研机构名录

序号	机构名称	机构地址	邮编
未转制机构			
1	江苏省林业科学研究院	南京市江宁区东善桥	211153
2	江苏省水利科学研究院	南京市南湖路97号	210017
3	江苏省测绘研究所	南京市北京西路75号	210013
4	江苏省安全生产科学研究院	江苏省南京市花园路9号	210042
5	江苏省体育科学研究所	江苏南京孝陵卫灵谷寺路8-1号	210014
6	江苏省计划生育科学技术研究所	南京市凤凰西街277号	210036
7	江苏省环境科学研究院	南京市凤凰西街241号	210036
8	江苏省中医药研究院	南京市红山路十字街100号	210028
9	江苏省科学技术情报研究所	南京市龙蟠路171号	210042
10	江苏省生产力促进中心	南京市龙蟠路175号	210042
11	江苏省淡水水产研究所	江苏省南京市建邺区茶亭东街79号	210017
12	江苏省原子医学研究所	无锡市钱荣路20号	214063
13	江苏省血吸虫病防治研究所	无锡市梅园杨巷117号	214064
14	江苏省电子信息产品质量监督检验研究院	无锡市滨湖区金水路100号	214073
15	江苏省海洋水产研究所	江苏省南通市教育路31号	226007
16	江苏省家禽科学研究所	扬州市邗江区仓颉路58号	225125
17	江苏省高新技术创业服务中心	南京市广州路37号	210008
18	江苏省中国科学院植物研究所	南京市中山门外前湖后村1号	210014
19	江苏省农业科学院	江苏省南京市孝陵卫钟灵街50号	210014

续表 9-4

序号	机构名称	机构地址	邮编
20	江苏丘陵地区南京市农业科学研究所	南京市仙林大学城仙隐南路6号	210046
21	连云港市农业科学院	新浦区海连东路26号	222006
22	江苏徐淮地区淮阴农业科学研究所	江苏省淮安市淮海北路104号	223001
23	江苏丘陵地区镇江农业科学研究所	江苏省句容市宁杭路112号	212400
24	江苏里下河地区农业科学研究所	扬州市扬子江北路568号	225007
25	江苏沿海地区农业科学研究所	江苏省盐城市开放大道59号	224002
26	江苏省农业科学院宿迁农科所	江苏省宿迁市宿城区宿支路23号	223800
27	江苏徐淮地区徐州农业科学研究所	江苏省徐州市徐海路高铁站北	221131
28	江苏太湖地区农业科学研究所	苏州相城区望亭北桥	215155
29	江苏沿江地区农业科学研究所	江苏省如皋市薛窑江苏沿江地区农科所	226541
30	江苏沿海地区农业科学研究所新洋试验站	盐城市东郊35公里	224331
31	江苏省计量科学研究院	南京市白下区光华东街3号	210007
32	江苏省产品质量监督检验研究院	南京市光华东街5号	210007
33	江苏省标准化研究院	南京市石鼓路227号	210029
34	江苏省地质调查研究院	南京市珠江路700号	210018
35	江苏地质矿产设计研究院(省煤炭地质勘探研究所)	江苏省徐州市纺织路1号	221006
36	江苏省公安科学技术研究所	南京市鼓楼区扬州路1号	210024
37	江苏省地震工程研究院	南京市玄武区卫岗3号地震工程研究院	210014
38	江苏省环境监测中心	南京市凤凰西街241号	210036
39	江苏省老年医学研究所(省级机关医院)	南京市珞珈路30号	210024
40	江苏省血液研究所(苏州大学)	苏州市十梓街188号	215006
41	江苏省肿瘤防治研究所(省肿瘤医院)	南京市玄武区百子亭42号	210009
42	江苏省医学生物制品研究所(省血液中心)	南京市龙蟠路179号	210042
43	江苏省公共卫生研究院(省疾病预防控制中心)	南京市江苏路172号	210009
44	江苏省临床医学研究院(省人民医院)	南京市广州路300号	210029
45	江苏省中医临床研究院(省中医院)	南京市建邺区汉中路155号	210029
46	江苏省检验检疫科学技术研究院(省商检中心)	江苏省南京市白下区中华路99号712室	210001
47	江苏省质量安全工程研究院(南京财经大学)	南京市仙林大学城文苑路3号	210046
48	江苏省品牌(商标)研究院	南京市太平南路2号日月大厦18层C座	210002
49	江苏中国科学院能源动力研究中心	江苏省连云港经济技术开发区黄海大道56号	222047
50	江苏省物联网研究发展中心	无锡新区菱湖大道200号	214135
51	江苏省未来网络创新研究院	南京市江宁开发区将军大道37号	211100

续表 9-4

序号	机构名称	机构地址	邮编
52	江苏中科院智能科学技术应用研究院	常州市常武中路801号	213164
53	江苏省印刷科学技术研究所	南京市观音里1号	210009
54	江苏省沿海水利科学研究所	江苏省东台市广场路6号	224200
55	江苏省盐城农垦农业科学研究所	江苏省盐城市射阳县中兴桥新洋农场	224314
56	江苏省食品药品监督检验研究院	江苏南京市北京西路6号	210008
57	江苏省新曹天然香料研究所	东台市花舍天香路116号	224246
转制机构			
58	江苏省微生物研究所有限责任公司	江苏省无锡市钱荣路7号	214063
59	江苏省药物研究所有限公司	南京市鼓楼区中央路马家街26号	210009
60	南化集团研究院	南京市六合区大厂葛关路699号	210048
61	江苏省计算技术研究所有限责任公司	南京市龙蟠路173号	210042
62	江苏省冶金研究所有限公司	南京市大光路28号	210007
63	江苏省机械研究设计院有限责任公司	南京市长虹路445号	210012
64	江苏省轻工业科学研究设计院有限公司	南京市应天大街767号	210019
65	江苏省农业机械研究所有限公司	南京市上海路4号	210029
66	江苏省建筑科学研究院有限公司	江苏省南京市北京西路12号	210008
67	江苏省交通科学研究院股份有限公司	南京市水西门大街223号	210017
68	江苏省医药工业研究所有限公司	南京市玄武大道699-18号	210042
69	江苏省农药研究所股份有限公司	南京市栖霞区恒竞路31-1号	210047
70	江苏省化工研究所有限公司	南京经济技术开发区恒竞路1号	210046
71	江苏省化工机械研究所有限责任公司	南京市北京西路17号	210024
72	江苏省化工信息中心有限公司	南京市北京西路17号9楼	210024
73	江苏省建筑材料研究设计院有限公司	南京市马台街139号	210009
74	江苏省广播电视科学研究所有限公司	南京市白下路209号东楼	210001
75	江苏省粮食科学研究设计院有限公司	南京市建邺区应天大街765号	210019
76	江苏省宏图电子综合研究所有限公司	南京市中山北路285号电子大楼五层	210003
77	江苏省陶瓷研究所有限公司	江苏省宜兴市丁蜀镇丁山北路196号	214221
78	江苏省纺织研究所股份有限公司	江苏省无锡市金城桥西堍	214024
79	江苏省无线电科学研究所有限公司	江苏省无锡市滨湖区山水东路未名路向西100米	214073
80	江苏省煤矿研究所有限公司	徐州市淮海西路241号	221006
81	江苏省船舶设计研究所有限公司	江苏省镇江市正东路5号	212003
82	江苏省机电研究所有限公司	徐州市经济开发区螺山路19号	221004
83	中博信息技术研究院有限公司	江苏省南京市小行尤家凹08号	210012

表9-5 江苏省重点实验室名录(97家)

序号	重点实验室名称	依托单位	主管部门	实验室主任	建设年份
国家级重点实验室					
1	固体微结构物理国家重点实验室	南京大学	教育部	王 牧	1984
2	计算机软件新技术国家重点实验室	南京大学	教育部	吕 建	1987
3	现代配位化学国家重点实验室	南京大学	教育部	左景林	1988
4	医药生物技术国家重点实验室	南京大学	教育部	华子春	1991
5	内生金属矿床成矿机制研究国家重点实验室	南京大学	教育部	蒋少涌	1991
6	污染控制与资源化研究国家重点实验室	同济大学、南京大学	教育部	张伟贤	1991
7	毫米波国家重点实验室	东南大学	教育部	洪 伟	1991
8	移动通信国家重点实验室	东南大学	教育部	尤肖虎	1991
9	作物遗传与种质创新国家重点实验室	南京农业大学	教育部	丁艳锋	2001
10	现代古生物学和地层学国家重点实验室	中国科学院南京地质古生物研究所	中科院	沈树忠	2001
11	土壤与农业可持续发展国家重点实验室	中国科学院南京土壤研究所	中科院	沈仁芳	2003
12	生物电子学国家重点实验室	东南大学	教育部	顾忠泽	2004
13	水文水资源与水利工程科学国家重点实验室	河海大学	教育部	余钟波	2004
14	煤炭资源与安全开采国家重点实验室	中国矿业大学(北京、徐州)	教育部	彭苏萍	2006
15	材料化学工程国家重点实验室	南京工业大学	省科技厅	徐南平	2007
16	湖泊与环境国家重点实验室	中国科学院南京地理与湖泊研究所	中科院	沈 吉	2007
17	食品科学与技术国家重点实验室	江南大学、南昌大学	教育部	金征宇	2007
18	深部岩土力学与地下工程国家重点实验室	中国矿业大学(徐州、北京)	教育部	缪协兴	2008
19	生殖医学国家重点实验室	南京医科大学	省科技厅	沙家豪	2011
20	天然药物活性组分与药效国家重点实验室	中国药科大学	教育部	李 萍	2011
21	机械结构力学及控制国家重点实验室	南京航空航天大学	工信部	熊 克	2011
22	生命分析化学国家重点实验室	南京大学	教育部	鞠熀先	2011
23	食品质量安全研究重点实验室(省部共建)	省农业科学院	省科技厅	刘贤金	2007
24	有机电子与信息显示重点实验室(省部共建)	南京邮电大学	省科技厅	黄 维	2009
25	干细胞与生物医用材料重点实验室(省部共建)	苏州大学	省科技厅	张学光	2010
26	纳米器件重点实验室(省部共建)	中国科学院苏州纳米技术与纳米仿生研究所	省科技厅	杨 辉	2010
27	爆炸冲击防灾减灾国家重点实验室	中国人民解放军理工大学	—	—	2012
28	数学工程与先进计算国家重点实验室	总参谋部第五十六研究所	—	—	2012
省级重点实验室					
29	江苏省家禽遗传育种重点实验室	江苏省家禽科学研究所	省农委	陈宽维	1991
30	江苏省农业生物学重点实验室	江苏省农业科学院生物遗传生理研究所	省农科院	余文贵	1993
31	江苏省寄生虫分子生物学重点实验室	江苏省寄生虫病防治研究所	省卫计委	高 琪	1996
32	江苏省环境工程重点实验室	江苏省环境科学研究院	省环保厅	王志良	1998

续表 9-5

序号	重点实验室名称	依托单位	主管部门	实验室主任	建设年份
33	江苏省药用植物研究重点实验室	江苏省中国科学院植物研究所	省科技厅	冯　煦	2000
34	江苏省新药筛选重点实验室	中国药科大学	中国药科大学	张陆勇	2000
35	江苏省药物代谢动力学研究重点实验室	中国药科大学	中国药科大学	王广基	2001
36	江苏省神经再生研究重点实验室	南通大学	南通市科技局	顾晓松	2001
37	江苏省纳米技术重点实验室	南京大学	南京大学	邹志刚	2002
38	江苏省人类功能基因组学重点实验室	南京医科大学	省教育厅	韩　晓	2002
39	江苏省网络与信息安全重点实验室	东南大学	东南大学	罗军舟	2003
40	江苏省光电信息功能材料重点实验室	南京大学	南京大学	张　荣	2003
41	江苏省信息农业重点实验室	南京农业大学	南京农业大学	曹卫星	2004
42	江苏省生物材料与器件重点实验室	东南大学	东南大学	顾　宁	2004
43	江苏省人兽共患病学重点实验室	扬州大学	扬州市科技局	焦新安	2006
44	江苏省精密与微细制造技术重点实验室	南京航空航天大学	省教育厅	朱　荻	2006
45	江苏省土木工程材料重点实验室	东南大学	东南大学	孙　伟	2006
46	江苏省高效园艺作物遗传改良重点实验室	江苏省农业科学院	省农科院	常有宏	2006
47	江苏省工业装备数字制造及控制技术重点实验室	南京工业大学	省教育厅	巩建鸣	2007
48	江苏省先进光学制造技术重点实验室	苏州大学	苏州市科技局	王钦华	2007
49	江苏省固体有机废弃物资源化高技术研究重点实验室	南京农业大学、江苏新天地生物肥料工程中心有限公司	南京农业大学、宜兴市科技局	沈其荣	2007
50	江苏省先进金属材料高技术研究重点实验室	东南大学	东南大学	潘　冶	2007
51	江苏省环洪泽湖生态农业生物技术重点实验室	淮阴师范学院	淮安市科技局	赵祥祥	2007
52	江苏省医学分子技术重点实验室	南京大学	南京大学	高　千	2007
53	江苏省分子核医学重点实验室	江苏省原子医学研究所	省卫计委	罗世能	2008
54	江苏省微纳生物医疗器械设计与制造重点实验室	东南大学	东南大学	易　红	2008
55	江苏省中药药效与安全性评价重点实验室	南京中医药大学	省教育厅	陆　茵	2008
56	江苏省麻醉与镇痛应用技术重点实验室	徐州医学院	徐州市科技局	吴永平	2008
57	江苏省凹土资源利用重点实验室	淮阴工学院	淮安市科技局	陈　静	2008
58	江苏省道路载运工具新技术应用重点实验室	江苏大学	镇江市科技局	陈　龙	2008
59	江苏省杨树种质创新与品种改良重点实验室	南京林业大学	省教育厅	王明庥	2008
60	江苏省兽用生物制药高技术研究重点实验室	江苏省农牧科技职业学院、江苏倍康药业有限公司	泰州市科技局	朱善元	2009
61	江苏省生物药物高技术研究重点实验室	东南大学、江苏豪森药业股份有限公司	东南大学	荀少华	2009
62	江苏省农业装备与智能化高技术研究重点实验室	江苏大学、江苏沃得农业机械有限公司、常州东风农机集团有限公司	镇江市科技局、常州市科技局、	毛罕平	2009

续表 9-5

序号	重点实验室名称	依托单位	主管部门	实验室主任	建设年份
63	江苏省输配电装备技术重点实验室	河海大学常州校区、常州市太平洋电力设备(集团)有限公司	常州市科技局	范新南	2009
64	江苏省生物质能源与材料重点实验室	中国林业科学研究院林产化学工业研究所、江苏强林生物能源有限公司	南京市科委、溧阳市科技局	蒋剑春	2009
65	江苏省风力机设计高技术研究重点实验室	南京航空航天大学、江苏天奇物流系统工程股份有限公司	省教育厅、无锡市科技局	王同光	2009
66	江苏省碳基功能材料与器件高技术研究重点实验室	苏州大学、苏州彩虹集团	苏州市科技局	李述汤	2009
67	江苏省煤基CO_2捕集与地质储存重点实验室	中国矿业大学、徐州矿务集团	徐州市科技局	刘炯天	2010
68	江苏省介入医疗器械研究重点实验室	淮阴工学院	淮安市科技局	丁红燕	2010
69	江苏省新型环保重点实验室	盐城工学院、江苏科行环境工程技术有限公司	盐城市科技局	王保林、刘怀平	2010
70	江苏省新型动力电池重点实验室	南京师范大学、江苏双登集团有限公司	省教育厅、姜堰市科技局	蔡称心、佘沛亮	2010
71	江苏省机动车尾气污染控制重点实验室	南京大学、无锡威孚力达催化净化器有限责任公司	南京大学、无锡市科技局	董　林、欧建斌	2010
72	江苏省智能电网技术与装备重点实验室	东南大学、大全集团有限公司	东南大学、镇江市科技局、丹阳市科技局	黄学良、裴　军	2010
73	江苏省无线传感网高技术研究重点实验室	南京邮电大学、南京三宝科技集团公司	省教育厅、南京市科委	杨　震	2010
74	江苏省方剂高技术研究重点实验室	南京中医药大学、江苏康缘药业有限责任公司	省教育厅、连云港市科技局	段金廒	2010
75	江苏省大气环境监测与污染控制高技术研究重点实验室	南京信息工程大学、国电环保研究院	省教育厅、南京市科委	陈敏东、朱法华	2010
76	江苏省先进机器人技术重点实验室	苏州大学	苏州市科技局	孙立宁	2011
77	江苏省生物质能与酶技术重点实验室	淮阴师范学院	淮安市科技局	熊　鹏	2011
78	江苏省盐土生物资源研究重点实验室	盐城师范学院	盐城市科技局	唐伯平	2011
79	江苏省光谱成像与智能感知重点实验室	南京理工大学	省教育厅	陈　钱	2011
80	江苏省皮肤病与性病分子生物学重点实验室	中国医学科学院皮肤病研究所	南京市科委	王宝玺	2012
81	江苏省人体器官移植重点实验室	无锡市人民医院	无锡市科技局	陈静瑜	2012
82	江苏省绿色船舶技术重点实验室	中国船舶重工集团公司第七〇二研究所	无锡市科技局	颜　开	2012
83	江苏省绿色催化材料与技术重点实验室	常州大学	常州市科技局	陈　群	2012
84	江苏省医用光学重点实验室	中国科学院苏州生物医学工程技术研究所	苏州市科技局	武晓东	2012
85	江苏省高端结构材料重点实验室	江苏大学	镇江市科技局	程晓农	2012
86	江苏省地理信息技术重点实验室	南京大学、江苏省测绘研究所	南京大学	李满春	2012
87	江苏省药物分子设计与成药性优化重点实验室	中国药科大学	中国药科大学	尤启冬	2012

续表 9-5

序号	重点实验室名称	依托单位	主管部门	实验室主任	建设年份
88	江苏省社会安全图像与视频理解重点实验室	南京理工大学	省教育厅	唐振民	2012
89	江苏省异种器官移植重点实验室	南京医科大学	省教育厅	戴一凡	2012
90	江苏省危险化学品本质安全与控制技术重点实验室	南京工业大学	省教育厅	蒋军成	2012
91	江苏省食品先进制造装备技术重点实验室	江南大学	无锡市科技局	卢立新	2013
92	江苏省先进激光材料与器件重点实验室	江苏师范大学	徐州市科技局	沈德元	2013
93	江苏省重大神经精神疾病诊疗技术研究重点实验室	苏州大学	苏州市科技局	镇学初	2013
94	江苏省城市智能交通重点实验室	东南大学	东南大学	王 炜	2013
95	江苏省航空动力系统重点实验室	南京航空航天大学	省教育厅	宣益民	2013
96	江苏省三维打印装备与制造重点实验室	南京师范大学	省教育厅	杨继全	2013
97	江苏省恶性肿瘤分子生物学及转化医学重点实验室	江苏省肿瘤防治研究所	省卫计委	许 林	2013

表9-6 江苏省企业重点实验室(企业研究院)名录(56家)

序号	企业重点实验室(企业研究院)名称	承担单位	地区	建设年份
国家级				
1	特种纤维复合材料国家重点实验室	中材科技股份有限公司	南京	2007
2	新型药物制剂技术国家重点实验室	扬子江药业集团	泰州	2007
3	高性能土木工程材料国家重点实验室	江苏省建筑科学研究院有限公司	南京	2010
4	肉品加工与质量控制国家重点实验室	江苏雨润食品产业集团有限公司	南京	2010
5	光伏科学与技术国家重点实验室	常州天合光能有限公司	常州	2010
6	中药制药过程新技术国家重点实验室	江苏康缘药业股份有限公司	连云港	2010
省 级				
7	江苏省建筑结构安全重点实验室	江苏省建筑科学研究院有限公司	南京	1991
8	江苏省公路运输工程试验室	江苏省交通科学研究院有限公司	南京	1995
9	江苏省(南汽)汽车工程研究院	南京汽车集团有限公司	南京	2006
10	江苏省(沙钢)钢铁研究院	江苏沙钢集团有限公司	张家港	2006
11	江苏省(春兰)清洁能源研究院	春兰(集团)公司	泰州	2006
12	江苏省(联创)软件研究院	南京联创科技集团股份有限公司	南京	2008
13	江苏省(尚德)光伏技术研究院	无锡尚德太阳能电力有限公司	无锡	2008
14	江苏省(徐工)工程机械研究院	徐州工程机械集团有限公司	徐州	2008
15	江苏省(龙腾)平板显示技术研究院	昆山龙腾光电有限公司	昆山	2008
16	江苏省(熔盛)船舶工程研究设计院	江苏熔盛造船有限公司	如皋	2008
17	江苏省焊接自动化装备重点实验室	昆山华恒工程技术中心有限公司	昆山	2009
18	江苏省(今世缘)生物酿酒技术研究院	江苏今世缘酒业有限公司	涟水	2009

续表 9-6

序号	企业重点实验室(企业研究院)名称	承担单位	地区	建设年份
19	江苏省(扬子江)新药研究院	扬子江药业集团	泰州	2009
20	江苏省(洋河)生物酿酒技术研究院	江苏洋河酒厂股份有限公司	宿迁	2009
21	江苏省(中圣)工业节能技术研究院	江苏中圣高科技产业有限公司	南京	2010
22	江苏省(一环)水处理技术研究院	江苏一环集团有限公司	宜兴	2010
23	江苏省(中远船务)海洋工程装备研究院	南通中远船务工程有限公司	南通	2010
24	江苏省(恒瑞)创新药物研究院	江苏恒瑞医药股份有限公司	连云港	2010
25	江苏省精细功能高分子材料重点实验室	江苏中丹集团股份有限公司	泰兴	2010
26	江苏省(国网电力)智能电网研究院	国网电力科学研究院	南京	2011
27	江苏省抗肿瘤分子靶向药物研究重点实验室	江苏省先声药业有限公司	南京	2011
28	江苏省(好孩子)科学育儿用品研究院	好孩子儿童用品有限公司	昆山	2011
29	江苏省(盛虹)纺织新材料研究院	盛虹集团有限公司	吴江	2011
30	江苏省风力发电技术重点实验室	国电联合动力技术(连云港)有限公司	连云港	2011
31	江苏省高端钢铁材料重点实验室	南京南钢产业发展有限公司	南京	2013
32	江苏省建筑节能与绿色建筑研究重点实验室	江苏省建筑科学研究院有限公司	南京	2013
33	江苏省热工过程智能控制重点实验室	南京科远自动化集团股份有限公司	南京	2013
34	江苏省新型特种光纤及光纤预制棒重点实验室	江苏亨通光电股份有限公司	吴江	2013
35	江苏省光通信材料重点实验室	江苏通鼎光电股份有限公司	吴江	2013
36	江苏省智能电网配用电关键技术研究重点实验室	常熟开关制造有限公司(原常熟开关厂)	常熟	2013
37	江苏省多元胺醇材料技术重点实验室	江苏飞翔化工股份有限公司	张家港	2013
38	江苏省生态染整技术重点实验室	江苏联发纺织股份有限公司	海安	2013
39	江苏省农药清洁生产技术重点实验室	江苏扬农化工股份有限公司	扬州	2013
40	江苏省高性能纤维重点实验室	仪征化纤股份有限公司	仪征	2013
41	江苏省船舶动力重点实验室	镇江中船设备有限公司	镇江	2013
42	江苏省医疗诊断装备及技术重点实验室	江苏鱼跃医疗设备股份有限公司	丹阳	2013
43	江苏省城市轨道交通车辆整车及关键部件重点实验室	南车南京浦镇车辆有限公司	南京	2014
44	江苏金属层状复合材料重点实验室	银邦金属复合材料股份有限公司	无锡	2014
45	江苏省煤矿井下防爆车辆重点实验室	常州科研试制中心有限公司	常州	2014
46	江苏省(亿晶)光伏工程研究院	常州亿晶光电科技有限公司	金坛	2014
47	江苏省新能源汽车重点实验室	金龙联合汽车工业(苏州)有限公司	苏州	2014
48	江苏省特种电缆高分子材料重点实验室	中利科技集团股份有限公司	常熟	2014
49	江苏省(神马)电力复合材料及装备研究院	南通神马电力股份有限公司	南通	2014
50	江苏省(中天科技)光电传输新技术研究院	江苏中天科技研究院有限公司	南通	2014
51	江苏省核电阀门重点实验室	江苏神通阀门股份有限公司	启东	2014
52	江苏省(井神)盐化工循环经济技术研究院	江苏井神盐化股份有限公司	淮安	2014
53	江苏省轨道交通用特殊钢新材料重点实验室	江苏沙钢集团淮钢特钢有限公司	淮安	2014
54	江苏省特种电缆材料及可靠性研究重点实验室	宝胜科技创新股份有限公司	宝应	2014
55	江苏省海洋油气钻井装备重点实验室	江苏曙光集团股份有限公司	泰州	2014
56	江苏省结构与功能金属复合材料重点实验室	江苏兴达钢帘线股份有限公司	兴化	2014

表9-7 江苏省工程技术研究中心名录(国家级29家)

序号	工程技术研究中心名称	承担单位	地区	建设年份
1	国家专用集成电路系统工程技术研究中心	东南大学	南京	1992
2	国家电力自动化工程技术研究中心	国家电力公司电力自动化研究院(南京)	南京	1992
3	国家非金属矿深加工工程技术研究中心	苏州非金属矿工业设计研究院	苏州	1992
4	国家道路交通管理工程技术研究中心	公安部交通管理科学研究所(无锡)	无锡	1992
5	国家平板显示工程技术研究中心	中国电子科技集团公司第五十五研究所(南京)	南京	1993
6	国家林产化学工程技术研究中心	中国林科院林产化学工业研究所(南京)	南京	1993
7	国家移动卫星通信工程技术研究中心	熊猫电子集团公司(南京)	南京	1994
8	国家生化工程技术研究中心	南京工业大学	南京	1996
9	国家玻璃纤维及制品工程技术研究中心	南京玻璃纤维研究设计院	南京	1997
10	国家超细粉体工程技术研究中心	南京理工大学	南京	2002
11	国家涂料工程技术研究中心	中国化工建设总公司常州涂料化工研究院	常州	2003
12	国家毛纺新材料工程技术研究中心	江苏阳光股份有限公司(无锡)	江阴	2005
13	国家兽用生物制品工程技术研究中心	省农业科学院兽医研究所	南京	2006
14	国家肉品质量安全控制工程技术研究中心	南京农业大学、南京雨润集团有限公司	南京	2008
15	国家有机毒物污染控制与资源化工程技术研究中心	南京大学	南京	2009
16	国家桑蚕茧丝产业工程技术研究中心	鑫缘茧丝绸集团股份有限公司(南通)	南通	2009
17	国家传感网工程技术研究中心	中科院无锡高新微纳传感网工程技术研发中心	无锡	2009
18	国家金属线材制品工程技术研究中心	江苏法尔胜集团公司(无锡)	江阴	2009
19	国家射频识别(RFID)系统工程技术研究中心	南京三宝科技股份有限公司	南京	2010
20	国家核电厂安全及可靠性工程技术研究中心	苏州热工研究院有限公司	苏州	2010
21	国家水泵及系统工程技术研究中心	江苏大学	镇江	2010
22	国家预应力工程技术研究中心	东南大学	南京	2011
23	国家特种分离膜工程技术研究中心	南京工业大学	南京	2011
24	国家煤加工与洁净化工程技术研究中心	中国矿业大学	徐州	2011
25	国家靶向药物工程技术研究中心	江苏恒瑞医药股份有限公司	连云港	2011
26	国家短波通信工程技术研究中心	中国人民解放军理工大学、南京熊猫	南京	2013
27	国家功能食品工程技术研究中心	江南大学	无锡	2013
28	国家有机类肥料工程技术研究中心	江苏新天地生物肥料工程中心有限公司、南京农业大学	宜兴	2013
29	国家饲料加工装备工程技术研究中心	江苏牧羊集团有限公司	扬州	2013

表9-8 江苏省企业技术中心名录(国家级83家)

序号	企业技术中心名称	依托单位	地区	建设年份
1	南京熊猫电子集团有限公司技术中心	南京熊猫电子集团有限公司	南京	2004年前
2	中国石化集团南京化学工业有限公司技术中心	中国石化集团南京化学工业有限公司	南京	2004年前
3	无锡威孚高科技股份有限公司技术中心	无锡威孚高科技股份有限公司	无锡	2004年前
4	江苏双良集团有限公司技术中心	江苏双良集团有限公司	无锡	2004年前
5	法尔胜集团公司技术中心	法尔胜集团公司	江阴	2004年前
6	江苏阳光股份有限公司技术中心	江苏阳光股份有限公司	江阴	2004年前
7	江苏小天鹅集团有限公司技术中心	江苏小天鹅集团有限公司	江阴	2004年前
8	徐州工程机械集团公司技术中心	徐州工程机械集团公司	徐州	2004年前
9	大屯煤电(集团)有限责任公司技术中心	大屯煤电(集团)有限责任公司	徐州	2004年前
10	常柴股份有限公司技术中心	常柴股份有限公司	常州	2004年前
11	常林股份有限公司技术中心	常林股份有限公司	常州	2004年前
12	江苏恒瑞医药股份有限公司技术中心	江苏恒瑞医药股份有限公司	连云港	2004年前
13	中国石化仪征化纤股份有限公司技术中心	中国石化仪征化纤股份有限公司	仪征	2004年前
14	宝胜集团有限公司技术中心	宝胜集团有限公司	宝应	2004年前
15	扬子江药业集团有限公司技术中心	扬子江药业集团有限公司	泰州	2004年前
16	春兰(集团)公司技术中心	春兰(集团)公司	泰州	2004年前
17	江阴兴澄特种钢铁有限公司技术中心	江阴兴澄特种钢铁有限公司	江阴	2004
18	南京南瑞集团公司技术中心	南京南瑞集团公司	南京	2006
19	江苏雨润食品产业集团有限公司技术中心	江苏雨润食品产业集团有限公司	南京	2006
20	江苏康缘药业股份有限公司技术中心	江苏康缘药业股份有限公司	连云港	2006
21	南京汽车集团有限公司技术中心	南京汽车集团有限公司	南京	2007
22	江苏亨通光电股份有限公司技术中心	江苏亨通光电股份有限公司	苏州	2007
23	江苏常铝铝业股份有限公司技术中心	江苏常铝铝业股份有限公司	常熟	2007
24	江苏沙钢集团有限公司技术中心	江苏沙钢集团有限公司	张家港	2007
25	大全集团有限公司(江苏长江电气)技术中心	大全集团有限公司(江苏长江电气)	镇江	2007
26	江苏双登集团有限公司技术中心	江苏双登集团有限公司	泰州	2007
27	中材科技股份有限公司技术中心	中材科技股份有限公司	南京	2008
28	无锡尚德太阳能电力有限公司技术中心	无锡尚德太阳能电力有限公司	无锡	2008
29	江苏白雪电器股份有限公司技术中心	江苏白雪电器股份有限公司	常熟	2008
30	江苏豪森药业股份有限公司技术中心	江苏豪森药业股份有限公司	连云港	2008
31	大亚科技集团有限公司技术中心	大亚科技集团有限公司	丹阳	2008
32	南京中船绿洲机器有限公司技术中心	南京中船绿洲机器有限公司	南京	2010
33	中国南车集团戚墅堰机车车辆厂技术中心	中国南车集团戚墅堰机车车辆厂	常州	2010
34	盛虹集团有限公司技术中心	盛虹集团有限公司	苏州	2010
35	江苏梦兰集团有限公司技术中心	江苏梦兰集团有限公司	常熟	2010
36	南通中远船务工程有限公司技术中心	南通中远船务工程有限公司	南通	2010
37	江苏兴达钢帘线股份有限公司技术中心	江苏兴达钢帘线股份有限公司	兴化	2010

续表 9-8

序号	企业技术中心名称	依托单位	地区	建设年份
38	江苏长电科技股份有限公司技术中心(新潮)	江苏长电科技股份有限公司(新潮)	江阴	2010
39	江苏星怡车灯股份有限公司技术中心	江苏星怡车灯股份有限公司	常州	2010
40	江苏上上电缆集团有限公司技术中心	江苏上上电缆集团有限公司	溧阳	2010
41	连云港中复连众复合材料集团有限公司技术中心	连云港中复连众复合材料集团有限公司	连云港	2010
42	江苏科行环境工程技术有限公司技术中心	江苏科行环境工程技术有限公司	盐城	2010
43	江苏林海动力机械集团公司技术中心	江苏林海动力机械集团公司	泰州	2010
44	国电南京自动化股份有限公司技术中心	国电南京自动化股份有限公司	南京	2011
45	远东电缆有限公司技术中心	远东电缆有限公司	宜兴	2011
46	江苏苏净集团有限公司技术中心	江苏苏净集团有限公司	苏州	2011
47	江苏通鼎光电股份有限公司技术中心	江苏通鼎光电股份有限公司	苏州	2011
48	康力电梯股份有限公司技术中心	康力电梯股份有限公司	苏州	2011
49	江苏江南高纤股份有限公司技术中心	江苏江南高纤股份有限公司	苏州	2011
50	常熟开关制造有限公司技术中心	常熟开关制造有限公司	常熟	2011
51	日出东方太阳能股份有限公司技术中心	日出东方太阳能股份有限公司	连云港	2011
52	江苏恒顺集团有限公司技术中心	江苏恒顺集团有限公司	镇江	2011
53	南京高精传动设备制造集团有限公司技术中心	南京高精传动设备制造集团有限公司	南京	2012
54	江苏博特新材料有限公司技术中心	江苏博特新材料有限公司	南京	2012
55	南车南京浦镇车辆有限公司技术中心	南车南京浦镇车辆有限公司	南京	2012
56	红豆集团有限公司技术中心	红豆集团有限公司	无锡	2012
57	江苏恩华药业股份有限公司技术中心	江苏恩华药业股份有限公司	徐州	2012
58	江南嘉捷电梯股份有限公司技术中心	江南嘉捷电梯股份有限公司	苏州	2012
59	江苏科林集团有限公司技术中心	江苏科林集团有限公司	苏州	2012
60	江苏恒力化纤股份有限公司技术中心	江苏恒力化纤股份有限公司	苏州	2012
61	江苏AB集团股份有限公司技术中心	江苏AB集团股份有限公司	昆山	2012
62	江苏正大天晴药业股份有限公司技术中心	江苏正大天晴药业股份有限公司	连云港	2012
63	盐城豪迈照明科技有限公司技术中心	盐城豪迈照明科技有限公司	建湖	2012
64	江苏扬农化工集团有限公司技术中心	江苏扬农化工集团有限公司	扬州	2012
65	镇江中船设备有限公司技术中心	镇江中船设备有限公司	镇江	2012
66	南京康尼机电股份有限公司技术中心	南京康尼机电股份有限公司	南京	2013
67	无锡透平叶片有限公司技术中心	无锡透平叶片有限公司	无锡	2013
68	江苏天奇物流系统工程股份有限公司技术中心	江苏天奇物流系统工程股份有限公司	无锡	2013
69	江苏春兴合金(集团)有限公司技术中心	江苏春兴合金(集团)有限公司	邳州	2013
70	江苏常发农业装备股份有限公司技术中心	江苏常发农业装备股份有限公司	常州	2013
71	南车戚墅堰机车车辆工艺研究所有限公司技术中心	南车戚墅堰机车车辆工艺研究所有限公司	常州	2013

续表 9-8

序号	企业技术中心名称	依托单位	地区	建设年份
72	好孩子儿童用品有限公司技术中心	好孩子儿童用品有限公司	昆山	2013
73	江苏中天科技股份有限公司技术中心	江苏中天科技股份有限公司	如东	2013
74	江苏联发纺织股份有限公司技术中心	江苏联发纺织股份有限公司	海安	2013
75	亚普汽车部件股份有限公司技术中心	亚普汽车部件股份有限公司	扬州	2013
76	常州东风农机集团有限公司技术中心	常州东风农机集团有限公司	常州	2014
77	江苏华鹏变压器有限公司技术中心	江苏华鹏变压器有限公司	常州	2014
78	南通富士通微电子股份有限公司技术中心	南通富士通微电子股份有限公司	南通	2014
79	苏州环球集团链传动有限公司技术中心	苏州环球集团链传动有限公司	苏州	2014
80	中船澄西船舶修造有限公司技术中心	中船澄西船舶修造有限公司	无锡	2014
81	江苏丰东热技术股份有限公司技术中心	江苏丰东热技术股份有限公司	盐城	2014
82	江苏长虹智能装备集团技术中心	江苏长虹智能装备集团	盐城	2014
83	江苏牧羊集团有限公司技术中心	江苏牧羊集团有限公司	扬州	2014

表9-9 江苏省企业院士工作站名录(328家)

序号	承担单位名称	签约院士	地区	建设年份
1	航天晨光股份有限公司	李鸿志,南京理工大学	南京	2009
2	南京九思高科技有限公司	何鸣元,华东师范大学	南京	2009
3	中材科技股份有限公司	张立同,西北工业大学	南京	2009
4	江苏中圣高科技产业有限公司	张耀明,东南大学;程国栋,中国科学院寒区旱区环境与工程研究所	南京	2009
5	江苏明天种业科技有限公司	李家洋,中国科学院遗传与发育生物学研究所	南京	2009
6	扬子江药业集团南京海陵药业有限公司	姚守拙,湖南师范大学;谢毓元、池志强,中国科学院上海药物研究所	南京	2009
7	江苏雨润食品产业集团有限公司	李宁,中国农业大学	南京	2009
8	南京蓝深制泵集团股份有限公司	周君亮,江苏省水利厅	南京	2009
9	南京新康达磁业有限公司	都有为,南京大学	南京	2009
10	江苏省交通科学研究院股份有限公司	吕志涛,东南大学	南京	2009
11	南京地铁集团有限公司(原南京地下铁道有限责任公司)	施仲衡,北京市城建设计研究院	南京	2009
12	南京大陆鸽高科技股份有限公司	王震西,中国科学院北京三环新材料高技术公司;陈立泉,中科院物理所	南京	2009
13	江苏先声药业有限公司	林国强,复旦大学	南京	2009
14	南京新模式软件集成有限公司	李伯虎,北京航空航天大学;陈达,南京航空航天大学	南京	2009
15	南京卓实电气有限责任公司	张淑仪,南京大学	南京	2009
16	南京聚隆科技股份有限公司(原南京聚隆化学实业有限责任公司)	张齐生,南京林业大学	南京	2009

续表 9-9

序号	承担单位名称	签约院士	地区	建设年份
17	江苏英特神斯科技有限公司	方家熊,中国科学院上海技术物理研究所	南京	2009
18	南京长澳医药科技有限公司	谢毓元、金国章,中国科学院上海药物研究所;宋湛谦,中国林业科学研究院	南京	2009
19	中建中环工程有限公司[原中环(中国)工程有限公司]	徐旭常,清华大学;李圭白,哈尔滨工业大学;庄松林,上海理工大学	南京	2009
20	南京宝泰特种材料有限公司	李东英,中国有色金属工业协会钛锆分会	南京	2009
21	江苏航天信息有限公司	刘怡昕,炮兵学院南京分院	南京	2009
22	江苏省建筑科学研究院有限公司	唐明述,南京工业大学;孙伟,东南大学	南京	2009
23	江苏高淳陶瓷股份有限公司	魏可镁,福州大学	南京	2009
24	江苏晶石科技集团有限公司	陈立泉,中科院物理所	无锡	2009
25	无锡鑫圣慧龙纳米陶瓷技术有限公司	李龙土,清华大学	无锡	2009
26	无锡爱邦辐射技术有限公司	陈森玉,中国科学院高能物理研究所	无锡	2009
27	无锡机床股份有限公司	王立鼎,大连理工大学	无锡	2009
28	无锡透平叶片有限公司	徐大懋,中国广东核电集团公司	无锡	2009
29	江苏红豆杉生物科技有限公司	蒋有绪,中国林业科学研究院森林生态与保护研究所	无锡	2009
30	无锡市好达电子有限公司	祝世宁,南京大学	无锡	2009
31	无锡华东重型机械有限公司	姜德生,武汉理工大学	无锡	2009
32	无锡汉神电气有限公司	林尚扬,哈尔滨焊接研究所	无锡	2009
33	江苏苏嘉集团有限公司	李鹤林,中国石油天然气集团公司管材研究所	无锡	2009
34	无锡新宏泰电器科技股份有限公司	雷清泉,哈尔滨理工大学	无锡	2009
35	江苏新日电动车股份有限公司	陈清泉,香港大学	无锡	2009
36	无锡双翼汽车环保科技有限公司	过增元,清华大学	无锡	2009
37	无锡华测电子系统有限公司	吴培亨,南京大学	无锡	2009
38	无锡西姆莱斯石油专用管制造有限公司	李鹤林,中国石油天然气集团公司管材研究所;罗平亚,西南石油大学	无锡	2009
39	江苏江达生态科技有限公司	张全兴,南京大学	无锡	2009
40	无锡威孚环保催化剂有限公司	张国成,北京有色金属研究总院;陈景,云南大学	无锡	2009
41	法尔胜集团公司	赵连城,哈尔滨工业大学	无锡	2009
42	江苏方程电力科技有限公司	李立浧,华北电力大学	江阴	2009
43	江苏苏利精细化工股份有限公司(原江阴市苏利精细化工有限公司)	张礼和,北京大学	江阴	2009
44	江阴市石油化工设备有限公司	张勇传,华中科技大学	江阴	2009
45	江苏远望神州软件有限公司	何新贵,北京大学	江阴	2009
46	江苏省芙蓉模具材料科技有限公司	陈蕴博,机械科学研究总院;李正邦,钢铁研究总院	江阴	2009
47	远东控股集团有限公司	孙晋良,上海大学	宜兴	2009
48	江苏三木集团有限公司	黄志镗,中国科学院化学研究所	宜兴	2009
49	无锡江南电缆有限公司	雷清泉,哈尔滨理工大学;邱爱慈,西安交通大学;李德仁,武汉大学	宜兴	2009

续表 9-9

序号	承担单位名称	签约院士	地区	建设年份
50	徐州工程机械集团有限公司	冯纯伯,东南大学	徐州	2009
51	徐州矿务集团有限公司	钱鸣高,中国矿业大学	徐州	2009
52	徐州斯尔克差别化纤维科技有限公司	蒋士成,中石化仪征化纤股份有限公司	新沂	2009
53	常州华通焊业股份有限公司(原常州华通焊丝有限公司)	潘际銮,清华大学	常州	2009
54	今创集团有限公司	叶奇蓁,中国核工程公司	常州	2009
55	常州善美药物研究开发中心有限公司	陈凯先、唐希灿,中国科学院上海药物研究所;赵国屏,国家人类基因组南方研究中心	常州	2009
56	常州铭赛机器人科技有限公司	蔡鹤皋,哈尔滨工业大学	常州	2009
57	创生医疗器械(江苏)有限公司	胡壮麒,中国科学院金属研究所	常州	2009
58	江苏晨光涂料有限公司	程镕时,南京大学	常州	2009
59	常州华达科捷光电仪器有限公司	庄松林,上海理工大学	常州	2009
60	江苏先声卫科生物制药有限公司(原江苏延申生物科技股份有限公司)	俞永新,中国药品生物制品检定所	常州	2009
61	常州方圆制药有限公司	陈洪渊,南京大学	常州	2009
62	常州南车铁马科技实业有限公司(原常州市铁马科技实业有限公司)	黄伯云,中南大学	常州	2009
63	常州星宇车灯股份有限公司	吴浩青,复旦大学	常州	2009
64	常州天合光能有限公司	游效曾,南京大学	常州	2009
65	江苏宏微科技有限公司	陈星弼,电子科技大学	常州	2009
66	常茂生物化学工程股份有限公司	欧阳平凯,南京工业大学	常州	2009
67	常州兰翔机械有限责任公司(原常州兰翔机械总厂)	陈懋章,北京航空航天大学	常州	2009
68	苏州苏大赛尔免疫生物技术有限公司	阮长耿,苏州大学	苏州	2009
69	苏州科技学院设计研究院有限公司	叶可明,上海建工(集团)总公司	苏州	2009
70	苏州大福外贸食品有限公司	盖钧镒,南京农业大学	苏州	2009
71	苏州武大影像信息工程研究院有限责任公司	张祖勋,武汉大学	苏州	2009
72	苏州苏大维格数码光学有限公司	薛鸣球,苏州大学	苏州	2009
73	苏州秉创科技有限公司	卢秉恒,西安交通大学	苏州	2009
74	江苏亨通光电股份有限公司	赵梓森,武汉邮电科学研究院	苏州	2009
75	吴江市苗圃集团有限公司	王明庥,南京林业大学	苏州	2009
76	江苏中科梦兰电子科技有限公司	李国杰,中国科学院计算技术研究所	常熟	2009
77	常熟三爱富中昊化工新材料有限公司	袁渭康,华东理工大学	常熟	2009
78	江苏理文化工有限公司	陈新滋,香港理工大学	常熟	2009
79	长江润发集团有限公司	高从堦,国家海洋局杭州水处理技术开发中心膜与膜过程实验室;吴澄,清华大学	张家港	2009
80	江苏华机环保设备有限责任公司	陈克复,华南理工大学	张家港	2009

续表 9-9

序号	承担单位名称	签约院士	地区	建设年份
81	保定天威集团(江苏)五洲变压器有限公司(原张家港五洲变压器有限公司)	朱英浩,沈阳工业大学	张家港	2009
82	江苏联冠科技发展有限公司	曹镛、王佛松,中国科学院化学所	张家港	2009
83	江苏华昌化工股份有限公司	周光耀,中国成达工程公司	张家港	2009
84	张家港迪克汽车化学品有限公司	洪茂椿、段雪,北京化工大学	张家港	2009
85	中化国际(苏州)新材料研发有限公司	陈庆云,中科院上海有机化学研究所	太仓	2009
86	南通万达锅炉有限公司(原南通万达锅炉股份有限公司)	岑可法,浙江大学	南通	2009
87	中天日立射频电缆有限公司	林为干,电子科技大学	南通	2009
88	江苏大生集团有限公司	姚穆,西安工程大学	南通	2009
89	南通市申通机械厂	闻雪友,中国船舶工业总公司第七研究院第七〇三研究所	南通	2009
90	南通秋之友生物科技有限公司	张友尚,中科院生物化学与细胞生物学研究所	启东	2009
91	江苏熔盛造船有限公司	徐玉如,哈尔滨工程大学	如皋	2009
92	如皋市大生线路器材有限公司	胡正寰,北京科技大学	如皋	2009
93	南通华盛新材料股份有限公司	王佛松,中国科学院长春应用化学所	南通	2009
94	海门慧聚药业有限公司	黄乃正,中国科学院上海有机化学研究所	海门	2009
95	中兴能源装备股份有限公司	陈达,南京航空航天大学	海门	2009
96	欧贝黎新能源科技股份有限公司	王占国,中国科学院半导体所	海安	2009
97	江苏豪森药业股份有限公司	周后元,上海医药工业研究院	连云港	2009
98	江苏安邦电化有限公司	胡宏纹,南京大学	淮安	2009
99	江苏汉邦科技有限公司	张玉奎,中国科学院大连化学物理研究所	淮安	2009
100	淮安万邦香料工业有限公司	陈茹玉,南开大学	淮安	2009
101	江苏永丰机械有限责任公司	徐更光,北京理工大学;唐西生,解放军第二炮兵装备研究院第二研究所	盱眙	2009
102	江苏百斯特环境工程有限公司	吴承康,中国科学院力学研究所	盐城	2009
103	江苏闳业机械有限公司	梅自强,东华大学	盐城	2009
104	江苏东新能源科技有限公司	裴荣富,中国地质科学院矿产资源研究所	东台	2009
105	上海思恩电子技术(东台)有限公司	褚君浩,中国科学院上海技术物理研究所	东台	2009
106	江苏绿海有机食品发展有限公司	赵其国,中科院南京土壤研究所	东台	2009
107	江苏华阳重工科技股份有限公司	张炳炎,中国船舶工业总公司七院第七〇八研究所	东台	2009
108	江苏丰东热技术股份有限公司	潘健生,上海交通大学	大丰	2009
109	扬州优邦生物制药有限公司	刘秀梵,扬州大学	扬州	2009
110	中电科技扬州宝军电子有限公司	张光义,中国电子科技集团公司第十四研究所	扬州	2009
111	江苏华富控股集团有限公司	曹楚南,浙江大学	高邮	2009
112	江苏中欧材料研究院有限公司	柳百成,清华大学	镇江	2009
113	江苏申模数字化制造技术有限公司	阮雪榆,上海交通大学	镇江	2009
114	江苏巍华精密合金有限公司	李依依,中国科学院金属研究所	丹阳	2009

续表 9-9

序号	承担单位名称	签约院士	地区	建设年份
115	江苏吟春碧芽茶业有限公司	陈宗懋,中国农业科学院茶叶研究所	丹阳	2009
116	大全集团有限公司	马伟明,海军工程大学;孙家广,清华大学	扬中	2009
117	有能集团有限公司(原江苏南自通华电气集团有限公司)	韩英铎,清华大学	扬中	2009
118	华鹏集团公司	周尧和,上海交通大学	扬中	2009
119	江苏荣昌化工有限公司	柯伟,中国科学院金属研究所	扬中	2009
120	江苏倍康药业有限公司	夏咸柱,解放军军事医学科学院军事兽医研究所	泰州	2009
121	扬子江药业集团有限公司	陈凯先,上海中医药大学	泰州	2009
122	江苏冬庆数控机床有限公司	蔡鹤皋,哈尔滨工业大学机电工程学院;徐滨士,装甲兵工程学院;郭重庆,同济大学	泰州	2009
123	江苏楚龙面粉有限公司	程顺和,江苏里下河地区农科所	兴化	2009
124	江苏江山制药有限公司	伦世仪,江南大学	靖江	2009
125	江苏耐尔冶电集团有限公司	才鸿年,北京理工大学	靖江	2009
126	江苏江分电分析仪器有限公司	汪尔康、董绍俊,中国科学院长春应用化学研究所	姜堰	2009
127	江苏贝思特动力电源有限公司	杨裕生,解放军防化研究院第一研究所;顾国彪,中国科学院电工研究所	姜堰	2009
128	长江润发(江苏)薄板镀层有限公司	高从堦,国家海洋局杭州水处理技术开发中心	宿迁	2009
129	南京医药产业集团	陈洪渊,南京大学	南京	2010
130	江苏柯菲平医药有限公司	张生勇,第四军医大学	南京	2010
131	轻工业部南京电光源材料科学研究所	苏锵,中山大学	南京	2010
132	南京钢铁股份有限公司	王国栋,东北大学	南京	2010
133	南京润邦金属复合材料有限公司	冯叔瑜,中国铁道科学研究院	南京	2010
134	南京三邦金属复合材料有限公司	汪旭光,北京矿冶研究总院	南京	2010
135	南京锋晖复合材料有限公司	夏苏鲁,美国西北大学,河海大学	南京	2010
136	南京才华科技集团有限公司	于全,总参第六十一研究所	南京	2010
137	江苏华东地质建设集团有限公司	王颖,南京大学	南京	2010
138	中科院南京天文仪器有限公司(原南京中科天文仪器有限公司)	潘君骅,中国科学院南京天文光学技术研究所	南京	2010
139	焦点科技股份有限公司	陆汝钤,复旦大学	南京	2010
140	无锡市宇寿医疗器械有限公司	林其谁,上海生命科学研究院生物化学与细胞生物学研究所	无锡	2010
141	无锡马山永红换热器有限公司	徐建中,中国科学院工程热物理所	无锡	2010
142	无锡市锡容电力电器有限公司	潘垣,华中科技大学	无锡	2010
143	无锡兴达泡塑新材料股份有限公司(原无锡兴达泡塑新材料有限公司)	王泽山,南京理工大学	无锡	2010
144	无锡市明江保温材料有限公司	叶大年,中国科学院地质与地球物理研究所	无锡	2010
145	江苏聚慧科技有限公司	张建云,南京水利科学研究院	无锡	2010
146	江苏红旗印染机械有限公司	周翔,东华大学;石碧,四川大学	无锡	2010
147	无锡市南方电器制造有限公司	关桥,北京航空制造工程研究所	无锡	2010

续表 9-9

序号	承担单位名称	签约院士	地区	建设年份
148	无锡华光锅炉股份有限公司	岳光溪,清华大学	无锡	2010
149	银邦金属复合材料股份有限公司(原无锡银邦铝业有限公司)	曾苏民,中南大学	无锡	2010
150	无锡锡通工程机械有限公司	苏哲子,南京理工大学	无锡	2010
151	江苏四环生物股份有限公司	曾毅,北京工业大学	江阴	2010
152	江阴兴澄特种钢铁有限公司	翁宇庆,中国金属学会	江阴	2010
153	江阴市长兴钒氮新材料有限公司	张文海,中国瑞林工程技术有限公司	江阴	2010
154	宜兴市天鸟高新技术有限公司	王礼恒,中国航天科技集团公司;孙晋良,上海大学	宜兴	2010
155	江苏雅克科技股份有限公司	赵玉芬,清华大学	宜兴	2010
156	江苏亨鑫科技有限公司	刘韵洁,中国联合通信有限公司	宜兴	2010
157	徐州燃控科技股份有限公司	秦裕昆,哈尔滨工业大学	徐州	2010
158	徐州锻压机床厂集团有限公司	段正澄,华中科技大学	徐州	2010
159	江苏凯达石英有限公司	余永富,武汉理工大学	新沂	2010
160	常州博瑞电力自动化设备有限公司	沈国荣,国电自动化研究院、南瑞继保电气有限公司	常州	2010
161	江苏兰陵化工集团有限公司	许学彦,中国船舶工业总公司七院708所	常州	2010
162	江苏常宝钢管股份有限公司	殷国茂,东北大学	常州	2010
163	中天钢铁集团有限公司	干勇,中国钢研科技集团有限公司	常州	2010
164	常州无线电厂有限公司	朱中梁,西南电子电信技术研究所	常州	2010
165	南车戚墅堰机车车辆工艺研究所有限公司	周国治,北京科技大学	常州	2010
166	南车戚墅堰机车有限公司	沈志云,西南交通大学	常州	2010
167	常州减速机总厂有限公司	杨叔子,华中科技大学	常州	2010
168	江苏常发实业集团有限公司	蒋亦元,东北农业大学	常州	2010
169	江苏立华牧业有限公司(原常州市立华畜禽有限公司)	吴常信,中国农业大学	常州	2010
170	常州丰盛光电科技股份有限公司	金国藩,清华大学	常州	2010
171	江苏凯特汽车部件有限公司	杜善义,哈尔滨工业大学	常州	2010
172	江苏华鹏变压器有限公司	梁维燕,哈尔滨动力设备股份有限公司;朱英浩,沈阳工业大学	溧阳	2010
173	江苏弘博新材料有限公司	吴云东,香港科技大学	溧阳	2010
174	苏州西山中科实验动物有限公司	刘昌孝,天津药物研究院新药评价研究中心	苏州	2010
175	苏州热工研究院有限公司	郑健超,中国广东核电集团公司;傅恒志,西北工业大学	苏州	2010
176	苏州市湘园特种精细化工有限公司	李俊贤,黎明化工研究院	苏州	2010
177	科沃斯机器人科技(苏州)有限公司[原泰怡凯电器(苏州)有限公司]	王子才,哈尔滨工业大学	苏州	2010
178	苏州江南航天机电工业公司	陈定昌,中国航天科工集团第二研究院	苏州	2010
179	苏州市相城区新时代特种水产养殖场	朱作言,中国科学院水生生物研究所	苏州	2010
180	苏州市康绿农产品发展有限公司	朱兆良,中国科学院南京土壤研究所	苏州	2010

续表 9-9

序号	承担单位名称	签约院士	地区	建设年份
181	江苏欧索软件有限公司	李德仁,武汉大学测绘遥感信息工程国家实验室	苏州	2010
182	苏州天华超净科技股份有限公司	刘尚合,中国人民解放军军械工程学院	苏州	2010
183	苏州市数字城市工程研究中心有限公司	王家耀,解放军信息工程大学	苏州	2010
184	苏州一光仪器有限公司	宁津生,武汉大学	苏州	2010
185	江苏中科智能工程有限公司	戴汝为,中国科学院自动化研究所	苏州	2010
186	康力电梯股份有限公司	谭建荣,浙江大学	苏州	2010
187	江苏隆力奇生物科技股份有限公司	江龙,中国科学院化学所	常熟	2010
188	江苏萃隆精密铜管股份有限公司	陶文铨,西安交通大学	常熟	2010
189	江苏华益科技有限公司(原常熟华益化工有限公司)	费维扬,清华大学	常熟	2010
190	张家港富瑞特种装备股份有限公司	徐滨士,解放军装甲兵工程学院	张家港	2010
191	昆山锐芯微电子有限公司	姚建铨,天津大学激光与光电子研究所	昆山	2010
192	昆山国力真空电器有限公司	方守贤,北京正负电子对撞机国家实验室、中国科学院高能物理研究所	昆山	2010
193	江苏力普电子科技有限公司	顾国彪,清华大学	南通	2010
194	南通醋酸化工股份有限公司	舒兴田,石油化工科学研究院;吴慰祖,总参谋部第五十五研究所	南通	2010
195	太平洋水处理工程有限公司	汤鸿霄,中国科学院生态环境研究中心	南通	2010
196	江苏联发纺织股份有限公司	周勤之,东华大学	海安	2010
197	江苏中洋集团股份有限公司	雷霁霖,中国水产科学研究院黄海水产研究所	海安	2010
198	江苏九九久科技股份有限公司	麻生明,中国科学院上海有机化学研究所	如东	2010
199	江苏宇迪光学股份有限公司	王之江,上海光学精密机械研究所;潘君骅,中科院南京天文光学技术研究所	如东	2010
200	南通巴大饲料有限公司	林浩然,中山大学	如东	2010
201	韩华新能源(启东)有限公司(原江苏林洋新能源有限公司)	雷啸霖,上海交通大学	启东	2010
202	江苏海四达集团有限公司	钱逸泰,山东大学	启东	2010
203	江苏祥源电气设备有限公司	王锡凡,西安交通大学	如皋	2010
204	南通建筑工程总承包有限公司	沈祖炎,同济大学	海门	2010
205	江苏康缘药业股份有限公司	石学敏,天津中医药大学第一附属医院	连云港	2010
206	中材高新江苏硅材料有限公司	沈德忠,中材科技集团、清华大学	东海	2010
207	江苏亿隆新能源科技发展有限公司	陈予恕,天津大学	洪泽	2010
208	江苏健佳药业有限公司	周俊,中国科学院昆明植物研究所	东台	2010
209	江苏神龙药业有限公司	周宏灏,中南大学	东台	2010
210	江苏东林电子有限公司	侯洵,中国科学院西安光学精密机械研究所	建湖	2010
211	盐城三益石化机械有限公司	高庆狮,北京科技大学	建湖	2010
212	建湖县永维阀门钻件有限公司	金庆焕,广州海洋地质调查局	建湖	2010
213	扬州宏福铝业有限公司	涂铭旌,四川大学	扬州	2010
214	江苏荣能集团有限公司	徐德龙,西安建筑科技大学	扬州	2010
215	扬州万方电子技术有限责任公司	杨士中,重庆大学	扬州	2010

续表 9-9

序号	承担单位名称	签约院士	地区	建设年份
216	江苏中惠医疗科技股份有限公司	陈亚珠,上海交通大学生物医学仪器研究所	扬州	2010
217	扬州腾飞电缆电器材料有限公司	崔崑,华中科技大学	宝应	2010
218	江苏绿科生物技术有限公司	任南琪,哈尔滨工业大学	高邮	2010
219	镇江中煤电子有限公司	吴澄,清华大学	镇江	2010
220	江苏锋芒复合材料科技集团有限公司	唐有祺,北京大学	扬中	2010
221	句容宁武高新技术发展有限公司(原句容市宁武化工有限公司)	黄卫,东南大学	句容	2010
222	江苏江南生物科技有限公司	李玉,吉林农业大学	丹阳	2010
223	江苏冰城电材股份有限公司	钱清泉,西南交通大学	丹阳	2010
224	泰州三福船舶工程有限公司	沈闻孙,大连新船重工有限责任公司	泰州	2010
225	江苏苏中药业集团股份有限公司	陈香美,中国人民解放军总医院;张运,山东大学	泰州	2010
226	江苏飞船股份有限公司	赵振业,北京航空材料研究院	姜堰	2010
227	江苏振华泵业制造有限公司	王玉明,清华大学	姜堰	2010
228	江苏星火特钢有限公司	陈国良,南京理工大学	兴化	2010
229	江苏靖江互感器厂有限公司	刘永坦,上海交通大学	靖江	2010
230	江苏双勤民生冶化设备制造有限公司	周远,中国科学院理化技术研究所	靖江	2010
231	江苏江神药物化学有限公司	李洪钟,中国科学院过程工程研究所	泰兴	2010
232	泰兴市航联电连接器有限公司	叶培建,中国空间技术研究院	泰兴	2010
233	江苏绿陵化工集团有限公司	张懿,中国科学院过程工程研究所	宿迁	2010
234	南京宝色股份公司	金展鹏、黄伯云,中南大学	南京	2011
235	南化集团研究院	曹湘洪,中国石油化工股份有限公司	南京	2011
236	国电南京自动化股份有限公司	孙才新,高电压与电工新技术教育部重点实验室(重庆大学)	南京	2011
237	南京优科生物医药研究有限公司	黎乐民,北京大学	南京	2011
238	南京新百药业有限公司	沈寅初,浙江工业大学	南京	2011
239	江苏长电科技股份有限公司	吴德馨,中国科学院微电子研究所	江阴	2011
240	江苏中能硅业科技发展有限公司	梁骏吾,中国科学院半导体研究所	徐州	2011
241	徐州浩通新材料科技股份有限公司	胡永康,中国石化集团公司抚顺石油化工研究院	徐州	2011
242	徐州雷奥医疗设备有限公司	赵淳生,南京航空航天大学	徐州	2011
243	江苏永冠给排水设备有限公司	李圭白,哈尔滨工业大学	徐州	2011
244	新沂市永诚化工有限公司	陈文新,中国农业大学	新沂	2011
245	常州博万达汽车安全设备有限公司	王正国,中国人民解放军第三军医大学野战外科研究所	常州	2011
246	常州市康辉医疗器械有限公司	戴尅戎,上海交通大学	常州	2011
247	苏州市阳澄湖现代农业发展有限公司	刘筠,湖南师范大学	苏州	2011
248	苏州市冯氏实验动物设备有限公司	沈荣显,中国农业科学院哈尔滨兽医研究所	苏州	2011
249	张家港市江南锅炉压力容器有限公司	林宗虎,西安交通大学	张家港	2011
250	天宇羊毛工业(张家港保税区)有限公司	刘守仁,新疆农垦科学院	张家港	2011

续表 9-9

序号	承担单位名称	签约院士	地区	建设年份
251	三一重机有限公司	谢友柏,上海交通大学	昆山	2011
252	江苏三维园艺有限公司	陈俊愉,北京林业大学	昆山	2011
253	太仓荣文合成纤维有限公司	郁铭芳,东华大学	太仓	2011
254	雅本化学股份有限公司(原苏州雅本化学股份有限公司)	戴立信,中国科学院上海有机化学研究所	太仓	2011
255	南通富士通微电子股份有限公司	王曦,中国科学院上海微系统与信息技术研究所	南通	2011
256	江苏奥蓝工程玻璃有限公司	沈学础,中科院上海技术物理研究所	南通	2011
257	南通市海鸥救生防护用品有限公司	封锡盛,中科院沈阳自动化研究所	南通	2011
258	江苏顺通建设集团有限公司(原江苏顺通建设工程有限公司)	王梦恕,铁道部隧道工程局	如东	2011
259	江苏快达农化股份有限公司	傅依备,中国工程物理研究院	如东	2011
260	上海振华重工启东海洋工程股份有限公司(原启东道达重工有限公司)	曹楚生,天津大学	启东	2011
261	南通锻压设备有限公司	王自强,中国科学院力学所	如皋	2011
262	江苏隆昌化工有限公司	郑兰荪,厦门大学	如皋	2011
263	江苏京海禽业集团有限公司	陈焕春,华中农业大学	海门	2011
264	江苏双鑫石油机械有限公司	沈忠厚,中国石油大学	建湖	2011
265	盐城神华机械制造有限公司	张钹,清华大学	建湖	2011
266	江苏峰峰钨钼制品股份有限公司	林尊琪,中科院上海光学精密机械研究所	东台	2011
267	江苏丰山集团有限公司	李正名,南开大学	大丰	2011
268	江苏腾龙生物药业有限公司	蔡道基,环境保护部南京环境科学研究所	大丰	2011
269	扬州华铁铁路配件有限公司	程耿东,大连理工大学	扬州	2011
270	江苏罗思韦尔电气有限公司	郭孔辉,吉林大学	扬州	2011
271	江苏中显集团有限公司	秦国刚,北京大学	扬州	2011
272	扬州龙川钢管有限公司	肖纪美,北京科技大学	扬州	2011
273	江苏峰业科技环保集团股份有限公司(原江苏峰业电力环保集团有限公司)	任阵海、王文兴,中国环境科学研究院	扬州	2011
274	仪征双环活塞环有限公司	薛群基,中国科学院兰州化学物理研究所	仪征	2011
275	江苏康能生物工程有限公司	麦康森,中国海洋大学	仪征	2011
276	扬州宏远电子有限公司	万立骏,中国科学院化学研究所	高邮	2011
277	海龙核材科技(江苏)有限公司	周邦新,上海大学	镇江	2011
278	江苏环太集团有限公司	包信和,中国科学院大连化学物理研究所	扬中	2011
279	江苏中泰桥梁钢构股份有限公司	徐祖耀,上海交通大学	靖江	2011
280	江苏永昇空调有限公司	王浚,北京航空航天大学	泰兴	2011
281	江苏凯力克钴业股份有限公司	邱定蕃,北京矿冶研究总院	泰兴	2011
282	江苏中江种业股份有限公司	谢华安,福建省农业科学院	南京	2012
283	南车南京浦镇车辆有限公司	翟婉明,西南交通大学	南京	2012
284	江苏华东地质调查集团有限公司	刘光鼎,中国科学院地质与地球物理研究所	南京	2012

续表 9-9

序号	承担单位名称	签约院士	地区	建设年份
285	宜兴市四通家电配件有限公司	衣宝廉,中国科学院大连化学物理研究所、新源动力股份有限公司	宜兴	2012
286	江苏恩华药业股份有限公司	李春岩,河北医科大学	徐州	2012
287	江苏八达重工机械有限公司	王天然,中国科学院沈阳自动化研究所	新沂	2012
288	江苏华盛天龙光电设备股份有限公司	陈创天,中国科学院理化技术研究所	金坛	2012
289	江苏吴中医药集团有限公司	沈倍奋,中国军事医学科学院	苏州	2012
290	苏州顶裕节能设备有限公司	刘新垣,中国科学院生化与细胞研究所	苏州	2012
291	昆山龙腾光电有限公司	黄维,南京工业大学	昆山	2012
292	昆山维信诺显示技术有限公司	张希,清华大学	昆山	2012
293	南通华达微电子集团有限公司	熊有伦,华中科技大学	南通	2012
294	江苏利田科技股份有限公司	颜德岳,上海交通大学	如东	2012
295	江苏德峰药业有限公司	万惠霖,厦门大学	如皋	2012
296	江苏双林海洋生物药业有限公司	候惠民,上海医药工业研究院、药物制剂国家工程研究中心	启东	2012
297	宝胜科技创新股份有限公司	黄崇祺,上海电缆研究所	宝应	2012
298	向荣集团有限公司	苏君红,中国兵器工业昆明物理研究所	扬中	2012
299	卓然(靖江)设备制造有限公司	沈保根,中国科学院物理研究所	靖江	2012
300	江苏省无线电科学研究所有限公司	石广玉,中国科学院大气物理研究所	无锡	2013
301	元亮科技有限公司	姜中宏,中国科学院上海光学精密机械研究所	无锡	2013
302	徐州盛和木业有限公司	李坚,东北林业大学	邳州	2013
303	江苏润源经编机械有限公司(原常州市润源经编机械有限公司)	薛永祺,中国科学院上海技术物理研究所	常州	2013
304	江苏世轩科技股份有限公司	蔡吉人,北京电子技术研究所	常州	2013
305	方正国际软件有限公司	王越,北京理工大学	苏州	2013
306	苏州斯迪克新材料科技股份有限公司	王广厚,南京大学	太仓	2013
307	张家港市骏马钢帘线有限公司	袁渭康,华东理工大学	张家港	2013
308	江苏格美高科技发展有限公司	邹竞,中国乐凯胶片集团公司	南通	2013
309	启东东岳药业有限公司	田禾,华东理工大学	启东	2013
310	江苏如通石油机械股份有限公司	苏义脑,中国石油集团钻井工程技术研究院、武汉科技大学	如东	2013
311	江苏核电有限公司	于俊崇,中国核动力研究设计院	连云港	2013
312	江苏神华药业有限公司	涂永强,兰州大学	金湖	2013
313	江苏正大丰海制药有限公司	廖万清,上海长征医院	大丰	2013
314	长江(扬中)电脱盐设备有限公司	杨启业,中国石化工程建设公司	扬中	2013
315	江苏呈飞精密合金股份有限公司	曹春晓,北京航空材料研究院	丹阳	2013
316	江苏兴海特钢有限公司	王海舟,中国钢研科技集团	兴化	2013
317	江苏固丰管桩集团有限公司	缪昌文,东南大学	宿迁	2013
318	☆江苏省交通规划设计院股份有限公司	张乃通,南京大学;钟登华,天津大学	南京	2014

续表 9-9

序号	承担单位名称	签约院士	地区	建设年份
319	☆中国电子系统工程第二建设有限公司	王超,河海大学	无锡	2014
320	☆江苏省久祥汽车电器集团有限公司	刘先林,中国测绘科学研究院	睢宁	2014
321	☆常州市建筑科学研究院股份有限公司	宋振骐,山东科技大学	常州	2014
322	☆苏州巨峰电气绝缘系统股份有限公司	曾广商,中国航天科技集团公司第一研究院第十八研究所	苏州	2014
323	☆苏州东菱振动试验仪器有限公司	高金吉,北京化工大学	苏州	2014
324	☆江苏天瑞仪器股份有限公司	田中群,厦门大学	昆山	2014
325	☆江苏景瑞农业科技发展有限公司	方智远,中国农业科学院蔬菜花卉研究所	南通	2014
326	☆江苏驰翔精密齿轮有限公司	朱位秋,浙江大学	盐城	2014
327	☆江苏科行环保科技有限公司	郝吉明,清华大学	盐城	2014
328	☆扬州锻压机床股份有限公司	尤政,清华大学	扬州	2014

备注:☆号为2014年新建企业院士工作站。

表9-10 江苏省科技公共服务平台名录(277家)

序号	项目名称	依托单位	主管部门	建设年份
(一)科技资源共享平台				
1	江苏省工程技术文献信息中心	江苏省科技情报研究所	江苏省科技厅	2004
2	江苏省大型科学仪器设备共享服务平台	江苏省生产力促进中心等	江苏省科技厅	2004
3	江苏省知识产权公共服务平台	江苏省专利信息中心	江苏省知识产权局	2005,2008
4	国家遗传工程小鼠资源库	南京大学	南京大学	2001
5	江苏省农业种质资源保护与利用平台	江苏省农业科学院	江苏省农科院	2005
6	国家非人灵长类实验动物种子中心苏州分中心	苏州西山中科实验动物有限公司	苏州市科技局	2003
(二)技术创新服务平台				
7	江苏省高层次人才信息管理服务平台	江苏省人才工作领导小组办公室	江苏省委组织部	2009
8	江苏省道地药材种质资源库	江苏省中科院植物所	江苏省科技厅	2006
9	江苏省水禽种质资源基因库	江苏畜牧兽医职业学院	泰州市科技局	2006
10	江苏省组织工作舆情快速响应平台	省委组织部	江苏省委组织部	2010
11	江苏省(无锡洛社)风电装备产业公共服务中心	惠山区洛社镇科技创业中心	无锡市科技局	2011
12	江苏省(宜兴高塍)环保装备产业公共技术服务中心	江苏五洲环保服务有限公司	宜兴市科技局	2011
13	江苏省肿瘤生物治疗科技公共服务中心	徐州医学院附属医院	徐州市科技局	2011
14	江苏省半导体照明产品研发与检测公共技术服务中心	常州市产品质量监督检验所	常州市科技局	2011
15	江苏省创意产品设计与快速制造公共技术服务中心	常州晨凯快速制造技术有限公司	常州高新区科技局	2011

续表 9-10

序号	项目名称	依托单位	主管部门	建设年份
16	江苏省(常州西夏墅)精密工具产业公共技术创新服务中心	常州西夏墅工具产业创业服务中心	常州高新区科技局	2011
17	江苏省(溧阳溧城)风电装备公共技术服务中心	溧阳市生产力促进中心	溧阳市科技局	2011
18	江苏省节能环保材料测试与技术服务中心	苏州大学	苏州市科技局	2011
19	江苏省常熟特种纤维材料检测检验公共技术服务中心	苏州市纤维检验所	常熟市科技局	2011
20	江苏省苏州新药研发外包技术服务中心	昭衍(苏州)新药研究中心有限公司	太仓市科技局	2011
21	江苏省昆山小核酸技术科技公共服务中心	昆山市工业技术研究院小核酸生物技术研究所有限责任公司	昆山市科技局	2011
22	江苏省(昆山玉山)模具产业公共技术服务中心	昆山市工业技术研究院有限责任公司	昆山市科技局	2011
23	江苏省(吴江盛泽)丝绸产业信息化公共服务中心	吴江绸都盛泽电子商务信息有限公司	吴江市科技局	2011
24	江苏省电机能效定级及故障诊断服务中心	南通市产品质量监督检验所	南通市科技局	2011
25	江苏省(海安李堡)锻压机械公共技术检测服务中心	海安县锻压机械科技服务中心	海安县科技局	2011
26	江苏省如皋软件园信息公共技术服务中心	如皋高新技术园区开发有限公司	如皋市科技局	2011
27	江苏省新一代清洁煤能源动力科技服务中心	江苏中国科学院能源动力研究中心	连云港市科技局	2011
28	江苏省连云港高新技术开发区环境安全服务中心	中蓝连海设计研究院	连云港市科技局	2011
29	江苏省(东海牛山)硅材料科技服务中心	东海县晶润来工业集聚区开发有限公司	东海县科技局	2011
30	江苏省淮安教学具产业数字化公共技术服务中心	淮安信息职业技术学院	淮安市科技局	2011
31	江苏省(盐城大冈)制鞋机械科技公共技术服务中心	盐城市鞋业机械工程技术研究中心	盐城市科技局	2011
32	江苏省(大丰西团)金属表面处理装备科技创新公共服务中心	大丰市西团镇龙盛金属表面处理新技术服务中心	大丰市科技局	2011
33	江苏省东台新材料公共技术服务中心	东台市高科技术创业园有限公司	东台市科技局	2011
34	江苏省(东台富安)特种茧丝绸科技公共服务中心	东台市富安工业园科技服务有限公司	东台市科技局	2011
35	江苏省扬州绿色化工公共技术服务中心	南京大学扬州化学化工研究院	扬州市科技局	2011
36	江苏省江都软件公共技术服务中心	江苏浦江信息服务有限公司	江都市科技局	2011
37	江苏省(江都武坚)高压电气产业公共技术服务中心	江都市武坚镇生产力促进中心	江都市科技局	2011
38	江苏省镇江软件外包科技公共服务中心	镇江京江软件园有限公司	镇江市科技局	2011
39	江苏省(丹徒辛丰)轴承产业公共技术服务中心	镇江市丹徒区生产力促进中心	镇江市科技局	2011
40	江苏省泰兴清洁生产公共技术服务中心	泰兴市科技创业服务中心	泰兴市科技局	2011
41	江苏省(兴化戴南)不锈钢产业创新公共服务中心	江苏戴南不锈钢集团	兴化市科技局	2011

续表 9-10

序号	项目名称	依托单位	主管部门	建设年份
42	江苏省宿迁产业技术创新服务中心	宿迁市工业技术研究院	宿迁市科技局	2011
43	江苏省宿迁市科技信息综合服务中心	宿迁市科技信息中心	宿迁市科技局	2011
44	江苏省小额信贷科技公共服务中心	江苏金农信息股份有限公司	江苏省政府金融办	2011
45	江苏省产品质量安全信用评价服务中心	江苏省质量安全工程研究院	江苏省教育厅	2011
46	江苏省技术合同登记认定服务中心	江苏省高新技术创业服务中心	江苏省科技厅	2011
47	紫金科技呼叫中心	江苏省科技创新协会	江苏省科技厅	2011
48	江苏省抗糖尿病药物筛选技术服务中心	江苏省中科院植物所	江苏省科技厅	2011
49	江苏省恶性肿瘤多学科联合诊治技术服务中心	江苏省肿瘤防治研究所	江苏省卫生厅	2011
50	江苏省射频识别技术公共服务中心	江苏省标准化研究院	江苏省质监局	2011
51	江苏省沿海地区良种繁育与推广公共技术服务中心	江苏大中农场集团有限公司	江苏省监狱管理局	2011
52	江苏省高效植保机械公共技术服务中心	农业部南京农业机械化研究所	江苏省农业机械管理局	2011
53	江苏省生命科技创新园分析测试公共技术服务中心	江苏仙林生命科技创新园发展有限公司	南京市科委	2012
54	江苏省药物临床前毒理研究公共技术服务中心	江苏鼎泰药物研究有限公司	南京市科委	2012
55	江苏省物联网传感器性能检测与评价公共技术服务中心	无锡市计量测试中心	无锡市科技局	2012
56	江苏省国际干细胞联合研究和产业化公共技术服务中心	无锡博雅生物工程有限公司	无锡市科技局	2012
57	江苏省化学品安全评估与消费品化学风险控制公共技术服务中心	常州进出口工业及消费品安全检测中心	常州市科技局	2012
58	江苏省苏州工业园区科技金融服务中心	苏州工业园区中小企业服务中心	苏州工业园区科技局	2012
59	江苏省(昆山周庄)传感器产业公共技术服务中心	中科昆山高科技创业服务中心	昆山市科技局	2012
60	江苏省家纺设计及新材料公共技术服务中心	江苏省南通高新技术产业开发区建设服务中心	南通市科技局	2012
61	江苏省沿海化工环保产业公共技术服务中心	连云港中新污水处理有限公司	灌南县科技局	2012
62	江苏省光电产品检测公共技术服务中心	扬州光电产品检测中心	扬州市科技局	2012
63	江苏省区域性食品药品检验检测公共技术服务中心	泰州市食品药品检验所	泰州市科技局	2012
64	江苏省生物酿造(白酒)公共技术服务中心	江苏省宿迁市产品质量监督检验所	宿迁市科技局	2012
65	江苏省食品安全快速检测公共技术服务中心	南京工业大学	江苏省教育厅	2012
66	江苏省软件测试服务中心	江苏中科现代软件工程技术有限公司	南京市科委	2005
67	江苏省制造业信息化公共技术服务平台	江苏省生产力促进中心	江苏省科技厅	2007
68	江苏省部属科研院所产学研合作服务平台	江苏省部属科研院所联合会	江苏省委统战部	2008
69	江苏省科技管理远程视频服务平台	江苏省科技情报研究所	江苏省科技厅	2013
70	江苏省柔性显示技术研发平台建设	昆山工研院新型平板显示技术中心有限公司	昆山市科技局	2013
71	扬州市国际科技成果及技术转移中心建设	扬州市中小型企业生产力促进中心	扬州市科技局	2013

续表 9-10

序号	项目名称	依托单位	主管部门	建设年份
72	江苏省农村科技超市服务中心	江苏省生产力促进中心	江苏省科技厅	2011
73	江苏省计算机系统工程测试研究中心	江苏省计量科学研究院	江苏省质监局	2000
74	江苏省电子信息产品电磁兼容性能研究与检测服务中心	江苏省电子信息产品质量监督检验研究院	江苏省经信委	2001
75	江苏省集成电路(苏州)创新服务平台	苏州中科集成电路设计中心有限公司	苏州市科技局	2005
76	江苏省集成电路设计(无锡)创业服务平台	无锡国家集成电路设计基地有限公司	无锡市科技局	2005
77	江苏省工业设计创业服务平台	无锡(国家)工业设计园创业服务中心	无锡市科技局	2005
78	江苏南京可扩展基本输入输出系统公共服务平台	南京百敖软件有限公司	南京市科委	2007
79	江苏无锡动漫公共技术服务平台	无锡广新影视动画技术有限公司	无锡市科技局	2007
80	江苏无锡光电子技术公共服务平台	无锡市高新技术创业服务中心	无锡市科技局	2007
81	江苏无锡集成电路快速封装服务平台	无锡中微高科电子有限公司	无锡市科技局	2007
82	江苏苏州电子信息产业质量与可靠性共性技术服务平台	信息产业部电子第五研究所华东分所	苏州市科技局	2007
83	江苏苏州软件技术公共服务平台	苏州市软件评测中心有限公司	苏州市科技局	2007
84	江苏常州动画影视制作公共技术服务平台	常州高新技术创业服务中心	常州市科技局	2007
85	江苏常州软件外包测试平台	常州软件园管理中心	常州市科技局	2007
86	江苏淮安贴片技术服务平台	淮安市高新技术创新中心	淮安市科技局	2007
87	江苏省南京软件公共技术服务中心	南京市科技信息研究所	南京市科委	2008
88	江苏省无线多媒体资讯公共技术服务中心	江苏广电移动新媒体有限公司	江苏省广播电视局	2008
89	江苏省3G增值业务研发与测试技术服务中心	南京信息职业技术学院	江苏省经信委	2008
90	中国矿业大学国家大学科技园公共技术服务中心	徐州中国矿业大学大学科技园有限公司	徐州市科技局	2008
91	江苏省常州工控软件新技术与智能监控技术服务中心	常州南京大学高新技术研究院	常州市科技局	2008
92	江苏省吴中消费电子产品有害物质检测与评价技术服务中心	江苏省优联产品技术服务有限公司	苏州市科技局	2008
93	江苏省苏州工业园区动漫产业公共技术服务中心	苏州工业园区科技发展有限公司	苏州工业园区科技局	2008
94	江苏省淮安物流公用信息技术服务中心	淮安信息职业技术学院	淮安市科技局	2008
95	江苏省淮安设施农业智能化公共技术服务中心	淮安信息职业技术学院	淮安市科技局	2009
96	江苏省常熟服装产业公共技术服务中心	江苏盛世商朝信息产业有限公司	常熟市科技局	2009
97	江苏省连云港港口物流公共技术服务中心	连云港电子口岸信息发展有限公司	连云港市科技局	2009
98	江苏省南京金融信息处理公共技术服务中心	南京万得科技有限公司	南京市科委	2009
99	江苏省沭阳华军软件园公共技术服务中心	江苏省奥蓝德软件有限公司	沭阳县科技局	2009
100	江苏省南京软件外包接发包科技公共服务中心	江苏润和软件股份有限公司	南京市科委	2009

续表 9-10

序号	项目名称	依托单位	主管部门	建设年份
101	江苏省淮安软件测试及技术公共服务平台	淮安淮微软件技术有限公司	淮安市科技局	2010
102	江苏省南京“无线谷”电磁兼容公共技术服务中心	东南大学	东南大学	2010
103	江苏省沭阳软件信息处理公共技术服务中心	江苏省云端信息科技有限公司	沭阳县科技局	2010
104	江苏苏州环保科技公共服务中心	苏州国家环保产业园发展有限公司	苏州市科技局	2007
105	江苏常州微生物水处理研究开发服务平台	常州市生态技术应用研究所	常州市科技局	2007
106	华东地区(江苏)环境地质检测公共技术服务中心	南京地质矿产研究所	南京市科委	2008
107	江苏省宜兴环保科技公共技术服务中心	南京大学宜兴环保科技研发中心	宜兴市科技局	2008
108	江苏省常州精细化工清洁生产与工程技术服务中心	常州化学研究所	常州市科技局	2008
109	江苏省南通化学物检测及安全评价公共技术服务中心	南通通大化学物安全性评价中心有限公司	南通市科技局	2008
110	江苏省扬州农业环境安全技术服务中心	扬州大学	扬州市科技局	2008
111	江苏省污染减排公共技术服务中心	江苏省环境科学研究院	江苏省环保厅	2008
112	江苏省盐城环保装备公共技术服务中心	盐城工学院大学科技园有限公司	盐城市科技局	2009
113	江苏省污水处理设施效率检测公共技术服务中心	江苏省环境监测协会	江苏省环保厅	2009
114	江苏省南京机电产品绿色制造与能源效率检测技术服务中心	南京出入境检验检疫局技术中心	江宁高新技术工业园科技局	2010
115	江苏省海洋资源开发研究院	淮海工学院	连云港市科技局	2007
116	江苏省医药农药兽药安全性评价与研究中心	南京医科大学	江苏省教育厅	1999
117	江苏省药物安全性评价中心	江苏省药物研究所	江苏省药监局	1999
118	国家南方农药创制中心江苏基地生测部	江苏省农药研究所股份有限公司	江苏省科技厅	1996
119	江苏省农药环境安全性评价与残留检测服务中心	国家环境保护总局南京环境科学研究所	南京市科委	2006
120	江苏省药效研究与评价服务中心	中国药科大学	中国药科大学	2005
121	江苏省生物医药创业服务平台	苏州高新技术创业服务中心	苏州市科技局	2005
122	江苏省药物与医疗器械临床研究和评价服务中心(原江苏省抗病毒药物临床试验服务中心)	江苏省人民医院	江苏省卫生厅	2006
123	江苏省心血管药物临床试验服务中心	南京市第一医院	南京市科委	2006
124	江苏省抗肿瘤药物临床试验服务中心	江苏省肿瘤医院	江苏省卫生厅	2006
125	江苏省生物兽药筛选服务中心	江苏省农业科学院	江苏省农科院	2006
126	江苏省兽药代谢动力学研究服务中心	泰州市动物药品工程技术研究中心	泰州市科技局	2006
127	江苏扬州现代乳业加工服务中心	扬州大学	扬州市科技局	2007
128	江苏省生物医药材料测试服务平台	南京师范大学	江苏省教育厅	2007
129	江苏苏州药物非临床研究及评价公共服务中心	苏州药明康德新药开发有限公司	苏州市科技局	2007

续表 9-10

序号	项目名称	依托单位	主管部门	建设年份
130	江苏省泰州兽药临床试验研究公共技术服务中心	江苏倍康药业有限公司	泰州市科技局	2008
131	江苏省无锡发酵工程公共技术服务中心	江苏省无锡江大大学科技园有限公司	无锡市科技局	2008
132	江苏省药物新制剂研究及工程化技术服务中心	南京工业大学	江苏省教育厅	2008
133	江苏省苏州医疗器械临床前研究与评价公共技术服务中心	苏州大学	苏州市科技局	2008
134	江苏省纳米药物制备与生物学评价公共技术服务中心	中国药科大学	中国药科大学	2009
135	江苏省食品安全及功能性成分分析检测公共技术服务中心	江苏省微生物研究所有限责任公司	无锡市科技局	2009
136	江苏省无锡新药开发公共技术服务中心	无锡市马山生物医药工业园有限公司	无锡市科技局	2009
137	江苏省苏州生物与新医药公共技术服务中心	苏州工业园区生物纳米科技发展有限公司	苏州工业园区科技局	2009
138	江苏省常州国家高新区生物产业公共技术服务中心	常州高新区三药技术创新服务中心	常州高新区科技局	2009
139	江苏省高新技术创业服务中心生物医药科技公共服务中心	江苏省高新技术创业服务中心	江苏省科技厅	2009
140	江苏省新港创新药物成药性研究服务平台	南京长澳医药科技有限公司	新港高新技术工业园科技局	2010
141	江苏省中西医结合临床肿瘤诊疗平台	江苏省中医院	江苏省中医药局	2010
142	江苏省医药动物实验基地	南京医科大学	江苏省教育厅	2008
143	江苏泰州医药科技公共服务平台	江苏华创医药研发平台管理有限公司	泰州市科技局	2007
144	江苏省无机材料专业测试服务中心	江苏省地质调查研究院	江苏省国土资源厅	2004
145	江苏东海硅材料技术创新公共服务平台	东海县生产力促进中心、东海县科技情报研究所	东海县科技局	2007
146	江苏丹阳眼镜行业科技公共服务平台	丹阳市精通眼镜技术创新服务中心	丹阳市科技局	2007
147	江苏宜兴电线电缆产品质量安全测试服务中心	江苏省产品质量监督检验研究院	江苏省质监局	2007
148	江苏常熟金属材料及制品分析测试技术服务中心	常熟检验检疫局综合技术服务中心	常熟市科技局	2007
149	江苏江阴金属材料检测与服务平台	法尔胜集团公司	江阴市科技局	2007
150	江苏省常州电子基础材料检测技术服务中心	常州电子产品质量监测所有限公司	常州高新区科技局	2008
151	江苏省常州环保涂料产业公共技术服务中心	中国化工建设总公司常州涂料化工研究院	常州市科技局	2008
152	江苏省苏州丝绸技术服务中心(国家纺织产业创新支撑平台)	苏州大学、江苏省纺织机械工程技术研究中心、国家毛纺新材料工程技术研究中心、江苏省纺织研究所	苏州市科技局	2008
153	江苏省兴化特种合金材料及制品试验检测公共技术服务中心	兴化市产品质量监督检验所	兴化市科技局	2008
154	江苏省淮安盐化工产品分析检测公共技术服务中心	淮安市产品质量监督检验所	淮安市科技局	2009
155	江苏省常州木地板公共技术服务中心	常州市新型装饰板材生产力促进中心	常州市科技局	2009
156	江苏省宜兴新型陶瓷材料公共技术服务中心	江苏省陶瓷研究所有限公司	宜兴市科技局	2009

续表 9-10

序号	项目名称	依托单位	主管部门	建设年份
157	江苏省扬州玩具与儿童用品公共技术服务中心	扬州进出口玩具检验所	扬州市科技局	2009
158	江苏省丹阳家纺创新设计公共技术服务中心	丹阳堂皇家纺技术创新服务中心有限公司	丹阳市科技局	2009
159	江苏省邳州木制家具及人造板质量检测公共技术服务中心	邳州市生产力促进中心	邳州市科技局	2009
160	江苏省张家港材种鉴定与木材检测公共技术服务中心	张家港出入境检验检疫局综合技术中心	张家港市科技局	2010
161	江苏扬州光电产品环境与可靠性试验检测中心	中国船舶重工集团公司第七二三研究所	扬州市科技局	2007
162	江苏无锡光伏产品公共服务平台	无锡市产品质量监督检验所	无锡市科技局	2007
163	江苏省建筑节能技术服务中心	江苏省建筑科学研究院有限公司	江苏省住建厅	2008
164	江苏省太阳能热利用产品检测技术服务中心	江苏省产品质量监督检验研究院	江苏省质监局	2008
165	江苏省苏州化学电源公共技术服务中心	轻工业化学电源研究所	苏州市科技局	2008
166	江苏省扬州LED新光源材料测试技术服务中心	扬州大学	扬州市科技局	2008
167	江苏省镇江LED封装与应用公共技术服务中心	江苏稳润光电有限公司	镇江市科技局	2008
168	江苏省苏州太阳能和风能发电设备检测公共技术服务中心	苏州电器科学研究院有限公司	苏州高新区科技局	2009
169	江苏机电产品节能环保检测服务中心	江苏检验检疫机电产品检测中心	无锡市科技局	2009
170	江苏省泗阳电光源公共技术服务中心	泗阳县生产力促进中心	泗阳县科技局	2009
171	江苏省船舶数字化设计制造技术中心	江苏现代造船技术有限公司	镇江市科技局	2007
172	江苏常州智能检测控制技术与数字化设计制造技术服务平台	常州机械电子工程研究所	常州市科技局	2007
173	江苏启东电动工具技术创新中心	启东市苏工电动工具技术创新中心	启东市科技局	2007
174	江苏仪征汽车及零部件技术公共服务平台	仪征市科技创业服务中心	仪征市科技局	2007
175	江苏省轨道交通电气牵引仿真设计公共技术服务中心	南京理工大学	江苏省教育厅	2008
176	江苏省无锡船舶CFD技术服务中心	中国船舶重工集团公司第七〇二研究所	无锡市科技局	2008
177	江苏省锡山轻型多功能电动车公共技术服务中心	无锡市锡山区生产力促进中心	无锡市科技局	2008
178	江苏省纺织工业绿色制造与生态安全检测技术服务中心	江苏出入境检验检疫局纺织工业产品检测中心	无锡市科技局	2008
179	江苏省盐城纺织机械创新公共技术服务中心	盐城工学院	盐城市科技局	2008
180	江苏省镇江现代焊接技术服务中心	江苏科技大学	镇江市科技局	2008
181	江苏省扬中电力电器检测技术服务中心	大全集团有限公司	扬中市科技局	2008
182	江苏省湖塘色织产业公共技术服务中心	江苏湖塘纺织科技发展有限公司	常州市科技局	2009
183	江苏省无锡发动机节能减排公共技术服务中心	无锡油泵油嘴研究所	无锡市科技局	2009

续表 9-10

序号	项目名称	依托单位	主管部门	建设年份
184	江苏省溧阳输变电装备工程复合材料公共技术服务中心	江苏正平技术服务事务所有限公司	溧阳市科技局	2009
185	江苏省南通中小船舶及配套产业公共技术服务平台	江苏远东船舶工程技术服务有限公司	南通市科技局	2010
186	中国矿业大学国家大学科技园技术标准信息服务平台	徐州市技术监督情报信息中心	徐州市科技局	2007
187	江苏省产业知识产权公共技术服务中心	常州江苏佰腾有限公司	常州市科技局	2008
188	江苏省企业管理咨询科技公共服务中心	南京蓝鲸咨询有限公司	南京市科委	2009
189	江苏省南京科技广场科技公共服务中心	南京市鼓楼区科技中心	南京市科委	2009
190	江苏省科技创业公共服务平台	江苏省高新技术创业服务中心苏北五市	江苏省科技厅	2005
191	江苏省徐州科技创业服务中心	徐州高新技术创业服务中心	徐州市科技局	2005
192	江苏省连云港科技创业服务中心	连云港市科技创业服务中心	连云港市科技局	2006
193	江苏省宿迁科技创业服务中心	宿迁市科技创业服务中心	宿迁市科技局	2006
194	江苏省蔚蓝科技投融资公共服务中心	苏州蔚蓝投资管理有限公司	苏州高新区科技局	2009
195	江苏省中小企业科技投融资公共服务中心	苏州市吴中科技创业园管理有限公司	苏州市科技局	2009
196	江苏省跨国技术转移公共服务平台	江苏省生产力促进中心	江苏省科技厅	2008
197	江苏省徐州市科技成果转化服务中心	徐州市生产力促进中心	徐州市科技局	2008
198	江苏省徐州市贾汪区科技成果转化服务中心	徐州市贾汪区高新技术创业服务中心	徐州市科技局	2008
199	江苏省睢宁县科技成果转化服务中心	睢宁县高新技术科技创业服务中心	睢宁县科技局	2008
200	江苏省铜山县科技成果转化服务中心	铜山县科技情报研究所(生产力促进中心)	铜山县科技局	2008
201	江苏省新沂市科技成果转化服务中心	新沂市高新技术科技创业服务中心	新沂市科技局	2008
202	江苏省邳州市科技成果转化服务中心	邳州市生产力促进中心	邳州市科技局	2008
203	江苏省连云港市科技成果转化服务中心	连云港市生产力促进局	连云港市科技局	2008
204	江苏省赣榆县科技成果转化服务中心	赣榆县生产力促进中心	赣榆县科技局	2008
205	江苏省东海县科技成果转化服务中心	东海县生产力促进中心	东海县科技局	2008
206	江苏省灌云县科技成果转化服务中心	灌云县生产力促进中心	灌云县科技局	2008
207	江苏省淮安市科技成果转化服务中心	淮安市生产力促进中心	淮安市科技局	2008
208	江苏省淮安市楚州区科技成果转化服务中心	淮安市科技开发促进中心	淮安市科技局	2008
209	江苏省淮安市淮阴区科技成果转化服务中心	淮安市淮阴区生产力促进中心	淮安市科技局	2008
210	江苏省盱眙县科技成果转化服务中心	盱眙县生产力促进中心	盱眙县科技局	2008
211	江苏省洪泽县科技成果转化服务中心	洪泽县科技创新中心	洪泽县科技局	2008
212	江苏省金湖县科技成果转化服务中心	金湖县生产力促进中心	金湖县科技局	2008
213	江苏省盐城市科技成果转化服务中心	盐城市科技成果转化服务中心	盐城市科技局	2008
214	江苏省盐城市盐都区科技成果转化服务中心	盐城市盐都区生产力促进中心	盐城市科技局	2008
215	江苏省阜宁县科技成果转化服务中心	阜宁县信息情报中心	阜宁县科技局	2008
216	江苏省射阳县科技成果转化服务中心	射阳县生产力促进中心	射阳县科技局	2008
217	江苏省建湖县科技成果转化服务中心	建湖县生产力促进中心	建湖县科技局	2008
218	江苏省大丰市科技成果转化服务中心	大丰市生产力促进中心	大丰市科技局	2008
219	江苏省宝应县科技成果转化服务中心	宝应县生产力促进中心	宝应县科技局	2008

续表 9-10

序号	项目名称	依托单位	主管部门	建设年份
220	江苏省宿迁市宿豫区科技成果转化服务中心	宿豫区生产力促进中心	宿迁市科技局	2008
221	江苏省沭阳县科技成果转化服务中心	沭阳县科技创业服务中心	沭阳县科技局	2008
222	江苏省泗阳县科技成果转化服务中心	泗阳县科技创业服务中心	泗阳县科技局	2008
223	江苏省泗洪县科技成果转化服务中心	泗洪县生产力促进中心	泗洪县科技局	2008
224	江苏省宿迁市科技成果转化服务中心	宿迁市科技创业服务中心	宿迁市科技局	2008
225	江苏省江都市科技成果转化服务中心	江都市高新技术创业服务中心	江都市科技局	2009
226	江苏省高邮市科技成果转化服务中心	高邮市生产力促进中心	高邮市科技局	2009
227	江苏省通州市科技成果转化服务中心	通州市生产力促进中心	通州市科技局	2009
228	江苏省兴化市科技成果转化服务中心	兴化市科技创业中心	兴化市科技局	2009
229	江苏省启东市科技成果转化服务中心	启东创业科技服务有限公司	启东市科技局	2009
230	江苏省如皋市科技成果转化服务中心	如皋市生产力促进中心	如皋市科技局	2009
231	江苏省靖江市科技成果转化服务中心	靖江市华信科技创业园有限公司	靖江市科技局	2009
232	江苏省姜堰市科技成果转化服务中心	姜堰市生产力促进中心	姜堰市科技局	2009
233	江苏省海安县科技成果转化服务中心	海安县生产力促进中心	海安县科技局	2009
234	江苏省仪征市科技成果转化服务中心	仪征市科技创业服务中心	仪征市科技局	2009
235	江苏省泰兴市科技成果转化服务中心	泰兴市生产力促进中心	泰兴市科技局	2009
236	江苏省如东县科技成果转化服务中心	如东县生产力促进中心	如东县科技局	2009
237	江苏省精密几何量计量检测公共技术服务中心	江苏省计量科学研究院	江苏省质监局	2008
238	江苏省省级基础地理信息公共技术服务中心	江苏省测绘研究所	江苏省国土资源厅	2008
239	江苏省食品营养与有毒有害物质检测中心	江苏省理化测试中心	江苏省科技厅	2004
240	江苏省水利工程数值模拟应用技术服务中心	江苏省水利科学研究所	江苏省水利厅	2008
241	国家避孕药具不良反应监测与防治中心	江苏省计划生育科学技术研究所	江苏省计生委	1999
242	江苏省近岸海域生态环境研究评价服务中心	江苏省海洋水产研究所	江苏省海洋与渔业局	2008
243	江苏省寄生虫病免疫诊断和预防技术服务中心	江苏省血吸虫病防治研究所	江苏省卫生厅	2008
244	江苏省国民体质及竞技能力研究中心	江苏省体育科学研究所	江苏省体育局	2000
245	江苏省水产品质量安全公共技术服务中心	江苏省淡水水产研究所	江苏省海洋与渔业局	2008
246	江苏省重大危险源及隐患评估中心	江苏省安全生产科学研究院	江苏省安监局	2000
247	江苏省公共气象科技服务平台	江苏省气象科技服务中心	江苏省气象局	2008
248	孟河医派方药传承及开发研究服务中心	江苏省中医药研究院	江苏省中医药局	2008
249	江苏省microPET新药研制中心	江苏省原子医学研究所	江苏省卫生厅	2008
250	江苏省重大林业有害生物监测与预警服务中心	江苏省林业科学研究院	江苏省林业局	2008
251	江苏水禽育种研究与品种检测公共技术服务中心	江苏省家禽科学研究所	江苏省农林厅	2008
252	江苏省超级计算技术应用服务平台	无锡超级计算技术服务有限公司	无锡市科技局	2006
253	江苏省桥梁质量检测及营运安全评价公共技术服务中心	江苏省交通科学研究院有限公司	南京市科委	2008
254	江苏省突发疫情处置技术服务中心	江苏省疾病预防控制中心	江苏省卫生厅	2008
255	江苏沭阳木材及其制品公共技术服务平台	沭阳县科技创业服务中心	沭阳县科技局	2007

续表 9-10

序号	项目名称	依托单位	主管部门	建设年份
256	江苏省植物病毒病诊断检测技术服务中心	江苏省农业科学院	江苏省农科院	2008
257	江苏省如东优质条斑紫菜育、养、加、销公共技术服务中心	如东县紫菜协会	南通市科技局	2008
258	江苏省茶业科技创新公共技术服务中心	江苏农林职业技术学院	镇江市科技局	2008
259	江苏省兴化脱水蔬菜行业发展公共技术服务中心	兴化市绿禾食品有限公司	兴化市科技局	2008
260	江苏省丘陵地区草莓产业公共技术服务中心	江苏丘陵地区镇江农业科学研究所	镇江市科技局	2009
261	江苏省无锡水蜜桃公共技术服务中心	无锡阳山水蜜桃有限公司	无锡市科技局	2009
262	江苏省粮油品质与安全控制公共技术服务中心	南京财经大学	江苏省教育厅	2009
263	江苏省泰兴设施蔬果产业公共技术服务中心	泰兴市绿色经典蔬菜专业合作社	泰兴市科技局	2009
264	江苏省启东滩涂贝、虾、蟹高效生态增养殖及产品检测公共技术服务中心	启东市黄海滩涂开发有限公司	启东市科技局	2009
265	江苏省扬州规模猪场高效健康养殖公共技术服务中心	扬州大学	扬州市科技局	2009
266	江苏省淮安饲料安全公共技术服务中心	江苏财经职业技术学院	淮安市科技局	2009
267	江苏省特色经济林果产业公共技术服务中心	南京新世纪园艺研究所	溧水县科技局	2009
268	江苏省如皋花卉苗木公共技术服务中心	如皋市花木大世界有限公司	如皋市科技局	2010
269	江苏海安桑蚕茧丝质量检测服务中心	鑫缘茧丝绸集团股份有限公司	南通市科技局	2007
270	江苏省淮安科技创业服务中心	淮安市高新技术创业服务中心	淮安市科技局	2005
271	江苏省沛县科技成果转化服务中心	沛县科学技术信息研究所	沛县科技局	2008
272	江苏省转基因安全评价公共技术服务中心	江苏省农业科学院	江苏省农科院	2010
273	江苏省知识产权公共服务平台网络	江苏佰腾有限公司	常州市科技局	2013
274	江苏省科技咨询服务平台网络	江苏省生产力促进中心	江苏省科技厅	3013
275	江苏省科技创业公共服务平台网络	江苏省高新技术创业服务中心	江苏省科技厅	2013
276	江苏省企业知识服务平台网络	江苏省科学技术情报研究所	江苏省科技厅	2013
277	江苏省优生优育公共服务平台网络	江苏省计划生育科学技术研究所	江苏省人口和计划生育委员会	2013

表9-11 江苏省产业研发机构名录(13家)

序号	产业研发机构名称	承担单位	地区	建设年份
1	江苏省(丹阳)高性能合金材料研究院	江苏(丹阳)高性能合金材料研究院	丹阳市科技局	2010
2	江南现代工业技术研究院	江南现代工业技术研究院	常州市科技局	2010
3	江苏省(昆山)工业技术研究院	昆山市工业技术研究院有限责任公司	昆山市科技局	2010
4	江苏省(扬州)数控机床研究院	扬州数控机床研究院	扬州市科技局	2010
5	江苏省城市轨道交通研究设计院	江苏省城市轨道交通研究设计院有限公司	南京市科委	2009
6	江苏省数字信息研究院	江苏数字信息产业园发展有限公司	无锡市科技局	2011
7	江苏省(宜兴)环保产业研发机构	宜兴市环科园环保科技发展有限公司	宜兴市科技局	2011

续表 9-11

序号	产业研发机构名称	承担单位	地区	建设年份
8	江苏省(苏州)纳米产业研发机构	苏州工业园区纳米技术研究院有限公司	苏州工业园区科技局	2011
9	江苏省(张家港)智能电力研究院	张家港智能电力研究院有限公司	张家港市科技局	2011
10	江苏省江南石墨烯研究院	江南石墨烯研究院	常州市科技局	2012
11	江苏省(常州)新能源汽车研究院	常州新能源汽车研究院	常州市科技局	2013
12	江苏省(南通)家纺产业研发机构	南通市通州区家纺产业发展服务中心	南通市科技局	2013
13	江苏省(宿迁)苏北工业技术研究院	宿迁市工业技术研究院	宿迁市科技局	2013

表9-12 江苏省科技服务示范区名录(6家)

序号	项目名称	依托单位	主管部门	建设年份
1	南京市麒麟科技创新园	南京市麒麟科技创新园(生态科技城)开发建设指挥部	南京市科委	2012
2	苏州科技广场	宿州市科技服务中心	苏州市科技局	2012
3	无锡(太湖)国际科技园	无锡(太湖)国际科技园管理委员会	无锡市科技局	2013
4	南通高新区科技新城	江苏省南通高新技术产业开发区投资服务中心	南通市科技局	2013
5	扬州广陵新城	扬州市广陵新城管委会	扬州市科技局	2013
6	常州市科教城	常州市科技城管理委员会	常州市科技局	2014

科 技 统 计

Statistics of Science & Technology

2014年江苏省科技统计公报

2014 Annual Statistics Bulletin of Science & Technology of Jiangsu Province

江苏省科学技术厅 江苏省统计局

2014年,全省科技工作认真贯彻落实党的十八大、十八届三中四中全会精神和省委省政府关于科技创新的总体部署,深入实施创新驱动发展战略,着力推进创新型省份建设,提高区域创新体系整体效能,着力推进知识产权强省建设,营造激励创造、保护产权的制度环境,全面提升企业自主创新能力,推动企业真正成为技术创新主体和创新驱动发展的主导者,科技进步对经济增长和社会发展的支撑引领作用进一步增强,全省科技进步贡献率达59%。

【科技队伍】 2014年,全省人才资源总量1009.9万人。全省拥有院士90人,其中科学院院士41人,工程院院士49人,院士数居全国第三位。

全省从事科技活动人员115万人,其中研究与发展活动(R&D)人员67.97万人,占从事科技活动人员的59.1%。按实际工作时间计算的R&D人员全时当量49.99万人年,比上年增长7.2%。

【科技经费】 全省研究与发展活动经费占地区生产总值的比例进一步提高。2014年,全省科研机构、大学、企业和其他单位的研究与发展活动经费支出达1630亿元,同比增长12.41%。研究与发展活动经费占地区生产总值的2.50%,比上年提高0.05个百分点。

政府科技拨款327.10亿元,比上年增长8.10%,占地方财政支出的3.86%,比上年减少0.02个百分点。

全省工业企业研究与发展活动经费支出1376.54亿元,占工业销售收入的0.97%。

【科技成果】 科技创新成效显著。2014年,全省有57项重大成果获国家科技奖,其中:国家自然科学奖3项,国家技术发明奖12项,国家科技进步奖42项。省科学技术奖励数为193项。全年共申请专利421907件,比上年降低16.37%,授权专利200032件,降低16.53%。全省发明专利申请量为146660件,比上年增长3.82%,发明专利授权量为19671件,比上年增长17.16%。

【科技服务与技术贸易】 科技服务业进一步发展。2014年全省科技服务业总收入达1047.23亿元,同比增长24%。全省从事科技服务的单位共1922家,比上年同期增加232家,增长13.73%;机构平均收入5448万元。拥有从业人员18.96万人,平均每家机构99人。

技术市场较为活跃。全年共签订各类技术合同2.5万项,技术合同成交额655.3亿元,比上年增长11.91%。

【高新技术产业化】 高新技术产业化进程加快。2014年全省高新技术产业实现产值57277.28亿元,比上年增长10.36%,占规模以上工业企业总产值的39.46%,比上年提高0.92个百分点。全省经认定的高新技术企业7703家,151项产品被新认定为国家重点新产品,全年认定省高新技术产品10277项。

高新技术产业开发区快速发展。2014年,全省高新技术产业开发区实现总收入48007.68亿元、区内生产总值13148.52亿元、利税3710.05亿元、财政收入2833.83亿元、出口1234.4亿美元,技工贸总收入、区内生产总值、利税、财政收入、出口分别比上年增长11.2%、9.82%、15.27%、18.31%和4.67%。

高新技术产品的竞争力进一步增强。全省高新技术产品出口额达1289亿美元,占全省出口总额的比重达37.7%。

【科技机构】 全省共有各类科技机构21816个,拥有研究与试验发展(R&D)人员40.61万人,其中县以上国有独立研究与开发机构144个,拥有研究与试验发展(R&D)人员2.60万人;高校科技机构866个,拥有研究与试验发展(R&D)人员1.37万人;规模以上工业企业技术开发机构20411个,拥有研究与试验发展(R&D)人员35.77万人。

全省县以上国有独立研究与开发机构全年总收入125.01亿元,研究与试验发展活动(R&D)经费支出121.09亿元;创办经济实体69个。

科技基础设施和基地建设取得进展。全省共建企业重点实验室51个,国家和省级重点实验室97个,国家和省级工程技术研究中心2748个,国家和省级科技公共服务平台278个,企业院士工作站328个,国家级高新技术特色产业基地133个。

截至2014年末,全省各类科技企业孵化器达515家,国家级科技创业载体达133家,在孵企业29413家,累计毕业企业8218家。

(江苏省科学技术厅发展计划与财务处)

2014年江苏省各市科技进步统计监测综合评价结果

The Comprehensive Evaluation on 2014 Monitoring Statistics of Science & Technology Progress in Jiangsu Provincial Cities

为深入实施创新驱动发展战略,扎实推进科技创新工程,加快建设创新型省份,促进全社会科技进步与自主创新,省科技厅、省统计局继续在全省开展了科技进步统计监测工作,每年对全省和各市的科技进步状况进行考核与评价,并公布其结果。

全省科技进步监测采取以科技指标为主,经济和社会发展指标为辅的方法,依据科技和统计部门,以及省人社厅、省财政厅、省教育厅、人民银行南京分行、省知识产权局等部门提供并认定的数据,从科技进步环境、科技投入、科技产出、科技促进可持续发展4个方面对全省和各市的科技进步状况进行系统评价。根据2014年的统计数据,省科技厅、省统计局对各市的科技进步状况进行了综合评价,其结果如下:

1. 苏州市 98.13分　2. 南京市 92.75分
3. 无锡市 91.75分　4. 常州市 88.20分
5. 镇江市 86.71分　6. 南通市 84.06分
7. 扬州市 80.29分　8. 泰州市 79.14分
9. 徐州市 75.44分　10. 盐城市 75.19分
11. 淮安市 72.83分　12. 连云港市 71.38分
13. 宿迁市 65.84分

(江苏省科学技术厅发展计划与财务处)

科技进步统计监测得分与排序

表10-1　一级指标得分与排序

	总分		科技进步环境		科技投入		科技产出		科技促进可持续发展	
	得分	序	得分	序	得分	序	得分	序	得分	序
南京市	92.75	2	10.97	1	27.52	3	29.79	3	24.47	2
无锡市	91.75	3	8.83	4	29.59	1	30.95	2	22.38	7
徐州市	75.44	9	6.58	10	22.94	9	23.56	10	22.36	8
常州市	88.2	4	9.26	3	29.08	2	28.70	4	21.16	10

续表 10-1

	总分		科技进步环境		科技投入		科技产出		科技促进可持续发展	
	得分	序	得分	序	得分	序	得分	序	得分	序
苏州市	98.13	1	9.51	2	26.67	5	37.61	1	24.34	3
南通市	84.06	6	7.53	7	26.84	4	26.22	7	23.47	6
连云港市	71.38	12	6.73	9	23.01	8	22.59	11	19.05	12
淮安市	72.83	11	6.31	12	19.98	13	25.26	9	21.28	9
盐城市	75.19	10	6.40	11	26.04	6	22.48	12	20.27	11
扬州市	80.29	7	7.61	6	22.22	11	26.35	6	24.11	4
镇江市	86.71	5	8.37	5	25.89	7	27.79	5	24.67	1
泰州市	79.14	8	7.03	8	22.86	10	25.57	8	23.68	5
宿迁市	65.84	13	6.00	13	20.01	12	21.27	13	18.57	13

表 10-2 二级指标得分与排序(1)

	科技进步环境		人力资源基础		信息环境	
	得分	序	得分	序	得分	序
南京市	10.97	1	6.60	1	4.37	2
无锡市	8.83	4	5.61	3	3.87	4
徐州市	6.58	10	4.19	11	2.53	11
常州市	9.26	3	5.66	2	4.04	3
苏州市	9.51	2	5.58	4	4.40	1
南通市	7.53	7	5.06	6	3.16	7
连云港市	6.73	9	4.04	12	2.87	9
淮安市	6.31	12	4.24	10	2.48	12
盐城市	6.40	11	4.64	9	2.56	10
扬州市	7.61	6	5.04	7	3.26	6
镇江市	8.37	5	5.42	5	3.39	5
泰州市	7.03	8	4.67	8	2.98	8
宿迁市	6.00	13	3.66	13	2.40	13

表 10-3 二级指标得分与排序(2)

	科技投入		人力投入		财力投入	
	得分	序	得分	序	得分	序
南京市	27.52	3	10.97	5	16.56	4
无锡市	29.59	1	11.45	2	18.14	1
徐州市	22.94	9	9.83	8	13.10	10
常州市	29.08	2	11.70	1	17.38	3
苏州市	26.67	5	9.20	10	17.48	2
南通市	26.84	4	11.07	4	15.77	5
连云港市	23.01	8	10.82	6	12.19	12
淮安市	19.98	13	8.04	11	11.94	13
盐城市	26.04	6	11.42	3	14.62	7

续表 10-3

	科技投入		人力投入		财力投入	
	得分	序	得分	序	得分	序
扬州市	22.22	11	7.93	12	14.29	8
镇江市	25.89	7	10.17	7	15.72	6
泰州市	22.86	10	9.37	9	13.48	9
宿迁市	20.01	12	7.37	13	12.63	11

表 10-4 二级指标得分与排序(3)

	科技产出		高新技术产业化		科技创新	
	得分	序	得分	序	得分	序
南京市	29.79	3	16.92	3	12.87	5
无锡市	30.95	2	17.43	2	13.53	2
徐州市	23.56	10	14.52	10	9.04	11
常州市	28.70	4	15.63	6	13.08	4
苏州市	37.61	1	23.1	1	14.51	1
南通市	26.22	7	16.06	4	10.16	8
连云港市	22.59	11	13.29	12	9.30	10
淮安市	25.26	9	15.7	5	9.56	9
盐城市	22.48	12	13.48	11	9.00	12
扬州市	26.35	6	15.38	7	10.97	6
镇江市	27.79	5	14.60	9	13.19	3
泰州市	25.57	8	14.88	8	10.69	7
宿迁市	21.27	13	12.63	13	8.64	13

表 10-5 二级指标得分与排序(4)

	科技促进可持续发展		经济增长		结构优化		效益提高		环境治理	
	得分	序	得分	序	得分	序	得分	序	得分	序
南京市	24.47	2	4.84	4	7.88	1	4.61	5	7.15	7
无锡市	22.38	7	3.84	13	7.01	5	4.91	1	6.62	10
徐州市	22.36	8	4.46	9	6.25	9	4.69	4	6.96	8
常州市	21.16	10	5.04	1	7.12	4	4.50	6	4.50	13
苏州市	24.34	3	4.62	8	7.29	3	4.46	7	7.98	2
南通市	23.47	6	4.74	5	6.79	6	4.29	9	7.65	5
连云港市	19.05	12	4.01	12	5.91	10	3.77	12	5.36	12
淮安市	21.28	9	4.64	7	5.46	11	3.90	11	7.29	6
盐城市	20.27	11	4.24	11	5.30	12	4.09	10	6.64	9
扬州市	24.11	4	5.03	2	6.53	7	4.30	8	8.25	1
镇江市	24.67	1	4.88	3	7.37	2	4.77	2	7.65	4
泰州市	23.68	5	4.72	6	6.50	8	4.75	3	7.70	3
宿迁市	18.57	13	4.38	10	4.50	13	3.33	13	6.36	11

表10-6 三级指标得分与排序(人力资源基础)

	每万人口中大学本科及以上学历人数(人/万人)			每万从业人员中R&D人员数(人/万人)		
	统计值	得分	序	统计值	得分	序
南京市	980.19	3.30	1	257.69	3.30	1
无锡市	175.75	2.02	6	203.13	2.93	4
徐州市	159.06	1.99	7	73.07	2.05	9
常州市	231.15	2.11	3	229.88	3.11	2
苏州市	197.55	2.06	4	220.69	3.05	3
南通市	110.85	1.92	9	131.23	2.45	6
连云港市	85.63	1.88	11	61.98	1.98	10
淮安市	138.68	1.96	8	44.87	1.86	12
盐城市	77.64	1.87	12	61.33	1.97	11
扬州市	180.79	2.03	5	113.14	2.32	7
镇江市	265.54	2.16	2	186.27	2.82	5
泰州市	106.29	1.91	10	84.87	2.13	8
宿迁市	36.37	1.80	13	35.55	1.80	13

表10-7 三级指标得分与排序(信息环境)

	每千人国际互联网用户数(户/千人)		
	统计值	得分	序
南京市	276.26	4.37	2
无锡市	235.38	3.87	4
徐州市	124.76	2.53	11
常州市	248.83	4.04	3
苏州市	278.86	4.40	1
南通市	176.86	3.16	7
连云港市	153.15	2.87	9
淮安市	120.71	2.48	12
盐城市	127.35	2.56	10
扬州市	184.91	3.26	6
镇江市	195.43	3.39	5
泰州市	162.31	2.98	8
宿迁市	114.16	2.40	13

表10-8 三级指标得分与排序(人力投入)

	企业R&D活动人员占企业职工比重(%)			R&D活动人员占科技活动人员比重(%)		
	统计值	序	得分	统计值	得分	序
南京市	7.63	6.60	1	55.46	4.37	10
无锡市	5.72	5.52	5	65.98	5.93	2
徐州市	3.54	4.29	11	63.40	5.54	4
常州市	6.98	6.24	2	62.84	5.46	5
苏州市	4.54	4.85	7	55.32	4.34	11

续表 10-8

	企业R&D活动人员占企业职工比重(%)			R&D活动人员占科技活动人员比重(%)		
	统计值	序	得分	统计值	得分	序
南通市	5.89	5.62	3	62.75	5.45	6
连云港市	5.10	5.17	6	64.11	5.65	3
淮安市	2.32	3.60	13	55.96	4.44	9
盐城市	4.48	4.82	8	70.50	6.60	1
扬州市	3.61	4.33	10	50.30	3.60	13
镇江市	5.73	5.53	4	57.30	4.64	8
泰州市	4.27	4.70	9	57.51	4.67	7
宿迁市	2.34	3.61	12	51.37	3.76	12

表10-9 三级指标得分与排序(财力投入)

	全社会R&D支出占GDP的比例(%)			政府科技拨款占财政支出的比重(%)			企业R&D经费占销售收入的比例(%)			科技贷款占银行中长期贷款的比重(%)		
	统计值	得分	序	统计值	得分	序	统计值	得分	序	统计值	得分	序
南京市	2.98	4.95	1	4.85	7.00	3	0.91	3.52	5	3.00	1.08	13
无锡市	2.73	4.60	2	4.74	6.90	4	1.51	4.95	1	4.18	1.69	9
徐州市	1.75	3.25	9	2.64	4.88	11	0.70	3.02	11	4.69	1.96	3
常州市	2.61	4.44	4	4.99	7.13	2	1.09	3.94	3	4.52	1.87	6
苏州市	2.62	4.45	3	5.81	7.92	1	1.03	3.81	4	3.41	1.29	12
南通市	2.50	4.29	5	3.35	5.56	7	1.09	3.96	2	4.71	1.97	2
连云港市	1.61	3.06	11	2.67	4.90	10	0.62	2.83	12	3.61	1.40	11
淮安市	1.60	3.05	12	2.46	4.70	12	0.57	2.70	13	3.79	1.49	10
盐城市	1.72	3.21	10	3.92	6.10	5	0.87	3.43	7	4.53	1.87	5
扬州市	2.20	3.87	8	3.07	5.29	8	0.86	3.40	8	4.23	1.72	8
镇江市	2.50	4.29	6	3.81	6.00	6	0.91	3.51	6	4.62	1.92	4
泰州市	2.26	3.96	7	2.06	4.32	13	0.79	3.23	9	4.73	1.98	1
宿迁市	1.35	2.70	13	2.84	5.07	9	0.73	3.07	10	4.36	1.79	7

表10-10 三级指标得分与排序(高新技术产业化)

	每万人口中大学本科及以上学历人数(人/万人)			每万从业人员中R&D人员数(人/万人)		
	统计值	得分	序	统计值	得分	序
南京市	5740.94	6.68	3	23.87	3.48	4
无锡市	6110.66	6.80	2	28.26	3.68	3
徐州市	4047.74	6.13	6	2.48	2.52	13
常州市	4805.99	6.38	5	12.54	2.97	7
苏州市	13644.87	9.24	1	49.05	4.62	1
南通市	5404.03	6.57	4	13.93	3.04	6
连云港市	1669.25	5.36	11	4.25	2.60	10
淮安市	1473.86	5.30	12	41.60	4.28	2
盐城市	2044.97	5.49	10	3.94	2.59	11

续表 10-10

	每万人口中大学本科及以上学历人数(人/万人)			每万从业人员中R&D人员数(人/万人)		
	统计值	得分	序	统计值	得分	序
扬州市	3880.85	6.08	9	16.73	3.16	5
镇江市	3900.80	6.09	7	4.97	2.63	9
泰州市	3888.13	6.08	8	9.24	2.83	8
宿迁市	665.19	5.04	13	2.94	2.54	12

表 10-11 三级指标得分与排序(科技创新)

	每十万人口专利申请数(件/10万人)			每十万人口专利授权数(件/10万人)			发明专利占专利授权数的比重(%)		
	统计值	得分	序	统计值	得分	序	统计值	得分	序
南京市	682.67	4.51	5	278.04	5.28	5	23.05	3.08	1
无锡市	838.74	4.98	2	429.79	6.33	2	10.03	2.21	2
徐州市	162.42	2.94	13	98.14	4.02	11	7.98	2.08	6
常州市	805.57	4.88	3	386.51	6.03	4	9.34	2.17	5
苏州市	973.68	5.39	1	515.93	6.93	1	9.62	2.19	4
南通市	379.45	3.60	8	169.79	4.52	8	7.52	2.05	7
连云港市	226.65	3.13	11	142.44	4.33	9	4.31	1.83	10
淮安市	311.23	3.39	9	137.32	4.30	10	4.89	1.87	9
盐城市	276.13	3.28	10	62.98	3.78	13	5.94	1.94	8
扬州市	507.14	3.98	7	264.48	5.18	6	3.94	1.81	11
镇江市	793.94	4.85	4	400.67	6.13	3	10.03	2.21	3
泰州市	575.50	4.19	6	196.57	4.71	7	3.73	1.79	12
宿迁市	181.39	3.00	12	88.91	3.96	12	2.02	1.68	13

表 10-12 三级指标得分与排序(经济增长)

	人均GDP(元/人)			GDP增长速度(%)			亿元投资新增GDP(亿元)		
	统计值	得分	序	统计值	得分	序	统计值	得分	序
南京市	107544.55	1.71	3	10.10	1.65	11	0.15	1.48	7
无锡市	126389.15	1.89	2	1.67	1.05	13	0.03	0.90	13
徐州市	57655.19	1.22	9	11.91	1.78	7	0.14	1.45	9
常州市	104422.86	1.68	4	12.40	1.82	4	0.16	1.55	4
苏州市	129925.74	1.93	1	5.73	1.34	12	0.12	1.35	11
南通市	77456.92	1.41	7	12.18	1.80	5	0.16	1.52	5
连云港市	44276.80	1.09	12	10.11	1.65	10	0.11	1.27	12
淮安市	50736.44	1.15	11	13.89	1.93	1	0.17	1.56	2
盐城市	53115.37	1.18	10	10.36	1.67	9	0.13	1.39	10
扬州市	82654.25	1.47	6	13.71	1.91	2	0.18	1.65	1
镇江市	102652.44	1.66	5	11.11	1.73	8	0.15	1.49	6
泰州市	72706.47	1.37	8	12.10	1.80	6	0.17	1.56	3
宿迁市	39963.16	1.05	13	13.15	1.87	3	0.14	1.45	8

表10-13 三级指标得分与排序(结构优化)

	第三产业增加值占GDP比重(%)			高新技术产业产值占规模以上工业产值比重(%)		
	统计值	序	得分	统计值	得分	序
南京市	56.49	3.30	1	43.36	4.58	3
无锡市	48.40	2.61	3	41.18	4.40	6
徐州市	45.21	2.34	6	34.86	3.91	9
常州市	48.05	2.58	4	42.93	4.54	4
苏州市	48.43	2.61	2	44.61	4.67	2
南通市	44.24	2.26	7	42.83	4.53	5
连云港市	41.42	2.01	11	34.63	3.89	10
淮安市	44.08	2.24	8	26.00	3.22	12
盐城市	40.77	1.96	12	27.57	3.34	11
扬州市	42.86	2.14	10	41.04	4.39	7
镇江市	46.12	2.42	5	48.14	4.95	1
泰州市	43.44	2.19	9	40.04	4.32	8
宿迁市	38.90	1.80	13	19.38	2.70	13

表10-14 三级指标得分与排序(效益提高)

	劳动生产率(元/人)			工业资本金利税率(%)			单位GDP能耗下降率(%)		
	统计值	得分	序	统计值	得分	序	统计值	得分	序
南京市	194718.54	2.09	3	18.60	1.03	9	—	1.50	9
无锡市	210662.64	2.20	1	9.81	0.78	12	—	1.93	1
徐州市	103221.25	1.44	9	30.77	1.38	1	—	1.88	2
常州市	174443.77	1.94	4	14.02	0.90	11	—	1.65	5
苏州市	198455.29	2.11	2	8.69	0.75	13	—	1.59	7
南通市	122352.60	1.58	7	23.47	1.17	6	—	1.55	8
连云港市	78291.12	1.26	12	25.68	1.23	4	—	1.27	12
淮安市	87101.45	1.33	10	24.25	1.19	5	—	1.38	10
盐城市	86096.97	1.32	11	22.69	1.15	7	—	1.62	6
扬州市	139228.54	1.70	6	27.48	1.28	3	—	1.32	11
镇江市	168782.56	1.90	5	17.78	1.01	10	—	1.86	4
泰州市	118276.84	1.55	8	29.66	1.34	2	—	1.86	3
宿迁市	69150.43	1.20	13	20.39	1.08	8	—	1.05	13

表10-15 三级指标得分与排序(环境治理)

	亿元GDP工业烟尘排放量(吨/亿元)			工业废物排放综合下降率(%)		
	统计值	得分	序	统计值	得分	序
南京市	10.90	4.18	6	-25.27	2.97	9
无锡市	11.88	4.06	8	-56.83	2.55	11
徐州市	13.94	3.82	10	-12.00	3.14	6
常州市	23.48	2.70	13	-114.32	1.80	13

续表 10-15

	亿元GDP工业烟尘排放量(吨/亿元)			工业废物排放综合下降率(%)		
	统计值	得分	序	统计值	得分	序
苏州市	5.52	4.81	2	- 9.56	3.17	3
南通市	7.32	4.60	4	-18.75	3.05	7
连云港市	21.04	2.99	12	-70.40	2.38	12
淮安市	11.20	4.14	7	-11.98	3.14	5
盐城市	13.70	3.85	9	-38.92	2.79	10
扬州市	4.33	4.95	1	0.03	3.30	1
镇江市	8.14	4.50	5	-11.33	3.15	4
泰州市	6.60	4.68	3	-21.85	3.01	8
宿迁市	20.27	3.08	11	-1.06	3.29	2

2014年江苏省高新技术产业主要数据统计公报

2014 Annual Statistics Bulletin of Principal Data for High & New Technology Industries of Jiangsu Province

江苏省科学技术厅 江苏省统计局

发展高新技术产业是落实科学发展观、促进产业结构优化升级和经济发展方式转变的必然选择。为了把握全省高新技术产业的发展状况和态势,为推进全省高新技术产业发展和产业结构调整提供决策依据,省科技厅和省统计局在全省开展了高新技术产业统计工作。现将2014年全省高新技术产业的主要数据公布如下:

【总体情况】 2014年全省高新技术产业实现产值57277.28亿元,比去年同期增长10.36%;完成出口交货值13232.93亿元,比去年同期增长7.44%。

【分行业发展状况】 全省高新技术产业中,航空航天制造业实现工业总产值294.68亿元,占高新技术产业总产值的0.51%;电子计算机及办公设备制造业实现工业总产值2349.71亿元,占4.10%;电子及通信设备制造业实现工业总产值13621.74亿元,占23.78%;医药制造业实现工业总产值3586.55亿元,占6.26%;仪器仪表制造业实现工业总产值1291.54亿元,占2.25%;智能装备制造业实现工业总产值17376.23亿元,占30.34%;新材料制造业实现工业总产值15378.60亿元,占26.85%;新能源制造业实现工业总产值3378.23亿元,占5.90%。

【分区域发展状况】 全省高新技术产业主要分布在苏南及沿江地区,苏南五市高新技术产业产值34203.25亿元,占全省的59.72%;苏中三市高新技术产业产值13173.01亿元,占全省的23.00%;苏北五市高新技术产业产值9901.01亿元,占全省的17.29%。

表10-16 高新技术产业分区域发展情况

地区	产值(亿元)	占全省比重(%)
南京市	5740.94	10.02
无锡市	6110.66	10.67
徐州市	4047.74	7.07
常州市	4805.99	8.39
苏州市	13644.87	23.82
南通市	5404.03	9.43
连云港市	1669.25	2.91
淮安市	1473.86	2.57
盐城市	2044.97	3.57
扬州市	3880.85	6.78
镇江市	3900.80	6.81
泰州市	3888.13	6.79
宿迁市	665.19	1.16

(江苏省科学技术厅高新技术发展及产业化处)

2014年江苏省科学技术与研究开发机构统计年报

2014 Annual Statistics on Science & Technology and R&D Organizations of Jiangsu Province

【江苏省科学技术与研究开发机构基本情况】2014年,江苏省地域范围内,共有492家科学研究与技术开发机构。其中,中央部门属研究与开发机构56家;省级部门属自然科学类研究与开发机构83家,比上年新增1家单位“江苏省食品药品监督检验研究院”;市县属研究与开发机构142家,比上年减少4家;有R&D活动的非政府部门属研究与开发机构共有205家,比上年减少22家;社会科学与人文科学机构共有6家,比上年减少1家。

在2014年度科研机构统计中,全省共有478家科学研究与技术开发机构参加统计,比2013年减少26家。具体情况如下:42家中央部门属研究与开发机构参加统计(未转制19家,已转制23家),另有14家已转制部属院所,属于军工领域,不在本次统计范畴;83家省级部门属研究与开发机构全部参加统计(未转制57家,已转制26家);142家市县属研究与开发机构参加统计,其中市属109家(未转制64家,已转制45家),县属33家(未区分转制与未转制),比上年减少6家,分别是“苏州市轻工业品设计研究所”“无锡市计量科学研究所”“徐州市水产科学研究所”“江苏华通动力重工有限公司”“无锡市泥人研究所”(5家单位均已撤销或合并)和“无锡市电子技术应用研究所有限公司”(由科技部核减),另新增2家,分别是“江南石墨烯研究院”“连云港市环境保护科学研究所”(科技部核定由R&D活动单位调入);205家有R&D活动的非政府部门属研究与开发机构参加统计,比上年减少22家单位(均因撤销、合并或无科技活动,由科技部核减);6家社会科学与人文科学机构参加统计,比上年减少1家,为“江苏省教育科学研究院”(由科技部核减)。

【江苏省科学技术与研究开发机构科技活动情况】

总体情况 研发队伍情况。2014年,全省478家研究与开发机构共有从业人员59545人,比上年降低9.16%,其中科技活动人员36037人、大学本科及以上学历29388人、R&D人员25317人,占从业人员的比重分别为60.52%、49.35%及42.52%。

科技活动经费情况。2014年,全省研究与开发机构经费收入总额385.38亿元,比上年降低19.82%,其中,科技经费筹集额138.40亿元,政府拨款66.44亿元。经费支出总额325.09亿元,其中,科技经费支出114.10亿元,R&D经费内部支出82.43亿元。

创新活动情况。2014年,全省研究与开发机构共承担课题9923项,比上年增长7.18%,课题经费支出79.05亿元,比上年增长3.52%;课题投入25101人年;当年各类计划项目4274项,当年计划项目总经费为39.73亿元;当年承担横向课题5325项,获课题经费15.48亿元。

科技产出成果情况。2014年,全省研究与开发机构共发表论文11756篇,比上年减少2.64%,其中,国外发表2715篇;出版科技著作208种。申请专利5177项,比上年增长0.99%,其中,发明专利3413项;专利授权数2586项,其中,发明专利1089项;机构共拥有有效发明专利数6826项。当年获省级以上奖励有505项,比上年增长8.37%;当年技术服务量为94957次,比上年增长36.83%,当年技术服务收入为33.19亿元,比上年增长3.59%;当年转化科技成果6106项,当年技术成果转化收入34.78亿元;当年科技合同数43359项,比上年增长22.58%,技术合同金额90.64亿元。

按地域情况 机构地域分布情况。2014年,全省共有科学研究与技术开发机构478家,其中,苏南314家,苏中77家,苏北87家。南京、苏州、常州、南通及无锡机构数位列全省前5位,分别为139家、81家、38家、33家及32家。

人员地域分布情况。2014年,苏南、苏中及苏北科学研究与技术开发机构从业人员分别为51534人、3665人及4259人,科技活动人员数分别为31317人、2010人及2646人,R&D人员数分别为22690人、1352人及1717人,科技活动人员占从业人员的比重分别为60.77%、54.84%和62.13%,R&D人员占科技活动人员的比重分别为72.45%、67.26%及40.31%。

从总量上看,从业人员数最多的5市分别为南京(29204人)、苏州(10163人)、常州(6638人)、无锡(3895人)及南通(2038人);科技活动人员数最多的5市分别为南京(18829人)、苏州(6250人)、常州(2653人)、无锡(2473人)及徐州(1233人);R&D人员最多的5市分别为南京(14411人)、苏州(4325人)、常州(2035人)、无锡(1652人)及南通(782人)。

从相对量上看,科技活动人员占从业人员比重靠前的5市分别为宿迁(87.67%)、泰州(71.53%)、徐州(69.90%)、镇江(68.05%)及南京(64.47%)。R&D人员占科技活动人员的比重最高的5市分别为宿迁(83.59%)、南通(77.43%)、常州(76.71%)、南京(76.54%)及盐城(72.64%)。

经费地域分布情况。2014年,苏南、苏中及苏北经费内部支出总额分别为297.34亿元、9.06亿元及18.47亿元,科技经费内部支出分别为102.52亿元、5.29亿元及6.07亿元,R&D经费内部支出分别为74.46亿元、3.54亿元及4.21亿元,经费收入总额分别为347.14亿元、15.98亿元及21.98亿元,科技活动收入额分别为128.06亿元、4.15亿元及5.91亿元,科技活动收入中的政府资金分别为60.00亿元、2.57亿元及3.58亿元。其中,经费内部支出总额最多的5市分别为南京(162.75亿元)、常州(69.31亿元)、苏州(39.54亿元)、无锡(21.90亿元)及徐州(10.09亿元);科技经费内部支出最多的5市分别为南京(72.30亿元)、苏州(16.87亿元)、无锡(7.00亿元)、常州(4.02亿元)及徐州(3.11亿元);R&D经费内部支出最多的5个市分别为南京(53.55亿元)、苏州(12.74亿元)、无锡(4.73亿元)、常州(3.08亿元)及徐州(2.84亿元)。经费收入总额最多的5个市南京(188.28亿元)、常州(76.40亿元)、苏州(50.51亿元)、无锡(27.39亿元)及南通(12.60亿元);科技活动收入最多的5个市是南京(88.97亿元)、苏州(23.53亿元)、无锡(11.20亿元)、徐州(2.94亿元)及常州(2.38亿元);科技活动收入中政府资金最多的分别为南京(44.58亿元)、苏州(9.79亿元)、无锡(3.01亿元)、镇江(1.46亿元)及常州(1.15亿元)。

课题地域分布情况。从承担课题的数目上看,2014年,苏南、苏中及苏北分别承担8545项、557项及770项课题,其中R&D课题数分别为6753项、421项及501项;苏南、苏中及苏北当年新增各类计划项目分别为3695项、273项及268项;苏南、苏中及苏北当年承担横向课题数分别为5169项、61项及86项。承担课题最多的5个市为南京(6352项)、苏州(1408项)、无锡(365项)、扬州(271项)及南通(253项);承担R&D课题最多的5个市为南京(4916项)、苏州(1262项)、无锡(274项)、南通(205项)及常州(184项);当年新增各类计划项目最多的5个市分别为南京(2942项)、苏州(479项)、无锡(198项)、扬州(135项)及南通(120项);当年承担横向课题数最多的5个市为南京(4208项)、苏州(750项)、无锡(176项)、宿迁(47项)及南通(25项)。

从经费上看,2014年,苏南、苏中及苏北课题经费支出内部合计分别为72.74亿元、3.22亿元及2.97亿元,其中R&D课题经费内部支出分别为57.51亿元、2.81亿元及2.38亿元;苏南、苏中及苏北当年计划项目总经费分别为36.64亿元、1.05亿元及1.95亿元;苏南、苏中及苏北当年获得横向课题经费分别为15.29亿元、0.04亿元及0.15亿元。课题经费支出内部合计最多的5个市分别为南京(56.33亿元)、苏州(9.34亿元)、无锡(3.82亿元)、常州(2.84亿元)及南通(1.92亿元);R&D课题内部支出最多的5个市为南京(43.34亿元)、苏州(8.59亿元)、无锡(2.91亿元)、常州(2.49亿元)及南通(1.77亿元);当年计划项目总经费最多的5市分别为南京(22.42亿元)、苏州(12.55亿元)、连云港(1.27亿元)、无锡(1.13亿元)及南通(0.59亿元);当年获得横向课题经费最多的5个市分别为苏州(7.88亿元)、南京(6.98亿元)、无锡(0.29亿元)、镇江(0.11亿元)及连云港(0.10亿元)。

从人员上看,2014年,苏南、苏中及苏北课题投入人员分别为21993.7人年、1223.1人年及1834人年;苏南、苏中及苏北R&D课题人员投入分别为17512.5人年、1105.5人年及1375.6人年。课题投入人员最多的5市分别为南京(14005.1人年)、苏州(3890.4人年)、常州(2000.8人年)、无锡(1666.1人年)及徐州(771人年);R&D课题人员投入最多的5个市分别为南京(10927.8人年)、苏州(3450.6人年)、常州(1703人年)、无锡(1210.9人年)及徐州(678.3人年)。

科技产出地域分布情况。2014年,苏南、苏中及苏北分别发表科技论文9343篇、458篇及1931篇;出版科技著作173本、12本及23本;专利申请受理数2934件、392件及1838件;专利授权数1642件、249件及690件;当年获得省级以上奖励322次、15次及167次;当年制定标准374项、49项及100项;当年技术服务量60978次、989次及32990次;当年技术服务收入20.40亿元、0.22亿元及12.57亿元;当年技术成果转换数分别为837项、27项及242项;当年科技对外签订合同数分别为15342项、147项及40143项;当年合同金额分别为57.44亿元、0.95亿元及32.16亿元;机构拥有种类科技平台数分别为311个、40个及213个。其中,全省发表论文前5位的城市是南京(7840篇)、徐州(1408篇)、苏州(849篇)、无锡(333篇)及盐城(242篇);出版科技著作前5位的城市是南京(161本)、徐州(17本)、苏州(9本)、南通(6本)及扬州(4本);专利申请数最多的5市分别是南京(1718件)、徐州(1363件)、无锡(697件)、苏州(434件)及南通(333件);专利授权数前5位的城市是南京(1017件)、徐州(561件)、无锡(351件)、苏州(226件)及南通(224件)及;当年获得省级以上奖励前5位的城市分别是南京(273个)、徐州(149个)、苏州(36个)、连云港(11个)及南通(8个);当年制定标准前5位的城市分别为南京(270个)、徐州(82个)、苏州(66个)、南通(41个)及无锡(28个)。

总体来说,从全省区域上看,南京市无论从机构数目、人员配备上,还是在科技活动支持、科技成果等方面在全省遥遥领先,同时表现突出的是苏州市、无锡市及常州市,居全省领先地位。

按领域情况 2014年,全省科研机构分布在13个行业,其中农林牧渔业(77家)、制造业(86家)和科学研究技术服务业(230家)三大行业科研机构分布最多。

农林牧渔业科研机构情况。农林牧渔业中从业人员有8111人,R&D人员有2806人,经费支出总额为58.17亿元,R&D经费支出为7.76亿元,经费收入总额为62.58亿元(其中政府资金为12.79亿元);机构办经济实体有37个,发表科技论文2379篇,专利申请受理数为870件,专利授权数为438件,当年获省级以上奖励为45项;当年技术服务量为4459次,技术服务收入为3662.5万元,当年转化科技成果为163项,科技成果转化收入为13644.9万元;课题数为2579个,课题经费支出为8.46亿元;当年新增各类计划项目为1323项,获总经费为4.11亿元;当年承担横向课题228项,获经费3881.3万元。

制造业科研机构情况。制造业中从业人员有12856人,R&D人员有5543人,经费支出总额为80.98亿元,R&D经费支出为13.77亿元,经费收入总额为98.51亿元(其中政府资金为6.24亿元);发表科技论文1316篇,专利申请受理数为12001件,专利授权数为737件,当年获省级以上奖励为39项;当年技术服务量为8937次,当年转化科技成果为101项;课题数为919个,课题经费支出为11.47亿元;当年新增各类计划项目为300项,获总经费为6.08亿元;当年承担横向课题160项,获经费5348.8万元。

科学研究技术服务业科研机构情况。科学研究技术服务业中从业人员有24010人,R&D人员有11204人,经费支出总额为102.60亿元,R&D经费支出为37.95亿元,经费收入总额为127.13亿元(其中政府资金为36.11亿元);机构办经济实体有149个,发表科技论文4960篇,专利申请受理数为2353件,专利授权数为1008件,当年获省级以上奖励235项;当年技术服务量为71358次,技术服务收入为13.48亿元,当年科技成果转化数为203项,科技成果转化收入为1.86亿元;课题数为3828个,课题经费支出为39.15亿元;当年新增各类计划项目为1383项,获总经费为16.22亿元;当年承担横向课题3263项,获经费3.60亿元。

按隶属关系 中央部门属科研机构情况。2014年,国家机构调查中,全省共有56家部属院所(未转制19家,转制37家),其中苏南53家,苏中1家,苏北2家;19家部属未转制机构均地处苏南;37家部属转制机构中,苏南34家,苏中1家及苏北2家。在本年度国家机构调查中,除14家军工单位,全省共有42家中央部门属科学技术研究与开发机构(未转制19家,已转制23家)上报数据,共拥有从业人员12348人,比上年减少4.27%,经费收入总额为107.71亿元,比上年增加6.29%,经费支出总额为94.32亿元,比上年增加3.71%。共有课题4387项,课题经费支出28.87亿元,课题投入6746人年;当年新增各类计划项目2103项,当年计划项目总经费为26.44亿元;当年承担横向课题4414项,比上年减少6.64%,获横向课题经费13.05亿元,比上年增加18.31%。发表论文4283篇,比上年增加2.69%,申请专利1689项,比上年增长12.00%,专利授权数967项,比上年增长14.85%,机构总共拥有有效发明专利数1911项。当年获省级以上奖励有98项,当年技术服务量为8501次,当年转化科技成果5481项,转化收入为15.74亿元。

省级政府部门属科研机构情况。2014年,国家机构调查中,全省共有83家省属院所(未转制57家,转制26家),其中,苏南66家,苏中4家,苏北13家;57家省属未转制机构中,苏南42家,苏中4家,苏北11家;26家省属转制机构中,苏南24家,苏北2家。在本年度国家机构调查中,全省共有83家省级政府部门属科学技术研究与开发机构(未转制机构57家,已转制机构26家)上报数据,共拥有从业人员15088人,比上年增加4.32%,其中科技活动人员9683人,比上年增长2.85%。经费收入总额为87.42亿元,比上年增长7.30%,经费支出总额为79.13亿元,比上年增长10.61%。共有课题3429项,当年新增各类计划项目1562项,当年承担横向课题542项,比上年减少18.50%。发表论文4358篇,比上年减少0.32%,出版科技著作89种,申请专利1242项,比上年增长14.05%,专利授权数626项,比上年减少5.01%,机构总共拥有有效发明专利数2058项。当年获省级以上奖励有101项,当年技术服务量为23213次,比上年增长6.22%,服务收入5.53亿元,比上年减少18.44%,当年转化科技成果354项,比上年增长25.53%。

市县属科研机构情况。2014年,国家机构调查中,全省共有市县属研究与开发机构142家,其中市属109家(未转制机构64家,已转制机构45家),县属研究与开发机构33家(未进行转制与未转制类型的区分)上报数据,共拥有从业人员8487人,其中科技活动人员4725人,大学本科及以上学历3040人,R&D人员有2037人。经费收入总额为34.66亿元,科技经费筹集额为11.82亿元,其中政府拨款5.74亿元。经费支出总额为29.48亿元,科技经费支出9.98亿元,其中R&D经费内部支出5.01亿元。共有课题504项,课题经费支出3.57亿元,课题投入2228人年;当年新增各类计划项目88项,当年计划项目总经费为0.80亿元;当年承担横向课题11项,获课题经费120万元。发表论文892篇,其中国外发表34篇;出版科技著作7种,申请专利238项,其中发明专利122项;专利授权数96项,其中发明专利40项;机构总共拥有有效发明专利数232项。当年获省级以上奖励有128项,当年技术服务量为20182次,当年技术服务收入为7.57亿元,当年转化科技成果111项,转化收入为3.10亿元。

社会科学与人文科学机构情况。2014年,国家机构调查中,全省共有6家社会科学与人文科学机构上报数据,共拥有从业人员343人,其中科技活动人员333人,大学本科及以上学历2951人,R&D人员有206人。经费收入总额为1.19亿元,科技经费筹集额为0.92亿元,其中政府拨款0.89亿元。经费支出总额为1.13亿元,科技经费支出0.70亿元,其中R&D经费内部支出0.35亿元。共有课题88项,课题经费支出0.30亿元,课题投入144人年;当年新增各类计划项目33项,当年计划项目总经费为243万元;当年承担横向课题120项,获课题经费1010万元。发表论文662篇,出版科技著作29种。当年获省级以上奖励有27项。

总体来看,省级以上政府部门属未转制机构发展相对平稳,在人员、经费、课题及产出等方面变化都不大;部属转制机构却发展较慢,经费总体趋势变化不大,但人员流失严重,R&D人员占比逐年下降,技术服务量和科技对外签订的合同数下降幅度较大,各类计划项目、计划项目经费波动较大。省属转制机构总体发展相对平稳,略有上升,经费内部支出总额、R&D经费内部支出、经费收入总额、政府资金、课题数、专利申请均有所增长,科技对外签订的合同数上升幅度较大。

【全省中央部门属科学技术与研究开发机构】2014年,全省共有56家部属院所(未转制19家,转制37家),其中 苏南53家、苏中1家、苏北2家;19家部属未转制机构均地处苏南;37家部属转制机构中,苏南34家,苏中1家,苏北2家。在本年度国家机构调查中,除14家军工单位,全省共有42家中央部门属科学技术研究与开发机构(未转制19家,已转制23家)参加统计。

未转制科研机构总体情况 从总量上看,2014年,全省部属19家未转制科研机构拥有从业人员5463人,R&D人员5304人,经费支出总额为34.46亿元,R&D经费内部支出为22.41亿元,机构办经济实体有28家,经费收入总额为38.85亿元(其中政府资金为23.21亿元);发表科技论文3650篇,专利申请受理数为928件,专利授权数为514件,当年获省级以上奖励为63项,当年技术服务量为6706次,技术服务收入为4.74亿元,当年转化科技成果436项,获收入1.50亿元;课题数为3908个,课题经费支出为19.45亿元,当年新增各类计划项目为1863项,总经费为19.36亿元;当年承担横向课题3826项,获经费6.34亿元。

从户均值上看,2014年,全省部属未转制科研机构拥有户均从业人员287人,户均R&D人员279人,户均经费支出总额为1.81亿元,户均R&D经费内部支出为1.18亿元,户均经费收入总额为2.04亿元(其中户均政府资金为1.22亿元);户均发表科技论文192.11篇,户均专利申请受理数为48.84件,户均专利授权数为27.05件,户均当年技术服务量为352.95次,户均技术服务收入为0.25亿元,户均当年转化科技成果22.95项,获收入0.08亿元;户均课题数为205.68项,户均课题经费支出为1.02亿元,户均当年新增各类计划项目为98.05项,户均新增项目总经费为1.02亿元;户均当年承担横向课题201.37项,户均横向课题获收入0.33亿元。

已转制科研机构总体情况 2014年,全省上报数据的部属转制科研机构共23家。全省部属转制科研机构拥有从业人员6885人,R&D人员2514人,经费支出总额为59.86亿元,R&D经费内部支出为9.19亿元,机构办经济实体有23家,机构经费收入总额为68.86亿元(其中政府资金为3.65亿元);发表科技论文633篇,专利申请受理数为761件,专利授权数为453件,当年获省级以上奖励为35项,当年技术服务量为1795次;课题数为479个,课题经费支出为9.42亿元,当年新增各类计划项目为240项,总经费为7.08亿元;当年承担横向课题588项,获收入6.71亿元。

从户均值上看,2014年,全省部属转制科研机构拥有户均从业人员299.35人,户均R&D人员109.30人,户均经费支出总额为2.60亿元,户均R&D经费内部支出为0.40亿元,户均经费收入总额为2.99亿元(其中户均政府资金为0.16亿元);户均发表科技论文27.52篇,户均专利申请受理数为33.09件,户均专利授权数为19.70件,户均当年技术服务量为78.04次;户均课题数为20.83个,户均课题经费支出为0.41亿元,户均当年新增各类计划项目为10.43项,户均新增项目总经费为0.31亿元;户均当年承担横向课题25.57项,户均横向课题获收入0.29亿元。

历年情况

1. 中央部门属未转制科研机构历年情况

2014年部属未转制机构有19家,与2013年相比,没有变化。

人员情况。与2013年相比,2014年部属未转制科研机构从业人员减少0.69%;R&D人员数增长1.82%;R&D人员占从业人员数的比重比上年减少2.4个百分点。

从2010—2014年连续发展的5年看,随着部属未转制机构科研力量的不断增强,机构中R&D人员及R&D人员占从业人员的比重大幅提升。2014年,部属未转制机构从业人员数5463人,与2010年相比增长24.98%;R&D人员数5304人,约为2010年的1.31倍;R&D人员占从业人员的比重由2010年的92.50%提升至97.09%,共提升了4.59个百分点。

经费情况。与2013年相比,2014年部属未转制科研机构经费收入及支出、R&D经费内部支出额及政府资金均有所增长。2014年部属未转制科研机构经费收入总额38.85亿元,同比增长6.61%;其中政府资金经费支出总额23.21亿元,同比增长10.26%;经费支出总额34.46亿元,同比增长2.68%;R&D经费内部支出额22.41亿元,同比增长14.22%。

从2010—2014年连续发展的5年看,部属未转制科研机构经费投入支出总体呈现上升趋势,经费收入总额、政府资金、经费支出总额及R&D经费内部支出分别为2010年的1.75倍、1.86倍、1.71倍及1.53倍。

课题及产出情况。2014年,部属未转制科研机构共承担课题3908项,课题经费内部支出19.45亿元,同比2013年课题数增长5.76%,课题经费增长8.12%。

2014年,部属未转制科研机构共发表论文3650篇,比上年增长13.04%;专利申请受理数928件、专利授权数514件,比上年分别实现增幅7.28%及31.12%;以上三项指标值分别为是2010年的1.50倍、3.64倍及4,67倍。当年制定标准88项;当年技术服务量6706次,当年技术服务收入4.74亿元;当年技术成果转化数分别为436项,当年技术成果转化收入1.50亿元;当年科技对外签订合同数分别为3854项,当年合同金额分别为10.50亿元;机构拥有种类科技平台数分别为43个,平台当年获省级以上奖励30项。

2. 中央部门属转制科研机构历年情况

2014年部属转制机构有23家,与2012年相比,没有变化。

人员情况。2014年部属转制科研机构从业人员、R&D人员数同比减少约6.93%及12.65%;R&D人员占从业人员数的比重同比下降约2.39个百分点。

从2010—2014年连续发展的5年看,部属转制科研机构从业人员数及R&D人员分别为6885人及2514人,分别是2010年的84.53%及82.53%,R&D人员占从业人员的比重由2010年的36.70%下降至2014年的36.51%,下降了0.88个百分点。

经费情况。与2013年相比,2014年,部属转制科研机构R&D经费内部支出及政府资金与上年相比均有所下降,经费收入总额及经费支出总额与上年相比有所上升。其中,经费收入总额达68.86亿元,同比上年增长6.10%;经费支出总额达59.86亿元,同比上年增长4.30%;R&D经费支出总额9.19亿元,同比上年下降0.86%;政府资金3.65亿元,同比上年下降12.05%。

从2010—2014年连续发展的5年看,部属转制机构R&D经费支出总额有所下降,经费收入总额、政府资金及经费支出总额均有所上升。2014年经费收入总额、政府资金、经费支出总额及R&D经费支出分别为2010年的1.04倍、1.30倍、1.11倍、93%。

课题及产出情况。2014年,部属转制科研机构共承担课题479项,课题经费内部支出9.42亿元。同比2013年,前者指标分别下降2.04%,后者上升8.53%。

2014年,部属转制科研机构共发表论文633篇,专利申请受理数761件,专利授权数453件。同比2013年,发表论文下降32.80%,专利申请受理数和专利授权数上升18.35%及0.67%,三项指标分别是2010年的53.78%、1.39倍和1.60倍。当年制定标准118项;当年技术服务量1795次;当年技术成果转化数5045项;机构拥有种类科技平台数分别为54个,平台当年获省级以上奖励6项。

【全省省属科学技术与研究开发机构】2014年,全省共有83家省属院所(未转制57家,转制26家),其中,苏南66家,苏中4家,苏北13家;57家省属未转制机构中,苏南42家,苏中4家,苏北11家;26家省属转制机构中,苏南24家,苏北2家。在本年度国家机构调查中,全省共有83家省级政府部门属科学技术研究与开发机构(未转制机构57家,已转制机构26家)参加统计。

省属未转制科研机构总体情况 2014年,全省省属未转制科研机构拥有从业人员10501人,R&D人员4749人,经费支出总额为54.39亿元,R&D经费内部支出为15.06亿元,机构办经济实体有58家,经费收入总额为57.09亿元(其中政府资金为20.80亿元);发表科技论文3779篇,专利申请受理数为899件,专利授权数为454件,当年获省级以上奖励为75项,当年技术服务量为18828次,技术服务收入为3.12亿元,当年转化科技成果146项,获收入1.18亿元;课题数为3075个,课题经费支出为17.99亿元,当年新增各类计划项目为1431项,总经费为6.85亿元;当年承担横向课题368项,获横向课题经费0.50亿元。

从户均值上看,2014年,全省省属未转制科研机构拥有户均从业人员184.23人,户均R&D人员

83.32人,户均经费支出总额为0.95亿元,户均R&D经费内部支出为0.26亿元,户均经费收入总额为1.0亿元(其中户均政府资金为0.36亿元);户均发表科技论文66.30篇,户均专利申请受理数为15.77件,户均专利授权数为7.96件,户均当年技术服务量为355.25次,户均技术服务收入为0.05亿元,户均当年转化科技成果2.56项,获收入0.02亿元;户均课题数为53.95个,户均课题经费支出为0.32亿元,户均当年新增各类计划项目为25.11项,户均新增项目总经费为0.12亿元;户均当年承担横向课题6.46项,户均横向课题获收入0.01亿元。

省属已转制科研机构总体情况 2014年,全省上报数据的省属转制科研机构共26家。全省省属转制科研机构拥有从业人员4587人,R&D人员1901人,经费支出总额为24.74亿元,R&D经费内部支出为6.80亿元,机构办经济实体有12家,经费收入总额为30.31亿元(其中政府资金为0.72亿元);发表科技论文579篇,专利申请受理数为343件,专利授权数为172件,当年获省级以上奖励为26项,当年技术服务量为4385次,技术服务收入为2.41亿元,当年转化科技成果208项,获收入10.15亿元;课题数为354个,课题经费支出为3.89亿元,当年新增各类计划项目为131项,总经费为1.92亿元;当年承担横向课题174项,获收入0.64亿元。

从户均值上看,2014年,全省省属转制科研机构拥有户均从业人员176.42人,户均R&D人员73.12人,户均经费支出总额为0.95亿元,户均R&D经费内部支出为0.26亿元,户均经费收入总额为1.17亿元(其中户均政府资金为0.03亿元);户均发表科技论文22.27篇,户均专利申请受理数为13.19件,户均专利授权数为6.62件,户均当年技术服务量为168.65次,户均技术服务收入为0.09亿元;户均课题数为13.62个,户均课题经费支出为0.15亿元,户均当年新增各类计划项目为5.04项,户均新增项目总经费为0.07亿元;户均当年承担横向课题6.69项,户均横向课题获收入0.02亿元。

历年情况

1. 省属未转制科研机构历年情况

2014年省属未转制机构共有57家,与2013年相比新增1家,是"江苏省食品药品监督检验研究所"。

人员情况。与2013年相比,2014年,省属未转制机构从业人员10501人,R&D人员4749人,比上年分别增长5.87%和10.13%;R&D人员占从业人员的比重为45.22%,与上年相比上升1.75个百分点。

从2010—2014年连续发展的5年看,省属未转制机构人员投入总体呈增长态势,2013年出现一定幅度的下跌波动。2014年从业人员数及R&D人员数分别是2010年的1.19倍、1.12倍;R&D人员占从业人员的比重由2010年的48.79%减少至2014年的45.22%,下降了2.74个百分点。

经费情况。与2013年相比,2014年,省属未转制科研机构经费收入总额、政府资金、经费支出总额及R&D经费内部支出均呈增长趋势。其中,经费收入总额达57.09亿元,同比上年增长6.61%;政府资金达20.80亿元,同比上年增长2.21%;经费支出总额达54.39亿元,同比上年增加1.57%;R&D经费支出总额达15.06亿元,同比上年增加21.16%。

从2010—2014年连续发展的5年看,省属未转制机构经费投入及支出均呈现增长趋势。2014年经费收入总额、政府资金、经费支出总额及R&D经费支出分别为2010年的1.69倍、1.29倍、1.61倍及1.42倍。

课题及产出情况。2014年,省属未转制科研机构共承担课题3075项,课题经费内部支出17.99亿元。同比2013年,分别上升8.24%和30.08%。

2014年,省属未转制科研机构共发表论文3779篇,专利申请受理数899件,专利授权数454件。同比2013年,发表论文下降2.5个百分点,专利申请受理数增长13.94%,专利授权数下降10.45%,三项指标分别是2010年的1.17倍、2.77倍、4.02倍。当年技术服务量18828次;当年技术服务收入3.12亿元;当年技术成果转化数分别为146项;当年成果转化收入1.18亿元;当年科技对外签订合同数分别为3273项;当年合同金额分别为3.19亿元;机构拥有种类科技平台数分别为117个,平台当年获省级以上奖励8项。

2. 省属已转制科研机构历年情况

2014年省属已转制机构共有26家,与2013年相比,没有变化。

人员情况。与2013年相比,2014年省属转制科研机构从业人员4587人,R&D人员数1901人,与上年相比分别增长0.95%和8.75%。

从2010—2014年连续发展的5年看,省属转制科研机构从业人员数有所下降,R&D人员数有所提升,分别是2010年的79.69%及2.13倍,R&D人员占从业人员的比重所由2010年的15.50%上升至2014年的41.44%,上升了近25.95个百分点。

经费情况。与2013年相比,2014年,省属转制科研机构经费投入均呈增长态势。其中,经费收入总额达30.33亿元,同比上年增长8.63%;政府资金达0.72亿元,同比增长30.91%;经费支出总额达24.74亿元,同比上年增长10.15%;R&D经费支出总额达6.80亿元,同比上年上升84.78%。

从2010—2014年连续发展的5年看,省属转制机构经费投入及支出均呈现增长趋势。2014年经费收入总额、政府资金、经费支出总额及R&D经费支出分别为2010年的1.79倍、2.12倍、1.66倍及3.02倍。

课题及产出情况。2014年,省属转制科研机构共发表论文579篇,较2013年上升16.73%;专利申请受理数为343件,专利授权数为172件,与2013年相比分别上升14.33%及13.16%;课题数为354个,与2013年相比增长9.26%;课题经费支出为3.89亿元,与2013年相比基本持平。当年制定标准37项;当年技术服务量4385次;当年技术服务收入2.41亿元;当年技术成果转换数分别为208项;当年科技对外签订合同数分别为2273项;当年合同金额分别为19.60亿元;机构拥有种类科技平台数分别为36个,平台当年获省级以上奖励503项。

【全省有R&D活动的其他研究与开发机构】

总体情况 2014年,除部属和省属以外,全省参加统计的其他各类社会有R&D活动自然科学类单位共有347家。拥有从业人员31766人,比上年减少15.87%,R&D人员10643人,比上年增长5.52%,经费支出总额为150.52亿元,比上年减少42.10%,R&D经费内部支出为28.62亿元,比上年减少7.97%,发表科技论文2453篇,专利申请受理数为2246件,比上年减少11.19%,专利授权数为993件,比上年增加9.00%,当年获省级以上奖励为279项,当年技术服务量为64243次,比上年增加81.50%,技术服务收入20.46亿元,比上年增长12.67%,当年技术成果转化数271项,比上年减少7.19%,成果转化收入5.71亿元,比上年减少82.44%,当年签订技术合同32919项,比上年增长36.15%,合同成交额39.74亿元,比上年增长15.79%;新增各类计划项目为576项,总经费为4.50亿元;当年承担横向课题249项,比上年减少21.70%,获收入1.20亿元,比上年增长6.19%。

按机构类型情况 市属科技机构情况。全省参加统计的市属科技机构共109家,拥有从业人员7870人,R&D活动人员1827人,R&D经费支出总额为4.87亿元,承担各类课题438项,课题总经费3.37亿元。发表科技论文769篇。申请专利229件,授权专利92件。从2010年以来,市属科技机构发展比较平稳,从业人员数从6563人增加到2014年的7870人,R&D活动人员数从1217人增加到1827人;R&D经费内部支出4.87亿元,比2010年增长61.26%;2014年承担各类课题438项,2010年以来一直保持400项以上,课题经费增长较快,从2010年的1.56亿元增加到3.37亿元,增长了116.03%。科技产出增加较快,2014年,专利申请229件,授权92件,发表各类论文769篇,分别比2010年增加了32.37%、17.95%和44.01%。

县属自然科学类研究与技术开发机构情况。全省参加统计的县属研究与技术开发机构共有33家,拥有从业人员617人,R&D人员210人,经费支出总额为0.96亿元,R&D经费内部支出为0.13亿元,发表科技论文123篇,专利申请受理数为9件,专利授权数为4件,当年签订技术合同7项,合同成交额163.6万元。从总体来看,县属自然科学类研究与技术开发机构情况不容乐观,人员流失严重,经费收入情况波动较大。

有R&D活动的非政府部门属研究与开发机构情况。全省参加统计的有R&D活动的非政府部门属研究与开发机构共有205家,拥有从业人员23279人,R&D人员8606人,经费支出总额为121.04亿元,R&D经费内部支出为23.62亿元,机构办经济实体104个,实现经济收入14.71亿元。发表科技论文1561篇,专利申请受理数为2008件,专利授权数为897件,当年获省级以上奖励为151项,当年技术服务量为44061次,技术服务收入12.89亿元,当年技术成果转化数160项,成果转化收入2.62亿元,当年签订技术合同28973项,合同成交额31.95亿元;新增各类计划项目为488项,总经费为3.70亿元;当年承担横向课题238项,获收入1.19亿元。

【全省社会科学与人文科学机构】2014年,全省社会科学与人文科学机构有R&D活动单位共有6家,与上年相比减少1家。拥有从业人员343人,R&D人员206人,经费支出总额为1.13亿元,R&D经费内部支出为0.35亿元,发表科技论文662篇,当年获省级以上奖励为27项,当年新增各类计划项目为33项,总经费为243万元;当年承担横向课题120项,获经费1010万元。

表10-17 全部科研机构基本情况

	指标名称	单位	合计	自然科学和技术研究与开发条件						科学技术信息和文献机构			县属	社会科学领域的研究与开发机构	非政府部门属的机构和有R&D活动事业单位	
				部属		省属		地市属		省属		地市属			省属	其他R&D活动单位
				未转制	转制	未转制	转制	未转制	转制	未转制	转制	未转制			未转制	
投入	机构数	个	478	19	23	49	24	53	45	2	2	11	33	6	6	205
	从业人员	人	59545	5463	6885	9593	4554	2414	5183	286	33	273	617	343	622	23279
	科技活动人员	人	36037	4843	4211	6643	2239	1779	2185	229	8	261	500	333	564	12242
	大学本科及以上学历	人	29388	4115	3665	5687	1841	1292	1322	199	7	200	226	295	513	10026
	生产经营活动人员	人	16428	155	2064	388	1949	324	2667	10	25		71	2	7	8766
	其他人员	人	7080	465	610	2562	366	311	331	47		12	46	8	51	2271
	R&D人员	人	25317	5304	2514	4398	1901	696	1106	36		25	210	206	315	8606
	经费内部支出总额	千元	32509490	3445841	5985762	4834025	2451057	710132	2078295	113379	22634	63292	95985	112510	492081	12104497
	科技经费支出	千元	11410245	2595838	1242759	2495488	434582	484503	467358	87659	683	46265		70447	144881	3339782
	生产经营支出	千元	15524330	61756	4609117	101395	1931100	121842	1579173	8631	17421	6143	13878		35592	7038282
	其他支出	千元	5493418	788247	133886	2237142	85375	103787	31764	17089	4530	10884	610	42063	311608	1726433
	R&D经费内部支出	千元	8242607	2241235	918644	1402145	679661	159583	325640	4500		2080	13376	34823	99180	2361740
	机构办经济实体个数	个	232	28	23	30	12	2	5						28	104
产出	经济实体实现收入	千元	3436743	545140	67869	220228	198028	54	24009						910000	1471415
	经费收入总额	千元	38538338	3884656	6886138	5381086	3010386	787558	2502707	118606	22520	69357	105918	119265	209210	15440931
	科技活动收入	千元	13840013	3262706	1180364	2488463	357153	440975	588929	105901	863	64349	87707	91964	80415	5090224
	政府资金	千元	6643616	2321293	364722	1956860	71554	399460	25556	79460		63875	85527	89314	44162	1141833
	生产经营收入	千元	20248718	62030	5486961	139304	2533972	238625	1872638	9656	17127		1613	2400	66793	9817599

续表 10-17

类别	指标名称	单位	合计	自然科学和技术研究与开发条件						科学技术信息和文献机构			县属	社会科学领域的研究与开发机构	非政府部门属的机构和有R&D活动事业单位	
				部属		省属		地市属		省属		地市属			省属	其他R&D活动单位
				未转制	转制	未转制	转制	未转制	转制	未转制	转制	未转制			未转制	
产出	其他收入	千元	4449607	559920	218813	2753319	119261	107958	41140	3049	4530	5008	16598	24901	62002	533108
	发表科技论文	篇	11756	3650	633	3442	579	573	162	93		34	123	662	244	1561
	国外发表	篇	2715	1651	42	562	15	34		1					67	343
	出版科技著作	种	208	62	10	63	3	6		2			1	29	21	11
	专利申请受理数	件	5177	928	761	816	343	74	155	3			9		80	2008
	发明专利	件	3413	718	480	633	266	43	75	3			4		64	1127
	专利授权数	件	2586	514	453	394	172	34	58	1			4		59	897
	发明专利	件	1089	284	129	264	86	13	24	1			3		43	242
	有效发明专利总数	件	6826	1094	817	1240	656	111	117	1			4		161	2625
	当年获省级以上奖励	项	505	63	35	72	26	15	105			6	2	27	3	151
	当年引进高层次人才	人	372	36	27	32	28	6	72						3	168
	当年制定标准	项	529	88	118	178	37	8	16	8			1		37	38
	当年技术服务量	次	94957	6706	1795	5364	4385	12740	2552	2000		2092	798		11464	44061
	当年技术服务收入	千元	3319064	474006	245537	284706	241162	252688	499717	730		3145	1445		26689	1289239
	当年技术成果转化数	项	6106	436	5045	129	208	16	71				24		17	160
	当年科技成果转化收入	千元	3478032	149525	1624713	116443	1014554	2880	305138				1710		1501	261568
	当年科技对外签订技术合同数	项	44659	3854	3040	3167	2273	1310	2629				7		106	28973
	当年合同金额	千元	9064262	1050174	1761066	304209	1960417	102198	675067				1636		14796	3194699
	机构拥有种类科技平台数	个	568	43	54	112	36	14	34	1		9			16	249
	平台当年获得省级以上奖励	项	1673	30	6	16	503		105						2	1011
	平台当年获得收入	千元	1405242	330748	14974	71848	36850	1049	479190			1500			716	468367
课题	课题数	个	9923	3908	479	2981	354	258	151	26		29	66	88	68	1515
	课题经费支出内部合计	千元	7904676	1945407	941995	1659223	388726	132348	198639	23093		5991	20276	30112	116291	2442575
	课题投入人员	人年	25101	3815	2931	4674	1865	764	1149	86		64	251	144	376	8982
	R&D人员	人年	20025	3101	2167	3278	1669	543	924	25		11	164	140	281	7724
	R&D课题数	个	7706	3221	320	2181	284	161	117	13		8	39	85	49	1228
	R&D课题经费内部支出	千元	6278058	1543761	715482	1115986	344895	91824	182955	4417		1830	10248	29330	63981	2173350
	当年新增各类计划项目	项	4274	1863	240	1375	131	45	19	16		17	7	33	40	488
	承担国家和省部级计划项目	项	2266	874	110	1029	49	22	5	7		1	4	15	34	116
	当年计划项目总经费	千元	3972581	1935704	707807	659155	191898	53538	17057	7070		3630	5440	2430	18498	370354

续表 10-17

指标名称		单位	合计	自然科学和技术研究与开发条件						科学技术信息和文献机构			县属	社会科学领域的研究与开发机构	非政府部门属的机构和有R&D活动事业单位	
				部属		省属		地市属		省属		地市属			省属	其他R&D活动单位
				未转制	转制	未转制	转制	未转制	转制	未转制	转制	未转制			未转制	
课题	承担国家和省部级项目总经费	千元	2033587	1235818	76195	505050	93791	11850	1300	310		680	3800	1680	16309	86804
	当年承担横向课题数	项	5325	3826	588	244	174	8	3	16				120	108	238
	当年获得横向课题经费	千元	1548424	633822	670801	39009	63752	800	400	730				10100	9866	119144

表10-18 全省科技机构按地域分布基本情况

	指标名称	单位	南京	无锡	徐州	常州	苏州	南通	连云港	淮安	盐城	扬州	镇江	泰州	宿迁
投入	机构数	个	139	32	22	38	81	33	28	13	17	16	24	28	7
	从业人员	人	29204	3895	1764	6638	10163	2038	1297	560	492	921	1634	706	146
	科技活动人员	人	18829	2473	1233	2653	6250	1010	720	258	307	495	1112	505	128
	大学本科及以上学历	人	16125	2006	712	2007	5140	639	641	217	192	374	814	359	118
	生产经营活动人员	人	5848	1098	398	3595	3214	742	442	263	154	303	264	93	14
	其他人员	人	4527	324	133	390	699	286	135	39	31	123	258	108	4
	R&D人员	人	14411	1652	773	2035	4325	782	486	128	223	237	267	333	107
	经费内部支出总额	千元	16275277	2190313	1009459	6931114	3953882	557336	602234	104189	112125	225031	383495	123919	18892
	科技经费支出	千元	7229669	700117	311125	402283	1686542	293945	91618	98413	88237	128456	233451	106508	17657
	生产经营支出	千元	4415118	1003294	665056	6490119	2068557	196511	492229	4480	7547	65246	110559	4399	1215
	其他支出	千元	4622565	486902	31188	38712	162049	54617	13138	1296	5625	31329	37764	8213	20
	R&D经费内部支出	千元	5355154	472676	284200	308398	1273766	198712	67787	22325	35449	69350	36111	86283	11394
	机构办经济实体个数	个	57	41		7	105	3	1			11	6		1
产出	经济实体实现收入	千元	677845	1041500		2385	1125913	519732	200			35650	33508		10
	经费收入总额	千元	18827900	2738511	1127688	7640253	5051456	1259710	713315	217549	114991	236353	456218	101499	24432
	科技活动收入	千元	8897423	1120470	294108	238236	2353254	166166	112097	81761	79828	155828	196269	93079	23285
	政府资金	千元	4458352	300977	112763	115443	978520	102198	91339	56390	75283	111764	146429	43382	22597
	生产经营收入	千元	6145030	1357445	800865	7335807	2528705	1037958	580534	134121	27011	72007	222344	5591	1047
	其他收入	千元	3785447	260596	32715	66210	169497	55586	20684	1667	8152	8518	37605	2829	100
	发表科技论文	篇	7840	849	154	333	1408	130	198	107	167	221	242	48	35
	国外发表	篇	1639	162	12	52	685	9	24	18	12	35	39	19	8
	出版科技著作	种	161	9			17	6	1	2	3	4	3		2
	专利申请受理数	件	1718	434	56	697	1363	333	149	13	29	46	189	29	108
	发明专利	件	1185	319	21	404	946	136	81	12	17	25	182	28	45

续表 10-18

	指标名称	单位	南京	无锡	徐州	常州	苏州	南通	连云港	淮安	盐城	扬州	镇江	泰州	宿迁
产出	专利授权数	件	1017	226	31	351	561	224	47	7	17	18	58	3	21
	发明专利	件	519	116	11	88	214	44	22	6	5	5	52	2	2
	有效发明专利总数	件	2817	819	74	864	1402	270	148	27	32	63	103	63	129
	当年获省级以上奖励	项	273	36	4	7	149	8	11		2	7	7		
	当年引进高层次人才	人	88	11	1	27	188	5	27		3	8	5		5
	当年制定标准	项	270	66	3	28	82	41	13	2	7	6	5		
	当年技术服务量	次	55829	4465		2544	26288	467	1998		140	522	1871	24	809
	当年技术服务收入	千元	1623333	290080		124553	961576	17958	103293		2306	3816	191756	113	250
	当年技术成果转化数	项	5761	37		25	175	17	33	2	14	8	25		9
	当年科技成果转化收入	千元	2835805	74270		98967	330434	89148	9063	22000	5410	7805	3630		1500
	当年科技对外签订技术合同数	项	10817	680	2935	883	38951	50	450	7	27	90	698	17	27
	当年合同金额	千元	5071150	511712	59635	99439	2672203	39768	427405	22000	2560	33267	105384	4430	6736
	机构拥有种类科技平台数	个	199	62	5	38	145	9	41		7	31	17		10
	平台当年获得省级以上奖励	项	1038	514	1	3	110	2	2			3			
	平台当年获得收入	千元	464256	23545	478690	18394	398110	5284	4680	157	549	9450	2284		
课题	课题数	个	6352	365	104	246	1408	253	227	47015	229	271	174	33	53
	课题经费支出内部合计	千元	5633161	382252	138759	283729	933570.9	191689	76524	215.4	23372	54975	41048	75127	10986
	课题投入人员	人年	14005.1	1666.1	771	2000.8	3890.4	671.1	525.9	74.2	225.7	231	431.3	321	96
	其中R＆D人员	人年	10927.8	1210.9	678.3	1703	3450.6	619.3	400.3	78	144.3	165.2	220.2	321	78.5
	R＆D课题数	个	4916	274	82	184	1262	205	157	21928	141	183	117	33	43
	R＆D课题经费内部支出	千元	4333895	290916	129589	248930	858612.9	176737	62955	51	13529	28701.2	19107.5	75127	9896
	当年新增各类计划项目	项	2942	198	12	15	479	120	92	44	86	135	61	18	27
	承担国家和省部级计划项目	项	1517	51	8	6	314	68	51	18930	47	90	30	2	15
	当年计划项目总经费	千元	2241849	113389	26810	23701	1255430	58602	126880	17570	15800	46326	30021	110	6160
	承担国家和省部级项目总经费	千元	1312334	46231	19150	1700	440261	24820	92112		13005	43930	11033	110	5010
	当年承担横向课题数	项	4208	176		20	750	25	23		16	19	15	17	47
	当年获得横向课题经费	千元	698433	28631		2650	787987	1102	9765		685	2820	10860	443	4458

表10-19　科研机构服务的行业领域分布情况——农、林、牧、渔业

	指标名称	单位	农、林、牧、渔业								
			合计	自然科学和技术研究与开发机构						县属	非政府部门属的机构和有R&D活动事业单位
				部属		省属		地方属			
				未转制	转制	未转制	转制	未转制	转制		
投入	机构数	个	77	2	3	16	2	14	4	31	5
	从业人员	人	8111	271	366	3024	186	342	116	583	3223
	科技活动人员	人	4227	211	326	2294	59	261	33	474	569
	大学本科及以上学历	人	3205	178	280	1939	41	167	19	212	369
	生产经营活动人员	人	3031	50	20	230	127	40	78	71	2415
	其他人员	人	853	10	20	500		41	5	38	239
	R&D人员	人	2806	74	269	1880	53	110	14	194	212
	经费内部支出总额	千元	5817436	133503	152269	1137953	94710	80960	13048	86943	4118050
	科技经费支出	千元	1273828	54555	118651	961138	12440	70112	6743		50189
	生产经营支出	千元	4193929	42494	1229	1621	82270	1636	5955	12431	4046293
	其他支出	千元	275759	36454	32389	175194		9212	350	592	21568
	R&D经费内部支出	千元	776017	17224	106983	572345	12100	24178	5229	13226	24732
	机构办经济实体个数	个	37	6	1	26	2	2			
产出	经济实体实现收入	千元	265513	42120	736	213123	9480	54			
	经费收入总额	千元	6257689	149069	133488	1298506	91902	85595	15788	96502	4386839
	科技活动收入	千元	1556623	103083	108391	1140428	8872	76600	3750	80194	35305
	政府资金	千元	1278706	92623	92082	915323	1550	73445	1410	78014	24259
	生产经营收入	千元	4485690	42569	2772	26576	83030	817	11588	1613	4316725
	其他收入	千元	215376	3417	22325	131502		8178	450	14695	34809
	发表科技论文	篇	2379	275	146	1679	22	79	20	120	38
	国外发表	篇	359	68	21	249	12	4			5
	出版科技著作	种	52	6	5	39	1			1	
	专利申请受理数	件	870	82	86	655	2	24	6	4	11
	发明专利	件	691	67	23	568	2	14	4	3	10
	专利授权数	件	438	49	70	301	1	9	2	4	2
	发明专利	件	277	31	17	219	1	4	2	3	
	有效发明专利总数	件	1161	80	17	1014	21	21	3	4	1
	当年获省级以上奖励	项	45	5	6	26		4	2	2	
	当年引进高层次人才	人	20	5		14		1			
	当年制定标准	项	185	9	13	154		6	2	1	
	当年技术服务量	次	4459	26	85	2164	850	776	300	258	
	当年技术服务收入	千元	36625	570	280	23866	10250	434	200	1025	
	当年技术成果转化数	项	163	11	2	113	3	7	3	24	

续表 10-19

	指标名称	单位	农、林、牧、渔业								
			合计	自然科学和技术研究与开发机构						县属	非政府部门属的机构和有R&D活动事业单位
				部属		省属		地方属			
				未转制	转制	未转制	转制	未转制	转制		
产出	当年科技成果转化收入	千元	136449	1800	1040	95519	36000	80	300	1710	
	年科技对外签订技术合同数	项	2317	33	27	1840	405	3	2	7	
	当年合同金额	千元	124641	4679	6435	102211	9300	180	200	1636	
	机构拥有种类科技平台数	个	115	6	20	87	1		1		
	平台当年获得省级以上奖励	项	15	1		13			1		
	平台当年获得收入	千元	40124		3950	33034	2840		300		
课题	课题数	个	2579	66	87	2232	16	88	12	60	18
	课题经费支出内部合计	千元	845548.3	21412	105419.5	621118.4	12440	42445.4	4273	18549	19891
	课题投入人员	人年	3102.3	134	323	1937	59	198	19	231.3	201
	其中R&D人员	人年	2120.4	70	242	1339.2	48.1	86.5	14	150.6	170
	R&D课题数	个	1848	44	63	1628	14	36	10	37	16
	R&D课题经费内部支出	千元	563774.9	10967	81070.5	412671.4	11400	18815	3900	10098	14853
	当年新增各类计划项目	项	1323	78	85	1119	2	32	1	6	
	承担国家和省部级计划项目	项	943	3	50	868	2	16		4	
	当年计划项目总经费	千元	411196	7607	13438	366491	150	17820	900	4790	
	承担国家和省部级项目总经费	千元	349393	7036	12941	316066	150	8900	500	3800	
	当年承担横向课题数	项	228	55	31	134	6		2		
	当年获得横向课题经费	千元	38813	6653	4791	16819	10250		300		

表10-20 科研机构服务的行业领域分布情况——制造业

	指标名称	单位	制造业								
			合计	自然科学和技术研究与开发机构						科学技术信息和文献机构	非政府部门属的机构和有R&D活动事业单位
				部属		省属		地方属		省属	
				未转制	转制	未转制	转制	未转制	转制	转制	
投入	机构数	个	86	2	11	4	16	7	28	2	16
	从业人员	人	12856	402	3365	1501	1786	599	2862	33	2308
	科技活动人员	人	6418	372	1814	909	985	398	975	8	957
	大学本科及以上学历	人	4662	357	1456	790	785	312	386	7	569
	生产经营活动人员	人	4788	11	1167	4	623	133	1657	25	1168
	其他人员	人	1650	19	384	588	178	68	230		183
	R&D人员	人	4750	368	1371	533	710	201	705		862
	经费内部支出总额	千元	8098438	253084	3821063	757542	1106866	175090	1014114	22634	948045
	科技经费支出	千元	1704431	219391	448903	170859	267729	163024	194244	683	239598
	生产经营支出	千元	5573637	4817	3330656	914	765433	6295	800213	17421	647888
	其他支出	千元	820370	28876	41504	585769	73704	5771	19657	4530	60559
	R&D经费内部支出	千元	1377125	279310	383584	66045	216182	76177	157292		198535
	机构办经济实体个数	个	31	3	21		1		3		3
产出	经济实体实现收入	千元	707406	134317	38708		3680		1501		529200
	经费收入总额	千元	9851105	225612	4311171	793218	1185915	182087	1181440	22520	1949142
	科技活动收入	千元	1528459	200857	360223	178344	251602	138493	103784	863	294293
	政府资金	千元	623580	181733	86162	158605	36561	126942	21047		12530
	生产经营收入	千元	7509291	4165	3899840	1914	860429	35844	1056008	17127	1633964
	其他收入	千元	813355	20590	51108	612960	73884	7750	21648	4530	20885
	发表科技论文	篇	1316	388	236	449	133	56	44		10
	国外发表	篇	320	212	5	94	1	3			5
	出版科技著作	种	14		2	4	2	6			
	专利申请受理数	件	1201	301	323	11	196	10	99		261
	发明专利	件	707	220	192	9	160	3	46		77
	专利授权数	件	737	135	249	15	78	7	26		227
	发明专利	件	212	67	66	14	42	2	13		8
	有效发明专利总数	件	1575	287	364	67	450	34	63		310
	当年获省级以上奖励	项	39	3	18	3	5	3	1		6
	当年引进高层次人才	人	45	5	15	11	5	2	2		5
	当年制定标准	项	105	8	58		29	1	7		2
	当年技术服务量	次	8937	15	895	17	3262	320	357		4071
	当年技术服务收入	千元	431145	2575	42579	5539	61952	40560	1420		276520
	当年技术成果转化数	项	101	18	13		50	5	1		14

续表 10-20

指标名称		单位	制造业								
			合计	自然科学和技术研究与开发机构						科学技术信息和文献机构	非政府部门属的机构和有R&D活动事业单位
				部属		省属		地方属		省属	
				未转制	转制	未转制	转制	未转制	转制	转制	
产出	当年科技成果转化收入	千元	218917	8025	44937		77134	1800	280		86741
	当年科技对外签订技术合同数	项	845	15	415	17	202	120	1		75
	当年合同金额	千元	604923	9705	34314	5539	83296	2900	144		469025
	机构拥有种类科技平台数	个	71	3	23		18		20		7
	平台当年获得省级以上奖励	项	505		3		501				1
	平台当年获得收入	千元	32499	1057	4708		23360				3374
课题	课题数	个	919	242	183	153	179	52	59		51
	课题经费支出内部合计	千元	1147390	125869	349905	57510	247064.7	39908	137550		189583
	课题投入人员	人年	4654.8	334	1501	345	814	165	711		784.8
	其中R&D人员	人年	3849.8	299.5	1126.7	331	655.2	144	596.6		696.8
	R&D课题数	个	744	224	111	147	119	45	48		50
	R&D课题经费内部支出	千元	998818.7	119130	271308	53754	207667.7	38389	130487		178083
	当年新增各类计划项目	项	300	102	57	44	72	9	5		11
	承担国家和省部级计划项目	项	184	78	20	31	42	5	1		7
	当年计划项目总经费	千元	608274	256570	145058	18158	134935	22300	2257		28996
	承担国家和省部级项目总经费	千元	362044	206170	46588	15905	89531	1800			2050
	当年承担横向课题数	项	160	6	13	10	118	8			5
	当年获得横向课题经费	千元	53488	14010	2870	4723	29845	800			1240

表10-21 科研机构服务的行业领域分布情况——电力、热力、燃气及水生产和供应业

	指标名称	单位	电力、热力、燃气及水生产和供应业				
			合计	自然科学和技术研究与开发机构			
				部属	省属	地方属	
				转制	未转制	未转制	转制
投入	机构数	个	7	3	1	2	1
	从业人员	人	2175	1727	50	33	365
	科技活动人员	人	1418	1136	50	30	202
	大学本科及以上学历	人	1289	1088	49	14	138
	生产经营活动人员	人	642	512			130
	其他人员	人	115	79		3	33
	R＆D人员	人	659	407	50		202
	经费内部支出总额	千元	1312536	910517	25800	4359	371860
	科技经费支出	千元	423353	320834	25800	4359	72360
	生产经营支出	千元	853748	564248			289500
	其他支出	千元	35435	25435			10000
	R＆D经费内部支出	千元	385144	233102	22965		129077
	机构办经济实体个数	个					
产出	经济实体实现收入	千元					
	经费收入总额	千元	1756728	1233499	25800	4049	493380
	科技活动收入	千元	364145	229410	25800	3735	105200
	政府资金	千元	154886	123451	25800	3735	1900
	生产经营收入	千元	1263684	875504			388180
	其他收入	千元	128899	128585		314	
	发表科技论文	篇	106	83	23		
	国外发表	篇	27	15	12		
	出版科技著作	种	2	2			
	专利申请受理数	件	135	120	2		13
	发明专利	件	75	67	2		6
	专利授权数	件	82	67	7		8
	发明专利	件	23	15	5		3
	有效发明专利总数	件	361	308	35		18
	当年获省级以上奖励	项	7	3	3		1
	当年引进高层次人才	人	3		3		
	当年制定标准	项	24	24			
	当年技术服务量	次	209	205	4		
	当年技术服务收入	千元	90663	87880	2783		
	当年技术成果转化数	项	7	4	3		

续表 10-21

指标名称		单位	电力、热力、燃气及水生产和供应业				
			合计	自然科学和技术研究与开发机构			
				部属	省属	地方属	
				转制	未转制	未转制	转制
产出	当年科技成果转化收入	千元	56709	54486	2223		
	当年科技对外签订技术合同数	项	3159	1856	3		1300
	当年合同金额	千元	1020216	959993	2223		58000
	机构拥有种类科技平台数	个	9	2	2		5
	平台当年获得省级以上奖励	项	1				1
	平台当年获得收入	千元	479250		560		478690
课题	课题数	个	142	101	25		16
	课题经费支出内部合计	千元	265261.1	215475.1	25796		23990
	课题投入人员	人年	717	500	42		175
	其中R＆D人员	人年	590	380	35		175
	R＆D课题数	个	113	77	20		16
	R＆D课题经费内部支出	千元	247753.1	202132.1	21631		23990
	当年新增各类计划项目	项	87	82	3		2
	承担国家和省部级计划项目	项	42	39	2		1
	当年计划项目总经费	千元	591380	497380	93000		1000
	承担国家和省部级项目总经费	千元	95909	10109	85000		800
	当年承担横向课题数	项	545	541	4		
	当年获得横向课题经费	千元	660863	658640	2223		

表10-22 科研机构服务的行业领域分布情况——建筑业

	指标名称	单位	建筑业				
			合计	自然科学和技术研究与开发机构			非政府部门属的机构和有R&D活动事业单位
				部属	地方属		
				转制	未转制	转制	
投入	机构数	个	12	1	2	9	
	从业人员	人	2095	432	131	1532	
	科技活动人员	人	1256	406	131	719	
	大学本科及以上学历	人	1021	384	95	542	
	生产经营活动人员	人	759			759	
	其他人员	人	80	26		54	
	R&D人员	人	583	398		185	
	经费内部支出总额	千元	651105	54120	91717	505268	
	科技经费支出	千元	226907	52540	57391	116976	
	生产经营支出	千元	420032		33497	386535	
	其他支出	千元	4166	1580	829	1757	
	R&D经费内部支出	千元	91302	57260		34042	
	机构办经济实体个数	个	2			2	
产出	经济实体实现收入	千元	22508			22508	
	经费收入总额	千元	779453	86455	112717	580281	
	科技活动收入	千元	311137	50683	14859	245595	
	政府资金	千元	15359	14160		1199	
	生产经营收入	千元	413502		97858	315644	
	其他收入	千元	54814	35772		19042	
	发表科技论文	篇	450	322	30	98	
	国外发表	篇					
	出版科技著作	种					
	专利申请受理数	件	113	76		37	
	发明专利	件	82	63		19	
	专利授权数	件	78	56		22	
	发明专利	件	41	35		6	
	有效发明专利总数	件	173	148		25	
	当年获省级以上奖励	项	87		4	83	
	当年引进高层次人才	人	70			70	
	当年制定标准	项	7			7	
	当年技术服务量	次	1883		142	1741	
	当年技术服务收入	千元	485955		97858	388097	

续表 10-22

指标名称		单位	建筑业				
			合计	自然科学和技术研究与开发机构			非政府部门属的机构和有R&D活动事业单位
				部属	地方属		
				转制	未转制	转制	
产出	当年技术成果转化数	项	67			67	
	当年科技成果转化收入	千元	304558			304558	
	当年科技对外签订技术合同数	项	1353		163	1190	
	当年合同金额	千元	588824		58101	530723	
	机构拥有种类科技平台数	个	8			8	
	平台当年获得省级以上奖励	项	103			103	
	平台当年获得收入	千元	200			200	
课题	课题数	个	121	56	1	64	
	课题经费支出内部合计	千元	74456.4	41370	260	32826.4	
	课题投入人员	人年	557	310	3	244	
	其中R&D人员	人年	443.2	304.8		138.4	
	R&D课题数	个	95	52		43	
	R&D课题经费内部支出	千元	65168.3	40590		24578.3	
	当年新增各类计划项目	项	11			11	
	承担国家和省部级计划项目	项	3			3	
	当年计划项目总经费	千元	12900			12900	
	承担国家和省部级项目总经费	千元					
	当年承担横向课题数	项	1			1	
	当年获得横向课题经费	千元	100			100	

表10-23 科研机构服务的行业领域分布情况——交通运输、仓储和邮政业

	指标名称	单位	交通运输、仓储和邮政业				
			合计	自然科学和技术研究与开发机构			非政府部门属的机构和有R&D活动事业单位
				部属	省属	地方属	
				未转制	转制	转制	
投入	机构数	个	4	1	1	1	1
	从业人员	人	2044	204	1638	78	124
	科技活动人员	人	854	184	579	78	13
	大学本科及以上学历	人	690	171	443	63	13
	生产经营活动人员	人	1004	9	917		78
	其他人员	人	186	11	142		33
	R&D人员	人	733	184	540		9
	经费内部支出总额	千元	1268928	281680	906633	80135	480
	科技经费支出	千元	143325	49247	69923	23675	480
	生产经营支出	千元	887372		830912	56460	
	其他支出	千元	238231	232433	5798		
	R&D经费内部支出	千元	410815	46395	363940		480
	机构办经济实体个数	个	10	1	9		
产出	经济实体实现收入	千元	271482	86614	184868		
	经费收入总额	千元	1742245	347063	1287207	101218	6757
	科技活动收入	千元	318280	286922	30878		480
	政府资金	千元	29219	13190	15549		480
	生产经营收入	千元	1351749		1250531	101218	
	其他收入	千元	72216	60141	5798		6277
	发表科技论文	篇	170	75	90		5
	国外发表	篇	6	1			5
	出版科技著作	种					
	专利申请受理数	件	95	29	66		
	发明专利	件	62	24	38		
	专利授权数	件	41	7	34		
	发明专利	件	15	7	8		
	有效发明专利总数	件	105	72	33		
	当年获省级以上奖励	项	24	4	20		
	当年引进高层次人才	人	20		20		
	当年制定标准	项	21	13	8		
	当年技术服务量	次	241		241		
	当年技术服务收入	千元	165040		165040		

续表 10-23

	指标名称	单位	交通运输、仓储和邮政业				
			合计	自然科学和技术研究与开发机构			非政府部门属的机构和有R&D活动事业单位
				部属	省属	地方属	
				未转制	转制	转制	
产出	当年技术成果转化数	项	152		152		
	当年科技成果转化收入	千元	901046		901046		
	当年科技对外签订技术合同数	项	1582		1582		
	当年合同金额	千元	1852060		1852060		
	机构拥有种类科技平台数	个	17	1	16		
	平台当年获得省级以上奖励	项	6	4	2		
	平台当年获得收入	千元	10650		10650		
课题	课题数	个	120	21	98		1
	课题经费支出内部合计	千元	65347	5799	59068		480
	课题投入人员	人年	685	184	492		9
	其中R&D人员	人年	651.4	172	470.4		9
	R&D课题数	个	115	20	94		1
	R&D课题经费内部支出	千元	62620	5686	56454		480
	当年新增各类计划项目	项	83	28	55		
	承担国家和省部级计划项目	项	21	16	5		
	当年计划项目总经费	千元	28030		28030		
	承担国家和省部级项目总经费	千元	1700		1700		
	当年承担横向课题数	项	19		19		
	当年获得横向课题经费	千元	10720		10720		

表10-24 科研机构服务的行业领域分布情况——信息传输、软件和信息技术服务业

	指标名称	单位	信息传输、软件和信息技术服务业			
			自然科学和技术研究与开发机构			
			合计	省属	地方属	非政府部门属的机构和有R&D活动事业单位
				未转制	转制	
投入	机构数	个	6	3	1	2
	从业人员	人	705	495	9	201
	科技活动人员	人	420	210	9	201
	大学本科及以上学历	人	361	188	3	170
	生产经营活动人员	人	277	277		
	其他人员	人	8	8		
	R&D人员	人	341	200		141
	经费内部支出总额	千元	317946	286954	1026	29966
	科技经费支出	千元	60964	31950	1026	27988
	生产经营支出	千元	254459	252481		1978
	其他支出	千元	2523	2523		
	R&D经费内部支出	千元	47901	30179		17722
	机构办经济实体个数	个				
产出	经济实体实现收入	千元				
	经费收入总额	千元	407519	357597	1398	48524
	科技活动收入	千元	16516	15118	1398	
	政府资金	千元	5083	3734	1349	
	生产经营收入	千元	388376	339852		48524
	其他收入	千元	2627	2627		
	发表科技论文	篇	12	12		
	国外发表	篇	2	2		
	出版科技著作	种				
	专利申请受理数	件	3	3		
	发明专利	件	3	3		
	专利授权数	件	3	3		
	发明专利	件				
	有效发明专利总数	件	4	4		
	当年获省级以上奖励	项	1	1		
	当年引进高层次人才	人	3	3		
	当年制定标准	项				
	当年技术服务量	次	62	32		30
	当年技术服务收入	千元	43430	3920		39510
	当年技术成果转化数	项	3	3		
	当年科技成果转化收入	千元	374	374		

续表 10-24

指标名称		单位	信息传输、软件和信息技术服务业			
			自然科学和技术研究与开发机构			
			合计	省属	地方属	非政府部门属的机构和有R&D活动事业单位
				未转制	转制	
产出	当年科技对外签订技术合同数	项	114	84		30
	当年合同金额	千元	60761	15761		45000
	机构拥有种类科技平台数	个	2	1	1	
	平台当年获得省级以上奖励	项				
	平台当年获得收入	千元	49		49	
课题	课题数	个	6	5		1
	课题经费支出内部合计	千元	46505	28783		17722
	课题投入人员	人年	331	190		141
	其中R&D人员	人年	331	190		141
	R&D课题数	个	6	5		1
	R&D课题经费内部支出	千元	46505	28783		17722
	当年新增各类计划项目	项	2	2		
	承担国家和省部级计划项目	项				
	当年计划项目总经费	千元	28783	28783		
	承担国家和省部级项目总经费	千元	2410	2410		
	当年承担横向课题数	项	31	31		
	当年获得横向课题经费	千元	12937	12937		

表10-25 科研机构服务的行业领域分布情况——科学研究技术服务业

指标名称		单位	科学研究技术服务业											
			合计	自然科学和技术研究与开发机构						科学技术信息和文献机构		县属	社会科学领域的研究与开发机构	非政府部门属的机构和有R&D活动事业单位
				部属		省属		地市属		省属	地市属			
				未转制	转制	未转制	转制	未转制	转制	未转制	未转制			
投入	机构数	个	230	11	1	21	1	7	1	2	11	1	2	172
	从业人员	人	24010	2921	223	1565	17	562	185	286	273	6	220	17752
	科技活动人员	人	16418	2776	167	1362		460	146	229	261	5	213	10799
	大学本科及以上学历	人	13908	2453	153	1060		287	142	199	200	5	192	9217
	生产经营活动人员	人	5283	14	45	28	5	35	39	10				5107
	其他人员	人	2309	131	11	175	12	67		47	12	1	7	1846
	R&D人员	人	11204	2768		392		171		36	25		194	7618
	经费内部支出总额	千元	10259854	1735728	119079	736957	1774	169131	76970	113379	63292	2182	60957	7180405
	科技经费支出	千元	5666060	1525976	66364	604742		103551	41060	87659	46265		39657	3150786

续表 10-25

	指标名称	单位	科学研究技术服务业											
			合计	自然科学和技术研究与开发机构						科学技术信息和文献机构		县属	社会科学领域的研究与开发机构	非政府部门属的机构和有R&D活动事业单位
				部属		省属		地方属		省属	地方属			
				未转制	转制	未转制	转制	未转制	转制	未转制	未转制			
投入	生产经营支出	千元	2529330	9143	40300	20254	4	31186	35910	8631	6143	74		2377685
	其他支出	千元	2062374	200609	12415	111961	1770	34394		17089	10884	18	21300	1651934
	R&D经费内部支出	千元	3794653	1318422		209142		13925		4500	2080		32713	2213871
	机构办经济实体个数	个	149	18		2								129
产出	经济实体实现收入	千元	2137517	282089		3213								1852215
	经费收入总额	千元	12713254	2002720	135000	845443	1310	175296	110000	118606	69357	2260	60815	9192447
	科技活动收入	千元	7879163	1852823	102000	636322		132812	110000	105901	64349	2260	37115	4835581
	政府资金	千元	3610853	1600551		557628		125518		79460	63875	2260	37115	1144446
	生产经营收入	千元	4005759	9621	33000	33116	130	33307		9656			2400	3884529
	其他收入	千元	828332	140276		176005	1180	9177		3049	5008		21300	472337
	发表科技论文	篇	4960	2203	52	310		74		93	34	2	610	1582
	国外发表	篇	1554	1202		11				1				340
	出版科技著作	种	89	45	1	1				2			28	12
	专利申请受理数	件	2353	450	38	33		8		3		5		1816
	发明专利	件	1513	364	30	7		4		3		1		1104
	专利授权数	件	1008	261	3	16		3		1				724
	发明专利	件	450	161	3	6		2		1				277
	有效发明专利总数	件	3063	523	30	20		6	8	1				2475
	当年获省级以上奖励	项	235	27		23			18		6		16	145
	当年引进高层次人才	人	178	8		4								166
	当年制定标准	项	140	36		22		1		8				73
	当年技术服务量	次	71358	5658		1962		8068	154	2000	2092			51424
	当年技术服务收入	千元	1347750	111778		67313		54886	110000	730	3145			999898
	当年技术成果转化数	项	203	27		9		4						163
	当年科技成果转化收入	千元	186428	4700		4400		1000						176328
	当年科技对外签订技术合同数	项	43878	2762		682		11324	136					28974
	当年合同金额	千元	3250973	378903		49583		41017	86000					2695470
	机构拥有种类科技平台数	个	312	24		8		12		1	9			258
	平台当年获得省级以上奖励	项	1019	7										1012
	平台当年获得收入	千元	617726	136691		12826		1000			1500			465709
课题	课题数	个	3828	2017		170		9		26	29	3	78	1496
	课题经费支出内部合计	千元	3914918.9	1119076		398067		13925		23093	5991	1507	27530	2325730
	课题投入人员	人年	11543.3	2057		879		179		85.9	64	4	131	8143.4

续表 10-25

指标名称		单位	科学研究技术服务业											
			合计	自然科学和技术研究与开发机构						科学技术信息和文献机构		县属	社会科学领域的研究与开发机构	非政府部门属的机构和有R&D活动事业单位
				部属		省属		地方属		省属	地方属			
				未转制	转制	未转制	转制	未转制	转制	未转制	未转制			
课题	其中R&D人员	人年	9293	1734		316.5		161.6		24.6	10.8		131	6914.5
	R&D课题数	个	3295	1886		109		7		13	8		78	1194
	R&D课题经费内部支出	千元	3115921.5	901744.2		152007		7275		4417	1830		27530	2021118
	当年新增各类计划项目	项	1383	742		67		4		16	17		33	504
	承担国家和省部级计划项目	项	710	508		48		1		7	1		15	130
	当年计划项目总经费	千元	1622124	1146269		91331		13068		7070	3630		2430	358326
	承担国家和省部级项目总经费	千元	1033882	890322		40557		800		310	680		1680	99533
	当年承担横向课题数	项	3263	2731		55				16			120	341
	当年获得横向课题经费	千元	360276	213660		8016				730			10100	127770

表 10-26　科研机构服务的行业领域分布情况——水利、环境和公共设施管理业

指标名称		单位	水利、环境和公共设施管理业					
			合计	自然科学和技术研究与开发机构				非政府部门属的机构和有R&D活动事业单位
				部属	省属	地方属		
				未转制	未转制	未转制	转制	
投入	机构数	个	26	2	4	10	2	8
	从业人员	人	2248	1212	502	396	45	93
	科技活动人员	人	1870	1082	440	228	32	88
	大学本科及以上学历	人	1459	788	414	187	32	38
	生产经营活动人员	人	169	69	14	77	4	5
	其他人员	人	209	61	48	91	9	
	R&D人员	人	1245	920	249	76		
	经费内部支出总额	千元	1077208	756134	211836	88006	16900	4332
	科技经费支出	千元	932198	677804	204340	34352	12300	3402
	生产经营支出	千元	42525		420	37475	4600	30
	其他支出	千元	102485	78330	7076	16179		900
	R&D经费内部支出	千元	686781	542705	130031	14045		
	机构办经济实体个数	个	1		1			

续表 10-26

	指标名称	单位	水利、环境和公共设施管理业					
			合计	自然科学和技术研究与开发机构				非政府部门属的机构和有R&D活动事业单位
				部属	省属	地方属		
				未转制	未转制	未转制	转制	
产出	经济实体实现收入	千元	778		778			
	经费收入总额	千元	1151227	774847	239191	14209	20600	2380
	科技活动收入	千元	1021593	729396	235644	34443	20600	1510
	政府资金	千元	445213	344704	66848	32851		810
	生产经营收入	千元	59239			58589		650
	其他收入	千元	70395	45451	3547	21177		220
	发表科技论文	篇	894	555	273	66		
	国外发表	篇	153	136	17			
	出版科技著作	种	12	10	2			
	专利申请受理数	件	103	65	29	9		
	发明专利	件	62	42	17	3		
	专利授权数	件	91	62	19	10		
	发明专利	件	31	18	10	3		
	有效发明专利总数	件	167	120	29	18		
	当年获省级以上奖励	项	28	24	4			
	当年引进高层次人才	人	19	18		1		
	当年制定标准	项	24	22	2			
	当年技术服务量	次	1958	996	928	34		
	当年技术服务收入	千元	537996	357950	179006	1040		
	当年技术成果转化数	项	382	380	2			
	当年科技成果转化收入	千元	135001	135000	1			
	当年科技对外签订技术合同数	项	1636	1040	596			
	当年合同金额	千元	796665	656018	140647			
	机构拥有种类科技平台数	个	18	8	9	1		
	平台当年获得省级以上奖励	项	18	18				
	平台当年获得收入	千元	197710	193000	4710			
课题	课题数	个	1734	1504	167	63		
	课题经费支出内部合计	千元	826572	632203	173336	21034		
	课题投入人员	人年	1451	976	352	123		
	其中R&D人员	人年	978	710	213	55		

续表 10-26

	指标名称	单位	水利、环境和公共设施管理业					
			合计	自然科学和技术研究与开发机构				非政府部门属的机构和有R&D活动事业单位
				部属	省属	地方属		
				未转制	未转制	未转制	转制	
课题	R&D课题数	个	1089	995	66	28		
	R&D课题经费内部支出	千元	602806	469799	120438	12569		
	当年新增各类计划项目	项	942	884	58			
	承担国家和省部级计划项目	项	278	259	19			
	当年计划项目总经费	千元	543514	514589	28925			
	承担国家和省部级项目总经费	千元	133723	123480	10243			
	当年承担横向课题数	项	1052	1030	22			
	当年获得横向课题经费	千元	402230	398630	3600			

表 10-27 科研机构服务的行业领域分布情况——卫生和社会工作

	指标名称	单位	卫生和社会工作				
			合计	自然科学和技术研究与开发机构			非政府部门属的机构和有R&D活动事业单位
				部属	省属	地方属	
				未转制	未转制	未转制	
投入	机构数	个	19	1	8	9	1
	从业人员	人	3522	453	2577	292	200
	科技活动人员	人	1859	218	1243	219	179
	大学本科及以上学历	人	1635	168	1118	186	163
	生产经营活动人员	人	144	2	103	39	
	其他人员	人	1519	233	1231	34	21
	R&D人员	人	1302	150	971	102	79
	经费内部支出总额	千元	2585955	285712	1909459	75484	315300
	科技经费支出	千元	585252	68865	477838	26329	12220
	生产经营支出	千元	93233	5302	76178	11753	
	其他支出	千元	1907470	211545	1355443	37402	303080
	R&D经费内部支出	千元	419429	37179	367736	8934	5580
	机构办经济实体个数	个					

续表 10-27

	指标名称	单位	卫生和社会工作				
			合计	自然科学和技术研究与开发机构			非政府部门属的机构和有R&D活动事业单位
				部属	省属	地方属	
				未转制	未转制	未转制	
产出	经济实体实现收入	千元					
	经费收入总额	千元	2603704	385345	2061467	92840	64052
	科技活动收入	千元	269332	89625	156969	19268	3470
	政府资金	千元	233220	88492	122808	18450	3470
	生产经营收入	千元	94224	5675	76339	12210	
	其他收入	千元	2240148	290045	1828159	61362	60582
	发表科技论文	篇	1228	154	639	265	170
	国外发表	篇	290	32	178	25	55
	出版科技著作	种	37	1	16		20
	专利申请受理数	件	84	1	78	5	
	发明专利	件	26	1	23	2	
	专利授权数	件	43		36	4	3
	发明专利	件	11		10	1	
	有效发明专利总数	件	90	12	75	3	
	当年获省级以上奖励	项	18		11	4	3
	当年引进高层次人才	人	2			2	
	当年制定标准	项					
	当年技术服务量	次	5692	11	281	5400	
	当年技术服务收入	千元	62641	1133	3598	57910	
	当年技术成果转化数	项	2		2		
	当年科技成果转化收入	千元	14300		14300		
	当年科技对外签订技术合同数	项	25	4	21		
	当年合同金额	千元	881	869	12		
	机构拥有种类科技平台数	个	5	1	4		
	平台当年获得省级以上奖励	项	3		3		
	平台当年获得收入	千元	3598		3598		
课题	课题数	个	318	58	209	35	16
	课题经费支出内部合计	千元	395934	41048	344330	5096	5460
	课题投入人员	人年	1118	130	841	68	79
	其中R&D人员	人年	1043	115	786	68	74

续表 10-27

指标名称		单位	卫生和社会工作				
			合计	自然科学和技术研究与开发机构			非政府部门属的机构和有R&D活动事业单位
				部属	省属	地方属	
				未转制	未转制	未转制	
课题	R&D课题数	个	297	52	195	35	15
	R&D课题经费内部支出	千元	371029	36435	324424	5096	5074
	当年新增各类计划项目	项	107	29	65		13
	承担国家和省部级计划项目	项	66	10	43		13
	当年计划项目总经费	千元	49849	10669	37300	350	1530
	承担国家和省部级项目总经费	千元	30019	8810	19329	350	1530
	当年承担横向课题数	项	16	4	12		
	当年获得横向课题经费	千元	1383	869	514		

表 10-28 科研机构服务的行业领域分布情况——小行业汇总

指标名称		单位	采矿业	金融业	教育	文化、体育和娱乐业	
			自然科学和技术研究与开发机构	县属	社会科学领域的研究与开发机构	自然科学和技术研究与开发机构	社会科学领域的研究与开发机构
			部属			省属	
			转制			未转制	
投入	机构数	个	5	1	2	1	2
	从业人员	人	1204	28	71	39	52
	科技活动人员	人	768	21	71	38	49
	大学本科及以上学历	人	688	9	70	36	33
	生产经营活动人员	人	320				2
	其他人员	人	116	7		1	1
	R&D人员	人	467	16		20	12
	经费内部支出总额	千元	982834	6860	32958	20098	18595
	科技经费支出	千元	288007		18390	18984	12400
	生产经营支出	千元	672684	1373			
	其他支出	千元	22143		14568	1114	6195
	R&D经费内部支出	千元	194975	150		7100	2110
	机构办经济实体个数	个	1				

续表 10-28

指标名称		单位	采矿业	金融业	教育	文化、体育和娱乐业	
			自然科学和技术研究与开发机构	县属	社会科学领域的研究与开发机构	自然科学和技术研究与开发机构	社会科学领域的研究与开发机构
			部属			省属	
			转制			未转制	
产出	经济实体实现收入	千元	28425				
	经费收入总额	千元	1072980	7156	40177	21002	18273
	科技活动收入	千元	380340	5253	39328	19856	15521
	政府资金	千元	63027	5253	36898	19443	15301
	生产经营收入	千元	675845				
	其他收入	千元	16795	1903	849	1146	2752
	发表科技论文	篇	116	1	32	55	20
	国外发表	篇	1			1	
	出版科技著作	种				1	1
	专利申请受理数	件	194				
	发明专利	件	168				
	专利授权数	件	64				
	发明专利	件	28				
	有效发明专利总数	件	98				
	当年获省级以上奖励	项	8			2	11
	当年引进高层次人才	人	12				
	当年制定标准	项	23				
	当年技术服务量	次	610	540			
	当年技术服务收入	千元	114798	420			
	当年技术成果转化数	项	5026				
	当年科技成果转化收入	千元	1524250				
	当年科技对外签订技术合同数	项	742				
	当年合同金额	千元	760324				
	机构拥有种类科技平台数	个	9			1	
	平台当年获得省级以上奖励	项	3				
	平台当年获得收入	千元	6316			3000	
课题	课题数	个	108	3		20	10
	课题经费支出内部合计	千元	271195	220		14250	2582
	课题投入人员	人年	607	15.5		29	13
	其中R＆D人员	人年	418	13.1		13	9

续表 10-28

指标名称		单位	采矿业	金融业	教育	文化、体育和娱乐业	
			自然科学和技术研究与开发机构	县属	社会科学领域的研究与开发机构	自然科学和技术研究与开发机构	社会科学领域的研究与开发机构
			部属			省属	
			转制			未转制	
课题	R&D课题数	个	69	2		12	7
	R&D课题经费内部支出	千元	160971	150		6250	1800
	当年新增各类计划项目	项	16	1		16	
	承担国家和省部级计划项目	项	1			16	
	当年计划项目总经费	千元	51931	650		3950	
	承担国家和省部级项目总经费	千元	6557			3950	
	当年承担横向课题数	项	3				
	当年获得横向课题经费	千元	4500				

表10-29 省级以上政府部门属未转制机构情况

指标名称		单位	合计	自然科学和技术研究与开发机构		科学技术信息和文献机构	非政府部门属的机构和有R&D活动事业单位
				部属	省属	省属	省属
投入	机构数	个	76	19	49	2	6
	从业人员	人	15964	5463	9593	286	622
	科技活动人员	人	12279	4843	6643	229	564
	大学本科及以上学历	人	10514	4115	5687	199	513
	生产经营活动人员	人	560	155	388	10	7
	其他人员	人	3125	465	2562	47	51
	R&D人员	人	10553	5304	4398	36	315
	经费内部支出总额	千元	8885326	3445841	4834025	113379	492081
	科技经费支出	千元	5323866	2595838	2495488	87659	144881
	生产经营支出	千元	207374	61756	101395	8631	35592
	其他支出	千元	3354086	788247	2237142	17089	311608
	R&D经费内部支出	千元	3747060	2241235	1402145	4500	99180
	机构办经济实体个数	个	86	28	30		28
产出	经济实体实现收入	千元	1675368	545140	220228		910000
	经费收入总额	千元	9593558	3884656	5381086	118606	209210
	科技活动收入	千元	5937485	3262706	2488463	105901	80415

续表 10-29

指标名称		单位	合计	自然科学和技术研究与开发机构		科学技术信息和文献机构	非政府部门属的机构和有R&D活动事业单位
				部属	省属	省属	省属
产出	政府资金	千元	4401775	2321293	1956860	79460	44162
	生产经营收入	千元	277783	62030	139304	9656	66793
	其他收入	千元	3378290	559920	2753319	3049	62002
	发表科技论文	篇	7429	3650	3442	93	244
	国外发表	篇	2281	1651	562	1	67
	出版科技著作	种	148	62	63	2	21
	专利申请受理数	件	1827	928	816	3	80
	发明专利	件	1418	718	633	3	64
	专利授权数	件	968	514	394	1	59
	发明专利	件	592	284	264	1	43
	有效发明专利总数	件	2496	1094	1240	1	161
	当年获省级以上奖励	项	138	63	72		3
	当年引进高层次人才	人	71	36	32		3
	当年制定标准	项	311	88	178	8	37
	当年技术服务量	次	25534	6706	5364	2000	11464
	当年技术服务收入	千元	786131	474006	284706	730	26689
	当年技术成果转化数	项	582	436	129		17
	当年科技成果转化收入	千元	267469	149525	116443		1501
	当年科技对外签订技术合同数	项	7127	3854	3167		106
	当年合同金额	千元	1369179	1050174	304209		14796
	机构拥有种类科技平台数	个	172	43	112	1	16
	平台当年获得省级以上奖励	项	48	30	16		2
	平台当年获得收入	千元	403312	330748	71848		716
课题	课题数	个	6983	3908	2981	26	68
	课题经费支出内部合计	千元	3744014	1945407	1659223	23093	116291
	课题投入人员	人年	8951	3815	4674	86	376
	R&D人员	人年	6684	3101	3278	25	281
	R&D课题数	个	5464	3221	2181	13	49
	R&D课题经费内部支出	千元	2728145	1543761	1115986	4417	63981
	当年新增各类计划项目	项	3294	1863	1375	16	40
	承担国家和省部级计划项目	项	1944	874	1029	7	34
	当年计划项目总经费	千元	2620427	1935704	659155	7070	18498
	承担国家和省部级项目总经费	千元	1757487	1235818	505050	310	16309
	当年承担横向课题数	项	4194	3826	244	16	108
	当年获得横向课题经费	千元	683427	633822	39009	730	9866

表10-30 省级以上政府部门属未转制机构历年情况(2010—2014年)

指标名称	单位	自然科学和技术研究与开发机构					自然科学机构、文献机构及R&D活动单位机构				
		部属					省属				
		2010年	2011年	2012年	2013年	2014年	2010年	2011年	2012年	2013年	2014年
机构数	个	16	16	18	19	19	49	47	53	56	57
从业人员	人	4371	4618	5155	5501	5463	8825	9105	10493	9919	10501
R&D人员	人	4034	4553	5076	5209	5304	4234	4633	4283	4312	4749
经费内部支出总额	千元	2012671	2393551	3403134	3355788	3445841	3230074	3571806	4433734	4907642	5439485
R&D经费内部支出	千元	1462481	1596573	1904565	1962383	2241235	1063138	900967	1208588	1243089	1505825
机构办经济实体个数	个	15	17	23	27	28	28	34	48	51	58
经费收入总额	千元	2220165	2623819	3411735	3644001	3884656	3382317	4167594	4829909	5354978	5708902
政府资金	千元	1247629	1475460	1988907	2104758	2321293	1608082	1900049	2216192.4	2035337	2080482
发表科技论文	篇	2430	2415	2875	3229	3650	3237	3512	4464	3876	3779
专利申请受理数	件	255	431	593	865	928	324	440	772	789	899
专利授权数	件	110	170	327	392	514	113	199	384	507	454
课题数	个	3167	3206	3452	3695	3908	2312	2243	2626	2841	3075
课题经费支出内部合计	千元	1237202	1758188.8	1799027	1799027	1945407	572873.1	693293.7	1429941.7	1383173	1798607

表10-31 省级以上政府部门属转制机构情况

	指标名称	单位	合计	自然科学和技术研究与开发机构		科学技术信息和文献机构
				部属	省属	省属
投入	机构数	个	49	23	24	2
	从业人员	人	11472	6885	4554	33
	科技活动人员	人	6458	4211	2239	8
	大学本科及以上学历	人	5513	3665	1841	7
	生产经营活动人员	人	4038	2064	1949	25
	其他人员	人	976	610	366	
	R&D人员	人	4415	2514	1901	
	经费内部支出总额	千元	8459453	5985762	2451057	22634
	科技经费支出	千元	1678024	1242759	434582	683
	生产经营支出	千元	6557638	4609117	1931100	17421
	其他支出	千元	223791	133886	85375	4530
	R&D经费内部支出	千元	1598305	918644	679661	
	机构办经济实体个数	个	35	23	12	
产出	经济实体实现收入	千元	265897	67869	198028	
	经费收入总额	千元	9919044	6886138	3010386	22520
	科技活动收入	千元	1538380	1180364	357153	863
	政府资金	千元	436276	364722	71554	
	生产经营收入	千元	17127			17127

续表 10-31

	指标名称	单位	合计	自然科学和技术研究与开发机构		科学技术信息和文献机构
				部属	省属	省属
产出	其他收入	千元	8025463	5486961	2533972	4530
	发表科技论文	篇	1212	633	579	
	国外发表	篇	57	42	15	
	出版科技著作	种	13	10	3	
	专利申请受理数	件	1104	761	343	
	发明专利	件	746	480	266	
	专利授权数	件	625	453	172	
	发明专利	件	215	129	86	
	有效发明专利总数	件	1473	817	656	
	当年获省级以上奖励	项	61	35	26	
	当年引进高层次人才	人	55	27	28	
	当年制定标准	项	155	118	37	
	当年技术服务量	次	6180	1795	4385	
	当年技术服务收入	千元	486699	245537	241162	
	当年技术成果转化数	项	5253	5045	208	
	当年科技成果转化收入	千元	2639267	1624713	1014554	
	当年科技对外签订技术合同数	项	4313	3040	2273	
	当年合同金额	千元	3721483	1761066	1960417	
	机构拥有种类科技平台数	个	90	54	36	
	平台当年获得省级以上奖励	项	509	6	503	
	平台当年获得收入	千元	51824	14974	36850	
课题	课题数	个	833	479	354	
	课题经费支出内部合计	千元	1330720	941995	388726	
	课题投入人员	人年	4796	2931	1865	
	R&D人员	人年	3835	2167	1669	
	R&D课题数	个	604	320	284	
	R&D课题经费内部支出	千元	1060376	715482	344895	
	当年新增各类计划项目	项	371	240	131	
	承担国家和省部级计划项目	项	159	110	49	
	当年计划项目总经费	千元	899705	707807	191898	
	承担国家和省部级项目总经费	千元	169986	76195	93791	
	当年承担横向课题数	项	762	588	174	
	当年获得横向课题经费	千元	734553	670801	63752	

表10-32 省级以上政府部门属转制机构历年情况(2010—2014年)

指标名称	单位	自然科学和技术研究与开发机构					自然科学机构、文献机构及R&D活动单位机构				
		部属					省属				
		2010年	2011年	2012年	2013年	2014年	2010年	2011年	2012年	2013年	2014年
机构数	个	26	26	25	23	23	24	28	26	26	26
从业人员	人	8145	8727	7803	7398	6885	5756	6723	6541	4544	4587
R & D人员	人	3046	3787	3785	2878	2514	892	1472	1746	1748	1901
经费内部支出总额	千元	5395524	5388449	6017105	5738974	5985762	1490397	2038649	2266469	2246145	2473691
R & D经费内部支出	千元	988143	1099687	1433463	926597	918644	225320	287358	302145	367501	679661
机构办经济实体个数	个	21	24	9	10	23	2	7	7	7	12
经费收入总额	千元	6648071	6602385	7022104	6489702	6886138	1694903	2478275	2751441	2791745	3032906
政府资金	千元	279689	811370	330851	414736	364722	33694	313365	99831	55471	71554
发表科技论文	篇	1177	1567	1317	942	633	429	708	565	496	579
专利申请受理数	件	548	692	558	643	761	171	196	304	300	343
专利授权数	件	284	388	341	450	453	77	125	191	152	172
课题数	个	508	456	571	489	479	207	253	265	324	354
课题经费支出内部合计	千元	708974.2	1097924	1490743.5	868040	941995	170769	263639.8	360591	389357	388726

2014年江苏省规模以上工业企业科技活动统计

2014 Statistics on Science and Technology Activities of Jiangsu Industrial Enterprises Above the Designated Size

【概 况】 2014年,全省各地认真贯彻落实党的十八届三中全会和省委十二届六次全会精神;聚焦“深化科技体制改革、加快创新驱动发展”主线,紧扣“两个推进、一个提升”目标方向;按照《中共江苏省委、江苏省人民政府关于实施创新驱动战略推进科技创新工程加快建设创新型省份的意见》的要求,深入实施创新驱动核心战略,以推进创新型省份试点建设为抓手,全面提升企业自主创新能力。全省企业创新条件持续改善,科技活动更加活跃,“大众创业、万众创新”气氛日趋浓厚,创新驱动能力显著增强,工业企业创新水平再上新台阶,有效地推动了全省科技创新的战略发展,促进了企业的转型升级和结构调整。

【创新环境持续改善】 企业经济实力提升,创新动力明显增强。2014年全省48708家规模以上工业企业,拥有从业人员1144.9万人。年末实现工业总产值14.3万亿元,主营业务收入14.2万亿元,分别比上年增长6.8%和6.4%;年末资产总计10.1万亿元,比上年增长7.6%,全省规模以上工业企业实现利润总额9057.2亿元,比上年增长8.2%。数据表明,2014年全省工业企业总体经济效益明显好于上年,经济实力的不断提升,在效益提升的促

表10-33 2013—2014年工业企业主要指标比较

指标名称	2014年	2013年	增速(%)
单位数(个)	48708	48771	-0.1
年末从业人员(万人)	1144.9	1142.9	0.2
工业总产值(亿元)	143016.9	133954.6	6.8
主营业务收入(亿元)	141956.0	133471.3	6.4
利润总额(亿元)	9057.2	8372.5	8.2
资产总计(亿元)	101259.5	94072.9	7.6
出口交货值(亿元)	23311.4	22827.4	2.1

动下,企业更有实力和动力开展各项技术创新活动。

研发机构稳步推进,创新平台作用显著。随着国际竞争的日趋激烈和创新省份建设工程的不断推进,企业如不开展科技活动,企业将失去发展先机。企业研发机构是企业开展研发活动的基础,机构建设尤其重要。在省委、省政府相关政策的激励下,全省工业企业研发机构建设工作稳步推进,大中型企业基本做到全覆盖。截至2014年年底,全省规模以上工业企业中有科技机构的企业17788家,比上年增长12.8%,占规模以上工业企业总数的36.5%,比上年提高4.2个百分点。全省企业办研发机构20411个,比上年增长13.4%;科技机构人员56.7万人,比上年增长6.5%;机构经费支出1376.5亿元,增长5.1%,科技机构仪器和设备原价1235.9亿元,增长22.9%。企业科技机构条件的改善,为企业创新活动提供了坚实的基础保障。2014年,全省有研发(R&D)活动的企业14150家,比上年增长15.2%,占规模以上工业企业总数的29.1%,比上年提高3.9个百分点。

表10-34 2013—2014年工业机构情况比较

	2014年	2013年	增长%
有科技机构单位数(个)	17788	15775	12.8
期末机构数(个)	20411	17996	13.4
机构人员合计(人)	566593	532194	6.5
机构经费支出(亿元)	1376.5	1309.8	5.1
机构仪器和设备原价(亿元)	1235.9	1005.3	22.9

优惠政策力度加大,企业创新活力增强。企业研发费用加计扣除减免税以及高新技术企业享受减免税,是政府相关部门为落实有关政策、加快企业自主创新能力建设而制定的两项科技税收优惠政策。2014年全省规上企业当年使用来自政府部门的科技活动资金33.5亿元,比上年增加了1.3亿元,增长4.1%;当年企业享受研究开发费用加计扣除减免税49.3亿元,比上年增加了7.6亿元,增长18.3%;当年企业享受高新技术企业减免税100.8亿元,比上年增加了5.6亿元,增长了5.9%。数据表明:企业研发费用加计扣除减免税、高新技术企业享受减免税的力度继续加大,各地落实政府相关优惠政策方面取得了明显的成效,企业享受优惠政策更加充分,有力地推动了全省创新活动能力的提高。

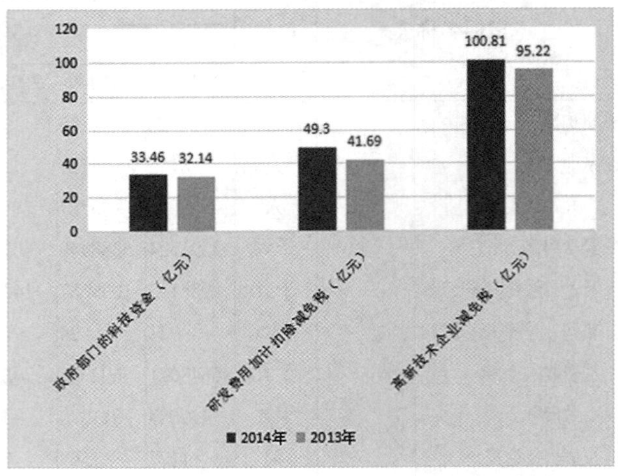

图10-1 2013—2014年企业科技优惠政策情况比较

【创新投入力度加大】 研发队伍继续壮大,小微企业增长突出。研发人员的数量和素质决定着企业创新活动的质量。2014年,全省规模以上工业企业R&D人员55.3万人,比上年增长8.2%;R&D人员折合全时当量42.3万人年,比上年增长7.3%,占从业人员的比重为3.7%,比上年提高了0.3个百分点。分地区看,企业的研发人力投入仍然以苏南地区为主,苏南五市工业企业有R&D人员36.2万人,比上年增长6.2%,占全省比重为65.5%;苏中三市工业企业有R&D人员10.5万人,比上年增长13.1%,占全省比重为19.1%;苏北五市工业企业有R&D人员8.6万人,比上年增长11.3%,占全省比重为15.5%。从企业规模看:2014年大中型企业的R&D人员为37.48万人,比上年增长4.41%;小微型企业的R&D人员为18.01万人,比上年增长18.5%,大中型企业研发人员占规上工业企业研发人员的比重由上年的70.3%下降到67.5%;而小微型企业研发人员占规上工业企业研发人员的比重比上年提高了2.71个百分点,小微型企业研发人员占比的提升,说明小微型企业也在加强企业的创新能力。

研发机构建设加快,科研队伍素质提升。企业创新活动机构是基础,人才是创新能力提高的关键。2014年全省企业研发机构建设工作取得了

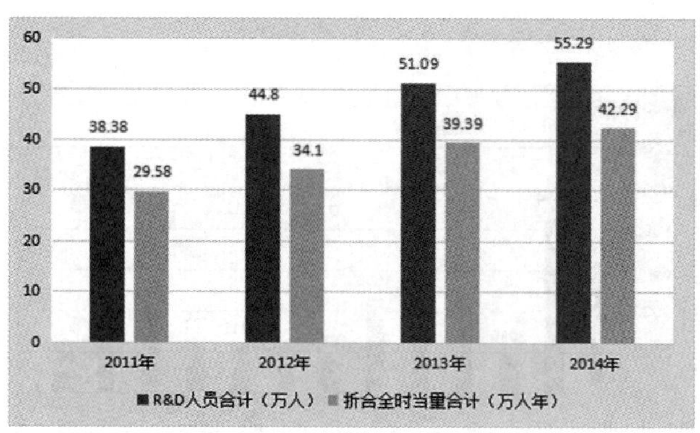

图10-2　2011—2014年全省工业企业研发人员

显著的成果，企业办科技机构吸引了一大批高学历人才。据统计：2014年全省企业办科技机构拥有各类人员56.7万人，比上年增长6.5%；企业办科技机构中本科以上学历人员有35.7万人，占机构人员的比重达到了63.01%，比上年提升了2.4个百分点。2014年全省企业办科技机构中拥有硕士以上高学历人员5.8万人，比上年增加了0.7万人，增长12.9%。其中：博士9702人，比上年增长了3.2%，硕士48459人，增长了15.0%。企业办科技机构中硕士以上高学历人员的占比达到10.26%，比上年提高了0.6个百分点。企业科技机构高学历人员比重的提升，进一步促进了全省企业研发实力的增强。

表10-35　企业办科技机构人员学历构成情况

地区	机构人员合计(人)		其中：博士毕业(人)		硕士毕业(人)		本科毕业(人)	
	2014年	2013年	2014年	2013年	2014年	2013年	2014年	2013年
总计	566593	532194	9702	9400	48459	42141	298849	271116
苏南	374160	349834	4734	4664	29671	25336	195373	174652
苏中	108050	103842	2529	2191	8210	6977	57670	55057
苏北	84383	78518	2439	2545	10578	9828	45806	41407

研发经费投入加大，四大行业半壁江山。研发经费投入占GDP比重是国际通用的衡量地区科技水平的关键指标。2014年，全省规模以上工业企业研发(R&D)经费内部支出1376.5亿元，比上年增长11.0%，高于全省GDP增幅2.3个百分点，占企业主营业务收入的比重为0.97%，比上年提高0.04个百分点。从研发活动类型看，研发(R&D)活动主要集中在试验发展领域，经费达1366.8亿元，比上年增长10.8%，占全部工业企业研发(R&D)经费内部支出99.3%；从行业分组看：电气机械和器材制造业、计算机通信和其他电子设备制造业、化学原料和化学制品制造业、通用设备制造业四大类行业的R&D经费投入列前四位，均超过100亿元，分别为221.2亿元、167.0亿元、161.2亿元和120.8亿元，四大类行业合计企业R&D经费支出670.2亿元，占规上企业48.7%，占全部企业R&D经费的近一半。

表10-36　企业R&D研发经费投入行业前十名

序号	行业	研发经费(亿元)
1	电气机械和器材制造业	221.2
2	计算机、通信和其他电子设备制造业	167.0
3	化学原料和化学制品制造业	161.2
4	通用设备制造业	120.8
5	专用设备制造业	92.1
6	黑色金属冶炼和压延加工业	79.3
7	医药制造业	54.6
8	金属制品业	54.2
9	仪器仪表制造业	52.3
10	汽车制造业	50.5

研发机构创新活跃，内资企业勇挑重担。2014年企业研发机构数占全省科技机构总数的

93.6%，企业研发人员占全省研发人员总数的88.1%。全省内资企业拥有研发机构的企业有13086家，比上年增长14.2%，占全省拥有研发机构企业总数的73.6%；港澳台投资企业拥有研发机构的企业分别是1702家，比上年增长3.2%，占全省拥有研发机构企业总数的9.7%；外资企业拥有研发机构3000家，比上年增长12.6%，占全省拥有研发机构企业总数的16.9%。2014年全省内资企业中有研发活动的企业有10518家，比上年增长18.3%，占全省有研发活动企业总数的74.3%；港澳台投资企业中有研发活动的1340家，比上年增长4.3%，占全省有研发活动企业总数的9.5%；外资企业中有研发活动的企业2292家，比上年增长8.9%，占全省有研发活动企业总数的16.2%。数据表明：企业是创新活动的主体，内资企业仍是研发活动的主力军。

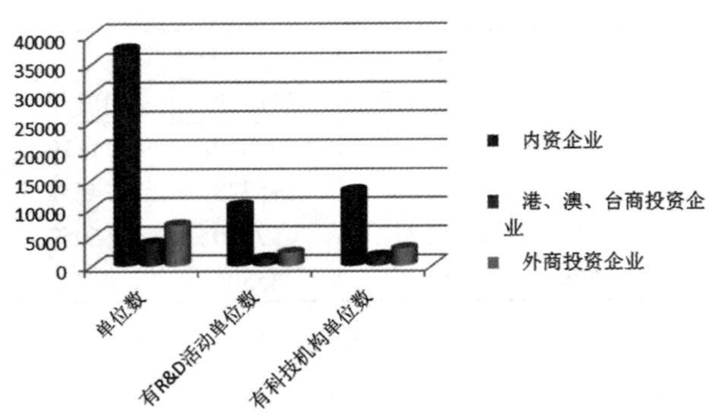

图10-3 内、外资企业研发活动和机构建设情况

研发项目不断突破，自主创新能力加强。2014年全省规上企业共开展研究与试验发展（R&D）项目5.32万项，参加项目人员39.36万人年，项目经费支出1225.95亿元，分别比上年增长9.5%和11.4%。从项目的平均研发投入水平看，平均每百家企业开展研发项目109.19项，比上年增加9.69项；平均每个研发项目投入的人员分别为7.43人年，与上年基本持平；平均每个研发项目投入经费232.29万元，比上年增加5.42万元。从研发项目的来源看，有4.06万个项目来源于企业自选，占全部限额以上研究与试验发展（R&D）项目数的91.4%，比上年提高了1.7个百分点；国家和地方的科技项目1806项，占4.1%。从项目合作形式看，项目主要由企业独立完成，共有36537项，占82.3%，较上年提高了2.7个百分点；其次是与国内高校合作完成，共3836项，占8.6%。

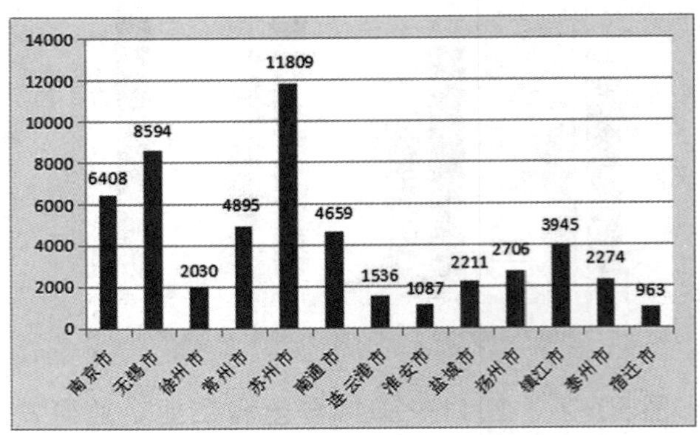

图10-4 工业企业R&D研发项目分地区情况

【企业创新成效明显】 知识产权意识增强，专利申请快速增长。专利申请和拥有量是衡量一个地区创新实力的重要指标，在三种专利形式中，发明专利更能代表创新的水平。2014年，全省规上企业共申请专利115616件，其中发明专利39858件，分别比上年增长23.6%和20.5%，全省工业企业发明专利申请占申请专利的比重为34.5%。从企业规模看，大型企业发明专利申请数12010件，中型企业发明专利申请数10158件，小型企业发明专利申请数17520件，微型企业发明专利申请数170件。截至2014年年末，企业拥有有效发明专利数73252件，比上年增长39.0%，平均每家企业拥有发明专利1.50件，比上年提高0.42件；企业拥有注册商标42157件，比上年增长16.5%，平均每家企业拥有0.87件，比上年提高0.13件。

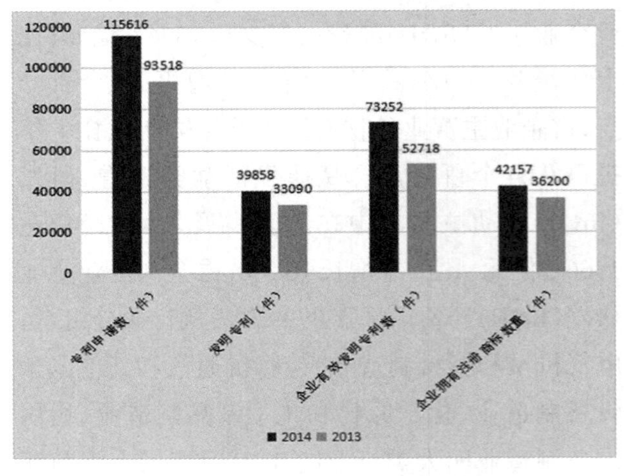

图10-5 申请专利等科技产出情况

新品开发力度加大，出口比重大幅提高。2014年全省规上企业新产品开发62306项，比上

年增长6.8%;投入新产品开发费用1764.9亿元,增长5.7%;新产品产值达到2.37万亿元,增长18.6%,高于规上工业企业总产值增速11.8个百分点;新产品出口额5362.5亿元,比上年增长了24.1%,高于规上工业企业总产值增速22个百分点;新产品出口额的比重也由2013年的21.9%,提高到2014年的22.8%,上升了0.9个百分点。2014年全省新产品产值率16.6%,比上年提高了1.7个百分点。

表10-37 新产品生产销售情况

指标	2014年	2013年	增长%
新产品开发项目数(项)	62306	58353	6.8
新产品开发经费支出(亿元)	1764.9	1669.3	5.7
新产品产值(亿元)	23669.4	19952.3	18.6
新产品销售收入(亿元)	23540.9	19714.2	19.4
其中:出口(亿元)	5362.5	4319.9	24.1

【企业科技创新活动存在的主要问题】 七成企业无研发活动,创新意识有待提高。2014年全省没开展R&D活动的企业有34558家,占全部规模以上企业的70.9%,虽然较上年下降了3.9个百分点,仍有近七成规模以上工业企业没有开展R&D活动。数据表明,全省建有研发机构的17788家规上工业企业中,有一些企业当年没有开展科研项目,有3638家建有机构的企业当年没有研发经费支出。内资企业中没有R&D活动的占72.0%,其中集体企业、私营独资企业、私营合伙企业超过了80%的企业没有R&D活动,私营合伙企业没有研发活动的占比最高,达85.0%;港、澳、台商投资企业没有R&D活动的占66.3%;外商投资企业中独资企业没有R&D活动的占67.8%。数据反映出大部分企业仍以生产加工型活动为主,对开展自主创新活动、实现技术储备的危机感不强,创新意识仍有待提高。

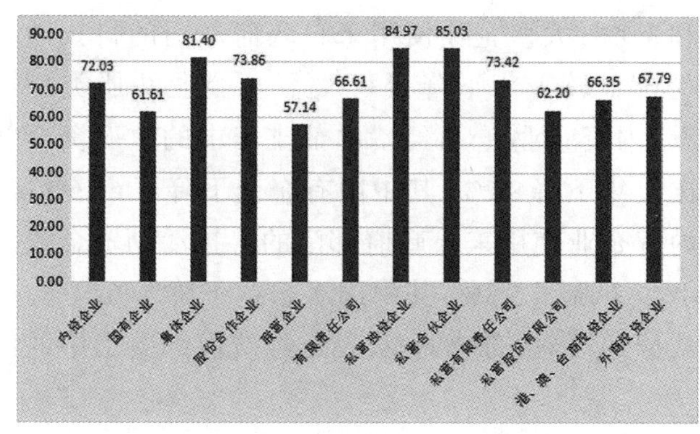

图10-6 无R&D活动企业占比情况

科技投入产出不匹配,产出效率有待提高。2014年规上企业专利申请数、发明专利申请数较上年分别增长23.6%和20.5%,发表科技论文10027篇,较上年增长12.5%。但是,当年形成国家或行业标准出现大幅下滑,全年共有2901项,比上年下降14.4%;在国外注册商标数量1264件,比上年下降17.2%。虽然专利所有权转让及许可件数比上年增长了19.2%,但转让许可收入仅3.57亿元,比去年下降了9.5%,尤其是大型企业专利转让许可收入也在下降,下降了39.6%。由此可见,企业的科技产出效率仍有待提高。

表10-38 企业专利转让许可、注册商标和标准情况

指标名称	2014年	2013年	增长%
专利申请数(件)	115616	93518	23.6
发明专利(件)	39858	33090	20.5
期末有效发明专利数(件)	73252	52718	39.0
发表科技论文(篇)	10027	8911	12.5
期末拥有注册商标数量(件)	42157	36200	16.5
形成国家或行业标准(项)	2901	3389	-14.4

政府资金落实不到位,影响企业创新能力的提升。2014年全省规模以上企业R&D经费内部支出中政府资金为24.33亿元,比上年增长1.1%,低于当年企业R&D经费内部支出增速近10个百分点,并已连续多年低于企业R&D经费内部支出增速;企业使用来自政府部门的科技活动资金为33.5亿元,增长4.1%,但仍低于当年企业R&D经费内部支出增速6.9个百分点。从企业规模看,微型企业和大型企业R&D经费内部支出中的政府资金较上年出现下降,分别下降了15.4%

和3.9%;大型企业使用来自政府部门的科技活动资金较上年下降了0.4%。从企业注册类型看,内资企业R&D经费内部支出中的政府资金比上年下降8.2%,其中国有企业下降了66.6%;内资企业使用来自政府部门的科技活动资金较上年下降了5.3%,其中国有企业下降了67.1%。从分地区看,苏南地区R&D经费内部支出中的政府资金同比下降了12.8%,企业来自政府部门的科技活动资金下降了7.1%。2014年政府资金增长额对研发经费增长的贡献率为1.7%,比上年下降了0.1个百分点。政府资金落实不到位,会直接影响企业研发投入的积极性,进一步影响企业创新能力的提升。

表10-39 企业政府资金使用情况

地区	R&D经费内部支出中的政府资金(万元)			企业来自政府部门的科技活动资金(万元)		
	2014年	2013年	增长%	2014年	2013年	增长%
全省	243300.9	240670.0	1.1	334554.1	321386.5	4.1
苏南	137877.3	158204.5	-12.8	196941.6	211993.5	-7.1
苏中	49492.6	41832.3	18.3	64769.7	54815.3	18.2
苏北	55931	40633.2	37.6	72842.8	54577.7	33.5

【促进企业科技创新能力的对策与建议】 2015年是“十二五”规划的收官之年,随着改革红利进一步释放,全国自由贸易区建设加快以及“一带一路”建设推进,全省出口形势将有所改善,经济内生增长动力将逐步增强,但同时仍面临增长动力转换、化解过剩产能压力较大等因素的不利影响。必须大力加强企业的自主创新能力,加快科技进步,以推进经济结构的调整和增长方式的转变。

完善资金配套政策,增加政府科技资金投入。多数国家政府科技投入的增速均高于GDP的增速,有些国家政府研发投入强度达到1%。2014年全省公共财政科技支出372.1亿元,比上年增长8.1%,占GDP的比重是0.5%,远低于国外发达国家水平。今后不但要逐步加大政府资金投入,还要确保政府引导性资金的稳定增长,建立适应科技创新需求的社会融资体系,进一步完善政府配套资金政策,鼓励引导金融机构加大对产业转型升级、重大基础设施建设,确保企业主体性资金投入的持续增长。

加大科技创新政策宣传监督力度,提高企业创新意识。近年来,国家和全省相继制订和出台了一系列推动技术创新战略的政策,但由于对这些政策宣传力度还不够,减免程序又很复杂,直接影响了政策的落实。政策落实不到位,就不能准确判断其科学性和正确性,影响实施效果。因此,要保证各项创新政策的落实和实施效果,就必须简化优惠措施审批程序,加大落实的宣传监督力度,并建立跟踪监测机制,以保证科技创新政策的有效实施,进一步提高企业创新意识。

促进产学研合作,提升科技成果转化效率。在国际市场的激烈竞争中,势单力薄的个体将难以拥有与强大竞争对手抗衡的全面技术优势。建立产学研紧密结合的创新联盟,建立完备的产学研合作创新体系,有利于实现产业技术创新的重点突破,形成国家或区域创新优势,有利于实现产学研各方的共同发展,在日趋激烈的国际竞争中立于不败之地。

加大政策扶持,鼓励事业单位、科研院所的科技人员创业创新。有相当部分的高级科技人员对离开高校、科研院所、国有控股大中型企业进行自主创业还存有顾虑,这部分人有理论、有技术,但缺少机会和勇气,政府应制定相关政策,鼓励他们创业创新。高校、科研院所、国有企业应该成为科技人员创新创业的孵化中心和娘家,可以用多种形式鼓励科技人员创业创新,开展多方面、多形式合作,可以交叉持有股份,争取更多的"双赢"机会。常州环能涡轮动力股份有限公司是全省核定的高新技术企业,也是全省科技人员创业创新的成功典范,2位创始人50多岁离开科研院所,2002年开始创业,现在工业总产值超过8千万元,产品出口到多个发达国家。

加快转型升级,大力推动产业高端化发展。优化产能结构,加快企业兼并重组,提高生产集中度进一步化解过剩产能。要面向世界科技前沿,瞄准战略高新技术领域,实施前沿先导技术创新专项,加大对代表国际发展方向、对新兴产业的形成和发展具有引领作用的前沿先导技术研发支持力度,突破关键核心技术,抢占未来竞争制高点。要加快发展装备制造业、智能制造业,夯实战略性新兴产业发展基础,形成新的核心竞争力,使其逐步成为经济发展的重要引领和拉动力量。

(江苏省统计局)

2014年江苏省高校科技活动统计

2014 Annual Statistics on Scientific & Technological Activities of Universities in Jiangsu Province

2014年,全省参加教育部科技统计年报的高等学校及附属医院共有117家,其中理工医农类本科院校53家,高职院校61家,附属医院3家。2014年全省高校科技活动统计概述如下:

【科技人力情况】 全省高校拥有科技人力资源68815人,其中科学家和工程师67382人。在68815人中,教师46645人(其中教授7534人,副教授15403人,讲师20112人,助教3488人,其他108人),其他技术职务系列人员22170人(其中具有高级技术职务人员5005人,中级技术职务人员9927人,初级5805人,其他285人),辅助人员1148人。

【科技活动经费情况】 全省高校通过各种渠道共获得科技经费141.78亿元(其中R&D经费101.23亿元,占科技经费的71.40%),比上年增加7.83亿元,增长5.85%。其中科研事业费5.73亿元,主管部门专项费21.93亿元,国家发改委、科技部专项费11.07亿元,国家自然科学基金15.28亿元,国务院其他部门专项费10.64亿元,省专项费9.91亿元,企事业单位委托经费56.21亿元。当年支出经费共计135.92亿元,转拨给外单位经费12.43亿元,内部支出经费123.49亿元。

【科技活动机构情况】 全省高校共拥有上级主管部门批准的科技活动机构632个(其中R&D机构606个)。机构中从业人员19133人,培养研究生30106人。机构当年共承担课题18782项,内部支出45.47亿元。固定资产原值123.68亿元,其中仪器设备94.21亿元。

【科技项目情况】 全省高校承担的科技项目40765项,比上年增加3169项,增长8.43%。共投入科技人员(人年)22297,拨入经费108.31亿元,支出经费83.81亿元,参与课题的研究生75774人。

按照性质分:基础研究项目13376项,应用研究项目13678项,试验与发展项目3673项,R&D成果应用项目5156项,其他科技服务项目4882项;

按照学科分:自然科学项目7234项,工程与技术项目24927项,医药科学项目4905项,农业科学项目3699项;

按照来源分:"973"计划633项,投入经费4.22亿元;国家科技支撑计划364项,投入经费1.99亿元;"863"计划262项,投入经费1.76亿元;科技部重大专项185项,投入经费3.09亿元;国家自然科学基金项目7836项,投入经费16.23亿元;主管部门科技项目2475项,投入经费7.99亿元;国家部委其他项目2213项,投入经费10.53亿元;省级项目4909项,投入经费10.06亿元;企事业单位委托项目17831项,投入经费49.94亿元。

【技术转让及知识产权情况】 全省高校共实现技术转让1666项(其中专利出售470项,其他知识产权出售113项),合同金额5.79亿元,当年实际收入4.17亿元。向国有企业转让492项,向外资企业转让50项,向民营企业转让987项,向其他企业转让137项。

全省高校共申请专利25094项,其中申请国外专利211项、发明专利15879项、实用新型7824项、外观设计1391项;授权13063项,其中授权发明专利5683项、实用新型6576项、外观设计804项、其他知识产权授权1263项(其中集成电路布图16项,植物新品种授权1项,国家或行业标准122项)。

【科技专著与论文情况】 全省高校出版科技著作267部,大专院校教科书965部,编著268部。发表学术论文81844篇;其中SCIE收录论文19165篇,EI收录15387篇,ISTP收录2925篇。

【国家级项目验收、科技成果鉴定及成果获奖情况】 全省高校共有194个国家级项目通过验收,其中"973"计划42项、国家科技支撑计划17项、"863"计划33项、国家自然科学基金重点项目34项、军工项目68项。共鉴定科技成果455项,其中国际水平146项、国内首创51项、国内先进202项、其他56项。

全省高校获2014年度国家科学技术奖32项,其中主持完成17项,数量位居全国第二。17项主持完成的获奖项目中,国家自然科学奖3项、国家技术发明奖8项、国家科学技术进步奖6项,分别占全国高校获奖数的10%、21%和11%。

全省高校获2014年度教育部高校科学研究优秀成果奖(科学技术)75项(主持完成63项),占授奖总数的25%,名列全国第一。75项获奖成果中一等奖22项,占一等奖总数的22%;自然科学奖33项(全国第一)、技术发明奖12项(全国第一)、科技进步奖30项(全国第二),分别占总数的26%、28%和25%。

全省高校获2014年度江苏省科学技术奖105项,占总数的54%。其中一等奖16项(主持完成15项),占总数的80%;二等奖38项(主持完成26项),占总数的63%。东南大学齐康院士被授予江苏省科学技术突出贡献奖(全省共2位专家获此殊荣)。

【科技交流情况】 全省高校合作研究共派遣3942人次,接受3346人次;出席国际学术会议13389人次,交流论文10625篇,特邀报告2469篇,主办国际学术会议229次。

(江苏省教育厅)

2014年江苏省咨询业统计简报

2014 Annual Statistics on Consultative Services of Jiangsu Province

江苏省科技咨询协会对全省224家信誉咨询企业和咨询研究机构(以下简称咨询单位)进行了2014年度经营状况的统计工作,现将统计结果简报如下:

【咨询单位】 在224家咨询单位中:企业177家,占78%;其他(含事业单位)47家,占22%。

按经济性质分:在224家咨询单位中,国有经济性质的咨询单位共42家,非国有经济性质的咨询单位182家,占81.3%(上年为79.3%),其中:有限责任公司、股份制有限公司、集体企业等108家,私营企业52家,外商投资企业1家,其他21家。

【咨询从业人员】 224家咨询单位2014年末职工总数44071人,其中从事咨询业务的人员总数人33176(上年为30959人),占职工总数75%;具有大专以上学历人员总数31307人(上年为29155人),占职工总数71%。在从事咨询业务的人员中,具有高、中级职称的人员19220人,占职工总数的43.6%,其中获得博士学位有920人,获硕士学位的有6087人。

【咨询业务】 2014年度224家咨询单位承担咨询

项目的合同总金额156.1亿元。其中:政策咨询1.99亿元,占1.3%;技术咨询20.6亿,占13.2%;管理咨询5.95亿元,占3.8%;工程咨询122.2亿元,占78.2%;其他咨询5.43亿元,占3.4%。共承担各类咨询项目123097项。其中,政策咨询16028项,占13%;技术咨询34150项,占28%;管理咨询11020项,占8.9%;工程咨询41423项,占33.6%;其他咨询20477项,占16.3%。

项目来源:政府部门委托15975项,占13%;国内客户委托95141项,占77.3%;涉外咨询4680项,占3.8%;其他7302项,占5.9%。

【经济效益】 2014年度224家咨询单位经营总收入为339.19亿元(上年为326.57亿元),其中,咨询收入110.23亿元(上年为111.01亿元)。

2014年度224家会员单位向国家缴纳税金17.98亿元(上年为18.23亿元)。

【经营规模】 在224家咨询单位中,2014年度咨询收入在亿元以上的有23家(上年为25家);5000万元~1亿元以上的有17家(上年为22家);1000万元~5000万元的有77家(上年为75家)。

平均每个咨询单位拥有咨询从业人员148人(上年为135人);年平均完成咨询项目549项(上年为628项);平均每个咨询单位年咨询收入4921万元(上年为4869万元);平均每个咨询项目合同完成后获得的咨询收入为89.5万元(上年为86.5万元)。

【社会效益】 在224家咨询单位2014年完成的全部咨询项目中有部分项目给客户带来直接经济效益,其中,有45639项完成后为委托方节省或核减投资额100.27亿元,而完成上述项目后委托方支付的咨询费用合计6.46亿元,咨询投入回报率为1:15.2;有13295项完成后为企业直接增加效益或降低成本的当年净值36.62亿元,而完成上述项目后委托方支付的咨询费用合计1.87亿元,咨询投入回报率为1:19.6。

(江苏省科技咨询协会)

2014年江苏省科技成果登记统计分析报告

2014 Statistical Analysis Report of Scientific & Technological Achievements Registration of Jiangsu Province

2014年度全年共登记科技成果551项,企业完成318项,位列第一,其中科研机构转制企业完成10项;位列第二的是大专院校,完成108项;紧随其后的是医疗机构,完成68项;独立科研机构完成36项,其他单位完成21项。

【科技成果概况】 成果评价方式。2014年度江苏科技成果评价仍然以鉴定与验收为主,其他为辅助模式。其中,鉴定项目240项,占总量的43.5%;验收项目198项,占总量的36%;评审项目9项,占总量的1.7%;行业准入项目为23项,占4.2%;评估项目为19项,占3.4%;机构评价项目为39项,占7%;结题项目23项,占4.2%。

知识产权情况。2014年江苏省科技成果登记的项目中,共拥有知识产权5110件,其中发明专利为2616件,实用新型专利为2162件,外观设计专利为152件,软件著作权数为101件,其他79件。制定标准数共计11项,其中国际标准1项,国家标准3项,行业标准6项,企业标准1项。

成果类别分布。2014年江苏科技成果类别仍然以应用技术成果为主,共计493项,占89.5%;基础理论成果57项,占10.3%。软科学成果1项。

课题来源。2014年江苏省科技成果登记总数中,课题来源于国家科技计划项目216项,其中:科技重大专项8项,自然科学基金61项,重点基础研究发展计划13项,高技术研究发展计划22项,科技支撑计划39项,星火计划1项,火炬计划19项,国家重点新产品计划6项,国际科技合作专项1项,科技型中小企业技术创新基金21项,科技基础性工作专项3项,农业科技成果转化资金4项,科研院所技术开发研究专项资金2项,其他16项。课题来源除了国家科技计划外,部门计划31项,地方计划106项,部门基金9项,地方基金21项,民间基金1项,国际合作1项,横向委托7项,自选128项,其他19项。

项目投资情况。2014年江苏科技成果经费实际投入总额为1586490万元,其中,国家投入51641万元,占3%;部门投入10130万元,地方投入70618万元,占4.4%;基金投入9090万元,自有资金1116832万元,占70%;银行贷款265486万元,占17%,比上一年度增长14%;国外资金50万元;其他62643万元。

成果完成人情况。2014年江苏科技成果完成人的文化程度仍然以本科以上为主;大学本科1700人次,位居第一;硕士研究生1158人次,位居第二;博士研究生1292人次,位居第三;此外,大专419人次,中专26人次,其他21人次。

2014年江苏科技成果完成人的年龄结构以55岁以下为主:35岁以下(含35岁)1473人次,占总数的32%;36~45岁1530人次,占总数的33%;46~55岁1281人次,占总数的28%;56~65岁273人次,占总数的6%;65岁以上的59人次,占总数的1%。2014年江苏省科技成果完成人各年龄段占完成人总数比例与2013年持平。

2014年江苏科技成果完成人的技术职称构成以中高级以上为主:院士14人次,比2013年增加9人次;正高1163人次,副高1401人次,中级1512人次,初级299人次,其他227人次。

【应用技术成果概况】 成果属性。在2014年江苏应用技术成果登记的项目中,原始性创新成果328项,国外引进消化吸收创新68项,国内技术二次开发75项。

成果水平。2014年江苏应用技术成果水平普遍较高,以国际先进与国内领先为主。其中,国际领先成果80项,国际先进成果128项,国内领先成果178项,国内先进成果22项,无国内一般成果,未评价成果84项。

成果所处阶段。2014年江苏应用技术成果以成熟应用阶段为主,共计426项,占总量的77%,其次是处于中期阶段的54项,初期阶段的13项。

所属高新技术领域。2014年江苏应用技术成果所属高新技术领域分布,电子信息51项,先进制造69项,没有属于航空航天的项目,现代交通9项,生物医药与医疗器械42项,新材料78项,新能源与节能51项,环境保护23项,地球、空间与海洋9项,核应用技术2项,现代农业39项。

成果应用行业。2014年江苏科技成果应用行业涉及13个方面,农、林、牧、渔业60项,采矿业22项,制造业188项,电力、热力、燃气及水的生产和供应业36项,建筑业14项,交通运输、仓储和邮政业26项,住宿和餐饮业2项,信息传输、软件和信息技术服务业19项,科学研究和技术服务业19项,水利、环境和公共设施管理业23项,教育1项,卫生和社会工作60项,公共管理、社会保障和社会组织4项。

成果应用情况。2014年江苏科技成果应用情况较好,产业化应用项目数为398项,占72%;小批量或小范围应用项目数80项,占14%;试用项目数10项,占2%;应用后停用项目数1项,因为资金问题停用;未应用项目数为4项。2014年江苏科技成果已转化275项。

经济效益。2014年江苏登记的应用技术成果共有246项产生了经济效益,总产生总收入16394019万元,净利润9535675万元,实交税金605763万元,出口创汇18170976万元,节约资金9748058万元,合作转化收入1373092万元,其中技术入股股权折价57470万元,技术转让与许可收入5188万元,其中知识产权技术转让收入3449万元。

(江苏省科学技术厅科技成果与技术市场处)

2014年江苏省科协统计

2014 Statistics of Jiangsu Association for Science and Technology

2014年江苏省省级科协统计

表10-40 组织建设

代码	指标名称	计量单位	本年实际	上年对照
甲	乙	丙	1	2
AK011	机构数	个	1	1
AK021	机关从业人员	人	63	65
AK02101	其中:女性从业人员	人	14	16
AK031	直属单位	个	12	12
AK032	直属单位从业人员	人	135	122
AK03201	其中:女性从业人员	人	64	52
AK041	学会数(学会、协会、研究会)	个	137	135
AK051	企业科协	个	0	0
KA05101	其中:高新技术开发区	个	0	0
AK05102	技术经济开发区	个	0	0
AK052	个人会员	人	0	0
AK061	高等院校科协	个	31	31
AK062	个人会员	人	14600	14500
AK071	街道科协(社区科协)	个	0	0
AK072	个人会员	人	0	0
AK081	乡镇科协	个	0	0
AK082	个人会员	人	0	0
AK091	农技协	个	0	0
AK09101	其中:民政部门注册	个	0	0
AK092	个人会员	人	0	0
AK101	基层科普员	人	0	0

表10-41 学术交流活动

代码	指标名称	计量单位	合计		高端前沿学术会议	综合交叉学术会议	学术服务会议
			本年实际	上年对照			
甲	乙	丙	1	2	3	4	5
CKX011	国内学术会议	次	22	3	13	0	9
CKX01101	其中:学术年会	次	1	1	0	0	1

续表 10-41

代码	指标名称	计量单位	合计		高端前沿学术会议	综合交叉学术会议	学术服务会议
			本年实际	上年对照			
甲	乙	丙	1	2	3	4	5
CKX012	参加人数	人次	1970	1600	910	0	1060
CKX01201	其中:企业科技工作者	人次	620	600	230	0	390
CKX013	交流论文	篇	25	20	13	0	12
CKX021	境内国际学术会议	次	0	0	0	0	0
CKX022	参加人数	人次	0	0	0	0	0
CKX02201	其中:企业科技工作者	人次	0	0	0	0	0
CKX02202	境外专家学者	人次	0	0	0	0	0
CKX023	交流论文	篇	0	0	0	0	0
CKX031	港澳台地区学术会议	次	2	0	0	1	1
CKX032	参加人数	人次	550	0	0	200	350
CKX03201	其中:企业科技工作者	人次	160	0	0	10	150
CKX033	交流论文	篇	86	0	0	1	85

表 10-42 科技期刊

代码	指标名称	计量单位	本年实际	上年对照
甲	乙	丙	1	2
DKX011	主办科技期刊种数	种	4	3
DKX01101	其中:中文学术期刊	种	0	0
DKX01102	科普期刊	种	4	3
DKX01103	技术期刊	种	0	0
DKX01104	英文学术期刊	种	0	0
DKX012	科技期刊总印数	册	2826720	3591262
DKX01201	其中:中文学术期刊	册	0	0
DKX01202	科普期刊	册	2826720	3591262
DKX01203	技术期刊	册	0	0
DKX01204	英文学术期刊	册	0	0
DKX013	科技期刊发表论文数	篇	1400	1800
DKX01301	其中:英文期刊发表论文数	篇	0	0

表 10-43 科学技术普及活动

代码	指标名称	计量单位	合计		科普日		科技周		日常		其他
			本年实际	上年对照	科技进村	科教进社区	科技进村	科教进社区	科技进村	科教进社区	
甲	乙	丙	1	2	3	4	5	6	7	8	9
EKX011	举办科普宣讲活动	次	503	250	42	164	26	119	54	75	23
EKX01101	其中:院士科普报告会	次	59	11	0	5	0	4	23	27	0

续表 10-43

代码	指标名称	计量单位	合计		科普日		科技周		日常		其他
			本年实际	上年对照	科技进村	科教进社区	科技进村	科教进社区	科技进村	科教进社区	
甲	乙	丙	1	2	3	4	5	6	7	8	9
EKX01102	举办专题展览	次	1	10	0	1	0	0	0	0	0
EKX01103	流动科技馆巡展	次	49	55	0	3	0	4	31	11	0
EKX01104	开展科技咨询	次	288	33	42	155	26	36	0	6	23
EKX012	宣讲活动受众人数	人次	1943322	1643888	300000	751700	300000	465551	106300	17321	2450
EKX01201	其中:流动科技馆巡展受众人数	人次	235822	197000	0	90000	0	60001	85000	821	0
EKX021	播放科技广播、影视节目	分钟	1050	50	0	0	0	0	0	1050	0
EKX02101	其中:电台电视台播放科技节目	分钟	1050	0	0	0	0	0	0	1050	0
EKX031	举办实用技术培训	次	2	0	0	0	0	0	0	0	2
EKX032	实用技术培训人数	人次	300	0	0	0	0	0	0	0	300
EKX041	推广新技术、新品种	项	23	0	0	8	0	7	0	0	8
EKX051	参加活动科技人员总数	人次	61163	25400	10000	23122	5000	15631	606	5760	1044
EKX05101	其中:专家人数	人次	733	536	40	119	20	44	290	192	28
EKX061	参加活动的学会、协会、研究会	个次	161	67	35	30	45	45	4	2	0
EKX071	覆盖村	个	120	0	42		26		52		
EKX081	覆盖社区	个	358	838		170		79		109	

表 10-44 青少年科技教育

代码	指标名称	计量单位	本年实际	上年对照
甲	乙	丙	1	2
FKX011	举办青少年科普宣讲活动	次	167	19
FKX01101	其中:专家报告	次	165	16
FKX012	受众人数	人次	80100	6308
FKX021	播放青少年广播、影视节目	分钟	0	0
FKX031	举办青少年科技竞赛	项	10	8
FKX032	参加人数	人次	1863852	1767702
FKX033	获奖人数	人次	24716	22602
FKX041	青少年参加国际及港澳台科技交流活动	次	1	3
FKX042	参加人数	人次	1	4
FKX051	举办青少年科学营	次	3	1
FKX052	参加人数	人次	1600	460
FKX061	编印青少年科技教育资料	种	0	0
FKX062	总印数	册	0	0
FKX071	举办青少年科技教育培训	次	20	19
FKX072	培训人数	人次	2032	2280

表10-45 科普基础设施建设

代码	指标名称	计量单位	本年实际	上年对照
甲	乙	丙	1	2
GKX011	科技馆	个	0	0
GKX01101	其中:建筑面积8000平方米以上	个	0	0
GKX012	建筑面积	平方米	0	0
GKX013	展厅面积	平方米	0	0
GKX014	科技馆全年参观人数	人次	0	0
GKX01401	其中:少儿参观人数	人次	0	0
GKX021	科普活动站(中心、室)	个	0	0
GKX022	全年参加活动(培训)人数	人次	0	0
GKX031	科普画廊建筑面积(宣传栏、科技宣传橱窗)	平方米	0	0
GKX032	科普画廊展示面积	平方米	0	0
GKX041	科普大篷车数	辆	0	1
GKX04101	其中:省级	辆	0	1
GKX04102	地(市)级	辆	0	0
GKX04103	县(市)级	辆	0	0
GKX042	科普大篷车下乡次数	次	0	80
GKX043	受益人数	人次	0	145000
GKX044	科普大篷车行驶里程	公里	0	12400
GKX051	全国科普教育基地	个	5	5
GKX052	全年参观人数	人次	550000	504000
GKX061	省级科普教育基地	个	0	0
GKX062	全年参观人数	人次	0	0
GKX071	农村科普示范基地	个	0	0
GKX081	科普示范县(市、区)	个	28	28
GKX091	科普示范街道(乡镇)	个	58	58
GKX101	科普示范社区(村)	个	103	103
GKX102	科普示范户	个	0	0

表10-46 科学技术传播

代码	指标名称	计量单位	本年实际	上年对照
甲	乙	丙	1	2
HKX011	编著科技图书种数	种	4	1
HKX012	科技图书总印数	册	65000	70000
HKX021	主办科技报纸种数	种	1	1
HKX022	报纸总印数	份	7500000	5100000
HKX031	制作科普挂图种数	种	0	1
HKX032	挂图总印数	张	0	6000
HKX041	制作科技广播、影视节目套数	套	2	1
HKX042	制作节目播放时间	分钟	1050	50
HKX051	制作科技光盘种数	种	18	16
HKX052	科技光盘张数	张	41900	47000

续表 10-46

代码	指标名称	计量单位	本年实际	上年对照
甲	乙	丙	1	2
HKX061	制作科普动漫作品套数	套	10	0
HKX062	制作科普动漫播放时间	分钟	2	0
HKX071	主办科技网站	个	6	4
HKX072	浏览人数	人次	6990500	9030000

表 10-47 科技开放与交流

代码	指标名称	计量单位	本年实际	上年对照
甲	乙	丙	1	2
IKX011	加入国际民间科技组织	个	0	0
IKX012	任职专家	人	0	0
IKX021	参加国际科学计划	项	0	0
IKX031	促成科技合作项目	项	45	4
IKX03101	其中:引进优质科技资源	项	22	4
IKX041	参加国外科技活动人数	人次	38	4
IKX051	参加港澳台地区科技活动人数	人次	350	204
IKX061	接待国外专家学者	人次	420	400
IKX071	接待港澳台地区专家学者	人次	90	32

表 10-48 科技服务

代码	指标名称	计量单位	本年实际	上年对照
甲	乙	丙	1	2
JKX011	提供决策咨询报告	篇	10	0
JKX01101	其中:获上级领导批示报告	篇	10	0
JKX021	举办决策咨询活动	次	12	1
JKX022	参加活动专家数	人次	158	30
JKX031	科技评价	项	1	1
JKX032	科技人才评价	人	80	80
JKX03201	其中:专业技术职称评定	人	0	0
JKX041	社区益民计划表彰的示范社区	个	27	0
JKX051	科普惠农兴村奖补资金	元	3000000	3000000
JKX05101	其中:中央财政	元	0	0
JKX05102	省级财政	元	3000000	3000000
JKX05103	市(地)级财政	元	0	0
JKX05104	县级财政	元	0	0
JKX052	科普惠农兴村表彰的先进单位和个人	个/人	97	98
JKX05201	其中:农村专业技术协会	个	31	29

续表 10-48

代码	指标名称	计量单位	本年实际	上年对照
甲	乙	丙	1	2
JKX05202	农村科普示范基地	个	25	27
JKX05203	农村科普带头人	人	41	42
JKX05204	少数民族科普工作队	个	0	0
JKX053	受表彰农村专业技术协会带动农户数	户	38500	7400
JKX054	受表彰农村科普示范基地带动农户数	户	5110	6750
JKX055	受表彰农村科普带头人带动农户数	户	3110	7950
JKX061	开展“讲、比”活动企业数	个	0	0
JKX06101	其中:国有企业	个	0	0
JKX062	参与“讲、比”活动的科技人员	人次	0	0
JKX063	“讲、比”活动中被采纳合理化建议	条	0	0
JKX071	专家工作站(服务中心)	个	143	100
JKX07101	其中:经济技术开发区	个	13	14
JKX07102	高新开发区	个	30	0
JKX072	专家进(站、中心)人数	人次	600	100
JKX081	专家服务团队	个	229	100
JKX082	参加服务团队专家人数	人次	379	100
为工作者服务				
KKX011	引进海外高层次人才	人	40	40
KKX021	反映科技工作者建议	条	10	12
KKX02101	其中:获上级领导批示的建议	条	10	10
KKX031	答复人大政协代表(委员)提案	件	7	5
KKX041	走访看望(慰问)科技工作者	人次	138	0
KKX051	科学道德与学风建设宣讲活动	场次	1	1
KKX052	宣讲活动受众人数	人次	400	1200
KKX053	参加科学道德与学风建设宣讲专家数	人次	3	3
KKX054	编写科学道德教育读本	种	0	0
KKX061	技术创新方法培训班	场次	2	0
KKX071	继续教育培训班	场次	18	0
KKX072	培训结业人数	人次	2801	0
KKX081	宣传科技工作者人数	人	181	38
KKX091	表彰奖励科技工作者	人次	220	2
KKX09101	其中:女性科技工作者	人次	21	1
KKX09102	40岁以下科技工作者	人次	0	1

2014年江苏省副省级城市科协统计

表10-49 组织建设

代码	指标名称	计量单位	本年实际	上年对照
甲	乙	丙	1	2
AK011	机构数	个	1	1
AK021	机关从业人员	人	41	42
AK02101	其中:女性从业人员	人	11	13
AK031	直属单位	个	2	2
AK032	直属单位从业人员	人	119	118
AK03201	其中:女性从业人员	人	77	68
AK041	学会数(学会、协会、研究会)	个	90	89
AK051	企业科协	个	185	184
KA05101	其中:高新技术开发区	个	1	2
AK05102	技术经济开发区	个	1	9
AK052	个人会员	人	15800	13200
AK061	高等院校科协	个	0	0
AK062	个人会员	人	0	0
AK071	街道科协(社区科协)	个	0	0
AK072	个人会员	人	0	0
AK081	乡镇科协	个	0	0
AK082	个人会员	人	0	0
AK091	农技协	个	0	0
AK09101	其中:民政部门注册	个	0	0
AK092	个人会员	人	0	0
AK101	基层科普员	人	0	0

表10-50 学术交流活动

代码	指标名称	计量单位	合计		高端前沿学术会议	综合交叉学术会议	学术服务会议
			本年实际	上年对照			
甲	乙	丙	1	2	3	4	5
CKX011	国内学术会议	次	1	2	0	1	0
CKX01101	其中:学术年会	次	1	0	0	1	0
CKX012	参加人数	人次	10000	10003	0	10000	0
CKX01201	其中:企业科技工作者	人次	4000	4000	0	4000	0
CKX013	交流论文	篇	500	453	0	500	0
CKX021	境内国际学术会议	次	0	1	0	0	0
CKX022	参加人数	人次	0	60	0	0	0
CKX02201	其中:企业科技工作者	人次	0	0	0	0	0
CKX02202	境外专家学者	人次	0	1	0	0	0
CKX023	交流论文	篇	0	16	0	0	0
CKX031	港澳台地区学术会议	次	0	0	0	0	0

续表 10-50

代码	指标名称	计量单位	合计		高端前沿学术会议	综合交叉学术会议	学术服务会议
			本年实际	上年对照			
甲	乙	丙	1	2	3	4	5
CKX032	参加人数	人次	0	0	0	0	0
CKX03201	其中:企业科技工作者	人次	0	0	0	0	0
CKX033	交流论文	篇	0	0	0	0	0

表 10-51 科技期刊

代码	指标名称	计量单位	本年实际	上年对照
甲	乙	丙	1	2
DKX011	主办科技期刊种数	种	1	1
DKX01101	其中:中文学术期刊	种	0	0
DKX01102	科普期刊	种	1	1
DKX01103	技术期刊	种	0	0
DKX01104	英文学术期刊	种	0	0
DKX012	科技期刊总印数	册	16000	6000
DKX01201	其中:中文学术期刊	册	0	0
DKX01202	科普期刊	册	16000	6000
DKX01203	技术期刊	册	0	0
DKX01204	英文学术期刊	册	0	0
DKX013	科技期刊发表论文数	篇	5	7
DKX01301	其中:英文期刊发表论文数	篇	0	0

表 10-52 科学技术普及活动

代码	指标名称	计量单位	合计		科普日		科技周		日常		其他
			本年实际	上年对照	科技进村	科教进社区	科技进村	科教进社区	科技进村	科教进社区	
甲	乙	丙	1	2	3	4	5	6	7	8	9
EKX011	举办科普宣讲活动	次	165	160	5	10	9	22	7	25	87
EKX01101	其中:院士科普报告会	次	4	2	0	0	0	0	0	3	1
EKX01102	举办专题展览	次	20	19	1	1	1	2	1	1	13
EKX01103	流动科技馆巡展	次	31	30	1	2	1	2	1	4	20
EKX01104	开展科技咨询	次	8	8	1	1	3	2	0	0	1
EKX012	宣讲活动受众人数	人次	243625	191400	3050	7500	3600	13700	1900	21250	192625
EKX01201	其中:流动科技馆巡展受众人数	人次	104010	89300	700	6050	1500	6300	500	13200	75760
EKX021	播放科技广播、影视节目	分钟	35	35	0	0	0	0	0	0	35

续表 10-52

代码	指标名称	计量单位	合计		科普日		科技周		日常		其他
			本年实际	上年对照	科技进村	科教进社区	科技进村	科教进社区	科技进村	科教进社区	
甲	乙	丙	1	2	3	4	5	6	7	8	9
EKX02101	其中:电台电视台播放科技节目	分钟	0	0	0	0	0	0	0	0	0
EKX031	举办实用技术培训	次	618	681	90	65	130	100	100	70	63
EKX032	实用技术培训人数	人次	61629	65304	9000	6500	13000	9000	11000	6700	6429
EKX041	推广新技术、新品种	项	202	200	42	30	40	35	25	20	10
EKX051	参加活动科技人员总数	人次	10845	10132	2020	994	2020	1668	1730	962	1451
EKX05101	其中:专家人数	人次	4459	6980	860	220	1110	1010	710	240	309
EKX061	参加活动的学会、协会、研究会	个次	220	222	17	30	51	52	20	30	20
EKX071	覆盖村	个	195	214	52		76		67		
EKX081	覆盖社区	个	711	666		149		318		244	

表 10-53 青少年科技教育

代码	指标名称	计量单位	本年实际	上年对照
甲	乙	丙	1	2
FKX011	举办青少年科普宣讲活动	次	25	19
FKX01101	其中:专家报告	次	4	2
FKX012	受众人数	人次	87700	121371
FKX021	播放青少年广播、影视节目	分钟	35	35
FKX031	举办青少年科技竞赛	项	7	8
FKX032	参加人数	人次	104000	7502
FKX033	获奖人数	人次	3185	2450
FKX041	青少年参加国际及港澳台科技交流活动	次	0	3
FKX042	参加人数	人次	0	730
FKX051	举办青少年科学营	次	6	3
FKX052	参加人数	人次	1240	1396
FKX061	编印青少年科技教育资料	种	0	0
FKX062	总印数	册	0	0
FKX071	举办青少年科技教育培训	次	92	62
FKX072	培训人数	人次	2100	833

表 10-54 科普基础设施建设

代码	指标名称	计量单位	本年实际	上年对照
甲	乙	丙	1	2
GKX011	科技馆	个	1	1
GKX01101	其中:建筑面积8000平方米以上	个	1	1

续表 10-54

代码	指标名称	计量单位	本年实际	上年对照
甲	乙	丙	1	2
GKX012	建筑面积	平方米	30000	30000
GKX013	展厅面积	平方米	22000	22000
GKX014	科技馆全年参观人数	人次	605417	521469
GKX01401	其中:少儿参观人数	人次	279536	267393
GKX021	科普活动站(中心、室)	个	0	0
GKX022	全年参加活动(培训)人数	人次	0	0
GKX031	科普画廊建筑面积(宣传栏、科技宣传橱窗)	平方米	0	0
GKX032	科普画廊展示面积	平方米	0	0
GKX041	科普大篷车数	辆	1	1
GKX04101	其中:省级	辆	0	0
GKX04102	地(市)级	辆	1	1
GKX04103	县(市)级	辆	0	0
GKX042	科普大篷车下乡次数	次	24	24
GKX043	受益人数	人次	90200	83400
GKX044	科普大篷车行驶里程	公里	2050	2010
GKX051	全国科普教育基地	个	0	0
GKX052	全年参观人数	人次	0	0
GKX061	省级科普教育基地	个	0	0
GKX062	全年参观人数	人次	0	0
GKX071	农村科普示范基地	个	0	0
GKX081	科普示范县(市、区)	个	0	0
GKX091	科普示范街道(乡镇)	个	8	0
GKX101	科普示范社区(村)	个	16	5
GKX102	科普示范户	个	0	0

表 10-55 科学技术传播

代码	指标名称	计量单位	本年实际	上年对照
甲	乙	丙	1	2
HKX011	编著科技图书种数	种	8	3
HKX012	科技图书总印数	册	15450	5700
HKX021	主办科技报纸种数	种	0	0
HKX022	报纸总印数	份	0	0
HKX031	制作科普挂图种数	种	61	28
HKX032	挂图总印数	张	26666	22040
HKX041	制作科技广播、影视节目套数	套	2	2
HKX042	制作节目播放时间	分钟	35	35
HKX051	制作科技光盘种数	种	81	2
HKX052	科技光盘张数	张	780	670
HKX061	制作科普动漫作品套数	套	0	0
HKX062	制作科普动漫播放时间	分钟	0	0

续表 10-55

代码	指标名称	计量单位	本年实际	上年对照
甲	乙	丙	1	2
HKX071	主办科技网站	个	3	5
HKX072	浏览人数	人次	349912	344432

表 10-56 科技开放与交流

代码	指标名称	计量单位	本年实际	上年对照
甲	乙	丙	1	2
IKX011	加入国际民间科技组织	个	0	0
IKX012	任职专家	人	0	0
IKX021	参加国际科学计划	项	0	0
IKX031	促成科技合作项目	项	0	0
IKX03101	其中:引进优质科技资源	项	0	0
IKX041	参加国外科技活动人数	人次	0	20
IKX051	参加港澳台地区科技活动人数	人次	0	112
IKX061	接待国外专家学者	人次	46	20
IKX071	接待港澳台地区专家学者	人次	1	39

表 10-57 科技服务

代码	指标名称	计量单位	本年实际	上年对照
甲	乙	丙	1	2
JKX011	提供决策咨询报告	篇	7	7
JKX01101	其中:获上级领导批示报告	篇	0	0
JKX021	举办决策咨询活动	次	0	0
JKX022	参加活动专家数	人次	0	0
JKX031	科技评价	项	0	0
JKX032	科技人才评价	人	0	0
JKX03201	其中:专业技术职称评定	人	0	0
JKX041	社区益民计划表彰的示范社区	个	5	0
JKX051	科普惠农兴村奖补资金	元	0	300000
JKX05101	其中:中央财政	元	0	0
JKX05102	省级财政	元	0	0
JKX05103	市(地)级财政	元	0	300000
JKX05104	县级财政	元	0	0
JKX052	科普惠农兴村表彰的先进单位和个人	个/人	0	25
JKX05201	其中:农村专业技术协会	个	0	0
JKX05202	农村科普示范基地	个	0	10
JKX05203	农村科普带头人	人	0	15
JKX05204	少数民族科普工作队	个	0	0

续表 10-57

代码	指标名称	计量单位	本年实际	上年对照
甲	乙	丙	1	2
JKX053	受表彰农村专业技术协会带动农户数	户	0	0
JKX054	受表彰农村科普示范基地带动农户数	户	0	13200
JKX055	受表彰农村科普带头人带动农户数	户	0	1230
JKX061	开展“讲、比”活动企业数	个	52	51
JKX06101	其中:国有企业	个	39	39
JKX062	参与“讲、比”活动的科技人员	人次	19000	15600
JKX063	“讲、比”活动中被采纳合理化建议	条	1708	746
JKX071	专家工作站(服务中心)	个	12	12
JKX07101	其中:经济技术开发区	个	1	5
JKX07102	高新开发区	个	0	0
JKX072	专家进(站、中心)人数	人次	100	100
JKX081	专家服务团队	个	14	15
JKX082	参加服务团队	人次	310	367
为科技工作者服务				
KKX011	引进海外高层次人才	人	96	145
KKX021	反映科技工作者建议	条	5	2
KKX02101	其中:获上级领导批示的建议	条	0	0
KKX031	答复人大政协代表(委员)提案	件	0	0
KKX041	走访看望(慰问)科技工作者	人次	42	49
KKX051	科学道德与学风建设宣讲活动	场次	0	0
KKX052	宣讲活动受众人数	人次	0	0
KKX053	参加科学道德与学风建设宣讲专家数	人次	0	0
KKX054	编写科学道德教育读本	种	0	0
KKX061	技术创新方法培训班	场次	0	0
KKX071	继续教育培训班	场次	9	14
KKX072	培训结业人数	人次	455	1470
KKX081	宣传科技工作者人数	人	20	18
KKX091	表彰奖励科技工作者	人次	45	96
KKX09101	其中:女性科技工作者	人次	18	27
KKX09102	40岁以下科技工作者	人次	8	17

2014年江苏省地级科协统计

表10-58 组织建设

代码	指标名称	计量单位	本年实际	上年对照
甲	乙	丙	1	2
AK011	机构数	个	12	12
AK021	机关从业人员	人	210	208
AK02101	其中:女性从业人员	人	51	47
AK031	直属单位	个	22	22
AK032	直属单位从业人员	人	92	109
AK03201	其中:女性从业人员	人	40	38
AK041	学会数(学会、协会、研究会)	个	727	709
AK051	企业科协	个	596	580
KA05101	其中:高新技术开发区	个	29	27
AK05102	技术经济开发区	个	55	55
AK052	个人会员	人	151355	128095
AK061	高等院校科协	个	37	37
AK062	个人会员	人	73279	74157
AK071	街道科协(社区科协)	个	0	0
AK072	个人会员	人	0	0
AK081	乡镇科协	个	0	0
AK082	个人会员	人	0	0
AK091	农技协	个	172	246
AK09101	其中:民政部门注册	个	172	220
AK092	个人会员	人	21100	60880
AK101	基层科普员	人	20720	16339

表10-59 学术交流活动

代码	指标名称	计量单位	合计		高端前沿学术会议	综合交叉学术会议	学术服务会议
			本年实际	上年对照			
甲	乙	丙	1	2	3	4	5
CKX011	国内学术会议	次	461	437	165	116	180
CKX01101	其中:学术年会	次	7	0	6	0	1
CKX012	参加人数	人次	57434	60791	16886	13386	27162
CKX01201	其中:企业科技工作者	人次	16750	21057	6310	3516	6924
CKX013	交流论文	篇	6687	8975	2912	2244	1531
CKX021	境内国际学术会议	次	24	26	20	3	1
CKX022	参加人数	人次	5266	5345	3866	1000	400
CKX02201	其中:企业科技工作者	人次	1744	2460	1284	360	100
CKX02202	境外专家学者	人次	659	1739	539	100	20
CKX023	交流论文	篇	826	2410	716	105	5

续表 10-59

代码	指标名称	计量单位	合计		高端前沿学术会议	综合交叉学术会议	学术服务会议
			本年实际	上年对照			
甲	乙	丙	1	2	3	4	5
CKX031	港澳台地区学术会议	次	1	1	1	0	0
CKX032	参加人数	人次	300	700	300	0	0
CKX03201	其中:企业科技工作者	人次	150	120	150	0	0
CKX033	交流论文	篇	52	430	52	0	0

表 10-60 科技期刊

代码	指标名称	计量单位	本年实际	上年对照
甲	乙	丙	1	2
DKX011	主办科技期刊种数	种	5	7
DKX01101	其中:中文学术期刊	种	1	1
DKX01102	科普期刊	种	4	6
DKX01103	技术期刊	种	0	0
DKX01104	英文学术期刊	种	0	0
DKX012	科技期刊总印数	册	88042	89136
DKX01201	其中:中文学术期刊	册	6000	6000
DKX01202	科普期刊	册	82042	83136
DKX01203	技术期刊	册	0	0
DKX01204	英文学术期刊	册	0	0
DKX013	科技期刊发表论文数	篇	146	247
DKX01301	其中:英文期刊发表论文数	篇	0	0

表 10-61 科学技术普及活动

代码	指标名称	计量单位	合计		科普日		科技周		日常		其他
			本年实际	上年对照	科技进村	科教进社区	科技进村	科教进社区	科技进村	科教进社区	
甲	乙	丙	1	2	3	4	5	6	7	8	9
EKX011	举办科普宣讲活动	次	1807	1611	150	227	171	305	131	720	103
EKX01101	其中:院士科普报告会	次	70	34	1	21	1	26	2	0	19
EKX01102	举办专题展览	次	331	348	51	54	51	69	38	50	18
EKX01103	流动科技馆巡展	次	129	121	15	19	16	44	18	16	1
EKX01104	开展科技咨询	次	560	583	53	99	73	133	47	135	20
EKX012	宣讲活动受众人数	人次	4300010	4410580	584610	551900	701880	860720	716570	818780	65550
EKX01201	其中:流动科技馆巡展受众人数	人次	128350	182500	14800	16950	13800	16450	23150	42900	300

续表 10-61

代码	指标名称	计量单位	合计		科普日		科技周		日常		其他
			本年实际	上年对照	科技进村	科教进社区	科技进村	科教进社区	科技进村	科教进社区	
甲	乙	丙	1	2	3	4	5	6	7	8	9
EKX021	播放科技广播、影视节目	分钟	318800	88731	6260	70140	5960	157080	24290	34931	20139
EKX02101	其中:电台电视台播放科技节目	分钟	70190	68970	5470	4640	5180	5380	23230	23730	2560
EKX031	举办实用技术培训	次	3857	3730	198	92	288	87	1744	1248	200
EKX032	实用技术培训人数	人次	170080	315100	15018	9740	20650	8608	97626	18228	210
EKX041	推广新技术、新品种	项	525	600	65	27	84	26	202	72	49
EKX051	参加活动科技人员总数	人次	80784	85254	13480	12539	14655	13573	12560	4349	9628
EKX05101	其中:专家人数	人次	4359	3058	457	328	1362	555	398	542	717
EKX061	参加活动的学会、协会、研究会	个次	791	744	96	139	92	167	84	114	99
EKX071	覆盖村	个	2696	1923	504		845		1347		
EKX081	覆盖社区	个	1700	1598		496		410		794	

表 10-62 青少年科技教育

代码	指标名称	计量单位	本年实际	上年对照
甲	乙	丙	1	2
FKX011	举办青少年科普宣讲活动	次	178	137
FKX01101	其中:专家报告	次	63	41
FKX012	受众人数	人次	267650	219650
FKX021	播放青少年广播、影视节目	分钟	4300	4100
FKX031	举办青少年科技竞赛	项	107	104
FKX032	参加人数	人次	817300	771270
FKX033	获奖人数	人次	36226	18549
FKX041	青少年参加国际及港澳台科技交流活动	次	1	2
FKX042	参加人数	人次	1	36
FKX051	举办青少年科学营	次	13	10
FKX052	参加人数	人次	478	383
FKX061	编印青少年科技教育资料	种	15	18
FKX062	总印数	册	113800	111500
FKX071	举办青少年科技教育培训	次	75	53
FKX072	培训人数	人次	31890	20676

表 10-63 科普基础设施建设

代码	指标名称	计量单位	本年实际	上年对照
甲	乙	丙	1	2
GKX011	科技馆	个	2	2
GKX01101	其中:建筑面积8000平方米以上	个	1	1
GKX012	建筑面积	平方米	21200	21200
GKX013	展厅面积	平方米	11000	11000
GKX014	科技馆全年参观人数	人次	1059000	1058000
GKX01401	其中:少儿参观人数	人次	847000	847000
GKX021	科普活动站(中心、室)	个	1045	909
GKX022	全年参加活动(培训)人数	人次	3742056	3685900
GKX031	科普画廊建筑面积(宣传栏、科技宣传橱窗)	平方米	66925	55605
GKX032	科普画廊展示面积	平方米	82975	72101
GKX041	科普大篷车数	辆	1	1
GKX04101	其中:省级	辆	0	0
GKX04102	地(市)级	辆	1	1
GKX04103	县(市)级	辆	0	0
GKX042	科普大篷车下乡次数	次	70	63
GKX043	受益人数	人次	15950	14500
GKX044	科普大篷车行驶里程	公里	5000	4500
GKX051	全国科普教育基地	个	6	0
GKX052	全年参观人数	人次	71000	0
GKX061	省级科普教育基地	个	88	43
GKX062	全年参观人数	人次	1161000	560000
GKX071	农村科普示范基地	个	597	658
GKX081	科普示范县(市、区)	个	46	36
GKX091	科普示范街道(乡镇)	个	246	270
GKX101	科普示范社区(村)	个	620	540
GKX102	科普示范户	个	1290	6470

表 10-64 科学技术传播

代码	指标名称	计量单位	本年实际	上年对照
甲	乙	丙	1	2
HKX011	编著科技图书种数	种	34	21
HKX012	科技图书总印数	册	122000	71000
HKX021	主办科技报纸种数	种	0	0
HKX022	报纸总印数	份	0	0
HKX031	制作科普挂图种数	种	20	32
HKX032	挂图总印数	张	30000	35000
HKX041	制作科技广播、影视节目套数	套	28	27

续表 10-64

代码	指标名称	计量单位	本年实际	上年对照
甲	乙	丙	1	2
HKX042	制作节目播放时间	分钟	1450	450
HKX051	制作科技光盘种数	种	0	0
HKX052	科技光盘张数	张	0	0
HKX061	制作科普动漫作品套数	套	67	69
HKX062	制作科普动漫播放时间	分钟	34750	14065
HKX071	主办科技网站	个	13	13
HKX072	浏览人数	人次	4535413	3472525

表 10-65 科技开放与交流

代码	指标名称	计量单位	本年实际	上年对照
甲	乙	丙	1	2
IKX011	加入国际民间科技组织	个	2	1
IKX012	任职专家	人	0	0
IKX021	参加国际科学计划	项	2	9
IKX031	促成科技合作项目	项	37	22
IKX03101	其中:引进优质科技资源	项	23	16
IKX041	参加国外科技活动人数	人次	34	51
IKX051	参加港澳台地区科技活动人数	人次	41	17
IKX061	接待国外专家学者	人次	360	432
IKX071	接待港澳台地区专家学者	人次	52	5

表 10-66 科技服务

代码	指标名称	计量单位	本年实际	上年对照
甲	乙	丙	1	2
JKX011	提供决策咨询报告	篇	187	143
JKX01101	其中:获上级领导批示报告	篇	27	18
JKX021	举办决策咨询活动	次	34	21
JKX022	参加活动专家数	人次	303	208
JKX031	科技评价	项	3	5
JKX032	科技人才评价	人	0	20
JKX03201	其中:专业技术职称评定	人	0	0
JKX041	社区益民计划表彰的示范社区	个	76	134
JKX051	科普惠农兴村奖补资金	元	1105000	1650000
JKX05101	其中:中央财政	元	0	0
JKX05102	省级财政	元	0	0

续表 10-66

代码	指标名称	计量单位	本年实际	上年对照
甲	乙	丙	1	2
JKX05103	市(地)级财政	元	1105000	1650000
JKX05104	县级财政	元	0	0
JKX052	科普惠农兴村表彰的先进单位和个人	个/人	70	114
JKX05201	其中:农村专业技术协会	个	19	30
JKX05202	农村科普示范基地	个	22	40
JKX05203	农村科普带头人	人	29	44
JKX05204	少数民族科普工作队	个	0	0
JKX053	受表彰农村专业技术协会带动农户数	户	17050	17117
JKX054	受表彰农村科普示范基地带动农户数	户	28660	73428
JKX055	受表彰农村科普带头人带动农户数	户	95080	72400
JKX061	开展“讲、比”活动企业数	个	1777	918
JKX06101	其中:国有企业	个	419	151
JKX062	参与“讲、比”活动的科技人员	人次	137451	42374
JKX063	“讲、比”活动中被采纳合理化建议	条	7323	2708
JKX071	专家工作站(服务中心)	个	118	72
JKX07101	其中:经济技术开发区	个	14	3
JKX07102	高新开发区	个	7	2
JKX072	专家进(站、中心)人数	人次	648	227
JKX081	专家服务团队	个	48	32
JKX082	参加服务团队专家人数	人次	853	779
为科技工作者服务				
KKX011	引进海外高层次人才	人	44	68
KKX021	反映科技工作者建议	条	214	291
KKX02101	其中:获上级领导批示的建议	条	28	31
KKX031	答复人大、政协代表(委员)提案	件	7	6
KKX041	走访看望(慰问)科技工作者	人次	1738	700
KKX051	科学道德与学风建设宣讲活动	场次	103	
KKX052	宣讲活动受众人数	人次	20330	
KKX053	参加科学道德与学风建设宣讲专家数	人次	53	
KKX054	编写科学道德教育读本	种	0	
KKX061	技术创新方法培训班	场次	38	
KKX071	继续教育培训班	场次	239	255
KKX072	培训结业人数	人次	16853	13260
KKX081	宣传科技工作者人数	人	393	342
KKX091	表彰奖励科技工作者	人次	549	752
KKX09101	其中:女性科技工作者	人次	162	152
KKX09102	40岁以下科技工作者	人次	241	298

2014年江苏省县级科协统计

表10-67 组织建设

代码	指标名称	计量单位	本年实际	上年对照
甲	乙	丙	1	2
AK011	机构数	个	100	100
AK021	机关从业人员	人	742	710
AK02101	其中:女性从业人员	人	209	184
AK031	直属单位	个	32	32
AK032	直属单位从业人员	人	131	128
AK03201	其中:女性从业人员	人	65	64
AK041	学会数(学会、协会、研究会)	个	2676	2651
AK051	企业科协	个	2074	2047
KA05101	其中:高新技术开发区	个	117	99
AK05102	技术经济开发区	个	195	125
AK052	个人会员	人	175500	183501
AK061	高等院校科协	个	7	5
AK062	个人会员	人	2471	2360
AK071	街道科协(社区科协)	个	827	302
AK072	个人会员	人	81918	60374
AK081	乡镇科协	个	909	919
AK082	个人会员	人	119957	114524
AK091	农技协	个	5223	4990
AK09101	其中:民政部门注册	个	1783	1690
AK092	个人会员	人	637051	621976
AK101	基层科普员	人	142112	107450

表10-68 学术交流活动

代码	指标名称	计量单位	合计		高端前沿学术会议	综合交叉学术会议	学术服务会议
			本年实际	上年对照			
甲	乙	丙	1	2	3	4	5
CKX011	国内学术会议	次	571	595	48	169	354
CKX01101	其中:学术年会	次	0	0	0	0	0
CKX012	参加人数	人次	31715	39146	6130	10239	15346
CKX01201	其中:企业科技工作者	人次	18101	19158	2488	4225	11388
CKX013	交流论文	篇	10684	11263	876	4080	5728
CKX021	境内国际学术会议	次	19	21	8	5	6
CKX022	参加人数	人次	2848	3215	1912	730	206
CKX02201	其中:企业科技工作者	人次	1784	2002	1152	470	162
CKX02202	境外专家学者	人次	918	671	760	151	7

续表 10-68

代码	指标名称	计量单位	合计		高端前沿学术会议	综合交叉学术会议	学术服务会议
			本年实际	上年对照			
甲	乙	丙	1	2	3	4	5
CKX023	交流论文	篇	299	385	239	48	12
CKX031	港澳台地区学术会议	次	1	0	1	0	0
CKX032	参加人数	人次	1	0	1	0	0
CKX03201	其中:企业科技工作者	人次	0	0	0	0	0
CKX033	交流论文	篇	1	0	1	0	0

表 10-69 科技期刊

代码	指标名称	计量单位	本年实际	上年对照
甲	乙	丙	1	2
DKX011	主办科技期刊种数	种	22	16
DKX01101	其中:中文学术期刊	种	2	2
DKX01102	科普期刊	种	17	11
DKX01103	技术期刊	种	3	3
DKX01104	英文学术期刊	种	0	0
DKX012	科技期刊总印数	册	248502	173502
DKX01201	其中:中文学术期刊	册	16000	10000
DKX01202	科普期刊	册	187502	116502
DKX01203	技术期刊	册	45000	47000
DKX01204	英文学术期刊	册	0	0
DKX013	科技期刊发表论文数	篇	280	1541
DKX01301	其中:英文期刊发表论文数	篇	0	0

表 10-70 科学技术普及活动

代码	指标名称	计量单位	合计		科普日		科技周		日常		其他
			本年实际	上年对照	科技进村	科教进社区	科技进村	科教进社区	科技进村	科教进社区	
甲	乙	丙	1	2	3	4	5	6	7	8	9
EKX011	举办科普宣讲活动	次	11498	9013	1271	1591	1331	2064	1986	2177	1078
EKX01101	其中:院士科普报告会	次	44	65	3	15	2	4	2	6	12
EKX01102	举办专题展览	次	1509	1096	143	241	176	336	194	249	170
EKX01103	流动科技馆巡展	次	570	457	40	72	35	62	118	64	179
EKX01104	开展科技咨询	次	5281	4065	826	670	740	963	795	829	458
EKX012	宣讲活动受众人数	人次	11540378	10163305	1725536	1463816	1844085	1790496	1886333	2059002	771110
EKX01201	其中:流动科技馆巡展受众人数	人次	667052	1055272	37141	93823	41532	74343	274042	54258	91913

续表 10-70

代码	指标名称	计量单位	合计		科普日		科技周		日常		其他
			本年实际	上年对照	科技进村	科教进社区	科技进村	科教进社区	科技进村	科教进社区	
甲	乙	丙	1	2	3	4	5	6	7	8	9
EKX021	播放科技广播、影视节目	分钟	286576	222115	13393	17248	30361	30667	63414	3723	57770
EKX02101	其中:电台、电视台播放科技节目	分钟	162954	109035	7752	7922	15335	13518	43043	31209	44175
EKX031	举办实用技术培训	次	8395	7706	857	742	1212	934	2357	1571	722
EKX032	实用技术培训人数	人次	1366966	1363177	182985	127657	231453	171354	378345	224704	50468
EKX041	推广新技术、新品种	项	3500	2777	689	222	742	270	942	418	217
EKX051	参加活动科技人员总数	人次	122119	110271	14611	19496	16405	20519	21001	18370	11717
EKX05101	其中:专家人数	人次	25758	27168	4060	2650	4226	3086	6581	4130	1025
EKX061	参加活动的学会、协会、研究会	个次	5791	4983	1001	745	893	818	1280	805	249
EKX071	覆盖村	个	14491	13722	3948		5071		5472		
EKX081	覆盖社区	个	6054	5702		1729		2138		2187	

表 10-71 青少年科技教育

代码	指标名称	计量单位	本年实际	上年对照
甲	乙	丙	1	2
FKX011	举办青少年科普宣讲活动	次	1604	1404
FKX01101	其中:专家报告	次	544	510
FKX012	受众人数	人次	1084378	903737
FKX021	播放青少年广播、影视节目	分钟	31671	40904
FKX031	举办青少年科技竞赛	项	661	706
FKX032	参加人数	人次	1095007	1369337
FKX033	获奖人数	人次	45206	48829
FKX041	青少年参加国际及港澳台科技交流活动	次	7	25
FKX042	参加人数	人次	394	799
FKX051	举办青少年科学营	次	213	252
FKX052	参加人数	人次	24646	25524
FKX061	编印青少年科技教育资料	种	207	208
FKX062	总印数	册	988500	1002580
FKX071	举办青少年科技教育培训	次	1005	896
FKX072	培训人数	人次	245294	247214

表10-72 科普基础设施建设

代码	指标名称	计量单位	本年实际	上年对照
甲	乙	丙	1	2
GKX011	科技馆	个	41	41
GKX01101	其中:建筑面积8000平方米以上	个	2	3
GKX012	建筑面积	平方米	123709	147959
GKX013	展厅面积	平方米	52508	72188
GKX014	科技馆全年参观人数	人次	1332200	1347100
GKX01401	其中:少儿参观人数	人次	535025	506480
GKX021	科普活动站(中心、室)	个	8234	8239
GKX022	全年参加活动(培训)人数	人次	4003687	3980865
GKX031	科普画廊建筑面积(宣传栏、科技宣传橱窗)	平方米	137193	126465
GKX032	科普画廊展示面积	平方米	195732	173323
GKX041	科普大篷车数	辆	14	10
GKX04101	其中:省级	辆	0	0
GKX04102	地(市)级	辆	0	0
GKX04103	县(市)级	辆	14	10
GKX042	科普大篷车下乡次数	次	575	360
GKX043	受益人数	人次	520300	271490
GKX044	科普大篷车行驶里程	公里	109205	46648
GKX051	全国科普教育基地	个	66	68
GKX052	全年参观人数	人次	6376940	6727400
GKX061	省级科普教育基地	个	179	125
GKX062	全年参观人数	人次	3884924	4069751
GKX071	农村科普示范基地	个	1238	1108
GKX081	科普示范县(市、区)	个	0	0
GKX091	科普示范街道(乡镇)	个	536	469
GKX101	科普示范社区(村)	个	3227	2634
GKX102	科普示范户	个	102524	100587

表10-73 科学技术传播

代码	指标名称	计量单位	本年实际	上年对照
甲	乙	丙	1	2
HKX011	编著科技图书种数	种	104	122
HKX012	科技图书总印数	册	78800	348800
HKX021	主办科技报纸种数	种	2	5
HKX022	报纸总印数	份	11000	147000
HKX031	制作科普挂图种数	种	129	79
HKX032	挂图总印数	张	47534	68973
HKX041	制作科技广播、影视节目套数	套	107	92

续表 10-73

代码	指标名称	计量单位	本年实际	上年对照
甲	乙	丙	1	2
HKX042	制作节目播放时间	分钟	28628	17475
HKX051	制作科技光盘种数	种	53	46
HKX052	科技光盘张数	张	8416	11374
HKX061	制作科普动漫作品套数	套	7	5
HKX062	制作科普动漫播放时间	分钟	10095	480
HKX071	主办科技网站	个	65	62
HKX072	浏览人数	人次	4992163	6803964

表 10-74 科技开放与交流

代码	指标名称	计量单位	本年实际	上年对照
甲	乙	丙	1	2
IKX011	加入国际民间科技组织	个	1	0
IKX012	任职专家	人	2	0
IKX021	参加国际科学计划	项	3	0
IKX031	促成科技合作项目	项	60	23
IKX03101	其中:引进优质科技资源	项	30	10
IKX041	参加国外科技活动人数	人次	157	104
IKX051	参加港澳台地区科技活动人数	人次	28	12
IKX061	接待国外专家学者	人次	1305	1267
IKX071	接待港澳台地区专家学者	人次	197	110

表 10-75 科技服务

代码	指标名称	计量单位	本年实际	上年对照
甲	乙	丙	1	2
JKX011	提供决策咨询报告	篇	323	372
JKX01101	其中:获上级领导批示报告	篇	129	132
JKX021	举办决策咨询活动	次	83	93
JKX022	参加活动专家数	人次	676	716
JKX031	科技评价	项	6	4
JKX032	科技人才评价	人	34	54
JKX03201	其中:专业技术职称评定	人	5	2
JKX041	社区益民计划表彰的示范社区	个	347	251
JKX051	科普惠农兴村奖补资金	元	2687000	3731000
JKX05101	其中:中央财政	元	0	0
JKX05102	省级财政	元	0	0
JKX05103	市(地)级财政	元	0	0
JKX05104	县级财政	元	2687000	3731000

续表 10-75

代码	指标名称	计量单位	本年实际	上年对照
甲	乙	丙	1	2
JKX052	科普惠农兴村表彰的先进单位和个人	个/人	316	389
JKX05201	其中:农村专业技术协会	个	71	98
JKX05202	农村科普示范基地	个	136	119
JKX05203	农村科普带头人	人	108	163
JKX05204	少数民族科普工作队	个	0	1
JKX053	受表彰农村专业技术协会带动农户数	户	47802	81637
JKX054	受表彰农村科普示范基地带动农户数	户	63214	56788
JKX055	受表彰农村科普带头人带动农户数	户	16715	34112
JKX061	开展“讲、比”活动企业数	个	2970	2516
JKX06101	其中:国有企业	个	127	103
JKX062	参与“讲、比”活动的科技人员	人次	115090	87390
JKX063	“讲、比”活动中被采纳合理化建议	条	5194	3726
JKX071	专家工作站(服务中心)	个	200	184
JKX07101	其中:经济技术开发区	个	132	122
JKX07102	高新开发区	个	7	5
JKX072	专家进(站、中心)人数	人次	1294	1575
JKX081	专家服务团队	个	252	311
JKX082	参加服务团队专家人数	人次	9267	4981
为科技工作者服务				
KKX011	引进海外高层次人才	人	118	62
KKX021	反映科技工作者建议	条	878	976
KKX02101	其中:获上级领导批示的建议	条	279	339
KKX031	答复人大、政协代表(委员)提案	件	85	92
KKX041	走访看望(慰问)科技工作者	人次	3341	3192
KKX051	科学道德与学风建设宣讲活动	场次	24	
KKX052	宣讲活动受众人数	人次	3511	
KKX053	参加科学道德与学风建设宣讲专家数	人次	33	
KKX054	编写科学道德教育读本	种	1	
KKX061	技术创新方法培训班	场次	133	
KKX071	继续教育培训班	场次	0	
KKX072	培训结业人数	人次	0	
KKX081	宣传科技工作者人数	人	858	
KKX091	表彰奖励科技工作者	人次	3067	3240
KKX09101	其中:女性科技工作者	人次	843	945
KKX09102	40岁以下科技工作者	人次	1552	1471

2014年江苏省省级学会、协会、研究会统计

表10-76 组织建设

代码	指标名称	计量单位	本年实际	上年对照
甲	乙	丙	1	2
AX011	理事会理事	人	8858	7188
AX01101	其中:常务理事	人	3474	2885
AX01102	女性理事	人	1191	764
AX021	专门工作委员会	个	460	407
AX031	所属分科学会	个	591	439
AX041	学会个人会员	人	380417	179352
AX04101	其中:女性会员	人	158219	49967
AX04102	高级(资深)会员	人	80275	26611
AX04103	学生会员	人	15243	6396
AX04104	外籍会员	人	38	3
AX04105	港、澳、台会员	人	29	2
AX04106	交纳会费会员	人	144385	91720
AX04107	中共党员会员	人	32322	
AX051	学会从业人员	人	2689	413
AX05101	其中:女性从业人员	人	1684	147
AX05102	社会聘用人员	人	143	122
AX061	学会团体会员	个	7010	6405

表10-77 学术交流活动

代码	指标名称	计量单位	合计		高端前沿学术会议	综合交叉学术会议	学术服务会议
			本年实际	上年对照			
甲	乙	丙	1	2	3	4	5
CKX011	国内学术会议	次	604	519	236	151	217
CKX01101	其中:学术年会	次	13	0	6	5	2
CKX012	参加人数	人次	112543	77528	36076	27874	48593
CKX01201	其中:企业科技工作者	人次	16995	18613	4613	5404	6978
CKX013	交流论文	篇	33055	25753	8626	12806	11623
CKX021	境内国际学术会议	次	83	186	38	19	26
CKX022	参加人数	人次	10691	10865	5923	2352	2416
CKX02201	其中:企业科技工作者	人次	4002	2219	2057	240	1705
CKX02202	境外专家学者	人次	704	567	498	125	81
CKX023	交流论文	篇	2447	3198	1424	815	208
CKX031	港澳台地区学术会议	次	17	8	7	6	4
CKX032	参加人数	人次	985	361	212	690	83
CKX03201	其中:企业科技工作者	人次	227	125	53	121	53
CKX033	交流论文	篇	512	121	105	388	19

表 10-78 科技期刊

代码	指标名称	计量单位	本年实际	上年对照
甲	乙	丙	1	2
DKX011	主办科技期刊种数	种	46	38
DKX01101	其中:中文学术期刊	种	28	18
DKX01102	科普期刊	种	4	5
DKX01103	技术期刊	种	14	15
DKX01104	英文学术期刊	种	0	0
DKX012	科技期刊总印数	册	963814	1274010
DKX01201	其中:中文学术期刊	册	565963	272360
DKX01202	科普期刊	册	47101	550000
DKX01203	技术期刊	册	350750	451650
DKX01204	英文学术期刊	册	0	0
DKX013	科技期刊发表论文数	篇	9116	6496
DKX01301	其中:英文期刊发表论文数	篇	0	0

表 10-79 科学技术普及活动

代码	指标名称	计量单位	合计		科普日		科技周		日常		其他
			本年实际	上年对照	科技进村	科教进社区	科技进村	科教进社区	科技进村	科教进社区	
甲	乙	丙	1	2	3	4	5	6	7	8	9
EKX011	举办科普宣讲活动	次	6940	6411	860	719	1020	1027	1615	1545	154
EKX01101	其中:院士科普报告会	次	18	18	0	3	0	6	0	8	1
EKX01102	举办专题展览	次	422	359	48	77	48	93	56	75	25
EKX01103	流动科技馆巡展	次	172	140	24	37	24	21	28	36	2
EKX01104	开展科技咨询	次	638	425	76	83	55	94	132	152	46
EKX012	宣讲活动受众人数	人次	509948	553029	50411	86083	36730	108950	56615	139786	31373
EKX01201	其中:流动科技馆巡展受众人数	人次	73237	215392	31080	13767	1120	9370	1760	14640	1500
EKX021	播放科技广播、影视节目	分钟	10670	4497	922	5140	630	1594	540	1455	389
EKX02101	其中:电台电视台播放科技节目	分钟	2906	1877	780	240	300	437	360	587	202
EKX031	举办实用技术培训	次	585	542	63	87	57	63	138	112	65
EKX032	实用技术培训人数	人次	67562	65985	2670	5464	1160	3820	28475	8904	17069
EKX041	推广新技术、新品种	项	203	154	23	25	7	13	51	51	33
EKX051	参加活动科技人员总数	人次	26102	26983	1444	6568	821	5734	1468	5361	4706
EKX05101	其中:专家人数	人次	4150	2099	219	490	183	703	651	1059	845
EKX061	参加活动的学会、协会、研究会	个次	370	3840	51	59	9	74	21	98	58
EKX071	覆盖村	个	2109	1997	873		818		418		
EKX081	覆盖社区	个	3014	1750		1021		1016		977	

表10-80 青少年科技教育

代码	指标名称	计量单位	本年实际	上年对照
甲	乙	丙	1	2
FKX011	举办青少年科普宣讲活动	次	243	178
FKX01101	其中:专家报告	次	129	82
FKX012	受众人数	人次	48872	38413
FKX021	播放青少年广播、影视节目	分钟	3760	56
FKX031	举办青少年科技竞赛	项	103	90
FKX032	参加人数	人次	144860	145149
FKX033	获奖人数	人次	23791	18101
FKX041	青少年参加国际及港澳台科技交流活动	次	0	0
FKX042	参加人数	人次	0	0
FKX051	举办青少年科学营	次	608	637
FKX052	参加人数	人次	6982	12950
FKX061	编印青少年科技教育资料	种	14	10
FKX062	总印数	册	133585	135580
FKX071	举办青少年科技教育培训	次	103	70
FKX072	培训人数	人次	12754	3548

表10-81 科学技术传播

代码	指标名称	计量单位	本年实际	上年对照
甲	乙	丙	1	2
HKX011	编著科技图书种数	种	33	18
HKX012	科技图书总印数	册	155500	83320
HKX021	主办科技报纸种数	种	5	4
HKX022	报纸总印数	份	254600	255000
HKX031	制作科普挂图种数	种	130	37
HKX032	挂图总印数	张	241994	221592
HKX041	制作科技广播、影视节目套数	套	13	38
HKX042	制作节目播放时间	分钟	1084	670
HKX051	制作科技光盘种数	种	18	30
HKX052	科技光盘张数	张	44231	14230
HKX061	制作科普动漫作品套数	套	3	2
HKX062	制作科普动漫播放时间	分钟	75	17
HKX071	主办科技网站	个	52	30
HKX072	浏览人数	人次	55843214	895994

表 10-82 科技开放与交流

代码	指标名称	计量单位	本年实际	上年对照
甲	乙	丙	1	2
IKX011	加入国际民间科技组织	个	13	7
IKX012	任职专家	人	21	11
IKX021	参加国际科学计划	项	13	12
IKX031	促成科技合作项目	项	43	28
IKX03101	其中:引进优质科技资源	项	23	12
IKX041	参加国外科技活动人数	人次	549	412
IKX051	参加港澳台地区科技活动人数	人次	499	254
IKX061	接待国外专家学者	人次	731	708
IKX071	接待港澳台地区专家学者	人次	255	202

表 10-83 科技服务

代码	指标名称	计量单位	本年实际	上年对照
甲	乙	丙	1	2
JKX011	提供决策咨询报告	篇	189	82
JKX01101	其中:获上级领导批示报告	篇	67	20
JKX021	举办决策咨询活动	次	167	87
JKX022	参加活动专家数	人次	1136	483
JKX031	科技评价	项	215	58
JKX032	科技人才评价	人	5438	629
JKX03201	其中:专业技术职称评定	人	1715	542
JKX041	社区益民计划表彰的示范社区	个	0	0
JKX051	科普惠农兴村奖补资金	元	0	0
JKX05101	其中:中央财政	元	0	0
JKX05102	省级财政	元	0	0
JKX05103	市(地)级财政	元	0	0
JKX05104	县级财政	元	0	0
JKX052	科普惠农兴村表彰的先进单位和个人	个/人	0	0
JKX05201	其中:农村专业技术协会	个	0	0
JKX05202	农村科普示范基地	个	0	0
JKX05203	农村科普带头人	人	0	0
JKX05204	少数民族科普工作队	个	0	0
JKX053	受表彰农村专业技术协会带动农户数	户	0	0
JKX054	受表彰农村科普示范基地带动农户数	户	0	0
JKX055	受表彰农村科普带头人带动农户数	户	0	0
JKX061	开展"讲、比"活动企业数	个	0	0
JKX06101	其中:国有企业	个	0	0
JKX062	参与"讲、比"活动的科技人员	人次	0	0
JKX063	"讲、比"活动中被采纳合理化建议	条	0	0
JKX071	专家工作站(服务中心)	个	0	0

续表 10-83

代码	指标名称	计量单位	本年实际	上年对照
甲	乙	丙	1	2
JKX07101	其中:经济技术开发区	个	0	0
JKX07102	高新开发区	个	0	0
JKX072	专家进(站、中心)人数	人次	0	0
JKX081	专家服务团队	个	0	0
JKX082	参加服务团队专家人数	人次	0	0
为科技工作者服务				
KKX011	引进海外高层次人才	人	38	27
KKX021	反映科技工作者建议	条	91	37
KKX02101	其中:获上级领导批示的建议	条	18	7
KKX031	答复人大、政协代表(委员)提案	件	0	1
KKX041	走访看望(慰问)科技工作者	人次	571	593
KKX051	科学道德与学风建设宣讲活动	场次	0	
KKX052	宣讲活动受众人数	人次	0	
KKX053	参加科学道德与学风建设宣讲专家数	人次	0	
KKX054	编写科学道德教育读本	种	0	
KKX061	技术创新方法培训班	场次	0	
KKX071	继续教育培训班	场次	306	151
KKX072	培训结业人数	人次	57046	35462
KKX081	宣传科技工作者人数	人	1238	1186
KKX091	表彰奖励科技工作者	人次	2974	1226
KKX09101	其中:女性科技工作者	人次	945	301
KKX09102	40岁以下科技工作者	人次	1211	558

(江苏省科学技术协会 沈 禁)

重要科技文件

Important Scientific & Technological Files

江苏省人民政府办公厅

省政府办公厅关于公布第二批江苏高校协同创新中心的通知

苏政办发〔2014〕22号

2014年3月13日

各市、县(市、区)人民政府,省各委办厅局,省各直属单位:

根据《省政府办公厅关于转发省教育厅省财政厅江苏高等学校协同创新计划的通知》(苏政办发〔2012〕190号)有关要求,经学校申报、项目初审、专家评审、江苏高校协同创新计划领导小组研究审定并向社会公示,确定第二批立项建设30个江苏高校协同创新中心、培育建设6个江苏高校协同创新中心,同时立项建设5个高职院校工程技术中心,现予公布。

各地、各有关部门和高校要把协同创新中心建设作为区域创新体系和有特色高水平学校建设的重要抓手,通过整合各方教育科技资源,建立健全产学研协同创新机制,着力推动知识创新、技术创新、区域创新战略融合,不断加快创新型省份和高等教育强省建设步伐,为谱写好中国梦的江苏篇章做出积极贡献。

附件:1. 第二批立项建设江苏高校协同创新中心名单(共30个)

2. 第二批培育建设江苏高校协同创新中心名单(共6个)

3. 立项建设高职院校工程技术中心名单(共5个)

第二批立项建设江苏高校协同创新中心名单

(共30个)

序号	协同创新中心名称	申报高校
1	软件新技术与产业化协同创新中心	南京大学
2	中国文学与东亚文明协同创新中心	南京大学
3	新型建筑工业化协同创新中心	东南大学
4	公民道德与社会风尚协同创新中心	东南大学
5	轻型通用航空飞行器技术协同创新中心	南京航空航天大学
6	社会公共安全科技协同创新中心	南京理工大学
7	重大基础设施安全保障协同创新中心	河海大学
8	“世界水谷”与水生态文明协同创新中心	河海大学
9	肉类生产与加工质量安全控制协同创新中心	南京农业大学
10	现代作物生产协同创新中心	南京农业大学

续表

序号	协同创新中心名称	申报高校
11	现代中药协同创新中心	中国药科大学
12	食品安全与质量控制协同创新中心	江南大学
13	老工业基地资源利用与生态修复协同创新中心	中国矿业大学
14	卫星通信与导航协同创新中心	解放军理工大学
15	地理信息资源开发与利用协同创新中心	南京师范大学
16	区域法治发展协同创新中心	南京师范大学
17	放射医学协同创新中心	苏州大学
18	新型城镇化与社会治理协同创新中心	苏州大学
19	有机电子与信息显示协同创新中心	南京邮电大学
20	大气环境与装备技术协同创新中心	南京信息工程大学
21	先进无机功能复合材料协同创新中心	南京工业大学
22	现代粮食流通与安全协同创新中心	南京财经大学
23	文化创意协同创新中心	南京艺术学院
24	语言能力协同创新中心	常州工学院 江苏师范大学
25	肿瘤生物治疗协同创新中心	徐州医学院
26	高技术船舶协同创新中心*	江苏科技大学
27	神经再生协同创新中心*	南通大学
28	先进催化与绿色制造协同创新中心	常州大学
29	生态建材与环保装备协同创新中心*	盐城工学院
30	区域现代农业与环境保护协同创新中心*	淮阴师范学院

注:*原为首批培育建设江苏高校协同创新中心。

第二批培育建设江苏高校协同创新中心名单

(共6个)

序号	协同创新中心名称	申报高校
1	肿瘤个体化医学协同创新中心	南京医科大学
2	中医药预防肿瘤协同创新中心	南京中医药大学
3	林业资源高效加工利用协同创新中心	南京林业大学
4	运动与健康工程协同创新中心	南京体育学院
5	高端金属结构材料及装备技术协同创新中心	江苏大学
6	粮食作物现代产业技术协同创新中心	扬州大学

立项建设高职院校工程技术中心名单

(共5个)

序号	协同创新中心名称	申报高校
1	风力发电工程技术中心	南京工业职业技术学院

续表

序号	协同创新中心名称	申报高校
2	建筑节能与建造技术工程技术中心	江苏建筑职业技术学院
3	现代园艺工程技术中心	江苏农林职业技术学院
4	先进纺织工程技术中心	江苏工程职业技术学院
5	现代畜牧与新兽药工程技术中心	江苏农牧科技职业学院

江苏省人民政府办公厅

省政府办公厅关于加强技能人才队伍建设促进产业转型升级的意见

苏政办发〔2014〕34号

2014年4月23日

各市、县(市、区)人民政府,省各委办厅局,省各直属单位:

为充分发挥技能人才在转变经济发展方式、促进产业转型升级中的重要支撑作用,贯彻落实《国务院办公厅转发人力资源社会保障部财政部国资委关于加强企业技能人才队伍建设意见的通知》(国办发〔2012〕34号)和《中央组织部人力资源和社会保障部关于印发〈高技能人才队伍建设中长期规划(2010—2020年)〉的通知》(中组发〔2011〕11号)要求,经省人民政府同意,结合我省实际,现就加强技能人才队伍建设,促进产业转型升级提出如下意见。

一、总体要求

加强技能人才队伍建设要深入贯彻落实党的十八大、十八届二中、三中全会精神,以促进产业转型升级和提高企业竞争力为根本目标,着眼于大力发展战略性新兴产业、发展壮大现代服务业和改造提升传统产业等中心任务,坚持"提升能力、以用为本、高端引领、整体推动"原则,充分发挥政府引导作用、企业主体作用和职业院校基础作用,着力完善以培养、评价、使用、激励为重点环节的技能人才工作机制,加快培养造就一支适应产业转型升级要求的高素质技能人才队伍,为推进"两个率先"提供有力的技能人才支撑。

二、目标任务

(一)建成一支适应产业转型升级要求的技能人才队伍。紧紧围绕我省构建现代产业体系发展目标,加快培养造就一支门类齐全、技艺精湛、素质优良的技能人才队伍。到2020年,全省技能人才总量达到875万人,其中高技能人才达到280万人,每万名劳动者中高技能人才数达到600人,高技能人才占技能人才比例达32%。

(二)健全企业行业为主体、职业院校为基础的技能人才培养体系。大力发展职业教育,健全校企合作培养制度,强化企业职工在职技能培训,鼓励社会力量开展职业培训,不断完善学校教育与企业培养、政府推动与社会支持相结合的技能人才培养体系。到2020年,全省建成国家和省级示范性高技能人才培养基地100家、技能大师工作室100个、专项公共实训基地60个。

(三)完善公平公正、科学规范的技能人才评价体制。发挥国家职业资格证书制度引领作用,完善职业技能鉴定体制机制,提高职业技能鉴定认证的公信力和认可度。以企业和社会需求为导向,健全以企业技能人才评价为重点、社会化职业技能鉴定为基础、院校学生职业技能认证为补充的技能人才多元评价体系。

(四)构建有效激励、合理流动的技能人才使用机制。引导和鼓励企业事业单位完善技能人才培训、考核与使用相结合,并与待遇相挂钩的激励机制,完善技能人才合理流动和社会保障的各项政策,建立有利于激发技能人才创新创造活力的使用机制,改善技能人才成长的社会环境。

三、重点举措

(一)实施职业培训助推产业发展计划。完善政府补贴紧缺型高级技师和技师培养政策,推动企业、院校和各类培训机构积极参与紧缺技能人才培养,促进其数量快速增长,适岗能力素质明显增强。加快现代职业教育体系建设,深化产学融合、校企合作,通过示范专业建设,引导职业院校建立专业设置与产业发展、课程内容与企业岗位需求对接的动态调整机制。推行企业在职职工就读职业院校(含技工院校,下同)的弹性学制、学分制政策,对完成规定培训课程和学时且考核合格的,发给相应的职业院校毕业证书。支持企业对新录用和转岗职工,开展以基本技能、安全知识、操作规程等为主要内容的岗前培训;通过在岗培训、脱产培训、业务研修、岗位练兵等形式,对在岗职工开展技能提升培训。鼓励企业建立技能大师工作室,开展关键工艺攻关、技能研习、技能传承和技能创新等活动,培养技能开发团队。根据产业结构升级、加快城镇化进程和促进青年成才的需要,以就业为导向,对城乡未继续升学的初高中毕业生开展技能培训,加大退役士兵免费职业技能培训力度,加强农民工职业技能和从业素质培养。紧密结合市场需求,大力开展农村职业教育和技能培训,培养有文化、懂技术、会经营、能创新的新型农村实用人才。

(二)推进职业技能鉴定方式改革。坚持公开、公平、公正原则,完善以企业技能人才评价为重点的多元评价机制。健全激励政策,科学制定评价办法,引导符合条件的企业根据自身生产需要和岗位要求,在国家职业标准统一框架基础上,采取考核鉴定、考评结合、业绩评审等方式,开展企业技能人才评价工作;对有突出贡献的技能人才可破格参评或直接认定为技师、高级技师。顺应市场需求和产业结构调整,有序扩大社会化职业技能鉴定范围,开展新兴职业(工种)能力考核认证试点。深化职业院校课程教学改革,研究符合在校学生特点的职业技能鉴定方式,实施过程化考核试点。优化工作流程,完善技术资源,切实提高职业技能鉴定质量,促进技能劳动者素质提升。

(三)加强技能人才培养实训基地建设。进一步整合资源、优化布局,统筹建设门类齐全、技术先进、面向社会、与产业发展相衔接的技能人才培训实训基地。依托大型骨干企业(集团)、职业院校,创建一批示范性高技能人才培养基地,2020年前,省财政每年资助建设10家省级技能大师工作室。着眼战略性新兴产业和特色优势产业发展,全面提升省辖市公共实训基地和专项公共实训基地建设及管理水平,重点开展高技能人才的提升培训、考核评价、技能竞赛、课程研发、成果交流和科技成果转化,2020年前,省财政每年资助建设6家省级专项公共实训基地。

(四)统筹组织实施各类职业技能竞赛。按照政府积极引导、行业深度参与、企业普遍开展的要求,围绕我省产业发展,统筹规划,规范管理各类职业技能竞赛。省政府每两年举办一届江苏技能状元大赛。鼓励、支持企业事业单位开展职业技能竞赛活动,并可将符合竞赛组织实施要求的竞赛活动纳入政府组织的职业技能竞赛计划。积极选派技能人才参加国际性职业技能大赛。对在省级以上职业技能竞赛中取得优异成绩的选手,按规定给予奖励;对符合条件的竞赛获奖选手晋升相应等级职业资格。

(五)实施高技能人才引进和海外培训计划。以企业为主体、项目为载体,大力引进高技能人才。其中,5年内面向海内外引进不少于100名紧缺急需的高技能人才。对经规定程序确认纳入省高层次创新创业人才引进计划的高技能人才,享受与高层次人才同等待遇的资助。鼓励地方和企业积极开展高技能人才海外培训,依托国际知名职业培训机构,逐步形成我省海外高技能人才培训基地和师资研修基地。吸引国际知名职业培训机构落户我省或与省内职业院校开展合作办学,鼓励有条件的企业与国际知名企业开展技术交流活动,借鉴先进职教理念和培养模式。省每年选派资助100名左右企业一线优秀高技能人才和职业院校骨干教师到海外培训和研修。

(六)完善公共服务体系。依托人力资源市场信息系统,建立技能人才需求动态监测分析体系,实施技能人才供求信息和技能等级工资指导价位信息定期发布制度,引导技能人才合理流动,促进技能人才资源优化配置,推动技能培训与产业需求有效对接。建立技能人才资源信息库和公共服务网站,为技能人才技术交流、成果转让和创新创业等活动提供公共服务平台。

四、配套政策

(一)建立职业培训普惠制度。强化职业技能培训在终身教育和促进就业创业中的地位与作用,完善城乡一体的职业技能培训普惠制度,健全以获取国家职业资格证书和专项能力证书为主要评价依据的政府购买培训成果机制。城镇登记失业人员、农村转移就业劳动者、毕业年度高校毕业生、城乡未继续升学的应届初高中毕业生、退役士兵参加技能培训的,按规定享受职业培训补贴或免费培训。企业组织开展岗前培训并符合补贴条件的,按规定享受培训费补贴政策。企业职工就读职业院校弹性学分制和进行技能提升培训达1年以上,取得毕业证书和国家职业资格证书后,参照中等职业学校给予学费(培训费)减免。支持企业开展职工在岗、转岗技能提升培训,对连续5年按时足额缴纳失业保险费,并按规定提取和使用职工教育经费,且职工教育经费发生超支的企业,培训补贴按现有扩大失业保险基金支出范围试点政策规定执行。继续实施政府购买紧缺职业(工种)高技能人才培训成果政策,对当年取得技师、高级技师证书和参加高级技师岗位技能提升培训人员,政府给予培训补贴。

(二)完善技能人才激励政策。大力推行首席技师制度,支持优秀高技能人才领衔建立技能大师工作室,财政按相关规定予以资助。企业应健全技能等级与业绩贡献相结合的收入分配制度和激励机制,在建立企业年金和补充医疗保险制度时,向生产、服务一线的技能人才倾斜。高技能人才凡符合相应工程类专业技术资格条件的,可参加工程系列专业技术资格评审,可推荐列入专业技术人才培养工程。高级技工学校、技师学院在招生、学历、升学、收费等相关政策方面依法享受同类同等院校的同等待遇。建立政府为引导、企业为主体、社会为补充的高技能人才表彰奖励制度,完善高技能人才评选表彰办法。省政府对做出突出贡献的高技能人才给予表彰奖励,鼓励和支持企业事业单位、社团组织和非公有制经济组织以多种形式奖励有突出贡献的技能人才。

(三)深化校企合作培养模式。鼓励企业行业深度参与技能人才培养,畅通企业工程技术人员和高技能人才到职业院校担任教师的通道,推动职业院校与企业行业共同开展技能人才需求预测、专业开发、标准制定、教学实施等。探索政府通过补贴、购买服务成果等方式,支持企业办学和建立生产实训基地。职业院校可使用教育经费与企业共建资产权属明晰的企业实训基地,企业用于实训的生产设备按税法规定计提折旧。校企共办的非营利性教学实训场所用地可列入教育用地范围,按照土地使用标准实施规划、设计和建设,除土地取得成本费用外,可减免实训基地建设各项规费。

(四)支持民办职业培训发展。坚持“积极鼓励、大力支持、正确引导、依法管理”的方针,优化民办职业培训发展环境,鼓励发展非营利性民办职业培训事业。落实民办职业培训学校与公办学校同等法律地位,保障民办职业培训学校办学自主权。政府在土地划拨或出让、规划建设、金融税收、设置审批、项目申报和奖励评定等方面,给予非营利性职业培训学校与公办学校同等待遇,切实落实非营利性民办职业培训学校供电、供水、供气等相关优惠政策。

五、保障措施

(一)加强组织领导。各级人民政府要切实把技能人才队伍建设作为促进产业转型升级和地区经济发展的一项重要内容,纳入本地人才工作总体规划。人力资源社会保障部门要加强统筹协调,发展改革、教育、科技、财政等部门要各司其职、紧密配合,并动员社会力量广泛参与技能人才培养。要强化监督指导,定期组织对贯彻落实国家、省技能人才队伍建设和职业培训政策、资金投入等情况的专项检查,推动各项政策措施落到实处。

(二)加大资金投入。各级人民政府要加大对技能人才队伍建设的资金扶持。进一步落实城市教育费附加用于职业教育培训(含技工教育)的政策,各地用于职业教育的城市教育费附加中,要有不少于20%用于技能人才的教育培训。各级财政要调整就业专项资金支出结构,逐步提高职业培训支出比重。建立职业院校生均拨款制度和生均拨款标准稳定增长机制,高级技工学校、技师学院可参照高职院校标准设定生均经费标准和核定人员编制。鼓励社会各界和海外人士对技能人才培养提供捐赠和培训服务。企业和个人对技能人才培养进行捐赠的,准予其在缴纳企业所得税和个人所得税时,按国家有关规定在计算应纳税所得额中扣除。

(三)强化舆论宣传。各地、各有关部门要充分认识加强技能人才队伍建设对转变经济发展方式、促进产业转型升级的重要意义,广泛宣传技能人才特别是高技能人才的重要作用、技能人才培养使用等方面的政策措施、做法经验,以及高技能人才的典型事迹,在全社会树立技能人才是人力资源重要力量的观念,形成尊重和争做优秀技能人才的良好风尚,不断提高技能人才的社会地位,营造尊重劳动、崇尚技能、鼓励创造的浓厚氛围。

江苏省人民政府办公厅

省政府办公厅关于印发实施江苏省知识产权战略纲要2014年行动计划的通知

苏政办发〔2014〕49号

2014年6月16日

各市、县(市、区)人民政府,省各委办厅局,省各直属单位:

《实施江苏省知识产权战略纲要2014年行动计划》已经省人民政府同意,现印发给你们,请认真组织实施。

实施江苏省知识产权战略纲要 2014年行动计划

为深入实施《江苏省知识产权战略纲要》，扎实推进知识产权强省建设，制定本行动计划。

一、大力提高知识产权创造质量

(一)加快实施知识产权创造与运用能力提升工程，支持企事业单位提高知识产权综合管理能力，推动知识产权创造。(省知识产权局负责)

(二)健全专利工作绩效考核指标体系；支持各地完善专利创造扶持政策，重点加大对发明专利、国际专利申请的支持力度。(省知识产权局负责)

(三)促进专利产出量质提升，专利申请量、授权量保持全国领先水平，发明专利授权量比2013年增长10%，国际专利申请量增长20%，万人有效发明专利拥有量提高到8.5件。(省知识产权局负责)

(四)新增注册商标3万件以上、国际注册商标200件以上、地理标志商标30件以上。(省工商局负责)

(五)新增一般作品登记4万件以上。(省版权局负责)

(六)开发省级新产品500个。加强专精特新产品认定工作，认定20个中小企业专精特新产品。(省经济和信息化委负责)

(七)强化企业研发机构建设，新增200家省级以上企业技术中心。(省经济和信息化委负责)

(八)继续实施农业新品种培育创新工程，确保植物新品种授权量位居全国前列。(省农委、林业局负责)

二、切实加快知识产权转化运用

(九)加大对拥有自主知识产权专利技术转化和产业化的支持力度。(省科技厅负责)

(十)继续将知识产权转移情况纳入高校、科研机构绩效评价和考核内容，鼓励高校、科研机构向企业转移知识产权，推动知识产权转化和产业化。(省教育厅、科技厅负责)

(十一)实施专利导航计划，加强知识产权集群管理，推进产业集群品牌培育基地建设，加快发展知识产权密集型产业。(省知识产权局、工商局、商务厅负责)

(十二)深入开展“护航品牌”活动，推动地理标志有效运用，打造一批地理标志知名品牌。(省工商局负责)

(十三)强化知识产权质押贷款工作，拓展知识产权转化融资渠道，缓解科技型中小企业等创新主体融资难矛盾，加快知识产权成果转化运用。(省知识产权局、工商局负责)

(十四)完善正版影视节目版权运营平台，推动影视节目版权资产经营开发。(省广电局、版权局负责)

(十五)加强具有自主知识产权环保新技术、新产品的推广应用，实施一批应用示范工程。(省环保厅负责)

(十六)建立健全知识产权运营机制，建设一批知识产权运营机构，推动知识产权加快实现市场价值。(省知识产权局负责)

(十七)做好2013年度最具价值版权项目评选工作。(省版权局负责)

三、不断加大知识产权保护力度

(十八)健全打击侵犯知识产权和制售假冒伪劣商品行动长效机制，加大对违法犯罪行为的惩处力度。(省商务厅，省法院，省检察院，省公安厅、工商局、版权局、知识产权局、质监局、食品药品监管局、农委，南京海关负责)

(十九)加强展会知识产权监管，研究制定大型活动知识产权监管意见。(省知识产权局、工商局、版权局、商务厅，南京海关负责)

(二十)深化“正版正货”示范街区创建活动，推进行业“正版正货”工作，不断提高“正版正货”品牌的社会认知度。(省知识产权局、工商局、版权局负责)

(二十一)完善商标保护日常巡查制度,加强对列入重点、热点行业商标印制企业和商标代理组织的巡查,努力从源头上防范商标侵权行为的发生。(省工商局负责)

(二十二)以抓源头、清市场、打网络、查破大要案为重点,继续开展打击网络侵权盗版专项治理“剑网行动”。(省版权局、公安厅负责)

(二十三)开展广播影视及视听新媒体领域的著作权、专利权和商标权等保护情况的调查研究。(省广电局、版权局、知识产权局、工商局负责)

(二十四)强化游艺游戏知识产权审查,推进游艺游戏机电子标签化管理试点工作。(省文化厅、版权局、公安厅负责)

(二十五)严厉打击网络游戏“私服”“外挂”,侵权盗版网络音乐,以及擅自将影视作品等上传至网吧内局域网服务器供消费者浏览、下载、播放等违法行为。(省版权局、文化厅负责)

(二十六)依托中国移动、中国联通、中国电信三大通信运营商网络平台,建设互联网文化产品监测机构,实时监测互联网文化产品知识产权保护情况。(省文化厅、版权局、经济和信息化委负责)

(二十七)进一步完善食品药品监管部门、公安机关、企业“三方联手”的打假保名牌工作体制,强化行政机关与司法机关联合打击涉药犯罪工作,保持药品打假高压态势。(省食品药品监管局、公安厅负责)

(二十八)着力规范种子、苗木生产经营行为。(省农委、林业局负责)

(二十九)继续对出入境侵权药品、食品、汽车配件、电子产品等进行整治。加大对自主知识产权和自有品牌的保护力度,支持帮助企业办理知识产权海关保护备案。(南京海关负责)

(三十)研究制定《技术专家参与知识产权诉讼工作规范》,修订《侵害专利权纠纷案件审理指南》,做好知识产权案件审判工作。(省法院负责)

(三十一)推进知识产权审判“三合一”改革试点工作。研究制定《知识产权刑事案件审理流程》和《知识产权刑事裁判文书制作规范》。(省法院负责)

(三十二)加强知识产权刑事案件审查批捕、审查起诉和审判监督工作,做好知识产权民事行政申诉案件的受理、立案、审查和抗诉工作。(省检察院负责)

(三十三)推进《江苏省知识产权促进条例》《江苏省专利行政执法办法》研究制定工作。(省知识产权局负责)

(三十四)建立健全境外知识产权争端快速反应机制,支持企业积极应对境外知识产权纠纷诉讼,帮助企业维护自身合法权益。(省商务厅、知识产权局、工商局负责)

(三十五)研究制定《知识产权维权援助中心调解知识产权纠纷案件实施办法》,强化知识产权纠纷案件诉调对接工作。(省知识产权局负责)

四、进一步加强知识产权管理

(三十六)研究制定知识产权强省建设规划和意见,召开全省知识产权工作会议。(省政府知识产权联席会议办公室负责)

(三十七)积极向上汇报沟通,争取工商总局、国家版权局、工业和信息化部、商务部等与我省开展合作,推动知识产权强省建设深入开展。(省知识产权局、工商局、版权局、经济和信息化委、商务厅负责)

(三十八)推进环保企业研发机构建设,建设一批省级环境保护工程技术中心。(省环保厅负责)

(三十九)积极培育文化产业园区,引导扶持特色文化产业集群建设,加快提高文化产业规模化、集约化发展水平。(省文化厅负责)

(四十)研究制定《江苏省重大经济科技活动知识产权评议暂行办法》,切实做好重大科技项目立项、专利奖项评选中的知识产权评议工作。(省知识产权局、发展改革委、科技厅、教育厅、经济和信息化委负责)

(四十一)推进高校知识产权管理制度和能力建设,将高校知识产权管理机构建设、人员配备情况纳入高校科技工作评价考核内容。(省教育厅负责)

(四十二)强化高校专利监控管理平台建设。(省教育厅、知识产权局负责)

(四十三)进一步加强科技创新中的知识产权

管理,将知识产权拥有情况纳入科技项目申请立项、过程实施和验收考核的评价指标体系。(省科技厅、经济和信息化委、卫生计生委负责)

(四十四)继续推进企业知识产权管理规范“贯标”工作,全年新增“贯标”企业400家。深入实施企业知识产权战略推进计划,培育一批知识产权密集型企业。(省知识产权局负责)

(四十五)大力推行《江苏省企业商标管理规范》,扎实开展驰名、著名商标企业商标使用管理专项检查,切实提高企业商标使用管理的规范化水平。(省工商局负责)

(四十六)巩固政府机关软件正版化整改成果,推动省级机关同步购置计算机产品和办公软件,从源头上杜绝使用盗版软件。(省版权局负责)

(四十七)指导各市、县(区)政府机关建立健全软件资产管理办法,加强对各地政府机关软件正版化工作的督查。(省版权局负责)

(四十八)加强创新过程中的知识产权管理,引导创新主体将专利信息利用贯穿于技术研发全过程。(省知识产权局负责)

(四十九)以战略性新兴产业和高新技术产业为重点,定期发布产业知识产权分析报告,引导产业和企业加强知识产权战略布局,努力构筑产业创新发展优势。(省知识产权局负责)

(五十)研究制定知识产权战略实施绩效评价指标,组织开展知识产权战略实施绩效评价并发布相应评价报告。(省知识产权局负责)

(五十一)支持南京工业大学专利代理人教学研究中心、江苏大学知识产权研究中心建设发展,做好工业和信息化部、国家知识产权局和江苏省人民政府共建南京理工大学知识产权学院相关工作。(省知识产权局、财政厅、教育厅负责)

(五十二)着力提升基层知识产权管理水平,积极推进国家知识产权试点示范城市(园区)建设,新增3~5个试点示范城市、2~4个试点园区、3~5个强县工程试点示范县(区)。(省知识产权局负责)

(五十三)推进商标国际注册与保护,认定一批示范县(市、区)和示范企业,提升品牌国际化水平。(省工商局负责)

(五十四)进一步落实《江苏省版权示范城市、示范单位和示范园区(基地)创建和管理办法》,深入开展相关创建活动。(省版权局负责)

(五十五)组织开展《江苏省知识产权战略纲要》实施5周年专题宣传活动。(省知识产权局、工商局、版权局、商务厅,省法院,南京海关负责)

五、加快健全知识产权服务体系

(五十六)研究制定《江苏省专利代理行业服务质量管理规范》和《江苏省专利代理机构分支机构管理办法》。(省知识产权局、发展改革委、财政厅负责)

(五十七)引导商标协会加强自身建设,完善组织机制,并推动组建商标代理分会。支持商标协会开展品牌理论研究,推进品牌价值评估工作。(省工商局负责)

(五十八)加快推进国家知识产权局专利局专利审查协作江苏中心、国家知识产权局区域专利信息服务(南京)中心、国家专利战略推进与服务(泰州)中心和无锡(国家)外观设计专利信息中心建设。(省知识产权局负责)

(五十九)支持知识产权代理、交易、咨询、评估、法律等服务机构加快发展,吸引国内高水平知识产权服务机构到我省设立分支机构。(省知识产权局负责)

(六十)强化版权综合服务信息平台建设,不断提升版权综合管理服务水平。(省版权局负责)

(六十一)进一步鼓励支持律师事务所、公证处等法律服务机构加强知识产权领域的专业化建设,努力向企业提供及时有效的知识产权法律服务。加强对律师知识产权案件代理工作的指导。(省司法厅负责)

六、深入开展知识产权交流合作

(六十二)着力推进长江三角洲地区专利行政执法和海关知识产权执法协作机制建设,加快完善信息互通、协作办案等工作机制。(省知识产权局,南京海关负责)

(六十三)建立跨区域执法协作调度工作机制,会同上海、浙江等省(市)知识产权部门研究制

定《华东地区专利行政执法协作调度工作管理办法》和《华东地区专利侵权判定咨询工作暂行规定》。(省知识产权局负责)

(六十四)充分发挥江浙沪三地律师知识产权法律服务合作平台作用,进一步加强知识产权保护交流合作。(省司法厅负责)

(六十五)积极参加药品稽查协作联防"7+1"协作会议,推进药品稽查区域联防工作。(省食品药品监管局负责)

(六十六)积极开展与美国、德国、韩国、英国等国家及香港地区知识产权机构的交流合作,学习借鉴先进经验和做法,提高知识产权工作水平。(省知识产权局、发展改革委、商务厅、外办负责)

七、努力建设知识产权人才高地

(六十七)研究制定全省知识产权人才培养规划(2014-2020),修订《知识产权工程师职称评审办法》。(省知识产权局、人力资源社会保障厅负责)

(六十八)加大知识产权人才培训力度,做好专利代理人考前培训和知识产权行政管理人员、企业知识产权工程师、品牌管理师培训工作。(省知识产权局、工商局、版权局,省法院,南京海关负责)

(六十九)鼓励有条件的高校在法学学科中增设知识产权研究方向,培养知识产权领域的硕士、博士研究生。(省教育厅负责)

(七十)继续在县处级中青年干部培训班、县处级干部进修班和处级公务员任职培训班等开设知识产权课程。(省委党校,省知识产权局负责)

(七十一)继续将知识产权高端人才纳入省"创新创业人才引进计划""333高层次人才培养工程""六大人才高峰"等,培养和引进一批高层次知识产权人才。(省委组织部,省人力资源和社会保障厅、知识产权局负责)

江苏省科学技术厅
江苏凤凰出版传媒集团
江苏凤凰科学技术出版社有限公司

关于印发《江苏省金陵科技著作出版基金章程》和《江苏省金陵科技著作出版基金管理办法》的通知

苏科条发〔2014〕23号
2014年1月22日

各有关单位:

为深入贯彻党的十八届三中全会精神,实施创新驱动战略,加快建设创新型省份,促进优秀科技出版物服务于经济建设、科技进步及全民科技文化素质的提高,特修订《江苏省金陵科技著作出版基金章程》和《江苏省金陵科技著作出版基金管理办法》,现予以印发,自2014年2月21日起施行。

附件:1.江苏省金陵科技著作出版基金章程
2.江苏省金陵科技著作出版基金管理办法

江苏省金陵科技著作出版基金章程

第一条 宗旨

为深入实施创新驱动战略,加快建设创新型省份,有重点地支持优秀科技著作的出版,促进科技出版为经济建设、科技进步服务,为全民科技文化素质的提高服务,特建立江苏省金陵科技著作出版基金(以下简称"基金")。

第二条 基金的筹集

1. 基金由江苏省人民政府支持,江苏省科学技术厅、江苏凤凰出版传媒集团及江苏凤凰科学技术出版社有限公司共同筹集。

2. 基金集中存放在商业银行或有实力的企业,每年提取一定的金额作为年度资助资金。根据优秀科技出版物的出版需求,从省级科技条件建设资金中安排一定的金额补充进入基金,统一使用。

3. 为了扩大基金来源,将采取多种形式筹集本基金。

第三条 基金管理机构

1. 成立基金管理委员会(以下简称"基金管委会"),由江苏省科学技术厅、江苏凤凰出版传媒集团、江苏凤凰科学技术出版社有限公司等单位组成。

2. 基金管委会是筹集、管理、审批和使用本基金的决策机构。

3. 基金管委会下设办公室,负责日常工作。

4. 基金管委会设若干专家评审组,负责对申请本基金的科技著作进行评审。

5. 基金管委会的组成、职责等详见《江苏省金陵科技著作出版基金管理办法》。

第四条 基金申请程序

凡符合基金申请条件的申请者,由本人填写申请表,经作者单位推荐,有关专家评审组评审,基金管理委员会讨论批准后方可获得补助。

第五条 基金的使用

1. 基金的使用遵循"立足本省、面向全国、择优补助"的原则,对经评审合格的科技著作出版时给予补助。

2. 基金以国家和省科技创新政策为导向,并紧密结合我省科技发展规划,主要用于自然科学和技术方面的优秀科技著作的出版补助(含国家急需的高水平的引进版学术专著)、申请基金书稿的审稿、绩效管理及重要科技著作出版项目的组稿等费用。

3. 凡获得基金补助的科技著作,统一由江苏凤凰科学技术出版社有限公司出版。

第六条 基金标记

设有基金标记,由基金管委会确定。

第七条 章程的制定、修改

本章程由基金管委会制定,并报江苏省人民政府备案。

本章程未尽事宜和实施办法由基金管委会修订和补充。

第八条 附则

本章程自2014年2月21日起施行。2003年12月9日发布的《江苏省金陵科技著作出版基金章程》(苏科条〔2003〕459号)同时废止。

江苏省金陵科技著作出版基金管理办法

根据《江苏省金陵科技著作出版基金章程》有关规定,为了管好用好基金,特制订本办法。

第一条 基金管理委员会

1. 由江苏省科学技术厅、江苏凤凰出版传媒集团、江苏凤凰科学技术出版社有限公司和其他有能力的集资单位共同协商,建立基金管理委员会(以下简称"基金管委会"),作为管理基金的决策机构。

2. 基金管委会成员由管委会成员单位协商后推选。

3. 基金管委会由9人(含9人)以上组成,其中主任委员1人,副主任委员3人),任期3年,可以连任。有工作变动予以调整。

4. 基金管委会每年至少召开1次例会。遇特殊情况由基金管委会主任不定期召集会议。

5. 基金管委会的职责是:

(1)制订和修改基金章程、基金管理办法;

(2)负责筹集基金并检查基金的使用、返还情况;

(3)审定基金申请的范围、条件,审批基金的使用;

(4)审定审议基金的年度计划和使用情况;

(5)领导和督查基金管委会办公室的工作。

第二条 基金管理委员会办公室

1. 基金管委会下设办公室,负责处理日常管理工作。

2. 基金管委会办公室(以下简称"办公室")设主任1~2名,副主任1~2名,工作人员3名。办公地点设在江苏凤凰科学技术出版社有限公司。

3. 办公室在基金管委会领导下进行工作,履行以下职责:

(1)执行基金管委会审定的年度计划和各项决定;

(2)发布基金年度申报通知并受理基金申请,对申报的选题进行初步筛选;

(3)负责对入选的书稿进行成本核算,提出基金补助数额及其他经济核算工作;

(4)组织专家评审组对书稿的学术价值、社会效益等进行评议,并根据专家评议情况写出初审意见,进行综合平衡;

(5)负责处理基金使用的具体事项和退稿的善后工作;

(6)定期向基金管委会汇报年度计划执行情况和基金财务收支情况。

第三条 基金管理委员会专家评审组

1. 基金管委会设立理工、农业、医学、科普四个专家评审组,负责对办公室提交的申请基金的科技著作进行评审工作。

2. 各组的评审专家由基金管委会聘请,每组不少于五名专家。为加强与各评审专家的联系和协调工作,江苏凤凰科学技术出版社有限公司有关编辑室负责人参与相关评审组评审。

3. 评审组主要履行以下职责:

(1)根据基金章程、基金管理办法的有关规定,认真、公正地评审申请基金的科技著作;

(2)对每类申请基金的科技著作提出书面评审意见;

(3)对有争议的科技著作,提出请有关部门专家复评的建议。

第四条 基金的管理

1. 基金仅限用于经基金管委会批准的科技著作出版的补贴,以及对申请书稿的评审、绩效管理及重要科技著作出版项目的组稿等费用。基金由基金管委会集中管理,统一使用。

2. 为了确保专款专用,在江苏凤凰科学技术出版社有限公司内专门设置基金财务账号,独立核算,并确定一位兼职会计负责财务账目。基金管委会在每年例会时,对上一年的基金使用计划执行情况进行检查、总结,并讨论、制订下一年的基金使用计划和基金征集计划。

3. 为使有限的基金能支持较多的优秀科技著作的出版,凡取得基金资助的科技著作出版后,作者的全部或部分稿酬返还基金;出版社如在销售基金补贴的科技著作有盈利时,50%税后利润返还基金,力争使基金增值。

4. 对申请书稿的评审、绩效管理及重要科技著作出版项目的组稿等费用,根据国家和省专项资金相关管理办法,原则上控制在当年度资助总额的10%以内。

5. 基金管委会确定一位副主任委员分管财务工作,具体负责和检查督促兼职会计执行基金管委会确定的年度基金使用计划,审批使用计划范围内的管理费用,每年例会向基金管委会汇报财务收支情况。

6. 每年基金征集工作由基金管委会成员单位合作完成。

第五条 基金申请、审批办法

1. 基金申请条件

申请基金的科技著作应主要属于自然科学和技术方面的优秀科技著作和数字出版物,或国家急需的高水平的引进版学术专著,并具备以下条件之一者:

(1)在理、工、农、医基础理论方面和新学科、高科技方面具有开拓性的、其科研成果在国内外有影响的科技著作;

(2)具有较高学术价值,并填补我国科技领域某些方面空白的科技著作;

(3)在高新技术产业、战略性新兴产业等技术领域取得先进研究成果,对实施创新驱动战略具有明显促进作用的科技著作;

(4)在挖掘、积累和发展我国科学技术遗产方面具有重大价值的科技著作;

(5)在传播科学思想、介绍科学方法、普及科学知识方面具有思想性、科学性、普及性、高水准的科普读物;

(6)具有较高学术价值,对传播新学科、新知识和先进科学技术有重大作用的工具书。

2. 基金申请、审批手续

(1)基金申请者应根据基金章程、基金管理办法及当年发布的基金申报通知的规定和要求,对照申请范围和条件,进行基金申报,并按要求提交相关证明材料;

(2)办公室在当年度申请截止日期后一个月内,提出资格审查意见,在征求江苏凤凰科学技术出版社有限公司对申请书稿的出版要求的意见后,由办公室送专家评审组评审;

(3)专家评审组为非常设机构,对申请基金的科技著作在学术水平、出版价值、社会效益、经济效益、创作团队、同类书情况、自筹资金情况等方面提出评审意见;

(4)办公室根据专家评审意见及书稿核算成本办法,提出初审和基金补贴建议,汇总后送基金管委会审定;

(5)基金管委会对评审组通过的申请书稿进行最后审查,以无记名投票方式,决定申请书稿是否获准补助,确定出版补助的金额和稿费返回基金的比例。参加会议的基金管委会成员须超过总成员数2/3以上(含2/3),无记名投票同意票数须超过参会委员数的2/3(含2/3),申请书稿即获得批准;

(6)申请书稿经基金管委会审定获得批准后,由主任委员、副主任委员签署意见;

(7)以上手续完备后,由办公室填写“申请金陵科技著作基金书稿评审出版流程表”一式两份(一份转出版社)并将申请书稿的全部档案(连同评审资料等)转送江苏凤凰科学技术出版社有限公司落实出版,同时将评审结果通知作者;

(8)获得基金补助的申请者,须与江苏凤凰科学技术出版社有限公司签订出版合同,由该社指定责任编辑负责联系。

3. 申请基金的协议

(1)凡符合申请条件和手续,并自愿履行义务的基金申请者,须与办公室签订协议;

(2)凡获得本基金补助的申请者必须严格履行出版合同,如需增加书稿字数,不得超过原定字数的10%,如需延期交稿,不得超过原定日期的3个月,否则将根据情况另行安排。

4. 落实出版

(1)经基金管委会批准的申请书稿,江苏凤凰科学技术出版社有限公司须在半月内落实编辑室和责任编辑;

(2)由江苏凤凰科学技术出版社有限公司与作者分别签订出版合同(包括基金章程规定将稿酬返回基金的比例),合同文本一式三份,办公室、作者、江苏凤凰科技出版社有限公司各执一份。

5. 基金补助档次

根据出版市场价格核算申请书稿的出版资金,分四个档次予以部分补助:

(1)单个项目出版资金在5万元(含)以内的,资助金额不超过总费用的80%;

(2)单个项目出版资金在5～10万元(含)之间,资助金额不超过总费用的70%;

(3)单个项目出版资金在10～20万元(含)之间,资助金额不超过总费用的60%;

(4)单个项目出版资金在20万元以上的,资助金额不超过总费用的50%。

资助金额最高不超过20万元。不足部分由有关单位资助或自筹。经基金管委会批准的重大组稿项目,可予以全额资助。

第六条 基金申请者的权利和义务

1. 在满足规定条件下,可获得由本基金资助出版其科技著作的权利;

2. 全面履行与江苏凤凰科学技术出版社有限公司签订的出版合同;

3. 凡获准由本基金补助出版的作者,承担章程规定将稿酬按一定比例返回本基金的义务。接受全额出版补助者返回30%以上稿酬,接受部分出版补助者返回30%以下稿酬。

4. 凡获准由本基金补助出版的作者,应积极协助做好其著作的宣传发行工作。

第七条 江苏凤凰科学技术出版社有限公司的权利与义务

1. 在坚持章程规定的条件下,有接受申请本基金书稿出版的义务;

2. 有全面履行与经基金管委会批准的申请者所签订的出版合同的义务;

3. 获得基金补助的书稿出版后如有盈利,江苏凤凰科学技术出版社有限公司有权免除作者返还稿酬,并将50%的税后利润返回本基金。

第八条 扩大基金来源

基金管委会应在政策允许的原则下,多渠道募集社会资金,扩大基金的来源:

1. 凡捐助基金20万元以上的单位,该单位可推荐1位负责人参加基金管委会,并在批准本基金的申请书稿出版时予以署名,每年以适当方式给该单位宣传1～2次。

2. 凡捐助基金10万元以上的单位,给予该单位在申请书稿出版时署名,每年以适当方式给该单位宣传1次。

3. 凡捐助基金5万元以上的单位,每年以适当方式给该单位宣传1次。

4. 国内外人士捐助基金5万元(人民币)以上者,参照本条前三款处理。

第九条 附则

本办法自2014年2月21日起施行。2003年12月9日发布的《江苏省金陵科技著作出版基金管理办法》(苏科条〔2003〕459号)同时废止。

江苏省科学技术厅

省科技厅印发《关于拓展科技创新工程的实施方案(2014—2015年)》的通知

苏科计〔2014〕52号
2014年2月28日

市、县(市)科技局(科委):

近年来,我省深入实施创新驱动核心战略,全力推进科技创新工程,创新型省份建设取得了阶段性重要进展,区域创新能力、知识产权综合指数、人才竞争力均居全国前列,全省总体上进入创新活跃期。为贯彻落实省委、省政府《关于深化拓展"八项工程"的若干意见》要求,省科技厅编制了《关于拓展科技创新工程的实施方案(2014—2015年)》,现印发给你们,请认真组织实施。

附件:关于拓展科技创新工程的实施方案(2014—2015年)

关于拓展科技创新工程的实施方案

(2014—2015年)

为贯彻党的十八届三中全会和省委十二届六次全会精神,落实省委省政府拓展"八项工程"的意见,更大力度实施创新驱动发展战略,现就拓展科技创新工程提出如下实施方案。

一、总体要求与目标

(一)总体要求。贯彻科技创新工程"1234"基本思路,进一步深化科技体制改革,紧扣"两推进、一提升"的目标方向,着力推进创新型省份建设,优化创新环境,提高区域创新体系整体效能;着力推进知识产权强省建设,营造激励创造、保护产权的制度环境,形成激发全社会创新创造的动力机制;全面提升企业自主创新能力,进一步优化政府科技服务,让企业真正成为技术创新的主体和创新驱动发展的主导者,加快经济转型升级。

(二)主要目标。"十二五"末,在全国率先基本建成创新型省份,主要指标达到创新型国家和地区水平,成为全国创新驱动发展的先行区。主要体现在三个方面:一是创新能力显著提升,企业技术创新主体地位全面强化,形成若干战略性新兴产业创新集群,全社会研发投入占地区生产总值的比例达2.5%以上,科技进步对经济增长的贡献进一步增强。二是创新创业高度活跃,区域创新体系愈益完善,人才激励、科技金融、知识产权、技术转移和产业化等方面的体制机制改革取得一系列重要突破,高新技术企业总数达1万家。三是创新国际化水平大幅提升,国际科技合作和交流更加活跃,融入全球创新网络成为企业成长的重要路径,我省成为全国经济全球化、创新国际化并举的重要地区。

二、主要任务

(一)强化企业主体地位,着力提升技术创新能力

实施科技企业培育"百千万工程"。深化创新型企业培育机制,加快形成以100家创新型领军企业、1000家科技拟上市企业、10000家高新技术企业为骨干的创新型企业集群。全面落实高新技术企业税收减免和企业研发费用加计扣除等科技税收优惠政策,鼓励支持企业按照市场需要开展技术创新,推动企业真正成为创新需求、研发投入、技术开发和成果应用的主体。发挥中小企业在技术创新、商业模式创新和管理创新方面的生力军

作用,支持企业牵头承担国家科技重大专项以及国家和省重大科技攻关项目,提高企业研究开发活动的层次和水平。

提高企业研发机构建设水平。以高水平研发机构建设带动企业自主创新能力提升,按照“稳定规模、提升质量、发挥作用”的方向,重点培育建设120家国家级企业研发机构、1000家“江苏省重点企业研发机构”、10000家市级企业研发机构。发挥省企业研发机构建设联席会议的作用,成立省企业研发机构协会,通过政府和社会力量的有效协同,推动创新政策的普遍落实、人才站点和科技副总全覆盖以及科研项目的集成支持,引导企业加大研发投入,充实研发队伍,提升创新能力和市场竞争力。

实施科技企业“小升高”计划。把服务科技小微企业发展作为推进科技创业的关键举措,促进一批成长期小企业加快成为高新技术企业,到2015年,培育4000家以上“小升高”高新技术企业,全省高新技术企业达10000家。依托国家高新区、特色产业基地、技术转移机构等,建立高新技术企业培育基地。完善“苗圃-孵化器-加速器”科技创业孵化链条建设,形成有利于企业快速成长的空间载体。鼓励各类孵化机构提升专业化服务功能,建立健全“创业孵化、创新支撑、融资服务”的抚育体系。大力发展以市场为纽带的产业联盟和协同创新,推动面广量大的中小企业向高成长、新模式与新业态转型,加速成长为行业有影响的高新技术企业,带动企业创新集群发展。

(二)加快突破核心关键技术,着力推动产业高端发展

建设省产业技术研究院。按照需求引导、多元共建、统分结合、体系开放、接轨国际、水平一流的要求,加快建设省级产业技术研究院,通过会员制、合同研发、项目经理制等市场化手段,加强产业共性技术研发,编制产业技术路线图,构建新型产业技术研发的体制机制,促进企业、高校和科研机构在产业链、创新链等战略层面的有机融合,使之成为全省深化科技体制改革的“试验田”。

加强产业重大核心技术突破。把突破重点应用领域的核心技术作为主攻方向,力争在高性能战略材料、大品种创新药物、新能源、新型节能装备、物联网核心器件及应用系统等重点领域,加快形成一批技术含量高、特色鲜明的战略性新兴产业链。面向产业发展长远目标,在纳米材料、石墨烯、大数据、未来网络、三维打印、新一代通讯、小核酸和抗体药物等重点高技术领域超前部署基础研究和前沿技术研究,年组织100个重大前瞻性技术研发项目,抢占未来产业发展制高点。加快高新技术及其产业发展,推动技术改造,完善新技术新工艺新产品的应用推广机制,提升传统产业创新发展能力。

推进产学研协同创新。培育建设产学研产业协同创新基地,引导各地围绕目标产业共建创新载体和产业技术创新战略联盟,加快集聚国内外各类优质创新资源。深入开展“科技副总(企业创新岗)”试点,柔性引进高层次科技人才到我省企业担任技术副总或副总工程师,促进企业综合创新能力的提升。推动高校技术转移中心加强内涵建设,鼓励高校技术转移中心在基层建立分支机构,健全技术转移服务网络。

大力推进科技成果转化。组织实施省科技成果转化专项资金,在新一代电子信息、新材料、生物技术与新医药、新能源与环保、先进制造、现代高科技农业等领域,重点支持创新水平高、产业带动强、具有自主知识产权的重大科技成果加快转化和产业化,年实施省科技成果转化项目100项。突出转化环节的研发创新,重点支持技术领先、发展质态好、有望成为行业技术领跑者的创新型企业加快做大做强。突出高端攀升和前瞻部署,加快推进一批处于国际科技前沿、引领未来发展的战略产品的产业化进程,促进产业优化升级。加大“金太阳”、“十城千辆”、“十城万盏”、国产创新医疗器械产品等产业化示范工程的组织力度,积极推进重大装备应用,打通重大科技成果走向市场的通道。

(三)建设高水平科技园区,着力打造自主创新高地

高标准建设创新核心区。深化苏南创新一体化布局,统筹苏中、苏北高新区发展,到2015年全省国家和省级高新区达30家以上。加快无锡太湖国际科技园、常州科教城、苏州独墅湖科教创新区、苏州科技城等创新核心区建设,打造引领区域

经济转型升级的引擎。加强对高新区分类指导,建立健全以创新绩效为主的考核评价机制。按照精简高效和服务型政府的管理理念,优化高新区“小机构、大服务”的管理和服务体系,强化高新区管委会综合服务功能和科技创新促进功能。选择有条件的高新区开展省地产业联合招标,提升高新区战略性新兴产业的创新发展能力,引导和推动高新区加快步入创新驱动、内生增长的轨道。

提升科技创业园、科技产业园建设水平。按照“一区一战略性产业、一县一主导产业、一镇一特色产业”的发展布局,推动技术、人才、资金、信息等要素集聚,加快打造一批产业特色鲜明的专业园区。加快提升留学生创新园、高新技术创业服务中心、科技创业园等建设水平,重点建设一批以高科技企业和高层次人才为主体,以创新组织网络、商业模式和创新文化为依托的科技创业园。围绕经济转型升级需求,加快建设一批具有国际竞争力的科技产业园,使之成为战略性新兴产业和特色产业发展的重要基地。

(四)创新人才发展体制机制,着力强化人才支撑

大力培养引进优秀人才。依托重大科技计划、重点科技平台和重大创新项目,大力引进国际高端人才和创新团队,吸引和推动国家“千人计划”人才,带团队、带项目、带资金来苏创新创业。推动高校、科研院所、科技园区和企业联合引进和使用海内外人才,充分发挥企业聚才引才主体作用,提升企业院士工作站、研究生工作站、博士后工作站等人才载体建设水平。建立更为灵活的人才管理机制,选聘优秀科技企业家到高校担任产业教授,推进产学研联合培养研究生的“双导师制”,努力把江苏建设成为全国最具影响力的人才集聚高地。

支持人才创新创业。进一步完善现有大学科技园、留学人员创业园、科技企业孵化器的运行机制,建立从创业项目植入到市场评估、法律咨询、政府资助、投融资服务、转化发展的全过程服务体系,为各类人才创业提供更广阔空间。建设一流的科研平台,支持企业与高校、科研院所共建共享,为高端人才开展前沿技术研究和自主创新提供条件。通过国家“千人计划”“万人计划”,省“双创计划”“333工程”等人才计划,加大对优秀人才支持力度,扩大青年人才的资助规模和支持范围。完善科学技术奖励制度,突出对青年科技人才、企业创新人才的奖励导向,创新人才发展体制机制,完善以创新绩效为主导的资源配置模式,探索股权和分红激励机制,支持科研人员自主选题、自主聘任科研团队、按照规定自主使用研究经费。注重发挥“科技镇长团”的桥梁纽带作用,最大限度地支持和帮助科技人员创新创业。

(五)加强科技开放合作,着力提升创新国际化水平

拓展国际化发展渠道。加强与我省对外友好城市的科技交流,积极拓展与美国、欧盟、俄罗斯等地区的科技合作,深入实施江苏-以色列产业研发合作计划和江苏-芬兰产业研发合作计划,提升整合利用全球研发创新资源的能力。积极争取国家驻外机构支持,充分发挥省驻外机构作用,引导推动有条件的地区或园区在发达国家或地区设立形式多样的驻外站点,促进全球创新资源与江苏创新需求有效对接。围绕产业发展需求,加强国际技术转移转化机构建设,实施海外科技成果转化专项,着力引进关键核心技术,加大消化吸收再创新力度,提升产业创新发展水平和国际竞争力。

搭建国际科技合作交流平台。深化我省与美国麻省理工学院产业合作伙伴关系,鼓励与海外高水平高校、科研机构合作,面向我省产业技术创新需求开展联合研发与成果转化。依托科技园区,加快推进无锡中美科技创新园、苏州国家纳米技术国际创新园、常州国家医疗器械国际创新园(武进)、苏州国家先进制造技术国际创新园(太仓)等国家级国际科技合作载体建设,到2015年引进或共建30家以上国际技术转移转化机构。支持地方实施海外高端研发机构集聚计划,鼓励支持海外知名大学、研发机构、跨国公司等在我省设立研发机构,充分发挥其在技术、人才和管理制度方面的溢出效应,到2015年建设30家由海外机构或跨国公司设立的区域性独立研发中心。鼓励企业到海外建立或兼并研发机构,就地消化吸收国际先进技术。

(六)实施知识产权战略,着力建设知识产权强省

加强知识产权创造和运用。制定知识产权强省实施方案，加速从知识产权大省向知识产权强省跨越，力争到2020年，知识产权综合实力达到中等发达国家水平。实施知识产权创造提升计划，重点在高新技术领域、战略性新兴产业和传统优势产业获取核心自主知识产权，确保专利授权量、发明专利授权量年均增长12%以上，万人发明专利拥有量达12件。实施知识产权管理运营计划，强化科技创新的知识产权导向，全面推行企业知识产权管理规范，实现大中型企业、创新型企业、高新技术企业贯标全覆盖。进一步健全价值评估、市场交易、投融资、托管、保险等知识产权价值实现机制，促进具有良好市场前景的知识产权成果转化。

加大知识产权保护力度。制定出台江苏省知识产权保护与促进条例，完善知识产权法制体系。推动成立知识产权法院，建立知识产权行政执法局，提升司法审判和行政执法专业化水平。推行知识产权服务机构管理规范化，打造高端化集聚式发展的服务体系。深化国际知识产权服务合作，推动境内外知识产权研究、服务和教育机构建立高层次合作联盟，建立境外知识产权争端快速反应机制，帮助企业有效应对境外知识产权纠纷。积极开展跨国知识产权转移对接，重点推进我省与美国联邦政府专利商标局知识产权保护合作备忘录的落实。

(七)加快发展民生科技，着力促进科技惠民富民

强化农业技术集成与创新示范。加强农业前瞻性高技术和农业特色产业关键共性技术的自主创新，培育转基因品种、生物农兽药、智能化农机装备、农业物联网和农产品生物加工保鲜等农业高技术新兴产业，推动经济林果、设施蔬菜、畜禽水产等农业特色产业升级。突出优质高产多抗农业新品种选育，培育现代种业。加强粮食种植、加工和流通全产业链的科技创新，为现代高效农业发展提供支撑。强化农业机械、设施装备等农用工业领域的技术创新部署，促进和支撑农业现代化。推进常熟等国家和省级农业科技园区建设，进一步加强创新、创业和服务平台载体建设，加快提升农业科技园区的融合创新能力。加强农村科技服务超市网络体系建设，深入农村一线开展成果转化应用、职业农民技术培训等多种形式的科技服务活动。

发挥科技对改善民生的促进作用。实施民生科技示范工程，重点围绕生态环境、人口健康、公共安全、绿色建筑、智能交通等老百姓关心的民生需求，大力开展先进技术攻关与成果的示范应用，显著提升自主创新水平和集成创新能力。加大省临床医学科技专项组织实施力度，加快医学最新科研成果的临床应用，到2015年，重点开展100项新型诊疗技术攻关，建设20个临床医学研究中心，开发50项疾病的规范化、个性化治疗方案。针对大气环境质量保障重大技术需求，以$PM_{2.5}$污染防治为重点，加强大气环境监测与预警、工业污染源减排、大气环境改善与管理等关键技术研发与示范。以科技强警、建设平安江苏为目标，加快高新技术在社会综合治理领域的示范应用，大力提高科技支撑社会治理的能力和水平。

(八)优化创新创业环境，着力激发全社会创造活力

健全创新创业政策支撑体系。进一步深化南京国家科技体制综合改革试点工作，并适时在全省总结推广。进一步探索改革公共财政支持企业创新的方式，加大科技税收优惠政策落实等政府间接性科技投入，激发企业创新内生动力。完善支持人才发展的政策，加快建立健全人才引进、培养、任用和评价制度，推进科技成果收益权和处置权改革，充分调动科技人员积极性。完善科技创业服务体系，建设技术信息、检验检测、中试孵化、技术交易、国际化发展等公共服务平台，推动高校院所科技资源向企业开放共享。

完善科技与金融结合机制。更好地发挥政府的引导作用，通过省、市、县联动，设立科技金融风险补偿资金池，加大风险补偿比例，大力引导资金流向，着力发展以“首投”为重点的创业投资、以“首贷”为重点的科技信贷、以“首保”为重点的科技保险，吸引和推动千亿元社会资金支持数万家科技型小、微企业发展。深入推进国家科技与金融结合试点省建设，继续建设一批科技金融专营

机构,创新科技金融产品与服务,实行专门的管理考核机制,营造良好的科技金融发展环境。

深化科技管理体制改革。整合科技规划和资源,完善政府对基础性、前沿性、战略性科学研究和共性技术研究的支持机制,建立健全鼓励原始创新、集成创新、引进消化吸收再创新的体制机制。研究制定关于加强和改进省科技计划管理的意见,进一步完善省科技计划体系,建立创新调查制度和创新报告制度,构建公开透明的科研资源管理和项目评价机制。健全技术创新市场导向机制,全面落实好已有各项重点政策,发挥市场对技术研发方向、路线选择、要素价格、各类创新要素配置的导向作用,营造公平竞争、包容宽松的创新环境。

三、加大组织推进力度

(一)加强组织领导。各级科技管理部门要围绕实施方案要求,结合本地实际,加强组织领导,加大工作力度,认真做好组织实施工作。要把丰富拓展科技创新工程作为科技工作的首要任务,对重点工作和任务进行细化分解,有针对性地抓重点、攻难点、带一般。要深入推进创新型城市、创新型县(市、区)和创新型乡镇建设,努力把创新发展和创新型省份建设的目标任务落实到具体行动上,落实到各项工作推进中,力争在科技体制机制创新上实现新的突破。

(二)加大科技投入。强化政府对科技创新工程的引导作用,建立公共财政投入稳定增长机制,保证财政科技支出增幅高于财政一般预算支出增幅。充分发挥市场机制作用,实行财政风险补助、贴息等办法,吸引风险投资、金融机构特别是天使投资基金积极支持科技创新项目,鼓励和引导社会资本、民间资本投向科技创新领域。

(三)强化督查考核。建立考核评价导向机制,把创新型省份建设目标纳入“两个率先”指标体系,科技创新成效纳入干部政绩考核的重要内容,促进一把手抓第一生产力,推动科技创新工程各项工作落实到位。根据区域创新发展布局,探索对市、县(市、区)设立不同的科技创新考核目标。建立创新调查制度,完善科技进步统计监测工作。

(四)营造良好氛围。大力弘扬“三创三先”新时期江苏精神,组织开展“江苏创业大赛”,加强科学普及,激发全社会创造活力。加强科研诚信和科学伦理的社会监督,扩大公众对科研活动的知情权和监督权,加大对学术不端行为的惩处力度。强化宣传和舆论引导,重点宣传科技创新的重大成就、科技体制改革的重要进展和先进典型,形成推进创新驱动发展的浓厚氛围。

附件:1. 2014—2015年省科技创新工程主要目标分解表

2. 2014年主要科技工作指标按地区任务分解表

省科技创新工程主要目标分解表

(2014—2015年)

指标	2013年	“十二五”目标	2014年	2015年
一、三个“翻一番”				
1. 全社会R&D投入(亿元)	1430	1680	1540	1680
2. 研发人员数量(万人年)	47(预测)	61	54	61
3. 高新技术产业增加值(亿元)	11800	14000	12800	14000
二、三个“翻两番”				
4. 发明专利授权量(件)	16790	28840	21815	28840
5. 创业投资规模(亿元)	预计超1500	2000	1750	2000
6. 民营科技企业数(家)	70000	100000	85000	100000

续表

指标	2013年	“十二五”目标	2014年	2015年
三、其他主要科技指标				
*7. 每万劳动力中研发人员数(人年)	90(预测)	90	95	100
*8. 研发经费支出占GDP比重(%)	2.42	2.5	2.45	2.5
*9. 万人发明专利拥有量(件)	7.84	8	8.5	9.0
*10. 高新技术产业产值占规模以上工业产值比重(%)	38.54	40	39	40
*11. 省级及以上工程技术研究中心等企业研发机构数量(个)	2376	2000	2500	2600
*12. 科技进步贡献率(%)	57.5	60	59	60
13. 全省专利授权数(件)	239645	280000	260000	280000
14. 高新区研发投入占其生产总值比重(%)	4.4(预测)	5	4.7	5
15. 高新区万名从业人员拥有授权发明专利数(件)	50(预测)	60	55	60
16. 高新技术企业数(家)	6769	7000	7000	7500
17. 企业科技减免税额(亿元)	230	240	240	245

注:带“*”指标为科技创新工程监测指标。

2014年主要科技工作指标按地区任务分解表

地区	R&D投入占地区GDP比重(%)	高新技术产业		民营科技企业数(家)	科技服务业总收入(亿元)	大中型工业企业建有研发机构比率(%)	科技创业园载体面积(万平方米)	培育创新型领军企业(家)	当年新认定高新技术企业数(家)	企业科技减免税额(亿元)	创业投资规模(亿元)
		产值(亿元)	产值占其规模以上工业比重(%)								
南京市	2.94	5500	41.8	10000	330	88	450	17	280	63	290
无锡市	2.8	6300	41.3	8500	110	90	360	16	370	34	420
徐州市	1.9	3950	35.0	6500	60	90	85	2	65	8.5	15
常州市	2.7	4350	41.5	8500	75	95	400	12	280	22	85
苏州市	2.7	13800	43.5	8800	140	90	560	13	770	63	720
南通市	2.6	5000	41.5	7500	110	95	300	8	150	13	55
连云港市	1.8	1550	35.5	3200	25	95	65	5	40	7	15
淮安市	1.6	1300	25.0	4500	20	92	90	2	40	3.2	4
盐城市	2.0	1900	28.5	4200	21	90	100	2	65	3.3	34
扬州市	2.35	3600	40.3	7500	50	85	100	8	150	7	24
镇江市	2.55	3550	46.3	7200	80	95	150	6	150	8.5	53
泰州市	2.4	3550	41.0	4800	50	85	80	7	100	6.5	32
宿迁市	1.35	650	20.0	3800	12	95	60	2	40	1	3
全省	2.45	55000	39.0	85000	1083	88	2800	100	2500	240	1750

江苏省科学技术厅
江苏省财政厅

关于印发《深入推进江苏省科技成果转化风险补偿专项资金贷款(苏科贷)工作实施方案》的通知

苏科高发〔2014〕80号
2014年4月3日

各市、县(市、区)科技局(科委)、财政局,国家和省级高新区管委会,各有关单位:

为贯彻落实省委省政府《关于深化拓展"八项工程"的若干意见》精神,引导更多金融资金支持科技型中小微企业发展,根据《江苏省科技成果转化风险补偿专项资金管理办法》(苏财规〔2013〕8号)和《关于在江苏省科技成果转化风险补偿专项资金中开展"苏科贷"试点工作的实施方案》(苏科高〔2013〕264号,以下简称"试点方案"),为进一步丰富试点工作内涵,深入推进"苏科贷"工作,省科技厅、财政厅在《试点方案》的基础上,研究制定了《深入推进江苏省科技成果转化风险补偿专项资金贷款(苏科贷)工作实施方案》,现印发给你们,请遵照执行。

附件:深入推进江苏省科技成果转化风险补偿专项资金贷款(苏科贷)工作实施方案

深入推进江苏省科技成果转化风险补偿专项资金贷款(苏科贷)工作实施方案

金融支持科技型中小微企业创新发展,是拓展科技创新工程,加快创新驱动转型发展的重要手段。根据《江苏省科技成果转化风险补偿专项资金管理办法》(苏财规〔2013〕8号)和《关于在江苏省科技成果转化风险补偿专项资金中开展"苏科贷"试点工作的实施方案》(苏科高〔2013〕264号),为深入推进"苏科贷"试点工作,进一步丰富试点工作内涵,引导银行业金融机构加大对全省科技型中小微企业的信贷支持力度,在原试点方案的基础上,制定本方案。

一、基本思路

以加快创新型省份建设为目标,以培育发展高新技术产业和战略性新兴产业为导向,以提升我省科技型企业竞争力为重点,聚焦科技型中小微企业,以风险补偿资金为手段,构建差别化的风险共担机制,引导银行业金融机构进一步加大对科技型中小微企业的信贷投入,大力发展以"首贷"为重点的科技信贷,为全省科技企业创新发展、战略性新兴产业培育和产业结构转型升级提供有力支撑。

二、工作目标

1.省市县联动,建立江苏省科技贷款风险补偿专项资金池,引入10家以上合作银行,力争到"十二五"末,引导合作银行年度发放科技贷款200亿元左右,支持科技型中小微企业2万家左右,贷款年损失率控制在5%以下。

2.建立科技型中小微企业差别化信贷风险分担机制,形成覆盖全省的科技成果转化风险补偿贷款工作体系和合作银行体系,将"苏科贷"打造成为全国科技贷款的知名品牌。

三、主要任务

(一)建立风险补偿专项资金池

逐步增加省级科技成果转化风险补偿专项资金，引导市、县、国家和省级高新区财政设立地方配套专项资金，省市县联动，共建江苏省科技贷款风险补偿专项资金池。

（二）建立差别化的风险共担机制

以着力解决科技型中小微企业融资难问题为导向，按照“政府引导、市场运作、风险共担”原则，创新科技贷款风险补偿模式，建立差别化的责任分担机制和多层次、多元化的风险共担体系。

1.省级科技金融风险补偿资金备选企业库（以下简称“省级备选企业库”）或符合其条件的年销售收入5000万元以下的科技型中小微企业支持方式（“苏科贷”Ⅰ）

（1）年销售收入2000万元（含）以下的首贷企业，省地资金承担90%的贷款本金损失风险。

运作模式：省、地、银行三方共同分担风险，省地资金共承担90%的贷款本金损失风险（省地资金各承担45%的贷款本金损失风险），合作银行承担10%的贷款本金和全部利息损失风险。以非变现知识产权质（扣）押和企业高管个人房产非足额抵押等方式，由合作银行予以企业贷款支持。单笔贷款额度不超过300万元，贷款利率执行人民银行公布的同期基准利率。

（2）年销售收入2000万元（含）以下的续贷企业和年销售收入2000万~5000万元（含）的科技型中小企业，省地资金承担80%的贷款本金损失风险。

运作模式：省、地、银行三方共同分担风险，省地资金共承担80%的贷款本金损失风险（省地资金各承担40%的贷款本金损失风险），合作银行承担20%的贷款本金和全部利息损失风险。以非变现知识产权质（扣）押和企业高管个人房产非足额抵押等方式，由合作银行予以企业贷款支持。单笔贷款额度不超过500万元，贷款利率执行人民银行公布的同期基准利率。

（3）未建立省地合作机制地区年销售收入5000万元（含）以下的科技型中小微企业，省级资金与银行直接合作，省级资金承担45%的贷款本金损失风险。

运作模式：未设立地方资金的地区或地方资金配套不足的地区，合作银行可以直接与省级资金合作支持企业。所放贷款，省级资金承担45%的贷款本金损失风险，合作银行承担55%的贷款本金和全部利息损失风险。以非变现知识产权质（扣）押和企业高管个人房产非足额抵押等方式，由合作银行予以企业贷款支持。单笔贷款额度不超过500万元，贷款利率上浮不超过同期基准利率的10%。

原则上同一企业享受“苏科贷”Ⅰ政策支持不超过3次。

2.地方科技金融风险补偿资金备选企业库（以下简称“地方备选企业库”）内企业支持方式（“苏科贷”Ⅱ）

支持对象：地方备选企业库内年销售收入4亿元（含）以下的科技型中小企业。

运作模式：省、地、银行三方共同分担风险，以地方为主导，省地资金共承担30%的贷款本金损失风险（省级资金承担10%的贷款本金损失风险，地方资金承担20%的贷款本金损失风险），合作银行承担70%的贷款本金和全部利息损失风险。企业质（扣）押的知识产权由地方科技部门和银行负责处置。单笔贷款额度不超过2000万元，贷款利率上浮不超过20%。合作银行每季度将发放贷款企业信息报地方科技部门审核备案，审核发放的贷款项目由地方科技部门报江苏省科技成果转化风险补偿专项资金管理服务中心（以下简称“省管理服务中心”）备案。省管理服务中心经省科技厅、省财政厅同意，每季度根据实际贷款额划拨相应的省风险补偿保证金。原则上同一企业享受“苏科贷”Ⅱ政策支持不超过3次。

3.地方主导的风险补偿资金支持方式（“苏科贷”Ⅲ）

选择科技信贷工作基础好，政策和机制相对成熟的地区，由地方主导开展科技贷款风险补偿工作。

支持对象：省级备选企业库内年销售收入5000万元以下的科技型中小微企业和地方备选企业库内年销售收入4亿元以下的科技型中小企业。

运作模式：在已设立地方科技贷款风险补偿资金、具备条件的地区，充分发挥地方的积极性和主动性，由地方结合本地实际，确定科技贷款运作模式，以地方为主导开展科技贷款风险补偿工作，省级资金和地方资金按照1:2的比例给予配套,合作银行给予一定的放大授信,共担贷款损失风险,进一步加大对科技型中小微企业科技贷款的支持力度。地方科技、财政部门向省科技厅、省财政厅提出申请并经同意后,由省管理服务中心和有关地方进行会商,签订省地合作协议,由地方自主开展科技贷款的组织和管理,并办理省级资金配套相关事项。地方科技部门每季度将贷款情况报省管理服务中心备案。省管理服务中心每季度根据实际贷款额和配套比例划拨省级资金。贷款发生损失时,省级资金按照程序和省地责任承担比例进行风险补偿。

(三)建立风险补偿合作银行体系

建立全省科技型中小微企业风险补偿贷款合作银行体系。凡符合以下基本条件的商业银行、国有银行、政策性银行均可申请参与:一是有意愿支持科技型中小微企业的发展;二是自身实力较强,有较多的服务网点;三是市级以上分行设有单独的科技金融管理部门,有专人开发各类科技金融产品;四是能够提供优惠的合作条件,可给予省地资金放大10倍及以上的贷款授信。优先支持设有科技支行、开展科技信贷专营品种的银行参与。

"苏科贷"Ⅰ和"苏科贷"Ⅱ合作银行由省科技厅、省财政厅选择确定开展合作。"苏科贷"Ⅲ合作银行由地方自主选择,报省管理服务中心备案,省管理服务中心报省科技厅、省财政厅确定。

(四)建立风险补偿资金管理工作体系

省管理服务中心在省科技厅的指导下开展风险补偿资金管理工作,具体负责省级备选企业库入库企业初审、参与地区及合作银行初步筛选与考核、贷款审核和管理、企业贷款备案和统计、省级资金划拨与补偿审查、知识产权质(扣)押与转让等日常工作,以及省科技厅委托的其他相关工作。

鼓励各市、县、区、国家和省级高新区科技管理部门参与"苏科贷"工作,设立地方风险补偿专项资金,并建立地方风险补偿贷款管理机构,配备专职人员负责地方备选企业库建设、省级备选企业库入库企业组织推荐、企业贷款项目审核和管理、企业贷款备案和统计、地方资金补偿、省级资金补偿申请等具体管理工作。有意愿参与"苏科贷"工作的地区,向省管理服务中心提交申请。

(五)建立风险补偿资金贷款统计体系

建立"苏科贷"备案统计制度,省管理服务中心、合作银行、地方风险补偿贷款管理机构安排专人负责贷款的备案和统计,每季度提交备案和统计报告。进一步完善科技成果转化风险补偿贷款备案统计工作体系,保证科技贷款统计的科学性、准确性和时效性。

四、保障措施

1.建立考核奖励制度和风险控制机制。省科技厅、省财政厅负责对全省科技成果转化风险补偿贷款工作进行指导和监督,每年对省管理服务中心的总体工作情况进行考核。省管理服务中心每年对参与地区和合作银行进行考核。对组织管理工作好、支持科技型中小微企业数量和贷款额度多、首贷率高、风险补偿率低的参与地区和合作银行,给予表彰;对支持科技型中小微企业数量少、风险补偿率高的参与地区和合作银行,提高风险补偿责任分担比例,直至取消合作。参与地区或合作银行年度贷款损失率超过5%,后续合作时省资金承担风险比例降低一半;参与地区或合作银行已发放贷款损失率达到5%时,暂停后续合作。

2.建立风险补偿机制。对发生的不良科技贷款,建立风险补偿机制。合作银行对欠款企业进行追偿和相关资产处置后,贷款本金仍有损失的,按照具体合作模式不同,相应向地方风险补偿管理机构和省管理服务中心提出风险补偿申请。省管理服务中心按月集中向省科技厅、省财政厅提出风险补偿审查意见,省财政厅会同省科技厅进行复核确认。对符合风险补偿条件的,由省科技厅会同省财政厅下达风险补偿决定通知,省管理服务中心会同合作银行具体办理省资金划款手续。地方资金的风险补偿审核程序由地方自行制定。

3.建立核销补充机制。为保障科技成果转化风险补偿贷款顺利开展,确保一定的专项资金规模,省、市、县等各级财政部门建立风险补偿专项资金补充机制。省级风险补偿专项资金由省科技厅提出意见,省财政厅审核办理资金补充工作。地方专项资金补充工作由各地科技、财政部门自行协商安排。

4.建立工作经费保障机制。为确保科技成果转化风险补偿贷款工作的持续性和有效性,体现日常服务的公益性,省管理服务中心的工作经费由省科技厅、省财政厅根据对省管理服务中心年度绩效考核情况进行安排,其中"苏科贷"Ⅰ工作按照不超过全年新增发放科技贷款额的1‰安排管理工作经费,其他风险补偿贷款工作按照不超过全年新增发放科技贷款额的0.1‰安排管理工作经费,工作经费所需资金原则上从省级科技成果转化风险补偿资金的利息中列支,并严格执行新颁布的事业单位财务、会计制度,统一纳入事业单位收入管理。地方风险补偿管理机构所需工作经费可以参照省有关政策,也可以由地方财政、科技部门协商解决。

江苏省科学技术厅
关于确认第三批江苏省创新方法试点企业的通知

苏科条发〔2014〕118号

2014年5月28日

各省辖市科技局(委):

为进一步贯彻落实国家科技部等四部委《关于加强创新方法工作的若干意见》,深入推进我省创新方法的推广应用工作,经各市科技局组织推荐和专家论证,现确认南京康尼机电股份有限公司等76家企业为我省第三批创新方法试点企业(详见附件)。

请你们切实加强对试点企业的组织管理,做好与省生产力促进中心的工作对接,确保创新方法推广应用工作顺利进行并取得明显成效。

附件:江苏省第三批创新方法试点企业名单

江苏省第三批创新方法试点企业名单

序号	企业名称	地区
1	南京康尼机电股份有限公司	南京
2	南京烽火星空通信发展有限公司	南京
3	江苏凯米膜科技股份有限公司	南京
4	南京西普水泥工程集团有限公司	南京
5	南京莱斯信息技术股份有限公司	南京
6	江苏南大苏富特科技股份有限公司	南京
7	菲尼克斯电气中国公司	南京
8	江苏通用科技股份有限公司	无锡
9	无锡市尚沃医疗电子股份有限公司	无锡
10	无锡新光印防伪技术有限公司	无锡
11	江苏华信新材料股份有限公司	徐州
12	江苏融汇石英材料科技有限公司	徐州

续表

序号	企业名称	地区
13	徐州科源液压股份有限公司	徐州
14	徐州五洋科技股份有限公司	徐州
15	江苏卡特新能源有限公司	常州
16	晶能光电(常州)有限公司	常州
17	常州市宏发纵横新材料科技股份有限公司	常州
18	常州联力自动化科技有限公司	常州
19	苏州金辉纤维新材料有限公司	苏州
20	禾邦电子(苏州)有限公司	苏州
21	苏州方林科技股份有限公司	苏州
22	苏州苏明装饰股份有限公司	苏州
23	竞陆电子(昆山)有限公司(台资)	苏州
24	昆山京群焊材科技有限公司	苏州
25	江苏通达动力科技股份有限公司	南通
26	南通富士通微电子股份有限公司	南通
27	双钱集团(江苏)轮胎有限公司	南通
28	日出东方太阳能股份有限公司	连云港
29	江苏中鹏新材料股份有限公司	连云港
30	江苏东浦管桩有限公司	连云港
31	江苏豪森药业股份有限公司	连云港
32	江苏奥神新材料有限责任公司	连云港
33	国电联合动力技术(连云港)有限公司	连云港
34	连云港金康医药科技有限公司	连云港
35	连云港福东正佑照明电器有限公司	连云港
36	江苏苏云医疗器材有限公司	连云港
37	江苏吉能达建材设备有限公司	盐城
38	江苏神泰科技发展有限公司	盐城
39	江苏长青农化股份有限公司	扬州
40	扬州电力设备修造厂	扬州
41	江苏菲达宝开电气有限公司	扬州
42	镇江中煤电子有限公司	镇江
43	江苏锋芒复合材料科技集团有限公司	镇江
44	江苏申模数字化制造技术有限公司	镇江
45	镇江东方生物工程设备技术有限责任公司	镇江
46	江苏鱼跃医疗设备股份有限公司	镇江
47	江苏亚太泵阀有限公司	泰兴
48	斯迪克新型材料(江苏)有限公司	宿迁
49	江苏精科智能电气股份有限公司	宿迁
50	江苏六鑫洁净新材料有限公司	宿迁
51	江苏首义薄膜有限公司	宿迁
52	江苏兄弟活塞有限公司	宿迁
53	正将自动化设备(江苏)有限公司	宿迁
54	江苏雨润食品产业集团有限公司	南京
55	江苏省建筑科学研究院有限公司	南京

续表

序号	企业名称	地区
56	江苏交通科学研究院有限公司	南京
57	江苏先声药业有限公司	南京
58	国网电力科学研究院	南京
59	南京科远自动化集团股份有限公司	南京
60	南京南钢产业发展有限公司	南京
61	中材科技股份有限公司	南京
62	江苏一环集团有限公司	无锡
63	徐州工程机械集团有限公司	徐州
64	常州天合光能有限公司	常州
65	常州亿晶光电科技有限公司	常州
66	好孩子儿童用品有限公司	苏州
67	常熟开关制造有限公司	苏州
68	江苏亨通光电股份有限公司	苏州
69	江苏通鼎光电股份有限公司	苏州
70	南通中远船务工程有限公司	南通
71	江苏联发纺织股份有限公司	南通
72	江苏井神盐化股份有限公司	淮安
73	江苏恒瑞医药股份有限公司	连云港
74	仪征化纤股份有限公司	扬州
75	江苏扬农化工集团有限公司	扬州
76	镇江中船设备有限公司	镇江

江苏省科学技术厅

省科技厅关于加强省科技支撑计划(工业)重点项目实施管理有关工作的通知

苏科高发〔2014〕174号

2014年8月4日

有关市、县科技局(科委),国家高新区管委会,省有关单位:

为加强前沿领域技术创新部署,集成产学研各方资源,推进协同创新,着力突破产业高端环节核心技术和未来产业前瞻性技术,加快形成"一区一战略产业"布局,积极抢占未来发展制高点,今年省科技支撑计划(工业)重点围绕年度项目指南确定的10个前沿先导技术领域,按照项目+课题的形式组织了"千瓦级光纤激光器及其工业应用技术开发"等9个重点项目。为了做好重点项目实施管理工作,现就有关事项通知如下:

一、项目承担单位、课题承担单位及其责任

1.项目承担单位在项目实施过程中要充分发

挥组织协调作用,负责组织各课题承担单位,加强交流合作和协同创新,通过实施重点项目,努力推进该前沿技术方向关键技术研发和产业技术创新;负责承担各课题研究工作协调、项目进展汇总、中期情况报告、项目总体验收等有关工作。

2.课题承担单位应积极加强与其他课题承担单位之间的交流沟通,在项目承担单位的组织下,围绕加快突破产业关键技术这一主线,认真完成本课题研究任务,及时向项目承担单位提供课题研究工作进展情况报告,配合项目承担单位共同做好项目实施及验收有关工作。

二、主管部门

项目承担单位的主管部门为项目主管部门,课题承担单位的主管部门为课题主管部门,并按照省科技计划管理相关规定履行相应职责。项目主管部门牵头负责项目组织协调、实施管理、监督检查等工作。

三、合同管理

1.项目合同及课题合同内容拟定由项目承担单位牵头负责,由项目承担单位将各课题任务分解到各课题承担单位。课题承担单位与课题主管部门签订课题合同前,合同文本应先经项目承担单位同意,并在课题合同签订后交项目承担单位。项目承担单位与项目主管部门签订项目合同,并由项目主管部门将项目合同连同各课题合同统一报送省科技厅。

2.项目承担单位和课题承担单位分别与我厅签订科技计划项目合同,承担各自研究任务。项目承担单位和课题承担单位在实施项目(课题)过程中的有关责任和义务应在科技计划项目合同中予以明确。

3.重点项目采取分年度拨款方式,省拨经费下拨到项目承担单位,由项目承担单位转拨课题承担单位。各课题承担单位除高校外要求其主管部门按50%进行匹配。

4.重点项目承担单位要及时总结项目实施进展情况,并于每年9月30日前,将项目(课题)在重大技术突破和重要产业化应用等方面的实施进展、存在问题、解决措施等,以书面形式报省科技厅。

四、验收管理

1.重点项目应在规定期限内组织验收,具体包括项目内部验收和项目总体验收两个阶段。

2.课题研发任务完成后,课题承担单位应及时准备验收申请材料,经报项目承担单位和课题主管部门审核同意后,由项目承担单位组织各课题承担单位和课题主管部门,按照《江苏省科技计划项目验收管理办法》(苏科计〔2005〕377号)有关规定,对各课题进行项目内部验收。

3.项目总体验收由项目承担单位在项目内部验收完成后,向项目主管部门提出验收申请。项目主管部门对项目及各课题验收材料进行审查,并向省科技厅提出项目总体验收书面申请,由省科技厅组织项目总体验收。

4.项目如有个别课题在规定期限内不能完成合同约定的研发任务,课题承担单位应于合同到期前三个月向课题主管部门提出课题延期、总结结题或中止的书面申请,由课题主管部门会商项目主管部门和项目承担单位后,根据课题研发进展情况,提出处理意见并报省科技厅,同时抄送项目主管部门。因课题研发任务未完成,导致项目不能如期完成验收的,项目承担单位应在合同到期前一个月,向项目主管部门提出项目延期、总结结题或中止的书面申请,由项目主管部门根据项目研发进展情况,提出处理建议并报省科技厅。省科技厅根据省科技计划项目管理有关规定,结合项目(课题)实施具体情况,研究提出处理意见。

附件:2014年度省科技支撑计划(工业)重点项目表

2014年度省科技支撑计划(工业)重点项目表

序号	课题编号	项目(课题)名称	承担单位	主管部门	总经费	省拨款	主管部门匹配	自筹经费	本年度省拨款
1	BE2014001	千瓦级光纤激光器及其工业应用技术开发	南京中科神光科技有限公司	南京市科委	1200	340	170	690	235
1-1	BE2014001-1	工业用千瓦级光纤激光器关键技术及系统集成开发	南京中科神光科技有限公司	南京市科委	800	180	90	530	125
1-2	BE2014001-2	高功率光纤激光泵浦源及关键技术的开发	中国科学院苏州纳米技术与纳米仿生研究所	苏州工业园区科技局	400	160	80	160	110
2	BE2014002	现代数字影视特效关键技术研究	江苏华莱坞投资发展有限公司	无锡市科技局	1000	340	170	490	235
2-1	BE2014002-1	基于云计算的数字影视特效渲染及存储系统研发	江苏华莱坞投资发展有限公司	无锡市科技局	500	180	90	230	125
2-2	BE2014002-2	基于GPU加速的实时引擎在数字影视特效中的应用研究	无锡倍视文化发展有限公司	无锡市科技局	500	160	80	260	110
3	BE2014003	MEMS陀螺仪关键技术研究及典型产品研发	江苏物联网研究发展中心	无锡高新区科技局	2220	660	250	1310	455
3-1	BE2014003-1	MEMS陀螺仪测试环境建设与测试关键技术研究	江苏物联网研究发展中心	无锡高新区科技局	600	180	90	330	125
3-2	BE2014003-2	面向消费类电子的MEMS陀螺仪产品研发	无锡芯奥微传感技术有限公司	无锡市科技局	600	160	80	360	110
3-3	BE2014003-3	高性能MEMS陀螺仪典型产品研发	东南大学	东南大学	420	160	0	260	110
3-4	BE2014003-4	高精度MEMS陀螺仪三维模组及典型产品研发	无锡北微传感科技有限公司	无锡市科技局	600	160	80	360	110
4	BE2014004	大型五轴高速、精密龙门加工中心全生命周期绿色制造技术研究	新誉集团有限公司	武进高新区科技局	2920	810	330	1780	565
4-1	BE2014004-1	高速精密五轴联动大型龙门加工中心的应用示范	新誉集团有限公司	武进高新区科技局	650	180	90	380	125
4-2	BE2014004-2	大型五轴高速精密龙门加工中心绿色生产技术研究	江苏新瑞重工科技有限公司	武进高新区科技局	800	160	80	560	110
4-3	BE2014004-3	大型五轴高速精密龙门加工中心绿色设计技术与应用研究	东南大学	东南大学	300	150	0	150	110
4-4	BE2014004-4	大功率永磁直线电机关键技术研究与应用	江苏常牵电机有限公司	武进高新区科技局	670	160	80	430	110

续表

序号	课题编号	项目(课题)名称	承担单位	主管部门	总经费	省拨款	主管部门匹配	自筹经费	本年度省拨款
4-5	BE2014004-5	千面向五轴联动龙门加工中心的高速高精节能型数控系统的研制	常州数控技术研究所	常州市科技局	500	160	180	260	110
5	BE2014005	基于大规模数据中心的面向大数据应用的云管理平台技术研究	苏州国科综合数据中心有限公司	苏州工业园区科技局	4000	660	250	3090	455
5-1	BE2014005-1	基于大规模数据中心的面向大数据应用的云管理平台--云计算数据中心	苏州国科综合数据中心有限公司	苏州工业园区科技局	2800	180	90	2530	125
5-2	BE2014005-2	基于大规模数据中心的面向大数据应用的云管理平台—云计算管理平台	苏州云杉世纪网络科技有限公司	苏州工业园区科技局	400	160	80	160	110
5-3	BE2014005-3	基于大规模数据中心的面向大数据应用的云管理平台—大数据算法引擎和分析平台	中科数据技术(苏州)有限公司	苏州工业园区科技局	400	160	80	160	110
5-4	BE2014005-4	基于大规模数据中心的面向大数据应用的云管理平台—大规模机器学习技术	苏州大学	苏州市科技局	400	160	0	240	110
6	BE2014006	大规模电池储能系统及其并网与装置实现技术研究	张家港智能电力研究院有限公司	张家港市科技局	2800	820	410	1570	540
6-1	BE2014006-1	规模储能用锂离子电池隔膜的中试研究	张家港智能电力研究院有限公司	张家港市科技局	600	180	90	330	120
6-2	BE2014006-2	经济性长寿命锂离子储能电池的研制	江苏华东锂电技术研究院有限公司	张家港市科技局	600	160	80	360	105
6-3	BE2014006-3	集约化高精度电池管理系统(BMS)装备的研制	张家港智电可再生能源与储能技术研究所有限公司	张家港市科技局	500	160	80	260	105
6-4	BE2014006-4	模块式高效储能功率变换系统(PCS)样机研制	张家港智电西威变流技术有限公司	张家港市科技局	600	160	80	360	105
6-5	BE2014006-5	储能高级应用和监控系统的关键技术研究	苏州无极时空网络科技有限公司	张家港市科技局	500	160	80	260	105
7	BE2014007	低成本高性能镍基单晶高温合金设计与制造及其空心叶片的研发	江苏省(丹阳)高性能合金材料研究院	丹阳市科技局	1600	630	235	735	440
7-1	BE2014007-1	镍基单晶高温合金的微观组织与性能研究	江苏省(丹阳)高性能合金材料研究院	丹阳市科技局	300	150	75	75	110
7-2	BE2014007-2	涡轮单晶叶片定向凝固成型制造技术研发	江苏大学	镇江市科技局	400	160	0	240	110

续表

序号	课题编号	项目(课题)名称	承担单位	主管部门	总经费	省拨款	主管部门匹配	自筹经费	本年度省拨款
7-3	BE2014007-3	单晶叶片用薄壁高强模壳制造关键技术研发	江苏晶海新材料科技有限公司	镇江市科技局	500	160	80	260	110
7-4	BE2014007-4	单晶叶片的凝固模拟仿真与缺陷控制关键技术研发	江苏中欧材料研究院有限公司	镇江市科技局	400	160	80	160	110
8	BE2014008	新能源汽车新型富锂锰基高电压动力电池及管理系统研发与应用	江苏春兰清洁能源研究院有限公司	泰州市科技局	1150	340	90	720	235
8-1	BE2014008-1	新型富锂锰基高电压动力电池及管理系统关键技术研发与应用	江苏春兰清洁能源研究院有限公司	泰州市科技局	700	180	90	430	125
8-2	BE2014008-2	新型富锂锰基高电压动力电池正极材料的研发与应用	江苏大学	镇江市科技局	450	160	0	290	110
9	BE2014009	高性能轻合金复杂结构件三维打印成形技术及成套装备研发	南京航空航天大学	南京航空航天大学	1770	640	80	1050	445
9-1	BE2014009-1	航空航天典型轻合金结构件激光三维打印成形技术研究	南京航空航天大学	南京航空航天大学	320	160	0	160	110
9-2	BE2014009-2	面向激光3D打印的专用轻合金粉体材料的制备及工艺优化研究	南京航空航天大学	南京航空航天大学	350	160	0	190	110
9-3	BE2014009-3	面向金属3D打印的设计与数据后处理技术研发	南京师范大学	南京师范大学	500	160	0	340	110
9-4	BE2014009-4	面向医学工程的复杂钛合金结构件三维打印成形技术研究	南京恒宇三维技术开发有限公司	南京市科委	600	160	80	360	115

大事记

Major Events

2014年大事记

1月

2日　省政府与中国科学院在南京签署合作建设江苏省产业技术研究院协议。省委副书记、省长李学勇会见中科院副院长施尔畏一行,省政协副主席、省政府党组成员、省科技厅厅长徐南平与施尔畏签署合作建设协议。省政协副主席、中科院南京分院院长周健民,省政府秘书长张敬华以及省有关部门负责同志参加活动。

● 江苏省人民政府收到《国务院关于同意南通高新技术产业开发区升级为国家高新技术产业开发区的批复》(国函〔2013〕139号),同意该开发区升级为国家高新技术产业开发区。升级后,开发区实行现行的国家高新技术产业开发区的政策。

8日　中科院电子设计自动化(EDA)技术服务平台南京分中心在徐庄软件园上线。该平台是中科院EDA中心在全国设立的第二家分中心。南京徐庄物联网与集成电路设计产业已汇聚科技创新企业50余家,中科院EDA中心南京分中心将为园区及南京集成电路设计企业提供高性能的EDA软件服务及集成电路共性技术设计服务。

13日　省委书记罗志军与省内获得2013年度国家科学技术奖的部分获奖人员进行座谈,省委常委、秘书长樊金龙出席座谈会。省政协副主席、省政府党组成员、省科技厅厅长徐南平介绍了全省获得2013年度国家科技奖励的情况。

● 省科技成果转化专项资金管理工作座谈会在南京召开,省政协副主席、省政府党组成员、省科技厅厅长徐南平出席会议并讲话。

● 全省科技工作会议在南京召开。省政协副主席、省政府党组成员、省科技厅厅长徐南平出席会议并作重要讲话。科技厅常务副厅长、党组副书记王秦主持会议并传达了全国科技工作会议精神、介绍了2014年重点科技工作。省纪委驻省科技厅纪检组组长陶静通报了全省科技系统廉政建设有关情况,并就做好2014年春节期间科技系统反腐倡廉工作提出了要求。

15日　为进一步推动科技人员服务社会、服务企业,引导高校院所专家教授面向企业需求开展科学研究,省科技厅进一步加大产学研前瞻性联合研究项目的组织程度,并围绕加强项目的组织管理,组织召开产学研工作座谈会。省内部分高校院所分管领导、省外高校院所与江苏地方(园区)共建机构负责人等,共40余人参加了会议。

16日　江苏省国家大学科技园促进区域经济转型升级对接会暨江苏省大学科技园联盟成立大会在东南大学举行。继北京、上海、东北、四川等地之后成立的全国第6个区域性大学科技园联盟在会上宣告成立。科技部高新司巡视员耿战修,江苏省科技厅常务副厅长王秦,江苏省教育厅副厅长殷翔文,东南大学常务副校长胡敏强,以及省市相关部门、部分大学科技园和其他省份大学科技园联盟代表出席了大会。

27日　省科协八届五次全委(扩大)会议在南京举行。省政协副主席、省政府党组成员、省科技厅厅长徐南平出席并讲话。

2月

12日　全省科学技术奖励大会在南京举行。省委书记罗志军为2013年度国家科技进步特等奖项目参与完成者颁奖,省委副书记、省长李学勇在大会上讲话。省领导张连珍、樊金龙、张卫国出席会议。省委常委、常务副省长李云峰主持会议。省政协副主席、省政府党组成员、省科技厅厅长徐南平宣读《省政府关于2013年度江苏省科学技术奖励的决定》。

18日 在科技部国际合作司、江苏省科技厅、常州市政府领导陪同下,以色列经济部首席科学家艾维·哈桑一行访问江苏,专程考察位于常州武进的国家医疗器械国际创新园(常州西太湖科技产业园)。艾维·哈桑一行了解了园区的基础条件、政策环境、产业基础和发展规划,并就以色列政府、科技部和江苏省三方在常州共建国家医疗器械国际创新园与中方进行了务实的沟通与商议。

21日 省政协副主席、省政府党组成员、省科技厅厅长徐南平召开专题会议,听取省知识产权局工作汇报,研究部署知识产权强省建设有关任务。

25日 长三角区域创新体系联席会议办公室第一次会议在江苏南京召开。来自沪苏浙皖三省一市科技厅(委)的相关处室负责人及秘书处工作人员参加了会议。

28日 部省共建的南京理工大学知识产权学院揭牌。国家知识产权局副局长甘绍宁,省政协副主席、省政府党组成员、省科技厅厅长徐南平,原国家知识产权局局长、知识产权学院理事会理事长田力普出席活动。

3月

10日 省政协副主席、省政府党组成员、省科技厅厅长徐南平主持召开知识产权强省建设工作座谈会并讲话。

18日 江苏高校协同创新中心建设工作座谈会在南京召开。会上公布了第二批江苏高校协同创新中心,副省长曹卫星出席会议并讲话。

19日 省政府在南京召开全民科学素质工作推进会。省政协副主席、省政府党组成员、省科技厅厅长、省全民科学素质工作领导小组组长徐南平出席会议并讲话。

20日 省委书记罗志军到江苏省产业技术研究院和南京紫金(新港)科技创业特别社区部分科研院所调研。省委常委、秘书长樊金龙,省政协副主席、省政府党组成员、省科技厅厅长徐南平随同调研。

● 国家知识产权局局长申长雨、副局长何志敏在江苏省就知识产权工作进行调研。省政协副主席、省政府党组成员、省科技厅厅长徐南平汇报省内有关工作情况。

24日 江苏省产业技术研发协会第一次会员大会在南京召开。会上,省民政厅社会管理局黄建国副局长宣读了省民政厅《关于批复成立江苏省产业技术研发协会筹备组的复函》,省产业技术研究院副院长、省生产力促进中心主任胡义东同志代表协会筹备组做了协会筹建工作报告。

25日 全省人才工作座谈会在南京召开,省委常委、组织部长、省人才工作领导小组组长杨新力出席座谈会并讲话。省政协副主席、省政府党组成员、省科技厅厅长、省人才工作领导小组副组长徐南平主持会议。

27~28日 由江苏省科技厅组织的国家粮食丰产科技工程江苏项目区2014年工作推进会在江苏扬州召开。来自扬州大学、南京农业大学、江苏省农科院和江苏省作栽站等课题承担单位与第一、第二、第三期项目29个实施县(市、区)的科技局、农委等部门负责人、专家及有关涉农企业负责人,共90余人参加了本次会议。会议同时举行了江苏省科学技术厅批准的10个县(市、区)"国家粮食丰产科技工程科技特派员工作站"授牌仪式。项目区选定235人为国家粮食丰产科技工程江苏项目区科技特派员,围绕粮食丰产科技工程中心工作,大力开展职业农民先进适用技术培训与服务,积极开展技术创新与科技成果转化、优势特色产品开发和产业化基地建设等工作。

28日 为贯彻落实省委省政府加快推进江苏省产业技术研究院建设的重大决策部署,强化专业性研究所的遴选与建设,省政协副主席、省政府党组成员、省科技厅厅长徐南平专程赴中国药科大学调研产业技术研发机构建设情况。

4月

1~3日 省政协副主席、省政府党组成员、省科技厅厅长徐南平在南通调研科技创新工作。省科技厅常务副厅长王秦、副厅长蒋跃建,南通市有关领导和省科技厅有关处室负责人陪同调研考察。

8日 纳米真空互联实验站筹建工作领导小组第一次会议在苏州召开,会上签署《江苏省人民政府中国科学院合作推进重大科技基础设施纳米真空互联实验站首期建设协议》。中科院副院长丁仲礼,省政协副主席、省政府党组成员、省科技厅厅长徐南平出席并讲话。

9日 省政协副主席、省政府党组成员、省科技厅厅长徐南平在南京会见了以色列新任驻上海总领事柏安伦一行。省科技厅副厅长曹苏民、国际合作处有关负责人等陪同参加会见。

21日 应江苏省科技厅邀请,加拿大安大略省清洁技术代表团访问宜兴环保科技工业园,开展清洁技术推介与对接交流。此次活动是2014年3月江苏省科技厅与安大略省研发创新厅签署合作备忘录后的首次项目对接,来自安大略省高校院所等机构的9位代表与全省近20家企业代表参加了活动。

25日 中国工程院院士、南京军区南京总医院副院长黎介寿荣获永久性小行星命名。经国际权威机构发布,国际编号192178号小行星正式命名为“黎介寿星”。南京军区在宁举行黎介寿精神学习交流暨“黎介寿星”命名大会。南京军区司令员蔡英挺、政委郑卫平,省长李学勇,军区和军区机关领导蒋谟祥、孙心良、汪晓荣、曹文献等出席会议。

●宿迁市沭阳县“五方挂钩”帮扶协调小组会议在南京召开,省政协副主席、省政府党组成员、省科技厅厅长徐南平出席会议并讲话。

26日 由中国材料研究学会纳米材料与器件分会主办的“2014年首届全国纳米科技前沿论坛”在苏州拉开帷幕。来自国内纳米材料与器件领域的200多名杰出青年科学家、千人学者、科技界与产业界同仁齐聚苏州,以主题演讲的方式,围绕“纳米科技”展开了深入的探讨。

29日 “江苏现代园艺工程技术中心”启动仪式在江苏农林职业技术学院举行,副省长曹卫星出席仪式并为中心揭牌。

5月

5日 省政府召开科技助推苏北产业发展对接活动筹备会议,副省长徐鸣到会并作讲话。

6~7日 由科技部牵头,国家发展改革委、教育部、工业和信息化部、财政部、国土资源部、住房城乡建设部、国务院国资委、国家税务总局、中科院、中国银监会、中国证监会11个部门组成的联合调研组,到江苏省就苏南国家自主创新示范区建设进行调研。省长李学勇、科技部副部长曹健林出席调研座谈会并讲话,常务副省长李云峰在会上致辞,省政协副主席、省政府党组成员、省科技厅厅长徐南平介绍苏南自主创新示范区建设有关情况,省政府秘书长张敬华出席调研座谈会。

18日 第九届中国常州先进制造技术成果展示洽谈会开幕。省政协副主席、省政府党组成员、省科技厅厅长徐南平出席并宣布展示洽谈会开幕。

20日 国务院副总理刘延东访问以色列、出席以色列首届创新大会期间,科技部、江苏省与以色列经济部共同签署关于推动参与建设常州国际创新园实施协议。科技部、江苏省、以色列经济部三方代表在协议上签字。

●江苏-以色列产业研发合作计划第九次双边联委会在以色列特拉维夫召开。省科技厅常务副厅长王秦、以色列经济部副首席科学家亚伯拉罕·格罗斯率双方联委会成员参加会议。

21日 第二届江苏科技创业大赛·季赛(第一季)决赛在苏州圆满举行。经过激烈角逐,18家创业团队及企业分获创业团队组、初创企业组和成长企业组的第一、第二、第三名,并成功晋级大赛半决赛。

26日 副省长史和平列席省十二届人大常委

会第十次会议,省政府副主席、省政府党组成员、省科技厅厅长徐南平受省政府委托作了关于推进创新型省份建设情况的报告。

6月

3~4日 “省科协·淮安市创新发展对接活动”在淮安举行,省政协副主席、省政府党组成员、省科技厅厅长徐南平出席并宣布活动开幕。

4~6日 科技部党组成员、科技日报社社长王志学一行7人来南京、无锡等地开展创新驱动发展考核评价机制建设的专题调研。南京大学、中国电子科技集团第十四研究所等著名高校院所和省统计局、省知识产权局等部门负责同志,以及各级科技管理部门代表,部分创新型县区(乡镇)代表,南京联创科技集团等企业代表共60余人参加了座谈。座谈会上,省政协副主席、省政府党组成员、省科技厅厅长徐南平对创新驱动发展的本质、内涵、特征和途径进行了详尽的阐述,并向调研组介绍了省科技厅以科技创新工程为抓手,深入贯彻省委省政府创新驱动发展战略取得的阶段性成果。

11~13日 省政协副主席、省政府党组成员、省科技厅厅长徐南平率团赴山东学习考察,重点学习山东推进重大创新载体建设,加快创新驱动发展等方面的好经验、好做法。山东省副省长张超超、青岛市副市长王晓方、山东省科技厅厅长刘为民、山东省政府办公厅副主任陈绍民等陪同调研和座谈。

16~17日 江苏省产业技术研究院在南京举办“软实力与创新竞争力”主题讲座和主题沙龙系列活动。活动邀请台湾工业技术研究院原院长林垂宙先生作主题演讲,省产研院常务副院长曹苏民、省产研院副院长胡义东出席活动,省科技系统、省产研院专业性研究所、省产业技术研发协会会员等单位代表300余人参加活动并进行交流。

19日 中科院副秘书长、战略局局长潘教峰应省科技厅邀请来宁作“科技资源配置的国际经验与对我国的启示”专题讲座。省政协副主席、省政府党组成员、省科技厅厅长徐南平出席讲座,省科技厅副厅长、省产业技术研究院常务副院长曹苏民主持讲座。

20日 江苏中关村科技产业园领导小组第二次会议在北京召开。北京市委常委、中关村管委会党组书记苟仲文,省委常委、常务副省长李云峰等出席会议。

20~21日 科技助推苏北产业发展对接活动在南京举行。副省长徐鸣参加科技创新促进产业发展大会并讲话。

26日 省政协副主席、省政府党组成员、省科技厅厅长、省科技创新工作领导小组副组长徐南平代表省政府在省政协十一届十二次主席会议上通报关于加快建立完善产学研协同创新机制有关情况并听取意见。

7月

8日 省政协副主席、省政府党组成员、省科技厅厅长徐南平主持召开省科技成果转化专项资金管理协调小组会议,审议省科技成果转化专项资金2014年度项目。

●全国政协教科文卫体委员会副主任、科技部原副部长陈小娅一行,来江苏省开展“建立产学研协同创新机制,强化企业技术创新主体地位”专题调研活动。调研组一行在江苏省产业技术研究院考察指导。省政协副主席、省政府党组成员、省科技厅厅长徐南平,省政协科技委副主任姜建中,省科技厅副厅长蒋跃建陪同考察,省产业技术研究院副院长胡义东代表研究院就体制机制改革、协同创新和各专业性研究所等相关情况作了汇报。

18~20日 第九届中国凹土高层论坛在盱眙县举办。省政协副主席、中科院南京分院院长周健民,中国工程院院士蔡道基,省科技厅副厅长段雄,中科院南京分院副院长、中科院南京地理与湖泊研究所党委书记、副所长谷孝鸿等领导以及中材集团等企业代表,国内50多家科研院所代表和100多名客商代表,共计300余人参加了开幕式活动。

25日 省政协副主席、省政府党组成员、省科技厅厅长徐南平在无锡市锡山区调研。并在锡山区主要领导、分管领导以及无锡市、锡山区科技局负责同志陪同下,深入到锡山区乡镇和企业,调研基层科技创新工作。

26日 省政协副主席、省政府党组成员、省科技厅厅长徐南平在常熟调研科技创新工作落实情况。

27日 南通国家高新区建设推进大会在南通市举行,科技部副部长曹健林,省政协副主席、省政府党组成员、省科技厅厅长徐南平出席会议并讲话。

8月

7日 省政府与中国航天科工集团在南京举行工作会商,省长李学勇与中国航天科工集团总经理曹建国出席。省政协副主席、省政府党组成员、省科技厅厅长徐南平,省政府秘书长张敬华等参加工作会商。

19~20日 江苏省驻苏部属科研院所宿迁科技行活动顺利举行,来自南京、苏州、无锡、常州、扬州等地的驻苏部属科研院所专家代表与宿迁市的企业家们共商产学研合作。

20日 省委书记罗志军主持召开互联网经济发展座谈会,省领导李云峰、樊金龙、史和平、傅自应、徐南平出席座谈会。

21日 省长李学勇主持召开省推进战略性新兴产业发展工作领导小组会议,会议审议并原则同意2014年度省级战略性新兴产业发展专项资金项目安排建议和战略性新兴产业重大工程、重点专项实施方案。省委常委、常务副省长李云峰,副省长史和平,省政协副主席、省政府党组成员、省科技厅厅长徐南平,省政府秘书长张敬华等出席会议。

30日 为大力弘扬“三创三先”新时期江苏精神,深入实施创新驱动发展战略,进一步打造激励科技创新创业的良好生态,在2013年成功举办首届江苏科技创业大赛的基础上,由省科技厅、省委宣传部、省教育厅、省财政厅、共青团江苏省委、省工商业联合会等单位共同指导的第二届江苏科技创业大赛暨第三届中国创新创业大赛(江苏赛区)在南京圆满结束。来自全省13个省辖市及海外分赛区的35家创业团队和企业,经过近2天的激烈角逐,分获创业团队组、初创企业组和成长企业组的一、二、三等奖,并将代表江苏出战第三届中国创新创业大赛。大赛组委会主席、省政协副主席、省政府党组成员、省科技厅厅长徐南平等领导为获奖团队及企业代表颁奖。

9月

2日 江苏省召开第七批科技镇长团下派工作会议。省委常委、组织部部长王炯出席会议并讲话,省政协副主席、省政府党组成员、省科技厅厅长徐南平主持会议。

3日 省科协所属学会有序承接政府转移职能试点工作座谈会在南京召开。省委常委、宣传部部长王燕文,省政协副主席、省政府党组成员、省科技厅厅长徐南平出席会议并讲话。

● 科技部组织专家对中药制药过程新技术国家重点实验室建设项目进行了验收。科技部基础研究司、科技部基础研究管理中心、江苏省科技厅、连云港市政府等单位有关同志参加了会议。

4日 无锡国家传感网创新示范区部际建设协调领导小组第三次会议在无锡召开。部际建设协调领导小组组长、工信部部长苗圩,部际建设协调领导小组组长、省长李学勇出席会议并讲话。省委常委、无锡市委书记黄莉新致辞,工信部副部长毛伟明、副省长史和平分别主持会议。部际建设协调领导小组各成员和咨询专家委员会代表作了发言,中科院副院长施尔畏、省政府秘书长张敬华等出席会议。

11日 江苏省产业技术研究院首届理事会第二次会议在省产研院召开。省政协副主席、省政府党组成员、省科技厅厅长、省产业技术研究院理事会理事长徐南平主持会议。

15日 淮安市与中国科学院生物物理研究所共建淮安研究中心补充协议签约暨揭牌仪式举行。中科院生物物理研究所所长徐涛、淮安市市长曲福田共同为中科院生物物理研究所淮安研究中心、淮安成果转化基地揭牌。淮安市副市长唐道伦与中科院生物物理研究所副所长高光侠签署共建补充协议。

16日 为深入实施创新驱动发展战略和科技创新工程,省科技厅召集省内20多家农业产业技术创新战略联盟理事长和秘书长单位负责人,组织召开了农业产业技术创新战略联盟工作座谈会。

18日 以“创新发展 全民行动”为主题的“江苏科普日”活动在南京开幕,省政协副主席、省政府党组成员、省科技厅厅长徐南平出席开幕式。

23日 中国科协海智办、江苏省科协、中国旅美科协联合主办的2014年第二届中国(江苏)国际科技交流与人才智力合作大会暨海门第三届科技人才节在海门召开。250多位海内外高层次人才相聚海门,合力为海门经济社会又好又快发展构筑科技引擎、注入创新基因。

10月

9日 省长李学勇率团访问英国期间,省科技厅常务副厅长王秦与英国创新署(原英国技术战略委员会)资金及管理司司长格莱姆·哈金斯在伦敦共同签署了关于开展区域技术创新合作的谅解备忘录。省长李学勇、英国外交部国务大臣雨果·施维尔、中国驻英国大使馆公使衔科技参赞陈富韬等共同出席了签字仪式。

● 为总结江苏农村科技服务超市(简称“科技超市”)工作,进一步推进科技超市的发展,省科技厅在东台市组织召开了2014年江苏农村科技服务超市工作推进会。科技超市领导小组成员、部分市县科技部门负责人、涉农高校院所科技处负责人及科技超市店长代表等100余人参加会议。

10日 省长李学勇率团访问英国期间,省科技厅常务副厅长王秦与英国剑桥大学企业中心咨询部主任保罗·希布莱特共同签署了合作意向书。省长李学勇、剑桥大学国际战略部主任艾伦·斯维尔斯共同见证。

●国家科技部农村司司长陈传宏、农业处副处长李树辉一行到锡山,专题调研江苏省锡山现代农业科技示范园区建设情况。

11日 由国家科技部主办,江苏省科技厅承办的国家粮食丰产科技工程南方区现场观摩会在扬州举行,科技部农村司司长陈传宏、中国农村技术开发中心副主任蒋丹平、江苏省政府副秘书长陈少军、江苏省科技厅副厅长段雄、副巡视员周贡生、特邀专家凌启宏教授以及科技部农村司、农村中心有关领导,湖南、湖北、江苏、江西、四川和安徽省科技厅主管领导和相关负责人,国家粮食丰产科技工程总体专家组专家和项目专员、各项目区首席专家、课题负责人参加会议。

17日 “2014区域创新政策论坛”在江苏省太仓市举行。来自北京、上海、江苏、浙江、安徽、台湾等地高校、研究机构的100余位专家学者、研究人员参加论坛。

18~19日 第五届国际植物园协会亚洲分会暨东亚植物园网络会议在南京召开。国际植物园协会主席伟诺·海伍德出席会议,省政协副主席、省政府党组成员、省科技厅厅长徐南平到会致辞。

20日 国务院正式批复支持南京、苏州、无锡、常州、昆山、江阴、武进、镇江等8个高新技术产业开发区和苏州工业园区建设苏南国家自主创新示范区。苏南成为继北京中关村、武汉东湖、上海张江、深圳之后第五个国家自主创新示范区。

● 经国务院批准,镇江高新区升级为国家高新区,同时跻身苏南国家自主创新示范区板块。

25日 2014年江苏省产学研专场对接洽谈会——汽车技术成果专题洽谈在苏州市自主创新广场举行。来自清华大学、北京航空航天大学、吉林大学、山东大学、同济大学、西北工业大学、清华大学苏州汽车研究院等12家高校院所的30多名专家,登记对接的100多家相关企业负责人,以及省科技厅、中国汽车工程学会、有关省辖市及县(市、区)科技局代表等共计300多人参加了会议。

26~27日 由中国科学技术信息研究所、苏州市科技局等主办,苏州市科技服务中心承办的第九届科技信息资源共享促进国际会议在苏州召开。

27日 中共中央政治局常委、国务院副总理张高丽在江苏调研,了解经济运行、科技创新、中小企业发展等情况。省委书记罗志军、省长李学勇等陪同调研。

●由江苏省科技厅和加拿大安大略省研发创新厅共同举办的“江苏-安大略省产业技术合作对接会”在南京举行。对接会结束后,在江苏省副省长徐鸣和安大略省凯斯琳·韦恩省长的共同见证下,江苏省与加拿大安大略省5个生物医药、清洁技术领域的科技合作项目进行了现场签约,充分展示了两省在科技合作方面的显著成果。

28日 科技部与省政府在南京举行工作会商,共商实施创新驱动发展战略、推进创新型省份建设试点工作。省长李学勇,科技部党组书记、副部长王志刚出席并讲话。省政协副主席、省政府党组成员、省科技厅厅长、省科技创新工作领导小组副组长徐南平介绍省内有关工作情况。

29日 科技部党组书记副部长王志刚率科技部调研组专程来江苏省产业技术研究院考察调研。江苏省政协副主席、省政府党组成员、省科技厅厅长徐南平等有关方面领导陪同调研。

30日 由南京农业大学承办的中国作物学会第十次全国会员代表大会暨2014学术年会在南京举行,与会专家共同探讨“粮食安全与科技创新”,副省长曹卫星出席并讲话。

●省政府、科技部、国家卫生计生委、国家食品药品监管总局、国家中医药管理局共同推进泰州医药高新区建设联席会议第三次会议在泰州召开,副省长张雷及国家有关部门负责同志出席开幕式。

31日 以“加强科技金融结合、助推创新成果转化”为主题的第五届中国(泰州)医药博览会开幕。十一届全国政协副主席李金华宣布博览会开幕,副省长张雷及国家有关部门负责同志出席开幕式。

●省委常委会召开会议,传达学习习近平总书记关于实施创新驱动发展战略的重要讲话精神,研究我省的贯彻意见。会议强调,要深入学习贯彻习近平总书记重要讲话精神,认真落实总书记关于江苏转型发展三项重点任务的指示要求,坚定不移地实施创新驱动核心战略、科教与人才强省基础战略,更大力度推进科技体制改革,以体制机制创新促进科技创新,以科技创新为核心推进全面创新,进一步释放科技发展活力,解放科技生产力,使创新真正成为经济社会发展的核心驱动力。省委书记罗志军主持会议。

11月

3~4日 以“改革激发活力 创新驱动转型”为主题的第八届中国中小企业节在江苏南通市召开。第十届全国人大常委会副委员长顾秀莲、第十一届全国政协副主席李金华、中国中小企业协会会长李子彬、工信部总工程师朱宏任、国家发改委秘书长李朴民、博鳌亚洲论坛原秘书长龙永图等领导和嘉宾出席开幕式,副省长张雷出席并致辞。

5日 省政协副主席、省政府党组成员、省科技厅厅长徐南平在南京会见出席“中国·江苏第四届国际产学研合作论坛暨跨国技术转移大会”的部分外国嘉宾。

6~8日 由科技部和江苏省人民政府共同主办的“中国·江苏第四届国际产学研合作论坛暨跨国技术转移大会”在南京成功举办。大会邀请欧美、亚洲、澳洲100多家机构近200名著名研发机构及高科技企业负责人、工程技术专家、跨国技术转移机构代表、政府职能部门官员等境外代表与会,全省13个省辖市600多名高科技企业、技术转移中介机构、地方科技管理部门代表参加大会。科技部有关司局负责人及中国驻外使领馆部分科技外交官出席了会议。

8日 2014年江苏省产学研专场对接洽谈会——环保产业技术成果专题洽谈在盐城市举行,省科技厅副厅长段雄主持会议,盐城市副市长马成志致辞。来自中科院、北京大学、复旦大学、同济大学、厦门大学、郑州大学、华南理工大学、辽宁工程技术大学、南京大学、南京工业大学连云港工业技术研究院、盐城工学院、盐城师范学院等19家高校院所的40多名专家,登记对接的省内100多家环保企业负责人,以及有关省辖市及县(市、区)科技局代表等近300人参加了会议。

10日 省委常委、常务副省长李云峰主持召开苏南自主创新示范区工作会议筹备会,省政协副主席、省政府党组成员、省科技厅厅长徐南平出席会议。

11日 国家长江珍稀鱼类产业技术创新战略联盟成立大会在海安县隆重举行,科技部创新体系建设办公室主任徐建国,农业部长江流域渔政监督管理办公室主任李彦亮,省科技厅副厅长段雄,省海洋与渔业局副局长沈毅,中国水产科学研究院副院长刘英杰,中国科学院水生生物研究所桂建芳院士,南通市及海安县有关领导出席活动。会议选举产生了国家长江珍稀鱼类产业技术创新战略联盟首届理事长、常务理事长、副理事长、秘书长以及专家委员会主任、副主任及委员。中洋集团股份有限公司当选联盟首届理事长单位,中洋集团总裁钱晓明当选联盟首届理事长。

13日 天津市市长黄兴国率代表团在江苏省考察,重点了解科技创新工作,省长李学勇陪同考察并出席在苏州举行的两省市座谈会。天津市领导崔津渡、宗国英、何树山,江苏省领导石泰峰、李云峰、徐南平参加考察座谈。省政府秘书长张敬华,苏州市和省有关部门负责同志参加座谈会。

14日 全省重点实验室建设经验交流会在南京召开,省政协副主席、省政府党组成员、省科技厅厅长徐南平出席会议并讲话。

17日 省政协副主席、省政府党组成员、省科技厅厅长徐南平召开会议,研究推进苏南国家自主创新示范区建设相关具体工作。

18日 省产业技术研究院举行执行院长聘任签约活动。省委常委、常务副省长李云峰向我国冶金及材料工程领域专家刘庆颁发执行院长聘书,省政协副主席、省政府党组成员、省科技厅厅长徐南平签署聘任协议。

23~24日 由省委组织部和省科技厅联合在南京举办全省市县党政领导干部科技创新专题培训班。省政协副主席、省政府党组成员、省科技厅厅长徐南平,省委组织部副部长、省人才办主任胡金波,省科技厅副厅长夏冰出席开班仪式。

29日 以"生态文明建设与青年科学家的使命"为主题的第5届江苏省青年科学家年会在南京开幕。省委常委、宣传部长王燕文出席开幕式并为获奖青年科技工作者颁奖。省政协副主席、省政府党组成员、省科技厅厅长徐南平在开幕式上讲话。开幕式上,对第14届江苏省青年科技奖获得者、2013—2014年度"江苏省十大青年科技之星"、第11届江苏省优秀科技工作者进行表彰。

12月

5日 "膜技术应用专题报告会和膜技术成果专项对接会"在南京工业大学浦口校区顺利举行。本次活动由省科技厅主办,省产业技术研究院膜科学技术研究所等单位承办。

6日 苏州高新区与海创智库科技服务中心开展合作,在苏州科技城成立"海创智库(千人计划)苏州高新区科技服务中心",并举行签约揭牌仪式。

●"江苏宏源中孚—米哈伊洛夫·米哈伊尔院士工作站"在金坛市成立,成为该市首家外籍院士工作站。

7日 省委书记罗志军在江苏省产业技术研究院调研。省委常委、秘书长樊金龙,省政协副主席、省政府党组成员、省科技厅厅长徐南平随同调研。

11日 江苏省企业研发机构促进会第一次会员大会在南京召开。省政协副主席、省政府党组成员、省科技厅厅长徐南平发来贺信,省科技厅副厅长蒋跃建出席会议并讲话。会议通过表决产生了江苏省企业研发机构促进会首届理事会,并为省重点企业研发机构部分代表授牌。

●国家河蟹产业技术创新战略联盟(简称"联盟")成立大会在兴化市召开。科技部相关领导、相关科研院所的专家学者及联盟成员单位代表出席成立大会。

13日 中共中央总书记、国家主席、中央军委主席习近平在江苏省产业技术研究院考察调研。听取了省政协副主席、省政府党组成员、省科技厅厅长徐南平院士有关研发工作介绍,观看了省产研院正在实施的创新成果的展示,与研发人员进行了亲切交流,接见了总院和研究所的代表,对省产研院改革建设工作给予了充分肯定，对科技创新工作提出了新的要求，对全省科技创新工作产生了巨大鼓舞和鞭策，为省产研院建设发展带来了前所未有的推动力量。

19日 2014年度江苏医药科技奖颁奖大会在南京召开。江苏省药物研究与开发协会理事、各获奖代表、新闻媒体记者等近100人参加了颁奖大会。行业主管部门相关领导应邀出席颁奖大会并为获奖者颁奖。

25日 省委书记罗志军在常州调研。省委常委、省委秘书长樊金龙，省政协副主席、省政府党组成员、省科技厅厅长徐南平随同调研。

27日 浙大网新(淮安)科技园举行启动运营和客户签约仪式。

29日 为贯彻落实人才强省和创新驱动发展战略，充分发挥国家科技领军人才及其创新团队的知识优势和技术优势，更好地服务和支持“集聚人才、振兴苏北”计划，经过近三个月的前期准备，科技部人才中心、省科技厅与苏北五市三方共建国家科技领军人才创新驱动中心签约仪式在南京举行。科技部人才中心李普主任、高昌林副主任出席了签约仪式。

索　引

Index

说　明

一、本索引主体采用主题分析索引方法,按主题词首字的汉语拼音字母顺序排列(同音按声调),首字相同时,按第二个字的音序排列,依次类推。若以数字、字母或标点符号开头时,排在最前面。

二、索引名称后的数字表示内容所在的页码,数字后的拉丁字母(a、b)分别表示所在页码的左、右栏。随文表格、图片分别在页码出处后标注“表”“图”。

三、“特载”“重要科技文件”“大事记”不列入索引范围。

字　符

A

B

C

H

J

K

Q

R

S

Z

《江苏科技年鉴》通讯员
及协助提供资料人员名单

（按姓氏笔画为序）

丁　亚　丁馥虹　王　慧　王玉君　王愿华　王霞云　方　亮
石秀臣　付李红　印兴剑　兰　涛　朱　琳　朱小柱　朱咏梅
刘　钦　刘　涛　刘月青　刘仲刚　刘勇军　祁　锋　许红梅
阮　波　阮孜炜　孙　彦　李卫明　李冬冬　李光军　李桂洪
李斌斌　杨树江　杨皓宇　吴三毛　吴永峰　吴新伟　邹和成
沈　禁　沈慧峰　张　帆　张　岩　张　彬　张　舒　张胜亚
张洪钢　陆　明　陆一炜　陈晓路　武　影　郁海琛　罗　阳
金　逸　赵　芳　赵慧媛　荆　琳　胡　军　胡一蓉　侯树静
姜耀宇　洪　欣　宣晓庆　姚之家　袁　磊　袁欲彬　贾　敏
贾爱存　夏　瑛　顾冰芳　徐铭旋　高晋宇　郭　军　黄　梅
黄海勇　黄银忠　龚一平　巢　俊　董洪民　曾　敏　虞昕琦
翟玲琳　潘　迪　薛艳凤